ISBN 978-0-364-53423-6
PIBN 11035438

Berliner Revue.

Social-politische Wochenschrift.

Redigirt
von
Herrmann Keipp.

Zwanzigster Band.
Erstes Quartal.

Berlin, 1860.
Verlag von Ferdinand Schneider, Victoriastr. 9e.

Inhalts-Verzeichniß.

Die freie reichsunmittelbare Ritterschaft. *)

Mehr als ein halbes Jahrhundert liegt hinter uns, seit mit der Herrlichkeit des heiligen römischen Reiches deutscher Nation auch seine freie unmittelbare Ritterschaft als ein abgestorbenes Verhältniß der Vergangenheit anheimfiel. Als der Rest der deutschen Reichsfürsten nach glorreich wider das wälsche Imperatorenthum erkämpfter Unabhängigkeit den 8. Juni 1815 zu dem Ersatz der vormaligen Reichsverbindung einen beständigen Bund schloß, welcher die Erhaltung der äußeren und inneren Sicherheit Deutschlands, vor Allem mithin die Unabhängigkeit und Unverletzbarkeit der einzelnen deutschen Staaten zu seinem Zwecke nahm, da mußte es in das Bewußtsein treten, daß innere Sicherheit nicht erreichbar sei, wenn nur Rechte der Fürsten, nicht auch Rechte ihrer Völker anerkannt würden. So gedachte man nicht blos in den Artikeln 16. bis 18. der Bundesacte der Unterthanen überhaupt, sondern in dem Artikel 14. auch der früheren Theilnehmer an der Reichsstandschaft und an landesobrigkeitlichen Rechten, welche ein Opfer der revolutionären Vorstellung geworden waren: Recht sei unbedingt nur, was eine herrschende Macht, sei es eine fürstliche oder ein fingirter souverainer Volkswille, aus Noth oder Nützlichkeitsgründen als solches anzuerkennen sich bewogen finde.

Der Artikel 14. der Bundesacte unterscheidet „ehemalige Reichsstände und Reichsangehörige", welche 1806 oder später mittelbar geworden, von dem ehemaligen, unter dieser Bestimmung nicht begriffenen Reichsadel. Dem letzteren wurde nur ein Theil der Rechte zugesichert, welche den ersteren als ihnen verblieben grundgesetzlich von Neuem bestätigt wurden. Jene ertheilte Zusicherung beschränkt die Bundesacte dahin, daß die unter ihr begriffenen Rechte nur nach Vorschrift der Landesgesetze ausgeübt werden könnten. Die souverainen Fürsten, welche, durchdrungen von dem Bewußtsein der Verderblichkeit einer jeden Beugung des Rechtes, möge sie auch dynastischen Interessen die scheinbar größesten gegenwärtigen Vortheile bringen, den Bund als einen ver-

*) Geschichte der ehemaligen freien Reichs-Ritterschaft in Schwaben, Franken und am Rheinstrome, nach den Quellen bearbeitet von Dr. Karl Heinrich Freiherrn Roth von Schreckenstein, Rittmeister a. D., Grundherrn zu Villasingen. Mit dem Motto: Audiatur et altera pars! Erster Band: Die Entstehung der freien Reichs-Ritterschaft bis zum Jahre 1437. Tübingen 1859. Verlag der H. Laupp'schen Buchhandlung (Laupp & Siebeck). VIII u. 670 S. gr. 8, mit einer Seite Nachträge und Berichtigungen.

möge seiner Nothwendigkeit unauflöslichen schlossen, hatten damals wohl keine Ahnung der Möglichkeit: die Landesgesetzgebung, berufen, gutes überliefertes Recht im Kleinen wie im Großen zu bewahren und zeitgemäß fortzubilden, könne jemals wieder dem Irrwahn verfallen, sie stehe über dem ihr zur Pflege anvertrauten Rechte, sie könne also Richtungen einschlagen, durch welche das Gegentheil des gegebenen Fürstenwortes begünstigt würde. Dennoch ist das Unglaubliche eingetreten. Im Widerspruch mit der Bestimmung des Artikels 13. der Bundesacte: in allen Bundesstaaten werde eine landständische Verfassung stattfinden, hat jahrelange methodische Fälschung der gesunden, geschichtlich bewährten nationalen Lehren von Grund und Bedeutung der Staatsgewalt durch flachen, unerfahrenen Humanismus in jene wälsche Freiheits- und Gleichheitstheorie zurückgeworfen, welche den Satz: „es giebt keinen Unterschied der Stände" als das einzig berechtigte Princip eines die Höhe der Zeitbildung erreichenden Staatswesens gelten läßt.

Es würde zu weit von unserem Vorsatze abführen, wollten wir an diesem Orte in eine Besprechung der Mittel eintreten, durch die es möglich wurde, den Rechtssinn des deutschen Volkes in dem Maaße zu verwirren, daß deutsche Landesherren geglaubt haben, einer völligen Auflösung staatlicher Ordnung nur begegnen zu können, wenn sie in Nachgiebigkeit von Tagesmeinungen an der Spitze der von ihnen sanctionirten Verfassungsgesetze die Aufnahme jenes Princips duldeten, welches, zu seinen äußersten Consequenzen durchgeführt, ihr eigenes angeborenes landeshoheitliches Recht als eine nur von dem souverainen Volkswillen aus Klugheitsgründen für jetzt noch geduldete Anomalie erscheinen lassen würde. Einem Leserkreise, der zu unseren Erörterungen die Grundüberzeugung schon mit bringt: die treuwillige Unterordnung unter den von der göttlichen Vorsehung durch seine Geburt auf den Thron oder den Fürstenstuhl berufenen Landesherrn sei nicht eine Convenienz des Menschenwitzes, sondern ein Grundpfeiler der christlichen Weltordnung, mag hier ohne weitere Begründung die Wahrheit zum Ausgangspunkte genügen, daß, wie auch immer in unsern modernen deutschen Verfassungsgesetzen die Negation der Rechte des Geburtsstandes formulirt sein möge, dadurch nicht die Anerkennung solcher Rechte geschmälert werden durfte, noch konnte, für welche der Bund der souverainen deutschen Fürsten und freien Städte als ein unauflöslicher gestiftet worden war. Dies vorausgesetzt, sind es nicht etwa blos Ansprüche der 1806 und später, wie man sich mangelhaft ausdrückt, mediatisirten früheren Reichsstände und Reichsangehörigen, sondern ebensosehr des in dem Bundesgrundgesetze berücksichtigten vormaligen Reichsadels, welche eine jede Landesgesetzgebung zu befriedigen die Pflicht hat.

Es wäre unstaatsmännisch, mit Nichtbeachtung der tiefeingreifenden Aenderungen in den Landeseinrichtungen, welche aus den Wirren der Jahre 1830 und 1848 hervorgegangen sind, jetzt buchstäblich für den ehemaligen Reichsadel Einräumung derjenigen besonderen Rechte zu beanspruchen, welche die souverainen deutschen Fürsten 1815 geglaubt haben, im Hinblick auf damalige Zustände, ihm unbeschadet ihrer staatshoheitlichen Rechte und ihrer höchsten Regierungsgewalt ausdrücklich zusichern zu können. Daß man bei Stiftung des Bundes die Geschichte nicht rückläufig machen, daß man vielmehr nur, was mit staatlicher Ordnung und monarchischer Verfassung noch fortdauernd vereinbar ist, in Wesen und Würden erhalten, daß man nicht gesunde Zustände durch Erneuerung abgestorbener Einrichtungen verwirren wollte, zeigt der Schlußsatz des Art. 14. der Bundesakte. Auch die dem vormaligen Reichsadel zugesicherten einzelnen Rechte sollten danach in den Landestheilen, welche der Friede zu Lüneville vorübergehend von Deutschland losgerissen hatte, nur mit den Ermäßigungen wieder eintreten, welche die während der Trennung entstandenen veränderten Verhältnisse als nothwendig ergeben würden.

Die Bundesakte ist nicht ein Werk, welches den Zweck hatte, Unterthanenverhältnisse der deutschen Staaten unmittelbar gesetzlich zu ordnen, also Rechte zu begründen, welche so, wie sie damals formulirt wurden, von den Betheiligten angerufen werden könnten; sie enthält nur Grundstriche zu vorläufiger Bezeichnung des Weges, auf welchem die contrahirenden deutschen Fürsten einig wurden, die durch Zeitereignisse herbeigeführten Rechtsschäden ihrer Unterthanen vermöge ihrer landesherrlichen Macht in dem geordneten Wege der Verwaltung und Landes-Gesetzgebung möglichst gleichförmig und vollständig heilen zu wollen. Die Anwendung der dazu nöthigen Mittel ist eine Rechtspflicht in dem Verhältnisse der Fürsten zu einander; indem sie aber jene Einigung auch ihren Unterthanen kund gaben, haben sie zugleich eine sittliche Verpflichtung übernommen, deren Erfüllung durch Zugeständnisse entgegengesetzter Art nur erschwert, in keiner Weise dagegen ihnen erübrigt werden konnte.

Wenn der vormalige Reichsadel, wie er mehrseitig kund gegeben hat, in dieser Auffassung jetzt noch von dem Fürstenworte die Verwirklichung der in der Bundesacte für ihn enthaltenen Zusicherungen erwartet, so ist das zwar nur vereinbar mit seinem angeborenen Berufe, die landesherrliche Autorität unter Aufopferung von Gut und Blut bei ihrer Würde zu erhalten, wenn von ihm zugleich ein, obwohl erst später unter dem Drange widriger Zeitverhältnisse, nach anderer Seite hin gegebenes Fürstenwort nicht minder als bindend geehrt wird. Es kann also niemals davon die Rede sein: die Wiederherstellung abgeschaffter Staatseinrichtungen nur deshalb zu verlangen, weil es nothwendig sei, um der in der Bundesacte besonders erwähnten Rechte in alter Weise wieder theilhaftig zu werden. Allein es ist durchaus wohlberechtigt, einerseits einer jeden weiteren Verwischung der Standesrechte, als welche durch landesherrliche Sanction schon Gesetz geworden ist, mit allen verfassungsmäßig eröffneten oder rechtlich zulässigen Mitteln fest und bewußt entgegenzutreten, wie andererseits auf gleichen Wegen nachdrücklichst jede mögliche Compensation zu beanspruchen, welche sich eignet, die in der Bundesacte principiell anerkannten besonderen Geburtsstandrechte zu staatlicher Geltung zu bringen.

Der in Artikel 14. der Bundesacte von den mittelbar gewordenen früheren Reichsständen und Reichsangehörigen unterschiedene vormalige Reichsadel ist zwar nicht beschränkt auf die vormalige freie reichsunmittelbare Ritterschaft in Schwaben, Franken und an dem Rheinstrom, von welcher das vorliegende Werk handelt, allein diese Ritterschaft bestand aus mehr als 350 Familien, grossentheils des ältesten und in Thaten bewährten Reichsadels, mit einem aller Landesherrschaft entzogenen Grundbesitz von mehr als 100 Quadratmeilen, über welche den Gutsherren selbst die wesentlichen landesobrigkeitlichen Rechte mit Einschluß der Besteuerung zu dem Zwecke der Erfüllung ihrer Pflichten gegen Kaiser und Reich zukamen. Für die Berechtigten ertrugen die Einkünfte dieses reichsfreien Besitzes bei den mäßigsten Lasten ihrer Unterthanen jährlich mehr als eine Million Gulden.

Wer, in dem heutigen Constitutionalismus aufgewachsen, Aergerniß daran nimmt, daß neben Preußen oder Oestreich auch die beiden Lippeschen Fürstenthümer, Waldeck, die Reußen u. s. w. oder gar ein Lichtenstein die Bedeutung eines Staates für sich haben, daß ihnen sogar auf der Bundesversammlung neben Großmächten ein Stimmrecht zukomme, dem wird es räthselhaft sein, wenn ihm bei dem Anblick der vielen mit R. R. bezeichneten meergrünen Flecken auf den Homann'schen Karten der Ritterschaftsgebiete enthaltenden Reichskreise die Erklärung zu Theil wird: alle diese Flecken hätten unter der Reichsverfassung, ohne von den sie umgebenden mächtigen Landesherren und Reichsfürsten verschlungen zu werden, als Länder bestehen können, deren Herren mit den zu ihrer Regierung nöthigen Mitteln und Befugnissen ausgerüstet, gleich den in dem Reichsverbande stehenden mächtigen Königen, Churfürsten, Erzherzogen, Herzogen und sonstigen Fürsten keine andere Schranke ihrer Macht hatten, als die des Kaisers und der höchsten Reichsgerichte.

Noch wunderbarer muß es dem auch in dem kleinsten heutigen Bundesstaate an geräuschvolle Parlamentsverhandlungen gewöhnten Ohre erklingen, wenn hinzugefügt werden muß: „nicht Mißbehagen der Unterthanen, welche unter völligstem Rechtsschutz gegen Verwaltungswillkür regiert wurden, auch nicht Mangel des nöthigen Apparates von Beamten und Anstalten, deren die heutigen Staaten oft mehr bedürfen, als sie ohne fühlbare Steuerlast bezahlen können, habe den Untergang dieser Miniaturstaaten herbeigeführt, sie seien vielmehr nur, wie das ganze einst mächtige Reich an einer Unvollkommenheit der Reichsregierung zu Grunde gegangen, bei welcher sie eine Mitschuld in keiner Weise treffen kann, da sie an der Reichsstandschaft, mithin an den Fehlern des Reichstages keinen Theil hatten.

Wer gewohnt ist, zu vermuthen, wo ein System von Kräften durch seine Leistungen befriedigt, da müsse auch sein Prinzip ein naturgemäßes sein, der kann freilich den hervorgehobenen Erscheinungen gegenüber die Betrachtung nicht unterdrücken: es möge wohl praktisch doch seine Richtigkeit nicht mit dem modernen staatsrechtlichen Theorem haben: nur was Geld ist oder Geld wiegt, nicht öffentliche Macht, ruhend auf Geburt und vererbtem Besitzstand, dürfe als Gegenstand des Mein und Dein Beachtung finden. Hat man aber diese engherzige Vorstellung überwunden, so tritt die Frage in den Vordergrund:

war es denn gerecht, der vormaligen reichs- unmittelbaren Ritterschaft, wie nicht minder einem großen Theile des landsässigen Adels, die von ihm wohlerworbenen obrigkeitlichen Rechte in dem Machtwege zu entziehen, ohne für den damit verbundenen Verlust an Einkünften Ersatz zu leisten; ohne ihn zugleich als Stand in seiner staatsrechtlichen Bedeutung durch die Gewährung solcher politischer Rechte zu erhalten, welche sein Bestehen dem Gemeinwohl nur förderlich machen, ohne irgendwie die concentrirtere Machtentwickelung zu hindern, deren man nun einmal unter den heutigen Verhältnissen zu Erfüllung staatlicher Zwecke nicht entbehren zu können meint?

So wenig, wie die Herstellung eines einigen, heiligen römischen Reichs deutscher Nation zu den Möglichkeiten der Gegenwart gehört, so wenig kann daran gedacht werden, die das Reichsgefüge integrirende vormalige Reichsritterschaft in dem engeren Rahmen der heutigen Bundesstaaten mit analoger Stellung unterbringen zu wollen. Daraus aber folgt im Mindesten nicht, daß es auch unvermeidlich sei, die Gesinnungen und Kräfte, welche dieser hervorragende Stand der Nation aus den Stürmen einer vorherrschend materielle Zwecke verfolgenden Zeit gerettet hat, für die Stärkung des Rechtssinnes wie für die Befestigung staatlicher Ordnung gänzlich verloren gehen zu lassen. Wenn nun Herr Freiherr Roth von Schreckenstein in dem vorliegenden Werke unternommen hat nachzuweisen:

- was war die frühere reichsunmittelbare Ritterschaft?
- welches waren die Verhältnisse, die ihre bevorrechtete Stellung begründet haben?
- durch welche Mittel ist es ihr gelungen, ihre Rechte zu bewahren, ohne die ihr mit denselben zugefallenen Pflichten unerfüllt zu lassen?
- welche Vortheile sind den Reichs- und Landesregierungen durch ihre corporativen Einrichtungen erwachsen?
- wie haben sich die Lebensbedingungen ihres Bestehens verändert?
- was ist von ehemaligen Rechten untergegangen, was in den besonderen Verfassungen der heutigen Bundesstaaten erhalten geblieben oder der Wiederbelebung fähig?

so bedarf es nach der vorausgeschickten Darlegung der Erinnerung wohl kaum, daß wir in dem begonnenen Werke nicht ein bloßes, allenfalls für den Unterhaltungszweck lesbares Stück der Rechtsalterthümer erhalten. Es liegt vielmehr eine Leistung von der höchsten praktisch-politischen Bedeutung unserer Erwägung vor. Herr Freiherr von Schreckenstein hat sich um die tiefere Einsicht in die Rechtszustände des vormaligen Reiches und die reellen noch fortdauernden Standesinteressen schon hoch verdient gemacht durch seine Schrift über das Patriciat in den deutschen Städten, besonders Reichsstädten, auf welche wir in einer besonderen Besprechung zurückkommen werden. Dort, wie hier, hat er für den staatlichen Werth corporativer Verhältnisse ein Verständniß an den Tag gelegt, welches zu den wohlthuenden Seltenheiten um so mehr gehört, je weiter wir den Sinn für nur industrielle Associationen in bedenklich ausschließender Weise um sich greifen sehen. In der vorliegenden Schrift handelt es sich davon: den Geist und die Vorgänge der politisch wichtigsten und edelsten Corporation des deutschen Volkes den Standes- und Gesinnungsgenossen in lebensfrischer Erkennbarkeit vor Augen zu führen. Wir halten es deshalb für unsere Pflicht, die auf gelehrte Forschung gegründeten, aus der Tiefe der Wahrheit geschöpften Ergebnisse des Herrn Verfassers in einem folgenden Artikel unter Anknüpfung an die bedingenden Verhältnisse des Reiches soweit mitzutheilen, als nothwendig ist, um dem des älteren Staatsrechtes minder kundigen Leser das Verständniß eines Buches zu erleichtern, dessen eindringendes Studium Niemand gereuen wird, wenn er sich, ermüdet durch eine Fluth von tendenziösen Wiederholungen alter und neuer Revolutionsgeschichten, wieder aufzufrischen und zu wirklich fruchtbaren staatsmännischen Betrachtungen Anregung zu finden wünscht.

Ein Graf von Königsmarck.

Roman

von

George Hesekiel.

Vierzehntes Capitel.

Die Geschichte vom Derfflinger.

„Das Mährchen mit der Nadel,
Sie hefteten 's uns auf,
Er diente von der Pike
Sich zum Feldmarschall auf."
(Alter Trinkspruch.)

Der Held unserer Erzählung hat den ganzen Herbst und Winter, die seiner glücklichen Flucht aus England folgten, auf der Agathenburg bei Stade zugebracht, dem stattlichen Schlosse, das sein Großvater, der Feldmarschall, erbaut und seiner Gemahlin Agathe, einer geborenen von Lehsten, zu Ehren die Agathenburg genannt hatte. Auf der Agathenburg residirte damals die Mutter der beiden Brüder, die kluge Gräfin Maria, eine geborene von Wrangel. Sie hatte die beiden Grafen festgehalten, die Wittwe wollte sich der blühenden Jugend ihrer Söhne freuen, und der Wunsch der Mutter fesselte einen ganzen Winter lang den Thatendrang des Grafen Hans Carl. Als aber der Frühling kam, da rüstete er sich zu neuer Fahrt in's Wälschland. Bevor er aber hinabfuhr, war er über die Elbe gegangen, um die Stammvettern in der Mark Brandenburg zu besuchen, absonderlich Herrn Joachim Christoph von Königsmarck, der wohlbetagt auf Rodbahn saß und des Feldmarschalls Bruder war. Es mußte dem jungen Grafen behagen bei seinen Stammvettern in der Mark und deren Nachbarn; denn er hielt sich einige Wochen lang auf bei ihnen und sah die Erde grün werden in Rodbahn, kümmerte sich eifrig um die Acker- und Viehwirthschaft, und ließ sich weiblich pflegen von seiner Großtante Sophia, so eine geborene von Jagow war und einst eine seltene Schönheit gewesen am churfürstlichen Hofe zu Berlin. Unter diesen älteren Verwandten und ihren Nachbaren war viel die Rede von alten Geschichten in Krieg und Frieden. Solche Geschichten liebte der Graf Hans Carl über die Maßen, absonderlich, wenn sie sein Geschlecht und die Thaten seiner Vorfahren betrafen. Darum war es ihm immer eine besondere Freude, wenn an einem warmen Nachmittage der Großohm befahl, daß man ihm seinen Stuhl in den Garten trage, denn dann floß die Quelle der alten Geschichten am reichlichsten.

Der geneigte Leser muß sich indessen von dem Schloßgarten zu Robbahn keine besonders großartige Vorstellung machen, denn es war dazumal mit der Gartenkunst noch nicht weit her in den brandenburgischen Marken, hatte doch kaum die Churfürstin Louise Henriette von Oranien die Anfänge und Keime derselben mit nach Brandenburg gebracht. Der Schloßgarten zu Robbahn hatte ein paar stattliche Gemüsebeete aufzuweisen, ein paar Reihen von Pflaumenbäumen, auch einige Birnbäume, welche keine besonders edle Frucht trugen, das war so ziemlich das Ganze. Dicht an der Rückseite des Hauses aber in sonniger Ecke, da war eine kunstlose Laube von sogenanntem Teufelszwirn und ein kleines Beet davor, welches mit einigen sehr anspruchslosen Blümchen bepflanzt war. Auf der hölzernen Bank unter dieser Laube pflegte Graf Hans Carl zu sitzen, nur mäßig gegen den Sonnenstrahl geschützt und deßhalb wohl des kühlen Trunks bedürftig, der in einem steinernen Krug neben ihm auf der Bank stand. Das Bier war gesund und kräftig, es war auf dem Hofe selbst gebraut. Der Großoheim aber saß in seinem großen Stuhl vor der Laube, so daß ihn die Sonne scharf bescheinen konnte, das that dem alten Herrn wohl, behaglich dehnte er die Glieder und sah unter den buschigen weißen Brauen so recht vergnügt hervor mit seinen blanken Augen. Herr Joachim Christoph von Königsmarck war eine recht ehrwürdige Erscheinung mit seinem weißen Haar und seinem weißen Bart, der lang herabfiel über die Brust.

So saßen sie denn eines Tages wieder beisammen, der alte brandenburgische Edelmann und sein junger Verwandter an der lieb gewordenen Stelle. Mancherlei Historien hatte Herr Joachim Christoph schon erzählt in seiner schlichten Weise, da erhob sich plötzlich ein gewaltiges Hundegebell und gleich darauf fuhr ein ganzes Rudel von Hunden, alte und junge, schöne und häßliche, um die Ecke des Hauses, hinter ihnen her aber kam ein Mannsbild gestampft mit festen, steifen Schritten, daß man schon von Weitem die Sporen klirren hörte, so recht, wie ein alter Reitersmann zu gehen pflegt, dem's immer zu Muth ist, als hätte er einen Pferdsleib zwischen den Beinen.

Graf Hans Carl hielt die Hand zum Schutz gegen das blendende Sonnenlicht über die Augen, um den Ankömmling zu erkennen, während die Hunde schmeichelnd an ihm und dem alten Herrn aufsprangen; Herr Joachim Christoph aber sagte, ohne sich zu rühren: „Gebt euch keine Mühe, Vetter, es ist der von Schlieben, der aus Berlin zurück ist, ich kenne ihn am Tritt, er wird zu erzählen wissen!"

Gleich darauf trat der churfürstliche Oberstlieutenant von Schlieben in die Laube, begrüßte die beiden Königsmarcks in biederherziger Weise, brachte Grüße von Berlin, von Dem und von Jenem, theilte die laufenden Tagesneuigkeiten kurz und bündig mit, und wendete sich endlich an unsern Helden mit den Worten: „An euch, Graf Königsmarck, habe ich noch einen besondern Gruß und eine Einladung auszurichten, ich habe neulich meinen alten Feldherrn, den Derfflinger, besucht und ihm unter Anderem auch erzählt, daß ihr in der Mark auf Besuch, da hat er mir aufgetragen, euch schön zu grüßen von seinetwegen und euch zu beschwatzen, ihn in Gusow zu besuchen, sagend, er hätte viel gelernt von eurem Großvater und in manchem guten Strauß an der Seite eures seligen Vaters gefochten, darum trüge er ein herzliches Verlangen, auch euch kennen zu lernen. Da habt ihr Gruß und Ladung, wie ich euch aber beschwatzen soll, das weiß ich nicht, solche Künste hat der alte Schlieben nie verstanden; das hab' ich auch dem General-Feldmarschall gleich gesagt und er hat dazu gelacht, aber die Ansicht geäußert, daß ich das Schwatzen und Beschwatzen besser verstünde, als Andere, ich wüßte es nur selbst nicht, was ich mir denn als einen kameradschaftlichen Scherz gefallen lassen mußte."

„Der Derfflinger hat Recht, Schlieben," meinte der alte Herr lächelnd, „es versteht Keiner so gut, wie ihr, die Worte zu setzen, und daß ihr nichts davon wißt, das ist eben eure Kunst!"

„Dagegen komme ich denn freilich nicht auf!" lachte der Oberstlieutenant, ergriff den noch ziemlich gefüllten steinernen Bierkrug und trank ihn in zwei mächtigen Zügen leer.

„Sagt mir doch, werther Herr von Schlieben," nahm jetzt Hans Carl ernst das Wort, „ist's denn an dem, daß der Derfflinger, wie die gemeine Sage geht, ein Schneidergeselle gewesen, und also von der Nadel zum Marschallsstabe gekommen?"

„Ist euch wohl nicht vornehm genug ein churbrandenburgischer General-Feldmarschall, mein schwedischer Herr Graf?" fragte der von Schlieben dagegen und sein Gesicht wurde düster.

„Setzt nichts in meine Worte hinein, was nicht darin ist, Herr von Schlieben!" entgegnete Graf Hans Carl scharf.

Der Großoheim lachte und sagte begütigend: Ei! ei! ihr Herren, keine scharfen Worte in meinem Burgfrieden, alter Schlieben hat einen grauen Kopf und ist noch brausend, und ihr, Vetter, braucht auch nicht gleich den Kitzeligen zu machen, wenn ein alter Freund eures Großoheims euch nicht recht versteht."

Der von Schlieben streckte dem jungen Grafen ebenso schnell versöhnt wie beleidigt die gewaltige Reiterhand hin zur Versöhnung und der schlug freudig ein.

„Will euch sagen, Graf," begann der von Schlieben hastig, „der Derfflinger wäre nicht einen Pfifferling weniger werth, wenn er auch ein Schneidergeselle gewesen, aber es ist nicht an dem, hab's nie können ergründen, von wo die Nachricht ausgegangen, die so fest sitzt, daß einem die Leute gar nicht glauben, wenn man ihnen die Wahrheit sagt. Der Derfflinger ist ein Oestreichischer von gutem Adel, hat zwei goldene Leopardenköpfe im blauen Felde im Wappen und dazwischen eine goldene Spitze mit einer geflügelten schwarzen Geierklaue, allerdings aber sind die

Derfflinger zu Grunde gerichtet in Oestreich und exilirt wegen der evangelischen Lehre. Das habe ich vom General-Feldmarschall selbst und weiß auch, daß es bewiesen ist bei der Annahme des freiherrlichen Titels."

„Wie mag man auf die Mähr vom Schneidergesellen gekommen sein?" fragte Graf Hans Carl nachdenklich.

„Wo selbige herstammt," versetzte der von Schlieben, „das weiß ich, wie gesagt, nicht, so viele Mühe ich mir's auch habe kosten lassen, das zu ergründen; schlecht ist's dem Derfflinger in seiner Jugend ergangen, das steht fest. Ich will euch eine sichere Geschichte davon erzählen, die ich, nun die Herren werden aus der Geschichte selbst ersehen, von wem und bei welcher Gelegenheit ich sie erfahren. Also, es ist in den ersten Jahren des dreißigjährigen Krieges gewesen, da lag ein Fähnlein kaiserlicher Reiter in einem kleinen schlesischen Städtchen im Quartier. Diese Burschen hatten sich noch wenig geschlagen für ihren Kriegsherrn, aber auch blutwenig an Sold empfangen dafür, nämlich gar nichts. Der Mensch aber muß leben und da die Kerle eben kein Verlangen nach dem Hungertode spürten, so hatten sie sich weit auseinandergelegt in schlesische Winterquartiere, halfen dem Bürger und Bauer tapfer beim Aufzehren der Wintervorräthe, thaten schön mit den Weibern, küßten die Dirnen, wenn sie hübsch waren, fuchtelten deren Liebhaber, wenn sie's Maul aufthaten und lehrten sie Waffen putzen und Pferde striegeln wider Willen, weil sie sich doch nützlich machen wollten für freies Quartier und gute Kost. Es war eigentlich ein recht liederliches und verlumptes Fähnlein und der kaiserliche Herr Feldwachtmeister Don Marradas, ein vornehmer Hispanier, auf dessen Namen es geworben, konnte mit solchem Pack eben keinen Staat machen oder Ehre einlegen. Von diesen Reitern lagen zwei der jüngsten im Quartier bei einem fetten Bürgersmann, der ein hübsches Haus besaß, einen Hof und einen Garten, wohl auch ein paar Aecker oder Wiesen vor der Stadt dazu. Zwar gab's trotzdem in dem Hause ziemlich schmale Bissen, denn der Alte war zähe, obwohl die Leute erzählten, daß er manchen blanken Kaisergulden in seinem Garten vergraben habe. Es war das so ein Quartier, vor dem alte Soldaten ein Grauen hegen, in das sich aber Jüngere gern und willig legen lassen Die Tochter des alten Geizhalses war nämlich ein Bild von einem Mädchen, so ein rechtes Kernmädchen mit blitzenden Augen, festem Fleisch, rothen Wangen, voller Brust und kräftig derben Armen. Hedwig, so war die gewaltige Dirne nach der Schutzheiligen Schlesiens getauft, hätte alle Tage selbst ein Reiter werden können, sie würde der kaiserlichen Standarte mehr Ehre gemacht haben, als die Mehrzahl der armseligen, abgerissenen Burschen, die jetzt um ihre Gunst buhlten und für jeden Kuß, den sie ihr stahlen, mit einer Ohrfeige belohnt wurden, die einen ungarischen Ochsen hätte niederschmettern können. Die beiden Reiter, die sich des Glücks rühmen durften, mit der schönen Hedwig unter einem Dach zu schlafen, buhlten Anfangs Beide gleicheifrig um die Gunst der Dirne, die trotz der rauhen Außenseite nicht unerbittlich war und ein sehr liebebedürftiges Herz unter dem rothen, gelbgestreiften Brustlatz trug. Bald war's indessen kein Geheimniß mehr, daß der Jüngere der beiden Reiter, ein Flaumbart und Milchgesicht, den sie den Dorner nannten, weil er ein Kaufbursche von Attendorn war, der seinem Lehrherrn mit der Kasse davongelaufen, den Sieg davon getragen über den langen Jürgen, einen wilden Burschen aus dem Oestreich, der sich bislang mit Raufhändeln mehr abgegeben als mit Weibsbildern. Der stämmigen, starken Dirne hatte die glatte Wange und der Flaumbart des Dorners besser behagt, als des langen Jürgen eiserne Umarmung. Gleich und Gleich gesellt sich gern, sagt das Sprichwort, aber im Leben paart sich Ungleich lieber als Gleich. Der lange Jürgen indessen mußte sich sein Unglück in der Liebe eben nicht sehr zu Herzen genommen haben, blieb liegen im alten Quartier und sah's gleichmüthig nach, wenn die schmucke Dirne sich wie närrisch hatte um den Kaufburschen, ihm die besten Bissen zusteckte und ihn behängte mit allerlei Kram und Flittern, also daß der Dorner unter den anderen Reitern bald so aussah, wie der Pfau unter den Hühnern. Nachdenklich und gleichgültig, wenn er nicht gereizt wurde, war der lange Jürgen immer gewesen und das blieb er auch Angesichts der Leckerei, so die Hedwig mit dem Dorner ziemlich offen trieb. Wenn der Abend kam suchte der lange Jürgen zeitig sein Lager, denn er war gern allein, dem Dorner war das ganz recht, denn nun konnte er ganz ungestört kosen mit seinem herzallerliebsten Schatz. Eigentlich hätte ich sagen sollen: die Hedwig konnte ohne Zwang mit ihm kosen, denn verkehrt war's bei diesem Paar, kräftigen Verlangens war sie, weibisch nachgiebig war der Dorner. Das Glück bei der Hedwig, bessere Kost und bunte Kleidung, hatten den Burschen bald übermüthig gemacht und mit dem langen Jürgen ging er zuweilen um, als sei der zu schlecht zu seinem Knechte. Warum das der lange Jürgen duldete, ist nicht zu sagen, vielleicht war's ihm zu thun um die Worte, die er dem armseligen Dorner hätte geben müssen. Wenn nun der Dorner spät Nachts von seinem Liebchen schlich und sich erschöpft auf sein Lager streckte, dann war's ihm sehr unbequem, daß der lange Jürgen laut im Traume mit sich selbst sprach und ihm so seine Nachtruhe störte. Vergeblich aber zankte er darum mit dem Kameraden, der lange Jürgen antwortete niemals. In einer Nacht aber, als der Dorner wiederum schrie: „Zum Donnerwetter, Kerl, was hast du denn?" da fuhr dem Jürgen, wohl wider Willen das Wort heraus: „ich weiß nicht wie ich's anfangen soll, General zu werden!" Der Dorner schlug eine helle Lache auf und rief höhnend: „Nichts kannst du werden, gar nichts, nicht einmal ein ärgerer Lumpenhund als du jetzt schon bist, oh, Kerl, du wirst nie kein Corporal nicht, geschweige denn ein General!" Der Dorner lachte wie toll, daß es der Jürgen darauf abgesehen, ein General zu werden und meinte, daß müsse ein höllisches Gelächter am andern Tage geben, wenn er das der Hedwig, der straffen Dirne, und den Kameraden vorerzähle beim Bierkruge. Der Dorner schwur hoch und theuer, er wolle den langen Jürgen zum Hänselnarren der Weiber und Kinder machen mit seiner Generalschaft. Was nun das Vorerzählen und das Gelächter der Hedwig und der Kameraden über den „General Jürgen" betraf, so hatte es damit allerdings am andern Morgen seine vollkommene Richtigkeit, aber zum Hänselnarren wurde der lange Jürgen darum doch nicht, sintemal er sich nirgendwo sehen ließ. Ueberall suchte ihn der übermüthige Dorner, der da meinte, der lange Jürgen fürchte sich vor seinem Spott, aber er suchte ihn überall vergebens.

„Endlich vermißte er auch des langen Jürgen Roß im Stall, sein Schießgewehr und Armatur, da wurde dem Schwachkopf klar, daß der Jürgen fort sei und bildete er sich nun ein, derselbe sei aus Furcht vor seinem Witze davon gegangen. Der Bursche hatte keine Ahnung davon, daß der feurige strebsame Kriegsgeselle aus Ekel an so unsoldatischer, jämmerlicher Wirthschaft der Fahne des Kaisers den Rücken gewendet. Der Dorner beeilte sich, den Kameraden als Deserteur anzugeben, sein Wachtmeister aber belehrte ihn mit gar geheimnißvollen Augenzwinkern, des langen Jürgen Abschied sei, vom Hauptmann unterzeichnet, schon des Tags zuvor angekommen, auch sei dem Jürgen gestattet worden, Roß und Armatur mitzunehmen für seine Soldrückstände. Aergerlich trollte sich der Dorner heim zu seiner großen Hedwig, der Spaß war ihm verdorben und nur zuweilen lachten sie über den langen Jürgen, der keinen Groschen im Sack hatte und doch fortgeritten war, um General zu werden unter fremdem Kriegsvolk. Also ist es geschehen im Frühjahr Anno 26 oder 27, weiß nicht mehr genau die Zahl."

Der von Schlieben hielt einen Augenblick inne.

„Wo aber bleibt der Derfflinger?" meinte der junge Graf.

„Er ist schon da!" wendete der alte Herr lächelnd ein.

„Woher wißt ihr das, Königsmarck?" fragte der von Schlieben hastig.

„Mein Gedächtniß ist gut," lächelte der Greis mit freundlichem Spotte, „aber selbst wenn 's schlecht wäre, würde ich 's doch wissen, denn schon viele Male habe ich euch diese treffliche Geschichte erzählen hören."

„Oh!" rief der von Schlieben einigermaßen betrübt, denn er erzählte diese Geschichte gern und glaubte sich jetzt durch die Höflichkeit verpflichtet, aufzuhören.

„Tröstet euch nur," lenkte der Herr Joachim Christoph von Königsmarck wieder ein, „mein lieber Vetter da hat eure Geschichte noch nie gehört, fahrt fort! Seht ihr denn nicht, wie begierig die liebe Jugend ist, von euch zu hören?"

„Und Frühling war's wieder," begann der von Schlieben auf's Neue seine Erzählung, „Frühling war's wieder, viele, viele Jahre darnach, da ließ unser Herr, der Churfürst Friedrich Wilhelm, die Werbetrommel rühren durch seine Lande alle und auf allen Werbeplätzen, die er frei hatte im deutschen Reich; denn die Kriegsfurie war wieder Mal los im Polenlande und der tapf're Schwedenkönig Carl Gustav rückte gegen Warschau mit seinen Generalen, Vierzigtausend stark. Das aber konnte der große Brandenburger nicht so gleichmüthig mit ansehen, von wegen seines souverainen Herzogthums in Preußen; gerüstet sein auf alle Fälle, ist unseres Churfürsten Staatsraison und: mußt du schlagen, schlage schnell! lautet seine Kriegsraison. Auch der General Derfflinger ließ Friedrich Wilhelms Werbetrommel stark schlagen, daß sie einen guten und gewaltigen Klang gab, einen Klang, der lockend an die Ohren der Männer schlug und Wiederhall fand in ihren Herzen. Und Männer strömten zusammen von Norden und Süden, von Osten und Westen, auf des großen

Brandenburgers Werbeplätzen, und sie schwuren zur Fahne mit dem rothen Adler, nicht um das klingende Silber des Handgeldes allein, sondern auch um die Ehre, solchen Kriegsfürsten zu dienen in Blut und Tod. Wo unsere brandenburgischen Adlerfahnen rauschen, da kommt in den Herzen der Krieger immerhin die wonnige Ahnung, daß sie sich ewig leuchtender, unsterblicher Schlachtenglorie zu geschworen mit ihrem Handschlag; daß sie Theil haben an jener Glorie, die an jeder brandenburgischen Fahnenspitze leuchtet, die an unsern Schwertern blitzt in trübster Nacht so hell, wie im klaren Sonnenschein und also leuchten und blitzen wird in alle Ewigkeit."

Der von Schlieben hielt einen Augenblick inne, seine Augen flammten mächtig!

„Ich bin auch ein brandenburgischer Junker!" rief Graf Hans Carl begeistert.

„Ich weiß, ich weiß" ,entgegnete der von Schlieben freundlich, denn ihm schmeichelte der Eindruck, den er hervorgebracht, „ihr seid ein brandenburgischer Junker wie wir, nur der Graf ist schwedisch an euch."

„Ein ganzer Königsmarck, Feuer und Flamme wo von Kampf und Ruhm die Rede ist!" sagte der alte Herr Joachim Christoph leise, und seine Blicke ruheten voll Stolz auf dem Antlitz seines Großneffen.

„Ein nett klein Städtlein war's im Schlesierland," fuhr der von Schlieben in seiner Erzählung fort, „da übten die Exerciermeister der churfürstlichen Durchlauchtigkeit das neugeworbene Volk auf dem Marktplatz. Da klirrten die Waffen so lustig und frisch und wie wohllautender Donner dröhnte das Commando-Wort, im schnellen Tritt die ganze reisige Fahne. Ja, streng ist die brandenburgische Manneszucht, schwer der Dienst, denn nicht umsonst ist feil die Ehre churbrandenburgischer Waffenbruderschaft, aber dafür wird auch gesorgt für die Leute, ein Kriegsvolk hält der große Brandenburger kein Diebsvolk, mit Regimentern schlägt er seine Schlachten, aber nicht mit Räuberbanden. Das Fähnlein flog im Morgenwind, halt! wie eine Mauer stund die Compagnie, ein Märkischer von Adel war ihr Hauptmann, zwar thut es nichts zur Sache, ich will's euch aber nicht verhehlen, daß ich, Johann Friedrich von Schlieben, jener Hauptmann war. Plötzlich schmetterte eine Trompete hell und laut vom Thor her, neugierig lief die gaffende Jugend dahin, die Weiber und Mädchen dazu und gar leicht war ein großer Haufe zusammen, da kam die Gasse herauf in kurzem Trabe ein ziemlich starker Reitertrupp. Vorn auf mächtigem schwarzbraunen Roß ein langer hagerer Herr in blankem Panzer, schwarzweiße Federn auf dem Hut und dazu einen grünen Eichenzweig. Das war der Derfflinger. Grüne Zweige trugen alle Reiter an Hüten und Helmen; wenn Brandenburg zu Kampf und Krieg zieht, dann schmückt es sich freudig dazu mit grünem Laub."

„Wie die Lacedämonier einst?" warf Graf Hans Carl ein, der mit höchster Befriedigung der zugleich kernigen und begeisterten Erzählung des alten Kriegsmanns lauschte.

„Wer?" fragte der von Schlieben.

„Die Lacedämonier!" wiederholte der Graf.

„Kenne die Kerle nicht," erwiderte der Erzähler und fuhr tapfer fort: „der General hielt sein schwarzbraun Roß vor der Fronte der Compagnie an, der Hauptmann neigte salutirend das Schwert, die Trommeln wirbelten und das Fähnlein wurde gesenkt. Da stieg der General vom Pferde, ging sorgsam musternd die Glieder durch, die Waffen prüfte er bald da und bald hier und keinen Rostfleck, wär' er noch so klein gewesen, übersah sein scharfes Auge. Auch gewann er rasch Rede und Antwort von den Leuten, doch lehrte er die Schwätzer auch, sich mit kurzen Worten helfen, wie er's that; denn sehr kurz waren die Worte, in denen er dem Hauptmann ehrlich seine Zufriedenheit mit der Compagnie aussprach. Die Musterung war zu Ende. „Ist keine Gastwirthschaft da, wo wir eins trinken können?" fragte der Derfflinger, und sie führten ihn in ein Wirthshaus, das hieß „zum billigen Wirthe" in's gemein, ein Wahrzeichen hatte es sonst nicht. Da setzten sich die Herren zum kühlen Trunk, der ihnen mundete nach ihrem scharfen Morgenritt und sahen's auch gar wohlgefällig an, daß die Frau Wirthin einen Imbiß für sie gerüstet in aller Eile: gedörrtes Fleisch, gekochte Eier, getrocknet Obst und weiches Brod, so wie's in Schlesien Landesart. Und die Frau Wirthin! Wetter, das war ein Weib! Die war wohl sicher, daß kein Mann sie übersah und daß kein anderes Weib hochmüthig herabschauen thäte auf sie. Die war ja fast noch größer als der General, so doch von ungewöhnlicher Leibeslänge, und was den Umfang der Frau betraf, so hätte man drei dürre Generale bequem aus dieser dicken Wirthin schneiden können. Auf dem vollen Antlitz dieser Frau lag stets der Wiederschein des Feuers auf dem Küchenheerde, und kam sie, ihrer Arme rüstig Paar bewegend, durch das Gemach, so war's, als wälze eine Windmühle schwer und stattlich sich heran. Und doch der Herr Generalfeldwachtmeister von Derfflinger mußte ein sonderbares Wohlgefallen gefunden haben an diesem gewaltigen Stück Weiberfleisch, denn seine dunkeln Feueraugen rollten und folgten jeder Bewegung der riesigen Frau. Ja, ja, es muß so sein, der Derfflinger hat einen apparten Geschmack, denn hinter der Schänke sitzt der billige Wirth selbst, ein kleines fadenscheinig, spindeldürres Männlein, der auf die großen Reize seiner größeren und fetteren Hälfte gewaltig eifersüchtig ist, denn seine Schlangenaugen haften so stechend und giftig auf dem General, als wollte er ihn für einen Heller heut noch ermorden. Da sprach plötzlich der General zur Wirthin: „tretet mal her zu mir, Frau Hedwig, und gebt mir eure Hand, so wie's Sitte und guter Brauch zwischen Zweien, die sich so lang schon kennen, wie wir!" Wohl rückte da die Wirthin vor bis an den Stuhl des Generals, wohl reichte sie ihm ihre rothe Hand, fünf Pfund schwer ohne den Daumen, nachdem sie dieselbe vorher fein säuberlich abgewischt an der Schürze, wohl machte sie einige recht kräftige Anstrengungen, etwas Bekanntes zu entdecken in dem rauhen Antlitz des berühmten Feldherrn, aber ihr Gedächtniß war lange so gewaltig nicht, wie ihr Busen und mit einem verzweifelt dummen Lächeln stammelte sie etwas von großer Ehre."

Laut auf lachten die beiden Königsmarck, denn höchst drollig in seinem Ernst trug der von Schlieben das vor.

„Ei! Ei! Frau Hedwig," rief der Generalfeldwachtmeister lachend, „so schnöde habt ihr mein vergessen, daß ihr mich nicht einmal wiedererkennt, und doch war ich ein eifriger Verehrer eurer Schönheit, da man euch noch die Jungfer Hedwig nannte; ihr freilich habt auch schon damals nicht viel von mir wissen wollen, ihr ließ't mich gehörig ablaufen und legtet euch ein Milchgesicht zu, so ein flaumbärtig Bürschlein! Grüß' Gott, Frau Hedwig, ich bin der lange Jürgen!" Einen Augenblick schwieg die Frau und ihr Mund stand weit offen, dann schrie sie: „Gestrenger Herr Generalfeldwachtmeister, der lange Jürgen, der wäret ihr?" Der General wußte sich sehr gut zu unterhalten mit der alten Bekanntschaft, er lachte um die Wette mit seinen Officiers, denn er schämte sich nie des geringen Anfangs, den er genommen, im Gegentheil war er stolz darauf, daß er, zwar nicht von der Nadel, aber doch von der Pike, auf gedient und es doch so mächtig weit gebracht. „Der lange Jürgen sind ein General geworden," schrie die Wirthin und streckte ihre fleischigen Hände so kräftig gen Himmel, daß sie sich die Knöchel wund stieß an der niedrigen Stubendecke — „General geworden, wirklich, in so kurzer Zeit!" „Ja, es sind kaum dreißig Jahre her!" lachte der Derfflinger lustig. Plötzlich drehte sich die Wirthin um, schob sich mit zwei großen Schritten an den Schenktisch, und als sie wiederkehrte, hielt sie ein klein fadenscheinig, spindeldürres, hüstelndes Männlein am Kragen seines Röckleins, schleifte selbiges vor den General und sprach verächtlich: „Hier ist der Dorner und der soll mein Mann sein! Mach' dem gestrengen Herrn General die Reverenz, du Lump!" befahl die Wirthin und dabei legte sie ihre Hand so nachdrücklich auf das Haupt des Wesens, das ihr Herr sein sollte, daß dieses zusammenknickte bei der Berührung. Der Derfflinger aber ergriff die Hand des hingeschwundenen Kameraden, der kaum mehr noch als ein Schatten war, und sprach: „Dorner, alter Kamerad, wißt ihr noch, vor dreißig Jahren? He! Wer ist nun der ärgste Lump?" Das war des Derfflinger's Rache, seine ganze Rache; denn darauf ließ er den alten Kameraden hinsetzen, trank mit ihm und schwatzte mit ihm von alten Zeiten. Damals habe ich denn auch diese ganze Geschichte ausführlich erfahren. Ehe aber der Derfflinger noch abritt, nahm er die dicke Wirthin bei Seite und führte sie in ihre Kammer, sie blieben da-drinnen fast eine Viertelstunde. Als sie aber wieder herauskamen, sah man es der Wirthin an, daß sie sehr geweint hatte, denn sie hatte geschwollene Augen; der Derfflinger hatte ihr nämlich, wie ich nachher erfuhr, gewaltig die Leviten gelesen, das versteht er trotz eines Pastors, und ihr gehörig eingeschärft, daß sie ihren Mann inskünftig anständig behandle und ihn nicht verachte, weil er jetzt kein so glattes Gesicht mehr habe, wie vor dreißig Jahren. Das eben sei ihre Strafe, hatte er ihr gesagt, weil sie ihn nur aus Lust an dem milchfarbenen Gesichte genommen und nicht aus wahrer Liebe. Weinend hatte Frau Hedwig dem Generalfeldwachtmeister versprochen, sich zu bessern und hatte ihm auch die Hand darauf gegeben. Ich kann nun aus eigener Erfahrung zu dieser Geschichte hinzufügen, daß die billige Wirthin ihr Versprechen rechtschaffen gehalten hat, der Dorner konnte von da ab nicht mehr über sie klagen, sie hielt ihr Versprechen aus purem Respect vor dem großen Derfflinger, ihrem verschmähten Liebhaber. Als aber anno 1670 die Kunde kam, der Derfflinger sei Chur-Brandenburgischer General-Feldmarschall geworden, da hat sich die dicke Frau Hedwig denn doch nicht halten können und man hat sie rufen hören:

„Ach Gott! ach Gott! wenn ich nur das gewußt hätte, so hätte ich damals doch lieber den langen Jürgen genommen!" Das hat ihr Jeder geglaubt, damit aber ist meine Geschichte zu Ende, liebe Herren!"

„Ich reise nach Berlin und besuche den Herrn General-Feldmarschall!" erklärte Graf Hans Carl bestimmt.

„Ihr habt ihn beschwatzt, Schlieben, da habt ihr's!" scherzte Herr Joachim Christoph.

„Ich glaube es selbst," meinte der Obrist-Lieutenant geschmeichelt, „geschwatzt habe ich wenigstens genug, die Kehle ist mir ganz trocken und in dem großen Kruge ist auch nicht der kleinste Tropfen Bier mehr!"

„So laßt uns hineingehen, edler Schlieben und ihr, mein Vetter," lud Herr Joachim Christoph ein, indem er sich erhob, „es wird mir fast zu kühl hier, meine Hausfrau wird schon Mittel finden, die trockene Kehle zu befeuchten, und, meiner Treu! ich selbst spüre die Lust einen Becher rheinischen Weines mit euch zu leeren!"

„Solche Lust wollet nicht bekämpfen in euch, Herr Joachim Christoph," meinte der von Schlieben schmunzelnd, „ei, die edle Frau von Königsmarck handelt mit großer Weisheit, ihr werdet eurer Verwandtin wahre Bewunderung zollen, junger Herr, denn ihr werdet seltsame Dinge erfahren, wenn wir hinein kommen!"

Der Obrist-Lieutenant lachte.

Herr Joachim Christoph lachte auch und meinte freundlich: „Laßt nur meine Hausfrau, ist ihre Art mal, und, meiner Treu! ich habe mich die letzten funfzig Jahre nicht schlecht gestanden mit ihrer Art!"

Die Herren verließen den Garten und gingen langsam, von der Hunde bunter Schaar umbellt und umsprungen, über den Hof, auf welchem einige ziemlich unansehnliche Kühe zwischen einem rohen Blockzaun hin und her wandelten, nach der Vorderseite des Herrenhauses, auf dessen Thürschwelle, einen forschenden Blick in den Hof werfend, so eben eine alte Dame erschien, die mit ihren hellen, frommen Augen und dem weißen Haar unter dem schwarzen Sammetmützchen recht ehrwürdig aussah, obwohl es sich ziemlich sonderbar ausnahm, daß sie über ihrem schwarzen, etwas verschabten Sammetgewande eine Art von Kittel trug von grauer Leinwand, die auf dem Gute selbst gesponnen und gewoben. Offenbar wollte die wackre alte Edelfrau durch den Linnenüberwurf ihr Kleid schützen und schonen. Kaum erblickte die edle Frau, Sophie von Königsmarck, geborene von Jagow, die Herren, so winkte sie ihnen heiter lächelnd zu.

„Sie ist immer heiter, eure Hausehre!" bemerkte der von Schlieben.

„Gott erhalte ihr diese köstliche Gabe!" sagte der Greis und nickte seiner alten, aber immer noch schmucken Lebensgefährtin zu, „jetzt hat sie aber etwas Besonderes, entweder ist mein jüngster Sohn herübergekommen, oder sie hat

Nachricht von unserm Aeltesten, dem Christoph in Cleve, der schreibt immer so schöne Briefe, nun, ihr kennt ja unsern Gelehrten, Vetter, von Straßburg her!"

„Ich freue mich, von dem wackern Vetter zu hören," entgegnete der Graf, „er hat mir in Straßburg freundvetterlichoft gerathen und ich wußte es besser zu schätzen als zu befolgen!"

Der alte Herr hatte sich nicht geirrt, denn als sie näher kamen, rief Frau Sophie von Königsmarck: „Es ist ein Bote da von unserm Siegfried, Vater, er kommt morgen und will den großen Braunen zu einer Reise nach Berlin, der Erbmarschall hat ihn entboten, er läßt auch den Herrn Vetter Hans Carl begrüßen und fragen, ob der nicht Lust hätte mit nach Berlin zu reisen auf acht Tage!"

„Das trifft sich herrlich!" riefen der von Schlieben und Graf Hans Carl.

„Laß uns doch ein Krüglein rheinischen Weines heraufholen, mein altes gutes Weib!" sagte der Greis über die Schwelle tretend.

„Rheinischen Weins?" fragte Frau Sophie mit dem Tone größter Ueberraschung, aber sie suchte sogleich einen Schlüssel aus dem Bunde, das neben einer Tasche an ihrer linken Seite hing, dann sprach sie halblaut vor sich hin: „Ich weiß doch nicht, ob noch rheinischer Wein da ist, ei, wir haben schönen rheinischen Wein gehabt, aber es ist auch viel aufgegangen, es wird wenig genug sein, wenn überhaupt noch welcher davon vorhanden, aber laßt mich nur machen, ich werde schon etwas finden!"

Die gute alte Dame trippelte davon, sie rief mit heller Stimme einer Magd und befahl ihr, eine Laterne anzuzünden.

„Wenn es sich um den Wein handelt, muß die edle Frau selbst gehen!" lachte der von Schlieben.

„Sie hat ihn vor den Schweden versteckt vor dreißig Jahren, Vetter!" neckte der alte Herr heiter.

„Und sie allein kann ihn wiederfinden!" bemerkte der Obrist-Lieutenant.

„Aber sie findet immer noch ein Krüglein, wenn's Noth thut!" fuhr der Greis fort.

„Und es ist ihrer Versicherung nach jedes Mal der letzte Tropfen, es ist eine treffliche Frau, edler Königsmarck, seit länger als zwanzig Jahren trinke ich alljährlich ein paar Mal die letzten Tropfen von diesem Weine mit euch!"

„Ich noch öfter," schloß der Hausherr, „kommt, Vetter, da sind die letzten Tropfen!"

Die Herren traten in das große niedrige Wohngemach zu ebener Erde.

Ostfriesland von 1807 bis 1812.

— Eine Neujahrsstudie. —

Wir glauben nicht, daß das neue Jahr in Paris in ähnlicher Weise mit einer Neujahrs-Gratulation an irgend einen der Gesandten anheben wird, wie das vorige, indeß die Aussichten für die Zukunft sind darum noch um kein Haar besser, wie im Beginn des Jahres 1859, im Gegentheil, sie sind noch getrübter, noch verworrener geworden. Der Napoleonismus ist überall, wo wir hinblicken, im Siegen begriffen, wenn auch nicht im Augenblick äußerlich, so doch innerlich. Rußland hat die Hand des französischen Autokraten bereits vor Jahren küssen müssen; Oestreich hat sich im verflossenen Jahre dem Rivalen zugesellt; England lebt in stäter Angst vor französischer Invasion und rüstet; endlich Preußen — es ist eifrig daran, wenigstens seine innern Zustände den französischen ähnlich zu machen, um die Gleichheit statt der Freiheit zu erhalten. Alles Andere ist im Grunde Nebensache. Ob ein nach den Idealen der demokratischen Presse zugeschnittener Staat Preußen heißt, ob Frankreich, Judenheim u. s. f., das ist einerlei; die Hauptsache ist, daß Alles beseitigt wird, was ein Element im Fundament des preußischen Staates ist, daß der Staat ein Abstractum wird, ein Staat ohne Voraussetzung. In der Doctrin wird man alsdann eine neue Grundlage suchen, und die Doctrin wechselt bekanntlich mit dem Tage, ist ebenso veränderlich wie die Course der Börse.

So traurig indeß auch die Verhältnisse sein mögen, so haltlos sich die europäische Diplomatie der verflossenen Jahre erwiesen hat und so trostlose Bestrebungen sich in unserm engern Vaterlande bereit machen, wir werden nicht ermangeln zu wirken, so lange es Tag ist; wir haben das Jahr 1859 im Kampfe gegen die französische Despotie geschlossen und wir eröffnen damit das Jahr 1860. Der Abschluß des Jahres ladet zunächst zum Rückblick ein, um von da aus auf die Zukunft zu schließen und Hoffnung und Furcht zu begründen. Wir machen den Anfang mit dem Rückblick, nicht gerade auf das verflossene Jahr, sondern auf eine frühere Vergangenheit; nicht auf eine Vergangenheit Frankreichs, sondern auf die Vergangenheit eines verhältnißmäßig kleinen Landstrichs von Deutschland; nicht auf die Vergangenheit Napoleons III., sondern Napoleons I. Der Napoleonismus ist stets nach denselben Principien zu Werke gegangen; wir können ihn eben so wohl kennen lernen aus den Thaten früherer Zeit, als aus den Thaten der neuesten Tage. Zur Abwechselung suchen wir ihn heute in Ostfriesland auf, wie er sich dort in den Jahren 1807 bis 1812 geltend machte. Wir könnten auch den Rhein statt Ostfriesland wählen, ja, unser ganzes deutsches Vaterland, indeß die Erinnerungen an die französische Fremdherrschaft in Deutschland sind in ihren allgemeinen Zügen sattsam bekannt, und für einen beträchtlichen Theil der Rheinufer hat der Justizrath Zuccamaglio in Hückeswagen vor zehn Jahren in einer besonderen Schrift (die Franzosen am Nieder-Rhein, von Montanus. Elberfeld bei Hassel. 1851) eine so eingehende Detailschilderung gegeben, daß Jeder sich aus derselben ohne sonderliche Mühe hat belehren können und noch belehren kann. Weniger bekannt ist dagegen geworden, wie die Franzosen in jenen Zeiten an den Gestaden der Nordsee verfuhren, und da uns gerade der dritte Band einer ostfriesischen Geschichte*) vorliegt, die in dieser Zeitschrift bereits zu verschiedenen Malen erwähnt worden ist, so glauben wir denselben unsern Lesern nicht besser empfehlen zu können, als indem wir aus demselben einige Detailschilderungen französischer Wirthschaft entlehnen. Es behandelt dieser dritte Band die Geschichte Ostfrieslands von 1744 bis 1815, also unter preußischer, holländischer und französischer Regierung; der Theil, der über das preußische Regiment handelt, ist bereits vielfach in der Presse erwähnt und nicht nur von Preußen, sondern auch von Ostfriesen vielfach herbe getadelt worden. Wir übergehen denselben indeß mit Stillschweigen und erwähnen nur, daß der Verfasser in demselben von specifisch ostfriesischen Interessen sich leiten läßt und dadurch die Handlungsweise preußischer Regierungen, die andern Dingen vorzugsweise ihre Aufmerksamkeit zuzuwenden hatten, nicht selten in ein schiefes Licht bringt. Von Preußenhaß, wie vielfach behauptet ist, findet sich keine Spur in dem Buche.

Also Friesland unter holländischer und französischer Regierung: wie hat sich eine solche Regierung wohl ungefähr ausgenommen? Es war am 25. October 1806, als der holländische General — König von Holland war damals bekanntlich Ludwig Napoleon, Bruder Napoleons I. und Vater des jetzigen Kaisers Napoleon — Daendels mit seinen Truppen die Ems überschritt, um von einem preußischen Lande Besitz zu ergreifen. Huldigend den Grundsätzen der französischen Civilisation, die alle Naturalwirthschaft zwar im Princip verwirft, sie aber gern geltend macht, wenn das besondere Interesse in's Spiel kommt, verlangte er täglich für sich nicht nur fünfzig Pistolen Tafelgelder — eine Summe, die er auch da noch zu erheben für zweckmäßig fand, als er später als Gouverneur nach Münster ging —, sondern außer dem Gelde auch noch einige kleine Natural-Lieferungen, nämlich und zwar täglich: 200 Eier, 800 Austern, 18 Rebhühner, 4 Schnepfen, 4 Enten, 1 Spanferkel, 12 Hühner, 1 Reh, 4 Gänse, 1 Wildschweinskopf, ferner Früchte aller Art: Ananas, Trauben, Nüsse, das feinste Obst, Confecte, ostindische Vogelnester, dazu außer Thee Kaffee, Chocolade u. dergl., 126 Flaschen gewöhnlicher und feiner Sorten Weine. In Begleitung scharfer Drohungen wanderte dieser Küchenzettel zu den Beamten nach Leer. Diese waren aber noch nicht „civilisirt" und staunten verwundert über alle die schönen Dinge, die nun leider in Leer nicht zu beschaffen waren. Im Anfang des Monats December wurde Bonhomme Gouverneur von Ostfriesland, der sich mit Wenigerem begnügte, nämlich mit einem Taschengelde von 19,000 holländischen Gulden für das Jahr. Dafür wurde denn auch das Land von allen feudalen Elementen gereinigt und französisch zugeschnitten. Die erste große Wohlthat war, daß die Malthesergüter confiscirt

*) Geschichte Ostfrieslands von Onno Klopp. 3 Bde. Osnabrück. Im Selbstverlage des Verfassers.

wurden und dann, daß an die Friesen das Gebot erging, ihr Salz nicht nur aus holländischen Siedereien zu beziehen, sondern auch für den Sack eine Accise von 5 Gulden zu zahlen. Darauf: Verbot jeglichen Handels mit England und Confiscation — nicht von Malthesergütern, sie waren ja zur Freude der „Civilisirten" bereits confiscirt — sämmtlicher englischen Waaren, die sich im Besitze ostfriesischer Kaufleute befanden. Das berüchtigte Decret von Mailand (17. December 1807) erklärte alsdann jedes Schiff, welcher Nation es auch angehörte, für entnationalisirt, für englisches Eigenthum, folglich für wegnehmbar, sobald es durch ein englisches Schiff durchsucht wäre, einer Fahrt nach England sich unterworfen oder eine Abgabe an die englische Regierung gezahlt hätte. „Von da an," schreibt Klopp, „war es mit allem ernstlichen Handel von Ostfriesland seewärts aus und ein vorbei. Was noch übrig blieb, war, abgesehen von dem Verkehr über die Watten mit den kleinen Fahrzeugen, der Schmuggel und nur der Schmuggel."

Das die ersten Maßnahmen der neuen Regierung. Indeß noch standen die Friesen in dem Wahne, daß ihr Land zwar mit Holland vereinigt sei, daß dasselbe aber noch immer, wie unter Preußen, eine besondere Provinz mit eigener Verfassung ausmachen würde. Leider war aber die Verfassung eine ständische, und wenn auch eine ostfriesische Deputation im Haag dieselbe als durchaus angemessen schilderte, ja sogar als eine solche, unter welcher allein Ostfriesland sich glücklich fühlen könne, so war man doch nicht geneigt, solchen reactionären Deductionen Gehör zu schenken. Vielmehr wurde die Verfassung als eine dem Grundsatze der Gleichheit widerstreitende aufgehoben und als Ersatz dafür gewährt, daß das „Departement Ostfriesland" fortan zwei Mitglieder in den „gesetzgebenden Körper" stellte. Für das erste Mal waren es drei, die der König ernannte; in der Folge sollten die Kiezer, d. i. die Wahlmänner, die erledigten Stellen besetzen. Betrübten Sinnes kehrte die Deputation nach Ostfriesland zurück, wo am 11. März unter dem Donner der Kanonen und unter dem Geläute der Glocken verkündet wurde, daß Ostfriesland nun holländisch geworden sei. „Der König," hieß es in einer Proclamation, „verlangt nichts von euch, als daß ihr wahre Holländer seid und euer besonderes Interesse dem allgemeinen Wohle aufzuopfern wisset." Natürlich mußte man diesen allgemeinen Gesichtspunkt auch anderwärts im Detail durchführen. Die Stadt Emden hatte z. B. bis dahin das Privilegium eines Zolles gehabt; Preußen hatte dieses wohlerworbene Recht geachtet, die revolutionäre Regierung hob es dagegen auf; auf die Vorstellungen der Stadt Emden liefen Erkundigungen ein, ob noch mehr Ungleichheiten des Rechts beständen, damit man auch diese aufheben könne.

Soll die Gleichheit nicht eine Phrase bleiben, so ist es nothwendig, daß man sich um die Wirklichkeit nicht kümmert, sondern nach der Chablone arbeitet. Seit uralten Zeiten war in Ostfriesland jeder Eigenthümer selbst gehalten gewesen, unter Aufsicht der Deichrichter seinen bestimmten Antheil am Deiche (sein „Deichpfand") zu unterhalten, und diese Einrichtung hatte sich durch die Zeit als eine vortreffliche bewährt. Die neue Regierung bekümmerte sich billiger

Weise nicht um die besonderen Erfahrungen der Deichrichter, die von Jugend auf mit dem Windstriche, den Strömungen und dem Wellenschlage ihrer örtlichen Heimath vertraut waren, sondern erklärte die Einrichtung der Pfanddeiche für durchaus nachtheilig und unsicher. „Im Anfange des Jahres 1808 erschien im Auftrage der Direction des Wasserbaues zu Amsterdam ein Ingenieur und bereiste die ostfriesischen Deiche. Die Umwohner der Küste, die mit gleichem Stolze wie einst die Vorfahren auf den goldenen Reifen schauten, die geldenne hôp, der, ihr Land umschlingend, Leben, Hab und Gut sichere vor der salzen Fluth, vernahmen nun mit Erstaunen das Urtheil, daß die ostfriesischen Wasserwerke von elender Beschaffenheit seien." Fortan, so wurde verordnet, solle die Berme des Deiches mit einer Steinlage bedeckt sein. Bis dahin hatten nach einem zwölfjährigen Durchschnitte die jährlichen Deichkosten für Ostfriesland 124,294 Thaler betragen; nun wiesen die Betheiligten nach, daß für einen einzigen Heerd in der Westermarsch, dessen Werth auf 50,000 Fl. anzuschlagen sei, die Kosten einer solchen Steinlage 80,000 Fl. betragen würden. Einigermaßen modificirte man in Folge dessen die Pläne; aber beim Alten und Bewährten ließ man es nicht bewenden. Die Reaction mußte sich auch hier wider Willen fügen.

Eine noch erfreulichere Thätigkeit entwickelte die neue Regierung der Civilisation auf dem Gebiete der Kirche und Schule. Das Erste war, daß die „geknechteten Juden" vom Schutzgelde befreit und allen andern Staatsbürgern gleichgestellt wurden; auch der Name der Juden wurde geändert: sie sollten fortan „Israeliten" oder „Bekenner des mosaischen Glaubens" genannt werden. Sodann nahm man sich der Christen an. Bis dahin hatten die Ostfriesen ein sehr lebhaftes Interesse für kirchliche Angelegenheiten an den Tag gelegt, namentlich in der Betheiligung der Gemeinden an der Verwaltung der kirchlichen Angelegenheiten, der Wahl der Lehrer und Geistlichen u. dgl. m. Um diesen ungebührlichen Eifer zu beseitigen, setzte ein Decret vom 2. August 1808 fest, daß die Auszahlung aller kirchlichen Besoldungen fortan nur aus der Reichskasse geschehen solle, und verlangte zu diesem Zwecke Ueberweisung aller Kirchengüter an den Staat. Alsdann erklärte die holländische Regierung, der Religionsunterricht gehöre nur der Kirche, das ist: den Geistlichen; den Elementarschulen komme derselbe nicht zu. Ein „General-Schulinspector" bereiste deshalb im Jahre 1809 die ostfriesischen Elementarschulen und kündigte an, daß die Lehrgegenstände derselben in Zukunft nur die Sittenlehre, Naturwissenschaften und andere dergleichen Kenntnisse sein dürften. Bibel, Katechismus und Gesangbuch gehörten nicht der Schule, sondern dem Religionsunterrichte an, den der Geistliche zu ertheilen habe. Ja, die Absicht der holländischen Regierung ging noch weiter. Sie sprach es, indem sie consequent den liberalen Fortschritt im Auge hatte, aus, daß Geistliche nicht zu Mitgliedern der Commissionen für den öffentlichen Unterricht ernannt werden dürften. Endlich suchte man die deutsche Sprache zu beseitigen, um auch nach dieser Seite hin jede Ungleichheit zwischen den holländischen Staatsbürgern zu beseitigen. Deshalb erging im Herbst 1809 das Gebot, daß in den Schulen der Unterricht in holländischer Sprache gegeben und in den Kirchen holländisch gepredigt werden solle. Um das ausführbar zu machen, wurden in Aurich und Jever Stellen für holländische Lehrer gegründet ter bevordering van de kennis der hollandsche tal; indeß die Ideen des Fortschritts und der Civilisation hatten noch so wenig festen Fuß im Lande gefaßt, daß sich Keiner für diese Stellen meldete. Drang indeß die erleuchtete Regierung hier nicht durch, so erging es ihr doch etwas besser bei der Anordnung des Armenwesens, das bis dahin einen rein kirchlichen Charakter bewahrt hatte. Mit Recht verlangte sie statt der kirchlichen eine städtische Verwaltung: konnte sie dies Princip auch nicht rein durchführen, so doch in Etwas, da ihr namentlich Zustände und Verhältnisse der Stadt Emden in ihren Absichten förderlich waren.

Von besonderm Interesse ist das, was Klopp über die Continentalsperre und deren Folgen für Ostfriesland erzählt. Die Engländer duldeten nämlich damals auf dem Meere kein Fahrzeug, das sich nicht in die Dienste ihres Schmuggels gab; die Behörden Napoleons erklärten dagegen jedes Fahrzeug für verfallen, welches mit Engländern in eine andere als feindliche Berührung gekommen war; aber der Schlüssel, jedes Hinderniß zu sprengen, war das Gold, die Bestechung. Der große Stapelplatz der englischen Waaren war der Felsen von Helgoland; von dort her holte man in Slupen, Tjalken, Kuffen, seltener in größeren Fahrzeugen, reiche Ladungen an Kaffee, Zucker, Thee Baumwollenwaaren, Taback, englischem Blech. Der Paß zur Abfahrt ward erkauft durch Gold, Landung und Ausladung wiederum durch Gold; direkt wurde das Gold den Commisen in die Hände gezählt, bei den Oberbeamten dagegen müßte man in einer etwas civilisirteren Weise zu Werke gehen. „Man lud die Herren ein zu einer Spielpartie. An Delikatessen und feinen Weinen fehlte es nicht. Unterdessen kam das Schiff an. Man spielte Whist zu hohem Einsatz, das Point zu Dukaten und Pistolen, und es war seltsam anzusehen, wie Glück und Geschick wetteiferten, das Spiel der Herren von der Douane mit Erfolg zu krönen. Die Haufen des Goldes schwollen an; aber die Pflicht rief, die eiserne. Man bat nur noch ein Weilchen, noch eine Partie zur Revanche mit doppeltem Einsatz. Das durfte ehrenhalber der Gewinner nicht ausschlagen. Und abermals war das Glück ihm günstig, und alle Anstrengungen der mitspielenden Kaufleute, alle Berechnungen derselben schlugen fehl. Endlich ließ man sich nicht mehr halten und eilte spät in der Nacht hinaus, um nachzusehen und zu forschen, ob etwas Verdächtiges im Hafen sich blicken lasse. Der Eifer ward belohnt. Man fand ein Fahrzeug, von welchem die Schmuggler eilig entflohen. Freilich war das Schiff leer, höchstens ein Ballen Kaffee lag noch darin; aber man hatte doch Gelegenheit zum Berichte, daß es dem pflichttreuen Diensteifer gelungen sei, abermals ein Schmuggelschiff zu erlangen. Das Schiff war gute Prise und ward von der Douane meistbietend verkauft; aber Niemand als der Eigenthümer oder die Freunde desselben kauften es zu einem Spottpreise zurück.“

So bildete sich nun längs der Küste ein Schmuggelzug mit zahlreichen landeinwärts liegenden Stationen. Wo sich ein gelegener Punkt darbot, an der

Nordküste, an der Ems, an der Jade, da gründeten sich Comtoire der Kaufleute und brachten an jeden kleinen Ort alle Sittenverderbniß, die mit einer solchen Art und Weise des Erwerbes unzertrennlich verbunden ist. Wie das Gold seine mächtige, alles überwindende Kraft an den Commisen und Gensd'armen bewährte, so zersprengte es auch in Häusern und Familien die sittlichen Banden von Ehre, Sitte, Zucht und Recht. Man ergriff weitere Maßregeln und legte Kanonen an die Mündung der Ströme; aber die Officiere dieser Böte waren nicht hartherziger als andere Leute, zumal die Regierung ihnen durch die Finger sah. Was öffentlich verboten war, wurde so heimlich gestattet, und dadurch die Demoralisation nur noch vermehrt. Ende 1809 wurde indeß König Ludwig nach Paris beschieden und der Moniteur kündigte alsbald an, was geschehen müsse. „Ohne Heerlager, ohne Zölle, ja ohne Freunde und Bundesgenossen sind die Holländer eine Versammlung von Kaufleuten, welche das Interesse ihres Handels beseelt. Sie machen eine reiche, ansehnliche und nützliche Gesellschaft, aber keinesweges eine Nation aus. Zu dieser Ehre einer Nation wolle man die Holländer bringen. Der Kaiser Napoleon erklärte, daß er den Prinzen seines Hauses, welchen er auf den Thron von Holland gesetzt, zurückrufe, weil derselbe seine Pflicht nicht gethan habe. König Ludwig hoffte seinem Bruder noch einen Strich durch die Rechnung zu machen, indem er zu Gunsten seines kleinen Sohnes am 1. Juli 1810 abdankte. Die Mutter desselben, Hortense, sollte der Reichsverfassung gemäß die Regentschaft führen. Am nächsten Sonntag ward in den Kirchen Hollands für den jungen König Napoleon Ludwig, den jetzigen Kaiser Napoleon III. gebetet. Es war nur für das eine Mal. Der Kaiser Napoleon erkannte die Abdankung seines Bruders zu Gunsten seines Sohnes nicht an, weil eine solche nicht anders geschehen könne, als mit vorheriger Kaiserlicher Genehmigung. Zugleich erfolgte am 9. Juli 1810 das wichtige Decret von Rambouillet, dessen erster Artikel lautet: Holland ist mit dem Kaiserreiche vereinigt.

Somit bestätigte sich denn wieder der alte Satz, daß die Revolution ihre eigenen Kinder verschlingt und nothwendig verschlingen muß. Ein aller historischen und rechtlichen Voraussetzung barer Entschluß hatte den holländischen Staat geschaffen, ein ebenso willkürlicher Entschluß konnte ihn auch vernichten. Hätte sich der Staat gegen diese Willkür fixirt, wo wäre dann die Willkür, die abstracte Freiheit geblieben? Offenbar hätte sich schließlich die Revolution für ohnmächtig erklären müssen. Friesland bekam nun ein neues Regiment und es ist interessant zu verfolgen, wie sauber und korrekt die revolutionären Prinzipien auch da noch durchgeführt wurden, wo das bisher nicht der Fall gewesen. Das Departement behielt die bisherigen Gränzen, aber für den Namen „Departement Ostfriesland" trat nun die bessere Bezeichnung „Departement der Ostems" ein: ein Verfahren, das die Revolution bekanntlich überall beobachtet und bekanntlich im Jahre 1848 auch in Preußen beobachten wollte. Ferner wurde angeordnet, es solle kein Schiff auslaufen, das nicht einen vom Kaiser mit eigener Hand unterzeichneten Erlaubnißschein besitze. Das der Anfang der Grenzen, und dieser bediente sich der Kaiser zur Vermehrung seines eigenen Vermögens mittelbar und unmittelbar, indem er sie an Glieder seiner Familie oder an Günstlinge verschenkte, welche sie in den Handel brachten. Es kam vor, daß ein einziger Licenzbrief mit Hunderttausenden bezahlt wurde. Natürlich mußte das die Corruption der „Civilisation" noch vermehren. Ein anderes Decret traf die Gläubiger der holländischen Nationalschuld. Die Zinsen derselben betrugen jährlich 80 Millionen Gulden; der Kaiser gebot mit kurzen Worten, daß diese Zinsen für 1810 nur zum Drittel ausgezahlt werden sollten. Daß unzählige Familien dadurch in Noth und Elend gestürzt wurden, darum konnte sich die Revolution, deren erste Richtschnur die allgemeine Zweckmäßigkeit ist, nicht kümmern. Bitten und Verwendungen blieben deshalb erfolglos.

Geblieben war unter holländischer Herrschaft noch das Communalwesen; das wurde nun ebenfalls anders. Das „Departement der Ostems" wurde ohne Rücksicht auf historische Besonderheiten eingetheilt in 8 Arrondissements, die Arrondissements wieder in Cantone; dem Departement wurde ein Präfect vorgesetzt, den Arrondissements Unterpräfecten, der Mairie ein vom Präfecten ernannter Maire. Die Befugnisse der Präfecten erhielten die weiteste Ausdehnung, so daß ihm nur die von der Verwaltung getrennte Rechtspflege, das eigentliche Militärwesen, das Douanenwesen und die höhere politische Polizei entzogen blieben. Wie besorgt man um die Freiheit des Volkes war, bewies der Kaiser dadurch, daß er zwei Mitglieder ernannte, welche das Departement nach Paris in den gesetzgebenden Körper zu senden hatte. Nicht minder wie die Verwaltung erhielt auch die Rechtspflege französischen Zuschnitt; officielle Sprache ward die französische. Die Pfanddeiche blieben aufgehoben; an die Stelle der Deichrichter sollte eine vom Staate besoldete Ringcommission treten. Die Forsten des ohnehin holzarmen Landes wurden vernichtet. Sümpfe traten später da auf, wo einst Wälder sich befunden hatten. Dazu Einrichtung des Steuerwesens und der Conscription nach französischem Fuße. Am 29. Juli 1811 erhielt der Präfect von dem Minister des Innern in einem vertraulichen Schreiben den Auftrag, eine statistische Tabelle von den angesehensten Familien und einzelnen Personen anzufertigen, die vermöge ihres Standes, ihrer Aemter, Verbindungen und Fähigkeiten über die mittleren Klassen erhaben wären. Auf dieser sollten verzeichnet stehen die reichsten, noch unverheiratheten Erbtöchter von 14 Jahren und darüber. Bei jeder dieser Töchter sollten mit möglichster Genauigkeit angegeben werden ihr Geburtsjahr oder Alter, ihre vermuthliche Aussteuer und ihr künftiges Erbtheil, die Lage und Beschaffenheit ihrer Güter, ihre genossene Bildung und Erziehung, Religionsgrundsätze, erworbene Geschicklichkeiten, natürliche Reize und Artigkeiten, oder selbst die Mißbildungen. Wozu, fragt Klopp, eine solche Tabelle? Wir überlassen die Beantwortung dieser Frage dem Leser und berichten nur was geschehen ist.

. . . Wir übergehen alles Weitere mit Stillschweigen: das Mitgetheilte reicht hin, um wieder daran erinnert zu werden, daß die Revolution oder der Napoleonismus überall derselbe gewesen ist und auch fürder sein wird. „Dies Franzosenthum," heißt es bei Klopp, wo er die Stimmung des Landes schildert,

„griff zerstörend und vernichtend hinein in Alles, was dem Menschen lieb und theuer ist. Es war, als sei man versetzt in eine fremde Welt. Die Wiesen grünten wie ehedem, die Felder, die Bäume trugen ihre Frucht, die Häuser boten dasselbe Obdach, wie zuvor; aber es war doch Alles anders. Des Ostfriesen Heimat war nicht mehr Ostfriesland, sondern le département de l'Ems oriental. Fremde Obrigkeiten erließen ihr Gebot in fremder Zunge, und ein Maire oder Maire-Adjoint, mit blauweißrother Schärpe angethan, radebrechte ihnen nach. Die Flüsse strömten ihren Lauf, wie vordem; aber der Seemann eilte nicht mehr, im Frühling sein Schiff aufzutakeln. Es lag im Hafen unberührt; denn Handel und Verkehr standen still. Der Landmann trieb im Mai sein Vieh hinaus, wie zuvor; aber die Ergiebigkeit des Euters machte ihn nicht froh: er konnte seine Butter und seinen Käse nicht verwerthen. Der Handwerker am wenigsten vermochte sich zu finden in diese neue Zeit. Die Anderen durften noch hoffen, daß ein Friede bessere Zeiten bringen würde: der Handwerker fühlte sich beengt durch die Gesetze des Friedens, welche ihm den weitesten Spielraum für seine Kräfte gestatteten. Der Sprung aus den Fesseln enger Zünftigkeit in die unbedingte Gewerbefreiheit war gar zu jählings und zu schroff, als daß die dabei Betheiligten sich wohl und leicht fühlen konnten.

Und dazu die Steuern. Früher hatte der Schüttmeister den geringen Betrag des Surrogates und der landschaftlichen Schatzungen in Empfang genommen. Weitere Steuerbeamte kannte man nicht. Nun, in dieser neuen Zeit zahlte man das Achtfache und ward dabei der spähenden Augen der Douanen niemals los. Und wie wußte man bei der allgemeinen Unkunde, wie weit die Forderungen dieser Leute berechtigt waren? Eine Regierung, welche an Fenstern und Thüren das Licht und die Luft des freien Himmels besteuerte, konnte ja mit gleichem Rechte oder Unrechte auch alles Andere fordern!

Die Kinder wuchsen heran; aber die Väter sahen es nicht mehr mit Freude und Stolz, sondern mit Schrecken und Entsetzen; denn bald kam die Zeit, wo die Söhne conscriptionspflichtig wurden, wo sie hinausziehen mußten auf die Schlachtfelder, von denen keine Heimkehr war. Früher lud am Morgen das Geräusch der Kaffeemühle zum Frühstücke, am Nachmittage dampfte der Thee. Das war vorbei. Die unerschwinglichen Preise für solche gewohnten Genüsse konnte nur noch der Reiche zahlen. Auch auf Zucker und Syrup mußte man verzichten. Freilich wollte der Kaiser diesen Bedürfnissen auf andere Weise abhelfen. Das Departemant sollte 700 Diemath mit Runkelrüben bepflanzen. Jeder Mairie ward davon ihr Antheil zugewiesen. Als das nicht hinreichte, ward die Zahl der Diemathe um ein Drittel vermehrt. Aber Unkunde und Widerwille der Landleute ging Hand in Hand. Warum sollten sie einem Boden, den die Natur bestimmt hat, Rapsaat und Bohnen und Hafer zu tragen, auf fremden Befehl Produkte zu entlocken suchen, denen die Natur eine andere Heimat anweist? Sie zahlten lieber Geld, um nur nicht Runkelrüben zu bauen.

Und man stand erst im Anfange. Das Volk sollte französirt werden in jeder Beziehung. Es sollte sich lossagen von allen Erinnerungen, die ihm lieb und theuer waren. Es sollte nicht bloß seine alten Rechte, seine Sprache, seine

Gesetze vergessen: es sollte auch die Namen seiner Väter nicht mehr kennen. Ein Kaiserliches Decret vom 18. August 1811 verordnete für die ehemals holländischen Departements, daß Jedermann einen Familiennamen führen müsse. Dieser Befehl war vollbegründet; denn in vielen Gegenden derselben war es, wie in Ostfriesland alter Brauch, daß die Söhne, ohne Familiennamen zu führen, dem eigenen Namen denjenigen des Vaters mit der Endung sen d. i. Sohn hinzufügten. Aehnlich hieß einst, als die Bedeutung der altfriesischen Wortbildung noch lebendig war, Fokko Ukena, d. h. Fokko Uko's Sohn, und Fokko's Sohn wiederum Uko Fokkena, und der Enkel Fokko Ukena. Sehr viele der also entstandenen Namen erscheinen jetzt mit Abwerfung des a. als Hausnamen. Dem entsprechend nannte sich später bis zur französischen Zeit ein Vater Claas Janssen, der Sohn desselben Jan Claassen, der Enkel wiederum Claas Janssen. Der Verwirrung, die daraus unvermeidlich entstand, ward durch jenes Gebot abgeholfen. Aber zugleich ward befohlen, daß Niemand andere Namen führen dürfe, als die im Kalender stehen, oder in der alten Geschichte vorkommen. Was wußte der protestantische ostfriesische Landmann von den Heiligen des Kalenders, was von der alten Geschichte, von Alexander und Cäsar? Dagegen waren die uralten, aus heidnischer Zeit noch überererbten Namen seiner Heimat, an denen bis auf den heutigen Tag kein deutscher Stamm so reich ist, wie der friesische, verschlungen mit den Erinnerungen an Vater und Graßvater und die hingeschwundenen Geschlechter. Es war der Stolz und die Ehre der Familien, diesen Namen lebendig zu erhalten. Wozu auch fruchtete ein solches Gebot, welches die Gemüther empörte, ohne einen wirklichen Nutzen zu gewähren?

Und weiter griffen die Decrete und Verordnungen ein in Kirche, Schule und alle höheren Angelegenheiten des Lebens. Hier vor allen Dingen tritt uns die Bemerkung entgegen, die bei jeder Unterjochung der einen Nationalität durch eine andere Statt findet, daß für den herrschenden Theil Manches leicht und natürlich erscheint, was für den leidenden ein ungeheurer Druck ist. Selbst wenn das Neue, für sich betrachtet, besser wäre, als das Alte und Bestehende: so hat dieses jeder Zeit den Vorzug der Geschichte und der Gewöhnung. Hier aber war ein Vorzug des Neuen in der Regel nicht zu entdecken. Der Zweck desselben war lediglich und immer nur die Französirung.

Das Land war still, friedlich und ruhig. Nur im vertrauten Freundeskreise wallte wohl einmal das Blut empor und ward die Zunge des Zügels entledigt. Aber was war ein vertrauter Freundeskreis? Die Wände hatten Augen und Ohren. Man wußte nicht, ob nicht das vielgegliederte Ungeheuer der sogenannten höheren Polizei seine Fühlhörner tastend und forschend hinein erstrecke in die eigene Wohnung. Es galt, auf seiner Hut zu sein Tag und Nacht. Dennoch fühlte der Präfekt mehr als er wußte, daß die glatte Oberfläche gährende Elemente tief unten verdecke. Im Septbr. 1812 erließ er ohne äußere Veranlassung ein Rundschreiben an die Mairien, daß die vorräthigen Waffen: Flinten, Pistolen, Säbel, von den Einwohnern abzufordern seien. Die Regierung wolle sie aufheben und später zurückgeben, oder vergüten. Weder das Eine, noch das Andere ist geschehen; jedoch waren auch weder die Mairien allzu diensteifrig, noch die Einwohner allzu gehorsam. Die besten Waffen hielten sie zurück.

Und neben dem Allem, neben der Unerträglichkeit dieser Zustände ging heuchelnd und schleichend einher die ungeheure offizielle Lüge. Der Präfekt selber eilte darin voran. Beim Abschiede der Conscribirten hörte er und er allein aus dem herzzerreißenden Jammer und Wehklagen, daß die Luft erzittere von dem Rufe: Vive l'Empereur! Auf der Tütelburg bei Emden ward 1812 eine Runkelrübenzuckerfabrik errichtet. Die Rüben mißriethen und der Unternehmer verstand die Sache nicht. Es kam kein Zucker, nur etwas Syrup. Der Präfekt aber berichtete, daß in seinem Departement 25,000 Kilogramm (50,000 Pfd.) Zucker aus Runkelrüben gewonnen seien. Aber der Präfekt war es nicht allein. Im Herbste 1811 erwartete man den Kaiser auf seiner Rundreise auch in Emden und in Aurich. Er kam nicht. Die Klage darüber in der Departementalzeitung war abgefaßt in den überschwenglichsten Ausdrücken. „Mehr werth, als unsere Vorbereitungen," hieß es, „ist der vortreffliche Geist der Einwohner: und wenn unsere Wünsche hätten erfüllt werden können, dann würden Se. Kaiserl. Majestät in den Ausdrücken der Freude eines Volkes, welches nicht gewohnt ist zu schmeicheln, den Charakter der Anhänglichkeit erkannt haben, welchen die Ostfriesen ihrem Souverain darbieten."

Wann immer ein Fest des Kaiserlichen Hauses einfiel, der Geburtstag des Königs von Rom, derjenige des Kaisers selbst, da wurde in dieser Weise offiziell gelogen. Die Fahnen flaggten, es wurden Kränze gewunden, in den Kirchen ein Danklied gesungen, am Abend brannten die Lampen zur Illumination. Am meisten zu beklagen waren die Geistlichen in den Hauptorten. Der offizielle Bericht aus denselben vergißt niemals zu erwähnen, daß der Consistorial-Rath N. N., der Geistliche N. N. eine „der Würde des Tages wohl angemessene Rede" hielt. Leider indessen war es nicht bloßer Zwang. Nicht bloß die Städte und größeren Orte, in denen die unmittelbare Einwirkung der höheren Angestellten mächtig war, wetteiferten in solcher Loyalität, sondern jede einzelne Commune, und wäre es auch die entlegenste, feierte, oder glaubte feiern zu müssen in entsprechender Weise, und sandte dann, damit es nicht umsonst geschehen sei, eine offizielle Festbeschreibung französisch und deutsch in die Zeitung des Departements. Wir wählen zum Belege dessen eine Festbeschreibung, nicht etwa von Aurich, Emden, Leer, sondern aus dem Dorfe Nortmoor, das im Jahre 1811 503 Einwohner zählte.

Nortmoor, den 10. Juni 1811.

Am gestrigen Tage wurde auch hier das Geburtsfest des Königs von Rom auf die bestmöglichste Weise gefeiert.

Morgens 5 Uhr kündigte Trompetenschall die Festlichkeit des Tages an. Die Einwohner versammelten sich mit der aus denselben von dem Herrn Maire ernannten Garde vor der Münkeburg und zogen unter Anführung des Herrn Maire Adjoint sämmtlich zur Kirche, um der dort versammelten Municipalität die Flaggen zur Aufstellung auf dem Thurme zu übergeben, was unter dem Geläute der Glocken geschah.

Um 9 Uhr ward der Gottesdienst eröffnet, von dem Herrn Prediger eine sehr zweckmäßige Rede gehalten und während der Absingung des Te Deum von den Schützen pausenweise gefeuert.

Mitags von 12 bis 1½ Uhr, sowie eine Stunde nach Beendigung des Gottesdienstes wurde wieder mit den Glocken geläutet.

Gegend Abend versammelte sich die Garde und zog unter Anführung des Herrn Maire und dessen Adjoint nach der in der Mitte des Dorfes befindlichen Anhöhe, allwo unter Gewehrfeuer und dem Rufe: Es lebe der Kaiser — Es lebe die Kaiserin — Es lebe der König von Rom — ein Feuerwerk abgebrannt wurde.

Bis nach Mitternacht waren alle Häuser illumirt, worunter sich die Wohnungen des Herrn Gutsbesitzers N. und des Herrn Schullehrers N. auszeichneten.

Ein froher ländlicher Ball beschloß die Feier dieses Tages, der gewiß allen Einwohnern lange ein Gegenstand der angenehmsten Erinnerung sein wird. —

Das und Aehnliches nannte man Loyalität, Bethätigungen des guten Geistes in diesem Departement."

Doch genug des Unheils, das von den Franzosen auf deutsche Erde verschleppt wurde. Das Jahr 1813 brachte die äußere Befreiung von französischem Joche und die französischen Institutionen zerfielen mit den Wegziehenden. Die Deutschen wurden wieder Deutsche; möge der Himmel sie ferner schützen, daß sie nicht innerlich von selbst dem Napoleonismus anheimfallen. Geschähe es, was für ein Interesse hätte es noch, daß wir nicht auch äußerlich französisch würden.

Grace Dalrymple Elliott.

Eine alte Klage ist's, daß bei uns, mit alleiniger Ausnahme fast der wirklich literarischen Kreise, weder Liebe zu Büchern, noch Achtung vor denselben zu finden ist, daß sich z. B. die vornehmsten Damen nicht scheuen, mit ihren zarten Händen die oft sehr unsaubern Blätter eines Buches aus der nächsten Leihbibliothek zu berühren und daß Herren, welche die Goldstücke nicht ansehen, sobald es sich um Pferde- oder Hundefleisch handelt, die Ausgabe weniger Groschen fürchten, sobald dieselben für ein Buch verausgabt werden sollen. In England ist das anders und zwar schon lange anders; wenn wir das nicht wüßten, so würden wir es an den Einbänden der Bücher erkennen, die dort erscheinen und meist gebunden verkauft werden. Auch bei uns giebt es einige sehr eifrige Bibliophilen, welche die Einbände ihrer Bücher in irgend eine Beziehung zu dem Inhalte derselben zu setzen wissen, z. B. auf dem Rücken einer Familiengeschichte das Familien-Wappen anbringen lassen, eine Geschichte des Johanniter-Ordens mit dem Achtspitzenkreuz verzieren u. s. w. Das ist indessen doch sehr selten; denn die Leute, die das machen können, kaufen, wie gesagt, bei uns sehr wenig Bücher. In England dagegen ist dieser Geschmack ganz allgemein und erstreckt sich selbst auf diejenigen Bücher, welche nach englischer Sitte gleich gebunden verkauft werden. Das aber wird immer nur in einem Lande und in einer Gesellschaft der Fall sein, wo viele Bücher für den Privatgebrauch gekauft werden.

Zu diesen Bemerkungen veranlaßt uns ein englisches Buch, dessen Rücken mit den goldenen Wappenlilien Frankreichs besäet, vor uns liegt. Es versteht sich, daß diese goldene Lilien auf rothem Chagrin in einer speciellen Beziehung zu dem Inhalte des Buches stehen, das Buch enthält eine Episode aus der großen französischen Revolution, während welcher die goldenen Lilien des Königthums in Strömen von rothem Blut schwammen. Auch die einzelnen Seiten sind mit rothen Linien umgeben, vielleicht eine englische Buchdruckermode, es sieht sehr elegant aus, jedenfalls aber eine vielleicht unbewußte Hindeutung auf den blutigen Rahmen der Revolution, der das Lebensbild, welches das Buch enthält, umgiebt.

Wir haben ein Journal vor uns, welches eine englische Dame während der Revolution führte. (Journal of my life during the french revolution by Grace Dalrymple Elliott, London 1859, Bentley). Neben dem Titel sehen wir das sehr sauber ausgeführte Portrait der Dame, es ist das geistvolle Gesicht einer Frau, das ganz und voll den Stempel des 18. Jahrhunderts trägt; es hat nichts Großartiges, nichts Imponirendes, nichts eigentlich Würdevolles, dieses Gesicht, aber es zeigt Geist und Leben, Feinheit und Feuer, es hat etwas Hinreißendes. Wer war diese Dame? Eine kurze Vorrede erzählt uns, daß dem Hew Dalrymple Esquire, einer Seitenlinie des Hauses der Grafen von Stair angehörend, von seiner sehr schönen Frau, die er übrigens trotz ihrer Schönheit verlassen hatte, drei Töchter geboren wurden, von diesen war Grace Dalrymple, die Verfasserin des vorliegenden Revolutions-Journals, die Jüngste. Miß Grace war 1765 in Schottland geboren und wurde bis zu ihrem fünfzehnten Jahre in einem französischen Kloster erzogen. In ihres Vaters Haus zurückgekehrt, lernte sie dessen Freund Sir John Elliott kennen und wurde mit demselben verheirathet. Der alte Mann führte mit dem blutjungen Dinge eine höchst traurige Ehe, die dann auch bald factisch eine Lösung fand. Aber die Schönheit der Dame Elliott wurde so mode, daß die berühmtesten Maler jener Zeit Cosway und Gainsborough sie malten. Nach Cosway's Bilde ist das neben dem Titel des Buches befindliche Portrait. Der Prinz von Wales (nachmals Prinz-Regent und dann König Georg IV.) sah eins dieser Bilder und wünschte das Original kennen zu lernen. Lord Cholmondeley führte Grace bei dem Prinzen ein, der bezaubert von ihr war und eine geheime Verbindung mit ihr schloß, aus welcher eine Tochter: Georgiana Augusta Frederica Seymour, hervorging. In der Gesellschaft des Prinzen von Wales lernte sie den Herzog Philipp Ludwig Joseph von Orleans kennen, der damals in England sehr Mode war und sich wirklich auch weit anders zeigte, als einige Jahre später. Diesem Prinzen folgte Grace Dalrymple wahrscheinlich 1786 nach Frankreich, ihre Tochter mußte sie bei Lord und Lady Cholmondeley zurücklassen. Sie lebte nun während der ganzen Dauer der Revolution in Frankreich und kehrte erst

1801 nach England zurück. In den Kreisen des Prinzen von Wales wurde sie mit Achtung wieder aufgenommen, doch hatten die Krisen und Aengste der furchtbaren Zeit, die sie durchlebt ihre Gesundheit sehr erschüttert. Ihrem Arzte Sir David Dundas theilte sie ihre Erlebnisse in Frankreich mit, Sir David Dundas, der zugleich Königl. Leibarzt war, erzählte dem Könige davon und auf Wunsch König Georgs III. wurde in der Hauptsache das niedergeschrieben, was den Inhalt des nunmehr im Druck erschienenen Journals bildet.

Enthält dieses Werk nun auch keine eben bedeutenden Beiträge zur Geschichte jener furchtbaren Tage im Großen und Ganzen, so ist es dafür überreich an einzelnen charakteristischen Mittheilungen und Zügen, welche wohl dazu beitragen, die Bilder verschiedener Personen, die damals eine Rolle gespielt, zu vervollständigen. Die Verfasserin ist übrigens eine loyale Brittin und Royalistin, nur eben aus ihrem kurz mitgetheilten Lebenslauf „qui est tout à fait le 18ième siècle“ läßt sich ihre Stellung zu dem Duc d'Orléans erklären. Die Mittheilungen tragen überall den Stempel des selbsterlebten und verrathen, wenn auch oft und natürlich frauenhafte Ansichten, meist klaren Blick und scharfe Beobachtungsgabe.

Das Journal beginnt mit der wirklich naiven Schilderung von dem Ausbruch der Revolution. — Grace Dalrymple war mit dem Herzog von Orleans, dem Prinzen Louis von Arenberg und Andern am 12. Juli 1789 nach dem Schlosse Raincy im Walde Bondy, einer Besitzung des Herzogs von Orleans, gefahren, um dort zu fischen und zu speisen. Es war ein Sonntag, um eilf Uhr hatte die Vergnügungspartie Paris ganz ruhig verlassen, als sie um acht Uhr Abends zurückkehrte, um noch in die Italiänische Comödie zu gehen, war unterdessen die französische Revolution ausgebrochen. An der Porte Saint-Martin erfuhren sie, daß alle Theater geschlossen, daß Paris in wilder Aufregung, daß der Prinz Lambesc (ein lothringischer Prinz, der als östreichischer Feldmarschall starb) die Garden um die Tuillerien zusammengezogen, daß er selbst einen alten Mann niedergehauen (was beiläufig nicht wahr war, auch Grace Dalrymple setzt in Klammern dabei: not true), und daß sich das Regiment der französischen Garde und das Regiment Royal-Allemand (dessen Commandeur Prinz Lambesc) auf den Boulevards schlage. Endlich, daß man überall schreie: „Vive le Duc d'Orléans, vive Necker!“ Es kann nicht unsere Absicht sein, dem Tagebuch überall hinzufolgen. Die Ereignisse selbst sind ja meist hinlänglich bekannt. Wir ziehen es vor, einen ganzen Abschnitt (aus dem vierten Capitel) zu geben, der eine Scene für sich in dem großen Trauerspiel bildet, eine Scene, die freilich vielfach vorgekommen ist in jenen Tagen, die aber einen eigenthümlichen Reiz durch den Vortrag der Heldin selbst erhält und darum wohl geeignet scheint, den Lesern der Berliner Revue als eine Probe von der Darstellungsweise der Dame Grace Dalrymple Elliott zu dienen. Es handelte sich um die Rettung eines vornehmen Royalisten, welche die Verfasserin bewerkstelligt. Es handelte sich um die Rettung eines höheren Hofbeamten, des Marquis von Chansenets, der bei der Erstürmung der Tuillerien am 10. August 1792 nur dadurch dem Tode entronnen war, daß er zu einem

Fenster hinaussprang und ohne Besinnung den ganzen furchtbaren Tag unter Leichen im Hofe liegen blieb. Später hatte er sich in ein befreundetes Haus gerettet, dessen Dame am 2. September ein Billet an Grace Dalrymple nach Meudon (Schloß des Herzogs von Orleans) schrieb, und sie bat, mit einem Paß für sich und einem Bedienten nach Paris zu kommen, um den Verfolgten zu retten. Die muthige Frau that das, sie kam mit dem nöthigen Paß und ohne Bedienten nach Paris und holte den Marquis ab. Sie erzählt das, wie folgt:

„Der Marquis war jetzt so schwach, daß er sich kaum aufrecht halten konnte. Ich war sehr bewegt, ihn in solch' einem Augenblicke in diesem Zustande zu sehen. Ich glaubte, wenn wir ihn noch denselben Abend aus Paris fortschafften, was ich für leicht hielt, würde er Aussicht haben, den Jakobinern zu entkommen. Es war sieben Uhr, als ich bei meiner Freundin anlangte. Es war noch zu hell, um sich in einem Cabriolet mit diesem armen Mann auf die Straße zu wagen. Ich wartete daher, bis es ganz dunkel war. Wir fuhren dann geraden Weges nach der Barriere de Vaugirard, um aus Paris herauszukommen. Ich zweifelte nicht im Geringsten daran, daß man uns nach Vorzeigung unseres Passes hinauslassen werde. Ich war wie vom Donner gerührt, als man dies nicht zugab, obschon ich versicherte, daß ich weder eine Wohnung in Paris habe, noch wisse, wohin ich mich wenden solle. Ich bat sie um Gotteswillen, mich doch nach Hause zu lassen, aber Alles vergebens. Ihre Weisungen waren der Art, wie sie mir sagten, daß es mir nicht möglich sein werde, aus irgend einer Barriere hinauszukommen und man rieth mir, zu Bette zu gehen, sonst würde ich verhaftet werden, sobald es zehn Uhr sei, denn um die Zeit sollten die Haussuchungen beginnen und dürften dann keine Wagen mehr auf den Straßen sein.

Man kann sich Chansenets und meine traurige Lage leicht denken: er war halb todt vor Angst, mir zitterten die Füße und was meine Noth vergrößerte, war die Hitze des Abends. Ich befahl dem Kutscher, umzukehren; er fragte mich, wohin er fahren solle? Ich wußte nicht, was ich sagen sollte; ich fürchtete, den Verdacht der Thorwächter zu erregen, die nicht so höflich waren, wie die Morgens. Ich wagte nicht, mit Chansenets nach meinem Hause zu fahren, da alle meine Dienstboten ihn kannten und ich eine Jakobinerin zur Köchin hatte, der ich nicht trauen konnte, auch war ich seit dem 10. August nicht da gewesen, so daß meine Dienstboten sich gewundert haben würden, mich zu solcher Stunde mit diesem Manne ankommen zu sehen. Ich wagte es daher nicht, so lange der arme Chansenets bei mir war, an meine eigene Wohnung zu denken. Ich sagte dem Kutscher, er solle nach der Barriere de l'Enfer fahren, da ich von dort hätte nach Meudon kommen können. Dort ging es mir indessen eben so schlecht und da Chansenets kein Wort sprach, fing ich an zu fürchten, der Kutscher möge Argwohn schöpfen. Ich befahl ihm, nach den Allées des Invalides auf den Boulevards zu fahren, da ich an meinen Freund, den Gärtner, obschon mit wenig Hoffnung, dachte. Es war jetzt zehn Uhr und ich fürchtete sehr, auf die Patrouillen zu stoßen. Glücklich langten wir da an, wo wir unsern Kutscher verlassen wollten. Ich konnte kaum aussteigen, so sehr zitterte ich, aber ich kann meine Angst nicht schildern, als ich sah, wie er Chansenets beim Aussteigen half und dieser nicht stehen konnte. Ich stellte mich sehr zornig und sagte ihm, mein Diener sei betrunken. Er sagte, es thue ihm leid, doch müsse er nach Hause, da er keine Lust habe, unseretwegen arretirt zu werden. So fuhr er davon und Chansenets und ich setzten uns zwei Minuten unter einen der Bäume. Die Luft brachte ihn bald etwas zu sich und er konnte wieder stehen.

Ich erwartete, jeden Augenblick verhaftet zu werden und in dem Falle hätten wir nicht lange zu leben gehabt, da wir keine Gnade zu erwarten gehabt hätten. Wir gingen eine Allee hinauf, die zu meines Gärtners Hause führte, aber in demselben Augenblicke sahen wir zu unserm Entsetzen die Truppen an dem andern Ende der Allee und Patrouillen auf uns zukommen. Chansenets war schon länger sehr unwohl gewesen und da ich aus Schwäche und vor Aufregung ihn nicht halten konnte, brach ich in Thränen aus. Der Arme beschwor mich, ihn der ersten Patrouille auszuliefern und so mein Leben zu retten, da er zu seinem Entsetzen die schreckliche Lage sah, in die er mich gebracht und daß kein Ausweg zur Rettung da sei.

Dieser Gedanke war mir fürchterlich. Wäre das Schaffot schon vor mir gewesen, so hätte ich ihn oder irgend Jemand sonst in ähnlicher Lage nicht verlassen können. Ich fühlte bald mehr Muth, wir drehten um, gingen beim Palais Bourbon über den Pont Neuf und erreichten die Champs Elysées. Wir waren so glücklich, von zwei Patrouillen nicht bemerkt zu werden. Als wir indessen dort anlangten, war ich in eben so großer Verlegenheit, wie zuvor. Was sollte aus uns werden? Es war fast eilf Uhr und nur Soldaten waren auf den Straßen zu sehen. Wir konnten, wo wir waren, nicht lange unbemerkt bleiben. Ich war meinem Hause, das ich von den Champs Elysées aus sehen konnte, ganz nahe, aber ich konnte nicht wagen, mit meinem unglücklichen Begleiter dorthin zu gehen. Ich hätte mich auf meine Zofe und den Portier verlassen können, aber ich wagte es nicht. Ich war sehr ermattet und Chansenets der Ohnmacht nahe. Er bat mich noch ein Mal, ihn auszuliefern und mich in meine Wohnung zu begeben; aber ich versicherte ihm, das werde ich nie thun, und da ich einmal unternommen habe, ihn zu retten, so wolle ich es auch ausführen oder mit ihm umkommen.

Sein Vorschlag, nach dem Hause des Herzogs von Orleans in Monceau welches innerhalb der Wälle von Paris lag, zu gehen, gefiel mir nicht, doch war dies unsere letzte und einzige Zuflucht. Ich konnte nicht dorthin gelangen, ohne bei meiner Hausthür vorbei und durch die Felder zu gehen. Als wir an das Ende der Rue Miroménil kamen, wo ich wohnte und deren Verlängerung in die Felder auslief, sahen wir meine Dienstboten vor der Thür sitzen und unter ihnen meine jakobinische Köchin. Ich war darüber sehr erschrocken; es stand indessen ein noch nicht ganz vollendetes Haus neben meinem und so überredete ich Chansenets, in dasselbe zu treten, während ich in mein eigenes Haus ging, um zu sehen, was sich machen lasse. Er that es und ich ging allein zu meinen Dienstboten, die sehr erschrocken waren, mich so spät Nachts allein und zu Fuß kommen zu sehen, da sie glaubten, ich sei auf dem Lande. Ich sagte ihnen, ich hätte in Meudon von den Greueln, die in Paris geschehen seien, gehört; ich könne nicht auf dem Lande bleiben und hätte ein Kabriolet genommen, das mich bis an die Barrieren gebracht, von wo ich zu Fuß gegangen sei. Sie erzählten mir all die Mordthaten, die begangen waren, und ich ließ dann die Köchin rufen und sagte ihr, ich hätte den ganzen Tag nichts gegessen; ich falle vor Hunger um und ich müsse ein gebratenes Huhn und Salat haben, wenn es auch zehn Louisd'or koste. Sie versicherte mir, daß Niemand ausgehen dürfe, sie würde festgenommen werden und Niemand würde um diese Zeit etwas verkaufen. Ich sagte ihr, sie müsse es versuchen oder ich würde sie folgenden Tages entlassen. Jetzt, als sie hinausgehen wollte, klopfte Chansenets an die Hausthür. Er war bange geworden, als er die Patrouillen in die Straße kommen sah, und wußte kaum, was er that. Als er in mein Zimmer trat, schrieen sowohl ich wie meine Dienstboten laut auf. Ich stellte mich, als ob ich ihn vorher noch nicht gesehen hätte, und fragte ihn, wie er nur daran denken könne, zu solcher Stunde und in einem so furchtbaren Augenblicke hier ins Haus zu kommen. Er verstand mich und sagte, er sei vor dem Maire gewesen, untersucht und freigesprochen worden; man habe ihm Erlaubniß gegeben, nach seinem Hause zurückzukehren, das bei dem des Herzogs von Orleans in Monceau war. Meine Köchin sagte ihm, das Schaffot habe den ganzen Tag für ihn bereit gestanden, und eine Belohnung sei auf seinen Kopf gesetzt, aber sie wolle ihn nicht verrathen, obschon sie wisse, daß er ein häßlicher Aristokrat sei; sie wundere sich nur, daß er zu mir ins Haus komme und mich und sie alle der Gefahr aussetze, als Verschwörer verhaftet zu werden.

Ich stellte mich sehr böse und Chansenets sagte, er wolle gleich gehen. Die Köchin ging dann aus, wie ich ihr befohlen, und ich blieb mit meinem Portier und seiner Frau allein, da meine Zofe weg war, weil sie befürchtete, daß einer ihrer Söhne ermordet sei. Mein Portier, der zugegen war, sagte mir, ich könne nicht zum Herzog gehen, da die Haussuchungen schon begonnen hätten. In dieser Noth wußten wir nicht, was wir mit dem armen Manne anfangen sollten. Meine Köchin war ich freilich los geworden, aber sie konnte wiederkommen. Chansenets war fast in Krämpfen und vor Schwäche in einem bejammernswerthen Zustande: kurz und gut, er konnte sich nicht aufrecht erhalten. Mein Portier meinte, er könne zwischen den Matratzen meines Bettes, die sehr groß und in einem Alkoven waren, versteckt werden. Wir zogen also zwei der Matratzen weiter als die anderen heraus und machten an der Wand einen freien Platz und legten ihn da hinein. Als er dort war, fanden wir, daß das Bett unordentlich und deshalb verdächtig aussah. Ich beschloß darauf, selbst zu Bette zu gehen, was den Schein, als ob Jemand darin versteckt sei, vermied. Ich ließ alle meine Vorhänge aufziehen, meine Kronleuchter und Kandelaber, mit im Ganzen etwa zwanzig Kerzen, anzünden, denn die Schlafzimmer sind in Frankreich sehr verziert. Meine Köchin kam bald nach Hause und ich ließ sie den Rest der Nacht an meinem Bette sitzen. Sie schalt auf Chansenets und sagte, sie sei sicher, daß er guillotinirt würde; sie hoffe, daß ich ihn sofort weggewiesen; kurz, sie hatte nicht die leiseste Ahnung, daß er in meinem Hause war.

Meine Zofe kam jetzt von dem Besuche bei ihrem Sohne nach Hause. Sie war eine gute Frau und so treu wie möglich, da sie aber nicht dagewesen, als Chansenets versteckt würde, hielt ich es für das Beste, ihr nichts davon zu sagen, bis die Haussuchung vorüber sei. Ich hatte etwas heißen Regus vor meinem Bette, und als meine Zofe und Köchin das Zimmer verließen, um zu sehen, was draußen vorgehe, konnte ich Chansenets einen Theelöffel davon geben. Ich war halb todt vor Angst, denn ich hörte ihn schwer athmen und glaubte, er sterbe, und erwartete jeden Augenblick, daß meine Köchin ihn hören würde. Kurz und gut, ich verlebte eine jämmerliche Nacht, umgeben von meinen Dienstboten und fast in Krämpfen bei dem Gedanken an den schrecklichen Besuch, den ich zu erwarten hatte. Ich zitterte so sehr, daß ich kaum im Bette bleiben konnte, und den Unglücklichen, welcher die Ursache meines Elend war, wähnte ich todt neben mir, denn ich konnte ihn zu Zeiten gar nicht athmen hören.

Ein Viertel vor vier kam meine Köchin mit der Nachricht in mein Zimmer, die Wachen seien in meinem Hofe und die Beamten kämen herein. Keine Feder oder Worte vermögen nur annähernd meine Gefühle in dem Augenblick zu schildern. Ich meinte, ich sei verloren und wußte kaum, wo ich war, aber ein tiefes Stöhnen von meinem Gefährten brachte mich in einem Augenblick zu mir und Gott gab mir mehr Muth ein, als ich je in meinem Leben gefühlt. So stark war mein Abscheu vor den scheußlichen Thaten, die begangen wurden, daß ich mit Freuden das Schaffot hätte besteigen können. Wären die Wachen in jenem Augenblick in mein Zimmer getreten, so hätte ich mich und Chansenets verderben können; denn ich war entschlossen, jeder Gefahr zu trotzen und mich ihnen auszuliefern. Glücklicherweise durchsuchten sie jeden Theil meines Hauses, ehe sie in mein Zimmer kamen, rissen das Bett meiner Zofe und aller Dienstboten herum, durchbohrten die Matratzen und Federdecken mit ihren Bajonneten und schwuren, sie wollten das Haus nicht eher verlassen, bis sie Chansenets gefunden. Meine Köchin und Zofe, die nicht wußten, daß er im Hause sei, waren sehr kühn und besorgten nichts, aber die Leute erklärten, man habe ihn ins Haus gehen und nicht wieder herauskommen sehen.

Dies lange Suchen gab mir Zeit mich zu sammeln und meine traurige Lage zu überlegen. Obschon mein eignes Leben wenig werth war, hatte ich doch keinen Grund zu glauben, daß der Unglückliche neben mir das seine nicht achte. Ich glaubte daher nicht das Recht zu haben irgend eine verzweifelte Handlung zu begehen, da das Leben eines Mitmenschen von meinem Benehmen abhing. Das waren meine Gedanken, als die Schurken mit Gewalt und scheußlichen Flüchen in mein Zimmer eindrangen. Ich war vollkommen ruhig, voll Geistesgegenwart und von einem fast überirdischen Muthe beseelt. Die Kerzen waren alle angezündet, der Tag brach an, und mein Zimmer sah mehr wie ein Ballsaal aus, als wie eine Scene der Greuel, die vor sich gingen. Sie kamen alle an mein Bett und verlangten, ich solle aufstehen. Einer von ihnen indessen, der weniger finster war als die übrigen, sagte, das sei nicht nöthig, da ich vor so Vielen mich nicht ankleiden könne. Es waren ihrer etwa vierzig. Ich erklärte sofort, ich wolle gern aufstehen, wenn sie es verlangten, aber ich hätte eine sehr böse Nacht gehabt; ich hätte sie viel früher erwartet und hätte dann gehofft, die übrige Nacht ruhig zuzubringen. Ich gestand, daß mich der Gedanke an einen solchen Besuch in der Stille der Nacht sehr erschreckt habe, doch sei ich jetzt, wo ich sähe, wie rücksichtsvoll und freundlich sie seien, durchaus nicht erschrocken und ich wollte, wenn sie wünschten, aufstehen und sie selbst im Hause herumführen. Ich fügte hinzu, sie müßten sicher müde sein, und bot ihnen Wein oder Liqueure und kalte Fleischpastete an.

Einige der Leute an der Spitze waren entzückt von mir, machten einige sehr unanständige Scherze, sagten, daß noch Niemand auch nur halb so höflich gewesen sei; es sei ihnen leid, daß sie nicht früher gekommen wären, damit ich eine gute Nacht gehabt, wenn sie fortgegangen wären. Sie wollten mich nicht aufstehen lassen, würden aber in ihrer Visitation fortfahren und überall in und unter meinem Bette nachsuchen. Sie fühlten indessen nur oben und unten an meinem Bette und dann darunter. Sie machten auch alle Sophakissen auf in meinem Zimmer, Boudoir und Wohnzimmer, sahen in meinem Badezimmer nach und waren eine volle Stunde damit beschäftigt. Ich erwartete jeden Augenblick, daß sie das Bett wieder durchsuchen würden, da Einige von ihnen murrten und erklärten, ich müsse aufstehen, weil sie Nachricht hätten, daß Chansenets in meinem Hause sei. Ich sagte, sie kennten ja meine Köchin und möchten sie ausfragen, wie ich ihn empfangen hätte als er kam, und ich hätte ihn dann sofort wieder weggeschickt. Sie bekräftigte dies und sagte, sie sei überzeugt, daß ich einen solchen Feind des Herzogs von Orleans nicht aufgenommen haben würde. Sie sagten, wir hätten ihn ausliefern und sie holen lassen müssen, da das ihr Glück gemacht hätte. Ich erwiederte, ich könne ihn zwar nicht leiden, doch möge ich Niemand angeben. Sie erklärten, ich sei eine schlechte Bürgerin, und wünschten zu wissen, wo sie ihn wohl finden könnten. Ich sagte ihnen, er habe geäußert nach Hause gehen zu wollen. Sie erwiederten, sie glaubten nicht, daß er das thun würde, wäre er aber in Paris, so wollten sie ihn schon finden. Sie kamen dann an mein Bett zurück und Einer von ihnen setzte sich auf dasselbe.

Man kann sich leicht denken, in welchem Zustande Chansenets während dieses Besuches war. Ich hatte nichts von ihm gehört und hörte ihn auch nicht athmen. Zuletzt riethen mir die Ungeheuer noch etwas zu schlafen und wünschten mir eine gute Nacht. Sie blieben noch etwas länger in meinem Hause, während welcher Zeit ich mich nicht zu rühren wagte. Zuletzt hörte ich die Hausthüren zumachen und meine Dienstboten kamen herein und sagten mir, sie seien alle fort. Ich fiel in heftige Krämpfe und war sehr erschrocken. Als ich etwas zu mir kam, sagte ich meiner Köchin und den Uebrigen, sie sollten mich verlassen, ich wolle noch etwas zu mir nehmen und dann ruhen. Ich wies meine Zofe an, das Zimmer zu verriegeln und dann entdeckte ich ihr, was ich gethan und wer in dem Bette sei. Sie schrie vor Schrecken laut auf, als sie es hörte, und sagte, sie würde nie die Haussuchung überstanden haben, wenn sie es gewußt hätte.

Wir brachten jetzt mit großer Mühe unsern Gefangenen aus dem Bette heraus; denn als er die Soldaten ins Zimmer kommen hörte, hatte er so viel wie möglich den Athem anzuhalten versucht, und da er so halb erstickt war, lag er in Sweiß gebadet und sprachlos da. Wir legten ihn auf die Erde, öffneten die Fenster und meine Zofe goß ihm dann ein großes Glas Brandy ein. Zuletzt kam er zu sich, war voller Dankbarkeit gegen mich — war erschreckt und überrascht gewesen über meinen Muth, als die Leute ins Zimmer traten und besonders als ich hatte aufstehen wollen.

Ich war selbst sehr unwohl von der Aufregung, in der ich mich während der letzten vierundzwanzig Stunden befunden. Wir machten für unsern Gast ein Bett in meinem Boudoir zurecht, mußten aber sehr vorsichtig sein, aus Furcht vor meiner Köchin, da Niemand von meinen Dienstboten mehr zu Bett gegangen war. Wir schlossen ihn in dem Zimmer ein und meine Zofe nahm die Schlüssel zu sich. Ich ging dann zu Bett, fand aber keine Ruhe und klingelte um zwei Uhr; ich war halb todt vor Aufregung. Doch stand ich auf und meine Zofe ging zu unserem Gefangenen hinein; sie fand ihn in heftigem Fieber, phantasirend und weinend; kurz und gut, er war in einem schrecklichen Zustande. Wir waren außer uns vor Furcht entdeckt zu werden; wäre er gestorben, wohin hätten wir ihn schaffen oder was hätten wir thun können?"

Diese ächte Revolutionsscene wird hinreichen eine Vorstellung von den Schilderungen der Dame Grace Dalrymple zu geben. Uebrigens gelang ihr die Rettung weiter, sie brachte den todtkranken Marquis, als die Barrièren wieder geöffnet waren, nach Meudon. Sie versuchte den Herzog von Orleans mit dem Marquis auszusöhnen, das war vergeblich, doch sorgte er endlich auf ihre Bitten dafür, daß der Unglückliche aus Frankreich fliehen konnte. Er entkam glücklich nach England, kehrte später unter der Restauration nach Paris zurück und sah seine großmüthige Retterin in den Tuillerien wieder.

Dieser Marquis Chansenets hat uns anfänglich einige Noth gemacht, Grace Dalrymple nennt ihn Gouverneur des Schlosses der Tuillerien, das war er aber notorisch nicht, der Prinz von Poix bekleidete diese Stellung; wir haben ihn aber doch entdeckt, es ist der General Marquis von Champcenets gemeint, die Engländerin hat seinen Namen geschrieben, wie sie ihn sprechen hörte. Dieser getreue Edelmann, der schon am 20. Juni mit den Grafen von Haussonville, Montmorin, dem Duc de Larochefaucauld und dem deutschen Baron von Vietinghoff heldenmüthig die Königin beschützt hatte, mochte wohl den Prinzen von Poix öfter im Gouvernement des Tuillerienschlosses vertreten haben, daher die irrige Bezeichnung als Gouverneur der Tuillerien. Uebrigens gehörte der Marquis von Champcenets früher zu den Freunden des Herzogs von Orleans und hatte sich erst während der Revolution von ihm abgewendet. Zum Schluß wollen wir noch einen kleinen Zug zur Charakteristik dieses Prinzen, dieses Philipps Egalité beibringen, den uns Grace Dalrymple aufbehalten hat. Der Herzog hatte ihr, seiner Freundin, feierlich versprochen, nicht für den Tod des Königs zu votiren, oder bei der Abstimmung zu fehlen. Er brach das feierliche Versprechen, wie weltbekannt. Es ist dies ein kleine Zug allerdings, man sieht aber, daß dieser Elende überall und in allen Verhältnissen ohne Treue und Glauben war. Bei dem Journal befindet sich auch ein Portrait des Herzogs, jedenfalls aus jüngern Jahren, sein Gesicht sieht aus wie ein leeres Blatt, auf das noch Alles geschrieben werden kann, man hat eine furchtbare Schrift darauf geschrieben und er hat es gelitten. Grace Dalrymple Elliott ist nach der Restauration nach Frankreich zurückgekehrt, doch giebt das Buch weiter keine Aufschlüsse über ihr Leben. Sie hat noch den Schmerz gehabt, die Juli-Revolution erleben zu müssen und ist zu Ville d'Avaray gestorben. Ihre Tochter, Lady Charles Bentinck, war ebenfalls eine gefeierte Schönheit. Es ist dem Buche noch ein drittes Portrait beigegeben, ein liebliches Kindergesicht mit der Unterschrift: „Lady Charlotte Bentinck." Es ist wahrscheinlich eine Enkelin der Dame Grace Dalrymple, doch ist in dem Gesicht kein Zug von dem pikanten Reiz, welcher der Großmutter eigen. Das Gesicht der Großmutter ist ganz französisch, das der Enkelin ein allerliebstes deutsches Kindergesicht.

R. Prutz.

Die deutsche Literatur der Gegenwart. 1848 bis 1858. Von Robert Prutz. 2 Bde. Leipzig, Voigt und Günther. 1859. VIII. S., 290 und 306 S. in klein 8.

Es war nicht in erster Linie das Interesse an der Sache, an dem Buche selbst, das uns die »deutsche Literatur der Gegenwart« von Prutz zur Hand zu nehmen und zu lesen bewog, vielmehr war dies ein psychologisches und historisches Interesse. Wir haben Prutz als politischen Dichter und Journalisten der vierziger Jahre kennen gelernt, seitdem aber nur Beiläufiges von ihm gelesen und gehört; nicht einmal die beiden im Jahre 1854 erschienenen Bände »zur deutschen Literatur und Kulturgeschichte« konnten wir zu lesen uns entschließen; jetzt, da wir flüchtig in dem Werke blätterten und Erörterungen über die verschiedene Stellung der schönen Literatur vor und nach dem Jahre 1848 fanden, warfen wir uns die Frage auf, welchen Einfluß wohl die letzten zwölf Jahre auf den Verfasser ausgeübt haben möchten. Die Folge war, daß wir das Buch durchlasen; und wenn wir nun im Folgenden dieselbe Frage auch dem Leser zu beantworten suchen werden, so geschieht es nicht, um das Buch als ein besonders lesenswerthes oder als besonders zu tadelndes hinzustellen, sondern vielmehr um daran zu zeigen, wie ein Mann, der in den vierziger Jahren mit an der Spitze einer damals viele Anhänger zählenden Richtung in der schönen Literatur mit gewaltigem Degengerassel einherzog, jetzt die Dinge der Welt ansieht und anzusehen gelernt hat. Das der Grund, wenn wir ausführlicher sind, als es sonst gerechtfertigt sein würde.

Ob wahr oder unwahr, wissen wir nicht, aber gehört haben wir einmal, daß Robert Prutz seine ersten schriftstellerischen Arbeiten in den halleschen später deutschen Jahrbüchern niedergelegt habe. Unzweifelhaft fällt sein erstes öffentliches Auftreten in jene Zeit, und unzweifelhaft schloß er sich dem Chor der politischen Dichter an, die mit ihren Visionen und Phrasen von Freiheit, Schlachtgetümmel, von jenem Tage, an dem die Bösen erschlagen werden von den Guten u. d. m. die deutschen Gauen durchwanderten und an der damaligen Jugend („ach ja wohl, der damaligen“, seufzt Prutz in der Parenthese) zum Theil bewundernde Zuhörer fanden. Herwegh forderte auf, die Kreuze aus der Erde zu reißen und daraus Schwerter zu schmieden (ein etwas unpraktischer Rath!) und Prutz sang von später Nachtzeit, wo er mit Herwegh noch beim Wein gesessen und sie beide die Geschicke und die Zukunft unseres Volkes erwogen hätten. Das Verhältniß beider zu einander stellte sich etwa so heraus: Herwegh hielt sich für nichts Geringeres, als für einen Umgestalter der Welt, für den Begründer einer neuen Aera in der Poesie („Was“, sang er, „sollen uns noch Schiller oder Göthe?“), für den mächtigsten Dichter deutscher Erde, mächtig genug, um Legionen zu seinem Schutze aus der Erde zu stampfen; das Mittel, dessen er sich zur Erreichung seiner Ziele bediente, war die Rhetorik, und die Form der Rhetorik der Vers. War diese Rhetorik auch keine Poesie, weil ihr der künstlerische Gegenstand fehlte, war sie auch nicht stets correct, namentlich im Reime, so waren diese Gedichte von gewaltiger Wirkung auf Jeden, der noch abstrakt dachte und fühlte, und es ließ sich sodann nicht läugnen, daß das erhabene Phrasengeklirre nicht selten durch ächt poetische Gedanken, durch lauteres Gold der Poesie durchzogen wurde. In der Begleitung eines solchen Mannes trat nun Prutz als Randalierjunge auf, die wallende Feder auf dem Hute, den Schleppsäbel zur Seite, Kanonen an den Füßen und mit einem unbeschreiblich wüthenden Ausdrucke im nichtssagenden Gesichte. Sieben Mann, so ließ er vor sich austrommeln, habe ich soeben zum Frühstück verzehrt, einundzwanzig kann ich für den Mittag gebrauchen, und dafern der Abend heranrückt und ihr uns noch im Wege steht, so werde ich in Berserkerwuth gerathen und morden, bis am andern Morgen die Sonne der Freiheit am Himmel steht. Der Prutz'schen Phrase fehlte die Herwegh'sche Poesie, und das machte dieselbe so renommistisch, so hohl, so unbeschreiblich komisch. Das Einzige, daß man diese Don-Quixoterien nicht als solche sofort erkannte und damit unschädlich machte, war Beschränktheit, Beschränktheit vor allem der Polizei und Regierungen. Man wurde beim Anblick des Fallstaff's von Schreck ergriffen und suchte sich zu verstecken.

Aber nicht nur im Verse, auch im Gewande der Prosa suchte Prutz seinen weltumwälzenden Gedanken Luft zu machen. Es war die Junghegel'sche Dialektik, die er zu diesem Behufe in seine Dienste gezogen, es war die Geschichte, die er zu Rathe zog, um den sicheren Morgen der Freiheit zu prophezeihen. „Verdummungssystem“, „Knechtschaft“, „Tyrannei“, „Polizei“, „Schergen der Sclaverei“, „Gensd'armen,“ „Geheimräthe“, „Orden“ u. d. m., das waren die geläufigen Worte, mit welchen er um sich zu werfen pflegte. Von unsern Berliner Lesern ist es vielleicht noch dem einen oder andern erinnerlich, wie er von Halle aus hierher kam, um Vorlesungen zu halten, wie jeden Augenblick das Wort „Gensd'arm“ zwischenlief und wie dann der Vorleser ein unbeschreiblich grimmiges Gesicht machte; oder wie er eine Zeit lang auf der Königlichen Bibliothek hierselbst arbeitete und wüthend den Kopf emporwarf, sobald die Thür sich öffnete und seiner Vermuthung nach vielleicht ein Geheimrath eintreten konnte. Es war sicher ein gefährlicher Mann für den, der an die Gefährlichkeit glaubte; hätte man den griesgrimmigen Löwen verlacht, vielleicht, daß er beschämt von dannen gezogen wäre. Aber hierzu waren die Dinge damals nicht angethan: er wurde aus Berlin ausgewiesen und erhielt dadurch neue Materialien, um schreiben und sich wichtig machen zu können. „Seht hier den Mann, vor dem Preußen zittert!“

Fassen wir Beides zusammen, so ergiebt sich als Urtheil über den schriftstellerischen Charakter des Autors: Prutz ist von Hause aus Journalist; Zeitverhältnisse bewirkten es, daß er einerseits auf dem Gebiete der Poesie, andererseits auf dem Gebiete der Philosophie und Geschichte als Dilettant auftrat. Es gilt von ihm meist das, was er in dieser Beziehung im zweiten Bande über Gutzkow, vollständig; was er über Theodor Mundt sagt (S. 48 u. 49). Es heißt da nämlich u. A. von Mundt, daß er von der Natur am wenigsten zum Dichter berufen sei, daß er sich aber in allen Gattungen der Poesie versucht habe; ja sogar in der Wissenschaft, in der Geschichtsschreibung, daß aber schließlich nichts herausgekommen, als ein Schwall philosophisch sein sollender Redensarten.

Es kamen dann die Stürme des Jahres 1848. „Die deutsche Nation, bis dahin der Spott unter den Völkern Europa's, war plötzlich erwacht und hatte eine Thatkraft entwickelt und eine Kühnheit, welche aller Berechnungen spottete.“ Und die Literatur, die poetischen und wissenschaftlichen Dilettanten, die Männer der Belletristik? Man kümmerte sich nicht um sie, die doch so heiß gefleht und so gewaltig gewirkt hatte für den Eintritt der Ereignisse von 1848, sie blieb unbeachtet, sie mußte sogar bald wieder den Prügeljungen abgeben für Alles, was die Nation verschuldet. Der Verfasser tröstet sich indeß damit, daß andere große geschichtliche Ereignisse, wie z. B. die deutsche Reformation, die französische Revolution, die Freiheitskriege, auch nicht unmittelbar auf die schöne Literatur eingewirkt hätten, wohl aber indirect, und dies werde auch mit dem Jahre 1848 der Fall sein. Lassen wir ihm diesen Trost und fragen wir nach der gegenwärtigen Stellung des Verfassers zum geistigen Leben unseres Volkes.

Herwegh wurde unter'm Spritzleder von seiner Frau aus der Revolution geführt; der Rest war Schweigen. Befindet sich Prutz noch in derselben oder hat ihn ein ebenfalls zu guter Engel aus derselben geführt? Die Antwort ist, daß er sich noch mit Sack und Pack in derselben befindet. Beide Bände, ja jede Seite derselben, legen Zeugniß dafür ab. Wir haben noch den alten Journalisten vor uns, noch den Dilettanten auf dem Felde der Geschichte, Politik und Philosophie. Es sind noch die alten Phrasen, die alte Art und Weise die Geschichte aufzufassen. Das Junge Deutschland war es, das in den dreißiger Jahren die Zeitungen schrieb, der Politik die einzuschlagenden Bahnen vorzeichnete und zu Gericht saß über die Lenker der Staaten. Prutz zählt nicht zum Jungen Deutschland, im Gegentheil, er tadelt dasselbe der Phrasen und Unwissenheit halber, aber der Unterschied der Junghegelianer vom Jungen Deutschland ist nur ein unwesentlicher. An die Spitze der Geschichte wird die schöne Literatur gestellt, deren Vertreter die eigentlichen Helden sind; aus der Dialektik der verschiedenen Richtungen innerhalb derselben ergaben sich die verschiedenen Perioden der Geschichte. Der Einzelne und die Einzelnen sind unschuldig in ihren etwaigen Verirrungen; waren sie Lumpen, nun, (eine beim Verfasser jeden Augenblick wiederkehrende Partikel) so war auch die Zeit lumpig. Nur die Schriftsteller der Reaction scheinen persönlich zurechnungsfähig zu sein, wenigstens werden hier die Milderungsgründe nicht besonders hervorgehoben. Es ist das eine Geschichtsconstruction, ein Umsichwerfen mit Phrasen ohne alle positive Kenntnisse und ohne alles sinnige Nachdenken, das man nur mit Mühe die beiden Bände hindurch anzuhören vermag. Nur Eins ist lobend hervorzuheben, daß bei Prutz die Phrase nicht mehr so bombastisch, die Unfehlbarkeit nicht so unzweifelhaft ist, wie früher. Selbst conservativen Schriften wird wohl einmal ein Wort der Anerkennung zugeworfen. Im Uebrigen ist der Styl gegen früher schlechter geworden.

Fragen wir zum Schluß nach dem speciell uns vorliegenden Werke, so will dasselbe „in einer Reihe einzelner, dennoch nicht zusammenhangloser Bilder und Skizzen eine Uebersicht geben über den gegenwärtigen Stand der Literatur.« Er macht sich dabei gefaßt auf den Vorwurf der Unvollständigkeit, die ja in der Natur der Sache liegt; er gesteht zu, es nicht Allen Recht machen zu können; er erklärt ferner, daß es nicht in seiner Absicht gelegen, noch habe liegen können, eine wirkliche Geschichte unserer jüngsten Literatur-Entwickelung zu geben, sondern daß er nur Beiträge zu einer künftigen Geschichte derselben habe liefern wollen, und fügt schließlich dem Allen die Versicherung hinzu, daß, wenn er auch bei der Auswahl der besprochenen Bücher und Persönlichkeiten mehr oder weniger seinem subjectiven Ermessen habe folgen müssen, dies subjective Ermessen zum Wenigsten durch keinerlei unlautere Rücksichten beeinflußt worden sei. In der Vorrede (S. IV.) erklärt er auch, daß es das Erste und Dringendste sei, die Nation zum Bewußtsein der ohnmächtigen und unwürdigen Lage zu bringen, in welcher sie sich, durch eigene oder fremde Schuld, gegenwärtig noch befindet, damit an diesem Bewußtsein sich auch die Kraft und der Willen entzünde, diesem Zustande ein Ende zu machen und uns endlich denjenigen Platz unter den Völkern Europa's zu erkämpfen, der uns gebühre. Aus diesem Bestreben sei auch das vorliegende Buch hervorgegangen. Wie es scheint, ist das Buch hervorgegangen aus einer Reihe einzeln gedruckter Aufsätze, vielleicht im »Deutschen Museum«, das der Verfasser redigirt; die einzelnen Aufsätze sind dann zusammengereiht, als Buch abermals gedruckt und in die Welt geschickt. Sonst wird's wohl weiter keinen Zweck haben.

Correspondenzen.

Aus der Hauptstadt.

Befinden Sr. Majestät des Königs. — Die Frau Fürstin von Liegnitz. — Graf Schulenburg-Kehnert. — Vermischtes.

Se. Majestät, unser allergnädigster Herr, sind am letzten Donnerstage zum ersten Male wieder seit langer Zeit an der frischen Luft gewesen; man fuhr den theuren Herrn in dem Rollstuhle, der schon der Gemahlin Friedrichs des Großen, der Edlen Elisabeth Christine von Braunschweig, gedient, einige Minuten auf der obersten Terrasse des Schlosses Sanssouci auf und ab. I. M. die Königin, die Herren, welche fast immer in der Nähe des königlichen Herrn sind: General von Gerlach, Präsident von Kleist und Staatsminister von Uhden, die Leibärzte und mehrere Alte von der Dienerschaft waren dabei zugegen. Man möchte so gern hoffen, und doch ist es fast unmöglich! Einer der Getreuesten Friedrich Wilhelms sagte neulich tief bewegt: »Ach, es geht wohl einmal ein paar Tage gut, und dann geht es wieder dreimal so viel Tage schlecht!« Es mag ein schmerzenreiches Weihnachtsfest für unsere unvergleichliche Königin gewesen sein!

Vor einiger Zeit brachten die Zeitungen die Nachricht, Ihre Durchl. die Frau Fürstin von Liegnitz (Auguste, Gräfin von Harrach, mit dem hochseligen Herrn, dem Könige Friedrich Wilhelm III. 1824 in morganatischer Ehe vermählt und zu einer Gräfin von Hohenzollern und Fürstin von Liegnitz erhoben, Wittwe seit 1840, ist am 30. August 1800 geboren) werde das Prinzessinnen-Palais am Opernplatz verlassen und nach Schloß Monbijou übersiedeln, weil das Prinzessinnen-Palais für die Hofstaaten I. K. H. der Frau Prinzeß Friedrich Wilhelm gebraucht werde. Wir bezweifelten die Wahrheit dieser Nachricht gleich, denn wir konnten uns nicht denken, daß man zur Bequemlichkeit Prinzlicher Hofstaaten die durchlauchtige Wittwe des hochseligen Herrn in ihrer Wohnung derangiren werde; jetzt erfahren wir, daß an bestimmender Stelle wenigstens gar nicht an ein solches Arrangement gedacht worden ist. Uebrigens sind die Gemächer in Monbijou gar nicht frei, da sie gegenwärtig von J. K. H. der Frau Landgräfin von Hessen=Philippsthal, Tochter S. K. H. des Prinzen Carl, bewohnt werden, wenn Höchstdieselben sich in Berlin aufhalten. Schloß Monbijou ist übrigens seit der Gemahlin des ersten Königs theils Eigenthum, theils Wittwensitz der Königinnen von Preußen gewesen. Es wurde von dem Berliner Volkswitz einst dem Grafen von Schulenburg=Kehnert geschenkt; denn als die Mutter Friedrich Wilhelms III. starb, Wittwe König Friedrich Wilhelms II., welche in der Hofsprache die »Königin Frau Mutter« genannt wurde, um sie von der ebenfalls noch lebenden »Königin Mutter«, Gemahlin Friedrichs des Großen, und der regierenden »Königin Louise« zu unterscheiden, da fragte man in Berlin: »Wer wird denn nun Königin Frau Mutter?« und der Volkswitz antwortete: »Der Graf Schulenburg!« und setzte hinzu, daß er dann auch Monbijou bekommen müsse, weil das den verwittweten Königinnen zustehe! Graf Schulenburg=Kehnert hatte nämlich so viele und so verschiedenartige Aemter, daß man ihm zutraute, er werde auch die Charge der »Königin Frau Mutter« noch übernehmen können. Uebrigens war das jener Graf Schulenburg, der allerdings die Verkündigung der Niederlage bei Jena mit der Phrase: »Ruhe ist die erste Bürgerpflicht!« begleitete, aber keineswegs der Vater dieser echt berlinischen Redensart ist.

So eben ist das 23. Heft des Wagener'schen Staats= und Gesellschafts=Lexikons erschienen (3. Heft des dritten Bandes), welches wieder sehr bedeutende Artikel, namentlich über Baden, über Balzac u. s. w. enthält.

Im Aeußern sieht Berlin sehr traurig aus, die trostlos weiche Witterung überzieht nicht nur die Straßen mit Schmutz, sondern auch die Verhältnisse mit einer grauen Monotonie. Die Weihnachtsfreuden sind vorüber, die bedenkliche Inseratenanschwellung der Zeitungen hat einem geziemenderen Umfange Platz gemacht; in den mittleren Klassen rüstet man sich auf den herkömmlichen Sylvester=Abends=Punsch nebst obligatem Neujahrstags=Katzenjammer; in den höheren Klassen aber, wo man weitsichtiger ist, rüstet man sich eifrig zu den Freuden der beginnenden Saison. Es heißt, man werde das Haus des französischen Gesandten Marquis de Moustier vermissen, allerdings ein offenes Haus weniger, der Prince Latour d'Auvergne=Laraguais, Moustiers Nachfolger, dürfte in diesem Winter noch nicht hier eintreffen. Uebrigens gehört dieser neue französische Gesandte zum Hause des Ducs de Brancas, nicht zum Hause Latour d'Auvergne, welches im Mannsstamme verlassen ist. Die bekannten Subscriptionsbälle im Opernhause, welche der General=Intendant Kammerherr von Hülsen seit etlichen Jahren unter so allgemeinem Beifall eingerichtet, werden auch in diesem Jahre stattfinden, doch hatten dieselben schon im vorigen Winter nicht den Glanz und Lustre der vergangenen Jahre; das Judenthum soll sich gar zu breit haben vertreten lassen.

Aus Wien.*)

— Aus der Weihnachtszeit. —

Die Langeweile und Einförmigkeit des Daseins erlitten durch die Vorfreuden und Einleitungsleiden der Weihnachtstage eine Unterbrechung; die wiener Menschheit befand sich im Stadium des Einkaufsparoxismus; man sah hinter den riesigen Glasfenstern der Gewölbe und an den Auslagekästen Gestalten, die das ganze Jahr hindurch dem ausdauerndsten Flaneur unsichtbar bleiben. Die übrigen Feste haben nicht jenes allgemeine, tief ins Leben eingreifende Interesse. Die Weihnachtszeit, nicht bloß der Abend der Bescheerung, ist für ganze Gesellschaftsklassen die an Aufregungen reichste Epoche des Jahres. Die ehrbarste Gattin, die liebevollste Mutter, nimmt in den letzten Adventtagen die Manieren der Weltdame an. Sie flieht den häuslichen Herd, legt eine große Zerstreutheit und Befangenheit an den Tag, hält geheimnißvolle Zusammenkünfte, expedirt geheimnißvolle Correspondenzen, sucht die Dienerschaft in ihr Interesse zu ziehen und stimmt Klagen an über die Unzulänglichkeit ihres Nadelgeldes. Sittsame Töchter erschrecken, so oft die Mama ins Zimmer tritt, schleichen sich heimlicherweise, selbst ohne die Gouvernementalbegleitung, aus dem Hause fort, versperren mit ungewöhnlicher Sorgfalt ihre Chatoullen und sind nie in der Lage, der Mama eine Fünferbanknote zu wechseln. Die Gatten, Väter und Brüder, fühlend, wie ihre Gegenwart zu Hause nicht ganz erwünscht sei, stecken murrend und sonderbündelnd die Köpfe zusammen und complottiren gegen das weibliche Unterhaus. Die Grenzpfähle des Familienlebens sind verrückt, die heiligsten Bande scheinen, wenn nicht gelöst, doch gelockert. Dem Weihnachtsabend, dem Tage des Versöhnungsfestes, bleibt es vorbehalten, die scheinbar getrennten Elemente wieder zur früheren Harmonie der Liebe und Dankbarkeit zu versöhnen.

Für unsere Industriellen ist die Weihnachtszeit, was dem Egypter die Periode der Nilüberschwemmung. Je mehr er in diesen Tagen in den Gassen durcheinanderwogt, desto mehr fruchtbarer Bodensatz lagert sich in den Kassen der Gewölbe ab. Mit der Zahl der verschönerten Magazine hält jene der Ausverkäufer gleichen Schritt. Uhrmacher schießen wie Pilze an allen Ecken auf — ein Beweis dafür, daß man in Wien recht gut wissen könnte, wie hoch es an der Zeit. Einen besonders prachtvollen Anblick gewährt der Liebig'sche Prachtbau am Graben, den der Volkswitz mit einem mehr zutreffenden, als delicaten Namen bezeichnet. Hinter den Spiegelfenstern des Parterres feiert die kleine Industrie ihre Triumphe; da bewundert das Auge die eleganten Producte der Klein'schen Galanteriewaaren aus Leder, Holz und Metall, würdige und gefährliche Concurrenten der pariser und londoner Ateliers; da paradiren die Mantillen und Damenputzwaaren Ortmann's, dessen „Schritte“ in die Modejournale übergehen und den Weg bis über den Rhein nehmen, mit neuen Ideen die Phantasien der pariser Erfinderinnen befruchtend; da thront Worliczek, der Männerverschönerer, mit dessen Jagdröcken man bei Hofe erscheinen könnte, dessen Foulards-Geschenke scheinen indischer Nabobs, dessen Halsbinden dem ungehobeltsten Flegel den Anstrich aristokratischer Abstammung verleihen. Der erste Stock enthält die Exposition der Gebrüder Krach aus Prag. Ach, der Krach ist ein Zauberer; er ist der erste unter den Schneidern Oestreichs nicht bloß, nein Mitteleuropa's; er ist Ritter der Ehrenlegion, und wie er selbst hoch emporragt über die undecorirte Menschheit, so wird in seinem Atelier kein Stich genäht, der nicht hoffähig wäre. Die Kundschaft der Etablissements beginnt

*) Aus der „Tr. Zeitung“.

beim Nordbahnactienbesitzer; verirrt sich ein anderer Sterblicher in diese blendenden Räume, so steht er da in seines Nichts durchbohrendem Gefühle. Seine Toilette bei Krach zusammenzustellen, ist gleichbedeutend mit dem Besitze eines Platinabergwerkes im Ural oder dem Titel eines General-Eisenbahndirectors neufranzösischen Stiles. Bei Krach allein läßt sich, wie dieser Tage geschah, das Rechenexempel praktisch lösen: wenn ich mir einen Schlafrock für 250 Gulden kaufe, wie viel Geld bleibt mir von meinem Treffer von 35,000 Gulden nach Anschaffung einer entsprechenden Ausstaffirung noch übrig? —

Nicht minder imposant und großartig in seiner Art ist die Passage im neuen Bank- und Börsengebäude, deren Gewölbe nunmehr vollständig besetzt sind, so daß die glasbedeckte Galerie des Abends, in Ströme von Licht getaucht, einen wahrhaft großstädtischen Eindruck macht. In der Auslage der Delikatessenhändler macht sich auch ein Fortschritt geltend; die Schaufenster beginnen nach Pariser Muster mit den leckersten Gerichten garnirt zu werden. Jenes von Sacher in der Weihburggasse versammelt täglich einen Kreis von Gourmands, Kochkünstlern und seufzenden Bewunderern um seine Ausstellung colossaler Hummern, riesiger Gansleberpasteten, akademisch gespickter Fasanen, schneeweißer Capaunen, sanft von der Hitze der Röhre gebräunter Birkhühner. Es liegt eine unendliche Poesie in diesem culinarischen Stillleben und wir begreifen vollkommen, daß wahrhaft edle Gemüther lieber an der Hand eines Koches, als an jener eines Malers sich in das Reich der „bildenden Künste“ einführen lassen. Die gemalten Delikatessen verhalten sich zu den der Zunge zur Verfügung stehenden, wie ein um's Mittagbrod verlegener Maler zu einem behaglich schwelgenden Gourmand; wie ein declamirter Kuß zu einem von süßen Rosenlippen empfangenen! So lange ein Volk an den Traditionen seiner nationalen Küche festhält, droht seiner historischen Individualität keine Gefahr. Die Unterdrückung und Schwächung der Nationalitäten beginnt mit der Einführung neuer Speisezettel.

Reichthum und heitere Laune gehen nicht immer Hand in Hand. Johann, der muntere Seifensieder, ist zu dieser Behauptung eine eben so schlagende Illustration, wie jene Wiener Finanzgröße ersten Ranges, die, wenn der Geist der Melancholie sie überkömmt, sich auf eine Stunde in ihr Privat-Mausoleum zurückzieht und dort, im Sarge liegend, Betrachtungen anstellt über die Vergänglichkeit des Irdischen und die Nichtigkeit der Welt. Dieses Mausoleum, von den Gemächern des Besitzers durch einen langen, matt erleuchteten Corridor getrennt, besteht aus einem schwarz ausgeschlagenen, mittelgroßen Saale, in dessen Mitte, von silbernen Candelabern umgeben, ein einfacher Sarg auf einer Estrade aufgebahrt ist. An diesem, wie an den Wänden, sind die Wappenschilde des „Todten“ aufgehängt, welche zugleich dessen Namen, Geburts- und Sterbetag angeben. Um für den eintretenden Fall des Todes den lachenden Erben — es werden nur solche vorhanden sein — möglichst wenig Bestattungskosten zu verursachen, hat der eventuelle Todte im Datum des Sterbetages zur einstweiligen Bezeichnung des Jahrzehents diese Woche an die Stelle des Fünfers den Sechser setzen lassen, denn ebensowenig, als er noch während des laufenden Jahres 1859 zu sterben hofft, für ebenso sicher hält er sein Ende innerhalb des nächsten Decenniums. Dies Mausoleum ist ein Heiligthum, das nur wenige vertraute Freunde betreten dürfen; sie hören, draußen in der Vorhalle stehend, nur die Todtenpsalmen, welche der im Sarge liegende melancholische Finanzmann durch das Ziehen versteckter Register einem hinter den schwarzen Draperien aufgestellten Orchestrion entlockt, erwarten aber allezeit mit Sehnsucht seine Auferstehung, denn die Todtenfeier pflegt, nach heidnischer Sitte, mit einem köstlichen Mahle zu schließen.

Militärische Revue.

Sonntag, den 1. Januar 1860.

Geschichtskalender.

1. Jan. 1814, die schlesische Armee geht bei Caub über den Rhein und die Avantgarde unter Prinz Wilhelm von Preußen delogirt die französischen Posten.

2. Jan. 1741, Friedrich II. besetzt die Dominsel bei Breslau.

3. Jan. 1794, Gefecht bei Frankenthal, die Franzosen durch die Preußen geschlagen.

4. Jan. 1759, General v. Manteuffel forcirt den Uebergang über die Peene und schlägt die Schweden bei Stolpe unweit Anclam.

5. Jan. 1676, der Sturm der Brandenburger auf Wolgast wird durch die Schweden abgeschlagen.

6. Jan. 1814, der französische General Rigaud räumt mit seiner Division Trier vor dem preußischen Oberst Graf Henckel-v. Donnersmarck mit dem Leib-Füsilier-Bataillon und 5. Landwehr-Escadrons.

7. Jan. 1760, der Herzog Ferdinand von Braunschweig läßt Dillenburg erstürmen, wobei das französische Schweizerregiment Waldener völlig niedergemacht wird.

Inhalt:

Allgemeine Vorbetrachtung über Localisirung des Krieges und Kriegsgestaltung.

I.

Während der Kriege in der Krim und in Ostindien rieb sich manch' deutscher Familien- und Coupons-Besitzer stillvergnügt die Hände und dachte wie Goethe's Bürger bei ihrem Feiertags-Spaziergange. — Als die Oestreicher im letzten Frühjahre den Ticino überschritten hatten, wollte das behagliche Sicherheitsgefühl nicht mehr recht aufkommen: dafür erscholl — diesmal auch aus der londoner City — millionenstimmiges Geschrei nach „Localisirung des Krieges“ — Neun Zehntel von allen diesen Schreiern hätten mit dem alten Abderiten-Spruch: „Heiliger Sanct Florian, verschon' mein Haus, zünd' and're an", ihre Herzensmeinung aufrichtiger ausgedrückt. Besitz und behäbiges Wohlbefinden incrustiren auf seltsame Weise das Gefühl für fremdes Recht und Unrecht, ja selbst die Theilnahme an den Geschicken der eigenen weiteren Gemeinschaft — des Vaterlandes — und erst die scharfe Lauge der unmittelbarsten Noth und Gefahr vermag beide minder an die Luft zu bringen, oder jenem beschränkten Egoismus wenigstens etwas die Augen zu öffnen. —

Unter anderen Vorstellungen, welche sich der moderne Spießbürger von den Diplomaten seiner Regierung entworfen hat, hält er sie für eine Art europäischer Feuerwehr. Für die Abgaben, die er regelmäßig bezahlt, sollen sie hübsch aufpassen und bei Zeiten zuthun, wenn Qualm und Brandgeruch irgendwo gar zu arg werden; die Klingeln an den Spritzen läßt er sich gefallen, — er hört darin die schönen Thaler wieder, die sie ihm gekostet haben und noch kosten —, aber weiter wünscht er nicht incommodirt zu werden.

Wenn man nur das Feuer gehörig auf seinen Herd beschränkt, raisonnirt seine Alltags-Logik, kann es nicht weiter um sich greifen, in specie mich nicht brennen.

Zweimal in diesem Decennium hat er allen Grund gehabt, mit der militärischen Löschordnung zufrieden zu sein, so stand es geschrieben; vielleicht steht geschrieben, daß es ihm noch öfter so gut wird; unmöglich ist es wenigstens nicht.

Europa bietet in seiner geographischen Gliederung eine Menge begränzter Kriegstheater, und die Kunst neutral zu bleiben, steht auf großer Höhe. In einem kleinen Landstrich, den eine Armee des vorigen Jahrhunderts in wenigen Wochen bis zum Verhungern ausfouragirt hätte, können sich jetzt colossale Heere fort und fort halten — durch ein paar Schienenstränge, eine Dampfschifflinie, die nach der Heimath hin- oder richtiger, von der Heimath herführen. Freilich macht damit das stets gerechte Geschick unserm kannegießernden Selbstling einen dicken Strich durch die Rechnung, denn sein empfindlichster Theil, seine Börse, wird durch sinkende Papiere und steigende Brodpreise in Mitleidenschaft gezogen, auch wenn er tausende von Meilen vom Kriegsschauplatze entfernt und gegen den ganzen Streit höchst indifferent ist; nolens volens muß er das verhaßte Feuer nähren helfen; indessen die Verluste verkleinern sich nach den Regeln der Perspective und hungrige Einquartierung, zerstörte Häuser, sowie gelegentliches Todtgeschossenwerden, bleiben immer die fatalen Privilegien der Kriegstheater-Bewohner.

Auch die Diplomatenhandwerker sind passionirte Kriegslocalisirer; stümpernden Aerzten gleich, suchen sie Krankheits-Erscheinungen zu hemmen, statt dem ungesunden Organismus zu Hülfe zu kommen. Ihre Kriegslocalisirung ist einfach eine halbe Maßregel und aus dem Frieden von Paris, wie aus dem von Villafranca-Zürich können sie lernen, welch' erbärmliche Resultate diese localisirten Kriege haben, wie entsetzlich wenig aus der Blutsaat der, gleich Gladiatoren in einer Arena gegeneinander gehetzten Soldaten sich erndten läßt. So lange das Axiom: qui a terre a guerre gilt, wird man auch behaupten können: qui a pays a paix, und die besten Friedenstractate werden immer in der eroberten Hauptstadt des Feindes geschlossen werden. Wer weiß, was der gute Zufall in den letzten Jahren nicht Alles besser gemacht hätte, als es gekommen ist, wenn er nicht durch die Telegraphen-Drähte so entsetzlich eingeschnürt wäre! Früher half ein praevenire der Ereignisse so manches Mal über diesen und jenen fatalen Entschluß in Kriegs- und Friedensläufen bequem hinweg; das ist vorbei und Held York wäre jetzt um ein ganzes Theil schlimmer daran, als anno 1812. —

Der Krieg ist schon so allgemein als Uebel erkannt und in Mißcredit gekommen, daß Elihu-Burrit nicht der Einzige ist, der sogar seine Nothwendigkeit ernstlich in Zweifel zieht, und die herrschende Zeitrichtung machte es mehr als wahrscheinlich, daß selbst die größten nationalen Kämpfe nach Zeit und Raum viel mehr Beschränkung finden werden, als früher. Je unentbehrlicher ein Land durch seine Productivität in der großen Staaten-Familie geworden ist, um so weniger hat es anhaltende Kriege innerhalb seiner Marken zu fürchten. Will man die hieraus abzuleitende Kriegsgestaltung „localisirten Krieg" nennen, so werden wir „localisirte Kriege" haben.

Kriegsmärsche, wie der Friedrichs des Großen bei der ersten Occupirung Schlesiens, sind gegenwärtig kaum noch denkbar. Mag man sich mit napoleonischer Leichtigkeit und Unbefangenheit kurz entschließen, Diesem oder Jenem zu Leibe zu gehen, mag man selbst alle Neujahrsreden sorgsam vermeiden — der böse Gedanke verräth sich rasch durch das Rasseln in den Arsenalen und arglose Nabaren sind heutzutage selten. So wird denn der Friedensstörer seinen Gegner weder lange zu suchen haben, noch unvorbereitet finden; mit Schlachten werden die Kriege begonnen werden, nicht mit Gefechten, mit Schlachten werden sie zu Ende gebracht werden, nicht mit strategischen Schachzügen.

Es ist bedenklich, bei einem so veränderlichen Dinge, wie die Kriegskunst ist, von dem, was sein wird, zu reden; haben wir aber den kitzlichen Weg einmal betreten, so können wir auch noch einen Schritt weiter gehen und sehen, was unsere Jetztzeit darüber lehrt.

Unsere mißtrauische Zeit hat in den meisten europäischen Staaten auf militärisch wichtigen Punkten große feste Plätze entstehen lassen, feste Plätze von solchen Dimensionen, daß sie sich zu dem harmlosen Vauban'schen Sechseck verhalten, wie ein Arnheim'scher Geldschrank zu einem Rococo-Kästchen. Wo sie noch nicht vorhanden sind, da können und werden sie entstehn, wenn Noth am Mann ist; Tottleben hat bei der Armirung Sebastopol's bewiesen, was heutzutage in der fortificatorischen Terrainverwandlung geleistet werden kann. —

Auf solche Plätze nur nebenbei Rücksicht nehmen, auf sie die viel beschrieene Praxis des ersten Napoleon anwenden wollen, ist ein Unding und es scheint bei weitem wahrscheinlicher, daß grade um sie, die wichtigsten und entscheidensten Kämpfe sich gruppiren, daß der Krieg sich an ihnen — nicht etwa um sie — „localisiren" wird. Instinctiv richteten sich beim Beginn des letzten, nicht ausgefochtenen, italiänischen Krieges Aller Augen auf Alessandria und das sogenannte Festungs-Viereck.

Tagesereignisse.

Ueber den Transport von Cavallerie auf Eisenbahnen sind die Erfahrungen bis jetzt nur spärlich vorhanden. Der „Soldatenfreund" enthält einen Bericht aus Breslau über den Transport des 3. Ulanen-Regiments (Kaiser von Rußland), den wir nachstehend reproduciren:

„Am 16. Dez. Abends um 5 Uhr 50 Minuten, langte der erste Extrazug auf der Niederschlesisch-Märkischen Eisenbahn mit der 3. und 4. Escadron aus Fürstenwalde hier an und etwa eine Stunde später folgte der zweite Extrazug mit der 1. und 2. Escadron aus Beeskow, resp. Frankfurt a. d. O. kommend. Die Züge waren so rangirt, daß das Aussteigen der Mannschaften und Pferde möglichst rasch von Statten ging. Jeder Zug bestand aus 1 Packwagen, 3—4 Personenwagen, 40—50 Güterwagen mit je 6 bis 8 Pferden, 2 bis 4 Sattelwagen, noch einem Personenwagen und 2 Equipagewagen. Auf dem breslauer Bahnhofe war der Perron in zweckmäßiger Weise mit Kies bestreut, sowie mit abwärts führenden Rampen ausgestattet, auch waren 12 Brücken bis zu den Wagenthüren gelegt und die Ausladung der mit je 6—8 Pferden gefüllten Wagen geschah an vier verschiedenen Portalen. Diese Manipulation wurde unter Mitwirkung von Mannschaften und Eisenbahn-Beamten bei jedem Wagen in kaum 2 Minuten ausgeführt. Solchergestalt war das Geschäft bis 9 Uhr beendet, worauf die Standarte von einer Escadron und dem Trompetercorps zu dem in Zedlitz-Hôtel abgestiegenen Commandeur, Oberst v. Götze, gebracht und demnächst die Quartiere in der Umgegend der Stadt bezogen wurden.

Das bisher in Luxemburg detachirt gewesene 2. Bataillon 37. Infanterie-Regiments (5. Reserve-Regiments) wird zum Regimentsstabe nach Mainz herangezogen.

Die Dislocation der Landwehr-Stamm-Bataillone ist diesmal nicht den General-Commandos überlassen, sondern dem Kriegsministerio vorbehalten worden. Das Resultat von Verhandlungen mit den verschiedenen Magisträten, so wie das Bedürfniß an permanentem Wachdienst in den Festungen und einigen größeren Garnisonen werden die Motive zu dieser Dislocation abgeben.

Ueber das Treiben der englischen Werber bei der gegenwärtigen Verstärkung der englischen Armee entnehmen wir einem holländischen Blatte folgendes Bild:

„Werber durchziehen das ganze Land, und besonders in London kann man bei keinem Bierhause in einer belebten Straße vorübergehen, ohne kolossale Aushängeschilder zu sehen, worauf mit ungeheueren Lettern geschrieben steht: Wanted joung men (Junge Männer werden verlangt). Ueber diesen Worten befindet sich eine Schilderei, welche einen Soldaten in der prächtigsten Uniform vorstellt, und dabei eine hochtrabende Erklärung von den großen Vortheilen und Genüssen, welche den englischen Soldaten erwarten, wobei jedoch nicht mit erwähnt wird, daß er mit Stockschlägen*) bestraft werden und den Rang eines Offiziers niemals erreichen kann, selbst wenn seine Heldenthaten die des „Leonidas“ übertreffen sollten. Dergleichen Bierhäuser sind stets von neu angeworbenen, jungen Rekruten umringt, die mit rasselnden, auf alle Art verzierten Waffen die Vorübergehenden zum Eintritt zu verleiten suchen müssen, um ein Glas Branntwein zu nehmen. Der mit der Werbung beauftragte Sergeant ist dann ebenfalls gegenwärtig, und kann er, nöthigenfalls durch List, einen jungen Menschen bewegen, einen Schilling anzunehmen, the queen's shilling, dann ist derselbe dem Kriegsdienste verpflichtet. Seit einiger Zeit hat man außergewöhnlich viel Mühe angewendet, um eine große Anzahl von Soldaten und Matrosen anzuwerben. Omnibusse, von oben bis unten mit singenden Rekruten und Musikanten vollgepfropft, die einen ohrzerreißenden Lärm verursachen, fahren durch die Straßen, um junge Leute anzulocken. Flußböte voll Rekruten und Musikanten fahren die Themse auf und nieder, um Matrosen anzuwerben, und nicht nur in London, sondern im ganzen Reiche werden derartige Mittel angewendet.

*) In diesem Augenblicke wird diese Strafe aufgehoben und ein Zweiklassen-System, analog dem unsrigen, eingerichtet.

Ueber die Verfassung der englischen Miliz und deren Leistungsfähigkeit giebt Dr. Gneist, der bekannte Staatsrechtslehrer, in dem soeben erschienenen zweiten Bande seines „englischen Verfassungs- und Verwaltungrechte“.*) eine sehr lehrreiche, historisch begründete Schilderung, deren Lectüre wir namentlich allen Denjenigen angelegentlichst empfehlen möchten, welche so oft geneigt sind, die Preußische Armee nach „rationellen Prinzipien“, mit völliger Unkenntniß oder absolutem Ignoriren des historisch Gewordenen zu organisiren. Es kann freilich eine historische Einrichtung, welche vernachlässigt wird, im Laufe der Zeit zur Spielerei und Lächerlichkeit herabsinken; sie wird aber, so bald sie mit den übrigen Staatseinrichtungen noch, wenn auch nur lose zusammenhängt, immer wieder ein kräftiges Material zu neuen Gestaltungen bieten. Ein bloßes Experimentiren aber, beruhe es auch auf einer noch so logischen und geistreichen Gedankenfolge, wird immer nur einen todten Leichnam und niemals einen lebendigen Organismus zu Stande bringen.

Wir werden Gelegenheit haben, auf das Gneist'sche Werk zurück zu kommen.

Der Zeitungskrieg über den Rücktritt des Herrn Generals v. Bonin vom Ministerium ist noch immer nicht beendet und

*) Das heutige englische Verfassungs- und Verwaltungs-Recht von Dr. Rudolf Gneist, zweiter Haupttheil: Die heutige englische Communalverfassung und Communalverwaltung oder das System des Selfgovernement in seiner heutigen Gestalt. — Berlin, 1860. Julius Springer. XX, und 964 Seiten. 8.

die „Preußische Zeitung" bringt in ihrer Nummer vom 27. Dezember abermals eine sogenannte Berichtigung der Angaben verschiedener anderer Blätter. Die „Preußische Zeitung" wäre vielleicht in ihrem Rechte, wenn sie nicht mit einer so grenzenlosen Anmaßung aufträte, die nur noch von der Unwissenheit der einzelnen Artikelschreiber in militärischen Dingen übertroffen wird. Alle diese Herrn Correspondenten und Redacteure streiten sich um Worte; alle sind von eingeweihten Personen unterrichtet worden, haben diesen Unterricht aber falsch aufgefaßt und verwechseln Ausdrücke. Wenn die „Preußische Zeitung" andere Zeitungen Lügen straft, so hat sie in den Worten meist Recht, in der Sache aber Unrecht; sie bildet sich, oder doch der einzelne Concipient, aber ein, auch in der Sache Recht zu haben, weil sie nichts davon versteht. So hatte die „Vossische Zeitung" erfahren, daß aus der nächsten militärischen Umgebung Sr. K. H. des Prinz-Regenten die Pläne des Herrn Generals v. Bonin bemängelt worden seien, sie wollte dies auch sagen, gebrauchte aber dafür den ihr kürzer scheinenden Ausdruck „Militär-Cabinet," weil sie nicht wußte, daß das Militär-Cabinet etwas durchaus Anderes ist, als der „Stab Sr. K. H. des Prinz-Regenten." „Die Preußische Zeitung" wußte das aber ebensowenig, und wenn sie der „Vossischen Zeitung" gegenüber bestritt, daß das „Militär-Cabinet" Ausstellungen an den Plänen des Generals v. Bonin gemacht habe, so wollte sie damit nicht sagen, nicht der General v. Manteuffel, sondern ein anderer General sei der Gegner des Generals v. Bonin gewesen, sondern sie glaubte wirklich, die Tante Voß habe sachlich Unrecht. In der Sache aber ändert es gar nichts, ob **Dieser oder Jener mit seinen** Plänen Allerhöchsten Ortes mehr Anklang gefunden, als der Kriegsminister, während Tante Voß wahrscheinlich nicht die Absicht gehabt hat, gerade den Herrn General v. Manteuffel demselben gegenüber zu stellen.

So hält die Preußische Zeitung es wiederum für eine grobe Lüge der „Augsburger Allgemeinen," wenn diese sagt, daß nach dem Plane des bisherigen Kriegsministers die Landwehr nicht habe sollen außer Landes verwendet werden und Uebungen abhalten. Die sich so vornehm absprechend gerirende Zeitung verwechselt das erste und zweite Aufgebot. Das erste Aufgebot fällt in den neuen Plänen ganz **aus und unter** „Landwehr" wird nur das bisherige zweite Aufgebot verstanden. Dies aber geht schon jetzt gesetzlich nicht außer Landes; wenn also nicht ausdrücklich ein Anderes festgesetzt wird, so würde die neue Landwehr auch nicht außer Landes gehen und keine Uebungen abhalten, wie bisher das zweite Aufgebot.

So unterscheidet die „Preußische Zeitung" „ausrückende Stärke" und „Kriegsstärke"; sie verschweigt aber dabei, gegen Wen dann die nicht ausrückende Stärke Krieg führen soll. Unseren Lesern brauchen wir nicht erst zu sagen, daß sie unter ihrer Kriegsstärke die „Ist-Stärke" wie die bisherigen Landwehr-Bataillone versteht. Es sollten die abrückenden Bataillone in einer Kriegsstärke von 802 Köpfen, überdies aber in jedem Brigade-Bezirke aus den vorhandenen überschießenden Mannschaften Reserve-Bataillone formirt und zu Festungsbesatzungen verwendet werden. Uebrigens ist es nicht wahr, was die „Preußische Zeitung" sagt, daß dadurch die Feld-Armee um 50,000 Bajonnete geschwächt worden wäre. Bisher rückten per Armee-Corps 24 Bataillone à 100 Mann, also 24,000 Mann, ins Feld. Nach dem Plane des Herrn Generals v. Bonin, nach welchem die Reserve-Regimenter mit ausgerückt wären, wären 27 Bataillone à 800 Mann, also 21,600 Mann ausgerückt, d. h. 2400 Mann weniger. 9 × 2400 aber macht 21,600 und nicht 50,000. Freilich wäre auch diese Schwächung immerhin sehr bedauerlich, und was uns anbetrifft, so schwärmen wir auch gerade nicht für die Pläne des Herrn Generals v. Bonin. Die „Preußische Zeitung" aber würde dem militärischen Publikum sicher einen großen Gefallen erweisen, wenn sie militärische Fragen und militärische Personen gänzlich von ihren Besprechungen ausschlösse, wenn nicht ein in die Sachlage völlig eingeweihter Offizier mit denselben beauftragt wird, der dann jedenfalls mehr Takt und mehr Geschick zur Sache mitbringen würde, als die bisherigen Artikel erweisen.

Bei einem am 26. December in dem Dorfe Prester bei Magdeburg stattgehabten Tanzvergnügen kam es zu Reibungen zwischen den anwesenden Civil- und Militärpersonen, welche zuletzt in eine nicht unerhebliche Schlägerei ausarteten. Seitens des Militärs wurde sogar von der blanken Waffe Gebrauch gemacht, und haben einige, wenn auch gerade nicht gefährliche Verwundungen stattgefunden. — So meldet der „Magdeburger Correspondent." Es wäre gut, wenn die Blätter bei solchen Mittheilungen zugleich angeben wollten, ob die Soldaten in ihrem Rechte gewesen oder nicht, und wer bei den „Reibungen“ der Reibende und wer der Geriebene gewesen.

Am zweiten Weihnachtsfeiertage, Abends nach halb 11 Uhr, insultirten zwei trunkene Soldaten eine in Begleitung zweier Männer und eines Kindes gehende Frau. Von den Männern zur Rede gestellt, zog der Eine der Soldaten den Säbel; damit um sich schlagend, gelang es beiden, unbehindert zu entkommen, da trotz alles Rufens kein Schutzmann zur Stelle zu bringen war. Der Schauplatz dieser That war die sehr belebte Königsbrücke. — Diesen zweiten Fall erzählt der „Publicist“, wahrscheinlich doch nach einseitiger Mittheilung. Derartige Mittheilungen sind aber ohne allen Zweifel geeignet, eine ganze Klasse von Staatsangehörigen dem „Haß und der Verachtung“ auszusetzen und verfallen dem Strafgesetze, sobald der „Publicist“ nicht auch im Stande ist, die Wahrheit seiner Behauptungen zu beweisen. Selbst wenn die Sache wahr wäre, so wäre durch deren Veröffentlichung nichts gewonnen, wenn nicht zugleich die betreffenden Individuen bezeichnet werden könnten; dagegen werden durch die Bezeichnung „Soldaten“ die Verbrecher in einen engen Kreis gebannt, der aus dem allgemeinen Publikum hervorragt, und es wird durch diese wiederholten kleinen Stiche der demokratischen Blätter auf die Armee eine Saat gesäet, deren Früchte wir vor zwölf Jahren bereits gekostet. Es scheint fast, als wenn Herr **Schwarck**, der politisirende Ober-Staats-Anwalt, entweder den „Publicisten“ nicht lese oder dessen in der Luft stehende Beschuldigungen für nicht straffällig halte.

Am 25. Decbr., Morgens zwischen 6 und 7 Uhr, als eben der von Erfurt kommende Eisenbahnzug den Bahnhof in Naumburg an der Saale berührte, wurde der dorthin beurlaubte Marinesoldat Apelt, der im Begriff war, die Schienen zu überschreiten, von der Locomotive ereilt und sogleich getödtet.

Am 23. December erschossen sich gegenseitig zwei Unteroffiziere von der 2. Compagnie des 19. Infanterie-Regiments in Breslau, indem der Eine von ihnen die im Nebenzimmer gehörten Commandos abgab. Der Eine wurde nicht gleich getödtet und ins Lazareth gebracht.

Am 24. December ist ein Kommando vom 6. Jäger-Bataillon nach Ottwitz abgegangen, um die dortige, von der Rinderpest befallene Heerde zu erschießen; ein großer Theil dieser Heerde war übrigens schon gefallen. Zur Absperrung des Ortes war 1 Unteroffizier und 24 Gemeine vom 1. Bataillon des 19. Infanterie-Regiments dorthin kommandirt worden.

Die ehemalige reichsunmittelbare Ritterschaft.

(Schluß.)

Der ordentlichen gräflichen Amtsgewalt entzogen waren nach karolingischem Reichsrecht alle unmittelbaren königlichen vassi und vasalli in Sachen, welche ihre Person, ihre Würde und ihre Dienstgüter angingen. Die höhere Klasse dieser Reichsdienstleute, der Stand der vassi, erlangte größtentheils bei Auflösung der alten Gauverfassung für Allodien und Dienstgüter erblich die obrigkeitlichen Rechte, welche nach der ursprünglichen Einrichtung den Inhalt des Gaugrafenamtes bildeten. Unter der Benennung von Hochfreien, freien Herren und Landherren, ingenui, liberi domini, dynastae, theilten diese vassi den Geburtsstand der Fürsten und Grafen des Reiches, mit welchen sie seit dem zwölften Jahrhundert herkömmlich das Prädikat der nobiles erhielten. Strenge dem Geburtsstande nach von ihnen geschieden waren die sogenannten Mittelfreien, welche, von Lehensverbindungen unabhängig, dem Reich unmittelbar zu Roß auf eigene Kosten ihre Dienstpflicht erfüllten. Seit von dem zehnten Jahrhundert ab allein der Dienst der schwer gerüsteten Reiter volle Waffenehre gab, stellten sich allmälig dem militärischen Range nach diesen Mittelfreien die unfreien Kriegsleute zur Seite, sofern sie in gleicher Weise wie jene gerüstet dem Banner ihrer Kriegsherrn folgten.

Die seit den Kreuzzügen aufgekommene eigentliche Ritterwürde war eine höchstpersönliche Auszeichnung für erprobte Tüchtigkeit zu ritterlichen Diensten, anfänglich beschränkt auf Personen freien Standes, d. h. auf Personen, die von ihren vier Ahnen ihren freien Geburtsstand ableiten konnten. Mehr als den Beweis der Freiheit forderte man bei der Bewerbung um den Ritterschlag anfänglich nicht; allein wollte man als freigeboren gelten, so mußten auch schon die vier Ahnen freigeborene Eltern gehabt haben. So rückwärts schreitend machte man den unmittelbaren Beweis einer wirklich freien Herkunft zu einem unerbringlichen. Man schloß daher aus der Ritterwürde zurück auf den freien Geburtsstand; diesen hielt man schon für unzweifelhaft, wenn Herkunft von einem Vorfahren erwiesen wurde, der selbst die Ritterwürde wirklich erlangt hatte. Soweit noch blieb immer der in ritterlicher Weise dienende unfreie Kriegsmann von der wahren Ritterschaft ausgeschlossen. Allein der zu der Ritterschaft geborene freie Mann mußte, um seine Ritterspporen zu verdienen, das ritterliche Waffenwerk von frühestem Alter auf erlernt und eingeübt haben; zu Anfang als Edelknabe, puer, dann als reisiger Waffenknecht, famulus, armiger. Die zum Erlangen der Ritterwürde nothwendige Vorbereitung brachte also jahrelang den Freigeborenen in gleiches Verhältniß mit den reisigen unfreien Kriegsleuten desjenigen Dienstherrn, welchem er zu seiner Ausbildung von seinen Eltern oder seinen Vormündern übergeben war. Die wirkliche Ertheilung der Ritterwürde wurde immer seltener durch die damit verbundenen Festlichkeiten, deren Aufwand selbst für Personen fürstlichen Standes so groß war, daß ein allgemeines Recht des Mittelalters dem Landesherrn eine außerordentliche Auflage gestattete, wenn die Ertheilung des Ritterschlages an seinen Erstgeborenen veranstaltet werden sollte. Mittelfreie, selbst freie Herren begnügten sich deshalb aus Sparsamkeit, oft für Lebenszeit, mit dem ritterlichen Verhältnisse eines Edelknechts, in der Erwartung, daß ihnen die Ritterwürde selbst bei irgend einer öffentlichen Veranlassung, vor oder nach der Schlacht, bei Ertheilung des Ritterschlages an Fürstensöhne, bei Krönungsfestlichkeiten oder auf einem feierlichen Hoftage auszeichnungsweise kostenfrei zu Theil werde. Dies nun bahnte auch den unfreien ritterlichen Kriegsleuten den Weg zu völliger Gleichstellung mit dem freien Stande der Ritterbürtigen. Nicht mehr der erweislich einem Vorfahren ertheilte wirkliche Ritterschlag, sondern schon der Dienst in ritterlicher Weise, sei es auch nur als Edelknecht, wurde das gemeinschaftliche Erkennungsmerkmal eines Mannes von Rittersart. Einem solchen konnte jetzt die höchste persönliche kriegerische Würde zu Theil werden, welche auch bei den Personen höchster fürstlichen Herkunft noch als Auszeichnung angesehen wurde. Dadurch kam es, daß man den alten Begriff des Adels erweiterte und unter der gemeinschaftlichen Benennung eines Adels zwei Verhältnisse ganz verschiedenen Ursprunges zusammenfaßte, die alte Nobilität in den Geschlechtern der königlichen hohen unmittelbaren Reichsvasallen und die Ritterbürtigkeit der ritterlich lebenden Kriegsleute freien oder selbst ursprünglich unfreien Standes. Verwischt wurde der Unterschied nicht, aber unsicher gemacht durch die neuen Bezeichnungen eines hohen und niedern, eines reichsunmittelbaren und eines landsässigen Adels.

Wie verhielt sich nun zu diesen Begriffen die geringere Ordnung der karolingischen vasalli, die nicht, wie die bevorzugten vassi, zu landesherrlichen Rechten kamen, und als hoher Adel den Fürsten für ebenbürtig galten? Die Geschichte der vormaligen unmittelbaren Reichsritterschaft hat auf dieses Problem der historischen Forschung die Antwort zu liefern.

Ein großer Theil der alten vasalli, denen es nicht gelang, gleich den mehr begünstigten vassi zur Unabhängigkeit von den Grafen zu gelangen und in den späteren Herrenstand zu treten, nahm Lehen von Fürsten oder freien Herren, verlor dadurch seine Reichsunmittelbarkeit und floß mit den Mittelfreien oder mit unfreien Ministerialen-Geschlechtern zu dem später als niederer Adel anerkannten Stande der Ritterbürtigen zusammen. Der noch übrige Kreis der unmittelbaren freien Reichsdienstleute erhielt dagegen erstens Zugang durch Geschlechter des Ritterstandes, welche bei den Dynastiewechseln in dem Reiche aus bloßen Hausvasallen der fränkischen oder staufischen Kaiser und Könige in ein unmittelbares Dienstverhältniß zu dem Reiche versetzt wurden. Ein zweiter Erweiterungsgrund dieses Kreises der fortan s. g. Reichsministerialen lag in den seit dem Interregnum durch Ausartung des Fehderechtes üblich gewordenen Bündnissen. Viele Personen des mittelbaren niederen Adels in Schwaben, Franken und am Rheinstrome traten mit Landesherren, Personen des Herrenstandes und Städten in die von Reichswegen genehmigten oder wenigstens nicht gehinderten Landfriedens-Bündnisse. Schon Kaiser Ludwig der Baier gestattete 1333 den vier wetterauischen Städten, später auch Mainz, Worms, Speier und Oppenheim, sich zur Friedenserhaltung zu verbinden, nicht bloß mit Herren, sondern auch mit „Rittern, Knechten und Edelleuten auf dem Lande". Die demnächst wider die Uebergriffe der Städte aufgekommenen besonderen Adelsbündnisse des St. Georgenschildes, der Schlegeler, Martinsvögel u. s. w. führten hohen und niederen Adel durch gleiches Bedürfniß zusammen. Wären diese Interessen sich gleich geblieben, so würde dies dem Ritterstande nicht weniger, wie den gegen ihn verbündeten Städten die Reichsstandschaft verschafft und so vielleicht dem Reiche das Zerfallen in eine Corporation von Kleinstaaten erspart haben. Allein der ewige Landfriede entfremdete die bei ihrem selbstständigen Waffenrechte erhaltenen Fürsten und Reichsgrafen jenen bisherigen Adelsbündnissen. Ihr Interesse fortan wurde, die volle ausschließende Territorialgewalt über alle Personen und Güter zu erhalten, mit denen sie durch ihren Besitz in Berührung kamen. Dagegen schlossen sich jetzt die in ihrer Reichsunmittelbarkeit bedrohten, minder mächtigen Angehörigen des Herrenstandes desto fester einander an; sie suchten, verstärkt durch die an den früheren Adelsbündnissen betheiligten einfachen Ritter, Knechte und Edelleute das Herabdrücken in das Verhältniß von landsässigen Unterthanen ihrer ehemaligen Verbündeten vermittelst corporativer Einrichtungen abzuwehren, die ihnen genossenschaftlich einen Theil jener Rechte gewährten, welche die größeren Herren einzeln zu ihrem ausschließenden Vortheil allmälig der Reichsgewalt abgedrungen hatten. Dies ist der wahre Ursprung der s. g. nobilitas immediata in Schwaben, Franken und am Rheinstrome. Herr Freiherr Roth von Schreckenstein bezeichnet sie S. 18 richtig als eine vom Kaiser und den Reichsständen zuerst stillschweigend anerkannte, in der Folge ausdrücklich sanctionirte, aus freien Reichsedelleuten bestehende Corporation. Wenn er hinzufügt: sie sei der keiner Landesherrlichkeit unterworfene Theil des niederen Adels gewesen, so ist in der Unabhängigkeit von der Landesherrschaft gerade das Wesen der Verbindung treffend hervorgehoben. Minder jedoch dürfte die Beschränkung auf den niederen Adel zutreffen.

Der Unterschied des hohen Adels von dem niederen hat in der Weise, wie er von den neueren Staatsrechtslehrern gefaßt zu werden pflegt, keine reichsrechtliche Grundlage, sondern ist eine Abstraction der Doctrin, welche auch das heutige Bundesrecht nur theilweise ihrer Unsicherheit dadurch entzieht, daß der Artikel XIV. der Bundesacte den 1806 und seitdem mittelbar gewordenen vormaligen Reichsständen und Reichsangehörigen aus fürstlichen und gräflichen Häusern die Eigenschaft als Personen des hohen Adels vorbehält, ohne zu bestimmen, wer außer ihnen diesem Stande beigerechnet werden könne. Unmotivirt beschränkt Klüber den hohen Adelstand auf Häuser, welche zur Zeit des Reiches Reichsstandschaft hatten oder in dem Besitze der erblichen Reichsfürstenwürde waren. Noch weniger befriedigt es, wenn dieser Staatsrechtslehrer praktisch nur zwei Kategorien des hohen Adels zuläßt: 1) Standesherren im Sinne der Bundesacte und 2) diejenigen Geschlechter, welchen in einzelnen Bundesstaaten partikularrechtlich der hohe Adelstand zugestanden wird. Hat das Bundesrecht einen hohen Adel als ein gemeinrechtliches Geburtsstandsverhältniß vorausgesetzt und für die standesherrlichen Häuser die Theilnahme an diesem Geburtsstandsverhältnisse außer Zweifel gestellt, so kann nicht der Begriff selbst in irgend einer Weise von partikularrechtlichen Bestimmungen abhängig gemacht, am wenigsten kann prinzipiell ausgedrückt werden, der übrige in der Bundesacte erwähnte Reichsadel gehöre zu dem niederen, soweit ihn nicht besonderes Landesrecht dem hohen Adel gleichstelle. Aus solcher Gleichstellung könnte nur ein hoher Landesadel hervorgehen, der die Rechte, insonderheit die Ebenbürtigkeit, des hohen Reichsadels über die Landesgränzen hinaus nicht zu beanspruchen hätte.

Gehen wir nun auf die Reichsritterschaft zurück, so ist es nicht zu bestreiten, daß diese viele nur ritterbürtige Geschlechter enthielt, welche nach älterer Vorstellung die Eigenschaft der Nobilität gar nicht hatten, seit aber der Begriff des Adels verallgemeinert wurde, nur zu dem niederen Adel gerechnet werden konnten. Der Reichsstandschaft entbehrte zwar die vormalige Reichsritterschaft; allein selbst die Bundesakte stellt in Hinsicht auf hohen Adel den Reichsständen auch s. g. mediatisirte ehemalige Reichsangehörige ohne Reichsstandschaft zur Seite.

Ist nobilitas in dem alten Sinne mit dem jetzt s. g. hohen Adel oder mit dem Stande der s. g. Semperfreien zur Zeit der Rechtsbücher im Gegensatze zu den blos Mittelfreien für gleichbedeutend zu nehmen, so bietet die historische Forschung kein anderes Unterscheidungsmerkmal dar, als die Unmittelbarkeit, in welcher die vasalli der karolingischen Zeit den vassi völlig gleichgestanden haben. Nicht das Grafenamt oder aus ihm entsprungene erbliche obrigkeitliche Rechte, die jedem der vasalli zu Theil werden konnten, auch nicht die Beträchtlichkeit der Reichslehen machte den Geburtsstand, sondern das genossenschaftliche Band, welches freie Männer ohne Zwischendienstherrschaft dem Könige treu-ergeben und dienstpflichtig machte, in Folge dessen aber zugleich die Person und den reichslehnbaren Besitz jeder anderen Gerichtsbarkeit als der des Königlichen Pfalzgerichtes entzog. Den Stamm der späteren reichsunmittelbaren Ritterschaft haben nun unzweifelhaft die alten unmittelbaren Reichsvasallen oder Reichsdienstleute freien Standes geliefert. Ihre Unmittelbarkeit und ihre Geburtsstandsgleichheit mit den Grafen oder Dynasten, die später zu voller Landesherrschaft kamen, konnte nur durch persönliche Unterordnung unter die Zwischenherrschaft einer andern Dienst- oder Landesherrschaft eingebüßt werden, nicht dadurch, daß sie in dem materiellen Erwerb von den Fürsten und Grafen überflügelt wurden, auch nicht durch Betheiligung ursprünglich geringer gestellter

Geschlechter an den Vorzügen ihrer eigenen Stellung, sowie an den Vortheilen ihrer korporativen Verbindung. Berechtigter würde es vielmehr sein, den Mittelfreien von Rittersart, welche ihre Betheiligung an den korporativen Einrichtungen der Reichsvasallen dem Kaiser unmittelbar dienstpflichtig machten von da ab zugleich alle Rechte des höheren Geburtsstandes zuzuschreiben, die von Ursprung an den Reichsadel über die blos reichsmittelbare Ritterschaft erhoben haben.

Allein nicht zu verkennen ist, daß seit dem ersten Aufkommen getrennter reichsritterschaftlicher Korporationen Natur und Umfang der reichsritterschaftlichen Vorrechte immer ein Gegenstand des lebhaftesten Kampfes zwischen der Reichsritterschaft und den ihre Rechte mißfällig ansehenden Landesherren war. Hier lag, entsprungen aus mangelhaftem Verständniß der historischen Grundlagen, in übertriebenen Ansprüchen Recht und Unrecht auf beiden Seiten.

Die Reichsritterschaft deducirte ihre ursprüngliche Standesgleichheit mit dem Herrenstande aus kaiserlicher Begnadigung wegen ihrer Vorfahren ritterlicher und tapferer dem Reiche erwiesener Thaten. Ihre Exemtion von landesherrlicher Gewalt faßte sie als eine allgemeine auf. Sie vertheidigte den Grundsatz, daß edle Geburt nicht blos die Person, sondern auch das Gut, wo es immer in dem Reiche liegen möge, adle und unmittelbar unter den Kaiser stelle.

Die Landesherren ihrerseits fußten auf dem entgegengesetzten materiellen Prinzip, zu welchem sich auch die Neuzeit vorherrschend hinneigt, sofern sie überhaupt von adligen Rechten noch etwas zugesteht. Sie sagten, es sei nur die Freiheit des Bodens, welche auch die Person seines Herrn ihren landesherrlichen Rechten entziehe. Konnten sie für ritterschaftliche Güter keinen Besitzstand landesherrlicher Rechte geltend machen, also dem auf seinem Lehen sitzenden Reichsritter nicht beikommen, so betrachteten sie ihn dagegen, sowie er sich auf ihrem reichsständischen Territorium sehen ließ, als ihren landsässigen Unterthan. Noch entschiedener bekämpften sie die Exemtion der Reichsritter für deren Güter, soweit diese nicht erweislich ein unmittelbares Reichslehen waren. Den Geburtsstandsansprüchen der Reichsritter gegenüber suchten sie auszuführen: der Stamm der Reichsritterschaft sei nicht aus den Reichsvasallen, sondern aus den von ihnen verschiedenen ehemaligen unfreien Reichskriegsleuten hervorgegangen, höchstens hätten sie eine Verstärkung aus Mittelfreien erhalten, denen es mit Unrecht gelungen sei sich gegen sie ihren Unterthanenpflichten zu entziehen.

Diese Auffassung ist ihrer Unhaltbarkeit nach schon in der vorhergehenden Ursprungsgeschichte des Institutes widerlegt. Allein in der That muß anerkannt werden, daß die Unabhängigkeit von der Landesherrschaft in dem Umfange, wie sie von den Reichsrittern, gestützt auf kaiserliche spätere Privilegien, im Wesentlichen durchgesetzt wurde, in richtig aufgefaßten geschichtlichen Hergängen nicht begründet war.

Kein geistlicher oder weltlicher Immunitätsherr war an sich in dem alten Reiche der ordentlichen landesobrigkeitlichen Gewalt völlig entzogen, noch weniger ein Reichsvasall, soweit er nicht einen durch Herkommen oder Privilegium besonders befreiten Besitz hatte. Die Exemtion der vassi und vasalli hatte ihre Quelle nur in der ausgedehnten königlichen Disciplinargewalt über die unmittelbaren Reichsdienstleute. Ueber Leben, Leib und Ehre hatte der reichsunmittelbare Dienstmann keinen andern Richter, als seinen Königlichen Dienst- und Kriegsherrn; nur diesem stand es zu, über Dienstvortheile und über Dienstgüter nach dem Urtheile der Genossen Recht zu sprechen. Dagegen konnte der ausschließende Gerichtsstand vor dem Königlichen Pfalzgerichte nicht ausgedehnt werden auf erworbenes Allod, auf Besitz, der von anderen, insbesondere von geistlichen Herren zu Lehen ging, auch nicht auf bewegliches Gut, oder auf persönliche Rechte, die unter dem Schutze der ordentlichen Landesobrigkeit erworben waren.

Hier gelang es nun den Reichsrittern, durch kluges Zusammenhalten und rechtzeitigen Aufwand von Mitteln kaiserliche Privilegien zu erwirken, welche einerseits ihren historisch unhaltbaren Ansprüchen eine wirksame Rechtsunterlage verschafften,*) andererseits aber eine Trennung von dem übrigen Reichskörper

---

*) In einen Privilegium für die Reichsritterschaft in Franken vom 11. Mai 1606 bedrohte Kaiser Rudolf II. jeden Versuch der Stände, die Reichsritter in Landsässerei zu drängen, mit einer Pön von fünfzig Mark löthigen Goldes.

Praktisch stand im Wesentlichen das Verhältniß der Reichsritter so:

Für ihre Person hatten sie als unmittelbar, wenn sie von Reichsständen gleichen oder höheren Ranges belangt wurden, wie die Reichsstände selbst, das Recht der sogen. Austräge. Der Reichsritter konnte drei Fürsten oder fürstenmäßige Personen vorschlagen, aus welchen der Kläger den Richter zu erwählen hatte; es stand jedoch dem Beklagten auch frei, sich eine Kaiserliche Kommission zu erbitten, von welcher das Urtheil gesprochen wurde. Klagten Churfürsten, Fürsten oder Fürstenmäßige, so bestanden acht verschiedene Formen zur Bildung eines Austrägalgerichtes. Mittelbare Reichsunterthanen konnten den Reichsritter sogleich bei den höchsten Reichsgerichten belangen. Ein Gut in den sogen. ungeschlossenen Reichskreisen, Schwaben, Franken und Rheinstrom, galt für reichsritterschaftlich, also der Landesgerichtsbarkeit entzogen, wenn es in die Rittermatrikel eingetragen, oder zur Zeit der Anlegung dieser Matrikel von einem Reichsritter besessen worden war; in anderen Fällen mußte rechtsverjährter Freiheitsbesitz von fremder Landeshoheit, oder gleicher Besitz der einzelnen in Anspruch genommenen landesobrigkeitlichen Rechte, oder solcher Regalien geführt werden, welche, wie Empfang der Erbhuldigung, Ausübung der ordentlichen Gerichtsbarkeit u. s. w. einen sichern Schluß auf ein reichsunmittelbares Verhältniß zuließen. In Beziehung auf solchen unmittelbaren Besitz war der Gerichtsstand bei den höchsten Reichsgerichten.

Während die Reichsstände Kaiser und Reich über sich hatten, betrachtete sich die Reichsritterschaft als allein mit ihren Pflichten der Person des Kaisers zugewandt, repräsentirte also das monarchische Prinzip in dem aus republikanischen und monarchischen Elementen zusammengesetzten Reichskörper. Von diesem Standpunkte aus übernahmen die Reichsritter durch den Eid auf ihre Ritterordnungen für sich und ihre Nachkommenschaft die Pflicht:

„ihr schuldwilligstes gestracktes Aufsehen in allerunterthänigstem Gehorsam auf jetzige regierende Römisch-Kaiserliche Majestät und Deroselben Nachkommen im heiligen Reich, als das höchste Haupt in der Christenheit, und ihren unvermitteltsten einigen Oberherrn haben, Dero und Deroselben, wie sich gebühret, getreu, gehorsam, bereit, gewärtig und gefällig erscheinen, sich auch von Ihrer Majestät Kaiserlicher Adlerskron nicht absondern, scheiden noch trennen zu wollen."

An den Reichs- und Kreislasten nahmen sie so wenig Theil als an den Geschäften der Reichs-Regierung in den Reichs-Collegien, entrichteten dagegen unter-

unvermeidlich machten. Diese Isolirung hat man vielfach dazu benutzt, einen Schatten auf die Verbindung selbst zu werfen, indem man ihr den unpatriotischen Zweck unterlegte, sich egoistisch der geordneten Landesherrschaft, so wie den gemeinen Reichslasten zu entziehen. Da die Reichsritterschaft neben den Fürsten und Herren den eigentlichen Kern des deutschen Adels enthielt, so hat diese einseitige Betrachtung Hülfe leisten müssen, überhaupt das Adelsinstitut und den Unterschied der Geburtsstände als mit staatlicher Ordnung unter allen Umständen unverträgliche Zustände anzufeinden. Es ist leicht begreiflich, daß die Ungunst, mit der man das korporative Verhältniß der Reichsritter zu beleuchten beliebt hat, auch auf die landständischen ritterschaftlichen Verbindungen Vorurtheile fallen ließ, die es allein erklärlich machen, wie man es in unseren heutigen s. g. konstitutionellen Einrichtungen als Fortschritt ansehen kann, wenn man in ritterschaftlichen Verbindungen, mit welchen heutige deutsche Staaten ersten Ranges emporgewachsen sind, neuerdings Elemente einzuführen sucht, die nicht allein den Werth des Adels als eines durch Besitz nur getragenen, dage-

---

dem Namen von Charitativsubsidien dem Kaiser unmittelbar und zu freier Verfügung gewisse Hülfen an Geld und Mannschaften, gegen Reversalien, daß diese Leistungen eine freiwillige Gabe seien, indem man grundsätzlich nur die Pflicht anerkannte, dem Kaiser in eigener Person zu dienen. Auf dieser Behauptung bestanden die Reichsritter schon 1495 und 1512 unter Kaiser Maximilian I., als man sie zu dem von den Ständen geforderten gemeinen Pfennig heranziehen wollte. Selbst der 1512 ihnen gemachte Vorschlag, ihren Antheil durch selbstgewählte Einnehmer erheben zu lassen und daraus unmittelbar die in Nothfällen dem Reiche zu stellenden Ritter und Knechte zu besolden, wurde abgelehnt. Als dagegen Kaiser Karl V. von dem Reiche 1532 eine eilende Hülfe wider die Türken begehrte, bewilligten die Ritter in Schwaben und Franken gesondert Hülfe an Geld und Mannschaften gegen einen Revers des Königs Ferdinand, daß es ihrer Freiheit unnachtheilig geschehe. In dem Reichsabschiede zu Speyer 1542 sagte der Kaiser zwar: er wolle mit denen vom Adel zu Schwaben, Franken und am Rhein handeln lassen, daß sie in den gemeinen Pfennig zu 5 pro Mille auch willigen, und das Geld nach Sammlung durch eigene Empfänger oder direkt zur Kreiskasse abführen wollt n; allein die Ritterschaft bewilligte das Geforderte nur gegen Reversalien, die noch bündiger waren, als die 1532 ausgestellten, und zahlten das Geld auch nicht an die Kreiskasse, sondern unmittelbar als Vorschuß an den König Ferdinand. Der Reichsabschied von 1544 bestimmte: es solle mit der Ritterschaft gehandelt werden, daß sie in den gemeinen Anschlag willige, aber das Geld nicht wieder auf eigene Hand vorschieße, sondern zur Verfügung von Kaiser und Ständen in ihren Truhen behalte. Jetzt aber machte die Ritterschaft Schwierigkeit und verlangte vor der Entscheidung Abhülfe ihrer Beschwerden. Die Ritterschaft am Schwarzwalde machte eine Bewilligung, zahlte indeß die bewilligte Summe direkt, nicht wieder als Vorschuß, sondern gegen den ausdrücklichen Revers, daß sie hiermit vollständig liberirt sei und von den Ständen nicht mehr angegangen werden könnte. Seitdem sind die Stände in dem Verhältnisse zu der Ritterschaft völlig unberücksichtigt geblieben. Bedurften die Kaiser Geld, so unterhandelten sie durch eigene Commissarien unmittelbar mit der Ritterschaft, gaben die verlangten Reverse und stellten Privilegien aus, welche die Unabhängigkeit der Ritterschaft von der landesherrlichen Territorialgewalt befestigten. Die Ritter bewilligten freigebig, besonders unter Rudolf II. oft von Jahr zu Jahr, seit Ferdinand III. sogar in Friedenszeiten. Das Empfangene sahen die Kaiser seit Leopold II. nicht mehr als Subsidie für bestimmte Kriegszwecke an, sondern als ein kaiserliches Einkommen, über welches sie frei verfügen durften. Dies Einkommen war das Hauptsächlichste, was überhaupt in späteren Zeiten die Kaiser aus dem Reiche noch zu beziehen hatten.

gen auf Geburtsstandsehre und Anerkennung der daraus entspringenden Pflichten gegen die Landesfürsten wesentlich beruhenden Institutes gänzlich in Frage stellen, sondern sogar ein Verlassen aller bisherigen Traditionen eines christlich-monarchischen Staatswesens besorgen lassen.*)

Auch Preußen hat nicht erst jetzt, sondern schon seit Einführung des freien Erwerbes ritterschaftlicher Güter, einen Weg betreten, der eine wesentliche Grundlage des Geburtsadels wankend machte.

Allein was damals geschah, erfolgte dem eigenen Sinne der Ritterschaften entsprechend. Die Freiheit, welche ihnen gegeben wurde, ihren Besitz vortheilhafter zu verwerthen, als es frühere Gebundenheit und Erwerbbeschränkuugen zugelassen haben würden, hat die Aufopferungen möglich gemacht, mit welchen Preußens Adel in den schwersten Zeiten dem übrigen Volke voranging. Erhöhter Grundwerth hat für Opfer des Augenblickes Ersatz geleistet. Liebe zu ererbtem Besitz und Familientradition schützten gegen die Verlockungen vorübergehender Vortheile; die Gesetzgebung, wenn auch mit mannigfaltigen Erschwerungen, machte es nicht unmöglich, den ererbten Besitz in den Familien zu erhalten. Das Verbot der Fideikommißstiftungen in der neuen Verfassungsurkunde war ein bloßes versuchsweises Zugeständniß an eine Auffassung, von der sich gezeigt hat, daß sie keine Wurzel in dem Sinne des Volkes habe, sobald eine veränderte Art der Landesvertretung möglich machte, das wahre Verständniß für die geschichtlich überlieferten Verhältnisse wieder in Geltung zu bringen. Entschieden entfaltete sich das Wiederanknüpfen an geschichtlich begründete Verhältnisse, als Se. Majestät der König den Rechten der Geburt in Verbindung mit angemessenem Grundbesitz durch erbliche Stimmen, wie durch Familien-Grafen- und ritterschaftlich begüterte Adelsverbände in dem Herrnhause eine beständige, wirksame Theilnahme an den Landesangelegenheiten sicherten.

Noch bleibt der Verfassungsgesetzgebung die Aufgabe, auch der hiermit zur Zeit nicht harmonirenden Kreisverfassung ihre endgiltige Einrichtung zu geben.

Hoffen wir, daß dies in gleicher Richtung geschehe; hoffen wir vor Allem, daß es gelingen werde, zu einem Verständnisse über gewisse abstrakte Sätze der Verfassungsurkunde zu gelangen, durch welche für jetzt noch die königliche Staatsregierung sich gedrungen fühlt in Beziehung auf kreis- und provinzialständische Rechte eine Praxis einzuschlagen, die zu sehr mit den Traditionen und Spezialgesetzen des Staates in Widerspruch steht, als daß man sie zu erklären wüßte, läge die Veranlassung nicht in mißlungenen Formulirungen, mit denen man 1849 und 1850 gesucht hat zwischen den entgegengesetztesten Principien einen augenblicklichen Accord zu Wege zu bringen.

Das Werk des Herrn Freiherrn Roth von Schreckenstein, welches uns zu diesen vielleicht abwegig erscheinenden Reflexionen geführt hat, ist durchdrungen von dem trefflichsten Sinne für die wahre Bedeutung des Adelstandes. Wir bedauern, daß der vorliegende erste Band der Geschichte derjenigen Adelsklasse, welche die hervorragendste Stelle in dem vormaligen Reiche eingenommen

*) Es dürfte wohl kaum bedürfen, hier die noch schwebende Frage von der Kreisstandschaft der jüdischen Rittergutsbesitzer in Erinnerung zu bringen.

hat, nur bis auf Kaiser Sigismund herabführt, obwohl eigentlich dieser Kaiser es war, mit dem die festere Gestaltung der Ritterschaft durch das ihr 1422 bestätigte Bündnißrecht ihren Anfang genommen hat. In dem folgenden Bande erst kann daher die Erörterung der corporativen Einrichtungen erwartet werden, welche zeigen müssen, wie es nicht Egoismus, sondern offener Sinn für die damaligen krankhaften Zustände des Reiches war, durch welchen der Reichsadel dazu gedrängt wurde, sich, von den thatenlosen Ständen isolirt, allein zu seinem kaiserlichen Reichs- und Kriegsherrn zu halten.

Je mehr es der hochverehrte Herr Verfasser angemessen finden wird, aus dem in reicher Fülle vorliegenden historischen Material zu schöpfen, desto allgemeiner wird die Ueberzeugung werden, wie es dem genossenschaftlichen Sinne und einer verständigen Disciplin der Reichsritter gelungen ist, sich selbst ihre öffentliche Wirksamkeit zu erhalten und zugleich ihren Unterthanen eine Rechtssicherheit zu gewähren, wie sie ihnen in gleichem Maße nur in wenigen der vormals reichsständischen Territorien geboten war.

Mit Spannung sehen wir der baldigen Vollendung des trefflichen Werkes entgegen.

Die Kassuben.

Ein Beitrag zur Vaterlandskunde.

— Namen und Umfang des Stammes. — Zahl und Sprache. — Religiöses Bekenntniß. — Frommes Gemüth. — Der Branntwein und die Juden. — Eisfischerei. — Trachten und Sitten. — Volksglaube. — Zeichen des Untergangs. —

Als im vergangenen Jahr in Berliner Blättern so oft der verschiedenen slavischen Völkerstämme unseres preußischen Vaterlandes Erwähnung geschah und sogar die obern Behörden mit besonderem Interesse der Evangelischen unter denselben zu gedenken schienen, hofften wir immer, es würde auch ein Slave von Namen und gründlichen Kenntnissen sich unserer Kassuben annehmen. Da das aber nicht geschah, außerdem auch durch das Lesebuch von Preuß und Vetter und durch das Münscherberg'sche völlig Verkehrtes und Irrthümliches über die Kassuben verbreitet wird, sehen wir uns veranlaßt, unsere Erfahrung und Kenntniß, welche weniger aus geschichtlichen Forschungen als aus einem elfjährigen vertrauten Umgange mit den Kassuben erwachsen ist, mitzutheilen.

Für's Erste müssen wir den Stamm gegen andere slavische Stämme abgrenzen, die irrthümlicher Weise von Unwissenden oder vom Volk als Spitznamen Kassuben genannt werden. So werden spottweise wohl die Polen bei Putzig, im Karthauser und Berenter Kreise Kassuben, überhaupt an den Westgrenzen Westpreußens, genannt. Das Richtige finden wir bei Kriegk in seinem Anhang zu Schlosser's Weltgeschichte (Frankfurt bei H. L. Brönner, 1855), Seite 40 u. 41: „Der Stamm der Slavinen, welcher auch der

Stamm der nordwestlichen Slavenvölker oder der böhmisch-polnische genannt wird, umfaßt die nachbenannten Völker: ...... Die Pommern, welche das Land Pommern nach dem Abzug der ursprünglich dort wohnenden Deutschen besetzt hatten, wurden später durch die Deutschen germanisirt, so daß nur noch ein kleiner unvermischter (?) und slavisch redender Theil, das Völkchen der Kassuben, im äußersten Osten von Pommern übrig geblieben ist." Diese die einzig wirklichen Kassuben, die noch existiren, sind wesentlich andere Leute, als z. B. Preuß und Vetter in ihrem neuesten Anhang zum Kinderfreund S. 429 u. 430 beschreiben, und wissen wir nicht, wo der Verfasser jenes Anhangs, welcher Pommern beschreiben will, in unserm lieben Pommerlande die Kassuben gefunden hat, „die ihre Wohnungen am Abhange eines Hügels in die Erde graben", „sogenannte Schnurrbacken statt Brod essen" und Anderes mehr. Ganz ungerecht aber ist es, ihnen die kümmerliche Cultur des Bodes, die dünne Bevölkerung des Regierungs-Bezirks Cöslin u. s. w. zuzurechnen. Man wandle doch durch die Felder an beiden Ufern der Leba, man sehe das Korn der Kassuben zu Zezenow (kass. Zeitzenowa, Neu-Zeitz?), Großendorf (kass. Sarrentina), Ruschitz (kass. Rzuczy, ich werfe!) und andern Hauptsitzen der Kassuben an und man wird finden, daß sie Roggen die Fülle haben, und im Allgemeinen rühmt man gerade den „Kassubischen Winkel" als ein gesegnetes Ländchen, wiewohl es auch dürre Oerter giebt, wie z. B. den Sand, den die Kassuben in Rower (Thal) und Schorin (kass. Skorzeń, Stiefel) mit wenig Erfolg bebauen.

Himit sind wir schon zu den Wohnsitzen der Kassuben gekommen. Sie haben sich in ihren letzten Resten an den beiden Ufern der Leba und besonders am Ufer des Leba-Sees noch in ihrer Sitte und Sprache am meisten erhalten. Die Dörfer Giesebitz, Gr. Garde, die Klucker, Schorin, Rower, Glowitz, Ruschitz, Rumbske, Zedlin, Klenzin, Großendorf, Zipkow, Warbelin, Toblotz, Zezenow auf dem linken Leba-Ufer; Speck, Babidol, Charbrow, Sarbske, Labenz, Osseken, Wittenberg, Prebendow, Schlaschow, Lüblow, Grewinke, Büchow, Osecken und wenig Andere auf dem rechten Ufer der Leba bergen die sparsamen Trümmer dieses Volksstammes, der bald verschwunden sein wird, da die Zahl derer, welche noch sich selbst zu den Kassuben rechnen, nach der neuesten Zählung 450 Seelen nicht übersteigt. Es zählen überhaupt sich aber nur noch die zu den Kassuben, welche an der kassubischen Feier des heil. Abendmahls Theil nehmen. Die größte Anzahl wohnt nach den amtlichen Nachrichten, die uns zu Gebote standen, im Glowitzer Kirchspiel im Stolper Kreise, da die 453 sogenannten Kassuben zu Wierzchutzin an der westpreußischen Grenze (Kreis Lauenburg) nicht zu den alten Kassuben gerechnet werden dürfen. Derer, welche noch kassubisch sprechen, mag es wohl noch mehrere Tausend geben.

Ihre Sprache ist ein böhmisch-polnischer Dialekt, der stark von dem polnischen Dialekte, der in Wierzchutzin und den westpreußischen Dörfern gesprochen wird, abweicht, ja seine ganz eigenthümlichen Formationen und Wörter hat z. B. cerkvia (Kirche) und cerkviszcze (Kirchhof); und soll derselbe noch viele Wurzelwörter bewahrt haben, die schon im Hoch-polnischen verloren sind. Wir berufen uns in diesem Urtheil allein auf das vollgiltige Zeugniß zweier slavischen Gelehrten, nämlich des k. k. Studienraths J. Paplonski zu Warschau und des Magisters an der Hochschule zu Moskau A. Th. Hilferding (rühmlichst bekannt durch seine Geschichte der Serben und Bulgaren, deutsch Bautzen 1856 bei J. E. Schmaler, und andere Quellenstudien). Beide Männer, besonders Letzterer, haben sich im Jahre 1856 der großen Mühe unterzogen durch alle kassubischen Dörfer zu wandern, überall die Kassuben selbst aufzusuchen und aus dem mündlichen Verkehr gründlich den Dialekt zu erforschen, da derselbe nie eine Schriftsprache bildete, und hat Ersterer die Resultate seiner Forschung zum Theil in der Czas Warszawska 1856 niedergelegt.

Außer der Sprache unterscheiden sich die Kassuben am Wesentlichsten dadurch von ihren polnischen Nachbarn, daß sie Alle ohne Ausnahme der lutherischen Kirche mit großer Liebe anhängen. Es wird noch in folgenden Kirchen Pommerns der luth. Gottesdienst in polnischer Sprache gehalten: in Glowitz im Sommer alle Sonntage, Winters alle 14 Tage; in Zezenow alle 6 Wochen; in Charbrow alle 4 Wochen; in Saulin alle Vierteljahr einmal und in Osseken alle Jahr zweimal. Jeder Kassube geht, wo er es haben kann, alle Jahr viermal zum Sacrament des Altars, zu Mariä, Palmarum, vor oder nach der Ernte und 1. Advent. Ist es ihm nicht möglich am Sonntage zur Kirche zu gehen, so liest er jedenfalls in seinem Predigtbuche und singt einen Gesang mit den Seinen zu Hause; weshalb in keiner kassubischen Familie der Samuel Dombrowsky (Brieger Ausgabe) fehlt. Viele haben außerdem noch Jana Arnta scesc ksiąg o prawdziwym Chrześcianstwie (Arnd's sechs Bücher vom wahren Christenthum). Ein anderes Erbauungsbuch hat keinen Eingang gefunden, wie denn die evangelische erbauliche Literatur in polnischer Sprache sehr arm ist, und besonders für unsere Kassuben, weil sie nur die deutschen Buchstaben kennen. (Einsender wandte sich deshalb schon früher mit der Bitte um Hilfe oder nur Fürsprache an das Königliche Consistorium zu Stettin, um diesem allgemein gefühlten Bedürfnisse abzuhelfen, konnte aber leider nur „auf die kleinen Tractätchen der Berliner Tractat-Gesellschaft" hingewiesen werden, die wir freilich längst kannten.) In seinen religiösen Gefühlen ist der Kassube sehr warm und oft heftig ergriffen. Einen Kassuben laut beten zu hören, hat viel Rührendes. Dabei ist seine Religiösität eine streng kirchliche und schließt sich fest an die äußere Form an; aber mit frommer Rührung, fleißigem Lesen im Predigtbuch, häufigem Singen aus dem Gesangbuch erwirbt sich derselbe ein großes Maß von Selbst-Gerechtigkeit.

Das größte Uebel für den Kassuben ist seine fast unbesiegbare Liebe zum Branntwein. Vielfach vom Fischfang und besonders von der Eisfischerei lebend, können diese zähen und eisenfesten Männer Tag und Nacht im Wasser stehen, vertilgen aber unglaubliche Quantitäten von Branntwein dabei. Als Beweis führen wir folgende Thatsache an. Im Dorfe R. ereignete es sich vor mehreren Jahren, daß drei Hochzeiten an demselben Tage gefeiert wurden. Die Hochzeitsgäste vereinigten sich, den Brantwein aus der nächsten Brennerei gemeinsam zu kaufen. Sie bezogen deshalb aus der Brennerei zu B. 32 (zweiunddreißig) Anker Spiritus, der auch bis auf den letzten Tropfen verzehrt wurde. Der Branntwein verzehrt des Kassuben Haus und Hof und fordert jährlich seine Opfer. Auf ernste und strafende Vorstellungen antworten die Kassuben gewöhnlich: „Wär' das Branntweintrinken Unrecht, so würde der „König es nicht erlauben." Denn der König ist der ganze Inbegriff ihres Rechtes und ihrer Politik. Wenn irgend wo, so ist deshalb unter den Kassuben die Ausführung des Gesetzes gefährlich, nach welchem „der Kaufmann, der 12 Thlr. Gewerbesteuer zahlt", Spiritus zu 80 Grad verkaufen kann, zumal die Kassuben nie anderen Brantwein als Spiritus mit Wasser trinken, ja es heißt gradezu ein offenes Grab graben, um die letzten Reste dieses Volkes hineinzustürzen. Und dennoch — man höre und staune — hat eine hochlöbliche Königliche Regierung zu C. mitten unter den Kassuben einem Juden ein solches Patent gegeben, einem Juden, der sich rühmt von der russischen Regierung schon zur Deportation nach Sibirien verurtheilt worden zu sein, einem Juden, der keine eigene Stube, keine eigene Kammer hat, sondern nur eine Schlafstelle als „Inliegner" (Einlieger) bei einem Büdner; einem Juden, dem die Orts-Polizei-Behörde das schriftliche Attest ausgestellt hat, daß er schon die und die Leute betrogen hätte. Ein solcher loser und lediger Jude, ohne Anhalt, ohne Familie, ohne Vermögen, verkauft mitten unter den Kassuben Spiritus, und zwar billiger als der Krüger ihn herstellen kann. Er kaufte von den Kassuben Kartoffeln, und wollen die Armen jetzt Geld haben, so müssen sie Spiritus nehmen. Das Alles trotz aller Beschwerde der Orts-Polizei, ja ohne, daß derselben nur Anzeige (von Oben her?) geschehen wäre. Auch das gehört zur Beschreibung Kassubens, denn es gehen hier Dinge vor, von denen man da draußen in der Welt keine Ahnung hat. Doch behalten wir uns vor, ein anderes Mal im „Preußischen Volks-Blatte" unter „Bilder aus der Provinz" darauf zurückzukommen.

Außer Fischerei sind die Kassuben Bauern, Wenige Tagelöhner, noch Wenigere Handwerker. Ihre Wohnungen unterscheiden sich gar nicht von der Bauart der Deutschen in diesen Gegenden. Die Scheune liegt mit einem Thorweg (dem Thorzimmer) an der Dorfstraße, so daß man das etwas zurückgebaute Wohnhaus von der Straße aus nie sieht. Es besteht aus zwei Stuben mit zwei Kammern, von denen der Bauer mit seiner Familie und seinem Gesinde die eine bewohnt, die andere ein „Einwohner" oder jüngerer Bruder des Bauern. Erst seit die Parcellirungsepidemie auch unsere Kassuben ergriffen hat, sind Häuser an der Dorfstraße entstanden, wo die Parcellenbesitzer, gewöhnlich Geschwister der Bauern und deren Familie oder kleine Handwerker, auch Juden u. dergl. wohnen. — Die Tracht der Männer ist die schwere Pelzmütze (gewöhnlich von Hundefell), unter der langes, schlichtes Haar auf die Schultern herunterfällt; wir haben viele alte Kassuben gesehen, aber noch keinen mit kahlem Kopf oder dünnem Haar; eine kurze Jacke, kurze Hosen, wollene Strümpfe und lederne Schuhe zur Kirche, zur Arbeit hohe rindslederne Stiefeln, im Hause hölzerne Pantoffeln, wollene Handschuhe mit künstlichen bunten Figuren, zu denen die Wolle nur auf der Spindel gesponnen wird, weshalb die

Wolle weich ist und die Handschuhe besonders warm sind. Früher trieb der Pfarrer von Glowitz Handel mit diesen kassubischen Handschuhen, weil er von jedem Bräutigam ein solches Paar Handschuhe geschenkt bekam. Die allgemeine Geldwirthschaft hat dieses Accidenz in Geld verwandelt, dadurch ist die Kunst fast ausgestorben und wird ein ächtes Paar kassubischer Handschuhe, die gut ein Pfd. wiegen, mit 1 Thlr. 10 Sgr. von Liebhabern bezahlt. Die Fischer haben beim Fischen noch eine eigenthümliche helmartige Mütze, die selbst die Schultern bedeckt und kaum das Gesicht freiläßt, dazu eine Jacke von rauhen Schaffellen. Die Weiber tragen eine wollene Jacke mit buntem Latz, kurzen Aermeln und weiten, weißleinenen Hemdsärmeln (im Sommer), einen rothen, kurzen, wollenen Rock und um die Taille einen breiten, wollenen Gürtel und wollene Strümpfe und Schuhe. Gehen sie zum heiligen Abendmahl, so hüllen sie sich ganz in ein weißes Laken ein, welches zugleich bestimmt ist, einst ihr Leichentuch zu werden, wie denn der Kassube auch sehr gern sich schon dann seinen Sarg machen läßt, sobald er sich auf das Altentheil giebt, sich dann auch schon auf dem Kirchhofe beim Pfarrer oder Küster seine Grabstätte ausbittet. Die Kopfbedeckung der Frauen ist ein künstlich geschlungenes schwarzes Tuch oder eine Mütze, mit Pelz besetzt. — Alle Kleider spinnt und webt der Kassube allein, auch seine Festtagskleider, und der ächte Kassube sieht mit Kopfschütteln seine Söhne in einem langen Kirchenrock, zu dem das Tuch von Juden gekauft ist. Er meint, eine ordentliche Hausfrau muß so etwas nicht dulden; denn bei den Kassuben hat die Hausfrau für die Bekleidung des Mannes, wie der Familie zu sorgen, ihr allein bringt es Schimpf, wenn der Mann nicht seine Kleidung hat, die ihm zukommt; sie führt bei allen Kassuben die Kasse und selbst bei den Tagelöhnern holt gewöhnlich die Frau den verdienten Lohn, wenigstens bei den ordentlichen Familien, denn „der Mann würde es in den Krug bringen."

Der Charakter der Kassuben ist durchgehend große Gutmüthigkeit und Weichheit des Gemüths; eine besondere Vorliebe für die Gleichniß- und Bildersprache zeigt ihren poetischen Sinn. Ihre reiche Phantasie bevölkert das Innere der Erde mit Zwergen. Wer zu einem neugeborenen Kindlein kein Vaterunser gebetet und das Gesangbuch nicht in die Wiege gelegt hat, kann sich darauf verlassen, daß ein Zwerg das Kind davon trägt und dafür ein Zwergkind in die Wiege legt. Viele gute und böse Geister umschweben den Kassuben überall und manche Sage erzählt von dem großen Wald, der einst da gestanden, wo jetzt ein breites, zum Theil sterilles Moor von Lauenburg bis zum Lebasee an beiden Ufern der Leba sich ausdehnt. In diesem Walde hat vor Zeiten ein schreckliches Ungeheuer den Weg unsicher gemacht, bis alle Kassuben sich verbunden und den Wald zu gleicher Zeit an allen Enden angezündet haben. Da hat das Ungeheuer so fürchterlich das Wasser der Leba und des See's aufgeregt, daß zuletzt die Wasser Wald und Ungeheuer verschlangen und so das heutige Moor entstand. Bald wird das deutsche Element auch alle Trümmer dieses alten tschechischen Stammes überfluthet haben und die Kassuben selbst nur noch der Sage angehören, dann erst werden slavische Sprachforscher es bedauern, daß der älteste Dialect ihrer Sprache für immer verloren ist.

Deutschland.

I.

— Der französische Geist. — Frankreich und die katholische Kirche. — Verhältniß der Protestanten zu Frankreich und der katholischen Kirche. — Der deutsche Universalismus und die Idee des deutschen Kaiserthums. —

Fast jeder neue Tag bringt neue Thatsachen, die uns an die Tage Napoleon I., an die Tage der tiefsten Erniedrigung unseres Vaterlandes gemahnen: immer mehr werden wir innerlich vom Napoleonismus besiegt, um ihm dann vielleicht auch äußerlich als Beute anheimzufallen. Man lese nur aufmerksam die preußischen Zeitungen oder richtiger die in Preußen erscheinenden Zeitungen, und man wird wenige finden, die mit deutschem und christlichem Geiste die Dinge ansehen und beurtheilen. Es sind Reformjuden oder im Sinne der Reformjuden schreibende Namenschristen, die da jubeln, daß der französische Kaiser sich in den Dienst der Fortschrittsideen begeben habe; es sind Reformjuden, die da jubeln, daß Frankreich in Italien an die Stelle Deutschlands getreten ist; es sind Reformjuden, die an die Stelle des Oberhauptes der katholischen Christenheit ein Oberhaupt der französisch-katholischen Christenheit einsetzen möchten; es sind Reformjuden, die sich gegen jedes lebendige Zeugniß der protestantischen Kirche ereifern; es sind Reformjuden, die alles begeifern, was wie deutscher Gedanke, wie deutsche That aussieht. An die Stelle des Christenthums soll der heidnische Materialismus, an die Stelle des Germanenthums das Romanenthum treten, ganz wie am Ende des verflossenen und im Anfange des gegenwärtigen Jahrhunderts. Es wäre gut, wenn die Reden des deutschen Philosophen Fichte an die deutsche Nation wieder in einer handlichen Ausgabe verbreitet würden, die er damals inmitten der französischen Waffen hier in Berlin hielt. Fichte war kein Reactionair, ja, er war sogar ein Fortschrittsmann in des Wortes verwegenster Bedeutung, aber er war ein deutscher Mann. Ich sehe, meint er deshalb, nicht ab, wie es möglich ist die Juden zu emancipiren, es wäre denn, man könnte ihnen allen über Nacht die Köpfe abschneiden und neue aufsetzen. Er war ein Mann der Aufklärung, aber er war doch ein Mann von Geist, und deshalb ist ihm der Napoleonismus in dieser Beziehung nichts als eine Verkörperung des heidnischen Materialismus, von dem das deutsche Volk nunmehr dergestalt angefressen sei, daß es rettungslos verloren sei; Heil sei nur noch möglich, wenn man die Kinder in frühester Jugend den Eltern entreiße und sie zu deutschen Männern und zu deutschen Frauen erziehe. Endlich war er kein Freund des „finstern Mittelalters,“ wie es die Reformjuden darstellen, wohl aber des wirklichen deutschen Mittelalters. „Unter den Mitteln, den deutschen Geist zu heben,“ äußert er deshalb, „würde es ein sehr kräftiges sein, wenn wir eine begeisternde Geschichte der Deutschen aus diesem Zeitraume hätten, die da National- und Volksbuch würde, sowie Bibel und Gesangbuch es sind, so lange bis wir selbst wiederum etwas des Aufzeichnens Werthes hervorbrächten. Jene Zeit war der jugendliche Traum der Nation in beschränkten Kreisen von künftigen Thaten, Kämpfen und Siegen, und die Weissagung, was sie einst bei vollendeter Kraft sein würde. Verführerische Gesellschaft und die Verlockung der Eitelkeit hat die heranwachsende fortgerissen in Kreise, die nicht die ihrigen sind, und indem sie auch da glänzen wollte, steht sie da mit Schmach bedeckt und ringend sogar um ihre Fortdauer. Bringe man diese Nation nur zuvörderst zurück von der falschen Richtung, die sie ergriffen und zeige man ihr in dem Spiegel jener ihrer Jugendträume, ihren wahren Hang und ihre wahre Bestimmung, bis unter diesen Betrachtungen sich ihr die Kraft entfalte, diese ihre Bestimmung mächtig zu ergreifen."

Heute sind das wiederum, wie damals, goldene Worte, weil wir wiederum im Begriff sind alles Nationale abzustreifen und uns in die Bahnen des Romanismus zu begeben. Wir halten es deßhalb für unsere Pflicht, immer von neuem an die Tendenzen Frankreichs zu erinnern, an den Geist, der die Franzosen beseelt und dessen Träger das Oberhaupt des Volkes ist und sein muß, mag es wollen oder nicht, mag es Napoleon heißen oder irgend einen andern Namen tragen. Er ist der Gegensatz zu dem Geiste der abendländischen Christenheit, der Gegensatz gegen den germanischen Geist der Freiheit.

Wir haben das im vorigen Hefte im Besonderen nachgewiesen an der Hand der ostfriesischen Geschichte von Onno Klopp und wir kommen heute wieder in gleicher Weise auf ein Buch zurück, das bereits im verflossenen Jahre von uns besprochen wurde, nämlich auf die „Untersuchungen über das europäische Gleichgewicht." Mit Recht wiederholt der Verfasser, was vor einem halben Jahrhundert Fichte so nachdrücklich geltend machte, daß die französische Nation nicht dazu angethan ist, fremde Eigenthümlichkeiten zu verstehen, anzuerkennen und zu achten, weil ihr Nationalgeist bornirt und exclusiv ist. „Wie jede französische Provinzialstadt ein Miniaturbild von Paris vorstellen soll, so will dieser französische Geist auch jedes Land, worüber er Einfluß gewinnt, sofort zu einem Abbild von Frankreich machen und kennt keinen höheren Gedanken, als alle Welt mit seinen Departements und Arrondissements, mit seinem Decimalsystem und seinem Code zu beglücken. Darüber hinaus kommt kein Franzose! Sich an Frankreich anschließen, heißt daher für jedes Land nichts Anderes, als im Franzosenthum aufgehen, und die Franzosen haben es niemals anders verstanden."

Auch Frankreich wollte und will die abendländische Welt vereinigen, auch Napoleon I. trachtete darnach und Napoleon III. trachtet darnach gegenwärtig noch, aber es soll das eine Einheit sein, die jede Besonderheit aufhebt, eine Einheit, wie sie einst unter den römischen Imperatoren bestand. Auch zur Blüthezeit des „heiligen römischen Reichs deutscher Nation" war eine Einheit der abendländischen Welt vorhanden, aber die Devise dieser Einheit lautete: „Ehre sei Gott in der Höhe, Friede auf Erden!"; die Devise des französisch-heidnischen Weltreichs lautet dagegen: „Ehre sei dem Imperator, Knechtschaft auf Erden!" Alle Eigenthümlichkeiten der Völker sollen in einer eintönigen Centralisation erlöschen. Napoleon I. sagte deshalb selbst auf Helena: „j'eus voulu pour toute l'Europe l'uniformité des monnaies, des poids, des mesures, l'uniformité de législation. Pourquoi mon code Napoléon, n'eût-il pas servi de base à un code européen, et mon université impériale à une université européenne? De la sorte nous n'eussions réellement composé, en Europe, qu'une seule et même famille. Chacun en voyageant n'eût pas cessé de se trouver chez lui." Also Uniformität im Maaß und Gewicht, Uniformität in den Gesetzen, Uniformität im Denken. „Ganz Europa," bemerkt der Verfasser der „Untersuchungen", „sollte denken wie die kaiserliche Universität, diese aber gerade wiederum wie der Kaiser. Dann freilich ließe die Einheit wohl gar nichts zu wünschen mehr übrig. Ja die Welt brauchte dann überhaupt nicht mehr zu denken, das ganze Geschäft würde in den Tuilerien besorgt. Das war sein wirklicher Ernst. Und damit diese vortreffliche Einheit nicht vielleicht noch durch die Kirche gestört werden, und sich dereinst nicht etwa die Kämpfe zwischen Papstthum und Kaiserthum wiederholen könnten, so sollte bekanntlich auch jenes nach Paris verpflanzt werden, um unter den Augen des Kaisers selbst ein Instrument der kaiserlichen Centralisation zu werden." Napoleon selbst äußert deshalb: „L'établissement de la cour de Rome dans Paris eût été fécond en grands résultats politiques; cette influence sur l'Espagne, l'Italie, la confédération du Rhin, la Pologne, aurait resserré les liens fédératifs du grand empire; et celle que le chef de la chrétienté avait sur les fidèles d'Angleterre, d'Irlande, de Russie, de Prusse, d'Autriche, de Hongrie, de Bohème, fût devenue l'héritage de la France." Also die römisch-katholische Kirche sollte sich in eine französisch-katholische verwandeln; nur als solche war sie ein Gegenstand seiner Aufmerksamkeit.— „C'est un fait constant, qui deviendra démontré tous les jours d'avantage, que Napoléon aimait sa religion, qu'il la voulait faire prospérer, l'honorer, mais en même temps s'en servir comme un moyen social pour réprimer l'anarchie, consolider sa domination en Europe, accroître la considération de la France et l'influence de Paris, objet de toutes ses pensées. A ce prix il eût tout fait pour la propagande, les missions étrangères et pour étendre, accroître la puissance du clergé." u. s. f.

Ist das Religion, ist das noch Kirche, was Napoleon wollte? Wahrhaftig nicht; eine Kirche, eine Religion, die nur Mittel sind für irdische, äußere Zwecke, laufen auf nichts, als auf nacktes Heidenthum hinaus. Der Kaiser ist, wie einst im alten Rom, an die Stelle Gottes getreten; die Unterthanen haben niederzuknien und anzubeten. Napoleon III. hat aber bereits die Bahnen seines Oheims auch nach dieser Seite hin betreten und die katholischen Staaten und die Bekenner des katholischen Glaubens haben vollen und dringenden Grund, in dem Papste und seiner selbstständigen Stellung ihre Religion, ihr Theuerstes zu vertheidigen. Und bloß die Katholiken? Nein, auch wir Protestanten. Die Gefahr des französischen Heidenthums ist für beide Kirchen, für die katholische wie für die protestantische, gleich groß. Nur den Reformjuden kann es gleichgiltig oder besser: ihnen muß es erwünscht sein, daß die katholische Kirche und mit ihr die protestantische beseitigt werde; denn nur so ist die Gleichheit kein leerer Wahn mehr. „Hundert Jahre" schreibt der Verfasser der Untersuchungen, „würden genügen, um Alles, was dem abendländischen Europa eigenthümlich ist, worauf seine geschichtliche Bedeutung beruht und woraus seine Kraft entspringt, für immer zu ertödten und ein neues China oder ein neues Byzanz daraus zu machen. Denn würde wirklich eine Familie daraus, wie es in der angeführten Stelle heißt, so lehrt ja die Erfahrung, wie alle Familien, welche sich auf ihre verwandtschaftlichen Kreise abschließen, gar bald verkümmern und degeneriren. Mit der beabsichtigten Völkerfamilie würde es ganz ebenso ergehen, da es doch grade das freie Nebeneinanderbestehen verschiedener Völkerfamilien und die gegenseitige Einwirkung derselben ist, welche die Lebendigkeit der europäischen Entwickelung verbürgt, während hier grade die Eigenthümlichkeit der Völker in dem Franzosenthum erstickt werden und dann die daraus entspringende Uniformität und Monotonie gar für das Ideal gelten soll."

Der Protestantismus wird, soweit menschliche Schlüsse reichen, stets ein Gegner des Katholicismus bleiben, aber dem Napoleonismus gegenüber muß er, wenn er anders ein Verständniß für seine Interessen hat, entschieden auf die Seite der katholischen Kirche und mit dieser für den Papst eintreten. Und ähnlich ist das Verhältniß zwischen dem katholischen Oestreich und dem protestantischen Preußen. Meisterhaft weiß auch hier der Verfasser der „Untersuchungen" nach dem Vorgange von Fichte die Stellung des deutschen Volkes in Europa und sodann die Stellung Preußens und Oestreichs innerhalb Deutschlands zu zeichnen. Er geht dabei von dem Kaiserthume des Mittelalters aus, von der Ausbreitung der germanischen Cultur seit dem Zeitalter der Ottonen und weist, wie der Philosoph, nach, daß die Deutschen grade ob ihrer Universalität geeignet sind, in den Geist der verschiedenen Völker einzudringen, ihre Eigenthümlichkeiten zu erkennen und zu achten und dadurch jene internationale Stellung in Europa einzunehmen, ohne welche ein Fortschritt der Völker auf der Bahn der Gesittung und Freiheit nicht denkbar ist. Anders, heißt es nach dieser Seite hin im Gegensatz zum französischen Kaiserthum, war das Ideal des heiligen römischen Reiches deutscher Nation, welches sich nicht in einer großen Weltstadt concentriren wollte, sondern nicht einmal für Deutschland selbst eine Hauptstadt gehabt hat; welches ferner die dazu gehörigen Nationalitäten nicht in das Deutschthum auflösen wollte, wie Napoleon in das Franzosenthum, sondern allen ihre Eigenthümlichkeit ließ; und welches endlich, weit davon entfernt, durch eine kaiserliche Universität eine Herrschaft über die Geister zu erstreben oder gar den Papst in einen Reichshofcaplan verwandeln zu wollen, niemals eine Reichsuniversität zu errichten versuchte, und vielmehr in der Unabhängigkeit der Kirche ein Hauptbollwerk der geistigen Freiheit ehrte. Denn es ist die Schuld des Papstthums, nicht aber des deutschen Kaiserthums, wenn dieses Bollwerk der geistigen Freiheit dann selbst zu einer Zwingburg der Geister wurde. Das

Ideal des deutschen Kaiserthums lief auch nicht darauf hinaus, die abendländischen Völker zu einer Familie zu verbinden, sondern zu einer Gemeinde, und das Band der Gemeinschaft sollte nicht etwa das Decimalsystem und irgend ein Code-Barbarossa sein, sondern es sollten die zehn Gebote und das Evangelium sein, wornach sich das der Gemeinde selbst einwohnende Recht zu entwickeln hätte, dergestalt, daß dieses Recht nicht aus der Kaiserlichen Majestät entspringen, sondern von derselben geschützt werden sollte. Und eben dieser Rechtschutz galt als das Kaiserliche Amt, zu dessen Ausübung die Kaiserliche Majestät selbst von Rechtswegen verpflichtet wäre, wie sie denn auch selbst vor dem Pfalzgrafen zu Recht stehen und, wenn sie ihre Pflichten verletzte, nach Umständen von der Kirche gebannt und von den Fürsten abgesetzt werden sollte. Gewiß, das sieht etwas anders aus, als das napoleonische Ideal. Und ist dieses Ideal auch niemals ganz erreicht worden, so bleibt es nichts desto weniger eine ewige Wahrheit, die nicht an die mittelalterliche Form gebunden ist, in der sie damals erschien, sondern die in jedem Zeitalter eine neue Form annehmen kann.

So war denn das deutsche Kaiserthum ein universales Institut, Deutschland von jeher ein universales Land. Deutsche Kaiser beriefen die Concilien von Kostnitz und Basel, Deutschland war das europäische Schlachtfeld im dreißigjährigen Kriege, in Deutschland wurde der Westphälische Friede geschlossen, in der französischen Revolution wurde Deutschland abermals das Schlachtfeld, und abermals wurde die wiener Congreß-Acte die neue Basis des europäischen Völkerrechts. Immer ist Deutschland ein universales Land gewesen, der große Unterschied der Zeiten aber der, daß diese Universalität seit der Reformation nur in passiver Weise zur Erscheinung kam, weil die deutsche Nation zu schlaff geworden war, um ihren universalen Beruf in activer Weise geltend zu machen, wie sie vordem gethan. Gleichwohl hat sie ihn doch nie ganz aufgegeben, sondern sie hat seitdem studirt, sie hat sich eine universale Bildung erworben und dann die großartigsten Gedankensysteme hervorgebracht, welche das neuere Europa kennt, und eine Literatur entwickelt, welche an Vielseitigkeit alle anderen sehr weit übertrifft. Was aber die Hauptsache ist: sie hat sich durch die aus der Reformation hervorgegangene Kirchenspaltung sogar selbst in die Nothwendigkeit versetzt, eine universale Richtung zu nehmen, oder in Zukunft auf alle europäische Activität zu verzichten. Da liegt der Mittelpunkt der Frage! Denn nur Flachheit kann glauben, diesen Riß mit der banalen Phrase der Trennung von Staat und Kirche verkleben zu können, nur Flachheit kann in dieser Kirchenspaltung ein unangenehmes Hinderniß der deutschen National-Einheit sehen; allerdings ist die Kluft ein Hinderniß für die Constituirung eines deutschen Parlaments, aber ein solches auch nicht geeignet, die abendländische Völkergemeinschaft herzustellen. Vielmehr liegt in der Kirchenspaltung der Grund, daß Deutschland wieder eine internationale Stellung einnehmen kann. Durch den Protestantismus mit England und Skandinavien verbunden, durch den Katholicismus aber mit den romanischen Völkern und den westlichen Slaven, hat Deutschland dadurch die Fähigkeit, den Kern einer großen Allianz zu bilden, die sich nach allen Seiten erweitern kann und dadurch wohl bald ein solches Gewicht gewinnen müßte, daß Deutschland die entscheidende Macht Europa's würde, wie es das deutsche Reich unter den großen Kaisern war.

Wie aber ist es denkbar, daß Deutschland aus seiner Passivität heraustritt und zu so gewaltiger Activität übergeht? Diese Frage führt zum Deutschen Bunde und zur Untersuchung seiner Bestandtheile.

II.

Preußen. — Oestreich. — Der deutsche Bund.

Es ist bereits früher bemerkt worden, daß der Verfasser der „Untersuchungen" vortrefflich bestehende Verhältnisse zu charakterisiren versteht, aber sehr schweigsam ist in Beziehung auf die Mittel, die zum Bessern führen. Er verlangt eine Regeneration des deutschen Bundes, ein Bündniß Deutschlands mit den Niederlanden, mit Skandinavien und England; das ist alles sehr gut, aber die erste Voraussetzung solcher Allianzen ist und bleibt doch die Regeneration des deutschen Bundes. Wie ist dieselbe möglich? Der Verfasser beantwortet diese Frage nicht, sondern zeigt nur, wie sie nicht möglich ist, nämlich nicht durch ein Parlament, nicht durch lange Reden, nicht durch Errichtung eines Kleindeutschlands, nicht durch Staatsformen, sondern durch seine sociale und internationale Entwickelung. Um darzulegen, was er hierunter versteht und verstanden wissen will, giebt er eine Uebersicht über den geschichtlichen Charakter Preußens, Oestreichs und der Mittelstaaten, um schließlich zu zeigen, daß alle Schiefheiten, alle Verkehrtheiten, alle Thorheiten, die der Bund seit seinem Bestehen begangen habe, darin ihren Grund gehabt hätten, daß Preußen und Oestreich dieses geschichtlichen Charakters nicht eingedenk gewesen wären, sich lieber als Großmächte denn als deutsche Mächte angesehen hätten. Deuten wir wenigstens mit kurzen Worten den Gang dieser Untersuchungen an.

Was zunächst Preußen angeht, so wenden die „Untersuchungen" sich vor allem gegen den Gothaismus und die Behauptung desselben, daß Preußen eine Schöpfung der Hohenzollern, des großen Kurfürsten oder Friedrichs II., überhaupt eine willkürliche Schöpfung sei. Vielmehr sei der Ursprung dieses Staates in der deutschen Geschichte zu suchen, in den Tagen der sächsischen Kaiser, die erobernd vordrangen über die Elbe und die Ebenen der Ostsee zu colonisiren suchten. Otto I. und Markgraf Gero waren es, von welchen gewissermaßen der erste Entwurf des Staates ausging, und gleich die ersten Anfänge desselben führten zu einer Verbindung mit Polen, indem dasselbe die Abhängigkeit vom deutschen Reiche anerkennen mußte. Von einem „deutschen" Preußen kann deshalb nur insofern die Rede sein, als deutsche Kraft, deutscher Glaubenseifer, deutsche Ausdauer über die Gränzen des Reichs colonisirend in die Länder der Slaven vordrang. Schlesien war ursprünglich ein polnisches Herzogthum, der größte Theil der Neumark hatte zu Polen gehört, Pommern stand unter polnischer Hoheit, und endlich war von Polen aus der heilige Adalbert nach Preußen gesandt, wie denn das Land auch später durch den Frieden von Thorn polnisches Lehen wurde. Aus diesem Colonisationsprozesse ergiebt sich denn auch das eigenthümliche Gepräge der politischen Verfassung der brandenburgischen Länder, namentlich das Vorherrschen des militärischen Charakters, die concentrirte landesherrliche Gewalt, die lose Verbindung mit Kaiser und Reich u. s. f., wie das nothwendig durch die Natur einer Militärcolonie bedingt ist. Darum sind denn auch die Brandenburger „in militärischen und administrativen Fähigkeiten den Westdeutschen überlegen; dahingegen sind die Westdeutschen in allen denjenigen Dingen überlegen, welche auf dem innern Gemüthsleben und auf der Phantasie beruhen. Von daher stammen fast alle unsere großen Dichter und Künstler. Und wie viel andere große Männer kamen von daher nach Preußen! Denn die Wirkung jener Seelenkräfte reicht weit über das Gebiet der Kunst hinaus."

Wie Preußen aus den nordwestlichen Marken des deutschen Reichs hervorgegangen und die Bedeutung der Hohenzollern darin zu suchen ist, daß sie aufgegebene Beziehungen wieder herstellten und die Consequenzen aus der Stellung der Marken zogen, so ist Oesterreich aus den südöstlichen Marken des Reichs hervorgegangen und nicht eine Schöpfung der Habsburger. Die Gestaltung war aber im Südosten verschieden von der im Nordosten. Die preußischen Marken waren bei dem Beginn der deutschen Herrschaft noch nicht aus ihrem Naturzustande herausgetreten, die östreichischen hingegen hatten eine alte Cultur hinter sich, weil sie vordem romanisirt waren und stets in regem Verkehr mit Italien blieben. Wegen der schon vorhandenen Bildung kam denn auch das Markenthum zum schnelleren Abschluß, wie im Nordosten, abgesehen davon, daß auch die natürlichen Landesverhältnisse eine natürliche Festigkeit und Abgeschlossenheit den Marken gaben, die im Norden fehlten. Daher eine gewisse Stabilität, die Oestreich in dem Maße charakterisirt, wie Preußen der Mangel an solcher Stabilität; daher der Umstand, daß hier der militärische Charakter weniger hervortritt, daher die Thatsache, daß die Verdeutschung eine größere war in den nordöstlichen Marken, denn in den südöstlichen, darin endlich die Erklärung, daß Oestreich weit mehr kirchlich werden mußte, denn Preußen. Oestreich war mehr eine Hinterlassenschaft der Geschichte, eine Erbschaft, Preußen eine neue Schöpfung, eine Erwerbschaft, zu der sich dann später die kaiserliche Idee gesellte, als der letzte deutsche Kaiser die Krone niederlegte. Der Verfasser der „Untersuchungen" schreibt in dieser Beziehung: „Ihr Kern (nämlich der östreichischen Monarchie) liegt in den südöstlichen Marken, wohin das Erzherzogthum, die Steiermark, Kärnthen und Krain gehören, deren Geschichte nur ein Zweig der deutschen Geschichte ist. Dahingegen haben Böhmen und Ungarn eine eigene nationale Entwicklung gehabt, so daß sie an und für sich nicht als deutsche Marken betrachtet werden können, was sie auch niemals waren. Allein sie sind seit 900 Jahren mit der deutschen Geschichte verflochten, und endlich mit den eigentlichen Marken zu einem Ganzen verschmolzen, und dieses Ganze hat nun doch in Beziehung auf Deutschland den Charakter einer Mark. Es zeigt das Herausgehen Deutschlands aus sich selbst, wie es auch vorkommenden

Walles die deutsche Grenzveste gegen Südosten bildet. Aber es ist eine Mark im Großen, und so tritt auch das Völkergemisch, welches in der Natur einer Grenzmark liegt, hier im Großen auf, so daß kein eigentliches Mischvolk daraus entsteht, sondern differente Nationalitäten neben einander wohnen, welche ihre eigene Entwickelung gehabt hatten und dieselbe noch heute fortsetzen. Darum entsprang auch das vereinigende Band nicht sowohl aus der Markgrafschaft, d. h. aus dem Erzherzogthum Oestreich, sondern aus dem Kaiserthum, welches seit 400 Jahren mit dieser Mark verbunden war und in dessen Idee es von Anfang lag, nicht über ein Volk, sondern über Völker zu herrschen. Diese kaiserliche Idee verband sich nun hier mit der fürstlichen Territorialherrschaft. Der Erzherzog von Oestreich wurde König von Böhmen, von Ungarn, von Croatien u. s. f., aber als Kaiser stand er über allen Nationalitäten und erhielt dadurch eine Autorität, vor welcher der Particularismus der Nationalitäten sich beugen mußte. Darum hat sich die Kaiseridee in der östreichischen Monarchie bis diesen Tag erhalten und ist derselben ganz unentbehrlich. Und grade in demselben Maße, als diese Idee im übrigen Deutschland abstarb, hat sie in den östreichischen Ländern neue Wurzel geschlagen und ist daraus ein metamorphosirtes östreichisches Kaiserthum hervorgegangen. Aber der Sache nach ist Oestreich nicht sowohl ein Kaiserthum, als vielmehr eine kaiserliche Mark, welche Königreiche in sich einschließt, vor allem Böhmen und Ungarn. Diese bilden mit dem Erzherzogthum und den dazu gehörigen Marken den eigentlichen Körper der Monarchie, welche in Wien, Prag und Pesth ihre drei Knotenpunkte hat. Alle anderen östreichischen Besitzungen gehören nicht zu dem eigentlichen Körper der Monarchie, sondern sind nur als Nebenländer anzusehen. Sie können darum auch verloren gehen, ohne daß es tief empfunden wird, wohingegen der Verlust von Böhmen oder von Ungarn die Auflösung der ganzen Monarchie zur Folge haben würde."

Das Mitgetheilte ist bezeichnend und belehrend und giebt sowohl für die innere wie für die äußere Politik des Kaiserreichs Fingerzeige. Preußen hat im Gegensatz hierzu nur zwei Kernländer, nämlich Brandenburg und das Ordensland, aber mit herrschender deutscher Bevölkerung; Pommern und Schlesien gelten dem Verfasser als Nebenländer ohne selbstständige Geschichte, die im Laufe des Colonisationsprozesses mit den übrigen Provinzen zu einer homogenen Masse verschmolzen sind. Nicht die Kaiseridee, sondern das Markgrafenthum war hier das Einigende, das sich einerseits durch das Militärwesen, andererseits durch die moderne Idee des Staatszweckes zum Königthum steigerte. Nirgends wird daher so viel vom „Staate" gesprochen, als in Preußen, während man in Oestreich höchstens vom Kaiserstaate redet. Trotz dieser Verschiedenheit, trotz des Umstandes, daß sich in Preußen die moderne Staatsidee mit dem Protestantismus verband, stimmen sie doch darin vollkommen überein, daß sie aus einem und demselben deutschen Ausbreitungstriebe hervorgegangen und die großen deutschen Marken sind. Da dies der Fall ist, so ist damit ihre untrennbare Verbindung mit Deutschland selbst ausgesprochen. „Denn in dem Begriff einer Mark liegt es ja schon, daß sie auf etwas Anderes deutet, wozu sie gehört und wovon sie eben eine Mark ist. „Als deutsche Marken haben daher Preußen und Oesterreich immer ihre Ergänzung in Deutschland zu suchen, und können in Wirklichkeit niemals zu für sich selbst bestehenden europäischen Großmächten werden, so lange nicht irgend ein Zauberer eine preußische und östreichische Nationalität, Sprache, Literatur u. s. w. erfindet, und so lange nicht an Stelle der geschichtlichen Staatenbildung der ganz rohe Begriff einer bloßen Kraftmasse tritt. Was ist aber ein Staat oder ein Volk ohne seine Geschichte, da es doch gerade die Verkettung der Geschlechter ist, worauf die Staaten und Völker beruhen?"

Wir übergehen die außerordentlich eingehende Charakterisirung der deutschen Mittelstaaten, die im Laufe der Jahrhunderte aus der Zerbröckelung der alten deutschen Herzogthümer hervorgegangen sind und sich vielfach mit den nach Nordosten und Südosten sich ausdehnenden und durch Böhmen getrennten Colonien verflachten haben, ferner die Bedeutung der Rheinprovinz für Preußen, vermöge welcher dieses auch eine Markgrafschaft am Rhein geworden ist, und heben nur das Resultat kurz hervor. Das jetzige Deutschland ist das Produkt einer tausendjährigen Entwickelung; seine Hauptelemente sind die beiden Marken und die zerbröckelten Herzogthümer. Nicht die Colonialländer sind berufen, die deutsche Politik allein zu führen, vielmehr muß es als naturgemäß erachtet werden, daß insbesondere auch die deutschen Mittelstaaten, welche die alten Volksstämme repräsentiren, ihren Antheil daran nehmen, wie auch ferner, daß zwischen Preußen und Oestreich kein ursprünglicher Gegensatz besteht, vielmehr ein solcher nur dadurch entstanden ist, daß Beide ihren wahren Beruf vergessen haben. Ist das Reich auch zerfallen, die Idee desselben mit allen aus ihr folgenden Rechten und Pflichten soll fortleben in den Gliedern, und sie haben sich darüber zu vereinbaren. Wie dies geschehen möge, darauf weisen Natur und Geschichte hin. Oestreich hat die Ansprüche und Aufgaben des Reiches nach Osten und Süden hin geerbt; Preußen wirkt mit ihm parallel in der Richtung von Westen nach Osten, so daß die Hauptgravitationspunkte in Berlin und Königsberg liegen; endlich ist die westliche Herrschaft des ehemaligen Reiches vielfach getheilt und allen deutschen Staaten gemeinsam, und sie haben hier alle gemeinsam zu wirken, während im Norden, Osten und Süden Oestreich und Preußen allein eine Activität entwickeln, indem hier ihre Territorien weit über das Bundesgebiet hinausreichen.

Wir kommen hiermit beim deutschen Bunde an. Er ist nicht hervorgegangen aus dem Drange und Streben, eine Institution zu schaffen für ein positives gemeinschaftliches Wirken vor Oestreich, sondern die beiden Colonialmächte betrachteten sich bei der Gründung desselben als zwei verschiedene Großmächte mit verschiedenen Interessen, verschiedener Politik. Natürlich, daß man in Folge dessen auch nicht innerhalb, sondern außerhalb desselben Politik trieb; dem Bunde verblieb nur die Polizei. Als Preußen sich in die schleswig-holsteinsche Frage verwickelte, wurde es von Oestreich im Stiche gelassen und damit auch vom Bunde; als Oestreich später seine Interessen an der Donau wahrnehmen wollte, wurde es von Preußen im Stiche gelassen und damit auch vom Bunde; dasselbe wiederholte sich im italienischen Kriege und wird sich, so lange keine Aenderung im Bunde eintritt, fortwährend wiederholen. Wie ist da nun zu helfen?

Wie gesagt, der Verfasser giebt hierauf nur die Antwort, daß Preußen und Oestreich aufhören müssen, sich als Großmächte zu betrachten. Außerdem deutet er noch an, wodurch eine Bundesreform nicht möglich ist, nämlich nicht dadurch, daß aus dem deutschen Reiche ein deutscher Staat gemacht werde mit einem Parlamente, der sowohl das Gefüge der preußischen wie der östreichischen Monarchie sprengen und damit Deutschland seiner geschichtlichen Vergangenheit und seiner internalen Aufgabe entfremden würde. Wir stimmen dem vollständig bei und denken uns, wenn die Ideen des Verfassers ausgeführt werden sollen, etwa folgende Art und Weise, nach der zu handeln wäre:

Das Erste und Nächste wäre eine Vereinbarung zwischen Oestreich und Preußen über die Grundlagen der vorzunehmenden Bundesreform. Hauptgesichtspunkt müßte sein, wie am zweckmäßigsten die Interessen der Colonialländer nach Norden, Osten und Süden zu schützen seien. Das Bundesgebiet würde dadurch eine wesentliche Erweiterung erfahren müssen, d. h. das Gebiet, wo das deutsche Reich seine Interessen wahrzunehmen hätte. Galizien, Italien u. s. f. kämen vielleicht nicht in Betracht, sicher aber Ungarn, Böhmen, Oestreich, wie andererseits hinsichtlich Preußens die Interessen an der Ostsee von Königsberg an und in gewisser Richtung auch die Interessen an der Nordsee.

Wäre man über diese Basis einig, so wäre der Modus, wie die Grenzen des Reichs im Westen zu schützen wären, mit den übrigen Bundesgliedern leicht zu finden und zu vereinbaren. Zugleich würden sich daran Unterhandlungen knüpfen, wie der Bund, namentlich in militärischer Beziehung, größere Schnelligkeit und Beweglichkeit erlangen könnte. Vor allen Dingen müßte der Modus der Abstimmung, der bis jetzt galt, vollständig beseitigt werden. Uns will bedünken, daß etwa fünfzehn Stimmen vollständig hinreichend sein würden, wenn nicht gar elf: für Preußen und Oestreich etwa je zwei Virilstimmen, für die kleinen Königreiche je eine, für Baden und das hessische Haus aus Pietät gegen die Vergangenheit eine Curiatstimme allein, für die übrigen Großherzogthümer nur eine Stimme, ebenso nur eine für die Herzogthümer, für die Fürstenthümer und die Landgrafschaft Hessen, und endlich eine Curiatstimme für die freien Städte.

Indeß auch das würde wohl nicht ganz ausreichend sein, dem todten Bundeskörper neues Leben einzuhauchen. Es würde zu erwägen sein, ob nicht die alten Reichstage, auf welchen die Fürsten persönlich erschienen, in gewisser Beziehung zu erneuern wären. Persönliches Auftreten ist unseren Fürsten in Folge des modernen Staatswesens allerdings fremd geworden, aber doch wahrlich nicht unmöglich. Louis Napoleon ist klüger hierin. Außerdem ist der Verkehr in den letzten Jahren ein so rascher geworden, daß ein Fürstentag jetzt bequemer zu berufen ist, wie es damals war, als Napoleon I. den deutschen Fürstentag nach Erfurt berief.

Der deutsche Bund wird, mag er auch noch so sehr reformirt werden, doch stets einen defensiven Charakter tragen. Deswegen könnten Hand in Hand mit diesen inneren Reformen Unterhandlungen nach außen gehen, zu dem Behufe, den deutschen Bund zu einem germanischen zu erweitern. England würde durch seinen Beitritt seinen continentalen Einfluß sichern; die Hauptstadt Schwedens liegt fast unter den russischen Kanonen, es würde daher ebenfalls beitreten. In Bezug auf den Willen Hollands brauchen wir kaum etwas zu erwähnen; es kennt seine Vergangenheit.

Indeß das werden wohl vor der Hand fromme Wünsche bleiben, bis die Noth die deutschen Fürsten zusammennöthet, die Revolution von außen und die Revolution im Innern; denn eine Volksvertretung beim Bunde ist gleichbedeutend mit „finis Germaniae.“ Möge man sich das wenigstens recht klar machen, damit nicht wiederum, wie im Jahre 1848, ein deutsches Parlament die Regierung übernimmt, bis das deutsche Reich endlich eine Beute Frankreichs und Rußlands wird.

Das Herzogthum Aremberg-Meppen seit seiner Vereinigung mit der Krone Hannover.

(Eine historische Skizze.)

„Silvis et paludibus horrida“ nannte der Römer das alte Germanien, aber kein Theil Deutschlands dürfte diesem Bilde bis tief in die neuere Zeit hinein mehr entsprochen haben, als jener, der unter dem Namen des Herzogthums Aremberg-Meppen seit 1815 als Mediatgebiet mit den deutschen Staaten des Welfischen Herrscherhauses vereinigt ist.

Zum größten Theile aus endlosen Hochmooren und unabsehbaren Sändern bestehend, hat dieses Ländchen hauptsächlich nur in der Nähe der in verschiedenen Richtungen es mit trägem Lauf durchziehenden Flüsse — Ems, Hase, Radde — kulturfähige Strecken, Oasen in der Wüste vergleichbar, aufzuweisen.

Auch hat die Weltgeschichte hier keine Spur hinterlassen, und aus der Vergangenheit erinnert nichts an eine große Zeit. Einst gehörte jenes Gebiet zu dem mächtigen Sachsenlande und theilte nach Unterwerfung des letzteren durch Karl den Großen, dessen Schicksal. Anfangs war es mit der Diöcese Osnabrück verbunden, später — nach dem Jahre 1250 — kam es an das Hochstift Münster, mit welchem es als ein Theil des „Niederstifts“ mehrere Jahrhunderte, unter einer langen Reihe von Fürstbischöfen, vereinigt blieb. Was von diesen Fürsten für das ganze Land geschah, kam auch unserer Provinz zu Gute.

Wenn die Sorge für das gemeine Wohl hauptsächlich in der Legislation ihren Ausdruck findet, so erscheint es sehr bezeichnend, daß, abgesehen von der 1571 emanirten Landgerichts-Ordnung und der 1592 erlassenen Polizei-Ordnung für die Stadt Münster, deren privatrechtliche Bestimmungen auch für das übrige Land maßgebend wurden, in dem anderthalbhundertjährigen Zeitraum vom Anfange des 17. Säkulums bis zu Max Friedrich und seinem unvergeßlichen Minister Fürstenberg die Gesetzgebung sich fast mit nichts Anderem, als mit Jagd- und Wegebesserungs-Edikten, Marcal-

Verordnungen und sonstigen Polizeivorschriften beschäftigte. Freilich fällt in jene Periode der 30jährige Krieg. Die hervorragendsten Fürsten des Bisthums Münster aus jener Zeit waren aber der kriegerische Christoff Bernhard von Galen (1651 bis 1676), der lieber den Stahlpanzer als das Priesterkleid anlegte und als „Frankreichs Verbündeter mit einer Handvoll Bauern“ Holland in Schrecken setzte, sowie der Pracht und Jagd liebende Clemens August, ein baierscher Prinz (1723—1761), welcher neben vielen anderen Palästen das Jagdschloß Clemenswerth (im Amte Sögel) erbauen ließ und mehrere Hundert Kammerherren in seinem Dienste hatte.

Daß beim Tode des letzteren der Zustand unseres Ländchens kein erfreulicher war, ist leicht begreiflich; das ganze Münsterland war erschöpft und mit Schulden belastet. Von seinen Nachfolgern, Max Friedrich von Königseck — 1761—1785 — und Max Franz von Oesterreich — 1785—1796 — welche in dem genialen, in den Wissenschaften und Staatsgeschäften gleich kundigen Fürstenberg den Mann gefunden hatten, dessen sie zur Hebung des Landes bedurften, wurde den Angelegenheiten des letzteren zwar mehr Sorge gewidmet. Zwei umfassende Gesetze, die Eigenthums-Ordnung (1770) und die Erbpachts-Ordnung (1783), regelten die bäuerlichen Verhältnisse, durch eine Medizinal-Ordnung, die erste und ausgezeichnetste ihrer Art in Deutschland, wurde für die Sanitätspolizei gesorgt ꝛc. und durch eine etwas später — 1801 — Sede vacante erlassene, aber von Fürstenberg bearbeitete, meisterhafte Schulordnung den Mängeln des Elementarunterrichts abgeholfen. Dies war aber auch so ziemlich die Hauptsache, wenn man nicht der in den achtziger Jahren angeregten Sanddämpfungen, welche indessen im Ganzen nur geringen Erfolg hatten, sowie der damals angelegten Moorkolonieen hier noch gedenken will, von welchen letzteren zwar die Fürstliche Hofkammer entschiedenen Nutzen zog, im Uebrigen aber bezweifelt werden darf, ob sie dem Lande, bezw. den Gemeinden, in deren Marken jene Kolonieen hergerichtet wurden, mehr Vortheil als Schaden gebracht haben. Nach dem Ableben von Max Franz, welcher im kräftigsten Mannesalter dahinschied, wurde zwar Victor Anton, ebenfalls ein österreichischer Erzherzog, zu seinem Nachfolger erwählt; allein ehe dieser noch die Regierung angetreten hatte, wurde durch das Verhängniß, welches gegen Ende des vorigen Jahrhunderts über Deutschland plötzlich hereinbrach, auch der münstersche Krummstab erfaßt und in viele Stücke zertrümmert. Damit hatte diese tausendjährige geistliche Wahlmonarchie für immer ein Ende. Mit dem nordwestlichen Theile des Fürstenthums Münster, dem „Amte Meppen“, wie damals das ganze Herzogthum hieß, entschädigte der Reichsdeputations-Hauptschluß vom 25. Februar 1803 den Herzog von Aremberg für seine Verluste am linken Rheinufer.

Am 1. März 1803 ließ der Herzog Ludwig Engelbert seine neue Herrschaft in Besitz nehmen. In demselben Jahre trat er indessen noch die Regierung seinem älteren Sohne, Prosper Ludwig, ab, der, einige Jahre darauf — 1806 — in den von Napoleon I. gestifteten Rheinbund aufgenommen, gleichwohl nicht lange nachher — 1810 — von dem Protector seiner Souverainetät sich beraubt und das Arembergsche Staatsgebiet dem französischen Kaiserreiche einverleibt sehen mußte. Die kurze Dauer der Herzoglichen Regierung ließ dem Lande die Früchte nicht zu Theil werden, welche ihm mit einer längeren Herrschaft des neuen Fürstenhauses sicher erwachsen wären. Gleichwohl hat die Arembergische Regierung durch verschiedene Gesetze und Verordnungen das Gedeihen des Landes in jener Zeit wesentlich gefördert. Ich meine nicht die durch die Umstände unvermeidlich gewordene Einführung des Code Napoleon und die damit in Verbindung stehenden organisatorischen Gesetze über die Justizverwaltung, das Verfahren in Civil- und Criminalsachen ꝛc. Dagegen darf man anerkennend unter Andern das Gesetz über die Berichtigung der Gemeindegrenzen vom 5. September 1808 hier hervorheben. Durch die Ausführung dieses Gesetzes, mochte dabei auch zunächst nur die Regulirung des Steuerwesens bezweckt sein, wurde nicht nur manchem weit aussehenden Prozesse zum Heile der Gemeinden ein Ziel gesetzt oder vorgebeugt, sondern auch die späteren Markentheilungen wesentlich erleichtert; so wie die ferner unterm 1. Mai 1810 erlassene, auf die Grenzbegehung von 1808 hinweisende Verordnung die Festsetzung der Gemeindebezirke vermittelte, und die Frage, zu welcher Commune irgend ein einzeln liegendes Gut rc. gehöre, schon damals für unser Ländchen bestimmt entschied, während diese, zumal für die Verwaltung so wichtige Frage in anderen Theilen des Königreichs erst in neuester Zeit, oft nach Ueberwindung vieler Schwierigkeiten, ihre Erledigung gefunden hat.

Auch wurde durch die Arembergische Verordnung vom 28. Januar 1808 hier im Lande schon die Leibeigenschaft und Eigenbehörigkeit aufgehoben, obwohl die Ablösung der grund- und gutsherrlichen Lasten einer viel späteren Zeit — 1831 — 1833 — vorbehalten war. Mit dem Ende des Jahres 1810 hörte die Herzogliche Regierung auf. Am 3. März 1811 erfolgte die förmliche Besitznahme des Amts Meppen von Seite des Kaiserlichen Commissairs, wobei den Bewohnern desselben verkündet ward, daß ihnen durch ihre Verbindung mit dem ersten Reiche der Welt der Weg zum Ruhme und zum Glücke geöffnet und alle die großen Vortheile, die sie den Künsten und Wissenschaften, dem Handel und der Industrie zusichere, gewährt seien. Schlimmer mag kein Volk noch getäuscht sein; nur zu bald zeigte es sich, worin die beglückenden Absichten der französischen Machthaber bestehen sollten.

Die jungen Leute wurden theils als Matrosen zum Kaiserlichen Seedienste verwendet, theils durch die Conscription zum Militairdienste gezwungen, um auf Spaniens und Rußlands Schlachtfeldern für die herrschsüchtigen Zwecke Napoleon's einem sichern Tode sich zu weihen. Dazu kamen unerhörte Steuern, welche blos für den am rechten Emsufer gelegenen Theil des Amts Meppen (dieser war zum Departement der Ober-Ems, das linke Ufer zum Departement der Lippe geschlagen) von der Mitte des Jahres 1811 bis zur Flucht der Franzosen im Jahre 1813 nicht weniger als 800,538 Francs 43 Centimes betrugen. Die Continentalsperre mit ihrer durch jene Departements gezogenen Douanenlinie warf allen reellen Handel darnieder. Neben dem Versiegen der bisherigen Nahrungsquellen, verbreitete eine geheime Polizei Schrecken bis in das Innerste der Familien. Als nun endlich die Widersetzlichkeit und Auflehnung einiger Wenigen im Jahre 1813 noch den Belagerungszustand — hors de la loi — herbeiführte, welcher den Bewohnern des rechten Emsufers, außer den obigen Steuern noch eine Contribution von 659,851 Francs kostete, war das Maaß der Prüfung für unser armes Land bis zum Rande gefüllt. Aber schon waren die Stunden der französischen Herrschaft gezählt; nach der Schlacht bei Leipzig — Oktober 1813 — hörte dieselbe mit der Flucht unserer Dränger auf; gelähmt waren die „Fittige des großen Adlers“.

Das von den alliirten Mächten für die von ihnen eroberten Länder eingesetzte General-Gouvernement, resp. das Königlich Preußische Civil-Gouvernement zwischen Weser und Rhein, übernahm provisorisch die Verwaltung des Landes. Die Bewohner desselben, hoch erfreut über die Befreiung von dem französischen Joche, waren, nachdem sie die Hoffnungen und Befürchtungen für die Zukunft einer kühleren Reflexion unterzogen hatten, keineswegs von der zunächst von Preußen, wenn auch nur provisorisch geführten Landesverwaltung sehr erbauet, indem sie eine demnächstige definitive Ueberweisung an das Hohenzollernsche Haus, welche sie nicht wünschten, besorgten. Da erscholl eines Tages im Herbste 1814 die wie ein Lauffeuer sich verbreitende Kunde durch das Land: „Wir sind hannöversch!“ Nun war die Freude über den Sturz des Napoleonischen Regiments vollständig; und Jeder glaubte der Hoffnung auf die Wiederkehr besserer Zeiten sich rückhaltslos überlassen zu dürfen.

Diese Hoffnung hat nicht getäuscht. In den seitdem unter fünf Herrschern aus dem Welfischen Hause verflossenen 45 Jahren hat das Meppensche Gebiet durch die landesväterliche Fürsorge jener erlauchten Regenten eine gänzlich andere Gestalt bekommen. In vier Decennien der Hannoverschen Herrschaft ist für unser Land mehr geschehen und geschaffen, als früher in vier Jahrhunderten eines fürstbischöflichen Wahlreichs.

Folgende Anhaltspunkte werden den Vergleich erleichtern.

Zunächst möge ein Blick auf die Unterrichts- und Bildungs-Anstalten geworfen

In den Volksschulen wurde vor 1815 zwar im Lesen und Schreiben nothdürftiger Unterricht ertheilt, aber meistens von Lehrern, die, weil sie zu ihrer Subsistenz noch andere Hantierung treiben mußten, an Bildung ꝛc. oft nicht weit über dem Arbeiter standen.

Als höhere Bildungsanstalt galt das Gymnasium zu Meppen. Wie es aber damit beschaffen war, ergeben folgende Bemerkungen. Drei Geistliche, welche dem Franziskaner-Orden angehört hatten, und ein weltlicher Präceptor leiteten den Unterricht. Die Lehrgegenstände beschränkten sich auf Religion, Latein, Deutsch, elementare Mathematik, Geographie und ein bischen Geschichte. Kein Griechisch, kein Hebräisch, keine einzige neuere Sprache; nichts von Naturwissenschaften, eben so wenig von den jetzt auf Gymnasien nirgends vermißten philosophischen Doctrinen, Psychologie und Logik. Wie unendlich anders und besser ist es jetzt mit unsern Lehr- und Bildungsanstalten bestellt! An den Elementarschulen sind überall tüchtige Lehrer mit hinreichenden Subsistenzmitteln angestellt, um ihrem Fache ganz leben und der Jugend einen den Anforderungen der gegenwärtigen Zeit entsprechenden Unterricht ertheilen zu können. Das Gymnasium zu Meppen, mit 7 ordentlichen Lehrern und 2 Nebenlehrern besetzt, steht hinter keiner ähnlichen Lehranstalt des Königsreichs zurück.

Die Navigationsschule zu Papenburg, ebenfalls von der Königlichen Regierung ins Leben gerufen, ist von unberechenbaren Folgen für die mit jedem Jahre sich mehr ausdehnende Schifffahrt dieses betriebsamen Ortes, dessen Fahrzeuge durch seine in jener Schule gebildeten Seeleute längst schon über das atlantische und andere weite Meere mit Glück und Sicherheit geführt werden.

Auch darf hier der in dem ehemaligen Clarissen-Kloster zu Haselünne zur Wohlthat für das ganze Herzogthum errichteten, des besonderen Schutzes der Königlichen Regierung sich erfreuenden höheren weiblichen Bildungsanstalt nicht vergessen werden.

Aber nicht minder als die höheren geistigen Interessen ist die Königliche Regierung seit ihrem Bestehen die materielle Wohlfahrt des Landes auf alle Weise zu heben bemüht gewesen. Wer das durch den Druck der französischen Herrschaft, durch die Conscription und unerhörte Contributionen, sowie durch den zuletzt noch über uns verhängten Belagerungszustand an den Rand des Verderbens gebrachte Meppensche Land, für dessen Kultur bisher kaum etwas geschehen war, 1815 gesehen und es jetzt zum ersten Mal wieder erblickte, würde es in seiner veränderten Gestalt kaum noch erkennen. Damals hatte unser Ländchen auch nicht eine einzige Chaussee aufzuweisen, eine alle 8 oder 14 Tage wiederkehrende Fahrpost zog schleichenden Ganges über die öden und holprigen Sandwege nach Ostfriesland und unterhielt kaum eine nothdürftige Communication mit der übrigen Welt. In den beiden Städten Meppen und Haselünne waren selbst die Straßen noch nicht einmal allenthalben gepflastert.

In dem Berichte von Justus Gruner — dem nachherigen Gouverneur von Westphalen — aus dem Jahre 1800 ist das Meppensche Land noch als eine so trostlos öde Gegend geschildert, wie kaum eine zweite diesseits der Weichsel gefunden werden mag.

Gegenwärtig durchkreuzen gepflasterte Kunststraßen mit trefflichen Brücken — über die Ems und Hase bei Meppen und Haselünne wurden schöne und dauerhaft construirte Brücken hergestellt, wie sie vordem hier nicht gesehen wurden — in allen Richtungen das Land und bringen die Städte, Flecken und Dörfer in eine bequeme Verbindung, welche zugleich durch viele zweckmäßig angelegte Posten noch befördert und erleichtert wird; und durch die seit 1856 seiner ganzen Länge nach es durchziehende Westbahn ist unserm Ländchen ein reger Verkehr mit den übrigen Theilen des Königreichs und andern Ländern, wie früher ihn die kühnste Hoffnung nicht für möglich gehalten haben würde, eröffnet.

Die von der Königlichen Regierung ausgeführte Schiffbarmachung der Ems — ein Projekt, welches auch die früheren Regierungen wohl beschäftigt hat, aber nie ernstlich von ihnen in Angriff genommen ist — in Verbindung mit einem Kanale, welcher sich mit jedem ähnlichen Wasserwerke anderer Länder messen darf, hat wesentlich zur Hebung der Flußschifffahrt beigetragen, an welcher sich hauptsächlich die Bewohner des blühenden Fleckens Haren betheiligen, welches gegenwärtig an 70 Schiffe, die durchschnittlich eine Tragkraft von 15 Lasten haben, besitzt, während 1815 die Ems und Hase nur von einer geringen Zahl Pünten durchfurcht wurden.

Dagegen hat die Seeschifffahrt Papenburg's, seitdem es des Schutzes der hannoverschen Flagge und der Vortheile, welche aus den Beziehungen des gleichfalls dem Welfischen Scepter untergebenen mächtigen Albions zu dem deutschen Stammlande, der hannoverschen Schifffahrt überhaupt erwachsen, sich erfreut, einen Aufschwung genommen, der kaum glaubhaft erscheinen würde, wenn er nicht erwiesen und durch auch hier entscheidende Zahlen bestätigt werden könnte.

Als durch den zweiten Pariser Frieden im Jahre 1815 der Welt die lang entbehrte Ruhe wiedergegeben war, fing auch Papenburg unter der neuen Herrschaft sich zu erholen an. Damals hatte es aber nur 59 Schiffe insammt zu 4500 und einigen Roggenlasten, und blieben jene meistens auf Küstenfahrten beschränkt. Gegenwärtig besitzt Papenburg, die Fluß- und Wattschiffe nicht mit gerechnet, 178 größere und kleinere Schiffe, welche zu circa 7800 Commerz-Lasten (à 2¼ Roggen-Last) zu schätzen sind und einen Werth von 3 Millionen Gulden holl. wenigstens repräsentiren dürften. Und kaum ein Meer der Erde wird von seinen ebenso kühnen, als der Nautik kundigen Seemännern bald mehr unbefahren sein. Wie die Königliche Regierung Schifffahrt, Handel und Gewerbe auf alle Weise zu heben und zu fördern gesucht hat, so ist sie andererseits auf die Verbesserung des Ackerbaues, auf die Vermehrung der Kultur- und Ertragsfähigkeit des Bodens seit ihrem Bestehen unermüdet bedacht gewesen und hat insbesondere dadurch, daß sie die Gemeinden zur Dämpfung vieler Sänder, zur Anlegung von Rieselwiesen veranlaßte und anleitete, und durch zweckmäßige Theilungs- und Verkoppelungs-Gesetze die Theilung der Heide- und Weidemarken für sie möglich und leicht ausführbar machte, eine Menge weit erstreckter Wüsten oder doch wenig erträglicher Flächen in mit jedem Jahre productiver werdende Grundstücke umgeschaffen und den Besitzern derselben eine nachhaltige Quelle zur Vergrößerung ihres Vermögens eröffnet. Vor allen haben aber die bäuerlichen Grundbesitzer, der Kern unseres Landes, seitdem ihnen durch die in den dreißiger Jahren erlassenen Ablösungsgesetze die Befreiung ihrer Höfe von den darauf lastenden grund- und gutsherrlichen Beschwernissen gewährt ist und sie in so vielen anderen, hier nicht alle zu nennenden Punkten der besonderen Fürsorge der Königlichen Regierung sich zu erfreuen gehabt haben, einen zu den Zeiten ihrer Väter unter den ländlichen Hofbesitzern gänzlich unbekannten Wohlstand erlangt. Man sehe einmal diese Colonen mit ihren Frauen und Kindern des Sonntags zur Kirche ziehen. Welche solide Wohlhäbigkeit und heitere Zufriedenheit drückt ihre ganze Erscheinung aus! Zugleich hat die Königliche Regierung durch eine treffliche Verwaltung und eine wohlgeordnete Justizpflege nicht nur ihren auf die Förderung der geistigen Bildung, wie der materiellen Interessen berechneten Anstalten Sicherheit und Dauer für die Zukunft gewährt, sondern auch jedem Einzelnen die geeigneten Mittel dargeboten, in seinen Privat-Angelegenheiten des obrigkeitlichen Schutzes und der nöthigen Rechtshülfe sich zu versichern, damit die Frucht seines Fleißes und die Erfolge seiner Thätigkeit durch unberechtigte Eingriffe nicht beeinträchtigt werden.

In dem erst vor wenigen Jahren errichteten hohen Gerichtshofe zu Meppen, wodurch dem Hauptort unseres Ländchens, dessen Wohngebäude und Seelenzahl zugleich mit seiner Wohlhabenheit in steigender Progression von Jahr zu Jahr zunehmen, so bedeutende Vortheile erwachsen, dürfen wir aber einen neuen leuchtenden Beweis der uns fortwährend zugewandten Huld und Gnade unsers Königlichen Herrschers erblicken, Höchstwelcher durch die Herstellung des Bisthums Osnabrück, dessen größten Theil die beiden Arembergischen Decanate mit ihren 22 Pfarren bilden, seiner Güte und Gerechtigkeit noch im Laufe des vorigen Jahres ein unvergängliches Siegel aufgedrückt hat! (N. Hann. Z.)

Correspondenzen.

Aus der Hauptstadt.

Den 7. Januar.

— Wetter. — Tod eines Jünglings. — Die Ungewißheit ist die Signatur unserer Zeit. — Preußische Zeitung. — Bewährte constitutionelle Grundsätze. — König Friedrich Wilhelm IV. —

Wir müssen heut wirklich mit dem Wetter beginnen; es ist so schlecht, daß es für alles Mögliche, für die Politik wie für das Haus, von Bedeutung wird. Wir hatten hier in den letzten Tagen binnen sechsunddreißig Stunden eine Temperaturänderung von zwölf Graden (von — 4° bis + 8°). Halb Berlin leidet; die Aerzte sind von früh bis spät auf den Beinen; plötzliche Todesfälle werden häufiger und kurz ehe wir uns an den Schreibtisch setzten, um diese Zeilen zu beginnen, öffnete man in dem großen eleganten Hause uns gegenüber — Ecke der Friedrichs- und Taubenstraße — die Fenster einer Garçonwohnung, die ein blühender Jüngling, Verwandter des hiesigen amerikanischen Gesandten, bewohnt hatte. Das junge Blut ist heut plötzlich gestorben, sein Bedienter war in aller Frühe zum Gesandten gestürzt, und tieferschüttert und schluchzend steht der fromme ernste Herr eben da drüben am Bette des ihm zur weitern Ausbildung anvertrauten Jünglings, der tausende von Meilen fern von Vater und Mutter in dunkler Nacht heimging und trotz seines gewaltigen Reichthums keine befreundete Hand finden konnte, die ihm das brechende Auge zudrückte. Wie mag das Mutterherz, das vielleicht um diese Stunde von einer dunkeln furchtbaren Ahnung gepreßt wird, schlagen; aber noch werden vierzehn Tage wie Schnecken dahinschleichen und vierzehn lange peinliche Nächte kommen, ehe die Eltern ein Wort von dem fernen Kinde erfahren....

Die Erde hat ihre alte Regelmäßigkeit verloren, sie ist so verwirrt und so unzuverlässig geworden, wie die Menschen es sind. Ueberall droht Revolution, überall ist die Ungewißheit die Signatur geworden. Der Winter ist nicht mehr kalt und der Sommer nicht mehr trocken; die Monarchie ist demokratisch geworden und die Juden werden Aristokraten; die Laubfrösche kommen aus dem Concept und die Börsen gleicher Weise; die alten Förster haben sich geirrt, als sie in diesem Sommer aus dem dicken Pelz der Hasen und aus der starken Blüthe des Haidekrautes auf einen festen Winter rechneten, und die Staatsmänner gleicher Weise, als sie glaubten, die Demokraten durch Versprechungen von verfassungsmäßiger Entwickelung zu bannen oder doch zu besänftigen. Die »Preußische Zeitung« — seit dem ersten Januar dieses Jahres eine »unabhängige« Vertheidigerin der jedesmaligen Anschauungen der Regierung — ist in der Lage solch eines um seine Prophezeiungen gebrachten Holzläufers; oder sie ist vielmehr noch schlimmer daran, denn auf ihrem Holzwege hat sie bisher weder Blüthen, noch fette Hasen, sondern nur Böcke und außerdem etwa noch Enten gefunden. Sie erklärt heut den Demokraten, daß sie sich getäuscht hätten, wenn sie glaubten, die Minister huldigten ihren, den demokratischen Grundsätzen. Die Minister huldigen nämlich bloß, wie die »Preuß. Ztg.« außerdem bemerkt, »bewährten constitutionellen Grundsätzen.«...

»Bewährte constitutionelle Grundsätze!« ... Welche constitutionellen Grundsätze haben sich bewährt? oder haben sie sich überhaupt schon bewährt? Das ist die Frage, eine Frage, auf welche die Geschichte noch keine Antwort zu Gunsten der Constitutionellen, sondern stets nur Antworten zu Gunsten der Revolution gegeben hat.

Die constitutionelle Monarchie endete in England zum ersten Male auf dem Schaffot, zum zweiten Male in der Verbannung, und es folgte ihr dann die aristokratische Republik mit einer gekrönten Verzierung auf dem Dache: die constitutionelle Monarchie endete in Frankreich das erste Mal auf dem Schaffote, das zweite Mal in der Verbannung, das dritte Mal mit einer schimpflichen Flucht und wieder in der Verbannung; in Portugal und Spanien zeigt sie sich offen als Comödie mit blutigen Zwischenspielen; in Belgien wird eben mit ihr in einem furchtbaren Parteikampfe zwischen Clericalen und Liberalen abgerechnet. Von allen constitutionellen Grundsätzen hat sich bisher nur einer bewährt, und diesen einen kennt unsere Verfassungsurkunde nicht und erkennt unsere Regierung nicht an. Dieser eine bewährte Grundsatz ist der, daß das Volk sich gegen die Regierung in gewissen Fällen selbst helfen darf. Dieser Grundsatz bewährte sich 1640, 1688, 1793, 1830, 1848....

König Friedrich Wilhelm IV. hat das Mißtrauen, welches die Geschichte gegen die constitutionellen Grundsätze lehrt, tief gewürdigt, und seine Regierung war darum stets bestrebt, ein wirkliches Gegengewicht gegen die bedenklichen Mächte zu finden, welche heut noch am liebsten im „constitutionellen" Gewande auftreten. Daß dies Gegengewicht auf die Dauer nicht bei der Polizei zu finden war, wußte dieser feinfühlende, hochherzige König am besten; aber er übersah auch nicht, daß einer Zeit wilder Willkür, der Ueberstürzung und Aufwiegelung und Ueberhebung der Massen nothwendiger Weise eine Zeit vollster Strenge, ernster Repressionen und scharfer Zucht folgen müsse.

Man thut heut, als hätte die Zeit der Hinkeldey's und Genossen — die wahrlich als wenigsten Männer der Revue waren — gar keinen vernünftigen Grund gehabt, und leider finden wir selbst in Ministerreden und offiziellen Artikeln Aeußerungen, welche die letzten zehn Jahre in Preußen gleichsam als den Fastnachtsscherz einer übermüthig und toll gewordener Reaction betrachten.

Es ist damit einer überaus leichtfertigen Verurtheilung der Regierungsprinzipien Friedrich Wilhelm's IV., für welche Männer wie die HH. von Patow und Graf von Schwerin bei ihrem rationalistisch-beschränkten Geiste kaum die Ahnung eines Verständnisses haben, der Weg gebahnt, und wenn es auch nicht die Sache unserer Freunde sein kann, auf eine tiefere Einsicht bei diesen Herren einzuwirken, so erwartet doch die ganze Partei von unseren Vertretern, daß sie mit schärfstem Worte und in rückhaltlosestem Zorne diejenigen treffen werden, die es etwa in der bevorstehenden Kammersitzung wagen sollten, den Tadel gegen einzelne Maßregeln des abgetretenen Ministeriums in eine lästernde Anklage gegen die Regierung Friedrich Wilhelm's IV. zu verwandeln.

Es giebt ja auch unter den „Gutgesinnten“ bereits heute genug, welche so thun, als hätte Preußen keine Revolution von 1848 gehabt, als wäre die Hinüberleitung aus dem steifen, alternden, knapp uniformen Staate Friedrich Wilhelms III. über die gefährlichen Klippen jener Revolution hinweg in die ebenen und äußerlich doch wieder festen Zustände von heut ein Werk gewesen, das sich von selbst gemacht hätte, als wäre dies nicht ein Werk, das vielleicht nur diesem Einen, unserm theuren Herrn, gelingen konnte, dem Milden und dem Stolzen, der da wußte, daß er seine Krone von Gott hatte, und der doch mit regstem Geiste allen Bewegungen der Zeit nahe war, sie innerlich zu erfassen wußte und darum ihrer Herr werden konnte.

Die plumpe Routine und das Kamaschenheldenthum der Büreaukratie hat von solchen Verdiensten und Tugenden freilich keine Ahnung. Sie glaubt am Ende, daß sie den Staat gerettet hat, und kriegt in Folge dessen noch vom Professor Simson einen Prozeß an den Hals geworfen, der ebenfalls steif und fest glaubt, daß die hundertneunzehn Paragraphen unserer Verfassungs-Urkunde das Feuer gelöscht haben.

Vermischtes.

Eine westphälische Stadt.

Iserlohn — nomen et omen habet! Der Name bildet das Wahrzeichen der Stadt. Das Eisen hat in alten Zeiten ihre Blüthe und ihren Ruhm begründet; auch heute noch ist das Eisen eine starke Säule ihrer hochragenden Gewerbsamkeit.

Iserlohn — Eisenlohn, d. h. Eisenwald. Der Wald (Loh) über der Erde ist verschwunden, das Eisen unter der Erde ist in grauen Zeiten stark ausgebeutet und gegenwärtig nicht mehr von Erheblichkeit.

In alten Urkunden wird Iserlohn bald Lon, bald Yserlohn genannt, und heute noch sprechen die Umwohner:

„wir gehen nach Lane.“

Steigen wir zu den früheren Jahrhunderten des Mittelalters hinab, so dürfen wir uns in einer nicht näher zu bestimmenden Zeit die Bewohner von Iserlohn als Bergbauer denken, welche in den Gründen, die gegenwärtig den älteren Theil der Stadt tragen — (denn dort gerade finden wir die deutlichsten Spuren des alten Eisenbergbaues) — nach Eisenstein graben und denselben zuerst wohl nach uralter Betriebsweise auf Handschmelzen an Ort und Stelle zu Gute machten und späterhin vielleicht nach der Hütte zu Sundwig zum Verschmelzen schafften. Das erblasene Eisen mag theils unter den Händen der »Lohner« seine weitere Verarbeitung gefunden haben, theils nach der Gegend von Altena gewandert und von dort allgemach in veredelter Gestalt, als Draht, nach Iserlohn zurückgekehrt sein.

Der Ueberlieferung und der Wahrscheinlichkeit nach war nämlich der älteste bedeutende Gewerbezweig von Iserlohn dasjenige Eisenhandwerk, von dessen Hammerrufen die Stätte des alten »Eisenwaldes« zuerst mächtig wiederhallte — die Panzerarbeit. Sie war schon im 13. Jahrhunderte durch eine Zunftverfassung geregelt und galt von jeher als die vornehmste unter den Gilden der Stadt.

Schon in einer Urkunde vom Jahre 1448 wird die Panzerzunft eine uralte genannt. Sie wurzelte in Iserlohn auf einem besonders günstigen Boden, da ihr aus den Drahtziehereien, deren es in Iserlohn selbst welche geben mochte, jedenfalls aber zu dem nahen Altena viele schon in grauen Zeiten gehörten, ihr Hauptbedürfniß an Rohmaterial zufloß.

Jahrhunderte lang, »als noch die Flitzbogen im Brauch gewesen« sagt zur Megede sehr kindlich, — mag diese eiserne Schneiderzunft die Ritter und Knappen nah und fern mit eisernen Gewändern gekleidet haben, mag Iserlohner Arbeit und Kunst wackeren deutschen Kämpen auf kühnen Abenteuern gen Italien oder gen Morgenland Schutz und Schirm gewesen sein! Wenn auf dem Boden des heiligen Landes um Ptolemaeis und Jerusalem, wenn an den Gestaden der Ostsee um Danzig oder Marienburg oder Dorpat, wenn auf den alten Schlachtfeldern Italiens um Mailand, Legnano und Tagliacozzo, wenn dort, wo die Freiheit der Schweiz die Bluttaufe empfing, der Pflug des Ackermanns auf alte Wehr und Waffen trifft, — klebt wohl der Schweiß Iserlohner Panzerschmiede dran. — Iserlohn selbst mag damals viel der Ritter gesehen haben. Mancher Ritter wird mit seiner Knappenschaar sonder Gefährde gen Lone geritten sein, Rüstungen zu bestellen oder auszusuchen, und dort tüchtig gezecht haben in den Herbergen oder in den gastlichen Hallen der adligen Genossen, — der von Ense genannt Varnhagen, der zur Megede, von Loen, von Lüdinghausen genannt Wolf u. s. w., welche damals noch, als Burgmänner der Stadt, auf ihren Burghäusern wohnten.

In den großen Versicherungsverein deutschen Gewerbes und Handels, in den mächtigen Bund zu Schirm und Schutz deutscher Städtefreiheit, in die Hanse, war das wohl bewehrte Iserlohn, gleich so vielen andern westphälischen Städten, eingetreten und gehörte durch Vermittlung von Soest, des Hauptorts dieses Kreises, oder Zirks, zu dem Rheinischen Quartier.

Als die »Flitzbogen« durch Feuerwaffen, durch Kraut und Loth ersetzt wurden, und die ganze kriegerische Zurüstung eine andere wurde, erlitt das Gewerbe der Panzerschmiede einen schweren Schlag.

Zwar blieb noch Mancherlei aus Draht zu biegen und zu flechten, und heute noch besteht in Iserlohn die Panzerarbeit; zwar tönt heute noch vom Thurm herab die „Panzerglocke“, welche aus uralten Zeiten den ehrsamen Panzerschmieden das letzte Lied gesungen hat; doch diejenigen Erzeugnisse, welche der Gilde den Namen und die bei weitem bedeutendste Beschäftigung gegeben, wurden von der zweiten Hälfte des 15. Jahrhunderts ab immer weniger, zuletzt gar nicht mehr verlangt.

Militärische Revue.

Sonntag, den 8. Januar 1860.

Geschichtskalender.

8. Jan. 1759, General Gr. zu Dohna beginnt die Belagerungen von Anclam und Demmin.

9. Jan. 1742, Erstürmung von Glatz durch den Prinzen Moritz von Anhalt-Dessau.

10. Jan. 1814, General Graf Tauentzien rückt in Torgau ein.

11. Jan. 1741, General v. Jeetze erobert Namslau.

12. Jan. 1745, Gefecht von Neustadt, Fürst Leopold von Anhalt-Dessau schlägt die Oestreicher.

13. Jan. 1814, die preußischen Garden gehen bei Basel über den Rhein.

14. Jan. 1676, der brandenburgische Oberst v. Hallard schlägt den Angriff der Schweden auf Wolgast ab.

Inhalt:

Ueber Kriegsgestaltung und Angriff der Festungen.

I.

Dies wären, vom kosmopolitischen Standpunkte aus betrachtet, die Einflüsse, die den Krieg für die Zukunft wahrscheinlich localisiren und ihn so an größere Positionen knüpfen; allein auch die rein militärische Anschauung, der wir uns nun zuwenden, läßt leicht erkennen, daß nur größere Festungen, womöglich mit festen Lagern verbunden, in Zukunft von Einfluß sein werden.

Diese schon oft gemachte Bemerkung finde hier noch einmal Raum. So lange die Festungen in der Hand desjenigen sich befinden, dem sie eigen gehören, sind sie hauptsächlich Depotpunkte, Verpflegungs- und Waffenmagazine in großartigem Maßstabe, die der Sicherheit der eigenen Maßregeln großen Vorschub leisten. Geht das eigene Heer so weit zurück, daß das Terrain, in dem die Festungen sich befinden, in Feindes Hand ist, so wird ihr Werth ein anderer, sie bleiben allerdings noch Depotpunkte, die aber nur eben von Wichtigkeit sind, wenn es dem eigenen Heere nach gewonnener Schlacht wieder gelingt, in ihren Besitz zu kommen; ist dies nicht der Fall, so bleibt die Größe ihrer Besatzung ein Truppenkörper, der von sicherem Boden ausgehend, den Feind, der sie unbeachtet im Rücken liegen läßt, fortwährend in Flanken und Rücken turbirt.

Um diese Störungen zu verhindern, müßte also vom Feinde ein Corps detachirt werden, welches so groß ist, daß es der ausfallenden Besatzung allenfalls Paroli bieten kann.

Beträgt z. B. die Besatzung 15,000 Mann, so müßte ein Corps von ca. 15- bis 20,000 detachirt werden, um der sich von der Festung entfernenden Besatzung sofort im freien Felde entgegenzutreten.

Bei der Stärke der im vorigen Jahrhundert operirenden Armeen, die oft 30- bis 60,000 Mann nicht überschritt, war der Ausfall von 15- bis 20,000 Mann ein so wesentlicher, daß es nothwendig war, die Festung, die so den Weg verrannte, erst förmlich zu belagern und zu erobern, ehe man weiterrücken konnte.

Beträgt aber eine Armee über 200,000 Mann, wie wir dies in den Kriegen unseres Jahrhunderts häufig gesehen haben, so ist ein Ausfall, wie der oben angeführte, allenfalls zu verschmerzen und für die Entscheidung der Feldschlacht (die schließlich allein den Ausschlag giebt) von nicht zu großer Wichtigkeit.

Es werden also die Festungen mittlerer Größe nur eine sehr secundaire Rolle spielen, wohingegen die freie Feldschlacht oder der Kampf um eine mit verschanztem Lager versehene oder große Festung die Haupt- und Nervpunkte der zukünftigen Kriege bilden werden.

So kann allerdings die Belagerung Sewastopols, wenn auch deren Maßstab ein colossaler war, dem denkenden Militär stets ein Muster bleiben, da die bevorstehenden Belagerungen, wenn auch im modificirtem Sinne, dem Angriffe und der Vertheidigung dieses Krimhafens ähnlich sein werden.

Von Belagerungen im Vauban'schen Stile mit Cernirung, vollständiger Einschließung, Parallelen, wohl construirten Zickzacks und wie die übrigen schulgerechten Ingenieur- und Artillerie-Praktiken alle heißen, wird freilich in den meisten Fällen nicht mehr oft oder nur als beilaufendes Medium die Rede sein, sondern hauptsächlich von einem Kampfe in einer besonderen Art von Terrain.

Die fechtenden Truppen werden hier, wie in der reinen Feldschlacht, die erste Rolle haben, der specifische Ingenieur sich aber zu einer secundairen (nicht schulgemäßen allein, sondern auch intelligenteren) bequemen müssen, die zu übernehmen ihm nicht schwer fallen wird, wenn er einsichtig und von dem Vorurtheil emancipirt ist, daß seine Kunst etwas Andres sei, als ein integrirender Theil der Kriegskunst.

Will aber der Ingenieur (wie es sehr wünschenswerth ist) seinen Einfluß auch bei den zukünftigen Belagerungen als einen primairen bewahren, so muß er mit seinen geistigen Kenntnissen die allgemein militärischen verbinden, um so allen Anforderungen der heutigen Gefechtsweise und der heutigen Tactik gerecht werden zu können.

Der Angriff, der heute der neuern Tactik mehr entspricht, ist darum kein junges Kind der Erfindung, kein aus dem Geleise militärischer Fortentwickelung heraustretendes Glied, sondern nur ein naturgemäßer Fortschritt, der auf den Grundlagen der schulgemäßen Angriffs fest basirend, nur durch die neueren Waffen und demgemäß energischeren Vorgang eine charakteristische, freiere und scheinbar willkürlichere Gestalt annimmt.

Der Ingenieur (hieß es bis dahin) geht mit dem Artilleristen bei der Belagerung Hand in Hand, Recognoscirungen Beider legen im Terrain die erste Parallele, mit ihren Batterien und Brechpunkten, die Capitalen ꝛc. fest, und nach Abwartung einer vollendeten Cernirung, Einschließung, mehrerer Scheindemonstrationen ꝛc., so wie einer günstigen Nacht, wird diese erste Linie des Angriffs unter feindlichen Manövern tracirt, ausgehoben und womöglich zuleich mit den Batterien eingeschnitten; die Sappenteten wälzen dann ihr schneckenmäßiges Dasein den Glacis entgegen und nach vollendeter Deckung erhebt sich Batterie nach Batterie aus den sich vorrollenden Approchen und Parallelen. Deckung ist die Hauptsache und die Schnelligkeit des Fortkommens in dem Terrain und die Wirkung des eigenen Zerstörungsfeuers hinken als Beweggründe zweiter Gattung hinter dem Alles umschirmenden Sappeure her.

In der Neuzeit aber, wo größere Heeresmassen sich gegenüberstehen, wo der Factor „Zeit“ ein großes Glied in der Kette der politischen Berechnungen ist, wo jeder Tag der Verlängerung der Belagerung durch die ungeheueren Kosten, die er verursacht, die empfindlichsten Kräfte der Nation in Anspruch nimmt und den kitzlichsten Punkt manches Vaterlandes und dessen Existenz scharf berührt, ist die Rücksicht auf Deckung (wie das schon unsere neueren Schlachtfelder beweisen) eine Nebensache geworden, während der Hauptnachdruck auf Wirkung und auf Erfolg gelegt wird.

Die allerdings humanen Grundsätze eines Bauban und besonders eines Bousmard bei den Lehren des Angriffs und der Vertheidigung der Festungen, erleiden so einen herben Stoß und machen Principien Platz, die weniger philantropisch, aber leider praktischer sind.

Die unter den bezeichneten Umständen dem Angriffe wahrscheinlich vorhergehenden Particularschlachten, werden schon der früheren einfachen Cernirung und Einschließung ein ganz anderes Gepräge geben, indem das sachgemäße Aufstellen eines Lagers, welches gesichert und dem Annehmen von

eine allseitige Einschließung, die jetzt von kräftigen und massenhaften Ausfällen bald durchbrochen sein wird.

Hierdurch fallen auch schon die dem Angriffe feindlich „Hand in Hand vorhergehenden Recognoscirungen der Artillerie und der Genietruppen, die Tage lang dauerten, fort“ und das on s'engage et puis l'on voit des Napoleon ist schon durch die Umstände gegeben.

Das sofortige Ergreifen der Offensive des Belagerungscorps, sobald es angekommen, wird die erste zu ergreifende Maßregel sein, da vorgeschobene Werke ꝛc., wie wir bei der Vertheidigung sehen werden, selbst schon kleinern Truppenkörpern sofort Gegenstände zum Angriffe entgegenstellen. Die Batterieen, Emplacements werden, sobald man sich einige Wirkung von ihnen und ihrer Verbindung versprechen kann, postirt; die Infanteristen setzen sich mit mehr Kühnheit als Deckung im Terrain fest; um mit Feuer und Bajonnet sofort ihre Wirkung fühlen zu lassen.

Der Ingenieur sucht die Verbindung zwischen den Batterien durch vertheidigungsfähige Communicationsgraben herzustellen, die sich eingrabenden Schützen mit Soutiensemplacements zu versehen und die nöthigen Linien für die Reserven, (die den sich keck vorwagenden Schützenteten erst Halt geben) auszuheben.

Hierdurch verlieren allerdings die Communicationen den Charakter der Parallelen, (obgleich auch sie hauptsächlich parallel mit den Fronten und zur Aufstellung größerer Truppenkörper in weiterer Längenausdehnung angeführt werden müssen) und werden mehr Reserveemplacements oder vertheidigungsfähige Verbindungsgräben.

Der blutige Kampf, der so mehr die Gestalt einer Positionsschlacht annimmt, wird natürlich nicht vom Tranchéemajor mit seinen voluminösen Verhaltungsbefehlen (und zahlreichen Spezialbestimmungen) geleitet und von ihm die Ablösungen ꝛc. angeordnet, sondern von dem Divisions- oder Brigadekommandeur geführt, der die in den Sappen sich befindlichen Truppen (Art von wechselnder Avantgarde) commandirt.

Nähert sich nun der Angriff so weit den Werken, daß die Wirkung der Geschosse einer thatkräftigen Vertheidigung das kühnere Vorgehen und Benutzen aller

Hindernisse und Deckungen, die in den Rayons etwa geblieben sind, dermaßen erschweren oder so blutig machen, daß ein gedecktes Vorgehen eine Nothwendigkeit wird, so geschieht dies mit der Erdwalze*), da hinreichend zahlreiche Versuche ergeben haben, daß die gezogenen Geschütze der Neuzeit ein Vorgehen mit unserer üblichen Sappentête, den Wälzkorb voran, weder bei Tage noch bei Nacht gestatten.

Allein wie eine vorgehende Marschkolonne im Kriege nie ohne Tête, Vortrupp und Seitenläufer marschirt, so ist es auch jetzt nöthig, die Sappentêten (ähnlich wie bei Sebastopol geschehen) von Tirailleuren begleiten zu lassen, die sich vor- und seitwärts in Löchern eingraben und so die Nacht zu Nacht zu Embuscaden erweitert werden, können, wenn sie günstig gelegen sind, zur Anlage von Emplacements oder Communicationsgräben benutzt werden.

So wird das Tracé des Angriffs allerdings ein Bunteres und scheinbar wirreres werden, aber dennoch werden Hauptgrundsätze der früheren Schulen durchaus streng beachtet werden müssen, wie die Anlage von Ricochettebatterien an richtigem Orte, sorgsame Vermeidung von Maskirungen 2c.

Unser heutiges Artilleriefeuer aus gezogenen Geschützen, welches selbst den Demontirschuß aus weiterer Entfernung (auch aus der Nähe) erlaubt, leistet schon der Willkürlichkeit der Entfernung der Batterien, und so der Benutzung der Umstände und des Terrains (entsprechend obigem Raisonnement), so wie auch der größeren Unregelmäßigkeit, freieren Entwickelung und dadurch Biegsamkeit des Angriffs großen Vorschub.

Der Ingenieur des Angriffs hat also nicht genug gethan, wenn er ein genialer Kopf ist, sondern er muß, wenn er etwas leisten will, jetzt die gründlichsten Kenntnisse der specifischen Ingenieurwissenschaft der Artillerie und deren Wirkung mit entschiedenem Talent und genialer Auffassungskraft der Umstände verbinden.

*) Die Erdwalze ist eine Grabenaushebung, die in der Weise geschieht, daß die Sappeurs an der Tête den vor sich aufgeworfenen Wall gleichsam vor sich herrollen, und den durch den weiter ausgehobenen Graben gewonnenen Boden zur Deckung seitwärts auswerfen. Dieser vorn aufgeworfene Wall ersetzt so den früher üblichen Wälzkorb.

Tagesereignisse.

In Rawicz wurde am 25. December das fünfzigjährige Dienstjubiläum des Zahlmeisters und Lieutenants Carl Stange vom Füsilier-Bataillon 10. Infanterie-Regiments gefeiert, welcher fast seit der Formation des Bataillons bei demselben gestanden und allen Feldzügen desselben beigewohnt hat. Das Officier-Corps des Regiments schenkte dem Jubilar einen silbernen Becher in Form eines Humpens, dessen Deckel mit einem in mattem Silber getriebenen Helm geziert ist. Die äußere Fläche ist in vier Felder getheilt und trägt in je einem derselben die Namen der Gefechte, denen Lieutenant Stange 1807, 1813, 1814 und 1815 beigewohnt hat, während die Orden desselben, der rothe Adler-Orden, das eiserne Kreuz 2ter Klasse, der Georgsorden, die Kriegsdenkmünze, Hohenzollern-Medaille und das Dienstauszeichnungskreuz, um den Rand herum angebracht sind. Auf dem Deckel befindet sich die Inschrift: Dem würdigen Veteranen, Seconde-Lieutenant und Zahlmeister Herrn Carl Stange, als Anerkennung für 50jährige treue Dienstzeit im 10 Infanterie-Regiment das Officier-Corps.

Einem Gerüchte zufolge soll bei der bevorstehenden Umformung der Cavallerie das 6. Cuirassier-Regiment (Kaiser Nicolaus I. von Rußland) und das 3. Husaren-Regiment, also die gesammte bisherige

6. Cavallerie-Brigade, nach Berlin in Garnison gelegt werden. Wir lassen die Richtigkeit dieses Gerüchtes dahin gestellt, glauben aber, daß man vorläufig sich noch nicht ernsthaft mit der Dislocation der Cavallerie beschäftigt hat. Dagegen liegt es im Plane, die bisherigen Garde-Landwehr-Regimenter zusammen zu ziehen und in Königsberg, Magdeburg, Breslau und Coblenz zu vereinigen.

Die Landwehr-Bataillone der Reserve-Regimenter setzen sich schon gegenwärtig auf den Etat von 538 Köpfen, um demnächst zum Uebertritt in den Regiments-Verband bereit zu sein.

Die Ausarbeitung der Vorlagen an den Landtag in Bezug auf die beabsichtigten Neuformationen in der Armee bereiten dies Mal ganz besondere Schwierigkeiten. Man ist nämlich fest entschlossen, die Organisationen selbst von der Bewilligung des Landtages nicht abhängig zu machen, und muß andrerseits die bedeutenden Mehrforderungen für das Budget doch gehörig motiviren. Es hätte freilich, ganz abgesehen von der Stellung der Armee zur Krone, etwas an's Komische Streifendes, wenn eine Versammlung, in welcher außer dem Herrn General v. Brandt kein Sachkundiger sitzt, sich an eine Debatte über technisch-militärische Dinge heranmachen wollte.

Die für die Heeresverwaltung bestehenden Instructionen zeichnen sich bekanntlich von den früherhin zu demselben Zwecke gegebenen wesentlich dadurch aus, daß sie keine Principien aufstellen, deren Erfüllung dem Ermessen der Ausführenden überlassen ist, sondern daß sie eine mehr oder weniger große Zahl von aus der Erfahrung entnommenen Einzelfällen neben einander gruppiren und es den Ausführenden anheimgeben, daraus Analogien zu ziehen. Einen Beitrag zu einer neuen Auflage des Verpflegungs-Reglements liefert ein neulich in Polnisch-Lissa vorgekommener Fall. Ein Transport Reserven fuhr von Posen aus mit der Posen-Breslauer Bahn bis Polnisch-Lissa und sollte von hier aus mit der Glogauer Bahn weiter befördert werden. Der Posener Zug hatte sich indeß verspätet und als er nach Lissa kam, war der Glogauer Zug bereits fort. — Wie hat sich in einem solchen Falle der Transport zu verhalten? In Glogau ist Quartier gemacht, in Lissa nicht; auf Glogau lautet die Marsch-Route, auf Lissa nicht! Wollte der Transportführer durch den Telegraphen in Glogau die Quartiere abbestellen und in Lissa einquartieren, so müßte er mindestens den Telegraphen selbst bezahlen, denn diese Ausgabe steht nicht auf dem Etat. Aber findet er auch in Lissa ohne Marschroute Quartier? — Im vorliegenden Falle vermittelte der Major v. Jaski, Commandeur des 3. Bataillons 3. Garde-Landwehr-Regiments, die Unterkunft der Mannschaften während der Nacht im großen Empfangssaale des Bahnhofsgebäudes, wo die Leute ohne Verpflegung bivouakirten; wie aber, wenn die Leute Verpflegung zu empfangen haben und sich kein Quartiergeber findet.

Die Vermehrung der östreichischen Infanterie auf 80 Regimenter ist nunmehr vom Kaiser befohlen; doch werden die neuen Regimenter nur von Oberstlieutenants geführt und durch Abgaben der alten Regimenter gebildet. Das 5. Armee-Corps marschirt aus Venetien nach Ungarn und wird dem dortigen General-Gouverneur, Erzherzog Albrecht, zur Verfügung gestellt.

In Paris ist eine neue Examinations-Commission niedergesetzt, welche die capitaines der Cavallerie zu chefs d'escadron examiniren soll. Es sind augenblicklich 120 Concurrenten. (Magdeb. Zeit.)

Die Befestigungen an den englischen Küsten nehmen einen immer größeren Maßstab an. So wird in der Bucht von Swansea auf der dortigen Leuchtthurm-Insel eine Batterie für schwerstes Geschütz erbaut, deren Herstellungskosten auf 6000 bis 8000 Pfund veranschlagt sind, während zum Schutz der Themse von der See her und zur Deckung der Werften und Arsenale von Chatham Befestigungen in größerem Maßstabe ausgeführt werden sollen.

Ueber das marokkonische Heer bringt das „Dresdener Journal" folgenden Artikel, der bei dem gegenwärtigen Kriege auch für unsere Leser von Interesse sein möchte:

Die reguläre Armee, welche Moulé-Mohamed in's Leben zu rufen versucht hat, ist eben ein mißlungener Versuch geblieben. Sie trägt den Namen Nischam, das heißt neue Ordnung, aber sie hat die Hoffnungen nicht realisirt, die ihr Begründer von ihr gefaßt hatte.

Die Bokhari oder die schwarzen Garden des Sultans bilden den Kern der re-

legten,
acht des
wurden.
Legende
: Die

dem Sultan zu rathen, daß er vorgäbe, er sei gekommen, um sich die Freundschaft des Negerkönigs zu erwerben, und bitte um seine Tochter zur Gemahlin. Der geschmeichelte Neger ging darauf ein, schenkte dem Sultan eine große Anzahl von Negern und Negerinnen, und das marokkanische Heer war so mit seinem Sultan aller Gefahr und Verlegenheit enthoben. Aus Dankbarkeit schenkte er nachher dem erfinderischen Marabout jene Neger, der ihnen die Freiheit zurückgab unter der Bedingung, daß sie dem Sultan dienen würden. So entstand aus ihnen die schwarze Garde, deren Patron Sidi-Bokhara geblieben ist. Jedenfalls bezieht sich diese Sage auf die Expedition, welche um 1690 wirklich gegen Tombuktu unternommen wurde. Moulé-Ismael bemächtigte sich damals der Hauptstadt und setzte Marokko in Handelsbeziehungen zum Niger. Und die Umstände machten damals allerdings die Gründung einer solchen Garde leicht. Ihr Patron ist, wie man glaubt, der berühmte muhamedanische Theolog Bokhari, welcher im dritten Jahrhundert der Hedschira lebte und in seinem berühmten Buche „El Djami el Sahi" 16,000 älteste Traditionen des Muhamedanismus sammelte.

Die Garde rekrutirt sich so aus den Negersklaven, welchen die Sultane die Freiheit schenken, und aus denen, welche die Caravanen aus Sudan einführen. Mehrere dieser Letzteren gehören allemal dem Kaiser, der sie als Bezahlung der Douane zurückbehält.

Es giebt ferner in Marokko Militär-Colonien, die aus bestimmten einregistrirten Familien gebildet sind, in denen alle männlichen Kinder dienen vom Vater zum Sohn. An Sold erhalten die Offiziere monatlich etwa 8 Frcs., die gewöhnlichen Fantassins die Hälfte. Doch sind neben diesem geringen Solde (dem Rateb) den Familien noch beträchtliche Vortheile garantirt: sie sind frei von allen Abgaben und besitzen für ihren Unterhalt hinreichende Ländereien. Der Sohn erhält bis zu seinem 16. Jahre schon die Hälfte des väterlichen Soldes, und den vollen, sobald er waffenfähig ist. Die unbeweglichen Güter dieser Familien sind unveräußerlich, und die Regierung kann sie nur einziehen, wo männliche Geburten ausbleiben. In Mogador gehören zwei Drittel der muselmännischen Bevölkerung diesem Maghzen an, in Safi die Hälfte, in Casa-Blanca fast die ganze Temara, zwischen Casa-Blanca und Rbât, ist nur Militärcolonie. Diese Maghzenis bilden die Garnison der Meerhäfen und tragen alle den rothen Feß mit blauer Troddel; sie sind auch die Janitscharen oder Chaouchs der Consulate. Die in Tanger kommen vom Riff. In Rbât und Marokko gehören sie dem kriegerischen Stamme der Oudâia an im Lande Fez, die Abd-er-Rhaman in mehrere Fractionen gespalten und versetzt hat. Ihr gegenwärtiger Chef ist Sidi-Allal, der vor etwa 20 Jahren zum Sultan von der Bevölkerung ausgerufen, von Abd-er-Rhaman nach Mogador verwiesen nachher völlig begnadigt wurde und wieder in Fez wohnen durfte.

Den vierten und zahlreichsten Theil der marokkanischen Streitkräfte bilden die Contingente der Provinzen, welche sich erheben auf den Appell der Paschas. Vom 16. bis 60. Jahre müssen dann Alle die Waffen ergreifen. Jeder Marokkaner besitzt eine Flinte und einen Dolch; Pulver und Blei giebt die Regierung. Für Lebensunterhalt sorgen die Provinzen, in denen sich eben die Truppen befinden. Diese Abgabe, genannt Mouna, ist den Ksours und Douars sehr lästig; denn man sieht die Soldaten sehr ungern kommen und macht sich so arm als möglich, um nicht zu starken Contributionen veranlaßt zu werden. Die Kavallerie ist stärker als die Infanterie, und die Pflege des Pferdes bei den Marokkanern noch größer, als in Algerien. Es ist dort auch stärker und höher als hier. Dabei bedürfen die marokkanischen Pferde keine starke Fütterung; sie erhalten meist Gerste. Als Abd-er-Rhaman 1846 zur Unterwerfung Doukkala's auszog, hatte er nach dem Berichte von Augenzeugen 30,000 Pferde und 10,000 Fantassins. Bei Isly zählte die marokkanische Armee 25,000 Pferde und besaß 11 Kanonen, welche freilich nicht einen Schuß gethan haben.

Die Artillerie endlich besteht im Innern des Landes aus drei Batterieen Feldstücken, die zumeist von spanischen Renegaten bedient sind. Sie haben mehr natürliches Geschick als Kenntniß, genießen aber unter dieser barbarischen Armee ein hohes Ansehn. Sie sind die einzigen Soldaten, welche gut und exakt bezahlt werden. In den Städten findet man muselmännische Artilleristen, welche aller theoretischen und selbst praktischen Kenntniß entbehren. Man übt sie nicht, um Pulver zu sparen. An Kanonen fehlt es nicht, es giebt deren eine Menge in Bronce, Eisen und anderm Metall in den Meerhäfen; aber sie sind in schlechtem Zustande, liegen hier und da umher und stecken oft zur Hälfte im Sande. Vorigen Herbst ging ein reicher Negociant, Hadsch-el-Arbi-el-Hatar, der Direktor der Artillerie von Tetuan, mit 500,000 Frcs. und Empfehlungsbriefen von Drummond-Hay nach England, um Waffen und Munition für die Artillerie zu kaufen. Alle importirten Kriegsbedürfnisse kommen überhaupt aus England in dieses Reich und sind wohl zum Theil die Mittel, wodurch jenes seinen Einfluß beim Sultan zu behaupten trachtet.

Sidi-Mohamed, der Vater und Vorgänger von Moulê-Yezid, berief Gießer von Konstantinopel und gründete in seinem Reiche Stückgießereien. Doch war nur eine Bombenfabrik längere Zeit in Thätigkeit zu Tetuan. Die Flinten kommen zum größten Theil von Tetuan. Man ist in der Fabrikation dieser Waffe hier nicht fortgeschritten, es herrscht noch die alte andalusische Industrie. Des Pistols bedienen sich die Marokkaner nicht. Ihre Kanonen sind lang und würden weiter tragen, wenn sie sich nicht der Kugeln von einem gar zu kleinen Kaliber bedienten. Sie bringen die Kugel in den Lauf der Kanone, indem sie sie mit Wolle oder mit Lifa, einem Stoffe von der Zwergpalme, umhüllen. Man liest auf ihnen Sprüche aus dem Koran, eben so auf den Klingen ihrer Säbel und Dolche; hier und da bemerkt man auch berberische Schriftzüge auf denselben.

Die scharfen Waffen werden hauptsächlich in Fez und Mequinez fabricirt. Man erkennt an ihnen die Nachahmung der alten Klingen von Toledo, die in Marokko nicht selten sind. Der gerade kurze Dolch steckt in einer Scheide von Holz, die an der Spitze mit Kupfer umgeben, im Uebrigen mit Horn vom Rhinoceros belegt ist, aber selten silbernen oder goldenen Schmuck bemerken läßt, was die malakitischen Vorschriften verbieten. Mehr Luxus bemerkt man an dem krummen Dolch, welchen die vom Sus tragen, die sich weniger streng an jene Regeln binden und auch an ihren Flinten, die sie meisterhaft gebrauchen, dergleichen Schmuck haben. Doch fromme Muselmänner enthalten sich dessen gänzlich und legen während des Gebets selbst ihre Uhren ab; die Frauen allein haben das Vorrecht, sich mit Gold und Silber nach Belieben zu schmücken, als Ersatz vielleicht für das traurige Loos, das ihnen sonst in der muselmännischen Gesellschaft zugedacht wurde.

Pulverfabriken giebt es in Marokko und Fez, doch ist Pulverfabrikation und der Handel damit im ganzen Reiche frei.

Es ist von mittelmäßiger Qualität. Eigentliche Arsenale und vorräthige Waffen besitzt die Regierung nicht, da sie nur in Ausnahmefällen die Truppen mit Waffen versieht. Reich aber sind die Vorräthe an Pulver, Schwefel und Salpeter.

Avis.

Beiträge ꝛc. für die militärische Revue werden unter der Adresse der Expedition, Kronenstraße Nr. 21, erbeten.

Inserat.

Ein Graf von Königsmarck.

Roman
von
George Hesekiel.

Fünfzehntes Capitel.

In Berlin vor zweihundert Jahren.

„Gebt mir der Marken wunderbare Scholle
Mit ihren Wassern, ihren Fichten,
Die Zukunft ruht, die hoffnungsvolle,
In Sumpf und Sand
In diesem Land,
Die kommenden Geschlechter werden richten!"

An einem heißen, fast schwülen Frühlingstage war es, da ritten zwei Reiter dahin auf der großen Fahrstraße zwischen Berlin und Spandau; sie zogen nahe schon Berlin, es war spät Nachmittag und die müden Rosse senkten zuweilen die Häupter tief nieder im langsamen Wandeln durch den Sand. Die breite Fahrstraße zog sich in allerlei sonderbaren Windungen durch die immergrüne Fichtenhaide, Jungfernhaide genannt, weil sie einst dem Jungfrauenkloster in Spandau zugestanden; es war eine ächt märkische Fahrstraße mit einer Unzahl von ausgefahrenen und zugefallenen Geleisen, mit einzelnen Steintrümmern, halbvermoderten Baumästen, Sandfällen, Löchern und häufigen grünen Plätzchen mitten darin, auf denen zuweilen auch noch ein Strauch oder eine kleine Fichte stand. Die Landstraße hatte keine Gräben, es war eben überall Straße, wo keine Bäume standen. Dennoch war diese Straße nicht ohne Anmuth, trotz der Hitze wehete ein erquicklicher Harzduft aus dem Fichtenholze her die Reiter an, und die eingesprengten Birken bildeten mit ihrem zarten Laub einen anmuthigen Abstich für das Auge gegen das metallische Grün der Fichtennadel; die kleinen Blumen, die den Boden bedeckten, waren bunt genug und unterbrachen wohlthuend die Eintönigkeit der hartfaserigen, staubgrau und grünen Heidelbeerstaude, deren bescheidene blaue Frucht unter dem Namen Besinge noch heute die märkische Kinderfreude ist. Uebrigens ist die märkische Haide, mit Ausnahme der sonnigsten Mittagsstunde, wo der große Pan überall schläft, keine stumme, verdrießliche, sondern eine laute und lustige Haide, in welcher der Specht klopft und der Pfingstvogel ruft, der Kuckuck sein melancholisch-neckisches Spiel treibt mit der Jugend, kurzum, wo zahllos Zeug, was Federn hat, seine Stimme erhebt, und allerlei anderes Lebendiges dazu.

Von den beiden Reitern, welche an jenem warmen Frühlingsnachmittage durch die Jungfernhaide ritten, ist uns Graf Hans Carl von Königsmarck bekannt, er reitet ein hochbeiniges Roß aus seines Großoheims Stall, das gewaltige Schritte unter ihm macht, aber von edler Art und großer Dauerbarkeit ist, wenn auch sein Aussehen nicht besonders prächtig mehr. Der junge Herr ist einfacher gekleidet, als sonst seine Weise, er schickt sich in die Landesart, und läßt seinen Reichthum nur spüren in der Kostbarkeit der Waffen, die er mit sich führte zu Schutz und Trutz, so wie's die Unsicherheit der Landstraßen in jener Zeit erheischte. Mit dem Grafen ritt sein Vetter, Herr Siegfried von Königsmarck, ein ernsthafter Mann mit gedankenvollem, beinahe trübem Blicke, sehr schlicht gekleidet, aber gut beritten. Die beiden Herren hatten den Vormittag in Spandau zugebracht, Herr Siegfried hatte Geschäfte dort und Graf Hans Carl besichtigte mit großem Interesse die starken Festungswerke, mit denen der Kurfürst durch berühmte Kriegsbaumeister, wie Graf Rochus Lynar und Andere, seine Veste schützen ließ. Die beiden Vettern vertrugen sich sonst gut genug miteinander, denn ließ Graf Hans Carl zu Zeiten seine Zunge gern Trab laufen, so fand er sicher einen willigen Hörer an Herrn Siegfried, und hatte er Lust, seinen Gedanken nachzuhängen und sich einzuspinnen in seine Träume glänzenden Ehrgeizes, so war Herr Siegfried gewiß nicht der, welcher sein Schweigen gebrochen und ihn gestört hätte.

Eine ziemliche Weile an diesem Nachmittage schon waren die Vettern schweigsam neben einander hergeritten; Herr Siegfried schwieg, weil's seine Art war, nicht ohne Aufforderung zu reden, Graf Hans Carl aber schwieg, weil schwere Gedanken über ihn gekommen waren, weil er halb träumend in eine ganz fremde, andere Welt blickte, während er auf seinem müden Gaul der churfürstlichen Residenzstadt Berlin zuzog. Es war dem jungen Mann, als sei der grüne Fichtenwald rings um ihn her ein grüner Vorhang, der sich hin und her schiebe und ihm zuweilen einen kurzen, raschen Blick in die Zukunft gestatte, es klangen ihm fremde Stimmen durch die Falten des grünen Vorhangs, der Harzduft wehete ihn an, wie ein Hauch aus fremder Welt; er sah mächtige Kuppeln leuchten auf Augenblicke, er sah große Städte vor sich, größer wie London und Paris, er sah zahllose Haufen von Kriegsvolk ziehen, einförmig und wunderbar adjustirt, er hörte ihre Trommeln und Trompeten, er sah ihre Adlerfahnen fliegen, er glaubte selbst einzelne Gesichter zu erkennen, Gesichter, die unverkennbar Königsmarck'sche Familienzüge trugen; es brauste und sauste um ihn gewaltig, aber immer klarer wurde das, was er sah; ein König stand vor ihm, eine sehr edle Gestalt in Purpur gehüllt, die leuchtende Krone auf dem Haupte und ein goldenes Scepter in der Hand, das von einem Adler überragt war, vor dem Throne kniete eine Gestalt, gegen welche der König das Scepter ausstreckte; genauer blickte Graf Hans Carl hin, die Züge des Mannes im rothem Rock, der da kniete, waren ihm fremd, aber derselbe empfing aus des Königs Hand seinen, des Grafen Hans Carl gräflichen Wappenschild. Wer war der König, der den gräflich Königsmarck'schen Wappenschild weiter verleihen konnte? Es war keine Täuschung möglich, Graf Hans Carl sah es genau, die drei rothen Spitzen in Silber, das Stammwappen als Mittelschild, der schwedische Löwe mit dem goldenen Schlüssel, die Prager Moldaubrücke, die glorreiche Erinnerung an die Ueberrumpelung der Kleinseite von Prag durch den Feldmarschall Hans Christoph — kurz, es war ohne Zweifel das gräflich Königsmarck'sche Wappen, welches da verliehen wurde. Gekränkt fast blickte Graf Hans Carl schärfer hin, hinter dem knieenden Wappenempfänger stand in knappem blauen Rock, den Degen an der Seite, ein zweiter Herr, hinter diesem ein dritter, dessen Züge dem Grafen Hans Carl bekannt vorkamen, hinter diesem aber hielt zu Pferde sein Vetter Joachim Siegfried, der doch neben ihm durch die Jungfernhaide ritt. Unser Held fuhr empor — erst schaute er verwundert um sich, dann zog langsam ein sonderbares Lächeln über sein Antlitz — erschlafft von der Hitze, befangen von dem süßen Harzduft, eingewiegt von dem regelmäßigen Schritt seines Rosses, war Graf Hans Carl in jenen an Hallucinationen so reichen Halbschlummer verfallen, dem müde Reiter so schwer zu widerstehen vermögen. Er hatte geträumt, und siehe, da hielt wenige Schritte vor ihm wirklich sein Vetter Siegfried, ganz so wie er ihn im Traume gesehen. Herr Siegfried deutete nach der Spree rechts hinüber, um dem Vetter die neue churfürstliche Ziegelei zu zeigen, die dort vor kurzer Zeit erst angelegt war, und das neue Vorwerk der Frau Churfürstin, was sehr einträglich war durch seine Milchwirthschaft, wie der verständige Königsmarck bemerkte*).

Graf Königsmarck hörte nur unaufmerksam auf die Rede des Vetters, er war noch zu erregt von seinem Halbtraum und konnte sich nicht enthalten, denselben sofort mitzutheilen.

„Was meint ihr dazu?" fragte er endlich seinen Begleiter.

„Ich verstehe mich nicht auf solche Dinge, Herr Vetter Hans Carl!" versetzte der vorsichtige märkische Junker, nachdem er sich ziemlich lange besonnen hatte.

Unwillig warf der Graf den Kopf in den Nacken, dann fuhr er hastig heraus: „Nun ich denke, der Traum ist klar genug, ihr und euer Sohn, Vetter Siegfried, dessen Sohn und Sohn, kurz eure Nachkommenschaft im vierten Glied empfängt den Gräflich Königsmarck'schen Wappenschild, dann ist also das Geschlecht des Feldmarschalls Hans Christoph ausgegangen. Nun es ist doch gut, daß es Vettern sind und Blutsverwandte, denen unsere Wappen und Kleinodien zukommen!"

Graf Hans Carl sprach die letzten Worte mehr zu sich selbst, als zu seinem Begleiter, strich sich die langen schwarzen Locken hinter das Ohr zurück und regte sein Roß zu rascherm Gang an. Mit eigenthümlichem Blick beobachtete Herr Siegfried seinen Vetter, er hatte den Traum augenblicklich eben so

*) An der Stelle dieses ländlichen Vorwerks der Churfürstin Dorothea liegt heute das Schloß Monbijou mitten in Berlin.

gedeutet; jene Zeit beschäftigte sich viel mehr und viel ernsthafter mit der Deutung von Träumen wie die unsrige, aber er hatte aus zarter Schonung nichts verstehen wollen.

Nach einer Viertelstunde etwa gelangten die beiden Herren an das Spandauer Thor; man ritt damals nicht so ohne Weiteres ein in die churfürstliche Haupt- und Residenzstadt, denn Berlin war eine Festung. Die Reiter passirten zuerst einen Pallisadenzaun, an dessen Oeffnung ein Pikenirer vom Regiment des Obersten von Goldbeck stand, sich aber wenig um die Reiter kümmerte, sondern nach einem kurzen Blick auf sie in dem Gespräch fortfuhr, welches er mit einigen Landleuten hielt. Die Rosse beschritten nun durch ein galgenartiges Thor ohne Thorflügel eine breite Bohlenbrücke, welche mit zwei Aufzügen versehen war, an zwei verschiedenen Stellen aufgezogen werden konnte, auch sprang ein Winkel des nächsten Bastions soweit vor, daß er den letzten Abschnitt der Brücke flankirte. Die Hufschläge der Rosse, welche hohlen und dumpfen Schall gegeben auf den Bohlen der Brücke, fanden plötzlich scharfen Widerklang, denn die beiden Herren ritten durch den gewölbten und gepflasterten Zickzackgang eines Thorthurm's, der sich über der bastionirten Umwallung erhob. Der Ausgang dieser Wölbung war durch ein Fallgatter geschlossen, welches sich erst hob, als der hier commandirende Offizier vom Regiment des Obersten von Goldbeck, der Lieutenant Hans Peter Demetrius von Arnim, ein schlanker, hübscher, junger Herr, mit martialischem Anstand sich den Reisenden genähert und in Herrn Siegfried von Königsmarck einen alten Kumpan und Jagdgenossen begrüßt hatte. Der Herr von Arnim hieß die Reiter, besonders auch den Grafen Hans Carl, nachdem ihm derselbe präsentirt worden, höchst liebenswürdig willkommen in Berlin und ließ ihnen in einem großen Zinnkruge einen kühlen Trunk Bernauisches Bier reichen; denn er sah, daß die Beiden schier verschmachtet waren, was ihm sehr nahe ging, ihn aber nicht hinderte, auch seinerseits einen guten Trunk zu thun. Nachdem sich die Reisenden bei dem liebenswürdigen Herrn von Arnim in allen Formen der damaligen sehr wortreichen Höflichkeit bedankt, auch die Hoffnung ausgesprochen hatten, ihn später wiederzusehen, ritten sie über eine zweite hölzerne Brücke und durch einen Walleinschnitt endlich ein in Berlin.

Die Haupt- und Residenzstadt des Churfürsten von Brandenburg machte keinen besonders glänzenden Eindruck damals, und Graf Hans Carl namentlich, der das prächtige Stadtbild vor sich hatte, welches er im Traume gesehen, fand sich außerordentlich enttäuscht. Freilich waren die Straßen hier und da an einzelnen kleinen Stellen gepflastert, an andern Stellen waren dafür die Kothlachen um so tiefer und die Kehrichthaufen lagen um so dichter. Vielfach sah man noch Schweineställe nach der Straße heraus an die Häuser angebaut, und allerlei Ackergeräth, welches ebenfalls von Zeit zu Zeit den Weg sperrte, verrieth, wie wichtig noch die Ackernahrung selbst in der Hauptstadt war. Indessen war's doch auch nicht überall so, denn als die Reiter an der stattlichen Marienkirche mit ihrem neuerbauten Thurm vorüberkamen und, den neuen Markt passirend, in die Spandauer-Straße einritten, da sahen sie wohl, daß sie in einer wirklichen churfürstlichen Hauptstadt waren. Da war Alles sauber gepflastert, da lief ein Rinnstein in der Mitte der Straße hin, da standen schmucke zwei- und dreistöckige Häuser mit Giebeln und knarrenden Wetterfahnen darauf, mit hellen Fenstern und zierlichen Simsen, mit Treppen an den Thüren und buntangestrichenen hölzernen Gittern unter den Fenstern, ja, in gewissen Entfernungen sah man sogar hölzerne Pfähle, welche Laternen trugen. Die Anfänge der Berliner Straßenbeleuchtung waren sehr bescheiden. Die Spandauer-Straße war freilich unstreitig auch die schönste Straße des damaligen Berlin's, es war in derselben auch schon der Anfang eines großstädtischen Lebens bemerkbar; Reiter sprengten hin und her, Herren in weiten Kniebeinkleidern und mit umgehängten Mänteln, die Hüte in der Linken, führten wohlfrisirte Damen über das Pflaster; Soldaten, die schwere Schießwaffe auf der Schulter, den Degen beinahe noch quer, marschirten vorüber. Es war ein lebhaftes Bild, das sich in der Straße vor den Augen unserer Reisenden aufrollte.

Herr Joachim Siegfried von Königsmarck führte seinen Vetter nicht in einen Gasthof, sondern ritt mit ihm in den Hof eines sauberen Privathauses, und Graf Hans Carl sah sich etwas befremdet um, als sein Vetter aus dem Sattel sprang, während ein kleiner Mensch behend daher schoß, um ihm den Bügel beim Absteigen zu halten.

„Wir sind in unserer Herberge, Herr Vetter Hans Carl!“ rief Herr Siegfried, der schon von ein paar Weibern und Kindern umringt war, die sich nach des Junkers Mutter und Vater mit ebensoviel Eifer als Respect erkundigten.

„Wir sind hier lauter Königsmarck'sche Leute!“ rief der kleine Mann lustig, der dem jungen Grafen den Bügel gehalten; „freue mich, daß der Herr auch mit zur hohen Familie gehört, wie ich soeben vernehme, seid mir herzlich willkommen, Herr, in diesem Hause, wir sind hier lauter Königsmarck'sche Leute; seht, Herr, meine Frau ist von Stüdnitz und ich bin von Kötzlin.“

„Kötzlin,“ rief Graf Hans Carl, „da ist mein Großvater geboren!“

„Ah!“ rief der kleine Mann heiter und stolz zugleich, „da sind wir also Einer von den schwedischen Herren Vettern, ein Enkelsohn von dem wohlseligen Herrn Generalfeldmarschall. Freue mich, Herr, freue mich!“

Der kleine Mann rieb sich die Hände und sah sich, während er voran in das Haus ging, nach dem jungen Grafen ganz glückselig um aus den schwarzen Augen, die lebhaft unter dem Haar funkelten, das glatt über die Stirn niedergestrichen, fast die Augen verdeckte.

„Das ist unser Vetter, der Herr Graf Hans Carl von Königsmark,“ stellte Junker Siegfried seinen Anverwandten den Herbergsleuten, einem tapfern Berliner Nagelschmied und seiner Hausehre vor; dann machte er dieselben noch darauf aufmerksam, daß die beiden Knechte in ein paar Stunden von Spandau eintreffen würden, und beide Herren folgten der Hausfrau zu der Gastkammer, welche immer zur Aufnahme von Mitgliedern der Familie Königsmarck gerüstet stand.

Das war jener Zeit vielfach Brauch, daß die Märkischen von Adel eine bürgerliche Herberge sich offen hielten für den Aufenthalt in Berlin zu den

Landtagen und andern Vorkommnissen; die Gasthöfe jener Tage boten wenig Bequemlichkeiten dar und der ganze Zug der Zeit ging dahin, sich womöglich immer und überall in seinem Eigenthum oder in einer Art von Eigenthum zu behaupten. Daher entstanden vielfach Gastfreundschaften zwischen den vornehmern Berliner Bürgern und dem Adel der Umgegend. Andere zogen es vor, sich in einem bürgerlichen Hause gegen gewisse Gegenleistungen in Naturalien eine Herberge zu sichern, noch Andere brachten, wie das die Königsmarcks gethan, einen ihrer Lehnmannen in eine bürgerliche Nahrung, übertrugen ihm einen Theil ihrer städtischen Geschäfte, bei denen sie ihm Vortheil ließen und herbergten dafür in seinem Hause, wenn sie nach Berlin kamen. So hatte der alte Herr Joachim Christoph von Königsmarck nicht ohne sonderliche Mühe und großen Aufwand den guten Mann Lehnerdt Krumpe unter die Berliner Nagelschmiede gebracht, das war so leicht damals noch nicht wie heut zu Tage, hatte ihn zu einem seßhaften Mann gemacht mit Haus und Hof und ihm den Bürgerbrief ausgewirkt. Darum wohnten die vom Hause Königsmarck bei dem Nagelschmied Lehnerdt Krumpe, auf der Spandauerstraße, so oft sie gen Berlin kamen, und sahen sich daselbst immer mit Freude aufgenommen. Das Einlager der edeln Herren galt noch für keine Last, sondern für einen ehrenden Besuch, der Begriff der dankbaren Gegenleistung war in diesem Verhältniß noch nicht aus dem Gedächtniß geschwunden, wie er jetzt aus so vielen Verhältnissen geschwunden ist; wie jetzt drückende Last, schwerer Zins, erdrückende Frohnden und noch schlimmer das benamset wird, was ursprünglich auch oft nichts weiter gewesen, als eine Gegenleistung, zu welcher sich die ersten Nutznießer mit freudiger Dankbarkeit drängten. Es ist schlimm, daß der Begriff der Gegenleistung so gänzlich geschwunden ist bei den Belasteten, daß es endlich wohl zur Ablösung hat führen müssen, zur Abschneidung der sittlichen Bande, die einst den Junker fest verknüpften mit seinen Hintersassen.

Nachdem die beiden Königsmarck'schen Vettern sich gereinigt vom Staub der Reise und sich erquickt hatten an Speise und Trank, beschlossen sie, da es noch etwas hell war, des kühlen Abends zu genießen und einen Gang durch die Stadt zu machen. Sie schlenderten langsam bis zur Georgenstraße, in die sie dem berlinischen Rathhause mit seinem Thurme gegenüber eintraten. Hier standen ebenfalls viele stattliche Häuser, sie gingen hinunter bis zur Langen Brücke, die der große Churfürst eben hatte wiederherstellen lassen, und sahen von Weitem gerade vor sich die vom Churfürst Joachim erbaute Domkirche und das Schloß, das noch immer ein ziemlich verfallenes Aussehen hatte, obwohl auch daran schon gebaut wurde, dann kehrten sie um, besahen von Außen die alte Nicolaikirche, den Molkenmarkt und den Mühlendamm, so gut es bei der zunehmenden Dunkelheit gehen wollte. Danach aber standen sie ab von weiterer Besichtigung und kehrten nach ihrer Herberge in der Spandauerstraße zurück, was nicht ohne allerlei Fährlichkeiten abging, denn die Laternenpfähle standen sehr dünn und überdem waren an jenem Tage gerade die Laternen nicht angezündet, obwohl es ganz finster war. Graf Hans Carl stieß sich an manchem Steinhaufen, und Junker Siegfried stieg, ohne es zu ahnen, durch manche tiefe Pfütze, herrenlose

Hunde heulten und bellten die Wanderer an, und von Zeit zu Zeit tauchte aus dem Meer von Finsterniß ein schwaches Licht auf, welches einer Laterne entstrahlte, die sich irgend ein heimkehrender vornehmer Bürger durch eine Magd oder einen Knaben vortragen ließ. Nur in der Georgenstraße und in der Spandauerstraße war es etwas besser. Beide Herren, doch ermüdet von dem langen Ritt in der Hitze und von diesem beschwerlichen Umherwandern in der brandenburgischen Hauptstadt, waren endlich froh in ihrer Herberge ein behagliches Lager zu finden, das ihnen die Königsmarck'schen Leute mit großer Umsicht in einer kühlen stillen Kammer, so nach dem Hof hinaus belegen war, bereitet hatten.

Sechszehntes Capitel.
Fischmarkt und Molkenmarkt.

Ein Bild aus alten Zeiten,
Von Sitten derb und gut,
Voll kecker Lust am Leben
Und kühnem Mannesmuth —
So ist's in Lust und Streite
Zur Väterzeit gescheh'n —
Trompeten schmettern mächtig,
Die Fahnen prächtig weh'n. —

Am andern Morgen waren die Königsmarckschen Vettern zeitig auf von ihrer Lagerstatt, denn Graf Hans Carl wollte den Feldmarschall besuchen, den Freiherrn Georg von Derfflinger, um den war er ja eigentlich nach Berlin gekommen, weil ihn der hatte zu sich einladen lassen durch den von Schlieben; es war aber männiglich bekannt in Berlin und Köln, daß man früh aufstehen mußte, wenn man dem Derfflinger einen Besuch machen wollte, denn sonst, am Tage, hatte der vielbeschäftigte, rastlose Herr keine Zeit übrig für Fremde. In Berlin wenigstens, denn eine ganz andere Sache war's, wenn er sich draußen in Gusow, auf seinem Landsitze, befand, dort gönnte er sich und Anderen wenigstens zuweilen eine Erholung. Graf Hans Carl kleidete sich stattlich an, wie es seinem Stande zukam, aber nicht übertrieben prächtig und nicht in helle Farben, die er überhaupt mied, seit er Paris verlassen. Ueber das dunkelviolette Wamms trug er den breiten viereckten weißen Kragen, der damals in deutschen Landen fast allgemein gebräuchlich, sein Ueberrock war von dunkelblauer Seide und reich mit Gold gestickt, hohe Reiterstiefeln von rostfarbenem Leder, der lange Sto᷑degen am breiten Bandelier und der Federhut vervollständigten die kriegerische Kleidung, denn noch immer war jeder Edelmann ein geborner Kriegsmann.

Während des Ankleidens schaute Graf Hans Carl, öfter als sonst der Fall gewesen, und bedenklicher, als seine Art sonst war, in das ernste Antlitz seines Vetters Siegfried, der an einem Tische saß und sich mühselig mit einer Berechnung zu plagen schien, welche er für seinen Vater ordnen sollte. Graf Hans Carl gedachte des merkwürdigen Traumes, den er am Tage zuvor in der Jungfernhaide gehabt, und seltsam wollte es ihm doch bedünken, daß alle Ehren, die der Feldmarschall für seine Nachkommenschaft mit dem Schwerte erstritten, einst ein Erbe der Enkel dieses stillen ernsten Junkers werden sollten. Es gelang ihm nur nach einiger Anstrengung sich dieser Gedanken, die ihm peinlich wurden, zu entschlagen. Als er seinen Anzug beendet, steckte auch der Herr Vetter Siegfried seinen Degen an, denn er wollte ihn begleiten bis zum churfürstlichen Schloß, und bald darauf schritten die beiden Verwandten, von ihren Dienern gefolgt, gar stattlich der Langen Brücke zu, manch' neugieriges Auge schaute ihnen nach auf diesem Wege.

Die Burgstraße war damals noch nicht vorhanden, ganz kurze Zeit vorher erst war eine Verschaalung des Ufers und ein erhöhter Weg hinter den Gärten, die da bis an die Spree reichten, angelegt worden, und die Lange Brücke, auf welcher jetzt die Reiterstatue des großen Churfürsten steht, war eine höchst gewöhnliche Bohlenbrücke, deren Geländer aus rohen Pfählen mit unbehobelten Latten benagelt bestand. Als die beiden jungen Herren die Brücke überschritten hatten, standen sie auf einem nicht allzugroßen Platz, gerade vor sich hatten sie das Joachimische Domstift St. Peter mit seinen beiden Thürmen, links das fürstliche Reithaus und rechts die Stechbahn, welche sich an den Schloßbau anlehnte. Die Stechbahn war schon damals keine wirkliche Stechbahn mehr, sondern nur eine Reihe von Verkaufsbuden, die ursprünglich an der wirklichen Stechbahn hergerichtet waren, weil ein ritterliches Stechen stets viele Zuschauer versammelte und die Verkäufer wohl dabei auf einen Absatz rechnen konnten. Zuletzt hatten die Stechen aufgehört, die Verkaufsläden aber waren stehen geblieben und der ihnen gebliebene Name der Stechbahn hatte sich so fest gesetzt, daß, als die Buden bei dem Neubau des Schlosses weggerissen wurden, die neue Colonnade hinter St. Petersstift, in welche die Verkaufslokale verlegt wurden, wiederum den Namen der Stechbahn empfing, den sie bis auf den heutigen Tag behalten hat. Bekanntlich hat Friedrich der Große auch St. Petersdom abreißen lassen und nach dem Lustgarten verlegt, dadurch ist der schöne Schloßplatz entstanden.

Am kurfürstlichen Reithause trennten sich die Vettern, Junker Siegfried ging weiter nach der Brüderstraße, an deren Eingange damals das Kammergericht war, Graf Hans Carl aber schritt in der heutigen Breitenstraße, die indeß damals weit anders aussah, nach dem Kölnischen Fischmarkte, wo das große, schöne neue Haus, das sich der Feldmarschall Derfflinger dort hatte bauen lassen, gerade vor ihm lag.

Graf Königsmarck war eben bei diesem Hause angelangt, als aus der Thür desselben ein Herr hervortrat, der unter allen Umständen und überall die allgemeine Aufmerksamkeit erregt haben würde, hier aber unverkennbar der Hausherr, der Derfflinger selbst war. Die Gestalt war lang und gewaltig von Wuchs, ein wenig vorwärts gebeugt unter dem Drucke der Jahre, das Fleisch schien völlig geschwunden; die wettergebräunte Haut war pergamentartig geworden und umschloß in tausend Runzeln und Falten die Muskeln, Sehnen und Knochen. Eine mächtige Locken-Perrücke bedeckte das hohe Haupt dieses Mannes und fiel bis auf die Schultern herab, auf der Perrücke aber saß lose noch ein breitrandiger Kriegshut mit einem metallenen Kreuz im Deckel und einem paar geknickten und verwetterten weißen Federn über dem Rande. Das Gesicht war gelbbraun und unverhältnißmäßig lang, zwei gewaltige, dunkle Augen flammten tief in ihren Höhlen, schmale, aber ganz schwarze Brauen zeigten sich in kühner Wölbung über den Augen. Unter der großen steilen Nase zog sich steif und schlicht über der farblosen Oberlippe der Schnurrbart hin, der nach Sitte der Zeit ganz schmal gehalten war und wie ein schwarzer Faden aussah. Von der Unterlippe hing ein kleines schwarzes Bärtchen über das stark vortretende Kinn nieder. Seinen breiten sehnigen Hals trug der Herr völlig unbedeckt, nur ein ganz schmales Kräglein von reinlichem, aber groben Linnen war über ein verschabtes ledernes Collet geschlagen, wie es damals die Offiziere unter dem Brustharnisch zu tragen pflegten; lederne Beinkleider und hohe Stiefeln von Rohleder vervollständigten die Kriegstracht, zu welcher sich der reiche Rock von pfirsichblüthfarbener Seide gar seltsam ausnahm. Das war der Derfflinger und so, die beiden mächtigen, schwieligen Hände auf den faustgroßen, goldenen Knopf seines spanischen Rohrs stützend, blieb er vor dem jungen Königsmarck stehen, als der ihm in den Weg trat.

„Gestattet, würdiger Herr Feldmarschall, daß ich euch meine Verehrung bezeuge!" redete Königsmarck den berühmten Degen an und verneigte sich, seinen Hut abnehmend, sehr tief vor ihm.

Der Derfflinger funkelte den jungen Herren einige Male an mit seinen schwarzen Augen, dann rief er plötzlich überlaut, indem ein Lächeln der Befriedigung auf seinem lederharten Gesichte für einen Augenblick wenigstens sichtbar wurde: „Oho! der ist von guter Art, ist aber keine Kunst, den alten Derfflinger zu kennen, wenn man ihn gerade aus seinem Hause kommen sieht; ich will euch aber sagen, wer ihr seid, junger Gesell! Ihr seid der Sohn des tapfern Grafen Königsmarck, der beim Sturm auf die Bonner Schanze gefallen ist, den ich geschätzt habe, seit wir bei Warschau mitsammen gegen die Polacken gefochten, ihr seid der Enkel des ruhmvollen Feldmarschalls Königsmarck, derselbe junge Mann, von dem mir der verteufelte Kerl der Schlieben erzählt hat, als er neulich hier war. Na, seid mir vielmals willkommen in Berlin, mein junger Herr, und darüber seid schön bedankt, daß ihr meiner Einladung gefolgt seid; denn ich gedenke euch so bald nicht von mir zu lassen, nun ich euch mal habe, junger Herr, ihr müßt mit mir essen, Söhnlein, und mit dem Alten nach Gusow fahren. Kommt, kommt!"

Gar eifrig hatte der Feldmarschall das gesprochen und mit rauher Zärtlichkeit faßte er nun den Arm des Grafen Hans Carl und führte ihn ein in sein Haus.

Der Alte führte seinen Gast in ein prächtiges Gemach, befahl mit schallender Stimme einem Diener, einen Trunk Wein herbeizubringen, und schalt, daß er nicht Sohn und nicht Tochter zu Hause habe zur Zeit und ganz allein wirthschaften müsse. Dann aber behielt er den jungen Grafen wohl eine Stunde und länger bei sich, bald heitere und bald ernsthafte Gespräche mit ihm führend

Man sah, es war dem grauen Kriegsmanne eine große Freude, den jungen Herrn bei sich zu sehen. Seine Geschäfte aber versäumte er darum doch nicht, denn plötzlich stand er auf und sprach: „Nun kommt mit mir, Söhnlein, will euch an einen reputirlichen Ort bringen, wo ihr meiner harren sollt sonder Langweil, bis meine Geschäfte beendet sind und wir unsern Discurs fortsetzen können bei einem Glase ungarischen Weines.“

Der Feldmarschall nahm seinen Gast unter den Arm und zog mit ihm hinaus. Lächelnd ließ Graf Hans Carl geschehen, was er nicht ändern konnte, ohne den wunderlichen Alten zu kränken, der es so herzlich gut mit ihm meinte. Draußen freilich machten die Leute, die den Feldmarschall ehrerbietig begrüßten, ganz verwunderliche Gesichter, daß sie ihn so zärtlich einen jungen Mann unter den Arm führen sahen; denn so hatten sie ihn nicht einmal mit seinem Sohne, dem Obristlieutenant Friedrich Derfflinger, gesehen.

So marschirten sie tapfer selbander über den Mühlendamm, der Alte und der Junge, und kamen von dem Fischmarkt auf den Molkenmarkt und traten in die allda gelegene Trinkstube „Zum güldenen Stern“. All' die Gäste, die in dem großen, aber niedrigen Gemach versammelt, erhoben sich ehrerbietig bei dem Eintritt des wohlbekannten Feldmarschalls, der hier kein Fremdling war, sondern ein oft gesehener Gast. Grimmig aber donnerte der Feldmarschall die ehrenfesten Bürger und Meister an, die sich zu einem Ehrentrunk zusammengethan im „Stern“, weil sie zuvor eine Versammlung gehabt zu gemeiner Stadt Besten im Rathhause; er befahl ihnen grob und derb, daß sie sich nicht rühren sollten und bei ihren Krügen bleiben, ganz als wenn er nicht da wäre. Schmunzelnd gehorchten die Bürger, denn sie hatten's gern, wenn sie der Derfflinger also anredete, meinte er's doch gut.

An einem Klapptisch im Fenster hatte der Feldmarschall seinen Gast untergebracht; aber er ging nicht eher, als bis die dicke Sternwirthin eine Kanne ungarischen Weines gebracht und ein sauber geschliffenes Kelchglas dazu für den jungen Herrn. Dann mußte das „Söhnlein“ versprechen, tapfer zu trinken und auszuhalten, bis der Feldmarschall zurückkomme.

Noch eine Weile, nachdem sich der Derfflinger entfernt, sahen die bürgerlichen Gäste ziemlich neugierig auf den fremden Cavalier im Fenster, der sicher etwas ganz Besonderes sein mußte, denn sonst würde sich der Feldmarschall nicht eine so grausame Mühe mit ihm gegeben haben; nach und nach aber machte der Wein die Köpfe wärmer und die Zungen rascher, die Männer wurden lustig, vergaßen des Fremden, klingelten an mit ihren Gläsern und trieben ihre Scherze, so wie's ihre altberlinische Art war. Graf Hans Carl hatte aufrichtig seinen Spaß daran und hätte sich gern unter das lustige Volk gemischt, wenn er nicht gefürchtet hätte, eben dadurch die Lust zu stören. Da wirbelte plötzlich Trommelschlag heran. „Soldaten kommen! Soldaten kommen!“ erscholl der Ruf, und Alles drängte sich nach den Fenstern. Es marschirte einiges Fußvolk vorüber, stattliches Volk. Der Königsmarck hatte einen Blick für Alles, was militairisch war, und beobachtete scharf. Es war eine Abtheilung des

Fußregiments von Kracht, welches eigentlich zu Peitz in Garnison lag, jetzt aber einer Musterung wegen nach Berlin gezogen worden war.

Die Bürger und Meister von Berlin in der Trinkstube „Zum güldenen Stern" schienen lange nicht so viel Vergnügen an dem Anblick der churfürstlichen Soldaten zu finden, wie der Graf Hans Carl von Königsmarck; die Unterhaltung der Armee kostete viel Geld, und sie mußten's helfen aufbringen, sie hatten die Last davon, ohne zunächst den Nutzen und den Vortheil zu begreifen.

„Wird wieder manchen lieben Weißfisch kosten, he!" wendete sich ein stammhafter Fleischermeister zu seinem Nachbar, einem Schneidermeister mit weißem Kopfe und finsterem Antlitz.

„Allen Respect vor Sr. Churfürstlichen Durchlauchtigkeit!" entgegnete der alte Schneider grimmig; „aber der Teufel soll mich holen, wenn ich weiß, wozu Sie diese vielen Soldaten nöthig haben! Ich weiß mich noch recht gut zu besinnen auf die Zeit, wo der lustige dicke Herr von Stechow Schloßhauptmann war unter Churfürst Johann Sigismund; da war der lange Bredow unser einziger Offizier hier in Berlin, der commandirte die churfürstlichen Trabanten. Doch halt! da war noch einer von Rochow, ein kleiner netter Herr, den ich bald vergessen, ist nachgehends vor Warschau als Hauptmann gefallen, der war Fähndrich; und außerdem hatten wir neun Trabanten, neun, wohlgezählt. Das war die ganze Churfürstliche Guardia Anno 1615. Wenn's damals aber mit neun Trabanten gegangen ist, so muß doch der Teufel sein Spiel haben, daß wir jetzt so viel Tausend Soldaten kleiden und nähren sollen! Wenn der Feind in's Land kommt, kann Se. Churfürstliche Durchlaucht die Zünfte und Gilden aufbieten zur Vertheidigung, wie's ehedem auch immer gewesen ist."

„Die Gilden in Ehren!" rief der Fleischer; „aber mit unserm Kriegsdienst ist's vorbei — ich weiß nicht warum, muß aber wohl an uns selbst liegen. Erinnert euch doch, Nachbar, als Churfürst Georg Wilhelm, seligen Gedächtnisses, Anno 1627 befohlen hatte, wir sollten unsere Thore und unsere Stadt selbst bewachen; da war ich damals frisch dabei als ein junger Kerl, half der Bürgerschaft die Rotten theilen, zählte ab und zu und mühte mich redlich. Es wurde aber doch nichts daraus, denn so wie irgend schlecht Wetter war, hatte keine Menschenseele Lust, auf die Wache zu ziehen, und bei Nachtzeit kam schon mal gar Keiner. Ihr erinnert euch, Nachbar, das Stralower und das Spandower Thor mußten ganz geschlossen werden, weil sich nicht genug Bürger fanden, die bereit gewesen wären, Wachtdienste zu thun."

Der alte Schneider wollte eben repliciren, dupliciren oder tripliciren, wie man sich damals sehr formengenau auszudrücken pflegte, als sich die Thür öffnete und ein stattlicher Herr eintrat mit schwerem Schritt, aber heiter lächelndem Angesicht. Der Herr mit den großen wasserblauen Augen in dem feisten, runden rothwangigen Antlitz und dem leichtgelockten schönen braunen Haar war Herr Johann Schönbrunn, Rathsherr zu Berlin. Er trug einen breitkrempigen schwarzen Filzhut, ein knappanschließendes schwarzes Wamms von feinem holländer Tuch und ein sauberes, feingefältetes Linnenkräglein weit übergeschlagen, einen schwarzen Mantel und weite, faltige Kniebeinkleider von geschorenem

Sammet und weiße Strümpfe, dazu aber Schuhe mit Schnallen und Bandrosetten. Der Eintritt des Rathsherrn erregte eine freudige Aufregung unter den Gästen, denn Herr Johann Schönbrunn war ein lieber, umgänglicher Mann, der seinen Mitmenschen gern einen Tropfen was Gutes gönnte, wenn er nämlich selbst ein volles Krüglein vor sich hatte, der Niemandem eine Antwort schuldig blieb, sondern lieber dem Wirth die Zeche. Der Rathsherr wurde tapfer empfangen, hier mit einem sittigen: „Gott grüß' euch!", dort mit einem schweren landesüblichen Fluche. Das Fluchen war in den Marken und in ganz Nieder-Deutschland damals das herrschende Modelaster.

Johann Schönbrunn nickte freundlich bald hierhin, bald dorthin, dann nahm er Platz in dem großen Lehnstuhl oben am Tisch, streichelte der Sonnenwirthin, einer munteren Wittwe von vierzig Jahren, die den stattlichen Junggesellen trotz seiner fünfundfunfzig gern genommen hätte, die volle ziegelrothe Wange und nahm das hohe Glas voll rheinischen Weines, welches ihm die Wirthin brachte. In das Glas des Pokals aber war gar künstlich ein Hündlein eingeschnitten; das lief so schnell, daß alle vier Füße in der Luft zappelten, und darüber stand zu lesen in steifen gothischen Buchstaben: „Einen Herrn suche ich!" Herr Johann Schönbrunn las die Aufschrift so aufmerksam, als sähe er sie heute zum ersten Male, und sprach dann mit mitleidiger Stimme: „Du suchst einen Herrn, armes Gläslein!" und: „daß du nicht mehr lange suchen mußt!" setzte er dann hinzu und leerte den Pokal auf einen Zug. Alle aber, so in der Trinkstube „Zum güldenen Stern" waren, lachten laut und schrieen vor Vergnügen; denn die Leute damals waren mäßige Leute und in Bezug auf Scherz und Witz ziemlich leicht zufrieden gestellt. Graf Hans Carl ergötzte sich weidlich an den Scherzen des Rathsherrn, noch mehr aber fast an der Freude, welche die Zechgesellschaft daran hatte.

Jetzt erschien die Sternenwirthin mit dem zweiten Glase; darein aber war ein Herz geschnitten, ein flammend' Herz, fünf oder sechs Pfeile aber flogen von allen Seiten dem flammenden Herzen zu, blieben indessen in bescheidener Entfernung davon in der Luft sitzen oder stecken. Die Umschrift lautete: „Neider hab' ich!" Als der Rathsherr die Umschrift gelesen hatte, stürzte er den Inhalt auf einen Zug hinunter, stellte das Glas umgekehrt auf den Tisch, und als auch kein Tropfen mehr daraus niederrann, da sprach er tröstend: „Siehe, nun du leer bist, hast du keine Neider mehr, liebes Gläslein!" Solcher Späße machte der Rathsherr noch viele; denn die Sternenwirthin hatte wohl Acht, daß der lustige Gast stets ein anderes Glas bekam. Die ehrsamen Bürger und Meister aber lachten, daß ihnen die Augen übergingen, obwohl sie alle diese Scherze und Späße schon mehr als ein Mal gehört hatten. Hatte aber eine so ganz eigene Art der Johann Schönbrunn, der älteste Scherz wurde immer wieder neu in seinem leuchtenden fetten Angesicht. Hielten die Gäste auch allerlei Discurse mit ihm, kam aber der Frager gemeinhin übel weg bei dem Rathsherrn, denn der gab Antworten, die Hörner und Klauen hatten. Da fragte ihn Meister Adam Weiße, der Zimmermann, von dem die Berliner erzählten, er könne um die Ecke schauen, weil er schielte, also: „könnt ihr mir als ein weiser

Mann wohl sagen, Herr Schönbrunn, warum das Bauholz viereckig behauen wird?" Der lustige Rathsherr zog ein gar ernsthaft Gesicht und sprach: „O ja, Meister, das geschieht, dieweil das Holz rundgewachsen ist, darum macht ihr Tagdiebe von Zimmerleuten es viereckig, um mehr Geld zu verdienen; wäre es viereckig gewachsen, so würdet ihr es rund behauen!" War das ein Gelächter über solche fixe Antwort und der ehrsame Zimmermeister Weiße, der saß dabei wie auf's Maul geschlagen, mit dem rechten Auge blickte er starr nach dem Ofen, mit dem linken aber eben so starr nach dem Wandschrank gegenüber; zum Fragen hatte er weiter keine Lust.

Unter solchen Possen und Schnurren verging die Zeit, die Mittagsstund nahete und die Trinkstube zum güldenen Stern wurde allgemach leer, als aber der alte Derfflinger angestolpert kam, da fand er seinen jungen Grafen in einem sehr weisen Gespräch mit Herrn Johann Schönbrunn, dem lustigen Berliner Rathsherrn, der allein mit ihm geblieben war und gute Freundschaft geschlossen hatte über den trefflichen goldenen Ungarwein. Der Derfflinger war ein alter Kunde des Rathsherrn, und bedienten sich die Beiden nun gegenseitig mit groben und spitzen Worten dergestalt, überschütteten sich mit Scherzreden, feinen und unfeinen, so heftig, daß Graf Hans Carl meinte, er habe so sonderbare Discurse nimmer vernommen, auch in Frankreich und England nicht.

Der Feldmarschall ließ von der Sternwirthin in aller Eile ein Mahl rüsten, weil er zur Zeit keine Wirthschaft in seinem Hause habe, dann mußte des jungen Grafen Knecht nach der Königsmarck'schen Herberge in der Spandauerstraße gehen und den Junker Siegfried zu solchem Mahle laden, zu welchem auch der Johann Schönbrunn bleiben durfte. Sie hielten ein heiteres Mittagsmahl miteinander, danach aber kam des Feldmarschalls große Kutsche vor das Haus, die war mit vier Pferden bespannt und zwei Dragoner ritten hinter drein. In die Kutsche mußte Graf Hans Carl, denn er hatte dem Feldmarschall versprochen, mit ihm nach Gusow zu fahren und dort wenigstens eine Woche bei ihm zu bleiben. Lächelnd gehorchte Graf Hans Carl der grimmigen Freundlichkeit und der soldatischen Eile, mit welcher der Feldmarschall Alles betrieb.

Die deutsche Nationaleinheit nach Max Wirth.

I.

Jedes Zeitalter eines Volkes hat seine leitenden Gedanken. So in der Zeit der Kreuzzüge die Eroberung des heiligen Landes, in der Zeit der Reformation das Ringen nach Geistes- und Gewissensfreiheit u. s. w. Heute ist es die Idee der Nationaleinheit, welche die Völker erregt, deren Verwirklichung das Ziel ihrer Bestrebungen bildet. Bei den slavischen Völkern findet diese Idee in dem Panslavismus ihren Ausdruck. Die Völker Italiens werden durch die Idee ihrer Vereinigung erregt, sie ist der Träger der Kämpfe und Bewegungen auf der italienischen Halbinsel. Lebendiger denn je ist die Idee der Vereinigung zu einem großen und mächtigen Reiche bei den deutschen Völkerschaften erwacht; deren Verwirklichung ist das Ziel vieler patriotischen Bestrebungen. Und es ist dies eine Idee, der zugleich eine eminent praktische Bedeutung nicht abzusprechen ist, nachdem die Entwickelung der militairischen Kräfte in den großen Nachbar-Reichen in einer Weise vorgeschritten ist, durch welche die Völker Deutschlands von Gefahren bedroht werden, denen nur durch einheitliches Zusammenwirken begegnet werden kann.

Inzwischen hat die Erfahrung gelehrt, daß Völkereinigungen sich nicht ohne große Schwierigkeit herstellen lassen, daß dieselben nicht von Dauer sind, sofern sie lediglich durch äußere mechanische Gewalt herbeigeführt worden; daß nur in dem Maaße, wie die verbundenen Völker organisch in einander verwachsen, und sich im Geiste identificiren, durch deren Verbindung ein einheitlicher und mächtiger Organismus sich gestalten kann. Es ist ein Vorzug des deutschen Geistes und liegt in der Natur desselben, daß, nachdem er die Idee der deutschen Nationaleinheit erfaßt, er sich die Aufgabe stellen mußte, die Bedingungen zu erforschen, von deren Erfüllung das Zustandekommen der Völkereinigungen abhängt, sowie die gesellschaftlichen Naturgesetze wissenschaftlich festzustellen, durch deren Beachtung die Erreichung dieses Zieles bedingt wird. Die soeben erschienene Schrift:

„Die deutsche Nationaleinheit in ihrer volkswirthschaftlichen, geistigen und politischen Entwickelung, an der Hand der Geschichte beleuchtet von Max Wirth. Frankfurt a. M., bei J. D. Sauerländer. 1859. gr. 8. S. 484."

welche die Lösung dieser Aufgabe bezweckt, ist aus der herrschenden Zeitströmung hervorgegangen, und deshalb als vollkommen zeitgemäß anzuerkennen. Denn darin liegt der hohe Beruf der Staatswissenschaften, daß sie den Völkern auf ihren Entwickelungsbahnen die leitende Nadel darbieten sollen, durch welche sie vor Abirrungen, vor dem Unsegen der Experimental-Politik bewahrt werden.

Es war freilich dem Verfasser nicht vergönnt, sich auf jenen universellen Standpunkt zu versetzen, von welchem aus die Lösung einer so großen Aufgabe allein möglich ist, und wir werden durch eine eingehende Kritik den Beweis dafür führen. Dessenungeachtet bleibt die vorliegende Schrift ein hochverdienstliches Werk, durch welches tüchtige Bausteine für die wissenschaftliche Begründung der deutschen Nationaleinheit gewonnen worden sind. Daß durch dieselbe zugleich die Wissenschaft vom Wohle der Völker gefördert worden, ist ein nicht minder hoch anzuschlagender Gewinn.

Zunächst werden wir uns den wesentlichen Inhalt der vorliegenden Schrift zu vergegenwärtigen haben.

Die Einleitung (S. 1—32.) stellt gewissermaßen den Prolog dar, durch welchen der Leser von den Resultaten der nachfolgenden Untersuchungen vorläufig in Kenntniß gesetzt wird. „Das deutsche Volk ist an einem entscheidenden Wendepunkt seiner Geschicke angelangt; die deutsche Nationaleinheit ist ein Product des innersten Volkslebens, nicht willkürlicher Staatenbildung; wir gehen mit naturgesetzlicher Gewißheit dem völligen Abschluß der Nationaleinheit entgegen. Nur in der Gesellschaft vermag der Mensch den Zweck seines Daseins zu erreichen, sich zu einem geistig begabten und edlen Wesen heranzubilden. Je größer die Vereinigung von Individuen, je größer die Gesellschaft, um so reicher entwickeln sich alle leiblichen und geistigen Kräfte des Menschen.

„Wie eine Menge von Naturgesetzen neben einander besteht und eins das andere bedingt, so tritt in allen Verhältnissen des Lebens uns die Thatsache entgegen, daß ein Prinzip, auf die Spitze getrieben, beim Gegentheil anlangt. Das oberste Gesetz des Lebens ist nämlich das Gesetz der Gegensätze, vermöge dessen eine Kraft durch die andere in Schach erhalten, gezügelt, gemäßigt, und dadurch Bewegung hervorgebracht, das Leben vor Fäulniß bewahrt und stets von Neuem gekräftigt wird. Dieses Gesetz, welches in der Polarität aller Kräfte und Stoffe der Natur existirt, finden wir in allen Lebensäußerungen der menschlichen Gesellschaft wieder, namentlich bei der Staatenbildung.

Dem Gesetz der Vergesellschaftung gegenüber steht das Recht der freien Individualität. Diese beiden Faktoren müssen miteinander in Einklang gebracht werden, nicht allein in den Beziehungen des Individuums zur Gesellschaft, sondern auch in denen ganzer Stämme und Völker-Gruppen gegenüber dem Staate. Ueberall, wo die eine dieser Mächte sich Uebergriffe gegen die andere erlaubt, kränkeln die Völker und Staaten, oder gehen gänzlich zu Grunde. Wo — wie im Alterthum — das Prinzip der Vergesellschaftung zur überwiegenden Geltung gebracht wurde, da ward bald die Freiheit des Individuums unter der Allmacht des Staates gebeugt, und dieser ging an dem Streben zur Universalmonarchie zu Grunde. Auf der andern Seite artet das Prinzip der Individualität auf die Spitze getrieben in Partikularismus und Kleinstaaterei aus, welche nur die kleinlichen Eigenschaften des Menschen zur Entwickelung und Geltung gelangen lassen, und den Staat aus innerer Ohnmacht und Mangel sittlicher Würde zur Beute fremder Eroberer machen. Frankreich war nahe daran, an der Uebertreibung des ersten, Deutschland an der des ersten und dann des zweiten zu Grunde zu gehen. Beide Gesetze miteinander in Einklang zu bringen, ist das Geheimniß einer Völker erhaltenden Staatskunst.

Deutschland ist durch die Vielheit und den Unabhängigkeitssinn seiner Stämme vor der Gefahr bewahrt, zur Universalmonarchie gedrängt zu werden, während diese Stämme sich genügend als Nation finden, und sie vereinigt mächtig genug sind, um jeden Angriff von Außen zurückwerfen zu können, und wir sehen hier alle Bedingungen eines dauernden und glücklichen Culturstaates gegeben. Außerdem besitzt das deutsche Volk alle die edeln und großen Eigenschaften, welche es vor den meisten andern auszeichnen und zu einer unverwüstlichen Lebensdauer befähigen.

Wenn das deutsche Volk trotz dieser Vorzüge in seiner staatlichen und nationalen Entwickelung hinter den Franzosen und Engländern zurückblieb, so giebt die Geschichte darüber genügende Antwort, wie die nachfolgenden Abschnitte zeigen werden.

Gallien war von den Römern erobert und centralisirt, es hatte Institutionen des römischen Staates überkommen und ist dadurch zu einem mächtigen Einheitsstaat emporgewachsen. Auch in Großbritannien entwickelte sich, wenn auch später, der Volks-Organismus zur Nationaleinheit. Das deutsche Muttervolk dagegen, in der Urzeit in eine Menge kleiner Stämme zertheilt, vereinigte sich nach der Völkerwanderung in vier große Stämme: die Franken, die Sachsen, Allemannen und Baiern. Wenn es den Franken unter Karl dem Großen gelang, alle deutschen Stämme unter Einem Oberhaupt zu vereinigen, so hatte diese Vereinigung doch keinen Bestand, da die innere Verschmelzung zu einem Volks-Ganzen noch nicht zu erreichen war. Auch mußte Deutschland in seiner einheitlichen Entwickelung deshalb zurückbleiben, weil die Leibeigenschaft, welche in England und Frankreich schon im 14. Jahrhundert vollständig aufgehoben war, in Deutschland bis Ende des vorigen Jahrhunderts fortdauerte; weil die Litteratur in jenen Ländern schon vor 300 Jahren in reicher Blüthe sich entfaltete, während in Deutschland die lateinische Sprache fast ein Jahrtausend lang den schriftlichen Verkehr vermittelte und erst um die Mitte des vorigen Jahrhunderts die gemeinsame hochdeutsche Schriftsprache entstand. (? ?)

Es drängt sich uns der Schluß auf, daß dem Abschluß der deutschen Nationaleinheit kein wesentliches Hinderniß mehr im Wege steht, sobald es gelungen ist, den Partikularismus der vier Hauptstämme zu entfernen. An diesem Werke arbeitet der Genius der Nation seit mehr als drei Jahrhunderten, und er ist nahe daran, es sieggekrönt zu vollenden. Durch seine Bibelübersetzung erhob Luther das Idiom des Frankenstammes zur Schriftsprache, erst von diesem Augenblicke an war eine gemeinsame deutsche Literatur möglich. Das ist Luther's größte That, daß er ein deutscher Glaubensheld war und durch seinen mächtigen Einfluß zum ersten Male die deutsche Nation durch ein geistiges Band vereinigte. Als nach jener dumpfen, schweren Nacht, welche dem Todeskampfe des dreißigjährigen Krieges gefolgt war, die erste Morgendämmerung heraufbrach, da verkündete auf einmal eine jubelnde Schaar von Dichtern und Weisen das

Herannahen des Lichtes dem noch in der Finsterniß der Thäler schlummernden Volke an. Seltsamer Weise traf die große Umwälzung des deutschen Geistes gerade mit der Regierung Friedrichs des Gr ßen zusammen, welcher nur eine geringe Meinung von der deutschen Literatur gte. Freilich war er ein Anhänger der jungen kritischen Richtung in Frankr. ch, der Encyclopädisten, und deshalb ein Anhänger der Freiheit der Forschung. Unter Friedrichs des Zweiten Regierung wurde Preußen der geachtetste und freieste Staat der Welt. Die Genialität, die Kühnheit, die Ausdauer, die in den verzweifeltsten Lagen sich bewährende Zähigkeit Friedrichs machten einen solchen Eindruck auf das gesammte deutsche Volk, daß es in dem König von Preußen keinen Rebellen gegen die Reichsgewalt, sondern einen nationalen Helden erblickte und vergötterte. Die Reihe von Friedensjahren, welche auf den siebenjährigen Krieg folgte, war für die nationale geistige Entwickelung überaus günstig. Der kriegerische Ruhm, mit dem das größte rein deutsche Land gekrönt worden war, hatte den Sinn des Volkes überhaupt wieder auf deutsches Wesen, deutsche Sitte, deutsche Geschichte hingelenkt, welche in der trüben Zeit des französischen Einflusses fast gänzlich in Vergessenheit gerathen war. Zugleich trat zum ersten Male in der Geschichte eine mächtige geistige Richtung auf, welche den deutschen Particularismus verdammte, die Absonderung der deutschen Stämme und gar die künstliche Scheidung der Landschaften für etwas Unwürdiges erklärte. Zum ersten Male wurde die Einheit Deutschlands Wahlspruch der Dichter, welche sie in ihren Werken zu verherrlichen und die Sehnsucht des Volkes danach zu erregen suchten. Die Wirkung war so ungeheuer, daß sich eine nahe Verwirklichung dieser schönen, wenn auch kühnen Träume denken ließ.

Das morsche deutsche Reich war unter dem Anprall der französischen Revolutionsheere zusammengesunken, auch Preußen mußte dem Feldherrntalente Napoleon's unterliegen, weil der Staat Friedrichs des Großen wieder ausgeartet war. Denn der Letztere hatte vergessen, seine geniale Schöpfung auf die sichere Grundlage der Selbstverwaltung des Volkes zu stützen. Als der König von Preußen das Glück hatte, den Freiherrn von Stein zu gewinnen, da wurde versucht, das Staatsgebäude auf die unerschütterliche Grundlage des Volkslebens, auf die Selbstverwaltung der Commune, auf die Volksbewaffnung, Hebung des Unabhängigkeitssinnes der Bürger, auf die Freiheit der Arbeit, kurz auf ächt germanische Volkselemente zu gründen. Inzwischen wirkten die Ueberbleibsel des ausländischen Einflusses noch immer so verderblich nach, daß französisches Präfectenthum, französischer Schein-Constitutionalismus, französische Polizeiwirthschaft, französische Reglementirerei, französisches Bevormundungs- und Spionir-System noch bis in die neueste Zeit hinein den Rechtssinn und Charakter des Volkes verletzten, und seine naturgemäße, gesetzliche Entwickelung zurückdämmten. Dem französischen Präfectenthum in Deutschland war es zwar gelungen, den Volksgeist in eine solch falsche Richtung zu bringen, daß er sich daran gewöhnte, und es ganz in der Ordnung fand, daß auch die volksthümlichen Einrichtungen aus Frankreich, von woher seit zwei Jahrhunderten nur Unheil gekommen war, importirt werden sollten. Nach der Julirevolution wurde daher sogar von einem Theile der Volkspartei zu Gunsten scheinconstitutioneller Freiheit der Particularismus gehegt, allein im Ganzen war die nationale Bewegung doch bereits mächtiger als vorher, und nahm, wie aus dem von 30,000 Menschen besuchten Hambacher Fest hervorgeht, schon ein weit größerer Theil des Volkes an den nationalen Einheitsbestrebungen Theil. Auch diese Zeit forderte wieder ihre Opfer und Märtyrer, allein mit um so größerer Gewalt brach die nationale Einheitsidee bei der nächsten Krisis hervor. Im Jahre 1848 war bereits die ganze Nation davon ergriffen, und einem kriegserfahrenen und kühnen Fürsten wäre es vielleicht möglich gewesen, die Einheit zu begründen. Allein in Ermangelung eines solchen scheiterte die Bewegung, weil der Anstoß zu derselben nicht von innen, sondern von außen gekommen war, weil, mit anderen Worten, der organische Entwickelungsprozeß des Volks noch nicht weit genug gediehen war. Es scheint, daß vielmehr die deutsche Nation ihren ganzen innern Entwickelungsprozeß zur Reife und Mündigkeit erst vollenden müsse, ehe sie zum Abschluß ihrer politischen Einheit gelangt.

Dazu gehört in zweiter Linie die volkswirthschaftliche Entwickelung. Bei dem Wiener Congreß waren von den vielen Hunderten von Zollgebieten nur noch einige Dreißig übrig geblieben, und als im Jahre 1836 von 28 Staaten der Zollverein abgeschlossen wurde, da war wenigstens auf materiellem Gebiete eine Einheit hergestellt, wie sie während der ganzen Existenz des deutschen Reiches nicht bestanden hatte. Wie der Zollverein die Interessen verband, die deutschen Stämme einander näher führte, und mit fast unauflöslichen Banden zusammenschloß, welche große Fortschritte die materielle Einigung der Nation durch Post, Münzcovention und gemeinsames Wechselrecht gemacht, — wie in dem größten und maßgebendsten Theile Deutschlands, wenigstens in materieller Hinsicht die Einheit Deutschlands hergestellt wurde, das müssen wir der ausführlichen Darlegung überlassen. Aber eines großartigen Moments müssen wir noch gedenken, — wir meinen die Eisenbahnen. Durch die Eisenbahnen wurde Raum und Zeit in Hinsicht auf den Verkehr um das Fünffache verkürzt. Die Länder schrumpfen zusammen und die Menschen nähern sich einander. Damit ist auf dem natürlichen Wege vollbracht, was die Franken und Normannen nur mit Feuer und Schwert durchgesetzt haben. Die Spaltung der Stämme und der Partikularismus, die ersten Hindernisse der deutschen Nationaleinheit, werden faktisch aufgehoben, und der Abschluß der Form ist nur noch eine Frage der Zeit und der günstigen Gelegenheit.

Ein mächtiges Mittel zur Herstellung der Nationaleinheit ist endlich — die Presse. Dieselbe entwickelte sich vollständig im gleichen Verhältnisse mit dem Volksbewußtsein. Sie trug, vom Zwerge zum Riesen emporwachsend, die Aufklärung über das Nationalinteresse, welche zuerst nur in wenigen Köpfen leuchtete, allmählich über das ganze gewaltige Volk. Welchen ungeheueren Fortschritt der Nationalgeist seit kaum 50 Jahren gemacht hat, davon bieten neuere Thatsachen einen erfreulichen Beweis. Als der Rheinbund abgeschlossen wurde, hatte die Bevölkerung der betreffenden Staaten gar kein Bewußtsein der Schmach, die ihr angesonnen wurde, und wer über Landesverrath hätte klagen wollen, hätte in der öffentlichen Meinung Deutschlands keine Stütze gefunden, — heute haben die bairischen, nassauischen und sächsischen Landstände bei der ersten entfernten Kriegesdrohung von Seiten Frankreichs einstimmig wie ein Mann Vorsichtsmaßregeln von ihren Regierungen verlangt.

Fassen wir alles zusammen, so finden wir, daß die Natur der Elemente, aus welchen Deutschland zusammengesetzt ist, und sein ganzer Entwicklungsgang einen rascheren Abschluß der Nationaleinheit unmöglich gemacht haben, daß Deutschland vielmehr auf organischem Wege mit naturgesetzlicher Gewißheit seiner Einheit entgegen geht. Ein gewaltsamer Verschmelzungs-Prozeß in früherer Zeit würde der Sache vielleicht kaum etwas genützt haben, und so würden auch jetzt gewaltsame Versuche von der einen oder der andern Seite, so lange nicht die ganze Nation wie Ein Mann über eine gewisse Organisation einig ist, dem formellen Abschluß eher schaden, als nützen, denn der Mensch kann zwar zusammenleimen, — zusammenwachsen läßt nur die Natur.

Die deutsche Nationaleinheit ist nothwendig, weil nur in diesem einheitlichen Organismus jene hohen Gaben ihre vollständige Ausbildung erlangen, und jene Werke hervorgebracht werden können, welche die höchste und längstandauernde Culturepoche der Menschheit anbahnen und vollenden helfen. Unter allen Racen ist die germanische die edelste, naturkräftigste und unverdorbenste. Unter dem Geschlechte der Germanen mögen die Deutschen in einzelnen Eigenschaften den ihnen verwandten Völkern nachstehen, — in den Eigenschaften aber, von welchen der Fortschritt, das Wachsthum und die Entwickelung zum Bessern abhängt, — d. h. in Genialität oder Schöpferkraft, in Sittlichkeit, Gemüthstiefe, Verstand und Phantasie, in Fleiß, Sparsamkeit und Ordnungssinn, an Muth und Tapferkeit, stehen sie keinem der Besten nach.

Wie wir daher der Meinung sind, daß wir erst am Anfang einer Culturepoche stehen, welche der Fortentwickelung der höchsten Güter der Menschheit noch eine weite Perspective eröffnet, — so sind wir der Ueberzeugung, daß der deutschen Nation in dieser Periode eine der ersten Rollen vorbehalten ist, — daß sie deutsche Gesittung, deutsche Wissenschaft und deutsche Kunst über die ganze Welt zu verbreiten berufen ist.

In den folgenden Artikeln werden wir der Entwickelung des Verfassers noch im Detail folgen und demnächst zur Erörterung der deutschen Einheitsfrage und der wesentlichen Momente schreiten, durch welche deren Lösung nach den Vorschlägen des Verfassers wie vom Standpunkt der Sozialpolitik aus bedingt wird.

II.

In dem ersten Abschnitt: „die Entwickelungs-Gesetze“ erscheint uns bemerkenswerth, daß die organische Natur der Gesellschaft und des Staates auf das Bestimmteste anerkannt und auf die Entwickelungsstufen dieser Organismen hingewiesen wird. Der Verfasser äußert in dieser Beziehung: „So ist z. B. die Sklaverei ein socialer Fortschritt gegen denjenigen Zustand, wo die Menschen noch Kannibalen sind, d. h., wo sie die im Kriege gemachten Gefangenen tödten oder gar verspeisen. Um die Kriegsgefangenen am Leben erhalten zu können, statt sie zu tödten, dazu gehörte ein vorgeschrittener Culturzustand, die Sieger mußten schon aus dem Besiegten irgend einen Vortheil zu ziehen oder sie zu ernähren wissen. Dies zu thun sind die Jägervölker nicht Stande, sie müssen schon Viehzucht oder Ackerbau treiben. Um nun einen Schritt weiter zu gehen, und die Aufhebung der Sklaverei oder der aus ihr hervorgegangenen milderen Leibeigenschaft zu ermöglichen, ist ein vorausgehender wirthschaftlicher Fortschritt nothwendig, d. h. das Volk muß in seiner Entwickelung soweit vorangeeilt, seine industriellen Zustände müssen soweit vervollkommnet sein, daß die Freigelassenen im Stande sind sich zu ernähren. Die Griechen und Römer konnten über Sklaverei und Leibeigenschaft nicht hinauskommen und sind deshalb zu Grunde gegangen, während die germanischen Völker diese niederen Wirthschaftsformen aus eigner, innerer Kraft überwunden haben, und sie eben deshalb berufen sind, in neuer organischer Gliederung eine völlig neue Zeit harmonischer Vergesellschaftung ins Leben zu führen. Nach dieser inneren Entwickelung muß sich auch die äußere Form der Verfassung richten und fortbilden."

„In jedem Staat besteht ein fortschreitendes und ein erhaltendes Element, wovon das erstere vorzugsweise von der Jugend, das letztere vom Alter repräsentirt wird; und darnach pflegen sich auch die Parteien in zwei große Hauptgruppen, in eine conservative und in eine Fortschrittspartei zu sondern. Unter diese beiden Gruppen vertheilen sich sämmtliche Parteien und Fraktionen, mögen sie Aristokraten oder Demokraten, Whigs oder Tories, Reaktionäre oder Revolutionäre, Liberale oder Radikale heißen.

„Die conservative Partei will das Bestehende erhalten, die Fortschritts-Partei will fortwährend neue Zustände herbeiführen, Veränderungen und Neuerungen, soweit sie solche für Besserungen hält, bewerkstelligen. Eine weise Staatskunst sucht nun das Gleichgewicht zwischen beiden Faktoren herzustellen; denn es gereicht dem Ganzen gleichmäßig zum Nachtheil, ob die eine oder die andere Partei ausschließlich und dauernd die Herrschaft besitzt. Sind nur die Ideen, Wünsche und Befehle der conservativen Partei maßgebend, dann geräth das Staatsleben, gleich wie ein stehendes Wasser, allmälig in Fäulniß.

„Auf der andern Seite ist eine Fortschritts-Partei, wenn sie widerstandslos die Herrschaft führt, gar leicht geneigt, immerfort Neuerungen zu suchen, die gerade keine Verbesserungen sind. Es wird dann häufig fort verbessert, bis das Gute selbst beseitigt ist. Deshalb, lehrt uns die Geschichte, sind alle ausschließlichen Demokratieen in Despotieen ausgeartet. Durch eine seltsam glückliche Schickung machte sich das richtige Verhältniß der Conservativen und der Fortschritts-Partei in England schon in früher Zeit geltend. Das conservative Element, durch Grundbesitz, Fideikommiß, geistliche und wissenschaftliche Autorität vertreten, bildete den einen Theil der National-Vertretung, — und Abgeordnete, die aus freier Wahl des Volkes nach einem Census hervorgingen, der im Verhältniß der fortschreitenden Bildung der Bevölkerung erweitert wird, bilden den andern, den das fortschreitende Element darstellenden Körper der National-Vertretung. Durch das Wechselspiel und das Gleichgewicht dieser beiden Körper wurden im Laufe der Zeit stets diejenigen Gesetzformen und derjenige Grad politischer, wirthschaftlicher und religiöser Freiheit errungen, welchen der jeweilige Bildungs-Kreis der Nation erheischte. Ueber diesen beiden Faktoren, die das Gesetz der Gegensätze repräsentiren, steht die Exekutivgewalt, das Staatsoberhaupt, welches den Dualismus zu einem Ganzen verbindet und dem Staats-Organismus in doppeltem Sinne die Krone aufsetzt. Von dem harmonischen Gleichgewichte dieser drei Faktoren hängt das Wohl des Staates ab, und wo der eine derselben das ihm zukommende Maß von Recht gewaltsam überschreitet entstehen Störungen und Uebel im Staate, welche zuletzt immer auf das Haupt des Urhebers zurückfallen.

In dem dritten Abschnitte wird die „Entwickelung des Staatswesens in Frankreich" beleuchtet. Die Römer beherrschten die Gallier über 400 Jahre und drückten ihnen vollständig ihr Gepräge auf. Sie wurden in Sprache, Sitten und Rechtsverfassung römisch, und als das Christenthum eingeführt wurde, war römische Cultur und römische Centralisation allmächtig. Neben dieser fanden die Franken in Gallien auch die Centralisation im Civilrechte, in der Finanzverwaltung und in der Kirche vor, imgleichen ein vollständig ausgebildetes Zollsystem und eine vollständig gegliederte Hierarchie. Sogar die freien Franken wurden im Laufe der Zeit gezwungen, ihr Eigenthum an den König abzutreten, unter der Bedingung, daß er sie wieder damit belehnte. Sie wurden daher aus semperfreien Territorialherren Lehnsvasallen des Königs. So vergrößerte sich schon unter den Merovingern die Königliche Macht fortwährend zu Gunsten der Centralisation auf Kosten der freien Individualität. Durch die Ueberzahl der eingeborenen Bevölkerung waren die Franken überdies genöthigt, einen Militärstaat zu errichten, in welchem sie das ganze Land wie mit eisernem Netze umspannten und der Centralisation noch weiteren Vorschub leisteten. Diese ward zugleich durch das Römische Recht, durch Erfindung des Schießpulvers u. s. w. gefördert. Aber auch der Convent, als er die Guillotine aufpflanzte, trat nur an die Stelle der Krone, mit einer womöglich noch absoluteren Gewalt. Und nachdem tabula rasa gemacht, alle Standesunterschiede aufgehoben, die ganze Geschichte ausgewischt, war es Napoleon möglich, jenen Staat von Bedienten aufzubauen, wie er heut zugleich unsern Ekel, wie unser Mitleid herausfordert. Frankreich ist gegenwärtig auf einer Spitze der Centralisation angelangt, mit welcher die individuelle Freiheit, oder wenigstens derjenige Grad von Freiheit, welcher für den Culturzustand der civilisirten Völker unentbehrlich ist, sich nicht verträgt. Wir sehen das französische Volk seit 70 Jahren vom Regen in die Traufe kommen. Nur in Beziehung auf ihren Nationalstolz wird man den Franzosen einen Vorsprung vor Deutschland einräumen dürfen, welches sich ohne Centralisation weit langsamer entwickelte, aber auch niemals der Schauplatz solcher Verbrechen und Justizmorde war, die das Centralisationswerk in Frankreich vollbringen half.

In dem vierten Abschnitte, „Entwickelung des Staatswesens in England", wird ausgeführt: Nur den südlichen Theil von Britannien haben die Römer erobert und gegen 300 Jahre beherrscht. Indessen gelang es ihnen nicht, die Bewohner so vollständig mit ihrer Cultur zu durchdringen, wie deren festländischen Stammverwandten. In Frankreich fanden die Germanen einen vollständig gegliederten centralisirten Staat vor, mit einer der Zahl und Bildung überwiegenden Bevölkerung, welche sie durch eine strenge militärische Organisation niederhalten konnten, deren Sprachen und Sitten sie allmählig annahmen, — in Britannien vernichteten die germanischen Einwanderer die Reste römischer Cultur, vernichteten die eingeborene Bevölkerung oder sogen deren Reste gänzlich in sich auf; in Britannien wurde Bevölkerung, Sprache, Sitte, Religion, Verfassung, Alles deutsch. Die streng militairische Gliederung der Normannen und deren französische Cultur war es, welche ihnen die dauernde Oberherrlichkeit über die Sachsen erringen half. Auch war es die christliche Geistlichkeit, die den starren Sinn der alten Sachsen nie ganz hatte unterwerfen können, welche die Unternehmungen der Normannen unterstützte.

England wurde nach dem Siege der Normannen bei Hastings in 60,000 Ritterlehen vertheilt, deren jedes die Verpflichtung hatte, einen vollbewaffneten Mann für einen Feldzug zu stellen und zu verpflegen. Das Reichsgrundbuch aus dem Jahre 1086 weist 60,215 Ritterlehen nach, und zwar 1422 als Vorbehalt des Königs, 28,115 zur Ausstattung der Kirche und über 30,000 als Ausstattung der weltlichen Mannen. Die Durchführung der Lehnsverfassung war so streng, daß es nach Wilhelm dem Ersten kein Allodium mehr gab und daß es noch heute geltende englische Grund-Maxime ist: „daß der König der allgemeine Herr und ursprünglicher Eigenthümer aller Ländereien in seinem Reiche ist." Trotz der französischen Sitte und Sprache der Normannen ging die Verschmelzung mit den Eingeborenen rascher und vollständiger vor sich, als in Frankreich, weil beide Volksstämme der germanischen Race angehörten und weil durch die besondere Einrichtung der normännischen Erbfolge mittelst des Erstgeburtsrechts alle nachgeborenen Söhne der Normannen ohne Grundbesitz waren und dem niedern Adel angehörten und daher von der Masse des sächsischen Stammes aufgesogen wurden. Nach der Verschmelzung der Sachsen und Normannen trat die alte sächsische Volksvertretung wiederum in Wirksamkeit. Schon im Jahre 1283 wurde ein großes Parlament zusammenberufen, welches aus 111 Grafen und Baronen, 2 Rittern aus jeder Grafschaft, aus Abgeordneten von 21 Städten und aus 17 Mitgliedern des ständischen Staatsrathes bestand. Die Scheidung in ein Ober- und in ein Unterhaus ging stillschweigend, ohne eine besondere Anordnung, von selbst vor sich, und war schon unter Eduard II., also zu Anfang des 14. Jahrhunderts, anerkannte Thatsache. Erst zu Anfang des vorigen Jahrhunderts wurde Großbritannien in Ein Königreich verwandelt, erst zu Ende desselben verschmolzen sämmtliche Einwohner desselben zu Einem Volke und erst in der Mitte dieses Jahrhunderts, nach einem tausendjährigen Kampfe, beginnt Irland in England aufzugehen. So schwer war der Entwickelungs-Prozeß zur National-Einheit in England.

Der fünfte Abschnitt handelt von der Entwickelung des „Staatswesens in Italien."

Die Römer hatten das von verschiedenen Völkerschaften bewohnte Italien erobert, centralisirt und beinahe 1000 Jahre lang beherrscht. Nach Eroberung durch die Germanen hätte unter dem Einfluß der Ueberbleibsel der römischen Cultur- und des römischen Staatswesens ein junger, ein neuer Einheitsstaat unter der Oberherrschaft irgend eines der deutschen Stämme entstehen müssen. Bald zeigte sich indeß das Hinderniß, welches bis auf den heutigen Tag die Einigung Italiens gehemmt hat. Italien, Spanien und Gallien waren bereits zum Christenthum bekehrt und die päpstliche Macht begann ihren Einfluß auf die Fürsten und Völker dieser Länder zu erstrecken. Der Pabst, obgleich der Träger eines neuen Culturelements, stand doch gewissermaßen als der geistige Erbe der römischen Weltherrschaft da, und schon früh läßt sich das Streben der römischen Kirche nach der geistigen Weltherrschaft erkennen. Der heilige Stuhl mußte von der Ueberzeugung erfüllt sein, daß der Papst, um diesen ungeheuren Zweck zu erreichen, zunächst in Italien festen Boden fassen müsse und daher keine gleichberechtigte oder gar über ihm stehende Macht für die Dauer aufkommen lassen dürfe. Eine solche Macht wäre der Beherrscher eines einheitlichen Italiens gewesen. Die Politik der Päpste war daher consequent darauf hingerichtet, Italien uneinig zu erhalten und, wo die eigenen Mittel zu diesem Zwecke fehlten, auswärtige Mächte zu Hülfe zu rufen; die letzteren aber selbst, wenn sie gefährlich zu werden anfingen, durch andere innere oder äußere Mächte zu paralysiren. Diese Politik zieht sich durch das ganze Mittelalter hindurch; sie wirft namentlich auf die Geschichte des deutschen Reichs ein grelles Licht und beweist, daß die meisten deutschen Kaiser blinde Werkzeuge des päpstlichen Stuhles waren.

Der sechste Abschnitt endlich enthält eine Entwickelung des „Staatswesens in Deutschland.

Bereits der erste Artikel enthält dieserhalb die allgemeinen Umrisse; wir müssen im Uebrigen auf die Schrift selbst verweisen und uns darauf beschränken, den Verfasser über die Ereignisse der neuesten Zeit zu hören. Nach Verurtheilung der Metternich'schen Politik äußert derselbe (Seite 400 u. f.):

„Eine ächt conservative Politik muß daher vor Allem historisch sein, d. h. sie darf keine Phantasiegebilde, keine Luftschlösser, keine abstracten Theorien, keine willkürlich gemachten Systeme als Ziel vor Augen haben und ins Leben zu führen suchen. Die natürliche Staatsform der germanischen Völker ist diejenige, wo die Macht der Könige und Fürsten beschränkt ist und wo bei allen wichtigen Fragen der Wille des Volkes gehört werden muß. Diese Einrichtung bildet den Grundzug der politischen Organisation aller germanischen Völker, er ist ein Ausfluß ihrer innersten Natur, welche nur mit ihnen selbst vernichtet werden kann. Als mit Auflösung des deutschen Reiches auch der Reichstag zu Grunde gegangen war, tauchte die Forderung der Volksvertretung sofort in allen nationalen und patriotischen Kreisen auf. Statt aber die Bundesverfassung nach Prinzipien germanischer Staatenbildung zu organisiren, wurde nur ein loser Bund selbstständiger Staaten gemacht, bei dem der Wille des Volkes gar nicht gehört wird. In dieser Unterlassungssünde liegt die Hauptursache unserer deutschen Verfassungswirren, und daß die an und für sich nützliche Institution des Bundes allmählich mit Widerwillen betrachtet wurde. Nicht einmal zu einem gemeinsamen Gerichtshof konnte es der Bund bringen, obgleich derselbe bei der Verwickelung der Territorial-Verhältnisse eine dringende Nothwendigkeit gewesen wäre.

„An die Durchführung einer staatlichen Reorganisation Deutschlands war in den dreißiger Jahren noch nicht zu denken, weil damals Metternich's Einfluß in Deuschland noch allmächtig war, weil man also Oben keinen guten Willen hatte, weil man im Volke zwar die Unzulänglichkeit der Bundesverfassung erkannte, aber noch nicht bestimmt wußte, auf welche Weise man dieselbe verbessern, oder was man an ihre Stelle setzen sollte. Auch noch in der Periode, die dem Jahre 1848 vorhergeht, sehen wir im Keime die Ursachen, welche die großartige Bewegung des genannten Jahres äußerlich fehlschlagen ließen — den französischen Einfluß. Wir sehen die politischen Parteien der constitutionellen deutschen Staaten sammt und sonders nach französischer Schablone sich richten: vom Programm bis zum Namen der Parteien wurde Alles aus Frankreich genommen. Die Reformpartei beging den Mißgriff, trotz aller üblen Erfahrungen, auch jetzt ihre Reform-Pläne gleich einer Mode von Paris zu beziehen. Und soweit ging die Nachahmung, daß es während der Bewegung des Jahres 1848 Viele gab, welche sich einbildeten, dieselbe müsse gerade ebenso verlaufen, wie die erste französische Revolution.

„Nachdem die deutsche Reichsversammlung zusammengetreten, war es der oberste Fehler, daß sie bei der Verfassungsfrage zu wenig Gewicht auf die Selbstgestaltungskraft des germanischen Volksthums legte und, von französischen Anschauungen inficirt, zu doctrinair an Systeme und papierene Formen sich klammerte. Die großartigste aller Volksbewegungen ist an der Unfähigkeit ihrer Führer zu Grunde gegangen.

„Nichts stellt klarer zu Tage, daß die Germanen und kein anderes Geschlecht die Träger der neuen Culturepoche sind, als eine Parallele der neuesten volkswirthschaftlichen Bewegungen Deutschlands mit den socialistischen Bestrebungen Frankreichs. Während diese auch die Privatwirthschaft unter die Vormundschaft des Staates stellen wollen, also bei Durchführung ihrer Systeme den Despotismus der Centralisation noch gesteigert hätten, wollen die socialen Bestrebungen in Deutschland ihre Schöpfungen auf die Basis der Selbsthülfe und der Selbstverwaltung, die beiden Pfeiler des deutschen Volksthums, erbauen. Das Genossenschafts-Wesen, welches wie von einem kleinen Samenkorn von unscheinbarem Anfang ausging, mehre Jahre mit harten Widerwärtigkeiten zu kämpfen hatte, jetzt aber bereits gegen 100 Vereine umfaßt, führt praktisch und ohne Beihülfe des Staates, mittelst der Selbsthülfe das große Werk aus, welches die französischen Socialisten mit Hülfe des Staates vergeblich angestrebt haben

— die Selbstständigkeit des kleinen mittellosen Handwerkers, die Emancipation des Arbeiters von dem Monopol des großen Capitals, — indem sie durch die Solidarität der Genossen, welche dieselbe Bürgschaft gewährt, als der große Besitz der Einzelnen, creditfähig macht."

In dem siebenten Abschnitt „Gegenwart und Zukunft" sagt unser Autor endlich, was er will.

Um unseren Grundsatz der Gleichberechtigung der Gewalten, der Versöhnung der Gegensätze, wodurch allein stets Großes in der Welt vollbracht worden ist, nach allen Richtungen hin festzuhalten, würden wir uns auch für Trennung der Nationalversammlung in zwei Abtheilungen oder Häuser erklären. Weil aber das Interesse der Einzelstaaten bereits in der Bundesversammlung ihre Vertretung findet, so würden wir neben der Abtheilung, welche aus von allgemeiner Wahl des ganzen Volkes hervorgegangenen Abgeordneten bestände, nicht ein Staatenhaus, also eine zweite Repräsentation des einzelstaatlichen Partikularismus, hinstellen, sondern eine Repräsentation der Nation als Einheit, und zwar in ihren Ständen. Wir würden vorschlagen, daß das Oberhaus aus erblich und auf Lebenszeit berechtigten Mitgliedern, sowie aus Abgeordneten von Corporationen bestehn. Wir würden den mediatisirten Fürsten den erblichen Sitz im Oberhause einräumen, der Ritterschaft gestatten lebenslängliche Repräsentanten zu ernennen, und den Universitäten, den Handels- und Gewerbekammern das Recht der Abordnung ständischer Vertreter zuerkennen. Bei einer solchen Zusammensetzung der Nationalversammlung wären einerseits die National-Interessen vollständig gegen den Partikularismus gewahrt, andererseits fänden die Staatsinteressen in der Bundesversammlung, welcher sogar ein unbedingtes Veto eingeräumt werden könnte, ihre vollständige Vertretung. Ueberdies wäre durch das Ständehaus das conservative und erhaltende Princip, in dem Volkshause das fortschreitende Element gewahrt.

Die Geschäfte der National-Versammlung wären leicht begrenzt. Um ihren Einfluß auf eine solide Grundlage zu bauen, müßte der Centralbehörde, solange die Verhältnisse die Uebertragung der Zollangelegenheiten in ihre Hand noch nicht gestatten, wenigstens das Recht eingeräumt werden, in außerordentlichen Fällen allgemeine Reichssteuern auszuschreiben und Anlehen auf dieser Basis zu contrahiren. Die Frage des Krieges und Friedens müßte vor ihr Forum gebracht werden, wenn ihr auch nicht die entscheidende Stimme dabei eingeräumt würde. Endlich müßten alle allgemeinen deutschen Interessen in der Nationalversammlung ihre Berathung finden, also z. B. die Einführung eines Civil- und Criminalgesetzbuches, eines Handels- und Seerechtes, gemeinschaftliche Handels- und Gewerbegesetzgebung, Einführung einerlei Münze, Maßes und Gewichtes, die Aufsicht über Wasserstraßen, Regelung der Freizügigkeit, Vertretung der Interessen aller Deutschen im Auslande, Verhältniß des Staates zur Kirche, Oberaufsicht über die Universitäten, die Pflege des Nationalgeistes durch Unterstützung von Gelehrten, Dichtern, Künstlern u. s. w. Neben der Volksvertretung müßte als selbstständiges Organ ein Bundesgericht, welches über Zwiste zwischen den einzelnen Staaten, zwischen diesen und deren Unterthanen, sowie über Competenz-Conflicte der Einzelstaaten und der Central-Gewalt u. s. w. zu entscheiden hätte. Dies wäre eine dem zweitausendjährigen historischen Boden entsprossene, wahrhaft organische Verfassung.

Im achten Abschnitt werden als Resultat der historischen und nationalökonomischen Untersuchungen zwölf Thesen hingestellt, welche gewissermaßen die Grundgesetze bezeichnen, auf denen nach der Ansicht des Verfassers die deutsche National-Einheit zu erbauen ist. Sie sind in der vorstehenden Skizze enthalten und werden in unserem folgenden Artikel beleuchtet werden.

August v. Bethmann-Hollweg.

Ein Charakterbild.

Moritz August von Bethmann-Hollweg wurde geboren am 18. April 1795 zu Frankfurt a. M. Sein Vater war ein reicher Kaufmann, Associé des berühmten Hauses v. Bethmann; er hatte bei Gelegenheit eines Besuches der Salzmann'schen Erziehungsanstalt im Schnepfenthal den später berühmten Geographen Ritter kennen gelernt, Interesse an ihm gewonnen und sich bereit erklärt, denselben auf seine Kosten studiren zu lassen, im Fall sich derselbe verpflichte, später als Erzieher seiner eigenen Kinder in sein Haus einzutreten; der junge Ritter war auf diese Bedingung eingegangen, hatte in Halle studirt und trat nun im Jahre 1798 in das Hollweg'sche Haus ein, als er selbst 19 Jahre, August Hollweg erst 3 Jahre alt war. Unter seiner häuslichen Leitung besuchte dann August Hollweg, als er soweit herangewachsen war, das Gymnasium seiner Vaterstadt, an der nicht unbedeutende Männer, wie Grotefend, Mathiä, Schlosser thätig waren. Schon von 1807 ab hatte er mit seinem Bruder, der später in der Blüthe der Jahre starb, unter Ritters Führung Reisen nach der Schweiz, Italien u. s. f. gemacht; als er aber 1811 seine wissenschaftliche Vorbildung vollendet hatte, reiste er auf mehrere Jahre (1811 bis 1813) mit seinem Lehrer nach der Schweiz und nach Italien, bis zur Südspitze von Sicilien hin. Ostern 1814 siedelten beide Brüder mit Carl Ritter nach Göttingen über, um dort die akademischen Studien zu beginnen. Hier war es der berühmte Hugo, der von großem Einflusse werden sollte für die Grundlage seiner juristischen Bildung; und wiederum, als er im Jahre 1815 die Universität zu Berlin bezog, wurde ein Jurist erster Größe, v. Savigny sein Lehrer. Nach zwei Seiten hin sollte der Aufenthalt in Berlin bedeutungsvoll für sein Leben werden. Er wurde zunächst ergriffen von dem in Verhältniß zu seiner Vaterstadt großartigen politischen Leben des preußischen Staates und beschloß, „weil er in ihm des deutschen Vaterlandes Hort erkannte" Preußen zur Heimath seines Wirkens zu machen. In Folge dessen habilitierte er sich im Jahre 1819 — die Doctor-Dissertation war „De causae probatione" — an der Universität zu Berlin als Docent der Rechte; nach wenigen Jahren erhielt er an derselben Universität eine ordentliche Professur für Civilrecht und Prozeß; im Jahre 1829 wurde er in gleicher Eigenschaft nach Bonn versetzt, wo er bis zum Jahre 1842 als Lehrer thätig war; von da ab bis zum Jahre 1848 war er der Königliche Curator der Universität, und außerdem seit 1845 Mitglied des Staatsrathes, in den er durch das besondere Vertrauen Friedrich Wilhelms IV. berufen worden. Die Katastrophe von 1848 führte ihn auf das Gebiet einer mehr praktischen und allgemeineren Thätigkeit, theils als Vorsitzender des deutschen Kirchentages, theils als Mitglied der Kammern, endlich als Kultusminister.

In anderer Beziehung war sodann der Aufenthalt in Berlin für Bethmann-Hollweg bedeutungsvoll geworden, insofern der Verkehr mit Savigny und anderen hervorragenderen Männern der Wissenschaft dazu mitwirkte, daß er sich in seiner Denk- und Anschauungsweise der historischen Schule anschloß und in ihrem Geiste später lehrte und schrieb. Zeugniß geben davon seine juristischen Werke. Es sind das: Erstens: Handbuch des Civilprozesses, von Dr. August Bethmann-Hollweg, ord. Prof. der Rechte zu Bonn. Erste Abtheilung: Geschichte. Erster Band: Justinianisch-Römisches Recht. Bonn bei Marcus 1834. Das Werk machte großes Aufsehen in der gelehrten Welt; es zeugte von einer gründlichen, quellenmäßigen Forschung, von einsichtsvoller Interpretation der Quellen, und verband mit allen diesen guten Eigenschaften gewandte und leichte Darstellung. Es ist das Buch noch jetzt für die darin behandelte Zeit eine Autorität in der Wissenschaft; an eine Fortsetzung und Vollendung des Werkes wird wohl nicht mehr zu denken sein, zumal das Ganze mehr als ein Menschenleben erfordern würde. Ein zweites Werk des Herrn von Bethmann-Hollweg trägt den Titel: „Ursprung der Lombardischen Städtefreiheit. Eine Untersuchung von M. A. v. Bethmann-Hollweg. Bonn bei Marcus 1846." Der Verfasser tritt in diesem mit Erfolg seinem Lehrer Savigny als selbstständig gegenüber, indem er — was auch später von Hegel begründet ist — nachweist, daß die lombardische Städte-Verfassung nicht eine Fortsetzung der römischen Municipal-Verfassung gewesen sei, während v. Savigny dasselbe behauptet hatte. Eine dritte Schrift von v. Bethmann erschien im Jahre 1850 als Gratulationsschrift zu Savigny's Jubiläum; sie führte den Titel: „Ueber die Germanen vor der Völkerwanderung. Bonn, bei Marcus, 1850." Auch dieses Werk zeugt von Frische der Auffassung und feinem historischen Sinne für die organische Entwickelung des Gemeinde- und Staatslebens, auch hier ist die Richtung eine historische, gerichtet gegen alle Construction staatlicher Verhältnisse nach abstracten Begriffen. Außer der erwähnten Dissertationsschrift und jenen drei wissenschaftlichen Werken ist für die Charakterisirung der literarischen Thätigkeit des Herrn von Bethmann noch hervorzuheben, daß er Mitherausgeber des rheinischen Museums in Bonn war, und sodann, daß er in Gemeinschaft mit Bluhme in Verona den neu aufgefundenen Codex des ächten Gajus untersuchte und wichtige und gelungene Conjecturen machte, von welchen viele allgemein anerkannt werden.

Erwägen wir diese wenigen biographischen Data, so lassen sie eine Reihe von Schlüssen auf den Charakter des Herrn v. Bethmann machen. Sohn geistvoller Eltern, namentlich einer geistvollen, christlich gesinnten Mutter; aufgewachsen in einem Hause, in dem die geistig bedeutendsten Männer und Frauen der alten und ehrwürdigen Kaiserstadt verkehrten; wissenschaftlich vorgebildet durch Männer, wie Ritter, Grotefend, Schlosser, Mathiä; durch Reisen vertraut gemacht mit mancherlei Völkern, Sitten, Gesetzen und Einrichtungen; durch eigene Begabung, sowie durch den Einfluß akademischer Lehrer der historischen Schule zugeführt; von Natur sehr tief- und zartfühlend — ein Erbtheil seiner Mutter —, aber auch, was bei einem Manne von öffentlicher Stellung in diesem Falle nothwendige Folge ist, leicht gereizt und verwundet; nehmen wir endlich noch hinzu, was auch nicht ohne Wichtigkeit ist, daß ihm von der Jugend an alle irdischen Güter im Ueberfluß zu Gebote standen, die zu seiner Ausbildung erforderlich waren, und daß er als Mann nie nöthig hatte, seinem angeborenen Triebe Gutes zu thun und zu helfen, wo Hilfe nothwendig war, Zwang anzuthun; — erwägen wir diese, wie viele andere Momente von geringerer Bedeutung, werden wir da nicht veranlaßt, gewisse Schlüsse auf den Charakter des Mannes zu machen, auf sein Thun und Lassen in stürmischer Zeit, auf sein Thun und Lassen als praktischer Staatsmann? Denken wir uns dagegen den Sohn eines Edelmannes der östlichen Monarchie, ich will sagen Pommerns; aufwachsend im Anblick der an der Wand hängenden Waffen seines Vaters, genährt mit kriegerischen Traditionen, einfach erzogen, umgeben von ungebrochenen Charakteren und einfachen Umgebungen, in gereifter Jugend selbst längere Zeit im Regimente dienend, in dem schon sein Vater und Großvater gedient haben: wie so ganz anders muß sich die geistige Richtung und der Charakter bestimmen, wie weit einfacher muß da die Denkweise, müssen da die sittlichen Anschauungen sein!

Gehen wir nach diesen Zwischenbemerkungen zum Jahre 1848 über. Die Katastrophe dieses Jahres führte Herrn v. B. aus der stillen, mehr privaten Wirksamkeit in die Stürme des öffentlichen Lebens. Seinem scharfen Auge, seiner tiefen Auffassung, die den Grund der Erscheinungen leicht zu finden weiß, konnte der Grund der Revolution nicht verborgen bleiben. Zunächst und zumeist fand er denselben in der kirchlichen und religiösen Degeneration unseres Volkes; er war sofort entschlossen, hier thätig einzugreifen. Bereits im April 1848 trat er mit einem Aufrufe: „Manuscript für Freunde" betitelt, später im Buchhandel unter dem Titel: „Vorschlag einer evangelischen Kirchenversammlung, im laufenden Jahre 1848" erschienen, in die Oeffentlichkeit und forderte „alle evangelischen Christen deutscher Nation zu einer ihre Gesammtheit darstellenden Versammlung" auf. Die Schrift rief vielfache Erwägungen und Erörterungen hervor; es war schwer, Mittel und Wege zur praktischen Ausführung dieses Gedankens zu finden. Inzwischen hatte dieselbe Idee, ohne von dem von Bethmann-Hollweg'schen Plane zu wissen, auch ein anderer Mann gefaßt, der Professor Ph. Wackernagel in Wiesbaden, jetzt Director der Realschule in Elberfeld. Dieser hatte sich nämlich mit zwei praktischen Geistlichen zusammengethan, die am 8. Mai auf dem Sandhof bei Frankfurt a. M. mit mehreren Freunden zu einer Conferenz zusammentraten. Es wurde berathen und beschlossen „eine Berufung einer allgemeinen kirchlichen Versammlung des evangelischen Deutschlands zu berathen und anzubahnen." Die Bekenntnißfrage sollte nicht angeregt werden, diese sei vielmehr vor 300 Jahren bereits gelöst: statt der Union sollte eine Conföderation der verschiedenen Glaubensgenossen angebahnt werden. Zum Präses der Commission und der nächsten Conferenz wurde Wackernagel gewählt, die Conferenz selbst auf den 21. Juni berufen. Auf dieser Conferenz nun, die Morgens 9 Uhr anhob und Nachmittags 6 Uhr endete, erschien auch Herr von Bethmann-Hollweg, und es wurde mit wenigen Ausnahmen bei der Abstimmung die Proposition angenommen: „Veranstaltung einer allgemeinen freien Versammlung von Gliedern der evangelischen Kirche Deutschlands, geistlichen und weltlichen Standes", und zwar „auf dem Grunde des evangelischen Bekenntnisses". Als Ort der Zusammenkunft wurde die alte Lutherstadt Wittenberg festgesetzt. Seltsam, an demselben Tage empfahl Stahl in Berlin in einer Pastoral-Conferenz denselben Weg der Conföderation, aber nicht einer zweifachen, sondern einer dreifachen, so daß dieselbe nicht nur Lutheraner und Reformirte, sondern auch die Anhänger der unirten Kirche umschlingen sollte. Am 28. August 1848 erfolgte die Einladung nach Wittenberg auf den 21. September; am 20. September beschloß die Commission die Bildung eines Kirchenbundes auf Grund „der reformatorischen Bekenntnisse". Am folgenden Tage versammelten sich bei 500 Personen als Besucher des „ersten evangelischen Kirchentages" in der Schloßkirche zu Wittenberg. Wackernagel legte das Präsidium als erloschen nieder; v. Bethmann und Stahl wurden statt seiner zu Präsidenten gewählt. Drei Tage wurde berathen; am Nachmittage des zweiten Tages erhob sich ein noch wenig bekannter Mann und sprach über eine bis dahin noch wenig bekannte Sache, nämlich über die „innere Mission", die er bereits seit 15 Jahren betreibe. Es war das Wichern aus Hamburg, dessen Vortrag solche Wirkung hatte, daß von nun an, wie die Versammlung beschloß, die Hälfte Zeit, die der jedesmalige Kirchentag zusammen sei, der innern Mission gewidmet sein solle.

Es liegt uns hier fern, auf die Wirksamkeit des evangelischen Kirchentages, der sich von da ab so zu sagen als wandernder Prediger alljährlich am 21. September in verschiedenen Städten Deutschlands versammelte, näher einzugehen; es lag uns vielmehr hier nur daran, auf die Idee des Kirchentages und auf die Begründer desselben hinzuweisen, die damals an den verschiedensten Orten Deutschlands wohnten, in Bonn, Wiesbaden, Berlin, Bremen, aber in gleicher Weise beseelt von demselben Gedanken. Die leitende Seele des Kirchentages ist neben Stahl von da ab von Bethmann-Hollweg geworden und geblieben bis zum Wiedereintritt in den praktischen Staatsdienst als Staatsminister. Sein gefälliges, aber doch feines und vornehmes Auftreten, seine geistige Ueberlegenheit, seine schnelle Würdigung fremder Individualitäten und Ansichten und die darauf beruhende Gewandtheit in der Leitung der Debatten einer so formlos zusammentretenden großen Versammlung werden dem Kirchentage unvergessen bleiben. Bethmann hat Formen und Gang bestimmt und dieselben durch sein vieljähriges Präsidium so zu sagen zu durch Herkommen gesetzlich gewordenen gemacht.

Was die gegenwärtige Stellung des Ministers v. B. zu den kirchlichen und religiösen Fragen anlangt, so ist sie dieselbe, die der Präsident v. B. von jeher einnahm. Er ist Anhänger der Presbyterialverfassung, was er von jeher gewesen ist. Ferner will er nicht eine gewaltsame Kirchlichkeit, sondern er hält es nach wie vor für die große Aufgabe der beiden christlichen Kirchen, wie es ja ihr Bekenntniß sagt, „das Verirrte zu suchen, nicht durch Zwangsmaßregeln, sondern auf dem Wege der suchenden Liebe, auf dem Wege der Ueberzeugung, durch Lehre und Beispiele das wieder zu gewinnen, was ihnen verloren war.“ Dieses Prinzip hat er vor Allem in der Dissidentenfrage geltend gemacht. Dieselben sollen nicht gezwungen sein, ihre Kinder in den öffentlichen Lehranstalten am Religionsunterrichte Theil nehmen zu lassen, vielmehr können sie den Religionsunterricht von einem dissidentischen Geistlichen empfangen, aber, wohlgemerkt, unter Aufsicht des Staats. „Und wenn“, heißt es in einer im Herrenhause gehaltenen Rede, „ein solcher Dissident die Kinder lehrt, daß kein Gott im Himmel sei, daß Tödten, Stehlen, Huren und wie die Laster sonst heißen mögen, recht sei, dann, meine Herren, dann wird die Obrigkeit, die gegenwärtige Staatsregierung einschreiten und diesem Manne sein schlechtes Handwerk legen. Das kann sie nach dem Buchstaben des Gesetzes, das wird sie thun; denn es heißt sie dies ihr Gewissen.“ Er beruft sich hierbei auf England, wo Dissidenten aller Art vorhanden seien, ohne daß der Staat jemals daran gedacht, präventiv einzuschreiten. Auch was die Stellung der Dissidenten-Gemeinden anlangt, so will er nicht präventiv vorangehen, sondern nur repressiv einschreiten, wo es erforderlich sein sollte. In der Ueberzeugung, daß keine Kraft der Dauer in ihnen ist, will er sie nicht gesetzlich anerkennen, wohl aber sie als Gemeinschaften unter Aufsicht des Staates gewähren lassen. Das Dissidentenwesen gilt ihm im Allgemeinen als ein Ausfluß der Aufklärung. „Was damals in der Kirche war, ich darf es sagen, dieser Aussatz, ist gewissermaßen in den Dissidenten-Gemeinden zur Erscheinung gekommen und ich kann es nicht als ein absolutes Uebel erkennen; es ist ein Heilungsprozeß für die Kirche selbst und für die unglücklichen verirrten Menschen.“

Es ist hier nicht der Ort, die Denkweise des Herrn v. B. zu beurtheilen. Wir heben nur hervor, daß er von Seiten seiner früheren Freunde in den östlichen Provinzen unseres Vaterlandes mit Recht heftig angegriffen wurde, als er zuerst erklärte, daß die Regierung sich jeder Präventive, jedes Zwanges enthalten werde, um keine Pflicht, auch die Kinder der Abgefallenen christlich erziehen zu lassen, anerkennen könne. Das Jubelgeschrei, das die revolutionäre Presse darüber erhob, hat sich nun bereits als ein grundloses erwiesen und ist der Jubel derselben so unter der Hand ein „Schrei des Entsetzens“ geworden. Namentlich auch deshalb, weil v. B. in Bezug auf die Leitung der Schüler und des Unterrichts sich durchaus nicht gesonnen gezeigt hat, statt auf erfahrene Schulmänner lieber auf die Expectorationen liberaler Blätter zu hören. Ein neues, den Kammern vorzulegendes und von diesen zu berathendes Schulgesetz wird verlangt. Ein absurdes Verlangen! Alle Neuerungen oder richtiger Reformationen auf dem Gebiete der Schule, die in den letzten Jahren stattgefunden haben, sind nicht ohne Einholung von Gutachten sämmtlicher dabei betheiligten Schuldirektoren erfolgt, und diese Direktoren haben zum Behufe der Berichterstattung Lehrer-Conferenzen abgehalten. Alle Welt ist mit den Erlassen zufrieden, Direktoren und Lehrer, nur nicht die liberalen Zeitungen. Als Herr v. B. im verflossenen Jahre eine Provinz bereiste, um sich von den Wirkungen der Regulative zu überzeugen und diese sich als günstige herausstellten, machte man geltend, der Minister sei von seinem Rathe gerade in die beste Provinz geführt worden, ein Minister dürfe nicht in die Provinz reisen, er dürfe keinen Rath mitnehmen u. dgl. m. Auch uns hat der Erlaß des Herrn v. B. nicht ganz gefallen, aber aus einem andern Grunde nicht: die Sprache hätte stolzer sein sollen; was braucht die liberale Presse zu wissen, daß selbst die Schreibhefte in vortrefflichem Zustande gewesen seien. Was braucht ein preußischer Minister von solchen Quisquilien zu reden!

Eine zweite Folge der März-Revolution des Jahres 1848 war, daß Herr v. Bethmann-Hollweg auch in politischer Beziehung zu wirken suchte. Er begann seine Wirksamkeit damit, daß er am 1. September 1848 eine Schrift von Marienbad in Böhmen aus in die Oeffentlichkeit sandte. Sie führt den Titel: „Reaction und Sonderthümlerei. Sermon an die Conservativen von A. v. Bethmann-Hollweg.“ (Berlin 1848.) Er verlangt darin keine Reaction gegen eine naturgemäße Entwickelung, wohl aber gegen die bodenlose Willkür der damaligen Tage. Wer hiergegen reagiere, für den sei der Name „Reactionär“ ein Ehrentitel. Hinter uns liege der Patrimonialstaat, aber auch hinter uns der Polizeistaat; anzunehmen sei deshalb von der conservativen Partei die constitutionelle Monarchie, nicht im französisch-belgischen Sinne, auch nicht im englischen, dergestalt daß in Preußen eine für dasselbe nicht geeignete parlamentarische Regierung importirt werde, sondern eine ständische Monarchie, beruhend auf der Vertretung des großen, wie des kleinen ländlichen Grundbesitzes und des Gewerbes. Zu verwerfen sei dagegen Alles, was nach Urwahlen oder nach Censuswahlen schmecke; ganz entschieden müsse man auftreten gegen die breite demokratische Basis, ganz entschieden gegen eine Gemeindeordnung, die die organischen Bestandtheile der Gemeinde pulverisire, gegen eine Gemeindeordnung, „die in äußerster Gedankenarmuth und gänzlicher Nichtachtung der realen Verhältnisse auf eine numerische Repräsentation zurückführe, so daß darnach z. B. der Graf Arnim-Boitzenburg, ein Bauer in einem seiner Dörfer und einer seiner Tagelöhner auf gleicher Stufe communaler Berechtigung stehen würden.“ Was sodann die auswärtigen Verhältnisse anlange, so habe er von jeher in Preußen „den Hort des Vaterlandes“ gesehen; aber eine Eroberung und Einverleibung Süddeutschlands in Preußen sei ebenso unmöglich, als ein Aufgehen Preußens in ihm. Man müsse die gegenseitigen Eigenthümlichkeiten achten. Von dem Frankfurter Parlament will er mit Recht schlechterdings Nichts wissen.

Im März 1849 wurde Herr v. Bethmann-Hollweg in die erste Kammer gewählt; von hier an beginnt seine Wirksamkeit als Volksvertreter, die eine Reihe von Jahren hindurch dauerte. Interessant ist es, in den stenographischen Berichten nachzulesen, wie er stimmte. In der Regel stimmte er gegen seinen gegenwärtigen

Collegen von Auerswald. Am 4. Februar 1850 stellte er z. B. das, die stärkste, leider doch ausgeführte Rechtsverletzung abwehrende Amendement: „die Aufhebung des Obereigenthums des Lehnsherrn fällt weg, wenn das Lehen auf den Fall-steht;" am 29. Januar 1850 will ein Theil der Kammermitglieder, unter ihnen von Auerswald über eine Vorlage der Regierung einfach zur Tagesordnung übergehen; v. Bethmann streitet dagegen und verlangt, daß jede Regierungsvorlage zur Debatte gebracht werde und vollständig über dieselbe beschlossen werden müsse. Indeß wir wollen nicht alle Einzelheiten hier anführen, sondern uns mit einem kurzen Ueberblicke über den damaligen Stand der Parteien begnügen; es ergiebt sich so am besten die Stellung des Herrn v. Bethmann. Die im März 1849 berufenen Kammern sollten die provisorische Verfassungsurkunde des Jahres 1849 revidiren. Die zweite Kammer war aus Kopfwahlen herorgegangen, und zwar aus Kopfwahlen, die unter überwiegend demokratischen Einflüssen stattgefunden hatten. Man fand in ihr deshalb ziemlich die Notabilitäten wieder, die im Jahre 1848 für die Anerkennung der Revolution gestimmt hatten (Waldeck, Schultze-Delitzsch u. A.). Gering war dagegen die Partei vertreten, die in der National-Versammlung des Jahres 1848 mit Energie zusammengehalten hatte, um dem erstrebten Umsturze aller bestehenden Verhältnisse ein Ziel zu setzen, namentlich um alle dem monarchischen Princip widerstreitenden Bestimmungen von der Verfassung fernzuhalten. Es waren zum größten Theile wohlmeinende Männer; sie mißbilligten die Vorgänge von 1848, waren dafür aber eifrige Constitutionelle im französisch-belgischen Sinne. Sie wünschten eine starke Regierung, aber unter dem Vorbehalte, daß sie handle nach ihren Beschlüssen; sie suchten eine Stärkung derselben nicht in der Stärkung königlicher Autorität, sondern im Zusammengehen des Ministeriums mit der Kammer-Majorität. Die im engeren Kreise gewählte erste Kammer dagegen gehörte nach der eigenen Ueberzeugung ihrer Mitglieder ganz der conservativen Richtung an; nur wich man darin sehr ab, was zu conserviren sei. Von der entgegengesetzten Stimmung der zweiten Kammer aus ließen sich etwa folgende Parteien unterscheiden: Erste Klasse: Conservative für die glorreichen Errungenschaften des Jahres 1848 (Aeußerste Linke. Burmeister, Gierke, Striethorst u. A.). Zweite Klasse: Conservative, welchen die provisorische Verfassung und die Kammern im Ganzen genehm waren, wofern nur der Büreaukratie hinreichende Mittel blieben, unter den neuen Formen und Verhältnissen möglichst unbehindert nach Utilitätsprincipien zu administriren (Gemäßigte Linke. Lange, Kühne, Baumstark u. A.). Dritte Klasse: Conservative, die nie die Hand geboten haben würden, die Errungenschaften von 1848 herbeizuführen, nun aber, wie die Sachen einmal lagen, glaubten, Concessionen machen zu müssen, um durch indirecte Mittel so viel zu retten, als zu retten sei (Gemäßigte Rechte. Graf Arnim-Boitzenburg, Itzenplitz, Brüggemann u. A.). Vierte Klasse: Conservative für das geschichtlich begründete Königthum und die organisch entstandenen Einrichtungen der Monarchie, insbesondere für erworbene Rechte, die natürliche Gliederung der Stände und für die corporativen Verbände der Gemeinden, Kreise und Provinzen, welche sich vor 1848 als ausreichend erwiesen und in Zeiten äußerster Noth bewährt hatten

(Aeußerste Rechte. Stahl, Graf Schwerin, v. Daniels, Graf Schliefen, Fürst Pleß, Uhden, Manteuffel II., General Canitz, Graf York u. A.).

Wo werden wir nun nach dem Gesagten Herrn v. Bethmann zu suchen haben? Sicher nicht in der ersten und zweiten Klasse, aber auch in der dritten nicht; denn die Mitglieder dieser Fraktion waren im Grunde dem Kammerwesen wenig hold, sie dachten indeß: kommt Zeit, kommt Rath. Die Fraction der äußersten Rechte dagegen trat offen auf, sie sagte, was sie wollte und sie wollte die ständische Monarchie. Diese wollte auch, wie wir gesehen haben, Herr von Bethmann. So war es denn natürlich, daß er und Stahl die beiden Führer dieser aus 13 Mitgliedern bestehenden Fraction waren. Für den Standpunkt dieser Fraction sprach und mit ihr stimmte Herr v. Gerlach, ohne an ihren Vorbesprechungen Theil zu nehmen, wahrscheinlich weil er glaubte, es sei noch nicht die Zeit gekommen, wo man bis auf einen gewissen Grad an seinen persönlichen Ueberzeugungen nachlassen müsse, um in dem parlamentarischen Getriebe im Wesentlichen das Gewollte zu erreichen. Im Stillen mochten sich noch Viele der gemäßigten Rechten nach dieser Seite hin neigen, wenigstens hat ein großer Theil derselben in der Folge sich zu denselben Grundsätzen bekannt. Allein was sie abhielt, sich entschieden zu dieser Partei zu stellen, wo sie ihre Erfahrung, Lebensstellung und Ueberzeugung hingeführt haben würde, war die aus den Vorarbeiten der Commission Waldeck hervorgegangene provisorische Verfassungsurkunde, der gegenüber man Anstand nahm, nicht conserviren zu wollen, als was die Staatsregierung in dem Interesse der Krone zu conserviren nöthig fand.

Daß Herr von Bethmann der erwähnten Fraction angehörte, macht seiner treuen Ueberzeugung und seiner staatsmännischen Einsicht alle Ehre. Denn was wollte die äußerste Rechte? Ihr Prinzip brachte es mit sich, daß sie allen Rechtsverletzungen, wie insbesondere den durch die bäuerlichen Gesetze herbeigeführten, ihre Zustimmung versagte. Ebenso war sie gegen die Auflösung der alten Provinzial-, Kreis- und Communal-Einrichtungen. Lebhaft bekämpften ihre Mitglieder das vorgeschlagene Zusammenwerfen von Stadt und Land, die Abstraction von den bisherigen Besitzverhältnissen und das nach Kopf- und Thalerzahl bemessene Wahlsystem, welches man in alle öffentlichen Verhältnisse hineinzutragen beabsichtigte. Die gemäßigte Rechte begnügte sich mit Transactionen, vermied Ausdrücke, die dem demokratischen Ohr übel klingend waren, wählte dehnbare Bestimmungen u. dgl. m.; von Bethmann-Hollweg war zu fein juristisch und historisch geschult, zu religiös und gewissenhaft, um einem solchen Schaukelwesen die Hand zu bieten. Er war der erste unter den 16 Mitgliedern, die gegen 107 ihr Nein gegen die Annahme der Gemeinde-Ordnung vom 11. März aussprachen.

Dennoch war es gerade diese Gemeindeordnung in Verbindung mit der sie integrirenden Kreis- und Provinzialordnung, welche Herrn von Bethmann-Hollweg schon ein Jahr später seinen Gesinnungsgenossen entfremdete und die Fortschrittmänner des entgegengesetzten Lagers glauben machte, daß er zu den ihrigen gehöre. Vollständig erprobte sich nämlich, was v. Bethmann-Hollweg mit seinen Freunden wider die Art stimmte, in der man das Verfassungs- und Reorganisationswerk 1849 und 1850 betrieb. Die Dehnbarkeit der Gemeindeordnung, die offen gehaltene Möglichkeit eine Gemeinde repräsentirende Polizeibezirke zu bilden — die Verwaltung erfand dafür den Namen Schloßgemeinden — in welchen die Domanialgewalt dem Schloß- und vormaligen Patrimonialherren als ein gemeinde-obrigkeitliches Amt beigelegt werden sollte, zeigte sich doch als unausreichend, die neue Communalordnung auf Provinzen zu übertragen, denen alle Bedingungen ihrer Durchführbarkeit fehlten. Damit verlor zugleich die ohnehin mit Corporationsrechten und communalständischen Verbänden in unlösbarer Collision stehende Kreis- und Provinzialordnung ihre Grundlage. Der Minister des Innern war entschieden genug, diese zur offenen Thatsache gewordene Erfahrungswahrheit nicht zu verschweigen; er sprach die gänzliche Unbrauchbarkeit der Verordnungen vom 11. März 1850 aus und bewirkte die provisorische Berufung der Provinziallandtage, hauptsächlich, um in ihrem Gutachten das Material zu finden, welches der Abhilfe im legislativen Wege zum Grunde gelegt werden könne.

Wie stellte sich nun hierzu Herr v. Bethmann-Hollweg? Die Zulässigkeit des Schritts war bei der mit den verschiedenartigsten Hintergedanken gewählten Formulirung, besonders der Uebergangsbestimmungen, in jenen Ordnungen juristisch vielleicht zweifelhaft. Ein Mann nun, so denken wir uns die Sache, wie v. Bethmann-Hollweg, in der subtilsten und formellsten Interpretation von Rechtsquellen anerkannt, konnte rechtliche Bedenken wider die Zulässigkeit jener Berufungen haben. Diesen ist er gefolgt. „Ich billige," schreibt er („D. Reactivirung der Preußischen Provinziallandtage. Von M. A. v. Bethmann-Hollweg." Berlin 1851) „das von der Regierung verfolgte Ziel, nämlich auch die von der Ersten Kammer angeregte Umarbeitung oder Beseitigung der Gemeindeordnung, so wie der Kreis-, Bezirks- und Provinzialordnung vom 11. März 1850. Eben so die Rückkehr zu einer gegliederten Landesverfassung, insbesondere zur ständischen Gliederung, und, da die lebensfähigen Elemente für diese in den verschiedenen Provinzen in verschiedenem Maße vorhanden, überhaupt die Verhältnisse derselben sehr abweichend sind, die Zugrundlegung dieser Verschiedenheiten, die provinzielle Behandlung der Sache. Aber ich wünsche die Verfolgung dieses Zieles auf möglichst offenem, unzweifelhaft gesetzlichem Wege. Das Letztere ist mir bei weitem die Hauptsache. Denn Gesetzlichkeit ist mir nicht die abstracte, buchstäbische Legalität." Deshalb hat er nichts gegen die Berufung der alten Provinziallandtage, sofern dieselbe für communale Zwecke erfolge, nicht aber für Ausübung von legislativen Acten.

Herr von Bethmann-Hollweg trennte sich damit von der Kreuzzeitungs-Partei, der er bis dahin angehörte und stiftete ein eigenes Organ, das „Preußische Wochenblatt", in welchem sich Unzufriedene verschiedener Richtungen und Parteien zusammenfanden. Schon damals begann also Herr von Bethmann den traurigen Versuch eines Compromisses mit dem Liberalismus, der ihn endlich 1858 am 9. November in das Ministerium Auerswald führte.

Der englische Rasen.

Sie wünschen, schreibt Lothar Bucher, der Flüchtling, der „Nationalzeitung“ aus London, etwas über die Behandlung des englischen Rasens zu hören, namentlich der lawn, des Rasenplatzes vor einem englischen Landhause. Das Thema zerfällt von selbst in zwei Kapitel: von der Erzeugung und Unterhaltung des Graswuchses und von der künstlerischen Benutzung desselben. Ueber das erste habe ich von Sachverständigen Erkundigung eingezogen; für das zweite bin ich allein verantwortlich.

Das erste Erforderniß ist ein guter Boden, reich an zersetzten Pflanzenstoffen, wie sie einem alten natürlichen Rasen die Verwesung der Wurzeln und der während des Winters absterbenden Halme liefert. Auf leichtem Boden eine lawn durch Wasser erzeugen zu wollen, wie eine Rieselwiese, wäre ein hoffnungsloses Unternehmen. Die Gräser würden zu sehr in die Höhe gehen, zu wenig dicht stehen und das Betreten nicht ertragen. Ist also der Boden an Ort und Stelle zu arm, so muß man ihn einen Fuß tief aufgraben und durch gute Erde ersetzen, die entweder künstlich gemischt oder von einem gut bewachsenen Anger genommen ist. Ist der Untergrund Sand und hat er einen natürlichen Abzug, so sind weiter keine Vorkehrungen in der Erde erforderlich. Andernfalls soll man in England thönerne Abzugsröhren legen oder, was noch besser, das ganze Stück aufgraben und ein Lager von Glas- und Topfscherben, Austerschalen und dergl. machen, ehe man die Erde wieder einschüttet. Die letztere Operation ist jedenfalls rathsam unter den Wegen, damit man sie unmittelbar nach dem heftigsten Regenschauer benutzen könne. Dazu gebe man ihnen eine leichte Abdachung und setze an dem tiefsten Punkte eine senkrechte, oben mit einem Eisengitter verschlossene Röhre in den Boden, die mit einem Abzug in Verbindung steht. In Deutschland wird das Drainiren wohl nur bei sumpfigem oder quabbligem Boden nothwendig sein. Die eingeschüttete Erde läßt man eine Zeitlang liegen, damit sie sich hacke, geht dann mit der Walze darüber, füllt die Löcher aus und wiederholt dieses Verfahren, bis die Oberfläche vollkommen eben und fest geworden. Den Rasen zu beschaffen hat man bekanntlich zwei Verfahrungsweisen, entweder Ansäen oder Belegen mit Rasenpatzen (Plaggen oder Soden). Die letzten werden am zweckmäßigsten von einem Anger gestochen, der tüchtig mit Ziegen oder Gänsen behütet wird; natürlich kann man sie durch Nachsäen verbessern. Das Belegen giebt einen festern Rasen. Auch wenn man das Ansäen wählt, sollten die Ränder mit einem Rasenbeete eingefaßt werden. Zur Saat werden empfohlen Lolium perenne (auf trockenem Boden dafür Festica ovina, in feuchtem Alopecurus pratensis), Poa trivialis, Anthoxantum odoratum, Cynosurus cristatus medicago lupalina, Trifolium repens Anstatt die Saat aus einem entfernten Orte zu beziehen, sei er auch noch so berühmt, ist es besser, sie in der Nachbarschaft selbst zu sammeln, indem man ein Stückchen Wiese schont, im Herbste mäht und das Heu auf einem Tuche ausdrischt. Von Gräsern, die früh im Jahre in Samen gehen, muß man bei Zeiten sammeln. Kann man die Saat auslesen und von dem augenfälligsten Unkraut reinigen lassen, desto besser. Das Aussäen geschieht im Herbst; man pflügt oder gräbt das Land, hackt es, streut den Samen aus und rollt ihn ein. Das Mähen muß so häufig geschehen, daß die Gräser nicht Zeit haben in Samen zu schießen, wovon sie schnell ausarten würden. Vor dem Mähen wird gewalzt, nachher gefegt. Diese letztere Operation ist auch sonst vorzunehmen, so oft man Zeit hat; sie thut dem Rasen wohl, wie das Bürsten dem Rocke, das Striegeln dem Pferde. Es gehört dazu ein Birkenbesen von ganz eigener Gestalt, das Reisig länger und daher elastischer als an einem Hausbesen und rund zu einer Rolle gewickelt. Der Arbeiter, langsam vorwärts schreitend, bewegt den Besen in einem flachen Bogen von der Rechten zur Linken und zurück, ihn kräftig gegen die Erde drückend. Im Frühjahr muß man die Löcher, die sich immer finden, mit Erde ausfüllen und kahle Stellen besäen. Als Düngung wird empfohlen, im Herbst den Staub, der beim Walzen des Getreides abgeht, auszustreuen; sollte der Boden nach längerer Zeit Spuren von Erschöpfung zeigen, so ist ein reichlicherer und kräftigerer Dünger aufzutragen. In Deutschland endlich wird eine andere und wahrscheinlich die wichtigste Operation hinzukommen müssen, das Bewässern, bei kleinen Stücken mit einer Gießkanne, bei größeren durch eine Druckpumpe mit Guttaperchaschlauch. Ist die Lage tief und ein Fluß oder Teich in der Nähe, so wird man sich häufig das Wasser sehr einfach dadurch verschaffen können, daß man in der lawn ein Loch in die Erde gräbt, mit Thonröhren aussetzt und den Saugeschlauch hineinsteckt, besser noch, das Loch unten zu einer kleinen Cisterne erweitert. Oben wird es für gewöhnlich mit einem Deckel verschlossen. Hin und wieder soll man Mistjauche hinzumischen. Freilich wird das Alles nicht das englische Nebelklima ersetzen; und es ist billig, daß wir hier für die Pflicht, den Regenschirm nie von unserer Seite zu lassen, durch den schöneren Rasen entschädigt werden.

Unkraut, das heißt Alles, was nicht feines, kurzes Gras ist, muß durch unablässiges Jäten (englisch weeding, plattdeutsch wieten) entfernt werden, ein Geschäft, das für manchen auf seiner lawn umherwandelnden Eigenthümer eine besondere geheimnißvolle Verlockung zu haben pflegt. Da macht ein Wegerich sich breit. Der eine unverschämte Bursche soll mir doch die Ebenheit des grünen Sammets nicht stören, heraus mit ihm! Und indem ich mich bücke, sehe ich rings umher blätterhafte Geschöpfe sich zwischen den Halmen durchdrängen, unter mir, vor mir, rechts links, ja ich sehe deren fast hinter mir, so störend, beleidigend, herausfordernd fällt ihr Bild in das Auge. Sie sehen ordentlich trotzig aus; ich hasse sie, werde ihnen zeigen, daß ich mit ihnen fertig zu werden weiß. Wo das Gesindel nur alles herkommt? und was es hier gerade zu suchen hat? habt ihr nicht da draußen Platz genug auf Feld und Anger? Die Vögel sollen den Samen verschleppt, die Winde ihn verweht haben. Möchte wissen, welcher Spatz sich im vorigen Herbst die Mühe gegeben, meine lawn so regelmäßig anzusäen, welcher Wind die schweren Körner des Hirtentäschchens über die Gartenmauer geworfen. Freilich die Klage ist alt von dem Unkraut unter dem Weizen und es ist auch heute nichts dagegen erfunden, als wachen. Sie wachsen wie die Drachenzähne des Kadmus, aber tödten einander nicht, wenn man einen Stein unter sie wirft. Sie sind sehr zählebig; der Winter knickt, die Hitze verdorrt sie nicht, und das letzte Stümpfchen Wurzel bringt eine ganze Familie zur Welt. Es ist wie mit den Irrthümern. Nein, doch nicht so schlimm. Die Chinesen machen aus den Blättern der Hirtentaschen ein gutes Gemüse und ein vortreffliches Futter, und wir könnten auch das von ihnen lernen, wenn wir nicht gerade dabei wären, ihnen englische Kattune und andere christliche Tugenden beizubringen; die Knospen der Dotterblume geben einen eßbaren Salat, und die Kanarienvögel schwelgen in der Frucht des Wegebreit. Jedes Unkraut ist zu etwas nütz, ein Irrthum zu nichts. Unkraut ist relativ; muß ich doch sogar diesen Roggenhalm auszupfen, obgleich er ein Gras, und mit zögernder Hand, weil er der Stab des Lebens, wie die Engländer sagen, aus dem Thal von Kaschmir hierher gewandert.

Aber die Gelenke werden müde und das Blut steigt zum Kopfe, und immer erwachsen neue Feinde. Der Eigenthümer streckt sich nieder und träumt etwas von den Savannen, in deren Grase Roß und Reiter ertrinken, und von dem Rennthiermoos des Poles, und wie mit dem Grase der Mensch verschwunden von den Feldern Granada's und den Steppen von Mexiko. Und wie man in manchen Ländern „separirt“ hat und nicht ein grünes Fleckchen Gemeingut gelassen, auf dem jeder sich wälzen könnte, nicht einen Rain neben der Heerstraße, nicht eine Trift am Dorfe. Und wie das Folgen haben wird, an die Hochlöbliche General-Commissionen nicht gedacht, sintemal sie sich nicht auf Metzen Roggen reduziren lassen.*) Der Mensch, der sich auf den Rasen streckt, schlägt tausend fromme Wurzeln in die Erde, und das muß einen Unterschied machen. Wurzeln streckt er immer aus, wenn nicht in die Erde, so in die Luft, in die Wolken, in den Nebel, in den Tabacksqualm; und sein Stück Rasen muß er am Ende doch haben, fünf Fuß lang und zwei Fuß breit.

Die lawn ist Privateigenthum und demgemäß sollte sie angelegt sein. Es kommt nicht darauf an, wie sie dem Vorübergehenden erscheint, sondern wie sie den Hausbewohnern behagt. Sie muß auf die Aussicht aus den Wohnzimmern berechnet sein. Sie muß dicht an das Haus und seine Fensterthüren hinanreichen, nicht durch Kieswege oder Blumenbeete davon getrennt, daß man von dem Teppich des Zimmers mit einem Schritt auf den zuthulichen Teppich der Erde trete, daß er voll und reichlich, lieber verschwenderisch ausgespreitet erscheine. Ein rundes oder ovales oder gar vieleckiges Stück Rasen auf einem breiten Grunde von Kies ist abscheulich, karg, knickerig, wie ein guter Flicken auf einem schlechten Kleide, mit Muscheln, Scherben oder Korbgeflecht eingefaßt, noch abscheulicher. Von den Kieswegen soll man aus den Fenstern so wenig als möglich sehen; am wenigsten dürfen sie gerade darauf zulaufen, die lawn zerschneidend. Man lege sie seitwärts und verstecke sie hinter immer grünen Büschen, die in keinem Falle fehlen dürfen und die Grenzlinien des Rasenstückes verbergen müssen. Ausgeschnittene Blumenbeete sind in der Regel vom Uebel, namentlich auf einem kleinen Stück, weil sie scharfe Umrisse haben, wie Löcher in dem Teppich aussehen. Ein erhöhter Korb mit Blumen ist leichter zu behandeln; er erscheint, als sei er auf den Rasen gesetzt, als könnte man ihn abheben, wenn man ihn nicht länger wollte. Bei der Anpflanzung von Bäumen umher hat man Pappeln, Eschen und andere Schmutzgesellen zu vermeiden, die den Boden mit todten Zweigen, Schäfchen, Fruchthüllen und anderem Unrath bestreuen. Und damit wollen wir von der lawn auf den Teppich zurücktreten, das Feuer schüren und den Kessel aufsetzen, denn der feine Sprühnebel thut dem Grase besser als der Haut.

---

*) So schreibt ein Mann, der Demokrat sein soll, und am merkwürdigsten ist es, daß die Nationalzeitung diesen Widerspruch ihrer Theorie überhaupt aufnahm.

Correspondenzen.

Aus der Hauptstadt.

13. Januar 1860.

— Hofnachrichten; die Halloren; die Eröffnung des Landtags; schwere Aufgabe der conservativen Partei; geselliges Leben in Berlin. —

Eigentlich hat sich gar nichts geändert da oben auf dem stillen Schloß zu Sans-Souci, wo Schmerz und Liebe wachen um den theuren Herrn und König — ist's einige Tage besser gegangen, hat der geliebte kranke Herr ein paar Tage hintereinander sich an Luft und Licht erfreuen dürfen, dann redet man wohl von Besserung, aber man redet doch ohne Hoffnung davon, man spricht eigentlich nur Wünsche seines Herzens aus, denn ach! Man weiß, daß die trüben Tage dann auch nicht mehr fern, die selbst diesen schwachen trügerischen Hoffnungsschimmer verschwinden lassen. Die Gardeoffiziere, die in Sanssouci nach der Reihe die Wache beziehen und während dieser Zeiten mit den Herren und Damen des Königlichen Hofstaats speisen, werden vergeblich mit Fragen bestürmt, sie haben Alles erfahren was sich erfahren läßt, aber das genügt doch Niemandem, am Wenigsten den treuen Seelen, die durchaus und um jeden Preis günstige Nachrichten über das Befinden Sr. Majestät des Königs haben und mit in ihre heimathliche Provinz zurücknehmen wollen. Es will sich durchaus Niemand so leicht darin finden, daß durch diese schreckliche Krankheit des Herrn Alles so ganz anders geworden ist bei Hofe. Der bejahrte Leibkutscher des Königs ist in diesen Tagen auch begraben, ein Todesfall, der unter diesen Umständen aufs Lebhafteste in Potsdam und Berlin besprochen worden ist. Auch die Halloren-Deputation aus Halle, die alljährlich zu Neujahr stattlich in alterthümlicher Feiertracht vor dem Könige erscheint, um der Majestät die Glückwünsche der Salzwirker-Bruderschaft im Thal zu Halle vorzutragen, hat nicht vorgelassen werden können. Des Prinz-Regenten Königl. Hoheit empfingen die Abgeordneten des königstreuen Wendenstammes von Dober-Bora, nahm das herkömmlich vom Hallorenpastor, dem Diaconus zu St. Moritz in Halle, verfaßte und in Goldpapier gebundene Gratulations-Carmen entgegen und empfing auch die andern Huldigungsgaben, welche die Halloren zu bringen pflegen, als: Salz, Wurst und Eier. Friedrich Wilhelm IV. hielt sehr auf diesen alten Brauch, und pflegte sich gern mit den stattlichen Söhnen aus dem salzigen Thal zu Halle zu unterhalten. Treulich hat er auch die Salzwirker bei ihren uralten Rechten und Freiheiten geschützt. Es war den Halloren gar wehmüthig, daß sie auch in diesem Jahre nicht vor den geliebten Herren kommen konnten und die gnädige Aufnahme, die sie bei dem Prinz-Regenten und den andern Prinzen und Prinzessinnen des hohen Königl. Hauses, die sie der Reihe nach zu besuchen pflegen, wie immer fanden, konnte sie für diesen Verlust nicht entschädigen.

Der Landtag ist nun eröffnet und die Thronrede gehalten, die Versammlung im Weißen Saale war glänzend wie immer und das Auftreten des Prinz-Regenten, Kgl. Hoheit, verfehlte des Eindrucks nicht. Der Prinz-Regent ist allerdings kein Redner in der genialen Weise seines Königlichen Bruders, aber er hat sehr wohl die Gabe zu der Rede; wer Se. Kgl. Hoh. den Prinzen von Preußen bei Logenfeierlichkeiten hat reden hören, weiß das schon, aber es zeigte sich auch am 12. d. M. bei der Verlesung der Thronrede. Es ist hier nicht der Ort, diese Thronrede zu kritisiren, wir wollen nur bemerken, daß nach Innen wie nach Außen unendliche Schwierigkeiten zu überwinden sind. Den schwersten Stand hat aber keineswegs die Regierung, sondern die conservative Opposition. In keinem Lande und bei keinem Volke jemals hat eine conservative Partei eine solche Aufgabe zu lösen gehabt, wie sie jetzt den preußischen Conservativen zugefallen. Wie leicht wäre ihr Kampf und wie einfach ihre Aufgabe, wenn sie nur ein noch zehnmal liberaleres Ministerium und dessen Anhänger zu bekämpfen hätte! Das aber ist für sie nur eine Nebenaufgabe, die Hauptsache ist, daß sie gegen den ureigenthümlichen royalistischen Sinn des preußischen Volkes, den Geist, den sie selbst nach Kräften genährt und gestärkt haben, nunmehr Front machen müssen, Front machen, ohne ihm zu nahe zu treten, ohne ihn zu schädigen, die ganze sogenannte »neue Aera« in Preußen ist nämlich gar nichts Anderes, als ein Product jenes eisernen, sturmfreien Royalismus, der in Preußen's alten Provinzen (wozu wir bedeutende Theile der Rheinprovinz und Westphalens rechnen) in fast aller Herzen lebt — glaubt man wirklich, daß diese treuen Preußen »liberale« Männer, Anhänger eines liberalen Ministeriums gewählt hätten, wenn man ihnen nicht hätte sagen können, Se. Königl. Hoheit der Prinz-Regent hat liberale Minister genommen, er braucht also liberale Leute in den Kammern?. Aus Royalismus, aus festem Vertrauen zu ihrem Herrscherhause ist die liberale Majorität hervorgegangen, ohne das Beispiel von Oben wären die Liberalen in der Minorität geblieben und die sogenannte neue Aera wäre nicht zu Stande gekommen. Man kann darin eine politische Unreife finden, viele haben's auch so genannt, es mag drum sein; wir freuen uns, daß noch solche Gesinnung im Volke herrscht, so schmerzlich und schwer es uns auch werden mag, gegen dieselbe, oder vielmehr gegen das kämpfen zu müssen, was aus dieser Gesinnung hervorgegangen ist; für den, der sich unter der preußischen Landbevölkerung namentlich umgethan, bedarf es sicher keiner Beweise weiter für das, was wir oben ausgeführt. Nur ein Beispiel. — Vor einigen Tagen wurde der Kriegsminister General von Roon bei einer Nachwahl in Köpenick gewählt. Niemand kannte den gelehrten General in dem Kreise, er war vielleicht auch nicht einem der Wahlmänner persönlich bekannt, und dennoch wurde er gewählt, warum? Das drückte ein Wähler kurz und gut also aus: Warum sollen wir denn einen General nicht zum Abgeordneten wählen, dem der Prinz-Regent noch viel größeres Vertrauen geschenkt hat, indem er ihn zum Kriegsminister wählte! Das ist aber im Allgemeinen der Sinn, der überall in Preußen herrscht.« Danach mag man urtheilen, wie unendlich schwierig die Aufgabe der preußischen Conservativen ist, aber man mag sich auch sagen: ob der Liberalismus wirklich Grund und Ursache hat, sich großer Eroberungen in Preußen zu rühmen?

Was auswärtige Verhältnisse betrifft, so scheint die letzte Schwenkung, die der Autokrat an der Seine vorgenommen hat, die spöttliche Art, mit der er gegen die legitimen Fürsten Italiens verfährt, und die Grobheit (wir wissen keinen andern Ausdruck), mit der er plötzlich den Congreß fallen läßt, nachdem er mit Lord Palmerston einig geworden, doch endlich einige bisher ziemlich blöde Augen geöffnet zu haben. Es wird von hier aus mit St. Petersburg und auch mit Wien lebhaft unterhandelt; freilich mögen diejenigen, welche bereits die heilige Alliance wieder aufleben sehen, ihre Wünsche für Thatsachen halten; indessen wird schließlich nichts anderes übrig bleiben, als die alte, nur neu organisirte militairische Revolution an der Seine mit den alten Mitteln der heiligen Alliance niederzuschlagen.

Das gesellige Leben hat bis jetzt nur noch ziemlich matt die Flügel geregt, einige große militairische und diplomatische Diners abgerechnet, haben wir noch wenig verkommen. Man sagt, daß der Oberstruchseß Graf Redern Excellenz in diesem Winter eine Reihe von musikalischen Soireen veranstalten werde, wie solche in seinem Palais sonst alle Winter stattfanden, bevor seine einzige Tochter starb. Die Minister werden natürlich ihre gewöhnlichen Raouts geben, d. h. Soireen mit und ohne Tanz, zu denen nach einer schlechten englischen Sitte gewöhnlich noch einmal so viel Menschen eingeladen werden, als in den vorhandenen Räumen Platz haben. Nur der auswärtige Minister Freiherr von Schleinitz giebt als Junggesell keine Soireen, sondern Diners, welche in voriger Wintersaison bei den „geschmackvollen“ Leuten eines außerordentlich guten Rufes genossen.

Aus Paris.

Anfang Januar.

— Die Pariser Theater. — Das politische Judenstück: „Die Kartenlegerin.“ —

Der Jahresschluß ist hier für die Theater die eigentliche Carnevalszeit. Autoren und Darsteller lassen der tollsten Laune den Zügel schießen und sagen dem gesunden Menschenverstande Valet. Das Publikum, unwillkürlich fortgerissen, kommt in diesen Tagen des Uebermuthes nicht zur Besinnung, und hält hinterdrein Alles für unerhört geistreich. Mir ist's freilich oft wie das Gegentheil vorgekommen und vergeblich habe ich einen Sinn der neuesten Zugstücke der Folies-Dramatiques, des Variétés- und des Palais-Royal-Theaters zu erforschen gesucht. Die Titel dieser Stücke: „L'Omelette du Niagara“, „Vive la joie et les pommes de terres“ und endlich „Sans queue ni tête“ entsprechen dem Inhalt derselben vollkommen; man kann sich nichts und Alles dabei denken. Der Andrang zu diesem klassischen Unsinn ist aber enorm, was man allerdings zum großen Theil auf die pompösen Ausstattungen schieben darf, welche die höchsten Ansprüche der Pariser Schaulust vollkommen befriedigen.

Im Odeontheater, aber auch nur dort, hat der Carneval nur einen einzigen Abend gedauert, und ganz einfach darum, weil das Carnevalsstück durchfiel. „Les équipées de Sténio“, so heißt das verunglückte Product in Versen, hat eben die Prätension gehabt, etwas ganz Besonderes sein zu wollen, und da es weder in der Handlung noch in den Situationen etwas Ungewöhnliches, sondern im Gegentheil nur höchst Gewöhnliches bietet, so hat das Publikum es fallen lassen. Zwei junge Galane sind in dieselbe Schöne verliebt, welche ihrerseits nicht ganz gewiß weiß, welchen von Beiden sie liebt. Sie weiß nur mit Bestimmtheit, daß sie einen dritten Bewerber, der häßlich und dumm ist, den ihr der alte Onkel aber aufdringen will, verabscheut. Endlich duelliren sich ihretwegen die Nebenbuhler und die Dame heirathet den glücklichen Sieger. Das ist das Ganze und füllt einen langen Abend. Wären Theaterscandale noch gestattet, so wäre das Stück unbarmherzig ausgepfiffen worden. So aber wurde es mit stummer Resignation vom Publikum hingenommen. Kein anderer Laut als der des Gähnens wurde vernommen, und das Stück verschwand sogleich vom Repertoir. Genug des Scherzes und nun zum Ernste! Das Theater de la porte St. Martin hat ein neues Stück gebracht, welches ein äußerst gefährliches Thema behandelt und ungeheures Aufsehen gemacht hat. Es heißt: „La Tireuse de Cartes“ Die Handlung spielt im siebenzehnten Jahrhundert in der Republik Genua, und eine Jüdin, der die Katholiken ihr Kind abwendig gemacht und es in ihrem Glauben erzogen haben, ist die Heldin. Dabei ist nichts weiter zu verwundern, als daß die Censur, ohne welche nichts hier auf die Bretter gelangt, diesem Stücke die Aufführung auf dem Theater de la porte St. Martin gestattet, und zwar in dem Augenblicke, wo der Cardinal Antonelli zum Pariser Congreß erwartet wird. Es fehlt nur noch, daß dieses Stück Proselytenmacherei im Kirchenstaate spielte, denn es ist offenbar eine starke Anspielung auf die Mortarageschichte. Zur Zeit, als die Friedenspräliminarien zu Villafranca unterzeichnet wurden, gab die Porte St. Martin ein antiöstreichisches Pamphlet: „Les étapes de la gloire“, welches aber sogleich verboten wurde und nicht eher wieder gegeben werden durfte, als bis alle Ausfälle gegen Oestreich daraus entfernt worden waren.

Das will doch gewiß viel sagen!

Um auch äußerlich darzuthun, um wie vieles höher die Jüdin über der Herzogin steht, hat man die Rolle der Géméa der besten Schauspielerin des Theaters und die der Herzogin der allerschlechtesten gegeben, und die große Masse, welche die Darstellerin der Géméa vergöttert, zweifelt keinen Augenblick, daß der Jüdin himmelschreiendes Unrecht geschehen ist. Mir erscheint die Frage, die in diesem Stücke gelöst werden soll, ebenso schwierig als gefährlich, und mir ist nur klar, daß Mr. Victor Séjour, der Verfasser dieser Tireuse de Cartes sie eben nicht gelöst hat. Der Verfasser des Stücks ist bekanntlich Herr Mocquard, Secretair des Kaisers, daher die politische Bedeutung, die dem Stücke beigelegt wird.

Um nicht hinter seiner Nachbarin der Porte-St. Martin zurückzubleiben, hat das Theater Ambigu ebenfalls ein neues Schauer-Drama: Le Marchand de Coco gebracht, welches das Siècle ein interessantes Melodram nennt, welches mir aber nur als ein dramatisches Unding erschienen ist, weshalb ich es nicht der Mühe werth halte, auf seinen nähern Inhalt einzugehen und nur die Darsteller bedaure, die Zeit und Mühe umsonst daran verschwendeten. Bemerkenswerth ist nur, daß die Journale sich darum streiten, ob das Stück die Prinzipien von 93 oder die der ersten Restauration vertrete?

Die Comédie-Française hat auch ihr Repertoir um eine dramatische Bagatelle bereichert. „Oui femme a, guerre a,“ ist der bekannte Titel, und ihr Autor ist die geistvolle Augustine Brohan, deren Talent genugsam anerkannt ist, die aber doch in diesem Falle gut gethan hätte, ihr Stück auf den Bühnen der Folies Dramatiques oder der Delassements Comiques aufführen zu lassen, wo es jedenfalls mehr am Platze gewesen wäre. Aber es ist nun einmal dem Repertoir des Theâtre français eingefügt, und so läßt man es sich auch dort, schon um der brillanten Darstellung willen, gern gefallen.

Doch darf man von dem Talent, und dem Geiste Augustines Brohan's erwarten, daß sie künftig Bedeutenderes leiste. Möge sie diese angenehme Hoffnung bald erfüllen.

Kommen wir auf die Novität zurück: Das jüdische Ehepaar Gédéon und Géméa reisen nach Venedig, um dort eine ihnen zugefallene große Erbschaft zu erheben, und lassen ihr kleines Töchterchen Noémi in Genua zurück unter der Obhut ihrer christlichen Nachbarin Martha. Eines Tages wird das Kind lebensgefährlich krank und Martha läßt es taufen, damit es als Christin sterbe. Das Kind stirbt aber nicht, sondern wird gesund, und Martha bringt es nun in ein Kloster, damit es dort erzogen werde. Die Herzogin von Lomelli, die kein Kind hat, hört von diesem kleinen Mädchen, nimmt es zu sich und erzieht es wie ihre eigene Tochter mit der größten Liebe und Sorgfalt Als das jüdische Ehepaar zurückkehrt, findet es die Tochter nicht mehr, Niemand kann Auskunft darüber geben, denn Martha ist unterdessen gestorben. Vor Kummer stirbt auch der Vater Gédéon. Die Mutter, Géméa, bleibt allein zurück. Sie ist sehr reich und treibt Wucher mit ihrem Gelde, außerdem legt sie sich darauf, aus den Karten wahrzusagen; das scheint ihr das beste Mittel, in die Geheimnisse aller Familien einzudringen und auf diesem Wege ihre Tochter wiederzufinden. Endlich nach 18 langen Jahren gelingt es ihr, das Geheimniß der Herzogin von

Tomelli zu erfahren. Gémća eilt in den herzoglichen Palast, um Noëmi, die jetzt Paula genannt wird, zu offenbaren, daß sie ihre Tochter sei. Diese will es nicht glauben, aber die Herzogin muß die Wahrheit der Behauptung zugeben, und Gémća entführt triumphirend ihr Kind. Aber Noëmi-Paula fühlt sich nicht glücklich bei ihrer Mutter, sondern sehnt sich zur Herzogin zurück; obgleich Gémća sie mit allem nur denkbaren Luxus umgiebt, welkt sie doch sichtlich hin, weil sie durch die Wiedervereinigung mit ihrer wahren Mutter plötzlich von ihrem Bräutigam getrennt ist, denn der vornehme Ottavio kann die Tochter der Jüdin Gémća nicht heirathen. Endlich erklären die Aerzte, daß Paula-Noëmi, die unterdessen der Verzweiflung erlegen und dem Wahnsinn nahe ist, in kürzester Zeit dem Tode verfallen ist, wenn Gémća sich nicht gänzlich von ihr lossagt und sie der Herzogin wiedergiebt. Gémća erwiedert zwar, daß sie ihre Tochter lieber todt, als im Besitz der Herzogin sehen wolle, willigt aber doch endlich ein. Paula erholt sich wieder, erklärt indessen, sie könne nicht eher völlig genesen, als bis ihre beiden Mütter sich miteinander versöhnt hätten. Da gewinnt es die heldenmüthige Gémća auch noch über sich, der Herzogin alle Liebe und Sorgfalt zu verzeihen, die sie ihrer Tochter zwanzig Jahre lang erwiesen, und reicht ihr zum Zeichen der Versöhnung sogar die Hand.

Vermischtes.

[Macaulay.] Bei der Gelegenheit des Todes Macauley's schreibt E. Kossak in seiner »Montagspost«, kam wieder einmal die große Gesinnung der englischen Nation zu Tage, wenn ihr neuester Heros der Geschichtsschreibung in dem Augenblicke, wo man ihm ein Grabmal in der Westminsterabtei bereitete, zwar mit dem Anklange des billigen Stolzes über einen solchen Besitz, aber doch mit einer Unparteilichkeit und Strenge in der Tagespresse besprochen wurde, welche für kurzsichtigere Naturen fast den Schein absichtlicher Gehässigkeit trug. Für ein schärferes Auge war es nur der geistige Abscheidungsprozeß des Sterblichen von den bleibenden Elementen des großen Geschichtschreibers und Schriftkünstlers!

Für uns Deutsche erhält der seltene Mann von diesem Standpunkte aus seine eigentliche Bedeutung, da unser Mitgefühl nicht in gleichem Grade dem Stoffe seiner Arbeiten zu Theil werden kann. Die Möglichkeit, ein in vortrefflichster Prosa geschriebenes englisches Original in gleicher Vollendung der Form in deutscher Sprache wiederzugeben, hat eine hinlängliche Anzahl ausgezeichneter Uebersetzungen dieses Meisters in unserm Vaterlande verbreitet und den genialen und kunstvollen Schriftsteller zu einem Gegenstande des Studiums für alle Personen gemacht, welche reiflicher darüber nachzudenken pflegen, inwiefern man der einfachen Entwicklung des darzustellenden Gedankens durch feine Ordnung der einzelnen Glieder und rhetorischen Schmuck zu Hülfe kommen kann. Unter den englischen Prosaikern hat es nie an hervorragenden Größen der Schreibekunst gefehlt, und noch heute gilt Junius Vielen für ein Vorbild der Publicistik, dem modernen Bewußtsein und Geschmack ungleich näher steht Macaulay.

Er führt nicht des Junius mattgraue Stahlklinge, mit der man Harnische und zum Pariren geschwungene gemeine Schwerter durchhaut; er ist ein zierlicher Stoßfechter, dessen Gebehrden voller Leichtigkeit und Anmuth man bewundert und den man liebgewinnt weil er den Gegner, statt ihn zu durchbohren, durch eine kunstvolle Ligade nur entwaffnet. Die über Macaulay nach seinem Ableben urtheilenden Federn haben nur verschiedene Gutachten über die von ihm erzielten schriftstellerischen Resultate geliefert; Aufschlüsse über die Art, wie er sich bis zu dieser Kunst der Schreibart durchgearbeitet, sind uns nicht zu Gesicht gekommen. Gilt es für zulässig, ein wenig über einen so anziehenden Stoff zu spekuliren, will man uns nicht unnöthiger Schwatzhaftigkeit beschuldigen, so möchten wir nicht nur an das sorgfältigste Studium der Alten, sondern auch an die täglich leichte Lektüre derselben von Seiten Macaulay's glauben. Die Durchsichtigkeit ihrer Schreibart reinigt sowohl den Styl des neueren Schriftstellers, als auch bei unablässiger Beschäftigung mit ihren Werken: die Gedankenentwickelung. Ein Spaziergang in frischer Luft, nach einigen Capiteln des Cicero, einigen Reden im Livius, und es wird einfacher, klarer zu Tage kommen, was des Einzelnen Geist zu gebären vermag. Dann scheint ihm ein Jahre lang beobachtetes System der Aufzeichnung gewählter eigener Gedanken und geistreicher Anspielungen, deren wir gar viele mit bewundernswerther Kunst, oft mit tieftragischer Poesie, in den Fluß seiner Darstellung verwebt finden, wesentlich unterstützt zu haben. Sicher schrieb Macaulay sehr langsam, wie es auch Junius (nach einem Briefe an seinen Verleger) gethan hat; seine Essay's, eines der staunenswerthesten Produkte der Schriftkunst dieses Jahrhunderts, scheinen minder der leichten Feder, als dem mit fester und doch reflektirend zögernder Hand geführten Meißel entsprungen zu sein. Indem wir schwachen Stümper immer von Neuem nach den edlen Vorbildern langen, beschleicht uns ein verzeihliches Gefühl von Trauer und Neid über die schmerzliche Entbehrung einer unabhängigen Lebensstellung und einer historisch gesicherten Staatsverfassung, aus deren fruchtbarem Humus das Talent dieses großen Schriftstellers erwuchs. Die nagende Sorge um Erwerb, um die Mittel zur Fortsetzung des Studiums und Schaffens quälte einen Macaulay nicht, daß es aber unter heutigen Schriftstellern eine Furcht vor moralischen Wegelagerern, vor strangulirenden Kapidschi Baschi's der indirekten Censur, vor heimtückischer Bevormundung und Bevaterung, ein nicht abzuwälzendes Bleigewicht auf den Geistern geben könne, hat er wohl nicht einmal in der reinen Luft seiner Thätigkeit geahnt. Ihm blieb der Zustand eines Geistes unverkümmert, der sicher, unabhängig von knechtendem Einfluß das Aeußerste sagen zu können, sich im Bewußtsein unbezwinglicher Stärke nicht selten begnügt, den bittersten Ernst leicht spielend zu behandeln, aus dem scheinbar oberflächlichen Scherz die ganze Tiefe des Lebens zu entwickeln.

Militärische Revue.

Sonntag, den 15. Januar 1860.

Geschichtskalender.

15. Jan. 1675, Gefecht von Türkheim. Die Brandenburger unter Kurfürst Friedrich Wilhelm und die Kaiserlichen unter General Bournonville schlagen die Franzosen unter dem Marschall Turenne.

16. Jan. 1756, Bündniß zwischen England und Preußen zu Westminster.

17. Jan. 1759, General v. Manteuffel erobert Demmin.

18. Jan. 1701, Kurfürst Friedrich III. von Brandenburg krönt sich zu Königsberg als König in Preußen.

19. Jan. 1679, General v. Treffenfeld schlägt den schwedischen General v. Armfeld bei Splitter.

20. Jan. 1794, Postengefecht bei Kirchheim; Oberst Lestocq weist die Franzosen zurück.

21. Jan. 1759, General v. Manteuffel erobert Anclam.

Inhalt:

Ueber Kriegsgestaltung und Angriff der Festungen.

III.

Nicht minder als der Angriff verlangt jetzt die Vertheidigung der Festungen die größte Entwickelung militairischen Talentes sowohl beim Commandanten als auch bei dem Ingenieur- und Artillerie-Offizier vom Platz.

Die brüske Art des Angriffes der Neuzeit macht bei der Vertheidigung eine doppelte Energie und richtige Einsicht in die augenblickliche Lage der Verhältnisse, sowie einen die Umstände scharf auffassenden Blick nothwendig, indem nicht nur die materiellen Schutzmittel der Ingenieurpractik, die Schutzwehren von Schartenanlagen, die Hauptsache bleiben, sondern der physische Gegenstoß das integrirende Mittel ist. So sehr dies auch bei früheren Vertheidigungen, wie denen von Colberg, Danzig ꝛc. nur theilweise beobachtet ist, so hat sich diese Anwendung der Besatzungstruppen zu Offensivstößen heute zu einem ersten Prinzipe gestaltet; denn der Grundsatz des Angreifens, daß die Wirkung der Waffen und das kräftige, wenn auch oft verwegene Vorgehen heute mehr Gewicht haben als die Deckung, erfordert, daß Gleiches mit Gleichem erwidert und paralysirt werde.

Dies hat aber nicht allein Bezug auf die Verwendung der activen Truppen zu Ausfällen rc., sondern auch auf das Vorgehen der Vertheidigungsarbeiten in das Vorterrain, sei es durch Schanzen, durch eingegrabene Schützen und Embuscaden oder durch Contreapprochen mit den in dieselben aufzustellenden Batterien.

In dieser Hinsicht hat die Vertheidigung von Sewastopol nicht genug zu beherzigende Beispiele gegeben; indem die Russen durch oben erwähnte Arbeiten, besonders an den Stellen, wo die Enceinte schwach zu sein schien, den Fortgang des Angriffes, die feindliche Feuerwirkung und den Bau der Batterien erheblich verzögerten, wenn nicht gar ganz aufhielten. Doch hatten die Russen einige Male den Fehler begangen, die Linien so zu legen, daß die Verbündeten dieselben zu Approchen des Angriffs verwenden konnten.

Es ist und bleibt die Hauptsache, daß der Gegenstoß des Vertheidigers kein ausnahmsweiser, sondern ein permanenter und energischer sein muß.

Allerdings ist hierzu eine starke Besatzung nöthig, doch ist diese ja schon dadurch bedingt, daß (wie schon oben erwähnt) nur größere Plätze einer wirklichen Belagerung ausgesetzt sein werden. Es müssen also die Festungen so angelegt sein, daß sie kräftigen Offensivbewegungen, sowie der Anlage eines verschanzten Lagers gleich großen Vorschub leisten, und ist in dieser Hinsicht der Bau einer einfachen Enceinte mit starken detaschirten Forts (die aber auch thatsächlich dem Terrain angepaßt sein müssen), wie sie die neuere Befestigungsmethode vorschreibt, schon ein großer Fortschritt.

Andere bekannte Festungen, wie Magdeburg, Stettin rc. müssen, wenn sie auf den für den gerade sich entspinnenden Krieg wichtigen strategischen Linien liegen oder dem Angriffe eines Feindes ausgesetzt sein können, noch bei Zeiten mit detaschirten Forts versehen werden.

Es bedarf gar nicht einer so großen Zeit, selbst mittelgroße Festungen in starke Läger umzuwandeln, wenn nur die nöthige Energie mit einem einsichtsvollen Blicke in die Lage der Dinge und der Umstände Hand in Hand geht. Die zu diesem Zwecke nöthige größere Geschützdotirung wäre bei den colossalen Transportmitteln der Neuzeit ebenfalls nicht schwer herbeizuschaffen.

Diese größere Ausdehnung der Enceinte und Concentrirung großartiger Streitkräfte, die mit der Anlage eines Lagers verbunden sind, haben auch den Vortheil für die Vertheidigung, daß es dem Angreifer kaum möglich sein wird, eine Cernirung, in der Art, wie sie bis jetzt gewöhnlich ausgeführt zu werden pflegte, zu bewerkstelligen, indem der Belagerte mit einem concentrischen Stoße auf allen Punkten wird durchbrechen können, ehe der Angreifer seine Streitmittel in dem entsprechenden Orte sammeln kann.

Die Folge davon wird sein, daß einmal der Vertheidiger unabhängiger von seiner Verpflegung sein wird und er, wenn er Energie und Glück hat, seine personellen Streitkräfte öfter ersetzen können. Wenn dies auch nicht in der abnormen Art, wie bei Sewastopol, geschehen wird, wo eine ganze Seite der Festung offen war, so wird die mangelhafte Cernirung doch ein wesentlicher und einflußreicher Punkt der zukünftigen Vertheidigung werden. —

Allein auch für die Vertheidigung gewöhnlicher Plätze ist ein Vorgehen aus der Festung mit größeren Ingenieurarbeiten ein wesentliches Bedingniß zur Hartnäckigkeit derselben, indem einmal der Belagerer auf dem Vorterrain aufgehalten wird und so längere Zeit außerhalb des eigentlichen Gefechtsfeldes der Festung bleibt, andrerseits der Vertheidiger Zeit und Muße behält, die Rayons vollständig zu räumen und die so viel Zeit in Anspruch nehmenden Armirungsarbeiten zu Ende zu führen, resp. zu vervollständigen.

So tritt auch der Vertheidiger aus dem todten Tracé heraus und stellt eine durch die Intelligenz, Tapferkeit und Energie erbaute neue Brustwehr hin, die beweglich wie wechselndes Terrain ist und der Kühnheit des preußischen Soldaten Gelegenheit giebt sich durch neue Thaten einer kräftigen Vertheidigung nicht hinter den Mauern, sondern hinter den frisch aufgeworfenen Erdhügeln unter der unmittelbarsten Einwirkung seiner tapferen Offiziere zu bewähren.

Ist endlich denn diese vorgeschobene Gruppe doch überwunden, dann bleibt dem Vertheidiger doch immer der Vortheil, die eigentlichen Wälle der Festung mit frischem Muthe zu halten und seine unerschütterliche Energie und zähe Ausdauer in den Werken zu zeigen, die schon seit Jahren für seinen Schutz und seine Bequemlichkeit gebaut sind.

Essenzen aus dem neuesten Kriege. 1859.

Mit Recht waren die Augen von ganz Europa auf die neuesten Kämpfe in Italien gerichtet und besonders die Militärs wurden mehr, als durch den Krimkrieg, von dem nur 2 Monate dauernden Kriege in der Lombardei angezogen. Einestheils war das Gebiet des Feldzuges dem Herzen Europa's ganz nahe, andrerseits aber sollten sich dem Soldaten die wunderbaren Wirkungen der neuen Feuerwaffen entrollen, und endlich waren schon vor dem Ausbruche des Krieges Prophezeiungen in unzähliger Menge vorhanden, die unfehlbar dieser, resp. jener Partei den gewissen Sieg vorher verkündeten.

Der Fortgang und das tragische Ende des eigenthümlichen Krieges überraschten die Soldaten und die Alles wissenden Literaten ebenso, wie der plötzliche Anfang das Interesse gespannt hatte.

Die colossale Wirkung der gezogenen und vorzüglichen Feuerwaffen verschwand unter der (schon von Theoretikern geleugneten) moralischen Wirkung des Bajonnets und die wohl exercirten und disciplinirten Reihen der Oestreicher wurden durch die wilden Haufen der Zuaven und Turcos erschüttert.

Seltsam! Es ist keine neue Tactik, die die Erfolge anbahnte, kein neues Regiment, welches dem französischen Soldaten das Uebergewicht gab, sondern die Ursachen, die den Sieg an die Fahne der Verbündeten fesselten, lagen in andern Dingen und zwar, in dem Benutzen der Fortschritte der Industrie, in der Sachgemäßheit und Natürlichkeit in Anwendung der zum Ziele führenden Mittel, in der richtigen Benutzung der Umstände und in der herzhaften Energie des Chocs.

Doch gehen wir in die näheren Details ein, um die allgemein ausgesprochenen Punkte etwas zu erläutern

Die Vortheile, die der französische Soldat uns gegenüber hat, sind nämlich folgende:

Er ist vor allen Dingen der Jahreszeit entsprechend angezogen, da die ungeheuren Transportmittel der Jetztzeit ja Gelegenheit geben, das für andere klimatische Verhältnisse nothwendige Zeug in entsprechend kurzer Zeit auszutauschen, und gleichzeitig erlauben, daß der Soldat sich mit weniger Sachen herumzuschleppen braucht, als dies in früheren Kriegen der Fall war.

Der französische Soldat läßt die schweren Friedenskopfbedeckungen zu Hause, geht in leichten Mützen in den Kampf und legt bekanntlich die Tornister vor dem Gefechte nieder, wobei die nöthigen Patronen, so gut es geht, am Leibe, in den Hosentaschen oder in einem um die Hüften geschlungenen Taschentuche untergebracht werden.

Die Armee wird durch Zwieback (aus dem der praktische Franzose sich eine Menge von Gerichten zurecht kochkünstelt) verpflegt, der, im Innern Frankreichs gebacken, den Truppen nachgesandt wird, wodurch das Heer unabhängig von einem großen Theile schwerfälliger Intendantur einhermarschirt und befreit von dem unbehülflichen Trosse der Bäckercolonnen (die alle 5 Tage frisches Brod schaffen muß, wenn nicht die Bewegungen der ganzen Armee in's Stocken gerathen sollen) sich mit bedeutender Bequemlichkeit und Ungezwungenheit bewegen kann.

Auf die wohlüberlegte Beachtung aller Vortheile, die die großen Straßen und Eisenbahnen für den schnellen Transport sowohl der Truppen, als des Materials (auseinanderzunehmende Kanonenböte, Geschütz und Verpflegung herbeizuschaffen ꝛc.) bietet, giebt bei der Plötzlichkeit und überraschenden Energie der Unternehmen dem Franzosen ein großes nicht genug zu schätzendes Uebergewicht. —

Was die Kampfweise dieses Volkes anbetrifft, so sind das gedeckte Vorschreiten im Feuerbereich und die Schnelligkeit der Bewegung beim Durcheilen des gefährlichen Raumes, in dem der Soldat dem Schusse ausgesetzt ist, Vortheile, die einmal die leichte Bekleidung und Bepackung (nach abgelegtem Tornister), dann auch die Kriegsgeübtheit und die persönliche Gewandtheit dem Franzosen an die Hand geben, und die das Reglement nicht in's Leben rufen kann, sondern die jeder verständige Soldat selbst durchfühlen muß und wird.

Das Herzhafte des französischen Chocs ist ein sehr integrirendes Glied in der Kette seiner Ueberlegenheit und nur durch moralische Munterkeit und Unerschrockenheit, sowie durch Kriegsübung zu erlangen; hier kann im Frieden nur der Offizier durch seinen persönlichen Einfluß und den Sache richtig erfassenden Geist helfen und durch seine moralische Elasticität den Dienst wahrhaft und ergiebig fördern. Die Folge ist allerdings, daß, wie ein Sanguiniker [illegible], die dem neuen Feuergewehr ein zu großes Gewicht beilegen, der Krieg in Italien Andere erzeugt hat, die nur noch von aufgelösten Bataillonen hören wollen, welche (womöglich in Schwimmhosen) die bloße Bajonnetpike in der Hand an den Feind schleichen und ihm, ehe er sich besinnt, die verderbliche Spitze in den Leib jagen. Alles Exerciren und Drillen in geschlossener Masse, jede Exactheit in den Bewegungen heißt bei ihnen „Zopf“ und das banditengleiche Umherschwärmen größerer Trupps, die bald vereinzelt, bald sich wieder schließend, dem Feinde laufend und springend entgegeneilen, ist ihnen der Talisman der einzigen Rettung! —

Doch ist dieses Urtheil, wie ja Jeder bald sieht, ein einseitiges, indem der Kampf in dem Terrain der Lombardei eine andere Gestalt annehmen mußte, als er in Frankreich oder Deutschland annehmen wird, indem bekanntlich die Cavallerie, besonders in den Reisfeldern, sumpfigen Strecken und den von Hecken und Gräben häufig durchkreuzten Landen fast gar nicht benutzt werden kann; dies ist die Ursache, weshalb den Schützenschwärmen ein herrliches (durch kühne Reiterei unverkümmertes) Feld der Thätigkeit eröffnet war; mit Recht sind die Franzosen zu bewundern, daß sie sich in vollstem Maße dieses Vortheiles bedienten und die Zuaven, Voltigeurs, wie leichte Truppen, die gewöhnlich unbehindert und aufgelöst kämpfen konnten, im größten Maßstabe verwendeten.

Doch kann man auch überzeugt sein, daß der Franzose, der sich so schnell in die Vortheile fand, die ihm das Terrain in Italien bot, und der diese so naturgemäß ausbeutete, ebenso in Ländern, die den Gebrauch der Reiterei gestatten, oder in der Ebene von den festen tactischen Massenbewegungen Gebrauch machen wird, die ihm die Mittel an die Hand geben, große Massenstöße auszuführen und zu pariren.

Lernen wir ihm daher nicht nur einzelne Seiten ab, sondern die Kunst der Geistesgegenwart, des energischen Chocs, der Naturgemäßheit der Anordnungen und der

Vielseitigkeit. Dies Alles ist besser, als wenn wir unser Reglement, welches jeder Art von Bewegung Raum gestattet, mit Verbesserungen bereichern wollen, oder Künsteleien vornehmen, die ein kräftiger Naturhieb wie einen gordischen Knoten durchhaut. Dixi.

Die militärische Lage Großbritanniens.

I.

Das „Journal de l'Armée belge" enthält einen längeren Aufsatz unter dieser Ueberschrift, welchem wir, bei dem Interesse, das der Stoff selbst in der gegenwärtigen Zeit auch für Preußen bietet, nachstehend folgende Momente entnehmen; die sich nächst auf eigene Anschauung des Verfassers, besonders auch auf die Ansichten des britischen Generals Burgoyne stützen:

Der General Burgoyne gehört nicht zu jener Schule weibischer Träumer, welche seit Jahrhunderten das Herannahen des allgemeinen Friedens verkünden und selbst jetzt unter der Ausführung der Bewaffnung beider Küsten des Kanals im entschiedensten Tone verkündet haben, daß in Frankreich Niemand an eine Landung in England denke. Sir John Burgoyne ist als ein Mann von gesundem Sinne und als klar sehender Politiker der festen Ueberzeugung, daß das früher in Frankreich so populäre Project einer Landung in England nicht urplötzlich der entgegengesetzten Meinung habe Platz machen können. Man muß der Vergangenheit der Nation, ihrem Hasse, ihren Vorurtheilen und ihren Leidenschaften Rechnung tragen Frankreich wird niemals die Niederlagen und die Demüthigungen vergessen, welche es durch England erdulden mußte: das unter den Bourbonen eroberte Indien, das Napoleon entrissene Spanien, zwanzig gebildete Coalitionen, um dem französischen Uebergewichte auf dem Continente ein Ziel zu setzen, die Siege Malborough's und Nelson's, die noch frischere Niederlage von Waterloo und den schmerzenden Tod Napoleons auf dem Felsen von St. Helena Niemand, selbst nicht die Zeit ist im Stande, die Eindrücke solcher Thatsachen zu verwischen, welche sich von Generation zu Generation wie ein heiliges Vermächtniß vererben. Ueberdies giebt es in Frankreich einen überwiegenden Grund, um eine Landung an den Küsten Großbritanniens populär zu machen, es ist dies die in allen Punkten gerechtfertigte Ueberzeugung, daß Frankreich dabei nichts zu verlieren und England nichts zu gewinnen habe. Selbst wenn der Versuch mißglückte, so setzt der Angreifer nichts als eine Armee auf's Spiel, ein für ihn leicht ersetzbarer Verlust; gelingt der Versuch dagegen, so erobert er das mächtigste und reichste Land der Welt oder setzt es doch in Contribution. England dagegen befindet sich in der Alternative, entweder Alles zu verlieren oder eben das zu behalten, was es hat; eine dritte Chance giebt es für dasselbe nicht. Dies wissen die Franzosen sehr wohl, welcher Klasse der Gesellschaft sie auch angehören mögen; es wäre aber erforderlich, daß auch das englische Volk eben so gesunde Ansichten über diesen Punkt hätte. Das Letztere aber, in allen militärischen Dingen völlig unwissend und nur seinem guten Sterne vertrauend, glaubt steif und fest, daß eine französische Invasion auch nicht die geringste Aussicht auf Erfolg habe. Fragt man den Engländer freilich, worauf sich diese Meinung stütze, so weiß er es nicht; es ist ihm gesagt worden und er begnügt sich, es zu wiederholen, daß die hölzernen Mauern Großbritannien's ihm eine absolute Sicherheit gewähren. Dieser naive Glaube hat alle Staatsmänner und alle Soldaten zur Verzweiflung gebracht, welche es versucht haben das Vertheidigungs-System England's zu verbessern. Vergebens haben sich die Admirale Napier und Bowles, die Generale Wellington, Burgoyne und Shaw-Kennedy bestrebt ihren Landsleuten begreiflich zu machen, daß weder die hölzernen Mauern, noch die Küstenbatterien, noch die Armee, noch die Milizen, noch die Freiwilligen, noch das Gold, noch der Patriotismus der Engländer genügend wären sie vor einer Invasion zu schützen; sie haben es vorgezogen sich der Meinung des „Punch" anzuschließen, welcher keine Gelegenheit vorüber gehen läßt über das zu scherzen, was man übereingekommen ist, die „Furcht" und die „Albernheit" der Kriegsleute zu nennen.

„In England, sagt Sir John Burgoyne, ist es nichts Seltenes, die Meinung eines unbärtigen Touristen, eines anonymen Zeitungsschreibers oder eines offiziellen Repräsentanten der „Baumwollenaristokratie" von Manchester derjenigen der Männer von Fach und der ersten militärischen Autoritäten des Landes vorgezogen zu sehen. Sobald es sich um die Prüfung eines Geschützes handelt, hört man viel eher einen Glockengießer an, als den ausgezeichnetsten Artillerie-Officier. Die Erfahrung nennt man „military prejudice and bigotry"; man raubt den höheren Führern alle Bedeutung und macht die Generale für die Mängel des allgemeinen Systems verantwortlich, Mängel, welche diese selbst zum größten Theile schon hervorgehoben und durch nützliche, aber immer verschmähte Reformen zu verbessern gesucht haben. Es wird wohl erst der Lehren und vielleicht unwiederbringlicher Verluste bedürfen, um diese leidige Stimmung eines Volkes zu verbessern, welches in so vielen Beziehungen bewundernswerth ist und um unüberwindlich zu sein, es nur zu wollen braucht. Die Alles verachtende Indifferenz dieses Volkes ist wahrhaft unerklärlich, wenn man sieht, wie Männer wie Wellington und Burgoyne ihm beweisen, daß die Eroberung England's durch eine französische Armee nicht allein ein mögliches, sondern ein leichtes Unternehmen sei. Diese beiden Generale erhoben zum ersten Male in den Jahren 1846 und 1847 einen zeternden Allarmschrei. Man schlummerte damals beim Geräusche der Wellen und Räder, dieser beiden ergiebigen Quellen des Wohlstandes und der materiellen Größe England's. Cobden und Bright verkündeten überall den ewigen Frieden und die künftige Herrschaft der allgemeinen Brüderlichkeit. Der alte General Burgoyne und sein erlauchter Freund, der Herzog von Wellington, glaubten nicht an diese Prophezeihung und nahmen sich die große Freiheit, ihren stolzen Landsleuten ehrfurchtsvoll zu erklären, daß, wenn England von Frankreich angegriffen würde, es diesem Angriffe nicht widerstehen könne.

„Ihr braucht mehr als ein Jahr," sagten sie ihnen, „um eure Armee, eure Flotten, euer Material, eure Munition und eure Arsenale zu ergänzen, während für Frankreich dagegen einige Wochen genügen, um 100,000 Mann vorzüglicher Truppen auf den Kriegsfuß zu setzen und einzuschiffen. Eure Flotte ist auf dem ganzen Erdballe zerstreut, und es würde ihr deshalb unmöglich sein, beim Beginne des Krieges eine sichere Ueberlegenheit über die französische Flotte zu behaupten, welche, wenn auch minder stark, so doch mehr Fahrzeuge disponible hat und mit größerer Leichtigkeit ihre desarmirten Schiffe bemannen kann."

Die besten Generale der englischen Armee sprachen sich in demselben Sinne aus, diesmal aber glaubte man ihnen noch nicht, bis der Krimkrieg ihre Vorhersagungen in eclatanter Weise bestätigte. Nunmehr klagte man in den bittersten Ausdrücken über die Sorglosigkeit des Kriegsministers und die Unfähigkeit des en chef Commandirenden der Armee. Man verschrieb Ballen Papier und brachte tausend Beleidigungen gegen diese beiden Beamten vor, aber zu guterletzt that man schlechterdings nichts, um die Wiederkehr ähnlicher Vorgänge zu verhüten. Bevor noch der Friede unterzeichnet war, trat Alles in sein altes Geleise zurück und die vertrauensvolle Nation schläferte sich wiederum hinter ihren allzuberühmten „hölzernen Mauern" ein.

Heutigen Tages sind neunundneunzig Hundertel aller Engländer überzeugt, daß wenn eine französische Flotte es versuchte, 100,000 Mann an den Küsten des Kanals zu landen, sie ganz unfehlbar zerstreut, oder vernichtet werden müßte. Und diese Ueberzeugung existirt selbst bei einem Theile der Armee, wie wir bei einer kürzlichen Reise durch eigne Anschauung wahrnehmen konnten. Als wir unser Erstaunen über die Küstenbefestigungen und den Effectivstand des stehenden Heeres aussprachen, erwiderte man uns, daß England, anstatt den „Hauptwall", d. h. das Lande, zu vertheidigen, vorzugsweise den „Graben" oder den Kanal vertheidige, wo seine Flott jederzeit eine entschiedene Ueberlegenheit über die französische Flotte haben werde. Unglücklicherweise für England sind seine Generale und seine besten Seeleute durchaus nicht davon überzeugt, daß diese Ueberlegenheit, wenigstens in der ersten Zeit, der britischen Marine zu Theil werden wird.

„Die hölzernen Mauern", sagte Admiral Napier (1850) „werden England nicht mehr retten, seit den Dampfschiffen und der Erbauung dieser schönen Rhede von Cherbourg, dem Auge, welches den alten Rivalen überwacht, und dem Arme, welcher ihn treffen soll. Der größte Theil unserer maritimen Kräfte besteht aus ganz fehlerhaften Fahrzeugen, welche den feindlichen Fahrzeugen durchaus untergeordnet sind."

Im Jahre 1847 hatte der Admiral Bowles vor der Admiralität ungefähr dieselbe Meinung ausgesprochen. Seit dieser Epoche hat allerdings die englische Marine ihr Material und ihre Construction wesentlich verbessert. *) Nichtsdestoweniger sagt Sir John Burgoyne noch in seinem, 1859 veröffentlichten Buche: „Es ist, wenn nicht wahrscheinlich, so doch wenigstens mehr als möglich, daß die französische Marine im Falle eines Krieges mit England eine zeitweilige Ueberlegenheit im Kanal erreicht, welche genügend ist, um eine Invasion unseres Landes durch eine beträchtliche Macht zu begünstigen. Wenn ein derartiges Unternehmen gewagt wird, so ist sein Gelingen mehr als wahrscheinlich, und London würde in weniger als 10 Tagen in die Gewalt des Feindes fallen."

Dieser Anschlag von 10 Tagen stimmt mit dem des Herzogs von Wellington überein, welcher im Jahre 1847 schrieb „Wenn die Anstrengungen unserer Flotte zu unserer Vertheidigung nicht genügen, so stehe ich nicht 8 Tage nach der Kriegserklärung für die Sicherheit Englands." *)

Indem der General Burgoyne über das durchaus unverblümt die Wahrheit sagende Werk von Francis Heade spricht, ist er noch ausführlicher.

„Trotz der hohen Meinung, welche jeder englische Matrose von der Wichtigkeit und Macht seines Standes hat, muß dennoch leider jeder See-Offizier zu dem demüthigenden Schlusse gelangen, daß, wenn nicht zu gelegener Zeit eine ganz andere Richtung als die bisher befolgte einschlagen wird, die Franzosen den Krieg mit einer entschiedenen Ueberlegenheit zur See (a decided naval superiority) beginnen und dieselbe aufrecht erhalten werden, wenn nicht für Jahre, so doch für mehrere

---

*) Das Budget der Admiralität, welches 1852—53, 5,707,988 Pfund St. betrug, stieg 1854—55 auf 6,132,543, 1855—56 auf 11,857,506, 1857—58 auf 8,010,526, 1858 bis 59 auf 8,440,871, 1859—60 hob es sich bis 9,183,181. Von 1852—1858 betrugen die extraordinären Ausgaben zur Erbauung neuer Schiffe, zur Umwandlung alter 2c. 24 Millionen Pfund. — Die Budgets der französischen Marine erfuhren eine ähnliche Steigerung. Es erhellt aus einem Rapport des Marineministers bei Gelegenheit des Budgets von 1859, daß man an Extraordinarien von da ab durch 13 Jahre die ungeheure Summe von 872 Millionen verausgaben wollte, um die französische Marine auf einen normalen Fuß zu setzen.

*) Brief an Sir John Burgoyne vom 9. Januar 1847.

Monate, im Kanal sowohl, als auf jedem andern Punkt des Weltalls."

„Diese Ueberlegenheit hat ihren Grund: 1) in der größeren Concentrirung der Hülfsquellen der französischen Marine, welche schon nicht so viele Kolonial-Besitzungen zu schützen hat;*) 2) in der unendlich größeren Leichtigkeit,**) die Frankreich besitzt, seine Schiffe auszurüsten, und in dem ausgezeichneten System der maritimen Conscription, welches ihm erlaubt seine Bemannung in weniger Wochen zu vervollständigen, als England Monate bedarf, um dasselbe Resultat zu erreichen.***)

„Die Engländer, sagt Sir John Burgoyne, würden mindestens ein Jahr brauchen, um einem Angriffe Widerstand zu leisten, den Frankreich heimlich in ein oder zwei Monaten vorbereiten könnte."

Es ist wahr, England besitzt eine bessere Art von Seeleuten als Frankreich, aber der Einfluß der Matrosen wird in den künftigen Seeschlachten geringer sein als ehemals, da der Dampf und die Artillerie die Haupt-Elemente geworden sind. †). Andrerseits aber hat die französische Marine bedeutende Fortschritte in Bezug auf Bauart und Artillerie gemacht. Sie vermehrt nach und nach die Zahl ihrer Dampfschiffe *) und besonders der Transportschiffe, ein Umstand, der England mit Recht beunruhigt hat.

Das Untersuchungs-Comité, welches der Lord Derby am 1. Dezember 1858 zusammenrief, um den Stand der beiden Marinen zu erforschen, ist zu dem Schluß gekommen: „Daß England und Frankreich in diesem Augenblicke genau dieselbe Anzahl von Linien-Dampfschiffen fertig haben; daß Frankreich 8 fertige Dampf-Fregatten mehr hat als England; daß bei der Vollendung der Fahrzeuge, welche gegenwärtig im Bau sind, die letztere Macht 10 Linien-Dampfschiffe mehr als Frankreich, und Frankreich 12 Linien-Dampf-Fregatten mehr als England besitzen wird. Frankreich wird auch vier mit Eisen gedeckte Schiffe haben, mit Maschinen von 800 bis 900 Pferdekraft." **)

„Es folgt hieraus, sagt die „Edinburger Revue", daß im letzten Dezember die franz. Marine an Fahrzeugen erster Ordnung und an solchen, welche sich der heutigen Tages üblichen See-Strategie am meisten anschmiegen, **der englischen gleichkomme**, der Zahlenunterschied erstrecke sich nur auf Kanonenschaluppen."

Das Comité folgert, daß im Jahre

---

*) In einer Zeit des tiefsten Friedens, 1858, nahmen die Seestationen Englands 139 Fahrzeuge und 21,948 Matrosen und Seesoldaten in Anspruch. Im Augenblicke, als der italiänische Krieg ausbrach, bestand das ganze Geschwader des Kanals nur aus 8 Linienschiffen, (wovon 4 im Mittelmeer waren) und aus 2 Fregatten.

**) Ausspruch des Sir Ch. Wood.

***) Das ist auch der Schluß, zu dem ein See-Pair (a naval Peer) kommt, welcher in diesem Jahr in London ein ausgezeichnetes Werk veröffentlicht hat, unter dem Titel: Ournaval position and policy.

†) Dies ist so wahr, daß viele Seeleute der Ansicht sind, daß die Geschütz-Bedienung an Bord vollständig durch Soldaten gesichert sei, welche aus dem Innern des Landes rekrutirt werden. Man kann dieser Thatsache nicht genug Aufmerksamkeit schenken, welche besonders den Vortheil schwächt, den England durch seine ungeheure Küstenbevölkerung besitzt. Der Naval peer sagt in seinem oben angeführten Werk (ounaval position etc. 1859). Merket wohl, daß ausgenommen für die nöthige Arbeit in dem Schiffsraum, wo sich die Maschine befindet, man für die Kanonen am meisten der Bemannung bedarf, und obgleich wir wissen, daß die Seeleute vor Allem zu dem geeignet sind, was sich auf dem Meer zuträgt, so haben sie doch aufgehört, selbst die bewegende Kraft zu bilden, und ihre individuelle Geltung in einem Gefechte gegen den Feind reduzirt sich gegenwärtig auf sehr wenig. Der Posten, welchen früher der Seemann besetzte, wird jetzt durch den Heizer eingenommen.

*) Die französischen Journale verkünden, daß die Marine 60 Transportschiffe erbauen lasse, um 3000 Mann für eine „kurze Fahrt" an Bord zu nehmen.

**) Die gegenwärtige Ueberlegenheit der englischen Flotte beruht auf ihren Segelschiffen. Im Jahre 1858 hatte sie 35 Schiffe, 70 Fregatten und 190 Flottillen-Fahrzeuge, während zu derselben Zeit die Segel-Flotte Frankreichs sich auf 9 Schiffe und 28 Fregatten beschränkte. Gleichwohl muß bemerkt werden, daß die Segel-Fahrzeuge jetzt in einem Seekriege von wenig Bedeutung wären.

1861 in England 43 Liniendampfer bereit sein werden, in Frankreich dagegen 40 Dampf- und 4 gedeckte (blindés) Schiffe. Im Jahre 1863 kann England 56 und Frankreich eine größere Anzahl von Schiffen besitzen. Es erhellt in der That aus einem Rapport des Marineministers, daß das letztere Land die Absicht hat, bis zum Jahr 1871 eine Dampf-Marine von 150 Kriegsfahrzeugen jeder Art, außer 72 Dampf-Transportschiffen, zu errichten.

Diesen Thatsachen gegenüber wäre es verwegen behaupten zu wollen, daß die französische Marine nicht eine zeitweise Ueberlegenheit in dem Kanale erreichen könne. Der größte Kriegsmann der neueren Zeit, Napoleon, hielt diese Ueberlegenheit von 1804 an für möglich, zu einer Zeit, wo England mehr Vertheidigungsmittel hatte als heute, und wo seine Marine unendlich viel stärker war, als die seines Rivalen.*). Ist nicht überdies die Möglichkeit eines Erfolges der französischen Flotte im Kanal nur von solchen Personen bestritten worden, welche eine falsche Ansicht über die militairischen Verhältnisse beider Länder haben, oder von solchen, welche die tapfere Miliz und das Geld Englands für genügend erachten, um eine beträchtliche Invasion zurückzuweisen? Es ist wahr, die Leute dieses Schlages sind zahlreich in England, wenn man dem General Burgoyne glauben soll, welcher ihre unwissende Leichtgläubigkeit geistreich verspottet. „Wir haben zu viel Vertrauen" sagt er, „zu unserm Reichthum; das wäre wohl gut, wenn die französische Armee, wie Danae, durch einen Goldregen erobert werden könnte; unglücklicherweise für uns sind aber nur starke Bataillone und Geschützfeuer im Stande dies Resultat herbeizuführen."

Was die Freiwilligen anbetrifft, die das Terrain Schritt vor Schritt hinter den Hecken und Gebüschen der Grafschaften Sussex, Hamptshire und Kent vertheidigen, so giebt Sir John Burgoyne darauf durchaus nichts. Niemals haben nach ihm die Freiwilligen beim Beginn einer Invasion den geringsten Erfolg erzielt; sie sind nur von einer geschwächten oder geschlagenen Armee zu fürchten.

„Hunderttausende von englischen Bürgern", sagt er, „wären sie von den festesten Nationalgefühlen beseelt, würden vor dem zehnten Theile französischer Soldaten wie Spreu vor dem Winde zerstäuben."

Die Meinung, welche der Herzog von Wellington in seinem Briefe vom 9. Januar 1847 ausspricht, ist in allen Punkten übereinstimmend mit der des berühmten Ingenieurs.

Der englische Spießbürger liebt es, wenn er von den Franzosen spricht, prahlerisch auszurufen: „Laßt sie nur kommen, ich werde entzückt sein sie zu sehen." Der General Burgoyne, welcher weiß, daß wenn man auch Irland entblößte und alle Kräfte Englands concentrirte, man auf dem bedrohten Punkte nicht mehr als 50- bis 60,000 Mann zusammenbringen könnte, die unvollkommen mit Geschütz und Material versehen wären, ruft mit viel mehr Recht aus: „Was mich betrifft, so wäre ich sehr betrübt die Franzosen landen zu sehen." „Die Schwäche unserer Armee", sagt er, „sticht sehr ab gegen die Bedeutung Englands, gegen den Ton und die Ansprüche seiner Staatsmänner. Diese Blindheit ist um so eigenthümlicher, als der Engländer sowohl einzeln als in Masse viel Vorsicht und Scharfsinn in der Führung seiner Geschäfte zeigt."

„Wir sind die am wenigsten militairische Nation und haben keine indirecten militairischen Hülfsquellen. Dieser Umstand ist um so betrübender, da wir, mehr bedroht als unser Rival, auch besser vorbereitet sein sollten einen Angriff zurückzuweisen. Ich weiß nicht, was die Marine darüber denkt, aber ich kann bestätigen, daß die Land-Armee davon überzeugt ist, daß wir vollständig unvorbereitet sind, und

*) Die französische Marine, welche unter Ludwig XIV. 40 Linienschiffe und 60 Fregatten hatte, sah sich im Jahre 1815 auf 69 Fahrzeuge verschiedener Art beschränkt. Zu dieser Zeit hatte England 177 Schiffe, 238 Fregatten und 328 unbedeutendere Fahrzeuge.

eine französische Invasion nicht zurückweisen können.«

Herr Louis Reybaud, vom Institut, hat ganz neuerdings in der „Revue des deux mondes“ einen Artikel veröffentlicht, der mit einer davon sehr verschiedenen Folgerung endigte. Nach diesem Schriftsteller hat England nichts von Frankreich zu fürchten. Die Befürchtungen seiner Admirale und Generale »halten eine ernstliche Prüfung nicht aus.« Eine verstohlene Landung an der englischen Küste »wäre unsinnig.« Was eine offene Landung nach einer Seeschlacht anbetrifft, so denkt Herr Reybaud, daß sie nicht gelingen könne: in Betracht der Ueberlegenheit der englischen Marine. »Die Einschiffung geht von Statten«, sagt er, »man fährt ab. Nach einigen Meilen auf offener See zeigt sich der Feind, der Kampf beginnt. Während seiner Dauer ist das Schicksal der Transportschiffe ungewiß, und wenn sich von der feindlichen Flotte einige sehr schnell segelnde Schiffe trennen und diese Fahrzeuge eins nach dem andern nehmen, sie entmasten und in den Grund bohren, was für Mittel wird es geben, um diesen Verlust zu hindern? Dazu müßte die Zahl unserer Kriegs-Fahrzeuge diejenige unserer Gegner übersteigen, »aber es findet immer gerade das Gegentheil statt.« Verfolgen wir aber den weiteren Verlauf der Dinge. »Die Landung ist geschehen, unsere Armee stellt sich auf dem Lande auf, wir haben Fuß gefaßt. Was werden unsere Schiffe machen? Werden sie auf der fremden Rhede bleiben, zugleich neuen Angriffen und dem Toben der Winde ausgesetzt, oder werden sie sich zurückziehen, indem sie die Armee ohne Verbindung mit dem Continente sich selbst überlassen, mitten unter einer in Waffen stehenden Bevölkerung, ohne die Gewißheit, Hülfe zu erlangen?«

Wir glauben nicht, daß die Auseinandersetzung des Herrn Reybaud genüge, um das englische Volk sicher zu machen und seinen Generalen Unrecht zu geben. Auf was beruht in der That diese vorgebliche Demonstration?

1) Auf der Behauptung, daß die englische Flotte immer die Ueberlegenheit im Kanal haben wird, eine Behauptung, gegen die sich die ausgezeichnetsten Seeleute und Militairs Großbritanniens erheben haben;

2) auf der Behauptung, daß die französische Flotte, nachdem sie 100,000 Mann ausgeschifft hätte, nicht unverzüglich versuchen würde sich einer guten Rhede oder eines Hafens zu bemächtigen.

3) auf der Behauptung, daß die bewaffnete Bevölkerung einen großen Einfluß auf die ersten Operationen der französischen Armee ausüben wird.

Wenn man keine anderen Gründe hat, eine Behauptung aufzustellen, so hat man nicht das Recht über die Besorgnisse zu spotten, welche die militairische Lage Großbritanniens dem englischen Volke und seinen berühmten Generalen einflößt.

Der Herzog von Wellington, ein ganz anders competenter Richter als der Verfasser des „Jerome Paturot“, schrieb im Jahre 1847:

„Ich bin an das Studium dieser Frage gewöhnt; ich habe viele Mal die ganze Küste untersucht und recognoscirt, von North-Foreland an, über Dover, Folkstone, Beachy-Head, Brighton, Arundel bis Selsey-Hill bei Portsmouth und ich erkläre, daß, wenn nicht unmittelbar unter dem Feuer des Schlosses von Dover, es keine Stelle der Küste giebt, an der man nicht Infanterie ausschiffen könne, mit welcher Fluth, welchem Winde und welchem Wetter es auch sei. Es giebt keinen Punkt, auf dem ein auf diese Weise an's Land geworfenes Infanterie-Corps nicht in einer Entfernung von höchstens 5 Meilen und über der Infanterie zugängliche Abhänge einen in das Innere des Landes führenden Weg fände.

„In dieser Ausdehnung der Küste, das heißt zwischen Foreland und Selsey-Hill, giebt es nicht weniger als sieben kleine Häfen und Flußmündungen, alle vertheidigungslos, deren sich ein Feind, welcher seine Infanterie an der Küste aufgestellt hat, bemächtigen könnte, um seine Cavallerie und Artillerie jeden Calibers auszuschiffen, um sich dann mit Hülfe seiner Mittel festzusetzen und seine Verbindungen mit Frankreich zu unterhalten.

„Der der Hauptstadt am nächsten gelegene Punkt der Küste ist ohne Widerrede die Küste von Sussex im Osten und im Westen von Beachy-Head bis Selsey-Hill. Es giebt nicht weniger als zwölf von Brighton nach London führende Straßen, und die französische Armee müßte sich sehr geändert haben seit der Zeit, wo ich sie näher kannte, wenn sie nicht 40 Chefs des Generalstabes zählte, die im Stande wären, den Marsch von 40,000 Mann auf die Küste zu regeln und anzuordnen; ebenso ihre Einschiffung mit Pferden und Artillerie in den verschiedenen Häfen Frankreichs, ihre Ausschiffung auf den bezeichneten Punkten der englischen Küste, die der Artillerie und Cavallerie in den bezeichneten Häfen oder Mündungen, endlich die Concentrirung der verschiedenen Colonnen, um sie von Etappe zu Etappe auf London marschiren zu lassen."

Ich theile ganz Ihre Ansichten (des Sir John Burgoyne) über die Gefahr unserer Lage, über die Wichtigkeit des Gegenstandes, welche auf dem Spiele steht (of the magnitude of the stake at issue). Ich bin besonders berührt von der Gewißheit eines Mißgeschickes (certainty of failure) wenn wir nicht bei Zeiten die nöthigen Maßregeln zu unserer Vertheidigung treffen und von der unauslöschlichen Schande eines solchen Unglücks.

„Ohne alle anderen Folgen einer solchen Niederlage in Betracht zu ziehen, wie den Verlust seiner socialen und politischen Stellung für dies Land unter den Nationen Europa's, muß man darin ein im Stichlassen aller seiner Alliirten erblicken, welche gemeinschaftlich mit ihm und mit seiner Hülfe erfolgreich für seine Ehre und sein Wohl und die Unabhängigkeit und Freiheit der Welt gekämpft haben."

„Wer hat jemals von den Verbündeten eines Landes sprechen hören, welches unfähig ist, sich selbst zu vertheidigen."

Die Maßregeln, welche der Herzog von Wellington im Jahre 1847 anempfahl, sind bisher nicht ausgeführt; die Folge davon ist, daß die Gefahr dieselbe geblieben ist, die sie damals war. Was die eventuellen Hülfsquellen einer allgemeinen Erhebung anbetrifft, auf welche Herr Reybaud zu rechnen scheint, so sagen wir mit Frazer's magazine: „Einerseits ein kaufmännischer und engherziger Sinn, andrerseits ein bigotter Fanatismus haben die Gewohnheiten und die militairischen Traditionen Großbritanniens dermaßen geschwächt, daß seine einst so kriegerische Bevölkerung die jetzt entschieden am wenigsten kriegerische Europa's geworden ist, in der Handhabung der Waffen, wie in den einfachsten militairischen Begriffen von Instruktion und Organisatinen gleich unwissend. Auf was für einen Erfolg kann man, selbst zu einem allgemeinen Aufstande, bei einer solchen Bevölkerung hoffen?"

Was die Seekräfte Englands anbelangt, so übertreibt Herr Reybaud die Wichtigkeit ihrer Rolle, weil er den Erforderwissen des Handels und der englischen Besitzungen nicht Rechnung trägt, welche die fortwährende Zersplitterung dieser Hülfsmittel nöthig machen, und auch weil er den ungeheuren Vortheil aus dem Gesicht verliert, welchen der Dampf Frankreich verschafft, indem er vereinigte Operationen von Land- und Seekräften nicht nur möglich, sondern sogar leicht macht. Der Krimkrieg hat in der That bewiesen, daß die Armeen sich jetzt mit größerer Schnelligkeit und Leichtigkeit auf dem Meere, als auf dem Lande bewegen können. Auch hat das „United service journal" mit einigem Recht sagen können: „We no lo longer live in an Island in a military sense", militairisch gesprochen leben wir nicht mehr auf einer Insel."

Endlich setzen wir dem politischen Optimismus des Herrn Reybaud einen Satz entgegen, den wir der englischen Revue entnehmen, die er selbst angeführt hat:

„Alle diese Befürchtungen sind berechtigt. Es giebt in Frankreich nur noch ein

Element für die Geister, das ist der militairische Ruhm; es giebt dort nur noch ein Mittel, sich einen Namen zu machen, das ist der Degen. Unlängst wurde diese natürliche Vorliebe für die Waffen bei unseren Nachbaren durch einige Ableitungen gemäßigt. Da waren es die Aufregungen der Tribune mit ihrem Gefolge von eminenten Rednern; die Bewegungen des politischen Lebens, welche den Leidenschaften der Menge eine andere Richtung gaben; da gab es diese unaufhörliche Geschäftsthätigkeit eines Volkes, welches seine Angelegenheiten selbst besorgt und die Verantwortlichkeit dafür trägt. Was aber bleibt heute auf den Trümmern dieser Elemente für Begeisterung und Thaten zurück? Der kriegerische Glanz. Er allein ist im Stande fortzureißen und die Meinungen zu erregen, wie sollte man ihm nicht nachgeben? Alle Weisheit, alle Mäßigung der Welt werden an der Herrschaft dieses Zustandes scheitern; man wird dies Volk in Athem erhalten müssen, ihm Schauspiele liefern, die es in Rausch setzen, Aufregungen, die es liebt und in denen es Vergessenheit derjenigen schöpft, die es verloren hat. Daher eine nothwendigerweise militairische Existenz, welche eine Drohung für alle anderen Staaten ist, und gegen welche keiner, er sei klein oder groß, nicht veranlaßt wäre, selbst überflüssige Vorsichtsmaßregeln zu treffen."

„Der Anblick der See-Angelegenheiten Frankreichs, sagt die Edinburger Revue, hat sich in den letzten zehn Jahren völlig geändert, und der Kaiser, der darin dem durch den Prinzen von Joinville gegebenen Anstoße folgt, hat die mächtigste Flotte geschaffen, welche Frankreich seit dem amerikanischen Kriege jemals besessen, oder vielmehr, welche es überhaupt jemals besaß. Es liegt auf der Hand, daß das einzige Ziel einer solchen Bewaffnung nur das sein kann, die einzige Seemacht anzugreifen oder einzuschüchtern, welche im Stande ist, sich ihr entgegenzustellen.

Tagesereignisse.

Durch die öffentlichen Blätter läuft jetzt die Nachricht, daß **Minden** zu einem Waffenplatze ersten Ranges umgeschaffen werden solle, um der Küstenbefestigung der Nordsee als strategisches Reduit zu dienen. Die Wichtigkeit von Minden ist, abgesehen hiervon, schon in früherer Zeit erkannt und haben darüber bereits vor langen Zeiten Berathungen und Recognoscirungen stattgefunden, deren Träger damals, wenn wir nicht irren, der General v. Willisen gewesen.

Der »Publicist« sprengte in dieser Woche das Gerücht von einer bevorstehenden neuen Kriegsbereitschaft der Armee aus und gab dazu einige, dem Laien imponirende Details. Natürlicherweise ist an dem Gerüchte nicht ein wahres Wort, und wahrscheinlich hat irgend ein Pequin von dem für die nächste Zukunft verheißenen neuen »Kriegsbereitschafts-Verpflegungs-Etats« gehört und, dahinter höhere Politik witternd, es der Neuigkeitskrämer-Zeitung hinterbracht. — Dem Unkundigen gegenüber bemerken wir, daß die Verpflegungs-Etats der Landwehr-Stamm-Bataillone und Ersatz-Escadrons, weil diese Truppen nicht auf dem gewöhnlichen Etat stehen, bis jetzt immer noch »Kriegsbereitschafts-Verpflegungs-Etats« heißen, und daß bei der letzten Etatsänderung diese Verpflegungs-Etats noch vorbehalten wurden.

Es ist im Plane, dem Ingenieur-Corps eine völlig veränderte Organisation zu geben. An Stelle der bisherigen Pionier-Abtheilungen sollen drei Pionier-Regimenter treten, welche mit den drei Ingenieur-Inspectionen korrespondiren würden, deren

Offiziere zu den Pionier-Regimentern gehören und von diesen zum Fortificationsdienst abcommandirt werden würden. Die Pionier-Inspectionen sollen eingehen.

Die »National-Zeitung schreibt: Wie der »Cobl. Z.« mitgetheilt wird, bestimmt ein von dem Ministerium bei den Königlichen Regierungen der Rheinprovinz eingetroffenes Rescript, daß künftighin Bürgermeisterstellen in keinem Falle mehr mit Militär-Anwärtern, welche nicht dem Offizierstande angehört haben, besetzt werden sollen, und auch bei gewesenen Offizieren soll solch' eine Anstellung nur unter gewissen, in dem Rescripte angegebenen Bedingungen gestattet sein.« Das klingt so dunkel und mystisch, daß es wohl interessant wäre, Näheres darüber zu erfahren. Die Bürgermeister in den Städten können nicht füglich gemeint sein, weil diese, so viel uns bekannt ist, gewählt und nicht angestellt werden, wenn auch die Regierungen das Bestätigungsrecht haben; blieben nur die Vorstände der sogenannten „Bürgermeistereien" übrig, einem Zwischengliede zwischen Schulzen und Landrath. Wissenswerth wäre es, warum kein Soldat solch' einen Posten bekleiden kann; wissenswerth wäre es ferner, ob unter dem „Ministerium" das Gesammtministerium oder das Ressort-Ministerium, d. h. das des Inneren, zu verstehen wäre, wissenswerth wäre es auch, ob im ersteren Falle der Herr General v. Bonin oder der Herr General v. Roon das „Rescript" unterschrieben, und wissenswerth endlich wäre es, was im letzteren Falle der Kriegsminister dazu sagt.

Avis.

Beiträge ꝛc. für die militärische Revue werden unter der Adresse der Expedition, Kronenstraße Nr. 21, erbeten.

Professor Gneist über England.*)

Seit einigen Monaten des vorigen Jahres liegt unter dem Erscheinungsjahr 1860 das zweite Drittel eines Werkes vor, dessen ersten Theil wir schon 1857 in B. 10, drittes Quartal, S. 9, als eine der bedeutenderen Erscheinungen der neueren Literatur berücksichtigt haben.

Damals beschränkten wir uns darauf, die Parallele zu prüfen, welche der Verfasser zwischen dem englischen Hause der Lords und dem preußischen Herrenhause gezogen. Wir sprachen unsere Befriedigung aus, einen Bundesgenossen der von uns vertretenen Richtung dort gefunden zu haben, wo wir bisher einen Gegner vermuthet hatten, konnten aber nicht umhin, den Folgerungen zu widersprechen, welche der Verfasser aus den sinnreich von ihm gezogenen Vordersätzen gezogen hatte. Wiederholt kommt in dem neuen Theile der Verfasser auf diesen Gegenstand zurück, der von neuen Seiten erörtert wird; hauptsächlich bespricht er indeß eine Seite des Staatslebens, von welcher eine richtige Vorstellung zu erhalten um so wichtiger ist, jemehr auch bei uns das Verständniß der entsprechenden Einrichtungen noch im Argen liegt; wir meinen das sogenannte Selfgovernment, d. h. die Thätigkeit, durch welche den unmittelbarsten Bedürfnissen der Orts- und Landesgemeinschaft in rechtlich geordneter Weise vorgesehen wird.

Der Verfasser hat, um die Grundstriche eines mannigfaltig zusammengesetzten, dem Continent bisher fremdartigen Bildes übersichtlich hervortreten zu lassen, die Form von Text und sehr umfangreichen, eng gedruckten Noten gewählt. Ein Hauptbestreben des Verfassers, sowohl in seinem akademischen Lehramte, als in seiner schriftstellerischen Thätigkeit, geht weniger dahin, den Stoff und die Gesichtspunkte für selbstständige wissenschaftliche Forschung zu erweitern, als vielmehr die Auffassungen, zu welchen ihn selbst sehr umfangreiche

*) Der vollständige Titel ist: „Das heutige englische Verfassungs- und Verwaltungsrecht; von Dr. Rudolph Gneist, Professor der Rechte. I. Theil: Die Königliche Prärogative. Die Aemter. Berl. 1857. Verl. v. Jul. Springer." Auch unter dem Titel: „Geschichte und heutige Gestalt der Aemter in England, mit Einschluß des Heeres, der Gerichte, der Kirche, des Hofstaats. VIII und 723 S. II. Haupttheil: Die Communalverfassung und Communalverwaltung." Auch unter dem Titel: „Die heutige englische Communalverfassung und Communalverwaltung oder das System des Selfgovernment in seiner heutigen Gestalt. Berl. 1860. Verlag von Jul. Springer." XX und 964 S. Die Vorrede ist vom August 1859 datirt.

Belesenheit in Quellen und Literatur geführt hat, in gemeinfaßlicher Weise darzulegen, und daraus Nutzanwendungen für praktische Behandlung der Aufgaben unserer eigenen Staatsentwickelung zu gewinnen.. Daher sind Quellencitate und Literaturnachweisungen nur eklektisch gegeben. Den Hauptinhalt der Noten bilden, wie er selbst (Vorrede, S. VII.) erklärt: „historische Excurse, legislatorisches und statistisches Detail, geschäftliche Einzelnheiten, Formulare und Incidentpunkte." Auch wir sind der Ansicht, daß bei einem schwer zu bewältigenden, massenhaften, dem größeren Leserkreise fernliegenden Stoffe eine Sonderung der Grundstriche von dem Detail ihrer Ausführung für die Faßlichkeit unentbehrlich sei, hätten es indeß künstlerischer gefunden, wenn der Zweck der Uebersichtlichkeit nicht durch Zersplitterung des Stoffes in Text und Noten erzielt worden wäre, sondern durch ein von sicherer Gesammtanschauung ausgehendes, von dem Allgemeinen zu dem Besonderen richtig fortschreitendes Hintereinanderstellen in sich zusammenhängender Schilderungen der staatlichen Verhältnisse. Nur zu leicht veranlassen Noten, wenn sie mehr als Apparat für den selbstforschenden Gelehrten in sich aufnehmen, ein Abschweifen auf Nebenreflectionen, bei denen man sich nicht wundern darf, wenn vorübergehende Eindrücke der Zeitereignisse zu Urtheilen führen, welche das Verständniß der Grundauffassungen erschweren, wo nicht gar den Verfasser selbst mit ihnen in Widerspruch setzen. Am wenigsten können wir es gutheißen, wenn in Darstellung eines nur geschichtlich faßbaren Rechtsstoffes, — und dies ist der englische in höherem Maaße, als der irgend eines anderen Landes — der Standpunkt des Verständnisses durch historische Excurse in Form von Noten festgestellt wird, welche der Verfasser S. VII. der Vorrede dem an Ueberwältigung des Stoffes verzweifelnden Leser vorschlägt, vorläufig zu überspringen.

Der Verfasser hat sich eine Darstellung des heutigen englischen Staatsrechtes zur Aufgabe gesetzt. An sich finden wir uns dafür zu besonderem Dank verpflichtet. Die englische Verfassung, wie sie nach den abstracten Ideen einer Gewaltentheilung von älteren englischen Schriftstellern aufgefaßt und seit Montesquieu als das Vorbild einer gemäßigten Monarchie den Staaten des

nie den Kathegorien, auf welche sie zurückgeführt zu werden pflegte, noch weniger ist dies für die Gegenwart der Fall. Die Parlamentsverhandlungen von 1066 bis nach dem Frieden von Amiens, zum 13. August 1803, konnte die bekannte Hansard'sche parliamentary history noch in 36 großen Octavbänden zusammenfassen.

In den neuen Folgen der parliamentary debates genügte 1820 ein Band für die Verhandlungen aus dem letzten Regierungsjahre Georgs III.; unter Georg IV. aber stieg schon ihr Umfang auf zwei bis vier Bände jährlich; unter Wilhelm IV. forderten sie in dem ersten Regierungsjahre sogar acht Bände; selten seitdem sind weniger als fünf bis sechs Bände ausreichend. Noch maaßloser wuchs der Umfang der Drucksachen des Parlaments, der sogenannten sessional papers oder blue books, für welche jährlich mehr als vierzig tausend

Pfund Druckkosten verausgabt werden, und die sich jährlich um eine Foliantenreihe von fast sechszig Bänden vermehren.

Schon daraus läßt sich erschließen: das heutige England müsse ein wesentlich anderes geworden sein, wie dasjenige war, welches man in dem vorigen Jahrhundert und bis auf die constitutionellen Veränderungen seit 1830 auf dem Continent zu idealisiren pflegte. Der Verfasser hat vollkommen recht, wenn er Bd. I. S. III. sagt: „Eine Darstellung des heutigen Staatsrechtes, wie dasselbe aus so umfangreichen legislativen Reformen hervorgegangen ist, gebe es noch nicht. Die englische Literatur bietet nur Monographien dar, durch das Ungeschick der Engländer für dogmatische Darstellungen nur demjenigen brauchbar, der aus anderweitigen Erfahrungen oder Studien die zu dem Verständnisse nothwendigen Voraussetzungen zu ergänzen weiß. Dem Mangel einer encyklopädischen, von sich selbst heraus faßlichen Darstellung des englischen, öffentlichen Rechtes konnte durch einen deutschen Gelehrten besser abgeholfen werden, als durch einen englischen oder französischen Rechtsverständigen, nicht nur weil in Deutschland seit einem halben Jahrhundert die systematische Behandlung rechtlicher Stoffe das entschiedene Uebergewicht gegen die in England und Frankreich herrschende commentatorische und casuistische Behandlungsweise genommen hat, sondern auch weil die Eigenthümlichkeiten des englischen Staatsgebäudes um so schärfer hervortreten müssen, jemehr der Darsteller sie von nationalen Grundvorstellungen unbefangen seinem Bewußtsein zu vergegenwärtigen hatte."

Rechtfertigt sich nun aus der gestellten Aufgabe die dogmatische Grundform der Behandlung, so muß zwar die Geschichte des Rechtes eine untergeordnete Stelle einnehmen; allein dennoch hätten wir der Anknüpfung des praktischen Stoffes an seine historischen Grundlagen durchgängiger, als geschehen ist, eine Verwebung mit der Hauptdarstellung, in Form von historischen Special-Einleitungen, gewünscht, welche wir zur Orientirung für geeigneter halten, als die zersplitternde Mittheilung historischer Nachrichten in bloßen Excursen. Auch für Formulare, statistisches Material und geschäftliche Einzelheiten dürften Beilagen an dem Schlusse des Werkes oder seiner Haupttheile der Klarheit des aufzustellenden Bildes vortheilhafter gewesen sein, als die Form, in welcher sie jetzt die Hauptdarstellung unterbrechen.

Wenden wir uns, von der durch den Zweck gebotenen dogmatischen Form der Darstellung ausgehend, zu der Systematik des sehr umfangreichen, zu zwei Dritttheilen vorliegenden Werkes, so ergeben die Spezialtitel drei Haupttheile: die Schilderung des Beamtenstaates, Band I., die Entwickelung der communalen Grundlagen des Staatsgebäudes, Band II., und die noch zu erwartende Darstellung der Parlamentseinrichtungen in ihrem Verhältnisse zu dem Verwaltungsorganismus.

Der erste Band und Haupttheil, das Beamtenwesen betreffend, hat drei Abtheilungen:

I. geschichtlicher Abriß des englischen Beamtenwesens;

II. heutiger englischer Beamtenstaat;
III. politische und gesellschaftliche Stellung des Beamtenthums.

In dem zweiten Bande und Haupttheile behandelt der Verfasser in gesonderten Kapiteln:

I. den Entwickelungsgang, die Bezirke und Aemter der englischen Communal-Verfassung;
II. die Communalsteuerverfassung;
III. die Civiljustiz der Grafschaft;
IV. die Strafjustiz und Polizeiverfassung der Grafschaft;
V. die Städteverfassung;
VI. die Milizverfassung;
VII. die Kirchspielverfassung;
VIII. die Communal-Armenverwaltung;
IX. die neuen Communal-Institutionen für besondere Zwecke, Irrenhäuser, Gesundheits- und Baupolizei, Stadtverwaltung von London, Civilstand;
X. das Communal-Wege-Wesen;
XI. das Verhältniß der Corporationen zu den Communen;
XII. Reflexionen über den Werth des Selfgovernment.

Der Verfasser, seinem Hauptberufe nach professor pandectarum, lehrte nebenbei Civilprozeß, Kriminalrecht und Kriminalprozeß. Der letztere führte ihn zur Beschäftigung mit dem englischen Geschwornen-Institut. Eine Reihe von Jahren hielt er über dieses stark besuchte öffentliche Vorlesungen; das Jahr 1848 zog ihn mit in die damaligen politischen Bewegungen. Zwar bot sich seinem jugendlichen Drange nach reformatorischer Wirksamkeit kein Feld in einer der beiden Nationalversammlungen, allein desto lebhafter betheiligte er sich durch ausführliche Reden in den Wahlversammlungen an der Erörterung der Prinzipien, nach denen man damals glaubte aus dem historisch mächtig gewordenen alten Preußen ein Neupreußen als Ideal der constitutionellen Monarchie hervorzaubern zu können. Unterscheidet man, wie es vor dem Deplacement in dem Abgeordnetenhause seit der vorjährigen Sitzungsperiode üblich war, rechts und links nach dem Maße, in welchem Jemand mit den überlieferten Staatseinrichtungen zufrieden oder unzufrieden ist, also conserviren oder reconstruiren will, so muß man den richtigen Takt des Verfassers anerkennen, wenn er selbst zu jener Zeit seinen Platz bei der Linken suchte. Er hat daher auch, wie er mittheilt, in dem Interesse der Partei der Linken die Candidatur von Waldeck dringend und mit Erfolg empfohlen. Ihm selbst aber wollte es nicht gelingen, für seine reformatorischen Ideen unter den Wählern für die Nationalversammlung ein williges Ohr zu finden. Nicht drei der Wahlmänner des vierten Berliner Wahlbezirkes, klagt er, verstanden den Sinn seiner Worte, als er sie 1849 anredete:

„Wollen Sie den Kampf, so ist der Platz Ihres Erwählten auf der Barrikade; ich denke aber, Sie wählen Ihren Abgeordneten zu parlementarischen Kämpfen. Der Unterbrechung nach dem ersten Theil der Phrase durch stürmischen Beifall, folgte bei dem Nachsatz eine Unruhe, in welcher der Redner genöthigt war, sich durch länger als fünf Minuten langes Hammern Gehör zu verschaffen, und seine Ansichten „augenblicklich in die Klubsprache umzusetzen", deren „elektrisirende Wirkung" sich ihm dann auch alsbald bemerklich zu machen schien. Nicht besser muß es schon 1848 dem Verfasser ergangen sein. Damals machte er sich, wie er mittheilt, durch „sonderbare Candidatenreden" für die Nationalversammlung unmöglich, und zwar, wie er erläutert, aus politischen Gründen. Seiner Ansicht nach war der größte Fehler des alten Regierungssystems die Vernachlässigung des Bürgerthums und das Hindern „eines politischen Mittelstandes." Dies trieb den Professor, einen günstigeren Boden für seine politischen Doctrinen zu suchen. Er wurde in die Stadtverordneten-Versammlung gewählt. In dieser Stellung nun war es, wo er im November 1848 an einer Deputation Theil nahm, die an S. Königl. Hoheit den Prinzen von Preußen jetzigen Regenten, abgeordnet wurde, um Höchstdessen Vermittelung in dem Conflicte nachzusuchen, den man zwischen dem zu Berlin forttagenden Theile der nach Brandenburg verlegten Nationalversammlung und der Krone annehmen zu dürfen vermeinte. Mit Berufung auf seinen Beruf, Recht zu lehren und (als Hülfsarbeiter bei dem Königl. Obertribunal) zu sprechen, lehnte der Professor hier den der Fraktion Unruh gemachten Vorwurf des Ungehorsames ab, indem er den Vertragsstandpunkt vertheidigte, welchen die Krone selbst eingenommen habe, und woraus folge, daß von ihr einseitig Veränderungen in Zeit und Art der zur Vereinbarung der Verfassung berufenen Versammlung nicht ausgehen könnten. Wir übergehen die weiteren Folgen dieser Haltung, welche Professor Gneist in einer eigenen Schrift: „Berliner Zustände, politische Skizzen aus der Zeit vom 18. März 1848 bis 18. März 1849. Berlin 1849.", zu motiviren suchte, umsomehr, als er selbst schon in dieser Schrift anerkannte, die „ganze" übereilt beschlossene Deputation habe „einen etwas unconstitutionellen Charakter" gehabt. Das Richtigste, wodurch die begangene Uebereilung ausgeglichen werden konnte, war für seine Person die Rückkehr aus einer unzeitigen politischen Thätigkeit zu dem Beruf auf dem Katheder und an dem Schreibtisch. Erklärlich ist, daß der unerwartete Gang, welchen die Verfassungsangelegenheit in Preußen seit 1848 genommen hat, Zweifel über die Theorien anregen mußte, die das improvisirte frühere politische Auftreten geleitet hatten. So wendete sich Gneist seitdem vorherrschend in der Wissenschaft der Ergründung der englischen Verfassungsverhältnisse zu. Außer einer mehr auf Combinationen früherer Doctrinen, als auf selbstständiger historischer Forschung beruhenden Schrift über englische und französische Jury, u. d. T.: „Die Bildung der Geschwornengerichte in Deutschland, Berlin 1849", worin der Verfasser durch den motivirten Entwurf eines Gesetzes zur Bildung des Geschwornengerichtes seinen legislatorischen Beruf zu dokumentiren suchte, trat er 1853 mit einer Monographie: „Adel und Ritterschaft in England" hervor, welche die Entwickelung der Adelsverhältnisse in England zu der continentalen scharf zu contrastiren sucht. In dieser Schrift erscheint dem Verfasser noch als Grund der Größe Englands die Ueberwindung aller mittelalterlichen Gegensätze und Gliederungen, die Ueberwindung der Gliederung in der Kirche durch die königliche Suprematie, die Ueberwindung der Gliederung des Civil- und Militärberufes durch die Beseitigung des Staatsrechts-Satzes: „Der König ist das Haupt aller bewaffneten Macht", die Ueberwindung der ständischen Gliederung der Gerichte zugleich mit der des Satzes: „Der König ist die Quelle aller Gerichtsbarkeit"; die Abänderung der ständischen Gliederung von Adel und Ritterschaft mit dem Satze: „Der König ist die Quelle aller Ehren."

Wie verhält sich zu diesen Auffassungen nun das jetzt vorliegende Werk fortgesetzter Studien?

Als wir 1857 den ersten Band besprachen, konnten wir den Verfasser nach Sätzen, wie den mitgetheilten, nur als Gegner der von uns vertretenen staatlichen Auffassungen vermuthen. Wir mußten uns daher überrascht finden, in seiner Darstellung politischen Wahrheiten zu begegnen, auf deren Anerkennung wir von jeher das größte Gewicht gelegt haben. In bei Weitem höherem Maße finden wir uns in dem vorliegenden zweiten Bande durch Sätze befriedigt, welche uns zweifelhaft machen, ob der als Mitglied des Abgeordnetenhauses von Neuem der politischen Wirksamkeit zugewendete Verfasser noch jetzt seinen Platz da werde suchen können, wo sich die ehemals sogen. Linke augenblicklich angesiedelt hat. Von der Ueberschätzung des Ueberwindens mittelalterlicher Gegensätze, in welcher sich die frühere Untersuchung über Adel und Ritterschaft bewegte, ist der Verfasser gründlich zurückgekommen. Zunächst erfreulich war uns schon in der Einleitung das Bekenntniß: Wer in dem englischen Staate die Bestätigung irgend einer Lieblingsmeinung suche, der werde an der Aufgabe verzweifeln müssen, eine wahrhafte treue Schilderung des inneren Staatslebens der Nation zu erhalten. Mit steigender Spannung lesen wir Sätze, wie folgende: „Deutschland ist England überlegen, nicht nur durch die harmonische Entwickelung der Gesellschaft, die Tüchtigkeit seiner Mittelstände und arbeitenden Klassen, sondern auch „in wesentlichen Seiten der Staatsbildung, und zwar grade in denen, welche für unsere Vergangenheit und Zukunft die wichtigsten sind." Der Beruf der Rechtswissenschaft ist fortan nicht mehr: gelehrte Bücher über ferne fremde Rechte zu schreiben, und nebenbei einige „unvorgreifliche Bedenken" über die Zustände des Vaterlandes „einzuflechten." Die Rechtswissenschaft hat keine „Muße zu Betrachtungen über ein absolutes, aber leider heute*) unanwendbares Recht." — „Der Rechtssinn war von jeher der stärkste Sinn der deutschen Nation; deshalb ist **Deutschland die letzte Zufluchtsstätte**, in welcher der Staat**) gegen die Volkswirthschaft (Demokratie?) noch Gehör findet; wo der Charakter der Nation noch einen Halt giebt gegen die einseitigen Anschauungen (Ansprüche?) einer in der Umbildung (Zersetzung?) begriffenen Gesellschaft." Nach dieser allgemeinen Parallele zwischen England und Deutschland, die wir mit unseren parenthetischen Erklärungen aus voller Ueberzeugung unterschreiben, heben wir die Hauptauffassungen des Verfassers über Alt- und Neu-England hervor.

*) Für welche Zeit dürfte der Verfasser wohl das absolute Recht für anwendbar halten?

**) Sollte der Verfasser nicht haben schreiben wollen: „das Recht?"

— Das belebende Prinzip der englischen Verfassung war die Betheiligung der herrschenden Klasse des Mittelalters an der Erfüllung der Staatszwecke, nicht durch Abgaben allein, sondern vorherrschend durch persönlichen Dienst, durch die Officierstellung in den Lehenmilizen, durch die Prälatenstellung in der Kirche. Die höchsten persönlichen Leistungen für das Gemeinwesen sind es, denen Vortritt und Ehre gebührt. Für England, bei seiner auf dem Werbesystem beruhenden Militärverfassung, tritt gegenwärtig in den Vordergrund die Theilnahme an der Rechts- und Polizeiverwaltung, vor Allem das Friedensrichteramt, dessen gewohnheitsmäßige Verwaltung das sicherste Merkmal der regierenden Klasse wird. — Der Grundgedanke des Adels*) liegt in dem besonderen Beruf für den persönlichen Dienst des Gemeinwesens im obrigkeitlichen Amte. — „An gemeinsame Aemter — gewöhnt, hält die ganze Klasse seit dem Mittelalter immer fester zusammen; — die alten Familien der landsässigen Ritterschaft erhalten die theure Erinnerung an ihre Abstammung durch ihre alten Familienwappen. Die Neigung des Volkes zur Aristokratie beruht auf dem tiefgewurzelten Gefühl eines nothwendigen Gleichgewichtes von Rechten und Pflichten, und darum ist sie unvertilgbar in dem englischen Charakter." —

Der Schwerpunkt des englischen Staatsorganismus liegt in dem unverantwortlichen Königthum; seine Stütze hat dasselbe an den erblichen oder auf Lebenszeit bestellten Räthen der Krone in dem Oberhaus. Der König in seinem Rathe, the king in Parliament, ist es, welcher die politischen und gesellschaftlichen Machtelemente harmonisch zusammenschließt. Dieser Staatsintelligenz gegenüber erscheint in dem Unterhause der Kommunalsteuerkörper, die materiellen Anforderungen vertretend, wie das Oberhaus aus der persönlichen Dienstpflicht erwuchs. Diese alten Unterlagen, auf welchen Ebenmaß und Festigkeit der englischen Verfassung beruhten, sind aber in dem 19. Jahrhundert wesentlich verändert: 1. durch den massenhaften Anwuchs und die Präponderanz socialer Ansprüche, denen nicht durch die Kommunen, sondern durch unmittelbare Staatseinrichtungen entsprochen wird; 2. durch Erweiterung der Steuerpflicht und Ausdehnung des besoldeten Beamtenwesens bei grundsätzlicher Verwahrlosung der Ehrendienstpflicht. Die

---

*) Wir erlauben uns diese Uebertragung statt des von dem Verfasser gewählten Ausdruckes „Gentry." Bekanntlich führt der englische Adel kein allgemeines, dem deutschen „von" entsprechendes Adelsprädikat, sondern in dem Adel werden nur von Einzelnen auszeichnende Titel geführt, welche, wie früher die alten Aemter und Würden, von denen sie herrühren, erblich sind. In dem Rangwesen aber unterscheidet der Engländer sehr bestimmt den gentleman by arms, als Geburtsadel, von dem bloßen gentleman by office, dem auch in Deutschland zwar nicht das „von" zusteht, dagegen das „Hochwohlgeboren" und andere persönliche Auszeichnungen nicht versagt zu werden pflegen. Die in dem Texte mitgetheilte Stelle kann ihrem Zusammenhange nach nur auf den Geburtsadel bezogen werden, der sich vermöge des Primogeniturrechtes zugleich in den ältesten Linien als Grundadel darstellt, und sich herkömmlich in dem fast ausschließenden Besitze der obrigkeitlichen Lokalämter befindet.

Folge war eine schon heute sichtbar werdende Verschiebung der alten Harmonie der Stände und der Verfassung. Sie äußert sich dadurch: 1. die alten regierenden Klassen sind zwar in dem Besitz der hohen Aemter geblieben; "ein novus homo in denselben ist „wie manches Andere im heutigen Parlament" nur ein Schaustück*); die Aemter werden mehr wie früher monopolisirt, aber die regierende Klasse verliert immer mehr ihre alte, auf der obrigkeitlichen Stellung in Kommunalehrenämtern beruhende dominirende Stellung bei den Parlamentswahlen. 2. Da die wahlberechtigten Mittelstände nur durch ihren Steuermaßstab, nicht durch persönliche Betheiligung an einem starken Kommunalleben Beziehungen zu der Staatsregierung haben, so treten ihre Vorstellungen aus dem alten Zusammenhange der Verfassung heraus. Ihr Einfluß auf die Besetzung des Unterhauses wird nicht mehr durch die alten staatsrechtlichen Maximen bestimmt, sondern durch näher liegende Nützlichkeitsrücksichten und gesellschaftliche Interessen, um welche sie sich als besondere Parteien gruppiren. 3. Der nicht wahlberechtigte dritte Stand hat an den Mittelständen das Vorbild einer bloßen Aktiengesellschaft und drängt nach Antheil an den Parlamentswahlen, um wie jener hier seine am meisten vernachlässigten Interessen unmittelbar zur Geltung zu bringen.

Das Cabinet ist thatsächlich ein Verwaltungsausschuß des Unterhauses geworden; der mittelalterlich beschränktere Wirkungskreis der Minister hat unter stetigem Zuwachs von besoldeten Beamten, von diskretionären Befugnissen und centralisirenden Einrichtungen eine Ausdehnung gewonnen, welche immer mehr das selbstthätige Königthum in den Hintergrund schob, und in dem Staatssekretariat, wie in den parlamentarischen Immediatbehörden, parlamentary boards, eine der continentalen sich annähernde Ministerial-Büreaukratie hervortreten ließ. Diese führt, da die Minister selbst nur als Organ des Unterhauses ihre Macht haben, weiter zurück auf die anomalen Gewalten dieses Hauses, welche ihm, als einem gewählten Körper, nach der ächten historischen Verfassung Englands nicht zukommen, die auch nach allen Erfahrungen der Geschichte eine gewählte Versammlung auf die Dauer nicht behaupten kann. Die des Haltes an der Krone entbehrende alte regierende Klasse, auch in der besten Gestalt den weiten Blick der Monarchie (der Verfasser meint wohl des Monarchen) nicht besitzend, läßt sich planlos drängen zu Concessionen, welche augenblicklich zusammengeballte sociale Gruppen am lautesten verlangen; sie giebt dem nächsten Drange der Steuerzahler nach, um sich ihre nächsten Interessen — den Besitz der Gewalt zu retten. Adel und Gentry glauben noch im Besitz der alten Gewalten zu sein, weil sie noch das Amtsmonopol haben; allein Whigs und Tories sind nur vornehme Gesellschaften, welche abwechselnd die vornehmsten Aemter besetzen, um den Preis einer stückweisen Zersetzung der Verfassung.

In Wechselwirkung mit dem Zerfall der regierenden Parteien zeigt sich

*) Denkt der Verfasser hier vielleicht u. A. auch an die nach langen Transactionen tolerirte jüdische Vertretung?

eine fortschreitende Zersetzung der Wahlkörper, aus welchen das Unterhaus hervorgeht. Durch die Parlamentsreform sind neue Kräfte in diese eingeströmt, ohne Beziehung zu den communalen Grundlagen. Die Parteien transigiren über Rechte und Gegenrechte, d. h. Interessen und Gegeninteressen, ohne an den dauernden Organismus der Pflichten, an den dauernden Bau des Communalwesens und des Staates zu denken. Ueberall zieht Erschlaffung des Gemeinsinnes, *Materialismus und wachsende Macht der Büreaukratie* ein. Dies ist der *heutige Zustand Englands*, den man nicht unrichtig bezeichnet als Herrschaft der öffentlichen Meinung. Eine große Macht, wo sie in sturmbewegter Zeit nach Außen als Unwiderstehlichkeit des Nationalgefühls hervortritt, wo sie im Frieden die Richtung der Staatsregierung regelt „*durch den gleichmäßigen Pulsschlag öffentlicher Korporationen*, die in gleicher Weise und in gleichem Geiste gemeinschaftliche Pflichten erfüllen, ist sie etwas sehr Kleines und Unzuverlässiges, wo sie nichts ist, als die *Summe von Eindrücken, welche große und kleine Aktienvereine, große und kleine Erwerbgesellschaften, die Abonnenten großer und kleiner Zeitungen von den Tagesereignissen empfinden.* Die heutige öffentliche Meinung ist eine Wiederholung der Erscheinungen, die überall wiederkehren, *wo man die Parlamentsverfassung unmittelbar auf den Organismus der Gesellschaft setzt.* Dieselbe Gesellschaft, welche kaum eine Eisenbahn zu verwalten versteht, getraut sich einen Staatskörper von englischen Dimensionen nach dem Schema des *kaufmännischen Comtoirs* zu bewirthschaften. Man unternimmt, den Staat auf seine vermeintlich wahren einfachen Grundlagen zu beschränken, denkt an Rechts- und Polizeischutz, allenfalls an Milizen, während man Alles, was über die Tagesbedürfnisse des erwerbenden Kapitals hinausliegt, für Usurpationen hält, an deren Stelle der Voluntarismus treten müsse, d. h. Vereine nach dem Vorbilde der Aktiengesellschaften, einschließlich eines Voluntarism wohl auch auf dem Conto der Religion.

Wo sind die Organe und Mittelpunkte der öffentlichen Meinung? Einst waren sie naturgemäß da, wo die öffentlichen Pflichten in nachbarlichem Verbande erfüllt wurden, *vor Allem in dem kreisverwaltenden Adel*; seit Kreis- und Stadtverbände ihre feste Einheit verloren haben, tritt an die Stelle der täglichen Arbeit im Gemeindeleben die tägliche *Lectüre der Tagespresse*. Das Unterschieben gesellschaftlicher Lieblingsvorstellungen an die Stelle wirklicher Verfassungs- und Verwaltungsgrundsätze ist so unmerklich vor sich gegangen, daß man das *Verschwinden der Rechtsgrundsätze* für einen Fortschritt der Civilisation, das Sichfestrennen in dem Egoismus nächster Interessen für identisch mit *Festigkeit der Ueberzeugung in den alten Parteien* hält. Die Unterschiebung des *Nutzens* an die Stelle, an welcher früher das Recht stand, befördert Flatterhaftigkeit und Unstetigkeit der public opinion, die aus einer und derselben Nummer der Times drei sich widersprechende Leitartikel mit gleicher Andacht in sich aufnimmt, und — bis zum nächsten Morgen wirken läßt. Es entsteht dadurch ein Leichtsinn, vollkommen ebenbürtig den Cabinetsregierungen des ancien regime, der stets die Zukunft des Landes der Gegenwart opfert und, durch Scheinbefriedigung des Nächsten, der Zukunft immer schlimmere Verlegenheiten bereitet, hoffend, man werde dann wieder Mittel finden, sich weiter zu helfen, wenn man auch noch nicht weiß, wie. Indem England dahin gekommen ist, daß die public opinion die Wahlen beherrscht und beide zusammen das Unterhaus mit seiner Regierung, wird die Regierung des britischen Volkes eine Cabinets-Regierung in dem übelsten Sinne des Wortes, in der nicht mehr das stetige Recht und das dauernde Wohl der Gesammtheit die Staatsgewalt bestimmen, sondern die Tageslaune und die persönlichen Eindrücke einer Monarchin, die sich in ihrem Cabinet durch vortragende Räthe und Adjutanten den gossip des Tages zutragen läßt und danach die Maßregeln des Staates, einschließlich der Personalbeförderungen im Heer und in der Civilverwaltung, bestimmt. Sie designirt daher auch ihre Minister. Der leitende Geist einer solchen Zeit kann nicht die Eigenschaften eines Staatsmannes haben, an welchen man etwa ein Menschenalter früher dachte. Die heutige Kunst besteht darin: grundsatzlose, disparate Elemente zu conglomerirten Majoritäten zusammenzufassen, die nöthige Zahl von großen Familien (von Freunden und Parteigenossen) mit Aemtern zu versorgen, den Freihandel zu garantiren, jedem Wunsch eine Hoffnung zu lassen, den Vorurtheilen gemeinverständlich zu schmeicheln, die Parlamentsfraktionen mit individuellen Mitteln zu behandeln, immer den Schein äußerer Erfolge zu bewahren u. s. w.

Wir haben geglaubt, diese meist wörtlichen Auszüge von Entwickelungen, die in dem vorliegenden voluminösen Bande sehr zerstreut liegen, hier möglichst concentrirt mittheilen zu müssen, weil sie einen besonderen Werth dadurch erhalten, daß sie nicht einem Staats-Rechtsgelehrten angehören, bei dem man vorgefaßte Theorien vermuthen und deshalb dem Urtheil über fremdartige Zustände mißtrauen könnte, sondern einem sehr belesenen Autodidakten, der, selbst eine Zeit lang dem Strome der public opinion folgend, sehr bald, bei seiner Empfänglichkeit für Eindrücke der Zeitbewegungen, zu der richtigen Erkenntniß ihres gänzlichen Unwerthes gelangte. Fand sich doch der Verfasser, nach seiner eigenen Mittheilung, schon 1849 gedrängt, als Wahlmann vor seinen Mitwählern in der Klubsprache zu sagen: Sie möchten bei ihren Candidaten nicht auf die Worte, sondern auf Gesinnung, Grundsätze und Handlungsweise, und darauf allein achten. (Berl. Zustände S. 133. in der Note.)

Das in dem vorliegenden Bande gelieferte Detail über die besonderen englischen Communal- und Verwaltungs-Einrichtungen sehen wir uns genöthigt hier bei Seite zu lassen, da wir in dieser Hinsicht der Ausstellungen, besonders in den historischen Herleitungen, manche zu erheben hätten, die sich in dem uns verstatteten Raume nicht würden begründen lassen. Wir behalten uns vor, auf das Wichtigere, u. A. die Lokaljustizpflege, die Kreis- und Grafschafts-Verwaltung u. s. w., zurückzukommen.

Der Verfasser hat nicht nur den deutschen Gegensätzen theilweise besondere Abschnitte gewidmet, sondern auch vielfach in den Noten Vergleichungen mit deutschen, und besonders mit preußischen Zuständen eingeflochten. Wir gestehen, hiervon abgesehen, sind wir oft ungewiß geworden, ob in den oben mitgetheilten allgemeinen Reflexionen mehr das heutige England habe geschildert werden sollen, oder die anmaßliche Richtung der public opinion, welche seit Jahr und Tag bei uns an den überlieferten Zuständen wiederholt zu rütteln beginnt, seit sich ihren Hoffnungen und Wünschen eine neue Aera eröffnet zu haben scheint. Glücklicher Weise aber sind für uns die Bedingungen noch nicht eingetreten, welche ihr in England Vorschub leisten. Wir bedauern, daß der geistreiche Verfasser des besprochenen Werkes mit seinen historischen, staatsrechtlichen Studien nicht bei Deutschland den Anfang gemacht hat. Eine gründliche Bekanntschaft mit dem fränkisch-karolingischen Staatsrechte hätte ihn in diesem die gemeinsame Grundlage des anglo-normannischen und des deutschen Staatswesens erkennen lassen. Die Verfolgung des Entwickelungsganges der mittelalterlichen Elemente des Staatsorganismus in der deutschen Territorial-Verfassung bis auf die Gegenwart, besonders die nähere Prüfung der provinzial-, kreis- und communalständischen Einrichtungen in den verschiedenen, namentlich den östlichen Provinzen unserer Monarchie, konnte ihn überzeugen, daß bei uns gerade das in voller Lebenskraft noch vorhanden ist, wovon er mit Recht beklagt, daß es in der englischen Verfassung immer mehr abhanden komme. Wir erinnern nur an den persönlichen Dienst, der, strenger als in England, unserm Landadel noch bei der Polizei- und Kreis-Verwaltung obliegt. Diesen in den Hintergrund zu schieben, die Virilstimmen der Ritterschaft auf den Kreistagen durch eine Aktienbetheiligung nach materiellen Besitzverhältnissen zu verdrängen, den alten Zusammenhang der regierenden Klassen durch Einführung unliebsamer Elemente zu lösen, die Selbstständigkeit der Kreiscorporationen*) unter eine parlamentarisch beherrschte Ministerial-Büreaukratie zu beugen, die Majorität des Unterhauses nicht hinter, sondern vor den Ministern zu wissen, die Stabilität unseres Oberhauses durch massenhafte Creirungen zu brechen, es nach einmal versuchtem Widerstand an den Voluntarism des Unterhauses zu binden — ein trefflicher Uebergang zum dereinstigen suspensiven Votum der Krone —, das selbstständige kirchliche und communale Selfgovernement auf das Niveau eines Conto in der nationalen Aktienwirthschaft herabzuziehen, die Verherrlichung des Utilitätsprinzips u. s. w.; das ungefähr sind die Lieblingsgedanken, von welchen aus unsere Tagespresse dem Ministerium seine Programme zu dictiren sich vermißt und vorgreifend ausposaunt. Aber noch lebt bei uns der King in council, noch erkennt unsere Aristokratie ihren Beruf, Dienerin der Krone zu sein, schätzt hoch ihre Pflicht zur Bewahrung der Autorität in obrigkeitlichem Ehrenamt; noch haben wir keine Allerhöchste public opinion, die sich den gossip der Tagespresse zutragen läßt. Danken wir dem Verfasser, daß er in ansprechender Weise uns an einem Nachbarstaate mit kräftigen Grundstrichen den Rand des Abgrundes vor Augen geführt hat, an welchen solche Doctrinen führen. Gern theilen wir seine Gewißheit: daß es eines starken persönlichen Willens bedarf, der, seiner Ziele und Mittel bewußt, über das Widerstreben der öffentlichen Meinung rücksichtslos hin-

*) Der jüdischen Besitzer ritterschaftlicher Güter.

wegschreitet, in dem Bewußtsein, daß er die königlichen Pflichten erfüllt, deren Wesen und Ziel in der zweihundertjährigen Geschichte unseres Landes (oder vielmehr des monarchischen Preußens) so fest ausgeprägt liegt, daß sie durch eine Berufung auf England nicht begründet, sondern nur noch einmal zum Bewußtsein gebracht werden können, am Vorabend großer Gefahren. Danken wir es vor Allem aber der Weisheit Sr. Majestät, Unseres Allerhöchsten Königlichen Herrn, daß unser selbstthätiges Königthum, wenn auch der Verfasser meint, es seien der politischen Rechte mehr vergeben, als zu vergeben waren, doch so lebensfrisch und thatkräftig dasteht, daß es für uns nur des treuen Festhaltens an den bewährten Traditionen des alten Preußens bedarf, nicht des gewagten Experimentes, welches der Verfasser durch Herstellung des Geheimen Rathes in früherer Weise vorschlägt, damit der König in seinem Parlamente Herr der Bewegungungen bleibe, welche durch Erhaltung des gleichmäßigen Pulsschlages der gleiche Pflichten erfüllenden Provinzial- und Kreiskorporationen nur für das allgemeine Beste gefördert, nicht durch die Sprünge der Monarchin public opinion aus dem Geleise des besonnenen Fortschrittes gebracht werden können.

Die deutsche National-Einheit von Max Wirth.

III.

Wir haben geglaubt, unsern Lesern den Inhalt der vorliegenden Schrift mit besonderer Ausführlichkeit vortragen zu müssen, sowohl des hochwichtigen Gegenstandes wegen, als auch weil dieselbe mit ihren Vorzügen, Schwächen, Einseitigkeiten und Widersprüchen ein treues Abbild des politischen Culturzustandes unserer Zeit ist. Naturgemäß finden wir die entsprechenden Eigenschaften auch in dem Verfasser derselben wieder. Auf der einen Seite sehen wir in Herrn Max Wirth den Vertreter des Liberalismus, den Mann des Fortschrittes, der seiner Ueberzeugung mit Treue und Hingebung folgt, daher ein eifriger Verfechter jeder Art von Freiheit: der Freiheit des Individuums, des Handels, der Gewerbe, der Presse; der agrarischen Freiheit, der Freizügigkeit, der Gemeindefreiheit, Selbstverwaltung, Volksvertretung ꝛc. ꝛc. Die Studenten und Professoren, welche das Wartburgfest feierten, sind ihm eine Elite der Nation; das Hambacher Fest war ein Zeichen des vorgeschrittenen Nationalgeistes (S. 415). Auf der andern Seite ist unser Autor zugleich Historiker und Nationalökonom; seine liberalen Doctrinen finden daher in der Erfahrung einen Gegensatz, der fast auf jedem Blatte seiner Schrift hervortritt, und der als die Quelle der Confusion zu betrachten ist, an der die Schrift im hohen Maße laborirt; denn Herr Max Wirth hat zu einer Versöhnung der Doktrin und Empirie nicht gelangen können, sowohl weil jene an und für sich unwahr ist, und weil der Geist der Thatsachen sich nicht so leicht offenbart; als auch weil der im Liberalismus großgesäugte Doktrinär jener Objektivität ermangelt, welche unerläßlich ist, um den Geist der Geschichte zu erfassen und aus derselben die Grundsätze der Politik abzuleiten. Obwohl eine organische Entwickelung des Staates und Gesellschaftlebens anstrebend und nur von einer solchen das Gelangen zur deutschen Nationaleinheit erwartend, bleibt der Verfasser als liberaler Doktrinär im Wesentlichen der mechanischen Auffassung des Staats- und Gesellschaftslebens treu.

Aber auch diese Treue ist nur eine bedingte, denn als Mann der Geschichte, wie als Nationalökonom hat Herr Wirth sich der Wahrheit nicht verschließen können, daß mit den abstrakten Prinzipien für die Staatspraxis nicht viel anzufangen ist. Sehr richtig heißt es Seite 3: „Wie eine Menge von Naturgesetzen nebeneinander besteht, und Eins das Andere bedingt, so tritt in allen Verhältnissen des Lebens uns die Thatsache entgegen, daß ein Prinzip auf die Spitze getrieben, beim Gegentheil anlangt." Wenn es erfreulich ist, daß der Liberalismus endlich zur Erkenntniß einer Wahrheit gelangt ist, welche die Berliner Revue nicht aufgehört hat, demselben vorzuhalten, so hätte der Verfasser doch einsehen müssen, daß mit Anerkennung dieser Wahrheit der ganze Liberalismus in sich zerfällt, daß es an der Zeit sei, die organische Natur der Gesellschaft im vollen Umfange anzuerkennen, und danach die Staatswissenschaften neu zu begründen. Unserm Autor ist es jedoch nicht gelungen, die Fesseln der Abstraktion abzuwerfen, und er verfällt deshalb auf den überaus unglücklichen Ausweg, für die Wirksamkeit der einzelnen innerhalb des Gesellschaftsorganismus waltenden Gesetze eine mechanische Abgrenzung vorauszusetzen: „Das oberste Gesetz der Staatenbildung ist das Gleichgewicht der Gegensätze, die Versöhnung der verschiedenen berechtigten Gewalten, die Ausgleichung der Extreme — Compromiß" (S. 481). Um die Bodenlosigkeit dieser Anschauung zu erkennen, genügt die Beantwortung der Frage: beruht auch der Sternenlauf, beruht auch das Walten der Naturgesetze auf einem Compromiß? Glaubt der Verfasser diese Frage bejahen zu müssen, so müßte es seine erste Aufgabe sein, die Abgrenzung der in dem Gesellschaftsorganismus waltenden Gesetze, und wieweit dieselbe durch die concurrirenden Gesetze bestimmt wird, näher festzustellen. Es handelt sich hier um die Lehre von der Perturbation der Gesellschaftsgesetze, auf welche v. Lavergne-Peguilhen schon vor 20 Jahren in seinen Grundzügen der Gesellschafts-Wissenschaft, Königsberg bei Bon 1838. 41., hingewiesen hat, und äußert derselbe Bd. II. S. 20: „Der wunderbare Verein mannigfacher Gesetze, die in jedem Organismus gleichzeitig walten, ist nur möglich, wenn jedes einzelne Gesetz zu Gunsten des andern von seinen ursprünglichen Tendenzen und Bewegungskreisen etwas aufgiebt, sich Modifikationen unterwirft, gleiche Begünstigung von ihnen erfahrend."

Es darf hiernach nicht überraschen, daß unser Autor auch über das Verhältniß des Individuums zur Gesellschaft nicht ins Reine kommen kann. Er ist der Ansicht, daß die zu weit getriebene Geltung des Vergesellschaftsprinzips das Individuum unter die Allmacht des Staats beugen, und daher zur Universal-Monarchie führen müsse — wir würden lieber sagen: zum orientalischen Despotismus, zur gesellschaftlichen Verknöcherung. Entschieden unrichtig ist jedoch dessen Ausspruch: daß der zu weit getriebene Individualismus in den Kleinstaaten seinen Ausgang finde, da dieser Ausgang vielmehr die Revolution, die Säbelherrschaft und schließlich der Untergang der Völker ist. Der Cultus des Individuums ist recht eigentlich die Krankheit der Zeit, in ihm wurzeln die Socialprinzipien von 1789, die moderne Staatswissenschaft und Staatspraxis! nicht minder aber die Haltung der Presse und die öffentliche Meinung kranken an demselben, an der daraus hervorgehenden Mißachtung der allgemeinen Gesetze und Interessen der Gesellschaft. Unser Autor hat keine Vorstellung davon, daß hier der schwere Gegensatz liegt, der unsere Zeit bewegt; er versucht hier keine Versöhnung, keinen Compromiß — als ächter Liberaler hat er nur die Freiheit des Individuums im Auge, er glaubt die Maßlosigkeit derselben durch die Zwangsgesetze des Staates zügeln, dadurch die Gesellschaft erhalten zu können.

Der Conflikt der Empirie und der Doktrin tritt bei Herrn Max Wirth auch dadurch hervor, daß er die Lehren der erstern zwar anerkennt, der letzteren jedoch treu bleibt, sobald es sich um die Anwendung handelt. So hat derselbe richtig erkannt, daß das Staatsleben in dem wirthschaftlichen und socialen Leben wurzeln, daß es aus demselben emporwachsen müsse, wenn es Bestand haben und seine Zwecke erfüllen soll. Er hat erkannt, das der Feudalstaat auf dieser Basis beruhte, und eben deshalb seine Mission erfüllen, die Völker zu einem höheren Culturleben heranbilden konnte, und diese Kenntniß veranlaßt ihn, die deutsche Einheitsfrage zugleich vom nationalökonomischen Standpunkt aus zu beleuchten. Er ist jedoch weit entfernt, die Uebereinstimmung, die organische Verbindung des wirthschaftlichen und socialen Lebens mit dem politischen Leben zu fordern, ihm genügt die Gemeinsamkeit wirthschaftlicher Einrichtungen und Gesetze für die deutschen Völkerschaften. Auch als Nationalökonom ist Herr Max Wirth außer Stande, sich von den Fesseln der liberalen Abstraction zu emancipiren. Er beweist dies insbesondere durch ein an das bekannte laissez aller, laissez passer erinnerndes unbedingtes Vertrauen zu der Selbstgestaltungskraft des germanischen Volksthums, einer Kraft, welche die Mitwirkung des Staates bei Gestaltung des inneren Volkslebens fast entbehrlich macht, indem ja Deutschland auch ohne dies mit naturgesetzlicher Gewißheit seiner Einheit entgegengeht. Wie aber, wenn die auf dem Cultus des Individuums beruhenden Socialprinzipien von 1789 in der Staatsgesetzgebung zur bleibenden Geltung gelangen — Prinzipien, die erfahrungsmäßig nur beim Auflösungswerk Erfolg haben, die überall zur Atomisirung der Gesellschaft, zur Auflösung derselben in eine breiartige Masse führen, die jede organische Gestaltung unmöglich machen? Und daß dieser Fall in Deutschland vorliegt, wird auch Herr Wirth nicht in Abrede stellen. Wir erinnern ihn an die fast ausschließlich auf Individualismus beruhende Lage der Wissenschaft, der Presse, der öffentlichen Meinung; an die massenhafte Importirung französischen Staatsthums, die er selbst, und mit Recht, so bitter beklagt. Wird die Selbstgestaltungskraft des gesellschaftlichen Lebens durch einen starren Staatsmechanismus gehindert, so entsteht eine unerträgliche, eine ertödtende Bevormundung; die Gesellschaft vegetirt in der Zwangsjacke des Staates. Wird jener Kraft vertraut, während die Geltung der liberalen Doktrinen die erfolgreiche Bethätigung hindert, so entsteht jene sociale Anarchie, welche jede organische Gestaltung unmöglich macht. Die Krystalle können sich nicht bilden, weil der Masse das richtige Mischungsverhältniß der Stoffe fehlt, Beides widerspricht den Grundgesetzen einer aufbauenden, einer kulturfördernden Staatskunst. Und wie schwach ist in dem vorliegenden Falle das Vertrauen auf die Selbstgestaltungskraft des germanischen Volksthums begründet? Bisher hat der Liberalismus sich darauf beschränkt, das Vorhandensein sozialer Krankheiten in bedrohlichem Umfange, oder doch sein Verschulden an der Ausbildung dieser Krankheiten einfach zu negiren. Herr M. Wirth macht endlich in dieser Beziehung Zugeständnisse und erkennt an, daß in Folge der Vernichtung der mittelalterlichen Schranken die Bevölkerungsmassen der Ausbeutung durch das große Kapital unterliegen. Aber er hat auch sogleich das Remedium bei der Hand und findet dieses in der seit einigen Jahren versuchten Genossenschaftsbildung. Nun, wir geben ihm den französischen Sozialismus preis, obwohl derselbe als Wahrzeichen eines tiefen Leidens in dem Leben der französischen Gesellschaft von hoher Bedeutung ist. Wenn man bisher auf unglückliche Heilmittel verfallen ist, so giebt dies keinen Beweis für das Vorhandensein gesunder Zustände. Aber das Remedium der Genossenschaftsbildung, welches bereits in Band XIX Heft 12 der Berliner Revue beleuchtet worden ist, wird sich doch erst in den großen Städten und im Kampfe mit dem großen Geldkapital zu bewähren haben, bevor es als sociale Kraft und als allgemeines Heilmittel in Betracht kommen kann.

Das Vertrauen auf die Selbstgestaltungskraft des germanischen Volksthums hat im Uebrigen für unsern Autor etwas ungemein Bequemes. Er kömmt dadurch in die angenehme Lage, die Gewinnung der festen Grundlagen für den einheitlichen deutschen Staatsorganismus unerörtert lassen, und seine Vorschläge auf die Gestaltung der Centralgewalt beschränken zu können. Es ist zu besorgen, daß er es durch diese Vorschläge mit allen Parteien verderben werde; mit der sich so nennenden Fortschrittspartei wegen Beibehaltung des Bundestages und wegen des Veto, welches diesem den Beschlüssen der Volksvertretung gegenüber zustehen soll; mit den Conservativen wegen dieser Volksvertretung und wegen des Bundesgerichtshofes. Wenngleich der deutschen Volksvertretung im Wesentlichen nur ein berathendes Votum beiwohnen, das Oberhaus überdies dem Preußischen Herrenhause nachgebildet werden soll, und wenn diese Bestimmungen der conservativen Politik durchaus entsprechen, so ist die Idee einer Leitung der Geschicke einer großen, in zahlreiche selbstständige Staaten zerfallenden Nation, durch drei Versammlungen, welche die souveräne Gewalt gemeinsam auszuüben haben, doch eine so ungeheuerliche, eine von allem geschichtlich Dagewesenen so abweichende, daß sie schwerlich in dem Volksbewußtsein genügend Wurzel schlagen wird, um irgend welche Aussicht auf Realisation zu haben. Wenn nach dem Geständniß des Verfassers man in den dreißiger Jahren noch nicht bestimmt wußte, auf welche Weise die Bundesverfassung zu verbessern und was an ihre Stelle zu setzen sei, und wenn die Frankfurter Reichsversammlung scheitern mußte, weil man zu doctrinär und die Führer zu unfähig waren, so ist der inzwischen verflossene Zeitraum jedenfalls zu kurz, als daß ein wesentlicher

Fortschritt in der Erkenntniß vorausgesetzt werden könnte. Dem Bundesgerichtshofe steht endlich das Bedenken entgegen, daß er einen wesentlichen Theil der souveränen Gewalt absorbiren, eine Verständigung über dessen Composition daher kaum zu erreichen sein würde; nur sofern die Fürsten Deutschlands in Person zu Gericht sitzen wollten, könnte diese Schwierigkeit sich heben lassen.

Seitens der aufbauenden, d. h. conservativen Politik, kann hiernach das Urtheil über die Vorschläge des Verfassers zur Gestaltung der deutschen Nationaleinheit nur ablehnend ausfallen. Selbst wenn die Centralgewalt und der Bundesgerichtshof sich lebensfähig gestalten ließen, würde damit kaum etwas gewonnen sein, so lange der Unterbau fehlt, d. h. so lange die Selbstgestaltungskraft des germanischen Volksthums diesen nicht herzustellen vermag. Dies ist aber, und wir erinnern hier an die Zustände Frankreichs, so lange unmöglich, als die innere Politik der Staaten wesentlich revolutionär ist, und aus diesem Grunde naturnothwendig eine rein büreaukratische Verwaltung bedingt und schließlich zum Cäsarismus hindrängt. Wir ehren die Ueberzeugungstreue des Herrn Verfassers und den Muth, mit dem er seine Ueberzeugung ausgesprochen hat, selbst auf die Gefahr hin, es mit allen Parteien zu verderben. Wir sind auch weit entfernt davon, ihm einen Mangel an Intelligenz zum Vorwurf zu machen, nachdem seine Forschungen ein so ungenügendes Resultat geliefert haben. Es liegt dies eben darin, daß er in der Wissenschaft, wie sie heute den Stadtpolitikern und Buchgelehrten zur Seite steht, einen so ungenügenden Beistand gefunden hat, daß er von derselben auf jedem Schritt irregeleitet worden ist. Die Wissenschaft aber kann der Staatspraxis einen zuverlässigen Anhalt nur bieten, sobald sie aufhört, ihre Lehren aus dem Individualismus herzuleiten, sobald sie dahin gediehen sein wird, die politischen Fragen in voller Uebereinstimmung mit den wirthschaftlichen und socialen Zuständen zur Lösung zu bringen. Hier ist der Ort, wo die Frage sich uns in eminenter Bedeutung aufdrängt: Kann der Staatsmann heute des Beistandes der Wissenschaft entbehren, kann er den Lehren derselben sich mit Zuversicht anvertrauen, oder sind es nur Irrlichter, mit denen sie ihm voranleuchtet?

Auch in früheren Zeiten haben Staatengründer und Staatsreformatoren ihre Aufgaben gelöst, sie haben Institutionen gegründet, welche durch Jahrtausende bestanden und die Völker zu einem höheren Kulturleben herangebildet haben. Wie ist es zu erklären, daß die hierzu erforderlichen geistigen Kräfte ehedem vorhanden waren, während heut überhaupt nur Politik aus der Hand in den Mund getrieben wird, selbst alle Versuche zur Herstellung einer lebensfähigen Gemeindeordnung gescheitert sind? Es liegt dies darin, daß in früheren Zeiten den Politikern so einfache Fragen vorlagen, daß es des Beistandes der Wissenschaft nicht bedurfte. Der Gesellschafts-Organismus basirte auf Sclaverei oder Leibeigenschaft, von einer Gleichberechtigung, von der gleichmäßigen Kulturberechtigung der Staatsgenossen war überall nicht die Rede; das wirthschaftliche Leben beschränkte sich im Wesentlichen auf den Landbau, der Staat zerfiel in eine große Anzahl enger Staatskreise: Genossenschaften, Innungen, Gemeinden, Dominien, deren inneres Leben fast selbstständig und unabhängig von der Centralgewalt bestand. Diese schritt ausnahmsweise nur ein, wo es sich um Lösung von Conflicten handelte, in der Regel nur auf Veranlassung kriegerischer Unternehmungen. Unter solchen Umständen war die praktische Lebenserfahrung vollkommen ausreichend, nur die in den engeren Staatskreisen, resp. bei der Centralgewalt hervortretenden Fragen, dem jeweiligen Bedürfniß entsprechend, zu lösen. Die Staatsgeschäfte wurden von den betheiligten Grundbesitzern und Gewerbetreibenden nebenher besorgt, und die fast absolute Gewalt des Familienhauptes sorgte dafür, daß auch in dem engsten Staatskreise, in der Familie, Zucht und Ordnung erhalten blieb. Ueber das Ganze übte die Kirche einen vermittelnden, versöhnenden und cultivirenden Einfluß aus.

Unermeßlich dagegen ist die Aufgabe, welche heute dem Staatsmanne vorliegt. Durch das Christenthum und durch die Fortschritte des Kulturlebens ist die Gleichberechtigung aller Staatsgenossen die Grundbedingung des politischen Lebens geworden. Mit dem Aufhören der Sclaverei und der Leibeigenschaft hat auch die Naturalwirthschaft aufgehört, es wird überhaupt nur Arbeit verrichtet, die mit baarem Gelde bezahlt wird (mit Ausnahme des Familienhaushaltes). Dazu die Fortschritte der Naturwissenschaften in Folge ihrer Emancipation von der Doctrin und ihrer Behandlung als Erfahrungswissenschaft, welche die großartigste Entwickelung der Industrie, die Eisenbahnen und Telegraphen hervorgerufen haben. Auch der Landbau ist dadurch, so wie durch den Uebergang zur Geldwirthschaft, zu einer fortschreitenden Entwickelung geführt, er ist in seinem Gedeihen von dem commerciellen und industriellen Leben abhängig geworden, der Geldpreis und der Geldzins bestimmen den Reinertrag des Bodens, so wie die Grenze der wirthschaftlich zu nutzenden Flächen; das Vegetationskapital und damit der Reichthum und die Sicherheit der Ernten wird durch die Fluctuationen des Geldverkehrs wesentlich bestimmt. Wo es ehedem sich darum handelte, wenn auch oft nur durch mündliche Anordnung, die öffentlichen Interessen in den engen Staatskreisen, in den Familien, Genossenschaften, Gemeinden und Dominien zu regeln, da hat der Staatsmann heute über Tausende von Quadratmeilen und für Millionen von Staatsgenossen die gesellschaftlichen Interessen zu regeln, und zwar im Sinne steigender, sinnlicher, intellectueller, sittlicher und religiöser Volkskultur. Er soll dahin wirken, daß jedes Mitglied der Staatsgesellschaft, durch Erfüllung seines bürgerlichen Berufes, so wie seiner Pflichten gegen Genossenschaft, Gemeinde und Staat, zugleich die edleren Kräfte des Geistes vervollkommne; er soll endlich den freien gesellschaftlichen Bewegungsprincipien oder, wie der Verfasser sich ausdrückt, dem Selbstgestaltungstriebe seinen Spielraum lassen, aber er soll da mit der Macht des Staates entschieden eingreifen, wo die freien Bewegungsprincipien nicht hinreichen oder wo das ungezügelte Walten der Privatkräfte die Völker von den Bahnen des Kulturlebens ableiten muß. Die Gefahren der heutigen Gesellschaft liegen weniger in dem Mißbrauch der Staatsgewalt, als in dem ungezügelten Walten übermächtiger Privatkräfte.

Es liegt auf der Hand, daß, nachdem der Staatskunst eine so hohe, edle und umfassende Aufgabe zu Theil geworden, die bloße praktische Anschauung zur Lösung derselben nicht mehr ausreichen kann. Heut bedarf es in der That des Beistandes der Wissenschaft, damit der Staatsmann auf seiner schwierigen und umfassenden Bahn nicht irregeleitet werde, damit die Völker vor dem Unsegen der Experimentalpolitik bewahrt bleiben, durch politische Experimente in ihren heiligsten Interessen nicht geschädigt oder gänzlich zu Grunde gerichtet werden.

Das Bedürfniß eines werkthätigen und zuverlässigen wissenschaftlichen Beistandes ist demnach für den Staatsmann in neuester Zeit in höchster Dringlichkeit hervorgetreten. Denn es ist dies die Zeit, wo der Feudalismus und mit ihm die Naturalwirthschaft beseitigt worden, wo die Corporationen, Zünfte, Innungen, Gemeinden und Dominien entweder vernichtet oder doch aller staatlichen Autorität entkleidet worden; wo das Geldcapital durch Concentration zu einer riesigen Macht angewachsen ist, die nicht selten die Staats-Souverainetät lahm legt; wo dasselbe einen ertödtenden Einfluß auf das Grundcapital, auf die Vertheilung der Güter in der Nation, auf die Ernährung der Bevölkerungsmassen ausübt; wo durch eine andauernde Geldkrisis oder durch einen andauernden Krieg mit wenigen Ausnahmen alle Existenzen in Frage gestellt werden; wo nicht mehr der Staatsbankerutt das Schreckbild der Völker ist, während das Gespenst des Gesellschaftsbankerutts ihnen drohend entgegensteht.

Wie aber sollen die Regierungen in einer Wissenschaft einen zuverlässigen Beistand finden, die ihre Grundlage in dem Individualismus, in dem Localismus, in dem städtischen Leben hat, bei deren Ausbau das Princip der Arbeitstheilung die ausgedehnteste Anwendung gefunden hat? Denn die staatswissenschaftlichen Untersuchungen beschränken sich zur Zeit lediglich auf einzelne Partikelchen oder Systeme des gesellschaftlichen Organismus; die Gesetze des großen gesellschaftlichen Massenlebens und das Verhältniß dieser Gesetze zu einander ist dabei nirgend in Betracht gezogen worden. Daher die naturrechtlichen Doctrinen, aus dem Bedürfniß des menschlichen Individuums abgeleitet, und zwar ohne Rücksicht auf den unendlichen Gegensatz der hohen und niederen Culturstadien; die national-ökonomischen Doctrinen, in den Bedürfnissen der einzelnen Stadtwirthschaft wurzelnd, und zwar ohne Rücksicht auf den Gegensatz der Fabrik und der Handwerkswirthschaft; der Gegensatz von Stadt und Land, von beweglichem und vom Grundvermögen, von der Wissenschaft ignorirt. Während im gewerblichen Leben die Producte der Arbeitstheilung durch den Meister vorgezeichnet und zu einem harmonischen Ganzen zusammengefügt werden, während die Naturwissenschaften durch ihre Meister (Humboldt, Ritter u. s. w.) zu einer Gesammtauffassung erhoben worden, fehlt den Staatswissenschaften die einheitliche Leitung und Gestaltung, und lediglich die Ergebnisse isolirter Forschung finden in der Staatspraxis Anwendung; die Gesellschaft muß derselben sich fügen, wie sehr sie auch mit einander in Widerspruch stehen, jeder harmonischen Gestaltung des gesellschaftlichen Lebens widerstreiten mögen.

Eine auf derartigen Grundlagen beruhende und aus derartigen Forschungen hervorgegangene Wissenschaft muß demnach unproductiv, steril, irreleitend sein;

sie giebt Aufschluß, weshalb unserer Zeit der Beruf für die Gesetzgebung abgesprochen worden; sie muß ihrer innersten Natur nach revolutionair sein. Darin liegt die Macht der Revolutionen in unsern Tagen, daß die unendliche Mehrzahl der durch die Wissenschaft Gebildeten der Revolution in die Hände arbeitet, wie sehr sie ihrem Gefühl nach auch conservativ sein, wie sehr sie die Revolution verabscheuen mögen.

Ist diese Anschauung die richtige, so hängt die Zukunft der Völker von der Reform der Staatswissenschaften ab, davon, daß der Staatsmann in ihnen einen ähnlich zuverlässigen Beistand finde, wie er dem Techniker in den Naturwissenschaften geboten ist. Die großen Erfolge der letzteren datiren von der Zeit, wo sie von der Doctrin sich emancipirt und zu einer wissenschaftlichen Empirie übergegangen sind; wo die Meister sich gefunden haben, welche die Ergebnisse der Specialforschungen zu einer großartigen Gesammtauffassung zu verarbeiten verstanden. Mögen auch der Staats- oder, wie sie künftig heißen muß, der Gesellschaftswissenschaft diese Meister nicht fehlen, und mögen die Ergebnisse ihrer Forschungen die Völker erleuchten, dann wird auch die conservative Politik die Geister beherrschen, die gegenwärtig noch so allgemein der Herrschaft des Liberalismus verfallen sind.

Diese Andeutungen werden genügen, um Herrn Max Wirth mit den Bestrebungen der conservativen Partei bekannt zu machen, und daß diese, wie er sehr irrig meint (S. 38), sich keineswegs darauf beschränken, „das Bestehende zu erhalten“. Dazu hat sie zur Zeit in der That wenig Veranlassung. Wie sie zur deutschen Einheitsfrage sich verhält, wird der folgende Artikel darthun.

Ein Graf von Königsmarck.

Roman

von

George Hesekiel.

Siebzehntes Kapitel.

Venediger Carneval.

„Videbat Adriacis Venetam Neptunus in undis
Stare urbem, et toti ponere jura mari.
Nunc mihi Tarpeias quantumvis Jupiter arces
Objice, et illa tui moenia Martis, ait.
Si Pelago Tiberim praefers, urbem adspice utramque,
Illam homines dices, hanc posuisse Deos."
(Sannazar.)

Das Wetter war nicht sehr anmuthig, es war empfindlich naßkalt, dennoch entfaltete sich die Venediger Maskenlust üppig und lebhaft wie immer auf dem Platze von San Marco. Freilich herrschte das vom Gesetz befohlene Schwarz der Kleidung der Nobili vor, freilich hatten es sich viele mit ihrer Verkleidung sehr leicht gemacht und zu der schwarzen Gesichtsmaske nur einen Schlafrock oder alten Mantel umgenommen, was mitunter recht schäbig aussah, es war aber doch kein Mangel an grotesken und sonderbaren Verkleidungen; die Frauen thaten auch das Ihrige, und im Ganzen war es ein reizendes, lebhaftes und buntes Bild, in dem prächtigen Rahmen der Palläste, Kirchen und Procuratien auf dem Platze von San Marco.

In der untersten Halle des herzoglichen Pallastes nach dem Platze zu, Broglio genannt, drängte sich ein guter Theil von dem zahlreichen Adel Venedigs, denn dort ist der gewöhnliche Spaziergang der Nobili, wo sie je nach der Sonne und der Tageszeit bald auf dieser, bald auf jener Seite auf- und abwandeln; auch darf wirklich, so lange die Rathssitzungen dauern, kein Anderer als ein Venediger Nobile den Broglio betreten, weshalb dieser reservirte Platz auch nach dem Markt zu durch weiße Steine abgegrenzt ist. Lebhafter als im Broglio geht es vor der Kirche San Marco und überhaupt auf dem Theile des Platzes zu, der an die Procuratie vecchie, rechts von der Hauptthür von San Marco bis zur Kirche San Geminiano, stößt. Dort stehen die gewaltigen Mastbäume auf herrlichen metallenen Fußgestellen mit dem Venediger Wappen, von den Mastbäumen aber wehen drei riesige seidene Standarten mit dem geflügelten Löwen; sonst stand hier nur ein solcher Standartenbaum, im Jahre 1505 wurden erst die beiden andern aufgerichtet und bedeuten die drei nun der Venediger Herrschaft über die drei Reiche: Candien, Cypern und Morea. Unter den stolz flatternden Standarten aber, um die metallenen Piedestale, wogt lautes lustiges Leben, da haben die Marktschreier ihre Buden aufgeschlagen, da rasselt die Trommel, da gellt die Pfeife, da tosen hundert verschiedene Stimmen durcheinander, sich überbietend und gegenseitig verhindernd. Auf hohen wackelnden Tischen sitzen alte Männer und Weiber, die letztern zumal scheußlich anzusehen und handthieren mit schlechten Zirkeln, Winkelmaßen, defecten Erdkugeln und allerlei ähnlichem alten Gerümpel, denn sie geben sich für Wahrsager und die Orakel bedürftige Menge staunt das Gerümpel ehrfurchtsvoll als Zaubergeräth an. Mit possenhafter Würde reichen die Wahrsager und Wahrsagerinnen dem Herantretenden das Mundstück eines langen eisernen Sprachrohres hin, auf daß er ihnen ganz leise sein Anliegen sagen kann, wenn sie aber antworten, halten sie dem Fragenden das weite Ende des Rohres und raunen ihm so die Enthüllung der Zukunft zu. Das allein schon macht Eindruck und man sieht nicht nur hübsche, dralle Dirnen erbleichend oder hocherröthend vor der Weissagung zurückbeben, sondern auch ganz ernsthafte Männer, selbst Priester, denn der Glaube an solche Schicksalsverkündigungen ist hier allgemein, wenn er sich auch oft in possenhafter Gestalt zeigt.

Die vornehmsten Damen findet man um den Campanile, den herrlichen Glockenthurm, welcher da emporragt, wo die procuratie nove eine Ecke machen, dort hat man eine wundervolle Aussicht. Zwischen den beiden Galerien des Broglio gegen den Canal zu sind zwei prächtige Granitsäulen aufgerichtet, zwischen denen würde kein venetianischer Nobile hindurchgehen. Drei solche Säulen brachte der Doge Bastian Ziani von Constantinopel hierher, als die Venediger 1192 sich dieser Stadt bemächtigt, beim Ausladen versanken die Säulen in den Schlamm der Lagunen, nur zwei vermochte der Lombarde Nicolo Barratiero wieder zu finden und aufzustellen. Auf der Säule an der Seite des herzoglichen Palastes sieht man den geflügelten Löwen des heiligen Marcus, das Wappenthier Venedigs, dessen Schutzheiliger San Marco ist, der metallene Löwe richtet sein Haupt gegen Osten, die Herrschaft der Venediger über den Orient anzudeuten; auf der andern Säule steht die Marmorstatue eines Heiligen, man weiß aber nicht, ob es der heilige Georg oder der heilige Theodor ist. Zwischen diesen beiden Säulen werden die Missethäter hingerichtet, und kein venetianischer Nobile geht zwischen ihnen hindurch, weil Marino Falieri, der nachmals hingerichtete Doge, einst zwischen diesen beiden Säulen hindurchgegangen, als er des hohen Wassers wegen hier aussteigen mußte.

Dieser mit breiten Steinen belegte Platz von San Marco ist während des Carnevals und auch sonst das Herz von Venedig, in Venedig aber fanden sich in der Zeit, in welcher unsere Erzählung spielt, alle reisenden Cavaliere Europa's zusammen zur Carnevalszeit. Der venediger Carneval war ein Stelldichein für alle vornehmen Herren, welche die Welt zu besehen auszogen, und um ihre Sitten zu bilden, fremde Länder besuchten. Freilich ging man schon häufig nach Paris, der Glanz des großen Ludwig und seines Hofes lockte mächtig, eigentlich war aber doch in Italien noch die hohe Schule der Weltbildung und Weltsitte für die großen Herren; das älteste Culturland Europa's war noch nicht ganz herabgekommen und bewahrte noch lange eine große An-

Italien aber bot Venedig; hier zeigte sich der Katholicismus von jeher am duldsamsten, hier stand eine Pforte der morgenländischen Welt offen, hier war

Regiment ausübte über die Ihrigen, die aber Fremde, sobald sie sich nur nicht um innere Staatsangelegenheiten kümmerten, gewähren ließ im weitesten Maße; hier vereinigte sich aristokratisches Wesen mit dem glänzenden Reichthum der Handelschaft, hier flossen die Genüsse des Orients und Occidents zusammen, und unter der fast heilig gehaltenen Maskenfreiheit, die einen großen Theil des Jahres, nicht blos im Carneval, Geltung hatte, erwuchs eine Ungebundenheit der Sitten, wie man sie an keinem zweiten Ort der Erde fand. Darum war ganz Europa auf dem venediger Carneval vertreten, darum wurde Venedig in allen Zungen der Erde gepriesen, unter der schützenden schwarzen Maske schwelgten hohe Prälaten der römischen Kirche neben englischen Lords von der hohen Ketzerei, Fürsten des heiligen römischen Reiches deutscher Nation verschwendeten um die Wette mit dem reichen jüdischen Adel Portugals, französische Dücs und Marquis, spanische Hidalgos, polnische Castellane, russische Bojaren und ungarische Magnaten, griechische Primaten von den Inseln, Armenier und Kopten, Römer und Malteser, kurz, es gab kaum einen Völkerstamm oder ein Land der Erde, das nicht seine Vertreter gestellt auf den Platz von San Marco zum Venediger Carneval. Auf den trüben Wassern der Canäle ist's aber ebenso lebendig, wie auf den 72 Inseln, auf denen Venedig liegt; blitzschnell gleiten die mit schwarzem Tuch oder schwarzer Serge beschlagenen Gondeln hin und her, überall tönen die Gondolierrufe: stacando oder stali, rechts ausweichen! und premando oder premi, links ausweichen! Die schwarzen Gondeln machen einen eigenthümlichen, fast unheimlichen Eindruck; sie sehen aus wie schwimmende Särge; es ist wirklich erfreulich für's Auge, wenn sich zwischen den zahllosen schwarzen Särgen eine bunte Gondel zeigt, solcher dürfen sich die jungen Frauen der Nobile zwei Jahre lang nach ihrer Vermählung noch bedienen, dann müssen auch sie sich zu der schwarzen bequemen. Sonst kann jeder Fremde sich eine bunte Gondel machen lassen, aber die Wenigsten thun es, sie sind nicht lange genug dazu in Venedig, und in den schwarzen Gondeln bleibt man unerkannt und unbeachtet. Nur die fremden Gesandten haben prächtige mit Vergoldung und Schnitzwerk bedeckte Gondeln.

Drei Herren in schwarzen Sammetmänteln, das Antlitz mit schwarzen seidenen Masken bedeckt, haben sich etwas aus dem Getümmel zurückgezogen und sich so gestellt, daß sie den Blick frei haben, sowohl auf den Kanal, als auf den Platz.

„Gefällt euch die Venediger Herrlichkeit immer noch nicht, Signor Conte?“

sprach ein sichtlich schon ziemlich bejahrter Herr mit krummem Rücken und näselnder Stimme, indem er sich zu demjenigen seiner Gefährten wendete, der ihm zunächst stand.

„Nun, Signor," entgegnete der Gefragte rasch, und an dem Tone der Stimme erkennen wir sofort den Grafen Hans Carl von Königsmarck, „darauf kann ich euch nicht mit einem Wort antworten; seht, es gefällt mir hier sehr wohl Alles, was sich in den Zeughäusern und Arsenalen befindet, Alles, was sich auf den Türkenkrieg bezieht, auch habe ich mit großer Freude viele schöne Gebäude und kostbare Dinge aller Art darin bewundert, seht, das gefällt mir. Anderentheils aber gefällt mir hier gar nicht die Weise der Regierung, der Adel und seine Art, das liederliche Leben, die schwarzen Gondeln, die frechen Frauenzimmer, das ewige betrügliche Kartenspielen, kurz, mir gefällt eigentlich Alles das nicht, was die Meisten an Venedig rühmen!"

„Ei! ei!" murrte der Alte verdrießlich.

„Mir geht es fast wie euch, Herr Graf!" rief der dritte Herr französisch dazwischen, während das Gespräch bisher italiänisch geführt worden, „ein paar Tage hat mir das tolle Maskenwesen auch Spaß gemacht, jetzt ist's mir zuwider, es ist doch eigentlich lächerlich, immer einen schwarzen seidenen Lappen vor dem Gesicht haben zu müssen!"

„Ihr seid ja nicht gezwungen, euer hübsches Gesicht zu verstecken, Herr Vidame!" sagte Graf Königsmarck in deutscher Sprache und lachte.

„Warum sprecht ihr deutsch?" fragte der Franzose überrascht in italiänischer Sprache, „ihr wißt, daß ich's nicht verstehe!"

„Warum sprecht ihr französisch?" lautete Königsmarck's Antwort, ebenfalls italiänisch, „ihr wißt so gut italiänisch zu sprechen, aber ihr Franzosen wollt überall französisch reden, wohin ihr kommt, und thut immer, als ob sich das ganz von selbst verstände; verlaßt euch darauf, Herr Vidame, so oft ihr französisch anfangt, fahre ich deutsch fort, besucht man ein fremdes Volk, ein fremdes Land, so soll man dessen Sprache reden, oder sich mit der lateinischen helfen, als welche keinem Gebildeten fremd, aber nicht verlangen, auf die eigene Sprache Rede und Antwort zu erhalten!"

„Ihr nehmt es zu scharf, Herr Graf!" meinte der Franzose verdrießlich und etwas spitz.

„Mein Herr Vidame von Esclignac," entgegnete Graf Königsmarck freundlich, indem er seine Maske abnahm und erleichtert aufathmete, „mit euch Herren Franzosen kann man es in diesem Punkte nicht scharf genug nehmen, denn ihr seid euch eurer Vorzüge stets so bewußt, daß man euch immer zwingen muß, in fremder Sprache zu sprechen. Das wird euch schwer, das bringt euch dann vielleicht auf den Gedanken, daß ihr doch nicht Alles könnt, und ganz gewiß zwingt es euch, euch daran zu erinnern, daß es außer der eurigen noch andere Nationen auf dem Erdenrund giebt!"

Graf Hans Carl sagte das mit einer so trefflichen Mischung von Heiterkeit und Ernst, daß der Franzose zwar lächelte und den Scherz hinnahm, aber doch auch die Lehre dazu, die ihm mit so viel Nachdruck ertheilt wurde.

Mit dem Grafen Hans Carl ist eine bedeutende Veränderung vorgegangen, seit wir ihn im Frühjahr zuvor in Berlin verlassen. Graf Hans Carl war ein knabenhaft launischer junger Mensch in Straßburg, ein übermüthiger, glänzender Cavalier zu Paris, ein Jüngling, nahe dem Manne, in England; er kam als ein Mann schon in die deutsche Heimath zurück, mit Mannes Rath und That half er der Mutter auf der Agathenburg die Verwaltung der Güter ordnen, mit männlichem Ernste führte er seinen Bruder Philipp Christoph, der im Schmerz über seinen verunglückten englischen Liebeshandel den Tod herbeirief, zum Rechten zurück. Durch Manneseigenschaften gewann er später die Liebe aller Königsmarck'schen Vettern bei seinem Besuche in der Mark Brandenburg und endlich verweilte er mehrere Monate bei dem alten Feldmarschall Derfflinger, der ihn stets sein „Söhnlein" nannte, ihm seine Kriegskünste lehrte und mit ihm in Peitz und Küstrin, in Frankfurt und Spandau war, also daß er das Brandenburgische Kriegswesen von Grund aus kennen lernte und eine wirkliche Kriegsschule durchmachte während des ganzen Sommers. Erst im Herbst war Graf Hans Carl wieder eingekehrt auf der Agathenburg bei seiner Frau Mutter, darauf aber hatte er sich gleich verabschiedet und war durch das deutsche Reich hinab gen Wälschland gefahren, den Venediger Carneval, den weltberühmten, mit zu verleben und von dort aus nach Malta zu gehen.

Graf Hans Carl ist ein vollkommener Welt- und Kriegsmann geworden, die ihm eigene Sicherheit kleidet sich stets in die glatteste Form, die kriegerische Haltung, das Bewußtsein, tüchtig zum Kriegshandwerk sich vorbereitet zu haben, die gaben dem feinen weltmännischen Wesen eine starke Folie und ließen den jungen Herrn bedeutend hervortreten vor Altersgenossen nicht nur, sondern auch vor weit Aelteren, verliehen ihm einen Einfluß, dem schwer zu widerstehen war.

„Sagt mir, Marchese," wendete sich der Graf wieder an den Alten, „ihr seid, wie ihr mir neulich sagtet, nun zum dreißigsten Male zum Carneval in Venedig, sagt mir aufrichtig, seid ihr niemals auf diesen ewig nassen, glatten, weißen Steinen dieser engen Gassen ausgeglitten? Hat euch nie eine der hiesigen Damen um eure Gesundheit, nie ein venetianischer Nobile um euer Geld betrogen?"

„Das ist mir Alles mehr als einmal geschehen, Signor Conte," entgegnete der Marchese, ein reicher Parmesane, „und darum hat man ja hier auch das Sprüchwort, daß man sich in Venedig vor vier schlimmen P. hüten müsse, nämlich vor: Pietra bianca, Putane, Prete und Pantalone. Die Priester sollen nämlich hier lauter Ketzer sein und die Nobili nennt das Volk insgemein Pantalone, was eben nicht sehr ehrerbietig ist."

„Nun," rief der Franzose, „wenn die Priester hier nichts taugen, so sind die Operndichter um so frömmer, denn seht, hier habe ich den Text der Opera, die jetzt aufgespielt wird, und da hat der Verfasser auf das Titelblatt geschrieben, er sei ein guter Katholik und bitte die im Text vorkommenden Worte: Idolo, Numi, Deita, Fato, Fortuna, Adorare 2c. nur als poetische Scherze zu betrachten!"

Die Herren lachten, nur der Marchese bemerkte, daß diese komische Protestation sich auf dem Titel jedes Operntextes befinde, es sei einmal Sitte.

„Am wenigsten gefallen mir in eurem Venedig die Nobili," fuhr Graf Hans Carl fort, „ein so seltsamer Adel ist mir nie vorgekommen, seht euch nicht so ängstlich um, Marchese, wenn wir hier belauscht werden könnten, spräche ich nicht so zu euch, aber wir stehen hier allein, es sind keine Wände hier, die Ohren haben könnten!"

„Und doch ist's ein großer, berühmter Adel," entgegnete der Marchese, nachdem er sich vorsichtig überzeugt hatte, daß Niemand in der Nähe war, der sie hätte belauschen können, „ihr müßt nur nicht all' die armen Schlucker dazu rechnen, die hier auf dem Platze herumlungern und keine Mahlzeit bezahlen können. Man kann den hiesigen Adel in vier Klassen theilen, zur ersten Klasse gehören nur die zwölf Apostelgeschlechter und die vier Evangelistengeschlechter, die sind eigentlich nur der wahre Adel Venedigs!"

„Evangelistengeschlechter? Apostelgeschlechter?" fragte der Franzose.

„Es hat weiter keine Bedeutung," bemerkte der Marchese, „man nennt sie nur so, weil die Zahlen zwölf und vier mit denen der Apostel und Evangelisten stimmen!"

„Könnt ihr mir diese Geschlechter nennen, Signor Marchese?" fragte Graf Hans Carl.

„Das kann ich", entgegnete der Parmesane, „es sind: Contarini, Morosini, Baduari, Tiepoli, Michieli, Sanudi, Gradinegi, Memmi, Falieri, Dandoli, Polari und Barozzi, das sind die Apostel, die Evangelisten aber sind: Giustiniani, Cornari, Bragadini und Bembi. Das ist der eigentliche Adel von Venedig, aus diesen Familien sind auch meist alle höheren Aemter besetzt und das geht auch recht gut, denn die Geschlechter sind zahlreich, so sind zum Beispiel, wie man sagt, die Contarini in mehr als fünfzig Linien vertheilt. Die anderen Nobili wollen nicht viel bedeuten, denn entweder sind sie gänzlich verarmt oder herunter gekommen, oder sie gehören neuen Familien an, welche in Kriegszeiten für starke Summen den Adel von der Republik erkauft haben, solche neue Familien werden aber niemals zur Verwaltung von Aemtern zugelassen."

„Seltsam ist es," bemerkte der Franzose, „daß die Nobili gar nicht auf das Geschlecht der Frau achten; wenn einem Nobile ein Kind geboren wird und er läßt es in das goldene Buch, einschreiben, so ist's ganz gleich ob die Mutter eine Edle oder eine Cittadina ist, so hat man mir wenigstens gesagt."

„Das ist wohl richtig," erläuterte der Marchese, „indessen bilden die Cittadini doch einen bestimmten geschlossenen Stand; es sind nämlich die alten Venediger Bürgerfamilien, die ursprünglich den Edeln ganz gleich waren, aber bei der Herstellung der jetzigen Verfassung vom Regiment ausgeschlossen worden sind. Es gehören dazu alle die reichen Kaufleute, Advokaten, Aerzte, Notare, auch die Glasmacher von Muraeci. Eine Frau niedrigen Standes darf ein Nobile zwar heirathen, aber seine Kinder sind dann nicht adelig. Der berühmte Procurator von San Marco, Herr Cornaro, hatte jüngst eine Gondolierstochter geehelicht, er mußte den Adel für seine Kinder um eine hohe Summe von der Republik kaufen!"

„Wir wollen ein anderes Gespräch anfangen, liebe Herren!" sagte Graf Hans Carl plötzlich, „seht da einen Burschen, der sich schon eine Weile um uns herum schleicht und immer näher kommt!"

„Oh! es ist ein Zeitungshändler!" rief der Vidame von Esclignac und winkte einem alten Kerl, der ein Paquet einzelner beschriebener Blätter in der Hand hielt. Das waren die „Venediger Nouvellen," welche nur geschrieben verkauft wurden, weil sie nicht gedruckt werden durften. Man nannte dieses Zeitungsblatt kurzweg „Gazetta", weil es mit einer Gazetta, einer kleinen Venediger Münze, bezahlt wurde, ein Name, der dann in Italien und Frankreich eine stehende Bezeichnung für Zeitung wurde. Uebrigens lag die Venediger Münze, Zecca genannt, daher das Wort Zechine für Venediger Dukaten, gleich hinter den Procuratie nove und wurde der Eingang zu den fünfundzwanzig Münzgewölben von zwei Riesen-Statuen bewacht.

Während der Franzose einen flüchtigen Blick auf die Gazetta warf, die übrigens auch mehr gelehrte als politische Nachrichten enthielt, verfolgte der Graf von Königsmarck mit scharfen Blicken eine andere Person, die sich auf- und abwandelnd immer in einer gewissen Entfernung von ihm und seinen Begleitern hielt, sich aber niemals weiter entfernte. Es war diese Person, welche er vorher bei seiner Warnung meinte, nicht der Zeitungsverkäufer.

Es war eine zierliche Figur, die des Grafen Aufmerksamkeit also erregte, sie trug ein Wamms von violletem Tuch mit Silber besetzt, Beinkleider von derselben Farbe fielen faltig über die zierliche Manschette des gespornten Stiefels von weichem Leder; einen Arm trug der junge Mensch in einen sehr schönen Scharlachmantel gewickelt, ein schwarzer Hut ohne Federn und eine schwarze Maske bargen das Gesicht, aber nicht die Fülle glänzender Locken, welche über Nacken und Schultern niederfielen.

Der Marchese folgte dem Blicke des Grafen und sprach: „Einen von uns, Signor Conte, sucht dieser junge Mensch da, er sieht aus wie der Page einer vornehmen Signorina, er wird wohl ein Brieflein an euch haben, denn zu mir kommt so was schon lange nicht mehr!"

Der Alte seufzte komisch, der Franzose lachte und sprach, den Pagen mit scharfen Blicken musternd: „Was der Bursche für köstliche Locken hat! fast wie eine Dame, wären seine Schritte nicht so straff und frei, seine Bewegungen nicht so keck, wahrlich, ich hielte ihn für ein verkleidetes Frauenzimmer."

„Es ist kein Frauenzimmer," erklärte der Marchese bestimmt, nachdem er den Pagen darauf angesehen, „Venedig ist voller Täuschungen und nirgend versteht sich das Frauenzimmer so gut auf Verkleidungen wie hier, Alles wird beachtet, um die Täuschung vollkommen zu machen; aber ich bin Kenner, ich sehe es auf der Stelle an den Knieen, ob ich einen Burschen, oder ein verkleidetes Frauenzimmer vor mir habe, bei einem Frauenzimmer neigen sich die Knie immer einander zu beim Gehen, das ist untrüglich, selbst wenn das leichte Knicken im Gange, das auch den Frauen eigen, vermieden werden sollte!"

In dem Augenblick begann es stärker zu regnen und Graf Königsmarck mit seinen Begleitern eilte einer der zahlreichen Kaffeeschänken unter den Gallerieen zu, in denen man eine Schaale Kaffee oder kleine Kuchen, oder Früchte stehend zu sich nehmen mußte. Stühle und Bänke wurden in diesen Kaffeeschänken nämlich nicht mehr geduldet, seit ein kaiserlicher Gesandter einst die Maskenfreiheit benutzt hatte, um sich während des Carnevals in einer solchen Schänke mit einigen Nobili zu unterreden.

„Troppo teste, troppo feste, troppo tempeste," scherzte der Marchese zum Grafen gewendet, beim Eintritt in die Kaffeeschänke, „das ist ein wahres Sprichwort, Venedig hat zu viele Regenten, zu viele Feste und zu viele Regenwetter!"

„Aber Venedig hat immer: giustizia in palazzo e pane in piazza. Gerechtigkeit im Pallast und Brod auf dem Platze, auch für Fremde!" sagte plötzlich eine Maske, die dicht hinter dem Marchese stand, mit ernster Stimme.

Der arme Parmesaner fuhr zusammen, entgegnete kein Wort und drückte sich bei Seite. Graf Königsmarck lächelte sehr befriedigt, daß er auf diese Weise losgekommen von dem etwas wortreichen Marchese, er wollte allein sein und das hatte er nun erreicht, denn der französische Vidame unterhielt sich sehr lebhaft mit zwei Damen, welche Perlenschnüre um den Hals trugen und mit goldenen Frangen den Saum ihrer Röcke unten besetzt hatten. Graf Königsmarck sah daraus, daß die Damen „noviziate" waren, d. h. Frauen, welche noch nicht zwei Jahre verheirathet, denn nur solchen gestattete die Venediger Kleiderordnung den Luxus der Perlen und der Goldfrangen.

Warum aber wollte Graf Königsmarck allein sein?

Der Bursche im Scharlachmantel beschäftigte ihn, es kam ihm im Wesen dieses Burschen etwas bekannt vor, und er brannte zu wissen, ob derselbige ihm gefolgt sei, oder einem seiner Begleiter.

Der im Scharlachmantel war wirklich auch in die Kaffeeschänke eingetreten und hielt sich in der Nähe der Thüre; Graf Hans Carl verließ dieselbe, indem er dicht an dem jungen Menschen vorüber schritt, dieser rührte sich nicht, aber als der Graf draußen einige Schritte gethan, sah er ihn in einiger Entfernung hinter sich. Unser Held glaubte jetzt seiner Sache ziemlich sicher zu sein, nämlich, daß er es sei, dem der reichgekleidete Page folge; um aber seiner Sache ganz gewiß zu werden, ging er mit langsamen Schritten dem Redouten-Hause zu, steckte die Maske, die er bis dahin in der Hand getragen, wieder vor und begab sich in den Redouten-Saal, in welchem nur die Nobili Bank halten dürfen.

Der Graf trat an einen der ersten Tische und besetzte einige der wunderlichen venetianischen Karten mit ein paar Goldstücken; der Banquier, ein Nobile aus dem Hause der Mocenigo, der, wie es Gesetz war, unmaskirt war, zog sogleich ab; er hatte rechts und links, dem Herkommen gemäß, eine maskirte Dame neben sich, welche auf seinen Vortheil zu sehen hatten. Die Pointeurs waren immer maskirt. Es wurde großes Spiel gemacht an der Bank des Herrn Mocenigo und Graf Hans Carl verlor rasch hintereinander eine Handvoll Philippen, kleine Goldmünzen, die er sich zum Spiel im Redouten-Saal einzuwechseln pflegte, er spielte außerordentlich großmüthig und der Banquier behandelte ihn mit besonderer Zuvorkommenheit.

„Ihr spielt zerstreut, Maske!“ bemerkte Herr Mocenigo abziehend, „Fortuna ist eine Dame und verlangt Aufmerksamkeit.“

„Man kann keine Aufmerksamkeit für etwas Anderes haben,“ versetzte Graf Königsmarck galant, „wenn die Augen durch so schöne Arme gefesselt sind!“

Hastig versuchte die Dame, welche rechts neben dem Bank haltenden Nobile saß, ihre in der That wundervollen weißen Arme in den kurzen schwarzen Taffetmantel zu hüllen, und machte das so geschickt, daß der Graf beide Arme ganz sah und, wie sich von selbst versteht, seine Karte verlor.

Graf Königsmarck warf ein Dutzend Philippen auf ein Blatt, und die großen Augen der Dame mit den schönen Armen funkelten gewaltig durch die schwarze Maske.

In diesem Augenblicke fühlte der Graf einen Druck auf seinem Arm; er wendete sich rasch um: der Page im Scharlachmantel stand dicht hinter ihm und gab ihm ein Zeichen. Sofort verbeugte sich der Graf vor dem Bankhalter und seiner Dame und folgte dem Wink des Scharlachmantels, ohne sich um seinen Einsatz zu kümmern.

„Ein galanter Spieler!“ bemerkte der Nobile zu seiner Nachbarin, den Einsatz einziehend. Diese seufzte.

Der Scharlachmantel schritt quer durch den Saal und schien sich wenig um das Gewühl der maskirten Spieler zu kümmern. Graf Königsmarck folgte ihm einige Schritte, dann faßte er ruhig den Arm, zwang ihn stehen zu bleiben und begann: „Schöner Scharlachmantel, wenn ihr mir etwas zu sagen habt, so sprecht; denkt nicht, daß ich Lust habe, euch eben so lange zu folgen, wie ihr mir an diesem gesegneten Nachmittag gefolgt seid.“

„Ihr habt mich also bemerkt?“ fragte der Scharlachmantel mit kaum vernehmlicher Stimme.

„Es wäre schwer gewesen, euch nicht zu bemerken, junger Herr!“ lachte der Graf; „aber nun sprecht, was wollt ihr von mir? weshalb verfolgt ihr mich?“

„Ich muß euch allein sprechen, Signor Conte!“ hauchte der Scharlachmantel.

„Wollt ihr mich in meine Wohnung begleiten?“ versetzte der Graf forschend.

Statt aller Antwort legte der Unbekannte seinen Arm in den des Grafen. Dieser zuckte zusammen, faßte sich aber rasch und ging mit ihm hinaus. Beide schritten rasch über den Platz von San Marco, der Graf rief eine Gondel herbei, und bald darauf schmiegten sich Beide unter den Felz oder das Dach der Gondel. Der Unbekannte ließ dem Grafen den Platz auf der linken Seite; das ist der Ehrenplatz, denn der vorderste Gondolier sitzt auf der rechten Seite und nimmt dadurch dem Rechtssitzenden die Aussicht.

„Ich kenne euch, Maske!“ flüsterte der Graf schmeichelnd, als die Gondel auf dem Canal dahinflog.

„Ihr kennt mich nicht, Signor Conte!“ erwiderte der Scharlachmantel und der Graf vernahm ein leises Lachen.

„Doch, doch!“ beharrte der Graf eifrig; „ich kenne euch allerdings nicht, aber ich weiß, was ihr seid, Maske!“

„Gerade umgekehrt!“ versetzte der Scharlachmantel heiter; „ihr kennt mich wohl, aber ihr wißt jetzt nicht, wer ich bin. Doch laßt das; sagt mir, für was ihr mich haltet.“

Der Graf hatte aufmerksam gelauscht; der Unbekannte hatte zwar etwas lauter als zuvor gesprochen, auch war's ihm, als schlüge ein bekannter Ton an sein Ohr, aber er vermochte nicht, sich zu erinnern; darum erklärte er ruhig: „Der schöne Scharlachmantel birgt eine Dame und zwar eine Venedigerin!“

„Ihr irrt euch, Signor!“ widersprach der Unbekannte; „sprecht, warum haltet ihr mich für eine Dame und warum für eine Venedigerin?“

„Ihr gabt mir euren Arm im Redoutensaal,“ beharrte der Graf, „wie nur eine Dame ihren Arm giebt.“

„Pah!“ unterbrach der Unbekannte und lachte leise.

„Dann aber,“ fuhr der Graf fort, „habt ihr mir die linke Hand gelassen hier in der Gondel, den Ehrenplatz, das verrieth mir die Venedigerin.“

„Der Zufall thut Manches!“ warf der Unbekannte hin.

„Geht mir mit dem Zufall!“ wies Graf Königsmarck ab; „soll ich endlich erfahren?“

„Bezähmt euer Verlangen, Signor!“ wehrte der Scharlachmantel ernst ab; „harrt, bis wir in eurer Wohnung, bis wir allein sind.“

Das sagte der Unbekannte lauter als Alles, was er bisher gesprochen. Es zuckte wieder eine dunkle Ahnung durch den Sinn des Grafen: die Stimme war fest und klang nicht wie die einer Frau; indessen giebt es in Italien sonore Altstimmen genug, aber eben diese Stimme war nicht italiänisch.

Die Gondel landete an den Marmorstufen des Palastes, in welchem Graf Königsmarck Quartier genommen; Diener mit Lichtern kamen ihm unter dem Portale entgegen und geleiteten ihn und seinen Begleiter zu dem hohen Gemach, das mit farbigen und prächtigen Bildern aus der Schule des Venediger Meisters Titian reich geschmückt war.

Als sich die Thüren hinter den Dienern geschlossen hatten und der Graf mit seinem Begleiter allein war, schwiegen Beide eine ziemliche Weile: der Graf Hans Carl, weil er einer Aufregung Herr werden wollte, deren er sich beinahe schämte, — der Unbekannte offenbar, weil er aufgefordert sein wollte, sich zu demaskiren.

„Bist du wirklich keine Frau, keine Venedigerin?“ fragte der Graf endlich und trat einen Schritt von dem Unbekannten zurück, der unter dem Kronleuchter in dem hellsten Lichte stand.

„Ich bin keine Venedigerin!“ entgegnete der Unbekannte, ließ langsam den Scharlachmantel niedergleiten, zauderte eine Weile und warf dann plötzlich den Hut und die schwarze Maske zu Boden.

„Kennt ihr mich nicht mehr, mein theurer Graf?" also klang eine zitternde, zärtliche Frage und weit aus breiteten sich zwei Arme.

„Carolina, meine Carolina!" rief Graf Hans Carl jauchzend und riß seine liebe englische Lady, Carolina Attran, in stürmischer Umarmung an sein Herz.

Sie herzten und küßten sich in feuriger Leidenschaft und flammender Gluth, bis ihnen der Odem verging.

„Oh! Deine Locken habe ich erkannt, schon auf dem Marcus-Platz," flüsterte der Graf jetzt hoch aufathmend, warf sich in einen Sessel und zog das glühende Mädchen auf sein Knie, an sein Herz und wühlte mit der Rechten in der schweren seidenen Fluth dieser langen Locken. Lady Carolina antwortete nichts, sie litt die Liebkosungen des geliebten Mannes und die ganze Glückseligkeit der Liebe war über ihr.

„Aber, mein Gott!" rief Graf Königsmarck plötzlich sich besinnend, „wie ist's denn möglich? ihr in Venedig, meine süße Lady Caroline, wie ist's möglich, daß ihr hier seid?"

„Ist denn mein lieber Lord nicht hier?" fragte Caroline, einen wunderbaren Blick aufschlagend zu ihm, „und muß ich nicht sein, wo er ist?"

Auf's Neue folgte ein heißer Erguß stürmischer Liebkosungen und minutenlanges Schweigen, aber unser Held faßte sich bald wieder zusammen und begann auf's Neue zu fragen, kurz und bestimmt, wie seine Art war, und erhielt kurze und bestimmte Antworten, wie ihre Art war.

„Seid ihr zu Schiff von England gekommen, meine süße Carolina?" fragte er.

„Zu Schiff nach Holland und zu Roß von Holland bis Venedig!" lautete ihre Antwort.

„Und allein?"

„Ihr seid in meinen Gedanken immer bei mir gewesen, mein geliebter Herr!" erwiederte die Lady mit freudig blitzendem Auge, „überdem," setzte sie nach einer kleinen Weile hinzu, „hatte ich Cumming bei mir, ihr wißt, den ich euch mitgegeben hatte, der aber zu mir zurückkehrte, als ihr aus England geflohen."

„Und was macht Lady Jane, eure liebe Schwester?" fragte der Graf wieder.

„Sie ist die Gemahlin des großen Earl of Hay geworden und läßt euch vielmals grüßen, Herr!" entgegnete die Gefragte, „sie ist euch gar gut, mehr als es ihrem Earl lieb sein würde, wenn er's wüßte!" fügte sie scherzend bei.

Der Graf fuhr sinnend mit der flachen Hand über die Stirne, er wollte mit Gewalt die ernsten Gedanken verscheuchen, die über ihn kamen, nachdem der erste Strom der Ueberraschung weiter gerauscht war. Lady Caroline bemerkte das wohl, sie richtete sich auf in den Armen des Geliebten, sah ihm eine Weile durchdringend in's Auge und sprach sehr ernst: „Ihr quält euch meinetwegen in euren Gedanken, lieber Lord, thut das nicht; denn es ist unnütz, ich bin aus England zu euch gekommen, weil ich euch liebe, weil meine Seele brannte, euch zu grüßen! Lasset mich bei euch sein in Liebe eine Weile, lasset mich für euern

Pagen gelten, ich werde euch zu Roß keine Schande machen, wie ihr wißt; macht euch keine Sorge über mich, des seligen Pendragon Attran Lieblingstochter weiß ihren Weg allein zu gehen. Lasset uns fröhlich sein, mein theurer Herr, denn wie bald vergehen die schönen Stunden, und wenn wir eines Morgens von einander scheiden, dann wäre es doch traurig, wenn wir auch nur einen flüchtigen Augenblick verloren hätten. Ich komme zu euch, mein theurer Lord, weil mich Sehnsucht und Liebe zu euch treiben, aber ich kehre heim auf meine liebe Englandsinsel, wenn mich meine Pflicht ruft. Gebt mir die Hand, mein herzliebster Herr, und versprecht mir fröhlich zu sein, bis ich von euch gehen muß!"

Da schlug Graf Hans Carl in die dargebotene Hand; es war eine sonderbare Dame seine engländische Herzallerliebste, aber vielleicht hatte er sie darum gerade so gar lieb, weil sie so gar wunderlich war. Der Sorge konnte er allerdings entrathen um ein Fräulein, das so sicher und selbstgewiß durch dieses Leben ging, wie Carolina, des alten Pendragon Tochter, vom grünen Schloß im grünen England.

Jetzt reichten wenige rasch gewechselte Worte hin, sich zu verständigen, der Graf rief seinen Diener herein, ließ eine Caraffe des herrlichsten Refosco-Weines bringen und einige Flaschen Capo d'Istria und andere Weine, wie sie dazumal gar köstlich verkauft wurden in den Klöstern der Venediger, die allein das Recht des Handels damit hatten. Auch befahl er eine Mahlzeit zu rüsten, namentlich von den köstlichen Fischen, an denen die Venediger zu jeder Jahreszeit reich sind, also daß ein italiänisches Sprichwort nicht mit Unrecht behauptet: „In Venedig werden in einem Monat mehr Fische gegessen, als zu Neapel im ganzen Jahre gefangen." Die Küste Neapels gilt aber sonst für die fischreichste in Italien; fischarm schilt man Genua, von dem ein Spruch lautet, es habe: mare senza pisce, monte sensa legno e donne senza vergogna. Es treffen nicht alle Sprichwörter zu, das aber traf zu an jenem Abend:

Ein hübsches Kind und ein guter Wein
Die können wohl beieinander sein —
Ein Liebchen fein und rothe Forellen
Verderben bei keinem jungen Gesellen!

Berliner Literaturbriefe.

XXV.

— Argo und Argonauten; Mariengarn, ein Liederkranz von E. Tempeltey; Gedichte von F. W. Gubitz. —

Wir haben schon bei der Anzeige des letzten Jahrganges der Argo (Argo, Album für Kunst und Dichtung, herausgegeben von Fr. Eggers, Th. Hosemann, B. v. Lepel. Breslau 1860, E. Trewendt) unsere schweren Bedenken gegen diese Art der Verbindung von Kunst und Dichtung ausgesprochen und darauf hingedeutet, daß die Dichtung, wie es ja auch schon der Titel sagt, immer in zweiter Linie neben der Maler- und Farbenkunst erscheinen wird; das soll aber die Dichtung nicht, selbst im Salon sollen die Dichter nicht als Schleppenträger der Maler auftreten, können sie ihnen nicht vorgehen, oder wenigstens als ebenbürtig neben ihnen auftreten, so sollen sie lieber ganz wegbleiben. Können sich die Salons ohne die Dichter behelfen, nunwohl, die Dichter werden auch außerhalb der Salons das melodische Wort finden, sie dürfen aber in keinem Falle dazu beitragen, daß sich die vornehme Welt daran gewöhnt, sie hat ohne sie schon Neigung genug dazu, die Dichtung als Ballast der Kunst zu betrachten, die Gedichte bei den schönen Bildern mit in den Kauf zu nehmen. Die Argo für 1860 zeigt uns unsere Befürchtungen in allen diesen Punkten als begründet. Wir finden da eine Reihe meist sehr ansprechender Bilder in sehr sauberer Ausführung von Malern, deren Namen einen guten Klang haben. (Antichambre von L. Burger, Briefpost von W. Amberg, die Maximus-Kapelle von E. Biermann, En passant von T. Schmitson, Beppo von F. Kraus, An der Gartenmauer von Max Schmidt, griechischer Maler von H. Kretschmer, Ueberredung von A. Scheel, Ebbe von Ch. Hoguet, Studium von G. Richter, Nicht weiter von Th. Hosemann, Am Mühlteich von A. Haun, Qui vive! von K. Steffeck, Dorfbarbier von O. Weber, das Pfarrhaus von W. Riefstahl, Im Sonnenschein von O. Wisniewski, Täuschungen von K. Arnold, die Mutter der Debütantin von L. Löffler). Es kann nicht die Aufgabe eines Literaturbriefes sein, eine Kritik dieses reichen Maler-Albums zu geben, wir haben es hier lediglich mit den Dichtungen zu thun, welche hinterdrein kommen, und zwar leider sehr hinterdrein. Zuvörderst müssen wir bemerken, daß sich fast in sämmtlichen Dichtungen dieses Jahrgangs ein ganz eigenthümlicher Charakter der Künstelei, oder wenn das zu hart klingt, ein Streben kund giebt, kunstgemäß bis an die Gränzen der Künstelei zu sein; es ist, als ob die Dichter mit einigen wenigen Ausnahmen sich salonmäßig eingerichtet hätten, um die poetische Natur so geschniegelt und gebügelt als möglich zur Erscheinung zu bringen. Offenbar ist die Zusammenstellung mit den geleckten und sauberen Bildern daran schuld. Es ist ja ganz gewiß ein großer Vorzug des Dichters, so sauber und glatt als möglich in der Form aufzutreten, diese Sauberkeit und Glätte darf indessen niemals auf Kosten des Inhalts gesucht werden; das aber ist der Vorwurf, den wir den meisten Dichtern der Argo machen müssen, sie haben vergessen, daß die Form nur die Trägerin des Inhalts ist, oder vielmehr, sie haben es nicht vergessen, sondern viele haben ganz bewußt so lange an dem Gefäß herumgefeilt und gearbeitet, daß ihnen der geistige Inhalt darüber meist verflogen und verduftet ist. Das gilt allerdings nicht von dem Geibel'schen Fragment, nicht von den Uebersetzungen aus dem Portugiesischen und Italiänischen, welche A. F. von Schack und P. Heyse gegeben, es gilt hauptsächlich von den Gedichten der namhaftesten Argodichter: Th. Fontane, Freiherr von Blomberg, B. v. Lepel und zum Theil auch von W. von Merckel. Mit Recht wird Th. Fontane zu unsern renommirtesten Balladendichtern gerechnet, er hat sein Talent großgezogen an der englischen und schottischen Ballade, viel Schönes hat er auf diesem Gebiete geschaffen, und es wäre sicher ein wahrer Verlust, wenn er sich auf die Abwege einer byzantinischen Formenkünstelei verlocken ließe. Gewiß kann man an seinen beiden Gedichten: Das Trauerspiel von Afghanistan und Prinz Louis Ferdinand noch immer viele Schönheiten rühmen, es sind aber äußere Schönheiten, Schönheiten, die bei dem ersten Lesen oder Hören bestechend wirken, aber nicht lange Stich halten; es fehlt beiden Gedichten der Vollklang der poetischen Natur, den sie, wie wir überzeugt sind, ursprünglich gehabt haben, der aber bei dem langen Feilen und Künsteln daran verloren gegangen ist, mit einem Worte, der Verskünstler hat den Dichter »dünn« gemacht. Dies hat denn in dem Gedicht »Prinz Louis Ferdinand«, das sich sonst noch manchen vollen, schönen Ton bewahrt hat, sogar zu dem völlig prosaischen Schluß geführt:

Prinz Louis war gefallen,
Und Preußen fiel ihm nach!

Merkwürdig ist es, daß dies übertriebene Streben nach Formenvollendung auch diesen Dichter zu Satz- und Wortfügungen führt, die sich sonst wohl Dichter erlauben, welche in der Form nur die Trägerin des Gedankens sehen und nicht allzu ängstlich verfahren, z. B. den Gebrauch der Substantiva ohne Artikel, den man einst an Lamotte-Fouqué und neuerlich an Chr. Fr. Scherenberg so streng getadelt hat, der auch wirklich Tadel verdient. Aber Th. Fontane dichtet auch:

Und als dies Wort verklungen,
Rollt Donner schon der Schlacht.

Was bei den genannten Dichtern Unbekümmertheit um die Gesetze that, das that hier der Zwang, den das übertriebene Streben nach Formenvollendung auflegt, da soll kein Wort, keine Zeile vorkommen, die nicht ein bestimmtes Ziel, einen bestimmten Zweck hat — nun, meine Herren, die ganze Natur ist ein Bild der Dichtkunst, nicht ein englischer Park, in dem man die Bäume pflegt, wie sie dem point de vue am besten dienen; in der Natur giebt es wirkliche Wildniß und wirkliche Ruinen, nicht künstlich gemachte Berge, Wüsteneien und Ruinen. Selbst der große Homer schläft zuweilen, und es ist gut, daß er zuweilen schläft, auch das schönste Gedicht muß Schatten haben, sonst giebt es eine chinesische Malerei.

Wir können hier nicht auf alle diese Gedichte einzeln eingehen, wir sind, wie gesagt, weit entfernt, sie zu verwerfen, es sind oft sehr wohl gewählte Stoffe, und meist sind sie auch sehr glücklich arrangirt, es würden mehrere derselben treffliche Gedichte sein, wenn nicht eben die Verskünstler den Dichtern gar zu sehr im Wege gewesen wären. Am kältesten haben uns die Gedichte von W. v. Merckel gelassen, die meiste Frische hat noch B. von Lepel's Jessy Browe in Lucknow bewahrt. Unter den kleineren Gedichten schlagen wirklich den unverkünstelten Naturlaut die beiden Dichtungen »Im März« und »Ergebung« von R. Gottschall an, G. Hesekiel hat ein Paar hübsche Strophen: »Drei Zecher« und »Guter Rath« gegeben.

Beiträge in ungebundener Rede enthält die Argo drei: der Centaur, eine Novelle von Paul Heyse, die wir als eine ganz unglückliche Arbeit bezeichnen müssen. Wir wollen uns lieber nicht weiter darüber auslassen und nur unser Bedauern aussprechen, daß sich ein so gewiegter Novellist so arg hat vergreifen können. Spät-Rosen heißt der zweite Beitrag, er ist von Theodor Storm, der Inhalt ist eigentlich nicht bedeutend, aber er ist fließend vorgetragen, und über dem Ganzen liegt ein zarter poetischer Duft, der anheimelnd auf die Leser wirkt. Der dritte Beitrag enthält eine Erklärung, oder wie soll man es sonst nennen? zu den Bildern, wir beklagen, daß dieselbe so unbeschreiblich hölzern ausgefallen, gar keine Erklärung wäre viel besser gewesen. Dennoch lautete unser Urtheil wohl sehr hart über das Pracht-Album, es mag sein! ungerecht ist es gewiß nicht, und schwerlich stoßen wir auf erheblichen Widerspruch. Warum versuchen die Dichter nicht, ein Album herauszugeben ohne Prunk ndu Pracht, ein Jahrbuch für Dichtung allein? Kann die neuere deutsche Dichtung wirklich nicht mehr stehen ohne die Krücke, die ihr die Maler reichen? Wenn das ist, so ist sie auch nichts werth; wir glauben's aber nicht; die deutsche Dichtung kann allein stehen, und sie soll allein stehen, und wollen die Großen und Reichen sich selbst dadurch ehren, daß sie die Dichtung in ihre Salons einführen, so sollen sie ihr darin den Ehrenplatz anweisen, sie darf sich aber nicht in einen bunten Bedientenfrack kleiden und sich als Domestik der Malerei einschleichen. Das taugt weder der Malerei, noch der Dichtung.

Von dem großen prachtvollen Argo-Schiff und der zahlreichen Schaar künstlerischer Argonauten steigen wir in einen ganz kleinen poetischen Kahn, der nur einen poetischen Gondolier an Bord hat. Mariengarn, ein Liederkranz von Eduard Tempeltey Leipzig 1860, Herbig. Es ist uns eine wirkliche Freude gewesen, Herrn Tempeltey in diesen Liedern zu begegnen, die uns weit mehr gefallen haben und uns einen weit stärkeren Beweis für seine bedeutende dichterische Begabung geben, als jenes antik aufgestelzte, unangenehm manierirte und doch so öde Drama „Klytemnestra“, das gewisse Bühnenerfolge errang, viel besprochen wurde und so recht dazu angethan schien, einen jungen Dichter übereitel zu machen und ihn auf eine falsche Bahn zu locken. Das kleine Büchlein, das vor uns liegt, zeigt uns, daß der Dichter sich wiedergefunden hat, er ist nicht zur Poesie allein, sondern er ist auch in die märkische Heimath zurückgekehrt; wie aus den Schilderungen der Novellisten, die insbesondere die märkische Natur schilderten, W. Alexis und G. Hesekiel, weht uns auch aus diesen Liedern der kräftige frische Harzgeruch der Fichten der Mark Brandenburg entgegen; wir befinden uns auf dem theuren Boden der Marken, die in Sumpf und Sand, wie der selige Forstrath Pfeil sagte, die Zukunft in ihrem Schooße tragen. Auf diesem Boden ersteht und wächst die Liebe des Dichters, die er in den vorliegenden Liedern feiert, die Dichterliebe welkt ab und vergeht auch wieder auf diesem vertrauten Heimathboden, und recht dankbar würden wir Herrn Tempeltey gewesen sein, wenn er uns wenigstens annähernd angedeutet hätte, warum denn diese Liebe, die so zart nnd doch kräftig, so einfach und doch so schwungvoll begann, plötzlich abfallen mußte, wie eine vom Wurm zerfressene Rose! Das ist das Einzige, was wir an dem Buche auszusetzen haben. Es ist in den Gedichten nichts Großartiges und Himmelanstürmendes, aber es ist eine unverstellte, natürliche Grazie darin, ein warmer Hauch ächten poetischen Gefühls und ein Zug zu gesunder, greifbarer und darum wirklich poetischer Anschaulichkeit, der sonst der modernen Lyrik eben nicht eigen zu sein pflegt. Die Form ist meist glatt und gewandt, aber sie ist ganz unverkünstelt, und laufen auch härtere und taube Stellen mitunter, so wollen wir den Argonauten überlassen, sie zu tadeln. Verse, wie die folgenden, gehören gewiß zu dem Besten, was wir in der neueren deutschen Lyrik haben:

Schweigend lag die Haide,
Alles Leben stand,
Schweigend gingen wir Beide,
Einsam, Hand in Hand.

An den schlanken Bäumen
Spielte sonniger Schein,
Und ein leises Träumen
Schlich in's Herz hinein.

Licht und Schatten gaukelnd,
Wogte durch die Luft,
Schmetterlinge schaukelnd,
Wiegten sich in Duft.

Aus den fernen Rüstern
Zwitschern wiederhallt,
Und ein sanftes Flüstern
Rauschte durch den Wald.

Auch im Laub weht's leise,
Und man hört es kaum;
Manchmal schwebt im Kreise
Müd' ein Blatt vom Baum.

Was das Aug' erschaute,
Lebte still in sich,
Und der Himmel blaute
Sonnig, sommerlich.

Wunderbare Freude
Unser Herz bezwang,
Als in stiller Haide
Stumm die Welt versank.

Als verklang, verrauschte
Lärm und Ueberdrang,
Und ein Jed r lauschte
Nur dem einen Klang.

Schweigend lag die Haide,
Alles Leben stand,
Schweigend gingen wir Beide
Einsam Hand in Hand.

Es ist in vielen Liedern die, als so arm verschrieene und für den, der die rechten Dichteraugen hat, doch so reiche, Landschaft der Mark Brandenburg, die man in den Liedern Tempeltey's sieht:

Die dunklen Tannen rauschen
Hier ist ein stiller Platz.
Ich steh' in Lust zu lauschen,
Denn drüben wohnt mein Schatz.
Viel tausend Grüße send' ich
Dir über die Waldesruh',
Und tausend Küsse spend' ich
Dem fliegenden Gruße zu.

Oder in einem andern Gedicht:

Was guckst du durch die Weiden,
Du bleiches Vollmondslicht?

Man hat überall ein märkisches Landschaftsbild vor sich:

Der Himmel blau, wohin ich seh';
Die weite Landschaft sonnenhelle;
Zu meinen Füßen träumt der See
Und schläfrig plätschert Well' auf Welle.
Hüglig an's andere Ufer schmiegt
Die Haide sich im grünen Kranze,
Geheimnißvoll und schweigend liegt
Der Wald in märchenhaftem Glanze.

Wir glauben, daß wir nicht Werth genug auf einen so realen Hintergrund für die Liebeslyrik legen können, der lokale Ton schützt die Lyrik vor der Verhimmelung einerseits, vor den Nebeln und Schwebeln andererseits, aber freilich, es vermag ihn nur der Dichter zu finden, der wirklich wahr ist in seinen Empfindungen und der noch eine wirkliche Heimath hat. Leider fehlt in unsern Tagen Vielen Beides — Wahrheit und Heimath.

Zu den jungen Dichtern gesellen wir einen alten. F. W. Gubitz, der rühmlichst bekannte Holzschneider und Kalenderverleger, der greise Theaterkritiker der »Vossischen Zeitung« neben Rellstab, lange Herausgeber des »Gesellschafters«, hat seine Gedichte gesammelt und in zwei Bände zusammengestellt, selbige auch selbst verlegt (Vereins-Buchhandlung in Berlin). Den zahlreichen Freunden und Bekannten des wackeren Mannes, der sich in der schweren Franzosenzeit schon als ein tapferer Patriot erwiesen, wird diese Gedichtsammlung gewiß eine sehr willkommene Gabe sein und ein liebes Andenken an vergangene Zeiten. Wir mögen deshalb nicht den Maßstab anlegen an diese Gedichte, mit dem wir sonst messen, es ist ja kein neuer Priester, der die Stufen des Apollotempels betritt, es ist ein wackerer Greis, der viel gethan, gewirkt, geschaffen in seinem langen Leben und von Zeit zu Zeit auch Gedichte gemacht hat. Statt aller Kritik wollen wir unsern Lesern einige Reime mittheilen, die unserer Ansicht nach den gesunden, tüchtigen Sinn des alten Herrn in der Kochstraße zu Berlin recht gut aussprechen:

Monatslehren.

Januar: Bei Neujahr sorget gleich vom ersten Tag,
Daß künftiges nicht Neujahr werden mag.
Februar: Zur Fastnacht werd' im Kopfe nicht fast Nacht,
Viel besser, wenn ihr sie zur Lichtmeß macht.
März: Der Frühling hilft der Erd aus kaltem Joche,
Den innern Frühling such' in heil'ger Woche.
April: April, er sei im Aendern sehr gewandt,
Ihn übertrifft der Herzen Unbestand.
Mai: Soll nie dem Leben Maienzeit entrinnen,
So hegt der Seele Blüthenwonn' auch innen.
Juni: Der Juni schafft dem Sommer freie Bahn,
Seid wach, daß Gleiches ihr dem Geist gethan.
Juli: Wem nicht der Juli reifet schon die Saat,
Der schlug sich selber durch versäumte That.
August: Wohl dem, der seines Wirkens sich erfreut
Und vor gerechter Ernte sich nicht scheut.
September: Des Menschen Leben ist kein Blumenspiel,
So wie Natur hab's Fruchtgewinn zum Ziel.
October: Das Alter wird dem Wein nicht nur zum Lobe,
Es ist auch unsers Lebens beste Probe.
November: Ob ihr der Speicher reiche Fülle preist,
Die schönste Fülle schaffet doch der Geist.
December: Nur frischen Muth — denn Jedem kommt nach Plage
Die Weih-Nacht zu dem ew'gen Hoffnungstage!

Das ist weiter nicht poetisch eben, aber es ist kernhaft und tüchtig gesagt und für Viele — muß es auch solche Dichter geben.

Correspondenzen.

Aus der Hauptstadt.

20. Januar 1860.

— Befinden Sr. Majestät des Königs; Hofnachrichten; Aus dem Schauspielhause; Aus dem Opernhause; Die conservative Presse und der Knabenlehrer Lorentzen; Die „Kölnische Zeitung“. —

Das Befinden Sr. Majestät des Königs war in der letzten Zeit zufriedenstellender. Der geliebte Herr ist wiederum in ein Stadium der Besserung eingetreten, welches uns verführen könnte, neue Hoffnungen für das theure Leben zu schöpfen, wären wir mit solchen Hoffnungen nicht schon mehrere Male zu Schanden geworden. Es bleibt uns nichts übrig, als uns der eingetretenen Erleichterungen zu freuen und recht lange Dauer zu wünschen. Ein-Mal in der letzten Woche war der edle König in seinem Orangerie-Palast auf dem Sanssouci-Berge; er durfte sich an seiner schönen Schöpfung und an den Gemälden im Raphael-Saale freuen. Die Kunst, die Friedrich Wilhelm IV. sein Lebelang so feinsinnig gehegt, so großmüthig gepflegt: sie zeigt sich jetzt dankbar gegen ihren erhabenen Beförderer, dankbarer als so Manche, die auch eitel Liebes und Gutes von ihrem Könige empfangen haben, denen aber jetzt die Lippen triefen von unehrerbietigem Tadel seiner hochherzigen Regierung. Unsere geliebte Königin ist stark und muthig; es ist der erhabenen Frau viel aufgelegt, aber es wird Niemandem mehr aufgelegt, als er tragen kann.

Auch Se. Königl. Hoheit der Prinz-Regent war unpäßlich in der vergangenen Woche, so daß die Feier des Krönungs- und Ordensfestes, welche, wie immer, am Sonntage nach dem 18. Januar (dem Krönungstage des ersten Königs von Preußen) stattfinden sollte, um acht Tage verschoben ist; doch scheint schon eine Besserung eingetreten zu sein, denn die Zeitungen meldeten, daß Se. Königl. Hoheit der Prinz-Regent wieder Vorträge entgegengenommen haben. Es scheint nicht, daß in diesem Winter große Festlichkeiten stattfinden werden: die Opernhausbälle fallen aus, auch will von den winterlichen Hoffestlichkeiten nicht viel verlauten. Dagegen braust die Fluth der Concerte und musikalischen Aufführungen, von der Berlin alljährlich zur Winterszeit heimgesucht wird, fast gewaltiger als je zuvor. Die Musik-Referenten der Zeitungen sind in Verzweiflung; sie müßten sich theilen lassen, und zwar in sehr kleine Stücke, wenn sie überall sein wollten. Sie haben bis jetzt noch entschieden viel mehr zu thun, wie die Referenten der Landtagsverhandlungen; denn in beiden Häusern herrscht noch jene bedeutsame Stille, wie sie einem Sturme oder dem letzten Act in »Kabale und Liebe« vorausgeht.

Im Schauspielhause haben wir ein neues Stück von Frau Charlotte Birch-Pfeiffer gehabt, ein »Glückskind« betitelt, ein Familiendrama, und bei manchen schwachen Stellen ist es doch wieder so glücklich gemacht, daß es volle Häuser macht. Es ist so wohlfeil, die Schwäche der Birch'schen Stücke zu benutzen und dann hochmüthig über die dramatischen Arbeiten dieser wirklich begabten und sehr geschickten Bühnenschriftstellerin abzusprechen, daß sich jeder jugendliche Kritik.r seine Sporen auf diesem Felde zu verdienen sucht, auf der andern Seite ist es aber doch Thatsache, daß das deutsche Publikum diese Stücke vorzugsweise gern sieht, und in vielfacher Beziehung ist der deutschen Bühne zu gratuliren, daß sie die Birch hat. Oder will man die deutsche Bühne ganz und gar von den Uebersetzungen französischer Loretten-Verherrlichung und Laster-Lobpreisung beherrschen lassen. Das Genre der Birch mag klein sein, aber sie ist groß in diesem Genre. Im Opernhause wurde die Christine, eine Oper des Oberstruchsessen Grafen Redern, Generalintendanten der Königl. Hofmusik, der früher auch Generalintendant der Königl. Schauspiele war, gegeben. Großen Beifall hat die Musik nicht gefunden, es fehlt ihr das Blendende, das Effectmachende der modernen Oper, aber sie ist durchaus nicht arm an schönen Melodien, sie verräth überall den feinen Kunstsinn, die gediegenen Kenntnisse und die solide Durchbildung des Componisten; der Text von Tempeltey ist nicht viel werth, das Dramatische ist nicht das Fach dieses jungen Lyrikers, es wäre aber ungerecht, den Mangel an Erfolg der Oper dem Textdichter zuzuschreiben. Die Art, in welcher die Nationalzeitung und andere Blätter das Werk des Grafen Redern kritisiren, ist hart und nicht gerechtfertigt. Die dramatischen Compositionen.

welche mit den Initialen E. H. z. S. bezeichnet sind, verrathen viel mehr Schwächen als die Redern'sche Oper, die liberale Presse ging aber viel glimpflicher mit denselben um, weil sie den Componisten zu ihren Protectoren rechnet.

Die conservative Presse Berlins hat in letzter Woche den neuen Redacteur der von der Regierung subventionirten »Preußischen Zeitung«, einen gewissen Herrn Lorentzen, etwas gezaust, weil dieser Brave, der kein Preuße, sondern ein Schleswiger ist und bisher in Gotha Knabenlehrer gewesen, den Mund etwas gar zu voll nahm und bei jeder Gelegenheit die naivste Unkenntniß preußischer Zustände und Verhältnisse verrieth. Lustig war es dabei, daß die »Kölnische Zeitung« dem braven Mann sofort beispringen zu müssen glaubte; sie erließ eine kräftige Mahnung an die »Kreuzzeitung«, in der sie darauf aufmerksam machte, daß Herr Lorentzen auch Journalist sei, was dieser Herr indessen bis jetzt noch nicht bewiesen hat, und daß die »Kreuzzeitung«, die ja sonst überall für Corporation sei, in Herrn Lorentzen das Mitglied der Journalisten-Corporation achten möge. Es ist wirklich lustig, daß die »Kölnische Zeitung« sofort für gegenseitige Achtung der Journalisten und guten Ton zu schwärmen beginnt, wenn wir einem der lieben Ihrigen einmal etwas derb auf die Hühneraugen treten; daß sie sich aber selbst die gröbsten Insulten, Verdächtigungen, Verleumdungen, Beleidigungen gestattet, wenn Jemand sich untersteht, eine Ansicht zu haben, die von dem alleinseligmachenden Liberalismus ihres Druckpapiers abweicht. An demselben Tage, an welchem die »Kölnische« so ehrbar vermahnte, sein säuberlich zu fahren mit dem Knaben Lorentzen, beschwerte sich die »Spenersche Zeitung« mit Recht über die unflätigen Schimpfereien eben dieser selben »Kölnischen Zeitung«, und was hat nun die »Kreuzzeitung« dem Herrn Lorentzen gethan? Sie hat ihm Unkenntniß preußischer Zustände schuld gegeben, das mag nicht angenehm sein für den Redacteur einer preußischen Zeitung, aber es ist nur die reine Wahrheit und wahrlich keine Beleidigung für einen Ausländer. Die Berliner Revue hat von Anbeginn schon einen Werth darauf gelegt, selbst dem schärfsten politischen Gegner gegenüber und in der heißesten Discussion den Ton der guten Gesellschaft zu bewahren, es giebt auch schwerlich ein Blatt, welches sich über uns beklagen könnte. Auch wir haben uns nicht über Mangel an Courtoisie der gegnerischen Blätter zu beschweren, ganz allein die »Kölnische Zeitung« ausgenommen, die sonst bei jedem Quartalwechsel das Eingehen der Berliner Revue emphatisch anzukündigen pflegte und darum zurechtgewiesen werden mußte. Aber es ist hübsch, daß diese gerade jetzt guten Ton predigt.

Vermischtes.

Der vor wenig Tagen in Wien erschienene vierte Band des »Jahrbuches der K. K. Central-Commission zur Erhaltung und Erforschung der Baudenkmäler« (1 Bd. mit 43 Tafeln und 94 Abbildungen in Holzschnitt) liefert von Neuem den Beweis, welchen außerordentlichen Fortgang die Verfolgung der auf dem Titel des Jahrbuches angegebenen Zwecke durch die anregende Thätigkeit der Central-Commission in Oestreich seit wenig Jahren gewonnen hat. Aus dem darin enthaltenen Jahresbericht über die Zeit vom 1. October 1858 bis Ende September 1859 ergiebt sich, daß trotz der Ungunst der Zeitverhältnisse auch während dieser Periode Reisen von Archäologen und Künstlern unternommen wurden, um einzelne Theile des Reiches zu durchforschen und vorhandene Denkmale eingehend zu würdigen. Zahlreiche Verhandlungen sind angeführt, welche bezweckten, historisch oder künstlerisch bedeutsame Gegenstände aus dem Mittelalter zu erhalten oder für eine sachgemäße Restauration derselben Sorge zu tragen. Von den fünf wissenschaftlichen Abhandlungen des Jahrbuches betrifft die erste von Karl Weiß einen romanischen Kelch des Stiftes Wilten in Tyrol und den Entwickelungsgang der Form des mittelalterlichen Kelches und ist von 6 in Kupfer gestochenen Tafeln Abbildungen und 3 Holzschnitten begleitet. Der romanische Kelch des Stiftes Wilten war bisher der mittelalterlichen Kunstforschung gänzlich entgangen. Er ist ein Werk der Goldschmiedekunst aus der zweiten Hälfte des 12. Jahrhunderts, sowie wahrscheinlich das prachtvollste derartige kirchliche Geräth aus jener Epoche, nicht bloß in Oestreich, sondern in ganz Deutschland. Die zweite Abhandlung hat den als Geschichtsforscher rühmlich bekannten Freiherrn von Ankershofen zum Verfasser und handelt von „Kärnthen's ältesten kirchlichen Baudenkmalen“. Es wird darin zunächst erörtert, wie es kommen konnte, daß in Kärnthen, wo doch schon zur Zeit der frühesten Verbreitung des Christenthums im Lande und später im 8., 9. und 10. Jahrhundert, sowie auch wohl in den ersten Jahrzehenden des 11. Jahrhunderts zahlreiche Kirchen gebaut wurden, die Bauthätigkeit so verhältnißmäßig spät vom Bedürfnißbaue zum Denkmalbaue übergegangen ist. Daran schließen sich Andeutungen über die wahrscheinliche Beschaffenheit der ältesten Kirchen und Kapellen in Kärnthen auf Grund vorhandener urkundlicher Nachrichten, sowie eine umfassende, und reich mit Illustrationen ausgestattete Beschreibung der Benediktiner-Abtei St. Paul, deren Kirche nebst dem Dome zu Gurk der bedeutendste romanische Kirchenbau Kärnthens ist, sowie der Klosterkirche zu Milstat. Damit verbunden ist noch eine geschichtliche Untersuchung über die in St. Paul, Milstat und Ossiach vorhandenen Frauenklöster. Das Commissions-Mitglied Dr. G. Heider hat drei, der obigen Abtei St. Paul gehörende, merkwürdige liturgische Gewänder, zwei Casula und ein Pluviale aus dem Anfange des 12. und resp. des 13. Jahrhunderts zum Gegenstande einer durch zahlreiche Farbendrucke und Holzschnitte erläuternden Abhandlung gewählt. Sie gehören zu den interessantesten, kunst- und kulturgeschichtlich merkwürdigen Erzeugnissen der kirchlichen Kunststickerei. Alle drei Gewänder zeigen noch die alte Form, die Casula ohne Ausschnitte für die Arme, das Pluviale vorn offen, über der Brust mit einem Querstreifen zusammengehalten und hinten mit einer Kapuze versehen. Die beiden noch folgenden Aufsätze von den Herren A. Camesina und G. Reissenberger betreffen die Kirche zu Kurten-Ardisch in der Walachei und die Broncethüren in der Marcuskirche zu Venedig.

Was man von einem der Scaliger erzählt, daß er den griechischen Text der Iliade an jeder beliebigen Stelle aufnehmen und geläufig in ununterbrochener Folge hersagen konnte, das vermochte Macaulay ebenfalls, und ebenso vertraut war er mit den meisten alten und englischen Classikern. Ich hörte ihn eine ganze Seite aus Diodorus Sicolus citiren, die er seit Jahren nicht mehr angesehen hatte, und fünf Minuten darauf citirte er eine lange Stelle von Paul Louis Courier oder der Frau von Staël, freilich mit sehr zweifelhaftem französischen Accent, aber fließend und wörtlich genau. Die Namen aller Päpste vom Apostel Petrus bis auf Pius IX. herunter, nicht minder alle Erzbischöfe von Canterbury von der Gründung dieses Erzbisthums an, und sämmtliche Kanzler und Minister der englischen Geschichte zählte er an den Fingern her. Kurz, die ganze Weltgeschichte war ihm lebendige Gegenwart; sein Gedächtniß ein unerschöpfliches Schatzhaus, und alles was er darin suchte zu augenblicklichem Gebrauch bereit. Dabei war seine mündliche Unterhaltung, in welcher er diesen Reichthum ausschüttet, frei von aller Eitelkeit, und seine ebenso bescheidene wie unvergleichliche Gabe des Worts machte ihn zu einem der angenehmsten Gesellschafter. Er wäre als solcher vollkommen gewesen, hätte er sich etwas mehr darauf verstanden, auch die andern anzuhören; aber wer verlangte zu reden, wenn Macaulay da war? Durch seine Dienste als „Law Commissioner" in Indien erwarb Macaulay sich ein Vermögen von 30,000 Pf. St. — wie denn überhaupt der englische Verwaltungssegen den Hindus nicht geschenkt ist — und die bis jetzt erschienenen vier Bände seines Geschichtswerkes müssen ihm beinahe 50,000 Pf. St. eingebracht haben. Sein Verleger Longman zahlte ihm in einer einzigen Bankanweisung nicht weniger als 20,000 Pf. St., blos für den dritten und vierten Band. Man weiß bis jetzt noch nicht ganz sicher, wie viel von der Fortsetzung der Geschichte fertig ist, aber er war fünf Jahre lang emsig damit beschäftigt. Die Regierungsperiode Wilhelms III. vom Frieden von Ryswick (1697) bis zu seinem Tode (1702) ist daher ohne Zweifel beendigt, und ebenso sind wahrscheinlich einige wichtige Partien aus der Regierungszeit der Königin Anna fertig; denn Macaulay hatte die Gewohnheit, Abschnitte seines Buches, deren Gegenstand ihn besonders anzog, ohne Rücksicht auf die Zeitfolge auszuarbeiten und diese Bruchstücke dann zu verlöthen.

Berichtigung.

In der jüngsten Nummer der Revue muß es heißen:

Seite 57 Zeile 11 von unten „Münsterberg'sche" statt Münscher.
„ „ „ 4 „ „ gehört „Kassuben" vor dem Wort „genannt" in Zeile 3 von unten.
„ 58 „ 13 „ oben „Bodens" statt Bodes.
„ „ „ 20 u. 21 muß der ganze Satz so heißen: „Wie z. B. den Seesand, den die Kassuben in Rowe, und selbst das große Moor, das sie bei Schorin mit reichem Erfolg bebauen."

Außerdem sind einzelne Namen falsch gedruckt:

Seite 58 Zeile 25 von oben lies „Klucken."
„ „ „ „ lies „Rowen" (zu unterscheiden von Rowe).
„ „ „ 27 „ „Bobloy" (am Moore).
„ 59 „ 3 von unten lies „Hochzeitsväter."
„ 61 „ 14 streich „dann" aus.

Militärische Revue.

Sonntag, den 22. Januar 1860.

Geschichtskalender.

22. Jan. 1807. Die Franzosen unter General Rouyer berennen die Festung Graudenz.
23. Jan. 1807. Die Baiern unter General v. Deroy berennen Cosel.
24. Jan. 1814. Das v. Lützow'sche Frei-Corps rückt in Lüttich ein.
25. Jan. 1814. Der preußische General von Bobe erstürmt Herzogenbusch.
26. Jan. 1679. Churfürst Friedrich Wilhelm von Brandenburg geht bei Preußisch-Holland mit seiner Armee zu Schlitten über das Frische Haff.
27. Jan. 1807. Der preußische Oberst von Schäffer überfällt Dirschau und vernichtet die dort stehenden südpreußischen Rebellen.
28. Jan. 1760. General v. Fouqué erobert Löwenberg.

Inhalt:

Taktische Entwickelungsfragen.

Die Taktik entwickelte sich seit ihrem Ursprunge nach bestimmten logischen Gesetzen (doch nicht absolut mathematisch, sonst wäre sie keine freie Kunst, sondern eine zu entwickelnde Philosophie), und zwar war diese Entwickelung durch Factoren bedingt, die in der Nationalität und dem Volkscharakter, in der Intelligenz und der Bildung, in der Art der Vervollkommnung der Waffen und dem Terrain zu suchen sind. Deshalb war bei den Völkern, die in demselben Zeitalter und auf ähnlicher Stufe der Bildung standen, die Taktik ziemlich dieselbe, wobei ein Volk dem anderen Vortheile ablernte und nur die Nationalität und die Gestaltung einzelner eigenthümlicher Terrains Aenderungen und Variationen hervorbrachten. Die Völker, welche nicht auf der Höhe nationaler Bildung standen, ihre Heere auf den Gipfelpunkt der derzeitigen Kriegskunst zu bringen, mußten unterliegen und hörten allmälig auf, eine Rolle in der Geschichte zu spielen.

Dies ist schon ein Zeichen, daß eine Taktik nicht plötzlich entsteht, besonders wenn man den langsamen Gang des Fortschrittes der Kriegskunst betrachtet, sondern ebenso bedächtig vorschreitet wie ein großer Baum, der zu seiner Entwickelung einen großen Saftumlauf zu machen hat und kaum merklich höher wird.

Die Feldherren, welche an der Spitze der Intelligenz ihrer Nationen standen (Alexander, Cäsar, Gustav Adolph, Türenne, Friedrich der Große, Napoleon) und die Kriegskunst mit Genie handhabten, haben nie eine neue Taktik erfunden, sondern nur mit Verstand, Muth und Ueberlegung das benutzt, was ihnen an Material vorlag. Wenn sie auch Einzelnes einführten, was mit Vortheil im Felde benutzt wurde, so lag doch nie Willkürlichkeit in den Neuerungen, sondern dieselben basirten auf nationalen Momenten oder waren aus der raffinirten Art des Kriegens logisch hervorgegangen. Also mit der vorhandenen Taktik, dem vorhandenen Material an Menschen und Waffen möglichst folgerecht und energisch zu handeln und zu wirken, das war die That der Feldherren, und darüber hinaus konnten und durften sie wenig thun.

Betrachten wir nun die Entwickelung der Taktik des letzten Jahrhunderts, so hat diese Kunst in der Zeit Stadien durchgemacht, die in ihrer Erscheinung ebenso interessant sind, wie in der Art ihrer Entstehung.

Friedrich der Große hatte die Linear-Taktik mit der Größe seines Genies erfaßt und ihr die Vollendung gegeben, deren sie überhaupt fähig war; er hatte verstanden, sie in allen ihren Möglichkeiten und Combinationen stets den Umständen gemäß geschickt anzuwenden und dadurch seine Siege hervorgerufen, die Preußen zur Großmacht stempelten. Diese Taktik in ihrer scheinbar mathematischen Gestaltung, mit den Front-, Contre- und Diagonal-Märschen, mit den Links- und Rechts-Aufmärschen, so wie den dazu nöthigen resp. Rechts- und Links-Abmärschen, verführte leicht dazu, das Genie der Führung, die Umstände, das Terrain, ja hauptsächlich den Gegner zu vergessen und mit den Truppen auf dem Papier illusorische Combinationen zu versuchen, um das, was Friedrich's Genie unmittelbar schöpfte, in ein System zu bringen, welches unfehlbar werden sollte.

Hieraus entstand nun bei den Militärs eine gewisse große Gelehrsamkeit; Friedrich's Schlachten wurden mit einem scharfen Messer in die einzelsten Momente secirt, und nun von gelehrten Männern neue Theorien des Krieges mit Operationsbasen, — Objects-Linien, Diagonalpunkten, Schlüsseln und tausend andern gelehrten Ausdrücken und Krimskrams geschaffen, so daß jetzt eine Klasse von Eingeweihten entstand, die, in diese Kabbala von Linien und Contrelinien eingeführt, sich unendlich groß und erhaben dünkte und auch von dem größten Theile der Mitwelt für unfehlbare Genies gehalten wurde.

In dieser geistlosen Epigonenzeit nun erhob sich in Frankreich im Stillen (d. h. in Zeiten des Friedens) ein Federkrieg, der natürlich in Preußen, wo die Siege der Väter die Taktik zur stolzen National-Kriegführung gemacht hatten, nicht mitgefochten wurde; dieser Kampf auf dem Papier und dem Exercierplatze drehte sich um die sogenannte Perpendicular- (Colonnen-) im Gegensatze zur Linear-Taktik und wurde hauptsächlich von Guibert, Maraine, Folard, Duc de Broglio &c. geführt; er zog das ganze intelligente Officiercorps des damaligen Frankreichs mit in seinen belebenden Strudel. Auf den Paradeplätzen wurden die Ideen und Grundsätze der „Schulen“ unter lebhafter Discussion und thätiger Betheiligung der Officiercorps mit einander verglichen und Manöver mit dieser oder jener Art des Kampfes ausgeführt, die, wie man sich denken kann, zu keinem bestimmten Endresultate führten, jedoch das Nachdenken der Militärs anfachten und die Intelligenz in der National-Kriegführung rege erhielten.

Inzwischen war das schon von Einzelnen angeregte Tirailliren in Nordamerika, bei dem Kampfe gegen die Engländer in eine Art von System gebracht worden, indem die Ausdehnung des Kampfplatzes, die Ungeübtheit der nordamerikanischen Krieger in geschlossenen Bewegungen, die Art des Terrains, so wie die Bildung der damaligen nordamerikanischen Nation, so wie auch die plumpe Art der Kriegführung der Engländer gegenüber der Begeisterung ihrer Gegner zum Gebrauch von einzelnen sich soutenirenden Schützen mit Soutiens &c. geführt hatte.

Die glänzenden Erfolge des amerikanischen Unabhängigkeitskrieges, so wie das Nationalbewußtsein, das in Frankreich in den Einzelnen zur Zeit der Revolution herrschte, auch die Sympathien der Franzosen für die Nordamerikaner und der Enthusiasmus für den Krieg zur Zeit der Republik ließen das Tirailleursystem, das jetzt mit der Perpendicular-Taktik verschmolzen wurde, bei dem französischen Heere zur baldigen Aufnahme kommen, besonders da auch der einzelne Franzose wegen seiner Agilität gern selbstständig handelt und einzeln kämpft.

Die Elemente zu einer neuen Taktik hatten sich so allmälig entwickelt und waren im Keime vorhanden; der französische Officier hatte sich schon viel mit der Colonnen-Taktik beschäftigt, der Geist der Heere war gut und das Tirailleur-System paßte in den Geist der Nation, nur standen die Elemente etwas chaotisch nebeneinander ohne großen logischen Zusammenhang. Da erschien Napoleon! Mit seinem durchdringenden Geiste, mit seinem colossalen militärischen Genie klärte er das trübe Wasser, schied Wahres vom Falschen, verknüpfte systematisch die Colonne mit dem Tirailleur, sah ein, daß eine solche Art der Kriegführung die einzelnen Momente selbstständiger machte, und wirkte nun auf die Eintheilung der Armee in (aus den drei Waffen zusammengesetzte) selbstständige Corps hin. Dies war gerade von großer Wichtigkeit, indem er so die Intelligenz, die unter dem Oberbefehl stand, frei machte und in dieser Weise ein Capital verzinste, welches sonst nutzlos in den Reihen nur auf Befehl agirte; denn früher waren alle geistigen Individualitäten unter dem Commandeur der Treffen Null, da sie, in die langen Linien gefesselt, mit diesen vorwärts schritten und nur Acht haben mußten, geschlossen und gut in Richtung und Distance an den Feind zu kommen; diese wurden durch die Eintheilung in Divisionen frei gemacht, durften selbst denken, disponiren und agiren, wobei der Feldherr ihnen nur die allgemeineren Grenzen ihrer Wirksamkeit anzudeuten brauchte, und waren als selbstständig handelnde Marschälle sonach der Zielpunkt des Ehrgeizes jedes tapferen Franzosen.

Napoleon also schon löste (wie auch mehr oder minder die meisten seiner Vorgänger) die Kriegskunst von den beengenden Formen, die sie vordem hatte, erhielt durch die Eintheilung der Schlachtordnung in selbstständige (aus allen Waffen zusammengesetzte) Corps Freiheit in der Bewegung und Freiheit in der Führung des Gefechtes und konnte sich durch die Gliederung seiner Massen besser dem Terrain anschließen, als dies je vorher geschah. Durch die Mannigfaltigkeit der Formation seiner Truppen in (hauptsächlich) Kolonnen und Tirailleurs konnte er selbst innerhalb der kleineren Corps größere Beweglichkeit hervorbringen und mußte voraussichtlich so bald Herr der in bestimmten Fesseln geketteten und in engen Grenzen sich bewegenden Gegner werden.

So geschah es auch, denn Napoleon machte sich ganz Europa unterwürfig, und selbst die gelehrtesten Armeen schwanden vor der Naturgemäßheit seiner Pläne und der französischen Taktik. Allein während der Zeit erwachten die anderen Nationen, vorzüglich Preußen, aus ihrem Schlummer der Eingebildetheit und Gelehrsamkeit und rafften sich kräftig empor, lernten durch die trüben Erfahrungen ihre eigenen Schwächen kennen und übten sich jetzt mit Energie und unermüdlichem Eifer in der neueren Taktik, thaten es bald ihren Feinden zuvor und drangen 1813—15 zweimal in das Herz Frankreichs ein.

So entwickelte sich die Taktik aus dem Gebrauch der Masse, verbunden mit dem des einzelnen Feuergewehrs, ganz logisch, allerdings in revolutionären Elementen und Gefühlen, aber nicht als ein Kind der französischen Revolution aus Inspiration hervorgegangen, sondern als eine Frucht des Nachdenkens eines mehr als 20 Jahre geführten Federkrieges, der erst auf dem Exercierplatze Nahrung und in den Kriegen Nordamerika's Wesen erhielt und endlich unter Napoleon's genialer Hand zur Reife kam. Die Meisten glauben, die französische Kriegskunst Ende des vorigen Jahrhunderts sei dadurch entstanden, daß sich die unexercirten Schwärme Republikaner in Haufen (Colonnen) gegenseitig Muth und Vertrauen einflößend zusammenrotteten, um die feindlichen Linien so gewaltsam zu durchbrechen, und daß einzelne Waghälse sich vorwagten, um als verschmitzte Jäger im Einzelkampfe sich mit dem Feinde zu versuchen und ihm so versteckt beizukommen, allein das Werk Renards*) (sowie ich auch hoffe obige aphoristische Darstellung) zeigen hinlänglich das Uebertriebene dieser Anschauungsweise.

Genug, ein großes Siegel des Erkenntnisses war gelöst, doch gereichte es gerade seinem Urheber, der es mißbraucht hatte, zum Verderben; Napoleon wurde gestürzt. In der letzten Schlacht, die er leitete, schlugen merkwürdiger Weise die Engländer, in langen Linien fechtend, die besten französischen Colonnen; also mit derselben Form, die Napoleon so siegreich zerbrochen hatte.

In der nächstfolgenden Zeit bildete sich besonders in Preußen durch den Rath verständiger Männer voller Kriegserfahrung die Kriegführung immer bestimmter aus. Die Zusammensetzungen der Armeecorps und Divisionen, wie der einzelnen Waffen innerhalb derselben, wurden nach Erfahrungen geregelt und besonders durch die Einführung der Compagnie-Colonnen (und dadurch erhöhte Selbstständigmachung des Bataillons) ein großer Schritt vorwärts gethan; die Artillerie erhielt wesentliche Verbesserungen; die Leichtigkeit, Beweglichkeit wurden bedeutend erhöht und das hohe und flache Wurffeuer kam zu einer zuvor nicht gekannten Bedeutung. Das wichtigste aber ist für die Neuzeit die Einführung neuer, verbesserter Gewehre, die bei guter Treffsähigkeit große Tragweite des Geschosses und eine bequeme Art des Ladens haben.

Die preußische Taktik ist hierdurch im **Wesentlichen nicht** geändert worden, und ist dieses auch ganz richtig, indem durch die verbesserte Waffe höchstens eine **Erweiterung** der Formen logisch hervorgerufen werden müßte, nicht aber das Ziel des Strebens die Zwängung der Taktik in bestimmtere Netze sein mußte. Da aber unser heutiges Reglement (in der Freiheit, die es überall gestattet) bei geschickter und nicht philiströser Auffassung desselben jede fast nur erdenkliche Form gestattet und durch dasselbe das Heer vom Verbande des Armeecorps bis auf den einzelnen Schützen aufgelöst werden kann, so bleibt nichts zu wünschen übrig, als eine **erhöhte Intelligenz**, die **erlaubt**, daß **möglichst viele Theile des Heeres selbstständig** (im eigentlichsten Sinne des Wortes) **zu agiren vermögen**.

Unsere preußische Armee muß, wenn sie ihre große Aufgabe der Jetztzeit lösen will, im Stande sein, das, **was frühere Feldherren und Taktiker einzeln benutzten, organisch zu verwenden**. Die **Verhältnisse erfordern heute Colonnenlinien und Tirailleurschwärme mit gleicher Berechtigung und Wirkung**. Um für den Zweck das Mittel zu finden und anzuwenden, muß man eben über **die Natur der Waffen, über ihre Wirkung** und **über den Einfluß des Terrains auf die Waffenwirkung ganz im Klaren sein**.

Hierzu muß der Soldat einerseits auf das Pedantischste ausgebildet werden, damit er wie ein Stein in der Mauer, fest geschmiedet durch die Disciplin, steht und wie eine todte Maschine mechanisch nur der Stimme des Commandos gehorcht, andererseits dahin erzogen werden, daß er sich durch eigene Intelligenz zu helfen weiß und als Patrouilleur, Tirailleur &c. selbstthätig und selbstdenkend mit in das große Drama eingreift, ohne die Haltung zu verlieren, ja er muß mit **der Disciplin** ausgerüstet sein, daß er auf Ruf und Commando sofort wieder Maschine werden kann, selbst wenn er eben in aufgelöstem Schwarme als Einzelkämpfer ganz sich selbst überlassen war.

---

*) Betrachtungen über die Infanterietaktik von Renard.

Dann könnte allerdings, wie die heutigen Kriege es erheischen, die preußische Armee in den Mauerbrechercolonnen der Russen, wo jeder Mann ein willenloses Glied der Masse ist, ebenso wie in den starren Linien der Engländer und Friedrich des Großen, wo jeder Soldat weder aus Richtung noch Fühlung kommt, kämpfen, als auch im Stande sein, aufgelöst in die einzelnen Elemente mit Bewußtsein jedes einzelnen Individuums, wie die Franzosen im letzten Kriege es uns zeigten, Großes zu leisten.

Diese Aufgabe ist allerdings groß und schwer zu lösen und erheischt intelligente Offiziere, die den wahren Geist der heutigen Kriegführung verstehen, willige Mannschaft, die nicht auf zu niedriger Stufe der Bildung steht, und Anführer, die dies Material mit Geist und Genie dem Terrain, den Umständen und dem Charakter der Waffe gemäß an den Feind zu führen verstehen. Hoffentlich ist die Lösung unserer Armee vorbehalten, möge es so sein

Tagesereignisse.

Der „so rührige und umsichtige Handels- und Gewerbe-Verein für Rheinland und Westphalen", wie sich die „Berliner Börsenzeitung" ausdrückt, beabsichtigt, die Erbauung einer festen Rheinbrücke bei Düsseldorff zu veranlassen, und hatte zu dem Ende für den 8. Januar eine Versammlung von Eisenbahn-Directoren, Bürgermeistern, Kaufleuten ꝛc. ausgeschrieben. Es ist dann auch viel debattirt worden, und man hebt hervor, ein „gesicherter" Rheinübergang bei Düsseldorff sei sehr vortheilhaft und man habe hier nicht solche Hindernisse, wie sie bei Cöln die Festungswerke von Deutz bieten, zu überwinden. — Das bei einer solchen Angelegenheit auch militärische Rücksichten ein ganz klein wenig mit zur Sprache kommen, daß man über Ströme wie der Rhein keine festen Brücken ohne militärischen, resp. fortifikatorischen Schutz baut, und daß man der „billigen Waaren" wegen schwerlich Düsseldorf zur Festung machen wird, diese Kleinigkeiten kamen weder in dem Circular, worin zur Versammlung eingeladen wurde, noch in der Versammlung selbst auch nur mit einem Worte zur Sprache. Vorläufig übrigens hat der Herr Handelsminister den Herren erklärt, daß der Staat bei Düsseldorf keine feste Brücke bauen werde.

Worein sich doch die „Speculanten" nicht alles mischen! — Wie dieselbe „Berliner Börsen-Zeitung" in einer anderen Nummer erzählt, habe die Regierung neben dem Parke von Bellevue, an der vom großen Stern nach Moabit führenden Chaussée ein neues Cadettenhaus bauen wollen und zu dem Ende die angrenzenden, auf resp. 80,000, 40,000 und 30,000 Thaler abgeschätzten Grundstücke vermessen lassen, um sich von dem Vorhandensein der nöthigen Räumlichkeiten zunächst Kenntniß zu verschaffen. Dies erfuhr der interessante „Speculant", kaufte der Dorfgemeinde zu Schöneberg die ihr gehörigen Wiesen ab und „trieb dadurch den Verkaufspreis derselben bedeutend in die Höhe." Es ist dies in der That sehr zart ausgedrückt, daß der Herr „Speculant" nur den „Kaufpreis bedeutend in die Höhe trieb." Unser Strafgesetzbuch subsumirt eine derartige Handlung freilich nicht unter Landesverrath, ja nicht einmal unter strafbaren Eigennutz; wenn aber im klassischen Alterthum ein Bürger eine derartige „Speculation" vorgenommen hätte, wodurch er versuchte, sich auf Kosten des Staates, also aller Steuer zahlenden Einwohner, allein zu bereichern — — nun, die Alten hatten eben andere Ansichten von Bürgerpflichten als unsere modernen Speculanten und Börsenleute. Den Feinden des Staates Geld zu borgen, indem sie ihre Papiere kauften, das verstanden sie auch nicht.

Der Herr Minister von Patow war bekanntlich früher, ehe er Minister war ein entschiedener Gegner der dreijährigen Dienstzeit und hat dieselbe bei ihrer letzten allgemeinen Einführung als Oppositionsmitglied heftig bekämpft. Wir sind sehr begierig darauf, wie sich Seine Excellenz gegenwärtig zur Debatte verhalten wird.

Der Herr General v. Willisen stellt bekanntlich den Satz hin, daß jeder siegreichen, kriegerischen Operation eine „richtige Theorie" zu Grunde liegen müsse, welche von dem siegreichen Feldherrn mit Bewußtsein oder unbewußt angewendet worden sei, während andererseits die bewußte Anwendung der „richtigen Theorie" jedesmal zum Siege führen müsse. Unter der „richtigen Theorie" versteht der Herr General die in seinem Buche, „Theorie des großen Krieges" niedergelegten Grundsätze, welche bei Idstedt leider nicht zum Siege geführt haben. Dieser selbe Herr General hat gegenwärtig eine Brochüre drucken lassen unter dem Titel: „Ueber große Landesvertheidigung, oder Festungsbau und Heerbildung in Preußen", welche von der militärisch so intelligenten Tante Voß aus dem F. F. — Der Artikel ist nämlich F. F. unterzeichnet — und von der militärisch ebenso allwissenden Nationalzeitung durch alle Register gelobt wird. Der erste Theil der Brochüre bekämpft die im vorigen Sommer erschienene Schrift des Lieutenants Blume in Konstantinopel über die Befestigung von Berlin, wobei zufälliger Weise der bekämpfte Verfasser immer „geistreich" ist, wenn er sich der „Theorie", wie der Herr General sein oben erwähntes Buch kurz nennt, anschließt, und dagegen ebenso oft „etwas schwülstig, unklar, pleonastisch", wenn er davon abweicht. In dem zweiten Theile macht der Herr General Vorschläge zu einer Reform in der Organisation unserer Armee, von denen die „National-Zeitung" bedauert, „sie jetzt erst zur Oeffentlichkeit gebracht zu sehen". Der Herr General selbst sagt von seiner Schrift: „Was man wollen muß ist deutlich bezeichnet. — — Ein System, welches das leistet, ist ein gutes, ist das bestmögliche, jedes andere ist mangelhaft". Wahrhaft trostlos, wenn man bedenkt, daß dies System nun doch nicht zur Ausführung kommt. Die Grundzüge desselben sind nämlich folgende: Aus jedem Bataillon des stehenden Heeres und seinem correspondirenden Landwehr-Bataillon wird ein Regiment von 4 Bataillonen, indem das stehende Bataillon sich in zwei Bataillone theilt, die den Namen „Füsilier-Bataillone" annehmen, während die Landwehr-Bataillone künftighin „Grenadier-Bataillone" ersten und zweiten Aufgebots heißen. Warum der Name Landwehr verschwinden soll, ist nicht gesagt. Die Compagnien des stehenden Heeres werden 60 Mann stark. Die Cavallerie, bei der die „bunte" Eintheilung in Cuirassiere, Dragoner, Husaren und Ulanen fortfällt, bildet so viel Regimenter wie bisher aber zu 8 Escadrons in zwei Bataillonen, wogegen die Landwehr eingeht. Jede Escadron wird 75 Pferde stark. Die Artillerie „bildet so viele Rekruten aus, als sie braucht", daraus ergiebt sich ihre Stärke. Sie wird bewaffnet mit Amüsetten, von denen ein Witzling früher einmal behauptete, sie hießen so, weil jeder Soldat sich bei ihrem Anblicke amüsiren werde, mit gezogenen schweren Geschützen und mit 12pfündigen Granatkanonen. Das Wurffeuer scheint fortfallen zu sollen. Die Dienstzeit soll bei der Infanterie zwei Jahre einschließlich Winterurlaub, bei der Cavallerie drei Jahre betragen, mit Ausnahme von reichen Bauersöhnen, die nur zwei Jahre dienen; die Dienstzeit der Artillerie ist nicht angegeben. Auf welche Weise sich bei diesen „markirten" Bataillonen und Escadronen die „intelligenten Führer" ausbilden sollen, welche die mangelhafte Ausbildung ihrer Rekruten „wie 1813" nach der Meinung des Herrn Generals wieder gut machen sollen, ist ebenfalls nicht angegeben.

Aber Schaden stiftet die Brochüre doch! — In dem Hause der Abgeordneten werden sich viele Leute finden, die — von ihrem Standpunkte aus mit Recht — darauf hinweisen, daß ja ein gelehrter General für zweijährige Dienstzeit sei, und da überdies der Major Beitzke ebenfalls einen militärischen Titel führt und der Oberstlieutenant Stavenhagen, der sich persönlich wohl wenig mit organisatorischen Fragen beschäftigt hat und ebenso, wie sein ehemaliger Chef, der Herr General v. Willisen, nur in Theorien zu leben gewohnt ist, sich der Fraktion des Herrn v. Vincke angeschlossen hat, so möchten vielleicht scheinbar die „militärischen Autoritäten" sich gegen die dreijährige Dienstzeit aussprechen, die nichtsdestoweniger höchstens in der Mark und in Ostpreußen entbehrt werden könnte, in den übrigen Provinzen aber aus verschiedenen Gründen nothwendig ist. Bleibt nun überdies noch der Minister von Patow seinen früheren Grundsätzen treu, so möchten die militärischen Reformen in dem Hause der Abgeordneten einen schweren Stand haben. — Nun, qui vivra, verra!

Durch die öffentlichen Blätter läuft das Gerücht, daß Se. Königl. Hoheit der Prinz Albrecht an die Stelle des Generals von Brese zum Chef der Ingenieure und Pioniere bestimmt sei und dann eine ähnliche Stellung zu denselben einnehmen würde, wie etwa Se. Königl. Hoheit der Prinz Carl zur Artillerie. So viel wir wissen ist von dieser Combination überhaupt noch gar nicht die Rede gewesen; nichtsdestoweniger aber ist das Entstehen des Gerüchtes sehr erklärlich, weil unter dieser Form, wie man es allerdings beabsichtigen soll, am leichtesten sich eine jüngere Kraft an die Spitze dieser Waffe bringen ließe, ohne die nächsten Untergebenen des Chefs zu verletzen. Wie man hört, soll es allerdings nicht in der Absicht liegen, die Stelle des Chefs dies Mal nach der Anciennetät zu besetzen, um nicht einen zu schroffen Uebergang in den maßgebenden Ansichten herbeizuführen, während man andererseits wieder dem Ingenieur-Corps bewährte Intelligenzen erhalten möchte, die man sonst zu verlieren fürchtet.

Die „Breslauer Zeitung“ läßt sich aus Oppeln schreiben: „Wie verlautet, soll außer dem bereits hier garnisonirenden Stamm-Bataillon noch ein zweites Infanterie-Bataillon garnisonirt werden. Ohne Beeinträchtigung der Rechte und Pflichten des Bürgerstandes einerseits, sowie derer des Militairs andererseits, dürften diesem Vorhaben jedoch unter den gegenwärtigen Verhältnissen entschieden Schwierigkeiten in den Weg treten, da bei dem Mangel einer Kaserne sämmtliches Militair bei den Bürgern zu liegen kommen müßte. Das Bedürfniß einer Kaserne ist in der Neuzeit mehr denn je zu Tage getreten, umsomehr, als sich erwarten läßt, daß dem allgemeinen Wunsche der hiesigen Regierungs-Bezirks-Stadt nach einer permanenten Militair-Garnison endlich höheren Orts Rechnung getragen werden wird. Oppeln, woselbst neben der Regierung noch andere bedeutende Behörden, die Ober-Post-Direktion, das Kreis-Gericht, Gymnasium, Haupt-Steuer-Amt, Hebammen-Institut und dergleichen andere Institute und Corporationen ihren Sitz haben, ist bis jetzt gewiß die einzige unter den Regierungs-Bezirks-Städten gewesen, die sich keiner Garnison rühmen konnte, und welche Gründe für und gegen eine solche Einrichtung auch immer geltend gemacht worden sein mögen, es läßt sich aus Gründen der Pietät, nach welchen die hiesige Stadt vor vielen anderen kleineren, mit Militair begabten Städten den Vorzug verdienen dürfte, eine derartige Einrichtung wohl rechtfertigen. Zur Einrichtung einer Kaserne bietet das von den ehemaligen Herzögen von Oppeln innegehabte, sogenannte „Königl. Schloß“ die passendste Gelegenheit dar. Der bis jetzt zur Geltung gebrachte Einwand der Baufälligkeit des gedachten Schlosses, dürfte aus den Gründen in den Hintergrund verdrängt werden, daß dasselbe bis jetzt stets von hohen Regierungs-Beamten bewohnt gewesen, auch das Königl. Rent-Amt daselbst untergebracht ist und beide Theile bis jetzt sich der größten Sicherheit zu erfreuen gehabt haben. Durch eine Militair-Bau-Commission dürften vielleicht alle diese Unmöglichkeiten ermöglicht werden.“

Die General-Commandos sind durch den kriegsministeriellen Erlaß vom 12. December v. J. allerdings angewiesen worden, Dislocations-Entwürfe aufzustellen, welche zwar nur für das jetzige Provisorium berechnet, aber doch auch schon das Definitivum im Auge haben sollen. Danach mag auch Oppeln zur Sprache gekommen sein; indeß hat sich das Kriegs-Ministerium die Entscheidung über die Dislocation völlig vorbehalten.

Es tauchen in neuerer Zeit immer mehr die Vorschläge auf, den Unterofficieren, wie in Oestreich und Frankreich, die Officier-Laufbahn zu eröffnen. Kämen diese Vorschläge nur von solchen Seiten, wie von Herrn Rüstow in den Grenzboten oder selbst von dem strebsamen Herrn Ferdinand Pflug in der Spenerschen, so könnte man ruhig darüber sein; aber selbst Soldaten, wie der Herr General v. Willisen und der Verfasser einer sonst sehr tüchtigen und lesenswerthen Brochüre („Militairische Betrachtungen über einige Erfahrungen des letzten Feldzuges und einige Zustände deutscher Armeen. Darmstadt, Zernin“), kommen auf diesen Punkt zurück, und dies könnte den Laien leicht zu dem Glauben verleiten, es müsse die Sache doch in Erwägung zu nehmen sein. Für den Augenblick allerdings verträgt die Armee Alles, auch ohne sich wesentlich zu verändern; sie würde auch Juden in ihren Officier-Corps dulden, wenn es so befohlen würde, und die Officiere würden sogar, wie es bereits geschehen, gehorsamlich am Schabbes für ihre „andersgläubigen“ Kameraden auf Wache ziehen. Aber man muß nur nicht meinen, daß man dann ein preußisches Officier-Corps behielte, wie man es sich zu denken gewohnt ist. In der ersten Zeit würden sich die neuen Officiere selbst sehr unglücklich fühlen, weil sie in den Officier-Corps allein dastehen würden. Hätten sie aber einmal die Majorität, so wären die Officier-Corps eben andere geworden, und die alte preußische Armee wäre vernichtet. Alle unsere militairischen Institutionen basiren auf dem Standesunterschiede zwischen Officier und Nicht-Officier; die gesammte Disciplin, die gesammte Gesetzgebung, die gesammte Kriegführung haben diesen Grundsatz zum Fundament. Der Officier ist der Edelmann, der Soldat der Bauer. Dies überall nur noch in schwachen dürren Resten vorhandene Verhältniß, hat sich in der Armee in seiner ganzen Lebensfrische erhalten, ohne die Namen dafür jemals angenommen zu haben, vielleicht grade deshalb, weil dies niemals geschah. Aber das patriarchalische Verhältniß zwischen Edelmann und Bauer, welches dereinst die Eigenthümlichkeit der preußischen Armee begründete, ist noch heute das innige Band, welches den Officier mit seinen Untergebenen umschlingt. Der Soldat sieht mit Achtung und Vertrauen zu seinem Officier auf, weil er in diesem ein Wesen sieht, das ihn an Bildung und Intelligenz überragt, und von dem er durch Tradition und Erfahrung weiß, daß sein Schicksal ihm anvertraut, sich in den besten Händen befindet. Die einjährigen Freiwilligen, die diesem Bilde nicht entsprechen möchten, machen doch nicht etwa die Stellung des Soldaten zum Officier? Die einjährigen Freiwilligen zerfallen überall in zwei Species: in solche, mit denen die Officiere umgehen, und in solche, mit denen dies nicht der Fall ist. Die Ersteren sind, ihrer socialen Stellung und Erziehung nach, für den Umgang des Officiers geeignet, während die Letzteren, ihrer formalen, angelernten Bildung nach, die Berechtigung zum einjährigen Dienste nachgewiesen haben, in der Bildung ihres Gemüthes und ihrer Anschauung aber dem wirklich gebildeten und gut erzogenen Officier nicht zusagen. Von der letzteren Kathegorie kann man dann freilich sehr häufig „beim Bierseidel" die Meinung äußern hören, wie sie alle halbgebildeten, innerlich rohen Leute aussprechen, welche die Eigenschaft als Mensch und das Herumtreiben auf der Universität „Studirens halber" für die Quintessenz einer „Bildung" halten, von diesen Leuten, die, weil sie nichts wissen, ihr Wissen für das höchste halten, kann man dann freilich die Meinung hören: Sie selbst seien ja viel gebildeter als die Officiere! — Diese Leute allein, welche später zuweilen, wenn auch selten, Landwehr-Officiere werden, bringen einen Mißklang in die Stellung des Officiers hinein, namentlich dann, wenn sie zufällig Juristen und ihrem Herkommen nach von ihren Untergebenen wenig oder gar nicht unterschieden sind. —

Das Wesen des
besteht in dem, was
leben" i
nung,
dem G
Tracht Dies
fühlt

elle

Nimbus von
man sich nicht
mee in dem
und, weil am
von den
wird. Die Früchte davon
wir, aber unsere Enkel ernten.

Die eheliche Gütergemeinschaft.

Dem Herrenhause ist in diesem Jahre sofort nach seinem Zusammentritte
wiederum ein Gesetz vorgelegt worden, das dasselbe bereits früher in der von
Form nicht annehmen zu können erklärt hat, näm-
über das eheliche Güterrecht in Westphalen. Wir
welche Motive die Staatsregierung bewogen haben,

noch die halbe Kraft übrig bleibt.
nach den Principien städtischer

billig aus; aber der Hof geht darüber zu Grunde und aus der Pferdewirthschaft wird eine Ziegenwirthschaft. Also in beiden Fällen wird der Hof parcellirt, d. h. in der Regel, dort wegen Schulden, hier vermöge einer für das Land durchaus nicht geeigneten Gütergemeinschaft. Der Besitzer von dem Hofe A. möge es indessen durch große Anstrengungen möglich machen, den Hof vor dem Ruin einstweilen noch zu bewahren. Er hat vielleicht eine hübsche Zubuße mit seiner Frau bekommen, ich will sagen 3000 Thaler, die wenigstens ein Loch zustopfen. Er bekommt nun auch von seiner Frau einige Söhne oder Töchter und freut sich seines Familienlebens. Da entreißt ihn der Tod den Seinen: die Frau ist Wittwe, die Kinder sind verwaist. Indeß die Frau ist eben noch nicht sehr alt: wer sie heirathet, erheirathet den Hof, und es dauert deshalb nicht lange, so ist die Wittwe wieder Frau. Und die Kinder aus erster Ehe? Der Hof war 40,000 Thaler, die Mitgift der Frau betrug 3000 Thaler, macht zur Hälfte 21,500 Thlr. Mit dieser Summe nun von 21,500 Thlr. sind die Kinder der Familie vom Hofe abgefunden und der Hof geht über in eine andere Familie, etwa in den Besitz von B., der die Wittwe des A. geheirathet hat. Man frage, ob ein solches Gesetz günstig sein kann für Erhaltung des bäuerlichen Besitzes.

Die Regierung hat die Frage selbst verneint. Sie hat durch das Gesetz vom 4. Juni 1856 die Abfindung der Geschwister vom Hofe sehr erleichtert. Sie sagte sich dabei offenbar: wenn die Kinder von A. in beschriebener Weise abgefunden werden, so hat B. nur noch die halbe Kraft vom Hofe; stirbt ferner die Frau von B. und schreitet B. zur zweiten Ehe, so bleibt nur ein Viertel der Kraft übrig, und überlebt die Frau aus der Familie von C. ihren Mann und schreitet zur zweiten Ehe, nur noch ein Achtel der Kraft. Deshalb muß also die Abfindung erleichtert werden. Kehren wir nun zu der Familie A. zurück. A. stirbt, die Frau schreitet zur zweiten Ehe; die Kinder erster Ehe werden nun vielleicht mit 12,000 Thalern nach dem Gesetze vom Jahre 1856 vom Hofe gebracht, die Frau dagegen, die dem Hofe 3000 Thaler zugebracht hat, behält 31,000 Thaler. Was sagt die Gesetzesvorlage der Regierung hierauf? Sie antwortet: es ist nicht Sache der Regierung, sich darum zu kümmern, wer den Hof A. besitzt; es genügt ihr zu wissen, daß er nicht zersplittert zu werden braucht. Prompt! — daß er aber nicht leicht zersplittert wird, wenn die alte Familien-Anhänglichkeit dahingeschwunden, mögen die Leser selbst beurtheilen.

Gehen wir nach dieser Darlegung zu dem bisherigen Schicksale der Regierungsvorlage über. Die Regierung brachte im Jahre 1857 beim Herrenhause die erwähnte Gesetzesvorlage ein. Sie begründete dieselbe damit, daß Westphalen gegen 17 verschiedene eheliche Güterrechte besitze, die sich in drei Systeme theilen ließen: in Dotalrecht (Mitgifts- oder Brautschatzrecht, vermöge dessen die Frau eine Dos zum Vermögen der Ehe giebt und diese zurückerhält, wenn der Anerbe den Hof antritt; nach römischem Recht — und dies ist in Westphalen eingeführt — kann sie auch außer der Dos noch Vermögen besitzen und selbstständig verwalten), das in einem Gebiete von etwa 190,000

Seelen herrsche; in particuläre Gütergemeinschaft, der etwa 100,000 Einwohner unterworfen seien; endlich in das System der vollständigen Gütergemeinschaft (der zufolge die Gütergemeinschaft auch nach dem Tode des Mannes oder der Frau fortdauert, wie wir oben gesehen haben), der die übrige Bevölkerung unterworfen sei. Durch diese verschiedenen Erbrechte seien Wirren und Controversen entstanden, welchen die Regierung dadurch entgegentreten wolle, daß sie sämmtliche bestehenden ehelichen Güterrechte aufhebe, und — man sollte erwarten, daß sie das Allgemeine Landrecht (ist ebenfalls Dotalrecht, nur hat die Frau außer der Dos kein selbstständiges Vermögen: hier [illegible] wirkliche Gütergemeinschaft, wenn auch nicht mehr nach dem Tode des einen oder andern Ehegatten) — nein, das will die Regierung nicht; sie will vielmehr ein neues eheliches Güterrecht einführen, das nirgends vorhanden, ein neues Gesetz, angefertigt am grünen Tische. So kam das Gesetz **zuerst in's** Herrenhaus.

Das Herrenhaus machte indeß wesentliche Ausstellungen. Es begriff nicht, daß einiger Controversen halber eine ganze Provinz ein neues Erbrecht erhalten solle; möge man die Controversen da beseitigen, wo sie sich zeigten. Das Schluß-Resultat der Verhandlungen war, daß das neue Gesetz nicht für die ganze Provinz gelten solle; nur da, wo schon Gütergemeinschaft sei, solle dieselbe nach dem Allgemeinen Landrechte geregelt werden. Außerdem solle der hohe wie der niedere Adel von der Gütergemeinschaft eximirt bleiben. Die Regierung zog hierauf die Vorlage bei beiden Häusern zurück.

Später, am 23. Dezember 1858, reichten die Provinzialstände der Provinz Westphalen eine Immediatvorstellung ein und wiesen ebenfalls auf die Dringlichkeit einer Regelung des ehelichen Güterrechtes hin, und zwar [illegible] der erste und zweite Stand ausdrücklich den früheren, bereits auf dem Provinziallandtage von 1854 gestellten Antrag wiederholte: „Die Landestheile in welchen Dotalrecht gilt, die Rittergüter und den [illegible]lichen Grundbesitz und den bisher eximirt gewesenen Adel [illegible] der Unterwerfung unter das Recht der ehelichen Gütergemeinschaft auszuschließen." Die Regierung nahm daraus Anlaß, im Jahre 1859, [illegible] der Charakter des Abgeordnetenhauses ein wesentlich anderer geworden war, [illegible] früher, das durchgefallene Gesetz zuerst beim Abgeordnetenhause einzubringen. Dieses behandelte dasselbe am 2. Mai 1859 ziemlich summarisch; obwohl [illegible] gründliche Redner gegen dasselbe auftraten, so wurde doch die Regierungsvorlage im Wesentlichen angenommen. „Mein erhöhter Sitz", äußerte [illegible] Mallinckrodt am Nachmittage, „hat mir Gelegenheit geboten, mich von der [illegible] Unaufmerksamkeit zu überzeugen, mit der das Haus den Verhandlungen des Morgens gefolgt ist. Ich glaube mich deshalb auch davon dispensiren [illegible], in längerer Rede auf die Argumente einzugehen, die von der Gegenseite [illegible] sind u. s. f." Ein von Plaßmann gestelltes Amendement, das eine Aenderung des Gesetzes in der Richtung des Herrenhauses erstrebte, fiel; das Reden der Westphalen half nicht.

Abermals ist nun das Gesetz, und zwar noch in einer härteren Form denn früher, beim Herrenhause eingebracht worden, und die Commission des Hauses hat die Regierungsvorlage angenommen. Was das Plenum des Hauses am nächsten Dienstag, an welchem Tage die Sache zur Verhandlung kommt, thun wird, wissen wir nicht, sind aber überzeugt, daß die rechte Seite des Hauses, die Fractionen Stahl-Plötz und Arnim-Itzenplitz, nicht für dasselbe einstehen werden, wenigstens nicht in der Mehrheit ihrer Mitglieder. Wünschen wir der Vorlage das Schicksal der früheren.

Die alten Stände der Mark Brandenburg.

Eine Denkschrift des Directors der Staatsarchive, Geheimen Oberarchivraths v. Lancizolle über die Preußischen Provinzial-Archive und deren Zukunft gab im Herbst 1854 dem Brandenburgisch-Niederlausitzischen Provinziallandtag Veranlassung zu dem Beschluß der Herstellung eines eigenen ständischen Archivs. Es sollten die ungeordnet in dem Ständehause zu Berlin noch vorfindlichen Archivalien durch Wiederherbeischaffung der Urkunden und Aktenstücke vervollständigt werden, welche 1820 bei Auflösung der Churmärkischen Landschaft an verschiedene Staatsbehörden abgegeben worden waren. Hierdurch hoffte man das Material zu einer Geschichte der Stände oder der Provinz zu gewinnen und beschloß die zu deren Herausgabe nöthigen Mittel zu gewähren, in der Hoffnung, es werde dadurch der Sinn für die specielle Landesgeschichte neu angeregt und belebt werden. Dem jetzigen Provinzial-Archivar der Provinz Sachsen, Herrn v. Mülverstedt, wurde die Ehre der Ausführung des Beschlusses zu Theil. Durch die Förderung des früheren Minister-Präsidenten, Freiv. v. Manteuffel, wurde es möglich, bedeutende Massen von Archivalien, welche vor Jahren aus dem Besitz der Stände in die Registraturen Königl. Behörden übergegangen waren, und von dort zuletzt ihren Weg in das Geheime Staatsarchiv gefunden hatten, ihrer Bestimmung wieder zurückzuverschaffen. Hierdurch ist die Lösung einer wichtigen Aufgabe der vaterländischen Geschichtsforschung wieder ermöglicht worden: die Aufstellung einer eigentlichen Geschichte der Landstände in der Mark Brandenburg, von dem ersten erkennbaren Auftreten bis zur Gegenwart.

Es wurde Herrn v. Mülverstädt, der bis zum Herbst 1856 die Ordnung des Archivs im Wesentlichen zu Stande gebracht hatte, der Wunsch ausgesprochen: er möge sich selbst der schriftstellerischen Arbeit unterziehen, durch eine zusammenfassende Darstellung den Grund zu einer urkundlich bewährten Märkischen Landes- und Ständegeschichte zu legen.

Der Umfang des Materials erheischte zunächst eine Beschränkung. Vor allem wünschte man eine kürzere quellenmäßige Darstellung der Ständeverfassung in ihrer Blüthezeit, vornehmlich also im 16ten und 17ten Jahrhundert. Diesem Verlangen hat Herr von Mülverstedt schon 1858 in einer kurzen Schrift entsprochen, unter dem Titel:

> „Die ältere Verfassung der Landstände in der Mark Brandenburg, namentlich im 16ten und 17ten Jahrhundert.“ Berlin, Verlag von Reinhold Kühn. 1858. XII. und 287 S. 8.

Die Schrift ist Herrn v. Lancizolle und dem Königlichen Geheimen Regierungs-Rath H. v. Kröcher zugeeignet. Ersterer hat nicht blos das Verdienst, durch seine Sorge für das Provinzial-Archiv der Hauptveranlasser der Schrift geworden zu sein, man verdankt diesem Gelehrten, dem seit Eichhorn unter den Kennern des historischen Staatsrechtes unbedenklich die erste Stelle eingeräumt werden muß, auch eine eigene gelehrte Arbeit, in welcher zuerst die Bedeutung der Landstände in Preußen überhaupt und besonders ihr Verhältniß zu dem Königthum geschichtlich in ein unverfälschtes Licht gesetzt wurde.*)

*) Der Titel des Werkes ist: Ueber Königthum und Landstände in Preußen, von Dr. C. W. von Lancizolle. Berlin bei Ferd. Dümmler 1846. VIII. und 585 S.

Es liegt dies Werk jenseits der Bewegungen des Jahres 1848, welche sich, wie bekannt, feindlich gegen alle Selbstständigkeit des ständischen Lebens gerichtet haben; allein es ist mit vollem Bewußtsein der Standpunkte verfaßt, von welchen aus damals mit einem gewissen Erfolg die historischen Grundlagen der Monarchie in Frage gestellt wurden. Der Verfasser bevorwortete: daß er von Herzen der ächten deutschen Freiheit huldige, die durch alle Jahrhunderte der Geschichte im vollen Einklang mit hingebender Treue gegen die von Gott vorgesetzten Obrigkeiten gelebt habe; diese Freiheit sei ebensosehr dem Servilismus, wie dem vulgären Liberalismus unserer Tage, also nicht minder dem republikanisch-constitutionellen, wie dem absolutistischen Despotismus entgegengesetzt. Der vulgäre Liberalismus, von dem schon 1846 Herr v. Lancizolle warnend abmahnte, erhielt 1850 in den Wahlgesetzen, den abstrakten sogen. Grundrechten der Verf[illegible]urkunde, in der neuen Gemeinde-, Kreis- und Provinzialordnung u. s. w. vor[illegible] den Sieg über das Verständniß ächter deutscher Freiheit, wie über den Sinn für ein wahres deutsches und preußisches Königthum.

Durch Rückkehr zur Besonnenheit auf kurze Zeit niedergehalten, scheint dieser Liberalismus jetzt für die Realisirung seiner Freiheits- und Gleichheitsideen einen neuen Sturmlauf unternehmen zu wollen. Mehr an allgemeinen politischen Rechten, als 1850 durch die Verfassungsurkunde zugestanden wurde, ist auf direktem Wege nicht zu erlangen. Noch aber bleiben zwei Dinge übrig, welche dem Ideal des modernen konstitutionellen Regimentes, der „Monarchie, umgeben mit demokratischen Institutionen", in dem Wege sind; die Fortdauer der alten Kreis- und Provinzialstände und die Stütze, welche der überlieferte Rechtszustand verfassungsmäßig an dem Herrenhause findet. Die mit Vorliebe von der liberalen Tagespresse verhandelten Projekte, wie sich das Herrenhaus unbeschadet der Verfassung reformiren, oder der sogen. ministeriellen Majorität des Abgeordnetenhauses dienstbar machen lasse, beruhen auf zu luftigen Voraussetzungen, als daß wir uns veranlaßt finden könnten, sie der Betrachtung eines denkenden Leserkreises vorzuführen. Dagegen ist eine auf Reform der Kreis- und Provinzialverfassung gerichtete Vorlage von der Königlichen Staats-Regierung allerdings in Aussicht gestellt und nur fraglich gelassen worden, ob sie schon in der diesjährigen Sitzungsperiode an den Landtag der Monarchie gelangen werde. Je weniger Ursache in dem bisherigen Entwickelungsgange unserer Verfassungsverhältnisse zu der Annahme vorliegt, es werde in den zu machenden Vorschlägen eine andere als conservative Richtung hervortreten, desto willkommener müssen Literatur-Erscheinungen sein, welche urkundlich beglaubigt darlegen, wie unsere heutigen ständischen Einrichtungen aus den früheren territorialen Verhältnissen organisch hervorgegangen sind, und wie die Wirksamkeit beschaffen [illegible] welche sie sich zu allen Zeiten als die festen [illegible] monarchischen Regim[illegible]währt haben.

Sehr treffend hat Herr von Lancizolle dargelegt, wie der Uebergang von bloßen ständisch-beschränkten landesobrigkeitlichen Rechten in verschiedenen, ehemals theils von der Reichsgewalt, theils von der Krone Polen abhängigen Landestheilen zu einer einheitlichen ständisch-unumschränkten Monarchie seit der Zeit des großen Churfürsten ein durch die Verhältnisse nothwendig gebotener war, und wie er sich, von vereinzelten Konfliktfällen unter jenem großen Churfürsten abgesehen, ohne Widerstand vollzogen hat. Zwei Hauptmomente sind es, auf welche sich dieser Erfolg zurückführen läßt: die Uneigennützigkeit und conservative Richtung des preußischen monarchischen Princips *)

*) v. Lancizolle a. a. O., S. 31.

und die Productivität des preußischen s. g. Absolutismus. Das erste Moment bethätigte sich bis auf die neueste Zeit durch ein musterhaft eingerichtetes Finanzwesen, verbunden mit kräftiger Handhabung und Organisation der Justiz, bis in die ersten Jahre dieses Jahrhunderts auch der unumschränktesten Staatsgewalt gegenüber, durch strengste grundsätzliche Aufrechthaltung wohlerworbener Rechte, nicht blos eines jeden Einzelnen, sondern auch der öffentlichen Corporationen, sowie der successiv unter gemeinschaftlicher Landesherrschaft vereinigten Provinzen und vormaligen Reichs-Territorien. Vor dem Nothstande, der seit 1807 unvermeidlich machte, außerordentliche Hülfsquellen zu suchen, weist die preußische Rechtsgeschichte kein Beispiel auf, daß man Versuche gemacht habe, corporative Verhältnisse, besondere Rechte der verschiedenen Landestheile oder gar Privat-Eigenthumsrechte dem Staats-Interesse unterzuordnen. Viel weniger dachte man daran, einen utopisch-idealen Rechtszustand durch Rechtsreformen herbeiführen oder auch nur legislativ uniformiren zu wollen, [illegible] überlieferte Rechtsverschiedenheit den Justiz- und Verwaltungs-Beamten als unbequem erwies.

Das zweite Moment, welches den s. g. preußischen Absolutismus als eine Wohlthat für alle Theile der Monarchie empfinden ließ, seine Productivität für die allgemeinen Landesinteressen, trat in drei großen Schöpfungen hervor, welche noch jetzt als die eigentlichen Grundfesten der preußischen Machtstellung anerkannt werden: 1) in der Entwickelung des **preußischen Beamtenstandes**, seiner streng geregelten Thätigkeit, seiner Tüchtigkeit, Unbestechlichkeit und Pflichttreue; 2) in der Bildung eines **Heeres**, welches möglich machte, Preußen weit über das Maß der gewöhnlichen Geltung materieller Mittel hinaus als Großmacht sein Gewicht in die Waagschale des europäischen Rechtes und Friedenszustandes zu werfen; 3) das **Amt der Landräthe** und die damit in Verbindung stehende Kreisvertretung, welche, wie in keinem anderen Staate gleichen oder größeren Umfanges, die segensreichste Vermittelung zwischen altständischer Berechtigung und den Bedürfnissen einer modernen Monarchie darbietet. Dieses Institut hat seinen Ursprung in der Mark Brandenburg. Hier hat es eine Ausbildung erhalten, welche es eignete, auf alle anderen Provinzen übertragen zu werden; es hat die höheren politischen Rechte der alten Territorial-Landtage überdauert und nach deren Untergang eine neue lebenskräftige Entwickelung gewonnen.

Das Werk des Herrn v. **Mülverstedt** führt die Geschichte der ständischen Verfassung der Mark Brandenburg bis auf den Zeitpunkt herab, seit welchem sie aufgehört haben, an der Berathung und Beschließung allgemeiner Landes-Angelegenheiten auf allgemeinen Landtagen Theil zu nehmen, wogegen seitdem desto bestimmter, ununterbrochener und geregelter ihre Betheiligung an Ausführung der Gesetze und der allgemeinen Verwaltungs-Angelegenheiten hervortrat.

Ein einleitender Abschnitt verb[illegible] einem historischen Ueberblick des Ursprunges und der Fortbildung der landständischen Verfassung bis auf die Zeit des Aufhörens ihrer politischen Macht einen sorgfältigen Nachweis der Quellen und Hülfsmittel für eine ständische Landesgeschichte. Der zweite Abschnitt behandelt die frühere Sonderung nach Klassen (Prälaten, Grafen und Herren, Ritterschaft, Städte), ihr Verhältniß zu den geographischen Eintheilungen der Mark als Provinzial- und Kreisstände, ihren corporativen Verband und die Organisation ihrer Thätigkeit, besonders ihre Versammlungen. Diese waren entweder Versammlungen der Gesammtheit oder Versammlungen für einzelne Landestheile und Klassen der Stände. Erstere hatten die Form von allgemeinen Landtagen oder Ausschußtagen, deren Wirksamkeit für die Zwischenzeit von einer zur andern Versammlung vorberathende Ausschüsse und Deputationen zu Hülfe kamen. Neben den besonderen Versammlungen auf Provinzial- und Kreistagen hielten der grundbesitzende Adel und die Städte aus besonderen Veranlassungen ihre Ritterschafts- und Städtetage. Das Directorium führten auf den allgemeinen Landtagen in früherer Zeit die Bischöfe, insbesondere der Bischof von Lebus; später scheint es an die Domcapitel übergegangen zu sein. Auf den Provinzial-Landtagen präsidirten landesherrliche Amtleute: in der Ucker- und Neumark unter dem Namen von Landvögten, in der Altmark, Priegnitz und Mittelmark unter dem Namen von Landeshauptleuten. Diese wurden regelmäßig aus der Ritterschaft erwählt. Das Directorium der Kreistage und der ritterschaftlichen Kreisversammlungen führten die aus der Ritterschaft dem Landesherrn präsentirten Landräthe, in der Neumark zu Anfang des 17. Jahrhunderts unter dem Namen der Ritterschafts-Aeltesten vorkommend.

In neuerer Zeit entwickelte die Directorial-Verfassung der Provinzen sich dahin, daß auf den Provinzial-Landtagen anstatt der Landvögte oder Landeshauptleute in der Alt- und Neumark einer der Landräthe als Landes-Director, in der Priegnitz und Uckermark ein s. g. Kreis-Directorium, aus einem Landes-Director und zwei Land-Räthen bestehend, die Leitung der Geschäfte hatte.

Die Städtetage wurden unter dem Vorsitze des Vertreters der Hauptstadt gehalten.

Besonders anziehend und reichhaltig ist der dritte Abschnitt des Werkes, welcher die weitverzweigte Betheiligung der Landstände an den Geschäften der Landesregierung zum Gegenstande hat. Ein Theil der hier aufgeführten Gegenstände hat unter den Verhältnissen der Gegenwart seine Bedeutung verloren, so die ständische Concurrenz bei Angelegenheiten, die sich auf den deutschen Reichsverband bezogen, und in Lehenssachen. Ein anderer Theil der früheren ständischen Geschäfte ist durch die Verfassungsurkunde entweder der Krone ausschließlich vorbehalten, oder der Mitwirkung des allgemeinen Landtages der Monarchie [illegible] so daß den Provinzial- oder Kreisständen nur an der Vorbereitung oder Ausführung eine Concurrenz zufallen kann. Dagegen bieten die Schilderungen der ständischen Thätigkeit für geistliche und Schulangelegenheiten, Landespolizei-, Forst- und Jagdsachen u. s. w. noch fortwährend interessante Vergleichungspunkte mit dem heutigen Wirkungskreise der Provinzial- und Kreistage.

Ein vierter Abschnitt stellt die verschiedenen Wege zur Verfolgung der landständischen Gerechtsame dar. Es ist ein treffliches Zeugniß für die Gerechtigkeit der Landesregierung, daß sich für die Befugniß zu gemeinsamen Landesbeschwerden nur ein einziges Beispiel, überdies nur aus der Zeit des Markgrafen Ludwig, vom Jahre 1345, vorfindet, wo gegen eine angeordnete Steuererhöhung und Münzänderung als »wider den Willen des Landes« vorgenommene Verwahrung eingelegt wurde. Die in allen anderen deutschen landesherrlichen Territorien so häufigen und hartnäckig geführten Prozesse der Stände oder einzelner Unterthanenklassen wider die Landesherren bei den höchsten Reichsgerichten sind eine der märkischen Landesgeschichte fremd gebliebene Erscheinung. Für einzelne Differenzen zwischen Landesherrschaft und Ständen wurde der Weg der Austräge oder Schiedsgerichte vorgezogen. Der gewöhnliche Weg, ständischen Rechten oder Wünschen Anerkennung zu verschaffen, blieb das einfache und natürliche Mittel, Gehör bei der Person des Landesherrn zu suchen, dem sich nicht, wie in dem modernen konstitutionellen Staatsrechte, die unfruchtbare Theorie von einer Gesammtverantwortlichkeit des Staatsministeriums als Hemmniß entgegenstellte. Ueberall tritt hier noch das lebendige Königthum hervor, wie es der Vorstellung des Landvolkes noch heutigen Tages unverkümmert vorschwebt. »Wenn«, heißt es in dem Landtagsrevers von 1540, »auch die von Prälaten und Ritterschaft ihrer nothwendigen Obliegenheiten halber Beschwerden an Uns gelangen lassen, wollen **Wir** sie jederzeit, sofern Wir Geschäfte halber, die keinen Verzug leiden mögen, dazu Zeit haben, **gründlich hören**, und mit gnädiger, billiger Abfindung versehen. Das Nämliche war den Städten zugesichert. »**Wir wollen**«, sagt der Landtagsreceß von 1572, »jederzeit, wenn die Städte ihrer Obliegen halber hierher kommen oder schicken, dieselben **gnädiglich hören**, und, da sie beklagt werden, ihnen ungehört Nichts darauf ergehen lassen.« Noch Churfürst Friedrich Wilhelm, durch welchen die höhere politische Wirksamkeit der Stände gebrochen wurde, ließ in dieser Hinsicht das gute alte Herkommen unberührt, und befestigte es durch erneute Zusicherungen. In einer Resolution auf ständische Gravamina von 1852 erklärte er: „wenn Landstände bei Ihm etwas" in Unterthänigkeit zu suchen haben, und solches mit gebührendem Respekt verrichten, so wollen Wir sie jederzeit **gern hören**, und mit **gnädiger, williger Abfertigung** versehen.

Nicht selten war es, daß auf diesem Wege die Stände Klageartikel über Staatsdiener einbrachten, wo sie ihre Freiheiten und Gerechtsame durch sie beeinträchtigt glaubten. Aufstellungen wie der Satz: daß Kreisstände sich um allgemeine Dinge nicht bekümmern dürften, insbesondere daß sie zu Petitionen, welche die Bildung ihres eigenen Kreises betreffen, nicht befugt seien, weil sie nur die **landräthliche Verwaltung zu begleiten hätten**, wären den staatsrechtlichen Begriffen von der preußischen Monarchie nicht blos in der Blüthezeit ständischer Wirksamkeit, sondern auch unter der Herrschaft des absolutesten Königthums völlig unverständlich gewesen.

Der Verfasser konnte für die vorliegende Schrift eine sehr sorgfältige handschriftliche Abhandlung eines der gründlichsten Kenner des deutschen Staatsrechtes und des besonderen deutschen Rechte, des verewigten **Staatsministers v. Kamptz**, zur Grundlage nehmen. Die darin befolgte Anordnung ist vollständig beibehalten worden; es hat aber das gewissenhaft benutzte Urkunden-Material reiche Farben zur Ausführung der in jener Abhandlung gelieferten Skizze dargeboten.

Zu der Entwickelungsgeschichte der ständischen Verhältnisse seit dem Anfange des vorigen Jahrhunderts hat die oben angeführte Schrift des Herrn Geheimen Archivdirektors von Lancizolle bereits eine treffliche Grundlage geliefert. Wir können nur lebhaft wünschen, daß Herr v. **Lancizolle** selbst oder ein anderer Gelehrter, dem die nöthigen Archivalien zugänglich sind, sich entschließen wolle, diese Skizze in gleich ansprechender Weise auszuführen, wie es für die frühere Zeit mit der Abhandlung des Staatsministers von Kamptz von Herrn v. Mülverstedt geschehen ist.

Ein Graf von Königsmarck.

Roman

von

George Hesekiel.

Achtzehntes Capitel.

Die rothe Hand.

„Ein Ei war das Hühnchen,
Da hat es nicht Bein,
Und Blüthe die Kirsche,
Da hat sie nicht Stein —
So hat meine Liebe
Nicht Thränen und Pein.“
(Schottisches Lied.)

Venedig's Carneval war längst vorüber, der Frühling war früh und mit Macht gekommen über's italische Land, Graf Hans Carl hatte der üppigen Lagunenstadt mit ihren gröberen und feineren Genüssen Valet gesagt, und war mit seinem schönen Pagen, dem das Venediger Frauenzimmer wochenlang mit eben so viel Eifer als Mißerfolg nachgestellt, weiter hinabgezogen in die römischen Marken. Zu Rom hatte das seltsame Paar einen Theil der Fasten und die österliche Zeit verlebt, der herrlichen Trümmer einer großen Vergangenheit viele gesehen und bewundert, endlich aber doch, ermüdet vom Schauen und Genießen, die Reise fortgesetzt.

Wochenlang hatte der Graf Hans Carl in innigster Vertraulichkeit zusammengelebt zu Venedig mit seiner lieben Lady aus dem grünen Schloß in England, wochenlang hatte er mit ihr Mittel-Italien durchstreift zu Roß, oft ganz allein, sonst nur begleitet von der Lady englischem Diener Cumming und einem getreuen Burschen aus der Mark Brandenburg, den ihm der Herr Vetter Siegfried mitgegeben. Die andere Dienerschaft hatte der Graf meist zurückgelassen und nur dann nachkommen lassen, wenn er sich an größeren Orten längere Zeit aufhielt. Während dieser ganzen Zeit war zwischen dem Grafen Hans Carl und der Lady kein Wort gewechselt, ja, keine Andeutung gefallen über die nähere oder entferntere Zukunft; die Cavaliertour war eben fortgesetzt worden, der Cavalier besah Italien in seiner Weise, die Lady begleitete ihn als Page, sie wußte, daß Malta sein Ziel war, aber er bezeigte keine Eile, dies Ziel zu erreichen. Jetzt waren sie nach Pisa gegangen; das war Sitz des Ritterordens von St. Stephan, der nach dem Muster der Malteser gestiftet worden, den wollte der Graf genauer kennen lernen. Anfänglich hatte auch wohl unser Held der Zukunft nicht gedacht, in jener naiven Selbstschätzung, die wir an ihm kennen, hatte er den Besuch der Lady Carolina hingenommen als eine ihm gebührende Huldigung, sich der Gegenwart erfreuend, hatte er mit jugendlicher Genußfähigkeit die Tage und Nächte verträumt und verschwärmt und sich der glühenden Liebe des seltsamen Weibes erfreut, das ihm über Meer und Land gefolgt war und mit einem so eigenthümlich fesselnden Zauber ihn umstrickte, daß er täglich neue Reize an ihr fand. Viel mochte zu der Dauer dieser Bezauberung auch die fast eigensinnige Hartnäckigkeit beitragen, mit welcher Lady Carolina die Rolle des Pagen fortspielte; es schien diesem eigenwilligen Mädchen ein höchster Genuß zu sein, den Diener ihres Geliebten zu spielen. Manchen Strauß und manches Brieflein der schönen Anconitanerinnen, die damals weitaus die schönsten Frauenzimmer Italiens waren, hatte sie als getreuer Page dem Geliebten überbracht, und dabei auch die Brieflein, die ihr als einem vermeinten Jüngling zahlreich zugesteckt wurden von zarter Hand.

Trotz alledem hatten den Grafen nach und nach ernstere Gedanken beschlichen, er war eben ein deutscher Cavalier, und hinter der glatten Sorglosigkeit seines Wesens lagerten halb träumend in Fülle die Heerschaaren tieferer deutscher Gefühle und Empfindungen, sie regten sich mehr und mehr und droheten wach zu werden von Zeit zu Zeit. Graf Hans Carl konnte nicht lange, wie ein wälscher Cavalier, ein sorgloses Schmetterlingsleben führen, der deutsche Ernst begann leise und unmerklich seit der Abreise von Rom in seine Rechte zu treten. Er gedachte jener Prophezeihung, die ihm ein kurzes glänzendes Leben und einen frühen ruhmvollen Tod verheißen, er gedachte seines Vorsatzes, dieses kurze Leben so reich als möglich an Heldenthaten zu machen; er glaubte fest der Prophezeihung, er war völlig überzeugt von seinem frühen Tode, deshalb fiel er gar nicht auf den Gedanken, das Schicksal der englischen Lady, die sein Herz und seine Liebe hatte, die ihm den größesten Beweis ihrer Liebe gegeben, mit dem seinen durch heilige Bande zu verknüpfen; Lady Carolina zu einer Gräfin Königsmarck zu machen, nein, das fiel ihm nicht ein, er sorgte sich nur, als ein ächter Deutscher, für das Morgen, er wurde unruhig, weil er nicht wußte, was aus der Lady werden solle; denn er begriff, daß sie ihm doch nicht durch sein ganzes Leben als Page folgen könne. Auf dem Wege von Livorno nach Pisa, zwischen Eichen und Ulmen, wo die Straße fast so sandig war, wie die der heimathlichen Mark Brandenburg, da gedachte er des seltsamen Traumgesichtes, das er im Jahre zuvor in der Jungfernhaide gehabt, als er mit dem Herrn Vetter Siegfried gen Berlin geritten. Dieses Traumgesicht hatte ihn in dem Glauben an seinen frühen und unbeerbten Hintritt bestärkt, ja, er glaubte jetzt auch schon nicht mehr daran, daß sein Bruder Philipp Christoph den Stamm des Feldmarschalls fortsetzen werde, hatte er doch den Nachkommen Siegfried's mit dem Wappen der Grafen Königsmarck belehnen sehen!

Obgleich ihn nun wohl ernstere Gedanken beschlichen, so hatte er doch nicht den Muth, der Lady Carolina solche Gedanken mitzutheilen; denn, kam ihm zuweilen die Absicht dazu, so verflog sie auf der Stelle, sobald er in das lieblich lächelnde Antlitz und die unergründlich tiefen Räthselaugen seines Pagen blickte, der ihn umspielte heiter wie Maienluft und ihn mit Zuvorkommenheiten umgab, die er nimmer entbehren zu können glaubte, nun, da er sie so lange genossen. Der feste, männliche Ernst, der sich sonst so kräftig schon herausgebildet in seinem Wesen, er schwand dahin vor dem Zauberblick dieser Augen, vor dem Liebesgruß dieser Lippen, die stets neue Räthsel sprachen, Räthsel, zu deren Lösung er seine ganze Geisteskraft bedurfte.

So waren sie nach Pisa gekommen, wo der Graf längeren Aufenthalt zu nehmen gedachte, und hatten ihre Dienerschaft in einer Herberge gefunden, die der Kirche della Spina, der eine theure Reliquie, ein Dorn von Christi Dornenkrone, die dort verehrt wird, den Namen gegeben, gegenüber an dem andern Ufer des Arno lag, dicht unter dem alten Castell der Pisaner. Unter mächtigen alten Ulmenbäumen lag die Herberge und führte im Schilde eine rothe Hand.

Graf Königsmarck und sein Page hatten die alte, ehedem so seemächtige Stadt mit ihren stillen Straßen, in denen Gras wuchs an vielen Stellen, durchwandert; sie hatten die an Collegien und Stiftungen so reiche, aber an Besuchern so arme Universität, die prächtige, aber leere Börse gesehen, den Dom beschaut mit dem Marmor-Grabmal des großen deutschen Kaisers Heinrich's VII., des Lützelburgers, den Wälsche im Abendmahl vergifteten, den campo santo mit seiner Wundererde und endlich auch den sogenannten hängenden Thurm, den die Pisaner für ein Meisterwerk ausgeben, weil sie glauben, er sei gleich und absichtlich so schief gebaut worden. Beiläufig bemerkt neigt sich derselbe aber nur darum nach einer Seite, weil sich die Fundamente gesenkt haben, wie das auch bei anderen Thürmen vorkommt; fest aber steht der gewaltige Bau, weil die riesigen Quadersteine, durch mächtige eiserne Klammern verbunden, sich durch ihre eigene Schwere halten.

Tage waren vergangen unter Besichtigung dieser Merkwürdigkeiten; dann hatte der Graf seine Credenzschriften abgeben lassen bei den Gebietern des ritterlichen Ordens von St. Stephan, dessen Großmeister der Großherzog von Florenz ist. Da waren sie denn zu ihm gekommen die Rechtsritter und Gnadenritter des Ordens mit dem in Carmoisin und Gold gestickten achteckigen Ordenskreuze auf der Brust und dem Kreuze von weißem Atlas auf dem Mantel und hatten ihm ihren Besuch gemacht. Sie hatten ihm freundlich zuvorkommend, denn des Grafen Empfehlungen waren gewichtig, Alles gezeigt, was er zu sehen begehrte: ihren Ordens-Palast, wo diejenigen Ritter wohnen, die nicht vermählt sind, denn bei dem Orden von St. Stephan schließt das Gelübde der Keuschheit die Ehe nicht aus; vor Allem aber ihre Ordens-Galeeren, mit denen sie ihre Türkenzüge oder Karavanen thun, ganz wie die Malteser-Ritter des Ordens St. Johannis vom Spital. Auch die „Reale", die Hauptgaleere des Ordens, lag damals vor dem Arno, aber ein breiter schwarzer Streifen über dem Hintertheil des Schiffes zeigte, daß der Orden trauere. Das Hauptordensschiff war nämlich vor einiger Zeit, wiewohl nach tapferer Gegenwehr, in die Hände der Türken gefallen, und nun mußte die „Reale" Trauer tragen, bis es den Rittern gelungen, ein türkisches Hauptschiff zu erobern.

Der Graf sah das Alles mit großem Interesse, aber eine hohe Meinung von den Thaten und der Kriegstüchtigkeit des Ordens bekam er eben nicht; er fand die Galeeren schlecht ausgerüstet und spürte wenig von dem kriegerischen Geist im Orden, der zu großen Thaten treibt. Reich genug wohl waren die

St. Stephansritter, denn viele Leute, die Mittel hatten, stifteten eine Commanderie; sie erhielten dafür das Recht, das Ordenskreuz zu tragen, und wurden cavalieri de' commanderie genannt. Aber der cavalieri della Guistizia waren nur wenige, und diese allein sind zu Karavanen verpflichtet, denn die cavalieri della grazia sind meist berühmte Gelehrte, Dichter und Künstler, denen der Großherzog das Kreuz verliehen. Darob zürnte der Graf und meinte, sie gehörten nicht in einen kriegerischen Orden, der zur Bekämpfung der Türken und Ausrottung der Seeräuberei gestiftet, der Großherzog hätte eine andere Auszeichnung ihnen bestimmen müssen.

Im Ganzen aber gefiel es dem Grafen gar wohl in dem alten Pisa, wo die Menschenstimmen schwiegen, die Steine aber so ernst und laut redeten von der versunkenen Herrlichkeit der Republik, von der verlorenen Freiheit und dem alten Glanze der Gemeinde. Hier auch zuerst in vollkommener Muße sah er Kunstwerke und Alterthümer mit den Augen an, mit denen sie betrachtet sein wollen. In Venedig, in Rom, in Florenz hatte das Leben und Treiben der Menschen ihn viel zu sehr in Anspruch genommen, als daß er für die Kunst die unerläßliche Ruhe und Sammlung hätte finden können, auch hatte ihn zum Theil der unermeßliche Reichthum geblendet und befangen gemacht. Er hatte bis hierher die Kunstschätze der italiänischen Städte wie ein flüchtiger Reisender betrachtet, kaum einen Ueberblick hatte er gewonnen. Der verhältnißmäßig geringere Reichthum Pisa's gestattete ihm das liebevolle Eingehen auf die Einzelnheiten, die jedes Kunstwerk verlangt, wenn es wirklich verstanden und genossen werden soll. Hier störte ihn kein lautes Leben, hier hinderte ihn kein Schwarm neugieriger Gaffer, wenn er immer und immer wieder zu einem Stück, das ihn besonders anregte und ihm zu denken gab, zurückkehrte, hier fiel ihm das Klima nicht lästig, denn Pisa hat vor vielen wälschen Städten die reine, gesunde Luft voraus. Fast jeden Tag verweilte er ein paar Stunden im Dom, und sein Page war ihm treu zur Seite, der ihn oft staunend anblickte, wenn er nach längerem Beschauen sich selbst und ihm so eifrig Rechenschaft über die einzelnen Schönheiten eines Kunstwerkes gab, Schönheiten, die dem minder geübten Auge bis dahin entgangen.

Es liegt ein hoher Reiz darin, eine geliebte und liebende Seele auf die Herrlichkeiten der Kunst aufmerksam machen zu können, der Genuß ist ein doppelter. Uebrigens folgte Graf Königsmark auch bei seinen Kunstwanderungen seinem eigenen Geschmack, er besuchte den Dom nie, ohne dem Grabmal der Beatrix, der Mutter der Gräfin, der Markgräfin Mathildis von Toscana, einen Besuch zu machen. Auf diesem wunderbar schönen Sarge ist die Jagd eines wilden Schweines dargestellt, gewiß ein seltener Grabschmuck für eine Fürstin! Graf Hans Carl kümmerte sich wenig darum, aber diese freien und leichten Gestalten der Jagd mit anderen Arbeiten aus der Zeit der toscanischen Mathilde vergleichend, rief er: Wie hoch ragt der Meister, der Schöpfer dieser Jagd, über alle seine Zeitgenossen hervor! Und damit hatte er vielleicht viel mehr das Richtige getroffen, als die kunstverständigen Gelehrten, die das Grabmal der Beatrix für eine antike Arbeit aus bester Zeit erklären, die man nur zufällig zum Sarge der Fürstin benutzt habe. Es ist möglich, daß dem so ist, und der allerdings absonderliche Gegenstand scheint solche Meinung zu unterstützen, aber andererseits hat es zu allen Zeiten von Gott begnadete Geister gegeben, die weit hervorragten über ihre Mitwelt, und wer will heute sagen, ob nicht das Leben oder Sterben jener Beatrix in einem ganz bestimmten Zusammenhange mit einer Schweinsjagd gestanden?

Die Kunstbetrachtung war ein neues Band, das sich um des Grafen und Carolina's Herz wand und Beide noch inniger verknüpfte; sie war des geliebten Mannes eifrige Schülerin geworden und er lernte lehrend, das aber ist weitaus die beste Art des Lernens.

An einem schönen Tage hatten die Liebenden wieder den Dom besucht und der Freude viel an manchem edeln Kunstwerk und an sich selbst gegenseitig gespürt; sie waren so recht voll und gesättigt ihres Glückes, als sie in den spätern Nachmittagsstunden auf einer uralten Steinbank saßen, die stand unter den Ulmen über der „rothen Hand" und ließ einen herrlichen Blick frei auf die Gewässer des Arno, die friedlich dahin strömen, dem nahen Meere zu. Nebeneinander saßen die Liebenden, ihre Hände lagen ineinander, bald schauten sie weit hinaus in die Ferne, bald suchten sich ihre Blicke und Beider Augen waren feucht. Plötzlich begannen die Abendglocken zu läuten, fester drückten sie die Hände ineinander, sie sprachen kein Wort, aber sie waren Eins im Denken und Fühlen. So blieben die Zwei lange schweigend, lange noch, nachdem das Geläute verhallt war und die niedergehende Sonne schon purpurisch das Meer anstrahlte[illegible]

Da [illegible] Carolina ihren linken Arm weich und zärtlich um den Nacken [illegible] deutete mit der Rechten hinab auf ein Schiff, das weit in den Arno [illegible]gelegt hatte, und sprach freundlich: „Was ist das für ein Schiff, mein theurer Lord?"

Der Graf, einigermaßen überrascht, blickte schärfer hin, dann entgegnete er ruhig: „Genau weiß ich das nicht zu sagen, ich sehe nur an der Bauart, daß es nicht zu Hause ist an dieser Küste, in diesen Gewässern!"

„Es ist ein Engländer, lieber Herr!" fuhr Lady Carolina fort.

„Ihr habt den Landsmann erkannt, auf so weite Ferne," rief Graf Hans Carl, Gott segne eure schönen, hellen Augen, liebes Herz!"

„Die Augen verdienen den Lobspruch nicht, mein Geliebter," versetzte die Dame im Pagenkleid, „ich habe mit dem Capitain heut Morgen gesprochen und gehandelt."

„Gehandelt, ei! laßt mich eure Einkäufe sehen, die ihr gemacht habt bei dem Landsmann aus dem grünen England."

Der Graf scherzte und die Lady ging auf den Scherz ein und erwiderte: „Gekauft habe ich, aber nicht von dem englischen Landsmann, da seht her und sagt, daß euch das gefällt!"

Aus ihrem Busen zog Lady Carolina eine Hand von rother Coralle, wie man sie in Italien damals, vielleicht thut man's noch heut, als Schutzmittel gegen den „bösen Blick" trug, die Hand hing an einem feinen Goldkettchen. Ruhig löste die schöne Hand der Dame den Halskragen des Geliebten, hing ihm die Kette mit dem Amulette um, so daß die rothe Hand grade auf seinem Herzen liegen mußte, dann nestelte sie den Kragen sorgfältig wieder zu und sprach zu dem jungen Mann, der das selig duldend gelitten, heiter und froh ihn anblickend aus ihren herrlichen Augen: „Die Liebe macht wundergläubig, die rothe Hand wird euer liebes Herz schützen, mein holder Lord, denn sie hat auf meinem Herzen gelegen, auf dem Herzen, das euch am meisten liebt auf Erden!"

„„Und bedarf mein Herz so sehr solchen Schutzes?"" begann der Graf scherzend, denn er sah in dem Beginnen seiner geliebten Dame nur eine neue Eigenthümlichkeit.

„Vielleicht, ich weiß es nicht," meinte Carolina mit vollem Liebesblick, „ihr wißt, ich bin vorsichtig und kann euch nicht bewachen, wenn ich fern von euch bin."

„„Fern von mir, Carolina?"" rief er und richtete sich auf, es kam eine Ahnung über ihn.

„Ich sagte euch," erwiderte Carolina lächelnd, „daß ich mit meinem Landsmanne dort unterhandelt hätte, nun ich habe mit ihm um die Ueberfahrt nach England gehandelt, für mich und für Cumming; wenn der Wind günstig weht, vielleicht morgen schon, sticht er in See und führt mich heim in's grüne England. Ihr schaut mich zornig an, mein theurer Lord, was ficht euch an? ich kann nicht immer euer Page sein, meine liebe Schwester Lady Jane, die große Counteß von Hay, verlangt nach mir, und ich werde ihr zwiefach willkommen sein, wenn ich ihr einen zärtlichen Gruß bringe von dem schönen Schwedengrafen, hört ihr?"

„Das ist ein grausamer Scherz, Lady Carolina!" flüsterte der Graf gepreßten Herzens und seine Augen wurden naß.

„Ein Scherz ist's nicht, mein lieber, lieber Herr", fuhr Carolina eifrig fort, „aber wehe thun darf euch der Abschied nicht; denn wenn ich für jetzt auch aufhöre euer Page zu sein, so werde ich doch immer eure Liebe bleiben!"

Damit gab sie dem Grafen ihre Hand und ihre Miene zeigte, daß sie glaubte, der Geliebte müsse nun vollständig getröstet sein; da der aber nicht sprach, sondern seine Augen mit ängstlicher Spannung auf sie gerichtet blieben, da rief sie: „Ei verderbt mir die sonnige Liebe nicht mit Thränen der Qual, lieber Herr!"

„Bei uns in Deutschland, seufzte der junge Mann, die Lady etwas befremdet anblickend, „klagen die Liebenden, wenn sie von einander müssen, „„ach, scheiden und meiden thut weh!"" und ich fühle, daß sie Recht haben."

„Und bei uns im grünen England", beharrte Carolina „lehren uns unsere schottländischen oder northumberländischen Kinderfrauen ein anderes Liedchen, das klingt:" und sofort begann sie neckisch zu singen:

„Wo fändest du Hühnchen
Je ohne Bein?
Wo fändest du Kirschen
Je ohne Stein?
Und wo eine Liebe
Ohn' Thränen und Pein?

Ein Ei war das Hühnchen,
Da hat es nicht Bein,
Und Blüthe die Kirsche.
Da hat sie nicht Stein —
So hat meine Liebe
Nicht Thränen und Pein!"

Freundlich lächelnd sah die Dame dem Grafen in's Gesicht, der nahm sich gewaltsam zusammen, er wollte seine männliche Fassung behaupten neben diesem heitern Gleichmuth der Geliebten, der sein deutsches Herz beinahe mit Schrecken erfüllte.

„Wenn Jemand, den ich liebe, zu mir Abschied sagt," nahm er nach einer kleinen Pause das Wort ernst aber gefaßt, „so denke ich zuerst an den Tod, und wenn ich den auch nicht fürchte, so stimmt er mich doch traurig."

„„Und ich"", versetzte die Lady rasch, „wenn Jemand zu mir Abschied sagt, ich denke zuerst an das Wiedersehen, und wenn ich auch die Zeit nicht weiß, so stimmt mich das doch heiter."

„Scheiden ist das dürre Kraut, das mit Thränen begossen wird," erwiderte Graf Hans Carl wieder in seine Traurigkeit versinkend.

„„Das Wiedersehen ist ein schnell wachsendes Kraut,"" entgegnete Caroline fast parodirend, „es braucht nur froher Zuversicht Sonnenschein; aus Abend und Morgen wird rasch ein anderer Tag und wider ein anderer und die Stunde des Wiedersehens ist da ehe wir's gedacht."

„Scheiden ist nicht immer Abschied und Wiedersehen," beharrte der junge Mann, „es ist oft ein Schmerz, der erst mit dem Verscheiden endet."

„Ei, Scheiden ist Wiederfinden, mein theurer Lord," rief die Dame, „oder es ist gar nichts für die Liebe, könnt ihr das Licht trennen, spalten, scheiden? versucht's, ihr könnt es nicht, das Licht bleibt immer eins, so könnt ihr eure Herzen nicht scheiden, sie bleiben doch eins in Liebe."

„Oh!" warf der Graf ein, „es sind nicht die Wegstunden, welche trennen, die fremden Gedanken sind es, die sich zwischen die Herzen drängen, das bunte Treiben und Wogen des Lebens, die zudringliche Geschäftigkeit. Man sieht sich nie so wieder, wie man von einander schied."

Einen Augenblick zauderte Carolina mit der Antwort, aber auch nur einen, dann erklärte sie bestimmt: „Ihr sprecht für euch, mein theurer Lord, euch fand ich allerdings nicht ganz so wieder, wie ich euch in Attran-Castle verlassen, ihr aber fandet mich in Venedig ganz so wie in England, nicht?"

„So ist es!" gab der Graf nachdenklich zu.

„Und woher kommt das?" fuhr die Dame rasch fort, „ich will es euch sagen, die Liebe macht aus dem Mädchen ein Weib, wenn wir lieben, sind wir fertig für das Leben, ihr Männer aber, ihr werdet nie fertig, so lange ihr lebt, weil euch die Liebe nicht Alles ist, ja, nicht einmal die Hauptsache im Leben. Darum fürchtet ihr die Trennung, darum denkt ihr so wenig an's Wiedersehen, ihr habt nur das Vorgefühl in euch, daß ihr euch geändert haben werdet bis dahin und fürchtet, es könne ein Gleiches bei der Geliebten stattfinden — „Ah mein theurer Lord, ihr kennt wenig ein liebend Weib!"

Graf Hans Carl lächelte, er glaubte nicht sehr an die Lehre, welche Carolina predigte, und sagte leise: „Und König Franz der so fein unterschied, sollte so ganz unrecht gehabt haben, als er meinte:

La femme souvent varie,
Bien fou qui s'y fie!

„Euer König Franz, mein guter Lord," spottete die Dame, „hatte ganz recht als er das reimte, denn er dachte an seine üppigen französischen Geliebten, bei denen trifft das Sprüchlein auch sicher zu! der arme König, er hat schwerlich jemals ein liebend Weib gekannt."

„Ihr seid mir zu fein, meine holde Dame!" gab Graf Hans Carl lächelnd zu.

„Das heißt, ihr streckt die Waffen, Herr!" rief Carolina mit einen Anflug von Uebermuth, „ihr erklärt euch für besiegt im scharfen Rennen mit spitzen Worten? Ei ja, ihr thut wohl daran, wir haben mit spitzen Worten gekämpft, wie's die Leute thun in unseres großen Shakespeare's Schauspielen. Von dem hab ich's sicher auch gelernt, also mit Worten zu stechen, denn mein lieber Vater, der gute alte Sir John Pendragon, Gott hab ihn selig! hatte nichts lieber, als wenn ich ihm vorlas aus seinem „süßen William," denn anders nannte er seinen Lieblingsdichter nie."

Die heitere Zuversicht der Dame und das scharfe Wortgefecht hatten einen mächtigen Einfluß geübt auf den Grafen, er fühlte den Schmerz der Trennung nur noch wie eine leise Wehmuth, und der Gedanke des Abschieds, der zuvor mit Centnerschwere auf seiner Brust gelastet, dünkte ihm jetzt federleicht. Das war aber nur zum Theil Carolina's Werk und die Frucht ihres Witzes, zu einem guten Theil kam ihm auch der Egoismus zu Hülfe, der mehr oder minder bewußt in jedes Mannes Seele lebt; dieser Egoismus aber raunte dem Grafen leise zu: „Laß sie gehen, laß sie gehen, auch wenn es dir anfänglich schmerzlich ist, sie kann doch nicht immer mit dir herumziehen, einmal müßte doch geschieden sein, und es ist besser, sie geht, bevor sie dir hinderlich wird und störend bei den Thaten, die du zu thun entschlossen bist! So sprach der Egoismus mit, und bald war der Graf Hans Carl von Königsmarck ganz der Ansicht seiner lieben Lady, daß man sich die holde Liebe nicht verkümmern müsse durch Thränen und Klagen.

Die Sonne war hinunter und alsbald nöthigte die in Italien so empfindliche Nachtkühle die Beiden, das heimliche Plätzchen oben unter den Ulmen zu verlassen und Schutz zu suchen bei der „rothen Hand". Plaudernd, scherzend mit einander wie immer, erreichten sie die Herberge; dort aber fanden sie den Capitain des guten englischen Schiffes Highflyer von Woolwich, der seinen muntern Passagier, den Pagen, einlud, sogleich, oder doch noch in der Nacht an Bord zu kommen da er die Absicht habe, mit Anbruch des Tages in See zu stechen.

Diese Ankündigung gab dem Grafen doch wieder einen Stich durch's Herz und der Lady Carolina auch, sie schien auf einige Augenblicke ihren heitern Gleichmuth verloren zu haben, doch rasch fand sie sich wieder, und ihrem Beispiel folgte Graf Hans Carl. Sie rief Cunming, den getreuen engländischen Diener, sie hieß ihn, die Mantelsäcke packen und das Gepäck rüsten zur Heimreise nach dem lustigen Altengland, und der ehrliche Bursche jauchzte laut auf bei der Kunde und stampfte mit dem Fuße vor Entzücken, denn ihm hatte das Leben spottschlecht vorkommen wollen in dem wälschen Lande, sein englisches Herz wurde weit bei dem Gedanken an das liebe Vaterland.

Die Männer zogen endlich mit dem Gepäck ab, hinunter zum Strande, nur ein Maat blieb zurück, den jungen Herrn nachher zu führen, auf daß er die Stelle finde, wo das Boot lag, das ihn an Bord bringen sollte. Schweigend saßen die Liebenden zum letzten Male einander gegenüber in dem stillen Gemach, das sie während der letzten genußreichen Wochen bewohnt; langsam füllte der Graf aus der weitbauchigen Flasche die kleinen silbernen Becher, deren er sich auf der Reise zu bedienen pflegte, er nahm seinen Becher, hob ihn, stieß ihn leise an den der Geliebten und leerte ihn auf einen Zug.

Der feurige Verdea-Wein übergoß sein Antlitz auf einen Augenblick mit einer leichten Röthe.

„Braucht ihr Wein, um euch Muth zum Abschied zu machen, mein theurer Lord?" fragte Carolina neckend.

Es zog eine dunkle Wolke über des Grafen Angesicht, die Wolke aber barg keinen Trennungsschmerz, keine Trauer, sondern bittern Unmuth; es war ein finsterer Gedanke über seine Seele gekommen, der stolze Mann fühlte sich gekränkt, daß es der Geliebten so leicht werde, sich von ihm zu trennen, der Gedanke wurmte ihn, er warf sich unmuthig zurück in den Sessel und entzog ihr seine Hand.

Befrembet sah ihn die Lady an, sie fühlte wohl, daß jetzt nicht der Trennungsschmerz ihr die Hand des Geliebten entzog, aber sie vermochte die Wahrheit nicht zu finden.

Königsmarck richtete sich wieder empor, er füllte sich einen zweiten Becher, träumerisch blickte er eine kleine Weile in die goldene Fluth, ein Lächeln flog über sein ernstes Angesicht, dann schlug er seine Augen auf, daß sie wie lichte Sonnen strahlten, und rief: „Auf ein fröhliches Wiedersehen, meine süße Lady!"

Zugleich leerten die Liebenden ihre Becher und sanken einander dann in die Arme und herzten und küßten sich zum letzten Male.

Der Graf glaubte die Wahrheit gefunden zu haben; seine naive Selbstschätzung hatte ihm gesagt, es sei unmöglich, daß Lady Carolina so kalt oder vielmehr so heiter von ihm scheiden könne, heroisch besiegte sie ihr Herz, sie verbarg ihren Jammer, um sich und ihm die Trennungsstunde zu erleichtern. Je schwerer es der Lady seiner Ansicht nach werden mußte, sich von ihm zu trennen, desto mehr bewunderte er ihren Heroismus, desto mehr aber auch fühlte er sich angetrieben, es ihr gleich und zuvorzuthun. Solche Gefühle halfen dem stolzen und doch so weichen Mann glücklich über die bittere Stunde der Trennung hinaus, und doch war er in einer schweren Täuschung befangen, denn Lady Carolina sprach in vollster Wahrheit, sie fühlte keinen Trennungsschmerz, sie freute sich scheidend nur des Wiedersehens.

„Vergeßt die „rothe Hand" nicht, mein theurer Lord," mahnte sie freundlich, als sie ihren Mantel umnahm, „laßt sie ruhen auf eurem Herzen, gönnt ihr den Ehrenplatz; ich weiß, ihr bedürft ihrer nicht, um euch meiner zu erinnern, aber laßt sie da, ich bitt' euch, sie wird euch an dieses Hauses Wahrzeichen erinnern, unter der „rothen Hand" waren unsere Herzen am glücklichsten, euer Herz soll immer unter der „rothen Hand", immer glücklich bleiben, und ist euer Herz glücklich, dann ist es auch das meine."

Sie trat noch einmal vor ihn hin und bot ihm die schwellenden Lippen zum Kuß, er berührte sie scheu nur und leise; nun die Trennung wirklich da war, trat sein weiches Herz siegreich hervor hinter allen Vorsätzen und klugen Bedenken, die Thränen schossen ihm in's Auge.

„Lebt wohl, meine süße Carolina, lebt wohl!" flüsterte er bang und bewegt.

„Lebt wohl, mein theurer Lord, lebt wohl, auf Wiedersehen!" rief sie keck, schaute ihm noch einmal mit vollem Liebesblick in das bethränte Angesicht, strich mit der flachen Hand flüchtig darüber hin und eilte aus dem Gemach.

Der Graf stand allein; er hatte die Thür zufallen hören hinter ihr, dahin wendete er seine Blicke, sie war entschwunden, er lauschte, er vernahm Stimmen, aber nicht die sonore Stimme der Geliebten; langsam, mit schweren Schritten ging er zu dem Tisch, an welchem er kurz zuvor mit ihr gesessen, er ließ sich nieder in ihren Sessel und füllte ihren Becher mit Wein.

Unser Held befand sich in einem schwer zu beschreibenden Zustande, der Schmerz über die plötzliche und rasche Trennung ergriff ihn wie ein Fieber, er kam sich plötzlich so einsam und verlassen vor, daß ihn fröstelte. Selbst die feurige Kraft des Verdea-Weines, den er Becher auf Becher niederstürzte, erwärmte ihn nicht, erfreute ihn nicht, und doch war es sein Lieblingswein! Mit schweren, peinigenden Gedanken schlug er sich herum, ganz Italien und das ganze Leben schienen ihm farblos, eintönig grau, ohne Carolina! es war ihm zu Muthe, als sei es überhaupt gar nicht der Mühe werth, weiter zu leben ohne sie, er verfiel einem fast unerträglichen Ekel am Leben — endlich siegten Ermüdung und Wein, ein Schlaf übermannte ihn, der ihn aber nicht von den Gedanken befreite, die ihn quälten, diese fuhren fort, ihn durch Traumgebilde zu beängsten. So hatte e mehrere Stunden im Schlafe gelitten, da schreckte ihn ein plötzlicher Donner auf, er fuhr empor und schaute sich um, er hatte im Schlaf eine Bewegung gemacht und mit einem Fußstoß den Tisch umgeworfen, das war der Donner, der ihn aufgeschreckt. Rasch ordnete er seine Gedanken, das weiße Licht des eben anbrechenden Tages that ihm wohl, er warf seinen Mantel um und eilte hinab, er trat hinaus in's Freie, balsamisch wehete ihm der Morgen entgegen. Mit raschen Schritten erstieg er den einsamen Platz unter den Ulmen, wo er gestern noch mit ihr gesessen, über Land und Meer schweifte sein Blick, weiße Segel sah er, das war der „Highflyer", der sie ihm entführte; still blickte er dem Schiffe nach, die Brise wehte scharf vom Lande ab, bis es ein kleiner Punkt geworden, als aber auch der Punkt am fernen Horizont verschwunden war, da rief er ganz laut: „Lebt wohl, meine süße Lady Carolina, lebt wohl!"

Dann setzte er stolz und ernst hinzu: „Jetzt gehört der Königsmarck nur sich selbst und der Nachwelt!"

Ruhig und sicher kam er zurück zur „rothen Hand", ruhig befahl er seiner Dienerschaft die Zurüstungen zur Abreise.

Die deutsche National-Einheit von Max Wirth.

IV.

Zwei Gründe sind es vornehmlich, welche Herr Max Wirth anführt, um die Nothwendigkeit, ja die Unvermeidlichkeit einer alsbaldigen Herstellung der deutschen Nationaleinheit zu beweisen: der eine aus dem Interesse der National-Cultur hergeleitet, der andere aus der Nothwendigkeit einer Sicherstellung gegen die mächtigen centralisirten Nachbarreiche. Suchen wir zuvörderst über das Gewicht des ersten Grundes uns zu verständigen.

Der Verfasser sagt in dieser Beziehung (S. 2): „eins der obersten Gesetze durch welche die Natur der Menschen sich kennzeichnet, ist jener alte Satz des Aristoteles, „daß der Mensch für die Gesellschaft geboren ist," d. h. daß derselbe nur in der Gesellschaft die Zwecke seines Daseins in völlig würdiger Weise zu erreichen, sich zu jenem geistig begabten und edlen Wesen heranzubilden vermag, welches zu allen Zeiten der Gegenstand der Begeisterung der größten Künstler, Dichter und Weisen war. Je größer die Vereinigung von Individuen, je größer die Gesellschaft, je größer das Volk, je größer der Staat, um desto leichter und glänzender ist diese Aufgabe zu erfüllen, um so reicher entwickeln sich alle leiblichen and geistigen Kräfte des Menschen, um so farbenprächtiger und duftiger entfaltet sich die Blüthe der Humanität."

Nun ist zwar der Satz des alten Aristoteles vollkommen richtig und ebenso daß der Mensch nur innerhalb der Gesellschaft und durch dieselbe zur höheren Entwickelung der ihm verliehenen edlen Kräfte gelangen kann; aber ebenso unrichtig ist es, daß die Menge der zu einem Staatsverbande vereinten Individuen hierbei ein entscheidendes Moment ist. Die Culturwissenschaft, deren Aufgabe es ist, die allgemeinen Gesetze festzustellen, auf denen die Veredlung der Bevölkerungsmassen beruht, erwähnt noch, daß das wesentliche Moment der Volkscultur die Gestaltung cultivirender Wirkungskreise für Individuen, Genossenschaften, Corporationen und Gemeinden ist, und in die Regelung des Einflusses, den die Staatsgewalt auf die Gestaltung dieser Wirkungskreise zu üben hat. Aber mit der Cultur der Bevölkerungsmassen hat die Wissenschaft sich bisher noch kaum beschäftigt, während die Erziehung des Individuums durch Unterricht u. s. w., durch ganze Bibliotheken gelehrt wird. Die Erziehung des Individuums durch das Leben und die Gestaltung der äußeren Lebensverhältnisse mit Hinblick auf diese Erziehung ist deshalb unbeachtet geblieben, so daß das

Leben gemeinhin vernichtet, was die Schule geschaffen hat. Wird es nothwendig sein, dieserhalb den Beweis zu führen?

Es mag hier daran erinnert werden, daß die Verrichtung jeder organischen Gliederung und jeder corporativen Verbindung die Concurrenz der individuellen Kräfte zum obersten Lebensprincip des gesellschaftlichen Daseins erhoben hat. Um in diesem Kampfe Aller gegen Alle die Möglichkeit der Existenz zu wahren, ist die Ausbildung Einer Kraft des Individuums auf Kosten der übrigen geboten, nur durch unverhältnißmäßige Entwickelung einzelner Fähigkeiten kann der Erwerb noch gesichert bleiben. Das auf die Spitze getriebene Princip der Arbeitstheilung hat zu einer entsprechenden Einseitigkeit der Cultur führen müssen, die nur auf Kosten eines gesunden und fruchtbringenden Kulturlebens, auf Kosten der Lebensdauer der Individuen wie der Staaten zu erreichen war. Hierin liegt zugleich der Grund, weßhalb die Selbstverwaltung ein unerreichbares Ziel ist, während der Kampf um die Existenzen alle Kreise absorbirt; der Grund, weßhalb die Staatsarbeit besonderen und besoldeten Organen ausschließlich übertragen werden mußte, weßhalb die Büreaukratie in dem Maaße Ausdehnung gewinnen mußte, wie der gesellschaftliche Auflösungsproceß in Folge steigender Geltung der liberalen Doctrinen vervollständigt worden.

Unser Autor wird zugeben, daß die verderblichen Wirkungen derartiger Zustände in dem Maaße sich steigern müssen, wie der Staat an Ausdehnung gewinnt, die Gesellschaft in der Zahl ihrer Mitglieder sich steigert. Die Gesellschaftswissenschaft lehrt, daß das in der Natur vorwaltende Attraktions-Gesetz auch die gesellschaftlichen Kräfte beherrscht; daß diesen eine Centralisations-Tendenz beiwohnt, die ein übermäßiges Anwachsen der Hauptstädte auf Kosten der Provinzen zur Folge hat. Nicht allein die materiellen und die Capitalkräfte sammeln sich hier im Uebermaße an, auch die intellektuellen Capacitäten und die strebsamen Geister verlassen die Provinzen, um in der Hauptstadt einen Wirkungskreis zu suchen, der ihnen fern von derselben versagt ist. Die Provinzen versinken mehr und mehr in geistige und materielle Sterilität, während die Hauptstadt das Bild sozialer Versumpfung darstellt. Hier liegt der Grund, weßhalb das römische Reich seinen Untergang finden mußte, hier liegt zugleich die Erklärung der Zustände des französischen Reichs. Die Erfahrung hat gelehrt, wie gering die Widerstandskraft der an übermäßiger Centralisation leidenden Reiche feindlichen Angriffen gegenüber ist; sie hat zugleich erwiesen, wie gering die Zahl der wahrhaft cultivirten Individuen ist, welche aus einem so gestalteten Gesellschaftsleben emporgebildet werden. Es mag hier als Gegensatz an die Erzeugnisse des Culturlebens in Griechenland und in unserem deutschen Vaterlande erinnert werden. Herr Max Wirth erkennt die Vorzüge des deutschen Culturlebens im hohen Maaße an, er wird aber zugleich anerkennen müssen, daß dessen Wurzel in den Feudalismus hineinreicht, daß dasselbe in der Kleinstaaterei seine Stätte gefunden hat. Selbst in materieller Beziehung ist die Großstaaterei nicht die Bedingung hoher Entwickelung, da der Verfasser den blühenden Wohlstand Deutschlands vor dem Ausbruch des dreißigjährigen Krieges nicht glänzend genug schildern kann, während dieses Reich damals doch in mehr als dreihundert Territorien zerfiel, die ziemlich unabhängig dastanden, durch Zolllinien u. s. w. voneinander gesondert waren.

Trotz dieser Erfahrungen wünschen aber auch wir die steigende Entwickelung der deutschen Nationaleinheit, die insbesondere dem Auslande gegenüber von ganz eminenter Wichtigkeit ist. Aber Herr Wirth hat richtig erkannt, daß diese Einheit sich nicht octroyiren läßt, daß sie aus dem innersten Volksleben naturgemäß emporwachsen muß; sie muß im Geiste der deutschen Nation bereits fest ausgebildet sein, bevor sie sich praktisch construiren läßt. Wie sehr auch dieser einheitliche Geist sich mehr und mehr steigert und kräftigt, ist derselbe doch bei weitem noch nicht zu einer objektiven Auffassung der Verhältnisse herangereift. Wir erinnern hier an den Jubel der liberalen Presse, bei Schmälerung der Macht, die Deutschland fast 1000 Jahre lang in Italien ausgeübt hat, an die kleinlichen Zänkereien, welche die Zollvereinsfragen bedrohen, welche nicht aufhören die einzelnen Staaten und Völkerschaften des gemeinsamen Vaterlandes gegeneinander zu erregen. So lange die Staatskunst noch immer auf dem Individualismus beruht und von liberalen Doktrinen beherrscht wird, ist die Gestaltung eines großen einheitlichen Deutschlands, eines solchen, welches dem Culturleben aller Orten eine Stätte darbietet, nicht möglich, die durch äußeren Zwang herbeigeführte Einheit den Kulturinteressen und der dauernden Machtstellung Deutschlands aber verderblich. Wir haben zur Zeit mindestens den Vorzug, daß in jedem der 35 deutschen Staaten das Culturleben eine abgesonderte Pflege erhält, eine Pflege, der wir die Vorzüge des deutschen Geistes verdanken, und die wir nicht aufgeben möchten, auf die Gefahr hin, demnächst der französischen Centralisation zu verfallen.

Was dagegen die Widerstandskraft Deutschlands feindlichen Angriffen gegenüber anbetrifft, so vertrauen wir der Erkenntniß der Gefahren, von denen wir bedroht sind; die Dringlichkeit und Gemeinsamkeit dieser Gefahren wird auch die Einigung und Gemeinsamkeit der Widerstandskräfte herbeiführen. Darauf vertrauen wir unbedingt. Denn darin stimmen wir unserm Autor mit Freudigkeit bei, daß der Nationalgeist des deutschen Volkes in einer Weise erwacht ist und mit einer Kraft sich Geltung verschafft hat, daß Rheinbundszeiten in Zukunft unmöglich geworden sind. Dynastische und partikularische Vergrößerungsgelüste können durch Verbindung mit dem Auslande, durch den Kampf Deutscher gegen Deutsche sich nicht mehr geltend machen, sie würden an der Energie des Nationalgeistes scheitern. Ueberdies liegt eine wesentliche Widerstandskraft Deutschlands darin, daß mit der Eroberung einer Hauptstadt der Untergang des Vaterlandes bei weitem noch nicht entschieden ist.

Es bleibt uns nur noch zu erörtern: was geschehen muß, um die deutsche Nationaleinheit ihrem Ziele näher zu führen, wie die Socialpolitik diese überaus wichtige Aufgabe erfaßt?

In dieser Beziehung muß aus den bisherigen Untersuchungen gefolgert werden, daß es vor Allem darauf ankommt, innerlich gesunde, d. h. den Culturinteressen entsprechende Volkszustände herzustellen. Selbst unser Autor scheint die Idee des Rechtsstaates aufgegeben zu haben, der noch immer unsere liberalen Politiker beherrscht, er hat die Herstellung des Culturstaates als das höhere und edlere Ziel erkannt, dem der so bevorzugte germanische Volksstamm nachzustreben habe, und in dieser höheren Auffassung stimmen wir Herrn Max Wirth in voller Begeisterung zu. Dann aber muß das gesammte sociale und stattliche Leben dieser Idee entsprechend gestaltet werden, die Staatsgesetzgebung und die Staatsinstitutionen müssen in diesem Sinne neu aufgebaut werden. Welche Wege zu diesem Behufe einzuschlagen sind, darüber wird die Wissenschaft Aufschluß zu geben haben, und nachdem wir gesehen, daß sie zur Zeit dazu außer Stande ist, erscheint die Umkehr der Staatswissenschaft, in dem Sinne, wie die Naturwissenschaft ihre Umkehr so erfolgreich bewirkt hat, die Bedingung jeglichen Erfolges. Also der Individualismus und der Localismus seien nicht ferner die Grundlage für die staatliche Behandlung des gesellschaftlichen Massenlebens. Wenn der römische Staat das Princip der Vergesellschaftung auf die Spitze getrieben und dadurch die harmonische Entwickelung der Individuums gehindert hat, so ist der moderne Staat doch in das entgegengesetzte Extrem verfallen. Das Christenthum und die Macht, welche den Individualismus immer behalten wird, sind eine genügende Garantie dafür, daß das Individuum der Allmacht des Staates nicht ferner zum Opfer fallen werde. Ueberdies hat nur diejenige Staatskunst Aussicht auf nachhaltigen Erfolg, welcher die Veredlung des Individuums der Ausgang der Bestrebungen ist. Der französische Socialismus konnte keinen Erfolg haben, weil derselbe, befangen in dem Princip des Individualismus und der Arbeitstheilung, die Arbeiter als für sich, außerhalb der Gesellschaft bestehend, in Behandlung nahm; weil er deren unlösbare Verbindung mit dem gesammten Gesellschaftsorganismus, insbesondere deren naturgemäße, wenn auch mittelbare Abhängigkeit von den besitzenden Klassen unbeachtet ließ.

Die deutsche Gesellschaftswissenschaft dagegen faßt die Gesammtverhältnisse des gesellschaftlichen Lebens, d. h. die Gesammtheit der innerhalb der Grenzen eines Staatsgebietes waltenden Kräfte in's Auge. Sie sucht nach der Erfahrung, nach den Lehren der Geschichte, durch vergleichende Statistik die Gesetze festzustellen, auf denen das Massenleben innerhalb des Gesellschaftsorganismus beruht. Sie berücksichtigt die unlösbare Verbindung, in der die einzelnen Systeme des gesellschaftlichen Lebens zueinander stehen; sie erkennt, daß diese Systeme nur verschiedene Richtungen einer und derselben Lebensthätigkeit darstellen. Das Produktionsleben, das Culturleben, das Staatsleben sind nur verschiedene Thätigkeitsäußerungen eines aus desselben Organismus. Natur und Staat sind ebenso gewiß Bestandtheile der Gesellschaft, wie das Volk. Ist die Wissenschaft dahin gediehen die Gesetze zu erkennen, auf denen das gesellschaftliche Massenleben beruht, so wird sie auch der Staatspraxis Anweisung ertheilen können, in welcher Weise die individuellen und wirthschaftlichen Wirkungskreise zu beschränken und abzugrenzen sind, damit sie nicht durch zügelloses Ergehen auf die Entwickelung des Gesammtorganismus störend einwirken. Denn das ist das Wesen und die Natur der Gesellschaft, daß der Einzelne einen Theil seiner ursprünglichen Freiheit zu Gunsten der Gesammtheit opfern muß, damit diese gedeihe. Die moderne Staatskunst aber kennt für das Individuum keine anderen Schranken als solche, die in das Bereich der Strafgewalt fallen; die Zügelung und Sicherung der Privatkräfte durch organische Gliederung der Gesellschaft liegt außer ihrem Bereich.

Um nun die Gesellschaftswissenschaft mit Aussicht auf Erfolg anzubauen, ist es vor Allem geboten, daß die organische Natur der Gesellschaft in vollem Umfange anerkannt, und daß dieselbe mit Consequenz festgehalten werde. Es handelt sich daher zunächst um Ausbildung der Physiologie der Gesellschaft, um Beachtung des Wechselverhältnisses, in welchem die einzelnen Systeme und Bestandtheile derselben zueinander stehen. Man wird dann das Individual- und Localgesetz nicht ferner als Anhalt bei Regelung der Massenverhältnisse brauchen, die Doktrin wird dadurch unmöglich. Man wird nicht ferner Systeme der National-Oekonomie aufstellen und durchsuchen, bei denen die Cultur-Interessen unbeachtet geblieben, durch welche die Menschenkraft einseitig ausgebildet und vorzeitig ausgenutzt wird. Die Namen für die Staats- und insbesondere für die Rechtsinstitutionen werden aus den Bedürfnissen des Produktions- und Culturlebens abgeleitet und in Uebereinstimmung mit denselben gehandhabt werden rc. Dabei wird überall die wissenschaftliche Empirie die Grundlage der Erkenntniß sein. Bei der Geschichtsschreibung ist die Gesammtheit der gesellschaftlichen Verhältnisse in's Auge zu fassen, aus denen die politischen Ereignisse hervorgegangen sind. Ganz besonders aber wird der vergleichenden Statistik die sorgfältigste und ausgedehnteste Pflege zu Theil werden. Die Statistik wird die Pulsschläge des gesellschaftlichen Lebens bezeichnen, über die Gesundheit desselben, wie über den Sitz und die Ursachen der sozialen Krankheiten Aufschluß geben. Die Staatskunst wird ganz besonders in nationeller Ausübung der gesellschaftlichen Heilkunde sich zu bethätigen haben. Unter Verfolgung des hier angedeuteten Weges ist die Möglichkeit gegeben, daß dereinst die Wissenschaft dem Staatsmanne jenen Beistand leisten werde, den der Techniker heut in der Naturwissenschaft findet, daß sie aufhören wird ein Irrlicht zu sein. Dadurch wird die aufbauende, d. h. conservative Politik zugleich eine Begründung nach allen Richtungen hin erhalten. Der Menschengeist wird das gesellschaftliche Leben beherrschen, wie er bereits zur Herrschaft über die Materie gelangt ist.

Inzwischen werden Generationen vergehen, bevor bei angestrengtester Thätigkeit dieses Ziel erreicht werden kann. Dennoch ist es die höchste Zeit, daß die aufbauende Politik ihr Werk beginne. Sie wird sich dabei mit dem Anhalt begnügen müssen, welcher das reiche, wenn auch noch nicht genügend verarbeitete Material der Geschichte wie der Statistik ihr darbietet; das durch die Erfahrung nur zu sehr berechtigte Mißtrauen gegen die Forderungen der politischen Doktrin wird ihr im Uebrigen ein Leitfaden sein. Suchen wir hienach die der aufbauenden Politik zunächst vorliegende Aufgabe zu bezeichnen.

Gegen die Forderung ist kaum ein Widerspruch zu besorgen, daß der Gesellschaftsbau von Unten herauf zu beginnen habe. Auch Herr Max Wirth ist der Ueberzeugung, daß die Familie die Grundlage desselben sein müsse. Hier aber hat der Liberalismus sich vorzugsweise versündigt. Dem Cultus des Individuums entsprechend, besteht für die Eheschließung keine andere Schranke, als daß das preußische Landrecht das achtzehnte Lebensjahr als Minimum des zur Ehe berechtigenden Alters bestimmt. Indirect wird dieses Alter allerdings durch die Militairverpflichtung erhöht, für die große Zahl der Dienstuntauglichen aber besteht diese indirekte Schranke nicht. Die niederen Culturstadien aber kennen nicht die in der Vernunft liegenden Schranken; im blinden Vertrauen auf Gott und auf die gesetzliche Verpflichtung der Familien, Gemeinden, Dominien und Provinzen zur Armenpflege setzen sie ein möglichst zahlreiches Proletariat in die Welt. Hierin aber liegt die vornehmste Quelle der sozialen Krankheit. Es liegt darin aber überdies ein rechtlicher Widerspruch, indem die Gesellschaft die Erziehung und Ernährung einer Bevölkerungsklasse zu übernehmen hat, deren Erzeugung lediglich dem Belieben der Privaten anheimgegeben ist, bei der sie nicht mitzureden hat. Zwar beruht das Chinesenthum auch auf liberaler Doktrin, es ist aber darin consequent, daß es den Kindermord nicht bestraft, und daß es den Hunger und das Elend ungehindert walten läßt. Das Christenthum jedoch ist mit dieser chinesischen Politik unvereinbar; dann aber darf der Gesellschaft auch das Mitreden bei der Eheschließung nicht versagt werden. Die Sozialpolitik fordert daher: Erhöhung des gesetzlich zur Ehe berechtigenden Alters, mit Rücksicht auf die durch das Klima bedingte physische und geistige Entwickelung; Concurrenz der zur Armenpflege verpflichteten Verbände bei der Eheschließung. Wenn hienach die Gemeinde oder das Dominium einen Trauconsens zu ertheilen haben, bevor die Ehe geschlossen werden kann, so dürfte diese Bedingung nach der Ansicht des Verfassers ohne allen Effekt sein, da derselbe den Gutsbesitzern das Streben nach einem zahlreichen Proletariat unterlegt, weil sie dadurch wohlfeilere Arbeitskräfte haben. Unser Autor leitet diese Ansicht wohl nur von Gutsspeculanten her und er wird im Uebrigen diese Beschränkung umsoweniger bedenklich finden.

Wird in diesem Wege dem zügellosen Anwachsen der besitzlosen und uncultivirten Klassen eine Schranke entgegengestellt, so ist deren Existenz doch durch das Gedeihen der besitzenden Klassen, durch die gesunde Gestaltung des Produktions- und Erwerbslebens bedingt, und diese deshalb, wie im Interesse der gesammten Gesellschaft, von hervorragender Wichtigkeit. Man wird demnach eine feste Verbindung der grundbesitzenden Landfamilie mit ihrem Besitzthum wiederherzustellen haben. Der moderne Cultus des Individuums hat die Anwendung des für bewegliches Vermögen ganz zweckmäßigen gleichen Erbrechts auf das ländliche Grundvermögen herbeigeführt; letzteres wird in Folge dessen, ohne Rücksicht auf die entgegenstehenden wichtigen Interessen im steigenden Maße zersplittert und mit Hypotheken belastet; dasselbe unterliegt vielfachem Besitzwechsel und bei andauernder Geldkrisis sind Subhastationen an der Tagesordnung. Ein andauernder Krieg stellt den gesammten ländlichen Besitzstand in Frage. Der dem Druck des Geldcapitals erliegende Grundbesitz ist außer Stande, auf Mehrung der Bodenkraft, auf Meliorationen Bedacht zu nehmen, die erst nach Jahren eine Rente verheißen; er muß das im Boden angesammelte Vegetations-Kapital zu Gelde machen in der Hoffnung, sich dadurch im Besitze zu erhalten — die Sicherheit und der Reichthum der Ernten, die Ernährung des Volks werden bedroht. Die Socialpolitik fordert hiernach: Befestigung des Grundbesitzes in den Familien durch privilegirte Erbfolge und durch Schließung der Hypothekenbücher; Association der Grundbesitzer in den Gemeinden, Kreisen und Provinzen, um durch solidarische Verhaftung die Errichtung von Hypothekenbanken und dadurch die Umwandlung der kündbaren in unkündbare Hypotheken, die Amortisation der gesammten Hypothekenlast, die Herstellung eines schuldenfreien Grundbesitzes zu vermitteln. Nur zu Meliorationszwecken und zur Gewährung einer mäßigen Abfindung an Miterben und Ausgedinger werden Anlehen Seitens der Hypothekenbank bewilligt und diese nur bei Stipulirung ansehnlicher Tilgungsraten.

Bei der natürlichen Liebe des Landmannes für sein Besitzthum, und da die durch Kapitaldruck erzwungenen Verkäufe aufhören, werden Besitzwechsel und Dismembrationen nur ausnahmsweise vorkommen. Man wird deshalb die zur Zeit bestehende freie Agrar-Verfassung in keiner Weise beschränken dürfen; die dem Productionsinteresse entsprechende Ausdehnung der einzelnen Landgüter wird durch die freie Selbstgestaltungskraft des gesellschaftlichen Lebens sich von selbst herstellen. Freilich ist unser Autor als moderner National-Oekonom, wie als Stadtpolitiker einer derartigen Lösung der so hochwichtigen Agrarfrage durchaus entgegen. Das Princip der Gleichheit erfüllt unsern liberalen Doctrinär dergestalt, daß er auch die Gleichheit des ländlichen und des städtischen, des unbeweglichen und des beweglichen Vermögens in Betreff ihrer staatlichen Behandlung fordert. Als Stadtpolitiker nimmt er für sich ein Vorzugsrecht in Anspruch, deshalb und weil er den selbstständigen Landbau wohl nicht kennt, will er das unbewegliche Vermögen lediglich nach den Grundsätzen behandelt wissen, welche für das bewegliche Kapital maßgebend sind. In seinen Grundzügen der National-Oekonomie, Bd. II., S. 172, äußert derselbe: „Warum man aber einen Unterschied zwischen Grundbesitz und anderm Besitz machen sollte, ist nicht einzusehen: beide sind Kapital und unterliegen denselben Gesetzen der Production. Man müßte aus demselben Grunde einem Kapitalisten verbieten, sein Vermögen unter seinen Kindern gleich zu vertheilen, weil der auf ein jedes Kind fallende Theil zu klein sein würde, um davon zu leben und ein Geschäft damit zu treiben. Die anderen Geschwister sollen also Tagelöhner werden, damit der eine in Wohlleben sein Dasein hinbringe."

In dieser Argumentation manifestiren sich Stadtpolitik, Individualismus und die darauf basirende liberale Doktrin in ihrer krassesten Gestalt. Es mag hier nur in Erinnerung gebracht werden, daß die kleinen Geldcapitalien sich beliebig zu Actien-Vereinen associren und dadurch zu jedem Unternehmen befähigen können, daß derartige Associationen kleiner Landparcellen jedoch auf Schwierigkeiten stoßen dürften, mit deren Entwickelung wir unsere Leser verschonen wollen.

Es mag ferner daran erinnert werden, daß in der Geschichte zwar zahlreiche Fälle vorkommen, wo dem Staate das alleinige oder doch das Obereigenthum des Grundvermögens vorbehalten worden und er darüber seinen Zwecken entsprechend zum Gedeihen der Gesellschaft verfügte; daß aber kein Fall bekannt ist, wo ein Staatsorganismus Bestand gehabt habe, in welchem dem Grundvermögen eine gleiche staatliche Behandlung zu Theil geworden, wie dem beweglichen Capital. Vielmehr haben alle Staatengründer die Verwaltung des Grundvermögens als ein Amt angesehen, welches im Auftrage und im Interesse der Gesellschaft ausgeübt wurde. Schon die Mosaische Gesetzgebung ertheilt dem ländlichen und dem städtischen Vermögen eine sehr abweichende Behandlung. Selbst unser Autor weist (S. 73) die gedeihlichen Wirkungen nach, welche die Normannische Erbfolge mittelst des Erstgeburtsrechtes auf die Verschmelzung der verschiedenen Volksstämme Großbritanniens geübt habe, und derselbe wird sich schwerlich ein Oberhaus ohne diese Erbfolge denken können. Wie würden dessen Ansichten sich ändern, wenn er für einige Jahre zur Selbstbewirthschaftung eines Rittergutes in Pommern oder Ostpreußen veranlaßt würde, seine Nationalökonomie würde davon ohne Zweifel eine universellere Grundlage erlangen. Charakteristisch bleibt es im Uebrigen, daß dessen Lehrbuch von der Verschuldung des Grundvermögens und von den Bedingungen, unter welchen das Geldcapital auf dasselbe einen befruchtenden oder einen zerstörenden Einfluß übt, kaum einige Zeilen enthält.

Ist es der conservativen Politik gelungen, das Grundvermögen von dem Druck des Geldcapitals zu befreien und dasselbe in den Familien wiederum zu befestigen, dann ist zugleich die Basis für eine ausgedehnte Selbstverwaltung gewonnen. Während heute der Staat außer Stande ist, den mit Auswanderungs-, Dismembrations- und Verkaufsplänen erfüllten, um ihre Existenz besorgten Mitglieder der Landgemeinden irgend welche öffentliche Funktionen zu übertragen, die Besorgung der Staatsarbeit durch besoldete Beamte daher ganz unvermeidlich erscheint, wird den Landgemeinden, deren Mitglieder auf befestigtem Grundbesitz ruhen, ein sehr erheblicher Theil der Staatsarbeit zur ehrenamtlichen Erledigung übertragen werden können: die Selbstverwaltung wird eine Wahrheit werden. Nicht minder wird dieselbe in den Kreisen und Provinzen eine Wahrheit werden, sobald der größere Grundbesitz in ähnlicher Weise befestigt worden. Nationalökonomisch hat dies zugleich den Erfolg, daß auch wiederum Culturen unternommen werden können, die erst nach mehreren Decennien eine Rente versprechen; man wird wiederum Wälder erstehen sehen während man heut' nur deren Verwüstung in Folge der Spekulation oder des Capitaldruckes kennt. Das Klima, der Lauf der Gewässer, der atmosphärische Niederschlag werden wiederum sich befruchtend entwickeln. Nicht minder wichtig ist es aber, daß die Geldkrisen ihren vernichtenden Charakter verlieren werden, sobald das Land davon unberührt bleibt; das Geldcapital wird durch die Stabilität des Grundcapitals vor seinen zerstörenden Ausschreitungen bewahrt bleiben. Der Staat aber wird in der Steuerkraft des befestigten Grundvermögens eine unerschöpfliche Fundgrube finden, während er zugleich in der Lage ist die wesentlich verminderte Beamtenschaft reich zu besolden, auf die Armee, auf die Flotte, auf die Culturanstalten sehr gesteigerte Summen zu verwenden.

Schwieriger ist die Aufgabe, die Lage der Gewerbtreibenden sicher zu stellen, das städtische Leben organisch zu gestalten. Freilich ist durch die Rückwirkung gesunder ländlicher Zustände schon Großes gewonnen; die Geld- und

Handelskrisen können nicht so vernichtend wirken, sobald das Land davon unberührt bleibt. Der mittelalterlichen Staatskunst war es gelungen, durch Zunft und Innungsverfassung die Lage der Gewerbtreibenden sicher zu stellen. Diese Gesetzgebung hatte das Wohl der Producenten im Auge, wenn auch zum Theil auf Kosten der Production, obwohl der große Reichthum Deutschlands vor dem dreißigjährigen Kriege beweist, daß die letztere doch auch guten Erfolg gehabt haben müsse. Die Herstellung der mittelalterlichen Institutionen ist aber unter den heutigen Verhältnissen auf diesem Gebiete ebenso unmöglich, wie die Herstellung des Feudalismus. Die preußische Gesetzgebung hat einen glücklichen Anfang gemacht, um aus der bodenlosen Gewerbefreiheit wieder herauszukommen. Selbst der neueste volkswirthschaftliche Congreß hat sich zwar für die Gewerbefreiheit, aber zugleich für Beibehaltung der corporativen Verfassung der Gewerbtreibenden ausgesprochen. Es ist zu verhoffen, daß durch eifriges Studium der gewerblichen Verfassungen sich die Erfahrungen darbieten werden, welche zu einer zeitgemäßen Neugestaltung des gewerblichen, wie des städtischen Lebens führen können. Durch Creditvereine und dadurch, daß den gewerblichen Corporationen eine größere staatliche Gewalt, eine Vertretung im Gemeinderath u. s. w. übertragen wird, dürfte sich Vieles erreichen lassen; ebenso durch eine Steuerverfassung, welche dem kleineren Gewerbe einigen Schutz verleiht. Jedenfalls wird durch eine rationelle Handelspolitik und durch Ausschließung der Doctrin bei Normirung des Zolltarifs sich Vieles erreichen lassen. Es ist doch mindestens fraglich, ob Frankreich bei absoluter Handelsfreiheit seinen Kapitalreichthum und seine große Steuerkraft erlangt oder bewahrt haben würde.

So bietet sich Aussicht, das wirthschaftliche und das sociale Leben wiederum in gesunde Bahnen zu leiten und dadurch eine feste Grundlage für das politische Leben zu gewinnen. Wiederholt müssen wir auf die Erfahrung verweisen, daß bisher kein Staats-Organismus Bestand gehabt hat und zur Entwickelung einer großen Machtfülle gediehen ist, dem diese Grundlage gefehlt hat. Die Sterilität der neueren Staatskunst liegt eben darin, daß sie diesen Zusammenhang unberücksichtigt gelassen, daß sie Politik in das Blaue hineingetrieben hat. Hiernach ist es augenfällig, daß auch der große germanische Staats-Organismus die deutsche National-Einheit auf der Grundlage eines geordneten und gesunden socialen und wirthschaftlichen Lebens erbaut werden müsse. Es ist die Sache der einzelnen deutschen Staaten, in diesem Sinne an dem Werke der Einheit zu arbeiten, indem sie den Grundbau innerhalb ihrer Gebiete mit Kraft in Angriff nehmen. Diejenigen Staaten, welche diese Aufgabe verabsäumen, werden ihrem Geschicke erliegen, sie werden der Revolution verfallen und dann von den Nachbarstaaten aufgesogen werden. Wiederum ist es ein glücklicher Umstand für die Cultur des deutschen Volkes, daß die kleineren Staaten unter einander Concurrenz machen, und daß der bestorganisirte und bestregierte Staat durch den natürlichen Verlauf der Dinge zur Hegemonie in Deutschland gelangen und ohne irgend welche äußere Gewaltmaßregel die deutsche Nationaleinheit herstellen wird. In dem Bewußtsein des preußischen Volkes ist es tief ausgeprägt, daß Preußen die Mission erhalten habe, ein Musterstaat zu sein; es hat diese Mission seit Jahrhunderten mit Energie erfüllt und ist dadurch zu seiner europäischen Machtstellung gelangt. Wenn seit einem halben Jahrhundert unser Vaterland von der liberalen Doctrin heimgesucht und dadurch vielfach auf Abwege gerathen ist, so liegt demselben doch das edle Motiv zum Grunde, daß man geglaubt hat, den Lehren der Wissenschaft rücksichtslos folgen zu müssen. Nachdem die Irrigkeit dieser Lehren durch die Erfahrung offenbar geworden, wird Preußen mit gleicher Energie der aufbauenden, d. h. der conservativen Politik Folge geben. Werden wir in dieser Beziehung von einem andern deutschen Staate überflügelt, so wird diesem die Hegemonie über Deutschland zufallen. Zu diesem edlen Wettkampfe wünschen wir allen deutschen Staaten den glänzendsten Erfolg; immer wird derselbe dem gemeinsamen deutschen Vaterlande zum Segen gereichen — die deutsche Nationaleinheit wird die edle Frucht desselben sein.

Franz W. Ziegler's Nondum.

Unter unsern Lesern sind Viele, die Herrn Franz W. Ziegler, dermaleinst Ober-Bürgermeister der Kur- und Hauptstadt Brandenburg, persönlich kennen und sich seiner erinnern von mancher guten Stunde her, den Meisten aber ist er bekannt von Anno 1848 her, dem Jahre des unendlichsten Schmerzes, das sich aber doch so fruchtbar, auch im Guten, in seinen Folgen erwiesen hat. Der Ober-Bürgermeister Ziegler von Brandenburg gehört zu den preußischen Koryphäen des Jahres 1848, er ist Einer von denen, die der Sturm jenes Jahres herausgerissen hat aus den Kreisen, in denen sie bis dahin gelebt und gewirkt, in denen sie bedeutend gewesen und Einfluß geübt. Zur höchsten Ueberraschung sahen die näheren Bekannten Ziegler's in jenem Jahre eine kaum glaubliche Verwandlung geschehen, Ziegler trat in die Reihen der Demokratie, und bald kämpfte er in deren Vorderreihen Was diese Verwandlung bewirkt? Wir wissen es nicht, wir halten sie darum für aufrichtig, weil Ziegler dem neuen politischen Glauben eine angenehme und einflußreiche Stellung und manchen wirklich geliebten Freund, manchen lieben Bekannten zum Opfer brachte. Als die Stürme des Jahres 1848 verbraust waren, hörte man wenig mehr von Ziegler, er scheint ein stilles Leben geführt und sich resignirt zu haben; das wird um so glaublicher, als er auch beim Beginn der sogenannten „neuen Aera“ nicht wieder in den Vordergrund trat, wie doch so manche seiner ehemaligen demokratischen Collegen aus der Nationalversammlung thaten. Jetzt plötzlich erscheint Ziegler wieder im Publikum, aber nicht etwa als grimmiger demokratischer Chaumigrem, sondern als Dichter und Schriftsteller mit einem Bändchen Erzählungen.*) Zwar hat Ziegler seinem Büchlein den fast mystischen Titel Nondum gegeben; Nondum, noch nicht, was soll das heißen? Es kann heißen: meine Zeit ist noch nicht gekommen! es kann aber auch heißen: die Zeit der Demokratie ist noch nicht gekommen! und in beiden Fällen hätte das nondum einen fast drohenden Anstrich; doch wir wollen uns nicht in Conjecturen verlieren, wir können uns im Sinne des Verfassers auch eine viel bescheidenere Bedeutung dieses Titels denken, sondern einfach erklären, daß Ziegler das lesende Publikum mit einem sehr hübschen und

*) Nondum, Erzählungen von Franz W. Ziegler. Berlin 1860. C. David.

sehr interessanten Buche beschenkt hat. Von den vier Erzählungen, welche den Inhalt desselben bilden, ist die erste, „Der Burgwall“, die bedeutendste, weil die ausgeführteste, denn in allen diesen Erzählungen zeigt sich gleich wenig Erfindung, gleich wenig Spannung, und überall verräth der Mangel an fester Verknüpfung, daß der Verfasser kein Novellist von Fach.

Der Vorzug der Ziegler'schen Erzählungen beruht auf den trefflichen, im besten Sinne realistischen Schilderungen der märkischen Natur, der Sitten und ländlichen Verhältnisse der Mark Brandenburg. Diese Schilderungen sind in ihrer Art so vollkommen, daß wir nur wenig Aehnliches in unserer Literatur namhaft zu machen wissen. Unser Leser möge selbst urtheilen:

„Ein Wintermorgen in einem märkischen Dorfe hat für die Bewohner im Vergleich zu der traurigen Weise, in welcher die Bauern auf einzelnen Höfen hinbrüten, etwas Belebendes; dadurch, daß die Höfe in der Mark dicht aneinander liegen, wird die Arbeit gewissermaßen etwas Gemeinsames, erfrischt die Bewohner und erheitert sie. Auch andere glückliche Verhältnisse haben einen wohlthätigen Einfluß auf die im Ganzen heitere Stimmung des Volks. Die Güter vom Edelhofe bis zum Kossäthen hinab liegen in glücklicher Mischung nach Größe und Werth durch einander; letztere sind nicht geschlossen und es ist noch immer möglich, ein Stück Land zu bekommen und ihm durch Fleiß so viel abzugewinnen, daß auch der Büdner und bloße Einlieger sich eine Kuh halten, Kartoffeln aussetzen, sein Leinen aussäen und verhältnißmäßig auskömmlich leben kann. Indem Jeder auf den Andern täglich angewiesen ist, und weil der Gutsbesitzer nicht zu hoch über den Bauern hinausragt, auch ausgedehnter Herrschaftsbesitz nicht die Arbeit mit bloßen Knechten zulässig macht, ist es in den Marken nie vorgekommen, daß die Leute so schlecht bezahlt und dadurch dem Hunger in einem Grade Preis gegeben wurden, wie dies bei ausgedehntem Herrschafts- und Fideikommiß-Besitz in Schlesien und andern Orten so oft vorgekommen ist und noch vorkommt. In einem märkischen Dorfe finden sich auch so ziemlich alle Stände nach ihren Abstufungen vertreten. Der Edelmann, der Pastor, der Amtmann und ihre Familien spiegeln im Raume die Gesellschaft wieder, welche im ganzen Lande die Hauptstellungen einnimmt. Das zeitweilige Kommen der Junker vom Regimente, der Pastorsöhne von der Universität läßt die Edelfräulein wie die Töchter des Pastors und des Amtmanns zu Spiel und Tanz zusammen kommen und alle kleinen Leidenschaften, Neid, Stolz und Haß auf der einen Seite, wie Wohlwollen, Freundschaft, ja Zuthunlichkeit und nicht selten die Liebe auf der andern machen sich herüber und hinüber geltend und wirken um so intensiver auf Förderung der Kräfte und der Bildung, als der Raum, welcher solchen Empfindungen und Leidenschaften zu Gebote steht, kleiner ist als in den Städten. Vor allem bleiben recht frische Jugenderinnerungen zurück, und es setzt sich damit ein Schatz für das Leben ab, in welchem ein Gefühl der Anhänglichkeit an das Dorf, an die Gegend und schließlich an das Vaterland hat aufkommen können, das in anders organisirten Landstrichen nicht in gleichem Maße vorhanden ist. Die Lust zur Auswanderung ist daher dem märkischen Dorfbewohner am wenigsten eigen: er fühlt sich nicht gedrückt und zurückgesetzt; mit dem Edelmanne hat er in der Jugend gespielt und lustige Streiche ausgeübt, späterhin gewöhnlich unter ihm als seinem Offizier gedient, und wenn der Gutsherr in das Dorf zurückkehrt, so findet er mehr Genossen als Untergebene. Er selbst hört täglich dieselbe Glocke, die ihn jung zu Fest und Kirche rief, er sieht täglich denselben Kirchhof, auf dem er als Knabe spielte, der die Asche seiner Väter birgt und der auch bald ihn aufnehmen wird; er ist Mensch unter Menschen; er ist so gestellt, daß auch er zuweilen sehr scharf rechnen muß, wenn er mit Anstand durch die Welt kommen will, und er behält Sinn für die Lage des Armen, weil er über die Noth des Lebens nicht hinaus ist."

*) Nondum, Erzählungen von Franz W. Ziegler. Berlin 1860. C. David.

Man wird zugeben müssen, daß die ländlichen Verhältnisse der Mark Brandenburg nicht glücklicher und richtiger charakterisirt werden konnten. Mehr auf die Natur der brandenburgischen Marken geht folgende Schilderung ein:

„Der Wald nahm die Jäger auf und der besondere Reiz, den hohe märkische Kieferforsten im Winter auf Diejenigen üben, welche Herz und Geist für die Natur haben, ging auch bei unsern Freunden nicht verloren. Wer je am frühen Morgen bei hartem Frost, die Flinte auf dem Rücken, solche Forsten durchschritten, wird sich der glücklichen Stimmung erinnern, in der er sich befunden. Das Erdreich knarrt unter dem Tritt, die hohen Bäume wiegen ihre Kronen in der Morgenluft, es knarren die Aeste, das Eichkätzchen hüpft von Baum zu Baum und lugt uns mit seinen pfiffigen Augen an, es arbeitet der Specht, hier und da fliegt eine Krähe auf und ihr Geschrei tönt hell durch die Luft; in den hart gefrorenen Geleisen tönen und klappern die Wagen der Bauern, die zu Holze fahren und von Wagen zu Wagen ihr Gespräch halten, von dem die Luft aus der weitesten Ferne jedes Wort zu uns herüberführt; seitwärts klingt die Axt der Holzfäller aus dem Holzschlage her, und hin und wieder stürzt ein Waldkönig, wie es der Donner seines Falls verkündet. Da wird unsere Brust frisch und weit, der Athem leicht, ein erhöhtes Gefühl von Kraft und Gesundheit macht die Glieder elastisch und beflügelt unsern Schritt; da kann kein Brüten und Sorgen aufkommen, hinter uns liegt die Welt und ihre Noth und wenn uns der Bauer von dem Holzwagen herab in seiner eigenthümlichen Weise sein „Guten Morgen, Morgen, Morgen" schnell und laut zuruft, tönt es wie ein Echo aus unserm Munde ebenso frisch und fröhlich zurück. Geht es gar zur Treibjagd, so ist der ganze Mann voll Hoffnung; das Gewehr ist besonders gesäubert, jedem Versagen desselben vorgebeugt, der Anzug warm und in den Armlöchern bequem, ein kleiner Extra-Imbiß und Trunk ist sicher geborgen und am Rendez-vous warten Freunde in gleicher Gesundheit und Frische, die uns fröhlich empfangen, wie wir mit Freuden sie wiedersehen."

Aber es ist noch ein Moment, was uns in diesen Erzählungen außerordentlich angenehm berührt hat, das ist die warme Vaterlandsliebe, die sich namentlich auch wieder vorzugsweise in der ersten derselben kundgiebt, und die ganz entschieden conservativen Gesinnungen, die sich, trotz des demokratischen Glaubensbekenntnisses, an vielen Stellen geltend machen. Wir werden einige Beispiele davon anführen. Ganz vortrefflich wird erklärt, warum Friedrich der Große nur adelige Offiziere in seiner Armee wollte. Die Erklärung wird Manchen überraschen, sie ist aber sicherlich die richtigste und — man mag sagen, was man will — die ehrenvollste für den Adel:

„Das Alles war möglich, weil nur wir Adlige Offiziere werden und nur bei den Husaren und der Artillerie Bürgerliche zugelassen werden konnten. Glauben Sie" fuhr er fort, „daß der König, wenn er streng hierauf hielt, ein Narr war und nur Adligen Courage zutraute? Er hatte kein Geld zu Pensionen, da brauchte er den Adel und der gab seine Knochen her. Und wenn ein Junge zerschossen war, ging er zurück auf das Gut, wo ihn der Bruder oder Vetter fütterte, und der Staat kümmerte sich nicht um diese häusliche Angelegenheit."

Sehr gut ist auch, was der alte Pastor über Adel und Aristokratie meint:

„So waren vor einigen Jahren, als die Fürsten in einem nie dagewesenen revolutionären Treiben gegen die Reichsritterschaft zur Zeit des Reichsdeputations-Hauptschlusses Alles überboten, was sich in Frankreich der Konvent erlaubt hatte, beide alte

Herren ganz ernstlich aneinander gerathen. Der Edelmann freute sich über die Schritte der Fürsten und ihre Gewaltthätigkeit gegen die Reichsritterschaft, indem er behauptete, daß der große Friedrich solchen Duodezdynasten lange den Garaus gemacht haben würde, während der Pastor darin eine Vernichtung kostbarer Wurzeln einer künftigen, auf die Regierung Deutschlands bestimmend einwirkenden Aristokratie erblickte. Der Pastor hatte damals im Eifer seinem Patron entgegnet, daß Letzterer gar nicht wisse, was Adel und Aristokratie sei, daß sich bei uns leider kein Material für Beides finde; denn unser sogenanter Adel habe keinen Sinn für Unabhängigkeit nach oben wie nach unten, für Vornehmheit aus freier Zustimmung der Gleichen, für Gleichheit des Rechts und der Steuern, für Machtstellung, die er sich selbst verdanke und für die er in der bewußten Clientel des Volkes seine Stütze finde. Unser sogenannter Adel, eiferte der Geistliche, habe nur Sinn für Dienstbarkeit nach oben, für die Brocken der Steuerfreiheit, für nichtssagende Privilegien, für die Unterordnung der Bauern durch Gesetz, nicht nach freier Sitte; ein Edelmann bei uns sei mit einem Worte kein adeliger Aristokrat, sondern ein feudaler Bauernvogt und tief beugsamer Ministerialer. Nur der freie große Grundbesitzer, gestützt auf den freien, auf eigenem Erbe sitzenden Bauer, sei im Stande, im Verein mit dem im selbstständigen korporativen Leben erstarkten Bürger, die unabweislichen Ideen der Neuzeit zu gestalten, während der am Privilegium klebende Feudale Alle gegen sich aufbringe, deshalb nichts vermöge und die Schuld tragen werde, wenn ein materieller nur durch Präfekturen unterschiedener Schlamm Alle verschlinge.«

Das ist fast ganz correct in conservativem Sinne, aber der Verfasser wird auch zugeben müssen, daß sich der märkische Adel vielfach gebessert hat in dieser Beziehung und zu gesunderen, wirklich aristokratischen und conservativen Ansichten gelangt ist. Sehr gefreut hat es uns auch, daß der Verfasser der Armee von 1806 Gerechtigkeit widerfahren läßt, es erquickt wirklich, in ihm einen »demokratischen« Mitkämpfer zu finden gegen die Verleumdungen des platten Liberalismus, die noch immerfort wuchern. Ziegler sagt:

»Die Truppen und die jungen Offiziere hatten sich, wo sie an den Feind gekommen waren, vortrefflich geschlagen und letztere besonders trugen das Gefühl der Schuldlosigkeit in der Brust, das sie schwer seufzen ließ über das Unglück des Landes und dazu beitrug, die Zurücksetzung, die Verachtung, ja sogar die Mißhandlungen, zu denen sich in einigen Städten die Bürger gegen die rückkehrenden Offiziere hinreißen ließen, noch schmerzlicher empfinden zu lassen. Auch sie trugen die Schuld ihrer Väter; sie hatten die Kluft vorgefunden, welche den Soldaten und den Offizier vor allem von dem Bürger trennte, eine Kluft, die nur dem Unverstand als nothwendig erscheinen kann, weil sie sicherlich stets die Grube sein wird, welche sich in gemeinsamem Sturze über Soldaten und Bürger schließt.«

Wir müssen hier mit Rücksicht auf den Raum unsere Anführungen einstellen und bemerken schließlich nur noch, daß in der Erzählung eine ganze Reihe von Bemerkungen zu finden, welche für die Grundsätze sind, welche die Berliner Revue seit ihrem Bestehen verfochten.

Die zweite Erzählung »Fontainebleau« ist wenig mehr als eine interessante Anekdote; sie ist gut, wenn auch etwas zu breit erzählt, da sie aber in Frankreich spielt, so fehlt ihr das, was offenbar dieses Erzählers Hauptstärke ist, der märkische Hintergrund, die brandenburgischen Verhältnisse und Zustände.

Die dritte Erzählung, »Saat und Ernte«, führt uns wieder in die Marken, und zwar in das Jahr 1848; auch in dieser ist, wie in der ersten, die Fabel, das eigentlich

Novellistische, Nebensache, die Charakteristik, die Sittenschilderung ist die Hauptsache. Vortrefflich ist das Bild des Landes, das mit Brüchern und Fennen bedeckt ist; gleich im Eingang die »Pieslöcher« haben einen Anstrich von Schauerromantik, die »Elslaken« und die »Kiefernhaiden« streiten sich um den Vorrang. Und das Volk, das in diesen Landstrichen lebt, schildert Ziegler trefflich, wie folgt:

»Eine Dorf-Feldmark ist in diesen Gegenden in der Regel viel größer als in den gesegneten Landstrichen, in denen sich eine gleichförmige Ackerkrume neben Wiesen mit festem Untergrunde ausbreitet, und ein einzelnes Gut hat oft Antheil an Acker, Weide, Rohrnutzung, Wiese, Elslake, Hochwald, Haide und Fischerei. Die Thätigkeit der Wirthe ist daher eine umfassendere, und das Volk wird dadurch rührig und anstellig nach allen Richtungen hin. Da Flüsse, Kanäle und Bäche das Land durchschneiden, oder Seen und Teiche mitten in Wald und Feld sich ausbreiten, so lernt der Knabe schon früh das Ruder führen und schwimmen, er watet ganze Tage an den Ufern entlang und sucht Krebse, er weiß mit allen Fischerzeugen, erlaubten wie unerlaubten, Bescheid. Von den gefährlichsten Brüchern und Fennen holt er die theuren Kiebitzeier und er leert die Nester der Krähen und Habichte, die in den höchsten Gipfeln der Kiefern horsten; er reitet die Pferde nach der Koppel, und wenn er sie holt und sie sich nicht fangen lassen wollen, jagt er sie müde. Er nimmt frühzeitig an allen Arbeiten Theil, er handhabt die Axt in der Gemeinhaide und fällt die Elsen in der Lake. Mit Ochsen und Pferden schleift er die Stämme auf dem Glatteise; in Schnee und Geröll, in Sand und Moder, auf steinigen, wie auf grundlosen Wegen weiß er sich zu helfen; bei mäßiger Kost lernt er unermüdlich ausharren, er wird ausdauernd, um sich blickend, an nichts verzweifelnd. Sein leichtes sarmatisches Blut hat einen starken niedersächsischen Zuwachs, und er ist kühn, unternehend und starrköpfig zugleich. Die drei ersten Hohenzollern, die in den Märkern einen Theil dieser Stämme überkamen, kehrten in ihre Erblande zurück, weil dies harte, unbezähmbare Volk sie ermüdet hatte, und es ist nicht Zufall, wenn von diesem Lande aus eine Großmacht sich ausbildete; denn nur ein so eigenthümlicher, kräftiger und vorzugsweise zum Soldaten befähigter Stamm konnte das leisten, was seine Fürsten ihm zumutheten. So leicht zu handhaben auch diese östlichen Niederländer scheinen, so gefährlich ist es doch, sie zu beleidigen. Sie vergessen dies sehr selten und vergeben eine Ungerechtigkeit nie. Der Einzelne wird, wenn ihm sein Recht versagt wird, wie einst Kohlhaas, leicht zum Verbrecher, das ganze Volk, in seinem Rechtsgefühl gekränkt, sammelt sich leicht zur Gewaltthat, und jeder Einzelne entwickelt dann mehr Verstellung und Verschlagenheit als irgend einer andern Stammes. Die Franzosen haben dies zu ihrem Schaden erfahren; sie hatten beleidigt, und dies reichte hin, den Kampf gegen sie auf Leben und Tod zu führen, der nirgend so energisch aufgenommen wurde, als in diesen Gegenden.«

Daran schließt sich ergänzend die fast überall vollkommen zutreffende Charakteristik vom Müller und vom Schmiede:

»Beide, Müller und Schmied, haben ab antiquo, wie sich die Diplomatie ausdrücken würde, einen wissenschaftlichen Ruf im Dorfe für sich. Der Bauer nennt sie kluge Kerle, der Gutsbesitzer und Stiftsverwalter Querulanten und Unruhemacher. Sie kommen öfter zur Stadt, treiben gewöhnlich Nebenhandel mit Vieh und Holz, sie bilden die Brücke zum Advokaten und machen dort die Sprecher, sie sind in gewissem Sinne eine geistige puissance. Die Gewerbefreiheit hat, wo sie eingeführt ist, Beiden geschadet, und der Müller besonders ist ein natürlicher Rebell, da er noch seine Abgaben für die ausschließliche Berechtigung an den Gutsherren fortzahlen muß, während neue Windmühlen rings um ihn entstehen und ihm die Nahrung nehmen. Eine der ersten Erscheinungen des Jahres 1848 war deshalb auch der über das ganze Land sich erstreckende Müllerverband, der auf die Verbreitung der revolutionären Grundsätze und Schriften, ja selbst auf die Wahlen den entschiedensten Einfluß geübt hat.«

Im Laufe der Erzählung zeigt sich der Verfasser keineswegs als ein verhimmelnder Lobredner der aufrührerischen Bewegungen, aber er geißelt mit vollkommenem Rechte die maßlose Beamtenfeigheit, die entsetzliche Kopflosigkeit, die anspeienswerthe Kriecherei vor dem »Volk«; er nennt jene Tage gar nicht unpassend nach einer Seite hin die »Tage des bösen Gewissens«. Die Katastrophe des Actuarius, der in einem »Piezloch« untergeht, ist schauerlich ergreifend, aber durchaus naturwahr. Gegen das Ende dieser Erzählung, die auch in dem Benehmen des Müllers gegen den Justizrath des versöhnenden Elements nicht ermangelt, drängen sich eine Menge von kleinen Zügen zusammen, die dem Leben unmittelbar abgelauscht sind und die Meisterschaft des Verfassers in der Beobachtung bis in's kleinste Detail hinein verrathen.

Die vierte Erzählung, aber es ist keine Erzählung, sondern »Ein Sommermorgentraum am 1. Juni 1851«, betitelt: die Errichtung des Friedrichsdenkmals, ist dem Verfasser gänzlich verunglückt, der Humor hat sich nicht herausquälen lassen, es ist ein mißlungener Spaß, dem auch die Citation Ewest's, des rühmlichst bekannten Berliner Delikatessenhändlers, nicht aufzuhelfen vermocht hat. Es fehlt dabei nicht an einzelnen guten Witzen und treffenden Bemerkungen, aber das Ganze ist übel gerathen. Sehr hübsch ist die Bemerkung Zieglers, daß man in seiner Jugend noch Friedrich der Einzige, dann Friedrich der Große, endlich Friedrich II. sagte, das Volk aber habe von Anfang an bis in die heutige Zeit der alte Fritz gesagt. Dabei wollen wir noch bemerken, daß das Volk in einigen Gegenden Deutschlands, auch in solchen, die jetzt preußisch sind, den großen König ausschließlich den »Preußischen Fritz« nennt und ihn halb mythisch, etwa wie den Doctor Faust, ansieht. Warum übrigens Ziegler den »Muckern« Schuld giebt, daß sie Friedrich den Großen zu Friedrich II. gemacht hätten, ist uns nicht ganz klar, Unrecht hätten sie damit sicher. Uebrigens ist es uns noch nicht aufgefallen, daß in preußischen Büchern und Zeitungen der zweite Friedrich den großen Friedrich verdrängt hätte, im Gespräch gewiß nicht, wir wenigstens kennen Keinen, der Friedrich der Zweite sagte, wenn es auch Einige schreiben.

Wir heißen Franz Ziegler's Nondum herzlich willkommen, besonders darum, weil wir aus dem Buche ersehen, daß preußische Patrioten, selbst wenn sie entgegengesetzten politischen Parteien angehören, doch in ganz wesentlichen und sehr bedeutenden Dingen übereinstimmen.

Correspondenzen.

Aus der Hauptstadt.

28. Januar 1860.

— Befinden Sr. Maj. des Königs; Demokratie und Herrenhaus; Trockenlegung der Polizei; Saison und Victoria-Theater. —

Die Nachrichten über das Befinden Sr. Majestät des Königs lauten andauernd günstig und wenn man sich an den Wortlaut der Nachrichten hält, so könnte man sich versucht fühlen, auf's Neue wieder zu hoffen; leider ist, so wahrheitsgetreu auch die Berichte sind, doch eigentlich nichts Wesentliches geändert und gebessert. Es ist immer der alte Leidens-Zustand, der wohl zeitweilige Erleichterungen zuläßt, aber zu wirklichen Hoffnungen nirgend berechtigt. Schmerzlicher ist wohl nie ein Fürst geprüft tiefere Trauer wohl selten über ein königstreues Volk verhängt worden!

Im politischen Leben der vergangenen Woche trat es immer klarer hervor, daß die Liberalen und Demokraten, die sich so lange als Verfassungs-Getreue par excellence heuchelnd gebärdeten, in der That einen Sturmlauf gegen die Verfassung oder wenigstens gegen einen Theil derselben, das Herrenhaus, im Schilde führen! Ihre ganze Presse, von der Nationalzeitung angefangen bis zur Volkszeitung herunter, ja, noch bis unter die Volkszeitung bis zur Kölnischen herunter, erschöpft sich in hämischen Ausfällen oder rohen Drohungen gegen das Herrenhaus (die Kölnische Zeitung, die zu dem einen nicht den Witz, zu dem andern aber nicht den Muth hat, begnügt sich mit feigen Anspielungen). Was wollen die Leute damit erreichen? Das Haus der Herren einschüchtern? Da möchten sie sich doch gänzlich verrechnen. Die Mitglieder dieses hohen Hauses wissen sehr gut, daß sie sich die Duldung ihrer Gegner auch durch die äußerste Nachgiebigkeit nicht erkaufen würden, daß sie sich nur durch festes Beharren bei ihrer Ueberzeugung die Achtung erhalten können, die sie genießen. Wird die Agitation siegreich, die jetzt so maaßlos tobt, gelingt es ihr, eine Vernichtung oder eine Veränderung, die unter den gegenwärtigen Umständen einer Vernichtung gleich kommen würde, herbeizuführen, so wird das Herrenhaus lieber mit Ehren enden, als durch feigen Abfall von festen Ueberzeugungen sich eine zweifelsohne sehr schätzbare, aber doch nicht ganz erfreuliche Duldung erkaufen. Wir sind überzeugt, daß bis jetzt die Demokratie noch keine Aussicht auf ein Gelingen ihres Herrenhaussturmes hat, wir hielten es aber nicht für überflüssig, ein Mal auf die Sache aufmerksam zu machen. Jetzt, für den Augenblick erfüllt uns mit größerer Bedenklichkeit die Stellung, in welche nach und nach die Polizei gedrängt worden ist. Niemand wird behaupten können, daß die Berliner Revue jemals für ein Polizei-Regiment, für die Willkür und die Uebergriffe eines solchen, sich echauffirt hat. Wir und unsere Freunde haben unter dem System Hinckeldey schwer genug gelitten, und nur darunter konnte es ja eben der liberalen Bourgeoisie und Bureaukratie Berlin's gelingen, aus Herrn von Hinckeldey, dessen bedeutende Begabung und mannigfache Verdienste wir übrigens nicht in Abrede stellen, einen liberalen Märtyrer zu machen und seinen Tod zu einer grimmen Fehde gegen die »Junker« auszubeuten. Wie gesagt, wir haben nie für ein Polizei-Regiment geschwärmt, wenn man aber so fortfährt, dann wird bald ein anderes Willkür-Regiment bei uns herrschen, das nicht weniger verwerflich ist. Schon jetzt fragt man sich staunend, wie es kommt, daß es immer noch Leute giebt, welche den Muth haben, dem Staate in dieser Branche zu dienen? Es ist, und wir reden nicht einmal vorzugsweise von Berlin, dahin gekommen, daß Keiner mehr den rechten Muth haben kann, seine Pflicht zu thun, bei jedem energischen Schritt, und in gewissen Fällen ist die Energie nicht nur die Hauptsache, sondern Alles, regnet es Beschuldigungen nicht nur in der Presse, sondern Beschwerden nach allen Seiten, die Subalternen finden keinen Rückhalt, keine Unterstützung mehr bei ihren Chefs, die Chefs sind machtlos, es ist nahe daran, daß die Polizei völlig trocken gelegt ist. Da ist's denn freilich nicht zu verwundern, wenn die Rohheit der Massen und Einzelner sich immer breiter macht, wenn sich der Pöbel der großen Städte Dinge erlaubt, die nur möglich sind, weil die ausübende Polizei nicht energisch mehr einzuschreiten wagt. Zu keiner Zeit seit 1848 hat der Pöbel so viel Unfug getrieben, wie jetzt, überall hört man von Thaten des frechsten Muthwillens, man begießt den Frauen die Kleider mit

Aetzstoffen, man mißhandelt Mädchen auf empörende Weise auf offener Straße, die öffentliche Ruhe wird durch Toben gestört wie sonst nie, Unfug aller Art wird keck verübt, draußen und im Innern der Häuser wird man durch freche Zudringlinge auf kaum glaubliche Weise belästigt. Das ist der Anfang, es wird aber noch anders kommen, wenn man nicht zur Einsicht gelangt, daß es ein schlechter Gewinn für die Freiheit ist, wenn man den Organen der öffentlichen Ordnung ihre Thätigkeit erschwert, verleidet und unmöglich macht.

Die Wintersaison ist sehr still, viel stiller noch, als man erwarten konnte; es ist eine Bedenklichkeit in der Stimmung vorherrschend, eine Zurückhaltung, die in den politischen Verhältnissen begründet sein mag, die aber natürlich sehr nachtheilig auf den großen geselligen Verkehr und damit auf die Gewerbtreibenden, die auf diesen Verkehr rechnen, zurückwirkt. Von dem Theater war in voriger Woche wenig zu berichten, das jüngste dieser Kunstanstalten (denn das sind sie alle!) das Victoria-Theater, hat unter der Leitung des bekannten Branddirectors Scabell, der schließlich auch die Vollendung des Baues ermöglichte, wenigstens nach einer Seite hin die glänzenden Erwartungen erfüllt, welche die glänzende Einrichtung des Hauses erweckte — man findet überall Bewunderer der italiänischen Oper; gelingt es Herrn Scabell, in Bezug auf deutsches Drama auch nur annähernd Aehnliches zu erreichen, so wird sein Theater bald ein wirkliches Victoria-Theater sein. Es versteht sich von selbst, daß es diesem Unternehmen auch nicht an den nöthigen Neidern, Feinden und schlimmen Gönnern fehlt, und daß in der Presse bald hier bald dort ein Stoß geführt wird, das versteht sich, wie gesagt, von selbst, es wäre sogar schlimm, wenn es nicht der Fall wäre, interessant aber ist es, daß alle Angriffe auf das Victoria-Theater von einer Persönlichkeit ausgehen sollen, die das höchste Interesse an dem Flor desselben haben mußte, wenn sie nicht im Uebermaß gekränkter persönlicher Eitelkeit völlig unzurechnungsfähig geworden wäre.

Vermischtes.

[Gewerbefreiheit vor 500 Jahren.] Wie Karl Theodor Gemeiner in der Regensburger Chronik nachweist, bestand schon im frühen Mittelalter in einigen Städten Bayerns die Freiheit der Gewerbe. Die Herzöge von Bayern, die in die Rechte der ehemaligen Burggrafen getreten waren und als solche das Schultheißen- (Richter-) Amt, Friedegericht (Polizei) und Kammeramt verwalteten, heben am 4. März 1384 alle Innungen der Gewerbsleute in Regensburg auf, namentlich die der Brauer, Bäcker, Fleischer und Fragner und gaben diese Gewerbe für jeden Bürger frei. Die Urkunde davon lautet im Auszuge folgendermaßen:

„Wir Stephan, Fridrich vnd Johanns Gebrüder ꝛc. tun kund ... das wir gentzlichen abgenommen habe vnd noch abnehmen alle di Aynunge, di si in ir Stat gehabt haben an dem Prewambt, Pechkenambt, Fleischhawerambt vnd daz Fragenambt vnd all ander Aynung, wi di genant sind. Also das si nun hinfüro erwiclich jedermann in ir Stat gearbeiten mag mit prewen, Pachen, mit Fleischwerchen vnd mit Fragenwerchen, was er will . . . on all irrungen . . . ꝛc."

Gemeiner sagt weiter: Durch die Aufhebung der Innungen kamen nunmehr erst die bürgerlichen Gewerbe in Regensburg empor; der Rath bekam freie Hände, soviel Künstler und Handwerker, als er wollte, aufzunehmen, anstatt daß vorhin jedes Handwerk geschlossen gewesen und die Aufnahme von Handwerkern über die Zahl von den Herzögen abgehangen zu haben scheint.

Auch in anderen bayerischen Städten geschah das Nämliche. Erst in den folgenden Zeiten wurden Gewerbe und Handwerke wieder geschlossen, durch die Magistrate selbst, als sie sich die Unabhängigkeit von den Fürsten errungen hatten. (Arbeitgeb.)

Daraus ist zu lernen, daß ein hauptsächlicher Zweck der alten Zunft ein politischer war. Außerdem steht fest, daß die mittelalterliche Gewerbefreiheit etwas ganz Anderes war, als die moderne.

Militärische Revue.

Sonntag, den 29. Januar 1860.

Geschichtskalender.

29. Jan. 1814. Gefecht bei Brienne: Napoleon wird durch den General v. Blücher geschlagen.
30. Jan. 1814. Gefecht bei St. Dizier: die Franzosen durch General v. York geschlagen.
31. Jan. 1814. Die Preußen erstürmen Lier.
1. Febr. 1720. Friede zu Stockholm zwischen Friedrich Wilhelm I., König in Preußen, und der Krone Schweden.
2. Febr. 1814. Avantgardengefecht von Bayarne: Oberstlieutenant v. Klüx schlägt die Franzosen.
3. Febr. 1814. Gefecht von La-Chaussée: die Reserve-Cavallerie des 1. preußischen Armee-Corps und das Detachement des Obersten Gr. Hendel schlagen die Franzosen.
4. Febr. 1807. Arrieregardengefecht von Allenstein: die Franzosen durch Gen.-Maj. v. Rembow geschlagen.

Inhalt:

Die Nord- und Westgrenze Norddeutschlands.

Die Deutschen befinden sich leider immer noch in der Lage, eben so oft über die Sicherheit ihrer Grenzen Betrachtungen anstellen zu müssen, als in anderen Ländern Angriffskriege ausgedacht werden. Dank dem Manne der überraschenden Ideen, haben diese Vaterlands-Vertheidigungs-Meditationen gegenwärtig eine besondere und neue Richtung angenommen: Die „freien deutschen Rhein-Sorgen" sind durch „Nordküsten-Sorgen" abgelöst worden.

Es wäre ungeschickt, jetzt grade, wo letztere an competenter Stelle geprüft und hoffentlich nach Möglichkeit beseitigt werden, mit detaillirten militärischen Betrachtungen, oder gar mit Vorschlägen und Projecten dem Leser aufwarten zu wollen; dagegen sei es diesen Zeilen gestattet, mit kurzen und allgemeinen Zügen die Chancen zu skizziren, welche ein Angriff auf unsere Nordküste und ein Angriff auf unsere Westküste dem Feinde bieten würden, und zwar unter der ganz unschuldigen und höchst willkürlichen Voraussetzung: Frankreich wolle Nord-Deutschland mit einem civilisatorischen Privat-Cursus beglücken. — Erscheint dies dem Einen oder dem Anderen als müßige Verfolgung verschiedener „Wenn's" und „im Falle, daß", so ist es doch jedenfalls kein „Eulen nach Athen tragen"; denn was bis jetzt über diesen Gegenstand in öffentlichen Blättern zu lesen war, beschränkte sich auf einige Nachrichten über den Zusammentritt der „Küsten-Conferenzen" und selbst die militärische Journalistik hat ihm kaum einige Feuilleton-Zeilen gewidmet.

Daß das große Publikum den vaterländischen Dünen jetzt ebenso zärtliche Besorgniß zu Theil werden läßt, wie weiland den Rebenhügeln, hat seinen Grund vor allen Dingen in der jüngsten englischen Landungs-Panique, — dergleichen steckt unglaublich an — nächstdem aber darin, daß Küsten-Vertheidigung und eine große kräftige Marine sehr nahe zusammenhängen, mithin der Wunsch nach Sicherung der Küsten zugleich auch jener allgemeinen und heißen Sehnsucht nach „Wehrhaftigkeit zur See" Ausdruck giebt, welche schon durch die Erinnerung an die Blokade der Nord- und Ostsee-Häfen, Seitens der unbedeutenden dänischen Flotte, stets wach erhalten wird. Gegen die Wiederholung solcher Demüthigungen will man sich versichert wissen; an die Möglichkeit einer Landung nach vergrößertem und variirten schwedischen Muster ist wohl noch selten gedacht worden.

In der That sieht die Sache auf den ersten Blick auch unwahrscheinlich genug aus. Der Unterschied, welcher zwischen der Ueberschreitung eines schmalen Meeresarmes und einer langen Fahrt auf hoher See oder in schwierigen Meeres-Gliedern liegt, springt zunächst in's Auge. Große Landungen auf weite Entfernungen haben stets für ein gewagtes Hazardspiel gegolten und das alte Mißtrauen gegen Wind und Wellen ist auch durch die Beispiele günstiger Erfolge, welche die Kriegs-Geschichte neuester Zeit bietet, nicht ausgerottet worden. Freilich hat der ungeheure Aufschwung, den die Dampfschifffahrt seit 20 Jahren genommen, viel geändert, aber doch wird noch manches Menschenalter voll leviathanischer Erfindungen verfließen müssen, bevor man eine beliebige Meeresküste — ihre freie Schifffahrts-Verbindung mit dem Heimathslande selbstredend vorausgesetzt — eine sichere Basis nennen kann. Scharfgesprochen — kann das Meer überhaupt nie eine Basis für Land-Operationen sein, vielmehr bildet diese stets die Flotte, welche quantitativ und qualitativ der Größe der gelandeten Armeen und der Entfernung des Operations-Objekts von der Küste entsprechend stark nicht nur formirt, sondern auch erhalten werden muß. Vorläufig steht die Schifffahrts-Kunst noch auf einer Stufe, welche die Landung einer Armee zum Angriff auf einen tief im Innern des vertheidigten Landes liegenden Punkt als ein höchst gefährliches Unternehmen erscheinen läßt.

Ein an Deutschlands Nordküste debarquirtes Heer, dessen Absichten über einen Handstreich hinausgehen, muß sich jetzt noch auf Rügen, besser auf die jütische Halbinsel stützen, ja es muß selbst dann noch jede verlorene Schlacht als seinen sicheren Untergang fürchten; denn wenn es schwer ist, glücklich zu landen, so ist es doch noch viel schwerer, geschlagen wieder an Bord zu kommen.

Daß es dem Feinde gelänge, eingedenk seiner wandelbaren und unverläßlichen Verbindung nach rückwärts, den Entscheidungs-Kampf in der Nähe der Küste herbeizuführen, macht die geringe Gliederung der letzteren unwahrscheinlich. Unsere Londons und Woolwichs liegen tief im Lande. Er muß also vorwärts, und bei diesem Vorwärtsgehen wird er auf Schwierigkeiten stoßen, gegen welche die der Landung als ein Kinderspiel erscheinen. —

In keiner anderen Kriegs-Conjunctur würde sich der Einfluß, welchen sich der Ausbau des deutschen Eisenbahnnetzes auf die Vertheidigungsfähigkeit unseres Landes ausgeübt hat, in so glänzender Weise zeigen, als einem im Norden gelandeten Feinde gegenüber. — Die großen, fast durchweg zweigeleisigen Eisenbahnlinien vom Rheine nach Berlin und von Berlin nach Ost-Preußen gewähren mit ihren nördlichen Ausläufern nach Emden, Bremen, Hamburg, Wismar, Rostock, Stettin u. s. w. mehr Sicherheit, als Hunderte von Küsten-

Batterien. Ueberall drohen ihre eisernen Arme dem Feinde jähe Umfassung und Vernichtung.

Was Eisenbahnen, die einen starken Verkehr und entsprechendes Material haben, wie die genannten, bei eiligen Truppen-Concentrationen leisten können, ist allbekannt; zieht man nun noch in Betracht, daß ein Landungsheer nicht wie ein Mann aus den Schiffen an's Land springen kann, daß aber in demselben Moment, wo das erste Boot ausgesetzt wird, die Nachricht davon in allen Truppen-Quartieren telegraphisch anlangt, so wird man zugeben müssen, daß wir viel Wahrscheinlichkeit für uns haben, dem Feinde mit überlegenen Kräften entgegentreten zu können, bevor er bedrohliche Fortschritte gemacht hat. —

Wir haben nun — bei weitem nicht alle —, aber doch die wesentlichsten Momente angedeutet, welche eine Landung an der deutschen Nordküste schwierig und wenig Erfolg versprechend erscheinen lassen, und es knüpfet sich folgerichtig die Frage daran: welche Rücksichten wohl einem französischen Angreifer zu solch' gewagter Unternehmung bewegen könnten?

Die nächstliegende Antwort lautet: er beabsichtigt den über den Rhein geführten Hauptstoß durch eine Diversion in unserm Rücken zu begünstigen. Dieser Fall ist leicht denkbar, bedarf aber nach vorhergehenden Entwickelungen einer besonderen Betrachtung umsoweniger, als man ernsten Diversionen ebenso entgegentreten muß wie einem Hauptangriffe und durch unbedeutende nicht berührt wird. — Wir bezweifeln, daß Frankreich fähig sein würde am Rhein und im Norden mit großen überlegenen Massen aufzutreten. — Dagegen sind natürlich alle Gründe, die gegen einen Angriff vom Rhein her sprechen, ebensoviel Gründe für ein Landungs-Unternehmen.

Im Eingange wurde die Voraussetzung aufgestellt, es handele sich um einen Angriff gegen Norddeutschland allein; man betone das Wörtchen „allein" und die Idee einer Landung verliert sofort das Absonderliche und Wunderbare; denn der zweite mögliche Weg des französischen Angriffs, der über den Nieder-Rhein, erscheint nicht viel bequemer als jene Expedition zur See.

Zunächst und vor allen Dingen führt er zu einer Verwickelung mit seiner ganzen Anzahl von Staaten, so unabsehbar und unberechenbar, daß sie, sollen willkürliche Speculationen vermieden bleiben, hier eben nur erwähnt werden kann. — Aber selbst vorausgesetzt, die völlige Isolirung unseres Vaterlandes sei gelungen, so würde für eine französische Invasion, die sich auf Norddeutschland beschränken müßte, in dem Umstande: die ganze Länge ihrer Vorwärtslinien von bewaffneten Neutralen cotoyirt zu wissen, der Keim eines schnellen und kläglichen Endes liegen und der Angreifer würde lieber die stürmische See hinter sich weniger fürchten, als die bequemste Straße mit solcher Nachbarschaft. —

Der natürliche Angriffsweg der Franzosen gegen die Völker diesseits des Rheins ist und bleibt stets der über den Oberrhein (bei Basel und einige 20 Meilen abwärts). Die vielen und leichten Uebergänge, die secundirende Lage der Schweiz, das bequeme Donauthal, Alles weiset darauf hin, während andererseits ein Einfall in das französische Land in dieser Breite auf den Vogesen und dem Plateau von Langres ein höchst unbequemes Terrain findet.

Grade umgekehrt sind die Verhältnisse am Niederrhein. Was die Schweiz für Frankreich im Süden ist, das und noch mehr als das kann und wird auch hoffentlich Belgien und die Niederlande für uns im Norden sein. Hier liegt unser Angriffsfeld. — La frontière du Nord-Est ist der faule Punkt, der den französischen Strategen keine Ruhe läßt; seine bloße Erwähnung genügt, um eine ganze Reihe wüthender Ausfälle gegen die Verträge von 1815 hervorzurufen, „gegen jene Verträge, die Frankreich seine Festungen und mit ihnen les secrets de Vauban geraubt haben." Schließlich pflegt diesen Klagen zwar eine Art von Selbsttröstung zu folgen, die bei der

Metz und Hugo's Vertheidigung von Thionville eine große Rolle spielen, — aber der Schuh drückt doch, und dies Gefühl wird zukünftige französische Angriffs-Entwürfe sehr deutlich beeinflussen. —

Jedenfalls werden wir uns nöthigen Falls an die Frontière du Nord-Est zu erinnern wissen und wollen bis dahin zufrieden sein, daß Frankreich nicht an unserer östlichen Grenze liegt, deren beängstigende lineare Gestaltung durch keinen Fluß oder Gebirgszug gedeckt wird. Von dieser Seite her Operationen zu Lande und zur See zu combiniren, wäre ein ganzes Theil einfacher.

Die militärische Lage Großbritanniens.

II.

Um die militärische Lage Großbritanniens zu verbessern, verlangt der General Burgoyne:

1) daß man das stehende Heer vermehre;

2) daß man unverzüglich alle zur Ausrüstung dieses Heeres erforderlichen Gegenstände anfertige;

3) daß man die Miliz derartig organisire, um sie für den Fall eines Krieges schnell zusammenberufen und ausrüsten zu können;

4) daß man die bedrohten Punkte der Küste befestige.

Diese Mittel sind gut, aber unzureichend. Um England diese militärische Sicherung zu gewähren, deren es in der gegenwärtigen Lage Europa's und um seine Unabhängigkeit in der Zukunft zu garantiren, bedarf, muß sich das englische Volk zur Einführung einer durchgreifenden Maßregel entschließen, gegen welche bis jetzt alle Klassen der Gesellschaft protestirt haben, ohne welche indessen Großbritannien unvermeidlich dem Untergange geweiht sein wird, selbst als maritime Macht. Diese Maßregel ist die »Conscription«. Um sie in die englische Gesetzgebung einzuführen, wird man ohne Zweifel den Sitten und Einrichtungen des Landes Gewalt anthun müssen und, wenigstens für einige Zeit, eine gewisse Störung in seine Handelsgeschäfte bringen; aber ist es nicht besser, diese Inconvenienz zu ertragen, als auf den Augenblick zu warten, wo eine vielleicht unersetzliche Katastrophe allen Engländern die Nothwendigkeit der Conscription bewiesen haben wird?*) Was ist übrigens die in äußerster Gefahr zum Theil mobil gemachte Miliz, als eine versteckte Conscription, nur ebenso unzureichend als verderblich? Der General Burgoyne verlangt, um sein Land zu retten, eine immer disponible Armee von 100,000 Mann, von der ⅓ aus ausexercirter Miliz besteht, und 100 Geschütze.

Nach unserer Ansicht genügt dies nicht. Großbritannien müßte immer 100,000 Mann ausgezeichneter Truppen bei der Hand haben, welche in 14 Tagen durch die Einberufung der ausexercierten Klassen bis auf 200,000 Mann gebracht werden könnten.

Ueberdies müßte die Armee eine große Centralstellung besitzen, derartig, daß ein feindliches Corps sie nicht umgehen könnte, um in das Herz des Landes vorzudringen.

Die Befestigung der Rheden, Häfen und Arsenale genügt nicht, um die Vertheidigung Englands zu sichern. Seine Armee muß einen Concentrirungs- und Zufluchtsort haben, der ihr erlaubt, dem Feinde entgegen zu gehen, ohne etwas der

---

*) Es hat dieses gewaltigen Antriebes der Niederwerfung bedurft, um Oestreich, Preußen und andere Staaten dem System der Conscription wieder zuzuführen; Länder, in denen zur Zeit des Kaiserreiches die freiwillige Werbung im Gebrauche war.

Gefahr auszusetzen, und an welchem seine Truppen im Falle eines Verlustes sich neu bilden und Zeit gewinnen können, ohne durch eine an Zahl überlegene Armee angefallen zu werden. Wenn dieser Punkt zu einer guten strategischen Stellung eingerichtet ist, so muß sich der Feind seiner bemächtigen, ehe er auf London marschirt. Die Belagerung eines Platzes von großer Ausdehnung, von einer ganzen Armee vertheidigt, ist aber eine so schwierige Operation, daß sie nothwendig zu dem Resultate führen wird, den Krieg in die Länge zu ziehen und der englischen Marine Zeit zur Concentration ihrer Kräfte im Canal zu geben, um die französische Flotte zu schlagen oder zu zerstreuen, die einzige Communication der Operationsarmee mit ihrer Basis und auch ihr einziges Rettungsmittel.

England besitzt bis jetzt diesen befestigten Punkt nicht, welcher ihr zugleich als Basis, als Stützpunkt und als Vertheidigungs-Reduit dienen könnte. Portsmouth ist allerdings mit einem guten verschanzten Lager versehen, aber die Front dieses Lagers ist nicht ausgedehnt genug, um die Blokade der Stellung während der Periode zu hindern, in welcher die französische Marine die Ueberlegenheit im Canale behaupten wird; überdies aber ist die strategische Wichtigkeit von Portsmouth nicht von der Art, daß eine auf diesen Platz basirte englische Armee den zwischen Beachy-Head und North-Foreland gelandeten Feind verhindern könnte, direct auf London zu marschiren.

Unseres Erachtens nach wäre Folgendes erforderlich, um die permanente Vertheidigung des englischen Territoriums zu sichern:

1) Verstärkung der Befestigung von Chatam;

2) Erbauung einer neuen Festung bei Guildford, auf dem Haupt-Uebergangspunkte des Höhenzuges, welcher die nördliche Abdachung Englands begrenzt;

3) Erbauung eines großen Depotplatzes nebst einem weiten verschanzten Lager bei Croyden, 10 Meilen von London.

Dieser Platz, für eine hartnäckige Vertheidigung eingerichtet, würde sich hinter der Mitte der leicht zu vertheidigenden Hügelreihe befinden, welche über Dover, Chatam, Guildford, Farnham rc. sich hinzieht. Drei wichtige Debouchéen dieser Kette wären durch die Befestigungen von Dover, Chatam und Guildford gedeckt. Portsmouth würde als vorgeschobener Posten dienen, um gegen einen Angriff von der Rechten der Vertheidigungslinie zu sichern.

Um den Leser in den Stand zu setzen, die Vertheidigungskraft dieses Systems selbst zu prüfen, ist es nöthig, ihn daran zu erinnern, daß der verwundbarste Theil der englischen Küsten sich zwischen den Häfen von Deal und Portsmouth befindet. Ueber diesen Punkt sind alle Sachverständigen sowohl in Frankreich als in England einig. Gewiß kann man auch nördlich von der Themse, in der Grafschaft Essex, oder an der Westküste Englands, im Canal St George, Truppen an's Land setzen; aber diese Ausschiffungen könnten doch nur eine Diversion oder Contributionen in einem Theile des Küstenlandes bezwecken. Niemals wird es eine Flotte von Transportschiffen wagen, in Masse vor den Rheden von Dover, Portsmouth oder Plymouth vorbei zu fahren und ihre Flanke den durch diese Rheden geschützten englischen Schiffen darzubieten, und ebensowenig wird sich die französische Armee der Gefahr aussetzen, eine lange und schwer zu schützende Operationslinie zu wählen, indem sie ihre Truppen auf einem Punkte der westlichen oder östlichen Küste ausschifft, die viel entfernter von seinen Häfen als die Südküste sind.

Dessenungeachtet wird es nöthig sein, daß die bei Croyden concentrirte englische Armee sich ganz oder theilweise auf das linke Ufer der Themse begeben könne, und deshalb schlagen wir vor, einen ersten Brückenkopf vor Gravesend im Fort Tilbury zu erbauen, einen zweiten zu Woolwich und einen dritten zu Kingston. Die beiden ersten müßten derartig construirt sein, um durch ihre Werke zu einer Vertheidigung der Themse gegen eine feindliche Flotte beizutragen.

Eine sehr wirksame Ergänzung dieses neuen Vertheidigungssystems besitzt England bereits durch das herrliche Eisenbahnnetz, welches Croydon mit den Häfen des Canals und diese Häfen unter einander parallel mit der Küste verbindet.

Wenn dieses System ausgeführt und mit der Reorganisation der englischen Armee auf der Basis der Conscription verbunden würde, so wäre England unüberwindlich.

Auf welchem Punkte aber auch die Landung zwischen Portland und North-Foreland vor sich ginge, so könnte die englische Armee aus einer Centralstellung nahe bei London zu rechter Zeit dem Eindringlinge entgegengehen, ihm das Terrain Fuß für Fuß streitig machen und sich dann in das verschanzte Lager von Croydon zurückziehen. Durch dieses Lager geschützt (vorausgesetzt, daß es nach guten Principien hergestellt ist), hätte die englische Armee eine doppelte und selbst dreifach überlegene Macht nicht zu fürchten, und so lange sie intact bliebe, könnte der Feind weder auf London gehen, noch in das Innere des Landes vordringen.

Die Sicherherheit und Unabhängigkeit Englands ist von europäischer Wichtigkeit; alle freien Völker haben ein Interesse daran, daß diese alte Burg des Rechts und der Freiheit nicht in die Gewalt ihres Nebenbuhlers falle. Sie sind deshalb bis auf einen gewissen Punkt im Recht, ihm zu sagen: »Verbessert den Rekrutirungs-Modus Eurer Armee, indem Ihr die Conscription einführt, gebt ihr eine unbezwingliche Operations-Basis und einen Rückzugsort, indem Ihr eine nahe bei London gelegene Stellung befestigt, welche diese Hauptstadt, da sie zu groß ist, um sie durch eigene Befestigung wirksam vertheidigen zu können, deckt, endlich benutzt Eure ungeheuren maritimen Hülfsquellen, um Eurer Marine eine hervorragende Ueberlegenheit über die französische zu verschaffen.«

»Ihr könnt diese Ueberlegenheit aus dem ganz einfachen Grunde haben, weil Ihr reicher seid als Frankreich, weil Ihr mehr Werften und Schiffsbauleute habt, weil Eure Häfen zahlreicher und sicherer sind, weil Eure Handelsmarine ohne Vergleich die erste der Welt ist,*) und weil Eure maritime Bevölkerung die Frankreichs um das Vierfache übersteigt.**)

»Aber Ihr werdet diese Ueberlegenheit nicht auf eine »unumstößliche Art und Weise« besitzen, so lange Ihr nicht die »Marine-Listen« oder irgend einen analogen Rekrutirungsmodus annehmt.« †) Das ist die Ansicht der Engländer selbst.

*) Die französische Handelsmarine zählt 14,845 Segel-Fahrzeuge und 330 Dampfer. Die englische Handelsmarine hat 24,406 Segel-Fahrzeuge und 1,813 Dampfer; aber die offizielle Tonnenzahl Englands ist 4 Mal so beträchtlich als die Frankreichs.

**) Die seemännische Bevölkerung Englands erhebt sich nach einigen Statistikern bis auf 320,000, nach anderen bis auf 420,000 Matrosen, während die Register der „Marine-Listen" in Frankreich nur 90,000 Mann zählen.

†) Herr Reybaud ist der Ansicht, daß eine solche Maßregel die unverzügliche Wirkung haben würde, den dem Seemanne so natürlichen Geist der Auswanderung anzuregen und sogleich „die Hülfsquellen Englands anstatt zu vermehren, verringern würde". Gewiß könnte Anfangs etwas Aehnliches daraus entstehen, aber das Uebel würde in gleichem Maße verschwinden, als die See-Conscription Eingang in den Sitten des Volkes fände.

Wir bemerken übrigens, daß die von Lord Derby ernannte Untersuchungs-Commission zur Auffindung von Mitteln, um die Flotte mit Matrosen zu versehen, einen ersten Schritt zu dieser Verbesserung gemacht hat, indem sie vorschlug, von den 100,000 auf kurzen Fahrten beschäftigten Matrosen ein Contingent von 20,000 Freiwilligen anzuwerben, welche im Frieden zwar beurlaubt, im Nothfalle aber jederzeit einbeordert werden könnten.

Alle militärischen Autoritäten Englands und neuerdings die Commission zur Auffindung von Mitteln, um die Flotte mit Matrosen zu versehen, haben die Ansicht geäußert, daß das „Pressen", das schon in den Jahren 1793 und 1795 ernstliche Unruhen hervorrief, ein unwirksames Rekrutirungsmittel ist, „widerwärtig und unmöglich geworden bei der Umgestaltung der öffentlichen Meinung und der ganzen Zustände" (Rapport der Commission an die Königin).

Nach Herrn Reybaud hätte England Unrecht, auf die Soldaten und Männer vom Fach zu hören, welche ihm rathen, seine seemännische Bevölkerung zu reorganisiren und die Grundlagen seines Vertheidigungs-Systems zu verbessern; er sagt: „Diese unklugen (im-

»Wir sind die einzige civilisirte Nation,« sagt Francis Head, »welche es versäumt hat, ihre seemännische Bevölkerung zu organisiren. Auch sind wir außer Stande, in einem gegebenen Moment die Mannschaften unserer Flotte durch gute oder schlechte Mittel, durch das Pressen oder die freiwillige Werbung, vollzählig zu machen.«

Der Schiffscapitain Plunkett bestätigt dieses Zeugniß in folgenden Worten: »Befänden wir uns in der Nothwendigkeit 12 bis 20 Linienschiffe in Dienst zu stellen, wem sollten wir die Bedienung der Geschütze anvertrauen? Handelsmatrosen, welche durch das Pressen Küstenfahrern oder Kohlenschiffen entführt sind, Leuten, die nie eine Kanone gesehen haben, die sich bei der Bedienung der Geschütze selbst die Arme abreißen lassen oder ihren Kameraden die Beine zerbrechen werden. Ist es nicht abgeschmackt, dem Zufalle die Sorge zu überlassen, die Cadres unserer See-Artillerie auszufüllen?«

Der im Frieden gebräuchliche Modus der freiwilligen Anwerbung in England ist äußerst mangelhaft und giebt nur unbedeutende Resultate.

»Es ist offenkundig«, sagt Plunkett, »daß wir im Jahre 1840 nur einige hundert Matrosen zusammenbringen konnten, um uns das Ansehen zu geben, als träfen wir Vorbereitungen, während Frankreich vermittelst seiner stehenden Compagnien über 3000 Mann ganz bereit in seinen Häfen des Atlantischen Meeres hatte und wahrscheinlich eben so viele in Toulon. Ist es nicht eine Schande, daß, während Rußland 30 Linienschiffe auf offener See halten kann, England kaum drei in Stand zu setzen vermag?«

Im Jahre 1854 hatte die Admiralität einen ganzen Winter Zeit gehabt, um sich auf den Feldzug im Baltischen Meere vorzubereiten, und dennoch bestand die Flotte des Sir Ch. Napier, als er zu Spithead am 11. März unter Segel ging, nur aus 4 Schraubenschiffen, 4 Blockschiffen, 4 Fregatten und 4 Raddampfern. Dieses Geschwader hatte nur mit der größten Schwierigkeit gebildet werden können, und es blieben nur 4 oder 5 gewöhnliche Wachtschiffe zur Vertheidigung der gesammten Küste und der See-Arsenale Englands zurück. Um die von uns angedeuteten Ursachen dieser untergeordneten Stellung zu beseitigen, braucht England nur zu wollen, aber fest und unaufhörlich zu wollen, so wie es sein mächtiger Nebenbuhler macht. Die Zeit zu einem energischen Entschlusse ist gekommen. Heut zu Tage kann die Furcht vor stehenden Heeren und Festungen die constitutionelle Empfindlichkeit der Engländer nicht mehr reizen, wie vor 70 Jahren, als der Herzog von Richmond seine Pläne von nationaler Vertheidigung scheitern sah. Möchten sie doch so bald als möglich dem weisen Rathe eines ihrer Publicisten folgen, der beim Anblicke der Rüstungen in Frankreich rief: »Thuen wir Alles, was nöthig ist, um das Vaterland zu retten! Wenn wir die kriegerischen Traditionen unserer Vorfahren vergessen und alle unsere Energie einzig und allein zur Vermehrung unserer Reichthümer verwenden, wenn wir uns begnügen, nur eine Nation von Spinnern und Krämern zu sein, so wird sich ein Tag des Unglücks über unserm Horizont erheben, an dem wir zu spät die Unzulänglichkeit des Reichthums als Element der nationalen Vertheidigung erkennen werden!«

---

prudents) Stimmen mögen sich einsam verlieren".

Das Wort ist hübsch! Der Herzog von Wellington, die Admirale Napier und Bowles, die Generale Burgoyne und Shaw Kennedy, sind „Unkluge", welche die Interessen Groß-Britanniens nicht kennen, und man wird gut thun, lieber den Rathschlägen des Herrn Louis Reybaud, vom Institut von Frankreich, zu folgen! Sollte sich England hinterher übel dabei befinden, so würden sich die „Revue des Deux-Mondes" und Herr Reybaud leicht darüber trösten.

Tagesereignisse.

Zuweilen ist es in der That spaßhaft, zu beobachten, in welcher Art Zeitungscorrespondenzen zusammengeflickt werden, besonders wenn sie militärische Gegenstände betreffen. So enthält die »Breslauer Zeitung« vom 18. Jan. folgende Correspondenz aus Berlin: »Was die neue Heeresorganisation anbetrifft, so erfahren wir aus bester Quelle noch nachstehende Details.« Und nun folgt Silbe für Silbe ein Artikel aus dem Novemberheft der hier bei Wagner erscheinenden »Militärischen Blätter«, welcher bereits im November, als aus der »Elberfelder Zeitung« entnommen, die Runde durch fast alle deutschen Blätter gemacht hatte. Auch die Druckfehler werden reproducirt und das Cadetten-Corps deshalb statt um 240 um 270 Stellen vermehrt. Dann fährt die Correspondenz fort: »In Betreff der binnen kurzer Frist zu erwartenden anderweiten Uniformirung der Armee sind die Mittheilungen, welche ein gut unterrichteter Correspondent der »Elberfelder Zeitung" bringt, so weit dieselben reichen, einfach zu bestätigen; doch dürfte zur Ergänzung Folgendes nicht ohne Interesse sein." Und nunmehr folgt aus demselben Hefte der „Milit. Bl." der Auszug eines Artikels, der dort „Betrachtungen über die Bekleidung und Ausrüstung unserer Infanterie" überschrieben, mit „7" unterzeichnet ist, und worin der Verfasser die „Details" des Correspondenten als seine Vorschläge veröffentlicht. Wahrscheinlich hat sich der Correspondent der „Breslauer Zeitung" nicht einmal die Mühe genommen, den Anfang des Artikels zu lesen, sondern die beim Blättern gefundenen Stellen einfach für Nachrichten von bevorstehenden Einrichtungen genommen und nun, als aus „bester Quelle" stammend, weiter colportirt.

Uebrigens waren die in den „Milit. Bl." gegebenen Nachrichten ungenau; während sie natürlich seit dem Rücktritte des Generals v. Bonin auch nicht mehr wahr sind, was der Herr Correspondent der „Breslauer Zeitung" sich allenfalls hätte denken können. Es war dort in Betreff der Infanterie angegeben, die Bataillone sollten 1000 Mann stark und überdies in jedem Brigade-Bezirk zwei Reserve-Bataillone à 1000 Mann errichtet werden. Dem war aber nicht so. Es sollten vielmehr die Bataillone nur 800 Mann stark werden, und jedes Bataillon sollte überdies eine Reserve von 200 Mann formiren, an welche das ausrückende Bataillon alle Kranken, Rekruten 2c. abgeben konnte, und welche außerdem dazu dienen sollte, den Abgang des Bataillons zunächst zu decken. Für jedes Regiment konnte aus dieser Reserve ein, für die Brigade also zwei Bataillone zu 600 Mann gebildet und zu Festungsbesatzungen verwendet werden. Es lag diesem Plane der Gedanke zu Grunde, daß die Stärke von 1000 Mann nur deshalb festgestellt worden sei, weil man glaubte, die Bataillone würden schon während des Marsches auf den Kriegsschauplatz eine Menge Marode und Schwächliche abstreifen und deshalb doch nur in einer Stärke von 800 Mann an den Feind kommen. Dieser Grund aber, so nahm man an, falle gegenwärtig in Folge der Benutzung von Eisenbahnen fort, die Bataillone könnten gleich Anfangs mit ihrer vollen Etatsstärke ins Gefecht, und eben so sei der Ersatz jederzeit schnell zu bewirken. Man wollte deshalb dasjenige, was sich sonst erst auf dem Marsche abstreife, schon in der Garnison abstreifen, und glaubte für die Besatzung der Festungen noch einen weiteren Vortheil aus der Maßregel ziehen zu können. Ob der Gedanke ein glücklicher gewesen ist oder nicht, mag dahingestellt bleiben; jedenfalls aber ist man davon zurückgekommen.

Ueber die bereits ins Leben getretenen neuen Formationen bringen die öffentlichen Blätter seit einigen Tagen höchst ungenaue Nachrichten, die wohl daher entstehen mögen, daß die einzelnen Correspondenten mißverstandene Aeußerungen von Offizieren und von Feldwebeln auf ihre, meist eben nicht soldatische Weise interpretirt haben. Das Wahre an der Sache ist, daß den Truppen ein Erlaß des Kriegsministers vom 12. December v. J. zugegangen ist, welcher dieselben auf eine Allerhöchste Ordre vom 10. December verweist, die ihnen „demnächst" zugehen sollte und nunmehr zugegangen ist. Danach sollen sich die Linien-Infanterie-Bataillone auf die Stärke von 538 Mann setzen und die hierdurch überzähligen Mannschaften an die Landwehr-Stamm-Bataillone abgeben. Die Bataillone des Garde-Corps bleiben auf der Stärke von 686 Mann, die Landwehr-

Stamm-Bataillone desselben erhalten aber nur die von ca. 270 Mann, die der Provinzial-Landwehr von 418 Mann. Die Landwehr-Stamm-Bataillone der acht Reserve-Regimenter, welche aus dem eigenen Bestande von ca. 270 Mann und den bei den beiden entsprechenden Linien-Bataillonen überzählig werdenden Mannschaften auf 538 Mann zu bringen sein werden, sollen, sobald es die localen Verhältnisse gestatten, den betreffenden Linien-Regimentern in Stelle von Füselier-Bataillonen zugeführt werden. Für die Ausführung dieser Maßregel sind nunmehr „specielle Bestimmungen ergangen.“

Der „Magdeb. Corr.“ läßt sich von Berlin schreiben: „Die liberale Partei des Abgeordnetenhauses hält in der militärischen Reformfrage an ihren Einwendungen gegen die dreijährige Dienstzeit fest. Sie verlangt statt derselben nur eine zweijährige active Dienstzeit und betreibt die Wahl des Generals Stavenhagen zum Berichterstatter über die alsbald zu erwartende Regierungsvorlage. Das Augenmerk der ministeriellen Fraction für das Amt des Berichterstatters ist auf den General von Brandt gerichtet.“

Die Befürchtungen, welche wir in der vorigen Nummer ausgesprochen, scheinen sich demnach zu bestätigen. Wäre die Sache nicht ernst und traurig, man wäre wahrhaftig versucht zu lachen, daß bei einer rein militärisch-technischen Frage sich die „liberale“ und eine andere „Partei“ einander gegenüberstehen. Drastisch-komisch aber ist es, daß man bei einer derartigen militärischen Frage zwischen dem Herrn General von Brandt, einem Manne von europäischem Rufe, dessen militärische Schriften in alle lebende Sprachen übersetzt sind, und der die meisten europäischen Armeen von früherer und jetziger Zeit aus eigener Anschauung und Erfahrung kennt, daß man zwischen dem Herrn General von Brandt und — einem Andern auch nur einen Augenblick zweifelhaft ist. Sollte sich die Nachricht des „Magdeb. Corresp.“ bestätigen, so wird die „liberale Partei“ wenigstens der Welt nicht ferner glauben machen dürfen, daß es ihr auf Sachen ankommt. Sie wird dann unumwunden documentiren, daß es ihr nicht um das Beste des Landes, sondern nur um ihre Partei zu thun ist.

Wie wird sich nur Herr v. Patow zu der Frage über die Dienstzeit verhalten?!

Ueber die neue Formirung von Cavalerie-Regimentern brachte vor einiger Zeit die „Spen. Ztg.“ einen Artikel, der sich dann überall wieder abgedruckt fand und Wahres mit Falschem bunt durcheinander wirbelt, namentlich für die Zukunft Projectirtes mit nächst Bevorstehendem verwechselt. Es soll nicht bei jedem Armee-Corps aus den fünften Schwadronen ein neues Regiment gebildet werden, was schon beiläufig deshalb unthunlich wäre, weil dann immer zwei leichte und zwei schwere Schwadronen zusammenstoßen würden, die einen ganz verschiedenen Pferdeschlag hätten. Man kann wohl leichte Cavallerie in schwere verwandeln, aber niemals umgekehrt. Es sollen — wir geben aber auch nur etwas noch nicht Endgültiges — zehn neue Regimenter errichtet werden, von denen acht dadurch entstehen, daß je vier Escadrons der bestehenden Regimenter (natürlich waffenweise) zusammenstoßen, während über die Errichtung zweier neuen Garde-Cavallerie-Regimenter nichts als die Absicht dazu feststeht. Die acht neuen Regimenter sollen nicht mit je einem Regiment den acht Armee-Corps zugetheilt werden, sondern ihre Enbrigadirung ist noch weiteren Entschlüssen vorbehalten. Wahrscheinlich wird hierbei der eigenthümliche Ersatz der Provinzen an Mannschaften und Pferden allein maßgebend sein.

Die „Augsb. Allg. Ztg.“ läßt sich von Berlin schreiben: „In unserer Militär-Einrichtung macht sich bereits der neue Geist bemerklich: das Exerciren wird mit einem Eifer betrieben, wovon man früher nichts wußte; und zwar gilt dies von allen Waffengattungen. Sehr befriedigend sind die Ergebnisse der gymnastischen Uebungen, da die unglaubliche Verbesserung der Schußwaffen sich nur durch Raschheit der Bewegungen vor dem Feinde ausgleichen läßt, und kann man mit Sicherheit annehmen, daß die gymnastisch geschulteste Armee zugleich die leistungsfähigste ist.“ — Herrlich, etwas dunkel zwar, aber 's klingt recht wunderbar! —

Derselbe „militärische“ Correspondent meint: „Die Schrift des Generals Willisen über Reorganisation unseres Heerwesens verdiente mehr Beachtung, als sie bisher gefunden hat!“ — Warum? das verschweigt der Herr Correspondent. Wir aber möchten seinen Satz gern umdrehen; denn die Schrift ist an Stellen gelesen worden, von denen man es nicht glauben sollte.

Die neue Handelspolitik in Frankreich.

Ein neuer Staatsstreich des Selbstherrschers aller — Franken im Palaste der Tuilerien hat vor Kurzem Europa wieder einmal „überrascht." Ein Staatsstreich im vollen Sinne des Worts. Allein, erkennen wir es von vornherein mit Genugthuung an, diesmal kein Staatsstreich der inneren Gewalt, noch der äußeren Drohung, kein Staatsstreich des Krieges, sondern des Friedens. Des Friedens — das wenigstens ist, was Europa betrifft, die äußere Färbung, die scheinbare Tendenz und Folge des neuen Programmes, das Napoleon III. in einem berühmten Schreiben an seinen Minister des Staats und des Kaiserlichen Hauses in Bezug auf die innere Handelspolitik, welche von nun an in Frankreich Statt greifen solle, aufgestellt, und das in dem, wie es heißt, schon abgeschlossenen Handelsvertrage zwischen Frankreich und England bereits eine theilweise und immerhin sehr wesentliche Verwirklichung gefunden hat. Gewiß, wir gehören nicht zu Denen, die jeden einzelnen Act eines Herrschers — selbst eines Herrschers wie Napoleon III. — sei es nach den politischen Antecedentien desselben, sei es nach der Natur und dem individuellen Charakter des Mannes, wie sich dieselben in jenem offenbart haben, beurtheilen und über ihn aburtheilen: diese Verfahrungsweise ist, wie wir glauben, eine sehr einseitige und eine sehr irrige. Wir halten es vielmehr für nöthig, einen jeden Act, selbst des französischen Imperators, und von welcher Wichtigkeit und Tragweite er auch in europäischer Hinsicht sei, in sich selbst zu betrachten, zu erwägen und zu beurtheilen und sind auch im vorliegenden Falle geneigt, den Beweggründen und Absichten des Kaisers von vornherein volle Gerechtigkeit angedeihen zu lassen und anzuerkennen, daß dieselben vorzugsweise in der Erkenntniß und Ueberzeugung von der Ersprießlichkeit einer freieren Handelspolitik für Frankreich beruhen. Ohnehin ist es wohl bekannt, daß Napoleon III. in seinen Schriften wenigstens theoretisch stets im Sinne einer solchen freieren Bewegung auf dem Gebiete der National-Oekonomie sich geäußert hat. Endlich liegt es nicht im Zwecke dieses Aufsatzes, die äußere, d. h. internationale Politik in Besprechung zu ziehen. Allein es ist gewissermaßen unmöglich — für uns, die wir die innere Politik eines anderen Staates, namentlich Frankreichs, mehr in ihrer Rückwirkung nach Außen unter einem national-deutschen und in weiterer Sphäre einem allgemein europäischen Gesichtspunkt zu betrachten haben — das hier in Rede stehende Ereigniß nicht zunächst in Beziehung zu bringen zu der äußeren napoleonischen Politik, ihren Tendenzen und Zielen, und insbesondere der italiänischen Frage, die zur Zeit der Brennpunkt der europäischen und vor Allem der napoleonischen Politik ist. In dieser Hinsicht nun können wir nicht umhin, moralisch-politisch überzeugt zu sein, oder sagen wir, der Ueberzeugung uns zu erwehren, daß diese plötzliche Wendung der französischen Handelspolitik in sehr enger Beziehung zur italiänischen Frage, d. h. zu ihrer Lösung in französischem Sinne steht.

Ohne Zweifel lag die Begründung eines einheitlichen und umfangreichen italiänischen Staates — eines Staates, der ganz Ober- und Mittelitalien einschließlich der Romagna umfaßte — nicht in den ursprünglichen Wünschen und Absichten Napoleons; nachdem sich aber die Projecte oder vielleicht nur Hoffnungen eines etrurischen Königreiches unter einer napoleonischen Dynastie zerschlagen oder ihre Durchführung mindestens sehr zweifelhaft geworden und in Folge dessen Frankreich durch eine schnelle und kühne Schwenkung wieder von Oestreich, das ihm nicht länger in dieser Hinsicht dienlich sein konnte, sich abgewendet, hat auch die napoleonische Politik in Italien eine andere Gestaltung genommen, und, Alles in Allem, für Frankreich ein wünschenswertheres und lockenderes Ziel sich gesetzt. Die „Abrundung" Frankreichs im Südost ist seit lange ein stiller Wunsch Frankreichs gewesen — still, der indeß oft und oft, wieder und wieder in der Presse aller Farben laut und unumwunden sich Ausdruck geschaffen hat. Die Alpen — das sind die natürlichen Grenzen Frankreichs im Südosten, wie der Rhein im Nordosten es ist. Savoyen — das ist, wie wir schon oft in früheren Jahren in französischen Zeitungen gelesen, ein Land, das wie von der Natur dazu geschaffen nnd bestimmt ist, zu Frankreich zu gehören — und zur Vollendung der natürlichen Abrundung, zur Abrundung der Abrundung die Grafschaft Nizza. Ist nicht das Mittelländische Meer bestimmt und berufen — ebenfalls wie von der Natur — ein lac français zu sein? Und ist nicht der Besitz Nizza's, d. h. eines anderen Hafens und einer ausgedehnteren Seeküste — ein neuer Schritt zu diesem Ziele hin? Wie nun, wenn ein Napoleonide, wenn Napoleon III., diesen Lieblingswunsch Frankreichs erfüllen, das durch Vorenthaltung seiner natürlichen Grenzen Frankreich im Südost geschehene Unrecht gut zu machen, ihm diesen neuen Zuwachs an Größe und Macht, an Einfluß und entscheidendem Uebergewicht in Europa erringen könnte? Wie viele Wunden könnten nicht dadurch geheilt, wie viele Fehler gut gemacht, wie viele Sünden übertüncht, wie viele Feindschaften gelöscht werden? Und, noch mehr: würde diese Vergrößerung Frankreichs nicht einen neuen Lorbeerkranz um die Stirn der Napoleoniden flechten, in ihr nicht eine neue Strahlenkrone ihr Haupt umleuchten? Nicht ihre Macht gefestigt, ihr Ansehen erhöht, ihre Zukunft gesicherter sein? Ja, um diesen Preis konnte, was Sardinien hier, an diesem Ende, genommen wurde, dort, am andern Ende, zwei und dreifach ihm zurückgegeben werden. Was kann es Frankreich im Grunde auch schaden, wenn ein italiänisches Königreich von 12 bis 15 Millionen Seelen existirt? Herrscht Frankreich nicht im Mittelmeer, Italien gegenüber, durch seine Flotte, und besitzt es zu Lande nicht den Schlüssel zu Italien, die Pässe der Alpen; blickt es nicht, eine riesige Minerva, immer gewappnet und immer kampfbereit drohend hinunter von dort auf die ganze nördliche Hälfte der apenninischen Halbinsel? Und wird nicht Sardinien, selbst ein Sardinien von 15 Millionen

Seelen, ohnehin stets geneigt sein bei Frankreich zu stehen, um Oestreich im Schach zu halten? Oder sollte ihm der französische Einfluß zu „drückend“ werden und es Miene machen sich nach Oestreich zu wenden, so würde das voraussichtlich immerhin nur vorübergehend sein können, da Frankreich schon wegen seiner Flotte in Italien von nun an immer ein entschiedenes Uebergewicht behalten und dasselbe wird geltend machen können, so daß Sardinien schon aus diesem Grunde immer wieder zu Frankreich nothgedrungen hingezogen sein, immer wieder in seine Arme zurückkehren, seinem Sonnensysteme als ein Stern — ein Planet erster Größe sich anschließen wird. Um diesen Preis also würde die Gründung eines italiänischen Staates bis zur Tiber für Frankreich gewiß nicht zu theuer erkauft sein. Und Napoleon ist nicht der Mann, seinen Vortheil zu verkennen, seinen Gewinn nicht zu sehen, noch durch irgend eine Erwägung sittlich-europäischer Natur sich zurückschrecken zu lassen, sobald und so lange eben nur Erwägungen dieser Natur sich seinen Zwecken entgegenstellen. Und das ist hier ganz sicher der Fall. Bei der jetzigen Zerfahrenheit der europäischen Politik war es eben nur England, von welchem eine ernsthafte Opposition gegen die Einverleibung Savoyens und Nizza's zu befürchten stand. Mögen Rußland und Preußen und Oestreich protestiren, wenn nur England nicht es thut. Denn Seitens jener drei Mächte würde ein Protest denn doch das „Aeußerste“ sein, was geschehen könnte. Und könnten diese drei Mächte auch, von ihrem Standpunkte aus, wohl ernstlich protestiren, selbst nur protestiren? Napoleon wird ihnen zuvörderst eine vollendete Thatsache entgegenhalten. Und überdies eine vollendete Thatsache, die auf dem „Rechtsboden“ der Legitimität, wie dem der „Nationalität“ fußen wird. Der Legitimität — weil die Cession durch freien Entschluß der Herrscher von Frankreich und Sardinien erfolgt; der Nationalität — weil sie durch die Bevölkerung, sei es durch ihre Vertreter, oder, nach napoleonischem Schnitt, durch ein Plebiscit gutgeheißen und ratificirt worden; — denn daß Letzteres erlangt werden würde, daran dürfte wohl Niemand zweifeln. Bleibt nur ein gewisser Artikel der Wiener Verträge, ein Artikel, der allerdings ganz klar und ausdrücklich bestimmt, daß die fraglichen Provinzen nicht nur zu Sardinien gehören (wie sie überhaupt die Stammlande der herrschenden Dynastie sind), sondern, daß sie niemals wieder an Frankreich fallen sollen. Aber ach — sagen die Wiener Verträge nicht auch eben so klar und ausdrücklich, daß niemals wieder ein Napoleonide herrschen solle in Frankreich? Und dann — sagen sie nicht auch noch vieles Andere, was da sein und bleiben solle — und was heute dessenungeachtet nirgends mehr ist und bleibt, als — o Hohn der europäischen Diplomatie! — eben in den in den Staatsarchiven ruhenden geschriebenen Wiener Verträgen, die nach dem öffentlichen Rechte Europa's noch heute zu Recht bestehen? Ach, Rußland und Oestreich und Preußen können, könnten selbst nicht protestiren! — nicht protestiren gegen eine Vergrößerung Frankreichs!... Nur im Namen des europäischen Gleichgewichts, im Namen und zur Wahrung ihrer eigenen Macht und Ehre, ihres Einflusses und ihrer Geltung in Europa könnten sie protestiren, sollten und müßten sie protestiren. Und nicht nur protestiren, sondern mit den Waffen in der Hand einer Vergrößerung Frankreichs, sei diese

17*

wo und wie sie wolle, sich widersetzen. Mit den Waffen in der Hand! Da liegt die Schwäche Europa's und die Stärke Frankreichs! Zerklüftung und Zerrissenheit, Mangel an Uebereinstimmung und Thatkraft dort — und Entschlossenheit und Kühnheit, Rücksichtslosigkeit und Schlauheit hier. Napoleon konnte sich beruhigt fühlen von dieser Seite.

Wie aber würde England sich verhalten? Das war für ihn der wesentliche Punkt, der Punkt, der allein ihm von ernster Bedeutung sein konnte und mußte. Daß England um jener Ursache willen, um die Einverleibung Savoyens und Nizza's in Frankreich, diesem den Krieg erklären würde, das war freilich nicht zu befürchten, und in dieser Beziehung fühlte Napoleon gewiß sich ebenfalls vollkommen beruhigt. Allein selbst ein bloßer Protest Englands mußte ihm — insbesondere in Verbindung mit einem Proteste der übrigen Großmächte und da alsdann die Beziehungen beider Staaten zu einander voraussichtlich auf längere Zeit in hohem Grade gespannt sein würden — in solchem Maße ungelegen und auf die Dauer unerträglich sein, daß er nicht hätte wagen können, nicht gewagt haben würde, darüber hinauszugehen. Er würde sich gezwungen gesehen haben, jene Annexationspläne fallen zu lassen, sie wenigstens auf unbestimmte Zeit zu vertagen, auf eine andere Gelegenheit, die aber nimmer wieder so günstig sich bieten möchte, ja, sich schwerlich jemals wieder geboten haben würde. Es galt mithin, England diesen Plänen wenn nicht geneigt zu machen, wenigstens zu erwirken, daß es eines formellen Protestes sich enthalte. Die Politik Englands in der italiänischen Frage war dem französischen Kaiser wohl bekannt; sie war auf die einfache Annexirung der italiänischen Staaten und der Romagna an Sardinien gerichtet. Napoleon, der sich bisher unzweifelhaft als ein Meister in der europäisch-diplomatischen Kunst bewährt hat — freilich unter Anwendung der Maxime, daß alle Mittel gut sind — änderte seine Position, seine Politik — er wich zurück, um um so besser zu springen: er gab das kleinere Ziel auf — scheinbar aus Deferenz vor den Wünschen der italiänischen Bevölkerung und der Politik des englischen Cabinets —, um das größere zu erringen. Der bekannte Brief an Pius den Neunten war das Zeichen des Rückzugs oder vielmehr der Schwenkung. Das war ein ernster und großer Schritt der Annäherung an England. Das englische Cabinet fühlte sich geschmeichelt und vor Allem Lord John Russell, der einmal seinen Ruhm und seine Ehre darin gesetzt hatte, Italien — anders als Napoleon es verstand — „frei" zu machen — und der nun seine Politik triumphiren sah; die englische Presse ihrerseits jubelte, rühmte und feierte die „Umkehr" des französischen Gewalthabers. Die Stimmung in England wurde plötzlich eine entschieden günstige für Napoleon. Das war ein großer Erfolg. Mit scharfem Blicke und tiefer Kenntniß des Charakters wie der „Interessen" des englischen Volkes den errungenen Vortheil benutzend, warf er England ohne Zeitverlust eine andere Lockspeise hin, die, seit längerer Zeit vorbereitet, nunmehr zum Wurfe gediehen war. Er „dekretirte" die Freihandelspolitik — wenigstens im Prinzipe. Ein Handelsvertrag mit England, der einer Anzahl englischer Produkte und Fabrikate einen erweiterten Absatz in Frankreich in Aussicht stellte, sollte die erste praktische Einführung dieser Politik sein. Gewiß hat sich Napoleon auch hier in seinen Hoffnungen nicht getäuscht, so hoch und kühn auch dieselben gewesen sein mögen. Die französische Allianz ist wieder das „höchst erstrebsame“ Gut, der französische Kaiser der „treue Alliirte“ geworden, mehr fast als er es je, ja als er es selbst während des russischen Krieges gewesen. England vergißt selbst zweitweilig die Millionen Pfund Sterlinge, die der „Alliirte“ von gestern durch Erhöhung des Militär-Budgets ihm jährlich kostet, um nur der ihm in Aussicht stehenden handelspolitischen Vortheile sich zu freuen. Keineswegs allerdings geht die Zuversicht in die neue „Aera des Friedens“ in England so weit, um es zu bestimmen, in seinen riesenhaften Vertheidigungsanstalten innezuhalten, seine zahlreichen Rifle-Corps wieder aufzulösen, seine formidablen Kanonengießereien zu schließen, seine unermeßlichen Küstenbefestigungsarbeiten einzustellen, seine Kriegsschiffe abzutakeln oder auch nur die im Bau begriffenen — und ihre Zahl heißt Legion — nicht weiter zu bauen — nein, das wäre zuviel erwartet von dem nüchternen Sinn, der inmitten aller Begeisterung sich niemals verleugnet, John Bull's: und gerade Napoleon am wenigsten hatte seine Erwartungen so hoch gespannt, obgleich er in der bekannten Unterredung mit Cobden diese Rüstungen beklagte und mißbilligte, ja selbst — suaviter in modo, fortiter in re — sich über sie beschwert hatte. Jedenfalls aber ist die Stimmung in England zur Zeit so günstig für Napoleon, daß man ihm Manches in der äußern Politik, soweit England nicht unmittelbar betheiligt ist, übersehen und gestatten würde, Manches, was unter anderen Umständen auf der Stelle die allgemeinste und gewaltigste Opposition in der Presse und in der öffentlichen Meinung hervorrufen würde. Und dahin gehört auch die Annexirung Savoyen's und Nizza's. Hier und da werden sich Stimmen dagegen erheben — allein sie werden verhallen und verklingen unter dem Jubelgetöse der „materiellen Interessen“, unter den Triumpheshymnen des „Friedens-, Freundschafts- und Handelsvertrages.“ Freilich hat Lord Granville im Oberhause auf eine Interpellation Lord Normanby's erklärt, daß „der englischen Regierung keine Kunde (d. h. offizielle) von diesfälligen Verhandlungen zwischen Frankreich und Sardinien zugegangen sei“ — was ohne Zweifel sehr wahr ist, denn es ist nicht die Art und Weise Napoleon's, seine politischen Pläne vorher der Prüfung und Billigung der europäischen Cabinette zu unterbreiten; und „daß Frankreich die Ansichten Englands in Bezug auf Italien (und die Savoyen-Frage?) kenne.“ Und was sind denn diese Ansichten, soweit sie sich auf die fragliche Annexirung beziehen? Nun, daß England sie nicht gutheißen und billigen könne, möglicher Weise gegen sie protestiren möchte. Sollten diese Ansichten seit der Wendung der napoleonischen Politik in Italien und unter dem Druck oder Eindruck des Handelsvertrages sich nicht modifizirt, d. h. dahin gemildert haben, daß man von Seiten des englischen Cabinets von einem Proteste Abstand nehmen würde? Ist es nicht wahrscheinlich, daß ein derartiges vertrauliches Einverständniß bereits erzielt worden ist in mündlichem Wege bei Gelegenheit der Verhandlungen zwischen der französischen Regierung einerseits und Lord Cowley und Mr. Cobden im Namen der englischen Regierung andererseits? Auf die Erklärung Lord Granville's, die ohnehin weit entfernt ist von einer Aufklärung, dürfte also schwerlich irgend ein Gewicht zu legen sein — gewiß ist sie kein Pfand der ernsthaften Opposition gegen die Annexirung, sollte dieselbe stattfinden, sollte Europa mit der Kunde derselben als eines fait accompli heute oder morgen „überrascht“ werden. Ebensowenig wird die englische Presse sich übermäßig dagegen ereifern. Zwar ist die Times bereits aus Anlaß der diesfallsigen Gerüchte und der Andeutungen der französischen Journale, die, einschließlich der offiziösen und offiziellen Organe die Annexirung schon als ein fait accompli betrachten, mit einem matten „Leader“ gegen dieselbe hervorgetreten — der aber weit eher wie eine Zustimmung als ein Protest aussieht, und in der That hat das „leitende“ Blatt dadurch klar und offen genug angekündet, daß es sich im Voraus „resignirt“. Und so werden die anderen Organe der englischen Presse in mehr oder weniger ausdrucksvoller Weise „sich „resigniren.“ Ja, noch mehr: einige derselben, und zwar die vorzüglicheren, haben bereits offen ausgesprochen, daß das eine Angelegenheit sei, die England nichts, die nur Frankreich und Sardinien angehe. Aber geschieht die Annexirung, so dürfte England vielleicht zuerst Veranlassung haben, seine heutige Lauheit, sagen wir seine heutige Mitschuld zu bereuen.

Es ist hiernach unsere Ansicht, daß die Acquisition des Herzogthums Savoyen und der Grafschaft Nizza, wie bekanntlich auch des Dappenthales, in den Absichten und Bestrebungen Napoleons liegt, und daß der Eintritt in das sogenannte Freihandelssystem, specialiter der Abschluß eines Handelsvertrages mit England auf dieser Basis zunächst den Zweck hat, England dieser Acquisition geneigter zu machen oder wenigstens einer entschiedeneren Opposition von Seiten Englands vorzubeugen. Diese Ansicht wird durch den Umstand bestärkt und gewissermaßen zur Gewißheit erhoben, daß Napoleon hierzu gerade den jetzigen Zeitpunkt gewählt hat, in Rücksicht auf die mißliebige und feindliche Haltung des Klerus, die durch die Encyclica des Papstes gewiß nicht gemindert werden wird.

Ob diese Ansicht eine irrige ist oder nicht, — das wird die Zukunft erweisen. Wir mögen nur noch hinzufügen, daß Lord John Russell selbst vor Kurzem öffentlich erklärt hat, daß, wie auch die Dinge auf dem Festlande Europa's sich gestalten mögen und welche prinzipielle Politik England auch den Ereignissen gegenüber befolgen möge, es von dem Grundsatze der Nichtintervention nicht abweichen werde, d. h. daß es um rein continentaler Interessen willen (so sehr dieselben auch die gegenseitige Machtstellung und das europäische Gleichgewicht berühren und modificiren möchten) keinen Krieg mit Frankreich anfangen werde, es sei denn, als einzige Ausnahme, daß Frankreich Belgien erobern oder angreifen wolle — da England die Integrität Belgiens durch Specialvertrag garantirt habe. Eine solche Garantie hat England allerdings auch bei Preußen in Bezug auf die Rheinprovinz und bei einigen andern Staaten übernommen.

Aber unabhängig von diesem äußeren Beweggrunde ist Napoleon ohne Zweifel, wie bereits angedeutet, aus Ueberzeugung in diese Bahn einer freieren Handelspolitik eingetreten. Und in der Thatsache dieses plötzlichen Umschwunges tritt uns vor Allem die gewaltige Macht dieses Mannes entgegen. Unbestreitbar ein hohes Verdienst für ihn ist es, daß er, der weithin größeren Mehrheit der französischen Nation in dieser Beziehung voraus, die höhere Ersprießlichkeit einer freisinnigeren Handelspolitik für die gewerblichen und commerciellen Interessen Frankreichs erkannt hat, daß er die Ueberzeugung gewonnen, das alte Schutz- und Prohibitivsystem entspreche nicht länger den heutigen Bedingungen einer gedeihlichen Entfaltung, sei es der nationalen Interessen, sei es der wechselseitigen Beziehungen der Völker des internationalen Verkehrs. Aber von der Erkenntniß dieser Wahrheit zu ihrer Verwirklichung — ihrer praktischen Einführung — ist ein weiter Weg, und mehr als irgendwo anders mußte die Ausführung in Frankreich schwierig und noch in weite Ferne gerückt erscheinen. In der That, nur ein Napoleon der Dritte, d. h. ein Selbstherrscher, der einerseits einen Charakter wie er besitzt, und andererseits die ganze Gewalt und gewissermaßen das ganze geistige und politische Leben des Volkes, das er beherrscht, in sich concentrirt und absorbirt hat, durfte überhaupt es wagen, das Werk in Angriff zu nehmen. Und noch sogar ist es zweifelhaft, ob nicht die Macht selbst eines Napoleon ein neues Mal sich brechen werde an dem Widerstand der gefährdeten — der vermeintlich gefährdeten Interessen. Ein neues Mal — denn bekanntlich hatte Napoleon schon vor mehreren Jahren den gleichen Versuch gemacht, sah sich indeß gezwungen, die Ausführung der damals beabsichtigten Zoll-Reformen zu sistiren. Der diesfällige Gesetzentwurf, der sich zunächst auf die Aufhebung der Einfuhrverbote gewisser Artikel bezog, wurde in Folge der Opposition, die er fand, am 24. Juli 1856 zurückgezogen, mit der Maßgabe, daß seine Wiedereinbringung nicht vor Ablauf von 5 Jahren — Juli 1861 — stattfinden solle, und selbst dieser Termin wurde neuerdings hinausgerückt, indem der Handelsminister auf eine aus Anlaß des Krieges von der Handelskammer von Lille an ihn gerichtete Anfrage in seinem Antwortschreiben vom 11. Mai v. J. ausdrücklich erklärte, daß durch die Thatsache des Krieges derselbe auf unbestimmte Zeit hinausgerückt sei. Daß dessen ungeachtet der fragliche Gesetzentwurf — in anderer, aber sogar noch tiefergreifender Gestalt — selbst noch vor Ablauf jenes ersten Termines wieder eingeführt wird, ist an sich schon ein Beweis, daß Napoleon noch einen anderen Zweck dabei im Sinne hatte. Formell nicht mit Unrecht berufen sich daher die Protectionisten auf jenes Decret und werfen der Regierung, wenn nicht dem Kaiser, in ungeschminktester Sprache einen Treubruch vor, wobei freilich zu erwägen ist, daß die nunmehr beabsichtigten Maßregeln in Frankreich erst im Laufe der nächsten 12 bis 18 Monate in Wirksamkeit treten sollen.

Wird nun dieser Umschwung überhaupt wirklich stattfinden, d. h. wird mit dem bisherigen System der Prohibition und des Schutzes wirklich und wirksam, völlig und vollständig gebrochen werden? Sehr Viele bezweifeln es und glauben vielmehr, daß dem Widerstande Derer gegenüber, die zunächst davon in ihren Interessen berührt und vermeintlich gefährdet werden, Napoleon ein neues Mal werde einlenken und zurückweichen müssen. Und wenn man die betreffenden Verhältnisse in Frankreich erwägt, erscheint diese Ansicht gerechtfertigt. Man erinnert sich, welchen Aufwandes von Geld und Zeit, welcher Fülle, um mit Sir Robert Peel zu reden, „ungeschmückter" Beredsamkeit und Logik durch Schrift und Mund der Cobden und Bright, der Thomson und Villiers, welcher beharrlichen und unausgesetzten jahrelangen Agitationen und Demonstrationen es in England bedurfte, um dem Freihandelssystem zunächst nur in einer wenn auch allerdings seiner empfänglichsten und den Massen zugänglichsten Seite, der Abschaffung des Getreidezolles, den Sieg zu erringen: und dennoch wäre vielleicht heute noch die Getreidescala in voller Wirksamkeit in England, hätten nicht einerseits schon damals die freihändlerischen Principien unter den Fachmännern nicht nur, sondern auch im Volke allgemeiner Anerkennung und Verbreitung sich erfreut, wie auch bereits in den letzteren Jahren eine ansehnliche Reduction der Eingangszölle stattgefunden hatte, und hätten andrerseits nicht die Häupter der Whigs — die zur Zeit noch eine geschlossene und einflußreiche Partei im älteren parlamentarischen Sinne bildeten — zu den neuen Principien öffentlich sich bekannt, wie insbesondere Lord John Russel in jenem berühmten Briefe an seine Wähler; und wäre nicht vor Allem der Führer der Tories, Sir Robert Peel, mit dem Gros seiner Armee, trotz Bentinck und Disraeli, mit klingendem Spiele in das Lager der Freihändler übergetreten: — und einigermaßen ergötzlich ist es, zu sehen, wie so eben Disraeli, derselbe, der seitdem den „Verräther" Peel im Parlamente mit seinen bittersten Sarcasmen und Recriminationen verfolgte, der nimmer ihm Ruhe ließ, sondern, nachdem der Mantel Peel's als Führer der Tories, auf seine, Disraeli's Schulter gefallen, wie eine Furie der Vergeltung ihn immer und ewig umschwebte, ihn quälte und marterte — wie derselbe Disraeli, nachdem er allerdings längst in ähnlicher Weise wie Peel seiner Partei gegenüber sich zum Freihandel bekehrt hat, dem gegenwärtigen Cabinette so eben zum Vorwurf machte, einen Handelsvertrag mit Frankreich abgeschlossen zu haben, da dergleichen Verträge dem Principe des Freihandels in seiner unbedingten Geltung, wenn auch nur theoretisch, Abbruch zu thun geeignet seien, und es den Anschein gewinnen könne, als habe dasselbe nicht immer und überall, ohne Compromiß und ohne Beschränkung als das neue, das allein wahre, das unangreifbare Palladium der englischen Industrie und Handelsgröße stattzugreifen. In England waren also Theoretiker, mit wenigen Ausnahmen, wie der geistreiche Oberst Torrens und einige andre untere Götter — wie Praktiker, ferner überwiegend die öffentliche Meinung, endlich die unteren Klassen des Volkes, auf denen die Agitation zunächst und vor Allem basirte — setzen wir hinzu, Capital und Intelligenz für den Freihandel: als Classen waren nur die Agriculturisten, und später als man auch deren Monopol an's Fleisch ging, die Rheder dagegen.

Sehr verschieden aber in Frankreich. Einer wahren Hungersnoth bedurfte es — und eines Napoleon — um vor wenigen Jahren die Einfuhr von Getreide zeitweilig frei zu geben — eine Freiheit, für welche schon vor fast hundert Jahren, ihrer Zeit um ebensoviele Jahre voraus, der Abbé Morelly in seiner berühmten Schrift, und Turgot in seinen erfolglosen Bestrebungen als Minister Louis XVI., gesprochen und gewirkt hatten; und trotz den Jean Baptiste Say in jener und den Blanqui und Rossi in neuerer Zeit — von der beschränkten Zahl der zeitgenössischen Königen des Freihandels nicht zu sprechen — sind diese Ideen einer aufgeklärteren Volkswirthschaft noch Eigenthum einer vergleichsweise sehr kleinen Schaar Erlesener geblieben, und noch durchaus im Stadium der „theoretischen Discussion." Von einer „öffentlichen Meinung" ist in Frankreich nicht viel die Rede, jedenfalls kann sie sich nicht äußern und nicht geltend machen; die Masse des Volkes aber ist entweder theilnahmlos oder ohne Urtheil in dieser Frage, hängt vielmehr, soweit sie ein Urtheil oder wenigstens eine Vorneigung besitzt, am Alten. Vor Allem aber ist die große Industrie, oder, wie sie sich nannte, die hohe Industrie, die, Dank dem bisherigen Systeme, alles Capital besitzt, nachdem sie dasselbe auf Kosten der Consumenten, d. h. der großen Masse, erworben hat, und die mit dem Capital, dem „Nerv der Dinge", die Macht besitzt, selbstverständlich die principielle und praktische Gegnerin — die Gegnerin à outrance — des Freihandelsystems. Hier stoßen wir eben auf den „Widerstand." Von welchem Schlage dieser aber ist, das muß man gesehen haben, um es zu glauben und zu wissen. Schon unter Louis Philipp wurden bekanntlich Versuche, — sehr zahmer Art — im Sinne des Freihandelsystems, zunächst zur Milderung des Prohibitivsystems und Ermäßigung der Schutzzölle, gemacht: unter dem „Bürgerkönig" mochte die classe moyenne, zu welcher die Vertreter der hohen Industrie par excellence sich zählten, sich berechtigt glauben, sobald es sich von ihrem Interesse handelte und dasselbe gefährdet schien, eine Sprache zu führen, die, wenn irgend eine, nach Hoch- und Landesverrath schmeckte. Das war im Jahre 1846 und der Verfasser dieses Artikels befand sich damals in Paris. Die Organe der Protectionisten enthielten täglich die unglaublichsten Schmähungen und Drohungen, ergingen sich in den leidenschaftlichsten und wüthendsten Diatriben — sie drohten, den „Feind" (sie sagten zwar nicht, welchen Feind) über die Grenze zu rufen; die „Feinde des Vaterlands zu bewaffnen"; (meinten sie die Republikaner?) — sie betheuerten, daß sie eher die Spaltung von Frankreich in zwei Königreiche, in Nord und Süd, bewirken, als ein Jota von ihren „Schutzzöllen" sich nehmen lassen würden. Louis Philipp, „ihr" König, mußte diesen Königen und Königlein der Industrie und des Capitals das Feld räumen, seine Fahne, die Fahne des Freihandels im Principe, senken vor ihnen. Ja, das mußte selbst, wie wir gesehen haben, Napoleon der Dritte. Wird es nun diesmal wieder so sein? Die Opposition an sich ist ungeschwächt: noch ganz dieselbe wie damals und ohne Zweifel noch eben so geneigt sich geltend zu machen, so weit sie vermag, das heißt in Petitionen und Agitationen. Man hat in französischen Blättern auf die Heftigkeit und Rücksichtslosigkeit der Sprache Jener hingewiesen: nach dem Vorgesagten wird man aber ohne Mühe einer Zeitung Recht geben, wenn sie sagt, daß diese Sprache im Vergleich zu der bei früheren Gelegenheiten gehaltenen wahres „Rosenwasser" sei. Daß nun Louis Napoleon den Muth hat, unter diesen Umständen so plötzlich, und diesmal, wie es den Anschein hat, alles Ernstes mit dem Prohibitiv- und Schutzsystem zu brechen, daß er durch eine einfache Willenserklärung mittels jenes offenen Schreibens, in seinem gewohnten kurzen und scharfen und bündigen Style verfaßt, ein entgegengesetztes System in Frankreich zur Herrschaft bringen will, und daß er gerade in dem gegenwärtigen Zeitpunkte der äußeren politischen Verwirrung damit hervortritt und sich nicht scheut, außer und neben der clerikalen Opposition, die ihm gewiß weit gefährlichere, weil substantiellere, der „materiellen Interessen", des Monopols in Gewerbe und Handel, und des Capitals auf sein Haupt zu ziehen, das bezeugt eben, mehr als manche andere Art seiner Selbstregierung, die auf den ersten Blick von größerer Bedeutung und Trageweite erscheinen mochten, welche ungeheure Gewalt er besitzt, und darum nannten wir diesen Act einen Staatsstreich.

Doch auch die Macht- und Gewaltfülle eines Napoleon des Dritten würde unzureichend sein, würde ihrerseits sich brechen und zu Schanden werden, wollte er die Durchführung in zu plötzlicher Weise bewirken. Schlachten sind schwerer zu schlagen und noch schwerer zu gewinnen, selbst für den geschicktesten Staatsmann, selbst für einen Napoleon auf dem stachligen Felde der socialen Oekonomie, als auf dem der Waffen; hauptsächlich da, wo das Bestehende, so mangelhaft und fehlerhaft es sei und so wenig es übereinstimme mit den theoretischen Doctrinen oder sei es selbst den praktischen Bedürfnissen und Erfordernissen der Zeit, sie tief sich eingelebt und so fest sich eingewurzelt hat in den Organismus des Staates und den Wechselbeziehungen des praktischen Lebens; und wo überdies so umfangreiche und allerdings hochwichtige Interessen im Spiele sind, die, mit Recht oder Unrecht, sich verletzt oder gefährdet glauben. Napoleon ist scharfsinnig und weise genug, diese Wahrheit einzusehen, und darum ist er weit entfernt, das Werk der Reform, den Uebergang vom Alten zum Neuen, in diesem Falle in allzuschroffer und durchgreifender, in allzu „napoleonischer" Weise ohne Rücksicht und Schonung ausführen zu wollen.

Das führt uns zur Besprechung der beabsichtigten Reformen selbst. Und wir mögen hier von vornherein unsere Meinung dahin äußern, daß weder einerseits die Befürchtungen der Protectionisten in Frankreich, noch andrerseits die Hoffnugen, die man in England hegt, begründet sind. Letztere scheinen auch bereits sich sehr herabzustimmen, und den Jubelhymnen der ersten Stunde folgen in den Organen der öffentlichen Meinung, in der Presse, bereits sehr nüchterne und sehr kühle Erwägungen, in anderen Worten, sehr gewichtige „Bedenken und Zweifel."

(Old Traveller.)

Ein Graf von Königsmarck.

Roman
von
George Hesekiel.

Neunzehntes Capitel.
Gast der Zunge von Frankreich.

„Das Schwert macht nicht den Ritter,
Das Kreuz giebt euch kein Recht,
Ob Balken oder Splitter,
Ihr seid der Sünde Knecht."
(Herbergs-Spruch.)

Nach einem ziemlich langen Aufenhalt in Neapel und auf der Insel Sicilien war Graf Hans Carl von Königsmarck mit einem französischen Pagen, vier deutschen Dienern und zwei italiänischen Knechten auf einer genuesischen Felucke glücklich auf Malta gelandet. Es war ein heißer, aber prachtvoller Sommernachmittag, an welchem er zu La Valetta an's Land stieg. Malta hatte großen Eindruck auf ihn gemacht schon beim Einlaufen in den Hafen Marsa, er hatte die sengende Glut der afrikanischen Sonne nicht gefühlt; bewundernd blickte er bald auf die gewaltigen Citadellen, Forts und Bastionen, die Malta zu dem Hauptbollwerk der Christenheit im Kampfe gegen den Halbmond machten, bald auf die amphitheatralisch aufsteigende Stadt, die sich in den hellen Fluthen eines Meeres spiegelt, über das ein wolkenloser Himmel seine tiefazurne Wölbung spannt. Noch gewaltiger aber fast fühlte der Sohn des Nordens seine Aufmerksamkeit von dem Leben in Anspruch genommen, das ihn umbrauste, sobald er seinen Fuß an's Land gesetzt hatte. Die gelblichen Häuser mit flachen Dächern, mit geschlossenen Balkonen und Fenstergittern, welche die Treppenstraßen oder Straßentreppen, wie man will, bildeten, erinnerten an den Orient, die vielen Kirchen aber, die zahlreichen Madonnen- und Heiligenbilder an den Straßenecken verriethen die Hauptstadt eines geistlichen Fürstenthums. Dazu nun dieses Gemisch von Menschen aus drei Welttheilen, hier Malthefer mit dunklem Teint und blitzenden Augen, dort Frauen mit halb über das Angesicht gezogener Mantille, denn nach einem malthesischen Sprüchwort darf sich eine ehrbare Frau nur zwei Mal in ihrem Leben öffenlich sehen lassen, im Hochzeitsschmuck nämlich und im Sarge. Neben diesen Kindern der afrikanischen Sonne nun blonde Nordländer in ernsten geistlichen Trachten und die ganze Fülle der Abzeichen, durch welche sich die verschiedenen Stufen der Ordenshierarchie unterschieden: die Marinetruppen des Ordens in rothen, schwarz aufgeschlagenen Röcken, die Galeerenofficiere in Scharlach mit Weiß, die Leibwachten des Großmeisters in Scharlach mit Blau, die Soldaten vom

Regiment Malta in weißen, rothaufgeschlagenen Röcken, die Caçadores des Ordens in Grün, dazu die Menge fremden Seevolkes aus dem Orient und Occident; mitten in diesem Gewühl Ordensritter, entweder in den schwarzen Mantel mit dem weißen Achtspitzenkreuz gehüllt, oder doch dunkel gekleidet, das weiße Leinwandkreuz auf der Brust. Dazu nun das sinnverwirrende Sprachengemeng, französisch, spanisch, italiänisch bunt durcheinander, Alles überschallend aber jenes furchtbare arabische Idiom, das nicht gesprochen, sondern beinahe ohne Hülfe des Mundes aus der Kehle geschrieen wird.

Kräftig und gewandt glitt Graf Hans Carl durch dieses Gewühl, er ließ seine Leute in einem Gasthause und strich, nach neuen Eindrücken hungrig, durch die Stadt; seine Begierde wurde gestillt, hier war ihm Alles neu, und eben das war ihm neu, was ihm vorzüglich interessant war, das Leben, er fühlte, daß er hier nicht mehr in Europa, sondern schon in Afrika war. Die Menschen nahmen immer und überall seine Aufmerksamkeit mehr in Anspruch als Gebäude und Kunstschätze; und an den Gebäuden war in Malta im Ganzen auch wenig zu sehen, aber sie imponirten doch durch ihre soliden Constructionen und die mächtige Ausdehnung. Auch an dem Palast der Großmeister, auf dem St. Georgsplatz, dem höchsten Punkte der Stadt, gelegen, wußte er wenig mehr zu bewundern, als die colossale Größe seiner vier Fronten.

An keinem Orte in der Welt hatte es unserm Helden am ersten Tage seines Aufenthaltes schon so behagt, wie auf dieser Insel streitbarer Ritter und — geheimnißvoll schöner Frauen; sein scharfes Auge hatte auf einem prächtig vergoldeten und kunstreich verzierten Balkon, der gar nicht vergittert war, eine weibliche Gestalt gesehen, ganz weiß gekleidet und zwischen blühenden Orangenzweigen ein edles und doch rührend sanftes Antlitz, von dunklen Locken umwallt. Zwei Mal war er hin und her gegangen an diesem Balkon vorüber, dieses Frauenzimmer zu sehen, dessen Anblick ihn so mächtig ergriffen hatte, daß er, der einer der eifrigsten Heraldiker war, sogar der vielen Wappenschilde an den Häusern nicht mehr achtete, die ihn kurz zuvor noch lebhaft beschäftigt hatten.

Er kehrte erst, als die Nacht anbrach, in das Gasthaus zurück, in welchem er seine Diener gelassen, er schlief einen herrlichen Schlaf, in welchem der gefälligste Kuppler von der Welt, der Traum, jenes Frauenbild mit dem edlen, sanften Angesicht von dem Balkon in seine Arme führte.

Am andern Morgen sendete der Graf durch seinen Pagen einen Empfehlungsbrief, den ihm sein greiser Freund, der Herzog von Royan, in Paris geschrieben, an den Vicomte von Flavacourt, Pilier der Zunge von Frankreich, den Groß-Spittler, einen der höchsten Würdenträger des Malthefer-Ordens, der in der Nähe des Ordens-Spittels, das unter seiner Aufsicht stand, wohnte. Auch an andere französische Ordens-Ritter, d. h. Ritter, die zu den Zungen von Frankreich, Auvergne und Provence gehörten, hatte unser Held Empfehlungsbriefe, doch gedachte er sich derselben erst zu bedienen, wenn er die persönliche Bekanntschaft der Herren, an die sie gerichtet waren, schon gemacht; er war viel zu stolz, um der Empfehlung eines Andern verdanken zu mögen, was er sich selbst erringen zu können bewußt war, persönliche Achtung und Zuneigung. Man sieht indessen, daß seine Klugheit ihn doch abgehalten, seinen Stolz weiter zu treiben, als gut war. Den Brief an den Groß-Spittler, der ihm die Kreise des Ordens öffnen sollte, sandte er ab, mit dem höflichen Erbieten seines Respectes und der Bitte, ihm eine Stunde zur Unterredung zu bestimmen. Auch das war dem stählernen Stolze dieses jungen Mannes schwer geworden, aber er tröstete sich mit dem Gedanken, daß er sich nicht vor dem Vicomte von Flavacourt, sondern lediglich vor dem Groß-Spittler des Ordens, dem Vertreter der französischen Zunge, beuge. Obgleich nun, wie schon bemerkt, der Groß-Spittler einer der höchsten Würdenträger auf Malta war, so erwartete der stolze junge Mann doch, daß er auf seine Empfehlung sofort zu einer Zwiesprache mit demselben werde geladen werden. In Erwartung solcher Einladung kleidete er sich prächtig, aber durchaus in dunkle Farben. Um den Hals trug er, sechsfach geschlungen, eine goldene Kette, an welcher eine Schaumünze mit dem Bilde Ludwig's XIV. hing, ein Geschenk, das er aus den Händen des großen Königs selbst empfangen, in den Goldknöpfen seines Rockes blitzten Demanten, von Goldschnur waren alle Schlingen. Die breite Schärpe von weißer Seide mit Goldfranzen, die er sonst zu tragen pflegte, hatte er während seines Aufenthaltes in der Mark Brandenburg abgelegt und nicht wieder angenommen, sein schwerer Stoßdegen hing in einem schlichten Wehrgehäng von schwarzem Leder, er warf einen leichten, schwarzen, seidenen Mantel um und drückte den Hut ohne Federn auf die dunkeln Locken. So erwartete er die Ladung des Groß-Spittler's und war bereit, ihr sofort Folge zu leisten. Es verging einige Zeit, während er in dem kühlen Gemach, das er bewohnte auf- und abschritt; er versuchte an das schöne Frauenbild auf dem Balkon zu denken, das ihm der Traum so engelmild gezeigt, aber selbst das vermochte ihn in dieser Stunde nur auf kurze Augenblicke zu fesseln; denn schon brannte die Fieberröthe der Ungeduld auf seinen Wangen, mit Ludwig XIV. hatte Graf Hans Carl die Eigenschaft gemein, daß er nicht warten konnte, das Warten demüthigte ihn. Freilich wußte er diese Ungeduld im Beisein Anderer ganz gut zu verbergen, hier aber sprach er halblaut unwirrsche Worte über die Unhöflichkeit des Groß-Spittler's vor sich hin.

Plötzlich öffnete sich die Thür und zwei Herren traten ein; der Aeltere, mit kurz geschorenem, grauen Hauptbaar und lebhaft blitzenden, kleinen Augen in dem faltenreichen, bräunlichen Antlitz, trug ein sehr großes Kreuz von weißer Leinwand auf der linken Seite des schwarzen Rockes und ein von Demanten funkelndes Kreuz am schwarzen Bande um den Hals; der Jüngere war in der rothen Kriegstracht der Officiere auf den Galeeren des Ordens, er trug ein kleineres Ordenskreuz am Halse und nickte unserm Helden schon von Weitem freundlich und in verbindlichster Weise zu.

„Mein Herr Graf von Königsmarck," rief der ältere Ordensmann lebhaft, näher tretend und sich leicht verneigend, „der Bruder Roger von Flavacourt ist so glücklich, euch als der Erste willkommen zu heißen auf dieser Insel!"

Graf Königsmarck verbeugte sich und war etwas beschämt durch die Höflichkeit und Freundlichkeit, mit welcher der Groß-Spittler des Ordens alle seine Erwartungen übertroffen.

„Ihr habt mir," fuhr der Großwürdenträger fort, „den besten Empfehlungsbrief gebracht, den ein Edelmann an die Zunge von Frankreich bringen kann, der theure Bailli von Noirmoustier ist hier unvergessen, wenn er auch das Achtspitzenkreuz abgelegt hat und sich jetzt einen Herzog von Royan nennt; der Bailli war mein Kriegslehrmeister, Herr Graf, darum danke ich euch, daß ihr die Freundlichkeit gehabt habt, mir diesen Brief zu senden, aber einer Empfehlung bedurfte der Graf von Königsmarck nicht bei mir, und wäret ihr mir nicht schon vorher hinlänglich durch den Ruf bekannt gewesen, so würde hier der Bruder Renatus von Coigny dafür gesorgt haben!"

Der Groß-Spittler hatte so rasch aber bedeutend gesprochen, daß der Graf nicht zu Worte kommen, sondern sich nur höflich dankend hatte verneigen können, jetzt trat der Galeeren-Officier näher und sprach: „Herr Graf, ihr erinnert euch wohl kaum meiner, es war freilich Nacht —"

„Aber es war hell genug zum Kampf," unterbrach Graf Hans Carl den Sprechenden lebhaft und dem Ritter herzlich die Hand reichend, „ich erinnere mich allerdings nur noch dunkel eurer Züge, mein Herr, aber ich vergesse nie den Namen eines Mannes, der mir Dienste der Art geleistet hat. Ihr standet damals bei des Königs von Frankreich grauen Mousquetairs, ihr habt doch nicht in Folge jenes Zweikampfes meinetwegen diese Truppe verlassen müssen?"

„Nein, Herr Graf," nahm hier der Groß-Spittler das Wort, „beunruhigt euch nicht, der Bruder Renatus war schon vor Jahren für den Orden und für den Seedienst bestimmt. Seine Frau Mutter ist eine große Wohlthäterin des Ordens, denn seht, ich nahm das Kreuz, weil sie mich nicht nahm, sondern den seligen Marquis von Coigny, woran sie auch wahrscheinlich sehr klug gethan hat, und dann versprach sie mir vor zwanzig Jahren bei ihres Gemahls Tode, mir ihren dritten Sohn für den Orden zu geben. Ihr seht, Herr Graf, daß euch der Orden wegen des Bruders Renatus keinen Dank schuldet, sondern lediglich der Frau Marquise von Coigny, welcher der heilige Johann nun schon zwei Ordensmänner verdankt, die sicher nicht zu seinen schlechtesten gerechnet werden dürfen, nicht wahr, Bruder Renatus?"

„Was die Leute denken," erwiderte der Ritter rasch und drohend, „das können wir nicht hindern, hochwürdiger Bruder, aber es aussprechen, das soll wahrlich Keiner wagen!"

„Er führt eine gute Klinge, Herr Graf!" bemerkte der Groß-Spittler, der offenbar sehr stolz auf den dritten Sohn der Frau war, von der er einst einen Korb erhalten.

„Ich bitt' euch, Hochwürdiger," rief der Ritter von Coigny, „redet nicht von einer guten Klinge in Beisein des Herrn Grafen von Königsmarck, dessen Auge, dessen Handgelenk — ach! ihr habt gar keinen Begriff von solchem Fechten!"

„Herr von Coigny! Laßt mir den Rest meiner Bescheidenheit, er ist ohnehin geringer als mir lieb ist, seid gebeten!" Der Graf drückte lächelnd dem Ritter die Hand auf den Mund.

„Nun, ihr Herren müßt einen Gang miteinander machen," meinte der Groß-Spittler schmunzelnd, „nur damit ich das sehe, jetzt aber mein Herr Graf, wollte ich euch ersuchen, mich in die Herberge zu begleiten, damit ich euch nachher als Gast der Zunge von Frankreich Seiner Hoheit-Eminenz, dem hochwürdigsten Meister des Ordens, vorstellen kann!"

„Die Vorstellung ist nothwendig," setzte der Ritter von Coigny hinzu, „denn nur der hochwürdigste Meister kann euch die Erlaubniß ertheilen, auf einer Ordens-Galeere eine Karavane mitzumachen, und ich hoffe, daß ihr mir die Ehre geben, das heißt, daß ihr an Bord der Galeere gehen werdet, auf welcher ich diene. Die Santa Eufemia ist das erste Ordensschiff, welches ausläuft, vielleicht nächste Woche schon, und der Bailli von Bois-Redon, der es commandirt, gilt für einen der besten Seeofficiere des Ordens."

Die beiden jungen Männer reichten sich die Hand, dann folgten sie dem Groß-Spittler, der mit der ihm eigenen Raschheit das Gemach bereits verlassen hatte und ihnen nun voran nach der Herberge der französischen Zunge schritt. Jede Zunge des Ordens hat eine solche Herberge, in diesen Herbergen werden alle Ritter, welche einer Zunge angehören, von dem Pilier derselben auf Kosten des Ordens gespeist und gekleidet, kurz vollständig unterhalten. Jeder Pilier hatte eine Großwürde, kraft welcher er die Zunge im Convent vertrat, weßhalb er auch Bailli conventuel genannt wurde, jede Zunge wählte ihr Oberhaupt, Pilier genannt, selbstständig. Das Haupt der Zunge von Provence bekleidete stets die Würde des Groß-Commendators, der Pilier von Auvergne war Groß-Marschall, der von Frankreich Groß-Spittler, der von Italien Groß-Admiral, der von England Groß-Turcopolier (Anführer der leichten Reiter), der von Deutschland Groß-Bailli, der von Arragon Groß-Drapierer, der von Castilien endlich Groß-Kanzler des Ordens.

Ihr Weg führte die Herren durch die Straße, in welcher das stattliche Haus mit dem vergoldeten Balcon lag, auf welchem der Graf Tags zuvor das liebliche Frauenbild bemerkt. Er warf einen verstohlenen Blick hinauf — der Balcon war geschlossen, wie er der Hitze wegen vermuthen konnte, aber unser Held mußte sich einige Gewalt anthun, um sich nicht durch eine Frage nach den Bewohnern des Hauses gegen den Ritter von Coigny zu verrathen. Er kannte noch wenig von den Sitten und der Lebensweise der Malteserritter.

Der Groß-Spittler erreichte mit seinen beiden jungen Begleitern die Herberge der Zunge von Frankreich, ein schmuckloses Gebäude, aber von gewaltiger Ausdehnung. Ueber der Thür der Herberge sah man, in Stein gehauen und in Farben ausgeführt, das ritterliche weiße Johanniterkreuz mit den acht Spitzen, darauf gelegt aber einen viereckigen rothen Schild mit dem weißen Balkenkreuz, das Ordens-Wappen; darunter lagen ein Ritterschwert und ein Pilgerstab im Andreaskreuz. Die lateinische Legende enthielt einen Herbergsspruch, der deutsch ungefähr also lautete:

Das Schwert macht nicht den Ritter,
Das Kreuz giebt euch kein Recht;
Ob Balken oder Splitter,
Ihr seid der Sünde Knecht!

Der Groß-Spittler trat in einen großen düstern Saal, in welchem eine lange Tafel mit feinem Linnen und köstlichem Silbergeschirr gedeckt stand, um welche sich eine bedeutende Anzahl von Rittern drängte, die sich nach französischer Sitte laut und lebhaft unterhielten. Der Renatus von Coigny blieb mit dem Grafen an der Thürschwelle stehen, die Ritter ordneten sich rasch in zwei Reihen und ließen das Oberhaupt ihrer Zunge, indem sie sich verneigten und die rechte Hand auf die Brust legten, passiren. Der alte Herr bestieg mit jugendlicher Rüstigkeit eine Art von Katheder; ein Lesepult, von welchem, dem Statut gemäß, den Rittern, während sie speisten, erbauliche Schriften vorgelesen werden sollten — eine gute alte Einrichtung, die aber damals schon, wenigstens in der Herberge der französischen Zunge, gänzlich in Verfall gerathen war. Die Priester-Brüder und Ordens-Caplane, welche für Aufrechthaltung hätten sorgen sollen, hielten zwar noch das Tischgebet und sprachen das gratias, aber sie plauderten lieber mit den Rittern und ließen die erbaulichen Vorlesungen ganz in Abgang kommen.

Der Groß-Spittler gab ein Zeichen mit der Glocke; sofort trat eine tiefe Stille ein, der Gehorsam gegen die Befehle der Oberen war noch in voller Geltung. „Meine Brüder," begann der hohe Würdenträger, „ich empfehle eurer brüderlichen Fürsorge einen Gast der Zunge von Frankreich. Der Herr Graf von Königsmarck, ein großer schwedischer Herr, ein Enkel des berühmten Marschalls, der so oft vereint mit französischen Feldherren in Deutschland gefochten, ist hierher gekommen, um, wenn es Seine Hochwürdigste Hoheit gestattet, eine Karavane zu machen; wir heißen ihn willkommen als Gast der Zunge von Frankreich!"

Ein beifälliges Murmeln ging durch den Saal, Aller Augen richteten sich freundlich auf den schönen jungen Mann.

„Der neue Gast der Zunge von Frankreich", fuhr der Groß-Spittler fort, „bringt den Brüdern die herzlichen Grüße des Baillis von Noirmoustier, der immer der französischen Zunge Stolz bleiben wird, trotzdem, daß er dem Orden nicht mehr angehört."

Ein neues, stärkeres Beifallszeichen rauschte durch den Saal; die Blicke, die auf unsern Helden fielen, wurden noch freundlicher.

„Der Bruder von Coigny", schloß das Oberhaupt der Zunge, „wird unserm Gaste seinen Platz an der Tafel anweisen."

Damit verließ der alte Herr die Tribüne und sah sich bald von mehreren älteren Ordensbrüdern umgeben, denen er Mittheilungen aus dem Briefe des Herzogs von Royan machte. Graf Königsmarck wollte dem Ritter von Coigny eben bemerken, daß er zwar ein schwedischer Graf, aber ein deutscher Edelmann sei — denn der junge Herr hatte es eigentlich nicht gern, wenn er für einen Schweden erklärt wurde, er rühmte von sich, daß er gut deutsch und brandenburgisch sei — aber er behielt dazu keine Zeit, denn ein Schwarm von lebhaft sprechenden jungen Rittern umgab ihn auf der Stelle, und einige davon beanspruchten seine besondere Aufmerksamkeit, weil sie ihn während seines Aufenthaltes in Frankreich zu Paris oder in Versailles gesehen hatten.

Der Groß-Spittler hatte den Saal verlassen, und unter zunehmend lauten Gesprächen nahmen die Herren Platz an den nicht nur sehr reichlich, sondern auch sehr lecker besetzten Tafeln. Die Zeiten waren längst vorüber, da die Johanniter ihre karge Mahlzeit, demüthig an der Erde sitzend und sich ihres Mantels als eines Tischtuches bedienend verzehren mußten und selbst hungrige Hunde nicht fortjagen durften, wenn solche kamen und einen Theil der Mahlzeit in Anspruch nahmen. Die Demuth und die Armuth waren nicht mehr die hervorstechenden Tugenden der Johanniter, aber die Milde gegen Kranke, das eigentliche Hospitaliterthum, wurde noch immer geübt, und der glänzende Kriegsmuth der alten Brüder, vom Johannis-Spital zu Jerusalem lebte in den Malthesern fort, wie er von den Rhodisern auf sie vererbt worden war. Das fühlte Graf Königsmarck alsbald, denn der Ritter von Coigny hatte ihm seinen Platz angewiesen unter einer Schaar von jungen Ordensmitgliedern, die bestimmt waren, an dem nächsten Seezuge Theil zu nehmen, und nun die Zeit kaum erwarten konnten, daß die Fahne der Religion — so bezeichneten sie die große Ordensfahne, wie sie ihren Orden überhaupt kurzweg die Religion zu nennen pflegten — entfaltet wurde. Die heißblutigen Söhne Frankreichs, die fast alle schon unter dem Schnabelmantel — so wurde der schwarze Rittermantel mit dem weißen Kreuz wegen der spitzen Aermel und der Kapuze genannt — die Sopraveste, das rothe, weißausgeschlagene Kriegskleid trugen, fühlten sich nicht wenig geehrt, daß der schwedische Grand-Seigneur nicht nur hier an der Tafel der Herberge, sondern auch an Bord einer Ordens-Galeere ihr Gast sein sollte. Als Gast der französischen Zunge wurde nämlich Graf Königsmarck nunmehr in der Herberge des Groß-Spittlers unterhalten ganz wie ein Ordensritter, so weit ihm das nämlich bequem und genehm war. Das Gespräch der Gesellschaft drehte sich fast ausschließlich um Heldenthaten, welche französische Ritter in der letzten Zeit vollbracht hatten, und Graf Königsmarck war froh, daß jener Ritter, der unter dem Großmeister Helion de Villeneuve den Kampf mit dem Drachen*), der Rhodus verheerte, siegreich bestanden, daß der ein Franzose gewesen; sonst hätten ihm seine Tischgenossen vermuthlich nicht viel von ihm zu sagen gehabt. So freilich erfuhr er ausführlich, daß der Drachentödter, Ritter Dieudonné von Gozon, aus einem edlen Geschlecht in Languedoc, nachher Großmeister geworden und dem Orden in den Jahren von 1346 bis 1353 ruhmreich vorgestanden habe. Er sei, erzählten die Ritter, nach großen Siegen über die Heiden hochbetagt verstorben und in dem kleinen Kirchlein Saint-Etienne am Berge, wo er sich vor dem Kampfe mit dem Drachen Gott befohlen habe, begraben worden; auf seinen Grabstein aber habe man die einfach-stolze Inschrift gesetzt: Extinctor Draconis, d. i. Drachentödter.

Die französischen Ritter zürnten noch nach dreihundert Jahren dem alten

*) Den Kampf mit dem Drachen, den Schiller in seinem gleichnamigen Gedicht besungen.

Hellon von Villeneuve ein wenig, daß er den Drachenbezwinger bei seiner Rückkehr, weil er die Regel des Gehorsams verletzt und gegen seinen Befehl den Drachen bekämpft hatte, zunächst hart getadelt und bestraft hatte. Sie vermochten gar nicht mehr zu begreifen, wie der Ritter de Gozon solch einen Tadel nach solcher That so demüthig habe hinnehmen können, und erklärten sich das nur durch die Annahme, daß der Ritter durch diese Demuth die alten Herren im Convent für sich habe gewinnen und sich so den Weg zur Großmeisterschaft bahnen wollen. Graf Königsmarck konnte auch daraus abnehmen, wie weit der Orden bereits abgefallen war von dem Geiste, der ihn einst belebt hatte. Doch das focht unsern Helden wenig an, seine Seele brannte, als er von den Heldenthaten hörte, welche die Ordensritter noch in den letzten Zeiten gegen die Ungläubigen vollbracht, so von den Rittern von Crainville und Téméricourt, die mit ihren beiden Galeeren keck in die türkische Flotte hineinsegelten im Hafen von Samos, einige der feindlichen Fahrzeuge in den Grund bohrten, sechs erbeuteten und die anderen in die Flucht jagten. Noch höher strahlte der Ruhm des Bailli von Hocquincourt, der auf der Rhede von Dolphin von dreiunddreißig sultanischen Galeeren überfallen wurde und sich dennoch siegreich durchschlug, nachdem er den Türken mehr als sechshundert Mann getödtet hatte. Ein anderer Ritter, ebenfalls Téméricourt geheißen, hatte das Unglück, nach einem siegreichen Kampfe durch einen Sturm an die maurische Küste geworfen und gefangen zu werden. Er wurde nach Adrianopel geschickt und vor den Sultan gebracht; da hat ihn der Großtürke gefragt, ob er der Ritter sei, der mit einer Galeere fünf türkische besiegt? Téméricourt antwortet: „Der bin ich!" Und der Sultan wieder: „Aus welchem Volke bist du?" Darauf die Antwort: „Ich bin ein Franzose." Da rief der Sultan: „So bist du ein Empörer, denn ich bin im Frieden mit deinem Könige." Aber der Ritter, er war erst zweiundzwanzig Jahre alt, entgegnete: „Ein Ritter von Malta ist niemals im Frieden mit den Feinden des christlichen Glaubens." Es staunte der Sultan ob solcher Hochherzigkeit und ihn gelüstete, einen so tapferen Mann für sich zu gewinnen; er bot ihm die höchsten Ehrenstellen seines Reiches, er versprach ihm eine seiner Töchter zur Ehe und wollte ihm ein Königreich als Statthalterschaft geben, wenn er den christlichen Glauben abschwöre und sich zum Islam bekenne, aber Téméricourt wies solche Zumuthungen mit Entrüstung zurück und nachher war er ebenso fest gegen Kerker und Folter, wie vorher gegen Verlockung und Verheißung. Der Großtürke ließ dem jugendlichen Märtyrer endlich das Haupt abschlagen.

Von solchen Helden erzählten die französischen Ordensritter dem Grafen Hans Carl von Königsmarck während der Mahlzeit, nachher aber gingen sie mit ihm spazieren, um ihm die Merkwürdigkeiten der Ritterstadt zu zeigen. Aecht französisch führten sie ihn zuerst nach der Strada stretta, in welcher Straße die Ritter alle ihre Duelle ausfechten müssen. Auf der ganzen Insel ist der Zweikampf bei Todesstrafe verboten, nur in dieser Straße erlaubt, die Straße ist nur so breit, daß zwei Kämpfer gegen einander streiten können mit dem Degen, denn wer sich mit Pistole oder Dolch in der Strada stretta betreten läßt, ist dem Henker verfallen. Die Secundanten der Kämpfer besetzen die beiden Eingänge der Straße, oben und unten, und lassen Niemanden passiren, so lange der Kampf dauert.

Aus der Strada stretta führten die Ritter den Gast ihrer Zunge nach der prachtvollen Meisterkirche St. Johannis des Täufers. Das Auge unseres Helden war fast geblendet von dem Uebermaß von Gold und Marmor, mit dem das Innere der Kirche geschmückt war, welche die Grabmonumente der Großmeister von de l'Isle-Adam an enthält. Der Fußboden bestand aus Platten der verschiedensten und seltensten Marmor-Arten, und unter jeder Platte lag ein Johanniterritter begraben, der eine Heldenthat vollbracht, die ihm ein Anrecht gab auf ein Grab neben Isle-Adam und Lavalette. Lange verweilte der Graf von Königsmarck bei den Sarkophagen dieser großen Helden der Christenheit, viel weniger interessirte er sich für die kostbarste Reliquie der Magistralkirche, die Hand Johannis des Täufers, die ihm im Oratorium gezeigt wurde. Es war ihm daran eigentlich nur das interessant, daß der furchtbare Sultan Bajazeth diese Hand an den Großmeister von Aubusson gesendet hatte, also den Helden ehrend. Nachdem der Graf noch flüchtig die Capellen der verschiedenen Zungen betrachtet hatte, führten ihn seine Genossen wieder hinaus,

Auf dem Wege dorthin wurden die Gespräche, die sich bis dahin doch meist ernster gehalten und auf den Orden und seine Einrichtungen, oder dessen Geschichte bezogen hatten, leichtfertiger. Bald hier, bald dort wurden Damen, die auf Balkonen oder an Thüren zum Vorschein kamen, mehr galant als ach-

französische Indiscretion und Ruhmredigkeit kam überall zu Tage.

Der Ritter von Coigny vertraute dem Grafen Königsmarck an, daß das vornehme Frauenzimmer auf Malta, die Frauen und Töchter des Landesadels, der weltlichen Ordensbeamten, man nannte sie „Honorate", insgemein sehr schön und auch sehr geneigt zu Liebeshändeln sei, daß dabei aber stets die höchste Vorsicht und das tiefste Geheimniß verlangt werde, und zwar aus Furcht vor der ganz orientalischen Eifersucht, mit welcher die Frauen bewacht und im Falle einer vermutheten Untreue bestraft würden.

„Ihr werdet kaum Gelegenheit haben, die Honorate kennen zu lernen, mein Herr Graf," schloß der Ritter seine Mittheilungen, „selbst wenn ihr längere Zeit hier verweilen solltet."

Der Graf sah den Gefährten fragend an.

„Ja," fuhr dieser lachend fort, „als Gast der französischen Zunge unterliegt auch ihr dem Bann, den die Honorate über die Zungen von Provence, Auvergne und Frankreich gesprochen."

„Ein Bann? Wie soll ich das verstehen?" fragte der Graf neugierig.

„Ja, seht, mein theurer Gast," erklärte der Ritter halb scherzend und halb verdrießlich, „bei diesen Honoraten ist die Liebe ein ernsthaftes Ding, und wir Franzosen können nun einmal die Liebe nicht ernsthaft nehmen; was ist ein Erfolg, dessen man sich nicht rühmen darf? Was ist eine Liebe, von der man

18*

nicht mit seinen Freunden und Genossen plaudern soll? Was ist uns der Geliebten Reiz, Geist und Schönheit, wenn wir solche nicht preisen und erheben können vor Andern?"

Graf Königsmarck begriff den Ritter von Coigny vollkommen und nickte lächelnd.

„Nun," gab dieser zu, „nun ist's wahr, daß noch fast alle Honorate, die sich mit Rittern der drei französischen Zungen eingelassen, in höchste Gefahr Leibes und Lebens gerathen sind, und daß in der That mehrere für ihre Neigung zu meinen Landsleuten sehr schwer haben büßen müssen, indessen ist's nichtsdestoweniger sehr unrecht von diesen Frauen und sehr unangenehm für uns, daß sie sich durchaus mit keinem Franzosen mehr in ein Verhältniß einlassen wollen und jede Annäherung französischer Ritter angstvoll fliehen."

Graf Hans Carl mußte lachen über die ächt französische Naivetät, mit welcher der Ritter die schlimme Eigenschaft seiner Landsleute zugab, aber doch verlangte, daß sich die Frauen von Malta den Gefahren aussetzen sollten.

„Es ist wie ein Bann, der auf uns liegt," plauderte der Ritter weiter, nachdem er, in das Lachen seines Gastes einstimmend, die heitere Laune vollständig wiedergefunden, „vor uns schließen sich überall die Thüren und die Balkone, wir müssen froh sein, wenn wir, um nur nicht ganz aus der Uebung zu kommen, unsere Erfahrungen in „la belle passion" bei einer Kammerzofe oder bei einer sonnenverbrannten Bürgerin anbringen können, während diese stillen, stocksteifen Castillaner und Arragonesen überall Einlaß finden, ganz zu schweigen von den Rittern deutscher Zunge, die mit ihren roth und weißen Wangen, ihren blonden Haaren und ihrer unerschütterlichen Discretion sämmtliche Honorate bezaubert zu haben scheinen. Es ist schmachvoll, nicht für uns Franzosen, mein Herr Graf, sondern für den Geschmack dieses maltesischen Frauenzimmers, man zieht uns selbst die italiänischen Cavaliere mit den gelben Gesichtern und den Spitzbuben-Augen vor."

Der Franzose seufzte in komischer Verzweiflung, der Graf lächelte, aber innerlich seufzte er wirklich darüber, daß er als Gast der Zunge von Frankreich diesem Banne unterliegen sollte; denn er dachte des schönen Frauenbildes auf dem vergoldeten Balkon. Es war ihm lieb, daß die andern Ritter hier das Zwiegespräch unterbrachen, um ihm mitzutheilen, daß die durchlauchtige Eminenz, das heißt der Großmeister des Johanniter-Ordens auf Malta, dem Groß-Spittler erlaubt, ihm den Gast der Zunge von Frankreich am andern Morgen vorzustellen.

Das wurde als eine große Gunst betrachtet; denn der Großmeister Niklaus Cotoner y Oleza, ein Ritter der Zunge von Arragon, der seinem Bruder Raphael Cotoner 1663 in der Würde des Großmeisters gefolgt war, zählte bereits über siebenzig Jahre und sah sich durch Altersschwäche und zunehmende Gichtschmerzen oft Wochen lang zur Unthätigkeit verurtheilt. Aber die französischen Ritter waren ganz besonders angesehen bei dem berühmten Fürsten, auch war, zum höchsten Verdruß der spanischen und italiänischen Zungen, ein Franzose, der Ordensschatzmeister Adrian von Vignacourt, bereits zu Cotoner's Nachfolger bestimmt.

Unter diesen Umständen war es dem Groß-Spittler möglich geworden, für seinen Gast eine Audienz bei dem greisen Meister des Ordens zu erwirken.

Das „Volk" und die „Gebildeten."

Es ist ein landläufiger Gegensatz, der zwischen den „Gebildeten" und dem „Volke" gemacht wird, und zwar in der Art, daß man unter den Gebildeten in der Regel die in jeder geistigen Lebensbeziehung Alleinberechtigten versteht, unter Volk dagegen eine rohe Masse, einen todten Stoff, der durch die „Civilisation" und den „Fortschritt" durchgeistigt und in den Kreis der Gebildeten zu ziehen ist. Was das Volk als „Volk" denkt, fühlt und will, das kommt nicht in Betracht; es ist als „Volk" eben nur Kanonenfutter für die Schlachten des „freien Geistes." Fängt es dagegen an, den Charakter des „Volkes" aufzugeben, liest es liberale Zeitungen, kleidet es sich städtisch, betrachtet es Haus und Hof als todte Waare, handelt es mit Juden und Judengenossen, wählt es einen Advokaten als Vertreter bäuerlicher Interessen für den Landtag, ja, dann ist das Volk klug geworden, dann muß man mit Respect von ihm reden: es ist edel, großmüthig, auf der Bahn des Fortschritts und der Gesittung begriffen, gerecht, langmüthig und was dergleichen Eigenschaften mehr sind. Findet das Gegentheil statt, hängt das Volk an alter Sitte und an altem Glauben, dann — nun dann ist das Volk gerade nicht Schuld daran, wohl aber die Leute, die ein Geschäft daraus machen, das Volk systematisch zu verdummen, es in Unwissenheit und Finsterniß zu erhalten. Vor Allem sind das die „kleinen Herren" und die „Pfaffen", eine Art von Leute, gegen die man eigentlich so schnell als möglich im Interesse der „Civilisation" einen Vernichtungskrieg unternehmen sollte; denn sie zählen hier gar nicht zum Volke, haben andere Anschauungen und Grundsätze als die Gebildeten; also was sollen sie, was haben sie zu reden, wo es sich um geistige und materielle Interessen handelt? Freilich reden sie noch mit, leider! aber wofür reden sie? Nicht für allgemeine Interessen, sondern für Sonder-Interessen. Also fort mit ihnen!

Es ist gerade in unseren Tagen von hohem Interesse, den Gegensatz zwischen „Volk" und „Gebildeten" näher zu verfolgen, weil gerade in unseren Tagen dieser Gegensatz geistig überwunden ist, die sogenannten Gebildeten aber gerade darum sich desto mehr hervordrängen, nicht unähnlich einer Lampe, die beim Auslöschen zu stinken anfängt. Wir könnten, um die beiden Seiten des Gegensatzes zu analysiren, auch von Stadt und Land reden; indeß dieser Gegensatz würde dem fortschrittsvergnügten „Gebildeten" nicht zusagen, oder vielmehr er würde denselben gar nicht anerkennen. Wir müssen deshalb der Sache noch etwas tiefer nachgehen und den Gegensatz zwischen Gebildeten und Ungebildeten in seinem geschichtlichen Entstehen zu erfassen suchen.

Das griechisch-römische Alterthum, namentlich das griechische, kannte Griechen und Barbaren, oder Griechen und Römer, im Gegensatz zu den Barbaren, also etwa gebildete und ungebildete Völker; innerhalb des Landes, das Griechen und Römer bewohnten, galt der Gegensatz von freien Männern und Sclaven. „Gebildete“ im modernen Sinne gab es erst in den Zeiten der Alexandriner und seit der Zeit in Italien, als der abgestandene Hellenismus im römischen Reiche Aufnahme und Pflege fand und auf alle gesunden socialen Verhältnisse seinen zersetzenden Einfluß ausübte. Das germanische Mittelalter zeigt uns ebenfalls einen innern Gegensatz, aber ganz anderer Art. Ein Volk, das bisher ohne Geschichte war, tritt mit den Kämpfen der Völkerwanderung auf den Schauplatz der Geschichte, um fortan ein geschichtliches Volk zu werden. Es tritt auf in fremdem Lande, ohne Namen gleich dem neugeborenen Kinde; aber es erhält in dem fremden Lande seinen Namen und seine Bildung und wird der Herrscher des Landes, nicht, um es blos äußerlich zu beherrschen, wie einst Rom, sondern innerlich, durch die Kraft des Geistes. Es eignet sich die vorgefundene Kultur an, nicht als einen Luxusartikel, um geistiger Wollust zu fröhnen, sondern um sie innerlich zu verarbeiten und zum freien geistigen Eigenthum zu machen. Vor Allem war es das Christenthum, das im römischen Reiche veräußerlicht worden war, nun aber von der größten Innigkeit germanischen Geistes aufgegriffen, angeeignet und von da ab über alle Länder der Erde verbreitet wurde und noch verbreitet wird. Das Resultat war der christlich-germanische Geist, der nun alle Verhältnisse durchdrang, die politischen wie die socialen Zustände, die Kunst wie die Wissenschaft. Christenthum und Germanenthum: aber ein innerer Gegensatz fand nicht statt, jenes war universal wie dieses, jenes innerlich wie dieses; ein Gegensatz fand nur statt im Cultus und in der Form, insofern die Sprache des Gottesdienstes eine Sonntagssprache war, nämlich die lateinische. Natürlich und nothwendig: mit dem Beginn des Mittelalters sonderten sich die Völker nach Sprachen, das Christenthum behielt aber seinen allgemeinen Charakter, und die Geistlichkeit behielt deshalb die lateinische Sprache in derselben Weise für den Gottesdienst bei, wie der Kaiser als Beherrscher verschiedener Völker sich derselben als einer universalen bediente und bedienen mußte. Sonst fand im Mittelalter ein Gegensatz von Gebildeten und Ungebildeten oder Volk im modernen Sinne nicht statt. Der Blick des Kaisers mochte weiter reichen, als der des gewöhnlichen Mannes, Haltung und Sitte der Edeln mochten ausgebildeter sein, als Haltung und Sitte des Bauern oder Städters, aber ein qualitativer Gegensatz fand nicht statt, das Volk war eine homogene Masse, die nur innerhalb dieser Homogenität unendliche Verschiedenheiten aufzuweisen hatte, Verschiedenheiten, die, wo sie in zu großer Härte auftraten, sofort von der Kirche gemildert wurden. Der vornehmste Mann konnte erster Kurfürst des Reiches und damit Reichsprimas werden, aber auch der Sohn eines Rademachers konnte dieselbe Würde erlangen. Vor dem Sohne eines Zimmermanns mußte sich ein deutscher Kaiser beugen. Streng wurde unterschieden, aber die Gegensätze wurden nicht fixirt, nicht versteinert, es war ein reger, geistiger Verkehr von oben nach unten und von unten nach oben.

Anders gestalteten sich die Verhältnisse mit dem „Wiederaufleben der Wissenschaften und Künste" im Zeitalter der Reformation. Fremde Cultur, fremde Bildungselemente wurden herbeigezogen und schnitten die nationale Weiterentwickelung ab. Wer Herr dieser fremden, heimatlosen Bildung war, wer lateinisch und griechisch zu reden verstand, der war ein „Gebildeter"; wer das nicht vermochte, nun, der gehörte eben zum Volke, zu den Ungebildeten. Der Gebildete sprach nicht deutsch, dachte nicht deutsch, das zu thun war nicht vornehm: er sprach und dachte lateinisch. Melanchthon hielt, wie bereits früher in dieser Zeitschrift erwähnt worden ist, die Leichenrede am Grabe Luthers in lateinischer Sprache, er zuckte die Achseln über einen tiefsinnigen Gelehrten aus dem Grunde, weil er das Latein nicht gehörig verstand. Am Ende des sechszehnten Jahrhunderts war die deutsche Vergangenheit gänzlich vergessen, die deutsche Sprache lediglich noch Sprache des Volkes und die Bezeichnung „deutscher Poet" ein Schimpfwort. Und dabei blieb man nicht stehen: wo sich auch sonst noch fremde Bildungselemente darboten, da bemächtigte man sich ihrer und zog sie in den Bereich der bisherigen Errungenschaften dergestalt, daß die ganze Summe von Begriffen und Anschauungen bei dem Gebildeten dem Wesen nach eine fremde, abstracte und willkürliche wurde, weil nicht erwachsen auf vaterländischem Grunde. Es kam nicht auf die Sache mehr an, sondern auf das Wort, nicht auf die Praxis, sondern auf die Theorie, nicht auf das Gebundensein durch die Erbschaft, sondern auf das Belieben der Erwerbschaft, die Doctrin soll die Welt regieren; das thatsächlich Bestehende ist zu beseitigen, sobald es mit der Doctrin nicht mehr stimmt. Mit einem Worte: es war die Kunstbildung, die erstrebt wurde von Allen, die zu den Gebildeten zählen wollten, und es war die Volksbildung, die man bei Seite liegen ließ, ja, zu der man sich geradezu in einen feindlichen Gegensatz stellte. Die französische Fremdherrschaft war die reife Frucht dieser durch und durch antinationalen Strömung und Richtung, dieses voraussetzungslosen Denkens, das nicht Herd und Heimat kannte.

Der Gegensatz von Kunst- und Volksbildung ist uns in diesen Blättern schon oft entgegengetreten; verfolgen wir für heute denselben in seinen Manifestationen auf den verschiedenen Gebieten des Lebens. Zunächst auf dem Gebiete der Sprache. Die Kunstbildung schuf sich eine neue Sprache, die allgemeine Schriftsprache, das Neuhochdeutsche, eine Sprache, die, so zu sagen, aus den verschiedenen Mundarten von Nord- und Süddeutschland abstrahirt war, nirgends eine Heimat hatte und doch bald überall verstanden wurde. Alle neuen Begriffe, alle neuen Anschauungen, die durch die Gelehrsamkeit, durch das Studium der Literatur alter und neuerer Völker gewonnen wurden, fanden in ihr ihren Ausdruck, und ebenso alle Begriffe für die verwickelteren Kulturverhältnisse der Gegenwart. Der Sprachschatz wuchs damit in's Unendliche, und wenn auch viele Fremdwörter noch als solche in das deutsche Wörterbuch sich drängten, so ist doch andererseits nicht zu leugnen, daß sie mehr und mehr dieselben durch ihre eigene Begabung zu verdrängen suchte. Die Volkssprache dagegen wurde in ihrer Weiterentwickelung gehemmt, sie blieb mit dem Aufkommen der Schriftsprache nur das noch, was sie war; ja noch mehr, sie wurde sogar ärmer in ihrem Wortschatze, indem der Theil des Volkes, der gerade die meisten und vielseitigsten Begriffe und Anschauungen hatte, sie so gut wie vollständig verschmähte. So tritt uns denn im Laufe der Zeit ein Gegensatz zwischen der heimatlichen Mundart und der allgemeinen Schriftsprache entgegen, der darin besteht, daß jene außerordentlich reich ist an Begriffen für die Dinge und Anschauungen des Lebens, diese dagegen reich an Begriffen abstracter, rein geistiger Natur. Damit war nothwendig verbunden, daß die Mundart ihren sinnlichen und poetischen Charakter beibehielt, die Schriftsprache dagegen von Stufe zu Stufe diese sinnliche Anschauung mehr und mehr verlor, jene die Tropen beibehielt, diese sie vermied. „Ueber dem Nagel geht das Hufeisen verloren", sagt die Volkssprache; dem Genius des Neuhochdeutschen gemäß, müßte diese Trope aufgelöst werden, und um ihren Inhalt darzulegen, würden mehrere Sätze oder wenigstens ein langer Satz erforderlich sein. Dasselbe gilt vom Sprüchwort überhaupt; man versuche es und bringe etwa folgende Aussprüche der Weisheit auf den Gassen in das Neuhochdeutsche: „Wenn ein Wanderer getrunken hat, wendet er dem Brunnen den Rücken", „Man sucht Keinen hinter der Thür, man habe denn selbst dahinter gestanden", „Wer zwei Hasen zugleich hetzt, fängt gar keinen", „Wer im Zorn handelt, geht im Sturm unter Segel", „Wenn man das Licht zu genau putzt, löscht man es aus", „Was der Löwe nicht kann, das kann der Fuchs", „Alte Geißen lecken auch gern Salz", „Windmühlen kann man nicht mit Blasbälgen treiben", „Der Eine schlägt den Nagel ein, der Andere hängt den Hut daran", „Wer mit Füchsen zu thun hat, muß den Hühnerstall zuhalten", „Es sind nicht alle Jäger, die in's Horn blasen", „Der Raupen wegen muß man den Baum nicht umhauen", „Wenn dem Esel zu wohl ist, so geht er auf's Eis und bricht die Beine", „Wer im Rohr sitzt, hat gut Pfeifen schneiden", „Der Fuchs kann seinen Schwanz nicht bergen." Freilich hat auch die Sprache der Gebildeten diese und ähnliche Bilder und Tropen übernommen, aber übernommen aus der Volkssprache, ihrem eigenen Wesen sind sie fremd.

Mit der sinnlichen Frische und Anschaulichkeit hängt es ferner zusammen, daß die Volkssprache andererseits in demselben Maße wortreicher ist als die Sprache der Gebildeten, als sie vermöge der tropischen Wendungen kürzer und schlagender als diese ist, und daß sie überall abstracte Bezeichnungen vermeidet. „Er legte sich hin und starb", sagt der Volksmund, in ächt epischer Weise die Mittelglieder des Satzes überspringend, aber auch den Beginn des Hergangs nicht übergehend. Wie weit ist es noch zu dem und dem Orte, fragt man den Landmann und er antwortet: „eine Pfeife Taback." Auf die Frage, wann Jemand geboren sei, wird geantwortet; als Napoleon aus Rußland kam, als die große Hungersnoth war, u. dergl. m. Innerhalb der Familie wird diese Art der Zeitbestimmung noch concreter, indem hier nach den wichtigsten

Familienverhältnissen gerechnet und so alle Familien-Ereignisse gleichsam zu einem historischen Ganzen verbunden werden. Von langem Periodenbau kann natürlich bei der Volkssprache nicht die Rede sein; es sind kurze, bündige Sätze, in welchen der Gedanke sich zuspitzt; zweigliedrige Perioden sind häufig, dreigliedrige äußerst selten. Um von der Erscheinung auf die Ursache zu kommen, werden die Mittelglieder, wenn die Beziehung auf Gott genommen werden kann, übersprungen und der Name Gottes unmittelbar als der Urheber genannt. Personen werden redend eingeführt: da sagte ich, da sagte er u. s. w. Abstracte Substantiva werden vermieden: „es steht ein Gewitter am Himmel", sagt der Gebildete, „es donnert und blitzt", das Volk, hier wie überall das Anschauliche, Dramatische den Abstractionen vorziehend. Endlich, und das folgt aus dem, was bereits über den Sprachschatz der Volkssprache gesagt ist, ist die Volkssprache reich an Ausdrücken für Hergänge des gewöhnlichen Lebens, deshalb derb, humoristisch und komisch und reich an onomatopoetischen Ausdrücken, wogegen die Sprache der Gebildeten zimperlich und abgeblaßt ist. Sie hat nicht mehr den Muth, ein Ding beim rechten Namen zu nennen, nicht die Frische, Naturlaute zu erzeugen, nicht Lebenskraft und Lebensmuth genug, recht komisch zu sein.

Wir könnten fortfahren, noch viele andere Eigenheiten der Volkssprache darzulegen, namentlich wenn wir die Mundart selbst zu Rathe zögen und uns nicht auf das beschränkten, was das Hochdeutsche aus der Mundart geerbt hat, also trotz ihres Strebens nach dem Abstracten besitzt: indeß das Angeführte mag genügen, Werth und gegenseitiges Verhältniß beider Sprachen zu würdigen. Die Kunstsprache oder die Sprache der Gebildeten kann nur gewinnen, wenn sie fortfährt, auf dem Wege fürder einherzuwandeln, den sie bereits seit geraumer Zeit betreten hat, nämlich in dem Streben, aus der Sprache des Volkes neue Wendungen und Wörter zu entlehnen, hier Anschaulichkeit und Lebensfrische zu suchen. Die Abstraction ist überall am Ende; es gilt wieder zu hören und zu sehen, nicht minder auf dem Gebiete der Sprache wie auf allen übrigen geistigen Lebensgebieten, nicht minder im politischen wie im geselligen Leben. Die Schule der Abstraction und Theorie haben wir hinter uns, die Aufgaben sind andere geworden.

Derselbe Gegensatz, der zwischen der Volkssprache und der Sprache der „Gebildeten" stattfindet, macht sich auch bei dem Bildungsgange und der Bildung des Einzelnen wie des ganzen Volkes geltend. Es ist der Gegensatz der Erfahrungsbildung und der Schulbildung. Jene wird gewonnen durch Beobachtung der Wirklichkeit, diese durch die Schule, durch Abstractionen; jene ist das Product einer Reihe einzelner Beobachtungen, die zu einer Total-Anschauung führen, diese das Product von Zerlegung der Begriffe; jene führt vom Einzelnen zum Allgemeinen, von der Erscheinung zum Gedanken, diese vom Allgemeinen zum Besonderen, vom Gedanken zur Erscheinung. Zur Erscheinung? Ja, sollte dahin führen, aber leider bleibt die Bildung in der Regel auf halbem Wege stehen. Sehen wir uns nur im Leben um und überall finden wir eine Bestätigung dieser Thatsache. Der Staatsbeamte früherer Zeit lernte den

Dienst auf praktischem Wege, er arbeitete an einer Domänenkammer oder bei irgend einer Behörde; hier sah er, hier lernte er denken und handeln, hier offenbarte sich ihm das Mangelhafte dieser oder jener Einrichtung, in Folge dessen er die nachhelfende Hand anlegte. Der moderne Staatsbeamte dagegen erhält von zarter Jugend an seine Bildung auf den Schulbänken, und auf den Schulbänken bleibt er bis zum Beginn des Mannesalters; und auch von da ab wird er, wenn wir etwa Beamte, wie die Landräthe es sind, ausnehmen, nicht in die Mitte des Lebens gestellt, sondern er fährt in analoger Weise fort zu denken und zu arbeiten vom grünen Tische aus wie früher auf den Schulbänken. Gesetze und Einrichtungen werden geschaffen und ausgeführt nach irgend einer Theorie, nicht nach den Bedürfnissen; das Volk und die socialen und staatlichen Einrichtungen sind ein Stoff zum Experimentiren, heute nach dieser, morgen nach jener Richtung hin. Verstand und Vernunft in den Dingen hören auf; wesenlos schwankt Alles nach den Strömungen der Zeit, bald hierhin, bald dorthin.

Wie sehr wir zur Zeit in den Abstractionen der Theorie stecken, das lehrt ein Tag den andern. Man höre nur unsere Beamten reden, man sehe sie handeln, man höre die Kammern, man lese die Zeitungen. Der ganze Schwindel von 1848 scheint wiederkehren zu wollen. Die Noth des Lebens, die Erfahrung hatte uns dahin gebracht, unserm Denken wieder Maß und Zügel anzulegen; aber Maß und Zügel sind wiederum weggeworfen, ziellos und steuerlos treibt der Gedanke auf dem uferlosen Meere umher. Die städtische Bildung in der alleroberflächlichsten Gestalt macht sich breit und giebt sich aus für politische Weisheit. Zeitungen, redigirt von reformjüdischen Literaten oder wenigstens von Leuten, die nie aus Erfahrung die Dinge kennen gelernt haben, urtheilen ab über die schwierigsten Fragen der Politik mit dem Anschein einer Sicherheit, als ob sie in der That etwas davon verständen, was sie reden; ferner Beamte des Staats, berufen, nicht nur die Gegenwart, sondern auch die Zukunft des Staats in's Auge zu fassen, sie lassen sich treiben von jenen Strömungen und bilden sich ein, sie ließen sich treiben von der „öffentlichen Meinung“; Volksvertreter, meist gewählt aus den städtischen Elementen unserer Bevölkerung, sie treten zusammen und berathen, nicht Mängel und Bedürfnisse des Landes, nein, sie entwerfen Theorien, neue Gesetze, um den letzten Rest, den letzten Keim lebendigen Lebens zu ersticken. In der That, wollen wir ungeschminkt die Wahrheit sagen, so müssen wir gestehen: wir haben keine tüchtigen Beamten — natürlich giebt es hier wie überall Ausnahmen — außer solchen, die nach ihrer theoretischen Bildung dergestalt in das Leben gestellt sind, daß sie nunmehr aus der Wirklichkeit, aus dem Leben heraus urtheilen, und solche Beamte sind z. B. die Landräthe. Ferner: wir haben keine Vertretung von drei Viertel der Bevölkerung des Landes und ihrer Interessen, nämlich des ländischen Besitzes, sei er groß oder klein, außer dem Herrenhause. Wir haben endlich wirkliche Vertreter der städtischen Interessen, aber welcher Art sind zur Zeit die städtischen Interessen? Ist hier etwas Sicheres, etwas fest Gegliedertes, Dauerhaftes zu finden? Schwankt hier nicht Alles bodenlos hin und her, je nachdem die zufälligen Strömungen der Zeit gehen? Kein Einsichtiger kann das in Abrede stellen.

„Volk" und „Gebildete" haben wir diese Zeilen überschrieben. Es thut wahrhaftig endlich Noth, einmal wieder das Volk in's Auge zu nehmen und sich nicht treiben zu lassen von dem Gerede der Gebildeten, wenn nicht der Staat das Eigenthum des Pöbels werden, sondern gegründet bleiben soll auf den dauernden Grundlagen, auf welchen er bisher gegründet war. Nicht die „Gebildeten" sind die geeigneten Staatsmänner, nicht die „Gebildeten" geeignete Vertreter des Volkes und Landes, sondern das sind nur die wahrhaft Gebildeten, deren Denken sich an der Erfahrung erprobt hat, deren Denk- und Anschauungsweise das Product der Beobachtung der Wirklichkeit ist. Möge ihnen bald die erste Stimme in unserm Vaterlande zu Theil werden.

Zur Adelsgeschichte.

— Der alte Adel in Jülich, Cleve und Berg.*) —

Was den alten Adel der vereinigten Herzogthümer Jülich, Cleve, Berg u. s. w. betrifft, so ist sicher, daß diejenigen Familien als besonders guten Ursprungs erscheinen dürfen, von denen Mitglieder die sogenannte Unionsurkunde, durch welche Herzog Wilhelm von Jülich und Herzog Johann von Cleve im Jahre 1496 unsere Lande für immer vereinigte, mit unterschrieben haben.

Dazu gehören vom Jülich'schen Adel: Heinrich von Hompesch, Herr zu Wikrade. Edmond von Palandt, Herr zu Wildenberg. Johann von Bongart, Erbkämmerer. Wilhelm von Gertzen, Herr zu Sinzig. Engelbert zu Schönecke, Herr zu Beffort. Hermann von der Horst. Heinrich von Flatten. Von Berghe, genannt Tribs. Johann von Holtmölen u. s. w. Die vom Clev'schen hießen: Dietrich von Bronkhorst zu Battenberg. Aylt von Wylak, Erbhofmeister von Cleve. Johann Stael von Holstein, Marschall. Albert von Honegel. Johann von der Horst, Drost des Landes Dienslaken. Wessel von der Loer u. s. w.

Die vom Berg'schen aber nannten sich: Bertram von Nesselrode, Erbmarschall. Wilhelm von Nesselrode zum Steyne, Landdrost des Fürstenthums Jülich. Johann von Nesselrode, Herr zu Plasterkamp, sammt seinem Sohne. Conrad von der Horst, Erbschenk von Berg. Dietrich von Hall. Johann von Hugepuit. Ludwig von Hülsdorf. Leytchen von Winkelhausen. Heinrich vom Röde u. s. w.

Ueber die einzelnen Geschlechter weiß ich dir leider nicht viel zu sagen und würde mich dies auch zu weit führen. Doch darf ich dich versichern, daß von sämmtlichen noch blühenden mir die Nesselrode, die Hompesch, die Trips und die von dem Bongart, als die wirklich ausgezeichnetsten genannt worden sind. Diese vier Familien waren von je her hoch angesehen bei uns und bekleideten Erbämter oder ausgezeichnete Staats-

---

*) Aus dem schon mehrfach erwähnten interessanten Werke: Denkwürdigkeiten eines Royalisten von Hermann v. Scharff-Scharffenstein. Berlin 1859. Herbig.

stellen. Charakteristisch ist der alte Spruch in plattdeutscher Sprache, den das Volk schon im Anfange des vorigen Jahrhunderts über sie im Munde führte: Er heißt wörtlich:

Wellst de jed rech god bewahden,
Trag et zu den Nesselraden.
Wellst de jet rech fresch verspelen,
Sall's det an de Hompesch gewen.
Wellst de gän en Reuter sin,
Gang zum Tribs vom Berghe hin.
Wellst de bei de Hel'gen gah'n,
Kick dich man die Bongarts an!

Welches auf hochdeutsch etwa sagen würde:

Willst Du etwas gut bewahren,
Trag es zu den Nesselraden.
Willst Du etwas frisch verspielen,
Mußt Du es den Hompesch geben.
Willst Du gern ein Reiter sein,
Sprech beim Trips vom Berghe ein.
Willst Du zu den Heil'gen gehn,
Brauchst nur Bongarts anzusehn.

Dieser einfache Spruch trägt, wie du bald erkennen wirst, ungemein viel Wahrheit in sich. Was nun die Nesselrode betrifft, so stammen dieselben wohl unzweifelhaft von den alten Grafen von Uplahdin oder Opladen, einem Orte unfern des Ausflusses der Wupper in den Rhein, denn sie führen noch jetzt als Helmzierde das Wappen dieses uralten Geschlechtes: einen bellenden Hund mit gezinntem Balken um den Hals. Sie besaßen und besitzen noch immer in der Gegend von Opladen ansehnliche Güter, welche wohl einst dieser Familie gehört haben, und ihr Stammsitz, Schloß Nesselrode, liegt dicht dabei. Auch ist Schloß Ehreshoven, im Kirchspiel Engelskirchen, ein anderes Besitzthum der Familie, unfern von dort.

Bereits um das Jahr 1242 war Hermann Blecco, Herr zu Nesselrode, Schenk der Grafschaft Berg, und nicht weniger als vier Herren von Nesselrode haben, wie wir gesehen, im Jahre 1496 die Unions-Urkunde mit unterzeichnet. Bertram von Nesselrode, Herr zu Reichenstein, Brigel, Ehreshoven u. s. w., geboren im Jahre 1593 und gestorben 1679, war Marschall des Herzogthums Berg, eine Würde, die in der Familie erblich geworden ist.

Daß die Nesselrode, wie der volksthümliche Spruch sagt „gut bewahden“ können, haben sie bewiesen, denn Schloß Nesselrode, so wie Schloß Ehreshoven, so wie auch die andern reichen Güter, sind mit ihren bedeutenden Liegenschaften seit Jahrhunderten in ihrer Hand verblieben. In Ehreshoven aber bewahren sie neben herrlichen alten Rüstungen, Schwertern, Schilden und Lanzen, noch die stattliche weiße Fahne mit schwarzem Kreuze, welche ein Ahnherr auf einem Kreuzzuge in's gelobte Land um 1440 getragen hat. Auch befinden sich daselbst in der Schloßkapelle treffliche Glasgemälde mit den Wappen des Hauses vom Jahre 1565, sowie eine schöne Bibliothek, ein wohlgeordnetes Archiv, kostbare Gemälde und ein reicher Familienschmuck.

Was nun die Hompesch anbelangt, so hießen dieselben ursprünglich Hoingen und waren ein altes kölnisches Rittergeschlecht. Sibodo von Hompesch befand sich 1166 im Gefolge des Herzogs Reinold von Cöln. Im Herzogthum Jülich finden wir zuerst Heinrich von Hompesch, Herr zu Wachendorf u. s. w. und dessen Sohn ebenfalls Heinrich, welcher Marschall des Herzogs Wilhelm und auch dessen Hofmeister, sowie Gesandter beim Kaiser war. Er hat im Jahre 1496 die Unionsurkunde mit unterzeichnet. Später begegnen wir auf der Hochzeit der Herzogin Jakobea im Jahre 1585 einem Hermann Philipp von Hompesch, Herrn zu Bollheim, sammt seiner Frau, einer geborenen von Rauschenberg. Dessen Enkel aber war Wilhelm Degenhard und wieder dessen Enkel hieß Franz Karl; er war Kurpfälzischer Geheime-Rath, auch Malteser- und St. Hubertusordensritter und starb erst vor kurzer Zeit, im Jahre 1764.

Was das »verspelen« des alten Spruches betrifft, so sollen die Hompesch stets ihre reichen Güter gern in Anspruch genommen, sich jedoch mittelst guter Heirathen immer wieder erholt haben. Wer aber mit ihnen sonst in nahe Berührung kommt, der kann leicht »verspelen« wie meine gnädigste Herrin, die erlauchteste Kurfürstin Maria Anna Louise, behauptete, denn sie hätte beinahe durch einen Geheimen Rath vom Hompesch-Bollheim einen Theil ihrer Apanage eingebüßt, welche ihr der Kurfürst Karl Philipp von der Pfalz, Herzog in Jülich, Cleve und Berg, seit dem Tode ihres Gemahls, des Kurfürsten Johann Wilhelm, seines Bruders, nur contre coeur auszahlen ließ. Dieser Geheime Rath meinte nämlich beim Kurfürsten, daß es unverantwortlich sei, daß so viel Geld außer Landes ginge, und möge meine erhabene Gebieterin statt, wie sie es damals that, in ihrer Vaterstadt Florenz zu wohnen, doch lieber nach Mannheim kommen und da vorlieb nehmen. Aus all' den schönen Plänen und Intriguen des Herrn von Hompesch-Bollheim wurde jedoch nichts, et il en fut pour ses frais. Die Nachkommen dieses charmanten Herrn, welche schon jetzt meistentheils nur in München oder Mannheim leben, und dort ihre Einkünfte verzehren, sollen Lust haben ihre Erbgüter dahier zu verkaufen*), unsre schönen bergischen Lande zu verlassen und sich in Baiern oder Oestreich ansässig zu machen.

Etwas Anderes ist es mit der Familie der Herren von Hompesch-Rurich, welche zwar mit den Bollheimer eines Ursprunges ist, deren Mitglieder aber alle viel ruhiger im Leben und rühriger auf ihren Gütern sind. Sie haben mit den andern Hompesch nur das gemein, daß sie stets auf gute Mariagen bedacht sind und die Damen dieses Hauses, oft von vornehmer holländischer Herkunft, sind à la foi tüchtige Hausmütterchen und auch reiche Erbinnen gewesen. Jetzt aber sind wir an den guten Reitern und Nimroden, an den Oberjägermeistern des Herzogthums Berg, den edlen und hochgeborenen Freiherrn Trips von Berghe.

Dieses vornehme Geschlecht stammt von dem alten Schlosse Berghe in Brabant und nannte sich erst, seit es im Jülich'schen den alten Rittersitz Trips an sich gebracht hatte, nach diesem Schlosse. Dies muß jedoch schon geraume Zeit vor der Unions-Urkunde gewesen sein, weil sie da bereits als Mitunterzeichner auftreten.

Der berühmte General Graf von Berghe, welcher sich in den Kriegen der Spanier und der Niederländer auf Seite der ersteren so rühmlich auszeichnete, war, wenn ich nicht irre, der letzte der brabantischen Linie dieser Familie. Die Herren von Berghe waren von jeher ausgezeichnete Reiter und vortreffliche Jäger. Heinrich, Herr zu Trips, Anstel, Urbach, Kirchrod u. s. w., welchen das Hoffräulein Jakobea Odilia von dem Bongart noch persönlich gekannt hatte, und der erst 1651 gestorben, soll ein so aus-

---

*) Der baierische Finanzminister Johann Wilhelm von Hompesch-Bollheim, wohl ein Enkel oder Urenkel des obigen Geheime-Raths, war es, welcher am 4. Februar 1806 das Kloster Altenberg, die Begräbnißstätte seiner ehemaligen Herren und Herzöge, um die Spottsumme von 36,415 Reichsthaler 54 Stüber an den Kaufmann Pleunissen in Cöln verkaufte. Von ihm oder seinem Vater hat auch das „Hompescheln" im Kartenspiel seinen Namen erhalten. Am Meisten aber schadete dem Ruhme dieser Familie jedenfalls der letzte Großmeister von Malta, Ferdinand Joseph von Hompesch, geboren in Düsseldorf am 9. November 1744. Buonaparte hatte ihm für den Verrath (? d. Red.), daß er die Insel übergeben ließ, 200,000 Thaler versprochen; er erhielt jedoch nur 15,000 Franken und starb schon den 9. November 1803 in Montpellier. „Wäre Niemand drin gewesen, um zu öffnen, so wären wir nie hineingekommen", sagten die Franzosen.

Anm. d. V.

gezeichneter Schütze und Reiter gewesen sein, daß er fast jeden Vogel im Fluge getroffen und auch das wildeste Pferd zu bändigen im Stande war. Seine Gemahlin Agnese Elisabeth von Schöller, war ursprünglich Stiftsdame zu Gerresheim, welches nur anderthalb Stunden von Düsseldorf entfernt liegt. Aus diesem adeligen Damen-Stifte hatte der abtrünnige Erzbischof von Köln: Gebhard, Truchseß von Waldburg, bekanntermaßen auch seine Agnese von Mansfeld entführt. Herr Heinrich zu Trips meinte daher scherzweise zu seiner Agnese, »daß, wenn er sie auch nicht geschossen habe und sie auch nicht mit ihm heimgeritten wäre, sie doch jedenfalls, wie alle dortigen Agnesen, ihren Mann gefunden und wenn es auch ein verkommener Erzbischof oder Kurfürst hätte sein müssen.« Die gute Dame, welche oft zu meiner gnädigsten Herzogin kam und bei Hofe sehr gern gesehen wurde, fügte Fräulein von dem Bongart bei, wurde bei solchen Reden roth bis über die Ohren und sprach alsbald vom schönen Wetter und der herrlichen Schnepfenjagd, welche ihr Mann auf ihren Gütern zu Amstel, Urbach und Kirchrod habe, dachte aber durchaus nichts Böses dabei, und die schönen Treckmützchen, wie man die Bauernmädchen jener Gegend nennt, kamen ihr nicht im Mindesten in's Gedächtniß, obwohl Herr Heinrich in der ganzen Umgegend dafür bekannt war, daß er auch auf diese eifrigst Jagd mache.

Der Urenkel dieses edlen Herrn und dieser edlen frommen Frau ist der jetzt dahier lebende Franz Adolph, Freiherr Berghe zu Trips, Herr zu Hemmerbach, Syndorf Junkersdorf, Amstel, Kirchrod u. s. w. kurpfälzischer Geheimer Rath und General-Buschinspector, auch Viceoberjägermeister im Herzogthum Berg*).

Ich komme jetzt, mein geliebtes Kind, sprach die Großtante, auf das ehrenwerthe Geschlecht der Herren von dem Bongart, von welchem Hause ich außer der Dame Jakobea Odilia noch mehrere männliche und weibliche Mitglieder gekannt habe, die alle brave und tüchtige Menschen waren und mir, als einer treuen Dienerin ihrer alten Fürsten, stets mit besonderer Güte und Wohlwollen entgegengetreten sind.

Die Herren von dem Bongart stammen unzweifelhaft von Gerhardus de Pomerio (Baumgarten), welcher bereits im Jahre 1336 von Kaiser Ludwig dem Baier zum Erbkämmerer des Herzogthums Jülich ernannt wurde. Reinhard von dem Bongart heirathete 1631 Beate von Dorzant. Von Beiden stammt Wilhelm von dem Bongart, Herr zu Pfaffendorf, Bergerhausen u. s. w., welcher mit Maria aus dem alten bayerischen Geschlechte der Herren von Machselrein verheirathet war. Sein Sohn war der in der Geschichte der Herzogin Jakobea oft vorkommende Erbkämmerer und Herzogliche Geheime Rath, auch Landhofmeister Werner von dem Bongart, der kurz nach

*) Er wurde nach dem Abgange des Freiherrn von Blankard Oberjägermeister und wohnte im Jägerhofe. Sein Sohn war der bucklichte Graf Eduard Ignatz, welcher erst zu meiner Zeit verstarb. Dieser sollte die unförmliche Erhöhung seines Rückens auch nur der Passion der Trips für die Pferde zu danken haben. Man sagte, sein Vater hätte ihn als Knabe auf's Pferd festgebunden, um ihm besseren Halt und Schluß zu geben. Dasselbe sei wild geworden und habe, im Walde bei Düsseldorf umherrennend, so lange den jungen Grafen gegen die Bäume geschleudert, bis die Bande sich gelöst, und er mit halb zerbrochenen Gliedern herabgesunken. Seine Gemahlin, eine geborene Freiin von Lemmen, war ein Engel an Güte und Wohlthun. Eine seiner Schwestern heirathete einen Prinzen von Hessen. Die jüngste Schwester desselben, Theresia, war eine Jugendbekannte meiner Mutter. Ursprünglich Stiftsdame des hochadeligen Damenstifts zu Gerresheim, wo ihre Ahnfrau Agnese auch gewesen, hatte sie in erster Ehe den königlich baierischen Kammerherrn, auch Hofcavalier des Herzogs Wilhelm in Baiern, Freiherrn von Seraing, zum Gemahle gehabt, heirathete aber ungefähr zwanzig Jahre nach dessen Tode einen jungen Mann von geringer Herkunft, und starb erst im Februar 1853. Ich werde später auf diese geistvolle Dame, welcher ich den größten Theil der in den nächsten Bänden dieses Werkes vorkommenden Mittheilungen über den Hof der Herzöge Wilhelm und Pius in Baiern zu Bamberg und Schloß Banz verdanke, ausführlich zurückkommen. A. d V.

dem Tode seiner Herrin, die er so muthvoll vertheidigt hatte, im Jahre 1599 das Zeitliche segnete. Der edle Herr war dreimal verheirathet und hinterließ aus seiner Ehe mit Catharina von Spieß zu Frechen einen Sohn, welcher ebenfalls Werner hieß und Herr zu Winandsrath, Paffendorf, Bergershausen u. s. w. war. Derselbe, Herzoglicher Geheimer Rath, Erbkämmerer und Gesandter des Herzogs Wolfgang Wilhelm am Hofe Heinrichs IV. von Frankreich, ist vom Kaiser im Jahre 1629 in den Freiherrnstand erhoben worden und starb 1645 im 85. Jahre seines Alters zu Düsseldorf in der St. Lambertuskirche einen schönen Tod in dem Momente, wo der Priester das Allerheiligste hochhält und dem versammelten Volke zeigt. »Er blickte empor, schlug das Kreuz, neigte sich auf sein Meßbuch und war nicht mehr«, sagte seine Tochter im Jahre 1702. Dann fügte sie hinzu: »Liebe Christiane, wenn ich nur wüßte, wie alt ich eigentlich bin? Ich habe es ganz vergessen, oder wohl nie genau gewußt, denn damals, als ich geboren ward, hatte man keine Taufbücher wie jetzt, und mich hat der Schloßkaplan getauft und kein Dorfpfarrer, wie es jetzt sein soll. Ich bin auf Haus Paffendorf geboren, einem Schlosse, welches meinem Ahnherrn schon vor drei- oder vierhundert Jahren gehörte. Es muß aber um das Jahr sechs oder sieben des vorigen Jahrhunderts gewesen sein, denn als ich im Jahre 1622 Hoffräulein bei der hochseligen Herzogin Magdalene wurde, war ich sechszehn Jahre alt. Auch weiß ich nicht genau, ob ich meines Herrn Vaters sechstes oder siebentes Kind bin, weil alle längst verstorben sind, und zwei sogar vor meiner Geburt, denn ich bin sehr spät gekommen. Die jetzigen Freiherren von dem Bongart aber sind jedenfalls schon die Urenkel meines Bruders. Ich habe neulich den kleinen Werner gesehen: er gleicht meinem seligen Vater zum Erschrecken, und es ist wirklich wahr, was man sagt, daß alle Bongart's dasselbe Gesicht haben. Weil ich da auf meinen Bruder komme, muß ich Dir sagen, daß ich noch einen Bruder mit Namen Wilhelm hatte, der viel älter war als ich. Er war eigentlich der Stammhalter, starb aber früh den Heldentod. Ich sehe ihn noch vor mir im Jahre 1627, wie er, Kaiserlicher Kämmerer und Oberst eines Kürassierregiments, uns in Düsseldorf überraschte und bei Hofe aufwartete*). Er war der schönste Mann, den unsere Familie wohl je hervorgebracht, hatte die Bongart'sche Nase und die starken Augenbrauen und war wenigstens sechs rheinische Fuß hoch. Wenn er in seinem Kürasse dastand, auf den hohen Pallasch gestützt, in weißem Rocke mit gelbem Besatz, einen weißen Mantel nachlässig über die Schulter geworfen, so meinte man einen geborenen Fürsten zu sehen. Dazu das Kreuz auf der Brust, denn er war Maltheserritter, und auf den Kopfe den Helm mit dem wallenden Federbuschel Se. Majestät Kaiser Ferdinand II. war ihm auch sehr in Gnaden gewogen, und er erhielt bei allen Gelegenheiten einen guten Platz, was denn auch seinen frühen Tod herbeiführte, denn er fiel bereits am 17. September 1631 in der Schlacht bei Leipzig gegen die Schweden.«

Diese alte Hofdame, fuhr die Großtante fort, war ein wahres Schatzkästlein von Historien aus der alten Zeit, welches ich mir recht zu Nutze gemacht habe. Erstaunlich blieb ihr Gedächtniß für Ereignisse aller Art; nur konnte sie durchaus keine Jahreszahlen behalten und mußte darüber stets sehr nachdenken. Sie saß in einem Sorgen-

*) In Düsseldorf machte in meiner Jugendzeit der alte kurpfälzische Hofrath Reyland eines der angenehmsten Häuser in gesellschaftlicher Hinsicht. Dort hörte ich als Knabe die Catalani, die Milder-Hauptmann, die Bigheika u. s. w. Die Hofräthin, eine hochgebildete, liebevolle Frau, und eine intime Freundin meiner Großmutter und meiner Mutter, war auf Paffendorf bei den Freiherrn von Bongart erzogen worden und wußte von dort aus dem Ende des vorigen Jahrhunderts und aus unserer Zeit eine Menge der anmuthigsten Geschichten, deren ich in den späteren Bänden dieses Werkes vielleicht auch noch gedenken werde. A. d. V.

stuhle, wie ich jetzt, liebe Anna, und hatte einen großen grünen Lichtschirm vor. Ihre Wohnung war im dritten Stocke des alten Schlosses nach dem Rheine zu, und bestand aus zwei kleinen artig meublirten mit allen möglichen Raritäten geschmückten Zimmern. Herzog Philipp Wilhelm hatte dieselbe der getreuen Freundin und Pflegerin seiner Mutter um das Jahr 1673 wieder einräumen lassen. Es waren dieselben Zimmer, die sie als junges Hoffräulein bis zum Jahre 1628, dem Todesjahre der Herzogin Magdalena, bewohnt hatte. Der ganze Hof war angewiesen, den Befehlen der alten Dame zu gehorchen, und ich ward besonders beordert, ihr so oft als sie es wünsche, Gesellschaft zu leisten. Ihre Gemächer gingen auf den Rhein; man hörte am Fuße des Schlosses sein Rauschen und Wogen und sah weit hinüber gen Neuß und in's Jülich'sche Land. »Dort liegt Paffendorf«, sprach die alte Dame, nach Westen zeigend, und hob ihren Lichtschirm in die Höhe; »drüben liegt Crefeld und Moers, wo die Oranier und Schweden hausten. In der Ferne links ist Zons, wo Tilly, Pappenheim und Johann von Werth gelagert waren.«

Ich bat sie dann, mir von den Persönlichkeiten zu berichten, sie aber sagte: »Zuerst das Eine, dann das Andere.«

Dies erinnert mich jedoch, daß ich mit dem jülich-cleve-bergischen Adel noch nicht fertig bin. Ich muß dir nämlich vorerst noch von den Herren von Spee oder Spede sprechen, welche zu meiner Zeit, 1739, in der Person des Freiherrn Ambrosius Franz in den Grafenstand erhoben worden sind. Dieselben stammen vom Ritter Bruno von Spede oder Spee, welcher erweislich schon 1166 vorkommt. Ein Nachkomme desselben, Friedrich Christian Freiherr von Spee, Herr zu Langenfeld, Aldenhoven, Kalirchen und Heldorf, heirathete Maria Scheidt genannt von Weschpfennig, Erbin zu Heldorf. Er war jülich-bergischer Rath und Kammerpräsident und starb 1677. Der oben gedachte erste Graf dieses Geschlechtes war mit Anna Elisabeth Gräfin von Hillesheim, einzigen Erbin der bedeutenden Güter und letzter Sprosse diese Hauses, vermählt, die, wenn ich nicht irre, noch lebt.

Es bleibt mir nun übrig, dir von den zweifelsohne auch sehr angesehenen Herren von Spieß-Büllesheim zu sprechen, welche namentlich dadurch noch eine besondere Vornehmheit erlangt haben, daß sie von jeher für ihre Herrschaft Satzfay die Reichsunmittelbarkeit beanspruchten. Reiner Spieß, welcher um 1407 geboren sein mag, untersigelte 1450 die Verträge zwischen Cöln und Jülich. Seine Nachkommen besaßen zwei im Jülich'schen belegene Herrschaften: Groß-Büllesheim und Satzfay, wollten aber wegen Letzterer nie auf dem Landtage erscheinen, weil sie die Immedietät derselben behaupteten und sich nicht präjudiciren mochten.

Von den übrigen alten Familien sind manche ausgestorben, andere haben ihre Güter verkauft und sind verzogen; manche auch wanderten mit den Kurfürsten Karl Philipp und Karl Theodor in die Pfalz oder nach Baiern. Einige der jetzt in unsern Landen ansäßigen Geschlechter sind oberrheinischen, das heißt: pfälzischen oder hessischen Ursprunges.

Ich will jedoch nicht vergessen dir noch zu sagen, daß die von Goltstein sehr alt und auch schon in der Person Friedrich Theobald von Goltstein um 1651 gegraft worden sind. Ihr Ahnherr war Henrich, der auf der Burg Goltstein im Jülicher Land schon um 1180 ansaß. Der Enkel des in den Grafenstand erhobenen ist der um Düsseldorf so hochverdiente jülich-berg'sche Kanzler und kurfürstliche Statthalter Johann Ludwig von Goltstein, regierender Graf zu Schlemacken und in der Herrschaft Ulmen, wegen eben derselben auch Mitglied der rheinischen immediaten Ritterschaft, sowie Ritter des heiligen Hubertus und vom Horn.

Ferner sind die Proff-Irnich, welche Erbwaldschultheißen des Lohmerwaldes waren, alt und angesehen. Die Stommel aber und die Stockum sind ebenfalls ehrenwerth gleich wie die Syberg, Schöller, Hövel u. s. w., wo aber leider schon lange der Besitz dem Namen nicht mehr gleichkommt. Die Stommel leiten ihren Namen auf Gottfried von Stommeln zurück, welcher um das Jahr 962 gelebt haben soll. Sie besaßen als Lehn das Haus Roland*) bei Düsseldorf, in dessen Nähe wir zu Kurfürst Johann Wilhelm's Zeiten im offenen Walde Komödie gespielt haben.

Auch die Heister sind alt und haben viele tüchtige Offiziere und Generale in den Dienst des Kaisers geschickt. Sie waren oder sind noch »Pfennigsmeister« des Herzogthums Berg, über welche Charge ich dir nur zu sagen weiß, daß es sich bei derselben um Millionen und keineswegs um Pfennige handelte; denn durch ihre Hand ging oder geht noch ein großer Theil der Einkünfte unsrer Herzogthümer. Von den hochehrenwerthen Herren von Dalwigk, welche schon um 1410 bei uns als belehnt vorkommen, aber von Hause aus alte Reichsritter waren, habe ich dir schon früher gesprochen. Die Raitz von Frentz zu Schlenderhahn haben die große Ehre, unter ihre Ahnherren mütterlicher Seite den berühmten Feldherrn Johann von Werth zu zählen. Dieser Johann von Werth war keineswegs, wie es das Volk glaubt und einige dummdreiste Menschen behaupten, bäuerlicher Herkunft, sondern ein wohlgeborener Edelmann; denn der Vater des Generals war ein Herr von Werth zu Huppelrath im Jülich'schen und seine Mutter ein Fräulein von Streithagen, aus altem bergischen Geschlechte mit Vornamen Elisabeth.

Was aber die von Quadt betrifft, die jetzt so gut stehen, so sollen dieselben nicht allzuweit her sein. Sie waren einfach »cöl'sche Ritter«, welches aber noch lange nicht sagen will, daß sie arme Ritter gewesen seien: im Gegentheil sind diese kölnischen Herren nur zu oft allein durch ihr Geld Ritter geworden. Gerhard, der Quade, lebte in Köln um 1337. Er hat einen sprechenden Namen, denn Quade heißt auf plattdeutsch soviel als widerspenstig, und mag dies Geschlecht den Erzbischöfen das wohl auch gewesen sein. Die jetzigen Quadt-Wickerad sind vornehme und reiche Leute, haben stets superbe Allianzen gemacht und werden gewiß noch höher kommen.

Was die Wolff-Metternich anbelangt, so sind dieselben erst aus Hessen in hiesige Lande eingewandert und hießen ursprünglich Wolff von Gutenberg. Zu Anfange des vorigen Jahrhunderts heirathete Johann Adolph von Wolff, genannt Metternich, die einzige Tochter des Ritters Degenhard von Hall, Maria Catharina, und erwarb durch sie die reichsfreie Herrschaft Odenthal, welche vom Herzogthum Berg außer dem Beitrage zu den Landeslasten ganz unabhängig ist. Der Erb- und Gerichtsherr dieser Herrschaft nennt sich »von Gottes Gnaden«, hat das Recht hängen, köpfen, strranguliren und viertheilen zu lassen und heißet Herr zu Gracht, Rath, Forst, Langenau, Fleblingen, Oberarnsbach u. s. w.

Die Hatzfeld sind ebenfalls keine Hiesigen, sondern in Hessen oder in der Pfalz zu Hause; sie kommen jedoch schon um 1582 bei uns in Jülich vor. Hingegen sind die Palandt uralt und die Spiering von sehr guter Herkunft. Was die Freiherren von Geldern betrifft, welche wiederum mit den Sprößlingen des Juden Jacob van Geldern auch nicht das Mindeste gemein haben, so sind dieselben die Nachkommen eines natürlichen, aber legitimirten Sohnes des ersten Herzogs von Geldern, Reinhold I. Der Enkel dieses Herrn von Geldern war schon um 1379 Küchenmeister des Grafen

*) Dieses Schloß ist jetzt im Besitz des um die Geschichte der jülich-bergischen Geschlechter hochverdienten Herrn Dr. A. Fahne, welcher, wenn ich nicht irre, eine von Stommel zur Gattin hat. A. d. V.

Johann von Cleve. Der jetzt dahier lebende Freiherr Friedrich Adolph stammt von ihm, also von den alten Herren des Gelderlandes, die bereits im Jahre 1371 im Mannesstamme ausstarben, worauf denn Reinhold IV. von Jülich und nachher dessen Schwestertochter und deren Gemahl, der Graf von Egmont, und ihre Nachkommen succedirten.

Correspondenzen.

Aus der Hauptstadt.

4. Februar 1850.

— Mangel an Nachrichten über das Befinden Sr. Majestät des Königs; — Hoffeste, Hof-Nachrichten und Herr Knabenlehrer Lorentzen; — Freiherr von Manteuffel; — die Juden überall, auch im Regiment Garde-du-Corps und im Cadetten-Corps; Stille in der Literatur und im Theater. —

Man läßt die zuverlässigen Nachrichten über das Befinden Sr. Majestät des Königs, unseres allergnädigsten Herrn, so selten werden, daß wir nachgerade kaum noch im Stande sind, unseren Lesern etwas mitzutheilen; je lauter der Wunsch im Lande wird nach Mittheilungen über das Befinden des geliebten Herrn, desto schweigsamer wird man an officieller Stelle; wir müssen uns bescheiden und bekennen, daß der Lakonismus der ärztlichen Bülletins durchaus Nichts mehr zu wünschen übrig läßt.

In die ersten Tage dieses Monats fielen einige Hoffeiertage. Am 1. Februar, dem Jahrestage unsers glorreichen Kampfes 1814 bei Brienne gegen die Franzosen, feierten zwei Prinzessinnen des Hohen Königl. Hauses Ihren Geburtstag: Ihre Königl. Hoheit die Frau Prinzessin Friedrich der Niederlande (Prinzeß Louise, geb. 1808, die jüngste Tochter Friedrich Wilhelms III. und der Königin Louise) und Ihre Königl. Hoheit die Prinzeß Alexandrine (jüngste Tochter Sr. Königl Hoheit des Prinzen Albrecht). Die »Preuß. Zeitg.« (Redakteur: Knabenlehrer Lorentzen) verkündete schon zwei Wochen vor diesem Tage, Ihre Königl. Hoheit die Prinzeß Alexandrine werde an diesem Ihren 18. Geburtstage, altem Herkommen gemäß, Ihren eigenen Hofstaat erhalten, der aus einem Kammerherrn und zwei Hofdamen bestehen werde, auch wollte dieses so trefflich unterrichtete Blatt schon wissen, daß die betreffenden Ernennungen bereits erfolgt seien. Nun ist der 1. Februar vorüber und die Ernennungen sind nicht erfolgt. Sehr natürlich, denn es ist am Königlichen Hofe durchaus weder Brauch noch Herkommen, daß die Königlichen Prinzessinnen mit dem achtzehnten Jahre einen eigenen Hofstaat erhalten, wie denn z. B. die Frau Landgräfin Louise von Hessen-Philippsthal, ältere Prinzessin-Tochter Sr. Königl. Hoheit des Prinzen Carl, fünfundzwanzig Jahr alt war, als sie vermählt wurde, ohne bis dahin einen eigenen Hofstaat zu haben. Ferner würde selbst im Falle des eigenen Hofstaates Ihre Königl. Hoh. die Prinzeß Alexandrine schwerlich einen Kammerherrn erhalten haben, da der dienstthuende Cavalier bei Ihrer Königl. Hoheit der Frau Prinzeß Friedrich Carl nur Kammerjunker ist, die verheiratheten Prinzessinnen aber immer den Rang vor den unverheiratheten haben. Diese Sachen sind Kleinigkeiten, wenn man will, es braucht sie Niemand zu wissen, nicht einmal ein Zeitungsredakteur, aber man muß denn auch nicht, wie die »Preuß. Ztg.« in diesem Falle, in einem so suffisanten

Tone reden und thun, als verstände sich das von selbst, was sich doch als ganz irrig zeigt. Mit Ausnahme der »Neuen Preuß. Ztg.«, die in solchen Dingen eine löbliche Vorsicht von je gezeigt, haben dann auch sämmtliche Berliner Blätter, selbst die »Vossische« und »Spenersche Ztg.«, die doch wissen könnten, was Brauch und Herkommen am Königl. Hofe, die falsche Nachricht dem Lorentzen nachgedruckt. Am 3. Februar, dem Jahrestage des Königlichen Aufrufes an die Freiwilligen 1813, feierte Ihre Königl. Hoheit die Frau Prinzeß Carl Ihren Geburtstag; zur Feier des Tages wurde, wie fast alljährlich an diesem Tage, im Palais Sr. Königl. Hoheit des Hochwürdigst-Durchlauchtigsten Johanniter-Herrenmeisters eine Soirée mit Aufführung lebender Bilder veranstaltet. Am selbigen Tage feierte auch der ehemalige Minister-Präsident Sr. Majestät des Königs, Freiherr von Manteuffel, seinen Geburtstag. Der jetzt so viel und laut geschmähte Staatsmann hat sich überzeugen können, daß es noch Leute genug giebt, die nicht vergessen haben, was er in schweren Tagen einst für König und Vaterland gethan.

Die Juden benutzen mit der ihnen eigenen Sicherheit die glücklichen Umstände, die ihnen jetzt geboten werden, sie erobern eine Position nach der andern und dringen überall ein, selbst in Kreise, die man noch vor kurzer Zeit für sturmfrei gegen ihre Begehrlichkeit hielt. Der Schmerz darüber und der Groll sind begreiflich, der Widerstand dagegen ist schwach bis jetzt, selbst in der conservativen Presse, die viel zu sehr ihre Kräfte für große Schläge spart und vergessen zu haben scheint, daß eben darin eine Macht der Presse ruht, daß sie unaufhörlich, Tag für Tag, auf einen und denselben Punkt zurückkommen kann. Nur das »Preußische Volksblatt«, das jüngste Mitglied der conservativen Partei, führt einen unausgesetzten Guerillaskrieg gegen die Judenschaft. Die schlimmsten Gegner werden die Juden wohl in sich selbst, in ihrer eigenen eiteln Selbstgefälligkeit, ihrer Ueberhebung finden. Hört man doch schon, daß ein hiesiger, in den letzten Jahren sehr reich gewordener Schnitt- und Modewaarenhändler seinen Sohn als »Officier« bei dem Regiment Garde du Corps eintreten lassen wolle. So schnell geht das denn doch nicht, man tritt bei uns in Preußen nicht so beliebig als »Officier« irgendwo ein, selbst dann nicht, wenn man einen Hoflieferanten zum Vater hat, das Gerede aber und die Freude, mit welcher jüdische Männer diese Geschichte erzählen, ist bezeichnend genug. Noch verbreiteter, aber wahrscheinlich noch haltloser, ist das Gerücht, daß mehrere jüdische Familienväter die Aufnahme ihrer Söhne in das Königl. Cadetten-Corps gefordert hätten. Indessen, die Zeit geht schnell, und wer bis übermorgen lebt, der kann noch viel erleben.

In der Literatur ist's ziemlich still, von W. Alexis' trefflichem vaterländischen Roman: »Die Hosen des Herrn von Bredow«, ist bei Janke hier eine neue billige Ausgabe erschienen; in selbem Verlag wird binnen Kurzem ein Werk über Irland von Julius Rodenberg erscheinen. Auch im Theater ist's still und erst recht still seit der Aufführung von Paul Heyse's »Sabinerinnen«. Ein wunderliches Stück Poesie von der Frauenliebe, mit der gemordet wird bis zu der Liebe der Mörderin zu dem Gemordeten nach dem Morde! Nein, das war kein Heldenstück, Octavio!

Militärische Revue.

Sonntag, den 5. Februar 1860.

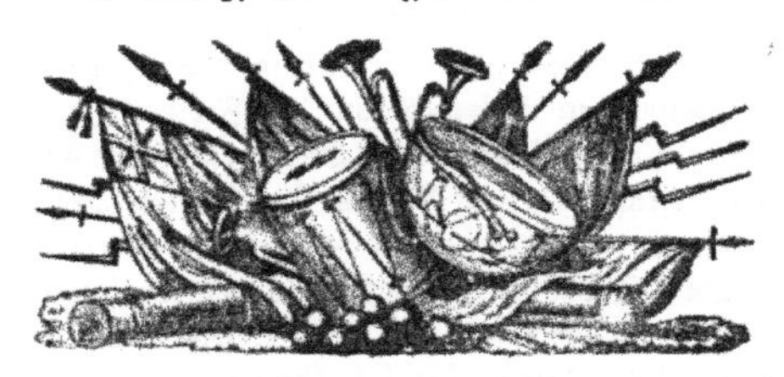

Geschichtskalender.

5. Febr. 1779. Gefecht bei Brix: General von Möllendorf schlägt die Oestreicher und erobert ein Magazin.

6. Febr. 1814. Die Preußen erobern Gorkum.

7. Febr. 1708. Berennung von Bonn durch die Deutschen, die Preußen unter Gen.-Lieut. v. Natzmer.

8. Febr. 1807. Schlacht von Eylau: die Preußen unter Gen.-Lt. v. L'Estocq stellen das Gefecht auf dem rechten russischen Flügel her und erobern Kuschitten.

9. Febr. 1801. Friede zu Luneville zwischen Preußen, dem deutschen Reich rc. und Frankreich.

10. Febr. 1807. Die Preußen besetzen Wehlau.

11. Febr. 1814. Gefecht von Montmirail: Die Russen unter Gen. Langeron und die Preußen unter Gen. v. York müssen sich zurückziehen.

Inhalt:

Die spanischen Guerilla's.

Spanien, das einst die Welt mit seiner Universalherrschaft bedroht hatte, dann unter der doppelten Last des kirchlichen und politischen Despotismus fast erstorben war, ist erst durch die furchtbaren Leiden, die es Napoleon der Erste erdulden ließ, zu neuem Leben wieder erweckt worden. Blutige Bürgerkriege haben es seitdem zerfleischt, seine Provinzen sind verarmt — aber jene langsam vernichtende Erstarrung ist überwunden und mit den Jahren 1808—14 dem Volke eine Erinnerung erworben worden, die es in künftigen Prüfungen mächtig aufrechterhalten muß.

Viel ist darüber hin und her gestritten worden, wem für den Ausgang jenes glorreichen Befreiungskampfes der erste Dank gebühre. Die Engländer weisen stolz auf ihr tapferes Heer und seine berühmten Führer, die Franzosen, — beiläufig sehr geneigt, den Einfluß der spanischen Niederlagen auf den Sturz Napoleon's zu überschätzen — wissen nur von der Abwesenheit des Kaisers, den Fehlern und der Uneinigkeit ihrer Generale und von »den jungen Truppen« zu erzählen. Selten, sehr selten findet man eine Anerkennung der Kraftentwickelung des spanischen Volkes, die mehr erwähnte, als die heldenhafte Vertheidigung der festen Plätze. Und doch ist es gerade diese Volkserhebung gewesen, welche die französischen Adler über die Pyrenäen zurückgejagt hat, nicht die englische Armee, nicht die spanische regulaire Armee.

Als Napoleon die Operationen begann, welche seinen Bruder auf den Thron Karl's des Vierten setzten sollten, war Spanien in einem höchst kläglichen Zustande. Die Armee, auf dem Papier von Respekt gebietender Größe, zählte in Wirklichkeit nur 90,000 Mann, und weitere 40,000 Mann waren das einzige Ergebniß der angeordneten Aushebung; Werbung wie Losungs-Conscription brachten keinen Zuwachs, denn die Eximirten waren zahlreicher als die Wehrpflichtigen. — Obendrein taugten jene 130,000 Mann auch noch wenig genug, denn sie waren schlecht bewaffnet und fast ohne Disciplin, überhaupt so schlechte Soldaten, als die Spanier, denen bekanntlich die vorzüglichsten soldatischen Eigenschaften in so hohem Grade eigenthümlich sind wie wenig anderen Nationen, nur sein können.

Es war eine der ersten Maßregeln, die Napoleon gegen Spanien ergriff: die regulairen Truppen dieses Landes zu verringern; auf die Verträge von St. Ildefonso und Fontainebleau gestützt, forderte und erhielt er Hülfstruppen, die nach Italien und Deutschland „beseitigt" wurden, und schlug so zwei Fliegen mit einer Klappe. Aber bald brachte die Abdankung Karl's des Vierten, die Gefangensetzung Ferdinand des Siebenten, vor Allem aber die Ankunft Joseph Napoleon's und das Attentat vom 2. Mai 1808 den verhaltenen Groll zum Ausbruch, und es begann jener Kampf, in welchem die Spanier gezeigt haben, was ihnen ihre Unabhängigkeit gilt.

Die Insurrection erhob sich in Asturien, in Galicien, in Leon und Castilien zuerst; der Rest der Provinzen säumte nicht lange zu folgen. In der Hast organisirt und schlecht, oder gar nicht geführt, erlitten die Aufständischen in den offenen Gefechten, die sie bei Burgos, Espinosa, Somo Sierra u. s. w. annahmen, Niederlagen, allein diese sollten für die Franzosen unheilvoller werden, als für die Spanier, denn sie verleiteten Napoleon zu dem Wahne, diese Erhebung niederdrücken zu können, und verführten ihn so zu den zahllosen und unbelohnten Opfern der nächsten Jahre.

Oft schon ist die Aehnlichkeit der Spanier mit den Arabern hervorgehoben worden, und wenn man jenen die Fähigkeit, in regulairen, geschlossenen Massen zu fechten, nicht absprechen kann, wie diesen, so ist es doch zweifellos, daß der spanische National-Charakter zum kleinen Krieg, zum Partisanen-Kampf entschieden hinneigt, die Erfahrung, daß in einer bataille rangée den „Soldaten von Austerlitz" gegenüber wenig zu hoffen war, trat hinzu: — es entstand der **Guerillakrieg**, ein Kind der Noth, lebensfähig überall, wo man Hinterhalte legen kann, nirgends lebensfähiger als auf der von Gebirgen überflochtenen iberischen Halbinsel.

Catalonien war diejenige Provinz, in welcher der Guerilla-Krieg am schnellsten Ausbildung und Organisation erlangte. Die Anstrengungen dieser Provinz spotten jeder Beschreibung. Alles, was Waffen tragen konnte, führte Krieg. Verschieden bewaffnet, mit Gewehren, Degen, Piken, Erdhacken — aber einmüthig im Franzosenhaß, waren die „Somatenes" (Somaten bedeutet Sturmglocke) jederzeit bereit, beim ersten Signal Haus und Hof zu verlassen, um sich in den auserlesenen stärksten Stellungen des Landes zum verderblichen Hinterhalt zu sammeln. Die Junta von Catalonien wußte durch praktische und energische Maßregeln der allgemeinen Erhebung Halt zu geben und die Massen zu organisiren; eine Aushebung, die keine Ausnahme kannte, wurde angeordnet, davon 40,000 Mann zu 40 Tercios (Bataillons) formirt, der Rest auf den Kampf als „Somatenes" oder „Miquelets" verwiesen. — Wie die Somatenes Höhen, Straßen und Defiléen besetzt hielten, so waren die „Miquelets" — das Wort „Miquelet" ist ein provinzieller Ausdruck für Wilddieb — unter selbst gewählten Führern die steten und wichtigen Begleiter der regulairen Cadres; sie zerstörten die Communicationen, klärten das Terrain für marschirende Colonnen, deckten Seiten- und Rückwärts-Bewegungen derselben, kurz — leisteten die Dienste einer leichten Infanterie.

Somatenes und Miquelets trugen die gewöhnliche Tracht der catalonischen Bauern: Bundschuhe aus Leder oder Bast an den nackten Füßen, eine lederne Gamasche, die Knie und Knöchel freiläßt; Hose und Jacke aus blauem oder schwarzem Sammet, um die Hüften mit einer bunten Schärpe zusammengehalten, deren Falten Patronen und sonstige Bedürfnisse bergen, die lange schmale manta über die Schulter geworfen, auf dem Kopfe die rothe Mütze über dem Haarnetz und die Flinte im Arm — so schreitet der Miquelet einher, ein Kriegsmann, dessen Wahlspruch „caveza par caveza“ — „Leben um Leben“ lautet.

Wenn bei den Miquelets die Subordination bei Weitem nicht der in einer regulairen Truppe waltenden gleich kam, so war sie doch dort besser, als bei den Somatenes, denen General Napier den Vorwurf macht, sie hätten keine anderen Interessen als die ihres Dorfes gekannt und nur gefochten, wenn es ihnen Vergnügen gemacht habe.

In ähnlicher Weise wie in Catalonien bildeten sich nun in allen Theilen der Halbinsel, in der Organisation durch den Marquis de la Romana und andere einflußreiche Patrioten unterstützt, Partisanen-Corps, die bald unter der Bezeichnung „Guerillas“, d. h. „Truppen für den kleinen Krieg“, zusammengefaßt wurden. Der ingrimmige und allgemeine Haß gegen die Franzosen, die Desertion bei den spanischen Hülfstruppen der französischen Armee, die allgemeine Arbeitslosigkeit und — Beutesucht ließen diese Schaaren, die wohl zu schlagen, aber nicht zu vernichten waren und, heute verjagt, morgen in doppelter Zahl wieder erschienen, stets anschwellen.

Die oberste Junta, wohl ermessend, wie mächtig diese Schaaren die Befreiung des Landes zeitigen würden, ermuthigte sie durch Proclamationen und stützte sie durch Gesetze; das wichtigste der letzteren, im Juni 1809 erlassen, lassen wir hier im Auszuge folgen. Es lautete:

„Artikel 1. Alle Bewohner der vom Feinde besetzten Provinzen sind autorisirt jede Waffe zu ergreifen, um damit die französischen Soldaten, den einzelnen, wie ganze Cadres anzugreifen, zu plündern und zu vernichten. Jede derartige Handlung verdient den Dank des Vaterlandes und wird entsprechenden Lohn finden.

„Artikel 2. Den Detachements, welche sich bilden, wird das Gouvernement Führer geben und diese nach Verdienst besolden.

„Artikel 3, 4. Alle obern Befehlshaber der spanischen Armee werden für jede Nachricht, die ihnen über die Bewegungen des Feindes durch jene Detachements oder auch durch einzelne Personen zugeht, unverweilt angemessene Belohnungen oder entsprechende Anweisungen auf die oberste Junta ertheilen.

„Artikel 5. Wittwen und Waisen der im Kampfe Getödteten wird der Staat schützen und erhalten.

„Artikel 6. Die Bewohner derjenigen Provinzen, welche an die vom Feinde besetzten angrenzen, können zu den Waffen greifen, sobald ihre Junta die Erlaubniß dazu ertheilt.

„Art. 7. Ueber alle Bewegungen der verschiedenen Detachements werden die Provinzial-Juntas in Kenntniß erhalten und haben ihrerseits wieder an die oberste Junta zu berichten.

„Artikel 8. Wer ein Detachement auf seine Kosten zusammenstellen und ausrüsten will, wird bei der Junta seiner Provinz die Autorisation dazu erhalten.

„Artikel 9. Jedem Detachement gehört alle Beute ohne Ausnahme, die ihm in die Hände fällt.

„Artikel 10. Alle Detachements werden ganz besonders darauf bedacht sein, der französischen Armee Proviant und andere Zufuhren abzuschneiden.

„Artikel 11. Ebenso werden sie die Couriere und Posten auffangen. Die auf diese Weise gewonnenen Nachrichten werden ihrer Wichtigkeit entsprechend nach einem bestimmten Tarif bezahlt werden.

»Artikel 12—14. Alle Ortschaften sind gehalten, den Detachements die benöthigten Lebensmittel, sowie alle anderen Bedürfnisse unentgeldlich zu gewähren.«

Marschall Soult versuchte durch eine Proclamation, welche jedem spanischen Partisan, der in französische Hände fiele, den Tode eines Banditen zusagte, entgegen zu wirken. Vergebens, das spanische Gouvernement drohte mit verschärften Repressalien gegen die französischen Truppen, wie gegen den Marschall selbst.

Jedes Städtchen, jedes Dorf organisirte seine „Guerilla"; Bauern, Gutsbesitzer, Mönche, Priester, Studenten, desertirte Soldaten, kurz alle Stände waren in den „Guerillas" vertreten.

Energische und verwegene Männer übernahmen die Führung; Porlier, Ximenes und Francisco Sanchez, Meina und vor allen Martin Diez, l'Empecinado genannt, waren bald bekannte Chefs, alle tollkühn und listig, die meisten grausam und blutdürstig.

Andere weniger bekannte aber eben so furchtbare Chefs, führten unter seltsamen Kriegsnamen: El Tastor, El Capucino, El Cura, El Medico u. s. w. kleinere Guerillas „Quadrilles" genannt, mit denen sie die Engpässe der Gebirge verlegten. Wurden sie geschlagen und verfolgt, so zertheilten sie sich wie Spreu und verschwanden, um sofort wieder zu erscheinen, wenn die Gelegenheit günstiger war.

In Alt-Castilien gab es Guerillas, die viele 1000 Mann zählten, sie hatten hier nach und nach eine Art Uniform angenommen: spitzen Hut mit rother Feder, braune kurze Capote mit rothen Schnüren, die Offiziere goldene Epauletten in Form von Löwentatzen, Flinte und „navaca" (ein großes breites Messer) waren die Waffen. Auch Fahnen besaß ein Theil der Guerillas, und zwar von einer Farbe, die bizarr genug gewählt war, nämlich rosenroth.

Im Verlauf des Krieges ging die ursprüngliche Organisation der Guerillas verloren, sie lösten sich in Folge ihrer eigenen Zügellosigkeit in die Hauptelemente auf: die besseren traten zu den regulairen Truppen, die von der Junta und der Regentschaft formirt wurden, über, der Rest führte das räubermäßige Leben fort und fiel damit den englischen Verbündeten oft ebenso lästig, wie den französischen Feinden. — Daß aber der spanischen Volkserhebung, die in den „Guerillas" ihren eigensten Ausdruck fand, der siegreiche Ausgang des Unabhängigkeitskrieges vor Allem zu danken ist — diese Anerkennung darf nicht vorenthalten werden, wenn jene Freiheitskämpen auch nicht so lauter waren, als die anderer Länder.

Der Name „Guerilla" wäre in Spanien nicht vergessen worden, auch ohne die Karlisten-Kämpfe. Die spanische Armee ist seit 20 Jahren mit seltener Ausdauer und Energie auf dem Wege der Reorganisation und tactischen Vervollkommnung fortgeschritten, — gehemmt zwar durch die politische Zerrissenheit und die Finanznoth, aber nicht zum Stehen gebracht. Alle Fragen der Kriegstheorie finden in der spanischen Armee unausgesetzt eine stete und eingehende Aufmerksamkeit, und wenige Armeen zeigen in ihrem Offizier-Corps eine so große geistige Regsamkeit und Thätigkeit, wie die spanische. — So ist dann auch für die „Guerillas" vom Marschall Concha, Marquis del Duero, in einem Anhange zu seiner „Tactik der drei Waffen" eine umfassende Instruction gegeben worden, deren Ausführung aus „unlenksamen Banden" eine vorzügliche Tirailleur-Truppe schaffen würde.

In Form und Details der französischen école de tirailleurs ähnlich, nimmt diese Instruction als tactische Einheit der Guerillas eine Compagnie an, theilt diese in 4 Sections (escuadra), die Section in zwei Pelotons, die Pelotons endlich in Schützengruppen zu je 4 Mann, und schlägt u. a. ein Signalsystem vor, welches die genaueste und prompteste Leitung der Bewegungen ermöglicht und doch an das Gedächtniß der Leute keine [illegible] richtet.

Rüstow's Italienischer Krieg 1859,

politisch-militärisch beschrieben.

Unter den Flugblättern über die neuere Tagesgeschichte hat besonders in militairischen Kreisen das oben erwähnte Werkchen große Verbreitung gefunden und zwar aus dem Grunde, weil es das Erste war, welches Details über den italiänischen Krieg geben und diesen im Zusammenhange darstellen sollte.

Auch der Name Rüstow's (abgesehen von seiner politischen Vergangenheit), der sich durch einzelne frühere Werke einen nicht unbedeutenden Ruf erworben hatte, that das Seine dazu, den Blättern einen weiteren Leserkreis zu geben; jedoch so wenig man dem Verfasser einen offenen Verstand, sowie die natürliche Anlage zur Schriftstellerei absprechen kann, so fehlt ihm doch jener ächt soldatische, ritterliche Edelsinn, der sich in allen Werken großer Krieger wiederspiegelt und der in militairischen Werken eine unausbleibliche Nothwendigkeit ist, wenn sie nicht zu Handwerksblättern herabsinken sollen.

Die Würde, mit der ein Gegenstand wie die Kriegsgeschichte immer behandelt werden muß, da Tausende mit ihrem Blute die Resultate der Unternehmungen besiegelt haben, die Würde, die selbst im bittern Tadel und im Unmuthe (dessen der erwähnte Verfasser im edlen Sinne des Wortes kaum fähig zu sein scheint) nicht verletzt werden darf, ist im oben erwähnten Werke von R. geradezu mit Füßen getreten worden, und man könnte statt des Wortes „zu populair" mit dem Einige seine Blätter beehrt haben, wohl ein etwas derberes gebrauchen, um seine Schreibart richtig zu bezeichnen.

Der politische Theil der Schrift, dessen allgemeine faselnde Kannegießerei jedem Unbefangenen bald entgegentritt, ist schon anderweitig in seiner Nacktheit dargestellt worden, es bleibt aber doch Pflicht, auch dem viel gelesenen militairischen Theile einige Aufmerksamkeit zu widmen.

Vor Allem ist zu bemerken, daß der militairische Theil der Blätter sich in einer Art der Rede bewegt, deren man sich Abends mit gemüthlichen Philistern bei einem Glase Bier zu bedienen pflegt, wobei natürlich von einem „auf die Wadge legen" eines Wortes oder ganz unpassender Ausdrücke wenig oder gar nicht die Rede ist; so daß einzelne Stellen für das Ohr eines Gebildeten geradezu widerlich sind.

Solche Schreibart, wie sie auch Förster in seinen Kriegen 1813, 14, 15 führt, ist aber der Kriegskunst vollständig unwürdig, und es ist Pflicht eines jenen Schriftstellers, das Herabziehen der Geschichte in den Kreis so vulgairer Denkweise mit allem Kräften zu verhüten.

Lassen wir jedoch die unedlen Theile bei Seite, so können wir uns auch mit dem rein sachlichen Kerne der Brochüre durchaus nicht einverstanden erklären, indem der Verf. vor jeder Schlacht, statt einer ruhigen Beleuchtung der Verhältnisse Raum zu geben, mit Haufen von Operationsrichtungen eigener kluger Ideen und willkürlicher Suppositionen um sich wirft,*) womit er zwar das Papier bogenweise füllt, aber den geradezu auf die Folter spannt, der gewohnt ist geordnete Auseinandersetzungen zu hören, wie sie z. B. Höpfner oder Bernhardi in ihren Werken vorauszuschicken pflegen, welche Schriftsteller der Verf. in der Anordnung des Stoffes offenbar zum Muster genommen hat.

*) Wir brauchen nur eine Stelle anzuführen: Nachdem der Verf. einige Seiten hindurch strategisch supponirte Auseinandersetzungen gemacht hat, sagt er S. 112 ganz naiv: „Es versteht sich ganz von selbst, daß alle diese Betrachtungen an Werth verlieren, sobald man annimmt, daß die eine Partei beständig Sieger in der Schlacht ist und die andere beständig geschlagen wird." (?!)

benso wird der Leser mit allgemeinen Betrachtungen überhäuft, die gar nicht in die Kriegsliteratur oder in ein Tacticbuch gehören, aber in die Geschichte eines Feldzuges keineswegs hineinpassen, so daß auch in dieser Hinsicht das Lesen des Buches durchaus nicht befriedigt.

Abgesehen von diesen Raum füllenden Abhandlungen, finden sich auch falsche Entwickelungen im Buche, und wollen wir, um die Leser nicht zu ermüden, nur ein Beispiel hervorheben.

R. octroyirt z. B. den Verbündeten ganz willkürlich (S. 181 ff.) drei (!) mögliche Richtungen (für die unzählig anderen, die noch im Bereiche der Möglichkeit lagen), um in Italien vorzudringen, und zwar:

1) auf dem rechten Ufer gegen Piacenza;
2) auf dem linken Ufer nahe dem Po;
3) auf dem linken Ufer nahe den Alpen;

und läßt sich in weitläufige Auseinandersetzungen über die Vortheile jedes der drei Wege ein. Schließlich ist er nicht zufrieden, daß Nap. den dritten wählt, weil er auf demselben im Falle des Unglücks riskirt, in die Alpen geworfen zu werden!! (Mit 300,000 Mann.)

Der Verf. räth Napoleon, den ersten Weg zu verfolgen, die Hauptmacht der Oestreicher mit einem Schlage zu vernichten, sie wo möglich gegen die Alpen zu drängen und so die kolossalsten Vortheile zu erringen; er tröstet sich aber damit, daß der Wunsch eines schnellen Einzuges in Mailand und das Vorgehen Garibaldi's (!!) den Kaiser bewogen hätte, die natürliche Richtung einzuschlagen.

Jedoch ist diese Behauptung etwas sehr kühn, sogar falsch, und läßt sich die Sache weit natürlicher folgendermaßen erklären:

Napoleon mußte über den Po.

Das Gefecht der Oestreicher bei Montebello zeigt ihm, daß die Hauptmacht derselben vor Pavia zu Piacenza concentrirt ist, wahrscheinlich weil östreichischerseits ein Stoß auf Piacenza (wie ihn Nap. I. 1796 ausgeführt) erwartet wurde.

Wollte Napoleon also den ersten der vorgeschlagenen Wege über Piacenza nehmen, so mußte er an einem der ungünstigsten Punkte des Ortes, zwischen 2 festen Stützpunkten die concentrirte Macht Gyulai's angreifen und unter diesen schwierigen Umständen den Poübergang erzwingen.

Nap. folgt diesem Rathe nicht, sondern geht nach einem eben so richtig meditirten, wie schnell und kräftig durchgeführten Linksabmarsch, der über das Schicksal Italiens entscheidet, bei Palaestro über den Tessin und sucht den Feind in weniger ungünstigem Terrain als in der vom Verf. vorgeschlagenen Richtung auf und schlägt ihn zu mehreren Malen.

Solcher Beispiele findet man mehrere im Buche.

Hätte der Verf. sich darauf beschränkt, die Schlachten als solche, die er in Anbetracht der geringen Quellen, die ihm zu Gebote standen, recht übersichtlich und klar geschildert hat, zu erzählen, ohne sie in einen Berg von Betrachtungen zu vergraben, die ein unangenehmes Bild von Selbstüberschätzung, Arroganz und Kannegießereien vor Augen führen, so hätte er vielen Kameraden gewiß eine recht willkommene, statt einer unerquicklichen Gabe geboten.

Tagesereignisse.

Wir entnehmen der „Magdeb. Zeitg." Folgendes:

„Die künftige Heeresorganisation in Preußen beschäftigt höchst lebhaft auch die Militärärzte. Manche im alten Jahre gehegten Hoffnungen sind nun bis zu dieser Zeit vertagt worden, nachdem nur den jüngern Assistenz-Aerzten eine kleine Gehalts-Zulage und die Officiercompetenzen geworden, wodurch sie ihren ältern Collegen gleichgestellt sind. Dem qualificirten Assistenz-Arzte stand bisher bei seiner sehr geringen Besoldung eine zehnjährige Dienstzeit bevor, ehe er zum Stabsarzt aufrückte, und tritt nicht eine Gehaltsverbesserung ein, so dürften bei der zu erwartenden Organisation die Aussichten sich noch dürftiger gestalten. Der Assistenzarzt in der französischen Armee muß allerdings sehr oft bis zum zwanzigsten Dienstjahre auf Avancement warten, dagegen bezieht er 595 Thlr. an Gehalt und Servis, in Paris sogar 810 Thlr., also bedeutend mehr als das doppelte Einkommen unsrer Assistenz-Aerzte. Wie nun auch eventuell die Heeresorganisation sich gestalte, so ist stets ein unverhältnißmäßiger Zuwachs an Assistenz-Aerzten zu erwarten und die Aussichten bieten schwerlich einen großen Reiz für junge Aerzte, wogegen das Bedürfniß der Armee bedeutend gesteigert würde. Eine frühere Annahme, daß die Stellung der Regiments-Aerzte aufhören werde, scheint durch die Ernennung eines Regimentsarztes für das 17. Infanterieregiment unter'm 15. December v. J. präjudicirt. Das Eingehen dieses ärztlichen Ranges wäre den Militär-Aerzten sicher nicht lieb gewesen; dagegen läßt sich ein Bedürfniß desselben schwerlich nachweisen, wenn man das Bataillon als tactische Einheit ansieht und sich nicht darüber grämt, daß in dem Verwaltungsmechanismus, der nach Regimentern zählt, ein correspondirendes Mittelglied fehlt. Die »Preußische militärärztliche Zeitung« stellt drei Möglichkeiten für die Umgestaltung des Militär-Medicinalwesens auf, wenn, wie allgemein angenommen wird, das erste Landwehraufgebot in die Linie aufgenommen wird. Entweder wird das ärztliche Personal der bisherigen Landwehrregimenter nach dem der jetzigen Linienregimenter formirt oder umgekehrt, oder es werden drittens beide Formirungen miteinander verbunden. Im erstern Falle würde jedes bisherige Landwehrregiment einen Regiments- und einen Bataillonarzt bekommen, dagegen den bisherigen dritten obern Arzt verlieren, im zweiten Falle würde jedes Linienregiment einen obern Arzt mehr bekommen, dagegen statt des Regiments-Arztes einen Bataillons-Arzt erhalten. Als die wahrscheinlichste und günstige Eventualität wird die Combination beider Wege hingestellt. Bleibt die Zahl der Regimenter dieselbe und werden sie durchgehends zu drei Bataillonen completirt, so würde jedes Bataillon einen obern Arzt wie bei der bisherigen Landwehr und jedes Regiment wie bisher bei der Linie seinen Regiments-Arzt bekommen, dessen behandelnde Thätigkeit sich auf ein Bataillon, dessen consultative sich auf das Regiment erstreckt. Dann würden wir statt der bisherigen 45 Regiments-Aerzte, 36 Linien- und 116 Landwehrbataillonsärzte (excl. der oberen Aerzte bei den Jägern, Schützen, Lehrbataillon und Schulabtheilung) in Zukunft 81 Regiments und 162 Bataillons-Aerzte, also 36 Regiments- und 10 Bataillons-Aerzte mehr als bisher haben. Würden, wie vermuthet wird, durch Reduction der Landwehrcavallerie etwa 18 neue Linienregimenter formirt, so erhielten wir noch 18 Regiments-Aerzte, und, falls die Armee künftig nach Divisionen organisirt würde, 18 neue Generalärzte, wodurch überhaupt das oberärztliche Personal eine Etats-Erhöhung von 288 auf 370 erführe. — Nach bisheriger Organisation wird auf 2 Compagnien, Escadrons etc. je ein Assistenz-Arzt gerechnet. Den Linien-Infanterieregimentern von 3, resp. 2 Bataillonen ist noch ein siebenter, resp. fünfter, den Cavallerieregimentern von 3 und 4 Garnisonen ein dritter Assistenz-Arzt zur Hülfe beigegeben. Bisher belief sich die Zahl der Assistenz-Aerzte für die Infanterie, Jäger, Schützen u. s. w. auf 335. Für die jetzigen 116 Landwehrbataillone, die nun mit ständigen Assistenz-Aerzten versehen werden, sind 232 Assistenzärzte nöthig, wogegen die fünften und siebenten Assistenz-Aerzte wegfallen. Werden die combinirten Reservebataillone nicht wiederhergestellt, so werden für die Infanterie 508 Assistenz-Aerzte etatsmäßig. Die jetzige Cavallerie hat 91 Assistenz-Aerzte, würde also in Zukunft etwa 131 haben; die Artillerie nach Formation der 3. Fußabtheilung und die Pioniere bei einer Stärke von 600 Mann pro Abtheilung würden 111 Assistenz-Aerzte nöthig haben; überhaupt würde die Zahl der Assistenz-Aerzte um 284 und auf 793 vermehrt werden. Schnelles Avancement für den Augenblick, da 82 oberärztliche Stellen creirt werden! Allein die Folge — so führt die »militärärztliche Ztg.« durch ein Exempel aus — wird die Thatsache sein, daß ein Assistenz-Arzt fast 24 Jahre wird dienen müssen, um Bataillons-Arzt zu werden.«

Es ist seit unendlich langen Jahren Seitens der Militärärzte ein fortwährendes Klagen über ihre Stellung beliebt worden, und zwar waren diese Klagen zum Theil berechtigt. Aber seit einem Jahrzehent hat man den berechtigten Beschwerden Abhülfe verschafft, und grade diese Abhülfe scheint nur zu ferneren Klagen angeregt zu haben.

und zwar zu durchaus unberechtigten Klagen, denn die Abhülfe ist weiter gegangen, als es das durchaus Erforderliche erheischte. Es haben die Assistenz-Aerzte jetzt durchweg den Rang eines Seconde-Lieutenants, während sie früher hinter den Portepee-Unteroffizieren rangirten. Das Rangiren hinter den Portepee-Unteroffizieren war unbillig, denn die Assistenz-Aerzte hatten das Abiturienten-Examen abgelegt, welches dem Portepee-Fähnrich-Examen gleich erachtet wird, und sie hatten daher Anspruch, nach ihrer Anciennetät mit den Portepee-Fähnrichen zu rangiren, sobald sie, wie diese, ihre Qualification zur dereinstigen Beförderung nachwiesen. Dies war ihr Recht, und dies wurde ihnen gewährt und sie zugleich von dem Nachweise der Qualification zur »dereinstigen Beförderung« entbunden. Schon dies Letztere war mehr als das bloße Recht, aber ihnen wurde noch überdies der Rang eines Seconde-Lieutenants zu Theil, während der Portepee-Fähnrich, um ihn zu erlangen

1) ein Fach-Examen ablegen und
2) von dem Offizier-Corps gewählt werden muß.

Ein Fach-Examen haben allerdings die Assistenz-Aerzte ebenfalls abgelegt, aber gewählt werden sie nicht, und grade dies Wählen ist die Hauptsache, um Offizier zu werden. Um gewählt zu werden, muß sich der Offizier-Candidat als ein junger Mann zeigen, welcher seiner Gesinnung und seiner socialen Bildung und Erziehung nach sich zum edelsten und vornehmsten Stande der Monarchie, sich zum Offizierstande eignet. **Niemand**, der sich hierzu nicht eignet, darf der Vorzug genießen, diesem Stande anzugehören, und wenn die Assistenz-Aerzte diesen Vorzug dennoch genießen, so genießen sie ihn jetzt zwar gesetzlich, aber ohne innere Berechtigung. Es sind ohne Zweifel viele, vielleicht die meisten, Assistenz-Aerzte für den Offizierstand geeignet, aber alle sind es ganz zuverlässig nicht, da aber dennoch alle den Rang eines Seconde-Lieutenants haben, so sind sie bereits jetzt mehr bevortheilt, als sie es beanspruchen können. Allerdings können sie für sich anführen, daß ja alle Intendantur-Beamte den Offizier-Rang haben, die ebenfalls von keinem Offizier-Corps gewählt und nicht einmal ein Fach-Examen (wenigstens die Secretaire rc.) gemacht hätten; allein einmal haben diese Beamte keinen bestimmten Offizier-Rang wie die Aerzte, sondern stehen nur ganz allgemein im Range der Officiere, und dann ist diese Bestimmung allerdings auch im höchsten Grade ungerechtfertigt, und es wird einem preußischen Offizier, trotz des Gesetzes, wohl schwerlich jemals einfallen, in einem Intendantur-Beamten seinen Kameraden zu sehen. Mit den Aerzten dagegen leben die Offiziere in der Garnison wie im Kriege zusammen, es dürften daher auch nur diejenigen in den Verband des Offizier-Corps treten, welche von dem letzteren selbst als dazu würdig befunden werden.

Klagen nun die Aerzte, nachdem ihnen wider alle Billigkeit bestimmte Offizier-Chargen ohne Wahl der Offizier-Corps zu Theil geworden, über schlechtes Avancement als solche, so ist dies im höchsten Grade ungerechtfertigt. Die jüngeren Offiziere haben, in Folge außerordentlicher Umstände, in allerneuester Zeit ein besseres Avancement gehabt. Dasselbe aber ist und wird den Aerzten in Folge derselben Umstände ebenfalls zu Theil. Da nun aber das außerordentliche Avancement erschöpft ist und in den Hauptmannsstellungen sich lauter junge Leute befinden, so wird mindestens für die Zukunft der alte Satz sich erneuern, daß der Offizier 23 Jahre auf die Compagnie zu warten habe, also der Assistenz-Arzt auf den Ober-Arzt zu warten hätte. Wenn daher das letztere Verhältniß auch wirklich einträte, so wäre der Assistenz-Arzt noch immer ohne allen Grund vor dem Offizier begünstigt, indem er

1) seine Würdigkeit für den Offizierstand nicht nachzuweisen braucht und
2) pekuniair den Vortheil hat, eben so viel Praxis zu treiben wie ein Civil-Arzt, also dem Letzteren gegenüber gleiches Recht hat und ein Fixum nebst Stellung vom Staat überdies erhält.

[illegible]

Die »Bank- und Handelsztg.« schreibt: »In Folge mancher bei dem vorjährigen Ankauf von Pferden zu Militairzwecken vorgekommenen Beeinträchtigungen der Pferdezucht sind Vorstellungen an das landwirthschaftliche Ministerium gerichtet worden, um der Wiederholung solcher Vorfälle vorzubeugen. Das Ministerium hat sich dadurch zu einer Correspondenz mit den Ministerien des Innern und des Krieges veranlaßt gesehen, und haben die letzteren nunmehr sich bereit erklärt, den Vormusterungs- und Abnahme-Commissionen zu empfehlen, daß sie Stuten, deren tragender Zustand durch Deckscheine der Landgestüte wahrscheinlich gemacht wird, auch wenn die sichtbaren Kennzeichen vom Vorhandensein dieses Zustandes vermißt werden, zur Aushebung nicht heranziehen. In dem diesen Gegenstand betreffenden Reskript des Herrn Ministers für die landwirthschaftlichen Angelegenheiten wird gesagt:

„Es liegt überdies, wie auch von den genannten Herren Ressort-Ministern niemals verkannt worden ist, sowohl im Interesse des Landes, als im Interesse des Kriegsheeres, die Stuten überhaupt so lange von der Aushebung zu verschonen, als der Bedarf der Armee durch andere Pferde gedeckt werden kann, weil eben hierin die Grundlage für alle künftigen Remontirungen beruht, und wenn gegen diesen allgemeinen Grundsatz von einzelnen Abnahme-Commissionen ohne Noth verstoßen worden ist, so sind dies eben nur einzelne Mißgriffe, welche in jedem Specialfalle zu ordnen bleiben. Doch habe ich Gelegenheit genommen, den Herren Ressort-Ministern noch besonders den Schutz solcher Stuten zu empfehlen, welche lediglich zum Züchtungszwecke gehalten werden, und hoffe, daß dadurch solchen Rücksichtslosigkeiten, wie sie bei der letzten Mobilmachung vorgekommen sein sollen, desto sicherer vorgebeugt sein wird.“

Die Fraction v. Vincke des Abgeordnetenhauses hat neulich über zwei- oder dreijährige Dienstzeit in der Armee „vorberathen“ und ist zu dem Schlusse gelangt, „für die zweijährige Dienstzeit zu stimmen.“ Glücklicher Weise haben die Herren darüber gar nicht zu stimmen, denn die dreijährige Dienstzeit steht bereits durch das Gesetz vom 3. Septbr. 1814 fest und eine Aenderung derselben müßte erst von allen drei Factoren der Gesetzgebung beschlossen werden. Aber interessant ist es zu beobachten, was die Herren nicht Alles unter der Form von Geldbewilligungen vor ihr Forum ziehen. Vielleicht schafft diese Alles besprechende „Fraction“ nächstens auch das Honneur-machen ab, um die Abnutzung der Bekleidungs- und Ausrüstungsgegenstände zu ersparen.

Ueber die Umgestaltung der östreichischen Cavallerie werden der „Mil.-Ztg.“ folgende authentische Mittheilungen gemacht: In Zukunft haben 12 Kürassir-, 2 Dragoner-, 12 Husaren-, 12 Ulanen-, 2 Freiwilligenhusaren-, 1 Freiwilligenulanenregiment zu bestehen. Die Kürassirregimenter haben als schwere, alle übrigen Cavallerieregimenter als leichte Cavallerie zu gelten. Die Kürassirregimenter haben die Kürasse abzulegen. Das bisherige Dragonerregiment Nr. 1 ist in das Kürassirregiment Nr. 9, Nr. 2 in Nr. 10, Nr. 3 in Nr. 11 und Nr. 6 in Nr. 12 mit Beibehalt der jetzigen Regimentsinhaber umzuwandeln. Von den neuen Kürassirregimentern, welche Waffenröcke mit einer Knopfreihe und Paroli auf den Kragen erhalten, wird Nr. 9 grasgrüne, Nr. 10 dunkelblaue Aufschläge und gelbe Knöpfe, Nr. 11 scharlachrothe Aufschläge und weiße Knöpfe, und Nr. 12 lichtblaue Aufschläge und gelbe Knöpfe aufnehmen. Das bisherige Dragonerregiment Nr. 5 heißt in Zukunft „Prinz Eugen von Savoyen Dragoner Nr. 1“, das bisherige Regiment Nr. 7 führt den Titel „Fürst Windischgrätz Dragoner“. Die Adjustirung des letzten Regiments bleibt ungeändert, für das erstere sind dunkelgrüne Waffenröcke und Pantalons, scharlachrothe Egalisirung und weiße Knöpfe bestimmt. Die Dragonerregimenter Nr. 4 und 8 werden gänzlich und von allen, bis jetzt 4 Divisionen zählenden Husaren- und Ulanenregimentern je eine Division aufgelöst und dafür ein neues Ulanenregiment gebildet, welches „Freiwilligen Ulanen-Regiment“ heißen wird. Das bisherige Husaren-Regiment Nr. 13 heißt fortan „Jazygier- und Kumanier Freiwilligen-Regiment Nr. 1“, das Husaren-Regiment Nr. 14 heißt „Freiwilligen Husaren-Regiment Nr. 2“. Die Ausübung der Inhaberrechte über diese 3 Regimenter ist dem Armee-Obercommando übertragen worden.

Das Herrenhaus.

Es scheint, als ob sich die liberalen Zeitungen, sowohl die eigentlich liberalen wie die demokratischen, das Wort darauf gegeben haben, die Zeit der diesjährigen Sitzungsperiode des preußischen Landtages mit Angriffen auf das Herrenhaus auszufüllen. Kaum war das Herrenhaus zusammengetreten, so begannen auch die Angriffe, nicht weil irgend eine Lieblingstheorie des Liberalismus oder der Demokratie in Frage gekommen wäre, nein, blos um dem Publikum, das Zeitungen liest und zwar antimonarchische Zeitungen liest und sich von ihnen sein politisches Urtheil octroyiren läßt, von vornherein gegen das Haus einzunehmen und aufsäßig zu machen. Wie viel Gutes, hieß es, könnte geschehen in der diesjährigen Sitzungsperiode, aber das Herrenhaus, nun ja, das Herrenhaus, bestehend aus Mitgliedern, die nur „Sonderinteressen“ kennen, wird Alles vereiteln. An diesen Ausruf des Schmerzes, der „wie ein Alp drückte“ auf dem Herzen des Volkes, knüpften sich dann sofort Vorschläge, um von diesem Alp befreit zu werden. Das Herrenhaus, so deducirte das eine, einst nach seiner Meinung verfassungstreue Blatt, existirt eigentlich gar nicht zu Recht; man kann es beseitigen ohne Sang und Klang. Einem anderen Blatte erschien der Entschluß zu kühn; es folgerte richtig, daß, falls man das Herrenhaus beseitige, man aus demselben Grunde, d. h. durch einen Rechtsbruch, auch das Abgeordnetenhaus beseitigen könne; man schlug also vor, so viel neue Mitglieder des Herrenhauses zu creiren, daß man vermittelst einer Majorität im Herrenhause das Herrenhaus selbst in legitimer Weise aufheben könne. So albern, ja man kann sagen, so politisch blödsinnig auch diese und andere Vorschläge waren, sie wurden doch immer von Neuem gemacht und dringend hervorgehoben, als das Herrenhaus eine Gesetzesvorlage der Regierung wenigstens zum Theil zurückwies, die in einer preußischen Provinz althergebrachtes Recht aufheben und dafür ein funkelnagelneues einführen wollte. Man hätte das Gegentheil von Seiten der Presse erwarten sollen, nämlich eine Opposition gegen die centralisirenden Tendenzen der Regierung, aber nein, das Herrenhaus nimmt sich des bäuerlichen Grundbesitzes an, folglich vertritt es Sonderinteressen, folglich tritt es gegen die Regierung auf, folglich muß es so schnell als thunlich beseitigt werden. Es ist nur ein Hemmschuh für die freie Entwickelung des Volkes; construire man eine andere erste Kammer.

Schreiber dieses sprach vor einigen Jahren zufällig mit einem von der liberalen Partei täglich gepriesenen Manne über die Vertiefung unserer Bildung;

er entgegnete, es sei das nur Schein, wer nach dieser Seite hin arbeite, der gleiche dem, der Wasser an eine brennende Felsenwand sprenge und glaube, dasselbe werde haften. Und in der That, was die große Masse der eigentlichen Zeitungsleser und politischen Kannegießer anlangt, so haben sie schlechterdings nichts seit zehn Jahren gelernt. Es sind dieselben Lieder, dieselben Melodien, die ewig wiederholt werden. Was in aller Welt ist denn das Herrenhaus? Ein Analogon des Abgeordnetenhauses; ein Hemmschuh, um zu schnellen Aenderungen im innern Staatsleben vorzubeugen? oder ist es eine Vertretung der Sonderinteressen und namentlich des Adels? Wer einigermaßen zurechnungsfähig denkt, wird diese Fragen in Hinblick auf die Lage der Dinge verneinen müssen. Das Herrenhaus ist keine Volksvertretung im Sinne des Abgeordneten-Hauses, es vertritt nicht die veränderliche Meinung des Tages, die heute dieser, morgen jener Richtung und Strömung folgt, heute Republik proclamirt und morgen einem Imperator zujauchzt; es vertritt vielmehr etwas Höheres, es vertritt den Staat und seine Interessen, es vertritt eine Ordnung der Dinge, innerhalb welcher allein jene Fluctuationen der öffentlichen Meinung möglich sind, es vertritt und verbürgt die Continuität historischer Entwickelung, durch welche allein die öffentliche Meinung, die das Abgeordnetenhaus vertritt, Bedeutung und Dauer erhält. Und darum, und aus keinem andern Grunde, ist die Mitgliedschaft des Herrenhauses entweder erblich, wie die Krone selbst, oder doch lebenslänglich. Eine gewählte erste Kammer wäre ein Unding, ein barer Unsinn. Wer unserer Autorität in dieser Beziehung nicht folgen will, der lese die Rede, die Waldeck im Jahre 1848 vor den Wahlmännern des zweiten Berliner Wahlbezirks über „die constitutionelle Monarchie mit Einer Kammer" gehalten hat (Berlin. Jonas' Verlagsbuchhandlung), und er wird Dutzende von Gründen finden gegen die constitutionelle Schablone des Zweikammersystems, Gründe, denen wir vollständig beistimmen müssen, so fern uns auch die Richtung eines Waldeck liegt. Das Herrenhaus ist auch kein Hemmschuh gegen Ueberstürzungs-Gelüste. Wäre es das, oder sollte es das sein, so hätte man statt seiner nur einige Dutzend Geh. Räthe berufen brauchen; es wäre nicht schwer geworden, Feinde jeglicher Neuerungssucht in hinreichender Anzahl aufzutreiben. Und außerdem wozu das? Gefällt der Krone ein Beschluß der Volksvertretung nicht, nun, so hat sie ja nach Waldeck ein Veto, das sie jederzeit geltend machen kann. Endlich vertritt das Herrenhaus auch nicht Sonderinteressen, etwa die des Adels oder des großen Grundbesitzes. Allerdings ist der Grundbesitz sehr stark vertreten im Hause, aber darum nur der große Grundbesitz und nicht auch der kleine, nicht auch der bäuerliche? Und es ist doch wahrhaftig wohl in der Ordnung, daß in Preußen die drei Viertel der Bevölkerung, die dem Ackerbau angehören, gehörig vertreten werden; die Majoritätsmenschen sollten billig in dieser Beziehung sein. Sodann, wer wagt zu behaupten, daß dem großen Grundbesitz nichts gelegen sei an gewerblichem und industriellem Fortschritte? Steigt nicht bei diesem Fortschritte auch der Werth von Grund und Boden? Es sind in dem Herrenhause aber auch die Städte selbst vertreten, sofern sie einigermaßen ein eigenthümliches Leben entwickelt haben und sofern ihre Gegenwart das Resultat einer mit der Geschichte des Staats verflochtenen Entwickelung ist. Ferner sind die Corporationen vertreten, die mit dem geistigen Leben unseres Staats auf das engste verknüpft sind, es sind Mitglieder des Hauses ferner solche Herren, die die Krone für besonders geeignet hält, gediegenen Rath in der Verwaltung und Gesetzgebung des Staates ertheilen zu können, und endlich sind im Kronsyndikate — freilich ein Institut, das der neuen Aera nicht sonderlich zu behagen scheint: es schwankt nicht hin und her, wie man es grade braucht — dreizehn unserer vornehmsten Juristen vertreten. Wer kann solchen Thatsachen gegenüber noch von Sonderinteressen reden?

Es sind eigentlich triviale Fragen und Erörterungen, die wir hier anstellen, aber es hilft nicht, man muß die Wahrheit wiederholen und immer von Neuem wiederholen, so lange man vor ihr die Augen verschließt. Der geistig so hochbegabte Fürst, der unser Herrenhaus geschaffen hat, wollte mit demselben nicht eine erste Kammer nach constitutionellen Schablonen schaffen, sondern etwas ganz Anderes, eine Institution exclusiv preußischer Art, die überall da ist und sein muß, wo wahrhafte Vertretung des Volkes ist. Das Herrenhaus sollte nach diesen tief begründeten politischen Intentionen nichts Anderes sein, denn ein großer aus geborenen und erkorenen Mitgliedern bestehender Rath der Krone, bestimmt somit die Interessen der Krone und auch die Interessen des Staates zu wahren und zu schützen. Aus der Bureaukratie waren die Mitglieder eines solchen Rathes mit theilweise obligatorischem Rathe nicht zu entlehnen, denn dieser Rath entstand ja, wie auch das Abgeordnetenhaus, im Gegensatz zu der Bureaukratie; auch nicht aus andern beliebigen Elementen, denn der Rath mußte ja gerade mit den Interessen der Krone wie des Staats verflochten sein: man mußte mithin Männer wählen, die durch ihre Lebensstellung, durch ihre Einsicht, durch ihre Ergebenheit gegen die Krone wohl im Stande sind, über alle politischen Fragen eine wohlbegründete aus der Wirklichkeit resultirende Antwort zu geben. Das war die Idee, die der Gründung des Herrenhauses zum Grunde lag, und dieses muß die belebende Idee bleiben, wenn das Herrenhaus überhaupt einen Sinn behalten soll.

Fragen wir nun nach der Stellung der Krone, des Ministeriums und des Abgeordnetenhauses zum Herrenhause, so wird aus dem Gesagten zur Genüge die Antwort zu folgern sein. Die Richtung des gegenwärtigen Abgeordnetenhauses ist eine zufällige und wird so lange auch für die Zukunft eine zufällige bleiben, so lange das gegenwärtige Wahlgesetz in Kraft ist. Das Wahlresultat kann nach drei Jahren anders ausfallen, wie jetzt, nach sechs Jahren anders wie drei Jahre vorher: eine Reihe von Meinungen werden vertreten, wie sie eben mit dem Tage auftauchen und schwinden; denn zu behaupten, daß das Abgeordnetenhaus dauernde Interessen und sämmtliche Interessen des Staates verträte, das wäre in der That stark; das Abgeordnetenhaus vertritt vielmehr zur Zeit nur die Bildung der Bourgeoisie, nicht einmal die vollständigen Interessen derselben, es vertritt dasselbe nur zum Theil einen kleinen Bruchtheil, aber auch einen sehr kleinen Bruchtheil der Bevölkerung des Staats. Das Ministerium

20*

steht zwischen dieser Volksvertretung, und der Krone, es berichtet der Krone die Ansichten der Volksvertretung, verhandelt mit der Volksvertretung und führt das, was Gesetz geworden ist, aus. Bevor aber die Vorschläge des Ministeriums, wie der Volksvertretung Gesetzeskraft erhalten können, müssen dieselben von dem großen Rathe der Krone, der die Continuität der Kroninteressen und Staatsinteressen vertritt, der die Einheit und Dauer vertritt gegenüber den Schwankungen des Abgeordnetenhauses, geprüft und gutgeheißen werden. Ist das geschehen, und geschieht das immer, so werden wir gesichert sein gegen französische Zustände; im andern Falle haben wir für den vormärzlichen Staat einen viel schlimmeren eingetauscht.

Was ist nun hiernach über die bisherige Haltung des Landtages und der Regierung zu urtheilen? Wir können nicht sagen, daß wir von der Regierung besonders erbaut wären: die Haltung derselben gegenüber dem Abgeordnetenhause erscheint uns eine zuvorkommendere zu sein wie gegenüber dem Herrenhause; ja, die Regierung hat dem Herrenhause sogar eine Vorlage gemacht, die in der verflossenen Session von demselben Hause zum Theil verworfen ist. Die Ansichten des Herrenhauses sollten sich aber nur in dem Falle ändern, in dem neue Gründe, neue Interessen sich geltend machen, nicht aber nach Belieben. Auch das Herrenhaus hat aus demselben Grunde unsere Billigung nicht: soll es Concessionen dem „Zeitgeiste" machen, wie etwa die Regierung es früher gethan hat? Aber es muß doch eine leidliche Einheit mit dem Hause der Abgeordneten erzielt werden? wirft man uns entgegen. Wir verkennen das Unbehagliche der gegenwärtigen Lage nicht, aber die Mittel der Abhülfe sind nicht leicht gefunden. Das Normale wäre, das Abgeordnetenhaus in seiner gegenwärtigen Gestaltung zu beseitigen und ein neues Abgeordnetenhaus aus organischen Wahlen, die vom bloßen Gelde nicht abhängig sind, zu erschaffen. Die Vertretung würde dadurch einen mehr stätigen Charakter erhalten und nicht mehr im Maß- und Bodenlosen umherschwanken. Was übrigens sofort geleistet werden kann, das ist, daß man ein analoges Institut, wie der Staatsrath war, schafft, nicht als Rath der Krone, denn dieser ist das Herrenhaus, auch nicht als Rath des Ministeriums bei wichtigen Vorlagen, die dasselbe der Landesvertretung zu machen hat, sondern als Mittelbehörde zwischen Ministerium und Krone. Es würde das ein Mittel sein, einmal um die Einheit des Ministeriums zu fördern und sie zu schützen vor ungerechtfertigtem Drängen nach Neuerungen, andererseits aber auch das Volk bewahren vor allen despotisch-centralisirenden Verwaltungsmaßregeln. Das Institut des Staatsraths ist vorhanden; man benutze es zur Bildung eines solchen Instituts; wir wenigstens wissen augenblicklich keinen bessern Weg, um aus der zeitigen unbehaglichen Lage herauszukommen.

Der englisch-französische Handelsvertrag.

(II. und Schluß.)

Als „Grundlagen" der zu bewirkenden Reformen bezeichnet das Kaiserliche Schreiben: Entwickelung des auswärtigen Handels durch Austausch von Produkten, zu welchem Zwecke zunächst der Ackerbau zu vervollkommnen und die Industrie von denjenigen Hemmnissen zu befreien ist, welche sie gegenwärtig darniederhalten; nämlich Abschaffung aller Eingangszölle auf diejenigen Rohprodukte, deren die Industrie vorzugsweise bedarf, insbesondere derjenigen auf Wolle und Baumwolle, und Ermäßigung der Zölle auf Eisen und Kohlen, desgleichen auf Kaffee und Zucker; ferner Aufhebung aller Einfuhrprohibitionen und Abschlüsse von Handelsverträgen; allgemeine Ermäßigung der Eingangszölle; Unternehmung von öffentlichen Bauten; Vervollständigung des Eisenbahnnetzes und aller sonstigen Locomotionswege; Verminderung der Transportkosten durch Reduction der Canalgebühren rc.; endlich finanzielle Unterstützung des Ackerbaues und der Industrie von Seiten des Staates durch Kapitalvorschüsse zu mäßigen Zinsen, für welchen Zweck zunächst die von der letzten Kriegsanleihe noch unverausgabt gebliebene Summe von 160 Millionen Frcs. in 3 jährlichen Crediten verwendet werden soll; um den durch Ermäßigung der Zölle dem Staatsfiscus in nächster Zeit voraussichtlich erwachsenden Ausfall zu decken, soll bis auf Weiteres mit Löschung der öffentlichen Schuld innegehalten werden.

Vom handelspolitischen und staatsökonomischen Gesichtspunkte aus ließen sich ohne Zweifel manche gewichtige Ausstellungen gegen dies Programm und die darin enthaltenen Verheißungen und Versprechungen erheben. Es sind insbesondere der letzteren zu viele; das Programm verspricht nicht nur die schnelle Beendigung von Eisenbahnen, Canälen und schiffbaren Wasserwegen, Straßen und Häfen, sondern verspricht auch die Ausbesserung und den Ausbau, mittels jener Credite, von Kathedralen und Kirchen und die Hebung und Förderung der Wissenschaften, der schönen Literatur und der Künste. Sind diese Versprechungen ernstlich gemeint, so gehen sie wohl weit über das Maß nicht nur des Zweckmäßigen, sondern auch des Möglichen hinaus. Durch Geld allein kann das geistige und sittliche Leben eines Volkes nicht vervollkommnet und veredelt werden, und alle Unterstützung, die der Staat in dieser Hinsicht angedeihen läßt, wird sich nichtig und nutzlos erweisen, so lange der innere Quell alles wahrhaften und lebendigen menschheitlichen Fortschritts, die freie Bewegung des Geistes, gewaltsam verstopft bleibt. Nicht weniger widerspricht die der Landwirthschaft und der Industrie verheißene Unterstützung aus Staatsmitteln nicht nur an sich den Grundsätzen einer aufgeklärten Volkswirthschaft, sondern erscheint auch im vorliegenden Falle um so unersprießlicher, als der Staat sich gezwungen sieht, selbst eine Anleihe zu diesem Behufe zu machen, oder, was dasselbe ist, den Restbetrag einer Anleihe dazu zu verwenden. Uebrigens ist vielleicht die Vermuthung nicht irrig, daß noch andere als staatsökonomische Gründe hierbei im Spiel gewesen sind; denn wenn zwar die Einmischung des Staates in Privatangelegenheiten und eventuell eine finanzielle oder anderweite Unterstützung desselben ebensowohl in dem französischen Regierungssystem, wie den Anschauungen und Gewohnheiten, ja selbst Neigungen des französischen Volkes begründet liegen, so scheinen doch nicht blos administrative, sondern wesentlich politische Zwecke dabei mitbestimmend gewesen zu sein, jenes System der Staatsunterstützung in einem so ausgedehnten Maße in Anwendung zu bringen: die den Landwirthen und Industriellen in so umfassender Weise zu gewährenden Staatsvorschüsse haben, wie sich kaum bezweifeln läßt, den politisch-dynastischen Zweck — sei es ein Neben- oder ein Hauptzweck — die Empfänger durch Bande der Dankbarkeit oder durch Erwägungen materieller Natur an die bestehende Ordnung der Dinge zu fesseln und dem Kaiserthum wie der Kaiserlichen Dynastie eine erweiterte und befestigtere Basis zu erwirken, wie, in allerdings gewisser und umgekehrter Weise, vor einigen Jahren jenes Experiment einer Volksanleihe, das sich so überaus erfolgreich erwies, bezweckt hatte. Der Unterschied aber ist, daß damals der Staat Schuldner ward und diesmal Gläubiger wird. Das Resultat für den Staat in dieser rein politischen, bezüglich politisch-dynastischen Beziehung ist dasselbe. Und sollte nicht jenes Rundschreiben, das der Minister des Innern vor einigen Monaten an alle Präfekten erließ, und worin diese angewiesen wurden, ein genaues und vollständiges Namen-Verzeichniß, unter Angabe des Standes, der Profession, des Alters, der socialen Stellung ꝛc. nach Maßgabe eines annektirten Schemas, das nicht weniger als dreißig und einige Rubriken enthielt, einzureichen, möglicher Weise u. A. Bezug haben auf diese Seite der handelspolitischen Reform? Denn der Hauptzweck dieser „Listen" für die Centralregierung war, wie das Rundschreiben ausdrücklich hervorhob, in bestimmter und zuverlässiger Weise die Zahlenverhältnisse und die Distribution der Legitimisten, Orleanisten, Imperialisten und Republikaner in ganz Frankreich in Erfahrung zu bringen; und den Präfekten war ausdrücklich aufgegeben, in ihrem Berichte diejenigen Personen zu bezeichnen, die „einer Anerkennung oder Belohnung von Seiten des Staates würdig seien, oder mittels einer solchen dem Kaiserlichen Throne voraussichtlich geneigt gemacht werden könnten." Vermöge dieser Geldvorschüsse nun bekommt die Regierung die Empfänger mehr oder weniger in ihre Hand und besitzt in dieser Weise ein vortreffliches „legales" Mittel, sei es sich Sympathien zu schaffen, sei es etwaige Gelüste der Unabhängigkeit und des Widerstandes in geeignete Schranken zu halten, wo eben Mittel dieser Art ihr ersprießlicher scheinen möchten, als andere zwar directer, aber vielfach wie mit doppelter Schneide wirkende Maßnahmen. Und dieses Mittel wird wahrscheinlich nicht ein vorübergehendes, sondern ein bleibendes sein; denn es liegt ganz in der Macht der Kaiserlichen Regierung, das System der Vorschüsse, sobald es einmal eingeführt, als eine bleibende „Institution" beizubehalten. Bewährt er diesen seinen politisch-dynastischen Zweck, so wird es immer ein Leichtes sein, zu beweisen, daß es seine handelspolitischen Zwecke, die wohlwollenden und erleuchteten Absichten des Kaisers erfülle und sie so fort und fort, in immer höherem und allgemeinerem Maße, erfüllen werde, weshalb das ursprünglich dazu bestimmte Geld auf immer diesem Zwecke gewidmet bleiben müsse. Indem dasselbe aber von Hand zu Hand geht und täglich in größeren oder kleineren Abschnitten lediglich nach Gefallen und „Diskretion" der Regierung gespendet wird, bleibt es ein mächtiger und stets wirkender, stets sich erneuernder Hebel in ihrer Hand. Was kann aber nicht Alles in diesem Sinne mit einer Summe von 160 Millionen geschehen! Welche Hoffnungen und Wünsche können nicht damit erweckt und rege gehalten, welche Drohungen und Einschüchterungen bewirkt, welche Vergünstigungen hier gespendet, dort entzogen werden! Man ist ferner versucht, zu fragen, ob denn der Crédit mobilier und Crédit foncier, die doch mit solchem Pompe und so großen finanziellen Mitteln und unter den Auspicen der Kaiserlichen Regierung vor Allem zu dem Zwecke begründet wurden, Ackerbau und Industrie und Handel zu unterstützen, und die so zuversichtlich vorausverkündet hatten, daß sie diese zu einer nie erreichten Höhe der Blüthe und des Glanzes emporheben würden, diesen ihren Zweck, identisch mit dem der Regierung, nicht erfüllt, und eventuell warum sie ihn nicht erfüllt haben? Wird es dem Staate besser gelingen als jenen Instituten, diese Capitalvorschüsse zum befruchtenden und Früchte bringenden Hebel des Nationalwohlstandes zu machen, selbst wenn, wie gewiß nicht zu bezweifeln ist, er von dem aufrichtigen Wunsche und dem redlichen Willen dazu beseelt ist? Wie man auch hierüber denken möge, so hat wenigstens der Staat vor jenen Privatunternehmungen insofern allerdings einen bedeutsamen und entschiedenen Vorsprung, als, abgesehen von dem angedeuteten politischen Zwecke, der Regel nach doch allgemeinere Rücksichten bei ihm obwalten werden und er keinen finanziellen Gewinn im Auge hat, vielmehr seine Unterstützung eine in dieser Beziehung durchaus uneigennützige und vielfach einsichtsvollere sein wird.

Allein geht man über die hier angedeuteten Mängel hinaus und betrachtet die proponirten Maßregeln nur an sich selbst, so wird man ohne Mühe anerkennen, daß, wenn sie wirklich zur Ausführung gelangen, sie einen unermeßlichen Fortschritt in der praktischen Staatswirthschaft Frankreichs constituiren und den segensreichsten Einfluß nicht nur auf die nationale Wohlfahrt und Größe Frankreichs, sondern auch mehr oder weniger auf die nationalen Beziehungen Frankreichs zum Ausland ausüben müssen. Es ist immer einigermaßen gewagt, derartige Reformvorschläge, die erst in ihren ganz allgemeinen Umrissen und Tendenzen bekannt sind, in Erwägung zu ziehen und Folgerungen an sie zu knüpfen, da grade in Fragen dieser Natur das Maß der wirklich in Ausführung kommenden Veränderungen und Umgestaltungen das entscheidendere Moment in der Beurtheilung ihres Einflusses und ihrer Rückwirkung auf die allgemeineren Zustände ist. Da indeß über dieses Maß der Reformen schon mehrfache nähere Angaben, die anscheinend aus officiösen Quellen stammen, in französischen Zeitungen erschienen sind, so wird es immerhin möglich sein, wenigstens annähernd sich ein Urtheil über die voraussichtlichen nächsten Folgen derselben zu bilden. Wir werden daher die einzelnen Vorschläge, soweit sie sich auf Abschaffung der Prohibitionen und Ermäßigung der Zölle beziehen, einer näheren Besprechung unterziehen, wobei wir selbstverständlich nur unseren eigenen, allerdings auf Thatsachen beruhenden Eindrücken und Ansichten Ausdruck geben.

In erster Linie erscheint die Aufhebung aller Eingangszölle auf diejenigen Rohstoffe, die zu gewerblicher Verarbeitung dienen. Wir sind im Zollverein glücklicher Weise nicht mehr in der Lage, die Weisheit dieses Princips der zollfreien Einfuhr solcher Rohstoffe — eine der ersten Vorbedingungen einer höheren industriellen Entfaltung — beweisen zu müssen. Schon die preußische Steuerreform in 1818 erkannte diese Wahrheit im Principe an, wenn auch die praktische Anwendung nur sehr langsam und zögernd erfolgte und selbst im heutigen Zolltarif des Zollvereins dieser Grundsatz noch nicht in entschiedener und ausnahmsloser Weise durchgeführt ist.

In die Kategorie dieser Artikel gehören auch Eisen und Kohlen, und in Rücksicht auf ihre Wichtigkeit werden sie in dem Kaiserlichen Schreiben speciell und ausdrücklich genannt. Eisen zahlt jetzt eine Eingangssteuer von 10 bis 125 Fr. p. 100 Ko., wenn in französischen Schiffen, und von 11 bis 133 Fr. 70 Cent. p. 100 Ko., wenn in fremden Schiffen importirt. Roheisen, das jetzt 10, bez. 11 Fr. zahlt, soll, wie es heißt, vom 1. Oktober d. J. ab auf 7 Fr. ermäßigt werden; nach englischer Berechnung würde dies einem Eingangszolle von etwa 3 Pfd. St. p. Ton. gleichkommen; und man hat englischer Seits bereits veranschlagt, daß ein Zoll von dieser Höhe in Bezug auf Roheisen noch einem Verbote gleichkommen würde, zum großen Troste der französischen Eisenwerkbesitzer in den Nord-Departements. Nur verarbeitetes englisches Eisen hätte einige Aussicht auf erfolgreichen Absatz in Frankreich. Steinkohlen unterliegen zur Zeit einem Zolle von 15 Fr. 80 Cent. aufwärts, je nach der Grenze, über welche sie importirt werden. Welche Rücksichten dieser Grenzunterscheidung zu Grunde liegen, deutet die Thatsache an, daß z. B. diejenigen Kohlen den höchsten Zollsatz zu entrichten haben, die über die der englischen Küste zunächst gelegene Grenzstrecke Frankreichs eingeführt werden. Belgien genoß bisher gewissermaßen das Privilegium, der Kohlenlieferant Frankreichs zu sein; da die belgische Kohle nur einem sehr ermäßigten Eingangszolle unterworfen war und mithin fast ohne Concurrenten das französische Absatzgebiet beherrschte; denn da Frankreich für den weithin größten Theil seines Bedarfes an Kohlen und Coke auf das Ausland angewiesen war, so wurde aus überwiegend politischen Gründen der belgischen Kohle jener Vorzug eingeräumt. Es heißt nun, daß vom 1. Juli d. J. ab der belgische Tarif auch auf die englische Steinkohle (und Coke) Anwendung finden solle. Das wird nun allerdings den belgischen Kohlenproducenten sehr unerfreulich sein; denn die belgische Kohle wird fortan nur auf den der Grenze zunächst belegenen Punkten und Distrikten die Concurrenz der englischen auszuhalten im Stande sein. Mithin wenigstens in Bezug auf Steinkohle wird England einen erheblichen Gewinn aus der neuen Handelspolitik und speciel dem Handesvertrage ziehen; allein man hat in England bereits erkannt, daß diese Vergünstigung eine Kehrseite hat, die sich event. auch auf das Eisen erstreckt, sofern nämlich Frankreich nunmehr im vollsten Maße sich das beschaffen kann, was zur Kriegsführung insbesondere zur See heute am unerläßlichsten ist, und zwar sich beschaffen kann von England, gegen das aller Voraussicht nach ein Seekrieg Frankreichs vorzugsweise gerichtet sein wird; denn wenn auch England beim Ausbruch eines Krieges die Ausfuhr von Kohlen und Eisen verbieten und event. selbst die französischen Küsten blokiren würde, so wird doch Frankreich gewiß nicht unterlassen, bei Zeiten in hinreichendem Maße mit diesen „Kriegscontrabandartikeln“ sich zu versorgen.

Demnächst verspricht das Kaiserliche Programm die Aufhebung aller Einfuhrverbote, die zur Zeit noch den Zolltarif als erste Abtheilung schmücken. Die Zahl dieser in Frankreich bisher verfehmten Artikel — soweit sie fremden Ursprungs — ist nicht gering. Die vorzüglicheren derselben sind: Mousseline, Stoffe, Flanelle, Teppiche, Quincailleriewaaren, Strickwaaren, die meisten Arten von Waffen und Feuerwaffen verschiedener Arten, Säure, Cichorie, Percussionshütchen, Spielkarten, die meisten Sorten von Gußeisen, verschiedene Sorten von Kupfer und Kupferwaaren, Segel- und Dampfschiffe, Artikel von Zinn, Quinquin (mit Ausnahme des peruanischen), Schmiedeeisen, Artikel von Eisen und Eisenblech, Shakos, verschiedene Sorten von Baumwollenzwirnen (die übrigen Sorten zahlen sehr hohe Zölle), Wurfgeschosse, Kanonenpulver, Artikel von Fell und Leder, desgleichen von Eisen, Zink und verschiedenen anderen Metallen, Regenschirme von Baumwolle, verschiedene Arten von Töpferwaare (die übrigen zahlen sehr hohe Zölle), die meisten chemischen Produkte, alle Arten von Seife, Zucker von gewissen Productionsländern, Taback und Cigarren für Privatgebrauch, verschiedene Baumwollen-, Wollen- und Seidenfabrikate, u. s. w. Hiernach wird man leicht ermessen können, in welchem Umfange das Prohibitiv-System noch obwaltet, und von welcher tiefgreifenden Bedeutung daher eine Milderung desselben zunächst für die betreffenden Industriezweige, und in weiterer Folge die Consumenten, d. h. das Publicum, sich erweisen muß; denn es kann nicht zweifelhaft sein, daß bei gleichzeitigem vermehrten Verbrauch im Durchschnitt eine größere oder geringere Ermäßigung der Preise eintreten wird. Eine andere Frage ist jedoch, ob die ausländische Concurrenz der einheimischen Industrie von Nachtheil sein werde, d. h. ob die Fabrikate des Auslands durch größere Billigkeit den französischen auf dem eigenen Markte den Rang ablaufen und sie mehr oder weniger verdrängen werden. Hierbei kommt es hauptsächlich auf die Höhe des Eingangzolles an, der an Stelle der Prohibitionen den verschiedenen Artikeln, Erzeugnissen des Auslands, auferlegt werden wird. Es scheint nun, daß ein Zoll von 30 pCt. des Werthes als durchschnittlicher Tarifsatz in Kraft treten wird. Von gänzlicher Prohibition oder einem der Prohibition sehr nahe kommenden Zollsatze zu einem Schutzzolle von 30 pCt. ist ohne Zweifel ein bedeutender Schritt. Aber, fragen wir, ist es wahrscheinlich, daß die französische Industrie bei einem Schutzzolle von 30 pCt. des Werthes der ausländischen nicht gewachsen sein sollte? In Rücksicht auf das bisherige unbedingte Einfuhrverbot obiger Artikel fehlt es allerdings an jeglichem positiven Anhaltpunkte zur Ermessung ihrer relativen, um so zu sagen, Concurrenzfähigkeit: allein es ist doch kaum glaublich, daß die französischen Industriezweige, selbst diejenigen, die noch am weitesten zurück sind, nicht fast ausnahmslos im Stande seien, mit denen des Auslands, selbst Englands, auf dem inneren Markte erfolgreich zu concurriren, so lange sie noch eines Schutzzolles von 30 pCt. genießen, und die Erfahrung hat in der That herausgestellt, daß sie es können. In Algerien, wo nur ein durchschnittlicher Einfuhrzoll von 30 pCt. des Werthes auf Produkte und Fabrikate nicht französischen Ursprungs erhoben wird, die französischen Industrie-Erzeugnisse mithin nur diesen Vorsprung von 30 pCt. besitzen, betrug die Einfuhr in 1858 aus Frankreich: 126 Mill. Fr., aus England dagegen nur 1¼ Mill. Fr.; an Fabrikaten von Baumwolle wurden importirt aus Frankreich im Werthe von 60 Mill. Fr., aus England von nur 287,000 Fr.; also selbst in demjenigen Industriezweige, in welchem England unbestritten einen so unermeßlichen Vorsprung vor allen anderen Ländern besitzt, konnte es keinen irgend erheblichen Concurrenzerfolg den französischen Fabrikaten gegenüber erzielen, sondern brachte es nur auf die vorgenannte winzige Summe, d. h. nur $0,_{480}$ der Gesammteinfuhr. Wenn aber Frankreich der englischen Concurrenz in dem weithin überlegensten Zweige der englischen Industrie — demjenigen, der dem Werthe nach fast ein Drittel der gesammten Exporte Englands beträgt — in solcher entschiedenen Weise in Algerien gewachsen ist, so wird es, bei gleichem Schutze, ihr in noch höherem Maße in Frankreich selbst gewachsen sein. Und dasselbe wird a fortiori bei den meisten übrigen Industrieerzeugnissen der Fall sein, und zwar um so mehr, als die französische Industrie durch den nunmehrigen Wegfall aller Eingangszölle auf Rohstoffe diese in Zukunft namhaft billiger erhalten wird, als bisher. Einen anderen Beweis, daß die französische Industrie des hohen Zollschutzes schon jetzt sehr wohl entbehren kann, liefert die Thatsache, daß die Herabsetzung der Eisenzölle in 1845 von 25 auf resp. 10 und 11 Fr. pro 100 Kil. der französischen Eisenproduktion in keiner Weise Abbruch gethan, dieselbe vielmehr seitdem in weit schnellerer Progression sich vermehrt und entwickelt hat; eben so wenig wird eine weitere Ermäßigung auf 7 Fr. irgend eine nachtheilige Rückwirkung auf die Eisenproduktion des Landes zur Folge haben, wie denn auch die englischen Eisenproducenten, die wohl zu calculiren wissen, bereits herausgerechnet haben, daß bei obigem Zolle für sie keine Aussicht auf eine erfolgreiche Concurrenz mit den französischen Producenten vorhanden ist; diese werden vielmehr zu verdoppelter Regsamkeit und Kraftanstrengung sich angestachelt finden und werden ohnehin die englische Concurrenz um so weniger zu fürchten haben, als die Ermäßigung der Kohlenpreise grade ihnen vorzugsweise zu Gute kommen wird. Mag es nun immerhin geschehen, daß in diesem oder jenem Artikel, für deren Fabrikation das Ausland, bez. England günstigere Bedingungen besitzt, die Importe von auswärts sich vermehren werden: gewiß werden das im Ganzen genommen nur Ausnahmsfälle sein und ohnehin würde daraus keineswegs folgen, daß der einheimischen Fabrikation dadurch Abbruch geschehen würde; vielmehr würde dieser letzteren ein vermehrter innerer Consum in letzter Instanz zum Vortheil gereichen; denn wenn sie auch wirklich anfänglich hie und da der auswärtigen Concurrenz das Feld zu räumen sich gezwungen sehen möchte, so würde sie doch bald, wie es die Erfahrung noch immer und überall gelehrt hat, sei es durch Verbesserungen in der Fabrikationsweise, sei es durch erhöhte Anstrengung und Energie, den verlornen Boden wiedergewinnen, sich um so fester darauf festsetzen, ihn ausdehnen und erweitern. Ferner werden die Differentialzölle, die unter dem bisherigen Systeme sehr hoch, vielfach von 50 bis 100 pCt. zum Nachtheil der fremdländischen Flagge und Industrie waren, wohl schwerlich gänzlich aufgehoben werden, und auch in dieser Beziehung wird daher die inländische Schifffahrt und Industrie eines nicht unerheblichen Schutzes theilhaftig bleiben. Wir sind daher in Erwägung der hier angedeuteten Umstände der Ansicht, daß nicht nur die Befürchtungen der Protectionisten ohne Grund sind, sondern daß nach Verlauf weniger Jahre sie alle Ursache haben werden, die Weisheit dieser Reformen anzuerkennen und der ihnen durch dieselben erwachsenen Vortheile sich zu freuen.

Sehen wir nunmehr, welche Bewandtniß es nach den voraussichtlichen Wirkungen des Handelsvertrages mit den englischer Seits vielfach gehegten Hoffnungen hat. Da der Entwurf dieses Vertrages noch nicht in die Oeffentlichkeit gelangt ist, so können wir auch hier nur diejenigen Andeutungen, die bereits in englischen Blättern erschienen sind, zu Anhaltpunkten für unsere Bemerkungen nehmen. Der Hauptsache nach findet sich übrigens die Frage, ob England aus der Steuerreform in Frankreich Nutzen ziehen werde, schon durch das Ergebniß der obigen Erörterung in Bezug auf Frankreich beantwortet; denn wenn die Befürchtungen französischer Seits nicht begründet sind, so können auch die Hoffnungen englischer Seits eben so wenig es sein, sofern eben die Befürchtungen der Einen die Hoffnungen der Anderen sind — freilich nur in einseitigem und engherzigem Sinne. Von vornherein befindet sich England gegenüber Frankreich insofern im Nachtheil, als die betreffenden Zollermäßigungen in Frankreich erst im Laufe dieses und des nächsten Jahres in Kraft treten sollen, dagegen die Ermäßigung der Eingangszölle in England von Weinen und Seide, worin die englischer Seits Frankreich gewährten Concessionen hauptsächlich bestehen, binnen Kurzem stattfinden soll. Dieser Umstand kann übrigens nur eine untergeordnete Bedeutung in Anspruch nehmen, wenngleich die Gegner des Vertrages in England hauptsächlich auf ihn — neben den Gründen principieller Natur, die allerdings weit gewichtiger sind — ihre Mißbilligung und ihre Einsprüche begründen. Denn ob den englischen Produkten und Fabrikaten einige Monate früher oder später die Thore Frankreichs geöffnet werden, ist im Grunde Nebensache; Hauptsache ist, ob die letzteren seiner Zeit überhaupt weit genug sich öffnen werden, um jene durchpassiren zu lassen, und das ist eben, was nach Obigem bezweifelt werden muß. England nun ermäßigt seine Zölle auf Wein und Seide. Diese Ermäßigung wird eine allgemeine sein (jedenfalls in Bezug auf Wein), d. h. sich nicht ausschließlich auf Wein und Seide französischen Ursprungs, sondern gleichviel, welchen Ursprungs sie seien, erstrecken.

Da aber Wein und Seide das Stapelprodukt, bez. Stapelfabrikat Frankreichs sind, so wird diese Zollreduction vorzugsweise Frankreich zu Gute kommen und kann daher allerdings als eine Frankreich englischer Seits gewährte

Concession — und event. eine Concession von sehr erheblicher Bedeutung für Frankreich, erachtet werden. Und so faßt sie auch Frankreich nicht weniger als England auf. Was den Artikel Seide betrifft, so ist es allerdings nicht unwahrscheinlich, daß unter der Voraussetzung einer bedeutenden Ermäßigung des gegenwärtigen Zolles die französischen Fabrikate einen vermehrten Absatz in England finden werden; indeß hat sich auch in Bezug auf diesen Fabrikationszweig jener Erfahrungssatz bestätigt, daß der Regel nach eine Reduction des Zolles schließlich eine Vermehrung der inneren Fabrikation zur Folge hat: denn seitdem im Jahre 1825 die auf ausländischen Seidenfabrikaten lastende Prohibition aufgehoben und durch einen allerdings sehr hohen Eingangszoll, der übrigens seitdem mehrfach ermäßigt worden, ersetzt wurde, hat die englische Seidenfabrikation einen ungeheuren Aufschwung genommen, statt des „Ruines", den die Seidenfabrikanten, auf die damalige elende Lage der Seidenarbeiter deutend, prophezeit hatten. Und jene Reform fand inmitten einer der schwersten Handelskrisen statt, die England jemals erlebt hat. In gleicher Weise hatten bekanntlich auch die Viehzüchter ihren Ruin vorausverkündet, als in demselben Jahre das Einfuhrverbot von Schafen aufgehoben ward, und Viele hatten in dieser Voraussicht, die wohl eine aufrichtige sein mußte, wenngleich sie eine sehr irrige war, schleunigst Schafe und Weiden verkauft. Hatten die Agriculturisten nicht auch ihren Ruin vorausverkündet, als es sich um Abschaffung des Getreidezolles handelte? Und die Rheder den ihren bei Gelegenheit der Aufhebung der Navigationsacte, des „Bollwerks" der britischen Handelsgröße? Letztere übrigens sind von ihren „Befürchtungen" noch nicht zurückgekommen, agitiren vielmehr in neuerer Zeit mehr als jemals, freilich nicht für eine Restauration jener Art, sondern für Hinwegräumung der Schranken, die zur Zeit noch in Gestalt von Hafenabgaben ꝛc. die Rhederei bedrücken und fesseln. Und sofern die Agitation nur diesen Zweck verfolgt, ist sie allerdings eine vollkommen berechtigte.

Wir kommen nun letzten Ortes zu der Weinfrage. Ein früheres Mitglied des Unterhauses, Herr Oliveira, hat seit Jahren in und außer dem Hause für Abschaffung oder wenigstens namhafte Ermäßigung des Weinzolles agitirt. Er fand jedoch mit seinen Bestrebungen nur geringen Anklang im Publicum, und aus naheliegenden Gründen. Einmal interessirt die erleichterte oder vermehrte Einfuhr von Wein nur eine vergleichsweise beschränkte Anzahl von Personen, und so niedrig auch der Zoll auf Wein sein möge, so wird der Wein in England immer ein Luxus-Consumtionsartikel bleiben, ein Artikel, der nur einem geringen Theil des Publicums zugänglich ist. Dann auch bezog sich die erstrebte Zollreduction vorzugsweise auf französischen Wein. Französischer Wein aber ist an und für sich kein Wein für England, wenigstens nicht für den allgemeineren Consum, weil er für das Klima und den Geschmack der Engländer zu leicht ist, und er wird daher schwerlich jemals die für England weithin geeigneteren Weingattungen, d. h. die spanischen und portugiesischen Weine, verdrängen oder deren Absatz in irgend erheblicher Weise beeinträchtigen können. Ein höherer Beamter des Handelsamtes, Sir Emerson Tennent (von dem kürzlich ein vortreffliches Werk über Ceylon erschien), veröffentlichte aus

Anlaß jener Bemühungen vor einiger Zeit eine Schrift, in der er die Zwecklosigkeit einer Reduction des Zolles auf französische Weine zu beweisen suchte, und die Presse stimmte damals im Allgemeinen seiner Ansicht und ihrer Begründung vollkommen bei. Noch mehr: der Kaiser Napoleon selbst äußerte sich vor einigen Jahren bei Gelegenheit, wenn wir uns recht erinnern, einer diesfälligen Petition von Bordeaux ganz in demselben Sinne, indem er besonders hervorhob, daß seine Ansicht auf eigener Erfahrung beruhe. Diese Ansicht wird übrigens durch die Thatsache bestätigt, daß, während der Gesammt-Wein-Consum in England in den letzteren Jahren bedeutend zugenommen hat, der Consum von französischem Wein während dieser Zeit fast stationär geblieben ist; denn die Einfuhr französischen Weins betrug 586,000 Gallonen in 1850 und nur 623,000 Gallonen in 1858, obgleich in diesem Jahre bei einem größeren Anbau von 10,000 Hectaren die Weinernte in Frankreich um 10,400,000 Hectoliter die des Vorjahres überstieg und die Preise in Folge dessen durchschnittlich geringer waren, als seit langer Zeit; dahingegen erhob sich die Gesammteinfuhr von Weinen in Großbritannien und Irland in 1858 auf etwa 9,000,000 Gallonen, und im November v. J. waren den Nachweisen des Handelsamtes zufolge im Bond nicht weniger als 9,396,160 Gallonen, also mehr als der Verbrauch eines ganzen Jahres — ein Beweis, daß trotz der Mißernten während einer Reihe von Jahren die Zufuhr von Wein den gegenwärtigen Bedarf in England weit übersteigt. Ueberdies ist dem französischen Wein in den letzteren Jahren ein ernster Concurrent im Capwein erwachsen; diese, die Capweine, kommen in der That von Jahr zu Jahr in entschiedenere Gunst, wie die folgenden amtlichen Nachweisen entlehnten Zahlen beweisen. Es betrug die Einfuhr von Capweinen: 282,043 Gall. in 1854; 369,477 Gall. in 1855; 493,524 Gall. in 1856; 654,837 Gall. in 1857; 797,092 Gall. in 1858; dem Werthe nach in 1854 für 49,357 Pfd. St.; in 1858 für 178,559 Pfd. St. Es hat also hiernach die Einfuhr von Capwein bereits diejenige von französischem Wein namhaft überflügelt, und zwar, obgleich jener überhaupt erst seit einigen Jahren in England eingeführt wird. Da nun der Eingangszoll auf Wein von dem jetzigen hohen Satze von 5 s. 9 d. pr. Gallon je nach dem Alkoholgehalte auf resp. 1 s., ½ d. und 2 s. ermäßigt werden soll, so ist allerdings nicht unwahrscheinlich, daß der Consum mehr oder weniger sich vermehren werde; diese Vermehrung wird aber voraussichtlich weniger den französischen, als den spanischen und den Capweinen zu Gute kommen; denn wenn auch jene nur den Zollsatz von 1 s., die Capweine dagegen von 1½ s. und die spanischen von 2 s. zu entrichten haben werden, so wird doch dieser Vorsprung von ½ bis 1 s. (was auf die Flasche nur 1 bis 2 Pence beträgt, mithin eigentlich gar nicht in Betracht kommt) jene vorbezeichneten, in der Natur liegenden Nachtheile nicht aufwiegen können.

Wir glauben nunmehr nach Vorstehendem unsere Ansicht dahin zusammenfassen zu können, daß die beabsichtigten Zollreformen lediglich für Frankreich selbst, d. h. für die Entwickelung der französischen Industrie und den allgemeinen Nationalwohlstand, sich ersprießlich erweisen werden, der anglo-französische

Handelsvertrag dagegen überwiegend England zum Vortheil gereichen werde. Für England übrigens hat dieser Vertrag noch eine weitere Bedeutung, insofern er mit dem ganzen Finanzsysteme Englands in enger Beziehung steht; denn durch die ansehnliche Verminderung der Zölle auf Seide und namentlich Weine wird den Einnahmen ein Ausfall von etwa 2,000,000 Pfd. St. erwachsen, der gerade im gegenwärtigen Augenblicke um so fühlbarer und um so schwerer zu decken ist, als das Budget dieses Jahres mit außergewöhnlichen Ausgaben von sehr beträchtlicher Höhe belastet sein wird, und man ist daher in England äußerst gespannt auf die diesfällige Vorlage des Schatzkanzlers, um so mehr, als noch nichts darüber verlautet hat, durch welche außerordentlichen „Mittel und Wege“ Herr Gladstone das Geld zu beschaffen gedenkt. Die zur Vollendung der Küstenbefestigung erforderliche Summe wird allein auf 10 Mill. Pfd. St. sich belaufen, und vielfach wird dieselbe sogar auf 20 und 30 Mill. veranschlagt. Hierzu kommt jener Ausfall in den Zolleinnahmen, kommen ferner die Kosten des Krieges in China und verschiedene andere außerordentliche Ausgaben.

Eine sehr bemerkenswerthe Erscheinung möge hier noch schließlich erwähnt werden, die vielleicht nicht ohne Einfluß auf die Entscheidung des britischen Cabinets beim Abschluß eines Handelsvertrages mit Frankreich gewesen ist; denn es ist allerdings nicht in Abrede zu stellen, daß dieser Vertrag an sich allen in England zur Geltung gelangten Principien handelspolitischer, wie rein finanzieller und staatsökonomischer Natur widerspricht, und die englische Regierung selbst wird bei Vertheidigung des Vertrages in den Häusern des Parlamentes dies zugeben müssen. Jene Erscheinung nun, die wir als sehr bemerkenswerth bezeichneten, ist die Thatsache, daß, während die Gesammtexporte Englands von englischen Producten und Fabrikaten von Jahr zu Jahr eine so stetige und beträchtliche, kaum durch die schwere Krisis von 1857 auf einige Monate zurückgehaltene Vermehrung nachweisen, die Exporte nach den meisten, wenigstens den größeren europäischen Staaten, dennoch in denselben Jahren in sehr beträchtlichem Maße abgenommen haben, so daß die Vermehrung in den Gesammtexporten, einschließlich des Ausfalles in den europäischen Exporten, auf nicht-europäische Länder fällt, insbesondere die Vereinigten Staaten, Australien und Indien. Gegenüber dieser Thatsache, sagen wir, hat die englische Regierung vielleicht geglaubt, mittelst dieses Handels-Vertrages zunächst sich einen weiteren Markt in Frankreich eröffnen und hierdurch allmälig auch in den übrigen Staaten des Continentes den verlorenen Boden wiedergewinnen zu können; während sie andererseits einen solchen beharrlichen Eifer entfaltet, im fernen Osten, in China, Siam, Japan sich neue Absatzquellen zu eröffnen und zu sichern. Auf den französischen Markt hatte es England seit langer Zeit um so mehr abgesehen, als der englische Exporthandel nach Frankreich in keinem Verhältniß zur Bevölkerungszahl Frankreichs steht, vergleicht man dieselben — englische Exporte und Bevölkerung des betreffenden Landes — mit denen anderer, selbst europäischer Staaten. So, sagt man in England, sind unsere Exporte nach Frankreich von Lstr. 6,213,358 in 1857 und Lstr. 4,861,558 in 1858 im Verhältniß zur Volkszahl von 36,000,000 Seelen, weit geringer, als die Exporte nach Deutschland und anderen Ländern des europäischen Continents. Diese Rechnungsweise ist allerdings sehr irrig, sofern sie alle dabei in Erwägung zu ziehenden wichtigen Momente, wie die Entwickelung der eigenen Industrie des betreffenden Landes, Nationalreichthum, Bedürfnisse, Gewohnheiten rc., unbeachtet läßt; allein sie beweist auch, wie sehr man in England bemüht ist, durch Beharrlichkeit und Energie der nationalen Arbeit und des nationalen Willens in dieser Beziehung selbst über diejenigen Hindernisse hinauszugehen und sie zu besiegen, die gewissermaßen in den natürlichen Verhältnissen fremder Völker und Staaten begründet sind, und es kann nicht zweifelhaft sein, daß diese Bemühungen, wie in der Vergangenheit, so auch in Zukunft, sei es hier oder da, in größerem oder geringerem Maße, mit Erfolg gekrönt sein werden. In den Anstrengungen nur der Einzelnen schuf sich die nationale Handelsgröße Englands, während die Regierung ihrerseits stets bereit und fähig war, mit scharfem Blick und starkem Arm denselben Vorschub zu leisten und die Wege zu ebnen. Die Schuld nun jenes vergleichsweise so beschränkten Absatzes nach Frankreich schob man auf das Prohibitiv- und Protectivsystem, und darum ward das Freihandelsprogramm des Kaisers in England mit solchem Jubel begrüßt; aber das, was seitdem über das Maß der Reformen verlautet hat, hat die Hoffnungen Englands sehr herabgestimmt. Doch haben nicht auch wir eine Hoffnung, allerdings von vornherein sehr bescheidener Natur? Ja, die Hoffnung, daß die neue Handelspolitik in Frankreich unsere Staatsmänner veranlassen möge, gewisse Reformen in unserem volkswirthschaftlichen Systeme ernstlich in Angriff zu nehmen und vor Allem den Zolltarif des Zollvereins einer gründlichen Revision zu unterziehen. Des Zollvereins! Ach, wer wagt sich siegesfreudig an die magna vis inertiae des Zollvereins?

Politische Briefe eines preuß. Katholiken.

Oestreich.

VI.

Der Conflict zwischen Pius dem IX. und dem Kaiser Louis Napoleon wegen der Romagna hat die ganze katholische Welt schmerzlich, hie und da auch leidenschaftlich aufgeregt, und vielleicht wäre es von Interesse für Ihre Leser gewesen, wenn ich diesem inhaltschweren Streite einige Briefe gewidmet hätte. Bevor ich es jedoch wage, meine Ansichten über diese Angelegenheit zu äußern, vergönnen Sie mir, daß ich in diesem Briefe nochmals auf Oestreich zurückkomme. Freilich ist man in Versuchung, alle Hoffnung und allen Muth aufzugeben und auch in Bezug auf Oestreich sich in religiöse Resignation zu fassen, wenn man die immer steigenden Verwickelungen und Verwirrungen des dortigen öffentlichen Lebens betrachtet. Fast scheint es, als wenn alle Wünsche für die Erhaltung und das Aufblühen des ehrwürdigen und geliebten Kaiserthums nur noch eitel wären und als wenn Gottes Weltregierung bereits in anderer Weise beschlossen hätte. Zu spät! — dieses erschütternde Wort hallt nun seit mehreren Jahrhunderten fort und fort durch die Geschichte Europa's, und namentlich scheint es Oestreich zu sein, welches in unsren Tagen diesem Urtheilsspruche immer von Neuem verfällt. Der Entschluß und die Ausführung hinken immer träge und schwankend hinter den entscheidenden Momenten her, und sind sie endlich da angelangt, wo sie sollten, so ist der Wagen der Weltgeschichte schon längst weiter gerollt in unerreichbare Ferne.

Es scheint fast, als wenn es finstere politische Fanatiker giebt, die in der Bitterkeit ihres verwahrlosesten Herzens einen wahrhaft wüthenden Haß gegen Oestreich hegen; es giebt wieder andere, welche in ihrem kurzsichtigen, engherzigen Patriotismus sich dem Wahne hingeben, als wenn der Schade und der Sturz Oestreichs den Vortheil und die Erhebung Preußens zur nothwendigen Folge haben müßten. Ich aber darf, die Hand aufs Herz gelegt, frei behaupten, daß ich weder zu der einen, noch zur andern Klasse gehöre. Wenn ich mit dem Blicke auf die gegenwärtige Lage Oestreichs solche trübe Ahnungen ausspreche, so geschieht es wahrlich nicht triumphirend, nicht in gehässiger Schadenfreude, sondern es geschieht in Schmerz und Trauer. Es ist nicht der Haß, der meinen Blick für die Rathlosigkeit der dortigen Zustände schärft, sondern es ist die tiefste, aufrichtigste Liebe, die ja bekanntlich zur Erkenntniß der Wirklichkeit mehr befähigt ist, als jene trüben Leidenschaften. Mein ganzes Herzensbewußtsein sträubt sich gegen den Gedanken einer Auflösung des östreichischen Länderverbandes, gegen ein Verschwinden Oestreichs aus der Geschichte der nächsten Zukunft. Und dennoch — wer weiß, ob nicht bald der Augenblick gekommen sein kann, wo wir aufseufzen müssen: fuit Austria!!

Ob man in Oestreich selbst, ob man in Wien, ob man in der Kaiserburg den Gedanken an diese furchtbare Möglichkeit wohl schon ins Auge zu fassen gewagt hat? Ob man den Abgrund schon sieht, an welchem man sich befindet? Fast scheint es nicht so, wenigstens sehe ich nicht, daß man mit verzweiflungsvoller Kraft die Pferde zurückreißt und sie zu rascher, entschiedener Umkehr zwingt. Wohl sehe ich, daß man bald links, bald rechts zieht, daß man hier eine kleine Wendung und dort eine kleine Wendung zu machen versucht, aber umgelenkt von der abschüssigen Bahn, die dem Abgrunde entgegenführt, hat man noch nicht.

Allerdings ist es nicht selten, daß die politischen Anschauungen und Ueberzeugungen von Fürsten und Staatsmännern sich im Verlaufe des Lebens ändern und daß eine Reihe von Erfahrungen große Umwandlungen in dem politischen Charakter derselben hervorbringt. Aber das geschieht nie mit einem Zauberschlage; man legt sich Abends nicht als Revolutionär zu Bette und steht am andern Morgen früh als durchgebildeter Conservativer wieder auf. So hat man denn auch in Wien sich wohl durch die Erfahrung überzeugt, daß die straffe büreaukratische Centralisation, vermittelst welcher Herr v. Bach ein neues einiges Oestreich hervorzaubern wollte, eine Unmöglichkeit sei; aber damit war man noch nicht zur klaren Erkenntniß eines andern durchgebildeten, entgegengesetzten Systems gelangt; man gerieth vielmehr in jenes unglückliche Fahrwasser von Experimentiren, Concessionen und zusammenhanglosen Einzelmaßregeln, wie eben der Drang des Augenblickes sie anregte — ein Verfahren, wodurch sich immer Charakterlosigkeit und krankhafte Unsicherheit ausweist, und welches in so kritischen Stadien, wie die gegenwärtigen, wo Alles auf Entschiedenheit und klare, großartige Auffassung ankommt, das hereinbrechende Verderben mit reißender Schnelligkeit nur beschleunigt. Heute machte man eine Concession, aber es ist nur eine halbe; sie befriedigt nicht und verstärkt nur das maßlose Drängen nach weiteren Concessionen. Dann ermannt man sich plötzlich, macht wieder einen Schritt nach der entgegengesetzten Seite hin, um ihn, so bald man auf heftigen Widerstand stößt, mit mehr oder weniger Haltung wieder zurückzuthun. Das ist die alte, sich ewig wiederholende Geschichte von staatlichen Zuständen, in denen die Harmonie der Lebenspole aufgehoben ist und die sich in dem kritischen Fieber befinden, von dessen Verlaufe Genesung oder Auflösung abhängt. Eben so zusammenhang- und planlos sind dann die leidenschaftlichen Bestrebungen der Völker und Parteien, welche eine rath- und charakterlose Regierung mit sich fortreißen wollen. Man fühlt nur noch einzelne, besonders schmerzhafte Punkte; auf diese drängt man los, unbekümmert, inwieweit der Gesammtzustand solche einseitige Operationen ertragen kann und inwieweit eine Staatsregierung dabei überhaupt noch möglich ist. Es mag dann auf der einen oder auf der andern Seite geschehen, was da wolle, nachgeben oder widerstehen, Alles führt nur zu neuen Mißverständnissen, zu erhöhter Erbitterung und Leidenschaftlichkeit und zur Verschlimmerung des krankhaften Zustandes. So jetzt in Oestreich. Die verschiedenen Völker hatten zu lange unter den gewaltsamen Centralisations-Maßregeln und unter den unerbittlichen Angriffen der Regierung auf ihre Nationalität und ihre politische Sonderexistenz gelitten, als daß sich jetzt die Wahrung dieser politischen Sonderexistenz nicht in einer ausschließlich einseitigen leidenschaftlichen Bewegung verrennen sollte. Die Betrachtung, inwieweit mit diesen Unabhängigkeits-Bestrebungen die Einheit und der Bestand des Kaiserreiches möglich sei, tritt gänzlich zurück. Hat die Regierung den Pol der Centralisation früher unbillig auf die äußerste Spitze getrieben bis zur Vernichtung jedes selbstständigen Lebens der einzelnen Stämme und Länder, so treiben jetzt umgekehrt wieder die Völker in blindem Egoismus das Unabhängigkeits- und Selbstständigkeitsprincip der einzelnen Theile bis auf die äußerste Spitze, unbekümmert, ob die Bande und die Gefäße des gemeinsamen Organismus dadurch zersprengt und zerrissen werden. Am Weitesten ist Ungarn, der Kern der östreichischen Monarchie, in diese rücksichtslose Leidenschaftlichkeit hineingerathen. Was aus dem übrigen Oestreich werden mag — gleichviel. Und sei es „auf Kosten der ewigen Seligkeit", wie die haarsträubende Rede des Grafen Zay lautete!

Wenn man in Wien wirklich die Unmöglichkeit erkannt hat, von Wien aus alle östreichischen Kronländer bis in's kleinste Detail zu regieren, so ist es auch dringend nothwendig, daß man fest und consequent nach dieser Erkenntniß handle. Freilich will man den einzelnen Ländern ihr selbstständiges politisches Leben wieder zurückgeben, aber wie es scheint nicht eher, als bis man von Wien aus ihnen alle Bedingungen und Formen desselben genau und detaillirt ausgearbeitet hat. Ich fürchte, daß diese Aufgabe eine unmögliche ist; ein solches fertiges Verfassungs- und Verwaltungssystem läßt sich von Wien aus für jedes einzelne Kronland nicht schaffen, man wird nie damit fertig werden. Denn ehe man damit fertig wäre, würden sich schon immer neue Bedürfnisse der Gegenwart anmelden, der Wagen der Geschichte würde längst über alle diese Berathungen, Entwürfe und Commissionen dahingerollt sein. Es kommt für den Augenblick gar nicht darauf an, daß z. B. Ungarn und Böhmen ein vollkommenes Gemeindegesetz auf dem Präsentirteller überreicht werde; mögen sie sich es doch selbst schaffen, so gut wie sie es vermögen. Die Hauptsache ist, daß der Kaiser die Last einer unmöglichen Aufgabe von seinen Schultern wälze und sie denen auflade, welchen die Lösung wohl oder übel zukommt und möglich ist, nämlich den einzelnen Kronländern. Auf diese Weise werden alle Kämpfe, die jetzt gegen Wien gerichtet sind, dahin verlegt, wo sie hingehören, nämlich in das betreffende Kronland. Wien und der Kaiser hört auf Partei zu sein gegen die gesammte Monarchie; der Kaiser erhält wieder den Standpunkt, der ihm zukommt, den Standpunkt über alle Parteien.

Es ist allerdings wahr, die geschichtlichen Verfassungen der einzelnen Kronländer bedürfen großer Modifikationen, wenn sie den jetzigen Zuständen angemessen sein sollen, sowohl die finanziellen Machtverhältnisse, als die geistigen Bildungszustände haben sich gewaltig verändert und passen nicht mehr in das alte Verfassungsschema hinein. Es sind nicht allein mehr Prälaten und Herren und ein paar große Städte, bei denen alles Vermögen und alle Bildung sich vorfinden; der tiers-état hat sich auch in Oesterreich herausgearbeitet und er kann seinen Antheil am politischen Leben nach Maßgabe seiner geistigen und finanziellen Kräfte beanspruchen. Aber kann man von Wien und vom grünen Tische aus diese Vertheilung der Rechte in Ausführung bringen? Und läßt sich überhaupt eine fertige Arbeit, eine unabänderliche Schablone feststellen für Zustände und Kräfte, die im Kampfe und in der Gährung begriffen sind? Was allein nöthig ist und was allein von Wien aus diktirt werden muß, das sind die Rechte des Kaisers als Repräsentanten der Gesammtmonarchie den einzelnen Ländern und Verfassungen gegenüber. Diese müssen als noli me tangere, als eine conditio sine qua non festgestellt werden. Unter der Bedingung der Anerkennung dieser Kaiserlichen Rechte möge man immerhin die böhmischen Stände in Prag, die Tyroler in Innsbruck und warum nicht zuletzt auch die Ungarn in Buda-Pesth über ihre zu modificirende Verfassung und über die Vertheilung der Rechte in der Bevölkerung berathen lassen. Möglich, daß manche Wirren in einzelnen Kronländern und manche leidenschaftliche Kämpfe daraus entstehen, und daß eine geraume Zeit darüber vergeht, bevor man sich über einen der Gegenwart angemessenen Zustand einigt; aber diese Wirren sind dann doch nur lokaler Natur, die Kämpfe sind nicht mehr gegen den Kaiser, sondern gegen die Gegner im eigenen Lande gerichtet und der Kaiser selbst steht als unparteiischer Vermittler und als Beschützer jedes gefährdeten Rechtes da.

Diese Regulirung der Verfassungszustände ist der Cardinalpunkt; alle sonstigen bedenklichen Symptome können beseitigt werden, wenn nur dieser eigentliche Sitz der Krankheit erst gesundet. Die unverkennbare Schwäche Oesterreichs nach Außen ist ja lediglich nur die Folge seiner inneren Schwäche. Erstarkt das innere Leben, so hebt sich auch die Kraft nach Außen. Ist nur Herz und Lunge und Magen erst wieder gesund, so werden auch die Arme und Beine und die Muskeln wieder kräftig werden. Auch die rathlosen Finanzen können schwerlich von Wien allein aus wieder in Ordnung gebracht werden, auf jedes einzelne Kronland muß die entsprechende Quote von Schulden und von Steuern gelegt werden und es mag dann sehen, wie es dieselben trägt und nach und nach abbezahlt. — Das Alles freilich schreibt sich sehr leicht auf's Papier, verehrtester Herr! ein einsamer Stubengelehrter, der hundert Meilen von diesen Zuständen entfernt wohnt, kann leicht Projekte machen; ob aber die Bedingungen zur Ausführung derselben vorhanden sind, das vermag er nicht zu beurtheilen. Dieses vollständig zugegeben, so weiß ich darum doch nicht minder gewiß, daß man auf dem bisherigen Wege schwerlich zum Ziele gelangen und Oesterreich vor einem hereinbrechenden Auflösungsprocesse bewahren kann.

Ein Graf von Königsmarck.

Roman

von

George Hesekiel.

Zwanzigstes Capitel.

Das Räthsel vom goldenen Balkon.

„— Doch dein Licht ist ausgethan,
Du reizend Muster herrlichster Natur,
Nie find' ich den Prometheusfunken wieder,
Dein Licht zu zünden."

(Shakspeare.)

Ein heftiger Gichtanfall hatte es dem greisen Großmeister unmöglich gemacht, unsern Helden am bestimmten Tage und in der zunächst darauf folgenden Zeit zu empfangen, da aber die Ausrüstung der zum Auslaufen bestimmten Escadre fast beendet war, so hatte er demselben schriftlich die Erlaubniß ertheilt, den Kreuzzug gegen die Türken auf einem Ordensschiffe mitzumachen. Graf Hans Carl hatte während dieser Zeit Gelegenheit, die Einrichtungen des merkwürdigen Ritterordens und die Verhältnisse in La Valetta ziemlich genau kennen zu lernen. Zwar war er meist in Gesellschaft der französischen Ritter und hatte wenig Verkehr mit den Cavalieren der spanischen und italiänischen Zungen, auch mit den deutschen, von denen übrigens damals nur sehr Wenige ihre Residenz auf Malta hielten, kam er nicht weiter in Berührung, dafür aber hatte er Bekanntschaft mit einigen älteren Beamten des Ordens gemacht, die ihm in alle Wege nützlich und behülflich waren. Häufig durchstreifte er allein die Stadt, und bald kannte er La Valetta von dem durch die Forts St. Elmo und Ricasoli beherrschten Eingange des Hafens Marsa an bis zu den letzten Bastions der jetzigen Floriana, welche Stadt und Hafen auf der Rückseite vertheidigen, so genau, als ob er schon Jahre lang dort gelebt hätte.

Während dieser Zeit hatte er es an keinem Tage versäumt, gegen Sonnenuntergang das Haus mit dem goldenen Balkon in der Nähe der Magistral-Kirche von Sanct Johann aufzusuchen, wo er am Tage seiner Ankunft das schöne Frauenbild gesehen, dessen edle Züge ihn so tief gerührt hatten. Es war ihm, als einem Gaste der französischen Zunge, oft sehr schwer geworden, sich zur rechten Zeit von aller Begleitung frei zu machen, um den goldenen Balkon aufzusuchen, aber es war ihm nicht nur das gelungen, sondern auch das Schwerere, er hatte nämlich sein Geheimniß vor jeder neugierigen Nachforschung zu verbergen gewußt. Jeden Abend ging er ein oder auch zwei Mal unter dem goldenen Balkon vorüber, das konnte aber nur dem auffallen, der die Absicht hatte, den Grafen zu beobachten, denn gerade um diese Stunde wandelten dort zahlreiche Besucher der nahen Kirche hin und wieder. So genoß Graf Hans Carl das Glück ungestört, welches Liebenden der Anblick der Geliebten verleiht, denn allabendlich sah er die Dame mit den kindlich reinen, edlen Zügen und den langen Rabenlocken, er sah, wie sie sich vorbeugte unter dem blühenden Orangenzweig über ihrem Haupte, er sah die zarte Hand, die auf dem vergoldeten Geländer lag, er sah auch zuweilen, daß sie sich lebhaft rückwärts wendete, als wenn sie mit Jemandem spräche, der hinter ihr stehe, gewöhnlich aber sah er sie fast unbeweglich stehen, mit sichtlichem Behagen der kühleren Abendluft genießend. Immer tiefer, täglich tiefer wurde der Eindruck, den dieses edle, schöne Kindesangesicht auf den Grafen machte, und zum ersten Male flößte ihm die Liebe nicht Muth und Kühnheit, sondern Scheu und bange Sorge ein. Er, der Graf Hans Carl, der mit der Löwin zu Versailles gespielt hatte, er wagte es lange nicht, aus Furcht sich zu verrathen, auch nur die Frage an Jemanden zu richten, wer das Haus mit dem goldenen Balkon bewohne. Mit Herzklopfen fragte er endlich doch darnach, aber keinen Ordensritter, sondern einen alten maltesischen Vorrathshaus-Aufseher, mit dem er einst dort vorüberging. Erst als der Alte gleichgültig erwiederte, daß das Haus der Wittwe Manfredi, einer reichen maltesischen Dame gehöre, legte sich des Grafen Aufregung. Nun hatte er einen Namen, das dünkte ihm viel für den Augenblick, nur zu bald aber wurde ihm klar, daß er damit gar wenig gewonnen. Er war entschlossen, das holde Räthsel des goldenen Balkons, so nannte er die Geliebte, zu lösen; er wollte mit der Jungfrau, sie konnte nicht die Wittwe Manfredi, sie mußte deren Tochter sein, reden; er mußte sie in der Nähe sehen, sie kennen lernen, aber er hatte nicht den Muth, einen Schritt dazu zu thun, die Liebe hatte ihn zaghaft gemacht, zum ersten Male im Leben. Als aber der Tag immer näher heranrückte, an welchem die Galeeren der „Religion" gegen die Türken auslaufen sollten, da faßte er sich denn doch ein Herz und beschloß einen Boten zu der Dame Manfredi zu senden, ihr seine Empfehlung zu machen und sich die Erlaubniß zu erbitten, ihr aufwarten zu dürfen.

Was wollte er bei der Wittwe? oder vielmehr unter welchem Vorwande wollte er ihr seine Aufwartung machen? Oh, die Liebe ist erfinderisch! Durch behutsame Fragen hatte Graf Hans Carl herausgebracht, daß die Wittwe Manfredi in einem lieblichen, quellenreichen Thale in der Nähe des Städtchens Medina, unfern der ländlichen Residenz der Großmeister, eine Villa besaß, so auf der ganzen Insel berühmt wegen ihrer Citronen- und Orangenhaine; auf dieser Villa ließ die Wittwe Manfredi jenes köstliche Parfüm bereiten, das unter dem Namen Eau de fleur d'Orange de Malte damals in der ganzen vornehmen Welt Europa's berühmt und gesucht war. Zwar war das Parfüm, was die Wittwe Manfredi bereiten ließ, noch nicht das stärkste, es kam dem, was der Großmeister selbst versendete, an Stärke nicht gleich, wurde aber seiner Lieblichkeit wegen von den Damen namentlich bevorzugt. Graf Königsmarck wollte nun der Wittwe seine Aufwartung machen und sie um Erlaubniß bitten, ihre Villa im Thale bei Medina besuchen zu dürfen; zwar wußte er recht gut, daß er zu einem solchen Besuche gar keine Erlaubniß nöthig hatte, er hoffte aber dabei die Geliebte in der Nähe zu sehen, das holde Räthsel des goldenen Balkons zu lösen.

Er sendete also zur Dame Manfredi, aber nicht den gewandten französischen Pagen, er erinnerte sich wohl, in wie schlechtem Ansehen die Franzosen bei den Honorate standen, sondern den ältesten seiner deutschen Diener, einen grauhaarigen alten Kriegsknecht aus der Schule seines Vaters, den er schon in Frankreich und England bei sich gehabt. Zwar war der ehrliche Bursche der italiänischen Sprache ganz unkundig, seine brandenburgische Zunge wollte sich gar nicht gelenk zeigen und sein harter märkischer Kopf war wenig zum Lernen geschickt, da er aber mit seinem jungen Herrn Grafen weit herumgekommen in der Welt, so war doch aller Orten etwas fremde Sprache hängen geblieben in seinem Gedächtniß, er hatte wohl gelernt, sich überall verständlich zu machen, und mußte deshalb seiner Sache ziemlich sicher sein auf einer Insel wie Malta, wo alle Sprachen der cultivirten Erde gesprochen wurden.

Sehr ruhig und selbstgewiß trat der deutsche Kriegsknecht seinen Gang an, nicht ohne Besorgniß blickte ihm der Graf nach und mit unendlicher Sehnsucht, ungeduldig und aufgeregt sah er der Rückkehr entgegen. Der Bote blieb lange aus, weit über die Zeit, welche die geringe Entfernung erforderte, zwei Stunden und darüber wartete Graf Hans Carl, und er verzweifelte fast; vergebens suchte er der fieberhaften Ungeduld, deren er sich schämte, Herr zu werden, vergebens nahm er drei, vier Mal verschiedene Bücher zur Hand, auch nicht eine Seite vermochte er zu lesen und immer wieder trat er an das Fenster und lugte durch die dichten Gitterstäbe nach der Richtung, in welcher sein Bote kommen mußte. Endlich, endlich ersah er den Alten, raschen, festen Schrittes kam er an, der Graf warf sich in einen Sessel und wirklich hatte er ein Buch verkehrt in der Hand, als der Getreue eintrat und kerzengerade, wie seine Weise war, an der Thürschwelle stehen blieb.

„Nun“, fragte der Graf, „was antwortet mir die Dame?“

„Die Dame wird den Herrn Grafen mit Vergnügen bei sich sehen,“ erwiederte der Diener, „der Herr Graf haben die Stunde zu bestimmen, es thut ihr nur leid, daß der Herr Graf schon so lange hier sind und jetzt erst zu ihr kommen, da die Abreise so nahe!“

Erstaunt sah unser Held seinen Boten an, der aber fuhr treuherzig fort: „Die Dame ist nämlich eine Landsmännin von uns, sie ist von Bremen gebürtig, hat die Agathenburg gesehen und die Gräfin Frau Mutter, ei! sie hat mir einen guten Trunk vorgesetzt und ich habe ihr erzählt von der Heimath und von dem Herrn Grafen, und darum hat es der guten Frau leid gethan, daß der Herr Graf ihr nicht schon früher die Ehre erzeigt!“

Man kann sich denken, daß diese Botschaft den Grafen Hans Carl in Entzücken versetzte, dennoch fiel ihm auf, daß sein Getreuer nicht ein Wort von dem holden Räthsel des goldenen Balcons sagte; er vermochte es nicht über sich, geradezu nach dem edlen Jungfrauenbilde zu fragen, aber er stellte ein sehr schlaues Verhör mit dem Alten an, und stand von demselben erst ab, als er sich vollkommen überzeugt hatte, daß derselbe Nichts von einer Tochter, oder einer andern Dame in jenem Hause erfahren habe.

Wahrscheinlich würde nun unser Held, da es in seine Hand gelegt war, nicht länger gezögert, sondern sofort einen Besuch in dem Hause mit dem goldenen Balcon gemacht haben, wenn nicht ein Ereigniß eingetreten wäre, welches ihm in diesem Augenblick sehr lästig fiel, obwohl er es bis dahin kaum minder lebhaft ersehnt hatte, als den Besuch bei der Wittwe Manfredi. Der Groß-Spittler sendete nämlich seiner Waffenleute Einen und ließ den Grafen bitten, sich sofort anzukleiden, er werde ihn abholen und ihn in den Palast führen, um ihn dem Großmeister vorzustellen, der sich wohler fühle und ihn sehen wolle.

Eine Stunde später schon wandelte das Haupt der Zunge von Frankreich mit dem Grafen Hans Carl durch den prächtigen Orangengarten vor dem Portal des großmeisterlichen Palastes; die Leibwachten, stattlich in Scharlach und Blau mit vergoldeten Brustharnischen, salutirten dem hohen Würdenträger des Ordens. Graf Hans Carl mußte den Reichthum sowohl, als den feinen Kunstsinn bewundern, mit welchem das Innere dieser von Außen so einfachen Residenz geschmückt und ausgestattet war. Er kam durch eine ganze Reihe von Gemächern, die mit rothem Brocat ausgeschlagen und mit großen Bildern, meist Kriegsthaten tapferer und ausgezeichneter Ordensmitglieder darstellend, geschmückt waren. Der Groß-Spittler führte seinen jungen Gast durch die mit Damast und Gold, kostbaren Haute-Lisse-Tapeten und reichen Kunstgeschirren angefüllten Gemächer, welche der Großmeister während des Winters bewohnt, nach dem Waffensaal und ließ ihn hier die Fresken bewundern, welche eine Geschichte des Ordens von Anfang an bis auf die Tage des großen Helden Villiers de l'Isle-Adam in kostbaren Bildern enthalten. Jedes Bild ist von dem andern durch die Statue eines Königs oder Propheten in Israel geschieden. Da stehen in langer Reihe die Harnische, unter denen so viele edle Heldenherzen christlicher Ritterschaft geschlagen, da sind die Lanzen, die der starke Arm der Heidenbezwinger geschwungen, die Schwerter, die vorangeblitzt in manchem harten Kampfe, den Heidenvölkern so tiefe Wunden geschlagen!

Alle Schauer vergangener Heldenzeit kamen über den Grafen Hans Carl, die Zauber des christlichen Ritterthums umfingen ihn und freundlich blickte das Auge des Groß-Spittlers auf den schwärmerisch-begeisterten jungen Edelmann. Der alternde Held freute sich mächtig an der Bewegung, in welche der jugendliche gerathen beim Anblick dieser Heldenerinnerungen. Aber der Großmeister wartete und der begleitende Kämmerling, so wie die Pagen gaben Zeichen von Ungeduld. Ueber offene Corridore gelangten sie endlich zu den Gemächern, welche die Großmeister im Sommer zu bewohnen pflegten, meist heitere und lustige Räume mit gedämpftem Licht.

Hier war der ganze Hofstaat versammelt, denn der demüthige Bruder vom St. Johannis-Spittel in Jerusalem, welcher die großmeisterliche Würde bekleidete, war zugleich ein souveräner Fürst von Malta, wenn auch die Könige von Spanien und beider Sicilien zuweilen eine Oberlehnsherrlichkeit ansprachen. Da sah man Stallmeister und Kämmerer, Officiere der Leibwachten, Falkoniere und Secretarien, Mundschenken und Pagen, alle mehr oder minder prächtig gekleidet, dazwischen aber die dunkeln Mäntel der Ritterbrüder, die geistlichen Trachten der Almoseniere und Capläne des Hofstaates und die einfacheren Röcke der untergeordneten Beamten.

Der Groß-Spittler wurde mit seinem Gast sofort in das Gemach des Großmeisters eingeführt; das war viel einfacher, als alle die Zimmer, die Graf Königsmarck bisher gesehen, eigentlich waren darin prächtig nur das Cruzifix und der Betschemel. Nur ein Bild zierte das Gemach, das war eine Ansicht des Ordenshauses zu Majorca, denn der Bruder Nicolaus Cotoner y Oleza war Bailli von Majorca gewesen, bevor ihn die Ritter zu ihrem Meister gewählt. Eine Wand war zum Theil durchbrochen und durch das vergoldete Gitter blickte man in eine Volière. Hier saß in einem mächtigen Rollstuhl der hochwürdigste Großmeister von Malta, ein Greis von dreiundsiebenzig Jahren, noch immer voll geistiger Kraft und edlen Feuers, obwohl seit langer Zeit schon von Stein- und Gichtschmerzen gefoltert.

Als die beiden Herren eintraten, wendete der Greis, der sich bis dahin an dem Spiel der Vögel in der Volière erfreut haben mochte, sein heiteres Antlitz, denn die Augen waren klar und blickten heiter, den Eintretenden zu und sprach mit immer noch kräftiger Stimme: „Tritt näher, lieber Bruder, und sei mir willkommen mit deinem jungen Gaste!"

Dabei machte er einen Versuch, sich zu erheben, denn es war Brauch im Orden, daß der Meister die Dignitarien zwar bedeckten Hauptes aber stehend empfing, während sich der Groß-Spittler nun beeilte, den Großmeister am Aufstehen zu verhindern, hatte Graf Hans Carl Muße, den berühmten Helden Nicolaus Cotoner genau zu betrachten.

Das Haupthaar trug der Meister kurz geschoren und mit einer Toque von schwarzer Seide bedeckt, sein Antlitz war von dunklem Teint und so faltig, daß es unbeweglich zu sein schien, die Augen aber hatten noch einen Strahl von jenem Feuer bewahrt, das als eine so gewaltige Flamme einst geleuchtet, das noch jetzt nicht ganz erloschen war. Der lange weiße Bart fiel tief herab auf die Soutanelle, ein Unterkleid von schwarzem, gewässerten Taffet, das bis zum Knie reichte und auf der Brust mit dem Achtspitzenkreuz von weißem Linnen benäht war. Darüber trug der Großmeister die Simarra, den fürstlichen Mantel von schwarzem Sammet, der auf der linken Seite ebenfalls mit einem großen, achtspitzigen, weißen Linnenkreuze besetzt war. Die Simarra war dem fürstlichen Greise von den Schultern geglitten und der Groß-Spittler bemühete sich, die Füße des Meisters in die weiten Falten derselben einzuhüllen.

Das schien dem alten Herrn Freude zu machen, mit einer beinahe kindlichen Freundlichkeit sprach er: „Du bist ein rechter Ordens-Spittler, Bruder, überall, wo du hin kommst, bist du bemüht, deinem Berufe nachzukommen und Kranke zu pflegen; Werke der Barmherzigkeit und der Krankenpflege sind die ersten und, wie mich jetzt dünkt, auch die größten Heldenthaten unseres Ordens gewesen! Barmherzigkeit", fuhr der Großmeister, gegen den Grafen Hans Carl gewendet, fort, „thut dem Heldenthum mit dem Schwert keinen Eintrag, mein junger Herr aus Schwedenland, ihr seid hierher gekommen, um die Türken mit unsern Brüdern zu bekämpfen, seid mir willkommen, und schenke euch Gott ein unverzagtes Herz, einen scharfen Blick und einen starken Arm dazu, aber glaubt mir, die Zeit wird kommen, da man die Johanniter nicht mehr preiset ihrer Kriegsthaten wegen, aber sie segnet um ihrer Barmherzigkeit willen!"

Der alte Johanniter-Meister sagte das so einfach, aber mit dem Tone so inniger Ueberzeugung, daß der feurige Groß-Spittler, der eben einwenden wollte, daß die Zeit gar nicht kommen könne, in welcher man den Orden nicht preise seiner Kriegsthaten wegen, ganz betroffen still schwieg.

„Durchlauchtigste Eminenz," nahm Graf Hans Carl das Wort, „ich bitte euch, daß ihr meinen ehrfurchtsvollen Dank annehmt für die Erlaubniß am Bord einer Ordensgaleere gegen die Türken zu streiten!"

„Ich hab's gern gethan, junger Herr," erwiderte der Greis leise, „wenn ihr aber heimkehrt von eurem Zuge, dann gedenket meiner, ich werde dann nicht mehr hier sein, sondern durch Gottes Barmherzigkeit schon dahin versetzt, wo alle die frommen und theuren Männer unseres Ordens versammelt sind, aber gedenkt meiner, laßt euch von diesem hochwürdigen Bruder in das große Spital führen und helfet dort unsern Brüdern in der Krankenpflege. Ich gebe euch meine Erlaubniß dazu und schätze sie höher als die andere, denn das Hospital ist die eigentliche Heimath der Hospitaliter, das Hospital ist das innerste Heiligthum des Ordens. Es ist wohl selten einem Gast eine solche Bewilligung zu Theil geworden, ich ertheile sie euch, mein junger Graf aus Schweden, es ist vielleicht die letzte, die der Bruder Cotoner überhaupt ertheilt, macht Gebrauch.

davon, das wird euch Segen bringen für hier und für dort, und du, hochwürdiger Bruder Spittler, sorge dafür, daß der Gast nicht gehindert werde, unsern Brüdern zu helfen, nicht nur im Kampf, sondern auch in der Krankenpflege!"

Der Großmeister schwieg, aber er sah den Königsmarck so freundlich ernst dabei an, daß der sich niederbeugte und dem fürstlichen Greise die Hand küßte, zum Zeichen, daß er einwillige, den Johannitern auch in der Krankenpflege beizustehen.

Nur wenige Worte sprach Nicolaus Cotoner noch. Der Groß-Spittler, der bemerkte, daß die Schwäche groß wurde, beeilte sich Abschied zu nehmen und führte seinen Gast hinaus.

Auf die beiden Männer hatte die Sprache des Großmeisters sichtlich den tiefsten Eindruck gemacht. Beide wandelten eine ziemliche Weile schweigend in den sauberen Gängen des Orangengartens am großmeisterlichen Pallast auf und ab, endlich fand doch der Aeltere, der Franzose, sich zuerst wieder und mit einem halb erzwungenen Lachen bemerkte er: „Mein Herr Graf von Königsmarck ist etwas bestürzt über die kurze Art und Weise, in der ihn unsere gute alte Eminenz zum Spital-Dienst bestimmt, nicht?"

„Nein, Herr von Flavacourt," entgegnete der Königsmarck ernst und bestimmt, „ich halte es für eine große Ehre, die mir der ehrwürdige Greis, der das Haupt dieses Ordens ist, ganz unverdient erzeigt hat; ich werde mir diese Ehre zu erkämpfen suchen, denn nur der, welcher mit Auszeichnung an der Seite der Johanniter gestritten, ist würdig, an ihrer Seite Krankenpflege üben zu dürfen."

Der Franzose stand still, er blickte dem Grafen in's Gesicht und fuhr dann in jener ächt französischen Naivetät, welche jene Naturen sonst so liebenswürdig erscheinen ließ, mit dem offenen Bekenntniß heraus: „Wahrlich, der Bailli von Noirmoustier hat mir geschrieben, daß ihr ein solcher wäret, aber ich hab's ihm nicht geglaubt und nun ist's doch wahr! Also ihr, mein schöner Graf, wollt wirklich erst auf der Ordens-Galeere und dann im Ordens-Spital dienen?"

„Der Spruch des Großmeisters hat mir's gestattet," entgegnete Graf Hans Carl, „und ich möchte den sehen, der mich daran hindern wollte."

„Das wird Niemand sich unterstehen," versetzte der Groß-Spittler ernst, „Cotoner's Wort gilt, aber vor euch Herr Graf habe ich nunmehr große Achtung, denn ihr seid in jungen Jahren so klug, wie wir Franzosen erst werden, wenn wir ein halbes hundert Jahre hinter uns haben. Oh! wie blutsauer ist mir der Spitaldienst geworden, ich habe mich ihm nicht entzogen, denn ich war ja ein geschworner Ritter vom Spital; ich sehe täglich, wie schwer dieser Dienst unsern jungen Brüdern wird und ich drücke gern ein Auge zu, obschon ich das nicht thun sollte, denn die alte Eminenz da drinnen hat Recht, der Spitaldienst ist die Hauptsache in diesem Orden. Ihr aber, mein Herr Graf, ihr wollt im Spital dienen, ohne dazu verpflichtet zu sein, ihr werdet das nicht bereuen; wenn ihr's vollbracht habt, dann werdet ihr spüren, daß es euch gut gethan hat an Leib und an Seele; glaubt mir's, ich habe es, in eurem Alter freilich nicht, aber später, an mir selbst erfahren. Ihr werdet den großen Nicolaus Cotoner noch segnen, daß er euch die Erlaubniß dazu gegeben!"

„Das werde ich, Herr Bailli," rief Königsmarck in der innigsten Ueberzeugung, „so lange ich lebe, werde ich der Stunde eingedenk sein, da es mir vergönnt war, einem solchen Helden gemeiner Christenheit meine Ehrfurcht zu bezeigen und so große Worte aus seinem Munde zu vernehmen!"

„Er wird nicht viele Worte mehr sprechen!" sagte der Groß-Spittler leise.

„Aber die, welche er gesprochen, werden nicht verklingen!" betonte der Graf.

„Sein Sterbestündlein ist nahe!" erwiderte der Bailli und blickte traurig vor sich nieder.

„Männer wie Cotoner sterben nicht!" warf Königsmarck rasch ein, „auf seinem Sarge sitzt die Unsterblichkeit!"

„Jetzt begreife ich, warum dich der alte Bailli von Noirmonstier so lieb hat, junger Mann; wenn ich kein Spittelbruder wäre, wahrlich ich möchte einen Sohn haben, der dir gleicht; jetzt aber gehe deines Weges und laß mich, ich habe hier noch Pflichten zu erfüllen."

Gar hastig hatte der Groß-Spittler diese Worte gesprochen, er drückte dem Grafen kräftig die Hand, wendete sich dann ab und kehrte in den Pallast zurück. Mit einem eigenthümlichen Lächeln sah ihm der Königsmarck eine Weile nach, dann wandte auch er sich und schritt der Meister-Kirche zu.

Vielleicht war es dem jungen Manne ganz recht, daß er auf dem Wege dahin einer heitern Gesellschaft von Ordensrittern der französischen Zunge begegnete, die ihn in ihre Mitte nahm und ihn mit freundlichem Zwang nöthigte, sie auf einem Spaziergange außerhalb der Stadt zu begleiten, denn in seinem Alter mag man wohl von ernsten Dingen sich ergriffen fühlen und feste Entschlüsse fassen, aber man liebt es nicht, lange ernsten Dingen nachzugrübeln; wenn das Herz noch so willig und die Hand noch so rasch zur That, dann läßt man sich nur unwillig von schweren Gedanken beherrschen. Graf Königsmarck war nicht minder ernst gesinnt und fest beharrend auf seinem Vorsatze, so sehr er sich auch an den leichten Scherzen der Ritter von Provence und Auvergne zu erfreuen schien. Hatte er aber anfänglich nur zugehört, so riß ihn das Beispiel der Anderen und die eigene Lust bald hin, Theil zu nehmen an der Unterredung und seinen glänzenden Geist Funken sprühen zu lassen in der Unterhaltung.

Unter den jüngeren Ordensrittern der französischen Zunge mußte das Gespräch mit Nothwendigkeit, so zu sagen, auf Liebesgeschichten, auf Liebesabenteuer fallen, aber leider hatten sich die Herren hier lauter alte Geschichten zu erzählen, denn wirklich auf Malta selbst hatte noch keiner von ihnen ein Verhältniß anknüpfen können, so verrufen waren die Franzosen.

„Unser Gast aus Schweden hat besseres Glück gehabt!" bemerkte ein schwarzbärtiger Provençale mit einer leichten Verbeugung gegen den Grafen.

„Woraus schließt ihr das, Herr Ritter?" fragte dieser lächelnd.

„Es giebt Stunden, wo der Herr Graf verschwindet!“ antwortete der Johanniter.“

„Und Niemand weiß, wohin er geht!“ rief ein Zweiter dazwischen.

„Also ein Liebeshandel,“ bemerkte ein Dritter, „denn sonst wäre kein Geheimniß nöthig.“

Die Herren alle umstanden lächelnd den Grafen, der laut auflachend und der Wahrheit ganz getreu versicherte, daß er, so lange er auf Malta sei, noch keines Weibes Lippe geküßt habe. Offenbar glaubten ihm die Herren nicht, obwohl sie die Aussage nicht laut bezweifelten, nur der lange schwarzbärtige Provençale konnte sich nicht enthalten kopfschüttelnd und halblaut zu äußern: „und ihr seht mir doch wahrlich nicht aus wie Einer, der sich mit dem Ansehen begnügt!“

Graf Königsmarck fühlte, daß er erröthete; in dem Augenglick kam's ihm beinahe schmachvoll vor, daß er sich wirklich so lange mit dem Ansehen begnügt und das Räthsel des goldenen Balkons noch nicht gelöset hatte. Er that, als habe er die Aeußerung des Provençalen überhört und freute sich, daß Keiner der Ritter sein Erröthen bemerkt hatte. Fest entschlossen aber war er, sich nicht länger mit dem Ansehen der schönen Dirne auf dem goldenen Balkon zu begnügen, sondern sofort nach seiner Rückkehr vom Spaziergange der Signora Manfredi einen Besuch zu machen.

So nahe liegen die verschiedenen Stimmungen neben einander im Herzen des Mannes! mit welchen Gefühlen hatte Graf Königsmarck eine Stunde früher den Pallast des Großmeisters verlassen! mit wie ganz anderen kehrte er jetzt vom Spaziergange heim!

Er brannte vor Begierde, sich der jungen Schönheit zu nähern, er hielt es auch nicht für nöthig, mit seinen Begleitern lange Umstände zu machen, mitten im Gespräch verabschiedete er sich, warf flüchtig einige Entschuldigungen hin und entfernte sich mit raschen Schritten. Die Ordensritter lachten laut, riefen ihm spöttische Complimente über seine Pünktlichkeit nach und trugen ihm zärtliche Grüße an seine liebe Dame auf, doch hatten sie Alle guten Ton genug, den Scherz nicht weiter zu treiben, sie blieben zurück und folgten dem Eiligen nicht mit indiscreter Neugier nach.

Als der Graf das Haus mit dem goldenen Balkon erreichte, erschloß man eben die bis dahin niedergelassenen Gitter und Läden; denn die Sonne war nieder und kühlere Lüfte weheten erquicklich vom Meer herauf. Graf Königsmarck öffnete mit einem kräftigen Stoß die gegen die maltesische Sitte unverschlossene Hausthür und trat in einen engen, dunkeln, gewölbten Gang, der durch das ganze Haus hindurch nach einem Hofe führte; er stieg einige Stufen zur Linken hinauf und sah sich jetzt in einem kleinen, ziemlich hoch Vorsaal, in welchem ihm eine häßliche, alte Person mit gelbem Gesicht entgegenkam und ihn in der Mischsprache des gemeinen Volkes der Insel nach seinem Begehr fragte.

Kaum hatte der Graf seinen Namen genannt, als die Alte sich demüthig vor ihm verneigte, indem sie nach morgenländischer Art ihre Arme über der Brust kreuzte, ihm eine Thür öffnete und ihn einzutreten bat, versichernd, daß sie ihre Herrin, welche entzückt über die Ehre sein werde, sogleich herbeirufen wolle.

Lächelnd trat der Graf in ein Zimmer, in welchem unverkennbar deutscher Hausrath auf eine beinahe wunderliche Weise mit den Einrichtungen der Landesart in Widerspruch stand und doch auch wieder übereinstimmte. Da hing auf gut niederdeutsch ein Schüsselbrett an der Wand, die Feuerkieke der Hanseatin stand neben dem kühlen Marmorbassin von Malta; ein deutscher Landsmann war sichtlich der braune Eichenholzschrank mit dem zierlichen Schnitzwerk und den blanken Beschlägen, maltesisch dagegen die Ruhebänke von Strohgeflecht.

Graf Königsmarck hatte das Alles mit einem raschen Blick gemustert, dann blickte er durch die offene Fensterthür nach dem vergoldeten Balkon, nach dem er so oft schon von Unten herauf geblickt — er war leer! Eben wollte unser Held hinaustreten unter die blühende Orangenlaube, da öffnete sich eine Seitenthür und von einem Diener gefolgt, trat ein junges Mädchen in das Gemach — das Räthsel des goldenen Balkons.

Bezaubert blieb der Graf stehen, er hatte wohl schönere Frauen gesehen, aber keine, deren Schönheit ihn so tief ergriffen, so mit einer ihm unerklärlichen Wehmuth erfüllt, so gerührt hätte; er hatte das Alles schon oft bei ihrem Anblick empfunden, wenn er unten vorüberging, aber nie so stark, so überwältigend. Das junge Mädchen, schlank und zart, aber voll und üppig entwickelt, wie es die Frauen im Süden zeitig sind, hatte ein völlig kindliches Antlitz, es war ein reizendes, unschuldvolles Kindergesicht; reich flossen die glänzenden Rabenlocken nieder über den schlanken Hals und die runden Schultern, sie ringelten sich auf dem schlichten weißen Gewande — der Graf glaubte ein solches Bild noch nie gesehen zu haben.

Da riß ihn eine silberklare Stimme aus seinem bewundernden Traume, das junge Mädchen sagte: „Meine Mutter wird gleich hier sein, oh! wie wird sie sich freuen, einen berühmten Landsmann als hochgeehrten Gast in ihrem Hause zu sehen; darf ich euch willkommen heißen, Herr Graf?"

Mit diesen Worten trat das reizende Geschöpf einige Schritte vor und verneigte sich anmuthig — aber nicht gegen den Grafen, sondern nach der entgegengesetzten Seite hin.

Erschrocken schwieg der Graf, der eben den Mund zum Gegengruß geöffnet, der alte Diener aber faßte die Hand seiner jungen Herrin, führte sie dem Grafen zu und sprach leise: „Hier steht euer hoher Gast, Signorina!"

„Verzeiht, Herr," begann die Signorina mit einem unbeschreiblich sanften Lächeln wieder, indem sie sich nochmals verneigte, „ich bin seit meiner Geburt blind!"

Das wurde nicht klagend, nicht ein Mal wehmüthig oder resignirend, sondern mit heiterer kindlicher Offenheit gesagt — jetzt war das Räthsel des goldenen Balkons gelös't, jetzt wußte der Graf, warum das holde Kind auf dem Balkon stand, ohne sich umzuschauen, ohne Regung. Ein Strom von mächtigen Empfindungen durchfluthete ihn, er fühlte seine Augen naß werden, er nahm die zarte Hand des Kindes und sprach mit bebender Stimme: „Gott schütze dich, du liebes, liebes Mädchen und lasse dich bewahrt bleiben vor Allem, was sich feindlich und verderbenbringend an dich drängen könnte."

„Ich danke euch, lieber Herr," antwortete die Signorina lieblich, einfach, „ich danke euch; denn ich fühle, daß ihr es gut meint, aber ich verstehe euch nicht."

Es war eine Wohlthat für den Grafen Hans Carl, daß sich in diesem Augenblick die Thür öffnete und Signora Manfredi eintrat, denn der gewaltige Umschwung, den seine Gefühle so unerwartet in den letzten Augenblicken erlitten hatten, machte ihn fassungslos diesem blinden Kinde gegenüber. Er fühlte Reue und Schaam der Gedanken wegen, mit denen er gekommen, mit einer Scheu ohne Gleichen stand er der doppelten Heiligkeit des Unglücks und der Kindeseinfalt gegenüber. Er verzagte wirklich vor der Tochter, da kam ihm die Mutter zu Hülfe, als eine brave Landsmännin. Sie verläugnete ihre niederdeutsche Heimath nirgend, in keinem Wort, in keiner Geberde. Signora Manfredi war eine der Frauen mit zartem weißen Teint und kräftiger Fülle, zwei Schönheiten, die sich durch Ruhe des Temperaments und gute Gesundheit oft bis ins höchste Alter erhalten. Signora Manfredi war aber keineswegs alt, sie zählte sicher noch nicht vierzig Jahre, sah aber aus, als habe sie kaum dreißig, und so kam sie daher getrippelt, das gutmüthige niederdeutsche Lächeln breit auf dem weißen Angesicht und den vollen kirschrothen Lippen, mit den hellen Augen herzig grüßend. Zwar trug sie den schwarzen Taffetrock, wie ihn die Honorate auf Malta tragen, aber das Frauenhäubchen ihrer lieben deutschen Vaterstadt Bremen hatte sie sich doch nicht nehmen lassen, das zeigte sich gar stattlich mit seinen fein gefältelten Rändchen und seinem Kopf von Silberstück mit breiten Flügeln. Ei, die Wittwe Manfredi war noch eine sehr hübsche Frau.

„Seid herzlich willkommen im Hause der Wittwe, mein Herr Graf!" grüßte sie in deutscher Sprache, „Gott segne euren Eingang, oh kommt, setzt euch zu uns, laßt uns die liebe deutsche Sprache wieder hören. Ei, was sehet ihr der Gräfin Frau Mutter so ähnlich, ich hatte einst die Ehre, ihr den Rock zu küssen; denn ihr müßt wissen, daß ich auf der Agathenburg gewesen bin, ei! vor nun achtzehn Jahren fast, denn ich habe Freundschaft zu Stade."

So plauderte die gute Frau eine ziemliche Weile rasch fort, der Graf brauchte nur von Zeit zu Zeit ein Wort dazu zu geben, und das war ihm gar recht, die Wittwe aber bemerkte es nicht, ihr schien es vielmehr darum zu thun, sich einmal recht satt deutsch sprechen zu können, als deutsch zu hören, wie sie vorher gesagt.

Graf Hans Carl blickte sinnend auf das schöne blinde Kind, auf die langen dunklen Wimpern, die ein Auge deckten, das keines Schutzes bedurfte; da die Signorina die Augenlider nie ganz hob, so bemerkte man auch nie die Starrheit, die den Augen eigen, die nicht sehen, nichts störte das rührend liebliche Bild.

Signora Manfredi aber plauderte weiter von ihrer Familie in Bremen, von ihrer Freundschaft in Stade und dann wieder von ihrem lieben Seligen, wobei sie sich die Augen trocknete, obgleich sie eigentlich nicht naß waren; sie erzählte von ihrem Orangengarten bei Medina, den sie dem Grafen zeigen werde; sie verbreitete sich auch ganz deutsch redselig über die guten Vermögens-Verhältnisse, in denen sie sich befinde, was die geizigen und mißtrauischen Malteser nie gethan haben würden. Ganz stolz bemerkte die Wittwe auch, daß die Manfredi zu den Familien gehörten, welche noch immer das „Brod von Rhodos" äßen, das heißt, daß sie von einem Rhodiser abstammten, der mit dem berühmten Großmeister Villiers von Isle-Adam Rhodos verlassen, nachdem es nach heroischer Gegenwehr dem Sultan Soliman erlegen, und mit dem Orden nach Malta übergesiedelt war. Die Nachkommen dieser Rhodiser bezogen wegen ihrer dem Orden während des Kampfes gegen die Türken bewiesenen Treue eine Rente aus dem Ordensschatz, diese Rente aber nannte man auf Malta das „Brod von Rhodos".

Graf Königsmarck mußte von dem Brod von Rhodos essen und von dem Wein der Wittwe trinken, als er das aber gethan, mußte er versprechen, so oft als es ihm irgend möglich sei, wiederzukommen, nicht nur die Wittwe, auch ihre Tochter, Fernanda hieß das schöne, blinde Kind, baten liebreich darum. Einen leisen Kuß hauchte Graf Hans Carl auf die Stirn, die ihm Fernanda bot, herzlich drückte er die fleischige Hand der deutschen Landsmännin, aber er seufzte erleichtert auf, als die schwere Thür hinter ihm zufiel. Er war fest entschlossen, das Haus, das ihn so treu und fromm aufgenommen, nicht wieder zu betreten; er warf einen Blick zurück, er sah auf dem goldenen Balkon unter den blühenden Orangenzweigen das weiße Gewand der blinden Fernanda schimmern, er drückte die Hand auf sein mächtig klopfendes Herz und eilte der Herberge der Zunge von Frankreich zu, um zu — vergessen, was zu vergessen ihm im Augenblick doch unmöglich dünkte.

Correspondenzen.

Aus der Hauptstadt.

11. Februar 1860.

— Befinden Sr. Majestät des Königs; — Soirée bei JJ. KK. HH. dem Prinz-Regenten und der Frau Prinzessin von Preußen; — allerlei Preußische Diplomatie; — noch keine jüdischen Cadetten; — Graf Saurma; — Verstimmung gegen Herrn v. Auerswald; — die „Volkszeitung"; „Wir kommen!" —

Die Mittheilungen über das Befinden Sr. Majestät des Königs, unseres allergnädigsten Herrn, sind noch immer so knapp und dürftig wie früher, sie lauten nicht übel, etwas Neues haben wir aus denselben nicht herauszulesen vermocht. Wir erfahren sonst, daß die Equipage, in welcher unser geliebter Herr seine oft erwähnten Ausfahrten macht, immer im Schritt fährt, daß einer der Leibärzte oder Aerzte vom Dienst stets zugegen ist und daß am vorherbestimmten Ziel der Ausfahrt stets eine Tasse warmer Milch zur Erquickung des Durchlauchtigsten Herrn bereit gehalten wird.

In dem gesellschaftlichen Leben der vorigen Woche macht die Donnerstags-Soirée bei II. KK. HH. dem Prinz-Regenten und der Frau Prinzessin von Preußen Epoche, es fanden Theater-Vorstellungen Statt, wie solche auch unter dem Hochseligen Herrn beliebt waren. Unter den zahlreichen Gästen bemerkte man besonders den früheren Ministerpräsidenten Freiherrn von Manteuffel, so wie dessen Bruder, den Wirklichen Geheimen Rath Freiherrn von Manteuffel; sowohl Se. Königl. Hoheit der Prinz-Regent, als auch Ihre Königl. Hoheit die Frau Prinzessin von Preußen zeigten sich gegen diese beiden treuen Diener des Königlichen Hauses sehr gnädig, was bei einigen der Anwesenden einen fast komischen Unmuth erregte. Ein köstlicher Anblick war auf einer Polsterbank der schlesische Fabrikant Milde in einer Minister-Uniform, zu deren Führung er sich durch seine Dienste von 1848 für berechtigt hält, neben ihm nahmen noch drei „Auferstehungs-Männer" aus jener Zeit Platz, während auf einer Polsterbank ihnen gegenüber vier Männer saßen, die jenen freilich immer und überall gegenüber sein werden, das waren die Gebrüder Freiherren von Manteuffel, der wackere General von Bonin und der Freiherr Hiller von Gärtringen auf Betsche, der würdige Johanniter-Commendator von Posen. Einiges Aufsehen erregte auch Central-Duncker, weil er, fast jungfräulich verschämt, an seinem Uniformshute die Plumage trug, welche den Mitgliedern des Königl. Cabinets vorbehalten.

In politischen Dingen wird die Mission des Generals von Wildenbruch nach Italien lebhaft besprochen. Man kann nicht begreifen, was ein Diplomat, der durch Bande der Verwandtschaft dem Hohen Königl. Hause so nahe steht, was der in Italien soll, wenn er doch keine politischen Aufträge hat, wie so steif versichert wird? Eigenthümlich ist es überhaupt, daß fast alle wichtigen Gesandtschaftsposten Preußens gegenwärtig nicht durch Preußen besetzt sind. Der Graf Brassier de Saint-Simon, der Gesandte in Turin, ist ein in Tyrol geborener Franzose, sein Vater war französischer Obrist-Lieutenant, derselbe ist durch seine Gemahlin, eine Gräfin Rebeaupierre und Tochter einer Potemkin, mit hohen Kreisen in Rußland verschwägert. Der Graf Pourtalès, der Königl. Gesandte in Paris, ist ein Neuenburger, also, wie man uns ja so nachdrücklich belehrt hat, auch kein Preuße. Der Graf Perponcher, der Königl. Gesandte in St. Petersburg, ist der Sohn eines bekannten holländischen Generals; selbst der edle Graf Bernstorff, der Königl. Gesandte in London, gehört weder durch Abstammung, noch durch Grundbesitz der Preußischen Monarchie an. Es ist aber wirklich lustig, daß trotzdem die Preußischen „Junker" mit großer Beständigkeit von den Demokraten für die Fehler der Preußischen Diplomatie verantwortlich gemacht werden.

Im vorigen Briefe erwähnten wir der Absicht eines jüdischen Mannes, seinen Sohn in das Cadetten-Corps aufnehmen zu lassen; wir nannten das ein haltloses Gerücht, jetzt erfahren wir mit Bestimmtheit, daß wenigstens ein jüdischer Mann die Aufnahme seines Sohnes in's Cadetten-Corps allen Ernstes verlangt hat. Vergeblich machte man ihn auf die Lage aufmerksam, in welche er seinen Sohn dadurch bringen werde, er erklärte, es sei ihm lediglich um das Princip zu thun, er könne ja seinen Sohn jeder Zeit wieder herausnehmen, und in gewissen Kreisen feierte man schon sehr billige Triumphe. Indessen kam es doch anders, denn als der erste Schritt gethan wurde, verlangte das Cadetten-Corps den gesetzlichen Bestimmungen gemäß, neben dem famosen Pockenimpfscheine, ohne welchen man in Preußen nicht einmal begraben werden kann, unter andern Papieren auch einen — Taufschein. Daran hatten die geschätzten jüdischen Mitbürger nicht gedacht und jüdische Cadetten wird es denn wohl für's Erste in Preußen noch nicht geben. Für diesen Schmerz haben die Juden und ihre Verehrer jüngst eine Genugthuung gehabt; sie zürnen nämlich dem überaus gutmüthigen alten Grafen Saurma von der Jeltsch ganz gewaltig, weil der den jüdischen Rittergutsbesitzern für das jedesmalige Wegbleiben vom Kreistage zwei Friedrichsd'or zugesichert wissen wollte. Die Juden betrachten das nämlich als eine Beleidigung, und bei jedem andern Manne wären sie vielleicht dazu berechtigt gewesen, nur bei dem alten Grafen Saurma nicht, der wirklich glaubte, den Juden dadurch einen Freundschaftsdienst zu leisten, der an eine Beleidigung seiner ganzen Art nach in keinem Falle gedacht haben kann. Kurz, jetzt gilt Graf Saurma für einen grimmigen Judenverfolger und nun bringen die neuen Freiburger Nachrichten plötzlich die Post, daß sich ein Sohn des Grafen Saurma mit einer Jüdin in Stuttgart verlobt habe. Wir wissen nicht, ob die Nachricht begründet ist, begreifen aber den Triumph, den die Juden und ihre Freunde darüber feiern, obwohl es uns doch bedünken will, als sei der Triumph dadurch etwas verkleinert, daß jene Nachricht bemerkt, die Braut sei schon vorher katholisch geworden.

Im demokratisch-liberalen Lager ist man sehr verstimmt nicht nur gegen den Herrn Grafen Schwerin, das begreift sich nach den Vorgängen der letzten Woche im Abgeordnetenhause, sondern auch gegen den Herrn Staatsminister von Auerswald. Wir wissen nicht, was Seine Excellenz den Herren gethan hat, aber es wird ihm jetzt recht bissig vorgeworfen, daß Herr von Auerswald sich 1848 feindlich zu dem Stein'schen Antrag gestellt, daß er auch damals das Jagdgesetz nicht eingebracht, sondern dieses Geschäft dem General Pfuel überlassen habe. Herr von Auerswald ist doch wohl ein zu alter Edelmann und mit zu vielen aristokratischen Dohna's und anderen »unverbesserlichen« Herren verschwägert, als daß er es selbst bei dem besten Willen unserem lustigen Völkchen von gestern Abend auf die Länge recht machen könnte!

Die hiesige »Volkszeitung« ist empört über das, was wir über die Trockenlegung der Polizei in unserem vorletzten Hauptstadtbriefe gesagt; wir verdenken ihr das gar nicht und wundern uns auch gar nicht, daß sie infame Rohheiten des souverainen Volkes, über deren Zunehmen überall laut geklagt wird, ohne Weiteres in Abrede stellt und für Fictionen des „Junkerblattes" erklärt, es ist das eben ihr Metier. Es würde uns auch nichts helfen, wenn wir dem „Reformjudenblatt" allwöchentlich eine Reihe von einzelnen eclatanten Fällen (z. B. den Breslauer Vorgang, wo ein souverainer Volksmann auf offener Straße eine Dame packt, ihr den Mund mit Gewalt aufreißt und ihr von seiner Dirne in den Mund speien läßt) aufzählen wollten; das „Reformjudenblatt" würde dann sagen, die Junker hätten die Kerle zu solchen Schandthaten gemiethet und sie dafür bezahlt. Es führt zu nichts, mit solchen Leuten zu streiten. Jedenfalls ist noch nicht aller Tage Abend, und die „Volkszeitung" kann sich darauf verlassen, früher oder später, wir kommen!

Kopenhagen, im Februar.

In wenigen Jahren wird unsere Hauptstadt nicht allein, sondern der ganze skandinavische Norden Ihnen so viel näher gerückt sein, daß eine Reise nach Kopenhagen und Stockholm zu den kleineren, die man in kurzen Ferien oder bei sparsam zugemessenem Urlaub unternimmt, gehören wird, auf der man sogar vor dem Schreckensgespenst der Binnenländler, der Seekrankheit, ganz sicher ist, und zwar aus dem einfachen Grunde, weil man nicht mehr auf See kommt. Wenn Sie sich dann etwa Abends nach Ihrem Hamburger Bahnhofe begeben, sich in ein Coupé setzen, wo Sie sicher vor der Gesellschaft von vielredenden Commis voyageurs oder anderen schwatzhaften Creaturen und mit der Gabe des Reiseschlafs versehen sind, dann können Sie am andern Morgen an den Gestaden des kleinen Belts wieder erwachen. Schlaftrunken begeben Sie sich sodann an Bord der Dampffähre und haben vielleicht eben Zeit recht wach zu werden, um gleich darauf ihren Fuß auf fünenschen Boden zu setzen. Das Dampfroß führt Sie dann in wenigen Stunden auf weitem Bogen durch die schöne Insel Fünen, zuerst nördlich nach ihrer Hauptstadt Odense, Klein-Kopenhagen, wie es sich stolz, doch nicht mit Unrecht nennt, dann wieder südlich nach Nyborg am großen Belt, über welchen ein Dampfschiff Sie so schnell setzt, daß Ihr Magen gar keine Zeit bekommt, sich unbehaglich zu fühlen. Von Korsör aus erreichen Sie dann auf der seeländischen Eisenbahn über Roskilde und Sorö in vier Stunden Kopenhagen.

Ja, wenn des bekannten Volksvertreters, Obristen Tscherning's, dreiste Ideen sich erfüllen sollten, — und was kann nicht Alles in Erfüllung gehen in einer Zeit, wo Tractate zwischen Staaten geschlossen werden, welche den beiderseitigen Luftschiffern Befreiung von den Hafenabgaben u. dergl. zusichern *) — dann werden Ihnen auf dieser Reise auch noch die beschriebenen Beltpassagen erspart, Sie werden dann mittelst einer Brücke über den kleinen Belt von Jütland nach Fünen, und durch einen Tunnel unter dem großen von Fünen nach Seeland hinüber gedampft.

Von Kopenhagen erreichen Sie per Dampfschiff — denn hier kann ich Ihnen noch keinen Tunnel versprechen — in höchstens 1½ Stunden das schwedische Küstenstädtchen Malmö, und gehen von da per Eisenbahn nach Stockholm. — Hier haben Sie eine Reiseroute der Zukunft, vorausgesetzt, daß der Reichstag auf das großartige (für unsere Verhältnisse) Eisenbahnproject eingeht, welches ihm von dem jetzigen Ministerium vorgelegt ist. Ich will es Anderen überlassen, zu untersuchen, inwiefern dasselbe vom staatsökonomischen Standpunkte aus acceptable ist oder nicht, zweifeln aber durchaus nicht an seiner Durchführung. In Schweden ist bekanntlich das Eisenbahnnetz bereits festgestellt und bewilligt.

Die große politische Bedeutung einer solchen Verbindung des skandinavischen Nordens mit Mitteleuropa ist in die Augen fallend, und auch namentlich in Bezug auf unser Verhältniß zu Deutschland, das wenigstens darin ein Zeichen der Annäherung unserer Seits sehen kann.

Unsere Wintersaison nimmt ihren gewöhnlichen Verlauf; möglicher Weise sind aus mancherlei Gründen die Salons unserer haute volée weniger glänzend und weniger zahlreich besucht; die öffentlichen Vergnügungen, die Theater, die maskirten Bälle ꝛc. erleiden keinen Abbruch, weder durch Geldmangel, über den man die Handwerker und Gewerbtreibenden freilich arg genug klagen hört, noch durch Mißstimmung der Gemüther oder dergleichen. Im Königlichen Theater, das sehr wenige Novitäten und von wirklichem Werth bisher gar keine gebracht hat, ist nach langer Unterbrechung der Macbeth wieder auf das Repertoir gebracht, und Frau Heiberg erndtet als Lady Macbeth reichen Beifall, wenn ihr auch der Vergleich mit der frühern Inhaberin der Rolle, der verstorbenen Frau Anna Nielsen, deren Wittwer, der Professor Nielsen, den Macbeth mit unübertrefflicher Meisterschaft giebt, — nicht ganz vortheilhaft ist. — Sie sehen, Thalia verleiht bei uns ihren Jüngern akademische Würden; auch der Königl. Schauspieler Höedt ist Professor. Ueberhaupt steht der Schauspielerstand bei uns, und zwar verdienter Maßen, in socialer Hinsicht ganz anders, als sonst überall, wofür als

*) Im vorigen Jahre wurde ein solcher Tractat zwischen Frankreich und Dänemark abgeschlossen.

ein Beispiel Ihnen nur dienen mag, daß eine der ersten Schauspielerinnen bei der Königl. Bühne mit einem noch im Dienst befindlichen See-Offizier verheirathet ist. — Im Casino-Theater wird seit fast zwei Monaten das in den Zeitungen vielfach besprochene Singstück: „Grevinden oghendes Sodikendebarn" (Die Gräfin und ihre Nichte) fast allabendlich vor stark besetztem Hause gegeben, daneben noch ein ähnliches Tendenzstück, »Der Cabinetssekretär«, Beide von dem Director, dem reich begabten Dichter Erik Bögh (ersteres aus dem Französischen übersetzt, letzteres Original) und Beide voller Allusionen auf die Gegenwart, namentlich aber das letztere reich an feiner Satyre.

Der Verfasser ist manchen Angriffen in der Presse darüber ausgesetzt gewesen, tröstet sich aber »bescheidener Weise« damit, daß es seiner Zeit Aristophanes nicht besser gegangen sei.

Auf dem Gebiete der übrigen schönen Künste geht es weniger lebhaft her Es wirkt dort leider auch der böse Parteigeist, der seine zerstörende Kraft ja in fast allen Verhältnissen des Lebens fühlen läßt, hemmend und drückend. Unter den Mitgliedern der Maler- und Bildhauer-Akademie bestehen nämlich zwei Parteien, von denen die eine das unheimliche Nationalitäts-Prinzip auch auf die freie Kunst anwenden und eine eigene nordische Schule bilden will, während die andere, geringere an Zahl aber nicht an Talent, schwer darunter zu leiden hat.

Da wir nur jährlich eine Gemäldeausstellung haben, die erst im Mai ihren Anfang nimmt, kann ich Ihnen von den Arbeiten unserer Maler nichts weiter berichten, als daß unsere fleißige Frau Jerichau-Baumann u. A. augenblicklich mit einer colossalen allegorischen Figur Englands beschäftigt ist. Eine schöne Marmorgruppe, Herkules und Hebe, von ihrem Manne, dem Bildhauer Jerichau, die Christian VIII. noch bestellt hatte, ist vor Kurzem unter den Colonnaden im Schlosse Christiansburg aufgestellt. Bissen's Moses in Bronze auf der einen Seite des Porticus der Frauenkirche wartet noch auf sein Pendant, den David, welchen Jerichau in Arbeit hat.

Der auch in Deutschland so beliebte Märchendichter H. C. Andersen hat seine Märchensammlung wieder um einige vermehrt, und auch wieder einen Orden (einen bayerischen) erhalten.

Militärische Revue.

Sonntag, den 12. Februar 1860.

Geschichtskalender.

12. Febr. 1814.	Glänzendes Rückzugsgefecht des Leib-Füsilier-Bataillons und brandenburgischen Husaren-Regiments („der Heurichs") bei Chateau-Thierry.	15. Febr. 1763.	Friede zu Hubertsburg zwischen König Friedrich II. und Oestreich, dem König von Polen ꝛc.
13. Febr. 1814.	Avantgardengefecht bei Etoges: die Franzosen durch Oberst v. Blücher geschlagen.	16. Febr. 1703.	Rheinbergen ergiebt sich an die Preußen.
14. Febr. 1745.	Gefecht b. Habelschwerdt: die Oestreicher durch Gen. v. Lehwaldt geschlagen.	17. Febr. 1807.	Oberst v. Stutterheim besetzt Friedland.
		18. Febr. 1807.	Vertheidigung von Stolpe durch das v. Krodow'sche Frei-Corps.

Inhalt:

Die militärische Lage Großbritanniens.

III.

In einem Memoire vom 15. Januar 1855 und in einem, vom United service magazine im Juni 1856 veröffentlichten, Artikel prüft der General Burgoyne zwei vielfach bekämpfte Punkte der Krim-Expedition: den gewaltsamen Angriff auf Sebastopol und den vom Kaiser der Franzosen für den General Canrobert in den ersten Tagen des Mais 1855 ausgefertigten Operationsplan.

In Uebereinstimmung mit dem General Niel glaubt der General Burgoyne, daß der gewaltsame Angriff auf Sebastopol eine nicht zu entschuldigende Verwegenheit gewesen wäre. Wir sind ganz seiner Ansicht, insoweit es sich um den gewaltsamen Angriff handelt, der unmittelbar nach der Schlacht bei Inkerman empfohlen wurde, beim Eintritt eines strengen Winters, welcher die verbündete Armee decimirte; aber wir bleiben bei unsern Zweifeln in Betreff der Unmöglichkeit eines gewaltsamen Angriffs unmittelbar nach der Schlacht an der Alma. Diese Zweifel sind durch das

Zeugniß mehrerer russischen Offiziere bestätigt worden, welche uns alle versichert haben, daß die Festung unzweifelhaft genommen worden wäre, wenn die Alliirten sie nach der am 25. September ausgeführten Umgehung von Mackenzie angegriffen hätten.

Damals bestand die Garnison von Sebastopol in der That nur aus einer geringen Anzahl, hauptsächlich durch die Mannschaften der Marine gelieferten Truppen; und was die Befestigung anbelangt, so weiß Jedermann, daß sie sich auf Theile einer vollständig ungedeckten crenelirten Mauer und auf einige isolirte Bastionen beschränkte, welche zu weit von einander entfernt waren, um sich gegenseitig zu unterstützen und überdies in ihren Zwischenräumen kein künstliches Hinderniß hatten.

Der General Burgoyne und diejenigen, welche diesen Satz wie er vertheidigten, gründen ihr Urtheil auf die Voraussetzung, daß der Fürst Menschikoff 25—30,000 Mann in der Festung gelassen hatte, daß die isolirten Werke im Süden „furchtbare Hindernisse" gegen den gewaltsamen Angriff gebildet hätten und daß die Vertheidigung eine zahlreiche Artillerie zu ihrer Verfügung gehabt habe.

Um genau zu wissen, was von dieser dreifachen Voraussetzung zu halten sei, wird es gut sein, die Veröffentlichung des Werkes des Generals Todleben abzuwarten, eines Werkes, welches, wie wir glauben, die Ungenauigkeit der ersten von den Alliirten über die Lage der Garnison und die Vertheidigungsmittel der Festung eingezogenen Nachrichten beweisen wird.

Man glaubte allgemein, daß der Marschall Saint-Arnaud, indem er die Armee verließ, dem Lord Raglan rieth, Sebastopol gewaltsam anzugreifen. Das ist ein Irrthum, den anzuzeigen der General Burgoyne für nöthig hält, weil er Veranlassung zu den falschesten und beleidigendsten Interpretationen gegen Lord Raglan gegeben hat.

Der Verfasser beweist auch, daß es vor der Schlacht von Inkerman unmöglich gewesen wäre, den Angriff vor der Front Malakoff mehr auszudehnen. Diese Ausdehnung wurde vom englischen Genie-Corps (und nicht, wie man gesagt hat, vom General Niel) vorgeschlagen, sobald man das nöthige Terrain hätte, um die neue Attacke des rechten Flügels zu decken.

Man weiß, daß der Plan des Kaisers darin bestand, die Offensive gegen die russische Armee im freien Felde zu ergreifen und die Belagerung für den Augenblick in eine Blockade zu verwandeln.

Herr von Bazancourt begnügt sich nicht damit, zu sagen, daß dieser Plan, „in welchem die Eigenschaften eines überlegenen Genies wiederhallten, im Voraus allen Eventualitäten entspreche, alle Hilfsquellen erwäge und mit tiefer Einsicht (sic) alle Hindernisse ergründe, um sie zu beseitigen und zu überwinden," er giebt zu verstehen, daß Lord Raglan durch seinen bösen Willen und seinen Mangel an Mitwirkung den General Canrobert verhindert habe, aus dem großartigen Ueberblicke des Kaisers Vortheil zu ziehen.

Auf diesen Vorwurf erwidert Sir John Burgoyne, daß, wenn wirklich (was ihm noch nicht erwiesen zu sein scheint) der General Canrobert dem Lord Raglan vorgeschlagen haben sollte, den Plan des Kaisers gemeinschaftlich auszuführen, daß dann der englische General sehr wohl daran gethan habe, seine Mitwirkung zu versagen. Es ist in der That nicht das mindeste Verdienst dabei, bei der Ausführung einer Idee mitzuwirken, die man für falsch hält. General Burgoyne beweist aber durch klare Gründe, welche jedem Unbefangenen — zu denen wir freilich Herrn von Bazancourt nicht rechnen, dessen gefällige Bewunderung für Alles, was seine Landsleute thaten, im Voraus erworben war — schlagend erscheinen werden, daß der Operationsplan Napoleon III. thatsächlich mangelhaft war.

Wenn übrigens die Ideen des Kaisers wirklich so erhaben gewesen wären, wie es der Historiker der Krim-Expedition „auf Befehl" behauptet, woher kommt es dann, daß seine Kaiserliche Majestät nicht auf ihrer Ausführung bestand, wie erklärt es sich besonders, daß der General Pelissier sich nicht nach der Einnahme von Sebastopol darnach gerichtet, als die gesammte verbündete Armee verfügbar geworden war? — Es scheint allerdings zweifellos, daß nunmehr eine Offensiv-Operation auf Mackenzie mehr Wahrscheinlichkeit des Erfolges für sich gehabt hätte als im Monat Mai, wo man 40—50,000 Mann vor der Festung und außerdem ein beinahe ebenso starkes Corps an der Tschernaja hätte zurücklassen müssen, um die Trancheen zu bewachen und den rechten Flügel des Angriffs zu decken. Herr von Bazancourt hütet sich wohl, diese Betrachtung anzustellen, denn sie paßte durchaus nicht in den offiziellen Cannevas, auf welchem er sein Buch sticken sollte.

Ein vor Sebastopol im Jahre 1854 geschriebener und in der United service Gazette im Jahre 1855 veröffentlichter Artikel legt mit vielem Freimuthe die von der englischen Armee begangenen Fehler blos, Fehler, welche theils den Mängeln der Organisation und theils der besondern Natur des englischen Soldaten zur Last fallen. Dem General Burgoyne nach ist die englische Infanterie nicht genug mit dem Marschiren vertraut. Offiziere und Soldaten dieser Waffe sind für den Dienst einer Armee im Felde und für die untergeordneten Operationen des sogenannten kleinen Krieges nicht genugsam ausgebildet. Die Soldaten, ohne Unterschied der Waffe, wissen sich weder selbst zu helfen, noch die Hilfsquellen des Landes, in welchem sie Krieg führen, zu benutzen. Sie haben weniger Erfindungsgabe und sind besonders weniger industriös, als die französischen Soldaten. Dieser letzte Fehler verschwindet gleichwohl nach einigen Monaten der Campagne; es hat sich allerdings gezeigt, daß die alten Soldaten von der Halbinsel-Armee in dieser Beziehung ebenso bewunderungswürdig waren, wie die der besten französischen Regimenter.

In der Cavallerie existirt ein spezieller Fehler, welcher dieser Waffe den größten Schaden thut: Die jungen Milizen und selbst die alten Soldaten haben gar keine Anhänglichkeit, noch Mitleiden für ihre Pferde. Dieser, im Charakter und den nationalen Gewohnheiten begründete Fehler hat zu allen Zeiten in der englischen Cavallerie bestanden, wo er um so mehr Unheil angerichtet hat, als das englische Pferd derartig gezogen ist, um mehr Sorgfalt und Schonung zu verlangen, als die Pferde anderer Länder. Es ist in Frankreich und Deutschland nichts Seltenes, einen Reiter zu sehen, der einen Theil seines Soldes zur Vermehrung des Wohlbefindens seines Pferdes ausgiebt, während es in der englischen Cavallerie häufig vorkommt, daß die Leute ihre Fourage verkaufen, um sich Genevre dafür zu kaufen. Die Hannoveraner, welche die Eigenschaften der Deutschen haben, machen in dieser Beziehung eine Ausnahme. Auch hat man bemerkt, daß die in Hannover rekrutirten Schwadronen ihre Pferde länger in gutem Zustande erhalten, als die in England rekrutirten Schwadronen, obwohl die Remontirung für die einen, wie für die andern auf gleiche Weise bewerkstelligt wird.

Der General Burgoyne weist darauf hin, daß die dem Ansehen nach so schöne englische Cavallerie in Wirklichkeit die wenigst wirksame Waffe sei. Das rührt theilweise von dem oben angegebenen Fehler her und theilweise von dem zu verzärtelt aufgezogenen englischen Pferde.

Ein anderer Fehler der englischen Cavallerie, den sie mit der belgischen, holländischen, baierischen, preußischen 2c. Cavallerie theilt, besteht darin, daß man bei ihr nicht eigentlich von leichten Truppen sprechen kann. Die Regimenter, die man mit diesem Namen belegt, sind aber auch in der That mit einer viel zu schweren Bewaffnung, Gepäck und Sattelzeug ausgerüstet, tragen eine zu beengende Uniform und bestehen aus zu starken Leuten. Die leichte Cavallerie, das Auge der Armee, muß sich so viel als möglich dem Typus des Kosaken und Mameluken nähern. Die Chasseurs d'Afrique und die Spahis erfüllen vollkommen diese Bedingung; die belgischen Jäger und Lanciers, sowie die Husaren und die andern sogenannten leichten Regimenter der englischen Armee sind in der Wirklichkeit nur Regimenter mittlerer Cavallerie.

Die englische Artillerie ist in jeder Beziehung vorzüglich. Sie wäre vollkommen, wenn nicht die fahrenden Artilleristen und reitenden Kanoniere eine eben so große Gleichgültigkeit gegen ihre Pferde hätten, wie die Soldaten der Cavallerie. — Die Genie-Truppen haben eine ausgezeichnete Instruktion und gutes Material, aber es fehlt ihnen an Transportmitteln.

Das Medizinalwesen ist nicht derartig organisirt, um einen Corpsgeist zu erzeugen.

An demselben Fehler leidet die Intendantur, welcher unter Anderem die bei diesem wichtigen Dienst so nöthigen Spezial-Instruktionen fehlen. Der General Burgoyne behauptet, daß sie denen der Continental-Armeen bedeutend untergeordnet sei, obgleich die englische Armee mehr als jede andere eines intelligenten, thätigen und erfahrenen Commissariats bedarf.

Die Instruktion der Offiziere läßt wenig zu wünschen übrig. Es fehlen ihnen nur die Kenntnisse und Eigenschaften, die nur der Krieg entwickeln kann.

Niel's Belagerung von Sebastopol.

Nicht ohne Interesse nimmt gewiß jeder Officier, vor Allem der Ingenieur, ein Buch zur Hand, welches über den eigenthümlichen Kampf, der in der Krim Ost- und West-Europa gegen einander führte, Aufschluß geben soll.

Die magnifique Ausstattung, besonders der großen und recht sauber gezeichneten Pläne, thut das Ihre, um das Interesse an dem erwähnten Werke noch zu steigern.

Das Buch leitet in klaren, kurzen Worten den Feldzug ein, beschreibt die dem förmlichen Angriffe auf Sebastopol vorangehenden Schlachten und Märsche und geht dann zur Relation der eigentlichen Belagerung über, die, mit Unterbrechung einzelner Schlachten, von da ab den Leser bis zu Ende des Buches begleitet.

Die rege Theilnahme, mit der man den Anfang des Buches begrüßte, nimmt jedoch gewaltig ab, sobald man an den eigentlichen, ceremoniellen Angriff kommt, der nur an einzelnen Stellen, wo interessante Details gegeben werden oder wo die blanke Waffe entscheidende Gefechte liefert, wahrhaft fesselt, im Uebrigen aber nur als ein alltägliches Sappen-Journal dahin läuft, so daß es ohne die fühlbarste Ermüdung nicht möglich ist, dem Texte Wort für Wort zu folgen. Die Folge davon ist, daß man das Journalmäßige des Buches überschlägt, um zwischen dieser Spreu den Weizen hervorzusuchen. Dieser ist nun allerdings in großer Menge im Buch vorhanden, doch wäre es wohl angemessener vom Verfasser gewesen, wenn er die interessanteren Momente, die allgemeinen Beobachtungen und oft ganz guten Raisonnements in einem Generalberichte übersichtlich zusammengestellt hätte, welchem noch immer das Journal folgen konnte, um Einzelnheiten, die Diesen oder Jenen interessiren, nachzuholen, ähnlich, wie dies beim Minenkriege geschehen ist, obgleich auch bei diesem eine klare, kurzgefaßte Zusammenstellung vermißt wird.

Der eben gerügte Fehler des Werkes ist aber nicht ein beiläufiger oder von der Kritik gesuchter, sondern ein so wesentlicher, daß er Viele, die schon begonnen hatten, das lehrreiche Buch zu lesen, abschreckte, sich durch die Wucht von Nachtsappen und Tagesrapporten, die sich ihnen entgegenwälzte, durchzuarbeiten.

Trotz aller dieser Einzelnheiten, die dem Leser wie eben so viel Hindernisse entgegenstehen (besonders dem, der nicht von Fach ist), ist dennoch das eigentliche Detail der Arbeit, welches gerade den Ingenieur interessirt, weder aus dem Buche, noch aus den Plänen zu ersehen, und geht hierdurch dem Werke ein sehr wichtiges Ingredienz ab, denn es ist z. B. von keiner einzigen der über 20 Lieues langen Tranchéen das Profil gegeben worden, welches doch vor Allem für den wichtig ist, der zukünftig ähnliche Arbeiten ausführen soll. Ebenso ist über das Vortreiben der Approchen auf dem felsigen Terrain nur in ausnahmsweisen Fällen etwas erwähnt worden, doch nirgends bemerkt, in welcher Weise gewöhnlich mit der Sappe vorgegangen wurde.

Aber lassen wir, abgesehen vom Mangel an Details und wünschenswerthen Angaben, auch das Buch als eine oft lehrreiche Arbeit gelten, die einen patriotischen Geist verräth und an vielen Stellen voll frischen Styles und lebhafter Sprache ist, so ist doch das Werk von den Fehlern französischer Schriftstellerei ganz durchsogen.

Das Buch geht nämlich vorzugsweise darauf aus, den Erfolg der verbündeten und besonders der französischen Waffen in blendendem Lichte strahlen zu lassen und die Herrlichkeit des Kaisers zu heben, selbst auf Kosten der Wahrheitstreue; es kommen daher fortwährend Wiederholungen eigener Großsprechereien und öfteres Hervorheben der Schwierigkeiten vor, die es gemacht hatte, Sebastostol, diesen Brückenkopf (wie der Verfasser sich auszudrücken beliebt), der mit allen möglichen materiellen und personellen Aprovisionnements versehen war und fortwährend entsetzt wurde, zu erobern und eine so starke, sich immer wieder ergänzende Besatzung zu belagern.

Dagegen ist in dem Buche kein Wörtlein zu finden, von den Entbehrungen der Russen, von dem colossalen Transporte, durch den die Lebensmittel und das Material aus dem Innern Rußlands durch die Steppen und die Krim auf unsicheren und schlechten Wegen nach der belagerten Stadt geschafft werden mußten, ebensowenig sind die furchtbaren Verluste erwähnt, die die Russen aus Mangel an sturmfreier*) Escarpirung und an hinreichender Menge von bombensicheren Unterkunftsräumen täglich erlitten.

Die trotz aller dieser widrigen Umstände sich immer gleichbleibende Kaltblütigkeit und hingebende Tapferkeit des Belagerten und die sich fortdauernd wiederholenden Züge von warmer Vaterlandsliebe und Selbstaufopferung hätten auch wohl vom Feinde gebührender anerkannt werden können.

Auch konnte der Verfasser wohl kaum mit Stillschweigen den Umstand übergehen, daß in erstaunlich kurzer Zeit der Russe auf demselben nackten Felsboden, über den der Verfasser zu mehreren Malen klagt, die vorgeschobenen Werke aufwarf, die die Verbündeten über ein Jahr lang belagern mußten, um sie zu nehmen.

Ebensowenig rügt er aber die eigenen Fehler, die offenbar beim Beginne des Angriffes gemacht worden sind, (in Folge dessen auch falsche Kotten in den Plänen sich befinden sollen, um die Sünden zu bedecken) und geht mit gewandter Hand über die kitzlige Frage hinweg, ob nicht gleich nach der Schlacht an der Alma ein Sturm

*) Eine merkwürdige Stelle über sturmfreie gemauerte Escarpirung befindet sich als Anmerkung am Schlusse des Werkes (p. 443), wo der Verfasser die aufgestellte Meinung einiger auswärtigen Offiziere rectificirt, die gemeint hatten, „daß nach den Resultaten vor Sebastopol wohl eine bloße Erdböschung mehr Nutzen hätte, als ein gemauertes Profil." — Er sagt, daß Sebastopol, mit sturmfreien Mauern versehen, unangreifbar gewesen sein würde. Gleich hinterher beweist er aber mit ächt französischer Sophistik, daß eigentlich die fehlenden gemauerten Revêtements ein beinahe ebenso großer Uebelstand für den Angreifer, sowie für den Vertheidiger gewesen seien (!!!!) indem auch die Wachen und Truppen in den Tranchéen jeden Augenblick befürchten konnten, von den durch zahlreiche Oeffnungen ausfallenden Truppen der Festung überrumpelt zu werden.

Jedoch man lese selbst!

auf die schwach profilirten und theilweise unvollendeten Werke Sebastopols hätte gewagt werden müssen, ehe man sich daran gab, eine so schwierige und langwierige Arbeit wie die förmliche Belagerung von Sebastopol sein mußte, zu beginnen? Die damals noch nicht starke Besatzung und Armirung Sebastopols gaben wohl außerdem noch Grund zu dieser Frage. Jedoch ist es auch möglich, daß höherer Einfluß die Wahrheitstreue des Werkes beschränkte und die Selbstkritik ausschloß.—

Ueberhaupt nimmt das Werk trotz seiner großen Anlage im Allgemeinen nicht den hohen Gesichtspunkt an, den man wohl von dem viel verheißenden Berichte gehofft hatte, und man sieht aus den Blättern wiederum, daß alle neueren Ansichten über Krieg, in specie Belagerung und Vertheidigung, die durch den Krieg in der Krim (sowie auch den in Italien) sich in militärischen Kreisen Bahn gebrochen haben, dem Franzosen nur instinctmäßig zugeflossen sind; eine Eigenschaft, die allerdings eine ausgezeichnete Gabe für den Krieger ist. Sache des Deutschen muß und wird es nun aber sein, aus den vorhandenen Thatsachen die rechten Früchte zu ziehen, und durch Reflexion und tieferes Eingehen in die wirkenden Umstände und Momente sich das überlegene Urtheil und schließlich die überlegene Praxis zu erwerben, die auch hoffentlich bald dem Welschen den Rang streitig macht, den er sich durch seinen richtigen Instinct erworben hat.

So z. B. spricht Niel viel von Vauban und hat nicht einmal gesehen, daß Vauban's Lehre vom Angriff (so viel unumstößliche Einzelwahrheiten darin enthalten sind) heute nicht mehr maßgebend sein wird, und daß Prinzipien an die Stelle der früheren treten, die dem Franzosen und dem oberflächlichen Beobachter ganz abnorm zu sein scheinen, die aber bei einer wahrhaft richtigen Vertheidigung sich, wenn auch im kleineren Maßstabe, fortwährend wiederholen werden.

Denn nicht nur sind die Factoren Zeit und Kraft an Werth gestiegen und ist der Werth des einzelnen Menschen (und damit der der Deckung) im Kriege gesunken, sondern auch der Werth der Festungen ist ein anderer geworden.

Die Vertheidigung der größeren Festungen nämlich, die womöglich mit verschanzten Lagern versehen sind, in denen eine ansehnliche Armee Platz hat, welche sich in Folge ihrer Stärke von Zeit zu Zeit mit den außenstehenden Truppen in Verbindung setzen kann, wird in Zukunft oft ähnliche Verhältnisse, wie die bei Sebastopol, hervorbringen, und es ist merkwürdig genug, daß der Verfasser, in der augenblicklichen Lage der Verhältnisse befangen, nicht diesen Blick nach vorwärts gethan hat.

Jedoch trotzdem können wir außer dem Ingenieur von Fach Jedem, der sich wahrhaft für die Kriegskunst unserer Zeit interessirt, nur rathen, sich, im Falle er nicht Zeit hat dies Werk zu lesen, die Pläne anzusehen, die, wenn auch nicht ganz richtig aufgenommen, doch einen großen Ueberblick über die ganze Belagerung geben und auf denen man mit kleiner Nachhülfe die interessanten Begebenheiten dieses merkwürdigen Feldzuges gut verfolgen kann.

Tagesereignisse.

Des Herrn Milde Excellenz hat in der neulichen Sitzung des Abgeordneten-Hauses bei Gelegenheit einer Petition gegen die Anstellung von Unterofficieren im Communaldienst seinerseits den Vorschlag gemacht, der „kommen müsse,“ daß den Unterofficieren die Officier-Laufbahn eröffnet werden solle. Se. Excellenz Herr Milde wird über die Fabrikation des Callicot ohne Zweifel sehr unterrichtet sein, über militärische Verhältnisse dagegen scheint sein Wissen aber noch der Ausfüllung einiger Lücken zu bedürfen, und es ist schade, daß er einem ihm neulich zu Theil gewordenen Wink diese Lücken auszufüllen, so wenig nachgekommen ist; Se. Excellenz Herr Milde würde sonst wissen, daß die Allerhöchste Cabinets-Ordre vom 19. September 1848 wörtlich vorschreibt: »Jeder Unterofficier oder Soldat, der nach vollendetem 17. Lebensjahre mindestens 6 Monate gedient hat, kann sich zur Ablegung der Portepée-Fähnrichs-Prüfung melden;« und weiter im § 4: »Jeder Portepée-Fähnrich, welcher 6 Monate in dieser Charge gedient hat, kann sich zum Officier-Examen melden.« Freilich müssen, um die Portepée-Fähnrichs-, resp. Officier-Charge zu erreichen, vorher gewisse Bedingungen erfüllt werden, es ist dies aber auch zur Erreichung jeder Beamtenstellung erforderlich, und es ist doch nicht anzunehmen, daß des Herrn Milde Excellenz gemeint hat, um Officier zu werden, brauche man dazu nicht geeignet zu sein, und Se. Königl. Hoheit der Prinz-Regent solle einen Jeden dazu ernennen, der eben Lust nach den Epaulettes verspüre.

Die Zeitungen brachten vor einiger Zeit die Nachricht, es sei in Münster ein Unterofficier der Artillerie »mit einigen Studenten auf der Straße in Streit gerathen,« habe von seinem Seitengewehr Gebrauch gemacht und dabei einen der Studenten tödtlich verwundet. Hinterher stellte es sich heraus, daß der Unterofficier nicht von der Artillerie, sondern vom Train-Bataillon des 7. Armee-Corps war, was an und für sich gleichgiltig, nur wiederum die Ungenauigkeit solcher Zeitungs-Angaben beweist. Aber was heißt das: »auf der Straße in Streit gerathen?« Wir wollen wahrlich nicht militärische Excesse beschönigen oder gar vertheidigen; wenn aber das »In Streit gerathen« darauf hinaus lief, daß der Unterofficier auf eine früher nicht seltene Manier von den Studenten insultirt oder gehöhnt worden wäre, so war der Unterofficier in seinem Rechte, wenn er Knaben bewies, daß sie nicht ungestraft einem Manne in Waffen mit ihren Kindereien nahen dürfen. Der Soldat trägt die Waffen, um sie im rechten Augenblicke zu gebrauchen. Strengste Bestrafung demjenigen, der seine Waffen mißbraucht, aber Anerkennung und Entschädigung für unschuldig erlittenen Untersuchungsarrest, der damit Provozirungen zurückweist und straft.

Der »Magdeburger Zeitung« wird von Berlin geschrieben: »Einzelne Aeußerungen und Mittheilungen aus den einflußreichsten Abgeordnetenkreisen lassen muthmaßen, daß außer der Frage über die zwei- oder dreijährige active Dienstzeit bei der Fahne, um welche sich in den parlamentarischen Verhandlungen über die neue Armeeorganisation unzweifelhaft der Streit der Meinungen vorzugsweise drehen wird, auch die Absicht der Regierung, die Cadettenanstalten angeblich um 300 neue Stellen zu erweitern, oder vielmehr künftig die Vorbildung in diesen Instituten noch mehr als bisher für die Beförderung zum Officier als wünschenswerth und maßgebend zu betrachten, heftige Angriffe erfahren wird. Auch läßt sich in der That nicht leugnen, daß die Gründe gegen das Fortbestehen oder gar die Erweiterung dieser Anstalten viel für sich haben und die Vertheidigung derselben, um nur einigen festen Halt zu gewinnen, sich durchaus auf einen mehr oder minder einseitigen militärischen Standpunkt stellen muß. Es kommt noch dazu, daß die preußischen Cadettenanstalten bei aller Kostspieligkeit ihrer Einrichtung und der anerkennungswerthen Sorgfalt in Erziehung und Ausbildung ihrer Zöglinge doch verhältnißmäßig nur ungemein wenig berühmte, aus ihnen hervorgegangene Namen aufzuweisen haben, wogegen der bis 1808 neben ihnen bestehende Modus des Avancements zum Officier, nach welchem die jungen Officier-Aspiranten zunächst als Gefreiter-Corporal und dann durch alle Subalternstaffeln vom Unterofficier zum Junker, Fähnrich und endlich Officier aufstiegen, Preußen seine größten Helden gebildet hat und aus dieser Vorbildung unter den gegenwärtig noch lebenden Generalen die namhaftesten, wie Wrangel, Bonin, Peucker hervorgegangen sind. Soweit es sich jetzt bereits erkennen läßt, dürfte es ein nur durch die größeren wissenschaftlichen Ansprüche der Zeit modificirtes ähnliches Verfahren sein, welches von Seiten der Opposition in dem Abgeordnetenhause seine Befürwortung finden würde; es verdient dabei erwähnt zu werden, daß bei der Artillerie und den Genietruppen der Eintritt in das Regiment oder die Abtheilung und erst späterhin die theoretische Ausbildung zum Officier auf der Artillerie- und Ingenieurschule noch gegenwärtig die Regel, das Hervorgehen aus den Cadetten-Anstalten dagegen die Ausnahme bildet, während es doch jedenfalls fest steht, daß die erst im mehr vorgerückten Lebensalter und mit einem weit geringeren Kostenaufwande für den Staat vorbereiteten Officiere der Artillerie und des Genies den aus den Cadetteninstituten hervorgegangenen Officieren der Cavallerie und Infanterie weder in wissenschaftlicher Bildung, noch in sonst einer Beziehung nachstehen."

Wenn die Nachricht der »Magdeburger Zeitung« wahr wäre, so würde sie nur eine große Anmaßung Seitens der Abgeordneten verrathen, über Dinge absprechen zu wollen, welche sie nicht verstehen. Die zweijährigen Berichte der Armee über alle ehemaligen Cadetten stellen es auf das Evidenteste heraus, daß im Allgemeinen allerdings die nicht im Cadettencorps erzogenen Offiziere den im Cadettencorps erzogenen in vieler Beziehung nachstehen, und daß dies namentlich in der Artillerie der Fall ist. Fähige Köpfe und soldatische Naturen werden sich überall Bahn brechen, sie mögen im Cadettencorps erzogen sein oder nicht. Alle intellectuellen soldatischen Eigenschaften aber werden notorisch im Cadettencorps zu einer höheren Entwickelung gebracht, als auf Gymnasien und Universitäten, und wenn hierin noch etwas zu wünschen wäre, so wäre es das Fortfallen des Unterrichts in der lateinischen Sprache, welcher zwar die Vernunft, aber nicht den Verstand entwickelt, und auch die Erstere nur in den höheren Stadien des Unterrichts, der dem Cadetten aus Gründen der Zeit doch nicht zu Theil werden kann.

Derselbe Correspondent der »Magdeb. Zeit.« berichtet weiter: »Daß die künftige Eintheilung der Armee in Brigaden und Divisionen eine von der gegenwärtig bestehenden wesentlich verschiedene sein wird, bestätigt sich vollkommen; sicherem Vernehmen nach werden gegenwärtig bereits im Kriegsministerium die Entwürfe hierzu ausgearbeitet. Wie verlautet, liegt es dabei in der Absicht, aus den jetzigen Reserve-Truppen ein eigenes 10. Armeecorps zu bilden, wozu allerdings die Infanterie in den ehemaligen acht Linien-Reserveregimentern schon vorhanden wäre. Auch bei den Gardecorps stehen nach vollkommen glaubwürdigen Nachrichten in Hinsicht der künftigen Formation große Veränderungen in Aussicht, und namentlich darf die Auflösung des gegenwärtigen Garde-Reserveregiments, resp. die Umwandlung der beiden Bataillone desselben zu einem zweiten Garde-Jäger- und Garde-Schützen-Bataillon als im hohen Grade wahrscheinlich angesehen werden. Hand in Hand geht damit das Gerücht, daß, da auch die neuen Gußstahlküraſſe, womit bekanntlich unsere Kürassiere ausgerüstet werden sollten, sich gegen die neuen Präcisionswaffen der Infanterie keineswegs als schußfest erwiesen haben, nach den soeben von Frankreich und Oestreich theils bereits in Ausführung gesetzten, theils erst projectirten Vorbildern auch in unserer Armee die sämmtlichen Kürassier- in schwere Dragoner-Regimenter umgewandelt werden sollen. — Die für die Ausbildung zu Instructoren bei den gezogenen Geschützen bestimmten Artilleriemannschaften sind jetzt definitiv zum 15. d. M., aber nicht, wie erst die desfallsige Bestimmung lautete, von drei, sondern nur von zwei Artillerie-Regimentern bei der hiesigen Geschütz-Prüfungs-Commission einbeordert, auch ist der Lehrcursus selbst auf ein nur zwei- oder dreiwöchentliches Zeitmaß herabgesetzt worden.«

Die Gewähr für diese Mittheilung mag der Herr Correspondent selbst übernehmen. Die meisten dieser Nachrichten sind total falsch und rein erfunden.

Tante Voß bringt in ihrer Nummer vom 8. d. Mts. einen Artikel unter der Ueberschrift: »Die neue Organisirung des preußischen Heeres«, welcher »—r—« unterzeichnet ist und meint, das Kriegs-Ministerium werde sich zwar wohl nicht, wie es von London aus offiziös geschehen ist(?), an Garibaldi wenden, um dessen Rath »über unsere neuen Veränderungen im Heerwesen einzuholen«, dagegen möchten doch »kriegserfahrene und waffenkundige Männer zu einem Vereine zusammentreten, um als ein Beirath von Freiwilligen den kriegsministeriellen Entwurf einer gewissenhaften Prüfung zu unterwerfen.« Das selfgovernment, dessen unglückseliges Object die Armee ist, macht ja reißende Fortschritte. Nicht nur, daß die Herren Abgeordneten die für die Armee getroffenen Einrichtungen ihrem »militärischen« Gutachten unterwerfen, nun soll auch gar noch ein »Beirath von Freiwilligen«, den militärischen Kenntnissen des Kriegs-Ministeriums sich hülfreich zur Seite stellen, und Tante Vossen's Löschpapier wird wahrscheinlich der „Moniteur de l'armée" dieses Privat-Ministeriums werden.

Herr —r— führt »für's Erste nur die leichten Truppen der Flugschrift des Generals v. Willisen gegen das Gros des ministeriellen Projectes in's Gefecht«, er verspricht aber, daß auch »der große Krieg beginnen« wird, und »die schweren Batterieen vorgehen« sollen. Der Herr Verf. scheint zu glauben, daß der Name »Grenadier« Wunder wirken könne, und wenn er sagt, es sei aus den Kriegen Friedrichs II. und Napoleons bekannt, »welchen

Zauber das Wort Grenadier in großen Fährlichkeiten ausgeübt hat", so weiß er vielleicht nicht, daß dieser „Zauber" nicht von dem Worte »Grenadier« herrührte, sondern von dem Kerl, der diesen Namen trug. Wie hübsch liest sich das beim Glase Weißbier: »Jetzt heißt es: »»Grenadiere! Gewehr auf! den jungen Burschen, den Füsilieren zu Hülfe!«« Zuverlässig wäre darauf zu rechnen, daß die Zurückweichenden sich sammeln und vereint mit den Grenadieren den Feind niederrennen würden.« Und alles das nur, weil der Wehrmann in einen Grenadier umgetauft worden ist.

Sollte es nicht vielleicht doch auch ohne diese Wehrmänner-Grenadiere und selbst ohne dieses »beiräthige freiwillige« Kriegs-Ministerium gehen?

- - -

Ueber die Freuden und Leiden einer Garnison für den Bürger der Garnisonstadt, bringt die »Kölnische Zeitung« einen Artikel, der viel Wahres enthalten mag und nur wiederum den Beweis dafür liefert, daß in militärischer Beziehung nicht alle Provinzen mit demselben Maaße zu messen sind. Der Artikel lautet:

»Bei der durch die Ereignisse des vorigen Jahres, besonders in unserer Provinz, so sehr in den Vordergrund gerückten Frage wegen gleichmäßiger Vertheilung der Einquartierungslasten wird, besonders in militairischen Kreisen, häufig geltend gemacht, daß die Einquartierung den davon betroffenen Districten und Ortschaften indirect einen Vortheil gewähre, welcher die Belästigung und die Kosten vielfältig aufwiege. Man geht von dem Gesichtspunkte aus, daß die Verpflegung der Truppen die bedeutenden Summen, welche sie erfordere, am Orte, wo diese Truppen länger oder kürzer sich aufhalten, in Umlauf bringe, und daß somit dem Bürger ein geschäftlicher Verdienst zuwachse, welcher ihn für seine etwaigen Ausgaben reichlich entschädige. Dieses beruht aber wohl auf einem Irrthume; jedenfalls dürfte, wenn diese Ansicht an einigen Orten und in einigen Provinzen ihre Begründung hat, in anderen Provinzen ein ganz anderes Verhältniß stattfinden. Die Naturalien, welche der Soldat verzehrt, also kaufen muß, nimmt man an, als am Orte erwachsen, wo derselbe verweilt oder durchzieht, und glaubt daraus folgern zu können, daß durch deren Verwerthung den Ortsangehörigen ein Gewinn erwachse; das ist aber nur an einzelnen Orten der Fall. In wesentlich ackerbauenden Gegenden und in solchen, in welchen die Consumtibilien sehr niedrig im Preise stehen, mag allerdings ein solches Verhältniß stattfinden, und an solchen Orten findet man auch, daß die Einquartierung weniger als Last betrachtet wird. In der Rheinprovinz ist dies weniger oder gar nicht der Fall, denn die Naturalien, deren der Soldat bedarf, werden nicht in dem Maße im Lande producirt, daß ein größerer Consum derselben besonders zu wünschen wäre, sie müssen im Gegentheil aus anderen Gegenden herbeigeführt werden, da das eigene Product nicht für die eigene Bevölkerung immer ausreicht. Dessenungeachtet sind hier die Verpflegungssätze fast identisch mit denen der übrigen Provinzen, und, was noch schlimmer ist, von einer überaus großen Niedrigkeit. Die Nothwendigkeit der dem Bürger aus den Truppen-Bewegungen erwachsenden Lasten wird Niemand bestreiten und jeder Staatsbürger wird zu denselben gern beitragen, jedoch wird er wünschen, daß dieser Beitrag auf alle gleichmäßig vertheilt werde, und es wird billig zu erwarten sein, daß diese Vertheilung endlich durch ein Gesetz für den ganzen Staat geregelt werde. Wie die Sache augenblicklich liegt, dürfte es sich herausstellen, daß durch den Consum des Militairs am meisten die Orte und Gegenden gewinnen, welche zu den Lasten und Kosten, welche die Truppen-Bewegungen verursachen, am wenigsten beizutragen haben. Die Rheinprovinz, als ein vorzugsweise industrielles Land, trägt bei jedem auch nur androhenden Kriege nothwendiger Weise ganz ungeheure Kosten, ohne an dem etwaigen Nutzen aus dem Verkehr mit dem Militair irgend welchen Gewinn zu ziehen, da sie in gewöhnlichen Jahren nicht nur die Producte ihrer Agricultur selbst verzehrt, sondern sich sogar durch Einführung von Außen zu versorgen hat.«

Inserat.

Kein Guano und kein Düngerpulver u. dgl. mehr; sondern: selbsteigene

Melioration des Stall-Düngers!

Im allseitigen Interesse meiner obigen Entdeckung, wie zu Nutz und Frommen kleingläubiger Landwirthe **in specie**, ist mir auf mein beiderseitiges Ersuchen, von dem Besitzer der Majoratsherrschaft Hünern in Schlesien, dem Herrn Grafen Hoverden, Mitgliede des Herrenhauses &c., wie von dem Wirthschafts-Beamten der Königlichen Domaine Wirsitz in Ostpreußen, Herrn Th. Jädel, freundlichst gestattet worden, nachfolgendes Antwortschreiben an Letzteren wörtlich — wie hiermit geschieht — zu veröffentlichen:

„Auf Ihr Schreiben vom 24. und 26. Oktober v. J. erwidere ich Ihnen:

1) Daß ich allerdings der Meinung bin, Herr Windler **habe offenbar die Landwirthschaft durch seine Entdeckung wesentlich bereichert.** — Ich bin davon nicht nur durch meine — unter den ungünstigsten Verhältnissen angestellten — Versuche überzeugt, sondern auch darum, weil ich die Erfolge auf dem Versuchsfelde des Herrn Windler seit mehreren Jahren gesehen habe. Dort wird auf todtem Sande: Raps, Weizen, rother Klee u. dgl. gebaut, und stehen die Früchte so gut wie im besten Lande. Daneben werden dieselben Früchte auf demselben Boden in (gewöhnlichem) thierischem Mist gebaut, stehen aber darin weit schlechter, als daneben im Windler'schen (präp. Universal-) Dünger.
2) Da Herr Windler, gegen ein sehr billiges Honorar, das Rezept dazu unter dem Versprechen ehrenhafter Geheimhaltung giebt, so werden Sie auch sehen, daß der Dünger **überall** mit einem **sehr geringen** Kostenaufwande **von den Landwirthen selbst** bereitet werden kann.
3) **Vorzugsweise** eignet sich dieser Dünger zum Ausstreuen auf schwächliche Saaten oder solche Felder, die nicht sonderlich im Dünger sind. Zu diesem Behuf wird man mit 6 — 8 Groschen pro Morgen reichen.
4) Zum Einschlämmen an Kohlpflanzen u. dergl., zur Beimischung für die Erde zu Blumen, Orangerie &c. und zur Düngung von Obstbäumen ist dieser Dünger **vortrefflich**.
5) **Auch zur Wiesendüngung empfiehlt er sich sehr, nur muß der Dünger dann kurz vor oder während des Regens gestreut werden.** (Um jeden Verlust zu vermeiden.)
6) **Ich habe den Herrn Windler von Ihrem Wunsch in Kenntniß gesetzt und rathe Ihnen, sich direkt an ihn** (unter Adresse an den Herrn Chemiker Ferdinand Windler in Berlin, Potsdamerstraße Nr. 106) zu wenden.

Schloß Hünern, 26. Okt. 1859. (gez.) Graf Hoverden."

Daß es sonach jedem einsichtigen, nur halbwegs energischen Landwirth in die Hand gegeben ist, sich alljährlich Hunderte, ja Tausende von Thalern durch meine Melioration, das ist: **gleichzeitig Kräftigung und zwei- bis fünffache Vermehrung des Stalldüngers,** zu erhalten, zu ersparen oder zu erwerben, wird nun wohl auch den Kleingläubigsten überzeugend erscheinen, und also bemerke ich nur noch: daß ich von jetzt ab — lediglich zu Gunsten der **deutschen** Landwirthschaft — die **ausführlich erklärende Darlegung und Anleitung** zur Melioration in Rede unter der Zusicherung **ehrenhafter Geheimhaltung,** resp. unter Vorbehalt meiner Eigenthumsrechte, gegen Franco-Einsendung eines Honorars von **zwei Friedrichsd'or für größere und Mittelgüter,** und eben so an kleine unbemittelte Wirthschaften jeder Art: gegen **einen** Friedrichsd'or (5⅔ Thlr.) das bloße **instruktive** Rezept dazu, **ohne Weiteres** umgehend rekommandirt franco versende;

Berlin, Potsdamerstraße 106.

Ferdinand Winckler,
prakt. Agrikultur- und techn. Chemiker, Mitglied der franz. Akademie Nationale, Agricole &c.

Die Krone und das Staats-Ministerium.

So einfach das Verhältniß der Krone zum Herrenhause, dem geborenen und erkorenen Rathe der Krone, dem Hüter und Bewahrer der mornarchischen Institutionen und dem Vertheidiger einer continuirlichen staatlichen Entwickelung ist, so heiklich ist die Stellung des Ministeriums zur Krone einerseits und zur Volksvertretung andererseits. Schon alt ist der Gegensatz des Ministeriums zur Krone; er hat sich gebildet mit der sich entwickelnden Büreaukratie und ist stark geworden mit der Büreaukratie. Indeß war der Gegensatz bis zu Jahre 1848 doch nicht der Art, daß die Krone nicht hätte durch das Cabinet überall da eingreifen können, wo es ihr nothwendig erschien. Wollte ein Minister sich nicht fügen, gut, so konnte er als einzelner Ressortminister seine Entlassung einreichen, ohne daß dadurch die übrigen Ressortminister irgendwie berührt worden wären. Außerdem konnte die Krone noch den Staatsrath in wichtigeren Sachen berufen und ihre wie der Minister Ansichten durch den Rath zahlreicher Vertrauensmänner erweitern, und es alsdann der gegenseitigen Controle der Ressortminister überlassen, daß die einmal gefaßten Beschlüsse unverfälscht ausgeführt wurden. Aber trotz alledem war die Macht der Büreaukratie, war die ministerielle Allgewalt denn doch schon eine derartige geworden, daß es nicht selten außerordentlicher Schritte von Seiten der Krone bedurfte, um die Minister im Zaume zu halten. Friedrich Wilhelm IV. hat darüber manche Erfahrung machen müssen, und es ist männiglich bekannt, daß er, einem vormärzlichen Minister gegenüber, sich schließlich nicht anders zu helfen wußte, als dadurch, daß er demselben eine Art von Curator bestellte. Das Jahr 1848 hat nun diese heiklichen Stellungen vollends in einem Maße gesteigert, daß unseres Erachtens Krone und Freiheit des Volkes täglich auf dem Spiele stehen, von der ministeriellen Allgewalt absorbirt zu werden, und daß jeder Patriot, jeder treue Anhänger der Krone und jeder Freund wahrhafter Volksfreiheit nicht genug auf der Hut sein kann, überall, wo es Noth thut, für diese höchsten Interessen unseres Vaterlandes in den Riß zu treten. Auch für uns ist dies und nur dies der Anlaß gewesen, daß wir die folgenden Zeilen geschrieben haben. Es haben uns dabei keine Hintergedanken geleitet, keine persönlichen Interessen, endlich auch keine Partei-Interessen anderer Art, als die, die ein Jeder hat und haben muß, der mit Ehrfurcht aufblickt zum Throne und ein warmes Herz hat für die Freiheit des Volkes.

Fragen wir zunächst: in welcher Weise hat das Jahr 1848 das Verhältniß zwischen Ministerium und Krone geändert? Ursprünglich regierte, wie allgemein bekannt ist, der König von Preußen durch seinen geheimen Rath; erst später entwickelten sich aus dieser Institution die Ressortminister, die nach wie vor Diener des Königs blieben, nach wie vor der Krone in allen gesetzlich erlaubten Dingen unbedingt zu gehorchen hatten. Diese Stellung blieb principiell, wenn auch nicht immer factisch, dieselbe, auch noch, als es schwer geworden war, in die bureaukratische Staatsmaschine einzugreifen. Der ministerielle Wille konnte gegen den Königlichen nur soweit aufkommen, als die Beamtenhierarchie das möglich machte. Die constitutionelle Verfassung änderte aber dies Verhältniß mit einem Schlage. Zunächst wuchs die ministerielle Gewalt an sich um das Dreifache; straff wurden nun überall, dem Beamtenthum gegenüber, die Zügel angezogen, wo man früher Individualität und Freiheit in humanem Sinne hatte walten lassen. Der constitutionelle Minister, hieß es, müsse unbedingt über die Beamten gebieten können, ohne Aufschub, ohne Hinderniß, ohne Einrede; denn nur dadurch sei eine constitutionelle Regierung möglich, ja, darin bestehe recht eigentlich das constitutionelle Wesen. Und auf diesem Pfade ist man seit jenen Tagen immer weiter und weiter gegangen; zur Zeit fehlt nur noch, daß auch bei uns die französische Einrichtung eingeführt wird, nach der sämmtliche Beamte nur auf Widerruf angestellt werden. Man mag sich dagegen sträuben, man mag die gewichtigsten Gründe dagegen vorbringen, die beredtesten Schilderungen französischer Corruption als Scheuche hinstellen, man wird doch schließlich der eisernen Consequenz, die in der Entwickelung der Dinge liegt, nachgeben müssen; Menschenwille vermag hier nichts. Nur durch Eins wäre Rettung möglich, nämlich dadurch, daß man den betretenen Weg der büreaukratischen Centralisation gänzlich verließe; ob das aber noch möglich ist, und ob, wenn es noch möglich ist, auch geschieht, darüber wollen wir für heute keine weiteren Vermuthungen aufstellen. Es genügt uns, die Thatsache zu constatiren, daß die gegenwärtig eingeschlagene Richtung zur Anstellung der Beamten auf Widerruf mit innerer Nothwendigkeit führt. Bereits fangen denn auch die demokratischen Blätter — und mit vollem Rechte von ihrem Standpunkte aus — an, nach dem Herrenhause in den zur Zeit im Amte befindlichen Beamten ein Haupthinderniß freiheitlicher Entwickelung in ihrem Sinne zu sehen, und dringen deshalb auf massenhafte Entlassung der Beamten. Wird ein Ministerium entgegengesetzter Richtung, wie das zur Zeit bestehende, zur Regierung kommen, so wird derselbe Ruf ohne Zweifel auch von dem entgegengesetzten Lager ertönen. Was sollen die Minister da nun thun? In der That, sie sind da in keiner beneidenswerthen Lage.

Noch schlimmer wie dies Ministerium ist indeß die Krone daran. War schon früher ihre Macht und ihr Einfluß sehr gehemmt, so ist sie es jetzt in höchstem Maße. Die Cabinetsregierung hat ein vollständiges Ende erreicht, der Staatsrath ist nicht mehr ein Mittelglied zwischen Minister und Krone, und endlich steht die Krone nicht mehr sich gegenseitig controlirenden Ressortministern die außerdem wieder durch einen unabhängigen, der Corruption unzugänglichen Beamtenstand vielfach beschränkt waren, gegenüber, nein, unvermittelt treten die Minister, die nunmehr so viel noch außerdem an Macht gewonnen haben, der Krone gegenüber, und zwar nicht als einzelne Minister, die einzeln entlassen werden können, wenn ihr Wille dem Willen der Krone sich nicht beugen will, nein, Einer für Alle und Alle für Einen. Hat das Ministerium als Ganzes einen Beschluß gefaßt, vergeblich ist da der Widerstand der Krone: es bleibt ihr da nur das eine Mittel noch, das gesammte Ministerium zu entlassen, um sich von einem andern in derselben Weise fesseln und hemmen zu lassen. Man wende nicht ein, das sei übertrieben, bei uns gelte die Krone noch sehr viel, bei uns werde das Ministerium der Krone so willfährig sein als möglich. Ja, so weit als möglich und jetzt noch. Es ist aber bekanntlich noch nicht aller Tage Abend. Das gegenwärtige Preußen und das constitutionelle Preußen der Zukunft sind zwei grundverschiedene Dinge: jetzt wirken bei Volk, bei Kammern und Minister bewußt oder unbewußt noch die alten preußischen Traditionen eines starken Königsthums von Gottes Gnaden, aber man lasse dieselben nur allmählig ersterben, und man wird sehen, auf welcher Grundlage alsdann die preußische Monarchie noch steht. Die Lehre der Volkssouveränetät wird unsern „Gebildeten" zur Zeit erst an den auswärtigen Verhältnissen bekannt gemacht, ob man sich damit begnügen wird, ist wahrhaftig eine andere Frage. Wir glauben es nicht. Warum soll in Preußen nicht geschehen können, was in Italien, was anderwärts geschieht? In der That, die Krone wäre vollständig dem jedesmaligen Ministerium gefesselt, wenn nicht der ehemalige Staatsrath in hohem Maße ersetzt worden wäre durch das Herrenhaus, durch Männer, die vermöge ihrer Stellung vorzugsweise geeignet sind, erprobten Rath geben zu können, ferner dergestalt der ministeriellen Allgewalt entzogen, daß sie sich nicht zu scheuen brauchen, ihn laut und vernehmlich zu geben, und endlich so verwachsen mit der Krone und dem Staate, daß sie sowohl die Interessen der Krone, wie auch die Continuität des staatlichen Lebens schon aus eigenen Interessen sorgsam zu bewachen haben.

Mit dem Gesagten sind wir indeß noch nicht so weit gekommen, um eine richtige Vorstellung von der Stellung der Krone zum Ministerium begründen zu können. Es kommt noch hinzu, daß dies Ministerium nicht nur der Krone gegenübersteht, sondern daß es nicht minder dem Abgeordnetenhause, der Volksvertretung, Rechnung zu tragen hat, wie der moderne Ausdruck lautet. Die Krone will rechts, das Abgeordnetenhaus oder der Zeitgeist will links gehen: was soll nun das Ministerium thun? In der That, abermals eine wenig beneidenswerthe Frage für ein Ministerium, in dem noch preußische Traditionen mächtig sind. Es gibt hier aber auch abermals, wenn man nach allen Seiten hin ehrlich sein will, nur eine Alternative: entweder das Ministerium geht mit der Krone und benutzt seine Allgewalt gegen das Abgeordnetenhaus, oder aber es geht mit dem Abgeordnetenhause und stellt sich mit seiner ministeriellen Allgewalt gegen die Krone. Anklänge an beide Fälle haben wir im vorigen Ministerium und in dem gegenwärtigen bereits deutlich vernommen, wenn auch aus angegebenen Gründen der Gedanke sich noch nicht unverfälscht hat geltend machen können. Der Ministerpräsident v. Manteuffel erklärte mehr als einmal in der Kammer, daß er nicht ein Diener der Kammer, sondern ein Diener seines Königs sei, daß er somit nicht auf das Gerede der Kammer, sondern auf die Befehle seines Herrn zu hören habe. Und so verhielt es sich in der That, so mußte es sich gemäß den preußischen Traditionen verhalten, welchen zufolge Charakter und Wille des Königs das ganze staatliche Leben nach Innen und Außen durchtönen sollen. Aber auch die Schattenseite fehlte dem Ministerium Manteuffel nicht: es war nicht mehr ein Ministerium im vormärzlichen Sinne, sondern ein Ministerium im nachmärzlichen Sinne, das nicht nur die Befehle der Krone entgegenzunehmen hatte, sondern sich auch mit dem Zeitgeiste des Abgeordnetenhauses in ein leidliches Verhältniß zu setzen hatte. Um das zu erreichen, benutzte es seine ministerielle Allgewalt auf dem Gebiete der Verwaltung, der Polizei, der Presse u. s. f. Davon, daß es jemals gesonnen gewesen wäre, den betretenen Pfad als einen falschen zu verlassen, haben wir nie etwas verspürt; was Gutes in den letzten Jahren geschehen ist, das ist, soweit wir sehen, nur durch unsägliche Mühe und mit Ueberwindung von Hindernissen jeder Art von Seiten der Krone selbst geschehen.

Die zweite Stellung, die das Ministerium nehmen kann, ist, daß es im Besitz der ministeriellen Allgewalt mit dem Zeitgeiste des Abgeordnetenhauses Hand in Hand geht gegen die Interessen der Krone und gegen die Einheit und Continuität staatlicher Entwickelung. Nach dieser Seite scheint sich das gegenwärtige Ministerium vorzugsweise zu neigen. Man braucht nur den rastlosen Eifer zu betrachten, den es auf legislativem Gebiete entwickelt, um zu dieser Vermuthung zu kommen; man wird vollends hiervon überzeugt, wenn man den Inhalt dieser neuen Gesetze in Erwägung zieht. Außerdem bestätigen die Maßnahmen sowohl der innern, wie der auswärtigen (Italien!) Politik die Stellung, die das Ministerium dem Herrenhause, und die, welche es dem Abgeordnetenhause gegenüber einnimmt, unseres Erachtens zur Genüge, daß der vorschauende Blick der alten monarchischen Staatsmänner zur Zeit abhanden gekommen ist. Es wird dem Herrn Minister des Innern nicht helfen, daß er dem Ministerialdespotismus in einzelnen Fällen entgegentritt, wie z. B. durch die Rückgabe der städtischen Polizei, wenn er in hundert andern Fällen die alten Pfade wandelt — man denke nur an die Kreisstände und die Judenfrage — und wenn er überhaupt nicht den Boden des modernen, des französischen Constitutionalismus principiell und thatsächlich verläßt. Und wie sollte das für ihn unter den einmal obwaltenden Verhältnissen möglich sein, selbst in dem Falle, daß er eine klare Einsicht in die tieferen politischen und socialen Probleme der Gegenwart hätte?

Und was wird nun der Ausgang der Entwickelung sein, die Preußen zur Zeit eingeschlagen hat, oder richtiger: zu welchem Ziele wird der eingeschlagene Weg führen? Wozu die Ideen führen, die zur Zeit von unserer Journalistik colportirt werden und sich außerdem in dem aus Kopfwahlen hervorgegangenen Abgeordnetenhause geltend machen, das ist uns vollständig klar: die Geschichte Frankreichs von 1789 bis 1860 giebt dem darüber vollständig Aufschluß, dem die Thatsachen und Consequenzen der Logik nicht hinreichend sind. Der Weg führt ganz genau dahin, wo Frankreich jetzt ist, nämlich zur Despotie. Ob das nun Despotismus eines Einzelnen ist oder ob es Ministerialdespotismus ist, das läuft schließlich auf Eins hinaus, ebenso ob der Staat, der alsdann noch besteht, Preußen heißt oder einen andern Namen führt, von Hohenzollern noch regiert wird oder von Jemand Anderem; denn eine Nation im Sinne der Franzosen sind wir nun einmal nicht, was uns bisher zu einem Ganzen verband, das waren die specifisch preußischen Traditionen. Sind diese Traditionen glücklich beseitigt worden, dann ist Preußen ein Staat ohne Seele, ein verwesender, hinfälliger Körper, vielleicht noch „intelligent" genug, um den Untergang auf Jahre vorher mit einiger Wahrscheinlichkeit vermuthen zu können.

So die Consequenzen des Zeitgeistes; aber wer vermag zu sagen, was die dunkle Zukunft in ihrem Schoße verbirgt, wer darf sofort verzweifeln, wenn der Gedanke keinen Ausweg mehr finden kann? Es gilt vielmehr für das als wahr Erkannte zu kämpfen, so lange es möglich ist, noch Mittel zu suchen, so lange noch Hoffnung ist, und von dieser Ansicht aus erlauben wir uns zum Schluß für heute wenigstens ein Mittel zu empfehlen, das unserer Ansicht nach wohl geeignet ist, den Ministerialdespotismus in seiner weiteren Erstarkung einigermaßen zu hemmen; andere Mittel werden noch spätere Erörterungen an die Hand geben. Dies Mittel ist — Minister-Verantwortlichkeit. Der Leser wundert sich vielleicht, hier einen solchen Vorschlag zu finden. Was früher ein Unsinn war, was wir früher lebhaft bekämpften, das ist darum noch nicht auch heute ein Unsinn; denn die Stellung des Ministeriums ist heute eine andere, wie sie vor zehn Jahren war, und kann nach zehn Jahren wiederum eine andere sein, wie heute. Indeß davon abgesehen — wir haben überhaupt keine momentanen Partei-Interessen im Auge —, es entspringt unser Vorschlag lediglich dem Wunsche, das Ansehen der Krone zu wahren, die Freiheit des Volkes zu fördern und, soweit diese beiden Zwecke es erfordern, dem Ministerialdespotismus entgegenzutreten. Nur für diese Zwecke wollen wir Minister-Verantwortlichkeit, nicht aber wollen wir ein Minister-Verantwortlichkeits-Gesetz nach constitutioneller Schablone, eine Maschinerie, die, ohne wirklichen Bedürfnissen entgegenzukommen, eingeführt werden soll, weil — nun, weil es nun einmal constitutionell ist.

Was wir wollen, ist vielmehr ein Institut ganz praktischer Natur, das unseres Erachtens ein sehr großes Bedürfniß für Preußen geworden ist, zum mindesten ein größeres, als ein neues Ehegesetz. In Preußen, und das ist eine Thatsache, die Jeder, der ehrlich sein will, zugeben wird, wendet sich der gemeine Mann, wenn er in Noth ist, an Gott im Gebet und an seinen König mit Bitten. Geben ihm sämmtliche Behörden Unrecht, dann, so meint er, werde ihm sein König oder sein Regent schon helfen. Das Petitionswesen in der Kammer ist sehr jungen Datums und sagt unserem monarchischen Geschmacke gerade nicht sonderlich zu. Wir meinen, daß doch füglich eine Correctur ministerieller Handlungen dem Regenten Preußens und nicht der Kammer zustehe. Wie steht aber diese Sache jetzt? Wie sie früher lag, wissen wir genau; da konnte der König, was er selbst nicht zu prüfen vermochte, seinem Cabinets-Minister zur Prüfung übergeben; außerdem waren, wie unsere ganze Darlegung ergiebt, damals Beeinträchtigungen des Einzelnen, ganzer Corporationen oder

Stände nur in äußerst seltenen Fällen möglich. Heute ist das ganz anders geworden. Glaubt sich ein Einzelner, eine Corporation u. s. f. beeinträchtigt in seinem Rechte, so erhebt er Klage. Da kommt nun z. B. der Einwurf des Competenz-Conflictes; er geht bis zum Minister, ohne Erfolg; er wendet sich an den Landtag, der Landtag befürwortet es, die Regierung behauptet, im Rechte zu sein. Wer soll nun helfen? Der Regent des Landes? Er bedarf dazu der Minister. Das Uebel würde bleiben. Wie oft ist nicht in den letzten Jahren auf dem Landtage Klage erhoben worden gegen diese oder jene Handlung der Regierung? Die Antwort war: was wir gethan haben, war gesetzlich. Im Herrenhause wandte sich z. B. einmal Graf Rittberg an die Regierung mit der Frage, warum denn die Regierung nicht das Gutachten des Kronsyndikats eingeholt habe. Die Antwort war, daß man allerdings Juristen zu Rathe gezogen habe, aber sie seien verschiedener Ansicht gewesen. Dabei blieb's und dabei ist es bis heute geblieben.

Was wir nun vorschlagen, ist die Errichtung eines Beschwerdehofes, wie derselbe ja auch in andern Ländern vorhanden ist, eines Beschwerdehofes, der für alle dahin einschlägigen Sachen der Verwaltung eine ähnliche Stellung einnimmt, wie auf dem Gebiete der Justizpflege das Obertribunal, und dessen Entscheidungen für Volk und Ministerium in gleicher Weise bindend sind. Die Elemente für einen solchen Hof ließen sich, dächten wir, leicht finden, wenn beide Häuser des Landtages sich der Angelegenheit lebhaft annähmen. Die Krone hat bereits ein Collegium von Juristen, das sie zu Rathe ziehen kann: es sind das die dreizehn Kronsyndici. Sie könnten als Vertreter der Krone und des Herrenhauses das erste Drittel abgeben, zu welchem alsdann das Abgeordnetenhaus das zweite Drittel zu wählen hätte; das dritte Drittel würde billiger Weise vom Obertribunal, dem höchsten Gerichtshofe des Landes, gestellt werden müssen. Wir wollen nicht behaupten, daß diese Composition gerade die allein richtige wäre, aber das meinen wir doch, daß ein so zusammengesetzter Beschwerdehof eins der heilsamsten Institutionen des Landes werden müßte, nicht nur, daß er in zweifelhaften Fällen Recht schaffen, sondern auch dadurch, daß er dem Ministerium Anlaß zur Wachsamkeit im Handeln geben würde.

Möge man deshalb den Plan prüfen und, wer Besseres weiß, uns des Besseren belehren; die jetzige Lage könnte doch mit der Zeit zu üblen Dingen führen.

Ein Graf von Königsmarck.

Roman
von
George Hesekiel.

Einundzwanzigstes Capitel.
Schilling von Canstatt.

„Das labet liebende Seelen,
Wenn Helden von Helden erzählen,
Erfreuend ein sehnendes Herz."
(Baron de Lamotte-Fouqué.)

Am Tage nach dem Besuch des Grafen Königsmarck im Pallast des Großmeisters flammte in dem greisen Fürsten die Lebensflamme noch einmal auf, Nicolas Cotoner befand sich besser und fühlte sich stärker als seit längerer Zeit; alsbald spürte man auch das Walten seines Feuergeistes auf der ganzen Insel, in alle Verhältnisse kam neues Leben und die Thätigkeit des Meisters wirkte anspornend bis auf die letzten Mitglieder des Ordens. Am fünften Tage schon war die Escadre ausgelaufen, bei der sich die Galeere befand, an deren Bord unser Held seine Caravane, seinen ersten Türkenzug machte; noch am Abend vor der Abreise hatte Adrian von Vignacourt, des Großmeisters Freund und von der französischen Zunge zu dessen Nachfolger bestimmt, die beiden jungen Ritter Königsmarck und Coigny noch einmal zu dem Ritterfürsten geführt und Nicolaus Cotoner hatte sie selbst gesegnet zu ihrem Zuge, geschieden aber waren sie von ihm mit der festen Ueberzeugung, daß dem greisen Helden der Tage noch mehrere behalten, so kräftig hatten sie ihn in Wesen und Sprache gefunden. Sie hatten sich indessen getäuscht, was sie für ein Wiederaufleben der Kraft gehalten, war nur das Aufflackern der Lebensflamme vor dem gänzlichen Erlöschen gewesen, am zehnten Tage nach dem Auslaufen der Escadre hatte ein neuer Gichtanfall den großen Helden gesammter Christenheit ergriffen, er hatte dem Bruder Adrian von Vignacourt seine wichtigsten Schriften und das Geheimsiegel übergeben, ihn zu seinem Stellvertreter ernennend, zugleich aber lebhaft nach dem Trost des sterbenden Christen, der heiligen Wegzehrung verlangt. Sobald der Prior der Magistral-Kirche von Sanct Johann davon benachrichtigt worden, wurde die große Glocke geläutet und unter dem mächtigen Schalle derselben, setzte sich der Zug nach alter Vorschrift in Bewegung.

Das Kreuz wurde vorangetragen, dann folgten alle auf Malta anwesenden Ritter zwei und zwei, im Schnabel-Mantel, dann die Geistlichkeit der Meister-Kirche in Chorhemden und Mäntelchen, dann der Prior von Sanct Johann in pontificalibus mit dem Sacrament unter dem Thronhimmel, den die Bourbonniers der Meister-Kirche trugen; neben ihm die Großkreuze und Würdenträger des Ordens, jeder mit einer Fackel. Am Fuß der großen Pallasttreppe standen die Hofchargen des sterbenden Fürsten zum Empfang bereit und führten den Prior mit seinen geistlichen Beiständen und den Mitgliedern des großen Ordensrathes in das Gemach des Meisters, hier reichte der Prior unter dem fortwährenden Geläute der großen Glocke dem Sterbenden das heilige Abendmahl und gab ihm die letzte Oelung.

In derselben Nacht, Morgens gegen vier Uhr, verschied der theure Held und demüthige Meister der Armen Jesu Christi, wie er in seinem Titel genannt wird, der Bruder Nicolaus Cotoner y Oleza, der eine hohe Zierde des Ritter-Ordens vom Spital gewesen.

Sofort wurden alle Barken, die draußen waren, zurückgerufen, die Häfen geschlossen und das Consilium completum versammelte sich in dem großen Pfeilersaal des Pallastes, wo unter der Leitung des Stellvertreters der Vorsitzende der Großmeisterwahl ernannt und das Geheimsiegel des hingeschiedenen Meisters zerbrochen wurde.

An diesem Tage wurde die Leiche einbalsamirt, mit dem Schnabel-Mantel bekleidet und mit Almosentasche und Schwert zur Seiten auf ein Paradebett gelegt, das in einem schwarz behangenen Saale der Sommer-Residenz aufgeschlagen war. Die Wappenschilder des Todten und Inschriften, die sich auf seine Thaten im Orden bezogen, schmückten die Wände. An den vier Ecken der Estrade, auf welcher das Paradebett stand, saßen vier Ritter auf Tabourets, jeder mit einer Trauerfahne, vier Pagen hielten Wache am Sarge selbst. Rechts vom Paradebett unter einem Baldachin lagen die Waffen des heimgegangenen Meisters, sowie auch sein Panzerstück, die Sopra-Weste, sein Stab und seine Sporen. Davor schilderten zwei Hellebardiere, welche, wie die Ritter und Pagen, von Stunde zu Stunde abgelöst wurden; ringsum brannten Fackeln und Kerzen.

Am Abend des folgenden Tage wurde die Leiche abgeholt; voran marschirte der Lieutenant der Stadt und die Compagnie der Wache mit gesenkten Speeren, der Capitain stand am Thor des Pallastes, um die Leiche beim Heraustragen zu salutiren. Der Tambour in Trauerflor schlug langsam „Schlag für Schlag," dann kam der lange Zug der Mönche, drauf die Geistlichkeit von St. Johann, von ihrem Prior geführt, dann kam der Sarg, von den ältesten Rittern getragen, die vier Zipfel des Sargtuches wurden von vier Piliers gehalten. Neben dem Sarge her schritten, von Fackelträgern umringt, vier Pagen mit den vier Standarten des Ordens. Dicht hinter dem Sarge folgten die Würdenträger, die Großbeamten und Großkreuze, sowie die Greise, die im Pallast gespeis't wurden, und die Räthe des Consilii completi, den Beschluß endlich machten die weltlichen Beamten und wer sich sonst dem Zuge anschließen wollte. So wurde der Sarg zur erleuchteten Kirche getragen. Dort erhob man ihn auf einen Katafalk, der in der Mitte des Schiffes errichtet war, der Prior las die Todtenmesse und hielt dann die Trauerrede, darauf machte der Stellvertreter die Runde um den Sarg, drei Mal, bei welcher ihm alle Ordens-Beamten folgten. Zu Häupten des Sarges blieb der Haushofmeister stehen, wandte sich zu der Versammlung und rief drei Mal mit lauter Stimme: „Unser Meister ist todt, ihr Herren!“ dabei zerbrach er den Stab und warf die Stücke auf den Sarg. Denselben Ruf wiederholten der Stallmeister, indem er die Sporen zerbrach, und der Schatzmeister, indem er die Börse wegwarf. Danach wurde der Sarg in die Kapelle hinabgelassen, wo auch die früheren Meister begraben waren; hier ließ der Prior den hölzernen Sarg in einen bleiernen setzen, gab altem Brauch gemäß die Almosentasche dem Glöckner von Sanct Johann, während er selbst das Schwert erhielt, und entfernte sich nicht eher, als bis der Sarg geschlossen war.

So wurde Nicolaus Cotoner y Oleza begraben bei seinen Vorfahren am Großmeisterthum in der Magistral-Kirche von Sanct Johann, und trugen die Helden des Ordens nicht nur, sondern auch die Armen und Geringen auf Malta, denen er ein rechter Johannis-Meister gewesen war, großes Leid um ihn.

Am Tage nach der Beerdigung rief Glockenschall die Brüder zur Wahl des neuen Großmeisters nach Sanct Johann; der Prior, mit bischöflichen Gewändern angethan, las die Heilige-Geist-Messe: flehend, daß der heilige Geist die Brüder erleuchten möge, auf daß ihre Wahl denjenigen treffe, der am würdigsten sei, die Stelle des geschiedenen Meisters einzunehmen. Dieser Messe wohnten alle Ritter ohne Schwert bei, auf daß es bei Streitigkeiten über die Wahl nicht zu Kämpfen komme, nur der Marschall des Ordens und der General der Galeeren durften bewaffnet in die Kirche treten. Uebrigens waren die Thore der Stadt geschlossen und die Häfen gesperrt. Nach dem „Ite, missa est!“ nahm der Stellvertreter des Großmeisters Platz auf einem Lehnstuhl an dem Hauptportal der Kirche, und hinter und neben ihm stellten sich Beamten und Brüder auf, alle mit dem Angesicht gegen den Altar gekehrt. Darauf befahl der Stellvertreter des Meisters den Weltlichen, die Kirche zu verlassen, und dem Stallmeister hieß er die Kirchenthüren schließen, hierauf hielt er eine kurze Ansprache und entließ die Ritter in die Kapellen, d. h. jede Zunge begab sich in ihre besondere Kapelle, um dort die vierundzwanzig Wahlritter zu wählen. Als die vierundzwanzig Wahlritter ernannt waren, leisteten sie in die Hände des Stellvertreters den Eid der Unparteilichkeit und wählten sofort ein Oberhaupt, an das von nun an die Functionen des Stellvertreters übergingen. Darauf wählten die Vierundzwanzig das Triumvirat, bestehend aus einem Ritter, einem Capellan und einem dienenden Bruder; dieses Triumvirat wählte, nachdem es den Eid der Unparteilichkeit geleistet, den vierten Wahlherrn, dann den fünften und so weiter, bis die Zahl sechszehn erreicht war. Diese Sechszehn bildeten das eigentliche Wahlcollegium, von welchem der Großmeister durch Stimmenmehrheit erwählt wurde. Als die Wahl erfolgt war, rief der Vorsitzende der Sechszehn und fragte drei Mal mit lauter Stimme: „Ihr Herren! Haltet ihr für gültig was wir gethan haben?“ und drei Mal antworteten die Ritter: „Ja!“ Darauf erst nannte er den Namen und nun zeigte sich eine außerordentliche Ueberraschung auf den Gesichtern namentlich der Ritter von den drei französischen Zungen, denn der Name des Gewählten lautete nicht: Adrian von Vignacourt, wie sie erwartet hatten, ja, erwarten mußten, sondern: Gregorio Caraffa; die spanischen Zungen in Verbindung mit den italienischen hatten gesiegt, zum ersten Male wieder seit 128 Jahren war ein Italiener in's Meisterthum erwählt worden. Wahrscheinlich hätten sich Unzufriedenheit und Unmuth über die fehlgeschlagene Wahl Vignacourt's noch stärker gezeigt, wäre nicht Gregorio Caraffa, der Prior von La Rocella, einer der ausgezeichnetsten und bedeutendsten Ritter des Ordens gewesen, von dem selbst die französischen Ritter eingestehen mußten, daß er ihrem Candidaten Vignacourt wenigstens gleichstehe. Diesem würdigen Manne gegenüber besänftigten sich schnell die Leidenschaften und bewegten Herzens folgten auch Vignacourts Anhänger dem Caraffa zum Hauptaltar, wo er in die Hände des Priors von Sanct Johann den Eid schwur: seine Regierung den Statuten und der alten Ordenseinrichtung gemäß führen zu wollen. Danach erst bestieg der neue Großmeister, ein Herr von unansehnlicher Statur zwar, aber mit einem kühnen und klugen Gesicht, den Thron; in dem Augenblick aber, wo er sich niederließ, begannen alle Glocken zu läuten von allen Kirchen, alle Stücke auf den Wällen La Valetta's donnerten und unter brausendem Orgelschalle wurde das: Te deum laudamus von den Anwesenden gesungen. Von dem Thron herabtretend, empfing der Bruder Gregorio Caraffa den Handkuß, durch welchen die Ritter-Brüder ihm als ihrem Meister huldigten, und wurde von ihnen in den Meister-Pallast geleitet, wo er von nun an residirte. Am folgenden Tage ließ der Großmeister, nach altem Gebrauch, jedem Geistlichen ein Geldgeschenk von drei Thalern reichen, hielt eine Cour und begab sich dann, abermals in großer Procession, nach der Citta notabile, um von derselben Besitz zu nehmen. Hier legte er einen neuen Eid ab, indem er als Fürst von Malta und Gozzo versprach, die maltesische Nation bei ihren Privilegien, Freiheiten und Rechten, wie selbige Kaiser Carl V. garantirt, zu schützen. Darauf reichte man ihm einen goldenen und einen silbernen Schlüssel und führte ihn in die Kirche.

Alles das war zu Malta geschehen, Gregorio Caraffa hatte nicht nur den Thron des Großmeisters bestiegen, sondern auch eine kräftige Regierung glücklich begonnen, indem er mit großem Eifer die Arbeiten seiner Vorgänger fortsetzte, die Werke des Fort St. Elmo bedeutend verstärkte, San Angelo ausbaute und die Befestigungen von La Valetta rüstig fördern ließ. Lebhaft unterstützte er die Ausrüstung von Ordensschiffen, welche gegen die Türken in den Archipel liefen, und bald waren die Ritter der französischen Zungen, ein schönes Zeichen für den Geist, der im Orden lebte, die lautesten Verehrer des neuen Meisters, besonders aber war der Ordensschatzmeister Adrian von Vignacourt, der bei der Wahl gegen ihn unterlegen war, sein treuester Gehülfe und der eifrigste Beförderer der Pläne seines Nebenbuhlers. Solche Selbstverläugnung war nicht selten in diesem seltenen Ritterorden.

Reich mit Beute beladen und fünf türkische Prisenschiffe mit sich führend war nach fast fünfmonatlanger Abwesenheit die Escadre des Bailli von Bois-Redon in den Hafen von Marsa zurückgekehrt und mit ihr die Santa Eufemia, an deren Bord der Graf Hans Carl von Königsmarck den Seezug mitgemacht. Bald wurde in allen Herbergen der Ruhm des Grafen Königsmarck laut, die übrigen Zungen beneideten die französische um solchen Gast, kaum glaubliche Thaten heldenhafter Kühnheit wurden erzählt, und sie mußten wahr sein, denn die französischen Ritter waren dafür bekannt, daß sie stets den Löwenantheil erkämpften Ruhmes für sich selbst beanspruchten und nicht gutwillig Anderen überließen. Man hatte es auf Malta noch nicht erlebt, daß die Ritter der französischen Zunge so feurig einen Helden gepriesen, der nicht Franzose und nicht Ordens-Ritter war. Aus den Herbergen drang der Ruf des jungen Helden in die Häuser der Stadt und nach wenigen Tagen sprach man in ganz La Valetta nur von dem schwedischen Grand-Seigneur, der so gewaltige Ritterthaten gegen die Türken vollbracht, daß selbst die ältesten Ordens-Ritter ihm Bewunderung zollten. Dabei fiel es um so mehr auf, daß dieser fast fabelhafte Ritter nirgendwo zu sehen war, daß er weder im Pallast des Großmeisters, noch an der Tafel der französischen Zunge erschien. Das reizte die allgemeine Neugierde mächtig; denn man wußte zugleich, daß er die Insel nicht verlassen hatte und daß er weder krank, noch verwundet sei. Der Groß-Spittler des Ordens schien allein mehr zu wissen, als die Uebrigen, den Ritter von Coigny vielleicht ausgenommen, er versicherte auf die vielen Fragen, die an ihn gerichtet wurden, stets mit großer Bestimmtheit, daß der ausgezeichnete junge Held, obwohl er nicht zur Religion gehöre, dennoch den Brüdern zum Vorbild dienen könne und nicht im Kampfe allein; über den Aufenthalt aber des gefeierten Grafen Königsmarck beobachtete er ein hartnäckiges Stillschweigen.

Auch Signora Manfredi vernahm in ihrem Hause mit dem goldenen Balkon, so still und zurückgezogen sie auch lebte, von dem Heldenruhm des bildschönen Cavaliers, als dessen Landsmännin sie sich gern betrachtete, der einen tiefen Eindruck auf sie und ihre reizende blinde Tochter gemacht bei dem einzigen Besuch, den er in ihrem Hause abgelegt, dem sie recht ernsthaft gezürnt, weil er nicht wiedergekehrt, wie er doch versprochen, um ihren Orangengarten zu beschauen. Sie hatte sich wohl nach ihm erkundigen lassen, sie hatte selbst den alten deutschen Leibdiener des Grafen gesucht, der zuerst bei ihr gewesen, und hatte sich erst dann seufzend darin ergeben, auf einen zweiten Besuch des trefflichen Landsmannes zu verzichten, als sie erfahren, daß derselbe zu Schiff gegangen gegen die Türken, da hatte sie doch begriffen, daß er nach einem Lorbeerhain gefahren, dem selbst ihr Orangengarten nachstehen müsse. Als nun aber die Kunde von des Grafen Königsmarck schier fabelhaften Heldenthaten erscholl und der Held selbst doch verborgen blieb, da kam eine Unruhe über die sonst so gehaltene und nüchterne Frau, die nur von der schönen Mutter schönerer Tochter, der blinden Fernanda, begriffen wurde, weil Fernanda sie auch allein theilte. Die wenigen Worte, die Graf Hans Carl zu ihr gesprochen, waren dem schönen blinden Kinde tief ins Herz gedrungen, wachend und träumend glaubte Fernanda den Ton seiner Stimme zu vernehmen, und welches Bild von ihm mochte dem Kinde des Südens vorschweben von dem Manne, von dem sie nun den Ruhm strahlender Ritterschaft aus jedem Munde vernahm!

Signora Manfredi strebte so eifrig danach, einen von den Rittern zu hören, die den Seezug mit ihrem jungen Landsmann gemacht, daß sie fast die Abneigung überwunden hätte, welche alle Honorate auf Malta gegen die Ritter der französischen Zungen hegten, besonders aber die, welche entweder selbst noch Ansprüche auf die Beachtung oder Bewunderung machten, oder die, welche Töchter vor begehrlichen Blicken zu hüten hatten. Da kam ihr ein glücklicher Umstand zu Hülfe; sie erfuhr in einem befreundeten Hause, daß ein Ritter der deutschen Zunge, Herr Gotthardt Dietrich, Reichsfreiherr Schilling von Canstatt, aus dem berühmten Geschlecht des Türkenbesiegers Georg Schilling von Canstatt, den Kaiser Karl V. als einen berühmten Helden der Christenheit und Johannitermeister zu einem Fürsten des heiligen römischen Reichs deutscher Nation erhoben, daß der den Zug mitgemacht und Zeuge wenigstens einiger der Heldenthaten des Grafen Hans Carl von Königsmarck gewesen. Nun war der heiße Wunsch der Signora Manfredi erfüllt und der Ritter Gotthardt Schilling von Canstatt sah sich von Mutter und Tochter Manfredi mit einer ganz außerordentlichen Freundlichkeit aufgenommen, als er seine Dame in das Haus mit dem goldenen Balkon begleitete.

Gotthardt Schilling von Canstatt war ein ernster, herber und hochfahrender Edelmann von fast vierzig Jahren, man sagte ihm nach, daß er in den Orden getreten, weil ihm die Liebe seiner Jugend ungetreu geworden; er hatte mit seinem nachgeborenen Bruder getauscht, der eigentlich für den Orden bestimmt gewesen, und hatte dem die Familiengüter überlassen. Dieser Johanniter hatte auf manchem Schlachtfelde gefochten, eine breite Narbe lief zwischen den Augen durch, quer in die Stirn hinauf, schwermüthiger Trotz blickte aus den dunkeln Augen, Hochmuth saß in der aufgeworfenen Oberlippe, seine ganze Haltung hatte etwas Schroffes und Ablehnendes, dennoch aber fühlten die Frauen sich zu diesem Manne hingezogen, und es war wohl die schönste Honorata auf Malta, der er seine Ritterdienste widmen durfte, wie das die Sitte erlaubte. Sechs Jahre war Gotthardt Schilling von Canstatt bereits auf Malta, in jedem Jahre fast hatte er einen Seezug gegen die Türken gemacht, aber nie hatte er einer andern Dame gehuldigt, als der einen, und auch sie hatte nie die Dienste eines andern Cavaliers angenommen, obwohl ihr wie ihm die Gelegenheit dazu oft genug verlockend entgegengetreten war. Dennoch wollten Eingeweihtere wissen, daß Signora Floridiana den deutschen Ritter viel mehr fürchte, als liebe, und daß Gotthardt Schilling durchaus keine Leidenschaft nähre für die schöne Honorata. Wer aber hat ein sicheres Urtheil über das, was tief im Herzen Anderer lebt? vielleicht urtheilten die Leute nur so, weil der Gemahl Floridiana's niemals Eifersucht über den deutschen Ritter verrieth, während die maltesischen Edelleute sonst eifersüchtig zu sein pflegen, wie die Orientalen.

Diesen stolzen deutschen Edelmann führte Signora Floridiana auf der Freundin Bitte in das Haus mit dem goldnen Balkon. Signora Manfredi war dem Schilling von Canstatt nicht fremd, er hatte sie schon zuweilen gesehen in dem Hause seiner Dame, er hatte zuweilen deutsch mit ihr gesprochen und in seiner kühlen, wenn auch nicht unfreundlichen Weise die Rechte der deutschen Landsmannschaft geltend gemacht, dem gutmüthigen Kinde von Bremen aber hatte der hochmüthige Reichsfreiherr wenig behagt. Das hatte der mit scharfem Blick wohl erkannt, es aber gleichgültig hingenommen. Darum war er in der That überrascht, als ihm seine liebe Dame Floridiana sagte, Signora Manfredi wünsche ihn in ihrem Hause zu sehen. Er hatte sich verbeugt ohne weiter zu fragen, wie er fast immer zu thun pflegte, wenn seine schöne Gebieterin einen Wunsch äußerte, als er aber in das Haus der Manfredi trat, da wußte er nicht, worüber er mehr staunen sollte, ob über die wortreiche Herzlichkeit der Mutter, oder über die rührende Schönheit der blinden Fernanda, die ihm mit ihrer kindlichen Einfalt wie ein Wesen aus einer andern Welt entgegentrat.

Bald hörte der deutsche Ritter nichts mehr von dem lebhaften Gespräch, das die beiden Frauen miteinander führten, er verwendete keinen Blick von dem lieblichen Kindergesicht Fernanda's, er lauschte mit einem Gefühl von hoher Befriedigung ihren Worten, bis er fast feindlich sich berührt fühlte durch die Frage: „Habt ihr den tapfern Helden, den Grafen Königsmarck kennen gelernt?"

„Er hat den letzten Zug gegen die Feinde des Glaubens mit uns gemacht!" erwiderte er zögernd.

„Ihr fochtet an seiner Seite, ihr wurdet sein Freund!" rief Fernanda und eine feine Röthe zog über ihr helles Angesicht.

„Oh, erzählt uns von ihm!" fiel Signora Manfredi bittend ein, „dieser Herr Graf ist unser Landsmann, er besuchte uns hier kurz zuvor ehe er an Bord ging.

„Edle Damen," nahm der deutsche Ritter also gedrängt das Wort und warf den Kopf in den Nacken „verzeiht, daß ich einige Ausdrücke berichtige, damit nicht ein Irrthum obwalte; ich bin nicht des Grafen von Königsmarck Freund geworden, obwohl er an meiner Seite gestritten, auch kann derselbe, da er zu Nyborg auf der dänischen Insel Fühnen geboren wurde und ein schwedischer Graf ist, nicht wohl unser Landsmann genannt werden."

„Das ist gleichgültig," fiel Dame Manfredi sehr lebhaft ein, „er ist doch mein Landsmann, ich habe seine Mutter gesehen auf der Agathenburg bei Stade, sein Vater und seine Mutter sind deutsche Leute, was kommt darauf an, daß er auf einer dänischen Insel geboren ist und einen schwedischen Grafentitel geerbt hat? er ist ein deutscher Edelmann durch und durch!"

„Ihr seid nicht freundlich gesinnt gegen den tapfern Grafen," bemerkte Fernanda mit dem ihr eigenen Ernst, „was habt ihr gegen ihn? sprecht Herr Ritter!"

„Ich habe an dem jungen Helden nichts auszusetzen," sagte der Schilling von Canstatt leichter als vorher, „als daß er nicht zu unserer heiligen Kirche, sondern zu den Protestanten gehört, und auch das möchte ich bei ihm übersehen."

„Ei, Ritter der Religion," versetzte die schöne Floridiana halb scherzend und halb ernst, „ihr könntet übersehen, daß der Graf, von dem jetzt so viel gesprochen wird, ein Ketzer ist."

„Ich möchte es wohl, Signora," beharrte Schilling von Cannstatt, indem er sich respectvoll verneigte, „denn dieser schwedische Graf ist für die junge Ritterschaft des Ordens ein hell leuchtendes Vorbild geworden, nicht nur in christlicher Tapferkeit, sondern auch in christlicher Selbstverläugnung, welche letztere Tugend der Jugend weit schwerer zu üben fällt, als die erstere."

„Wie meint ihr das, Ritter?“ fragte Floridiana.

„Oh, erzählt uns vom Grafen Königsmarck!“ bat Signora Manfredi.

Fernanda sprach nicht, aber sie wandte ihr Antlitz mit einem Ausdruck frohester Aufmerksamkeit dem Ritter zu und schien so sehnlich eine Mittheilung von ihm zu erwarten, daß dieser seinen kalten Stolz schmelzen fühlte und fast hastig begann: „Ich bin nicht der Freund des schwedischen Grafen geworden, doch kenne ich seiner französischen Freunde Einen, den Herrn von Coigny; wissen denn die edlen Frauen, wo sich der Graf von Königsmarck jetzt befindet?“

„Wenn ich das wüßte?“ seufzte Signora Manfredi.

„Man sagt, Niemand auf Malta wisse das!“ bemerkte die schöne Floridiana.

„Ich will euch das Geheimniß verrathen, Signora,“ entgegnete der Schilling von Canstatt, „der Graf von Königsmarck hat sich, als er hier an's Land gestiegen, sofort in das große Ordens-Hospital begeben und ist dort unerkannt, aber unermüdlich mit der Pflege der Kranken beschäftigt.“

„Welch' ein Mann!“ sagte Signora Manfredi mit offener Bewunderung, „das thut nur ein deutscher Edelmann!“ setzte sie gleich darauf hinzu.

„Die Ordensritter thun es Alle!“ meinte Floridiana, die weniger für Königsmarck eingenommen war, weil sie ihn nicht kannte.

„Die Ordensritter,“ vertheidigte sich die Manfredi lebhaft, „thun es, weil sie durch ihr Gelübde dazu verbunden sind, mein Landsmann thut es freiwillig.“

„Auf besondern Wunsch des Grafen Königsmarck,“ fuhr Schilling von Canstatt, der bis dahin entzückt das fast schwärmerisch verklärte Antlitz des blinden Kindes beobachtet hatte, mit einiger Aufregung fort, „hat der Groß-Spittler befohlen, den Aufenthalt des Grafen im Spital geheim zu halten; und darum ersuche ich die edeln Frauen geziemend, nicht weiter davon etwas verlauten zu lassen.“

Es trat darnach eine kleine Pause im Gespräch ein, dann aber fragte die schöne Floridiana ihren Ritter ernst: „Ist der junge Herr wirklich ein solcher Held, wie man sagt?“

Der stolze Schilling von Canstatt hatte diese Frage erwartet, auch hatte er schon bemerkt, daß er sich aus dem Ruhme des Grafen Königsmarck ein Verdienst machen könne bei dem schönen blinden Kinde, welches einen so unwiderstehlichen und so mächtigen Zauber auf ihn übte, daß er gar nicht fühlte, in wie hohem Grade er demselben bereits verfallen.

„Ich kann,“ begann er, seine Augen fest auf Fernanda richtend, „eigentlich nur von einer Heldenthat des Grafen Königsmarck als Zeuge berichten; diese eine aber ist ausreichend, um ihn unvergessen zu machen in den Annalen dieses Ordens, der so reich an tapfern Helden ist. Ich will den edeln Frauen berichten, was ich selbst gesehen und nichts weiter. —“

Einen Augenblick hielt der Ritter inne, als suche er einen Anfangs-Punkt für seine Mittheilung, dann erzählte er, langsam und fast feierlich, wie seine Art war, jedoch ohne einen Blick von der blinden Schönheit zu verwenden, wie folgt: „An einem hellen, schönen Sonntage war es, wir waren in den Gewäsfern von Candia, das Schiff wurde vom Winde getrieben, obwohl wir wenig Segel hatten; plötzlich erscholl der Ruf: Schiff vor uns! vom Mastkorb nieder und alsbald war die ganze Besatzung in Bewegung, der Commandeur von Bois-Redon erkannte mit seinem geübten Blicke bald, daß wir einen Türken vor uns hatten und zwar einen Tuneser, der mit Tribut für den Großtürken befrachtet. Die Schiffe, welche dem Großherrn eigenthümlich gehören, kennt man an ihrer stärkeren Bauart und ihrem hohen Bord, sie sind keine besonderen Segler, aber sie sind weit besser bewaffnet und stärker bemannt, als sonst die türkischen Galeeren. Diese Kapudana's, so werden dieselben gewöhnlich von den Türken genannt, weil sie einer Capitana unserer Marine gleichen, vertheidigen sich stets sehr herzhaft, sie setzten einen Stolz darin, nicht vor christlichen Schiffen zu fliehen. Dennoch versuchte das Schiff, welches wir vor uns hatten, zu entkommen, wenigstens bedeckte es sich in dem Augenblick, da es uns bemerkt haben mochte, von oben bis unten mit Segeln und schoß mit ganz gewaltiger Geschwindigkeit vor dem Winde dahin. Wir unsererseits begannen sofort die Jagd, und bald zeigte es sich, daß die Santa Eufemia ein viel besserer Segler war als die türkische Kapudana, der Raum zwischen den beiden Schiffen wurde immer kleiner. Wie an Bord der Ordensschiffe gewöhnlich bei einer solchen Jagd erschienen alle Ritter bewaffnet und zum Entern bereit; denn der Kampf mit blanker Waffe, Mann gegen Mann, ists, der die Ordensritter so gefürchtet gemacht hat bei den Ungläubigen. Unter den Vordersten, welche über die in Bereitschaft gehaltene Enterbrücke in die Kapudana hinüberstürmen wollten, befand sich der Graf von Königsmarck, er stand neben dem Ritter von Coigny, der den Befehl hatte, ich war dicht hinter ihm und beobachtete den jungen Herrn scharf; sein Gesicht drückte lebhafte Erregung aus und seine Augen flammten, aber es gefiel mir, daß er höchst ernsthaft war und nicht übermüthige Scherze, wie die französischen Ordensritter, trieb, er hatte mehr Aehnlichkeit mit einem alten Ritter der Zunge von Arragon, der seinen Rosenkranz betete, aber darum sicher nicht minder tapfer war, wie diese Franzosen. Wir erreichten das türkische Schiff, dessen Verdeck mit Mannschaft bedeckt war, sie gaben drüben eine Salve ab, die wir nicht erwiderten, einen Augenblick flog die Santa Eufemia dicht neben der Kapudana her, athemlose Erwartung lag auf allen Gesichtern, da schrillte die Pfeife, ich sah wie der Ritter von Coigny dem Grafen von Königsmarck artig den Vortritt ließ; eine leichte Wendung des Schiffes, krachend schlugen die Haken ein und die Enterbrücke fiel auf den Bord der Kapudana. Sanct Johann! Sanct Johann! tönte der Schlachtruf der Religion und die Türken gaben eine zweite Salve. Ich weiß noch jetzt nicht ganz genau, was geschehen, denn als wir über die Brücke hinüberstürmen wollten, warf sich uns der Ritter von Coigny rückwärts entgegen und schleuderte uns zurück. Der Dampf verflog, wir waren an der Kapudana vorübergeschliffen, die Enterhaken hatten nicht gehalten und die Brücke war zerbrochen, Bois-Redon ließ sofort wenden, ehe dieses Manöver aber ausgeführt werden konnte, rief uns ein lauter Ausruf des Ritters von Coigny zusammen, er deutete auf das Deck der Kapudana, die uns dicht folgte, Handgemenge tobte dort. Jetzt erkannten wir alle den Grafen Königsmarck, an den wir im ersten Augenblick des Mißlingens nicht gedacht, der junge Mann war mit raschem Sprunge über die brechende Enterbrücke in das feindliche Schiff gestürmt und focht dort allein, denn Niemand hatte ihm folgen können. Edle Frauen, das war ein schmerzlich schöner Anblick, schmerzlich, denn wir konnten dem Manne, der dort so heldenhaft focht, keine Hülfe leisten, so sehr wir uns beeilten; schön, denn von der Masse zurückgedrängt bis dicht an den Bord, fast schon darüber hinausgedrängt und halb in der Luft an einem Tau, das er mit der Linken erfaßt, hängend führte der Graf von Königsmarck mit der Rechten so gewaltige Streiche, daß wir seine Angreifer mit Blitzesschnelligkeit fast unter seinem Schwert sinken sahen. Wir waren so nahe, daß wir hören konnten, wie ihm der Tuneser Quartier anbot; er antwortete nur: Sanct Johann! und kämpfte weiter. Da sahen wir, wie ein Mohr das Tau durchhieb, jeder Stütze beraubt, stürzte der junge Held kopfüber in die Fluth, ein lauter Schrei gellte von beiden Schiffen. Obgleich kaum eine Hoffnung war; denn die schwere Bewaffnung mußte den Grafen niederziehen, so hatte der Commandeur doch eine Barke aussetzen lassen, sie stieß ab, aber es war umsonst, denn in diesem Augenblicke wendete auch die Kapudana und gab uns Feuer aus ihrem Geschütz, das wir sofort beantworteten, ihr aber wieder näher zu kommen suchten, um einen neuen Versuch zu machen, sie zu entern."

Der Schilling von Canstatt hielt einen Augenblick inne, dann fuhr er ernst lächelnd fort: „Verzeiht, edle Frauen, daß ich euch jetzt etwas erzähle, was so unglaublich ist, daß ich es nicht glauben würde, wenn ich's nicht selbst gesehen hätte. Ich selbst, und zwar ich zuerst, denn ich hielt das Deck der Kapudana scharf im Blick, sah nämlich plötzlich eine Gestalt auf dem Baldachin des feindlichen Schiffes erscheinen, die mit hochgeschwungenem Schwert und dem lauten Schlachtruf: „Sanct Johann! Sanct Johann!" auf das Deck niedersprang und, die Besatzung des Baldachins vor sich herjagend, den Tunesern in den Rücken fiel. Es war der Graf Königsmarck, wir erkannten ihn Alle, er mußte, aus dem Meere auftauchend, an dem hochbordigen Schiffe emporgeklettert sein; doch als wir ihn sahen, hatten wir keine Zeit daran zu denken, denn gleich darauf fuhr ein riesiger rother Feuerstrahl aus dem feindlichen Schiff, das mit furchtbaren Krachen auseinander borst und zerschmettert in Stücken aufflog, unser Deck zugleich mit Trümmern und Bränden beschüttend, und Viele von uns verwundend, auch Mehrere tödtend. Es war kein Augenblick zum langen Nachdenken, es gab genug zu thun an Bord, ich selbst dachte nicht an den Grafen Königsmarck, da kam die Barke zurück, die Bois-Redon vor der furchtbaren Katastrophe ausgesetzt hatte, um womöglich den Grafen Königsmarck zu retten, sie hatte ihn wenigstens nach der Katastrophe gerettet; wirklich, obgleich an der linken Seite etwas verbrannt, war der Graf mit dem Leben davon gekommen. Der Tuneser hatte die Kapudana in die Luft gesprengt in dem Glauben, die Johanniter hätten sein Schiff geentert, als Graf Königsmarck mit Schlachtruf der Religion plötzlich vom Baldachin auf das Deck sprang; der tapfere junge Mann war mit aufgeflogen und glücklicher Weise nicht allzuweit von der Barke niedergefallen in's Meer, als trefflicher Schwimmer hatte er das rettende Fahrzeug zu erreichen vermocht und so kehrte er glücklich an Bord der Santa Eufemia zurück. Es versteht sich, daß er der Held des Tages war, und in der That hatte seine Tollkühnheit allein den Tuneser vermocht, sich in die Luft zu sprengen. Es gefiel mir sehr von dem jungen Herrn, daß er sich der Lobsprüche freute, die ihm von allen Seiten zu Theil wurden, daß er nicht in lügenhaft eitler Bescheidenheit seine That verkleinerte, sondern seines Heldenstücks herzlich froh war, ohne sich zu überheben."

Ritter Schilling von Canstatt schwieg.

„Ich danke euch, Herr Ritter, für eure Mittheilung!" sprach Fernanda lieblich lächelnd und streckte die kleine Hand aus.

Der deutsche Herr faßte sie und hielt sie nachdenklich in der seinen, die schöne Floridiana warf ihm einen sonderbar fragenden Blick zu, den er nur durch ein leichtes Neigen seines Hauptes erwiderte.

„Tollkühnheit habt ihr gesagt," nahm Signora Manfredi, die über ihrem verehrten Landsmann selbst den leisesten Tadel nicht dulden mochte, das Wort, „solche Tollkühnheit lob' ich mir, denn wenn mein Landsmann nicht gewesen wäre, dann hätten die Ritter das Schiff erobern müssen, und wer weiß, wie viele Christen ihr Leben hätten lassen müssen der schnöden Heiden wegen, diese Leben hat der Graf alle gerettet, nicht?"

„So ist's, Signora," versetzte Schilling von Canstatt, „darum auch besonders nennt man solche Tollkühnheit, die das eigene Leben daransetzt, um das Leben Vieler zu retten, Heldenthat!"

Mit auffallender Eile erinnerte Dame Floridiana an den Aufbruch, der Ordensritter war auch sofort bereit sie zu begleiten, bevor er aber schied, bat er Signora Manfredi sowohl, als Fernanda, mit dem ihm eigenen Ernst und der stolzen Feierlichkeit seines Wesens, um Erlaubniß, seinen Besuch wiederholen zu dürfen.

„Ei," rief die gute Signora Manfredi, „seid ihr nicht auch ein lieber Landsmann, Herr Schilling von Canstatt, wenn auch kein so ganz naher, wie der Graf Königsmarck!"

„Nun, ich denke, Signora," entgegnete der Ordensritter, „daß ich in dem Punkte wenigstens mich mit dem Herrn Grafen von Königsmarck messen kann, denn ich bin in Deutschland geboren und bin ein deutscher Reichsfreiherr!"

„Ja, ja," meinte die wohlbeleibte Dame freundlich, „kommt nur, Herr Ritter, ihr sollt mir immer ein lieber Landsmann sein, wenn ich auch eure Frau Mutter nicht kenne, wie die Gräfin Frau Mutter, kommt nur!"

„Und ihr, Signora," wendete der Landsmann sich zu Fernanda, „ist euch mein Besuch recht?"

Fernanda gab ihm die Hand und nickte lächelnd.

„Das glaub' ich, euer Besuch wird ihr schon recht sein," schalt die schöne Floridiana höhnisch, als sie am Arm des Ritters die Straße hinunterstieg, „der Graf ist ihr zwar lieber, aber er bleibt nicht auf der Insel, da nimmt sie denn auch allenfalls einen deutschen Ordensritter, ja freilich ein deutscher Landsmann der fetten Frau Mutter muß es schon sein. Wahrlich, da wird das Sprüchwort wahr, daß eine blinde Henne zuweilen auch ein Korn findet, und ich wette, Gotthardo, ihr meint, es sei ein Goldkorn, was die blinde Fernanda in euch gefunden!"

„Man sagt bei uns in Deutschland: Treu, wie Gold!" entgegnete der Schilling von Canstatt ruhig.

„Nun, dann kann bei euch von Gold nicht die Rede sein," höhnte Floridiana weiter, „überhaupt sprecht mir nicht von eurem erbärmlichen Deutschland; ich habe von dieser Barbaria genug und übergenug!"

„Dieser Zorn steht euch schlecht zu dem schönen Antlitz, Dame," erwiderte der Ritter ernst, „solche Worte passen nicht in euren Mund!"

„Schon lange seid ihr nicht mehr mein Cavalier gewesen," brach Floridiana in giftiger Bosheit aus, „ihr könnt euch nicht rühmen, mein Liebhaber gewesen zu sein, wollt ihr jetzt den Schulmeister machen?"

„Wir lernen, so lange wir leben," wies sie der Ritter kaltblütig zurück, „man braucht aber nicht Alle, von denen man lernt, darum Schulmeister zu nennen!"

Floridiana schwieg eine Weile, die kalte Ruhe des stolzen Reichsfreiherrn, vor dem sie überhaupt eine große Scheu hegte, machte sie stumm, aber der Groll über die vermeintliche Beleidigung, die ihr, wie sie wähnte, dadurch widerfahren war, daß der Ritter der blinden Fernanda eine vorzügliche Aufmerksamkeit zugewendet, tobte so gewaltig in ihrem heißen Maltheserblut, daß sie nicht rasten konnte, sondern von Neuem begann: „Ich beneide euch um euer Glück, Herr Ritter, ihr seid erst sechs Jahr auf Malta und habt nun doch schon eine Honorata gefunden, die eurer Liebe würdig ist, und wie schön sich das trifft, die Signora ist blind und der Signor ist stumm, ich beneide euch, Herr Ritter!"

„Und ich bedaure euch, Floridiana," betonte Schilling ernsthaft, „denn ihr seid nahe daran, die Freundschaft und die Achtung eines Mannes zu verlieren, der euch werth sein sollte!"

„Werth, ja, ja!" lachte Froridiana bitter, „werth gewiß, aber wieviel?"

Sie schnippte verächtlich mit den Fingern.

„Ihr habt meine Achtung und meine Freundschaft verloren!" bemerkte der Ritter flüsternd, aber völlig ruhig.

„Ich glaube, ich habe sie fallen sehen," zwang sich die Signora zu sagen, „doch man bückt sich nicht nach werthlosem Zeug, nehmt's an euch, Herr Ritter, wenn's beliebt, vielleicht hält man's noch für 'was unter dem goldenen Balcon!"

Herr Schilling von Canstatt öffnete die Thür zu Floridiana's Haus, er ließ sie eintreten, er verneigte sich leicht und schritt davon, ohne einen weitern Gruß, ohne ein Wort.

Wie versteinert stand die Signora an der Thür, die hinter ihr zugefallen; war das ein Abschied für immer? sie wußte, daß es ein solcher war, denn sie kannte den Ritter, sie eilte in ihr Gemach, sie schloß sich ein und ihre Dienerinnen hörten sie laut weinen.

Der „Knüppelkrieg."

In Folge eines Aufsatzes über die französische Fremdherrschaft in Ostfriesland in einem der letzten Hefte dieser Zeitschrift sind uns von befreundeter Hand Proclamationen, Erzählungen und Monographien in zahlreicher Menge eingehändigt, die uns ein getreues Bild geben von der französischen Fremdherrschaft am linken Rheinufer, jenes ächt deutschen Landes, das gleichwohl die Franzosen wegen der „natürlichen Gränzen" für sich in Anspruch nehmen möchten. Und zwar nach zwei Seiten hin erregen jene Documente unser lebhaftes Interesse, einmal um zu sehen, wie die Franzosen in jenen deutschen Landen hausten, sodann aber, was noch schwerer in's Gewicht fällt, in welcher Weise und in welcher Gesinnung die Franzosen von den Deutschen aufgenommen wurden. Letzteres ist, wie in die Augen springt, gerade jetzt von großem Interesse. Die Aufnahme war aber verschieden in den verschiedenen Landestheilen, verschieden bei den verschiedenen Ständen; indeß trotz dieser Verschiedenheit stellt sich doch Eins als feste Regel heraus: die Franzosen wurden willig aufgenommen von den großen Städten, zum Theil sogar, wie z. B. von Köln, mit großer Begeisterung, dagegen mit dem größten Widerwillen von Seiten der ländlichen Bevölkerung und der Geistlichkeit. Es knüpfen sich daran leicht allerlei Reflexionen, wie z. B.: Was ist wichtiger für den Staat, die ländliche oder die städtische Bevölkerung? In welchem Sinne muß der Staat handeln, wenn er am besten für seine Existenz sorgen will, im Sinne der ländlichen Bevölkerung, d. h. des großen und kleinen Grundbesitzes, oder im Sinne eines kleinen Bruchtheiles unseres Volkes, der liberalen Bourgeoisie? Daran knüpfen sich weitere Fragen, nämlich die, welchen Geist und welche Richtung die gegenwärtigen deutschen Kammern vorwiegend vertreten; ferner welche Bahnen die deutschen Regierungen vorwiegend eingeschlagen haben u. s. f. Kurz, wir sehen, daß die Geschichte der französischen Occupation in ihrem Detail von großer Wichtigkeit ist, und daß sie mit Unrecht von den Geschichtschreibern verschwiegen worden.

Wir beginnen für heute unsere Betrachtungen mit einer westlichen Mark deutschen Landes, nämlich mit der alten Ardenner Grafschaft, späterem Herzogthum Luxemburg, das im Frieden von Campo Formio mit den übrigen österreichischen Niederlanden an Frankreich abgetreten wurde. Hauptführer ist uns dabei ein kürzlich in Luxemburg in dritter Auflage erschienenes Werk über die Geschichte des sogenannten Klöppelkrieges, quellenmäßig dargestellt von Johann Engling, Professor der Philosophie zu Luxemburg. Die nothwendig gewordene dritte Auflage ist, wie der Verfasser mit Recht bemerkt, ein Beweis dafür, wie gern das Luxemburger Volk von seinen patriotischen Vorfahren des vorigen Jahrhunderts liest, wie tief in seinem Herzen die Liebe zu seinem Glauben und zu seiner Heimath eingewurzelt ist; sie ist aber auch, fügen wir hinzu, ein Beweis dafür, daß der Verfasser eine Darstellungs- und Auffassungsweise hat, die dem Volke zugänglich ist, die in edelstem Sinne volksthümlich ist, daß er nicht minder wie sein Volk hingegeben ist seinem Glauben und seiner Heimath. Außer Engling geben noch Aufschlüsse für die Geschichte der Ardennen während der französischen Fremdherrschaft M. Bormann (Geschichte der Ardennen, 2. Bd., Trier, 1842.) und ein hervorragender preußischer Jurist, dessen Werk wir später erwähnen und benutzen werden.

Also „Klöppelkrieg" ist das Werk von Engling betitelt. Die Benennung ist auf den ersten Blick wohl geeignet, das Unternehmen, das es bezeichnen soll, in's Lächerliche zu ziehen; wenn wir indeß der Sache näher treten, so stellt sich heraus, daß diese Bezeichnung von den Franzosen erfunden ist, und daß der damit bezeichnete Krieg nichts weniger als ein Knüppelkrieg war, vielmehr ein mit sehr blanken Waffen im Spätherbste des Jahres 1798 betriebener Aufstand der Bauern des Oeslings gegen die französische Republik, der vielen Hunderten von Luxemburgern und Franzosen das Leben kostete. Entbehrten die Bauern auch aller Leitung, war auch das Unternehmen, mit wenigen Hunderten der französischen Macht gegenüberzutreten, ein tollkühnes, so war es doch ein nationales Ereigniß, ein Zeugniß der Thatkraft und Großherzigkeit unserer deutschen Vorfahren, Beweggrund und Zweck waren gut, nur nicht die Mittel zum Zweck. Beweggrund war den Bauern der Rest ihrer alten Anhänglichkeit an den rechtmäßigen Herrn und Fürsten, die Achtung für das katholische Christenthum, dem sie von Herzen zugethan waren, und die Gewöhnung an Sittlichkeit, die sie von den Republikanern unter die Füße getreten sahen; diese Ursachen führten sie auf den Kampfplatz, als die Städter sich bereits unter das Joch der Fremdherrschaft geschmiegt hatten. Der Gedanke: „Es geht für den Glauben!" begeisterte sie, die Liebe zu ihrem angestammten Fürsten ließ sie auf Hilfe von diesem hoffen. Aber die Mittel, die Art und Weise des Unternehmens waren tollkühn: ohne Munition, ohne Waffen, ohne Anführer, ohne die geringste Kenntniß vom Kriegswesen wurden die Bauern eine leichte Beute der französischen Soldaten.

Glaube und Vaterland waren es, die die Waffen ergreifen ließen. Beide waren von den Franzosen auf's Tiefste gefährdet worden. Wie anderswohin so waren sie auch in das Luxemburger Land mit dem Losungsworte „Freiheit und Gleichheit" gekommen. Ihre erste That war während des Raubens und Plünderns, daß sie alle noch bestehenden Beziehungen zwischen Herrschaft und Unterthan zerrissen. Alle Adelsbriefe und Privilegien, die man auftreiben konnte, wurden zu Luxemburg öffentlich auf dem Paradeplatze vor dem Freiheitsbaume verbrannt; die eingemauerten Steinwappen über den Thüren und Eingängen der Schlösser und herrschaftlichen Häuser als Zeichen der Knechtschaft weggehauen. Mit Aufhebung der Herrschaften, ihrer Gerechtsame und Gerichtsbarkeiten fielen auch alle von den Hörigen zu leistenden Servituten weg. Kurz, das gesammte Vogteiwesen, das Lehn- und Feudalwesen wurde mit einem Schlage vollständig beseitigt. Dann folgte das über die bäuerliche Erbfolge bis dahin geltende Recht, vermöge dessen die Höfe bis dahin in ihrem Bestande zusammengehalten worden waren; ferner in den Städten die Zunft- und Genossenschaften, die aus deutsch-christlichem Geiste hervorgegangen waren; selbst die Handwerksinnungen wurden mit ihren Privilegien und Innungen aufgelöst. An ihre Stelle traten strenge Forderungen, und während diese durch herzlose Agenten vertreten wurden, verschwand Alles, was aus dem Herzen des Bürgers und seinen Bedürfnissen seit Jahrhunderten zeitgemäß hervorgewachsen war. Die Servituten waren aufgelöst, aber dafür wurde eingeführt eine sehr erhöhte und dazu größtentheils bisher ungekannte Grund-, Personal-, Thür-, Mobiliar-, Patent- und dergleichen Steuer; die Salz- und Ledersteuer wurde verdreifacht, Kaffee-, Taback- und Zuckersteuer verfünffacht; dazu noch eine Menge bisher unbekannter Steuern, wie Stempel-, Brau-, Brenn-, Hypotheken- und Einregistrirungssteuern, sowie Erb- und Sterbegebühren. „Diese Abgaben und Gebühren mußten um so drückender werden, als sie baar, zu ungewohnten Zeiten und nicht mehr, wie früher, in Naturalien und nach der Ernte entrichtet wurden, die Erwerbsquellen versiegten, der Handel und Wandel darniederlagen und das Grundeigenthum nur geringen Werth besaß und wenig Vertrauen einflößte. Allgemein verhaßt waren darum diese Abgaben und Gebühren." Natürlich wurde auch die Justizpflege uniformirt. An die Stelle des ehrwürdigen „Landesbrauch" trat die französische Gesetzgebung, es hörten auf die Hoch-, Mittel- und Grundgerichtsbarkeiten, es wurden die Gemeinden-, Oberhofs- und Hofschöffer ihres Amtes entsetzt und ihrer Jurisdiction entkleidet; dafür traten ein die Kantonal-Friedensgerichte, die Bezirks-Tribunäle, die Assisen, Commissäre für die von der Justiz getrennte Verwaltung u. s. w. Außerdem, was ja nicht zu vergessen ist, bekam jeder Hauptort, in dem sich eine französische Agentur befand, einen Freiheitsbaum: eine hohe, schlanke Stange, an der Spitze eine mit Eierschalen und Bändern zierlich ausstaffirte Weltkugel; einen solchen Baum zu verletzen, war bei Todesstrafe verboten. Endlich wurden, um das Princip der Gleichheit nicht zu weit zu treiben, sondern auch dem Princip der Nationalität zu seinem Rechte zu verhelfen, nur französische Beamte eingesetzt.

Nachdem man so die weltlichen Dinge halbweges geregelt hatte, kamen Kirche und Religion an die Reihe. Die Abteien und religiösen Körperschaften wurden aufgehoben, die Klöster, sammt deren Kirchen, Bibliotheken, Gebäuden für Staatseigenthum erklärt und zu dessen Nutzen veräußert, die Mönche verjagt. Auf dieselbe Art wurden, wenn die Geistlichen nicht rechtzeitig den Republikseid leisteten, die Pfarrkirchen und Kapellen nebst ihren Altären, Stühlen, Bänken und Besitzungen, sowie die Pfarrgebäulichkeiten, Witthums- und andere Güter behandelt und dem Meistbietenden spottwohlfeil zugeschlagen, fast überall wurden die heiligen Gefäße, Meßgewänder, Ornamente und Geräthschaften weggenommen, mit Gewalt geraubt, bald öffentlich versteigert, bald Liebhabern für geringes Geld überlassen. Die Kirchen wurden verschlossen, oder in Theater und Dekadenhallen verwandelt, aller Gottesdienst darin untersagt und die Leute daraus nöthigenfalls durch Gensd'armes vertrieben. Weder Prozessionen, noch Leichenzüge mit christlichen Symbolen waren mehr gestattet; ebenso mußten alle öffentlich aufgestellten Sinnbilder des Cultus verschwinden. Von den Thürmen wurden die Kreuze entweder von den Gemeinden selbst oder durch's Militär mit Hilfe gemietheter Dachdecker herabgerissen; ebenso mußten beseitigt werden die Kreuze und alle religiösen Bilder auf den Kirch- und Friedhöfen, sowie über den Hausthüren, an Straßen und öffentlichen Plätzen. Kein besseres Schicksal traf die Glocken. Zunächst wurden alle Klosterglocken zum Besten der Münzprägung confiscirt, dann die Glocken der aufgehobenen Stifter und Abteien; noch weiter ging man mit der Anordnung, daß jede Municipalität nur Eine Glocke haben solle; endlich im December 1797 wurden sämmtliche Glocken (mit sehr wenigen Ausnahmen) confiscirt, in Luxemburg zerschlagen und nach der Kanonengießerei Creuzot in Frankreich abgeführt.

Noch Anderes gab es, das Unzufriedenheit im Lande erregte. Es trat im Jahre 1798 an die Stelle der christlichen Zeitrechnung die heidnische, die vom Anfange der Republik datirte. Den Pfarrkirchen wurden die Tauf-, Heiraths- und Sterberegister genommen. Die Monate erhielten neue Benennungen: Thermidor, Messidor u. s. f., vom Volke Schnorridor, Fressidor u. s. f. genannt, die Benennung der Tage nach den Heiligen hörte auf, an ihre Stelle trat die nach Naturgegenständen, wie: Samen, Wurzeln, Kräuter u. s. w.; die Feier der Sonn- und Festtage wurde mit Gewalt verhindert, dagegen die Dekaden und andere Feste eingeführt, als: das Fest der Erstürmung der Bastille, an welchem ein mit Bändern gezierter Stein auf einer Tragbahre in Gegenwart der Civilbeamten herumgetragen ward; das Fest des Andenkens an die Errichtung des Freiheitsbaumes; das Fest des Ackerbaues; an dem von einem mit der Schärpe angethanen Agenten in Gegenwart des Commissärs und anderen Beamten-Personales einige Furchen Landes umgefahren wurden; das Fest des Dankes; das Fest der ehelichen Verbindung, das Fest des Alters, an welchem die Aeltesten des Verwaltungsbezirkes herbeigeholt und, mit Bändern geschmückt, herumgeführt wurden; das Fest der Jugend, an welchem eine dazu gewählte Weibsperson, die Göttin der Freiheit darstellend, bebändert den Festzug mitmachte. Anderwärts, wie in Luxemburg selbst, war auch der Cultus der Vernunftgöttin eingeführt worden. Bei diesen Festen hielten die Commissäre, mit einem schwarzen Talarkleide um den Leib und einer sammetnen viereckigen Mütze auf dem Haupte, spöttische und hämische Reden gegen die von ihnen verabschiedete Religion und alles früher Bestandene, fuhren über Adel und Pfaffen tüchtig her, erhoben die unzertheilbare und unüberwindliche Republik bis in den Himmel und priesen das unaussprechliche Glück, welches sie bereits über Frankreich gebracht und über den ganzen Erdball bringen werde. Nach beendigter Rede wurden die Verfügungen und Begebenheiten der Republik bekannt gemacht und ans Herz gelegt. Darauf versammelten sich die Agenten bei dem Kommissär zu einem Mittagsmahle, nach welchem die Festlichkeit mit Tanzmusik in würdiger Weise beschlossen wurde. Wollten die Geistlichen sich der Republik nicht fügen, so wurden sie ihrer Güter beraubt, von Gebüsch zu Gebüsch, von Keller zu Keller, von Höhle zu Höhle getrieben, ergriffen, gebunden, gestoßen, verwittwet, eingekerkert, nach Rochefort, auf die Insel Ré oder nach dem französischen Guyana transportirt u. s. w.

Wir übergehen die weiteren tausendfachen Ruchlosigkeiten, die fast vier Jahre hindurch von den Franzosen verübt wurden; das Gesagte reicht schon hin, um zu begreifen, daß Haß und Unwille gegen Republik und Franzosenthum täglich wuchsen und endlich eine sehr bedenkliche Höhe erreichen mußten. Das Volk mußte endlich der Schändung alles Heiligen müde werden. Und es zeigten sich auch bald Vorboten eines nahenden Gewitters. Es kam zuerst zu einem gewaltsamen Zusammenstoß bei Merzig, dann in Ober- und Niederfeulen, zu Arsdorf, Redingen u. a. O. Im Feulener Grunde standen sich Bauern und Franzosen zwei Tage lang beobachtend gegenüber; am dritten Tage unternahm es einer der Franzosen den Goliath zu spielen. Wenn er auch nicht grade an Stärke dem alten Goliath glich, so that er es ihm dagegen an Frechheit zuvor. Er kam den Wiesengrund herab und höhnte die Klöppelmänner, indem er sie in den H.. lern wies, mit Worten und Geberden. „Warte," sprach einer der Bauern, „ich weiß, was dir fehlt, du hast Bauchgrimmen: ich will sie dir so vertreiben, daß du deinen Lebtag keines Doctors mehr vonnöthen hast!" Dann griff er nach seiner Büchse und schlich sich hinter den Erlen am Bache hinab, bis er in eine gehörige Nähe des Franzosen gekommen war. Da winkte diesem einer der Bauern, und flugs kam er und trieb wieder sein schamloses Manöver. Diesmal waren noch zwei andere mit ihm herabgekommen und betrugen sich ebenso ungebührlich. Der Bauer war nicht säumig. Er legt an, visirt, drückt ab und der Goliath fällt, wälzt sich noch ein paar Mal in seinem Blute und stirbt. Die beiden andern eilten, was sie konnten, ins Gebüsch zurück und von dieser Zeit an ließ sich hier kein Franzose mehr sehen. Einige Tage später kam es bei Ettelbrück zum Zusammenstoß, wobei einige französische Reiter und ein Trompeter fielen. Die Grausamkeiten der Franzosen gegen Gefangene war unglaublich: dem einen wurden Einschnitte in den Leib gemacht und Kartuschen darin angezündet; ein siebenzigjähriger Greis wurde zerhackt, weil er sich unbesonnener Weise mit einem Schießgewehre gezeigt hatte u. d. m. Damit stieg die Erbitterung auf der anderen Seite. Ein Dragoner, der muthwillig auf seinem Wege Leute zu Krüppeln schlug, erhielt in dem Augenblicke, als er einen Bauer erschießen wollte, von einem andern Bauern unter den Worten: „du wälscher Teufel sollst uns nicht regieren!" mit einem ausgerissenen Zaunpfahle einen so derben Schlag in den Nacken, daß er aus dem Sattel taumelte. „Grâce! Grâce!" rief der Dragoner. „Ja! du sollst Gras bekommen!" grinste man ihm entgegen, „ins Gras sollst du beißen." Und ohne Verzug schleppte man ihn in ein nahes Haus und wollte ihn zu einem christlichen Tode vorbereiten. Er aber spie dem Geistlichen ins Gesicht. Da wurde er in eine nahe Schlucht gebracht, wo ihm von einem Anwesenden der Arm durch eine Kugel durchbohrt wurde. „S . . . é nom de Dieu!" heulte der Verwundete. S . . . enomdedieuen sollst du nicht lang mehr!" entgegnete der Fleischer Hoffmann und jagte ihm eine zweite Kugel durch Rücken und Brust. Ein Commissär jammerte, als er gefangen genommen wurde: „o mon Dieu!" „Ha Vogel," sprach

Michel Jonges von Braunlauf, „jetzt glaubst du an Gott!“ Er wurde gefangen genommen und erschossen. Charakteristisch, daß die Franzosen im Unglück „mon Dieu!“ im Glück aber „Diable!“ schreien.

In ähnlicher Weise ging es Jahre hindurch fort; auf Seiten der Franzosen wurde die Grausamkeit von Jahr zu Jahr raffinirter, auf Seiten der Deutschen der Haß größer. Im Jahre 1797 wurde Luxemburg durch den Frieden von Campo Formio abgetreten; aber nicht gaben die Luxemburger ihre Hoffnung auf Oesterreich auf. Von Zeit zu Zeit tauchten Gerüchte auf, daß die Oesterreicher im Anmarsche seien, um die „verwünschliche Nation der Franzosen zu vernichten.“ Die Hoffnung auf Befreiung wuchs im Jahre 1798, als Buonaparte sich nach Aegypten eingeschifft hatte und Oesterreich in Italien zu den Waffen griff. Eine allgemeine Aufregung bemächtigte sich der Gemüther und wurde namentlich vom Lütticher Lande aus genährt. Drohende Proclamationen, wie z. B. „daß den Neu-Vendéern die Köpfe mit Blei gewaschen werden müßten,“ oder Proclamationen, in welchen die Unzufriedenen Räuber, Fanatiker, Aristokraten, Sklaven, Pfaffendiener, Abergläubische, Finsterlinge“ u. s. w. gescholten wurden, blieben wirkungslos: sie konnten den Aufstand nur beschleunigen, nicht verhindern. Den Ausgang nahm der Aufstand aber aus dem Patriotismus und Religionseifer einiger zu Weiswampach, einem im Lütticher Bisthum gelegenen Gränzorte des Departements der Wälder (forêts; so hieß damals das Herzogthum Luxemburg), sich aufhaltenden Priester. Diese hatten sich geweigert, den französischen Staatseid zu leisten und waren entschlossen, für ihren Glauben und die Befreiung ihres Landes Alles, auch ihr Leben zu wagen. Sie hofften auf Hilfe von Oesterreich, und als sie sahen, daß diese Hoffnung eitel sei, war ihnen das Feuer der Gährung bereits über den Kopf gewachsen. Es stand nicht mehr in ihrer Macht, das Geschehene rückgängig zu machen, sie mußten vorwärts und sie gaben das Losungswort; „Es geht für den Glauben!“ das nun bald in aller Munde war.

Es fehlte dem Klöppelkriege nicht an Einheit, denn alle Theilnehmer gingen mit demselben Losungsworte in den Kampf, und wenn auch nicht an demselben Tage, so doch fast zu gleicher Zeit brach der Aufstand aus und fanden Gefechte statt zu Arzfeld, Duren, Amel, Clerf, Neuchateau, Stavelot, St. Veit, Wiltz, St. Hubert, Malmedy, Feulen. Es war mithin der Aufstand ideenmäßig vorbereitet, es standen Personen an der Spitze, die gemeinschaftlich die Fäden in den Händen hatten. Was aber fehlte, das war die practische Oberleitung. Der Erfolg konnte deshalb nicht zweifelhaft sein: die ohne Reihe und Glied herandringenden Bauern wurden sofort von den geschlossenen französischen Colonnen auseinandergetrieben und auf der Flucht niedergemacht. Die Beschreibung der einzelnen Gefechte hat deshalb vorzugsweise ein locales Interesse, einmal wegen der Oertlichkeit, sodann wegen der Namen derer, die an den Gefechten Theil nahmen. Wir beschränken uns deßhalb auf wenige Mittheilungen über den Gang des Aufstandes und auf einige interessante Einzelheiten. Aufläufe des Volkes fanden schon statt am 15. October 1798 in Echternach, am 21. October im Pfaffenthal, zu Viandon und Feulen, bei dem 11 bis 12

Bauern und 3 Franzosen fielen; ferner am 25. October zu Mettendorf, Diekirch, Niederwill und an zahlreichen belgischen Orten. Charakteristisch ist, daß allemal zuerst der Freiheitsbaum niedergehauen wurde. Die gefangenen Commissäre mußten auf dem Wege zu dem Orte ihrer Aufbewahrung vor jedem noch aufrecht stehenden Kreuze mit entblößtem Haupte und gebeugtem Knie ein Paternoster und beim Ertönen der Aveglocke mit gefalteten Händen den englischen Gruß beten; die Bauern selbst nannten sich Kreuzfährter. Am 27. October begann der eigentliche Krieg mit der Expedition nach Constum; am 29. October fand das Gefecht bei Hoscheid Statt. Bei Hoscheid belief sich die Zahl der Aufständischen auf 2000 Mann. Alle trugen ihre Sonntagskleider, die Dasburger und Clerfer Fräcke, wollene Reithosen, hohe Hüte; die Dorfbewohner Jacken, weiße Kittel, kurze Beinkleider, viereckige Hüte, metallene Schnallen auf den Schuhen, langes Haar am Hinterkopf; die Befehlshaber farbige Ueberröcke, jeder ein Seitengewehr und einen ledernen Gürtel mit zwei Pistolen um die Hüften. Die Hauptwaffen der Uebrigen waren Pistolen und Jagdgewehre, neue Lanzen und Piken auf Lohstangen oder wenigstens Knüttel von verschiedenem Kaliber. Am 30. October wurde zu Clerf gekämpft: hier fielen auf Seite der Franzosen 38 Mann und etliche Pferde, auf Seite der Bauern 30 Mann; der Ausgang des Kampfes war der, daß die Bauern denselben freiwillig aufgaben. Sie hätten, meinte einer von ihnen, nun genug Franzosen getödtet, denn würden sie auch alle erschießen, so würden sie doch nichts weiter thun, als sich um so unglücklicher machen. An demselben Tage wurde bei Arzfeld gekämpft, wo zwei Drittel der Bauern getödtet, gefangen oder verwundet wurden; das Verfahren der Franzosen gegen die Gefallenen und Verwundeten war mehr als scheußlich. Nur eine Episode aus diesem Kampfe ist heitern Inhalts und deshalb wollen wir sie hier im Auszuge unseren Lesern mittheilen.

Aus der Schlacht von Arzfeld waren drei Jäger entflohen; weil man ihre Flucht bemerkt hatte, so wurden ihnen zwei Reiter nachgeschickt. Wie die Jäger in der Flucht keine Rettung mehr sahen, wandten sie sich um und schossen den einen Reiter nieder, worauf sich nun der andere Reiter zur Flucht wandte. Nun wohnte aber zu Buscheid, ¾ Stunden von Arzfeld, ein armer Schuhmacher, ein braver Mann, allgemein beliebt und deshalb nur „der gute Christian" genannt. Dieser war grade in Lichtenborn auf Arbeit, als er das Gewehrfeuer von Arzfeld vernahm. Da dachte er an Frau und Kinder, raffte eiligst seine Leisten und Pfriemen zusammen, schob alles in seine abgenutzte Jägertasche und schlug einen Umweg ein nach seiner Heimath, um Arzfeld zu vermeiden. Er fand unterwegs ein weggeworfenes Gewehr, das er auf seinen Rücken schwang und damit durch ein nahes Gebüsch eilte. Da gewahrte ihn der eben genannte flüchtige Reiter, und umgekehrt der Schuhmacher den Reiter. Beide geriethen in namenlose Angst. Endlich faßte der Schuhmacher ein Herz und legte an auf den Reiter, aber leider fehlte dem Gewehr die Ladung und der Schlaghahn. Der Reiter dagegen stutzte, die Flinte sehen und Kehrt machen war ein und dasselbe. So hatte der „gute Christian" gesiegt; indeß war zwar der Reiter geflüchtet, aber stehen geblieben war das Pferd des erschossenen zweiten Reilers. „Weil die Franzosen“, dachte er, „jetzt gänzlich geschlagen sind, so kännst du das herrenlos gewordene Pferd jetzt für dich nehmen.“ Gedacht, gethan. Er warf die ihm so nützlich gewordene Flinte mit ihrem Gehäng über die Schultern auf den gefüllten Leistensack und erkletterte das Pferd, welches sich bis dahin trotz allen Gepolters still und bewegungslos verhielt. Sobald das Thier ihn aber im Sattel fühlte, schwang es sich flugs mit ihm um und folgte spornstreichs dem entflohenen Reiter nach Buscheid hin. Christian glaubte dem Tode entgegenzueilen und sah sich bereits in Gedanken in Stücke zerhauen. Mit beiden Händen ergriff er die Zügel und zog sie krampfhaft aus allen Kräften an sich, um das Pferd zum Stehen zu bringen. Vergebliche Mühe! Das Pferd lief um so schneller und erreichte bald die ersten Häuser vor Buscheid. Die Einwohner hatten den Franzosen mit zwei Pferden durch's Dorf hinaufsprengen und kurz darauf mit nur einem Pferde zurückkehren sehen. „Was soll das bedeuten?“ fragten sie alle und zugleich. Da vernahmen sie alsbald den Hufschlag des Pferdes, das den „guten Christian“ im Sattel hatte. Dieser sprengte an ihnen vorüber, wie wenn er mit einem Male die Welt umrennen wollte. „Es ist Christian!“ riefen sie verwundert aus. „Wie hat er das Pferd bekommen? wohin will er? Nach Arzfeld, wo eben Alles fortgelaufen ist? Adieu! Christian, dich sehen wir nimmermehr!“ Aber dem Christian war auf dem stattlichen Pferde das Lachen vergangen, ihm schwebte nur der Tod vor Augen. Aus voller Kehle schrie er hinauf zu Gott und allen Heiligen, sein Angstgeschrei wurde in der Verwirrung nicht verstanden, nicht begriffen. Jenseits des Dorfes erblickte er in einer Entfernung von 300 Schritten den Reiter mit gezogenem Schwerte im Wege stehen. Sobald sein Pferd des wartenden Reiters ansichtig war, stürzte es wie wüthend auf denselben zu. Hatte Christian sich bereits heiser geschrieen, so stieß er jetzt ein gespensterartiges Todesangstgeheul aus, daß davon die Luft wirbelte und der nahe Wald kollerte. Der Reiter hatte hier das nachkommende Pferd erwartet; aber welches war sein Entsetzen, als er es mit einem Jäger im Sattel kommen sah, der, wie er vermeinte, durch sein Eselsgeschrei Alles gegen ihn auffordere. „Er muß den Teufel im Leibe haben und seiner Sache gewiß sein. Komm ich ihm in die Schußweite, so bin ich verloren!“ Dieß denkend, saß er bereits im Sattel und sprengte pfeilschnell davon. Der Schuhmacher hinter ihm her, von Zeit zu Zeit sein Geheul — er hatte wahrgenommen, daß es dem Reiter wenig behagte — erschallen lassend, daß Luft und Wald erbebten. Da gewahrte endlich der Schuhmacher auf einmal im Walde einen überhängenden Baumast. Gegen diesen streckte er krampfhaft die Hände aus, ergriff ihn glücklich, hielt ihn fest und ließ das Pferd unter sich weglaufen. Dann ließ er sich herunter, verkroch sich tief in einem Dornbusche und kehrte gegen 1 Uhr Nachts nach Buscheid zurück, wo er in seiner Wohnung, dem „Backeshause“, von Frau und Kindern, die ihn für verloren erachtet hatten, mit unbeschreiblicher Freude empfangen wurde. Am andern Morgen machte er sich wieder auf nach Lichtenborn an seine Schuhbank.

Kehren wir nach dieser heiteren Episode zu Ernsterem zurück. Am 31. October liefen alle die, welche die Ihrigen noch nicht wiedergesehen, der Ebene von

Arzfeld zu. Am Nachmittage wurden die Gefallenen begraben; keine religiöse Ceremonie fand statt, kein Geistlicher durfte der Beerdigung beiwohnen. Die Gefallenen wurden von den Franzosen entkleidet und die blutigen Kleidungsstücke den Angehörigen zugestellt. Mit diesen kehrten sie unter Schluchzen und Wehklagen in ihre Wohnungen zurück und weinten bitterlich die Nacht hindurch. Am folgenden Tage war Allerheiligenfest. Das laute Wehklagen hörte auf, dumpfes Schweigen trat an seine Stelle, und in der ganzen Gegend herrschte eine Stille, wie sie niemals dort gewahrt worden war. Es begann nun die Zeit der Verhaftungen und Untersuchungen. Die Gefangenen wurden in die Casematten von Luxemburg gebracht und dann vor ein Kriegsgericht gestellt. Vergebens bemühte sich dieses, die Gefangenen zu falschen Ausreden zu bewegen, um sie freisprechen zu können: die Bauern blieben standhaft dabei, daß sie gegen die Franzosen hätten Krieg führen wollen. Da wurden denn in Folge dessen am 16. Februar 1799 33 zum Tode verurtheilt und hingerichtet, andere wiederum am 26. März, noch andere am 10. Mai. Nahe an 200 Landeskinder waren im Kampfe gefallen oder nach demselben enthauptet worden. Das Land wurde ärger denn je bedrückt. Die Brandschatzungen waren unerschwinglich; alle Glocken wurden nun vollends weggenommen, ebenso alle Kirchengefäße; die Kirchen überall gesperrt, der christliche Gottesdienst auf das Strengste verboten, alle Geistlichen, über 800 an der Zahl, die den Staatseid nicht geleistet hatten, eingekerkert oder deportirt. Die Klagen des Volkes wuchsen, aber Zusammenschaarungen fanden nicht mehr Statt; die Hoffnung auf Besserung schwand vollends, die Einschüchterung der Gemüther mehrte sich. So endete, wie er angefangen hatte, glanzlos und ohne den geringsten Vortheil verschafft zu haben, der Klöppelkrieg, ein fehlgeschlagener Versuch, sich den Ketten einer verhaßten Fremdherrschaft zu entreißen, bevor er noch einen vollen Monat gedauert hatte.

Wie gesagt, die Motive des Krieges waren edel, die Mittel zum Zweck gradezu unsinnig. Das Erstere ist es aber, was unsere tiefe Theilnahme erweckt. Mancher brave Mann hat da sein Leben verloren durch französische Verruchtheit, weil er festhielt am Glauben und am Vaterlande. Möge ein gütiges Geschick die Luxemburger vor der Wiederkehr ähnlicher Scenen bewahren, aber auch davor bewahren unser gesammtes Vaterland. Die Furcht davor ist wahrlich nicht ungegründet. Frankreich ist noch immer das alte, das beweist jeder Tag; und auch wir sind wiederum zum großen Theil die, die wir einst bei unserer Unterjochung waren: Menschen ohne Glauben und Heimath, Menschen, deren Glaube und Heimath die Börse und die materiellen Interessen sind, die da bereits innerlich Verehrer des neuen Imperators sind, um ihm dadurch mit der Zeit auch äußerlich die Thore unseres Vaterlandes zu öffnen.

Französische Provincialstände.

— Armorial de la noblesse de Languedoc par Louis de la Roque. Montpellier 1860. F. Sequin. Vol. I. —

Die Adelstitelfrage hat für die französische Gesellschaft wieder eine tiefere Bedeutung gewonnen, seit wieder eine Strafe auf die Anmaßung von Adelstiteln gesetzt ist, und es mag darum für den wirklichen Adel sehr vortheilhaft sein, daß grade in der letzten Zeit einige sehr fleißige und gründliche Werke über den Adel einzelner Provinzen Frankreichs erschienen sind, welche die urkundlichen Beweise für den adligen Stand der echten Familien entweder selbst beibringen, oder anzeigen, wo dieselben zu finden. Das ist keine leichte Arbeit, nachdem die Revolutionen methodisch in der Vernichtung von Urkunden verfahren; wie schwer ist es oft bei uns schon, Urkunden zu erlangen, bei uns, wo von je nur Alter und Nachlässigkeit die Feinde der Archive waren! Eines der besten neueren Werke, welche die französische Literatur der Adelswissenschaft überhaupt aufzuweisen hat, ist das Wappenbuch des Adels von Languedoc von Louis von La Roque, einem Advocaten am Pariser Gerichtshofe, der sich früher auch als Mitarbeiter verschiedener legitimistischen Journale einen Namen gemacht hat; denn bekanntlich ist das den französischen Journalisten möglich, während es dem ehrlichen deutschen Zeitungsschreiber bis jetzt wenigstens völlig unmöglich war. Es giebt eine Menge berühmter französischer Journalisten, von einem berühmten deutschen Zeitungsschreiber ist uns noch nichts bekannt geworden. Ein gutes Zeichen ist das nicht!

Das Armorial des Herrn von La Roque ist aber durchaus kein Wappenbuch im gewöhnlichen Sinne. Der erste Band (das Erscheinen des zweiten wird uns für den Monat Mäz dieses Jahres verheißen) enthält neben 556 Genealogien sehr gründliche historische Untersuchungen über die Entstehung und Ausbildung des Adels; über die Nobilitirung durch Aemter und durch Adelsbriefe; über Namen, Titel, Sinnsprüche und Wappen, über Militär-Adel und endlich über das Languedoc und seine politische Verfassung.

Wir kommen später wohl, nach dem vollständigen Erscheinen des ganzen Werkes, auf den Adel im Languedoc zurück, zunächst wollten wir auf das aufmerksam machen, was Herr von La Roque über die provincialständische Verfassung des Languedoc beibringt. Es ist unter uns jetzt etwas gar zu sehr Mode geworden, dem centralisirenden Königthum Ludwigs XIV. die Schuld der Revolution aufzubürden, schließlich das Königthum gradezu für die Revolution verantwortlich zu machen. Wir wollen die große Schuld des Königthums nicht in Abrede stellen, eben so einseitig aber wie man früher annahm, daß die Revolution nur von Unten gekommen, nimmt man jetzt an, die Revolution sei nur von Oben gekommen und thut damit natürlich dem Liberalismus einen außerordentlichen Gefallen. Niemand wird den Werth und die Bedeutung der Arbeiten des Vicomte Alexis de Tocqueville in Abrede stellen, indessen haben dieselben doch zur Befestigung der einseitigen Verdammungsurtheile über das französische Königthum sehr wesentlich beigetragen und sollten mit mehr Vorsicht benutzt, sowie mit mehr Zurückhaltung empfohlen werden, als das in letzter Zeit von conservativer Seite zuweilen geschehen ist.

Das französische Königthum hat bis zu seinem Untergange viel mehr Achtung vor historisch-politischen Bildungen gehabt als unserer doctrinär-conservativen Viele jetzt zugeben mögen, vielleicht bewegt sie das Bild, welches Herr von la Roque von den

Provincialständen des Languedoc entwirft, zu weiterer Nachforschung, und darum auch theilen wir folgende Züge aus demselben mit.

Das Languedoc war eine der bedeutendsten Provinzen Frankreichs, Herr v. Basville, eine Autorität in diesem Falle, sagt: „elle fournissait le plus aux coffres du Roi". Der Name des Languedoc ist corrumpirt aus „Land der Gothen"; es nahm die ganze Mitte Frankreichs ein und reichte von den Alpen fast bis zu den Pyrenäen, von dem Mittelmeer bis zur Auvergne und zur Gironde, es umfaßte die ganze Rovergue, den größten Theil von Guienne, den Quercy, den Perigord, das Agenois und den Bigorre, es stand nacheinander unter der Herrschaft der Römer, der Gothen, der Sarazenen, und als es an die Franken kam, da wurde es noch nicht französisch, sondern gehorchte unter dem Namen Aquitanien den Herzögen von Provence, den Grafen von Toulouse und den Markgrafen von Gothien. Ganz Aquitanien beherrschte 1090 der berühmte Raymond von St. Gilles, Herzog von Narbonne, Graf von Toulouse und Markgraf der Provence. Unter der Souzerainität der Grafen von Toulouse standen damals die Grafen von Carcassone, von Melgueil und Foix, die Vice-Grafen von Narbonne, Uzés, Béziers, Agde und Nismes.

Erst 1270 wurde das Languedoc mit der Krone Frankreich vereinigt, (freilich gegen die Successionsrechte einer jüngeren Linie des gräflichen Hauses). Solche Vereinigung geschah unter Zustimmung der Stände von Languedoc, diesen wurde dabei die Aufrechterhaltung ihrer Privilegien, Rechte und alten Gewohnheiten versichert und diese Versicherung ist von den Königen gewissenhaft aufrechterhalten worden. Von 1274 bis zum Jahre 1789 haben sich die Provinzialstände von Languedoc alljährlich regelmäßig versammelt und die Rechte ausgeübt, die sie zum Theil seit der Römerzeit schon besessen. Die Stände von Languedoc hatten nicht allein das Steuerbewilligungsrecht, sondern auch das Recht die Steuern zu vertheilen und endlich, was ganz außerordentlich wichtig war, sie selbst zu erheben. Alljährlich beauftragte der König durch offene Briefe seine Commissarien von Ständen zu verlangen „lui vouloir libéralement accorder et octroyer les sommes contenues ès dites commissions, pour subvenir aux depenses qu'il avait a supporter pour la conservation et manutention de l'Etat" diese Königliche Forderung wurde in der ersten Sitzung in Berathung gezogen, erst nach der Bewilligung beschäftigten sich die Stände mit den besondern Angelegenheiten der Provinz. Also verlangte der König von Frankreich direct durch seine Bevollmächtigten jedes Jahr auf's neue: „l'octroi et le consentement volontaire" der Stände der Provinz. Niemals hat ein König von Frankreich das feierliche Versprechen verlezt, er hat dem Languedoc niemals eine Steuer aufgelegt, ohne Bewilligung der Stände, er hat nie eine von den Ständen bewilligte Steuer durch Königliche Beamte vertheilen, noch viel weniger aber eine solche selbst einziehen lassen. Das stimmt wohl nicht ganz zu dem Bilde des centralisirten Frankreich unter Richelieu und Ludwig XIV., das man sich bei uns nach einigen einseitigen Schriften zu construiren gewohnt ist.

Die Provincialstände von Languedoc wußten auch recht wohl das köstliche Recht zu schätzen, das sie hatten, es wurde ihnen oft genug angesonnen, wenigstens die bewilligten Steuern durch Königliche Beamte einziehen zu lassen, aber sie zahlten lieber eine bedeutende Summe mehr, als daß sie ihr Recht hingegeben hätten (ils n'hesitèrent jamais à payer très cher le droit les lever à leur manière et par leur seuls agents) und wie waren diese Stände zusammengesetzt? Anfänglich erschienen alle Bischöfe und viele Geistliche geringeren Grades, alle Edelleute und von jedem Orte, der mehr als 300 Feuerstellen zählte, zwei Abgeordnete bürgerlichen Standes, später aber, und fest bestimmt seit dem Jahre 1500, waren die drei Stände also, vertreten: die Geistlichkeit einer jeden Diecöse durch den Bischof oder seinen Stellvertreter, der Adel durch eben so viele gewählte Barone als Bischöfe in der Versammlung saßen, der Bürgerstand durch ebenso viele Bürgermeister oder sonstige städtische Abgeordnete als Prälaten und Barone in der Versammlung saßen. Man wird zugeben müssen, daß weder der Kirche noch dem Adel ein Uebergewicht eingeräumt war, das bürgerliche Element war keineswegs bedrückt, wie nachher so oft und mit solchem Ernst versichert und so naiv nachgesprochen worden ist. Die Prälaten, welche in den Ständen von Languedoc saßen, waren die drei Erzbischöfe von Narbonne, von Toulouse: von Alby und die zwanzig Bischöfe: von Saint Pons, von Carcassone, von Uzès, von Nimes, von Mirepoix, von Saint Papoul, von Puy, von Béziers, von Rieux, von Viviers, von Lodève, von Castres, von Alais, von Agde, von Montauban, von Alet, von Comminges, von Lavaër, von Mende und von Montpellier.

Neunzehn Barone saßen durch Erbrecht in der Versammlung, die Besitzer der Baronien von Avejan, Ambres, Barjac, Bram, Caylus, Calvisson, Castelnau von Bonnefonds, Castelnau von Estrettefonds, Castries, Florensac, Ganges, Gardiole, Lanta, Merinville, Mirepoix, Murviel, Saint-Felix, Tornac und Villeneuve. Die Barone des Vivarais sendeten einen Abgeordneten zu den Provinzialständen des Languedoc, der alljährlich ein Anderer war, so daß sie nacheinander alle an die Reihe kamen; eben so sendeten einen Abgeordneten die Barone des Gevaudan.

Der Bürgerstand sendete sechsundvierzig Deputirte, meist städtische Beamte, nicht nur der der größeren bischöflichen Städte, sondern auch der kleineren, denn außer den bischöflichen Städten hatten hundertachtzwanzig Communen Antheil an der Wahl.

Den Vorsitz führte der Erzbischof von Narbonne, dessen erzbischöflicher Stuhl für den ältesten in ganz Gallien galt. Den ersten Platz hatte der Graf von Alais, den zweiten der Vicomte von Polignac, als geborener Vertreter des Adels im Ländchen Velay, den dritten der Edelmann, an dem die Reihe war, den Vivarais zu vertreten, den vierten der Vertreter des Adels von Gevaudan, dann kamen die Vertreter der neunzehn oben genannten Baronien.

Die Provizialstände versammelten sich alljährlich im Oktober oder November, abwechselnd zu Carcassone, Toulouse, Béziers, Narbonne, Beaucaire und Puy, seit 1736 immer zu Montpellier. Die Mitglieder versammelten sich kraft einer Königlichen Ordonnanz (en vertu d'une ordonnance et sur lettre de convocation du Roi). Ihre Sitzungen dauerten vierzig Tage; die Prälaten erschienen in Sottane und Camail, die Edelleute mit Federhut, Mantel und Degen, die Bürgerlichen in langer obrigkeitlicher Robe mit dem Barett. Jeder Deputirte war unverletzlich während der Dauer der Sitzunngen. Es wurde nicht nach Ständen, sondern nach Köpfen gestimmt. Nach jeder Session begab sich eine Gesandschaft der Stände nach Paris, um dem Könige die Beschwerden und Bitten der freien Provinz Languedoc vorzutragen. Die Deputation bestand stets aus einem Bischof, einem Baron, zwei Deputirten des Bürgerstandes und dem ständischen Syndicus. Mit großer Feierlichkeit wurde die Deputation durch den Kron-Oberst-Ceremonienmeister eingeführt, der sie aus dem Saale der Ambassadeurs abholte und in den Thronsaal geleitete; der Gouverneur von Languedoc stellte sie vor. Der König saß auf dem Thron, umgeben von den Prinzen seines Hauses und den Großbeamten der Krone, drei Mal verneigte sich die Deputation und drei Mal entblößte der König sein Haupt zum Gegengruß. Der Bischof führte das Wort, der ständische Syndicus hielt die Schrift, in welche die Beschwerden und Bitten des des Languedoc gefaßt, er übergab dieselbe dem Bischof, aus des Bischofs Hand nahm sie der König, der sie dann dem Staatssecretair zur Begutachtung reichte. Nach der

Audienz bei dem Könige wurden die »Gesandten von Languedoc« (nicht Deputirte, sondern ambassadeurs werden sie genannt) zur Königin und zu den Prinzen mit ähnlichem Ceremoniell geleitet und überall sprach der Bischof im Namen des Languedoc. Meist brachten die Ambassadeurs des Languedoc auch dem Könige eine mehr oder minder bedeutende Geldsumme (Don gratuit) der Königin und den Prinzen sprachen sie die guten Wünsche des Landes aus. Einen Monat nach Beendigung der Ständeversammlungwaren in jeder Diöcese des Languedoc Diöcesanversammlungen unter Vorsitz des Bischofs, hier wurde die „assiette“ bestimmt, d. h. der Theil der von den Ständen bewilligten Summen, der auf die Diöcese fiel, auf die Einzelnen vertheilt. In der Diöcesanversammlung des Vivarais präsidirten die Barone nach der Reihe und der Bischof von Viviers kam nur, wenn er als Baron an der Reihe war. Alle Baillis (Amtmänner) nahmen an diesen Diöcesanversammlungen Theil. Im Lande Velay wechselte der Vorsitz zwischen dem Bischof von Puy und dem Vicomte von Polignac, im Lande präsidirte Gevaudander Bischof von Mende oder sein Großvicar. Man sieht, daß die Diöcese in Languedoc nicht nur ein kirchlicher Sprengel, sondern ein politischer Körper war, an dessen Spitze in der Regel der Bischof stand; gewöhnlich fungirte der Großvicar eines Sprengels in politischen Angelegenheiten als Groß-Bailli; zu den Baronen und den Vertretern des Bürgerstandes kamen in den Diöcesanversammlungen aber noch besondere Vertreter des niedern Clerus und die Baillis, jedenfalls noch als specielle Vertreter des platten Landes und ein rechtsgelehrter Syndicus, der in einigen Versammlungen eine erbliche Charge bekleidete, bei anderen alljährlich gewählt wurde.

In einem zweiten Artikel wollen wir nach dem Buche des Herrn von La Roque Einiges über die Thätigkeit der Stände von Languedoc mittheilen, hier nur noch ein Wort über den Schluß der ständischen Session. Am Schluß der letzten Sitzung der Stände wurde ein Musikcorps eingeführt und unter Posaunenschall und Paukenklang ein frommes Danklied gesungen, darnach aber ertheilte der vorsitzende Erzbischof der Versammlung seinen Segen. So wurde 1274 die erste Versammlung der Stände von Languedoc unter französischer Herrschaft beendet und so wurde auch die letzte am 21. Februar 1789 geschlossen. G. H.

Zur Adelsgeschichte.

Die Frangipani.*)

Nach dem Urtheil des bewährten Nachforschers in historischen Dingen, dessen großem Werke wir diese Familiengeschichte auszugsweise entnehmen, haben die Frangipani ihren Sitz stets zu Rom gehabt, und Alles deutet darauf hin, daß in ihnen das Geschlecht der Anicier fortlebte. Die Anicier waren allerdings, nach Livius, zur Zeit der römischen Republik noch keine der ersten Sippen Roms, sie stammten wahrscheinlich aus Präneste und gelangten zum römischen Adel erst 168 Jahre vor Christi Geburt durch die Prätorschaft des L. Anicius Quirinalis, der den illyrischen Krieg siegreich beendete. Dann beweisen in weiten Zwischenräumen drei Consulate die Fortdauer des Anicischen Geschlechts. Freilich bemerkt Tacitus mit Beziehung auf jenen Consul Ani-

*) Nach Chr. v. Stramberg, vergl. Rheinischer Antiquarius II. Abth. 9. Band 1. Lieferung. Coblenz 1859. R. F. Hergt.

cius, der ein elender Schmeichler Nero's war, sehr bitter: »Aber selbst das Zeugniß von Verbrechen wird, wenn sie den Stempel der Größe und des Alterthums tragen, ohne Bedenken zugelassen, um die Geschlechtsfolge eines edlen Hauses zu beweisen.« Das klingt sehr bitter, aber in der That muß man doch zugeben, daß Verbrechen so gut wie Tugenden für das Dasein eines Geschlechts sprechen, also die Geschlechtsfolge beweisen.

Die glänzendste Zeit der Anicier war unstreitig jene Periode, die von Diocletian bis zum Untergang des Kaiserthums reicht. In jener Zeit spricht Cassiodor von den Hoheiten der Anicier, und Claudian besingt sie. Die Anicier waren das erste Senatorengeschlecht Roms, welches sich öffentlich zum Christenthum bekannte, und Anicius Julianus, Consul und Stadtpräfekt, erhielt einstimmig den Titel des »ersten christlichen Senators«. Der ohnehin große Reichthum des Hauses stieg namentlich unter Anicius Probus, der mit Gratian Consul und viermal Praefectus Praetorii war. Ganze Völker gehörten zur Clientel dieses reichen Senators, dessen Güter in drei Welttheilen verstreut lagen. Der heilige Ambrosius, Bischof von Mailand, nannte Probus seinen Freund, und seine Söhne Anicius Olybrius und Sextus Anicius Probinus wurden 395 zugleich Consule, Claudian besingt dieses merkwürdige Ereigniß. Nach der Zerstörung Roms durch die Gothen (24. Aug. 410) splitterte das ungeheure Vermögen des Anicischen Hauses auseinander, und auch die Familienglieder selbst wurden zerstreut; ein Theil flüchtete nach Afrika, hierher auch die durch ihre Schönheit hochberühmte Demetrias, des Anicius Olybrius Tochter, sie entging den Nachstellungen des Statthalters Heraclian, da sie, nachdem sie eine Rede des heiligen Augustin zum Preise christlicher Jungfrauschaft vernommen, sich plötzlich von ihrem verlobten Bräutigam schied und ins Kloster ging. Das Glückwünschungsschreiben des heiligen Hieronymus (ad Demetriadem de virginate servanda) ist noch vorhanden.

Ein anderer Theil der Anicier hatte sich nach Constantinopel gewendet; zu diesem gehörte der Senator Flavius Anicius Olybrius, der sich mit Placidia, der jüngeren Tochter des Kaisers Valentinian, vermählte und sich als rechtmäßiger Erbe des abendländischen Kaiserthums betrachten durfte. Er war durch seine Gemahlin auch mit dem Geschlecht der Vandalenkönige verschwägert. Im Jahre 472 ließ er sich durch den Ricimer von Constantinopel, wo er in hohen Ehren lebte, nach Italien locken und nahm den Purpur an, den ihm dieser bot, um durch ihn Anthemius zu verdrängen. Doch herrschte Olybrius nur 7 Monate und trat dann in's Privatleben zurück. Auch der letzte römische Schriftsteller und Dichter von Bedeutung war ein Anicier, es ist jener edle Senator Anicius Manlius Severinus Boethius, der mit Römersinn christliche Philosophie vereinigte, der Verfasser der consolatio philosophiae. Bekanntlich ließ ihn der Gothenkönig Theodorich mit Keulen todtschlagen 524 oder 526.

Weiterhin wird zu den Gliedern des Anicischen Geschlechts die berüchtigte Patricierin Theodora gerechnet; sie war im Besitz vieler der wehrhaften und burgartigen Häuser in Rom, mordete und setzte Päpste ab nach Gefallen. Fast gleiche Herrschaft übte ihre Tochter Marozia, die Papstbuhlerin, die den Sohn ihrer Buhlschaft als Johann XI. zum Papst machte. Doch wir kommen von diesen weiblichen Scheusalen zu einem edlen Anicier, welcher durch Milde und Güte seinen Nachkommen den Ehrennamen Frangipani brachte, unter dem die Anicier zu neuem Glanz aufblühen sollten in einer neuen Zeit.

Es war das Crescentius Numentanus, der bei dem furchtbaren Elend, das durch eine Tiber-Ueberschwemmung über die Stadt und die Umgegend kam, wochen- und mondelang große Vorräthe von Brod vertheilen ließ, fast die Reichthümer seines Haufes erschöpfend.“ Das dankbare Volk, mit dem er sein Brod brach, nannte ihn zum Gedächtniß den „Brodbrecher“, Frangipani, und solcher Ehrenname ist seinem Geschlecht geblieben. Dieser mächtige Mann, der ganz von altrömischem Geist erfüllt gewesen zu sein scheint, nahm eine Mittelstellung zwischen Kaiser und Papst ein, ja, er scheint wirklich damit umgegangen zu sein, die Selbstherrlichkeit Roms unter republikanischen Formen wiederherzustellen. Gegen Kaiser Otto III. vertheidigte er sich in der moles Hadriani (turris Crescentii), erlag endlich und wurde enthauptet. Der Sage nach war es seine Wittwe Stephania, die den für sie in Liebe entbrannten Kaiser aus Rache vergiftete. Des Crescentius Sohn Johannes stellte 1010 die römische Republik in den alten Formen wieder her, doch waren im Senat nur noch zwölf Senatoren. Er selbst führte den Titel: Patricius. Die Frangipani sind von da ab stets an der Spitze aller Bewegungen in Rom, anfänglich gegen die Päpste kämpfend, später aber erscheinen sie als die mächtigen Vertheidiger der Päpste gegen die Kaiser, namentlich gegen die Hohenstaufen, doch gewann sie Friedrich II. für sich. Dann sank der hohe Glanz des Anicisch-Frangipanischen Hauses. Johann Frangipani, Herr von Astura, nahm den letzten geraden Erben der Hohenstaufen, Conradin gewöhnlich genannt, gefangen und war ehrlos genug, ihn an den apulischen Usurpator Carl von Anjou zu verhandeln. Seit dieser Schandthat fiel das Unglück Schlag auf Schlag auf sein Haus. Die römischen Besitzungen zersplitterten und gingen verloren, und 1286 wurde Johannes Sohn erschlagen, und Bernhard von Sarciano zerstörte Astura.

Wie eine herrliche Marmorsäule über die Trümmer eines Pallastes ragt, so ragt Latinus Frangipani empor aus dem Ruin des Hauses Frangipani, der Cardinal-Bischof von Ostia und Velletri, der große Staatsmann des 13. Jahrhunderts, der Gelehrte und Dichter. Man hat von ihm comment. in IV libros sententiarum, Sermones de tempore et de sanctis, Orationes, Hymnos de B. Maria Virgine. Was aber sein Andenken auch den spätesten Zeiten überliefern wird, das ist seine berühmte Prosa, jene erhabene Dichtung, welche mit den Worten Dies irae dies illa beginnt. Es wetteifert in dieser Prosa ein Dichter des 13. Jahrhunderts mit den gefeiertsten Sängern des Alterthums, er entreißt ihnen die Palme, denn ein der lateinischen Sprache Unkundiger, sei er noch so fremd im Reiche der Töne, wird dem christlichen Dichter in seiner heiligen Begeisterung folgen, ja, ihn fast Wort um Wort verstehen können.*)

Mit diesem Frangipani wurde am 9. August 1294 der Glanz des großen römischen Hauses Frangipani begraben, doch haben noch Seitenzweige fortgeblüht. Ein Hieronymus Frangipani commandirte 1556 die römischen Völker, welche die Spanier aus Frascati vertrieben. Mutius Frangipani, der Gemahl der Julia Strozzi, kam nach Frankreich, sein Enkel brachte es unter Ludwig XIII. bis zum Marechal de Camp, doch erwarb er weit höheren Ruhm in der Kochkunst, als in der Kriegskunst. Nach

*) In Simrock's Lauda Sion (Köln 1850 Heberle), in welchem übrigens das wunderbare Werk dem Thomas de Celano zugeschrieben wird, findet sich neben dem lateinischen Text eine treffliche deutsche Uebersetzung, von welcher wir hier zur Probe folgende Strophen mittheilen:

Judex ergo cum sedebit, Quidquid latet adparebit, Nil inultum remanebit.	Sitzt der Richter dann und richtet, Wird was dunkel ist gelichtet, Keine Schuld bleibt ungeschlichtet.
Quid sum miser tunc dicturus! Quem patronum rogaturus, Cum nec justus sit securus?	Ach was soll ich Armer sagen, Welchen Schutz und Rath erfragen, Da Gerechte selber zagen?
Rex tremendae majestatis! Qui salvandos salvas gratis, Salva me, fons pietatis!	König, furchtbar, hocherhaben, Frei sind seiner Gnade Gaben. Wolle, Gnadenbronn, mich laben!

ihm wurde jenes gar nicht üble Backwerck, aus Rum, Eidotter, Zucker, gestoßenen Mandeln, Citronenschaale und Pomeranzenblüthe bestehend, „la frangipani“ genannt. Er gilt für den Erfinder des „odeur à la frangipane“ (Ambra, Bisam und Jasminblüthe). Er hat viel für die Obstkultur Frankreichs gethan; die treffliche Herbstbirne heißt zum Dank nach ihm „la frangipani“, auch zog er treffliche Tulpen und eine Zeit lang nannte man den Jasminstrauch nach ihm „le frangipanier“. Im Jahre 1711 wurde der Marchese Mario Frangipani noch einmal Senator von Rom, — welcher Schritt von jenem Anicius Quirinalis, der 168 vor Christi Geburt zum ersten Male in den Senat trat und dem Letzten, der 1711 nach Christi Geburt die Würde erlangte? Der Marchese Mario Frangipani starb 1737. Noch ein Mal, 1759, erscheint der Name, der Abbate Peter Frangipani wird zum Ponente der Congregation der Immunitäten ernannt — damit ist der letzte Funke des Anici'schen und Frangipani'schen Glanzes erloschen.

Wir können hierzu indessen die Anmerkung nicht unterdrücken, daß uns die Zugehörigkeit der letztgenannten Frangipani zu dem Anicischen oder alt-Frangipanischen Geschlecht keineswegs außer Zweifel zu sein scheint, auch giebt Herr von Stramberg keine besondere Versicherung darüber; wir werden wohl das Rechte treffen, wenn wir sie für Schinella halten, daß aber die Schinella keine Frangipani waren, das sagt der wackere Nachforscher in historischen Dingen an einer andern Stelle sehr deutlich. Diese Schinella waren eine venetianische Kaufmannsfamilie, die im 12. Jahrhundert in Kroatien einwanderte, sich bei König Bela III. sehr festsetzte und sich um denselben durch Eroberung der Venetianischen Insel Vaglia verdient machte. Später errang das Geschlecht bedeutende Lehen und großen Grundbesitz und endlich kaufte Nicolaus Schinella, gelegentlich eines Aufenthalts in Rom, von der apostolischen Kammer Namen und Wappen der erloschenen Frangipani, wahrscheinlich auch einen Theil des alten Anicischen Erbgutes, zugleich aber auch ein Zeugniß, daß einst Gebrüder Frangipani aus der altrömischen Familie dieses Namens nach Dalmatien ausgewandert seien und daß die Schinella von diesen ihren Ursprung abzuleiten hätten. Es versteht sich von selbst, daß von dem Augenblick an der Name Schinella dem hochberühmten Namen Frangipani Platz machte, obwohl die Schinella dadurch immer keine Anicier wurden. Uebrigens haben die neuen Träger dem alten Namen lange Zeit Ehre gemacht in Krieg und Frieden. In der Schlacht an der Leitha 1246 fochten die Frangipani Friedrich, Bartholomäus und Gerundius an der Spitze der Kroaten im ungarischen Heer, von ihrer Hand fiel Friedrich der Streitbare, Herzog von Oestreich, der letzte vom Babenberger Mannesstamm in dieser Schlacht. Vierhundert Jahre nachdem blüheten die Frangipani noch in Ungarn, fast in allen politischen Bewegungen dieses Landes eine bedeutende Rolle spielend, bis sich Graf Franz Christoph Frangipani durch seiner Schwester Gemahl, den Grafen Peter Zriny, in jenen großen Treubruch und Hochverrath von 1665 verwickeln ließ, den das Haus Oestreich so blutig ahndete. Die Herren wollten Oestreich um Ungarn bringen, das Königreich in lauter Lehnsfürstenthümer zerstückeln und dieselben unter türkischer Oberhoheit besitzen Der Marchese Franz Christoph Frangipani ist 1671 zu Wienerisch-Neustadt mit Peter Zriny hingerichtet worden, sein Grab ist in der Michaelskapelle daselbst. Die großen kroatischen Güter wurden confiscirt und zur Befestigung und Stärkung der Militärgrenze benützt. Die römischen Güter kamen zwar zum Theil an die apostolische Kammer, Ansprüche, welche die Massimi an das Marquisat Nemi machten, wurden abgewiesen, und danach scheint es fast, als sei mit dem Marchese Franz Christoph auch das Geschlecht der Frangipaner aus dem Hause Schinella erloschen gewesen, indessen erhob doch auch ein naher

Verwandter, „welcher Marchese von Astaldi genannt wird“, Protest gegen die „Incameratio“ der Frangiganischen Güter. Wer war dieser Marchese von Astaldi? Jedenfalls ein Frangipani-Schinella und wahrscheinlich ist er mit seinem Protest siegreich gewesen, denn in Hübner's Lexicon genealogicum von 1736 finden wir den schon oben erwähnten Mario Frangipani nicht nur als Senator von Rom, sondern auch als Marchese von Nemi, das die Massimi beim Tode Franz Christophs ansprachen, verzeichnet, auch wird in einer Anmerkung zum Ueberfluß noch bemerkt, daß die Frangipanische Familie nicht nur das Marquisat Nemi im Kirchenstaat, sondern auch die Orte Castell Propedo und Tercento in Friaul besitze Darnach kann es wohl als ausgemacht angesehen werden, daß die Frangipani aus dem Hause Schinella nicht mit Franz Christoph erloschen sind, sondern im Römischen fortblüheten, ja sich einen Theil der alten Besitzungen ihres Hauses in Friaul zu erhalten gewußt haben. Ferner wird durch diese Mittheilungen wohl ziemlich klar, daß die oben genannten in Frankreich vorkommenden Frangipani dem Hause Schinella angehörten und endlich fügen wir noch bei, daß weder der Senator Mario Frangipani, noch der Abbate Peter Frangipani die letzten ihres Stammes waren, denn bei Hübner findet sich, daß der Senator Mario einen Bruder hatte, Pompejus Frangipani, dem aus seiner Ehe mit der Agnese Marchesina von Montoro eine Tochter Maria und zwei Söhne Petrus und Antigonus Frangipani geboren worden. Petrus mag der Abbatte sein, dessen schon mehrfach gedacht, Antigonus aber scheint den Stamm der Schinella fortgesetzt zu haben, vielleicht war er der Vater jenes Frangipani, der, wie der rheinische Antiquarius an einer andern Stelle meldet, im Jahre 1809 als Stallmeister (écuyer) am Hofe zu Mailand (also wohl am Hofe des Vicekönigs Eugen Beauharnais?) Dienste that. Vielleicht also sind die Frangipani aus dem Hause Schinella noch heute nicht erloschen und führen jetzt eine dunkle Existenz, die Nachkommen eines so alten und gewaltigen Herrengeschlechts? G. H.

Correspondenzen.

Aus der Hauptstadt.

18. Februar 1860.

— Von Sanssouci; — die Liberalen, uns ekelt vor diesem Volk! — die Civilehe im Herrenhause; — der Regierungs-Spaßmacher; — die milde Praxis des Herrn von Auerswald. —

Von Sanssouci, das nun zum Schloß des Schmerzes und der Liebe geworden, von dem großeen Preußischen castrum doloris, haben wir auch heute nichts zu berichten, was über die dürftigen officiellen Bülletins hinausginge, weil wir nicht Gerüchte aufzeichnen wollen, denen wir leider! selbst keinen Glauben schenken können. Die Königin harrt aus in Liebe und Treue bei unserm schwer leidenden Herrn, und die Gedanken der Getreuen wenden sich immer und immer wieder zu Ihm, zu Ihr. Die Zeitungen meldeten, daß der General-Adjutant des Königs, General der Infanterie von Gerlach, in Sanssouci ebenfalls krank liege, derselbe befindet sich indessen bereits wieder in der Besserung, er hatte einen Podagra-Anfall.

Wir haben es nie bis zu einer besondern Achtung vor unseren Gegnern im liberalen Lager bringen können, obwohl wir uns eifrig bemüht haben, denn Jeder schlägt sich lieber mit edlen Feinden als mit kläglichen, indessen haben wir in der That selbst den liberalen Janhagel, den schlechten Schweif jener Partei, nicht für fähig gehalten, daß er das Leidensbette unsers Königlichen Herrn, das Jedem heilig sein sollte, als Waffe gegen uns benutzen würde. Das geschieht aber auf die schnödeste Art, wir mußten in voriger Woche in den Berliner Correspondenzen liberaler Blätter lesen: »Und die Feudalen, die Junker, die Kreuzzeitungsmänner verbreiteten zuweilen noch günstige Nachrichten über das Befinden des Königs, um dieselben für ihre Parteizwecke auszubeuten.« Abgesehen von der Schändlichkeit dieser Insinuation, ist's eine große Lüge, denn die conservative Presse hat nirgendwie günstige Gerüchte verbreitet, und sollten einzelne treue Seelen, von ihren heißen Wünschen verführt, zuweilen an eine Besserung im Zustande des geliebten Herrn geglaubt und diesen Glauben ausgesprochen haben, so kann man das einen Fehler nennen, wenn man will, aber der Fehler ist schön und herzerwärmend. Von einer Ausbeutung solcher Gerüchte zu Parteizwecken zu sprechen, ist — jämmerlich. Möchte man nicht mit dem großen Friedrich ausrufen: »Sieht Er, mit solchem Gesindel muß ich mich herumschlagen!« Uns ekelt vor diesem Volk!

Das politische Interesse der verwichenen Woche war vorzugsweise von der Debatte über die Civilehe im Hause der Herren in Anspruch genommen. Gewiß ist die Mahnung berechtigt, daß man über die schweren Verwickelungen, die von Außen drohen, nicht das Vorgehen des Ministeriums in inneren Angelegenheiten aus den Augen verlieren möge, indessen hat es uns doch bedünken wollen, als sei es jetzt nicht an der Zeit, solche Dinge zu debattiren. Das ist kein Vorwurf für das Haus der Herren, das hatte die Pflicht, den hingeworfenen Handschuh aufzuheben. Es mag erhaben und römisch sein, die Senatssitzung nicht zu unterbrechen beim Einbruch der Gallier, es wäre vielleicht etwas weniger erhaben, aber viel preußischer, sich gegen den Einbruch der Gallier zu rüsten und zu wehren. Man vergesse nicht, daß die alten Gallier die erhabenen Senatoren sämmtlich niederhieben, und wir fürchten, daß die modernen Gallier keine Ausnahmen zu Gunsten der Herren Minister-Excellenzen machen werden, sie schonen vielleicht nicht ein Mal den wackern Regierungs-Commissarius, der jedenfalls sehr witzig zu sein glaubte, als er eine alte, gar nicht zur Sache gehörige Vorschrift über die Verehelichung adliger Personen mit schlechten Weibsbildern vorlas, um sich für seine und seiner Minister Niederlage zu rächen an dem Adel des Landes. Im Herrenhause scheinen uns solche Regierungs-Spaßmacher im höchsten Grade überflüssig! Man mag zu der Civilehe stehen wie man will, das muß man zugeben, daß, ganz abgesehen von der Verwerfung des Gesetzes, die Regierung bei den Debatten durchaus keine glänzende Rolle gespielt hat. Einen fast komischen Eindruck aber macht der Zorn der ministeriellen Blätter, der sich mit einem rührenden Jammer über die »gehässigen« Angriffe auf den Cultusminister Moritz von Bethmann ergießt. Gehässig waren die Angriffe durchaus nicht, Niemand hat Herrn v. Bethmann etwas Kränkendes gesagt, fühlte er sich aber durch die Wahrheit gekränkt, die ihm allerdings gesagt wurde, weil sie ihm gesagt werden mußte, so ist er ganz allein selbst daran schuld; das Herrenhaus würde mit jener zarten Schonung, die ihm stets eigen war, auch über die politischen »Wandelungen« des gegenwärtigen Cultusministers hinweggegangen sein, wenn Herr von Bethmann nicht die — nun Geschicklichkeit war's nicht, gehabt hätte, dem Kronsyndicus Dr. Stahl und dem ganzen Herrenhause Wandelbarkeit vorzuwerfen. Die glänzendste Rolle in den Verhandlungen spielte unstreitig der edle Graf von Arnim-Boytzenburg, der in jedem Satz, den er sprach, den eminenten Staatsmann bekundete. Uebrigens ist wohl zu bemerken, daß die Regierung nicht allein den Adel des Landes gegen sich hatte, sondern daß gerade und vorzugsweise auch die höchsten juristischen Autoritäten Preußens gegen sie stimmten und sprachen. Wird nicht doch manchen Leuten um ihre juristische Unfehlbarkeit bange, wenn Männer wie die Kronsyndici Dr. Götze, Dr. Stahl, Dr. Homeyer, Dr. v. Daniels, Dr. Pernice u. A., die als Sterne erster Größe am Himmel deutscher Rechtswissenschaft glänzen, sich gegen sie erheben? Die Gegner sprechen immer vorlaut von der »Opposition der Junker« im Herrenhause, nun sind das auch Junker?

Es wird uns weder wundern noch schrecken, wenn nun nach diesem Votum der Sturm gegen das Herrenhaus noch stärker wüthet, denn die Leute sind nicht alle so gutmüthig, wie der Herr Staatsminister von Auerswald, der, neulich nach Mitteln zur Beseitigung des Herrenhauses befragt, erwidert haben soll: »Wir lassen es aussterben, das führt zwar langsam, aber sicher zum Ziel; in wenigen Jahren sind schon vier Mitglieder gestorben!« Wir gratuliren Herrn v. Auerswald aufrichtig zu seiner »milden Praxis.«

Aus Paris.

10. Februar 1860.

— Ein Paar Geschichtchen aus der Gesellschaft. — Richard Wagner. — Mordgeschichte. —

Der Conflict zwischen Kaiser und Papst und noch mehr vielleicht die Freihandelsdrohung haben die Pariser Salons für diese Saison ganz unglaublich ernst gestimmt und wenn ich Ihnen ein paar kleine heitere Geschichtchen erzähle, welche coursiren, so geschieht es, weil eben Ausnahmen die Regel bestätigen. In einem sehr gesuchten Salon war die Gesellschaft schon zahlreich. Gegen zehn Uhr trat ein Herr ein in sehr eleganter Kleidung, von sehr guten Manieren, ein Typus des vollendeten Gentleman, aber ein Gentleman mit einer beträchtlichen Nase. Man kennt das Sprichwort: „Jamais grand nez n'a gaté beau visage!“ Dieser Herr gab seinerseits den Beweis für die Richtigkeit des Sprichworts. Er ging auf die Dame vom Hause zu, machte sein Compliment mit aller der Förmlichkeit, welche nothwendig ist, wenn man noch nicht zu den näheren Freunden des Hauses gehört; dann fuhr er höchst ernsthaft fort: „sie“ ist mit Vergnügen Ihrer Einladung gefolgt, Madame ... „sie fühlt sich dadurch in so hohem Grade geehrt ...“ Dies wurde halblaut gesagt, aber deutlich genug, daß die zunächst stehenden Personen den seltsamen kleinen Dialog mit anhören konnten. Die Dame vom Hause, eine feine, vornehme Frau, aber ängstlich, weil noch sehr jung, wurde verlegen und da sie glaubte falsch gehört zu haben, fragte sie: »Um Vergebung, mein Herr, Sie sagten ...“ „Ich sagte, Madame, daß „sie“ Ihnen ungemein dankbar ist dafür, daß Sie „ihr“ Zutritt in Ihren Salon gestattet haben ...“ Man schaut sich an, man beginnt zu flüstern; die Dame geräth in immer größere Verlegenheit. „Aber ich begreife nicht,“ sagt sie; „von wem sprechen Sie denn?“ — Statt aller Antwort zeigte der Herr auf seine große Nase. „Wie? Sie wissen? ... Ah! welche Indiscretion!“ ruft die Dame vom Hause, erröthet vom Kinn bis an die Augen und birgt halb lachend halb ärgerlich das Gesicht in ihr Taschentuch. Hier die Erklärung dieses kleinen Mysteriums! Frau v. B. ..., bei welcher diese Scene sich ereignete, hatte Tags zuvor bei ihrer Schwester jenen Herrn kennen gelernt. Er hatte ihr gefallen trotz seiner etwas großen Nase. Nach Hause zurückgekehrt und an ihre bevorstehende Soirée denkend, hatte sie ihrer Schwester folgendes lakonische Billet geschrieben: „Die große Nase von gestern gefällt mir. Lade sie in meinem Namen für heute Abend ein.“ Die Schwester, eine heitere Dame, erlaubte sich den Scherz, die Einladung im Orginal dem Herrn zuzuschicken, der als Mann von Geist die scherzhafte Einladung durch jene scherzhafte Scene erwiderte und die Lacher auf seiner Seite hatte.

Das folgende Geschichtchen ist eine Folge der vielen Duelle, die in der letzten Zeit stattgefunden haben, die Duellwuth scheint hier ganz allgemein zu werden.

Jemand hatte sich entschlossen seinen Schneider zu wechseln, Der neue Schneider hatte ihm zur Probe erst einen Frack gemacht; am folgenden Tage kam derselbe zu ihm und sagte mit wichtiger Miene: „Mein Herr, ich habe Sie um eine Gefälligkeit zu bitten.“ Gut! denkt der Herr; er bringt offenbar eine vorzeitige Rechnung . . . Ich habe den Andern aufgegeben, weil . . . Ich bin aus der Scylla in die Charybdis gefallen! — „Mein Herr,“ fährt der Schneider fort, „ich habe sie um eine Gefälligkeit zu bitten . . . Ich muß mich schlagen . . . Würden Sie mir die Ehre erweisen, mir als Zeuge zu dienen?“ — Der Herr ist erstaunt und sagt: „Gewiß, mein tapferer Meister, würde ich dies mit Vergnügen thun, aber laßt doch sehen, was Sie mir bis jetzt geliefert haben?“ — „Einen Frack, nichts als einen Frack!“ — „Nun wohl! wie können Sie erwarten, daß Ihnen Jemand als Zeuge diene, dem Sie nur einen Frack gemacht haben? Das wäre unlogisch. Ja, wenn es ein Paletot wäre . . . Warten wir, bis Sie mir einen Paletot gemacht haben, dann sage ich nicht, daß . . .“

So spotten die Pariser selbst über die Duellwuth der Schneider, und doch predigen sie fortwährend die alberne Lehre von der Gleichheit.

Nur einige Worte noch über die Musikaufführung R. Wagner's: Der deutsche Componist stellte sich und seine Musik dem hiesigen Publikum ohne alle Reclame vor Ja sogar die üblichen Einladungen an die Journale unterblieben. Die Franzosen fanden dieses stolze Selbstvertrauen superb, aber unhöflich. Die Einladungen waren jedoch nur im Drange der Geschäfte vergessen worden, was Herr R. Wagner lebhaft bedauerte. Das Opernhaus war in allen Räumen überfüllt. Die Deutschen waren in der Mehrzahl, und sie applaudirten den deutschen Künstler mit Enthusiasmus, in welchen auch die Franzosen trotz einiger Verblüfftheit einstimmten. Wir sind sehr gespannt auf die zweite Probe.

Ein hiesiges Blatt meldet folgende schauerliche Geschichte: Bei den Ausgrabungen wegen Anlage der Eisenbahn von Orleans nach Nevers fand man in der Nähe eines vereinzelt liegenden Wirthshauses unter Bäumen nicht weniger als 25 Leichen. Verschiedene Verdachtgründe, so das Anerbieten, die Arbeiten auf seine Kosten ausführen zu lassen u. s. w., bezeichneten den Inhaber des Wirthshauses als vermuthlichen Mörder. Er ist verhaftet. Wie es scheint, hat er seit dreißig Jahren seine Gäste: Scheerenschleifer, Colporteurs, Landleute, Krämer, wegen ihrer bescheidenen Habseligkeiten ermordet und sie sodann nebst dem, was er nicht brauchen konnte, vergraben. An der Seite mehrerer der Leichen fand man Handwerksgeräthe, Schleifmühlen, Taschen, selbst einen mit seinem Herrn eingescharrten Esel. Welche Schauerromantik in der hochcultivirten Zeit!

Militärische Revue.

Sonntag, den 19. Februar 1860.

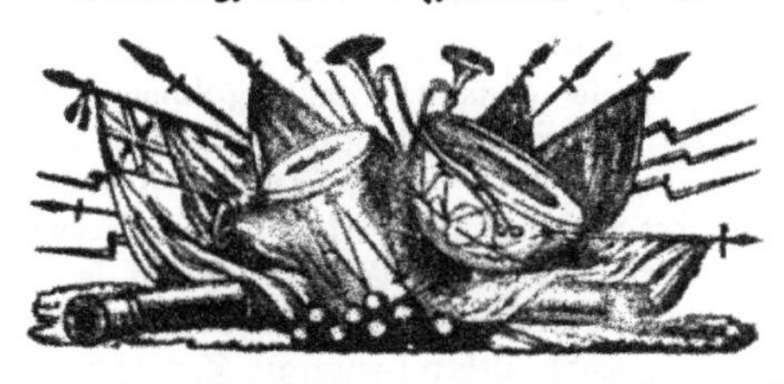

Geschichtskalender.

19. Febr. 1814.	Die preußischen Truppen rücken in Danzig ein.	23. Febr. 1807.	Berennung der Festung Neiße durch den General Vandamme.
20. Febr. 1757.	Gefecht von Hirschfeld zwischen Preußen und Oestreichern, ohne Resultat.	24. Febr. 1758.	Gefecht von Schladen: Franzosen durch Preußen geschlagen.
21. Febr. 1807.	Gefecht von Bischoffstein, zwischen Franzosen und Preußen.	25. Febr. 1763.	Einzug der Garnison in Berlin nach dem Hubertsburger Frieden.
22. Febr. 1758.	Schwarze preußische Husaren überfallen die Franzosen bei Nord-Drebber.		

Inhalt:

Die militärische Lage Großbritanniens.

IV. (Schluß.)

Der General Burgoyne verwirft mit Recht die Idee, eine gewisse Ausdehnung der Küsten mit Hilfe der befestigten Posten in der Art der Martello-Thürme zu vertheidigen. Nach seiner Ansicht müßte man nur an den Einfahrten der Rheden und Häfen permanente Batterien anlegen. Alle anderen Punkte des Küstenlandes sollen durch Truppen und mobile Batterien geschützt werden. Die besten Batterien sind diejenigen, welche ein Commandement von ungefähr 50 Fuß über das Meer haben; niedriger sind sie dem Feuer der Schiffe zu sehr ausgesetzt und höher hört ihre Schußlinie auf wirksam zu sein.

Man soll bei der Anlegung von Küsten-Batterien weniger darauf bedacht sein, die Geschütze und Kanoniere zu schützen, als wie darauf, die möglichst bedeutendste Wirkung auf die feindlichen Fahrzeuge zu erreichen. Diejenigen Batterien, welche durch das Feuer der Marine enfilirt oder plongirt werden können, sind die einzigen, welche durchaus kasemattirt werden müssen. Es ist klar, daß in diesem Falle die Rückseite der Gewölbe gänzlich offen bleiben muß, um den Rauchabzug zu erleichtern.

Der General Burgoyne behauptet, daß dem Musketenfeuer der Mastkörbe keine zu große Wichtigkeit beizulegen sei; einige Kartätschschüsse oder Shrapnels genügen gewöhnlich, um es zum Schweigen zu bringen.

Was das Feuer der See-Artillerie anbelangt, so ist es viel weniger furchtbar, als man gewöhnlich glaubt. Die Küsten-Batterien haben eine bedeutende Ueberlegenheit über die Schiffe. Sir John Burgoyne beweist es durch Gründe und überzeugende Thatsachen. Dessenungeachtet bleiben viele Soldaten bei der Behauptung, daß die Dampfschiffe wegen ihres schnellen Laufes und die schwimmenden gedeckten Batterien durch ihren bedeutenden Widerstand die Vertheidigung der Küsten-Batterien immer schwieriger machen werden.

Hierbei muß man bemerken, daß der in Seeschlachten so werthvolle Vortheil eines schnellen Laufes sich auf ein sehr Geringes reducirt, sobald es sich darum handelt, gegen Batterien zu kämpfen, welche am Rande eines Fahrwassers oder einer Rhede gelegen sind. Andererseits ist die Schwierigkeit, mit einem Schiffe mitten im Rauche der Artillerie an Bord und der Küsten-Batterien zu manövriren, so groß, daß einer der ausgezeichnetsten englischen See-Offiziere vor Kurzem behauptete, daß er die Einfahrt von Portsmouth nur mit blinden Kartuschen vertheidigen wolle.

Was die gedeckten Fahrzeuge anbetrifft, so fehlen ihnen nautische Eigenschaften und sie gehen zu tief im Wasser, um mit Vortheil an den Küsten und in den Flüssen verwendet werden zu können. Sie haben überdies die Inkovenienz, auf offenem Meere des Bugsirens zu bedürfen. Endlich aber ist es auch noch wahrscheinlich, daß ihre Platten (von 8—13 Centimeter Dicke) den Projectilen neuer Geschütze, mit welchen bald sämmtliche Küsten-Batterien armirt sein werden, keinen gehörigen Widerstand zu leisten vermögen. Schon vor vier Jahren ist man im Polygone von Brasschaet dahin gelangt, die Platten der englischen schwimmenden Batterien durch 48pfündige runde Kugeln von gefrischtem Stahl zu durchbohren. Die 68pfündige Armstrong-Kanone, mit verlängerten gegossenen Kugeln, ergab dasselbe Resultat bei Platten von 4 englischen Zollen; und darf man der Revue des Deux Mondes Glauben schenken, so hat der Oberst Treuille de Beaulieu dem Kaiser das Project einer gezogenen Kanone vorgelegt, deren Geschoß durch Platten von 24 Centimeter Dicke hindurch dringen würde. Da es nun aber unmöglich ist, einem mit Platten von dieser Dicke bedeckten und mit einem gehörig solide blindirten Deck versehenen Fahrzeuge, um den Geschossen gezogener Mörser zu widerstehen, nautische Eigenschaften zu geben, so kann man vorhersagen, daß selbst die nur annähernde Lösung des Problems von Treuille de Beaulieu zu dem Resultat führen müßte, gänzlich auf die Anwendung bedeckter Fahrzeuge zu verzichten. Und selbst, wenn man dazu gelangte, diese eisernen Berge zum Schwimmen und zum Bewegen zu bringen, so würde es immer noch möglich sein, ihre Geschütze und ihre Kanoniere durch die Stückpforten durch zu erreichen, wie man ja auch das Personal und das Material der Küsten-Batterien durch die Schießscharten durch erreicht. Es scheint nach dem Allen nicht zweifelhaft, daß man mit guten permanenten Batterien, unterstützt durch ein unterseeisches Minensystem und gehörig verankerte Ketten-Barrièren, die Rheden und Flüsse mit Erfolg gegen die neuen Angriffsmittel vertheidigen könnte, über welche die Marine jetzt gebietet.

Der General Burgoyne ist der Meinung, daß bei dem Kampf gegen Dampfschiffe die staffelförmig längs des Ufers 4 oder 5000 Metres von einander entfernt liegenden Batterien den concentrirten, zwei sich gegenüber liegende Punkte des Fahrwassers einnehmenden Batterien vorzuziehen seien. Er zieht auch Enfilirungs-Batterien den Travers-Batterien vor, weil diese mehr

Chancen haben, die sich schnell bewegenden Fahrzeuge zu erreichen. Wir erlauben uns jedoch über diesen Punkt anderer Meinung zu sein. Sobald es sich darum handelt, auf ein Schiff zu zielen, das sich schnell einer Küsten-Batterie nähert, so wird man bei jedem Schuß die Elevation abändern müssen; denn der geringste Irrthum in dieser Operation giebt große Abweichungen in der Schußweite und folglich geringe Resultate. Es wird im Gegentheil sehr leicht sein, wenigstens einmal die Flanken eines Fahrzeuges zu erreichen, welches versuchen will, vor einer Travers-Batterie vorbeizufahren. Dazu wird es genügen, im Voraus die Geschütze auf das Fahrwasser zu richten und den Kanonieren den Moment genau anzuzeigen, in dem sie Feuer geben sollen. Wir fügen noch hinzu, daß die Travers-Batterien den Vortheil haben, weder den entfernten Schüssen der Schiffe, noch den von der Marine an den Ufern des Flusses oder Fahrwassers ausgeschifften Geschützen ausgesetzt zu sein.

Das mit dem Titel »Angriff der Festungen« versehene Kapitel verdient eine specielle Erwähnung; es ist dies ein kurzgefaßtes Resumé der Principien, nach welchen der Ingenieur sich bei der Leitung der Belagerungen richten soll. Wir haben ausgezeichnete Vorschriften darin gefunden, die weder in der Abhandlung von Vauban, noch in den Lehrbüchern, welche zum Unterricht in der Fortification auf Militair-Schulen dienen, zu finden sind. Der General Burgoyne, welcher mehrere wichtige Belagerungen geleitet und seit einem halben Jahrhundert nicht eine Gelegenheit versäumt hat, sich in der practischen Belagerungskunst zu unterrichten, hat in dieser Beziehung mehr Erfahrung als irgend ein lebender Ingenieur. Dies ist's auch, was seinen Vorschriften einen so großen Werth und eine unumstößliche Autorität verleiht. Der folgende Paragraph zeigt, welche Wichtigkeit der Verfasser den moralischen Elementen beimißt, die im Kriege so entscheidend sind, und von denen die Theoretiker im Allgemeinen wenig wissen wollen. Nichts führt zu schlechteren Resultaten, besonders bei einer Belagerung, als die Formation von Arbeiter-Compagnien aus Kommandirten verschiedener Corps.

Wenn die englischen Soldaten mit ihren Kameraden unter den Augen ihrer Offiziere handeln, so bringt sie die Furcht sich zu compromittiren, oder die Hoffnung sich vor ihnen auszuzeichnen, dahin, zu thun, was wenige Andere thäten; man könnte selbst behaupten, ohne dabei ihren Charakter heruntersetzen zu wollen, daß sie ihre Pflicht vor dem Feinde nicht erfüllen, wenn nicht die Ordnung und Disciplin aufrecht erhalten werden. Wie könnten diese beiden Bedingungen erfüllt werden, wenn Detachements verschiedener Regimenter im Dienst zusammentreffen und sich weder Soldaten noch Offiziere kennen?

Nicht alle Leute sind Helden und nicht alle erfüllen ihre Pflicht unter schwierigen Verhältnissen einzig und allein aus Princip, ohne von ihren Chefs bemerkt zu werden. Alle Soldaten der Welt haben in dieser Beziehung dieselben Gefühle.

Der von Kommandirten versehene Dienst leidet darunter besonders in der Nacht, namentlich wenn es sich um Arbeiten handelt, deren Verlassen weniger Schande mit sich bringt, als das jedes anderen Postens.

Die Ausführung der besonderen Arbeiten, als z. B. der Belagerungs-Batterien &c., ist immer eine vortreffliche, wenn man dieselbe einem Corps überträgt, und deshalb sollte dieser Modus der Arbeit immer vorzuziehen sein.«

Der General Burgoyne hat zu viel Erfahrung, um in den Irrthum von Fourcroy zu fallen, der vermittelst mathematischer Formeln beinahe auf den Tag die Dauer des Widerstandes der Festungen berechnen zu können glaubte. Ueberzeugt davon, daß der Krieg in allen seinen Stadien ein Drama ist, in dem die Leidenschaften und der Zufall eine bedeutende Rolle spielen, hütet er sich, die Regeln, welche durch ihre Veränderlichkeit oft täuschen, den Principien zu substituiren, welche niemals täuschen, da sie von Natur unveränderlich sind, wie Alles, was sich an das Wesen der Dinge hält. So behauptet auch Sir John Burgoyne, indem er von dem Angriff auf Festungen von großem Umfang, die von einer zahlreichen Garnison und einer mächtigen Artillerie vertheidigt werden, spricht, daß die erste Parallele nicht auf 600 Metres, wie es Vauban vorschreibt, auch nicht auf 300 Metres, wie es einige moderne Ingenieure angeben, sondern auf 1000 Metres mindestens eröffnet werden müsse. Er beweist darauf durch Betrachtungen von schlagender Wahrheit, »daß eine große, schwach befestigte, aber mit einer zahlreichen Garnison versehene Festung schwerer zu nehmen ist, als ein kleinerer Platz mit vorzüglichen Werken.«

Diese und andere Bemerkungen, welche vor 12 Jahren in dem „Aide of memoire of the military sciences" veröffentlicht wurden, sind auf eine merkwürdige Art durch die Belagerung von Sebastopol bestätigt worden.

Der General Burgoyne ist der Ansicht, daß die Ausfälle nicht durch die auf den Bankets der Parallele zerstreuten Tranchee-Wachen zurückgeworfen werden sollten, sondern durch Colonnen, welche die Angreifenden in die Flanke nehmen und sie mit dem Bayonnet attakiren, während eine kleine Anzahl von guten Schützen, die sich selbst mit der Brustwehr der Tranchee decken, sie in der Front mit einem lebhaften Gewehrfeuer empfangen.

Hierbei möchten wir noch bemerken, daß der preußische Major Louis Blesson uns dringend den folgenden Modus, der, wie es scheint, mit Erfolg in der Campagne von 1814 versucht worden ist, anempfiehlt: »die Tranchee-Wache hält sich auf der Rückseite der Parallele und schießt auf die Ausfallstruppen in dem Augenblicke, wo dieselben sich anschicken die Brustwehr der Tranchee zu überschreiten, eine Operation, vor welcher sie 9 Mal unter 10 Mal zurückweichen werden, wenn man Sorge getragen hat, die innere Böschung sehr steil zu halten und die Berme auf ein Minimum an Breite zu beschränken. In diesem Falle dürfen die Stufen nicht auf der Seite der Festung angebracht sein, wo sie das Heruntersteigen der Angreifenden in die Tranchee begünstigen würden, sondern auf der Seite des offenen Feldes zum ausschließlichen Gebrauch der wachthabenden Truppen.

Wir glauben, daß dieser Vertheidigungs-Modus, in Verbindung mit den Ausfällen von der Seite, die beste Combination darbietet.

Der General Burgoyne zeigt auch den Vortheil an, den man aus der Anwendung von Elite-Füsilieren ziehen kann, welche gegen das Feuer der Festung durch Gruben, sogenannte »Wolfsgruben« oder Embuskaden, geschützt werden. Er ist der Ansicht, daß dieses Angriffsmittel noch wirksamer sein wird, wenn man mehrere Logements zu einer fortlaufenden Tranchee wird vereinigen können. Die Gründe, welche er zur Unterstützung seiner Ansicht darlegt, können zugleich als Antwort auf die Kritik des Generals Niel dienen, welche derselbe über eine ähnliche Vorbereitung des Generals Todleben bei der Vertheidigung von Sebastopol machte.

Sir John Burgoyne giebt ausgezeichnete Gründe für sein System an, welches darin besteht, die Erbauung von Belagerungs-Batterien lieber den Genie-Truppen, als wie der Artillerie zu übertragen. Dieses von jeher in der englischen Armee befolgte System hat den Vortheil, die Ausführung der Arbeiten zu beschleunigen und die Conflicte zu vermeiden, welche in anderen Armeen bedauernswerthe Reibungen zwischen den Ingenieuren und den Artillerie-Offizieren herbeigeführt haben. Der General Burgoyne macht mit Recht darauf aufmerksam, daß die Genie-Truppen aller europäischen Armeen zu wenig zahlreich sind.

Der Nutzen dieser Truppen nimmt allerdings mit jedem Tage zu. Niemals hat sich ein General beklagt, deren zu viele zu haben. Der Herzog von Wellington hat manches Mal sein Bedauern darüber ausgedrückt nicht genug davon zu haben, und begreiflich ist dies; denn die Genie-Soldaten können sich, wenn sie nicht gerade mit Ausführung ihrer speciellen Arbeiten beschäftigt sind, eben so gut des Gewehres bedienen, wie die besten Infanterie-Truppen. So war es bei Waterloo, und neuerdings in der Schlacht von Inkermann sind die Genie-Truppen in der Linie mit vollkommenem Erfolge verwendet worden

Wenn wir noch einmal kurz zusammenfassen, was wir hier schnell zu analysiren versucht haben, so verdient das Werk des Sir John Burgoyne einen hervorragenden Platz in der Bibliothek jedes Ingenieurs. Es gehört zu jener kleinen Zahl auserlesener Erscheinungen, welche man mit Nutzen studirt und zu denen man immer wieder zurückkehrt, wenn man sie auch eine Zeit lang verlassen hat.

Eisenbahnzüge und Dampfschiffe.

I.

Eisenbahnzüge und Dampfschiffe sind als wichtige Transportmittel in der Neuzeit der militairischen Betrachtung nahe gelegt worden und haben auch eine verhältnißmäßig reiche Literatur hervorgerufen, die sich indessen vorzugsweise mit der Frage beschäftigt, wie beide Dampfvehikel die Kriegskunst und ihre veränderlichen Lehren umgestalten werden, wie man überraschend werde angreifen und vertheidigen können, wie eine Gränze durch Eisenbahnen gesichert, ein Land durch die Dampfschifffahrt bedroht erscheine — ein Eingehen auf die Beschaffenheit und das Wesen jener Dampf-Vehikel aber vermissen läßt.

Der Militair braucht allerdings die Dampf-Locomotoren und ihre Behandlung nicht so genau zu kennen, wie das lebendige Kriegs-Transportmittel, das Pferd, bei dem er stets Maschinist, oft auch noch Heizer in eigener Person ist, wohl aber ist ihm eine klare Einsicht in die Leistungsfähigkeit derselben unentbehrlich, wenn er ohne Tabellen und Notizen-Kram für jeden besonderen Fall das gewünschte Moment, sei es Zeit, Kraft oder Last, einigermaßen bestimmen soll.

Die nachstehenden Zeilen sollen nur einige compilirte Notizen nach dieser Richtung hin geben und dazu dienen, der beregten Lücke Aufmerksamkeit zuzuwenden, sie werden sich von leeren Abstractionen eben so fern halten, wie von rein technischen Details und nur bei den weniger allgemein gekannten Schraubendampfschiffen etwas näher auf constructive Verhältnisse eingehen.

Ein Eisenbahnzug besteht aus einer oder zwei Locomotiven und einer Reihe daran gehängter Transportwagen, deren Zahl und Belastung nach der Zugkraft der Maschinen, nach dem Längenprofile der Bahn, der Dauer der Fahrt, den Witterungs-Einflüssen und endlich nach der beabsichtigten Fahrgeschwindigkeit bemessen wird.

Die Belastung des Zuges und das Nivellement der Bahn sind unter den aufgeführten Momenten bei Weitem die wesentlichsten, indessen dürfen auch die übrigen nicht zu gering angeschlagen werden; Schneetreiben und Eis können die Fahrt ganz hemmen, und widrige Winde bei langen Zügen — der Querschnitt jedes einzelnen Wagens erleidet den Luftwiderstand, dieser addirt sich also mit der Anzahl der Wagen, — noch mehr aber seitliche Winde äußern fühlbaren Einfluß.

Je nachdem man beabsichtigt, leichte Züge sehr schnell oder bedeutende Lasten auf großen Strecken fortzubewegen, verwendet man „Eilzug-“ und „Personenzug-Locomotiven“ oder „Güterzug-Locomotiven“; letztere, wegen der doppelten und gekoppelten Triebräder auch „gekoppelte-Locomotiven genannt, übertreffen die einfachen hinsichtlich der Leistung in jeder Beziehung, bedürfen aber auch mehr Speisung. Man verwendet Locomotiven von 50 – 250 Pferdekraft; die einfachen, von 50—100 Pferdekraft, ziehen andauernd und auf horizontaler oder wenig steigender Bahn 1500—3000 Zoll-Center Netto-Last, die gekoppelten unter gleichen Verhältnissen bis 8000 Zoll-Centner Netto-Last; indessen pflegt die Eisenbahn-Terminologie die Zugkraft der Locomotiven weder nach Pferdekräften, noch nach Centnern, sondern nach »Achsen«, die »Achse« zu circa 50 Zoll-Centnern berechnet, auszudrücken und nennt Maschinen, die weniger als 60 Achsen andauernd mit mittlerer Geschwindigkeit zu ziehen vermögen, »leichte« diejenigen, welche mehr ziehen, »schwere« Locomotiven.

Der Kohlen- und Wasserbedarf der Locomotiven ist viel größer, als man nach dem gewöhnlich nur kurzen Aufenthalte an den Wasserthürmen schließen sollte; eine starke Locomotive, die einen mäßig belasteten Zug mit mittlerer Geschwindigkeit bewegt, consumirt allstündlich etwa 5 Ctr. Coaks, um mehr als 1500 Quart Wasser zu verpuffen.

Die Fahrgeschwindigkeit der Züge auf den europäischen Bahnen schwankt in den weiten Grenzen von 3—10, ja selbst 12 geographischen Meilen in der Stunde, wobei dem nothwendigen Aufenthalt an Zwischenstationen Rechnung getragen ist. Als durchschnittliche Geschwindigkeit auf denjenigen deutschen Bahnen, die weder an Curven, noch an Steigungen allzureich sind, kann man 5 Meilen auf die Stunde, oder 12 Minuten auf die Meile berechnen, und würde sich diese Geschwindigkeit auch bei anhaltender und starker Benutzung der Bahnen zu Militair-Transporten recht wohl innehalten lassen, wenn hier nicht die Rücksichten auf Mannschaften und Pferde, wie das Arrangement der Zugfolge, längeren Aufenthalt verursachte. Bei den Versuchs-Transporten in Schlesien im Herbste 1858, nach dem Schluß der Corps-Manöver des 5ten und 6ten Armee-Corps, legten die Züge 4 Meilen in der Stunde, oder die Meile in 15 Minuten zurück.

Die Transportwagen sind sehr mannigfacher Art, es giebt 2-, 3- und 4-achsige Personen-, Pferde- und Vieh-Wagen, offene und bedeckte Lastwagen, Langholzwagen, Kesselwagen, Lowries u. s. f. Die Last-Transportwagen bilden im Betriebs-Material fast aller Bahnen die ungeheure Majorität, können indessen mit geringer Mühe zur Personenbeförderung wie zum Pferde-Transport hergerichtet werden, ja auf vielen preußischen Bahnstrecken, welche bei der im verflossenen Sommer beabsichtigten Concentrirung nach dem Rheine hin in Anspruch genommen werden sollten, ist eine derartige Einrichtung schon vollständig vorbereitet, so daß eintretenden Falls nur das Einschieben einiger Sitzbretter u. dgl. noch übrig ist.

Das Gewicht der Transportwagen schwankt zwischen 80 und 250 Centnern, ihre Tragfähigkeit zwischen 80—500 Ctr. Zollgewicht.

Der Bedarf an Transportwagen für eine bestimmte Anzahl Truppen ergiebt sich indessen natürlich keineswegs aus dem Gewichte; ihr Volumen ist vielmehr das maßgebende und dies läßt selbst bei der engsten Embarkirung die Belastung weit hinter dem normalen Tragvermögen der Fahrzeuge zurückbleiben; durchschnittlich kann man auf die Achse 20 Mann, oder 2–3 Pferde oder großes Schlachtvieh, und per Geschütz und Fahrzeug 1½ – 2 Lowry-Achsen rechnen. In England besitzen Pferde und Schlachtvieh eine ganz besondere Fähigkeit, beim Eisenbahn-Transport wenig Raum einzunehmen, und es ist erstaunlich anzusehn, was hier geschickte Verpackung selbst mit widerspenstigem Material leistet.

Uebrigens verlangt die Auswahl der Wagen für die Pferde noch die meisten Rücksichten; denn sie müssen, wenn sie geschlossen sind, hoch genug, wenn offen, mit hinreichend hohen Bordbrettern versehen sein, vor Allem aber solide und starke Fußböden besitzen, um das Durchtreten der bei Beginn der Fahrt meist unruhig stampfenden Thiere zu verhüten. —

Was nun die Zusammensetzung von Locomotiven und Transportwagen zu Eisenbahnzügen anbelangt, so wirken jene stets ziehend, höchstens bei kleinem Arbeitsdienst auf den Bahnhöfen stoßend. Früher befolgte man diesen Grundsatz nicht, sondern spannte bei schweren Trains eine Maschine vorn und eine hinten an. Die Uebelstände und das Gefahrdrohende eines solchen Arrangements liegt auf der Hand, denn es ist sehr schwer, wo nicht unmöglich, zwei selbst ganz gleichartig construirte Locomotiven, die durch einen langen Wagenzug getrennt sind, mit vollkommen gleicher Geschwindigkeit laufen zu lassen. Geht aber die vordere Maschine zu rasch, so wirkt die hintere gar nicht, findet das Umgekehrte statt, so ist ein Zusammenschieben des ganzen Zuges, das Zertrümmern und Ausspringen der Wagen zu befürchten: es wäre dies nun allenfalls noch durch sorgsame Führung zu vermeiden, wenn die Bahn überall mit gleicher Geschwindigkeit befahren werden könnte, da aber nicht nur Steigungen, sondern jede Curve schon eine modificirte Anspannung der Maschinenkraft erheischt, so ist es vollkommen gerechtfertigt, daß gegenwärtig die Locomotiven nur noch ziehend verwendet werden dürfen. Zwei Locomotiven, dicht hintereinander gespannt, reguliren sich in ihrer Geschwindigkeit selbstständig und mit großer Genauigkeit.

Für die Reihenfolge der Transportwagen unter sich sind technische Rücksichten nur insofern maßgebend, als eine bestimmte Anzahl derselben — je nach dem Nivellement der Bahn verschieden — mit Bremsvorrichtung und Schaffnersitzen versehen und im Zuge vertheilt sein müssen, im Uebrigen kann dieselbe bei Militärzügen ganz eben so vom militärischen Standpunkte aus angeordnet werden, wie sie bei den gewöhnlichen Zügen ausschließlich durch die Rücksicht auf möglichst prompte und bequeme Expedition bestimmt wird.

Die ersten Stimmen, welche den gewaltigen Einfluß der Eisenbahnen auf die Kriegführung verkündeten, klangen sehr schüchtern; man traute damals der Technik noch nicht recht zu, daß sie die Schwierigkeiten eines anhaltenden und erhöheten Betriebes überwinden würde, hing überhaupt noch an dem alten Hauderer-System mit seinen unzähligen Futter- und Tränkstationen; je geringer die vorhandenen Betriebsmittel waren, um so rücksichtsvoller behandelte man sie. Heute ist das anders geworden, und keine Eisenbahn-Direction würde Anstand nehmen, nöthigenfalls einer Locomotive eine Motion von 100 Meilen und mehr in 24 Stunden zuzumuthen. Mehrere der großen deutschen Bahnen haben über hundert Maschinen und einige Tausend Transportfahrzeuge im Betriebe, von denen selten mehr, als ein Zehntel bis ein Achtel in Reparatur sich befinden. Die Spurweite ist durch ganz Europa — mit alleiniger Ausnahme der breiten russischen Bahnen — ein und dieselbe, auch die Höhe der Puffer an den Transportfahrzeugen ist fast überall egalisirt, so daß nur in sehr vereinzelten Fällen technische Rücksichten die Verwendung jedes Betriebsmaterials auf jeder Strecke verbieten. Wenn sich die Leistungsfähigkeit der Eisenbahnen für Kriegszwecke demohngeachtet wesentlich geringer stellt, als sie aus Vorstehendem resultiren würde, so findet dies in anderen Momenten seine Begründung, von denen wir nur den Mangel eines durchgehenden Doppelgeleises und die dadurch beschränkte Zugfolge, den geringen Raum vieler Embarkationsanlagen, endlich die Unauskömmlichkeit des Personals, welches nicht eine Bahn mit der andern beliebig vertauschen kann, vielmehr der detaillirtesten Ortskenntniß für seinen Dienst unumgänglich bedarf — hervorheben wollen.

Tagesereignisse.

Mit welcher Seichtigkeit und Oberflächlichkeit hiesige Correspondenten von Provinzial-Zeitungen über alle mögliche Dinge aburtheilen, das übersteigt in der That alle Begriffe, und man weiß zuletzt wirklich nicht mehr, soll man über dergleichen Wortgeklingel lachen oder weinen So berichtet ein solcher Correspondent der „Magdeburger Zeitung," der unter dem Zeichen des Merkurs schriftlich einherstolzirt und daher wahrscheinlich mehr mit dem Schnabel als mit dem Sabel zu arbeiten gewohnt ist, wörtlich Folgendes:

„Die Kriegsvorlage ist wie eine Bombe in's Haus der Abgeordneten hinein geschleudert worden. Zu welchen Opfern man sich auch entschlossen hatte, solchen Anforderungen sah man denn doch nicht entgegen. Die Stimmung ist daher auch im Allgemeinen höchst gedrückt. Die Vorlage der Regierung wird erst heut im Druck erscheinen; über sie enthalten wir uns vorläufig jedes Urtheils. Nur auf die große Verantwortlichkeit, welche auf dem Abgeordnetenhause ruht, wollen wir aufmerksam machen und schon im Voraus einige Gesichtspunkte hervorheben, welche nicht außer Acht gelassen werden dürfen, wenn eine allseitige Prüfung der Vorlage vom politischen und nationalökonomischen und nicht blos einseitig militärischen Standpunkte aus erfolgen soll. Zuerst ist es unleugbar, daß das absolute Regiment im Gefühle seiner Schwäche und Unsicherheit der Volksstimmung gegenüber nie gewagt hätte, dem Lande solche Lasten aufzuerlegen, auch wenn es nicht durch das Staatsschuldengesetz von 1820 gebunden gewesen wäre. Die Auferlegung der Lasten wird eine bittere Realität sein; ob die angeblichen Reformen mehr als Täuschungen der Reformatoren sind, müssen die Ereignisse lehren. Sodann steht fest, daß Preußen kein stehendes Heer wie Oestreich und Frankreich halten kann. Preußen ist nicht bloß numerisch, sondern auch im Verhältnisse schwächer bevölkert als Frankreich. Unser stehendes Herr entspricht grade den natürlichen Verhältnissen. Man spricht zwar viel vom deutschen Berufe Preußens, der besteht aber nicht darin, sich zum Besten Deutschlands große Lasten aufzulegen, sondern die Institutionen auszubauen, daß Preußen zum Musterstaate in Deutschland werde. Daß wir, wenn wir uns vertheidigen wollen, ganz Norddeutschland mit vertheidigen müssen, ist wahr, aber sind denn die norddeutschen Contingente für nichts zu achten? Sollen wir auch noch für Hannover, Hessen u. s. w. Soldaten stellen und uns besteuern? Was die Landwehr anbetrifft, so hat man das Institut seit der Reaction von 1820 immermehr mit der Linie verschmolzen, es ist immer mehr verkümmert, über seine Leistungsfähigkeit, hat man aber kein Urtheil, das aus der lebendigen Anschauung geschöpft wäre. Einmal ist die Landwehr allerdings für Offensivkriege ungeeignet, eben so für Bürgerkriege, dann wurde sie 1850 für eine bloße Demonstration mobil gemacht, 1859 ohne daß man sich des Zieles der preußischen Politik klar geworden wäre. Den großen Opfern, welche damals die Landwehrleute dem Vaterlande brachten, standen keine entsprechenden Erfolge gegenüber. Jetzt wendet man sich an die Nützlichkeits- und Zweckmäßigkeitsmenschen und sucht sie für einen Plan zu gewinnen, der allerdings die Landwehrleute von ihrer großen Last und den größten Opfern befreien wird; aber man vergesse nicht, diese Opfer wird eine loyale Regierung höchst selten verlangen und einer illoyalen können sie höchst gefährlich werden Illoyale Politik im Großen und Ganzen, welche mit mehr als Dinte, welche mit dem bekannten rothen Safte operirt, dürfte mit dem Landwehrsystem schwer vereinbar sein. Der Satz, daß alle Militärpflichtigen auch wirklich dienen müssen, sobald sie dazu fähig sind, klingt ganz schön, doch vergesse man nicht, wohin er führt. Jeder gesunde Preuße wird fortan ohne Ausnahme die Ehre, aber auch die Opfer des Militärdienstes tragen, er wird in die mit diesem Dienste nothwendig verbundene Abhängigkeit treten; wird dann einmal unsre Jugend decimirt, so wird sie es gründlich werden. Auch der Satz, daß das preußische Heer fortan das preußische Volk in Waffen sein soll, ist sehr schön, aber er stimmt schlecht zu der Exclusivität des Officiercorps, auf welche der Abg. Milde neulich von der Tribüne hinwies, hoffentlich um ausführlicher darauf zurückzukommen. Die Sache steht demnach unsers Erachtens für die Abgeordneten so, daß sie mit äußerster Skepsis an die Regierungsvorlage herantreten müssen und Maßregeln, welche auf Jahrzehnte für Preußen entscheidend sein werden, ohne

Rücksicht auf Ministerialismus und Liberalismus **nach der Natur der** Sache selbst zu prüfen **haben; an der** Regierung ist es zu beweisen, daß nicht bloß die momentanen Zeitverhältnisse, sondern schreiende Uebelstände eine so dringende Reform nothwendig machen, daß dem Lande die großen Opfer zu seiner Selbsterhaltung, nicht etwa zur Ausführung politischer Projecte, und wären es auch die legitimsten, auferlegt werden müssen. Die Landesvertretung dagegen hat die Pflicht, für die Permanenz so großartiger Bewilligungen auf Garantien zu sinnen; den Ministeri**ellen à tout** prix, wozu die Majorität der Abgeordneten gehört, rufen wir zu, daß die Minister v. Patow, Graf Schwerin und v. Auerswald — hoffentlich erst nach langer **Zeit** — aufhören werden Minister zu sein, **daß die zehn Millionen** bleiben und unersättlich **neue Millionen verlangen werden, falls** sich das Refor**mproject der Regierung nicht** bewährt."

Himmlisch rührend besonders ist der Rath an die Abgeordneten, »mit äußerster Skepsis« an die Regierungs-Vorlage heranzugeben. Skepsis heißt ja wohl selbstständige Prüfung oder auch wohl, davon abgeleitet, der Zweifel an Allem, was man nicht selbstständig geprüft hat. Sollen die Abgeordneten nun etwa selbstständig prüfen oder sollen sie zweifeln? Und solches Wortgedresch über Dinge, von denen der Schreiber grade so viel versteht, wie der Blinde **von der Farbe, heißt: die öffentliche Meinung machen!**

Bis zum 1. Mai werden die bisher neu formirten Truppen nach dem »Kriegsbereitschafts-Verpflegungs-Etat« verpflegt, dessen Ausgaben von den »außerordentlichen Mitteln der Militär-Verwaltung« getragen werden. Vom 1. Mai ab aber soll der ordentliche Etat für sie beginnen, da man hofft, die neulich eingebrachten Gesetzes-Vorlagen bis dahin durchgebracht zu sehen. Um einen **Theil** der für die Neufor**mationen erforderlichen** Offiziere zu beschaffen **und die nicht** zum stehenden Heere **übertretenden** Landwehr-Offiziere, die bisher eingezogen waren, beurlauben zu können, hat des Prinz-Regenten Königl. Hoh. zu befehlen geruht, daß alle für den 1. Mai zur Entlassung bestimmten Zöglinge des Cadetten-Corps schon zum 1. März entlassen werden sollen, und zwar soll dieser Entlassung nicht das gewöhnliche Examen vor der Ober-Militär-Examinations-Commission vorhergehen, sondern der Ausfall des üblichen Tentamens genügen. Danach und nach dem Dafürhalten der Vorgesetzten werden die Besseren der Selecta gleich als Seconde-Lieutenants, die der Prima als Portepee-Fähnriche, die Schlechteren dagegen als charakterisirte Seconde-Lieutenants, resp. Portepee-Fähnrichs angestellt. Die neue Selecta tritt, 80 Köpfe stark, **bereits am 1. März** zusammen und zwar **in zwei Abtheilungen**, von denen die erste **am 1. Juli, die zweite** am 1. Oktober **bereits zur Entlassung kommen soll. — Für die Kriegsschulen ist** die **Beendigung des Cursus in ähnlicher Weise für den 1. April befohlen worden.**

Die Angelegenheit einer neuen Uniformirung der Armee, namentlich der Infanterie, die übrigens von der Reorganisation ganz getrennt behandelt wird, ist in jüngster Zeit wieder in ein Stadium getreten, das, entgegen den Anordnungen der vorigen Monate, eine erhebliche Beschleunigung derselben erwarten läßt. Es dürfte bereits an die Truppen-Commandos der Befehl erlassen sein, alle Neuanfertigungen vollständig ruhen zu lassen, so daß alle Bestände bis auf Weiteres nicht ergänzt werden Eine Maßregel, die andererseits allerdings auch dafür spricht, daß die vorhandene Bekleidung sich in großer Vollkommenheit befindet, um eine, wenn auch kurze Sistirung der betreffenden Arbeiten in heutiger Zeit ungefährdet befehlen zu können.

(Magdeb. Corresp.)

Inserat.

Ad vocem:

Melioration des Düngers

wird es auch für die Herren Landwirthe, welche nicht am Staar leiden, immer mehr zum unabweislichen Bedürfniß: — nicht nur auf, sondern auch **zwischen** den Zeilen lesen zu lernen, um sich vor **baaren** plagiatorischen Täuschungen zu hüten. — Daß ihnen aber auch dies kein industrieritterlicher **Fechter von Kameran oder Posemuckel,** noch ein moderner „Lehrer" (der Moral?? — sic!) lehren wird, — lehren kann, — liegt auf der Hand. — Ergo: „sperr' Oculos, sperr' Nares auf!" sagte schon meine brave Großmutter. — Ihr aber: „schüttet das Kind nicht mit dem Bade aus!" dadurch: daß Ihr dem redlichen Entdecker und seiner gemeinnützigen Melioration entgelten laßt, oder ihn gar für das verantwortlich macht — was dieser oder jener ignorante, landläufige Recepten-Krämer mit seinem abgedroschenen Plunder — und wenn er damit auch **„officiös"** erschiene — an Euch verbrochen! — Und sonach habe ich denn nur noch zu bemerken: daß ich, nach wie vor, unter Zusicherung ehrenhafter Geheimhaltung, resp. unter Vorbehalt meiner Eigenthumsrechte — die ausführlich erklärende Darlegung und Anleitung zur quäst. Melioration, d. i. **gleichzeitige Kräftigung und 2- bis 5fache Vermehrung des Stalldüngers,** gegen Franco-Einsendung eines Honorars von zwei Friedrichsd'or für größere und Mittelgüter, und eben so an kleine, unbemittelte Wirthschaften jeder Art gegen einen Friedrichsd'or (5⅔ Thaler) das bloße **instructive** Recept dazu — ohne Weiteres — umgehend recommandirt franco versende.

Berlin, Potsdamerstraße Nr. 106.

Ferdinand Winckler,

pract. Agricultur- und techn. Chemiker, Mitglied der französischen Académie Nationale, Agricole etc.

Die preußische Staatsanwaltschaft.

Ohnmacht der Krone auf der einen Seite, Ministerial-Allmacht auf der andern Seite, das sind die gefährlichen Klippen, an denen die wahre Freiheit des Volkes zur Zeit zu scheitern droht. Wir haben das bereits im letzten Hefte dieser Zeitschrift nachgewiesen, indem wir auf die Machtfülle aufmerksam machten, welche das Staatsministerium in dem Falle besitzt, wo es, mit dem Abgeordnetenhause Hand in Hand gehend, sich gegen die eigentlichen Intentionen der Krone und die Continuität der staatlichen Entwickelung wendet. Was nun von der Stellung der Krone dem gesammten Staatsministerium gegenüber gilt, das gilt auch von der Stellung derselben dem einzelnen Ressortminister gegenüber, einmal weil, wie bereits angegeben worden ist, der eine Ressort-Minister den andern nicht mehr, wie das früher der Fall war, controlirt, sondern mit ihm, wenn es nicht anders sein kann, durch Dick und Dünn geht, sodann weil der einzelne Ressortminister sich auf dem Gebiete seiner besonderen Thätigkeit so viel als möglich in autokratischer Weise einzurichten bemüht ist oder, wenn man will, einzurichten bemüht sein muß. Vor Allem gilt dies vom Justizminister, dem obersten Leiter der Justizpflege in Preußen. Es ist schön, es ist sinnreich, es ist ächt monarchisch gedacht von unserm Obertribunal, dem höchsten Gerichtshofe unseres Landes, daß es bei der Einrichtung des neuen Sitzungssaales den vornehmsten Platz in demselben für den Monarchen eingerichtet hat, aber was hilft dies, so lange es Thatsache bleibt, daß die Krone mit der Rechtspflege in unserer Monarchie nichts mehr zu thun hat, so lange es Thatsache bleibt, daß der Staatsanwalt, oder, wenn man zum letzten Grunde aufsteigen will, der Justizminister eine größere Gewalt in Händen hat, denn die Krone. Es ist jener Thronplatz in dem historischen Hause der Lindenstraße so lange nur ein leeres Symbol, eine Erinnerung daran, daß es einst anders war in diesem monarchischen Lande, höchstens eine Mahnung, daß für die Zukunft Anderes zu erstreben ist, als die Gegenwart erstrebt hat oder noch erstrebt.

Der Staatsanwalt, ein untergeordneter Beamter des Staats, mächtiger denn die Krone, die den Staat selbst repräsentirt? So fragt vielleicht verwundert der eine oder andere Leser, und wir verargen es ihm nicht, daß er eine solche Behauptung als etwas Unwahres, höchstens als eine paradoxe Redensart hinnimmt; aber dennoch verstößt diese unsere Behauptung auch nicht im Mindesten gegen die Wahrheit, und wenn es in der Wirklichkeit hier und da in der That anders ist, wie bei andern Dingen, von welchen wir bereits gesprochen haben, so ist die Ursache davon nicht in unserer Verfassung zu suchen, sondern vielmehr darin, daß die preußischen Traditionen noch mächtiger sind, als die unpreußischen Constitutionen. Um dies gründlicher darzuthun, müssen wir etwas weiter ausholen.

Das Institut der Staatsanwaltschaft schreibt sich nicht erst von Frankreich her, oder von England, oder von dem in Preußen bei Gelegenheit des Monstre-Prozesses gegen die Polen erlassenen Versuchsgesetze vom 17. Juli 1846, endlich auch nicht von der Verordnung vom 3. Januar 1849 und den dieselbe ergänzenden Gesetzen vom 3. Mai 1852, sondern es ist ein altes, den europäischen Staaten gemeinsames Institut, das in der Regel überall da eintrat, wo es nach der Bildung ständiger Gerichtshöfe nöthig wurde, vor diesen Gerichtshöfen die landesherrlichen Rechte durch besondere Beamte wahrzunehmen, namentlich aber die landesherrlichen Vermögensrechte. So nahm die Rechte des Kaisers beim Reichskammergericht der Reichsfiskal wahr, in der Kurmark der Fiskal beim Kammergerichte, der procurator generalis in Braunschweig, ähnlich die Fiskalate in Bayern, Hessen u. a. O. Insbesondere hatten diese Fisci, oder wie sie sonst heißen, ihr Augenmerk auf die Geldbußen für Uebertretung landespolizeilicher Gesetze zum Vortheile des Fiskus zu richten, wie z. B. unter König Friedrich Wilhelm I., unter dem diese Bußen hauptsächlich der Rekrutenkasse zugewiesen waren, die grade damals bedeutende Summen zur Anschaffung der „großen Kerls" für den Grenadierdienst bedurfte. Die gesammte Wirksamkeit umfaßte demnach*) Folgendes: 1) alle Gegenstände der Landeshoheit, insbesondere die Wahrung der Königlichen, geistlichen und weltlichen Jurisdiction gegen Uebergriffe; 2) alle eigentlichen Fiskalrechte, namentlich die Domanialrechte, die Regalien und die Früchte der Gerichtsbarkeit, unter welchen die Fiskalbußen die einträglichsten waren; 3) die Sorge für Beobachtung aller der öffentlichen Ordnung wegen erlassenen Verordnungen, insbesondere die Aufsicht auf Befolgung der Vorschriften der Prozeßordnung, auf die Dienstführung der Justiz-Beamten und den Geschäftsgang bei den Untergerichten. Die Fiskale sollten in diesen Dingen zunächst zwar die ihnen ertheilten Aufträge der Staats-Behörden erledigen, aber auch von Amtswegen thätig werden und sich gegenseitig von demjenigen Nachricht geben, was in den besonderen Wirkungskreis eines Amtsgenossen einschlug. Diese Pflicht der Fiskale faßte man unter der allgemeinen Benennung der fiskalischen Vigilanz zusammen.

Das Fiskalat war demnach ein Institut, das hauptsächlich die Interessen des Landesherrn, der landesherrlichen Kasse und damit des Staats wahrzunehmen hatte. Mit der Zeit änderte sich indeß seine Bedeutung und seine Stellung zur Justizpflege, vor Allem dadurch, daß das mündliche Verfahren bei Gericht dem schriftlichen Platz machte. Nunmehr war die Anwesenheit der Fiskale bei den gerichtlichen Verhandlungen von geringem Nutzen; es war ihnen die Gelegenheit entzogen, in jeder Sache nach Bedürfniß der gesetzlichen

---

*) Grundsätze des rheinischen und französischen Strafverfahrens, von A. v. Daniels. Berlin 1849.

Ordnung wegen das Wort ergreifen zu können, überhaupt sich lebhaft an dem Inhalte und dem Erfolge der Parteivorträge zu betheiligen. In Preußen trug zur Herabwürdigung des Fiskalats außerdem noch die Unübersehbarkeit der kleinlichen Fiskalinteressen bei, ferner das Verhältniß desselben zur Gerichtsbarkeit, insofern es zu unbescheidenem Eindringen in Privatverhältnisse führte und dadurch den allgemeinen Unwillen auf sich zog; endlich erhielt in Preußen das Fiskalat den letzten Stoß durch die Carmer'sche Justizreform. Nach diesem Carmer'schen Bevormundungssysteme, wie v. Daniels es mit Recht nennt, sorgte der Richter, sobald er einmal angegangen war, für alles, was zu dem Fortgange eines Verfahrens gehörte, von Amtswegen, indem er sich durch Vorschüsse oder nachträgliche Kosteneinziehung für seine Gebühren und Auslagen deckte. Die Registraturen waren nun das große Triebrad, welches den Rechtsgang in ununterbrochener Bewegung erhielt. Das Fiskalat war von dieser Seite her nunmehr entbehrlich; von dem, was sonst in seinen Befugnissen gelegen hatte, blieb nur noch das Untauglichste.

Die Gestaltung unserer neuen staatlichen Verhältnisse, namentlich des Strafverfahrens, erforderte, daß man wieder an die Einführung eines Instituts zu denken hatte, das, ähnlich wie in Frankreich und in der Rheinprovinz, das öffentliche Ministerium, eine Art von Vermittelungsbehörde zwischen Staats-Regierung und Gerichte, bildete. Aber statt an den heimischen Ueberlieferungen festzuhalten und diese zeitgemäß umzugestalten, schuf man ein ganz neues Institut, gleich nachtheilig für die Krone wie für die Freiheit des Volkes. Es ist hier nicht der Ort, ausführlich darzulegen, welche Reformen zur Wiederbelebung des alten Fiskalats vorzunehmen gewesen wären — sie sind von dem Obertribunalsrath v. Daniels in der angezogenen Schrift erschöpfend angegeben worden —, auch nicht zu erzählen, wie die Zusätze zu der Verordnung vom 3. Januar 1849 entstanden sind — obwohl die Entstehungsgeschichte derselben gewiß vom Publikum mit Dank aufgenommen werden würde, wenn der Justizminister, der zur Zeit im Dienst ist, eine solche schreiben lassen wollte —, sondern es handelt sich nur um das gegenwärtig zu Recht Bestehende, um das Verhältniß der Staatsanwaltschaft zu den Interessen des Volks und der Krone. Fragen wir, welcher Art ist dasselbe?

Zunächst das Verhältniß zur Krone. Der Staatsanwalt ist bei uns nur öffentlicher Ankläger, Anwalt des Staats in Strafsachen, nicht aber hat er zugleich, wie in der Rheinprovinz, die gerichtliche Administration und viele andere Dinge, die in den Bereich der Wirksamkeit eines Prokurators fallen. Man sollte nun meinen, daß ein solches Anklageamt im Interesse des Staats, dessen Oberhaupt doch zur Zeit der König oder Regent von Preußen ist, auch in einem angemessenen Verhältnisse zur Krone stehen müßte. Es könnte doch z. B. der Fall eintreten — und wie oft ist derselbe nicht bereits eingetreten! —, daß zwar ein Verbrechen oder Vergehen gegen den Staat begangen wäre, die Krone es aber aus gewichtigen Gründen nicht für zweckmäßig für die Wohlfahrt des Staats hielte, entweder sofort oder überhaupt gegen das Vergehen oder Verbrechen einzuschreiten: da sollte doch, sollte man meinen, die Krone das Recht haben zu sagen, wir ignoriren oder wollen es ignorirt wissen, daß dies oder jenes gegen die öffentliche Ordnung geschehen ist. Und in der That hatte die preußische Krone bis zum Jahre 1848 das Recht so zu reden, wie es de jure auch die Königin von England bis jetzt noch hat, ja in solchem Maße, daß sie selbst einen Prozeß gegen das Ministerium aboliren kann, wenn auch weder ein solcher Prozeß noch auch eine solche Einrede leicht vorkommen dürften. Im preußischen Staate aber, in dem Staate, dessen Größe und Macht die Hohenzollern begründet haben, hielt man, angeblich zur Wahrung der Unabhängigkeit der Gerichte, eine solche Macht der Krone für Wahrnehmung der Staatsinteressen für gefährlich; der Artikel 49. der Verfassung bestimmte deshalb: „der König kann bereits eingeleitete Untersuchungen nur auf Grund eines besonderen Gesetzes niederschlagen". Das klingt hübsch freiheitlich, Waldeckisch, völkerfrühlingsmäßig, aber leider, hat das Bild eine Kehrseite, die etwas anders aussieht.

Der Krone ist alle Befugniß genommen, da in die Justizverwaltung einzugreifen, wo möglicher Weise die höchsten Interessen auf das Spiel kommen können, aber dafür heißt es in §. 1. der Verordnung vom 3. Januar 1849: „die Gerichte sollen bei Einleitung und Führung der Untersuchungen wegen einer Gesetzesübertretung nicht ferner von Amtswegen, sondern nur auf erhobene Anklage einschreiten". Und wer darf und kann eine solche Anklage allein erheben? Antwort: nur der Staatsanwalt. Mit Recht äußerte deshalb der Präsident des Obertribunals, Dr. Götze, in der Sitzung des Herrenhauses vom 13. Februar d. J., daß dies ein bedenklicher Zustand unserer Strafrechtspflege sei. „Wir haben" — sprach er — „den Anklageprozeß, und zwar einen Anklageprozeß der Art, daß den Gerichten es völlig unmöglich ist vorzugehen, wenn nicht der Staatsanwalt eine Anklage erhebt. Es können unter den Augen des Gerichts Verbrechen verübt werden, die Gerichte können Kunde davon haben, sie haben aber kein verfassungsmäßiges Mittel, um die Sache zur Untersuchung zu bringen, wenn es der Staatsanwalt nicht will. Die Verfassung am Rhein ist eine ganz andere. Wenn dort ein Staatsanwalt säumig ist oder eine Sache gar nicht zur Sprache bringen will, so kann die verletzte Partei selbst mit einer Anklage oder mit einer Anregung zur Klage an das Gericht gehen. Durch verschiedene, sehr spezielle Bestimmungen ist das in guter Weise geordnet. Es kann aber ferner eine Verfolgung der Schuldigen selbstständig beschlossen werden; es ist namentlich bei Verbrechen und Vergehen zulässig, daß jedes Mitglied des Appellhofes die Sache zur Sprache bringt. Dann wird der Ober-Prokurator (oder wie der Beamte sonst heißt) citirt, und durch einen Beschluß wird festgesetzt, daß der Fall verfolgt werden soll. Bei uns ist das Alles unmöglich." Ferner hebt die Rede des Herrn Götze mit Recht hervor, wie das Abolitionsrecht der Krone aufgehoben sei, daß dagegen jeder Staatsanwalt ein volles Abolitionsrecht habe. „Und wenn der Staatsanwalt beim Untergericht eine

Sache nicht verfolgen will und es wird keine Beschwerde angebracht, so bleibt sie wirklich liegen, und das Gericht, unter dessen Augen es geschieht, hat dagegen kein Mittel; denn eine Beschwerde beim Ober-Staatsanwalt, die derselbe rein bei Seite legen kann, würde ein entschiedener Widerspruch mit seiner (des Gerichts) Stellung sein." Ergänzend fügte Herr v. Daniels dieser Ausführung noch hinzu, daß, falls die rheinische Staatsanwaltschaft bei unterlassener Verfolgung zur Rechenschaft gezogen werde und sie dem Beschlusse keine Folge leiste, zwar jedes direkte Zwangsmittel fehle, aber daß es alsdann anerkannt zulässig sei, wie in Fällen, wo es der Staatsanwaltschaft an Vertretung fehle, ihre Funktionen dem jüngsten Gerichtsmitgliede aufzutragen und so dem Rechte seinen unbehinderten Lauf zu verschaffen.

Summa: in der Rheinprovinz kann die verletzte Partei klagen, der Staatsanwalt und der Gerichtshof, bei uns in den östlichen Provinzen nur der Staatsanwalt. Ist Jemand todtgeschlagen und der Staatsanwalt will nicht anklagen, nun, so wird eben nicht geklagt; liegt das geringfügigste Vergehen vor und der Staatsanwalt will klagen, nun, so klagt er. Will die Krone irgend einen Prozeß, der in Folge einer begründeten oder nicht begründeten Verletzung von Staatsinteressen erhoben ist, niederschlagen, sie vermag es nicht; will die Krone — man denke an unruhige Zeiten! — aus den gewichtigsten Gründen einen Prozeß wegen Verletzung staatlicher Ordnung angehängt wissen, sie muß warten, ob der Staatsanwalt derselben Ansicht ist, oder richtiger: sie muß sehen, ob das Justizministerium und weiterhin das Staatsministerium ihr hierin zu Diensten sein wollen. Das nennen die „Constitutionellen" in Preußen „Unabhängigkeit der Gerichte"; wir nennen es Fesselung der Krone und Vernichtung wahrer Volksfreiheit. Aber dem Liberalismus, aus dessen Prinzipien solche und hundert andere Dinge hervorgegangen sind, ist nicht zu helfen; er ruht nicht eher, bis ihm ein napoleonisches Regiment Raison beibringt. Dahin steuern denn auch unsere liberalen Zeitungen und unsere liberalen „Gebildeten".

Außer den Interessen der Krone und des Volkes in der angegebenen Weise kommt schließlich noch ein Punkt in Betracht, der nicht minder beiderseitige Interessen berührt. Am Rhein hat der Staatsanwalt zwar ebenfalls das öffentliche Anklageamt, aber er hat außer der Administration der Justizpflege sich noch um so viele andere Dinge zu kümmern, daß er ohne Noth, d. h. wenn nicht ernstlich eine Gefährdung der öffentlichen Ordnung vorliegt, keine Klage erhebt, bei uns hat die Staatsanwalt, wie einst in der französischen Revolution, nur das Anklageamt und nichts als das Anklageamt, das in Frankreich bald so gehässig wurde, daß es beseitigt werden mußte. Wir zweifeln nicht, daß die Beamten unserer Staatsanwaltschaft vom redlichsten Willen beseelt sind, aber ihr Amt führt leicht dahin, daß der Weg der Billigkeit verlassen wird. Aufgabe ist, Klage zu erheben, wo es erforderlich ist. Ist es nicht gut, recht viele Prozesse zu erheben? Ist es nicht empfehlenswerth, recht viele Prozesse zu gewinnen, die Strafen möglich hoch zu schrauben und durch alle Instanzen die Anklage zu treiben, wenn der beabsichtigte Zweck nicht sofort erreicht wird? Liegt nicht die Verführung nahe zu meinen, daß davon auch das dienstliche Avancement wesentlich abhängig ist? Wir wollen auf diese Fragen nicht antworten, aber wir wiederholen den lateinischen Spruch: homo sum et nihil humani alii num a me puto.

Möge es deshalb dem Herrenhause — vom Abgeordnetenhause ist wohl in dieser Richtung kein Vorgehen zu erwarten — gefallen, auch in dieser Angelegenheit ähnlich dem drohenden Ministerial-Despotismus vorzubeugen wie durch Errichtung eines Beschwerdegerichtshofes, wie wir denselben im vorigen Artikel empfahlen, und der Krone ihr Abolitionsrecht, wie sie es bis 1848 besaß, dem einzelnen Unterthan und den Gerichten aber das Recht der Anklage zurückgeben, und möge es endlich auch auf Erweiterung des Geschäftskreises der Staatsanwaltschaft dringen, damit dieser nicht blos das gehässige Anklageamt bleibe, sondern noch andere Functionen zugetheilt werden, in welchen die Vertreter derselben ihre Tüchtigkeit zeigen und ihren Ehrgeiz befriedigen können. Krone und Volk werden ihm dafür Dank wissen, wenn der liberale Kram längst nach allen vier Winden zerstoben ist. Außerdem wird ja auch der Finanzminister durch eine vereinfachte Gerichtspflege, wie sie am Rhein ist, wesentlich berührt und erleichtert werden, nicht, weil er alsdann mehr auszugeben, sondern weil er weniger für das Justizministerium auszugeben haben würde.

Ein Graf von Königsmarck.

Roman

von

George Hesekiel.

Zwei und zwanzigstes Capitel.

Zeche lustiger Gesellen.

„Omnes fortes sunt vinosi
Et potantes animosi,
Dicit Aristoteles."
(Altes Trinklied.)

Die hohe Burg, welche die Straße schirmen sollte, die in das Herz Deutschlands führt, die alte Straßburg, des heiligen römischen Reiches freie Stadt, die schönste Perle in der Mauerkrone der Königlichen Wittwe Germania, sie war eine Beute der begehrlichen Gallier geworden, ohne Schwertschlag hatte sie der französische Ludwig gewonnen. Das Reich war eine Wittwe, denn sein Kaiser war kein Mann; wo aber war Deutschlands Ritterschaft? die durch Gelübde zu Schutz und Schirm der Wittwen und Waisen verbunden? war kein Dalberg da? Wohl ging ein Weheruf durch alle deutschen Lande, als die hohe Straßburg in französische Gewalt fiel, wohl färbte sich manche deutsche Wange mit dem Purpur der Schaam, wohl umfaßte manche schwere Hand krampfhaft die ritterliche Wehr, aber die da helfen und retten wollten, die konnten nicht, die hinwiederum, die es vermocht hätten, oder in jedem Fall gemußt, die wollten nicht, sie zogen die faule Schmach feig der kühnen That vor.

Ein elsassischer Rittersmann war es aus der Landgrafschaft Straßburg, der im der furchtbaren Mordschlacht bei Sempach den Hauptbanner von Oestreich trug, als der sah, daß er erliegen müsse, da rief er drei Mal mit gewaltiger Stimme und letzter Kraft: retta, Oestreich, retta! Solchen Ruf vernahm Herzog Leupold und alsbald drang er selber machtvoll heran, er nahm den Banner aus der Hand des Sterbenden und ließ ihn stolz flattern hoch über dem Kampfgewühl. Ob Sieg oder Niederlage, die Ehre war gerettet und gewonnen die Fülle unsterblichen Nachruhms.

Auch als Straßburg fiel, zeterte die Stimme der Getreuen, Mark und Bein erschütternd, über die Lande: retta, Oestreich, retta! aber weh! kein Herzog Leupold war da, der machtvoll herzugedrungen wäre, um den gesunkenen Banner des heiligen römischen Reichs aufzuraffen und ihn fliegen zu lassen hoch über dem Kampfgewühl.

Wir haben also Straßburg verloren und haben nichts gerettet, nicht ein Mal die Ehre!

Die Erinnerung an Straßburg ist ein Wurm, der immer noch nagt an dem deutschen Herzen; vergeblich klagt das Volkslied um die herrliche Stadt, der Wurm wird ewig nagen am deutschen Herzen, das Volkslied wird ewig klagen um die herrliche Stadt, wir werden sie nicht wieder gewinnen in Ehren, denn wir haben sie verloren in Unehren. Wir haben keinen Schwertschlag und keinen Tropfen deutschen Blutes gehabt damals für die deutsche Stadt, meinet ihr, daß solches ungestraft bleibe? es ist darum geschehen, daß sich Straßburg's Herz von uns wendete, und darum auch hat sich in Straßburg nie mehr ein Herz geregt für uns, laßt eitle Träume, Straßburg wird niemals wieder eine deutsche Stadt werden, niemals! Aber denkt an Straßburg, ihr Fürsten und Völker Deutschlands, es liegen der herrlichen, hochbethürmten deutschen Städte noch viele an dem lachenden Borde des grünen Rheinstroms, und die französische Begehrlichkeit ist nicht geringer geworden seit zweihundert Jahren.

Wohl gab es in jenen Tagen der deutschen Schmach auch zu Straßburg der deutschen Männer Etliche, die tief fühlten was geschehen, die reine Hände aufhoben und sich der Thräne nicht schämten, die der heiße Manneszorn erpreßte, aber die That war also geschehen, daß ihr Zorn fast größer ward über des Reiches erbärmliche Zagheit, als über des französischen Königs arge List und Raubsucht. Der französische Gewaltgriff war fest und kühn, die deutsche Klage darüber war feig und weibisch, und zu Straßburg mußte sich der Unterschied geltend machen. Ueberdem verfuhr der französische König gar nachdenklich mit seiner köstlichen Beute, er streichelte Straßburg mit Sammethandschuhen, und das that den Leuten gar sanft. Er ließ die Reichsstädter, soweit es irgend passen wollte, bei ihren Rechten und Freiheiten, er schützte ihren Verkehr mit starker Hand, er litt nicht, daß man ihnen an das Gewissen greife und schonte ihren Beutel, mit den zwei Dingen aber kommen die Machthaber weit in allen Landen. Freilich stärkte er die Festungswerke gewaltig und sein großer Kriegsbaumeister Vauban erbaute die trotzende Citadelle, aber die Städter hielten es damals noch für einen großen Vorzug sicher zu wohnen in einem verbollwerkten

Platz, die Bürger hatten noch ein lebhaftes Gefühl ihrer Zusammengehörigkeit mit der Burg; freilich warf er eine zahlreiche Garnison französischer Regimenter in die Stadt, aber die Marschälle und Generallieutenants, die hier in des Königs Namen geboten, hielten so scharfe Manneszucht, daß die Garnison nur da zu sein schien, um den kleinen Verkehr zu beleben. Was die Franzosen durch Verrath gewonnen, das haben sie durch Klugheit an sich zu fesseln verstanden.

Wer die Verhältnisse nicht kannte, der fand in den ersten Jahren, nachdem Straßburg französisch geworden, eigentlich nichts verändert in der alten Stadt; in der bürgerlichen Republik sowohl, wie in der gelehrten, der Universität, war Alles gehalten wie vordem, größtentheils waren dieselben Personen sogar noch in ihren Aemtern und Würden geblieben, und wo das nicht der Fall, da hatte nicht die französische Besitzergreifung, sondern Tod und andere Umstände Schuld daran. Noch immer ragte der riesige Bau des Münsterthurms, eines deutschen Meisters Werk und sinnigen deutschen Geistes wundersames Wahrzeichen, hoch auf gen Himmel, noch immer auch lag in des Gottesthurmes Schatten das Trinkhaus mit der verwitternden Wappenrose der altritterlichen Mühlheime über der Thüre an der Ecke der kurzen Gasse.

Die Studenten und die Fremden zogen noch immer vorzugsweise gern zu der „Münster-Mühlin", dort war der Wein noch immer so gut und das Bier nicht schlechter wie sonst, ehe des Reiches Stadt französisch wurde. Zwar war die „alte Münster-Mühlin" verschwunden, die Greisin mit den hellen Augen, und bald nach ihr auch die „junge Münster-Mühlin", die Eine viel später, die Andere viel früher, als die Stammgäste des Hauses das erwartet hatten, aber eine „Münster-Mühlin" war doch geblieben, die schmucke Cläre, so als eine sehr reputirliche Wittfrau nun schon in's zweite Jahr nach der Mutter Tode die Schänkwirthschaft allein, aber mit gutem Erfolge verwaltete. In der Schänkstube bei der „Münster-Mühlin" hatte sich nichts geändert, es war noch ganz und gar der alte Hausrath, die frühere Ordnung und Reinlichkeit, die Bartmännchen hingen wie sonst an ihren Pflöcken und auch der Lehnstuhl der „alten Münster-Mühlin" war nicht von seiner Stelle gerückt; die Greisin hätte zu jeder Stunde hereintreten und Platz nehmen können, selbst ihr scharfes Auge würde nichts vermißt haben. Da stand auch noch der große Sessel, auf welchem der Churprinz Carl Aemil von Brandenburg gesessen, so oft er seinen Trunk gethan bei der „Münster-Mühlin", er war umgekehrt mit dem Sitze nach der Wand zu, ganz so wie es die alte Frau zu des herrlichen jungen Fürsten Gedächtniß befohlen an seinem Todestage. Auf dem Sessel hatte der Churprinz Carl Aemil gesessen und sonst Keiner mehr, so hatte es die Alte verfügt, es sei denn, daß ein Prinz des Durchlauchtigsten Hauses Brandenburg nach Straßburg komme und einen Trunk thue bei der „Münster-Mühlin", dem sollte der Churprinz-Sessel verstattet werden, sonst Niemandem.

Kurz nach dem Tode des Churprinzen hatte Cläre Straßburg verlassen, sie hatte sich nach auswärts verheirathet, auf dem Lande irgendwo, es war nicht viel die Rede von der Ehe, selbige war vielleicht nicht einmal vergnügt gewesen; auch war sie nicht von langer Dauer, denn nach Jahresfrist etwa kehrte die

Cläre heim zu ihrer Mutter und Großmutter und brachte einen Wittwenschleier mit, einen schwarzen Rock und ein Mägdlein, das nun fünf oder sechs Jahre alt sein mochte und mit seinen blitzenden Aeuglein und dem seidenweichen Rabenhaar einen prächtigen Gegensatz zu der immer noch schmucken blonden Mutter machte.

Ein betrübte Wittwe war die Münster-Mühlin niemals gewesen, wenn sie auch zu Zeiten etwas gar Nachdenkliches in ihrem Wesen hatte; sie war im Aeußern sowohl, wie im Benehmen, der straffen, derben Mutter recht ähnlich geworden, hielt scharf auf Ordnung im Hause und wußte mit den Gästen gar wohl fertig zu werden. Den tauben Kellerknecht und die Magd mit dem breiten Angesichte hatte sie immer noch, die Letztere aber hatte einen Mann in's Haus gebracht, einen baumlangen Kerl aus der französischen Schweiz, der eben so schön deutsch wie französisch sprach, so daß die Franzosen sein Französisch für Deutsch, die Deutschen aber sein Deutsch für Französisch hielten. Im Uebrigen war er ein guter Knecht, der treulich seine Pflicht im Hause that und die Arbeiten seiner Ehehälfte ohne Murren mit verrichtete, wenn diese, wie das alljährlich vorkam, durch seine Schuld in ein Wochenbett gerathen war.

Die Münster-Mühlin hatte Freude an ihrer Wirthschaft, sie war stolz darauf, daß sie dieselbe in demselben Stande erhalten konnte, wie sie die Mutter und die Großmutter gehabt, und wenn die steten Besucher des Hauses der stattlichen Frau eine Freude machen wollten, dann sagten sie zu ihr, daß die „junge Münster-Mühlin“ doch ganz wacker schon heranwachse und der „alten“ bald in der Wirthschaft zur Hand gehen werde. Es war der Frau Ehrgeiz, daß man sie die „alte Münster-Mühlin“ nannte, das aber wußten einige schlaue alte Hausfreunde recht gut zu benutzen, wenn sie 'mal Lust zu einem besonders edlen Trank verspürten.

Nicht immer ward es der „alten Münster-Mühlin“ leicht, in dem lauten Treiben ihrer Gäste die rechte Ordnung zu halten, denn die Reize der schmukken Wittwe waren sehr verführerisch für manchen tapfern Zechgesellen, aber sie wußte sich jede Zudringlichkeit dadurch fern zu halten, daß sie Keinem einen Vorzug gab und Allen zugleich freundlich entgegenkam, so weit das in jenen Zeiten die Pflicht einer guten Wirthin gebot, sonst aber keinen Schritt weiter.

So vornehme Gastwirthsdamen wie heut zu Tage gab es in jenen ungehobelten Zeiten noch nicht, die Wirthinnen von damals bedienten ihre Gäste schlecht und recht und verlangten nicht, daß ihnen am Ehrenplatz der Tafel die Cour gemacht werde, und dennoch gaben jene ungebildeten Wirthsfrauen der alten Zeit den Einkehrenden Etwas, was man freilich nicht mit auf die Rechnung setzen kann, was aber wahrscheinlich eben darum keine unserer eleganten Hôteldamen ihren Gästen zu geben vermag — ein Stück Häuslichkeit, häuslicher Sitte und häuslicher Gewohnheit, das die Fremden an ihr Haus, an ihre Heimath erinnerte und sie heimisch werden ließ unter dem fremden Dache.

Erleichtert wurde übrigens der Münster-Mühlin ihre Stellung durch die vielen alten Gäste, die sie hatten aufwachsen sehen, die ihrer Mutter und Großmutter befreundet gewesen seit Jahren, die hätten nimmer gelitten, daß der Wittwe etwas Unbilliges zugemuthet werde. Es kamen in dem alten Wirthshause viele Gäste zusammen aus ganz verschiedenen Lebenskreisen, unter jeder Art aber hatte die Münster-Mühlin ihre besonderen Gönner. Kamen Morgens die Herren vom Regiment und die Kirchenvorstände, um ihren Becher Rheinfall zu trinken oder Ungarischen zu verkosten, so hatte es weiter keine Noth, denn die wackeren Herren waren meist so steif und fest wie ihre Halskrausen und blieben dabei, wenn sie auch zuweilen einen kleinen Spitz zum Mittagsbrod mit heimnahmen. Ebenso wenig Gefahr hatte es, wenn in den Nachmittagsstunden die ehrsamen Bürger und Meister, besonders die Nachbarn erschienen, um ihren Vespertrunk zu thun, denn die hielten große Stücke allesammt auf die Münster-Mühlin, glaubten sich auch besonders zu ihrem Schutz berufen, denn dazumal galt die Nachbarschaft noch bei Vornehm und Gering auch in der Stadt, und der Nachbar ging in Pflichten und Rechten selbst den oft fernen Blutsverwandten vor. Bedenklicher war die Sache am Abend, wo die Officiere des französischen Kriegsvolks bei der Münster-Mühlin tranken, fremde Werbe-Hauptleute, von denen Straßburg wimmelte, da auf diesem Platze nicht nur König Ludwig die Werbetrommel schlagen ließ für die deutschen und die schweizerischen Regimenter, die er in seinem Sold hielt, sondern auch dem Papste, der Republik Venedig und anderen Mächten gestattete, hier zu werben. Mit diesem fremden Kriegsvolke aber standen die akademischen Bürger Straßburgs, die Studenten, fast niemals in gutem Vernehmen und fast immer gab's Reibereien und oft blutigen Hader, wo die „Lateiner" mit den „Soldknechten", so pflegten sich die Gegnerischen zu bezeichnen, aneinander kamen. Bei der „Münster-Mühlin" war indessen meist neutraler Boden, denn auf der einen Seite hielten ein paar höhere Officiere des Königs von Frankreich, auf der andern einige bemooste Häupter der Akademie die Allzuhitzigen und Raufsustigen beider Parteien durch ihr Ansehen in Schranken und sorgten durch ihre Anwesenheit schon dafür, daß der Wirthin kein Unglimpf widerfahre.

An dem großen Langtische hatten die Lateiner meist ihr Wesen, während die Kriegsgesellen um die kleineren Tische, die oben quer gestellt waren und mit dem Langtische einen Haken bildeten, mit den Karten oder dem Würfelbecher saßen; getrunken wurde hier wie dort gewaltig, und den mäßigen Menschenkindern von heut wäre es sicher ein Entsetzen gewesen, nur zu sehen, was ihre wackeren Väter leisteten.

Es war wieder ein Abend, die Tische im Haken waren bis auf den letzten Platz besetzt, und eine dichte, schwere Wolke von Tabacksqualm wogte zu Häupten der Trinkenden, denn Jeder derselben hielt seine kurze Thonpfeife in der Hand und arbeitete mit Lippen und Lungen, den Dampf zu vermehren und eine Atmosphäre zu erzeugen, in der nur deutsche Studenten und Soldaten sich wohl fühlen und gedeihen können. Hier klingelten Gläser, daß es klang wie feine Kinderstimmchen, dort dröhnten im dumpfen Baß die niederschlagenden Deckel, die Würfel rasselten und Geldstücke klirrten, dazu zehn verschiedene Gespräche, von fünfzig verschiedenen Stimmen geführt, und darüber hinhallend von Zeit zu Zeit der Ruf nach Wein oder Bier, unabänderlich von dem eintönigen: „Gleich, Herr, gleich!" der Münster-Mühlin oder ihrer Dienstleute erwidert.

Wenn sich das Auge des Eintretenden an die dicke Wolke gewöhnt hatte, und er genauer zu unterscheiden vermochte, dann fiel ihm sicher auf, daß die akademische Jugend weit grimmiger und wilder, kriegerischer und verwegener aussah, als die eigentlichen Kriegsleute. Die Soldaten nämlich, besonders die Officiere, hatten in ihrer Kleidung meist schon etwas Knappes, was von der Uniform unzertrennbar zu sein scheint, sie trugen noch keine eigentliche Uniform im vollen Sinne der spätern Zeit, ihre Kleidung aber zeigte schon überall die Uebergänge dazu. Die Röcke namentlich hatten schon Ansätze zu Kragen und Taillen, die Beinkleider waren eng geworden, der Schuh war allgemein und die Hüte erschienen ohne Federn und mit schmaler Krämpe. Es trat das Kriegerische hinter dem Militärischen zurück, es waren eigentlich schon keine Kriegsleute mehr, sondern Soldaten, das Kriegshandwerk verschwand, der Soldatenstand trat schon recht deutlich hervor in ihrem Aeußern.

Die lateinischen Schützen dagegen, die akademische Jugend, hielt noch starr und steif an der freien, lockern Kriegstracht aus der Zeit des dreißigjährigen Krieges, die mit dem Trieb der Jugend zur Ungebundenheit trefflich übereinstimmte; auf den lockigen Häuptern thronte noch der Schlapphut mit breiter Krämpe und den renommistisch nach hinten niederhängenden Federn, der Kragen lag noch breit über dem lose genestelten Wams, die Beinkleider waren zwar keine Pluderhosen mehr, aber sie fielen noch immer weit und ungebunden über das Knie und die trichterförmigen Stiefelschäfte schlotterten weit um die Waden, der schwere Raufdegen im Bandelier war meist auf Hieb und Stoß eingerichtet. Auch durch ihre Bärte unterschieden sich die Studenten von den Soldaten, die sich meist schon glatt rasirten.

Es ging gewaltig laut zu am Langtisch der Studenten, eine grimme Fehde hatte sich entsponnen, eine wichtige Streitfrage war aufgeworfen und mit lauten Stimmen, bald in deutscher, bald in lateinischer Sprache, wie sie damals der studirenden Jugend ganz geläufig war, wurde hin und her disputirt.

Es handelte sich darum, ob es gestattet sei, auf die Gesundheit des Papstes zu trinken: „an liceat bibere in sanitatem papae?" Die Herren, lauter Protestanten, denn die Straßburger Akademie war protestantisch, fanden es natürlich nicht etwa respectwidrig, wegen des heiligen Charakters des Hauptes der katholischen Kirche, sondern während Einige solche Gesundheit gar nicht zulassen wollten, behaupteten Andere mit einem wahren Ueberfluß von Gelehrsamkeit, die Gesundheit des Papstes dürfe getrunken werden, weil derselbe ein Fürst sei, sie dürfe von Einigen aus Dankbarkeit für empfangene Wohlthaten etwa oder aus sonst einem Grunde getrunken werden.

Die wichtige Streitfrage wurde mit einem Ernste durchgesprochen, der Satz mit einem Feuer angegriffen und einer Gelehrsamkeit vertheidigt, daß sicher der Papst selbst gelächelt haben würde, wenn er ungesehen Zeuge dieser Disputation gewesen wäre. Von allen Seiten rief es, „conclusionem affirmativam defendo!“ oder: „nos negativam opinionem amplectimur!“ bis endlich ein alter Geselle, der eben so fest das jus potandi, das Trinkrecht, wie seine protestantischen Ueberzeugungen inne haben mochte, mit Donnerstimme entschied: „bibat sanitatem papae qui volet, nos non dignamus eum voto sanitatis qui nunquam animo sanus est, nec sanus reddi potest.“

Ungeheurer Jubel begrüßte diese Entscheidung, die freilich wenig Achtung vor dem römischen Stuhl verrieth, aber in jener Zeit, wo sich die Gegensätze noch so derb darstellten, den Jubel protestantischer Studenten erregen mußte.

Kaum war dieser Streit geschlichtet, so erhob sich unten an der Tafel eine Stimme und fragte, ob die Herren Brüder schon von dem Ebenteuer des schwarzen Schröder vernommen; zehn, zwölf Stimmen antworteten bejahend, oder verneinend; und es dauerte eine ziemliche Weile, bis männiglich davon Kunde hatte, daß der schwarze Schröder, ein Bürgermeisterssohn aus Hamburg, und wie's schien sehr angesehen und beliebt unter den Studenten, eine schöne Straßburgerin und zwar des mächtigen Stettemeisters Herrn Guenthers junge Bruderstochter am hellen Tage und auf offener Straße zärtlich umfangen und gründlich geküßt habe. Sofort wurde eine Menge von Stellen aus allen möglichen und unmöglichen Gesetzgebungen citirt, nach welchen ein solches Beginnen zu bestrafen, während Andere lachten und noch Andere wissen wollten, was der mächtige Stettemeister, der in hohem Ansehen bei dem Könige selbst stand, dazu gesagt habe und was er thun werde, um den schwarzen Schröder zu strafen, für den Wenige fürchteten, den aber die Meisten beneideten, denn Alle, welche des Stettemeisters Bruderstochter gesehen, bezeichneten sie in den überschwänglichsten Redensarten in deutscher und lateinischer Begeisterung als die wahrhaftige „Schönheits-Krone Straßburgischer Mädchenschaft,“ als eine „virgo formosa et admodum bene mammata“ ja, einige priesen die hohen Reize der Jungfrau sogar durch Aufführung einiger homerischer Verse, mit Bescheidenheit ihre griechische Belesenheit verrathend; Andere dagegen waren im besten Zuge, auseinanderzusetzen, was für einen solchen Fall die Gesetze der Langobarden, oder die neapolitanischen Constitutionen bestimmt hatten, noch Andere schrieen, alle Autoritäten Bocerus, Zasius, Rittershusius, Gothofius, Schenckius, selbst Holomannius in lexico feudali stimmten darin überein, daß jeder Vasall, der sich dergleichen mit der Frau, Wittwe, Tochter, Schwester oder Mutter seines Lehnsherrn erlaubt, nothwendig seine Lehne verwirkt hätte, und behaupteten ihre Meinung auch ebenso gelehrt und tapfer weiter, als man ihnen schon zehn Mal zugerufen, daß der schwarze Schröder, der Hamburger Bürgermeisterssohn, nicht der Vasall des Stettemeisters Guenther sei, daß also das Feudalrecht hier gar nicht in Betracht komme. Darauf verbissen sich Etliche wieder in die Streitfrage: ob ein Hamburger Bürgermeisterssohn der Vasall eines Straßburgischen Stettemeisters sein könne, oder nicht!

Allen Streitigkeiten wurde aber für den Augenblick wenigstens ein Ende gemacht durch ein ganz unermeßliches Jubelgeschrei, dem der schallende Ruf von donnerdem Aufschlage der Fäuste auf den Tisch folgte: Guentherus Cato Argentoratensis reverendissimus! et gens Guentheriana, vivat, floreat, crescat in aeternum! Diesem stürmischen Lebehochruf auf den Stettemeister Guenther, den weisen Cato Straßburgs und sein ganzes Geschlecht, folgte eine Pause, welche durchaus nothwendig war, um jene ganz unbillige Menge von Flüssigkeit zu vertilgen, welche nach dem Trinkrecht bei einer so feierlichen Gesundheit verschwinden mußte.

Getrunken hatten Alle die Gesundheit, darnach aber wischten sich die Herren die Bärte und erkundigten sich rechts oder links, warum dem Stettemeister, dem Magister urbis diese Ehre widerfahren sei und ließen sich belehren, daß der Guenther ein ausgezeichneter Bursche sei, würdig aller studentischen Ehren, denn er habe sich, trotz der Bitten der Mutter des geküßten Kindes und trotz des Andringens der ganzen Familie, hartnäckig geweigert, Klage zu führen gegen den schwarzen Schröder, und als ein weiser Cato gesagt: „was sollen wir mit denen thun, die uns hassen, wenn wir diejenigen verfolgen und zur Strafe ziehen wollen, die uns lieben?"

Jetzt brach ein neuer Sturm des Jubels vor und wahrscheinlich wäre es zu einem neuen Lebehoch auf Guenther gekommen, wenn nicht ein altes Haus grimmig mit beiden Händen auf den Tisch geschlagen und mit heiserer Stimme geschrieen hätte: „silentium! silentium!" Wirklich stellte sich, wenn auch keine Stille, so doch eine mildere Form des Lärmens auf diesen Ruf nach und nach her, so daß der alte Hahn Allen vernehmbar erklären konnte: daß er den &c. Guentherum nicht für einen honorigen Kerl, sondern für einen Bärenhäuter zu achten sich genöthiget sehe, sintemalen derselbige sich eines schwarzen Plagiats schuldig gemacht; denn Pisistratus, jener Tyrann von Athen, habe diese Antwort seiner Gemahlin gegeben, als diese Bestrafung eines Jünglings verlangt, der ihre Tochter auf einem öffentlichen Platze geküßt. „Respondit", führte der Sprecher wörtlich an: „si eos, qui nos amant, interficiemus, quid iis faciemus, quibus odio sumus; cf. Valerius Maximus, Liber V. caput I."

„Selbst Bärenhäuter, kein Plagiat, vivat Guentherus!" scholl es durcheinander, endlich aber gelang es doch wieder einem bemoosten Haupte, nicht nur sich Gehör zu verschaffen, sondern auch dem alten Hahn begreiflich zu machen, daß der Stettemeister kein Palgiat begangen, sondern nur in würdiger Weise der Alten glänzendem Vorbild nachgestrebt, und schließlich kam man zu dem Vergleich, daß die erste Gesundheit mit nichten gelten, sondern daß eine zweite ausgebracht werden solle, historisch richtig: Guenthero, Pisistrato Argentoratensi! dem straßburgischen Pisistratus. Solche Gesundheit wurde denn auch zu allgemeiner Zufriedenheit ausgebracht und mit vielem Vergnügen getrunken, wie denn selbige auch in anderer Beziehung weit passender war; denn hatte vom alten Cato der vornehme Herr Stettemeister wenig oder vielmehr gar nichts, so ließ sich dagegen nicht in Abrede stellen, daß er mancherlei gemein hatte mit dem Pisistratus.

Der Kuß aber, den der schwarze Schröder der schönen Bruderstochter des straßburgischen Pisistratus gegeben, ließ die akademischen Bürger lange nicht zur Ruhe kommen; denn nun wurde auf der rechten Seite des Tisches über die lateinische Bezeichnung des Wortes „Kuß" gestritten, und während Einige behaupteten, jeder Kuß sei ein osculum, was von os, der Mund, abzuleiten sei, wie man denn im Deutschen auch sage: „ein Mäulchen geben," vertheidigten Andere den großen Satz: osculum religionis esse! nur einen feierlichen Kuß, zum Beispiel den Kuß, den der Lehnsherr dem Vasallen gebe, dürfe man osculum übersetzen, jeder andere Kuß aber sei mit basium oder suavium zu bezeichnen, und zwar bestimme Donatus, der alte Ausleger des Terenz, ausdrücklich: „ut oscula sint officiorum, basia pudicorum affectuum," also, wenn sich Bruder und Schwester küssen, suavia libidinum vel amorum. Dieser Unterschied des Donat wurde endlich auch angenommen und die Autorität des Henricus Stephanus, der basium durch εἴλημα ἐρωτικὸν erklärt, entschieden verworfen. Auf linker Seite des Tisches dagegen wurde die höchst wichtige Frage des Trinkrechts discutirt, ob es einer Jungfrau anständig sei oder nicht, wenn sie mit einem Studiosen auf Schwesterschaft, oder herzliche Treue trinke! Die Meisten waren wohl dafür, daß solches einer Jungfrau höchst anständig sei, doch waren Einige dagegen, und ein hübscher Krauskopf aus Osnabrück im Lande der Westphalen, der ganz seltsame Erfahrungen gemacht haben mußte, rief mit einem ebenso weinseligen als wehmüthigen Pathos, der nur zuweilen durch ein sehr respectwidriges Schluchzen unterbrochen wurde: „cavete virgines, quotquot castitatem amatis, ne praetextu fraternitatum vos in sua retia pelliciant, fistula dulce canit, volucrem dum decipit anceps et sororculae titulus brevi negotio in titulum amasiae converti potest. Quare principiis obsta, sero medicina paratur."

Der Krauskopf war tief gerührt, als er seine Rede beendet, aber Niemand achtete mehr auf ihn, denn der alte Hahn und Freund des Pisistratus hatte sich erhoben und rief, ein volles Glas in der Hand: „Ein Schelm, Schelm, der es nicht nachthut!"

Auf einen Zug trank er aus, und Alle, die am Tische waren, thaten ihm nach. Darauf aber sollte gesungen werden, und nun schlug nicht nur Jeder ein anderes Lied vor, sondern begann es auch sogleich zu singen, gleichsam als ob er damit die Andern locken wollte mit einzustimmen. Einer sang deutsch: „Wir haben ein Schiff mit Wein geladen" u. s. w. Sein Nebenmann intonirte lateinisch: „Bachus nobiscum et cum suo dolio ect." Ein Anderer begann zum dritten Male die treuherzige Versicherung singend abzugeben: „Ich fuhr mich über'n Rhein" u. s. w. Jedes Mal aber überschrie ihn sein Nachbar mit Stentorstimme: „bonum vinum post martinum" und vielleicht wäre noch lange kein Gesang zu Stande gekommen, wenn nicht ein paar alte Häuser, solcher Zustände kundig, fest eingesetzt und aus Leibeskräften gesungen hätten. Das machten sie so tapfer, daß sie endlich die Andern Alle mit sich fortrissen und Chorus also zu Stande kam:

Io, Io!
Vos Germani, vos Hispani,
Vos Insubres, vos Britani,
Bibite pro viribus!

Io, Io!
Sed vos rogo dum potatis,
Ter quaterque videatis,
Ne frangatis urceum.
Io, Io!
Omnes fortes sunt vinosi
Et potantes animosi
Dicit Aristoteles,
Io, Io!
Omnis Doctor omnis rector
Bachi Patris sit protector
In aeterna saecula.
Io, Io!
Dulce dulci misceatis,
Ex hoc in hoc faciatis,
Ut potetis dulcius.
Io, Io!
Bache vatum fortis Pater
Et qui solus es bimater
Et formosus diceris.
Io, Io!
Qui delphinos amatores
Puerorum et potores
Feris misces lyncibus.
Io, Io!
Bibe, bibe, bibe, bibe,
Tu qui Sapis, bibe, bibe
Dum Lyaeus imperat!

Das Trinklied, welches die Studenten sangen oder vielmehr jauchzten, gehörte zu jener angenehmen Sorte von Liedern, welche unzählige Verse haben und immer länger werden, je öfter sie erklingen, weil jeder Musensohn mit geringer Kunst, aber bedeutendem Behagen, bald heut hier, bald morgen dort einen neuen Vers einfügt, der sich dann entweder bald wieder verliert, um einem andern Platz zu machen, oder sich erhält und oft zum Grundstein einer ganzen Gruppe von neuen Versen wird, die sich an ihn anschließen. So kommt es, daß sich jenes Lied auf allen Universitäten und seit dem sechszehnten Jahrhundert zu allen Zeiten findet, aber immer und überall mit andern Versen. Solche Lieder haben den deutschen Studenten zu jeder Frist ganz besonders wohlgefallen, weil sie ihrem Witz die bequeme Form boten, vorherrschende Stimmungen und Ansichten auszusprechen. Das geschah denn auch von der Zeche lustiger Gesellen bei der Münster-Mühlin zu Straßburg, und derbe Anspielungen auf den Kuß, den der schwarze Schröder, der Hamburgische Bürgermeisters-Sohn, der schönen Bruderstochter des mächtigen Stettemeisters Herrn Guenthers gegeben, verlängerten das Lied so, daß es reichte bis zum Schluß des Trinkgelages; dann, die letzten Verse singend, erhoben sich die alten Häuser zuerst, darnach die jungen Burschen und Füchse, und marschirten singend und paarweise, Einige merklich schwankend, hinaus. Auf der Straße verstärkten die Sänger ihre Stimmen nach Leibeskräften, so daß eigentlich aus dem Gesange ein erschreckliches Gebrüll wurde; dazu hieben sie mit den gezogenen Schwertern auf die Steine, daß die hellen Funken darum stoben, was in der Studentensprache „wetzen" genannt wurde. Weit hin tönte das Lärmen übermüthiger Jugend und vorsichtig zogen sich die Wächter der Stadt zurück, denn bei einem Zusammentreffen mit den akademischen Bürgern war für sie nur eine schwere Tracht Prügel in Aussicht, da es des Stettemeisters strenger Befehl war, daß sie jeden Zusammenstoß mit den Studenten meiden sollten.

Die Universitäten hatten dazumal gewaltige Privilegien, an denen sie mit eiserner Festigkeit hielten. Die kluge Staatsraison der französischen Regierung aber hatte noch überdem für die größeste Schonung akademischer Ansprüche gesorgt; die alte deutsche Universität sollte die neuen französischen Gewalthaber liebgewinnen, und viele Glieder derselben bewiesen sich dankbar, wenn auch andere deutsch-trotzig sich zurückhielten.

Der stürmische Abzug der Zeche lustiger Gesellen aus der Trinkstube bei der Münster-Mühlin erregte dort durchaus keine besondere Aufmerksamkeit und die Knechte des Hauses, sowie die Magd, betrieben das Abräumen der Trinkgeschirre von der langen Tafel mit dem größten Gleichmuth.

Die „Münster-Mühlin" selbst hatte gar nicht auf den Auszug der Studiosen geachtet, denn die stand schon seit einer ziemlichen Weile an der Wand und lauschte mit halb seitwärts geneigtem Haupt einem Gespräch, welches an dem nächsten Tisch geführt wurde. In der That, die „Münster-Mühlin" war ein hübsches, stattliches Weib und die schlichte, dunkle Wittwentracht stand ihr recht gut. Sie hatte die geschlitzten Aermel des Gewandes sowohl, wie die sauberen Hemdsärmel bis über die Ellenbogen aufgestreift und zeigte ein Paar sehr kräftige, aber wohlgeformte und weiße Arme, deren rechten sie in die Hüfte stemmte; freilich waren ihre Züge derber geworden, als sie gewesen waren, und lebhafter geröthet, als zur Anmuth nöthig schien, aber ihre Augen hatten noch den alten freundlichen Blick und ihr ganzes Ansehen eine Frische und einen Anflug von Jungfräulichkeit, der sie wirklich reizend erscheinen ließ. In diesem Augenblick namentlich sah Frau Cläre in ihrer lauschenden Stellung gar anmuthig aus, denn eine freudige Ueberraschung malte sich ganz deutlich auf ihrem Antlitz.

Die drei Herren, deren Gespräch die „Münster-Mühlin" belauschte, waren Kriegsleute; sie hatten zuvor um einen Krug edeln rheinischen Weins gewürfelt, jetzt stund der schwarze lederne Würfelbecher unberührt und die Kreidestriche der Verlierenden waren schon halb verwischt. Die Herren tranken und plauderten behaglich, ein Franzose war's und zween Deutsche, aber alle drei Hauptleute im Dienste des Königs von Frankreich, und zwar Werbe-Offiziere. Sie hatten von ihren Geschäften gesprochen, da hatte das scharfe Ohr der Münster-Mühlin die Namen „Brandenburg" und „Königsmarck" zu vernehmen geglaubt und alsbald war sie lauschend näher getreten.

„Der Wein ist köstlich," sagte der Aeltere der beiden deutschen Hauptleute, und ein mildes Lächeln zog über seine harten, von der Sonne verbrannten wilden Züge, indem er das flüssige Gold auf der Zunge zu wiegen schien, bevor er es niederschlürfte, „und dennoch,“ fügte er nach einer kleinen Pause hinzu, „habe ich schon einmal Rheinwein getrunken, der noch besser war als dieser!“

„Wäre es möglich!“ rief der Franzos mit erheucheltem Erstaunen und listigem Augenzwinkern; offenbar machte er sich etwas lustig über die urernsthafte Weise, mit welcher der deutsche Hauptmann sich mit dem Wein beschäftigte.

„Nun, Herr Bruder,“ meinte der andere Deutsche lachend, „dann bin ich der Ansicht, daß ihr irgendwo mal einen Klosterkeller geplündert habt; denn an einer fürstlichen Tafel habt ihr nie gesessen, wie ihr mir oftmals versichert, und nur bei Fürsten oder bei Pfaffen kann ein besserer Trunk noch gefunden werden wie der!“

„Mag sein,“ entgegnete der Alte, sein Kinn streichelnd und fast zärtlich in das Glas blickend, während er behaglich den Duft einsog, „und dennoch war es weder bei einem Fürsten, noch bei einem Pfaffen, wo ich den köstlichen Trunk that, sondern auf einem Edelhofe in der Mark Brandenburg.“

Der andere deutsche Hauptmann, es war Einer aus dem Reich, ein spitzer Franke, lachte verächtlich, der Franzose stellte sich auf spöttische Art ungläubig, der alte Hauptmann aber trank aus, schenkte ein und sprach gutmüthig: „Lacht nur, Herr Bruder, aber wahr ist's doch; seht, es war im vorigen Frühjahr, da sendete mich mein Obrist, der Graf von Königsmarck —“

„Der Graf von Königsmarck ist euer Obrist?“ fragte der Franzose, rasch unterbrechend.

„So ist's, Herr! Was beliebt?“ fragte der alte Hauptmann und sein Gesicht wurde grimmig düster, und drohend setzte er hinzu: „Ich denke, daß ihr nichts gegen meinen Obristen sagen wollt?“

Laut auf lachte der andere Hauptmann und rief: „Nehmt euch in Acht, Herr Kamerad, ihr mögt lieber bei einem jungen Gesellen die Keuschheit seiner Herzallerliebsten bezweifeln, als bei dem würdigen Hauptmann Volkamer eine Miene verziehen über seinen Obristen!“

„Ich bitte,“ nahm der Franzose das Wort, indem er seine Hand anmuthig gegen den alten Hauptmann schwenkte, „ich bitte mich nicht mißzuverstehen; denn ich bin von der tiefsten Achtung gegen den Herrn Grafen von Königsmarck durchdrungen, der sich im vorigen Jahre, wie ich hörte, so gewaltig hervorgethan im Feldzuge gegen Spanien; ich kenne den edlen Herrn schon länger, denn ich war dabei, als der Großmeister der Johanniter auf Malta ihm öffentlich das Johanniter-Ordenskreuz umhing, weil er als ein großer Held gegen die Türken gestritten, Schiffe erobert und viele Gefangene gemacht hatte. Das war aber eine ganz unerhörte Auszeichnung mit dem Ordenskreuz der Johanniter; denn der Orden ist katholisch und der Graf Königsmarck ein Hugenott.“

„Mein Obrist gehört zu den Protestirenden,“ versetzte Hauptmann Erasmus Volkamer ernst, „und wenn die Auszeichnung eine unerhörte war, so waren auch die Thaten meines Obristen gewiß unerhörte; ich weiß von jenen Thaten nichts, aber ich habe ihn oft genug im Kampfe gesehen, um mir's denken zu können; er ist ein Gott im Streite, sag' ich euch, er ist der Kriegsgott selber!“

Dabei blickte der Alte so grimmig, daß Keiner es wagte, diesen Satz anzuzweifeln, als er aber sein Glas geleert, da erinnerte ihn der Franzose höflich an seine unterbrochene Mittheilung.

„Ach so," begann der Hauptmann wieder, indem er die letzten Tropfen des edlen Weins aus der Kanne langsam in sein Glas träufeln ließ, „ja, im vorigen Jahre schickte mich mein Obrist mit einem Schreiben an einen seiner Vettern in der Mark Brandenburg; wir errichteten damals unser Regiment auf unsere eignen Kosten für die Krone Frankreich, und mein Obrist fragte bei seinem Vetter an, ob nicht etliche Junge von Adel da herum Lust verspürten, Dienste zu nehmen bei unserem Regiment; denn, müßt ihr wissen, die Junker in der Mark Brandenburg sind alle von Mutterleib und Kindesbeinen an, so zu sagen, Soldaten; ist eine harte, zähe Art Menschen dort, aber die Art ist gut, sie hält aus; nun hatte mich der Junker Siegfried von Königsmarck an einen alten Herrn von Schlieben gewiesen, einen mächtigen Soldaten, Obrist-Lieutenant, der nahm mich als einen lieben Kameraden auf und that mir alles Gute; freilich konnte er's nicht machen, daß ein Märkischer von Adel bei uns Dienst nahm, denn das hielt Alles wie Kletten an dem Banner des Churfürsten von Brandenburg. Das gefiel mir über die Maaßen, denn so soll's sein, der Adel soll zu seinem angeborenen Kriegs- und Landesherrn halten, und auch unser Oberst freute sich darüber, als ich's ihm nachgehends erzählte, obwohl er gern ein Paar von jenen ernsten hartköpfigen Junkern mit sturmfreien Herzen gehabt hätte bei'm Regiment. Nun, der von Schlieben führte mich eines Tages nach einem Königsmarck'schen Edelhof, ich denke er hieß Kötzlin oder Roddahn, einer von beiden war's, darauf saß der Aelteste des Geschlechts, der war durchaus wie ein Patriarch, und die ganze Sippe war um ihn, lauter waidliche Leute; erinnere mich nicht, unter ihnen ein Mannsbild gesehen zu haben, so nicht lang und straff von Gliedern und Sehnen gewesen, und war kein Frauenbild dabei, das nicht langlockig, lieblich weiß und roth erschienen, selbst die alten Frauen schauten gar anmuthig aus, besonders aber die Mutter Sophia, das greise Gemahl des wackeren alten Herrn. Die war noch so munter, als viele Junge nicht sind. Als nun die Mahlzeit vorbei war, bei der man mir einen sehr guten Trunk ungarischen Weins reichlich gegönnt, da begann ein lautes Scherzreden unter den Gesippten und den alten Freunden, denn der von Schlieben absonderlich und der edle Herr Gans zu Putlitz, der Erbmarschall ist in der Churmark Brandenburg und zu oberst saß an der Tafel neben der greisen Hausfrau, erkundigten sich scherzweise, ob denn nicht noch ein Paar Tropfen von dem wunderbaren rheinischen Weine vorhanden, dessen die Edelfrau vor vielen Jahren ein gutes Theil vor den schwedischen Völkern versteckt im tiefsten Keller. Ja, es möchte wohl noch solchen Weines die Fülle vorhanden sein, entgegnete da der greise Herr von Königsmarck, aber die lieben Freunde sollten sich nur den Durst darnach vergehen lassen, denn seine Hausehre habe es für angemessen erachtet, den herrlichen Wein an einen Rittersmann von der Feder zu verschenken, weil der ein bewegliches Carmen gedichtet zu Lob und Ehre des Hauses Königsmarck und darin, schlauer Weise, der Frauen nicht vergessen.

Den Wein habe der schriftgelehrte Chorherr zu Cöln an der Spree erhalten, ohne daß er erfahren, von wannen er gekommen, so daß er nicht einmal habe danken können. Der alte Herr scherzte noch weiter also, und die Gäste, wie die Gesippten, fielen ein; Frau Sophia aber, das flinke Mütterlein, war darüber verschwunden und kam alsbald zurück mit einer Magd, welche eine mächtige Silberkanne ihr nachtrug; als nun der Wein, der darin war, ausgeschenkt wurde, da erfüllte ein lieblicher Duft das ganze Gemach, und köstlichere Tropfen, ihr Herren, habe ich mein Leben lang nicht genossen; denn solchen Wein, den trinkt man nicht, den genießt man als eine besonders herrliche Gottesgabe. Ich sagte auch dazumal den edlen Herren, daß ich dem Chorherrn zu Cöln an der Spree den Trunk wohl gönnen thäte, daß ich mich aber getraute, bei solchem Wein ganz ungeheuerliche Dinge aufzuschreiben, obwohl mir's schwer werde das Schreibgewerk, wegen meiner verhauenen und schief geheilten Finger. Darob lachte die Gesellschaft gewaltig; Gott segne das edle Haus Königsmarck für den stattlichen Trunk, den es mir gegönnt!"

Der Franzose, der sehr aufmerksam zugehört hatte, während der Hauptmann aus dem Reich sichtliche Zeichen von Ungeduld gegeben, erkundigte sich noch des Weiteren nach dem Grafen Hans Carl von Königsmarck, den er zu Malta gesehen, die Münster-Mühlin aber stand wie angenagelt, so lange von dem Grafen die Rede war, als aber das Gespräch eine andere Wendung nahm und die Herren nach Wein riefen, da brachte sie ihnen selbst eine Kanne, darin war von ihrem allerbesten Wein, und als Hauptmann Erasmus Volkamer den gekostet, da rief er entzückt: „Bei Gott und meiner Ehre, der ist beinahe wie der Kötzliner ächte!"

Die Herren saßen bis spät in die Nacht, denn solchen Wein läßt man nie stehen; von Zeit zu Zeit schlich auch die Münster-Mühlin wieder hinzu, um zu hören, ob vom Grafen Hans Carl etwa die Rede, das war aber nicht der Fall, denn der jüngere deutsche Hauptmann sprach fast allein, und ärgerlich sagte die Wirthin vor sich hin: „Was der nur zu discuriren hat? Wer will seine lahmen Geschichten aus dem Reich hören?"

Ein dänischer Königsbau.

— Beschreibung der durch Brand zerstörten Frederiksborg, von Einem, der sie geliebt hat. —

Der Brand des dänischen Königs-Schlosses, Frederiksborg, hat ohne Zweifel auch die Theilnahme Ihrer Leser und das Interesse für die nun in Trümmern liegende Königsburg erweckt, deren Thürme hoch in die Wolken reichten und die mit ihren malerischen Giebeln, vielen Kronwappen und Ausbauten, zahlreichen Kuppeln und kleinen Spitzen, der Sage nach so viele als Tage im Jahre, gewiß mit Recht von Einheimischen wie Fremden für das schönste Schloß im Norden und eines der schönsten in Europa angesehen wurde. Einige historische Notizen über dasselbe und eine Beschreibung seines Aeußern und Innern dürfte deshalb nicht unwillkommen sein.

Da, wo des Königs Christian IV. stolzer Königssitz jetzt in Trümmern liegt, lag in der ersten Hälfte des 16. Jahrhunderts das adlige Gut Hilleröödsholm (Hyllersholm), welches dem berühmten Reichsadmiral Herluf Trolle gehörte. Es war von einem See und dichten Wäldern umgeben.

Die herrliche Gegend, eine der schönsten Seelands, gefiel Friedrich II.; denn in den Wäldern war für einen die Jagd liebenden Fürsten Wild in Ueberfluß, und der See wimmelte von Fischen. Die Sitte der damaligen Zeit forderte, daß Königliche Schlösser mit Wall und Graben umgeben waren, es war daher wegen des See's ein vorzüglicher Platz für einen Königssitz. Der alte Edelmann soll nur ungern und nur in Rücksicht auf den Wunsch seines Königlichen Herrn seinen Landsitz gegen das Waldkloster, später nach ihm Herlufsholm genannt, eingetauscht haben. — Eine Inschrift über dem nordwestlichen Portale im zweiten Vorhofe des Schlosses lautet:

Fridrich den Anden god oc from,
Hans Naade gjorde dette Bytte,
At Hylleshoim under Kronen kom
Oc Herloff til Skou Kloster flytte.*)
1560.

Friedrich II. begann nun ungefähr da, wo jetzt die Ruinen liegen, das alte Schloß Frederiksborg zu bauen, und brauchte dazu die Steine von drei andern alten Gebäuden: Dronningholm, Ebbeholt-Kloster und Gurre-Schloß, dem Lieblingsaufenthalte Valdemar's Atterdag. — Das alte Schloß war drei Etagen hoch, hatte zwei Thürme und mehrere Ausbaue. Von diesen letzteren stehen nur noch zwei runde Thürme, welche des Königs Friedrich II. Wahlspruch und die Jahreszahl 1562 tragen. In einem dieser kleinen runden Thürme soll Friedrich II. sich aufgehalten haben, während der übrige Theil des Schlosses noch im Bau war. Der König benannte das Schloß nach sich selbst, welchen Namen denn auch das später erbaute erhielt.

Christian IV. fand wohl das väterliche Schloß zu eng, oder, was wahrscheinlicher ist, nicht schön genug, denn ungefähr 20 Jahre nach dem Tode des Vaters, 1602, riß er bis auf die zwei erwähnten Thürme das ganze Schloß ab und sparte nun weder Fleiß, noch Geld, um einen Bau zu errichten, der von einem Glanze, einer Pracht und Schönheit war, wie man sie bis dahin im Norden wenigstens nicht kannte. Eine Menge fremder Künstler und Handwerker, besonders niederländische, wurde berufen, und diese legten nun im Verein mit denen, welche schon unter dem Vater gearbeitet hatten, rasch Hand an's Werk, so daß das stolze Schloß schon 1609, also nach sechs Jahren, unter Dach war. Vollständig fertig wurde es erst 1621, man gebrauchte also nur neunzehn Jahre, um dies Prachtwerk des Nordens herzustellen. Den Baumeister, unter dessen Leitung der Bau aufgeführt wurde, hat man bisher nicht namhaft machen können, und man muß daher annehmen, daß der König selbst der eigentliche Baumeister gewesen, der die Hauptzüge für die Gebäude angegeben und die einzelnen Arbeiten selbst geleitet hat. In der Schloßkirche befand sich ein Epitaphium des Steinhauers Jörgen von Friborg, worauf er als der Baumeister des Schlosses und der Kirche genannt ist; allein er wird ohne Zweifel nur wie andere Meister, deren man viele in dem Schreibkalender Christian IV. aufgeführt findet, an dem Schlosse gearbeitet haben. Unter diesen Meistern befand sich auch Hans Steenwinkel, der die Börse Kopenhagen's, sowie auch Tycho Brahe's berühmte Sternburg auf Hveen erbaut hat.

---

*) Friedrich der Zweite, gut und fromm,
Seine Gnade machte den Tausch,
Daß Hyllersholm unter die Krone kam
Und Herloff nach dem Waldkloster zog.

Daß ein König, wie Christian IV., der einen so entwickelten Sinn für Kunst und einen so reinen Geschmack besaß, der eigentliche Baumeister des Fredriksborger Schlosses gewesen, gewinnt mehr Wahrscheinlichkeit, wenn man vor die Hauptfaçade trat, welche mit ihren beiden Flügeln unmittelbar aus dem Wasser emporstieg. An einem schönen Sommertage, oder wenn die untergehende Sonne ihre letzten Strahlen auf das rothe Gemäuer warf, machte das prachtvolle Schloß mit seiner bezaubernden Umgebung einen wirklich überwältigenden Eindruck auf den Beschauer, und konnte mit Recht die Ehre in Anspruch nehmen, einen Königlichen Baumeister gehabt zu haben.

Die Hauptfaçade mit ihren beiden Seitenflügeln war von einer imponirenden Höhe, nämlich vier Etagen außer den Kellern, und wurde auf der vierten Seite durch eine geschlossene (früher offene) Gallerie verbunden. Wenn man von dem Flecken Hilleröd aus durch ein rund-gewölbtes Thor trat, gelangte man in den äußern Vorhof des Schlosses, der überall von Wasser umgeben und durch zwei halbrunde, mit Redouten und Schießscharten versehene Bastions befestigt war. Hier befanden sich die beiden, früher erwähnten, kleinen runden Thürme aus Friedrichs II. Zeit, in deren Mitte die Jahreszahl 1562 und der deutsche Wahlspruch des Königs: »Meine Hoffnung zu Gott allein!« in gegossener eiserner Schrift eingemauert waren. Man ging darauf über die nach ihrer Form so benannte S-Brücke und trat in ein prächtiges Thurmgebäude, »Thorthurm oder der große Gefängnißthurm«, welcher die beiden Vorhöfe von einander trennte. Indem man in den zweiten derselben trat, fiel ein einfacher viereckiger Leichenstein in die Augen. Die Sage erzählt, daß in Christian V. Zeit ein armer Läufer den 4½ Meile langen Weg von Kopenhagen bis zum Schlosse in zwei Stunden lief, und als er an jener Stelle seine Mütze vor dem Könige abnahm, ihm die Hirnschaale platzte. Christian V. ließ darauf diesen Gedenkstein legen, auf welchem damals eine menschliche Figur mit einer Krone darüber ausgehauen war. (Die Kopfbedeckung der Königlichen Läufer hatte damals und hat noch jetzt die Form einer Krone.) Der Läufer wurde auf dem vormaligen Kirchhofe des Dorfes, da, wo jetzt das Rathhaus steht, begraben.

In dem genannten Hofe lagen auch zwei große Seitengebäude, von welchen das zur Rechten nach dem sogenannten Carrouselhofe, das linke nach dem Königl. Reitstalle führte. Wenn man in diesen großen Vorhof trat, hatte man das Hauptgebäude grade vor sich. Eine Brücke, 26 Ellen lang und 9 Ellen breit, führte über das Wasser nach dem Eingang des Schlosses oder dem sogenannten großen Schloßthore. Auf beiden Seiten desselben schloß sich eine Balustrade, oder ein Altangebäude dicht an die Seitenflügel, wodurch eine höchst geschmackvolle Thorfaçade gebildet wurde, welche mit vorzüglicher Bildhauerarbeit geschmückt war.

Man trat nun in den eigentlichen Burg-, oder den inneren Schloßhof, der fast ein Quadrat bildete. Derselbe war auf drei Seiten von hohen Gebäuden prachtvoller Architectur umgeben. Der Hof war überall mit Marmor- und anderen Steinplatten belegt, unter denen sich ein unterirdischer Gang befand, zu welchem man aus einem der Kirche zunächst gelegenen Thorzimmer gelangte. Derselbe soll in älteren Zeiten zu einem, Löwenfontaine genannten, Springbrunnen geführt haben, von dem nur noch ein Löwe aus Quadersteinen in natürlicher Größe übrig war.

Der Hauptflügel, corps de logis, war auf der Gartenseite 100 Ellen lang und 50 Ellen hoch und hatte 12 große und 17 kleinere Fach-Fenster. An den Ecken standen zwei gleich große, sechseckige Thürme mit offenen Balconen oder Wächtergängen und Wendeltreppen von Stein, welche vom Boden bis in die Keller führten. Zu Seiten der Thürme waren zwei hübsche, halbrunde Karnage mit Altanen, und in der

Mitte ein viereckiger, thurmähnlicher Ausbau, ebenfalls mit einer Gallerie oben angebracht. — Auf der Hofseite wurde das Hauptgebäude von zwei kleineren Thürmen eingeschlossen, in welchen sich die Hauptaufgänge zu sämmtlichen Etagen befanden, links die Treppe des Königs, rechts die der Königin, so benannt nach den Gemächern, zu denen sie führten. Die beiden untersten Etagen waren fast ganz hinter doppelten hängenden Arkaden verborgen, welche in zwei Reihen über einander, frei außen an der Mauer angebracht waren; dazwischen war eine offene Gallerie, die, oben geschlossen, in Form einer Tempelhalle, Licht in die Gemächer warf und zugleich eine Verbindung zwischen den entgegengesetzten Aufgängen vermittelte. — Dieser tempelförmige Vorbau, der vormals »der Spaziergang« genannt wurde, war durchweg von Marmor und Sandstein aufgeführt, und galt in Bezug auf Perspective für ein Meisterwerk der Baukunst jener Zeiten.

Diese beiden Bogengänge hatten 14 Oeffnungen, 7 oben und 7 unten und wurden von 28 roth- und weißgeäderten jonischen und dorischen Marmorsäulen mit schwarzen Capitälern und Sockeln getragen, über denen ähnliche Bogen mit herabhängenden weißen Trauben. Zwölf Nischen, 6 oben, 6 unten, waren hier ebenfalls angebracht und mit ebenso vielen antiken Figuren in Lebensgröße aus bläulich-weißem Sandstein geschmückt. Bei den Krönungen der Könige besonders wurde dieser Bogengang benutzt, indem der Krönungs-Zug ihn passirte, wenn er sich von der Treppe des Königs nach der der Königin begab. Gar festlich und prächtig war es anzuschauen, wenn der stolze Krönungszug feierlich langsam zwischen den obersten Fenstern der Gemächer und den Tempelbogen mit den antiken Statuen daherschritt. Vom Hofe und den Altanen des Schlosses ließen sich verschiedene Musikchors hören, das Singwerk fiel ein mit herrlichen Tönen, alle Glocken rings umher läuteten und vom Jägerhügel her donnerten die Kanonen.

Der Seitenflügel rechts, der Prinzessinnenflügel genannt, und für die Königl. Kinder bestimmt, war 85 Ellen lang und hatte mit dem Hauptgebäude gleiche Höhe. Nach der Hofseite hin war er durch einen vergoldeten, mit Kupfer gedeckten Karnäg und in der Mitte mit einem Thurme geschmückt, in welchem sich die Aufgänge zu sämmtlichen Etagen befanden. Nach der Schloßgrabenseite hin waren 12 Fach-Fenster, an der Ecke war ein kleiner, runder Thurm angebracht und an dem nach dem Vorhofe hinausgehenden Giebel ein runder Quadersteins-Glaskarnag mit mehreren Etagen und Abtheilungen.

Der linke Flügel enthielt das Prächtigste und Kostbarste im Schlosse, die Kirche und den Rittersaal, beide mit Fenstern nach drei Seiten, die Kirche 14, der Rittersaal 17. Nach dem Vorhofe hin war dieser Flügel mit einem kleinen, runden Thurme und einem schmalen, zierlichen Glaskarnag geschmückt. Die Dimensionen desselben waren denen des entgegengesetzten Flügels gleich; die Tiefe aller drei Gebäude betrug, die Mauern mit einberechnet, 25 Ellen.

Das Kirchenportal war ganz besonders prachtvoll. Es war von Marmor und Quadersteinen aufgeführt, überall auch vergoldet und mit dem Königl. Wappen geschmückt. Unter diesem war eine Gruppe religiöser Figuren angebracht, und zu beiden Seiten des Portals zwei jonische Marmorsäulen. Die Thür war auf der äußeren Seite mit überaus zierlicher Holzschnitzerei, Christi Taufe und Auferstehung darstellend, bekleidet

In der Mitte dieses Flügels erhob sich der prächtige Kirchen- oder Glockenthurm, der eine Höhe von 100 Ellen hatte. Ueber der Uhr war ein sogenanntes Singwerk (Spieluhr, Glockenspiel) angebracht, das nur bei einer Krönung ertönte. Es bestand aus 16 kleinen Glocken, 13 gegossenen Messingwalzen und zwei sogenannten Trommeln von Kupfer. Weiter unten im Thurme waren außerdem 4 Glocken von verschiedener Größe, darüber eine fünfte, die allein Schlagglocke war. Dieser hatte man den Namen »Species-Glocke« gegeben, weil in ihrem Rande eine Anzahl von 30 größeren und kleineren Silbermünzen aus der Zeit Christians IV. angebracht waren. Die Abtheilung, worin diese Glocke hing, war mit 4 Pyramiden, sowie mit 8 großen und 16 kleineren vergoldeten Kugeln in den Ecken geschmückt, welche die prachtvolle, achteckige Thurmspitze trugen, welche aus drei verschiedenen Abtheilungen mit einer um die unterste laufenden Gallerie bestand. Sie endete in einer gewichtigen Eisenstange mit einem vergoldeten Knopfe und einem Kreuze darüber, auf welchem wiederum ein ungezäumtes, kupfernes, vergoldetes Pferd in vollem Galopp von der Größe eines größeren Füllens angebracht war. Auf der Außenseite dieses prächtigen Thurmes befanden sich vergoldete Sonnenuhren, die Stunden und Viertelstunden zeigend. Eine breite, steinerne Wendeltreppe führte im Thurme nach dem Rittersaale. Die Keller waren wegen ihrer starken Gewölbe, und trotzdem sie unter dem Niveau des See's lagen, der bei hohem Wasser bis an die Kellerfenster reichte, fast ohne jede Feuchtigkeit. Das ganze Schloß war mit Kupfer gedeckt.

Diesem prachtvollen Aeußern entsprach das Innere vollkommen. Trat man durch den Eingang rechts vom Thurme, so gelangte man zuerst in die Vorhalle, deren niedriges Kreuzgewölbe sich in der Mitte auf polirte Marmorsäulen stützte. Von hier kam man in einen Säulengang, Arkaden, welcher das Schiff der Kirche umgab, und der Blick stieg nun freier zu dem hohen Gewölbe empor. Die Pfeiler, welche die obersten Bogen trugen, standen schlank und ernst in dem Lichte da, welches durch die spitzbogigen Fenster der Hochkirche strömte und so schön zwischen die Bogen und auf die goldenen Fruchtgruppen fiel, welche die bedeutungsvollen Kreuze mitten in den hervorspringenden Verbindungen der einzelnen Abtheilungen des Gewölbes schmückten. Nichts störte hier den schönen Eindruck des Ganzen; die heilige Bestimmung des Ortes muß den Künstler durchglüht haben, um sich als nicht unwürdiger Nachfolger jener älteren Baumeister zu zeigen, deren Kirchen als unvergängliche Andenken dastehen.

Das Schiff, dessen lange Seitenarkaden hübsch an eben so viele reichgeschmückte Eingänge zu den geschlossenen Stühlen geknüpft waren, wurde auf den drei Seiten von der Emporkirche umgeben, die einen herrlichen Umgang bildeten, dessen Bogen sich luftig zu dem Gewölbe emporhoben. Stand man am südlichen Ende der Kirche und blickte nach dem nördlichen, so fiel das Auge auf die Orgel, seitwärts auf die Kanzel und ihr gegenüber auf den alten, ehrwürdigen Stuhl Christian IV. Wenn die Sonne ihre letzten Strahlen in die Kirche sandte, dann funkelte das Gold des nördlichen Gewölbes und die blanken Pfeifen und die bunte Bilderpracht der Orgel, als ob eine Vision in die Dämmerung des Schiffes herableuchtete.

Was so besonders dazu beitrug die still-feierliche Stimmung in dieser Kirche hervorzurufen, war ein anheimelndes Gefühl, mit dem man sich in derselben befand. Unten im Schiffe schloß sich der nicht zu große Raum so vertraulich um uns; die abgesperrten Bogen verbanden sich genauer mit ihren Pfeilern und machten mit diesen gleichsam ein so fortlaufendes Fußstück aus, das durch seinen Gegensatz den Pfeilern und Bogen der Emporkirche das Ansehen einer weit größeren Leichtigkeit und Freiheit gab. Sandstein-Quadern bildeten die Pfeiler, von denen nur jeder zweite die Hauptbogen des Kreuzgewölbes trug. Die Zwischenräume waren wieder in zwei Bogen getheilt, welche auf schmäleren Pfeilern ruhten, und hierdurch erhielt das Ganze mehr Festigkeit und die Kirche ein größeres und reicheres Ansehen.

Wie zu erwarten entbehrten Altar, Kanzel und Taufstein nicht der prachtvollen Ausschmückung, die man überall in diesem Schlosse fand. In den Nischen der fünf Seiten der Kanzel stand Christus mit den vier Evangelisten; diese gegossenen Silber-Statuen nahmen sich vortrefflich auf dem schwarzen Ebenholz-Grunde aus, und ihre glatte, ruhige Masse hatte etwas Großartiges neben dem krausen Arabeskenschmuck, welcher die zehn Säulen aus demselben edlen Metall umgab, die zu Seiten der Nischen standen.

In der Altartafel hatten sich Vergoldung, Silber, Perlenmutter und Ebenholz höchst geschmackvoll zu einem glänzenden Prachtstück vereinigt; dieselbe verdiente indessen in weit höherem Maaße unsere Aufmerksamkeit; denn wir sahen dort in wohlgetroffener Wahl die bedeutendsten Momente aus dem Leben des Erlösers im würdigen Cyklus kirchlicher Vorstellungen. Auf der auswendigen Seite sah man das Abendmahl zwischen den Bildern der vier Evangelisten. Die eigentliche Altartafel, welche mit ihren Flügeln und ihren Gruppirungen in Skulptur uns an die alten christlichen Dyptichen erinnerte, zeigte uns bei geöffneten Flügeln den Erlöser, angeklagt, gekreuzigt und begraben. Die mittelste dieser Gruppen bestand aus den freistehenden Figuren des Erlösers, Maria's, Johannes', Magdalena's und der beiden Verbrecher und einem Hintergrunde in getriebenem Relief. Das Fronton über dem Altar enthielt Christi siegreiche Auferstehung unter des Vaters segnender Rechten und die gegossenen Bilder der halbschlafenden und halberschrockenen Wächter gruppirten sich recht lebendig auf dem Gesimse über der Altartafel. Doch das waren nur die Hauptgruppen; wenn die Altartafel geöffnet wurde, sah man theils in erhabener Arbeit, theils auf gravirten Platten Scenen aus der Kindheit und dem Mannesalter Jesu; die äußeren schmalen Seiten waren mit gravirten Silberplatten ausgelegt und hier traten die Propheten und Apostel auf. Christi Verheißung und Verkündigung, die vorbedeutenden Begebenheiten in seinen frühesten Jahren, seine blutigen Leiden, seine Alles besiegende Erlöserkraft standen hier vor uns, um unsere Seele mit den ernstesten und tiefsten Gedanken zu erfüllen. — Schlossen wir die Flügel, so sahen wir auf den Außenseiten zwei Basreliefs: Johannes des Täufers Enthauptung und den Martyr-Tod des heiligen Sebastian. Diese Gruppirungen paßten wohl nicht ganz für einen Altar in einer protestantischen Schloßkapelle, und auch die zahlreichen Schubfächer, welche an demselben und sogar an seiner Rückseite angebracht und offenbar zur Aufbewahrung von Reliquien bestimmt waren, sprachen gegen die ursprüngliche Bestimmung dieses prächtigen Altars für lutherischen Gebrauch.

Die Arbeiten waren vortrefflich ausgeführt, und fand man bei näherer Betrachtung auch vielleicht mehr technische Virtuosität als ächte künstlerische Behandlung, so vermißte man doch den diesen Gruppirungen unentbehrlichen Ernst so wenig, als eine gewisse Nettheit und Zierlichkeit in allen Formen. Es waren außerdem nicht Werke selbstständiger Künstler, welche wir hier betrachteten, sondern nur Nachahmungen der Arbeiten gleichzeitiger beliebten Meister, ausgeführt von geschickten Goldschmieden, und es gehörte wahrlich nicht wenig dazu, solche Arbeiten nach Zeichnungen und Kupferstichen in Reliefs und freistehenden Figuren wiederzugeben.

Der Altar war 7 Ellen hoch und 3 Ellen breit. Als seinen Verfertiger nennt Weinwich in seiner Kunstgeschichte den als Maler und Kupferstecher berühmten Heinrich Galtzius, der 1617 starb.

Der Altartisch mit dazu gehörendem Fußstücke war von schwarzem Marmor und ruhte auf vier jonischen Säulen. Die dazu gehörenden dreikantigen, massivsilbernen Leuchter waren mit Christian V. Namenszug und der Krone geschmückt und wogen zusammen 37 Pfund. Das Gewicht sämmtlichen Altarsilbers betrug 296 Pfund, das an der Kanzel angebrachte Silber wog 278¾ Pfund. Zur Kirche gehörten noch ein Kelch und ein Tisch, beide vom feinsten Ducatengold, von alterthümlicher Form und Arbeit und, wie man annimmt, ein Geschenk einer holländischen Gemeinde an Christian IV.

Sämmtliche Kirchenstühle waren mit Ebenholz und Muskatholz ausgelegt, mit Kronen, allerlei Bildwerk, sowie mit in Holz geschnittenen, gemalten und colorirten Figuren geschmückt. Unter denselben zeichnete sich besonders Christian VIII. Stuhl durch seine reichen und prachtvollen Verzierungen von Marmor und der Stuckatur-Arbeit der Decke aus. Dem Altar gegenüber war die Orgel, welche an Pracht und Eleganz mit den übrigen Kostbarkeiten der Kirche übereinstimmte und für eine der besten im Lande galt. Sie war mit zahlreichen gemalten und vergoldeten Figuren und Zierarten geschmückt.

Unter der Orgel, zur rechten Seite des Chores, führte eine Quadersteins-Wendeltreppe zur Gallerie hinauf, die von einer Anzahl von 36 corinthischen Marmor-Säulen gebildet wurde und von einem Ende der Kirche zum andern führte. Die Wände dieser Gallerie waren mit religiösen Gemälden geschmückt. In den Fenster-Nischen derselben waren die Wappen der lebenden Ritter des Elephantenordens und der Großkreuze des Danebrog-Ordens, auf Blechschilden gemalt und mit den dazu gehörenden Wahlsprüchen nach der Ancienetät, aufgehängt. Die Wappen der verstorbenen Ritter kamen in die Rose, ein im nördlichen Theile des Schlosses gelegenes Zimmer, wo sie seit Christian V. Zeit gesammelt wurden.

Der Königl. Kirchstuhl, die Tribüne, war unter der Orgel, dem Altar gegenüber angebracht. Die Thüren und Panäle waren besonders hübsch mit ausgewählten Holzarten ausgelegt, die ersteren mit gedrehten Capitälern geziert. Die Decke war in Quadrate eingetheilt und mit Elfenbein-Rosen geschmückt, welche Christian IV. selbst in seiner Jugend angefertigt hatte. Der größte Schmuck dieses Stuhles oder Gemachs waren indessen die schönen Glasmalereien, deren aus älteren Zeiten nur sehr wenige in Dänemark existiren. Ebenfalls fand man an den Wänden eine vorzügliche, in ihrer Art seltene und merkwürdige Sammlung von biblischen Stücken, auf viereckigen Kupferplatten gemalt, im Ganzen 23, von Adrian, van Nieulandt, Peter Lastmann, Jan Penay, Werner v. Valkert, Peter Isaacs u. A.

In dieser Kirche sind sechs Könige mit ihren Königinnen gekrönt, nämlich: Christian V., Frederik IV., Christian VI., Frederik V. und VI. und Christian VIII.

Der Rittersaal, oder auch Tanz-Saal genannt, lag über der Kirche in gleicher Höhe mit der dritten Hauptetage. Dieser schöne, durch das Feuer gänzlich zerstörte Saal war 70 Ellen lang, dabei aber nur 20 Ellen breit und 10 Ellen hoch, was allerdings drückend für das Auge war, während er sonst einen höchst imponirenden Eindruck auf den Eintretenden machte. Das Schönste in demselben war die Decke, welche im ersten Moment des Betrachtens durch die reich vergoldete Masse von Bildhauerarbeit blendete, daß man erst nach und nach die harmonische Wirkung der verschiedenen Abtheilungen oder Felder wahrnahm. Sie war in 7 Hauptfelder getheilt, an der 26 Bildhauer 7 Jahre lang gearbeitet hatten, und so wohl erhalten, daß man nach fast 2¼ Jahrhundert auch nicht die kleinste Spur von Vergänglichkeit entdecken konnte.

Diese 7 viereckigen Hauptfelder, in der Mitte des Plafonds, bildeten die tiefsten Partien und waren von flachen Abtheilungen mit Masken in der Mitte und kleinen schwebenden weiblichen Figuren in den Ecken, welche die Embleme des Sieges, der

Hoffnung, der Stärke und dergl. trugen, umgeben. Daran schloß sich eine lange Reihe ziemlich großer allegorischer Figuren und größerer Masken, welche, auf einem etwas zurückliegenden Grunde in Hautreliefs ausgeführt, einen reichen Rahmen um das Ganze bildeten.

Die Hauptfelder stellten die Kriegswissenschaft, die Kanonen- und Glockengießerei, die Uhrmacherkunst, die Destillirkunst, die Buchdruckerkunst, die Steuermannskunst und die Mühlenbaukunst, die allegorischen Figuren dagegen einen ganzen Cyclus religiöser Begriffe, moralischer Eigenschaften, Seelenkräfte und verschiedener Zustände dar. Sie sollten, indem sie seine Handlungen zeigten, den Menschen belehren und aufmuntern und waren alle durch bedeutungsvolle Attribute und inhaltsreiche lateinische Sentenzen erklärt.

Die Decke war über einem prächtigen Hauptgesimse mit einem Fries umgeben, das aus hellen, blaugemalten Consolen und vergoldeten Steinen gebildet wurde, dazwischen eine Sammlung von vielen wilden Thieren, Vögeln und anderen naturhistorischen Gegenständen mit mehreren verschiedenen Zierarten, worunter besonders die größeren Abtheilungen in den Fensternischen sich bemerkbar machten, welche die Jahreszeiten und die 12 Monate darstellen, sämmtlich colorirt und reich vergoldet, mit erhabenen charakteristischen Darstellungen der dahin gehörigen Arbeiten und Verrichtungen, sowie lateinischen und italiänischen Inschriften.

Der Reichthum und die Abwechselung in den Gruppirungen und Motiven, die große Ausdehnung, in welcher die Phantasie von dem Höchsten und Erhabensten bis herab zum Bizarren sich bewegte, dies Spielen mit Benennungen, Begriffen und Formen hat eine nicht gewöhnliche Kraftanstrengung erfordert und hatte für den Beschauer unleugbar viel Verlockendes. Wenn man auch vielleicht die das Ganze beseelende Idee nicht entdecken konnte, so fehlte sie doch nicht den 7 Hauptfeldern, welche den Menschen als Herren der Naturkräfte und dieselben theils zu seinem Vortheile, theils zur Erweiterung seiner Kenntnisse über ihr Wesen und ihren Werth verwendend, darstellte; nur durfte man nicht vergessen, daß die Wahl der Bilder vor mehr als 200 Jahren getroffen war.

Die Wände dieses Saales waren in älteren Zeiten mit Gobelins bekleidet, welche Auftritte aus der Geschichte Christians IV. (seine Krönung und Scenen aus dem ersten schwedischen Kriege) darstellten. Sie waren von außerordentlich schöner Arbeit, und Dänemark besitzt nur ähnliche in denen, welche den Rittersaal im Rosenburger Schlosse schmücken. Der Verfertiger war der Flandernsche Tapetenfabrikant Carl van Mandern, Vater des später so berühmten Malers.

Im Frieden zu Roeskilde 1658 wurde in einem geheimen Artikel bestimmt, daß die Tapeten, welche Schweden zu Spott und Unehre verfertigt seien und sich in Dänemark befänden, überstrichen werden sollten. Da hiermit natürlich diese Gobelins gemeint waren und diese nicht herabgenommen waren, gingen Beschwerden wegen Nichterfüllung der Friedensstipulationen ein, und der Statthalter Gabel ließ die Tapeten herabnehmen. Als der jetzige König das Schloß bezog, wurden die Tapeten in den Zimmern seiner Gemahlin angebracht und sind nun ein Raub der Flammen geworden.

Der Fußboden des Saales bestand aus schönen, weißen, schwarzen, rothen und grünen Marmorfließen. An dem einen Ende stand ein kostbarer Kamin von schwarzem polirten Marmor. Der untere pyramidenförmige Theil desselben ruhte auf vier blanken Marmorsäulen mit Consolen und kugelförmigen Zieraten, Alles von Marmor und im ionischen Geschmack. Er war in älteren Zeiten mit silbernen Platten und Verzierungen belegt, sowie mit gegossenen silbernen Figuren decorirt, von denen Phöbus Apollo und Luna, auf dazu angebrachten Erhöhungen über dem Gesimse stehend, von Lebensgröße waren. Darüber sah man eine Säulengruppe römischer oder gemischter Ordnung und eine früher ebenfalls mit Silber bekleidete und mit silbernen Figuren, z. B. den lebensgroßen Parzen, gezierte große Marmorplatte. Außer vielen anderen silbernen Verzierungen war ein mächtiger silberner Adler mit ausgebreiteten Flügeln über dem Kamine angebracht. In dem Kriege mit Karl Gustav nahmen die Schweden alles Silber aus diesem Saale mit sich und ließen nur den Marmor zurück. —

Von den übrigen Räumlichkeiten des Schlosses erwähnen wir noch folgende:

1) Die Rose oder die Ritterstube am nördlichen Ende des Schlosses in der untern Etage. Sie wurde als Speisesaal benutzt, und war, wie früher bemerkt, mit den Wappen und Wahlsprüchen der verstorbenen Ritter des Elephantenordens und der Großkreuze vom Danebrogorden geschmückt. Die Decke näherte sich in Schönheit denen der Kirche und des Rittersaales. In zwanzig Feldern sah man das dänische Reichswappen zwischen Stuck-Ornamenten, in der Mitte auf Marmorsäulen mit Fundamenten von Quaderstein und schwarzen Marmor-Ecken ruhend. Der Kamin war von scharzem Marmor mit weißen Alabaster-Zieraten.

2) Das Conseils-Gemach, das nicht vom Brande gelitten hat und in dem sogenannten Audienzhause liegt, zu welchem man über einen hellen und breiten Hof und Schloßgraben gelangt. Es hat seine jetzige Decoration von Christian V. erhalten und hat eine Glaskuppel und Fenster nach allen Seiten. Der Fußboden ist mit schönen Marmorfließen belegt. Die Wände sind mit lebensgroßen Portraits der Könige aus dem oldenburgischen Stamme von Christian I. bis Christian V. geschmückt. Ueber denselben und über den Fensterbögen sieht man Abbildungen der wichtigsten Kriegsbegebenheiten unter Christian V Der Plafond stellt in verschiedenen Abtheilungen die vier Welttheile dar; in der Mitte ist Christians V. Wahlspruch angebracht: „Gudog den retfærdige Sag." (Gott und die gerechte Sache).

3) Das Thron- oder Audienz-Gemach lag in der zweiten Etage des Hauptflügels. Außer einer Anzahl Gemälden fand man hier einen vergoldeten Thronsessel und 24 rothe Sammet-Tabourets.

Eins der interessantesten Gemächer war:

4) Christian's IV. Arbeitszimmer. Hier wirkte der größte dänische König für sein Land, hier entwarf er seine Pläne gegen die Feinde seines Reiches, hier zeichnete er die Modelle zu seinen Schiffen, es war dies Zimmer sein Lieblingsaufenthalt. Dasselbe lag nach dem Schloßhofe hinaus. Links in demselben, nach dem Fenster zu, stand sein Arbeitspult, ein langer, viereckiger Tisch mit einem Kreuzfuß und vier gedrehten Säulen darunter. Dieser Tisch, sowie die silbernen Geräthe desselben, wie auch die meisten übrigen Möbeln des Zimmers, als: eine alte lackirte Chatulle, eine kleine Tafeluhr und ein zu verschiedenen Spielen eingerichteter Tisch sind gerettet.

5) Der Königin Caroline Mathilde Gemach lag in einem Ausbau nach dem Garten zu. Dieser Lieblingsaufenthalt der unglücklichen Königin war reich decorirt mit Stuccatur von Marmor und Gips und hatte einen Ofen von Porzellan. Auf einer Fensterscheibe in diesem Cabinette sah man die von ihr selbst eingeritzten, mit Rücksicht auf ihre spätere Geschichte so merkwürdigen Worte: „O keep me innocent, make others great."

Die Gemächer des jetzigen Königs lagen in der zweiten Etage des Hauptflügels.

In der vierten Etage des Hauptgebäudes befand sich die werthvolle Antiquitäten-Sammlung des Königs, so wie seine private Gemälde-Gallerie.

Bei den verschiedenen Krönungen hatte man im Innern des Schlosses je nach dem Bedarf des Augenblicks eine Menge Veränderungen gemacht, ohne dabei immer Rücksicht auf Schönheit und Symmetrie zu nehmen. Man hatte daher in der letztern Zeit eine planmäßige Restauration begonnen, die mit vieler Sachkunde ausgeführt, und namentlich auch durch das große Interesse des Königs für das herrliche Werk und den Lieblingsaufenthalt seines großen Vorgängers wesentlich gefördert wurde. — Und nun liegt Alles in Schutt und Asche!?

Die Umgebung des Schlosses zu beschreiben, unternehmen wir nicht; nur einzelner historischer Merkwürdigkeiten in derselben wollen wir gedenken. Einer Sage zufolge fühlte die Mutter Christian's IV. auf einer Fahrt nach Seangerup, dicht vor dem Dorfe Hilleröd, die ersten Wehen und gebar auf dem sogenannten Ackerhofs-Felde ihren ersten Sohn unter einem Dornenbusche, den Frederik II. aufnehmen und in der unmittelbaren Nähe des Schlosses wieder einpflanzen ließ, da, wo jetzt der Garten des Amtmanns liegt.

Nördlich vom Schlosse liegt ein kleines Lustwäldchen mit dem sogenannten Königssteine, das ist ein großer runder Felsblock mit einem ausgehauenen Sitz in der Mitte, an welchem steht:

16. C. 4. 28.

Hier hat der Sage nach der Königl. Baumeister seinen Bauarbeitern ihren Wochenlohn ausbezahlt. Christian IV. giebt in seiner »Deduction gegen Ellen Marsvin« von 1641 selbst eine Erklärung über die Bedeutung dieses Steines. Er hatte nämlich eines Abends auf dem Frederiksberger Schlosse einen Streit mit Kirstine Menk, seiner Geliebten, wahrscheinlich in Veranlassung seiner Eifersucht gegen einen Rheingrafen, gehabt. Am andern Morgen, sobald der Tag graute, ging er in den Thiergarten, suchte einen großen Stein aus und ließ ihn zur Erinnerung des häuslichen Unfriedens an die oben bezeichnete Stelle legen.

Nördlich vom Schlosse, auf einer bewaldeten Landzunge zwischen zwei kleinen Seen, liegt die sogenannte Badestube, ein von Frederik II. aufgeführtes und noch ganz in seiner ursprünglichen Gestalt erhaltenes Gebäude.

Jenseits des Sees, nordöstlich vom Schlosse, befindet sich der Schloßgarten in altfranzösischem Geschmack mit beschorenen Hecken und Terrassen.

Der Schloßbrand.

Am frühen Morgen des 17. Dezembers d. J., etwa um 4½ Uhr, erwachte einer der Adjutanten des Königs von starkem Rauche in seinem Zimmer, das in der dritten Etage des Hauptflügels des Schlosses lag. Er und einer seiner Kameraden suchten sogleich die Ursache des Rauchs und fanden bald, daß im Billardzimmer in derselben Etage die Decke brenne. Ueber diesem lag der Saal, in welchem sich die vorher erwähnte Antiquitäten-Sammlung des Königs befand. In diesem war vor Kurzem ein Kamin gesetzt, dessen gemauerte Unterlagen nicht stark genug gewesen sein sollen, um zu verhindern, daß das Feuer in demselben den Fußboden anzündete. Unter dem Billardzimmer lag das Schlafgemach des Königs, so daß dieser in nicht geringer Gefahr geschwebt hätte, wenn das Feuer nur wenig später entdeckt worden wäre. Dicht am Billardzimmer lag der Rittersaal und unter demselben, wie bekannt, die Kirche. — Man weckte sogleich den König, der sich augenblicklich ankleidete und mit der größten Ruhe und Geistesgegenwart die Löschanstalten leitete. Die auf den Gängen stehenden Kabinets-Spritzen wurden augenblicklich herbeigebracht, doch nutzten sie wenig, da die Gänge in der dritten und vierten Etage so voller Rauch waren, daß man sie schnell verlassen mußte. Die fünf großen Spritzen des Schlosses wurden nun herbeigeschafft, doch auch sie wurden wegen des starken Frostes bald unbrauchbar, wie denn überhaupt dieser auch Schuld an dem Wassermangel war. Die in den See gehauenen Löcher froren schnell wieder zu und es fehlte an einem Mittel, das Wasser schleunig genug herbeizuschaffen. Ein Saugewerk befand sich auf dem nahegelegenen Gestüte, wurde aber nicht herbeigeholt. — Die Gefahr wurde dadurch so sehr vergrößert, daß keine Brandmauern die einzelnen Theile des Schlosses von einander trennten, und daß im Innern Alles Fachwerk und Holz war; ungeheure Balkenlagen, von denen einige zwei Ellen dick waren, streckten sich durch das ganze Schloß und leiteten das Feuer mit rasender Schnelligkeit weiter. Bald stand denn auch der schöne Rittersaal in lichten Flammen und Nichts vermochte ihn zu retten. Man hoffte, daß das starke Gewölbe der Kirche widerstehen und das Feuer bis auf diesen Theil des Schlosses beschränkt werden würde. Bald aber stürzte ein Theil des Gewölbes ein und begrub mehrere Menschen; drei wurden todt und sterbend hervorgezogen, der Eine von ihnen muß fürchterlich gelitten haben, indem seine Beine zwischen glühendem Schutt und brennenden Balken eingeklemmt waren, so daß ihm die Flammen bei lebendigem Leibe das Fleisch bis auf die Knochen abnagten.

Eine weitere Ursache zur schnellen Verbreitung des Feuers war der Umstand, daß die aus schweren Steinen und Metallen bestehende Sammlung, nachdem der Fußboden in dem Antiquitätensaale durchgebrannt war, mit zermalmender Gewalt durch alle Etagen herabstürzte, und sogar durch das starke Gewölbe des Weinkellers brach, der unter dem Niveau des Wassers lag. Von der Hitze, die sich hier entwickelte, wird man sich einen Begriff machen können, wenn man hört, daß die Weinflaschen schmolzen.

Da das Feuer den Prinzessinnen-Flügel nicht so schnell erreichte, konnte man hier Vieles retten, wie auch aus der Kirche, bis das Gewölbe einstürzte.

Um 6 Uhr schlug die Uhr auf dem Kirchthurme zum letzten Male, 6½ Uhr stürzte der obere Thurm in den Hof.

Man hatte gleich beim Beginn des Feuers nach der Hauptstadt telegraphirt. Um 11 Uhr langten auch mehrere Kopenhagener Spritzen und eine Abtheilung Löschmannschaft an, allein zu spät; das Werk der Zerstörung war vollendet. Um 8 Uhr, also nach kaum 5 Stunden, war das stolze Königsschloß in eine Ruine verwandelt, in welcher die Flammen noch fortwütheten.

Der Eifer der Helfenden war sehr groß, mit der größten Todesverachtung bemühete Vornehm und Gering sich, zu retten und zu löschen. Während die Flammen in dem Rittersaale raseten, rettete man aus der Kirche darunter noch den 7 Ellen hohen und 3 Ellen breiten Altar und die Kanzel, deren Silberfiguren glücklicher Weise abzunehmen waren. Die sogenannte Nationalgallerie oder die dänisch-historische Porträtsammlung war in einem langen Corridor im Prinzessinnen-Flügel und in einem Theile der bewohnten Zimmer aufgehängt. Ihre Rettung verdankt man dem Cabinets-Sekretär des Königs, Etatsrath Trap, der sich an die Spitze der Lehrer und Schüler der gelehrten Schule in Hilleröd stellte und durch Eifer und Geistesgegenwart diese bewog, die Gemälde von den Wänden zu reißen, oder aus den Rahmen zu schneiden, und sie aufgerollt durch die Fenster in den Hof oder auf den gefrorenen See zu werfen.

Leider ist ein ausgezeichnetes Portrait von Tycho Brahe verloren gegangen; zwei andere werthvolle Gemälde, ein Portrait von Carl Adler und Christian IV. mit seiner Königin und einem Pagen, das Pferd des Königs haltend, von Peter Isaacs, waren glücklicher Weise Behufs Restauration in Kopenhagen und sind so bewahrt. Aus dem Rittersaale wurden die meisten, weniger werthvollen großen Portraits, die ihrer Zeit für das Potentatengemach der alten Christiansborg gemalt waren, gerettet; das beste derselben, Christian IV., verbrannte indessen. Außerdem ging eines der werthvollsten Gemälde im ganzen Schlosse verloren: Königin Sophia, Christian IV. Mutter, so wie auch die Portraits ihres Vaters, Ulricus von Mecklenburg, Königs Jacob I. von England und seiner Gemahlin Anna von Dänemark und die der Kinder derselben, Prinzen Harry und Carl (Carl Stuart), verbrannten. Aus der Kirche rettete man noch mehrere werthlose Malereien, dagegen verbrannten die schönen, auf Kupfer gemalten biblischen Stücke, 23 an der Zahl, welche in dem Königl. Kirchenstuhle aufgehängt waren. Auch von den historisch-werthvollen Möbeln wurden mehrere und namentlich die aus Christian IV. Arbeitszimmer gerettet, so wie endlich auch der größte Theil der Wappenschilder, die, wenn auch keinen künstlerischen, so doch historischen Werth hatten.

Wie den Lesern bekannt sein wird, hegt man auf vielen Seiten den Wunsch, das Schloß wieder aufzubauen. Der König hat eine Commission niedergesetzt, welche die Aufgabe hat, zu Beiträgen dazu aufzufordern und für den Wiederaufbau nach Kräften zu wirken. Wenn freilich auch Vieles untergegangen, was nicht zu ersetzen, so blieb doch noch so viel zurück, daß der Wunsch, das Schloß wenigstens äußerlich in seiner früheren Pracht wieder herzustellen, um so gerechtfertigter erscheint, als sich unser Klima so wenig dazu eignet, den von anderer Seite gemachten Vorschlag zu befolgen, die Ruine so weit herzustellen, daß sie als solche, ein Denkmal geschwundener Größe, dastehen könnte.

Uebrigens sind die Meinungen hierüber sehr getheilt, und es fehlt nicht an Solchen, die von dem Wiederaufbau Nichts wissen wollen, weil sie in der Zerstörung des herrlichsten Denkmals dänischer Größe und Pracht den drohenden Finger der Vorsehung erblicken.

Wie man auch darüber denken mag, so kann man sich doch nicht eines bangen Schauerns und trüber, recht trüber Betrachtungen erwehren, wenn man jetzt vor die Trümmer so stolzer Pracht und Herrlichkeit tritt.

Doch, der alte Gott lebt ja noch! Er wird, wenn wir seine Mahnung verstehen, uns vor größerem Unglück gnädiglich bewahren und seine schützende Hand über das alte Dänemark halten!

Berliner Literaturbriefe.

XXVI.

— Ein Buch über Se. Königl. Hoh. den Prinz-Regenten; Wolf's Biographien zur Culturgeschichte der Schweiz; Bogumil Goltz: Die Deutschen, zweiter Band; v. Horn's Geschichte des Leib-Regiments. —

Immer ist es sehr mißlich gewesen, die Lebensbeschreibung eines Mannes an's Licht zu geben, der „noch sich freuet des himmlischen Lichtes“, noch mißlicher, ja, im höchsten Grade bedenklich wird die Sache, wenn der Lebendige zugleich zu denjenigen gehört, denen die Macht verliehen worden, kurz, wenn ein noch regierender Fürst zum Gegenstande einer Biographie gemacht wird. Es beschlich uns darum ein seltsames Gefühl, als wir einen starken Octavband von 640 Seiten öffneten und den Titel lasen: Der Prinz-Regent von Preußen Friedrich Wilhelm Ludwig und seine Zeit. Ein Buch für das Preußische Volk von Dr. Julius Lasker. Berlin. Ohne Jahreszahl, Druck und Verlag von Albert Sacco. Da uns der Name des Verfassers völlig unbekannt war, so dachten wir anfänglich, es könne sich hier vielleicht um eine Bestreitung social-politischer Systeme handeln, die in unsern Tagen gang und gäbe, wir mußten uns indessen bald überzeugen, daß in That und Wahrheit Herr Julius Lasker unternommen hat, Seiner Königlichen Hoheit dem Prinz-Regenten bei lebendigem Leibe ein biographisches Denkmal zu setzen, den hohen Herrn zu schildern und zu beurtheilen, ganz so als ob Höchstderselbe schon zu denen gehörte, die dem Urtheil der Geschichte und dem Ausspruch der Nachwelt anheimgestellt sind. Mit Bedenklichkeiten und Befürchtungen aller Art gingen wir an die Lectüre, müssen aber bekennen, daß Herr Lasker alle unsere Bedenken und Befürchtungen — weit übertroffen hat. Es ist uns in unserer langen Recensenten-Praxis noch niemals ein so unglückliches und trauriges Buch vorgekommen. Herr Lasker hat es nämlich gewagt, Se. Königl. Hoheit den Prinz-Regenten als den Helden und Führer der liberalen Partei darzustellen und schmeichelt Höchstdemselben als Solchem in einer so groben und plumpen Weise, daß einem ehrlichen preußischen Royalisten darob die glühende Schamröthe in's Gesicht treten muß. Es ist allerdings ein allgemeines Gebrechen der liberalen und demokratischen Schriftsteller, daß sie ihren Fürsten gegenüber den rechten Ton nicht treffen können, entweder sind sie unartig und formlos, oder sie verfallen in einen Byzantinismus der Schmeichelei, der am allerbesten verräth, daß es ihnen eben an der rechten „Ehrfurcht“ mangelt, dieser Mangel aber hat immer ein Vergreifen im Ausdruck zur Folge. Wie lächerlich machte sich's z. B., als im letzten Sommer die Kölnische Zeitung in den überschwänglichsten Ausdrücken den Umstand feierte, daß Se. Königliche Hoheit der Prinz-Regent 15 oder 20 Mann Einquartierung in sein Schloß zu Babelsberg aufgenommen habe. Wie weh muß einem Prinzen des hohen Königlichen Hauses von Preußen ein solcher Lobspruch thun! Wir würden indessen nicht viele Worte verlieren, wenn es sich in dem vorliegenden Buche nur um solche Mißgriffe handelte, leider hat sich Herr Lasker damit nicht begnügt, sondern er schmeichelt in seiner mehr als dreisten Manier Sr. Königlichen Hoheit dem Prinzen von Preußen vorzugsweise auf Kosten Sr. Majestät des Königs, dem jüngern Bruder auf Kosten des ältern, dem Thronerben auf Kosten des Herrn! Hat der Mann wirklich unternommen, das Leben des durchlauchtigen Prinz-Regenten zu beschreiben, ohne zu wissen, daß eine der edelsten Eigenschaften des Prinzen von Preußen seine pietätvolle Liebe zu seinem Königlichen Bruder ist?

Es ist kaum zu glauben, aber auf Seite 58 des Laskerschen Buches steht zu lesen: „Am glänzendsten erscheinen diese Contraste zwischen Staffage, Zeit und Hauptfigur, Prinz Wilhelm, vom Antritte seiner Regentschaft ab. Da gleicht die Zeit vorher einem künstlich verwilderten Walde. Der Bäume Gipfel sind zu dichtem Laubdach verflochten, damit es darunter recht finster sei. Waldwächter lauern in den Schluchten und hohlen Stämmen, sie machen mit Scharren und Pfeifen einen widerlichen Lärm, damit das freie Zwitschern der Vögel in den Aesten, ja, das Rauschen der Eichen und anderer urwüchsiger und mit frischem Blättergrün belaubter Bäume überkreischt werde. Vogelscheuchen weisen die muntersten Sänger aus. Die wilden Waldblumen dürfen nicht zu üppig duften, sonst köpft man ihre Blüthen. Nur den Sümpfen widmet man eine gedeihliche Pflege. Man scheint an dem Gequake der Frösche und man scheint an der mystischen Unverständlichkeit der Unken ein besonderes Wohlgefallen zu haben. Da tritt plötzlich die Gestalt des Prinz-Regenten hervor: der Wald lichtet sich, die Sonne vergoldet die Wipfel der Bäume, die Blätter rauschen, die Vögel stimmen einen Wettgesang an, die Sümpfe verwandeln sich in grüne Wiesen, die Wächter sind verschwunden, statt ihrer wimmelt es im Walde und auf den grünen Wiesen von munteren Menschen aller Stände, die sich freundlich einander grüßen und plaudern und singen frei aus der Seele und leicht aus der Kehle!«

So urtheilt Herr Lasker von der Regierung Sr. Majestät des Königs, »nur den Sümpfen widmet man eine gedeihliche Pflege«. So plump schmeichelnd macht Herr Lasker Seine Königliche Hoheit den Prinzen von Preußen zum Schöpfer eines neuen goldenen Zeitalters.

Unsere Leser werden an diesem Pröbchen genug haben, wir wollen auch über diese Sache kein Wort weiter verlieren, sondern nur bemerken, daß Herr Lasker auch die „Lebensgrundsätze" Sr. Königlichen Hoheit des Prinzen abdrucken läßt und daß es in denselben (pag. 103 des dicken Buches) lautet: „Verderbte Menschen und Schmeichler will ich entschlossen von mir weisen."

Herr Lasker hat das wohl abdrucken lassen, ohne es weiter bedacht, ja vielleicht ohne es gelesen zu haben; denn sonst hätte er sicher Manches nicht drucken lassen, was in seinem Buche steht.

Damit kommen wir aber auf eine andere Seite des Werkes, nämlich auf die fast unglaubliche Buchmacherei unserer Tage, die in demselben einen ihrer Triumphe feiert. Herr Lasker hat es sich nämlich ganz fabelhaft leicht gemacht und seinen dicken Band spielend zusammengebracht, indem er alles Mögliche hat zusammendrucken lassen. Dinge, die in gar keiner Beziehung zu dem Prinzen stehen, z. B. die Hauptbedingungen des Pariser Friedens von 1814 und noch ferner Liegendes. In einzelnen Partieen ist das Werk geradezu eine Mosaik von officiellen Actenstücken, und der Staatsanzeiger hat weit mehr Antheil an der Arbeit als der Verfasser. Ministerielle Erlasse von Flottwell u. s. w., Kammerbeschlüsse u. s. w., das heißt bei Herrn Lasker: der Prinz von Preußen und seine Zeit! Daß sich Gott erbarme! In dieses unverdaute Chaos nun wirft dann Herr Lasker von Zeit zu Zeit einige Reime, wie:

Christlicher Sinn in voller Liebesfreiheit
Vereint die Zweiheit am Altar der Dreiheit,

oder:

Forschung, frei von hellen Köpfen,
Nicht beschränkt von Mucker-Tröpfen.

Jeder wird uns zugeben, daß eine Forschung, die frei ist von hellen Köpfen, wahrlich dann von Mucker-Tröpfen nichts zu fürchten hat.

Wir wollen annehmen, daß Herr Lasker selbst der Dichter aller der Verse ist, die zwischen die Aktenstücke, Zeitungsartikel und Ministerialerlasse gestreut sind, damit wir doch etwas haben, was wir als sein Eigenthum ansehen können, zwar sind die Verse meist in einem kaum begreiflichen Grade schlecht (Schiller scheint sich doch geirrt zu haben, oder die deutsche Sprache „dichtet und denkt" doch nicht für Jeden), aber etwas muß der Mann doch an seinem dicken Buche selbst gemacht haben! Was sich über die einzelnen Lebensumstände des Prinzen, Königl. Hoheit, in dem Buche findet, ist aus dem Hefte des Soldatenfreundes entnommen, das L. Schneider bei Gelegenheit des 50jährigen Soldaten-Jubiläums des durchlauchtigsten Prinzen, meist nach Allerhöchsten Mittheilungen, zusammengestellt und auch besonders herausgegeben hat. Neues findet sich in dem Laskerschen Buche gar nichts.

Mit welchem Leichtsinn der Herr Lasker übrigens sein Buch zusammengeschrieben, mag man daraus ersehen, daß er z. B. pag. 13 schreiben kann: „Im Jahre 1813, da er bereits 16 Jahre alt war, wünschte er dringend mit seinem Vater in's Feld zu ziehen, allein die Mutter war dagegen und der Vater gab ihren Bitten nach und nahm den Prinzen Wilhelm nicht mit, u. s. w." O, wenn die Königin Louise das Jahr 1813 erlebt hätte! Bekanntlich war sie schon drei Jahre früher gestorben. Bei einem so zuverlässigen Historiker darf es dann freilich auch nicht befremden, daß er York zu dem Sohn eines einfachen Landmannes macht, Droysen hat sich umsonst bemüht.

Beim Wiederlesen dessen, was wir über das vorliegende Werk geschrieben, will es uns scheinen, als hätten wir den schwersten Vorwurf, den wir gegen den Verfasser ausgesprochen, den der Schmeichelei, nicht genug durch die eine Stelle, die wir angeführt, begründet. Es mögen deshalb hier noch ein paar folgen: pag. 3: „Als er zum Regieren berufen wurde, da sprach er es aus: „Es werde Licht!" und in Preußen ging eine neue Sonne auf — der Aufklärung, der freien Forschung, der Duldsamkeit, der ungezügelten (sic) Meinungsäußerung! Man klage nicht ferner, unser Jahrhundert sei nicht geeignet, große Männer hervorzurufen! Im Verlaufe weniger Jahre haben zwei benachbarte Staaten Regenten erhalten, welche groß sind in der tiefinnigsten Bedeutung des Wortes. In Rußland brach Alexander II. die Leibeigenschaft der Bauern. In Preußen machte Friedrich Wilhelm Ludwig die Arbeit des Geistes frei."

Pag. 9: „Man kannte später wohl den ritterlichen Helden, den Mann von ehrenhafter Festigkeit, aber erst als er der stellvertretende Herrscher wurde, entwickelte er zum allgemeinen Staunen eine Größe, durch welche er den preußischen Staat auf die geistige Höhe politischer, socialer, philosophischer Reife, auf die Zinne der bürgerlichen und geistigen Freiheit erhebt, daß selbst das stolze Albion seine große Charte huldigend vor dem durch die Bande der Liebe und die gleichen Lichtströmungen in wolkenfreier, nebelloser Luft mit ihm verwandten Lande schwenkt."

Soviel Schmeichelei und soviel Unsinn auf einem Fleck ist doch zum Glück selten in der deutschen Litteratur. Das ganze übel componirte Buch ist dabei im höchsten Grade schlecht geschrieben, wir halten es für ein Wunder, daß Herr Lasker einen Verleger gefunden hat, Leser und Käufer wird er sicherlich nicht finden.

Biographien zur Culturgeschichte der Schweiz von Dr. R. Wolf. Zwei Bände, Zürich 1859. Bücher dieser Art waren sonst häufiger als jetzt, wo die Conversations-Lexica die Biographien gelehrter Männer, der Ritter und Knappen der Wissenschaft, entbehrlich zu machen scheinen. Aber auch nur scheinen, denn gewiß bekommt der Leser einen ganz andern Eindruck von der wissenschaftlichen Bedeutung gelehrter Männer, wenn dieselben wie hier in ihrem Verhältniß zu den Mitstrebenden, zu den Vorgängern und Nachfolgern betrachtet werden, als wenn sie einzeln stehen und bleiben. Das vorliegende Werk, im vorigen Jahrhundert würde man es „Wolf's gelehrtes Helvetien" oder so ähnlich betitelt haben, enthält vierzig Biographien schweizerischer Gelehrter. Im Anschlusse an diese Biographien aber, namentlich in den Noten, werden noch eine Menge anderer Personen abgehandelt und deren wissenschaftliches Wirken besprochen, so daß schon aus dem vorliegenden Material eine ziemlich vollständige Geschichte der wissenschaftlichen Bestrebungen in der Schweiz sich ergiebt. Die Wissenschaften von denen hier die Rede, sind zwar vorzüglich die mathematischen und die Naturwissenschaften, allein namentlich für die ältere Zeit enthält das Werk auch über Theologie Philosophie und Jurisprudenz viele sehr werthvolle Notizen.

Man muß in der That den Fleiß und die Belesenheit des Verfassers bewundern, welcher überall an der Quelle schöpfte und (soviel es ohne Ermüdung des Lesers möglich war) eine Beurtheilung der Hauptwerke des behandelten Schriftstellers mittheilt. Man darf sich aber auch über die mannigfachen Kräfte freuen, die uns hier aus einem immerhin doch beschränkten Kreise eines besonderen Landes vorgeführt werden, und deren Gesammtheit ein wirklich großartiges Gemälde wissenschaftlicher Thätigkeit aufweist, wie sie im gleichen Verhältnisse wohl nur selten in einem andern Lande zu finden ist. Wir begegnen förmlichen gelehrten Adelsgeschlechtern: so den Bernouilli von Basel, den Haller von Bern, den Geßner von Zürich u. A. m. Es wird der Mitwelt eine wissenschaftliche Regsamkeit aufgedeckt, von welcher die meisten unserer Zeitgenossen wohl keine Ahnung haben, und welche geeignet sein dürfte, die hohen Ansprüche unsers Zeitalters bedeutend herabzustimmen. Sind auch die Elemente der Wissenschaften in Folge der Arbeiten unserer Vorfahren bei uns gleichsam zum Gemeingute geworden, so sieht man sich doch vergebens nach Solchen um, die in ihrer Art anerkannt die Ersten ihres Zeitalters wären. Haben die Heroen den Epigonen eine so magere Ernte zurückgelassen?

Merkwürdig ist es, daß Bern, der größeste Canton der Schweiz, verhältnißmäßig nicht stark bei dieser Gelehrten-Reihe vertreten ist. Freilich wiegt Albrecht von Haller eine ganze Schaar minderer Geister auf, dabei ist es aber grade bemerkenswerth, daß seine mehr als zwanzigjährige Wirksamkeit in der Heimath, als er den Gipfel des Ruhmes erreicht hatte, so wenig zur Erweckung des wissenschaftlichen Strebens beigetragen zu haben scheint. Der Boden war dafür ungünstig: Staatsdienst oder Kriegsdienst nahm die meisten guten Köpfe in Anspruch, was allerdings einen Zustand des öffentlichen Wesens zur Folge hatte, welchen Montesquieu und andere unbefangene Beobachter mit Bewunderung preisen. Bei den im Canton Bern, wie in der ganzen Schweiz jetzt völlig veränderten Verhältnissen wäre es zu wünschen, daß die mancherlei tüchtigen Kräfte, die auf dem immerhin sehr beschränkten Boden des öffentlichen Lebens daselbst keine befriedigende Verwendung finden, im unbegrenzten Reiche der Wissenschaft sich neue Gebiete eroberten. Hier ist das schönste Feld der Wirksamkeit für einen unabhängigen Mann, hier ist eine Quelle des Genusses, die ihm kein äußerer Wechsel verkümmern kann, hier ist das stärkende Bad der strengen Arbeit, wodurch der Geist vor Versumpfung und Materialismus bewahrt und durch die Erforschung der Gesetze der Natur zu dem Schöpfer geleitet wird. Eine ernstliche Pflege der Wissenschaften veredelt auch den Ton der Gesellschaft und bewahrt vor manchen Abschweifungen, auf die ein müßiger Geist, der sich doch beschäftigen will, fast unausweichlich geräth.

Auf diese Betrachtungen sind wir unwillkürlich durch die Lesung des vorliegenden Werkes gerathen, dessen Hauptverdienst vielleicht gerade in der Anregung der Leser bestehen dürfte.

Dem ersten Theil ist das Bildniß von Konrad Geßner, dem zweiten dasjenige von Albrecht von Haller beigegeben. Sehr angenehm war es uns, aus der Vorrede zum zweiten Theil zu ersehen, daß demselben wenigstens noch einer folgen soll.

Die Deutschen. Ethnographische Studie von Bogumil Goltz. Berlin 1860. Janke. Auch diesem zweiten Theil des wunderlichen Werkes haben wir nicht vermocht rechten Geschmack abzugewinnen. Wiederum müssen wir anerkennen, daß in dem, was der Verfasser vorbringt, Vieles ist, was unbestritten richtig und gut, aber es ist mit eben so Vielem gemischt, was nur halb wahr, halb falsch, schief oder ganz unrichtig. Wir müssen uns wieder über den Wortreichthum, der zuweilen in wahren Wortschwall übergeht, über die Dunkelheit der Redewendungen und den übermäßigen Gebrauch von Fremdwörtern beklagen, daneben aber auch zugeben, daß der Verfasser den Nagel oft auf den Kopf trifft und nur selbst daran schuld ist, wenn die wunderliche Art seiner Darstellung das Publikum hindert, seinen Ansichten besser beizukommen. In dem Artikel über Friedrich den Großen und Napoleon sind z. B. ganz vortreffliche Sachen, geistiges Gold, aber mit so vielem tauben Gestein verquickt, daß es fast werthlos wird. Mit mehr oder minder Wahrheit gilt das aber von fast allen Abschnitten des Buches, man nehme z. B. den Abschnitt: Deutsche Miseren und Malheurs (schon die Ueberschrift ist eigentlich unverantwortlich) da heißt es: „Was einer nicht förmlich kann, weiß und ist, das ist er nicht effectiv, nicht vollberechtigt, nicht für die Welt.“ In der Sache hat der Verfasser wenigstens halb recht, aber hier, wie fast überall, läßt er seine Gedanken springen, hüpfen, Purzelbäume schlagen, um schließlich einen Witz losschießen zu können. Gewiß hat Herr Goltz Geist und Witz, es ist aber sein Unglück, daß er es uns auf jeder Seite beweisen will. Uns fallen dabei immer die portugiesischen Caballeros aus jüdischem Blut ein, die einst ihre Mäntel stets so trugen, daß man schon von Weitem die darauf gestickten Kreuze sehen und sie nicht für Juden halten konnte.

Schließlich bemerken wir noch, daß (bei Rud. Wagner hierselbst) soeben erschienen eine Geschichte des Königl. Preußischen Leib-Infanterie-Regiments. Im Auftrage des Regiments verfaßt und herausgegeben von v. Horn, Hauptmann im 16. Infanterie-Regiment (früher im Leib-Regiment) mit einem Facsimile. Eine sehr fleißige und anerkennenswerthe Arbeit, auf die wir ausführlicher zurückzukommen gedenken. Es ist dies die zweite Geschichte des Leib-Regiments; die erste von Gorszkowski erschien 1821, seitdem hat sich des brauchbaren Materials Vieles zusammengefunden. Einen besonderen Werth erhält diese neue Regimentsgeschichte durch die interessanten Mittheilungen über einzelne Persönlichkeiten, welche in besonderen Verhältnissen zu dem Regimente gestanden haben, oder noch stehen.

Correspondenzen.

Aus der Hauptstadt.

25. Februar.

Wir sind leider völlig außer Stande irgend etwas von dem trauerreichen Königs-Leidensbett in Sanssouci zu berichten; selbst die Männer, die sichere Kunde von da geben könnten, blicken dem Frager schmerzbewegt in die Augen und gehen mit stummem Kopfneigen weiter. Es giebt da wohl nichts weiter mehr zu hoffen, als Gottes große Barmherzigkeit!

Das gesellige Leben Berlin's schleppt sich so weiter, es wird in diesem Jahre etwas weniger getanzt und etwas mehr gegessen als im vorigen, leider ißt man in dieser Saison meist nicht besser als man in der vorigen tanzte, unnütze Musik wird nach Kräften der Executirenden, aber weit über die Kräfte der Hörenden, d. h. der Leidenden gemacht. An keinem Orte der Welt ist gute Musik so billig zu hören wie in Berlin, man vergleiche z. B. ein gewöhnliches Berliner Sommerconcert mit dem einer andern Stadt, aber an keinem Orte giebt es auch so viele gute Leute wie hier, die sich eine so unbillige Menge billige Musik vormachen lassen. Der Tanz ist hier eben so schlecht, wie jetzt aller Orten fast in der gebildeten Welt, obgleich selbst der obscurste Tanzlehrer über die Methode seines Unterrichts schreibt und ein wackerer „Professor“

(das sind Alle, Alle) Terpsychore's, d. h. ein relegirter Balletttänzer, neulich ein „Handbuch für zimmerliche Bewegungen", d. h. Tanz im Zimmer, angekündigt hat. Freilich, wissenschaftlich muß in dieser Hauptstadt Alles betrieben werden; man braucht nur eine „Jöhre" von 10 Jahren in die Tanzstunde zu schicken, um der Ungelenkigkeit etwas nachhelfen zu lassen und sofort wird sie sich nach Vorschrift ein „Tanzstundenheft" anlegen. Entsetzlich, aber wahr. Das Essen ist das Einzige, was hier nicht wissenschaftlich betrieben wird, freilich, nur blöden Augen kann das entgangen sein, hat die Berliner Küche in den letzten 15—20 Jahren Fortschritte gemacht, aber es ist trotzdem noch immer so traurig damit bestellt, daß es Leute giebt, die noch heute am 25. Februar 1860 das Schillerfestdiener vom 9. oder 10. November 1859 nicht verdaut haben. Doch wir wollen lieber den Vorhang nicht weiter lüften!

Der Landtag arbeitet tapfer weiter, Berlinische Anglomanen proponiren mit gut gespielter insulanischer Dreistigkeit bereits Wetten, daß die Abgeordneten die Gesetzentwürfe, welche man mit lakonischer Kürze „Militärvorlagen" nennt, annehmen werden. Ehrliche Preußische Gemüther schlagen natürlich die englische Wette aus, aber zweifeln keineswegs daran, daß die Abgeordneten die „Militärvorlagen" annehmen werden, nota bene, nachdem sie alle, alle ohne Ausnahme, auch die ältesten und steifbeinigsten liberalen Paraderosse, die längst schon den Gnadenhafer in den Spalten kleinerer und aus der Mode gekommener liberaler Provinzialzeitungen gefressen, dem staunenden Vaterlande vorgeritten. Der Herren Minister Excellenzen dürfen das von ihren parlamentarischen Freunden mit sittlicher Bestimmtheit erwarten. Excellenz v. Auerswald zweifelt auch durchaus nicht, weder an dem Liberalismus, noch an der Gefälligkeit der Majorität des Abgeordnetenhauses und ave, res valida! lautet der Schildspruch von Auerswald. Einer unsrer anglomanischen Freunde proponirt die Wette, daß die vulgo „Grundsteuervorlagen" in beiden Häusern angenommen werden. Wer hält dagegen?

Einiges Aufsehen macht der unangenehme Streit, in welchen die „Zeit", „Preußische Zeitung" unter der glänzenden Redaction des Herrn Dr. Lorentzen, mit dem Mit-Redacteur der „Augsburger Allgemeinen Zeitung", Herrn Dr. H. Orges gerathen. Der Scandal läßt wirklich nichts zu wünschen übrig; und wenn wir auch weit entfernt sind, uns für Herrn Dr. Orges zu echauffiren, so können wir doch den patriotischen Wunsch nicht unterdrücken, das Organ der Königlichen Regierung von Preußen hätte etwas besser abgeschnitten in dieser Affaire. Sehr lustig ist's übrigens, daß man sich mit ernsthaftem Gesichte erzählt, Herr H. Orges sei vor einigen Wochen hier in Berlin gewesen und man habe in gewissen Kreisen gefürchtet, derselbe werde die Redaction der „Zeit", „Preußischen Zeitung" übernehmen. Es versteht sich von selbst, daß diese Nachricht, welche mit keiner Gehaltsverbesserung verbunden war, keiner besonderen Berichtigung bedarf, es müßte denn sein, daß der Verleger, Herr Eugen Trowitzsch, wiederum mit hohem Muthe für seinen Redacteur berichtigend einspränge, wie er schon einmal, das flammende Schwert des Preßgesetzes in der Hand, in die Spalten des „Preußischen Volksblattes" sprang zum großen Ergötzen der Zuschauer. Der ehemalige Redacteur der ehemaligen „Constitutionellen Zeitung", Herr Carl Weil, weilt jetzt wieder in unseren Mauern, doch hat er sein Absteige-Quartier nicht bei Hrn. Trowitzsch, dem ehemaligen Verleger der ehemaligen „Constitutionellen Zeitung" genommen, sondern ihm nur seine Karte mit der Inschrift: „Denkst Du daran, mein tapferer Lagienka?" unter Couvert zugesandt. Dieser Vorfall wird in den „bestimmenden" Kreisen nicht als Geheimniß behandelt. Giebt es mehr als einen Lorentzen? Man will nämlich zwei Lorentzen gesehen haben; Preußen ist gerettet!

Aus Paris.

Im Februar 1860.

— Die Comédie-française und das Odeon-Theater; — Augustine Brohan; — Richard Wagner; — Madame Szawardy und Hans v. Bülow; — Tod des Vicomte v. Walsch. —

Die Comédie-française und das Odeon-Theater tauschen jetzt ihre Rollen, wie es scheint. Während die Comédie-française seit dem Tode der Rachel nur Dramen und Sprüchwörter (proverbes), bisweilen sogar Vaudevilles giebt, versucht sich das Odeon-Theater in der Tragödie und den klassischen Lustspielen Molière's und Regnard's. Alfred de Musset's Un Caprice und Madame Girardin's: La joie de peur, so wie viele andere dramatische Bagatellen, die ja auch auf den deutschen Bühnen jetzt heimisch sind, bilden fast ausschließlich das Repertoire des einst so hochberühmten Théatre français. Augustine Brohan, die pikante Verfasserin mehrerer Proverbes scheint es müde zu sein, Soubretten zu spielen, und hat sich deshalb dem Fach der Salondamen zugewendet. Doch waren die Debüts der Künstlerin auf dem neuen Felde nicht eben glücklich, und sie thäte in ihrem eigenen Interesse wohl daran, sich als Kammermädchen wieder in die Antichambres zurückzuziehen. Mlle. Brohan ist viel zu soubrettenhaft, um repräsentiren zu können. Sie ist aber wirklich einzig in ihrer Art als Dorine, Martine, Frosine, Lisette, — warum bleibt sie also einem so dankbaren Genre nicht treu? Freilich hat die Comédie-française seit einiger Zeit Molière ganz fallen lassen.

Dem Odeon-Theater muß man deshalb sehr dankbar sein, daß es sich der verlassenen Meisterwerke Racine's, Corneille's, Regnard's und Molière's annimmt. Es hat neulich mit der Phädra und dem L'eyatair universel von Regnard einen ziemlich glücklichen Versuch gemacht. Aller Anfang ist schwer, aber wenn das Odeon-Theater den festen Willen hat, auf löblichem Wege fortzuschreiten, so wird es auch bald Talente finden und heranbilden, die es vorziehen, statt Dennery'scher Prosa, Racine- und Corneille'sche Verse zu sprechen.

Die Concert-Saison ist wieder recht lebhaft gewesen in diesem Winter. Ihre Landsleute, Madame Szawardy (bekanntlich Wilhelmine Clauß) und Hans v. Bülow haben reizende musikalische Soiréen arrangirt, und Richard Wagner hat gradezu glänzende Geschäfte mit seinen Symphonie-Concerten gemacht. Wagner hat sich hier den Namen eines sehr gelehrten Musikers erworben, vielleicht weil hier, wie überall, das große Publikum ihn nicht begriffen hat. Wagner hat auch hier nur eine kleine Partei, zu der ich indessen nicht gehöre. Um diese Zukunftsmusik zu verstehen, muß man Zukunftsohren besitzen. Da dies bei mir aber nicht der Fall ist, so bekenne ich offen, selbst auf die Gefahr hin, altmodisch zu erscheinen, daß Mozart mir lieber ist. Champfleury ist anderer Meinung; er bewundert Wagner und hat eine Brochüre über ihn publicirt, welche den Zweck hat, dem Publikum das Verständniß der Zukunftsmusik beizubringen. Der arme Champfleury, der den besten Willen hat, ein guter Schriftsteller zu sein, und dem nichts weiter dazu fehlt, als Styl und Erfindungsgabe, wird auch wohl mit dieser Brochüre über Wagner keinen großen Ruhm einernden.

Einer der letzten Romane der Revue de deux mondes, „Mad. de Marçay“, hat viel von sich reden gemacht. Einige glauben in dem anonymen Verfasser eine Dame, Andere einen exilirten Prinzen erkannt zu haben.

Lamartine will wieder einmal seine Güter verkaufen, um seine Schulden zu bezahlen. Doch findet er keinen Käufer, denn Niemand will den gefeierten Dichter aus seinem Besitz vertreiben. Uebertriebene Delikatesse! Was könnte dieser bedeutende Geist leisten, wenn er der ewigen Sorgen quitt wäre!

Der Tod hat eine der ältesten und edelsten Stützen der Legitimität hinweggerafft. Der Vicomte Walsh ist auf seinem Schlosse Sézant in Anjou 78 Jahre alt gestorben. Bei seinem Namen fielen mir lebhaft die lettres vendéennes ein, welche ich in der Jugend mit Rührung und Bewunderung gelesen.

Ich habe mich stets gewundert, daß man den Vicomte Walsh nicht wenigstens Chateaubriand gleichstellte. Mir gilt er mehr, wenn auch nicht als Schriftsteller, so doch als Charakter. Ehrenwerth durch und durch, ist er niemals, auch nicht in Worten, in seinen Grundsätzen wankend gewesen.

Und so ist M. Walsh auch gestorben, treu der politischen und religiösen Ueberzeugung seiner Vorfahren, geliebt und geachtet von Jedermann.

Militärische Revue.

Sonntag, den 26. Februar 1860.

Geschichtskalender.

26. Febr. 1814.	Gefecht von La Ferté-gaucher: Die Franzosen werden durch die Preußen geschlagen.	1. März 1745.	Gefecht von Hirschberg: General v. Winterfeld überfällt und schlägt die Oestreicher.
27. Febr. 1741.	König Friedrich II. entgeht glücklich der Gefahr einer Gefangennehmung b. Wartha.	2. März 1814.	Gefecht von Belleghem: Oberst v. Hobe schlägt die Franzosen.
28. Febr. 1779.	Resultatloser Angriff der Oestreicher auf Neustadt.	3. März 1761.	General v. Anhalt nimmt Rudolstadt.

Inhalt:

Eisenbahnzüge und Dampfschiffe.

II.

Die Eisenbahnzüge dienen ausschließlich zum Transport; es ist nicht unmöglich, daß der eine oder der andere Train einmal mitten auf der Fahrt in ein feindliches Streifcorps hineingeräth, indessen dürften dergleichen Fälle stets zu den Curiosis gehören und hat der Vorschlag: Militair-Transportzüge in nicht ganz sicherem Gelände hinten und vorn mit einer Art von Streitwagen zu versehen und dergleichen im Frieden bereit zu halten, so viel bekannt, noch bei keiner Eisenbahn Beachtung gefunden. Die Dampfschiffe dagegen dienen nur zum Theil reinen Transportzwecken; alle Kriegsdampfer sind zugleich zum Gefecht eingerichtet. Es giebt Dampfschiffe von 10 Tonnen Gehalt und 5 Pferdekräften, der „Great-Eastern“ hat 20,000 Tonnen Gehalt und vermag 3000 Pferdekräfte zu entwickeln; dazwischen liegt eine lange Reihe von Abstufungen, die nur eine ganz willkürliche Eintheilung zulassen würde. Dagegen scheiden sich alle Dampfschiffe rücksichtlich ihrer Construction in die beiden Hauptgruppen der Rad- und „Schrauben“-Dampfer.

Während bei den Raddampfern zwei räderförmige, an den Seiten des Schiffes angebrachte Rudersysteme, durch Dampfkraft in rotirende Bewegung gesetzt, das Schiff vorwärts oder rückwärts treiben, ganz eben so wie die Triebräder die Lokomotive, bringt bei den Schraubenschiffen die unter dem hintern Kiele im »todten Holze« angebrachte horizontale Schraube (propeller) dieselbe Wirkung hervor, weil sie sich als lose Schraubenspindel in einer festen, oder annähernd festen Mutter, dem Wasser, mit jeder Umdrehung um die Höhe eines Schraubenganges vor- oder zurückschieben und das Schiff mitnehmen muß. Bei beiden ist es der Widerstand des Wassers, welcher die Bewegung ermöglicht, wie er es auch ist, der sich der Bewegung widersetzt; denn — abgesehen von der verhältnißmäßig geringen Reibung — würde der leiseste Druck das schwerste Fahrzeug eben so wie das leichteste vorwärts bringen. Das Schiff schwimmt, ja, seine Last wird also vom Wasser getragen; wenn nicht die mit der Belastung vermehrte Eintauchung, der »Tiefgang«, die Fläche vergrößerte, welche die träge Wassermasse zerschneiden und bei Seite schieben muß.

Das erste Schraubendampfschiff wurde schon 1837 gebaut, indessen bedurfte es noch vieler Jahre, um der Erfindung Geltung zu schaffen, und auch an Märtyrern hat es ihr nicht gefehlt. Gegenwärtig sind aus den weiter unten entwickelten Gründen die Raddampfer von den Schraubendampfern in den Handels- und Kriegs-Marinen schon sehr in den Hintergrund gedrängt worden. Von den in England in der letzten Zeit jährlich durchschnittlich gebauten 150 eisernen Dampfschiffen sind mehr als 100 mit Schrauben und nur der Rest mit Rädern versehen.

In den Detailconstructionen finden noch fortgesetzt Verbesserungen und Aenderungen Statt. Während anfänglich die Schrauben einen vollen Schraubengang bildeten, bestehen die jetzt üblichen nur aus flügelartigen Abschnitten eines solchen; man unterscheidet Flügel-, Kegel-, Transversal-Propellers u. a. m.; immer aber sind es 3 Hauptmomente, welche angestrebt werden: die Schraube muß eine breite Gangfläche haben, damit sie sich fest gegen das Wasser (die Schraubenmutter) stützen könne; die jedes Schraubenganges muß groß genug sein, um das Schiff mit jeder Schraubendrehung noch ein genügendes Stück vorwärts bringen zu können, und endlich muß die Umdrehung der Schraube möglichst schnell sein, mindestens fünf Mal so groß als die Rotationsgeschwindigkeit der Schaufelräder, ebenfalls, um die Geschwindigkeit der Schiffsbewegung zu vermehren. Die letzte Bedingung hat die meisten Schwierigkeiten verursacht, weil sie, so lange es nicht gelungen war ein rasches Kolbenspiel zu erzielen, nur durch gebrechliche und complicirte Zahnrad-Systeme erfüllt werden konnte. Die jetzt üblichen Schiffsschrauben haben 4—12 Fuß Durchmesser und bis 8 Fuß Ganghöhe. Die Schraube des »Great-Eastern« mißt 24 Fuß im Durchmesser. Fast alle Schrauben werden so construirt, daß man sie unterwegs ohne große Mühe aus ihrem Lager heben kann, sei es, daß man eine Reparatur daran vornehmen oder daß man einen guten Wind zum Segeln benutzen will, wobei die Schraube mit ihren breiten Flügeln ein großes Hinderniß sein würde.

Die Vortheile, welche die Schraube im Vergleich zu den Schaufelrädern bietet, sind ungemein groß. Während die Raddampfer nicht nur ihre Räder, sondern auch die ganze hochgelegene Maschine den feindlichen Kugeln als Ziel präsentiren, ist bei den Schraubendampfern Schraube und Maschine stets unter Wasser und nur schwer zu beschädigen. Für die Thätigkeit der Schraube — wenn auch nicht für die Geschwindigkeit des Schiffes — ist es vollkommen gleichgültig, in welcher Tiefe sie wirbelt; die Schaufelräder dagegen verlieren sofort einen wesentlichen Theil ihres Effects, wenn sie durch größere oder geringere Belastung des Schiffes mehr oder weniger tief eingetaucht werden, als bei der Construction des Fahrzeuges berechnet worden ist; eine fortwährende Veränderung der Belastung — und damit zugleich des Tiefganges, findet aber bei allen Dampfschifffahrten schon durch den bedeutenden Kohlenconsum

Statt. Noch ungünstiger wird die Lage eines Raddampfers bei hoher und contrairer See; durch die Seitenschwankungen kommt es häufig vor, daß das eine Rad fast ganz im Wasser — natürlich dann ohne jeden Effect auf die Vorwärtsbewegung des Schiffes — sich abmüht, während das andere kaum die Wellenspitzen streift. Welche Steuerarbeit es in solchen Fällen kostet, Cours zu halten, ist leicht zu ermessen.

Die schon oben erwähnte hohe Lage der Maschine bei den Raddampfern, durch die der Schaufelräderachse geboten, ist bei den Handelsfahrzeugen unbequem, weil sie den Stauraum beschränkt; bei Kriegsfahrzeugen nimmt sie aber gradezu den besten Platz für Geschütze und Schiffsmanöver weg, während das Deck eines Schraubendampfers vollständig frei und zu Gefechtszwecken disponibel bleibt.

Zudem wird bei dem letzteren durch die tiefliegende Maschine die Stabilität des Fahrzeuges erhöht und eine Menge Ballast erspart.

Daß ein Schraubenschiff ungleich besser segelt als ein Raddampfer, dessen gestopfte Räder im Wasser und dessen Radkasten in der Luft anstoßen, bedarf kaum der Erwähnung, desgleichen, daß jene unter allen Umständen ruhiger und angenehmer gehen, als diese mit ihren ungleichmäßigen Stößen und betäubendem Getöse. Ungemein wichtig für Kriegszwecke ist es aber, daß die Raddampfer, da beide Räder immer mit gleicher Geschwindigkeit rotiren, nur in gestreckten Curven wenden können, Schraubendampfer dagegen sich fast „auf dem Teller" herumwerfen lassen.

Wenn trotz der — übrigens keineswegs erschöpfend — dargelegten großen Superiorität der Schraubendampfer die Räder-Dampfschiffe doch noch nicht ganz verdrängt sind und dies selbst nicht einmal in Aussicht steht, so hat dies seinen Grund in 2 Umständen. Erstens bedürfen die Schraubenschiffe, da die Schraube stets unter Wasser sein muß, eines Tiefganges, der größer ist als der Schraubendurchmesser, können sich also nur in tiefem Fahrwasser bewegen, während für Räderdampfschiffe wenige Fuß Wasser genügen, um ihre Schaufeln dagegen zu stützen. Zweitens erzeugt eine Maschine mit einer Schraube einen bedeutend geringeren Effect als mit Schaufelrädern, weil die bewegende Kraft bei diesen ausschließlich in der Richtung des Kiels wirkt, bei der Schraube aber zufolge der schiefen Stellung der Flügel einen Theil seitwärts abgiebt, d. h. für die Vorwärtsbewegung verliert. Hieraus erklärt es sich, daß bei ruhiger See die Schraubendampfer von den Raddampfern an Geschwindigkeit übertroffen werden.

Die Schaufelräder haben daher noch nicht alle Zukunft verloren; in flachen Küstengewässern, bei Landungen, in Flußmündungen und überall da, wo Geschwindigkeit das erste und wesentlichste Erforderniß ist, werden ihnen die stolzen Schraubenschiffe das Feld überlassen müssen.

Die Offensivkraft der Heere.

I.

Wir haben zwei Kassen, die Theaterkasse, welche immer voll, und die Kriegskasse, welche schwerer zu füllen ist, als das Faß der Danaiden! — So sprach Demosthenes zu den in Frieden und Wohlleben versunkenen Athenern, als sie, blind und unempfindlich gegen des Vaterlandes Gefahr, ganz vergessen hatten, daß man wehrhaft sein müsse, um sicher zu sein. Hundertmal haben seitdem solche Warnungsstimmen bald diesem, bald jenem Volke in die Ohren gegellt, — aber der Mensch wird nur durch eigene Erfahrung, durch Fühlen klug. Wenn Feindesschaaren das

Land überschwemmen, wenn Contribution und Verwüstung in wenigen Wochen verschlingen, was zwanzig Friedensjahre mühsam geschaffen, wenn der rücksichtslose Despotismus des Eroberers neben Hab' und Gut auch noch Leib und Leben heischt, — dann freilich stehen die Waffen in Ehren, dann ist das Schwert „der Hort der Nation, die blanke Eisenbraut, der erste Schmuck des Mannes“. Aber laßt den Feind hinausgejagt, das Land frei, Ordnung und gewinnreichen Verkehr mit Luxus und Genuß im Gefolge zurückgekehrt sein — und dieselben Leute, die eben noch schreckensbleich und mit schlotternden Knieen nach Hülfe und Rettung schrieen, richten sich stolz empor, drehen jeden Stüber, den sie für das „Soldatenspiel“ hergeben sollen, dreimal um, nennen das „date obolum“ der Armee „eine rücksichtslose Zumuthung an ihre mit saurer Arbeit gefüllten Beutel,“ und die „wackeren Krieger, die Helden des Vaterlandes“ heißen wieder ganz einfach „das stehende Heer mit seinem enormen Budget“.

Es ist das eine Erfahrung, so alt wie die Armeen: keiner ist sie erspart geblieben. Die Soldaten behandelt man nach dem Kampfe wie Mäntel nach einem Gewitter, meinte der Marschall von Sachsen. — Der Soldat murrt nicht, er murrt überhaupt nie. Wen das stolze Bewußtsein der vollkommenen Uneigennützigkeit, das Bewußtsein, nur um des Ganzen, des Vaterlandes willen gewünscht oder gebeten zu haben, nicht beruhigt, der denkt leichtsinnig: heute dir, morgen mir, und sitzt in seiner Seele ja noch ein Häkchen der Unzufriedenheit und des Mißmuthes, so sorgt die Disciplin, daß er nach außen hin damit nicht hängen bleibe.

„Vaterlandsvertheidiger!“ Fürwahr ein stolzer Name, so edel, so unantastbar, daß er den Soldaten selbst vor einem Tribunal von lauter Cobdens schützen müßte; denn er ist hergenommen von dem gerechtesten aller Kämpfe, von der Abwehr gegen ungerechten Angriff. In alten Zeiten, als Mannhaftigkeit und Wehrhaftigkeit noch identisch waren, fragte Niemand viel darnach, ob es gelte, sich seiner Haut zu wehren oder ob einem Fremden zu Leibe gegangen werden sollte; heut zu Tage tragen nur noch Einzelne die Waffen und der Selbsthülfe hat das Gesetz, mächtiger als das Individuum, heilsame Grenzen gesetzt. Wer aber will behaupten, daß das auch mit den Staaten der Fall sei, daß unter ihnen etwas anders entscheide als die Gewalt, daß ein Staat gegenwärtig in seinen völkerrechtlichen Beziehungen auch nur einen Deut mehr werth sei, als seine Heereskraft werth ist? — Wer sagt, daß eine entente cordiale das europäische Staatensystem erhält und nicht die erbittertste Eifersucht? Steckt unser Frieden nicht in Waffen bis an die Zähne?

Wir haben Rechtslehren für die Staaten, so gut wie für die Individuen, aber es fehlt die Executive, die dem Gesetz Geltung verschafft, und es gilt für die Staaten noch ein Faustrecht, so roh, so rücksichtslos, wie es für den Einzelnen im Staate nie existirt hat.

Eins der frühesten Erkenntnisse, zu denen der Mensch in seinem Leben gelangt, ist das: daß „reine Vertheidigung“ und „geprügelt werden“ Synonyma sind. Die Meisten erinnern sich wohl auch dieses oder jenes Schulkameraden, der gar nicht so entsetzlich stark war und sich doch Alle vom Halse hielt, weil er hübsch kalt und verwegen die Fäuste zeigte. In diesen Erfahrungen liegt die Quintessenz aller politischen Weisheit: wer nicht selbst droht, der wird bedroht.

Ein Panzer ohne Schwert ist ein armselig Ding. Es genügen nicht schöne Festungen — es genügt nicht ein Volkswehr-System — es genügt nicht, daß eine Nation so gesund sei, um dem entnervenden Einfluß eines langen Friedens zu widerstehen — alles das sind recht gute Mittel zur Abwehr; will aber eine Nation vor Angriffen sicher sein, dann muß sie selbst das Zeug zu einem tüchtigen Angriff haben, und angreifen kann man nur mit Soldaten, mit einer Armee.

Das Charakteristische einer Armee ist ihre Permanenz und ihre Masse.

Ihre Glieder müssen lange genug beisammen sein, um fest ineinander verwachsen zu können; der Einzelne muß fühlen, daß er einen neuen Menschen angezogen, eine neue Familie gefunden hat für die, aus deren Schooß er gerissen worden; die Glieder müssen auch mächtig und groß sein, damit das stolze Selbstgefühl, welches die Waffen verleihen, selbst dann nicht untergehe, wenn diese in der Scheide ruhen. — Je höher der soldatische Geist gesteigert, je imposanter der Heereskörper ist — je schönere Siegeskränze die Fahnen schmücken — um so mehr wird die Armee leisten, um so kräftiger und rascher werden verlorene Theile nachwachsen.

Es ist eine viel gebrauchte und viel mißverstandene Lehre, daß das neue Jahrhundert eine neue Art von Armeen geschaffen habe, daß die „Cabinetsheere“ durch „Volksheere“ ersetzt worden seien. Eine gewaltige Kluft — mit einem Satze übersprungen — liegt freilich zwischen dem siebenjährigen und den Napoleonischen Kriegen: die Heere haben sich verzehnfacht. Wenn früher die Armeen geworben und je nach dem Bedürfniß auch durch Werbungen in aller Herren Ländern verstärkt wurden, so hat man jetzt die Deckung des Bedarfs aus dem eigenen Lande organisirt, systematisch sichergestellt, das Land bezahlt nicht mehr die schnöden Rechnungen der Werbeofficiere — es stellt seine Soldaten selbst. Aber nach wie vor will gut Ding Weile haben, und man stampft ein Volksheer gerade so wenig aus der Erde wie ein Cabinetsheer.

Die confusen Raisonnements der Friedens-Utopisten und anderer, weniger ungefährlichen Social-Politiker haben diese einfache und auf der Hand liegende Wahrheit nicht ohne Erfolg angeschwärzt, mit der Aussicht auf so und so viel ersparte Millionen Manchen geködert und ihm Wundermähren von Nationalgarden, Milizen und Bürgersoldaten erzählt. Ein Bürger-Soldat aber ist ein Unding, ein Widerspruch in sich; ein Bürger kann todesmuthig seine Stadt vertheidigen, er kann ein Held sein, aber nie ein Soldat, weder ein guter noch ein schlechter, denn Muth und Waffen machen noch nicht den Soldaten aus, selbst die Uebung in den Waffen thut es nicht, es gehört noch eine ganze Anzahl anderer Qualitäten dazu, die denen eines Bürgers schnurstracks entgegenlaufen. Der Soldatenstand leidet so wenig Dilettantismus oder Improvisation, wie irgend ein anderer.

Was ist denn je mit improvisirten Heeren geleistet worden? Einen Guerillakampf gegen einen bitter gehaßten Usurpator können tapfere Massen unterhalten, aber sie werden ihn erst siegreich zu Ende bringen, wenn Leitung hineinkommt, wenn sie, vielleicht ohne es selbst zu wissen, Soldaten geworden sind. Zum Angriff, zu Operationen braucht man organisirte Kräfte, Armeen. Gab es je begeisterte Kämpfer, so waren es die Nordamerikaner in ihrem Unabhängigkeitskriege. Sie wehrten sich mit Händen und Füßen dagegen, Soldaten zu werden; sie dachten, die persönliche Tapferkeit müsse die Disciplin ersetzen, und sie erlitten Niederlage auf Niederlage, der Eifer erkaltete, kein Fahneneid, kein Corpsgeist hielt der Sehnsucht nach dem häuslichen Heerde das Gegengewicht, — kurz, die junge amerikanische Freiheit, die nur von einem englischen Heere bekämpft wurde, das kläglich genug bestellt, vom Mutterlande in Stich gelassen war und manche Gelegenheit zum tödtlichen Streiche unbenutzt vorübergehen ließ, wäre sicher am Zahnen gestorben, hätte Washington nicht mit unermüdlicher Ausdauer dem Congreß die Errichtung eines stehenden Heeres förmlich abgezwängt; erst als dieses disciplinirt war, erst als der Bürger im Soldaten untergegangen war, erst als Rochambeau's französische Eliten die Sache der Colonieen stützten, wendete sich das Blatt und die Engländer unterlagen.

Was war ferner das Resultat der ersten Expedition der französischen Revolutions-Armee, was war das Resultat jener Aushebung, die von allen Waffenfähigen nur die Maulhelden zu Hause ließ? Schimpfliche Flucht vor ein paar östreichischen Brigaden, die Zersprengung einer ganzen Division von 10,000 Mann durch ein preußisches Husaren-Regiment. Erst als die Armee geschult war, erst nach drei Jahren, konnte ihr Enthusiasmus siegen, die begeisterten französischen Armeen gewannen Schlachten, nicht die begeisterten Nationalgarden.

Die ganze Kriegsgeschichte bietet kein Beispiel, das etwas Anderes lehrte als die eben angeführten, und Napoleon hielt 50,000 Mann ungeschulter Soldaten auf freiem Felde einer Cavallerie von 3000 Mann gegenüber für verloren, wenn jene nicht durch erfahrene Officiere commandirt würden. Da liegt das zweite Moment, welches nur von großen stehenden Heeren ausgiebige Kraftentwickelung erwarten läßt.

Führer wachsen so wenig über Nacht wie Soldaten. Genies sind erfahrungsmäßig selten, sie reichen oft nicht einmal für die obersten Feldherrnposten aus. Wer aber nicht jene wunderbare Gottesgabe besitzt, wer nicht Künstler ist, sondern nur Handwerker, der muß lernen, um seinen Posten, er sei hoch oder niedrig, ausfüllen zu können, lernen, nicht nur aus Büchern, nicht nur aus Reglements, sondern mitten im Soldatenleben d'rin, in der Kaserne und auf dem Exercirplatze, so lange ihm noch nicht die hohe Schule des Krieges beschieden wird. Der Officier muß es verstehen, die Masse zu bewältigen, sie zu leiten, für sie zu denken und zu sorgen; wo soll er diese Fähigkeit anders erwerben, als in der Masse? Der Leser überhebt uns wohl der Mühe, die Wahrheit auch dieser Behauptung durch geschichtliche Beispiele zu erhärten: es ist noch eher denkbar, daß eine Armee sich ohne Führer bilde, als daß Jemand ein Führer werde, ohne je eine Armee gesehen zu haben.

Wenn früher die Kriegskunst, wie jede andere Disciplin, ihr Wesen unter einem Wust von geschraubten und nur dem Wissenden verständlichen Regeln versteckte, dagegen jetzt zur einfachen, klaren und präcisen Ausdrucksweise zurückgekehrt ist, so ist deshalb heut zu Tage noch nicht jeder Mensch von fünf gesunden Sinnen und klarem Verstande ein brauchbarer Officier, im Gegentheil erfordert die allgemein gesteigerte Bildung auch eine erhöhte Bildung der Führer, und die Summe der unentbehrlichen positiven Fachkenntnisse ist höher, als je zuvor.

Wiegt Euch also nicht in Träume, Ihr ersparungssüchtigen Doctrinärs, hängt nicht an der Chimäre der ackerbauenden Soldaten, der Armee à deux mains! Freilich ist kein Staat so reich, um ein Heer, welches im Kriege seiner Größe entsprechen würde, auch im Frieden unter den Fahnen zu halten, die Heere nähren nicht, sie verzehren, und deshalb sind Urlauber-, Reserve-, Landwehr-Systeme — in Details und Benennung je nach Land und Leuten verschieden, aber alle auf demselben Princip beruhend — überall gang und gäbe geworden als das einzige anwendbare Aushülfsmittel. Daß sie aber eben nur Aushülfsmittel sind, das vergeßt nicht! Zur Ausbildung eines Soldaten gehört Zeit. Napoleon der Erste verlangte noch sechs Jahre, um einen Infanteristen zu schulen, und die Ausbildung des Soldaten leidet, wenn er allzu lange die Fahne nicht sieht. Wie soll das Eine erreicht, das Andere vermieden werden, ohne ein starkes stehendes Heer? Ein Land, das die Armee auf dem Papiere, in Wirklichkeit aber nur Stamm-Gefreiten besitzt, ist schlimmer daran, als ein Land ohne Armee; denn es geräth in Sorglosigkeit und Selbstüberschätzung. Das Bild, daß die stehenden Cadres den Rahmen bilden für die Füllung der Reserven, ist sehr in der Mode, wohl, macht den Rahmen zu eng, so wird er ein Prokrustesbett für die Kräfte der Nation oder er muß zerspringen! Eine starke, schlagfertige Armee für wenig Geld ist die Quadratur des Zirkels, der Stein der Weisen.

Tagesereignisse.

Die „Kölnische Zeitung“ brachte neulich zwei Artikel über die Heeresreformen und bemerkte dabei am Schluß, sie habe mehrere Zusendungen von „höheren Offizieren“ erhalten, welche eine dreijährige erste Dienstzeit nicht nur für überflüssig, sondern für bedenklich halten. Dabei bezweifeln wir zweierlei: Einmal, daß preußische Offiziere und ganz insbesondere höhere Offiziere die dreijährige Dienstzeit für unnöthig, ja sogar für bedenklich halten; und dann, daß preußische Offiziere mit der „Kölnischen Zeitung“ in literarischer Verbindung stehen. Wir fordern daher die „Kölnische Zeitung“ auf, die angeblichen „höheren Offiziere“ zu nennen. Bis dahin wird ihr kein vernünftiger Mensch ihre Prahlerei glauben.

Nach einem verbreiteten Gerüchte, wovon einzelne Andeutungen selbst bereits in öffentliche Blätter übergegangen sind, soll die Königlich Würtembergische Regierung die diesseitige ersucht haben, ihr einige gezogene Geschütze käuflich zu überlassen; sie sei aber abschlägig beschieden worden. Wir wünschen, das Gerücht sei unwahr; denn das Ablassen einiger neuen Röhre könnte für Preußen an und für sich nicht von Erheblichkeit sein, weil bei den vorhandenen Einrichtungen wenige Wochen genügt hätten, den dadurch entstandenen Abgang zu ergänzen; dagegen hätte man sich durch Bewilligung des Gesuches nicht nur wiederum bundesfreundlich gezeigt, sondern es kann ja auch Preußen nur wesentlich daran liegen, die Ausrüstung der kleinen Staaten verbessern zu helfen; dereinst würde eine solche Verbesserung auch uns wieder zu Gute kommen.

Die scherzhaftesten Betrachtungen über die neue Armee-Organisation stellt denn doch die hiesige „Volks-Zeitung“ an. Nachdem sie glücklich heraus geklügelt hat, daß die „Motive“ zu den darüber dem Landtage gemachten Vorlagen „demokratisch“ seien, und sie dieselben deshalb aus allen Kräften gelobt, kommt sie plötzlich zu der Schwenkung: so gut nun auch die Motive seien, so schlecht sei die Vorlage selbst. Das Spaßhafteste aber ist, daß das Reformjuden-Blatt die Vorlage deshalb für schlecht hält, weil die Garde nicht abgeschafft wird, und endlich rechnet das Blatt heraus, die Garde koste jährlich 3 Millionen mehr als andere Truppen kosten würden. Juden pflegen doch sonst bessere Rechnenkünstler zu sein! Oder werden vielleicht doch nicht alle sogenannte militärische Artikel der „Volks-Zeitung“ von Juden geschrieben???

Der „Magdeburger Zeitung“ schreibt man aus Wien: Durch eine Verordnung des Kriegsministeriums vom 22. v. M. ist Folgendes bestimmt worden: „Der gegenwärtig bei dem größern Theile der Armee mit 60 Gemeinen per Compagnie normirte Mannschaftsstand macht es unerläßlich, daß die Truppe zum Exerciren nur in zwei Gliedern rangirt werde. Während die Mehrzahl der taktischen Bewegungen bei der Aufstellung in zwei Gliedern eben so wie bei der in drei Gliedern ausgeführt wird und daher die im Geiste der bestehenden Vorschriften ausgebildete Mannschaft anstandslos bei beiden Aufstellungsarten verwendet werden kann, ist es jedoch unumgänglich nothwendig, daß bei den Vorbereitungen für die Formirung und Vertheidigung der Quarrés, wo die größere oder geringere Tiefe jedenfalls von Bedeutung ist, aus einigen Abtheilungen eine von der erforderlichen Stärke in drei Gliedern formirt werde. Es wird übrigens den Truppencommandeuren überlassen, die im Frieden zu den Uebungen vorhandene Mannschaft mit Rücksicht auf die Ausbildung abwechselnd in zwei oder drei Gliedern, nach Umständen selbst auch nur in einem Gliede aufzustellen, wobei ihnen aber selbstverständlich die Verantwortlichkeit bleibt, daß die ihrer Führung anvertraute Abtheilung mit jedem beliebigen Stande für die in den taktischen Vorschriften angedeuteten Bewegungen vorbereitet und verwendbar sei.“ —

Der im Bereich des 3. und 4. Armee-Corps angestellte Versuch, je 450 der durch die letzte Reducirung der Cavallerie und Artillerie überzählig gewordenen Pferde leihweise gegen Uebernahme der Verpflegung an bäuerliche Wirthe zu überlassen, hat insofern ein zufriedenstellendes Resultat ergeben, als diese Uebernahme wenigstens aller Orten hat bewerkstelligt werden können, und scheint, soweit von einer Uebersicht des Sachverhältnisses jetzt schon gesprochen werden kann, auch sonst sowohl für Entleiher als für den Staat recht gut auszuschlagen. Leider hatte man es in manchen Kreisen verabsäumt, die getroffene Maßregel durch die Kreisblätter bekannt zu machen, so daß Mancher, der davon gern Vortheil gezogen hätte, die Sache zu spät oder gar nicht erfuhr.

Die französische Thronrede vom 1. März.

Die Rede, mit welcher Napoleon in diesen Tagen die gesetzgebende Versammlung seines Staates eröffnete, dürfte dereinst leicht als der Markstein einer Wendung in der europäischen Politik betrachtet werden.

Es ist eine Rede, mit welcher Napoleon sich mit raschem Schritte dem ganzen Europa entgegenstellt.

Und nicht einmal Englands ist er ganz sicher. Zwar ist es nach den Aufklärungen, welche die unabhängige englische Presse gegeben hat, nicht mehr zweifelhaft, daß das gegenwärtige englische Cabinet, zunächst Palmerston, von den italiänischen Planen Napoleons schon vor Monaten mehr wußten, als sie für gut fanden, öffentlich einzugestehen *), aber sie haben, wie uns scheint, dennoch ihre Kräfte und ihren Einfluß überschätzt, wenn sie meinten, auch für den Fall, daß Napoleon wirklich Savoyen einverleibte, der öffentlichen Meinung Englands trotzen zu können. Kein Handelsvertrag ist glänzend genug, um das Auge des englischen Kaufmanns zu blenden, wenn es sich um Vergrößerung des französischen Einflusses am Litorale des mittelländischen Meeres handelt. Die englischen Kaufleute müssen dann anfangen, ernstlich für ihr Livorno und für mehr zu fürchten. Ein Umschlag der öffentlichen Meinung in England für den Fall der Annectirung Savoyens ist also vorauszusehen, und diesem Umschlag würde der Fall des zeitigen Cabinets und dann wahrscheinlich ein sehr conservatives, ja vielleicht „continentales“ Ministerium folgen.

---

*) Die englischen Blaubücher geben darüber interessante Aufschlüsse. Der Londoner Correspondent der „Nat.-Ztg.“ (L. Bucher) schreibt darüber:

Im März v. J. erhielt das Parlaments-Mitglied Kinglake aus einer guten Quelle in Paris diese Nachricht: „Am Abend vor der Heirath der Prinzessin Klotilde wurde ein Schriftstück von dem Kaiser der Franzosen unterzeichnet, welches sich pacte de famille (nicht Vertrag oder Convention) nennt, und welches Sardinien Hülfe zusagt in Vertheidigung und in Angriff, während der König von Sardinien seinerseits für die in der Lombardei zu machenden Erwerbungen Nizza und Savoyen abzutreten verspricht. Das Schriftstück ist von Walewski gezeichnet.“ Kinglake machte davon dem Grafen Malmesbury, derzeit Minister des Auswärtigen, Mittheilung. Der Graf ließ in Paris anfragen, ob ein „Vertrag“ des bezeichneten Inhalts abgeschlossen sei, und erhielt natürlich von Walewski die Antwort, daß kein „Vertrag“ existire. Man muß annehmen, daß die Worte, die ich in Klammern gesetzt „nicht Vertrag oder Convention“ in dem Briefe fehlten und von Kinglake beim Vorlesen als Erläuterung eingeschaltet wurden. Im Herbst erhielt er eine Bestätigung seiner Information mit dem epigrammatischen Zusatz: „Nizza und Savoyen sollen vermittelst des allgemeinen Stimmrechtes annectirt werden.“ Jetzt belehrt, wie wichtig es sei, sich an den Wortlaut zu halten, stellte er zu Anfang der diesjährigen Parlamentssitzung die Anfrage, ob die Regierung von einem pacte de famille etwas wisse. Das war, nachdem Russell durch eine zweideutige Erklärung das Parlament zu dem Glauben verführt hatte, daß die französische Regierung im Juli den Plan für aufgegeben erklärt, und seitdem nichts habe davon hören lassen. Einige Tage, nachdem Kinglake's Antrag auf der Tagesordnung erschienen war, rückte der Graf Granville mit dem Zugeständnisse heraus, daß man allerdings mehr gehört habe, und daß der Plan nicht aufgegeben sei. Kinglake meint, daß das Wort pacte de famille, Beweis, daß die Sache verrathen sei, dies Zugeständniß erpreßt habe. Die Meinung hat viel für sich; und wird sicher nicht durch das widerlegt, was Russell mit dem Anschein einer Widerlegung dagegen vorbringt, nämlich, daß erst am Morgen des Tages, an dem Granville die Erklärung machte, Depeschen aus Paris eingetroffen seien. Auch diese Depeschen sind wahrscheinlich durch das böse Wort pacte de famille veranlaßt. Wir wissen ja aus anderen Beispielen, wie die beiden Cabinette von Paris und London einander in die Hände arbeiten gegen Parlamente und legislative Versammlungen.

Es scheint indeß, als fürchte Napoleon eine europäische Coalition nicht, denn er fordert sie doch offen heraus.

Er erklärt den Vertrag von Villafranca für gelöscht; er benimmt Sardinien jede Hoffnung, diejenige Machtstellung zu erlangen, welche England und auch wohl das gegenwärtige auswärtige Amt in Berlin demselben wünschen; er beunruhigt alle. Mächte durch seine Ansprüche auf Savoyen und durch seine Begünstigung eines „unabhängigen Reiches Toscana", dessen Errichtung von ihm wahrscheinlich im Interesse der napoleonischen Dynastie gewünscht wird.

Ein solches politisches Gebahren müßte unseres Bedünkens eine europäische Coalition herausfordern; auch Napoleon sieht dies gewiß vollständig ein, und er würde darum sicherlich eine andere und vorsichtigere Sprache geführt haben, wenn er nicht vorher in Folge einer scharfen Diagnose der europäischen Legitimität erkannt hätte, daß diese durchlauchtigste Idee todtkrank und nicht in der Lage sei, für ihr Recht in's Feld zu rücken.

Er sieht ein: erstens, daß bei den gegenwärtigen Verhältnissen Europa's, bei der Spannung zwischen Oestreich und Rußland, bei der tiefen Kluft zwischen Oestreich und England, bei der Vereinzelung Preußens in Deutschland, das Zustandekommen solch einer Coalition außerordentlich erschwert ist, und daß er, da ihm seine vorzüglichen Agenten und Späher über jeden Faden, der zu dem Gewebe der Coalition gespendet wird, augenblicklich Nachricht zu geben im Stande sind, leicht hier und dort das begonnene Gewebe wieder verfitzen oder gar zerreißen kann.

Er sieht ein: zweitens, daß selbst eine bereits geschlossene Coalition noch im Augenblick vor dem Losschlagen wieder gesprengt werden kann, und er legt schon in seiner Rede am 1. März einzelnen Mächten gewisse Fußeisen, die manchen zum europäischen Bunde bereiten Staatsmann doch schließlich zurückhalten möchten. Wir beziehen uns dabei auf folgende Stelle der Rede:

„Elles comprendront sans doute dans leur équité comme la France le comprendrait certrainement pour chacune d'elles en pareilles circonstances, que l'important remaniement territorial qui va avoir lieu nous donne droit à une garantie indiquée par la nature elle-même."

Tritt auch auf der einen Seite hier die furchtbare Lehre von den natürlichen Gränzen in unverhülltester Nacktheit hervor — eine Drohung gegen Preußen und sein linkes Rheinufer, wie sie nicht deutlicher gedacht werden kann —, so enthält diese Stelle doch für Rußland und Oestreich eine Lockung, die die Blicke dieser Staaten sicherlich nach der Türkei wenden wird: „Frankreich wird seiner Seits auch verstehen, welche Gewähr die Gränzen Oestreichs und Rußlands in einem gewissen Falle verlangen." Nichts anderes kann die Phrase bedeuten. Vielleicht liegt in ihr sogar auch eine auf Preußen bezügliche Lockung, die Holstein im fernsten Hintergrunde zeigt. Dazu tritt noch, daß Napoleon den Thron von Toskana als erledigt betrachtet und auch hier Aussichten zu eröffnen vermag.

Dies Alles zusammengenommen —, sind unsrer Ansicht nach dem Kaiser die Mittel gesichert, eine europäische Coalition gegen ihn unmöglich zu machen, und er hat wohl nicht falsch gerechnet, wenn er annimmt, daß seiner Einverleibung Savoyens und Nizzas („les versants français des montagnes"!!!) nichts als ein unfruchtbarer Protest der Mächte folgen wird.

Er hat dann auf der einen Flanke die natürlichen Gränzen hergestellt, und kann sich dann mit der andern Flanke beschäftigen, mit Belgien und dem linken Rheinufer.

Ministerverantwortlichkeit und Rechtsweg.

Gleichzeitig bringt die Decker'sche Oberhofbuchdruckerei zwei Schriften*) über eine Frage, welche, obwohl schon dem rein monarchischen Prinzip nicht gleichgültig, doch zur brennenden wird, wo sich zwischen Landesherrn und Volk die moderne constitutionelle Vorstellung von einer Gesammtverantwortlichkeit der Minister drängt. Ihr Gegenstand ist die in unverkennbarer Zunahme begriffene Beschränkung der Zulässigkeit des Rechtsweges gegen Verwaltungshandlungen. Gegen sie ist die Hülfe durch das verfassungsmäßige Petitionsrecht der Landesvertretung eine äußerst geringe. Geradezu erklären die Minister: könnten sie auch nicht entgegen sein, daß das Abgeordneten- oder Herrenhaus eine Petition der Staatsregierung zur Kenntnißnahme, zur Erwägung, zur Berücksichtigung oder gar zur Abhülfe überweise, so werde doch keine Verpflichtung anerkannt, über den Erfolg dem überweisenden Hause Rede zu stehen.

Wiederholt lagen den Häusern des Landtages Petitionen vor, in welchen die Beschwerdeführer sich nicht auf bloße Billigkeitsgründe, sondern auf positives Recht und auf bisherige beständige Art seiner Handhabung beriefen. Mehrfach wurden solche Petitionen der Königlichen Staatsregierung überwiesen, weil die Landesvertretung von ihrer Auffassung des Rechtspunktes aus die Beschwerden für durchaus begründet anerkennen zu müssen glaubte.

Die Staatsregierung aber beharrte bei ihren entgegengesetzten Gesetzesauslegungen als den allein richtigen, sie ließ daher wiederholte Ueberweisungen erneuerter Petitionen unberücksichtigt. Das Herrenhaus griff in einem Falle zu dem ungewöhnlichen Mittel, den Antrag auf Abhülfe durch den ausdrücklichen Ausspruch zu verschärfen: das Verfahren der Königlichen Staatsregierung stehe mit den bestehenden Gesetzen in Widerspruch.

Mit einem solchen Beschlusse gelangt die verfassungsmäßige Einwirkung der Landesvertretung an ihre äußerste Grenze. Wie aber steht es hier mit dem möglicherweise wohlbegründeten Rechte des Beschwerdeführers? wie mit der Autorität der Behörden und mit dem allgemeinen Bewußtsein eines gesicherten Rechtszustandes?

Man verweise uns nicht auf die verfassungsmäßige Verantwortlichkeit der Minister für ihre Amtshandlungen. Wir bezweifeln, daß durch sie irgend einem reellen Bedürfniß abgeholfen werden könne, wäre sie auch in Ermangelung eines Ausführungsgesetzes mehr als eines jener herkömmlichen Schlagworte, welchen die Verfassungsarbeit der Jahre 1848 bis 1850 den Schein einer staatlichen Bedeutsamkeit gegeben hat. Wofür will man praktisch die Minister

*) Das Verfahren bei Competenz-Conflicten zwischen den Gerichten und Verwaltungsbehörden in Preußen. Von L. Hartmann, Ober-Staatsanwalt beim Obertribunal. Berlin 1860. VI und 153 S. — Die Zulässigkeit des Rechtsweges und die Competenz-Conflicte in Preußen. Eine systematische Darstellung des bestehenden Rechtszustandes. Im amtlichen Auftrage bearbeitet von dem Appellationsgerichts-Rath Sydow. Berlin 1860. XXII und 176 S.

verantwortlich machen? Für den Werth ihrer Gesetzesvorlagen? Für sie bedarf es einer besonderen Ermächtigung der Krone. Erhält ein auch noch so mangelhaft durchgearbeiteter Entwurf nicht die verfassungsmäßige Zustimmung beider Häuser des Landtags, so wird die Opposition den Vorwurf auf sich nehmen müssen, für die Landesbedürfnisse kein Verständniß zu haben. Behagt der Landesvertretung die Finanzverwaltung nicht, so hat sie es sich selbst anzurechnen, wenn sie Bewilligungen macht, ohne sich der Bedürfnisse und des Umfanges vergewissert zu haben. Für die äußere Politik kann die Krone sich nicht von dem Rathe der Minister abhängig machen. Preußens Könige haben sie von jeher so fest und heilsam in ihrer Hand behalten, daß es ein sichtbarer Verfall der Monarchie sein würde, wenn eine Landesvertretung oder irgend eine Behörde auf sie entscheidenden Einfluß üben wollte. Tritt sie bei der Stellung der englischen Minister zu dem Parlamente in den Vordergrund, so ist das Folge einer mehrhundertjährigen staatlichen Entwickelung, für welche den Monarchien des continentalen Europa alle Voraussetzungen abgehen. Das Heer ergänzt sich nach dem Gesetz; seine Disciplin und Verwendung geht allein von dem Könige als oberstem Kriegsherrn aus. Gegen Mißbrauch discretionärer Befugnisse, sei es bei der Aemterverleihung oder in Ausübung der Polizeigewalt, kann nur das Gesetz durch feste Normen eine Schranke ziehen. Hat das abgetretene Ministerium geglaubt, durch Anwendung indirekter Mittel Zwecken der öffentlichen Ordnung nachhelfen zu müssen, so werden wir es als einen wesentlichen Fortschritt anerkennen, wenn das Ministerium der neuen Aera durch gesetzliche Regelung die Minderung einer Verantwortlichkeit herbeizuführen sucht, die ihrer Natur nach immer eine nur moralische bleiben wird.

Das aber beklagen wir, daß das Ministerium unter einer großen rechtlichen Verantwortlichkeit steht, die ihm gänzlich erspart werden könnte, wenn man sich vom modernen französischen Vorbilde unabhängig auf den Boden deutscher Rechtsauffassung stellen wollte. Wir läugnen nicht, daß wir zu denjenigen gehören, die Anstoß an dem Umfange nehmen, in welchem es der Verwaltung gelungen ist, gegen den Anspruch auf rechtliches Gehör ihre Befugnisse auszudehnen.

Die beiden vorliegenden Schriften, von welchen die eine, die des Appellationsgerichtsraths Sydow, in amtlichem Auftrage verfaßt ist, die andere zwar als Privatarbeit erscheint, aber doch von einem Ober-Staatsanwalte des höchsten Gerichtshofes der Monarchie herrührt, der auf der ministeriellen Seite des Abgeordnetenhauses sitzt, haben nur eine Seite des Zustandes zum Gegenstande, der in neuerer Zeit mehrfach nicht unmotivirte Bedenken hervorgerufen hat. Es ist der gänzliche Ausschluß von rechtlichem Gehör in Verhältnissen des objectiven Rechtes, wie es sich aus dem alten Rechte der Monarchie durch die Grundsätze des 1847 errichteten Competenzgerichtshofes hervorgebildet hat. Beide Verfasser setzen sich zur nächsten Aufgabe, diesen Zustand in seinen Einzelheiten klar zu stellen; Hartmann durch alphabetischen Nachweis der Grundsätze, welche der Competenzhof in seinen bisherigen Entscheidungen befolgt hat, Sydow systematisch mit Sonderung der vorhandenen gesetzlichen Bestimmungen von demjenigen, was der bloßen Praxis des Competenzhofes angehört. Von der Befähigung und Gründlichkeit der Verfasser ließ sich ein Material erwarten, welches der Kritik erlaubt, sich auf die daraus hervortretenden allgemeinen Gesichtspunkte einzuschränken.

Beide Verfasser haben ihrer Sammelarbeit Einleitungen vorangestellt, in welchen das Prinzip der Trennung der Justiz von der Verwaltung von verschiedenen Standpunkten aus betrachtet wird.

Sydow giebt eine Gegenüberstellung der Grundsätze, nach denen neuere Staatsrechtslehrer: v. Winter, v. Pfizer, Funke, Pfeiffer, Mittermaier, Zachariä und Stahl versucht haben, das Gebiet der Justiz gegen das der Verwaltung theoretisch abzugrenzen. Auch Gneist in seinem Werke über englisches Verfassungs- und Verwaltungsrecht hat darin Berücksichtigung gefunden, leider sind dagegen die Reichspublicisten, welche, wenn es auf Einsicht in nationale Auffassungen ankommt, noch immer als Hauptführer dienen müssen, namentlich Moser in seinem reichhaltigen Werke über Justiz- und Regierungssachen, als Antiquität bei Seite gesetzt worden. Da der Verfasser in amtlichem Auftrage schrieb, so läßt es sich ihm nicht zum Vorwurf machen, daß er uns seine eigene Rechtsauffassung vorenthalten hat.

Hartmann geht von der Thatsache aus: kaum irgendwo sei die Trennung der Justiz von der Verwaltung so durchgeführt, daß die Justiz nur mit Entscheidung von streitigen Rechtssachen, die Verwaltung nur mit andern Dingen befaßt sei. Da aber der Instanzenzug von Behörden der einen wie der andern Art nicht einen Weg nehme, nicht in eine gemeinschaftliche Spitze auslaufe, so fordert er ein Auskunftsmittel, um Conflicte zwischen zwei als gleichberechtigt hingestellten Gewalten auszugleichen. Dies führt ihn zu einer geschichtlichen Darlegung der Wege, welche die preußische Gesetzgebung eingeschlagen habe, um unnachtheilig für Regierungszwecke die Gerichtshöfe in ihrer Unabhängigkeit zu erhalten.

Zum Ausgangspunkt wird dabei die Verordnung vom 16. Dezember 1808 genommen, welche zuerst in Preußen den Versuch machte, die gesammte Staatsverwaltung unter eine kleine Anzahl oberster Staatsdiener in unmittelbarem Verhältnisse zu der Krone zu vertheilen. Das mit diesem Versuch beginnende Bedürfniß, nach verschiedenen Richtungen ausgehende Thätigkeiten vor Zusammenstoß zu bewahren, führt den Verfasser zurück auf die Einrichtungen der Zeit, in denen man zwar noch an dem deutschen Grundsatze festhielt: „kein Recht ohne Richter“, aber doch dem zweiten Satze: „ein Richter, ein Recht“ auch in Staatsregierungssachen die Bedeutung gab: der Richter in Verwaltungssachen dürfe ein anderer sein, als der für reine Streitigkeiten des Privatrechtes.

Ein Reglement von 1749 schied mit sorgfältiger Aufzählung der Gegenstände, was von Rechtssachen durch die allgemeinen Justizbehörden, was durch die Justizdeputationen der den jetzigen Regierungscollegien entsprechenden Kammercollegien zu entscheiden sei. Kamen beide über ihre Befugnisse in Collision, so entschied anfänglich das Justizdepartement in Verbindung mit dem Generaldirectorium, welches nicht aus bloß verwaltenden Ministern bestand, sondern auch von ihnen unabhängige vortragende Räthe hatte; später trat an die Stelle eine schriftlich votirende Jurisdictions-Commission, nicht aus Verwaltungschefs bestehend, sondern aus Geheimen Finanz-, Kriegs- und Domainenräthen, dem Kammergerichtspräsidenten, dem General-Fiskal und einem Obertribunalsrath. Hierbei handelte es sich nur um das Instanzenverhältniß innerhalb des Rechtsweges, nicht um die Frage, ob richterliche Entscheidung überhaupt begehrt werden könne, oder ob man sich dem Ausspruche eines an dem Zwecke administrativ betheiligten Fachministers endgültig unterwerfen müsse. Die Redactoren des Landrechtes waren noch durch die Allerhöchste Cabinetsordre vom 17. November 1793 angewiesen, bei der Schlußredaction Nichts aufzunehmen, was nicht zu der **Entscheidung in dem Rechtswege gehöre.** Das ganze Gesetzbuch setzt also voraus, daß es keine Vorschrift enthalte, deren Verletzung nicht einen Anspruch auf richterliche Entscheidung begründe. Die Verordnung vom 26. Dezbr. 1808 nahm den Anlauf zu der Theorie, Entscheidung durch Rechtsspruch könne nicht verlangt werden, wo man als Einzelner aus individuellem Erwerbgrunde, nicht als Glied der staatlichen Genossenschaft einen Rechtsanspruch erhebe. Für die Schwierigkeit, die Grenze zu finden, glaubte man mit der Vorschrift auszukommen: Conflicte seien „höheren Ortes“ zur Sprache zu bringen, und „Zweifel“ zur Entscheidung vorzutragen. Unter dem höheren Ort konnte keine andere Stelle verstanden werden, als das Cabinet des Königs. Es möchte sehr dahin gestellt bleiben, ob es in der Rechtssicherheit ein Fortschritt war, als eine Allerhöchste Cabinetsordre vom 30. Juni 1828 die Erledigung des Conflictes zunächst von dem Einverständnisse des Justiz-Ministers mit dem betreffenden Fachminister abhängig machte, die Allerhöchste Entscheidung auf das Gutachten des gesammten Staatsministeriums dagegen nur den Fällen vorbehielt, in welchen eine solche Einigung nicht erreicht würde. Den alsbald entstehenden Zweifel, ob das Einverständniß des Justiz- und des Fachministers nur ausreiche, den Rechtsweg zuzulassen, oder ob es auch die Kraft habe, ihn auszuschließen, löste die Ministerialpraxis dahin, daß der Justizminister, berufen, die Unabhängigkeit des Rechtslaufes zu beschützen, dem Rechtsuchenden das rechtliche Gehör verschließen konnte. Schlug der Einigungsversuch fehl, so konnte das Gutachten des Staatsministeriums den König, wo ein dem fiscalischen entgegengesetztes Interesse verfolgt wurde, in die Lage bringen, eine Entschließung zu fassen, auf welche der Schein einer Cabinetsjustiz zurückfiel. Eine zeitliche Begrenzung für das Conflictverfahren war nicht gesetzt. Auch rechtlichen Entscheidungen konnte so ihr Erfolg benommen werden.

Wir theilen die Meinung des Verfassers, wenn er den dem französischen Institute des Staatsrathes nachgebildeten, durch Gesetz vom 8. April 1847 eingeführten sogenannten Gerichtshof zur Entscheidung der Competenz-Conflicte den hervorgehobenen Mißständen gegenüber für eine Verbesserung hält; wir können aber nicht seiner Ansicht zustimmen, wenn er sich geneigt erklärt, überhaupt den Angriffen auf den Competenz-Gerichtshof ihre Begründung abzusprechen. Nach den von ihm gegebenen statistischen Nachweisungen ist die Zahl der an den Competenz-Gerichtshof gediehenen Sachen von dem Jahre 1848 bis zum Jahre

1859 von 18 Fällen auf nicht weniger als 66 gestiegen. In dem Jahre 1850 hatte der Hof sogar in Allem nur 7 Fälle zu erledigen. Der Unterschied wäre unerklärlich, ginge nicht die Richtung der Verwaltungen dahin, ihr Verfahren nach Nützlichkeitsgründen immer unabhängiger von den Schranken des Rechtes zu machen, und wäre dieses Bestreben nicht immer mehr durch die Tendenz der Gesetzgebung befördert worden, das Recht gegen vermeintliche Regierungsinteressen in zweite Linie zu stellen.

Aus Anlaß einer Petition von drei Danziger Rechtsanwälten hat die Justiz-Commission des Abgeordnetenhauses in einem Berichte vom 28. März 1859 zwar die Frage als offene behandelt, ob es noch eines nicht ausschließend aus Richtern bestehenden Collegiums bedürfe, um die Selbständigkeit der Verwaltung zu wahren, seit in der Staatsanwaltschaft ein Organ gefunden ist, auch die Verwaltungsinteressen in jedem Rechtsstreite geltend zu machen. Entschieden dagegen wurde anerkannt, es bedürfe einer Sammlung aller Fälle, in denen gesetzlich der Rechtsweg ausgeschlossen ist, und einer Aufhebung der das Bedürfniß überschreitenden Ausnahmen, unter Anerkennung des deutschrechtlichen Princips, daß jeder Rechtsstreit durch den Richter zu entscheiden sei. Der Justizminister hat das Bedürfniß und die Unbefangenheit des Competenzhofes in Schutz genommen. Den Kern der Frage wollte er nur darin finden, ob etwa in Ausschließung des Rechtsweges das eine oder andere Special-Gesetz zu weit gehe und daher einer Abänderung bedürfe. Irren wir nicht, so liegt darin der Schlüssel zu der in amtlichem Auftrage verfaßten Zusammenstellung Sydow's und der Grund, aus welchem sie nach gleicher systematischer Ordnung, demnach Gesetz und bloßer Praxis des Competenzhofes, in formell gesonderten Theilen behandelt sind.

Wir können uns grundsätzlich in der Frage nur auf die Seite der Commission des Abgeordnetenhauses stellen. Der Satz, von welchem Hartmann in seiner Einleitung ausgeht: Gerichte und Verwaltung seien an sich gleichberechtigte Gewalten, die einander in ihrer Thätigkeit nicht zu nahe treten dürften, ist bekanntlich nur eine Anwendung des von allen gesunden Theorien längst verworfenen, in der französischen Revolution nach nordamerikanischem Muster adoptirten Systems einer staatsrechtlichen Gewaltentheilung. Geht die Frage, ob man rechtlich etwas dürfe, als höhere der Frage voran, wie man am Nützlichsten und Billigsten sein Recht gebrauche, so bedünkt uns: die Frage, was Recht sei, könne im Zweifel nur an der Stelle zur Erledigung kommen, welche den Beruf und die Befähigung hat, das Recht in seiner Unverletztheit zu bewahren. Ein Uebergriff in das Verwaltungsgebiet würde nur eintreten, wenn auch der beliebige Gebrauch des zuerkannten Rechtes vor die richterliche Erörterung gezogen würde. Wo aber die Gränze des Anspruches auf Rechtsschutz der Staatsgewalt gegenüber liege, darüber wird man durch Schuldistinctionen, wie sie Sydow in seiner Einleitung zusammengestellt hat, nie auf's Reine kommen. Am Wenigsten ist es zutreffend, wenn man zwischen dem Einzelnen als solchem, und als Unterthan oder Glied der staatlichen Genossenschaft, wenn man zwischen Ansprüchen aus allgemeinen staatlichen Einrichtungen und aus besonderen Erwerbsgründen unterscheiden will. Das ganze Gewicht der Entscheidung fällt darauf: ist in gegebenem Falle durch ausdrückliches Gesetz oder anerkanntes Landrecht eine Norm geliefert, nach welcher sich Umfang der Rechte und Pflichten eines Betheiligten objectiv bemessen lassen? Nur wo dieser Maßstab fehlt, kann die Verwaltung für befugt gelten, die Mittel nach ihren Zwecken zu wählen.

Hierüber zu entscheiden kann nie Verwaltungssache werden, will man nicht den Betheiligten zum Richter in eigener Sache machen.

Wir wollen damit nicht behaupten: es müsse der Einzelne in der Lage sein, durch Berufung auf den Rechtsweg die Verwaltung an der Erfüllung von Staats-Zwecken hindern zu können, wo das Staatsbedürfniß eine Unterbrechung nicht zuläßt. Dem kann genügend durch einstweilige Vollstreckbarkeit der Verwaltungs-Beschlüsse mit Vorbehalt der Berufung auf nachträgliche gerichtliche Entscheidung vorgebeugt werden, wozu auch das bestehende Recht die Beispiele liefert. Wir beanspruchen gleichwenig, daß die Entscheidung von Fragen des öffentlichen Rechtes Gerichtsstellen anvertraut werde, deren gewöhnliche Uebung sich auf Verhältnisse des gemeinen Privatrechtes einschränkt. Nicht einmal das Bedürfniß einer Mehrheit von gerichtlichen Instanzen möchten wir in Schutz nehmen, wo sich voraussetzen läßt, daß die sachlichen Grundlagen der Entscheidung vollständig ermittelt sind, bevor die höchste Verwaltungsstelle ihre letzte Entschließung faßt. Das aber erscheint uns ein entschiedener Widerspruch wider die Forderung allgemeinen Rechtsschutzes, daß man eine Behörde Gerichtshof nennt, die nur den Anspruch auf richterliche Entscheidung weigert, dagegen die Frage, ob ein wirkliches Recht verletzt sei, der Stelle überläßt, gegen welche die Verletzung behauptet wurde. Wir können uns einen Competenzhof als Rechtsinstitut daher nur denken, wo über die richtige Wahl zwischen den ordentlichen Gerichten und einer richterlichen Stelle zu entscheiden ist, die auch der Staatsgewalt gegenüber dem Rechte gegen discretionäre Gewalten seine Anerkennung wahrt.

Ein Aufsatz dieses Blattes in Heft 8 S. 326 hat, unserer Auffassung entsprechend, für diesen Zweck auf das Bedürfniß eines **Beschwerdehofes** hingewiesen, der durch materielle Entscheidungsbefugniß die Minister des schwersten, vielleicht allein reellen Theiles ihrer rechtlichen Verantwortlichkeit entheben würde. Auf die vorgeschlagenen möglichen Elemente seiner Bildung hier einzugehen, bieten die vorliegenden Schriften uns keinen Anlaß. Das aber müssen wir dankend anerkennen: die umfassende Zusammenstellung der vielseitigen **wahrhaften Rechtsinteressen**, welche zur Zeit jeder Möglichkeit der Erledigung durch Richterspruch entbehren, ist mehr als eine selbständige theoretische Erörterung geeignet die Ueberzeugung zu geben, daß eine gründliche Reform eintreten muß, wenn der in neuester Zeit schroffer als je zu Tage getretenen Veränderlichkeit ministerieller Praxis gegenüber Preußen seinen alten und wohlbegründeten Ruf als **Rechtsstaat** mit seinen neuen Verfassungsverhältnissen wieder in ein richtiges Verhältniß bringen will.

Mit einem formalen Verantwortlichkeitsgesetz kann so wenig geholfen werden, als es fortbestehen darf, daß Ministerium und Landesvertretung, oder

Ministerialressorts unter sich, oder die beiden Häuser des Landtages nach verschiedenen Richtungen hin ohne Gleichförmigkeit der Anwendung oder ohne praktischen Erfolg ihre Auslegungen des bestehenden Rechtes zur Geltung zu bringen suchen.

Ein Graf von Königsmarck.

Roman
von
George Hesekiel.

Dreiundzwanzigstes Capitel.
Nach Saint-Cloud.

„O denk'! o denke
Wem du gehörest!
Wie es uns kränke,
Wie du zerstörest
Das schön errungene
Mein, Dein und Sein."
(Göthe.)

In dem alten Hôtel Noirmoustier oder Rohan zu Paris, der Stadtresidenz der Herzöge von Rohan aus dem Hause Latrimouille finden wir unsern Helden wieder, dort lebt noch immer der erblindete, greise Herzog, des Grafen Königsmarck Freund und des Johanniter-Ordens Stolz. Die ganze Reihe der Prachtzimmer des Hôtels bewohnt Graf Hans Carl mit seinem edlen kriegerischen Gefolge, denn die Söhne der besten Familien des französischen Adels drängen sich nach der Ehre, bei dem berühmten jungen Kriegshelden den Waffendienst zu lernen; seit dem letzten Feldzuge in Spanien ist der Graf französischer General, maréchal de camp in der Königlichen Armee und wird zu den vorzüglichsten Truppenführern gerechnet. Er ist erst seit einigen Tagen, nachdem die Truppen die Winterquartiere bezogen haben, aus Catalonien nach Paris zurückgekehrt, und wie immer, wenn er im Laufe der letzten Jahre nach der französischen Hauptstadt kam, hatte er sein Quartier im Hôtel Noirmoustier genommen; er machte dadurch, wie er wohl wußte, seinem greisen Freunde, dem blinden Herzoge, eine große Freude, denn der trug schmerzlich-schwer an seiner Einsamkeit, seit ihm der Tod seine Herzogin entrissen; jene üppig-schöne, leichtsinnig-großmüthige Dame war schon verstorben, als Graf Hans Carl zum ersten Male wieder nach seiner Flucht in Paris erschien. Es sind die Prunkgemächer seiner verewigten Freundin, in denen der junge Held wohnt; ihr reizendes Bild mit den schwellenden Lippen und den sinnlich-tiefen Augen, mit der blendenden Brust und den wundervollen Armen blickt aus vergoldetem Rahmen nieder auf ihn; er schreibt seine amtlichen Kriegsbefehle, die so glatt klingen, wie eine Einladung zum Stelldichein, und seine Liebesbriefe, die so kurz und entschieden lauten wie Kriegsbefehle, auf der mit Metallfiguren kunstreich eingelegten Tischplatte der Herzogin, auf der noch deren Filigrankörbchen mit einer halbvollendeten zierlichen Damenarbeit steht. Es hat hier nichts geändert oder verändert werden dürfen, die Gegenwart hat sich ganz behaglich eingerichtet mitten in diesen Erinnerungen an eine begrabene Liebe; der naive Egoismus jener Zeit, der in unserm Helden einen seiner glänzendsten Vertreter gefunden, weiß nichts von der nervenschwachen Feigheit unserer Tage, die sich vor jeder Erinnerung an Tod und Verlust ebenso ängstlich hütet, wie sie zaghaft auch beim Genuß niemals aus dem Vollen zu schöpfen und sich des Besitzes mit gesunder Lust zu erfreuen vermag. Lüstern und begehrlich strecken wir zehnmal die Hand aus und ziehen sie zehnmal feige zurück, als Tugend muß man das dann preisen hören und als Fortschritt der Zeiten, unsere Urgroßväter aber griffen dreist zu, sie sündigten viel, aber sie hatten noch den Muth, eine Sünde durch tapfere Reue zu sühnen, während unsere Tugend so krank ist, daß sie dem Laster so ähnlich sieht wie ein Ei dem andern, während von wahrer Reue, wirklicher Zerknirschung gar nicht mehr die Rede sein kann bei den zarten Gemüthern und baumwollenweichen, hochgebildeten Herrenseelchen unserer Tage.

Der Graf Hans Carl von Königsmarck hat sich wenig geändert, seit wir ihn zum letzten Male gesehen auf der Insel Malta, wo er in That und Wahrheit flüchtig wurde vor der schönen blinden Fernanda, dem holden Räthsel des goldenen Balcons. Er hat dem blinden Latrimouille, seinem greisen Herzoge viel erzählt von dem blinden schönen Mädchen auf Malta, und der hat die Hast wohl begriffen, mit der Graf Hans Carl geflohen vor einer heißen Versuchung. Unser Held hat noch ganz die schlanke, schmeidige Gestalt, die vornehme, edle Haltung, das stolze, kühne Angesicht, doch ist die Färbung dunkler geworden; die Augen flammen in dem alten Feuer, dem aufmerksamen Beobachter aber entging ein kleiner Zug doch nicht, der namentlich in den schlaffer gewordenen Mundwinkeln zur Erscheinung kommt und mit einer kleinen Falte unter den Augen zusammenstimmt. Graf Hans Carl hat viel gesehen und viel erlebt in den letzten Jahren, er war wiederholt zu Madrid und London, bald, um sich dort zu duelliren, bald, um eine Special-Mission, die ihm die Krone Schweden an König Jacob übertragen, auszuführen.

England ist für unsern Helden überhaupt verhängnißvoll, die Frauen, die blonden Inselschönheiten, sind ihm alle geneigt, und hätte das eigenthümliche Wesen der Lady Caroline Attran Eifersucht zugelassen, sie hätte vergehen müssen vor Eifersucht. Graf Hans Carl durfte stolz sein, aber er mußte jeden Sieg über das Herz einer Frau mit dem Schwert verfechten gegen deren Brüder und Vettern bis in's zehnte Glied, und das wird denn endlich selbst einem Hans Carl Königsmarck zu viel. Er warb ernstlich um Lady Elisabeth Percy, die Tochter des Herzogs von Northumberland, das Herz der Lady hat er gewonnen, die Hand derselben aber giebt der Vater, äußerm Zwang gehorchend, an Thomas Thynne, den Günstling des

Königssohnes Monmouth. Königsmarck's blanken Degen scheuend, versuchte der vom Vater Begünstigte, sich des furchtbaren Nebenbuhlers durch Gift zu entledigen, nur die unübertreffliche Wachsamkeit der edlen Lady Carolina rettete damals das Leben unsers Helden. Ueberall, bei der Mutter zu Stade, bei dem Sultan der Moslemin zu Tanger, am Hofe des katholischen Königs in Spanien, bei den reformirten Niederländern, wie bei den portugiesischen Juden, erscheint Graf Hans Carl unvermuthet, blitzschnell auftauchend und dann plötzlich wieder verschwindend, aber nirgend, wo er auch nur auf kurze Zeit gewesen, wird er vergessen, überall erinnert man sich seiner mit Stolz und Freude, oder auch mit Haß und Neid.

Das ist der müde Zug unter den Augen des Grafen, das ist die satte Gleichgültigkeit in den erschlafften Mundwinkeln; die jugendliche Spannkraft läßt schon nach, es bedarf schon bedeutenderer Motive, um die ganze Energie dieses Wesens wach zu rufen, der brennende Ehrgeiz, der mit jedem erlangten Erfolge wächst, beginnt allgemach zu zehren an dieser Natur von Stahl, selbst ein Königsmarck kann nur auf Kosten seiner Lebenskraft das Wunder und die Fabel aller Hauptstädte Europa's zugleich sein. Das bunte Abenteuer der Ritterwelt wird noch ein Mal lebendig in diesem schönen Manne, Graf Hans Carl von Königsmarck ist noch ein Ritter gewesen, der letzte, in seinen Abenteuern; Alle, die nach ihm kamen und auch schon seine Zeitgenossen, die mit ihm gleiche oder auch nur ähnliche Pfade zu wandeln versuchten, sie waren keine Ritter mehr, sondern eben nur Abenteurer.

Der Graf war, wie schon bemerkt, seit wenigen Tagen erst wieder in Paris. Der Tisch der todten Herzogin von Rohan war bedeckt mit Briefen und Schriften, die, für ihn bestimmt, schon lange dalagen. Er war noch nicht dazu gekommen, sie anzusehen, zu öffnen und zu beantworten; die Besuche der Freunde und Verehrer hatten bis dahin seine ganze Zeit in Anspruch genommen. Nun aber war er fest entschlossen, diese Briefberge zu stürmen mit der Feder in der Hand, und das that er fast ebenso freudig, wie er mit dem Schwerte in der Hand auf feindliche Schiffe stürmte; denn die Feder stand zu jener Zeit noch in hohem Ansehen bei der vornehmen Welt, sie war noch nicht vulgär geworden, und die Gemüther waren fast noch rein, noch nicht so mit Druckerschwärze und Maschinen-Papier übersättigt, wie heut zu Tage.

Mit einer gewissen Behaglichkeit saß der Graf vor dem großen Tische, da faßte seine Rechte hastig nach einem sehr dicken Paquet, denn die Handschrift war von einer ihm wohlbekannten und lieben, auch sehr schönen Frauenhand, sehr klar und doch etwas kritzlich geschrieben. Die Handschrift war die seiner edeln Tante Catharina Charlotte, des schwedischen Reichsdrosten, Grafen Magnus Gabriel de la Gardie Tochter, welche mit dem General-Lieutenant Grafen Otto Wilhelm von Königsmarck, vormals schwedischem Ambassadeur in Paris, seit wenigen Monaten vermählt war. Hans Carl hatte schon seit längerer Zeit keine Nachricht gehabt von seinem Oheim, für den er stets eine besondere Verehrung im Herzen getragen, deshalb öffnete er mit großer Begier das ziemlich umfangreiche Paquet; ein Buch war darin, aber vergeblich suchte der Graf nach einem Briefe, bis er endlich das Buch öffnete und neben dem Titel schon einen langen, schmalen Zettel fand, der war von seines Oheims Hand beschrieben, wie folgt: „Dem lieben Sohne meines lieben Bruders sende ich mein Buch, verhoffend, daß auch er eine stille Stunde finde im lauten Leben, in welcher ihm geistliche Speise willkommen und segenbringend ist. Es ist euch nicht unbekannt geblieben, mein theurer Neffe, wie ich von zarter Jugend an stets eine sonderbare Liebe zu denen Künsten und Wissenschaften in mir verspüret habe und mir der Umgang gelehrter Männer werth gewesen zu allen Zeiten, weßwegen mich's mit einer ganz besonderen Stärke beständig auch zu euch hingezogen, weil ihr selbsten jeder Zeit Humaniora mit ausnehmendem Fleiße studiret. Ich habe die meisten Universitäten besucht mit dem hochgelehrten Esaias von Puffendorf, meinem edlen Lehrer, und nicht meine Verdienste um die Gelehrsamkeit, sondern nur meine große inwohnende Liebe zu den Wissenschaften haben mir anno 1654 die sonderbare Ehre zu Wege gebracht, daß mich die weit berühmte Hochschule zu Leipzig zu einem Rectorem magnificum creiret und verkündet hat. Ich kann mich der eifrigen Freundschaft fast aller hervorragenden Häupter der Wissenschaft rühmen, wenn auch glücklicher Weise nicht Alle so übereifrig darin gewesen sind, wie der gelehrte Herr Johann Leyser, welcher mir einen großen Dienst zu leisten glaubte, daß er in mehreren seiner scharfsinnigen Schriften die Vielweiberei als eine Pflicht empfahl und diesen Satz mit großem Scharfsinn vertheidigte. Ich bin meiner Zeit, so lange ich denken kann, ein eifriger Liebhaber von muntern und sonst wohlgemachten Weibspersonen gewesen und will ich dem Gelehrten Bartholdo keineswegs entgegen sein, da mir der Beiname eines „heroischen Frauenverehrers“ in einem seiner gründlichen Werke beigeleget. Der Ketzerei der Vielweiberei habe ich aber nimmer das Wort geredet, und mein guter Freund Theophilus Alethaeus, denn also nannte sich der gelehrte Leyser, hat mir durch seine heftige, wiewohl nicht zu läugnen, sehr scharfsinnige Defension des Punktes von der Vielweiberei mit nichten einen Dienst gethan, sich selbst aber große Unlust und mannigfaches Ungemach von Seiten des mit Recht heftig aufgebrachten Frauenzimmers zu Wege gebracht. Meine neuliche Vermählung mit unserer lieben Muhme Catharina Charlotte wird nun wohl auch denen die Augen geöffnet haben, welche mich, durch die Leyserischen Schriften irre geleitet, für einen gehalten, der insgeheim dennoch die Polygamie en faveur genommen. In demselbigen 1654sten Jahre, in welchem ich Rector magnificus Lipsiensis geworden, hat mich auch die hochlöbliche fruchtbringende Gesellschaft oder der Palmenorden zu einem Mitgliede auf- und angenommen, und wie die Gesellschaft unserm Vater resp. Großvater den edlen Titel gegeben: „Der Streitende, ein Besseres zu erlangen,“ so ist mir der ehrenvolle, wenngleich unverdiente Titel des „Hochgeneigten zur Höflichkeit“ im Orden beigelegt worden. Ihr sehet, mein vielgeliebter Brudersohn, daß mir die milden Ehren der Wissenschaft genugsam sind zu Theil geworden in jungen Jahren schon, und wenn ich trotzdem ein Kriegsmann worden bin, so hat es nicht an der Abgunst derer Musen gelegen, daß ich mich der fürchterlichen Bellonae mehrentheils zugewandet, sondern vielmehr in dem stürmischen Königsmarck'schen Blut, welches uns nicht zur Ruhe kommen läßt, bis wir ein lieb blank Schwert zücken mögen zu Gottes oder unserer Lehnsherren Ehre. So ist es gewesen von Anfang an, mon neveu, das Königsmarck'sche Blut hat nicht Ruhe gelassen, bis die Klinge blank wurde, Kriegsleute sind wir Alle gewesen bei unserm Geschlecht, Kriegsleute zuerst und voraus, was wir nebenbei gewesen, sind wir eben nebenbei geworden, darum haben wir so viele Züge gegen die Türken gethan und auch, seit wir zur Reformation uns gewendet und das lutherische Bekenntniß angenommen, sind immer noch etliche unter uns in's Ungarland hinabgezogen, zu streiten wider den Feind christlichen Glaubens. Das Königsmarck'sche Blut rührt sich nun alleweile wiederum mächtig in mir und will mich antreiben, einen Türkenzug zu thun, denn gewaltig drängt der Türke wiederum heran gegen die Bollwerke der Christenheit. Ich bin schon halb entschlossen, mich beim Beginne des nächsten Feldzuges bei der Kaiserlichen Estandarte in Ungarn als ein freiwilliger Krieger einzufinden, und denke, daß die Katholiken merken sollen, wie unser Schwert nicht stumpf geworden gegen die Ungläubigen, seitdem wir auch den Kelch im Abendmahl angenommen. Das habe ich euch wollen zu wissen thun, mein vielgeliebter neveu Hans Carl, auf daß ihr mich zu finden wüßtest, wenn euch etwa auch der Geist und das Königsmarckische Blut treiben thäten, auszuziehen wider den Feind gemeiner Christenheit, den ihr schon so heldenmäßig bestritten, als ihr vor einigen Jahren auf den Schiffen der Malteser-Ritter gefahren. Ich denke, der Türke soll's spüren, wenn ihrer Zwei vom Hause Königsmarck anrücken gegen seinen Grimm. „Vor Eines frommen Mannes Klinge ward manch' Heidenthum geringe." Gedenket dieses Spruchs, mon neveu, den ihr wohl um das Bild unseres Ahnherrn Radecke gelesen habt. Seht, mein vielgeliebter Brudersohn, wie arg das Königsmarckische kampflustige Blut wiederum mit mir umgegangen! Da habe ich angefangen von meinem Buche und den Proben gelehrter Ritterschaft, deren ich mich rühme, und bin doch also gleich auf den Türkenzug gerathen, von welchem ich mir doch vorgenommen zu reden erst in dem andern Theile meines Briefes; nun, nehmt es so hin, wie's geschrieben ist, und können die gesammelten geistlichen Hauslieder und die christlichen Betrachtungen euch zu eurer Erbauung und Stärkung dienen, so soll's mir eine große Freude sein das von euch zu vernehmen, wenn wir uns finden, sei's bei der Kaiserlichen Estandarte gegen den Türken, sei es anderswo, im Leben noch, oder auch nach dem Tode, denn ich bin und werde sein in Zeit und Ewigkeit meines vielgeliebten Brudersohnes getreuester Oheim und Freund.

Otto Wilhelm, Graf von Königsmarck schrieb's mit eigener Hand."

Unter diesem deutschen Schreiben befand sich eine schwedische Nachschrift von derselben klaren Frauenhand, welche die Aufschrift des Paquets geschrieben, eine Handschrift, welche Hans Carl sogleich als die seiner Muhme Catharine Charlotte de la Gardie, der nunmehrigen Gemahlin seines Oheims, erkannte. Diese Nachschrift lautete: „Uebelgesinnte und Feinde des Hauses Königsmarck verbreiten eifrig die Nachricht, mein Vetter der Graf Hans Carl habe seinen Glauben abgeschworen und sei katholisch geworden; sie sagen, das sei von

Malta gemeldet und der französische König habe euch erst zum General gemacht, als er euren Uebertritt glaubwürdig erfahren. Wir wissen, daß dem nicht also sein kann, aber das Gerede kränkt uns und schadet euch; sehet fein balde zu, auf daß ihr's zu Nichte machet und unsere Neider den Spott davon haben. Wenn mein lieber Herr in's Feld gehet, gedenke ich die Gräfin Frau Mutter in Stade heimzusuchen. Endlich bitte ich Gott, daß er euch in seinen heiligen und mächtigen Schutz nehmen möge."

Diese Nachschrift las Hans Carl zwei Mal sehr aufmerksam, sie war ihm sehr empfindlich, sein protestantisches Bewußtsein fühlte sich gekränkt durch solch' Gerede von seinem Uebertritt, auch begriff er recht wohl, daß solche Gerüchte die Interessen seines Hauses in dem streng lutherischen Schweden, wo dasselbe als ein deutsches zahlreiche und mächtige Feinde hatte, sehr nachtheilig werden konnten.

„Es ist des alten klugen Reichsdrosten kluge Tochter!" sagte er, legte den Brief hin und nahm das Buch, die von seinem Oheim veranstaltete Sammlung geistlicher Hauslieder und christlicher Betrachtungen; erst blätterte er nur flüchtig darin, bald aber begann er zu lesen und vertiefte sich so, daß er der vielen Briefe gar nicht mehr gedachte, die er zu beantworten hatte. Anfänglich war es nicht sowohl der Inhalt der Lieder und Betrachtungen an sich, der ihn fesselte, als die Beziehungen desselben zu seinem Oheim und dessen Leben, die er dabei zu erforschen trachtete, und so las er sich immer tiefer hinein in das Buch, dachte nach über einzelne Stellen und bemerkte nicht, daß die Zeit verging, daß es fast dunkel wurde draußen, ja, als der Leibdiener eintrat, befahl er nur Licht zu bringen, um weiter zu lesen. Erst als das Gemach erleuchtet war und der Diener ohne seinen Befehl stehen blieb, blickte er auf und sah, daß derselbe eins seiner Staatskleider auf dem Arme trug; jetzt entsann er sich, daß er sich ankleiden lassen müsse, um nach Saint-Cloud, einem der Schlösser, die damals Monsieur, dem Bruder Ludwig's XIV., zustanden, zu fahren.

Der König pflegte nämlich alljährlich um diese Zeit ein paar Mal die Nacht in Saint-Cloud, oder einem andern Schlosse Monsieurs in der Nähe von Paris zuzubringen, um daselbst ohne das große Ceremoniale, welches zu Versailles und sonst in jedem Königlichen Schlosse unerläßlich war, die Offiziere der Truppen zu empfangen, die Erlaubniß erhalten hatten, nach Paris zu kommen, nachdem die Winterquartiere bezogen waren.

Graf Hans Carl, der für diesen Abend nach Saint-Cloud befohlen war, legte sorgsam ein seidenes Band aus dem Körbchen der verewigten Herzogin von Rohan als Zeichen in das Buch seines Oheims, dann erhob er sich, um sich ankleiden zu lassen. Er war in seinen Gedanken von dem, was er gelesen, noch so ganz in Anspruch genommen, daß er nicht einmal unwillig über die Störung wurde. Ganz und gar mit den so oft bedachten Unterscheidungslehren zwischen dem alten und dem neuen Bekenntniß beschäftigt, ließ er sich ankleiden und erst, als er stattlich geschmückt, wie immer, in das anstoßende Gemach trat, wo seiner die Edelleute und Pagen harrten, welche ihn nach Saint-Cloud begleiten sollten, vermochte er seine Gedanken von den theologischen Gegenständen ab auf die Vorstellung bei dem Könige zu richten.

Als er in der Carosse saß, sorgte der Vidame von Esclignac, sein Obristlieutenant, den wir schon zu Venedig in der Gesellschaft des Grafen Hans Carl gesehen, durch sein Geplauder dafür, daß die Gedanken unseres Helden nicht wieder zu den theologischen Gegenständen zurückkehrten. Plötzlich aber und mit einem Schlage rief der Vidame wieder Gedanken der Art hervor, indem er bemerkte, daß die „Frau Marquise" heute in Saint-Cloud anwesend sein werde. Die Marquise war nicht mehr die übermüthige, blendend schöne, geistsprudelnde, gottlose und doch auch abergläubische Athenais von Montespan, sondern die Frau, welche jetzt gemeint war, wenn man bei Hofe und in der Stadt die „Frau Marquise" ohne weitern Zusatz sagte, war die Frau Marquise von Maintenon. Graf Hans Carl haßte diese Dame, soweit seine ritterliche Seele eine Frau hassen konnte, er war ihr schon bei frühern Anwesenheiten in Paris vorgestellt worden. Er haßte diese berühmte Frau, weil sie, eine d'Aubigné, eine Enkelin des mit Feder und Schwert gleich gewaltigen protestantischen Helden Theodor Agrippa von Aubigné, katholisch geworden, er haßte sie noch mehr, weil ihr zunehmender Einfluß auf den König diesen zu immer strengeren Maßregeln gegen die französischen Protestanten trieb; er haßte sie nebenbei, weil sie noch als Madame Scarron ihre Wohlthäterin, die Marquise von Montespan, deren Andenken doch nicht ganz verschwunden war, aus der Seele dessen, der einst mit dieser Löwin gespielt, vom Hofe völlig verdrängt hatte; er haßte sie endlich auch, weil die Hofleute versicherten, die Maintenon gehe damit um, sich mit Hülfe des Königlichen Beichtvaters, des Jesuiten Cottin, zur Gemahlin des allerchristlichsten Königs und zur Königin von Frankreich aufzuschwingen. Graf Hans Carl verehrte in Ludwig XIV. einen großen Monarchen, auch er erlag dem Zauber, mit welchem dieser König seine ganze Zeit in Fesseln der Bewunderung geschlagen; eine Bewunderung, die ebenso übertrieben war, wie die Mißachtung, mit welcher die Staatsweisheit von gestern Abend jetzt den großen König zu behandeln pflegt. Wo viel Licht ist, da ist auch starker Schatten; es ist aber kein Sinn darin, wenn Geschichte und Nachwelt einseitig nur die Schatten messen, weil die Mitwelt einseitig nur Licht gesehen.

Der Vidame von Esclignac unterhielt den Grafen mit allen möglichen Hof-Anekdoten; er erzählte, daß die Marquise zuerst bei ihrer Vorstellung den Titel einer Marquise von Suggères geführt, daß sie denselben aber abgelegt, weil Madame de Montmorency denselben regelmäßig falsch ausgesprochen und sie Marquise de Suggère genannt habe. Die Hofleute verstanden nämlich bald die Anspielung*), die in diesem verstümmelten Namen lag und wiederholten ihn bei jeder Gelegenheit. Leider war die Marquise mit der Wahl ihres zweiten Namens nicht glücklicher gewesen; denn kaum hatte sie den Titel

*) „Le mot plaisant était juste; la veuve Scarron conseillait le roi et lui suggérait la plupart de ses resolutions." (H. Fortoul.)

ihres Marquisats. Maintenon angenommen, als die berühmte Hetäre Ninon de l'Enclos, einst die Freundin der Wittwe Scarron, sie „Madame de Maintenant“ nannte, was jedenfalls noch schlimmer war, indessen die Königsgeliebte zu keiner weiteren Namensveränderung bewog, vielleicht weil sie hoffen durfte, daß man sie bald „Königin Franziska“ oder „Königin von Frankreich“ nennen werde.

Der Vidame von Esclignac war mit seinen Anekdoten noch lange nicht zu Ende, als die Carosse durch den Ehrenhof rollte, und zehn Minuten später wurden etwa zwanzig Offiziere aus dem Saale der Garden in das große Gemach des Schlosses eingeführt. Hier stand eine Reihe von Tabourets, halb rechts, halb links von einem großen Lehnstuhl, dessen vergoldete Lehne von einer Lilienkrone überragt wurde. Etwas zur Seite aber, ziemlich in der Mitte des Gemachs, sah man einen kleinen Tisch, der mit einer Purpurdecke behängt war, um diesen Tisch standen drei Lehnstühle, deren Lehnen aber nur eine mittlere Höhe hatten. Die Herren waren kaum eingetreten, als die Flügel der gegenüberliegenden Thür leise geöffnet wurden, ein maitre d'hôtel Monsieurs erschien auf der Schwelle und sagte mit halber Stimme: „Der König!“ dann trat er zurück, die beiden Marschälle von Frankreich aber, welche sich unter den Offizieren befanden, der sehr edle und sehr mächtige Herr Franz von Aubusson, Herzog von Lafeuillade, der in der Schlacht bei Saint-Gotthardt kommandirte, und der ebenso edle und mächtige Herr Guy von Durfort und Duras, Herzog von Lorge, eilten dem Könige entgegen, der eben über die Schwelle trat.

„Willkommen, meine Vettern!“ sprach Ludwig XIV. mit ebenso vieler Freundlichkeit als Würde, denn man war „ohne Ceremonie“, den Titel „cousin du Roi“ aber führten seit Franz I. alle Marschälle von Frankreich.

Rechts und links von den beiden Marschällen begleitet, trat der König jetzt vor die Fronte der aufgestellten Offiziere, er richtete an Jeden derselben, bei dem Ersten anfangend, einige freundliche Worte, und Graf Hans Carl hatte wieder Gelegenheit, die hohe Würde und die persönliche Feinheit und Liebenswürdigkeit des Monarchen zu bewundern, dem er mit Begeisterung seinen Degen gewidmet hatte. Da er selbst Einer der ersten in der Reihe war, so hatte er, nachdem ihm der König in sehr schmeichelhaften Worten seine Zufriedenheit über seine Führung im letzten Feldzuge bezeugt, Gelegenheit, die Marquise von Maintenon zu betrachten, welche von Monsieur, dem Herzoge von Orleans, geführt, nach dem Könige eingetreten und neben dem erwähnten kleinen Tische an dessen freier Seite stehen geblieben war.

Obgleich Graf Hans Carl die Marquise nicht ohne Vorurtheil betrachtete, so mußte er sich doch gestehen, daß die Dame einst sehr schön gewesen sein müsse und daß sie noch immer für ihr Alter, sie sollte über fünfzig Jahre alt sein, sich hohe Reize bewahrt habe. Die Königsgeliebte, oder Königsgemahlin, war ganz schwarz gekleidet, was ihren blendend weißen Teint noch mehr hob. Ihre Arme und Hände waren wunderschön, ihr Wuchs voll und majestätisch, der untere Theil ihres Gesichts war ungemein lieblich, ihre Augen lebhaft und so sprechend, daß unser Held fast glaubte, er verstehe, was sie zu dem Herzoge von Orleans sprach, obwohl er es nicht hörte; nur die Stirn erschien in einem Mißverhältniß, sie trat zurück und erschien unbedeutend. Aber auch hier hatte die Kunst nachgeholfen, denn das ganz weiß gepuderte Haar war so weit als möglich zurückgestrichen und bildete eine Erhöhung, welche die Stirn von fern wenigstens größer erscheinen ließ.

Als der König sagte: „nehmt Platz liebe Vettern, liebe Herren!" setzte sich auch die Marquise nieder und sitzend erschien sie, wie die meisten Frauen, majestätischer als stehend. Der schwarze Spitzenschleier, den sie auf dem gepuderten Haar trug, spielte malerisch um die glänzenden Schultern, an einem schwarzen Bande, welches lose um den zarten, wohlgeformten Hals geschlungen war, hing ein goldenes Kreuz auf den sittig verhüllten Busen nieder, das war der einzige Schmuck, den die Marquise trug. Die Arme, die in voller Schönheit aus dem engen Oberärmel, der, wie die Robe am Halse, mit einer breiten Spitze besetzt war, hervortraten, lagen ruhig in dem Schooß.

Graf Hans Carl, der ihr ziemlich nahe saß, betrachtete sie lange und aufmerksam, er fing an zu begreifen, daß die eigenthümliche Mischung von Ernst und Strenge einerseits, sowie von Geist und Sinnlichkeit andererseits, die sich in dem Antlitz dieser merkwürdigen Frau aussprach, einen mächtigen Reiz ausüben müßte auf einen König, der mit den Jahren immer ernster wurde, der aber dabei geistigen und sinnlichen Genüssen nicht zu entsagen vermochte, obwohl ihm auf beiden Gebieten nichts Neues mehr geboten werden konnte. Es mochte eben nur eine Frau, in welcher diese Eigenschaften grade so gemischt waren, Herrschaft über diesen König gewinnen und sie nur behaupten durch ein ganz ungewöhnliches Maß von Klugheit, Zurückhaltung und Nachgiebigkeit. Gern hätte unser Held diese Frau noch länger in der Stille beobachtet, es wurde ihm aber unmöglich gemacht, denn der König richtete mehrere Male in rascher Folge das Wort an ihn und verlangte Auskunft über verschiedene Vorgänge des letzten Krieges in Catalonien. Wenn aber Ludwig XIV. sich mit einer Frage an die Marquise wendete, dann hatte er Gelegenheit die Bescheidenheit und Zurückhaltung zu bewundern, mit welcher die Dame ihre Meinung abgab. Für gewöhnlich saß sie schweigend und folgte aufmerksam dem Gange des Gespräches, nur zuweilen sprach sie einige Worte mit diesem armen Herzoge von Orleans, den alle Welt übersehen haben würde, wenn er nicht der Bruder des Königs von Frankreich gewesen wäre, so viele Mühe sich der gute Mann auch gab, durch ein wirklich abenteuerliches Schminken und Färben seines Gesichtes Aufmerksamkeit zu erregen. Zuweilen brachte es der Stammvater des Hauses Orleans wirklich dahin lächerlich auszusehen, aber Niemand würde gewagt haben über ihn zu lachen, denn Ludwig XIV. ahndete jeden Spott über seinen Bruder mit unerbittlicher Strenge.

Anderthalb Stunden etwa mochte die Unterhaltung des Monarchen mit den Officieren gedauert haben, als das Souper des Königs gemeldet wurde. Sofort sahen sich die Herren mit sehr gnädigen, aber doch sehr kurzen Worten entlassen, denn der König speiste mit Monsieur und der Marquise allein.

Das Haus der Abgeordneten.

Wie sich die Krone, Ministerium und Herrenhaus zueinander verhalten, ist sehr leicht zu erkennen und in bestimmten und kurzen Worten anzugeben; ebenso wird leicht bemerkt, wann und wo eine Abnormität in dem Verhalten dieser drei Mächte zueinander eingetreten ist. Schwieriger dagegen ist die Stellung des Hauses der Abgeordneten zu diesen drei Mächten zu erkennen und in wenigen Worten anzugeben; ja, wir müssen an der Hand der Geschichte sogar behaupten, daß die Stellung und der Charakter eines Hauses von Abgeordneten, mag dasselbe deutsch, französisch, italiänisch sein oder sonst irgend einem Volke angehören, überhaupt nicht durch Angabe positiver Merkmale hinreichend genau zu bezeichnen ist, daß man vielmehr, um eine solche Charakteristik zu geben, vor Allem die negativen Merkmale in's Auge zu fassen hat. Das Abgeordnetenhaus ist gut königlich, aber unter Umständen; es beschäftigt sich mit dem Wohl und der Freiheit des Volkes, aber nur unter Umständen; es duldet den Adel, erkennt ihn vielleicht sogar an, aber nur unter Umständen; es geht mit dem Ministerium, wenn es sein muß auch durch dick und dünn, aber nur unter Umständen; es preist Recht und Gesetz, aber nur unter Umständen. Fallen alle diese Umstände weg, nun, dann ist das Abgeordnetenhaus aus anderen Gründen auch wohl sehr antiköniglich, ein despotischer Vernichter aller wahren Volksfreiheit, ein erbitterter Gegner des Adels, ein principieller Opponent der Regierung, ein durch und durch revolutionäres Institut. Es ist mit einem Worte jedes Haus der Abgeordneten auf die Dauer der Zeit ein Chamäleon, daß mit dem Laufe der Zeit und dem Wechsel der Ereignisse seine Gestalt ändert, aber gleichwohl im Wechsel etwas Beharrliches hat, einen negativen Zug in allen seinen Bestrebungen, der niemals zu verkennen ist, mögen Zeit und Ort so verschieden sein wie sie wollen.

Fragen wir, um der Sache näher zu treten, wen und was vertritt das Haus der Abgeordneten? Fragen wir einen Abgeordneten hierum, so ist die Antwort gleich bei der Hand: „das Volk," und zwar, heißt es weiter, „im Gegensatze zum Herrenhause, das nur Sonderinteressen kennt." Sehen wir die Sache genauer an, so steigen gerechte Zweifel an der Richtigkeit dieser Antwort auf. Verträte das Haus der Abgeordneten das Volk, so müßte es vor Allem für die Krone und ihre Macht eintreten, ferner auch für den Adel und seine Macht, endlich auch für die Bauern; aber ein solches Abgeordnetenhaus, das dieß Alles principiell gethan hätte, haben wir noch nicht erlebt, werden es auch schwerlich jemals erleben. Das Haus der Abgeordneten ist vielmehr, so lange es ein solches gegeben hat, eine Vertretung, die nicht auf ständischen Elementen beruht, sondern auf dem Zufall ständeloser Wahlen, principieller Gegner der ständischen Monarchie und des Adels, aber auch durch die That principieller Gegner jeder wahren Volksfreiheit gewesen. Wie das möglich gewesen ist und warum das der Fall ist, darüber giebt die Geschichte hinreichende Auskunft.

Die alte ständische Monarchie besaß ihre Volksvertretung an den Ständen, an der Geistlichkeit, am Adel und am Bürgerstande; der Bürgerstand nahm in dieser Vertretung seine Interessen wahr, ohne den geringsten Zweifel an der Berechtigung der aristokratischen Stände zu hegen. Wir wissen, wann und wo diese Vertretung zuerst beseitigt worden, wir haben es auch in dieser Zeitschrift häufig genug hervorgehoben, welchen gewaltigen Fortschritt die menschliche Entwickelung dadurch gemacht hat, daß der mittelalterliche Partikularismus der Stände beseitigt wurde und an seine Stelle der allen gemeinsame Staat als etwas Allgemeines, alle Besonderheiten schlechthin Beherrschendes trat: ein Fortschrit, den wir nie verkannt haben, ein Fortschritt, den Stahl in seiner Rechtsphilosophie ausdrücklich hervorgehoben hat für Jeden, der lesen und nicht die Unwahrheit im Volke verbreiten will. Aber die Herren der französischen Revolution gingen weiter, sie begnügten sich nicht damit, den Staat als allgemein geltende Macht hinzustellen und eine den Staat und die Interessen des Volkes vertretende Versammlung zu fordern, sondern sie erklärten, der dritte Stand sei Nichts und müsse Alles werden. Um aber Alles werden zu können, wurde erst der Adel und die Geistlichkeit, dann die Krone über Seite geschafft; alle Menschen sind gleich, sind „Bürger," das Wort „Herr" darf nicht mehr gebraucht werden. Statt „lobet Gott den Herrn!" sang der Nachtwächter von Mainz nunmehr eine Zeit lang: „lobet Gott den Bürger!" Der Mann hatte vollständig recht dieß zu thun, es war sein Verfahren eine ebenso nothwendige Consequenz der Revolution, wie es die Vernichtung des Königsthums war, nachdem man zuvor den Adel beseitigt hatte.

Also nur aus „Bürgern" sollten fortan diese ehemaligen Staatsunterthanen bestehen; fort mit jeder ständischen, fort überhaupt mit jeder organischen Gliederung des Volkes, so lautete die Devise der constituirenden Nationalversammlung und des Nationalconventes. Aber dem Convente folgte das Directorium und dem Directorium der Imperator, der sich nicht auf den Bürgerstand im alten, municipalen Sinne stützte, aber auch nicht mehr auf die „Bürger" im modernen Sinne, sondern recht eigentlich auf die Masse, auf den vierten Stand, wie derselbe seit jenen Tagen heißt. Dieser Masse, diesem neuen Stande gegenüber waren nun die „Bürger" der Revolution wieder eine eigene Klasse von Menschen, so zu sagen ein Stand geworden, dessen Mitglieder ebensowohl in der Stadt wie auf dem Lande weilten, ebensowohl den bürgerlichen wie den militärischen Rock tragen konnten, eine absolut neue Klasse von Menschen, die von jenen Tagen ab, trotz aller innern Verschiedenheit in Bildung und socialer Stellung, dennoch sich durch eine gemeinsame Denk- und Anschauungsweise haarscharf kennzeichnet. Sie schüttelte das Joch der napoleonischen Regierung ab, um selbst die Regierung zu übernehmen; es gelang allwege nicht, aber endlich kam der Julithron und mit ihm gelangte abermals das neue Bürgerthum zur Regierung. Sie dauerte bis zum Jahre 1848, da schüttelte wiederum der vierte Stand sie abermals ab. Es gelang indeß bald, den wildgewordenen Löwen wieder einzufangen; man befestigte die repräsentative Republik — stets das letzte Ziel dieses modernen Bürgerthums — und stellte an die Spitze einen bürgerlichen Präsidenten. Das verlorene goldene Zeitalter war wieder Gegenwart geworden, und Freude war darob im ganzen Lande. Aber abermals sollte der schöne Traum schwinden; der Neffe des ersten Napoleon's stützte sich wieder auf den vierten Stand und weidete den dritten Stand wieder mit eiserner Ruthe. Es sind das historische Thatsachen, die jeder Staatsmann stets vor Augen und Herzen haben sollte, namentlich auch jeder deutsche Fürst und jeder deutsche Staatsmann, da wir ebenfalls daran sind, den französischen Hexentanz zu tanzen.

Fragen wir zunächst, woraus bestand und besteht noch jenes neue Bürgerthum, das der Masse des Volkes so zu sagen als ein neuer Adel gegenübersteht? Antwort giebt das Namenverzeichniß der Abgeordnetenhäuser, in Frankreich sowohl wie in Italien, in Deutschland wie in Preußen. Voran stehen vor allen diejenigen, die sich eine höhere wissenschaftliche Bildung erworben haben durch den Besuch von Gymnasium und Universität, dagegen den wirklichen Realitäten des Lebens so gut wie fremd geblieben sind, also Männer von abstrakter Bildung, die überall und nirgends zu Hause ist. Dahin sind zu rechnen die Beamten der Justiz, die Beamten der Verwaltung, zu nicht geringem Theile die Geistlichen, die Aerzte, die Gelehrten, die Lehrer des höheren Schulamts, die Advokaten und ähnliche Leute. Ferner zählen zu diesem Bürgerthume überhaupt alle, die eine moderne wissenschaftliche Bildung erworben haben und deren geistige Tiefe in dem Maße verflacht ist, wie der Verstand ausgebildet, also die Ingenieure, die höheren Techniker, die Literaten, namentlich die Reformjuden der Presse u. dergl. m.; endlich aber auch die größeren Kaufleute, Fabrikanten, Künstler, Oekonomen, adelige Gutsbesitzer, die die alten Traditionen aufgegeben haben, u. dergl. m. Es versteht sich, daß nicht alle Vertreter der erwähnten Berufsarten dem neuen Bürgerthum angehören, wir wollten nur behaupten, daß hier hauptsächlich die Vertreter desselben zu finden sind. Ja, selbst die gegenwärtigen Fürsten Europa's scheinen nach und nach von dem modernen Bürgerthum absorbirt werden zu sollen, um den Thron neuen Cäsaren einzuräumen, die ihre Bildung nicht auf behaglichen Polstern, sondern in der harten Schule des Lebens empfangen und deshalb auch einen offenen Sinn für die Realitäten des Lebens bekommen haben. Warum tummeln sich unsere Fürstensöhne nicht mehr in der Mitte des Volkes umher, warum wandern die Fürsten nicht mehr unter dem Volke mit dem Krückstocke in der Hand?

Das neue Bürgerthum ist also durchaus kein municipaler Begriff mehr; es ist überall und nirgends zu Hause. Demgemäß ist auch seine Bildung eine allgemeine; es ist die Kunstbildung, die sie von der Masse trennt, die sie aufblähen macht gegenüber der Masse, es ist die abstracte Bildung, die sich nicht kümmert um die Wirklichkeit. Die Bürger rühmen sich deshalb das eigentliche Volk zu sein; sie vertreten die öffentliche Meinung, die öffentliche Stimmung. Gegen den Adel kann man schimpfen, wie man will, wer aber gegen diese „Gebildeten" redet, der begeht ein Majestätsverbrechen oder wird für nicht zurechnungsfähig gehalten. Auf politischem Gebiete ist es vor Allem der Doctrinarismus, der die Bourgeoisie kennzeichnet. Wo sie zur Regierung kommt, hat sie nichts

Eiligeres zu thun, als neue Verfassungen zu machen und neue Gesetze zu schmieden; darin ist sie unermüdlich, ebenso unermüdlich wie auf den Schreibstuben. Das Ziel ist natürlich absolute Gleichheit der Menschen, d. h. der „Gebildeten"; für „ungebildetes Volk," für Krone, für Adel, ist kein Platz in ihren Verfassungen. Alter Plunder, der beseitigt werden muß! Das Ziel ist eine demokratisch-republikanische Verfassung, aber, wohlgemerkt, eine repräsentative; denn mit dem „Volke" selbst mag man sich nicht gern befassen: es ist zu roh und ungebildet. Die kleinen Bürger, die Handwerker, die Bauern, die Arbeiter sind nichts als der Stoff, mit dem man Experimente zu machen hat.

Der Bildung und dem Berufe der liberalen Bourgeoisie entspricht auch ihre Politik. Wo sie zur Regierung kommt, beweist sie sich als unfähig für die Regierung. Sie schafft neue Gesetze, um organische Gliederungen des Volkes aufzuheben, aber über diese negative Thätigkeit geht sie nicht hinaus, kann sie auch ihrem innersten Wesen nach nicht hinausgehen. Sie weiß zu handeln an der Börse, im Geldverkehr, in der Verwaltung, in der Polizei, sie zeichnet sich aus in der Literatur, sie ist fast in alleinigem Besitz der Presse, aber positive Ideen für die Politik, die vermag sie nicht zu fassen. Sie giebt deshalb auch die dem Volke am meisten verhaßte Regierung ab, und wir glauben nicht zu viel zu behaupten, wenn wir sagen, daß die Bewegung des Jahres 1848 nur durch das Regiment der Bourgeoisie hervorgerufen worden ist, durch die Herren der Schreiberei, durch die Büreaukraten, die in ihrer hochfahrenden Weise und Ignoranz den schlichten Mann auf Schritt und Tritt verletzen und doch überall verrathen, daß sie von der Wirklichkeit absolut nichts wissen. Ist die Bourgeoisie dagegen nicht an der Regierung, wird sie vielleicht gar mit ihren Prätensionen kurz abgewiesen, so ist sie sofort in dem Falle höchst staatsgefährlich, wenn sie die Masse hinter sich weiß. Ist eine Aristokratie vorhanden, die der Durchführung der Gleichheit gegenübersteht, so wendet sich gegen diese der Haß, wird gegen diese gewühlt; scheint ihr die Krone hinderlich zu sein, nun wohlan, so wird gegen die Krone gewühlt. Tritt aber die Masse auf gegen die Bourgeoisie, dann ist sie wiederum das gefügigste Werkzeug der Regierung. „Leider", äußerte H. v. Gagern vor etwa zehn Jahren gegen eine hohe Persönlichkeit des Preußischen Königshauses, „haben wir uns im Jahre 1848 auf die Masse gestützt, aber wir konnten auf andere Weise nichts gegen die Regierungen ausrichten."

Kommen wir nach dem Gesagten nunmehr auf unser preußisches Abgeordnetenhaus. Dasselbe ist, wie männiglich bekannt, hervorgegangen aus allgemeinen Wahlen, ist nicht Vertreter ständischer Interessen, sondern Vertreter der „Gebildeten", der „liberalen Bourgeoisie" oder wie man das sonst bezeichnen will. Es fragt sich, welche Stellung hat die Krone, die Regierung, das Herrenhaus dem Abgeordnetenhause gegenüber einzunehmen? Die Antwort ergiebt sich nach einer aufmerksamen Beobachtung der Bourgeoisie sehr leicht. Zunächst steht fest, daß eine Mißachtung, eine Nichtachtung derselben von Seiten der Regierung höchst gefährlich wäre, ja geradezu verderblich. Eine organische Vertretung des Volkes haben wir nicht, können sie zur Zeit auch noch nicht haben;

eine Beseitigung des Abgeordnetenhauses wäre deshalb ungefähr ein ähnlicher Act, wie wenn ein Arzt zur Beseitigung eines äußern Geschwüres, in dem sich irgend eine Krankheit Luft machen will, diese Krankheit in die edleren Theile des Körpers zurücktriebe. Es ist ein außerordentlicher kleiner Bruchtheil des Volkes, der im Abgeordnetenhause vertreten wird, aber dieser Bruchtheil würde in solchem Falle zu wühlen beginnen, daß selbst dem stärksten Helden bang zu Muthe werden dürfte. Freilich, schickte man die Herren der „Bildung" nach Hause, es würde zur Zeit kein Hahn darnach krähen, aber der Krone würde ein solcher Act gefährlich werden. Wir meinen deshalb, daß die Regierung nicht ohne das Abgeordnetenhaus regieren darf, aber noch viel weniger darf sie sich auf dasselbe stützen wollen. Es hieße das auf Sand bauen. Ewig beweglich ist die öffentliche Meinung, ewig fluctuirend die Interessen der „Gebildeten"; wer diesen Wandlungen bei der Regierung des Staates folgen wollte, würde nach wenigen Jahren dem Staate und der Freiheit des Volkes den Garaus machen. Die Regierungsgeschichte Louis Philipps giebt Lehren genug für den, der belehrt sein will. Besser wäre es noch, sich auf die Masse, auf den vierten Stand zu stützen, wie Napoleon das that; denn die Masse ist beharrlicher in ihren Meinungen, sie erwärmt sich an großen Thaten und großen Persönlichkeiten, kümmert sich aber sonst wenig oder vielmehr gar nicht um Politik. Sie achtet die Autorität, die Persönlichkeit, die der Bourgeois nicht kennt, und deshalb ist sie monarchisch gesinnt in dem Maße, wie der Bourgeois republikanisch gesinnt ist. Aber Gott bewahre uns vor französischem Regimente!

Das Resultat unserer Betrachtung ist demnach, daß die Staatsregierung weder unbedingt gegen die liberale Bourgeoisie gehen darf, noch ohne Weiteres mit ihr. Vielmehr hat sie sorgfältig zu hören auf die Stimme des Abgeordnetenhauses, aber ohne dabei die Interessen des Staates aus dem Auge zu lassen. Es ist eine gewaltige Macht, die hier vertreten ist, nicht allein durch äußere Mittel gewaltig, sondern auch durch geistige. Gemeinde-Angelegenheiten vermag das Bürgerthum gar wohl selbst zu verwalten und zu ordnen; die Regierung möge also vor Allem hier jede Art von Bevormundung aufgeben. Ferner ist dasselbe durchaus nicht in der Verwaltung der Aemter zu entbehren, ja dieser Liberalismus ist sogar mit historischer Nothwendigkeit aus dem inneren Wesen und der Entwickelung des preußischen Staates hervorgegangen, und aus diesem Grunde ein nothwendiges Glied in der Kette der staatlichen Institutionen geworden. Er ist der Träger der Intelligenz, der Träger der Gelehrsamkeit, der Literatur, der öffentlichen Meinung, des „Zeitgeistes," und als solcher ein heilsames Agens einer gesunden Entwickelung. Wir stimmen darin vollständig mit den Aeußerungen eines Staatsmannes überein, dem wir sonst in vielen Beziehungen fern stehen, wenn er behauptet, daß die Bourgeoisie zwar fähig sei zur Verwaltung und fähig zur Controle der Regierung, daß sie aber nicht fähig sei, Völker zu regieren und große Politik zu üben, daß ihr wohl eine beachtenswerthe Stimme in dem Rathe der Nation, aber nicht das entscheidende letzte Wort gebühre. Es fehle ihr zur Herrschaft die Hoheit der Gesinnung und die Weite und Sicherheit des politischen Blicks, der dazu nöthig sei, und es fehle ihr die Anerkennung und Ehrfurcht der Massen, ohne welche die Autorität nicht durchgreife. Er müsse daher der Monarchie die Herrschaft, und nicht blos als Schein und Form, sondern in Wahrheit überlassen, so daß in der Herrschaft die wirkliche Regierung mit ihrer Macht und Autorität inbegriffen sei. Er könne sie dabei wohl mit seinen Einsichten und mit seinen Talenten unterstützen, aber zunächst nicht in leitender, sondern in hülfreicher Stellung. Die politische Unterordnung unter die Monarchie hindere ihn nicht, den Reichthum seiner Kräfte nach allen Richtungen hin zu entfalten und durch seine eigene freie Thätigkeit in der Wissenschaft, der Kunst, der Industrie Wohlstand, Bildung und Ruhm der Nation zu erhöhen. Er könne sich um derselben willen mit größerer Zuversicht seiner Freiheit erfreuen und seiner Beweglichkeit hingeben. *)

Zwei deutsche Literaturgeschichten.

Die literarischen Bestrebungen unserer Tage sind bei vorwaltender Erschöpfung der productiven Kräfte größtentheils dem Rückblicke auf die dichterischen Leistungen der Vergangenheit, deren geistiger Durchdringung und tieferer Aneignung zugewandt. Dieser Tendenz zum Erklären und Sammeln einer solchen thätigen Versenkung in die Fülle einer im Selbstschaffen reicheren Epoche, kann ihre eigenthümliche Bedeutung in der Entwickelung des Geisteslebens überhaupt nicht abgesprochen werden. Wichtig ist eine derartige literarische Regsamkeit besonders noch für eine fernere Nachkommenschaft, wenn die in den dichterischen Werken der jüngsten Blüthezeit vorkommenden Beziehungen und Anspielungen auf vorüberrauschende Verhältnisse und Zustände erklärt und gedruckt werden. Keine Literatur besitzt nun auch wie die deutsche eine solche vorzugsweise productive Kritik, welche in Lessing ihren größten Repräsentanten fand. Für diese Wahrheit zeugen wiederum die kürzlich erschienenen Werke zweier verschieden begabter Literaturhistoriker, welche sich nicht ausschließen, sondern sich gegenseitig ergänzen.

Karl Goedeke in Celle hat die rühmlichst bekannten gelehrten Arbeiten im Gebiete der deutschen Literaturgeschichte durch ein neues Werk vermehrt. Der „Grundriß der deutschen Dichtung. Aus den besten Quellen, I. und II. Band. Hannover, Verlag von C. Ehlermann, 1859“ soll nach der Einleitung S. 1 rc. „das unter einfache Gesichtspunkte geordnete Material darbieten, auf dem eine geschichtliche Darstellung fußen kann. Vom allgemeinen Charakter ausgehend, soll er die einzelnen Entwickelungsmomente vor Augen stellen, darin die verschiedenen Richtungen unterscheiden und die Erscheinungen derselben, die Dichtungen und Dichter anpreisen und Hülfsmittel anzeigen, aus denen genauere Kunde zu schöpfen ist.“ Nicht also um eine eigent-

*) Anm. der Redaction: So lange es sich um ein Auskunftsmittel für die Gegenwart handelt, ist dem ganz beizustimmen, aber nur so lange; übrigens aber kommt es darauf an, in diese Bourgeoisie mit einer wirklich organischen Politik einzudringen und sie wieder mit dem wirklichen Volke in eine gegliederte Verbindung zu bringen. Darüber nächstens.

liche Literaturgeschichte handelt es sich hier, sondern um ein Werk, welches Fingerzeige enthält, über die systematische Gliederung des Stoffes, über Charakteristik der literarischen Entwickelung und der Autoren, und hauptsächlich über die Quellen, sowie über Das, was bisher für das Detail der Literatur in wissenschaftlicher Hinsicht geschehen ist, namentlich die Bibliographie. Ueberall sind von Goedeke die Quellen treu und mit Sorgfalt angegeben, die Handschriften, die Ausgaben und Alles, was von Abhandlungen, Monographien und Erläuterungsschriften über einzelne Punkte zu Tage gekommen ist, kurz das Buch enthält unter dem darstellenden Abriß den erforderlichen philologischen und antiquarischen Apparat für das Studium der Literaturgeschichte. Die Darstellung selbst ist möglichst compendiös, zusammenfassend im Stoff, scharf und bestimmt im Ausdruck und auf das Wesentliche der Sache gerichtet, das Urtheil gesund und tüchtig. Eine absolute Vollständigkeit lag nicht im Plane des Verfassers, doch ist die Darstellung möglichst in die Fülle der Specialitäten gedrungen. Der Grundriß ist ein schönes Denkmal deutschen Fleißes, welcher unablässig in den dunkelsten Schichten der Wissenschaft forscht, um einzelne bisher unentdeckte Goldkörner zu Tage zu fördern.

Von den ersten Tagen unserer Literatur bis auf Schiller's und Göthe's Tage kann das Werk als ein unentbehrliches Handbuch allen Denjenigen bestens empfohlen werden, welche sich über biographische und bibliographische Gegenstände, sofern sie selbst einen geringeren Dichter betreffen, belehren müssen.

Das zweite Werk, auf welches wir aufmerksam machen, führt den Titel: »Deutsche Dichtung von der ältesten bis auf die neueste Zeit. 3 Bände. Stuttgart A. Krabbe. 1859.«

Schon im Jahre 1828 gab Wolfgang Menzel eine »deutsche Literatur« in zwei Bänden heraus, welche durch manche Eigenthümlichkeit des Urtheils, namentlich durch die maßlose Herabsetzung Goethe's, nicht eben billigendes Aufsehen erregte. Aehnliche Standpunkte hat der Verfasser später in dem Beiblatte zum »Morgenblatte« eingenommen. Von diesem Werke unterscheiden sich die oben erwähnten drei Bände wesentlich nicht nur durch eine besondere Abweichung des Urtheils und Standpunktes, sondern vielmehr in seiner ganzen Anlage. Nicht die Literatur, sondern die Dichtung wird behandelt, und zwar zum ersten Male durch Inhaltsauszüge aus den Dichtungen selbst. Dies ist also durchaus ein neues Element des vorliegenden Werks, allein es ist auch noch ein zweites vorhanden. Die Darstellungen der Geschichte unserer deutschen Dichtung haben bisher nur die schriftlichen Denkmäler der Kunstdichtung in den Kreis ihrer Betrachtung gezogen. Ein unendlich reicher Schatz der echtesten Poesie liegt nun aber in den mündlich überlieferten Volksliedern, Volksmärchen und Volkssagen, deren gewissenhafte Sammlung die Gebrüder Grimm angeregt und wesentlich gefördert haben, da diejenigen, welche sie bewahren sollen, immer seltener werden. In diesen reichen Märchen und Sagenschatz, welcher sich seit grauen Jahrhunderten im Munde unseres Landvolks fortgepflanzt hat, sind die ältesten poetischen Erinnerungen unserer Vorfahren aufbewahrt, welche der späteren Kunstdichtung eine Fülle von Stoff und Motiven liehen. Ebenso haben sich eine Menge deutscher Dichter in der Zeit zwischen Hans Sachs und Opitz, besonders komische Dichter, während sie meist deutsche Geschichte und deutsches Leben behandeln, der lateinischen Sprache bedient. Diese Klasse von Dichtern wie jene Märchen- und Sagenwelt, hat nun Menzel auch in sein Bereich gezogen und dieses neue, selbstständige Element ist, mit eben so großem Fleiße wie staunenswerther Belesenheit in die Darstellung geschickt verflochten.

Der erste Band zerfällt in vier Bücher über die alten Heldenlieder, die Volksmärchen die kirchliche Dichtung und die ritterliche Dichtung im Mittelalter; der zweite Band bespricht in vier andern Büchern die bürgerliche Meistersängerei, die Verwilderung im Reformationszeitalter, die Renaissance (von der ersten schlesischen Schule an) und die Herrschaft des französischen Geschmacks; der dritte Band die Natürlichkeitsperiode, die Sturm- und Drangperiode, die Romantik und die jüngste Dichtung. Die Inhaltsangaben und Auszüge erstrecken sich gleichmäßig auf alle Theile des Buchs und über alle Zeitalter. Die deutsche Heldensage ist nach ihren verschiedenen Richtungen in allen ihren Sagenkreisen dargestellt, in den Sagen und Märchen ist eifrig geschöpft, die mittelalterliche Literatur ist sorglich behandelt, aus den Werken Wolframs von Eschenbach, Gottfrieds von Straßburg, Hartmanns von der Aue, sind werthvolle Auszüge geliefert. Neben diese Vorliebe für die Poesie des Mittelalters stellte sich eine gleich große Abneigung gegen die gesammte Literaturepoche der neuesten Zeit von Opitz an, welche als »undeutsch« mit dem fremden Namen der »Renaissance« abgethan wird. Hier tritt die schwächste Seite des Werks, das ästhetische Urtheil, zu Tage und hier werden Ansichten entwickelt, mit denen sich Wenige befreunden werden. Wieland erregt ihm nichts als Abscheu, Lessings Nathan ist ihm nur eine Apologie für seinen »Leibjuden« Moses Mendelssohn, in Goethe sieht er nur den Poeten des Egoismus par excellence und nennt ihn (III. 209) den modernen Sejanus welcher seine erzene Statue auf den Altar stellte, um ihr zu räuchern und zu opfern. Die neuere Dichtergeneration wird gar nicht geschont, — »aus allen dunkeln Ecken kamen die Juden hervor, um mit affenartigen Zähneblecken, Grinsen und Zungenherausstrecken, was bisher den Christen heilig war, zu verhöhnen, höllische Kerkopen« — Heine wird als ihr Führer (seine Feder eine Kothschleuder) genannt.

Anzuerkennen ist aber der sittliche Ernst und die politische Entschiedenheit, welche überall hervortritt, wohlthuend in einer Zeit, wo die wenigsten Menschen den Muth ihrer Ueberzeugung haben, besonders wenn diese nicht die des großen Haufens ist.

C. R.

Des Freiherrn von Blomberg Gedichte.

„Als Helm zu Schilde staht
Wissen und Dichten zusammen gaht."

Der Name der edeln Sippe der Blomberge, die zu dem niederdeutschen Adel gehört, nicht aber zum schwäbischen, wie das Reichsfreiherren-Diplom mit einer bei der Wiener Heroldie nicht ganz ungewöhnlichen Naivetät versichert, ist nicht unbekannt auf dem Gebiete der deutschen schönen Litteratur. Unter den zahlreichen Söhnen niederdeutscher Adelsgeschlechter, die namentlich im dreizehnten Jahrhundert nach Osten zogen, um dort als deutsche Ritter und Schwertbrüder eine Gränzmark deutschen Geistes zu stiften, die noch jetzt in den nunmehr dem Kaiser von Rußland zuständigen deutschen Herzogthümern Kurland, Esthland und Liefland besteht, befanden sich auch Blomberge, die ihren Namen dort bald zu Ansehen brachten, hohe geistliche (Siegfried von Blomberg starb 1373 als Erzbischof von Riga) und weltliche Würden erlangten und stattlichen Grundbesitz erwarben. Während nun der in Kurland blühende Zweig des Hauses immer stärkere Wurzeln trieb, starb der in der niederdeutschen Heimath wurzelnde Stamm allmälig ab und ging ganz aus ungefähr um dieselbe Zeit, Anfangs des vorigen Jahrhunderts, als sich Einige der kurländischen Blomberge wieder in die alte Heimath zurückwendeten und wenigstens Theile des uralten Erbes der Blomberge wieder erwarben. Von den Nachkommen Georg Dietrichs von Blomberg aus dem kurländischen Hause Perbohnen, der sich im vorigen Jahrhundert in Westphalen wieder ansässig machte, hat sich Karl Johann Ludwig Alexander von Blomberg, der am 20. Febr. 1813 beim Sturm auf das Bernauer Thor in Berlin blieb, als Dichter einen geachteten Namen gemacht, seine poetischen Schriften sind in einer Gesammtausgabe zu Berlin erschienen. Ein Bruder Alexanders von Blomberg, der Königliche Major Wilhelm von Blomberg ist ebenfalls Schriftsteller; unter seinen Werken werden zwei Trauerspiele: »Thomas Aniello« und »Hermann's Tod« genannt. Der Name Blomberg ist also kein neuer in der deutschen schönen Litteratur.

Der Verfasser der vorliegenden Gedichte (Bilder und Romanzen. Dichtungen von Hugo Freiherr von Blomberg. Breslau 1860. Trewendt) ist der Reichsfreiherr Hugo Gotthardt Dietrich August von Blomberg, geb. 1820; Majoratsherr auf Sergemitten in Kurland, Haupt einer Linie, die sich zum Theil auch in der Neumark ansässig gemacht hat. Der Dichter lebt seit Jahren, mit Kunst und Wissenschaft erfolgreich beschäftigt, zu Berlin, wo er auch als Historienmaler eines wohlverdienten Rufes sich erfreut. Wir haben nicht ohne Absicht daran erinnert, daß der Freiherr von Blomberg auch Historienmaler ist, denn diese Eigenschaft tritt nicht nur in mehreren der vorliegenden Gedichte deutlich hervor, sondern überhaupt hat der Maler einen Einfluß auf den Dichter geübt, den wir im Ganzen als einen höchst glücklichen bezeichnen müssen, obgleich er an einzelnen Stellen zuweit gehend den Dichter beeinträchtigt hat. Jedenfalls übt auch der Dichter auf die Schöpfungen des Malers einen bedeutenden und glücklichen Einfluß, und wir können uns wohl denken, daß auch der Dichter den Maler in einzelnen Fällen benachtheiligt. Die Malerei ist eine der Künste, bei denen sich die Vernachlässigung der Technik auf's Unbarmherzigste rächt, auch die Dichter leiden schwer durch die Vernachlässigung der fachgemäßen Technik, doch nicht in dem Maße wie die Maler; es giebt Gedichte, die ihre große Bedeutung haben und ihre Wirkung nicht verfehlen selbst bei sehr mangelhafter Technik, aber selbst das vollkommen schön componirte Bild geht an mangelhafter Technik zu Grunde. Es ist der Maler B., der den Dichter B. getrieben hat in seinen Schöpfungen nach einer äußersten Vollendung in der Form zu streben, ein Streben, welches gewiß dem Poeten ziemt und ihn ziert, das aber unsern Dichter zuweilen bis an die äußersten Gränzen des Schönen getrieben und in einige seiner Dichtungen etwas Gekünsteltes gebracht hat, was sie, wenn auch nicht gradezu unschön und unpoetisch, so doch weniger schön und weniger poetisch erscheinen läßt, als sie gefühlt und gedacht sind.

Wir haben den nachtheiligen Einfluß, den der Maler auf den Dichter geübt hat, zuerst erwähnt, wir sind aber weit entfernt, daneben den bei Weitem überwiegenden günstigen Einfluß zu verkennen. Das Nachtheilige bezieht sich nur auf die Form, das Günstige erstreckt sich weit über die Form auch auf die Auffassung und den Inhalt der Dichtungen. Offenbar ist der Maler dem Poeten ein treuer Helfer gewesen bei seinen Dichtungen und mit vollem Recht bezeichnet Herr von Blomberg dieselben als Bilder und Romanzen, d. h. als Bilder überhaupt; denn Romanzen sind im modernen Sinne nichts weiter als romantische Bilder. Jene Fülle von lyrischen Ergüssen, die einen guten Theil des Raumes in den gesammelten Gedichten unserer Poeten einnehmen, nicht aber zur Freude des Lesers, der in den geschilderten Gefühlen meist alte Bekannte in mehr oder minder glücklich gewählten neuen Costumen zu begrüßen hat, fehlt in den Blomberg'schen Dichtungen ganz; denn seine lyrischen Gefühle und Empfindungen sind zu poetischen Bildern geworden, die oft in ganzer Vollkommenheit dem

Leser das zeigen, was ihm andere Dichter nur sagen. In dieser Beziehung sind die beiden schönen Gedichte »Rococo« und »Monorgueil« als Mustergedichte zu bezeichnen, es sind nur Empfindungen und Gefühle, die das Gegenständliche der Dichtung ausmachen, aber der Dichter hat uns wirkliche Bilder in Worten gegeben, wo wir uns bei Andern mit Worten in Bildern begnügen müssen:

»Nun wandeln seh ich sie dort zwischen den Orangen:
Der schwere Damast rauscht, es flattern die Fontangen,
Auf hohen Schuhen schwankt's, ein wandelnd Malvenbeet.
Ein Neger trägt den Mops, den Schirm nach Japan's Mode,
Und lispelnd declamirt die neu'ste Liebesode
Im schwarzen Mäntelchen ein geistlicher Poet.«

Nicht nur giebt das ganze Gedicht ein Bild des Rococo, jeder einzelne Vers enthält wieder ein Rococobildchen. In dem Gedicht „Monorgueil" erhält die Stimmung, in welcher „Rococo" geschaffen, noch einen stärkern Ausdruck durch den schärfer markirten Gegensatz:

„Das letzte gelbe Laub erzittert in den Hecken,
Die nicht mit grünem Schirm die Oede mehr verstecken,
Kein Strahl, — nur Regen wäscht der Brunnengötter Schopf.
Unheimlich dämmern hier und dort in fahlem Rasen
Barocke Sandsteinzwerg' und Schäfer ohne Nasen,
Hirtinnen hochgeschürzt und Helden ohne Kopf."

Der Dichter liebt die Zeit der Großväter in ihrem Rococo-Costume:

„Doch nicht bei Sonnenschein, noch bei des Frühlings Wehen,
Wo Alles sich verjüngt, was kann, mag ich sie sehen;"

. . . .
. . . .
. . . .

„Am späten Nachmittag, im Herbst mag ich alleine
Durch die verfall'ne Pracht mit meinen Träumen gehen.
Wenn welkes Laub hintanzt in Gängen und auf Treppen
Und niedrig drüber hin die düstern Wolken schleppen,
Dann träum' ich sie mir jung, dann sind sie wieder schön."

Der Dichter will das Rococo nicht reactiviren, aber er schätzt und schützt es und wenn er sein erstes Gedicht mit dem ernsten Wort schließt:

„Und Alles was gelebt und leben wird ist Staub"

so zittert uns eine tief-wehmüthige Dichterklage aus dem Schlußvers des zweiten der genannten Gedichte ergreifend entgegen:

„Gewiß es muß so sein. Und Niemand wird's beklagen;
Der Forscher nicht ein Mal wird nach dem Alten fragen;
Denn unschön, sagt er, war's und aus verderbter Zeit.
Und dennoch — hättet Ihr's an jenem Tag gesehen
In des Novembers Qualm hinfrösteln und vergehen,
Ihr sprächt, und wüßtet kaum, warum: „Es ist uns leid!"

Wir finden diese beiden Gedichte darum so meisterhaft, weil uns der Dichter seine Empfindungen in Bildern zeigt und weil uns der Anblick dieser Bilder mit denselben Empfindungen erfüllt, die ihn bei der Schöpfung der Gedichte beseelt und bewegt haben. Fast alle Gedichte Blomberg's, welche, wie diese zwei, Empfindungen in Bilder fassen, sind in hohem Grade gelungen, manche wirken gespenstig, wie „Berme", manche, z. B.

„der Reiher", sind tief ergreifend. Wir müßten einen guten Theil des Inhaltsverzeichnisses hier abschreiben, wenn wir alle die Gedichte nennen wollten, die uns besonders gefallen haben. Manche zeugen von einer so frischen, aus dem Leben ganz unmittelbar stammenden Auffassung und sind dabei so glücklich im Ausdruck, daß wir sie zu dem Besten rechnen, was die neuere poetische Litteratur aufzuweisen hat. Dahin gehört vor Allem „Wie die Kinder lesen". Ein Kind von siebenzehn Monaten liest in des Vaters Büchern —

„Wie sie das Ding schon so verständig anfaßt,
Den Zeilen emsig mit dem Finger folgt,
Und ihren ganzen winz'gen Wörtervorrath:
Papa, Mama, und Baba und Bauban
Mit ungemeiner Wichtigkeit und mit
Nicht mindrer Modulirung an den Mann bringt;
Denn, wie natürlich, kennt sie noch kein Jota!
Und wir, die Eltern — lach' uns aus wer mag! —
Wir horchen, wie auf's Evangelium
Und sagen: „Ei, wie schön kann Eva lesen!"
Dann blickt sie stolz und glücklich zu uns auf. —"

Man sieht die freundlich niederblickenden Aeltern und das glückselig aufschauende Kind vor sich.

Es sind diejenigen Dichtungen, welche Herr von Blomberg insbesondere „Bilder" genannt hat, die uns am meisten zusagen, die wir auch für den bedeutendern Theil seiner Sammlung halten. Unserer Ansicht nach liegt die Stärke seiner poetischen Begabung auch entschieden auf dieser Seite. Doch das darf uns nicht blind machen gegen die Gedichte, welchen er den Titel „Romanzen" gegeben hat; wir haben schon oben angedeutet, daß die Romanzen auch nur romantische Bilder sind und der Dichter hat sich auch wohl gehütet, die Bilder und Romanzen in zwei verschiedene Lager auch äußerlich zu sondern, es möchte schwer halten, bei vielen seiner Gedichte zu bestimmen, ob sie zu den Bildern zu rechnen, oder zu den Romanzen. Er hat dem Leser selbst das Aussuchen überlassen. Wir wollen in aller Kürze diejenigen seiner Gedichte, die sich an historische, oder sonst gegebene Stoffe anschließen, als Romanzen betrachten.

Zunächst ist höchlich anzuerkennen, daß diese Stoffe alle neu sind, sie zeugen von den fleißigen historischen Studien, die der Dichter gemacht hat, denn viele sind der Art, daß sie bei gewöhnlichem Lesen gar nicht gefunden werden könnten, zweitens sind sie in der Mehrzahl auch wohl gewählt (Marcus Guther, Matthias Hunyades, Saladin von Tyrus, König Sieghards Schwert, Otto Martin von Schwerin, das Schwert des Evandhu, sind unserer Ansicht nach die besten) und drittens sind sie auch sehr wohl gelungen, es ist nicht ein einziges Gedicht darunter, welches wir als mißlungen bezeichnen möchten. Wenn wir jene „Romanzen" nun doch den „Bildern" nicht ganz gleichstellen, so finden wir den Grund in jenem schon oben von uns angedeuteten zuweit gehenden Einfluß des Malers auf den Dichter; mit Recht hat sich der Dichter nicht genügen lassen an dem gefundenen Stoff, mit Recht hat er ihm die Form zu geben gesucht, die er für die passendste, oder würdigste hielt, dabei aber hat er sich, unseres Dafürhaltens, durch die Leichtigkeit, mit welcher er die Form beherrscht, verführen lassen zu etwas, was, beinahe wenigstens, Künstelei ist. Darunter aber haben von diesen sonst schönen Gedichten mehrere gelitten, am meisten die drei Maler-Roma nzen (Ein Portrait von Alba, Morto da Feltre, die Freske zu San Gregorio) deren hohe Schönheiten im Einzelnen wir übrigens nicht in Abrede stellen wollen.

Ganz für sich betrachten wir die Legenden (Geuesins, Sanct Pholas, Sanct Hyacinthus, Sanct Wenzeslaus, Sanct Philippus Neri, Sanct Kilianus), für die der Dichter, wie schon die Reihe der behandelten Stoffe zeigt, eine besondere Vorliebe zu haben scheint. Es hat sein Mißliches für einen Protestanten diese poetische Behandlung des Legendenstoffs, aber dankbar ist derselbe für den, der ihn zu behandeln weiß, das zeigt sich auch hier; denn die Legenden sind wahre Zierden dieses Buches und der Dichter hat nicht nur einen sehr glücklichen Griff in diesem Legendenstoffe gethan, sondern auch gezeigt, daß er es ganz meisterhaft versteht, sich der Eigenthümlichkeit der Legenden-Poesie anzuschließen. Selbstverständlich gelingt nicht jeder Wurf, so halten wir die Legende vom heiligen Jakob, die Herr von Blomberg zum letzten Jahrgang des „Argo" gegeben für viel weniger gelungen als die hier mitgetheilten.

Am schwächsten ist der Dichter im Liede, das „Künstlerlied" wenigstens, das den Band schließt, hat uns durchaus mißfallen, es mag sich nach Tische nach der Melodie: „Gaudeamus igitur" recht plaisirlich singen lassen, hier am Schlusse dieser Sammlung will es uns als ein schlimmes „hors d'oeuvre" erscheinen; wir bitten ihn, es bei einer nächstfolgenden Auflage, die wir ihm mit großer Bestimmtheit prophezeien, wegzulassen.

Des Freiherrn von Blomberg Gedichte, so lautet schließlich unser Urtheil, gehören zu den besten deutschen Dichtungen der Gegenwart. G. H.

Correspondenzen.

Aus der Hauptstadt.

Den 2. März 1860.

Seine Majestät der König sind wieder mehrfach ausgefahren in der vergangenen Woche, an einem hellen Nachmittage sogar im offenen Wagen durch eine Straße Potsdams. So erfreulich uns diese Nachricht nun auch als ein Zeichen der Erleichterung des Leidens ist, das auf unserem theuren Herrn lastet, so wenig vermögen wir darin ein Symptom der Besserung zu sehen; wir haben die Hoffnung noch nicht verloren, aber diese Spazierfahrten, die uns so oft getäuscht, sie sind nicht im Stande, in uns frohe Erwartung zu erregen.

In den politischen Kreisen ist natürlich vorzugsweise von den die Armee betreffenden Vorlagen die Rede, es ist jetzt kein Geheimniß mehr, daß sich eine mächtige Coalition gegen die Vorlagen gebildet hat, die ganze Demokratie, der vorgeschrittene Liberalismus und sonst Alles, was doctrinär ist, stimmt gegen die Vorlagen, jetzt nämlich, selbst die eifrigsten Helfershelfer des Ministeriums haben den Muth nicht, die Vorlagen zu vertheidigen. Dennoch werden dieselben angenommen werden, denn es ist kein Geheimniß, daß die Minister wirklich selbst dafür sind und daß dieselben unter Umständen geradezu eine Cabinetsfrage aus der Annahme der Vorlagen machen werden. Man hat das bisher bezweifelt und bezweifelt es noch, obwohl man genau die Ansichten Sr. Königl. Hoheit des Prinz-Regenten kennt, es sind auch Versuche genug gemacht worden, das Cabinet zu einer Modification der Vorlagen zu bewegen, aber vergebens, das Ministerium Hohenzollern steht und fällt mit diesen Vorlagen, das klingt gefährlicher als es ist; Viele, die in der Gesellschaft und in der Presse gegen die Vorlagen eifern, werden im Abgeordnetenhause dafür stimmen, trotz heftiger liberaler Leibschmerzen. Es ist für manche Leute ein stilles, aber nicht geringes Vergnügen, die schauderhaften Grimassen zu beobachten, mit denen die demokratischen Chourineurs diesen Bissen über Nacht niederschlucken. Einige mögen aus wahrem Patriotismus ihre doctrinären und liberalen Bedenklichkeiten bei Seite lassen, die Meisten thun es aus »parlamentarischen Rücksichten,« d. h. um das Ministerium nicht fallen zu lassen, und denen gönnen wir von Herzen diesen scharf gepfefferten Bissen.

Außerdem hat sich die Hauptstadt in voriger Woche viel mit dem unverschämten Buche der Demoiselle Ludmilla Assing, die »Impietäten« Humboldt's und Varnhagen's enthaltend, beschäftigt. Es wurde auf Antrag der Staatsanwaltschaft mit Beschlag belegt, ist aber auf Ministerialbefehl freigegeben. Wir haben noch niemals ein Buch so einstimmig von allen Parteien als ein unwürdiges Machwerk verurtheilen hören, aber wir können doch nicht umhin, der Herausgeberin unsere Bewunderung für die noble Dreistigkeit auszusprechen, mit der sie es gewagt, dieses Buch zu veröffentlichen. Was den Inhalt betrifft, so gereicht er nicht den Männern, die darin mit rohen Schimpfworten (Rindvieh u. s. w.), mit boshaften Witzen und giftigen Bemerkungen verfolgt werden, sondern lediglich den beiden »Größen«, zur Schande, welche nicht nur diese »Impietäten«, so nennen sie das Schandzeug selbst, begangen haben, sondern sich derselbigen auch rühmen. Die Freunde Humboldt's fragen, und unseres Erachtens ganz mit Recht, was giebt uns nun Garantie dafür, daß die Schauerlichkeiten, namentlich gegen Seine Majestät den König, die Demoiselle L. Assing dem Humboldt in den Mund legt, nicht sämmtlich von Varnhagen oder anderen Demokraten erfunden sind? Möglich, daß sich die Familie Humboldt's auch gegen diesen schändlichen Scandal regt. Die »Kölnische Zeitung« ganz allein hat kein Wort der Entrüstung gegen das scheußliche Buch, sie klatscht mit kindlicher Naivetät in die Hände und freut sich, daß der Beweis nun geführt sei, wofür? dafür, daß Humboldt immer ein ächter Volkstribun gewesen! Was für Begriffe von einem Volkstribun mag die »Köln. Ztg.« haben? Ihre Volkstribunen sind also stets in den Vorzimmern der Könige, sie stecken ihre Füße unter die Tafeln der Monarchen; ein Kammerherr heißt also in's Kölnische übersetzt: Volkstribun. Die Entrüstung über das Buch war hier so allgemein, daß man es dem Hofbuchhändler Sr. Majestät des Königs, Herrn Alexander Duncker sehr verdachte, daß er das Buch in öffentlichen Blättern, als bei ihm zu haben, ankündigte, obwohl derselbe dabei wohl nur wie geschäftlich mit dem Buche, wie mit jedem anderen Brockhausischen Verlags-Artikel, verfahren war und wahrscheinlich persönlich von dem Inhalte des Buches gar keine Notiz genommen hatte.

Aus Paris.

29. Februar 1860.

— Theaterreformen; Mangel an Neuigkeiten. —

Man spricht jetzt viel von Theater-Reformen, welche demnächst von Belgien ausgehen sollen.

Die Brüsseler Commission, welche der belgische Minister des Innern vor einiger Zeit eingesetzt hat, um diejenigen Maßregeln festzustellen, welche ein Ermuthigungs-System für dramatische Schriftsteller bilden könnten, ist nämlich endlich mit ihrer Arbeit fertig. Die Resultate der Berathungen sind in einen langen und, wie man zugeben muß, vortrefflichen Bericht an den belgischen Minister des Innern zusammengefaßt, und wir wollen nur wünschen, daß das löbliche Unternehmen auch den gewünschten Erfolg habe, daß die ziemlich herabgekommene dramatische Kunst dadurch endlich einmal einen neuen Aufschwung nehme.

Die Aufgabe eines solchen Ermuthigungs-Systems, wozu vor allen Dingen auch gehört, daß man die Rechte der dramatischen Autoren wahre, ist nicht so leicht zu lösen, als Mancher glauben möchte.

Die Rechte der Autoren, das ist der große Stein des Anstoßes. Es versteht sich von selbst, daß die Autoren darauf bestehen, aber wie lassen sie sich feststellen? Es ist fast nicht möglich. Nach langen Debatten hat die belgische Commission eingesehen, daß die Regierung nicht das Recht hat, einen Tarif für die Honorirung der Bühnen-Schriftsteller aufzustellen, ebensowenig als sie dem Fabrikanten vorschreiben darf, wie viel Lohn sie ihren Arbeitern zahlen sollen. Die Freiheit der contrahirenden Personen muß unbeschränkt bleiben.

Die Commission ist also der Meinung, daß, um zum Ziel zu gelangen, die Zuziehung der öffentlichen Behörden unumgänglich nothwendig sei. Sie fordert also die Regierung auf, sich an dieselben zu wenden und sie zu bestimmen, eine Summe jährlich zu Preisen für die besten Bühnenstücke festzusetzen. Außerdem soll die Regierung sich verpflichten, den Theater-Directoren zwei Drittheile der Tantièmen zu vergüten, welche diese den Autoren für neue Stücke zahlen, indem sie sich vorbehält ein Maximum für jedes Genre und die Zahl der Acte festzustellen.

Alsdann ist es der Majorität der Commission nothwendig erschienen, daß ein Lese-Comité eingesetzt werde, bestehend aus den Mitgliedern der Regierung, der Behörden und der Theater-Directionen. Von verschiedenen Seiten der Commission ist eingewendet worden, daß aus den Lese-Comités leicht Censur-Comités werden könnten, aber die Mehrzahl hat diese Furcht unbegründet gefunden. Die Verschiedenheit der Elemente, aus denen die Comités beständen, würden sofort eine derartige Gefahr beseitigen. Irgend eine Controlle aber ist nothwendig, damit nicht etwa verfehlte, schlechte oder unmoralische Arbeiten die bestimmten Preise erhielten. Uebrigens bleibt das Princip der Freiheit vollständig erhalten; denn die in Rede stehenden Comités haben nur über die Stücke zu urtheilen, welche zu Preisen vorgeschlagen sind. Diejenigen Autoren die nicht um einen Preis concurriren wollen, können ihre Stücke aufführen lassen, ohne sie der Prüfung des Lese-Comités zu unterwerfen.

Das sind in Kurzem die Maßregeln, welche die Commission in Vorschlag gebracht hat, und wir müssen aufrichtig wünschen, daß sie zu einer gründlichen Reform des Theaterwesens überhaupt, die höchst nothwendig ist, führen möchten.

Die Pariser Theater haben in der letzten Zeit nicht viel Neuigkeiten gebracht. Die Oper lebt von Wiederholungen. „Catharina Cornaro, die Königin von Cypern", ist neu einstudirt worden, aber nicht die von unserm deutschen Componisten Lachner, sondern die des französischen Maestro Halévy. Außerdem hat die Wiederaufnahme der Oper „Galathea" Glück gemacht. Im Concertsaal ist es jetzt Henri Wieniawsky, der Furore macht.

Das Gaité-Theater hat eine Novität gebracht, „der Pfandleiher", ein Drama in acht Aufzügen von Anicet Bourgeois und Michel Masson. Dieses Product ist ein Seitenstück zu der „Tireuse de Cartes" und ähnlichen Schauer-Dramen, nicht schlechter und nicht besser. Es ist uns nichts darin erspart worden an Gräueln und Verbrechen. Wucher, Meineid, Bigamie, Mord und Todtschlag, Deportation, spielen die Hauptrollen, die gräßlichsten Knalleffecte häufen sich, und ist nichts weiter dabei zu verwundern, als daß sich noch immer ein Publikum findet, welches dergleichen Zeug zu verdauen vermag. Ein trauriges Zeugniß für die Verdorbenheit des Geschmacks überhaupt! Die zu hoffenden Theater-Reformen würden schon etwas Bedeutendes für die endliche Wiederherstellung und Hebung der Kunst gethan haben, wenn sie dafür sorgten, daß all' dergleichen dramatische Mißgeburten von der Bühne gänzlich verbannt würden.

Zur Wellington-Litteratur.

Es sind wiederum einige Schriften zur Bereicherung der schon so umfangreichen Wellington-Litteratur erschienen. Das neueste Werk ist: Civil correspondence and memoranda of Arthur Duke of Wellington, edited by his son the Duke of Wellington. Der starke Octavband beschränkt sich auf die politische Wirksamkeit des „eisernen Herzogs" in Irland und zwar in dem Zeitraum vom 30. März 1807 bis zum 12. April 1809. Die Suplementary despatches and memoranda liegen jetzt in vier Bänden vollständig vor, dieselben beziehen sich bekanntlich auf Wellington's Wirksamkeit in Ostindien. So werthvoll nun diese Arbeiten in ihrem Fach sein mögen, so haben sie doch kein besonderes Interesse für das lesende Publikum des Auslandes. Mehr erwarteten wir von Charles Yonge: the life of Field-Marshal Arthur Duke of Wellington, indessen findet sich in den beiden starken Bänden zur Charakteristik Wellington's eigentlich nichts Neues und über sein Privatleben gar nichts, werthvoll dagegen mag der militärische Theil dieses Werkes sein, er ist zum großen Theil aus einem noch nicht veröffentlichten Tagebuche des Lords von Colchester geschöpft und enthält Mittheilungen aus den mündlichen Berichten von Militärs, welche an dem Feldzuge auf der Halbinsel Theil genommen haben.

Sehr interessant dagegen ist eine englische Bearbeitung der bekannten französischen Biographie Wellington's von Brialmont. Dieselbe enthält so viele Zusätze, Noten und Berichtigungen, daß man die Arbeit eigentlich als ein englisches Nationalwerk betrachten muß. Der Verfasser ist der sehr ehrwürdige G. R Gleig, derselbe war chaplain-general (Ober-Feldprediger) der Armee und schöpfte nicht nur aus eigenen Erinnerungen und den Mittheilungen seiner Freunde, sondern auch aus Papieren, die ihm der jetzige Herzog von Wellington mittheilte. Auch durfte er die Depeschen des State-Paper-Office benutzen. Das vierbändige Werk ist reich an Anekdoten und giebt über manche Verhältnisse, besonders aber über einzelne Züge in Wellington's Charakter sehr befriedigende Aufschlüsse. Wir theilen Folgendes aus Gleig's Werke mit:

„Die Disciplin, welche er aufrecht erhielt, war unbeugsam und die Gerechtigkeit seiner Entscheidungen wurde niemals in Frage gezogen, mochten dieselben nun Streitigkeiten zwischen einzelnen Personen betreffen, oder Lebensfragen ganzer Communitäten. Nebenher ging aber das Bestreben jede Unterhaltung und eine die vernünftigen Gränzen nicht überschreitende Heiterkeit auf alle Weise zu fördern, und diese Heiterkeit zeichnete ihn selbst während der ganzen Daur des Halbinsel-Krieges aus. Er hielt seine Fuchshunde und jagte regelmäßig mit denselben, und seine Offiziere ermunterte er ebenfalls zur Jagd, — vorausgesetzt, daß sie die Erlaubniß der Bodeneigenthümer erhielten, nie anders. Vorstellungen auf dem Liebhaber-Theater begünstigte er, und selten setzte er sich zur Tafel, ohne daß sie mit zahlreichen Gästen besetzt war. Von allen Fehlern, in welchen seine Biographen verfallen sind, ist der größte, der ihn in irgend einer Periode seiner Laufbahn als mürrisch und finster erscheinen läßt, denn unter allen Männern, welche jemals an so wichtigen Geschäften betheiligt waren, mag kaum Einer von Natur mit mehr übersprudelnder Heiterkeit ausgestattet gewesen sein, als der Herzog von Wellington. Eine Geschichte wußte er wundervoll zu erzählen, ein witziges Gespräch liebte er über die Maßen und selbst einem praktischen Scherz war er nicht abgeneigt, vorausgesetzt, daß er harmlos blieb."

„Als einst über den Marsch vom Ebro nach dem Duero gesprochen wurde, erzählte der Herzog, wie er bei dieser Gelegenheit einmal „köstlich hinter's Licht geführt worden sei." Die Truppen hatten an vielen Orten geplündert; es war nöthig, ein abschreckendes Exempel zu statuiren und deshalb wurde bekannt gemacht, daß der Erste, den man auf der That ertappe, auf der Stelle gehängt werde. Eines Tages, als wir uns gerade zu Tische gesetzt hatten, brachte der Profoß drei Mann an die Thür des Zeltes. Ihr Verbrechen war erwiesen und ich hatte keinen weiteren Wunsch, als daß sie weggeführt und an einer Stelle gehängt würden, wo sie des anderen Tages von der vorbeimarschirenden Armee gesehen werden könnten. Es waren grade viele Gäste bei mir zu Tische und darunter, glaube ich, auch Lord Nugent. Sie schienen Alle tief ergriffen und Keiner konnte etwas zu sich nehmen. Mir selbst war es auch nicht wohl zu Muthe, aber ich hatte keine Muße meinen Gefühlen nachzuhängen und mußte meine Pflicht thun. Nun, das war gut! Des anderen Tages sah man wirklich drei Leute in Uniform an einem Baum hängen, dicht an der Heerstraße. Es war ein schrecklicher Anblick, der ganz die gewünschte Wirkung hervorbrachte; denn das Plündern hörte auf. Aber man mag errathen, wie groß mein Erstaunen war, als ich einige Monate später erfuhr, daß einer meiner Stabsoffiziere sich heimlich mit dem Doctor Hume in's Einvernehmen gesetzt habe und daß drei Leichname eben im Spital Verstorbener aufgehängt worden seien, während jene drei Schuldigen zum Regiment zurückgeschickt wurden. — »Und waren Sie nicht recht ärgerlich darüber, Herzog?« wurde gefragt. »Ich denke, Anfangs war ich's wohl. Aber da ich den armen Teufeln nicht das Leben zu nehmen wünschte, sondern nur ein Exempel brauchte und das Exempel auch wirklich die gewünschte Wirkung hatte, so legte sich mein Aerger bald, und ich gestehe jetzt recht froh zu sein, daß drei Menschenleben verschont geblieben sind.«

Sich über die besonderen Verdienste seiner Offiziere des Breiteren auszulassen, war er nie sehr geneigt.

»Aber war Moore nicht ein Offizier ersten Ranges?« — »Moore war nicht mein Schüler; er war so brav wie sein Degen; aber er wußte nicht, was man mit Menschen ausrichten kann und was nicht.« — »Und Hope?« — »Von Hope hatte ich immer eine gute Meinung; er diente nur kurze Zeit unter mir, aber ich fand ihn immer sehr einsichtsvoll.« — »Und Hardinge?« — »Ganz gut, Harding ist ein ganz geschickter Bursche.« Ueber solche Aeßerungen hinauszugehen, konnte man den Herzog nie bewegen.

Auch mit zahlreichen Witzreden ist Gleig's Buch gewürzt: »Ein Edelmann, der grade nicht dafür bekannt war den rechten Einfall immer am rechten Ort zu haben, speiste eines Tages in Wellington's Gesellschaft und platzte während einer Pause des Gesprächs ganz unerwartet mit der Frage heraus: Herzog, sind Sie bei Waterloo nicht recht überrascht worden? — der Herzog lächelte und gab zur Antwort: Nein, aber jetzt bin ich's.«

Schließlich entnehmen wir dem Texte Brialmont's das Zeugniß eines Franzosen über Wellington's persönliche Tapferkeit, wenn wir dieselbe auch niemals bezweifelt haben.

„Persönlicher Muth, der den Feldherren des Alterthums so unentbehrlich war, ist keineswegs mehr Haupterforderniß eines modernen Armee-Führers. Wellington machte deshalb auch keine besonderen Anstrengungen, sich persönlich durch glänzende Thaten hervorzuthun. So oft jedoch seine persönliche Gegenwart auf einem gefährdeten Punkte oder an der Spitze einer Sturmkolonne nöthig war, setzte er sich muthig der Gefahr aus. In der Schlacht bei Assaye wurden ihm zwei Pferde unter dem Leibe getödtet. Im Jahre 1811, als er, von Beresford und einigen Offizieren begleitet, die Stellung Marmont's recognoscirte, welcher sich den Duero zu überschreiten anschickte, sah er sich plötzlich von einer Kavallerie-Abtheilung umringt und mußte sich mit seiner Begleitung durchhauen. Bei der Belagerung von Burgos setzte er sich in den Tranchéen oft der größten Gefahr aus, der er nur wie durch ein Wunder entging. Als er in der Schlacht bei Orthez von einer Anhöhe herab Soult's Stellung recognoscirte, diente er eine Zeit lang der französischen Artillerie als Zielpunkt. Niemals endlich hat er sich so rücksichtslos der Gefahr ausgesetzt als auf dem Schlachtfelde von Waterloo, wo die Mehrzahl der Offiziere seiner Suite an seiner Seite verwundet oder getödtet wurde.“

Militärische Revue.

Sonntag, den 4. März 1860.

Geschichtskalender.

4. März 1813.	Die Russen rücken in Berlin ein.	8. März 1741.	Prinz Leopold Max von Dessau erstürmt in der Nacht Glogau.
5. März 1814.	Gefecht bei Oudenarde: Oberst v. Hobe schlägt die Franzosen.	9. März 1814.	Gefecht von Athies: Prinz Wilhelm v. Preußen überfällt und schlägt die Franzosen.
6. März 1760.	Die Preußen dringen in Erfurt ein.	10. März 1814.	Schlacht von Laon: General v. Blücher schlägt den Kaiser Napoleon.
7. März 1814.	Die französische Besatzung in Cüstrin kapitulirt.		

Inhalt:

Die Offensivkraft der Heere.

II.

Ein Heer, welches der Nation seine Erschaffung und Unterhaltung dadurch danken soll, daß es den Nachbarn Respect einflößt, daß es das Gewicht ihres Willens auch dann sichert, wenn zwar nicht die Grenzen, wohl aber die Interessen des Landes im großen Verkehr bedroht sind, kurz, ein Heer, welches der kräftigen Offensive fähig sein soll, muß auch im Frieden numerisch stark sein, das glauben wir eben entwickelt zu haben; es würde nur einen Schritt weiter kosten, um einzusehen, daß jede Armee verhältnißmäßig um so stärker sein muß, je schwächer die Basis ist, welche ihr Vorgehn eventuell stützen würde, je kleiner, je künstlicher der Staat ist, je offener und zerrissener seine Grenzen sind.

Aber nicht nur die personellen Bestandtheile der Armeen heischen stete Fürsorge und Opferwilligkeit, sondern auch das Kriegs-Material nimmt sie in Anspruch, und zwar in unserer Zeit in noch weit höherem Maaße als früher. Jomini warnt mit Recht davor, auf eine Ueberlegenheit der Waffen, so lange diese nicht eine ganz ungeheure ist, wie etwa Feuergewehr gegen Armbrust und Bogen, zu viel Vertrauen zu sehen, denn ein geschickt geführter Stock überwindet wohl das beste Schwert in der Hand eines Tölpels. Sind aber die Heere in allen übrigen Beziehungen gleich, so muß der Sieg sich den wirksameren Waffen zuneigen, und es ist eine große Thorheit, einen Soldaten dadurch zum tapferen Drauflosgehen gleichsam zwingen zu wollen, daß man ihm ein Gewehr in die Hand giebt, welches höchstens zum Stechen und Schlagen, aber nicht zum Schießen zu gebrauchen ist, eine Thorheit, welche in ihren Consequenzen die Bewaffnung auf das kurze Römerschwert zurückführen würde.

Die moderne Technik zählt ihr Alter erst nach Jahrzehnten, deshalb sind auch alle wesentlichen Vervollkommnungen des Kriegsmaterials jung, nur ein Theil hat die Probe des Krieges schon bestanden, manche, die bei ihrem Entstehen die Aufmerksamkeit der ganzen Welt auf sich zogen, werden untergehen, ohne ihren Werth oder Unwerth überhaupt je erwiesen zu haben. Eine Erfindung übersteigt die andere, und in der Gegenwart bietet jedes Jahr mehr Verbesserungen und Neuconstructionen, als das ganze vorige Jahrhundert und die Zeit der napoleonischen Kriege zusammengenommen. Unter Friedrich dem Großen richtete sich Dichten und Trachten auf die schärfste und genaueste Ausbildung der Heereskörper in den hergebrachten tactischen Formen und Bewegungen, die dünnen Glieder der Lineartaktik konnten nur durch ein fest eingeprägtes Exercitium gesteift werden. Später verbiß man sich, die Schöpfungen großer Meister gänzlich mißverstehend, in graue, werthlose oder gar schädliche Theorien, in mystische Spielereien und Sophistereien. Endlich kam, zugleich mit dem neuen Jahrhundert, die moderne Taktik, die Taktik der Massen, der Colonnen und der Tirailleurs, zur Welt, die seitdem nur einzelne, und keine einzige wesentliche Modification erlitten hat. — Und doch fußte sie bei ihrem Entstehen auf derselben Bewaffnung, wie ihre Vorgängerin; sie hatte dieselben schlechten Feuergewehre, dieselbe unpractische Ausrüstung, den ganzen alten Zopf — während sie jetzt über gezogene Gewehre und Kanonen, über Shrapnels und Raketen verfügt.

Dieser Umstand, daß die neuen Erfindungen nicht im Stande gewesen sind, eine neue Taktik zu schaffen, könnte zu voreiliger Unterschätzung derselben verleiten. Die Vollkommenheit der modernen Taktik, die unübertreffliche Einfachheit, die vielseitige Verwendbarkeit ihrer Formen ist es indessen ganz allein, welche sie alle Veränderungen und Verbesserungen der Waffen überdauern läßt. Diese sind und bleiben für die Kraft der Heere doch vom wesentlichsten Einfluß, und wenn irgendwo, so gilt hier der Spruch: wer nicht vorgeht, geht zurück.

Diejenigen, welche befürchtet haben, es werde in Zukunft nur noch geschossen, gar nicht mehr geschlagen und gestochen werden, sind wohl durch die Schlachtberichte der letzten Jahre eines Bessern belehrt worden. Die blanke Waffe fällt nicht im Werth, weil die Schußwaffe steigt, Beides sind ja Trutzwaffen. Schutzwaffen zu erfinden giebt sich Niemand mehr die Mühe, wenigstens nicht für Menschen, höchstens wird noch ein kostbares Schiff mit einem Panzer bedacht, kaum noch eine Befestigung angelegt, die nur vertheidigen soll.

Weittragende Feuerwaffen gestatten den Angriff wirksam aus großer Ferne zu eröffnen, und deshalb erhöhen sie ebensosehr die Offensivkraft eines Heeres wie seine Defensivkraft; daß sie eine sorgsame und subtile Behandlung erfordern, daß bei einigen Constructionen Munitionsverschwendung zu befürchten steht — das sind nur noch mehr Gründe dafür, daß gut durchgebildete und geführte Leute — Soldaten unentbehrlich sind. —

Aus dem Vorstehenden folgt weiter, daß die Reiterei nicht mehr als der alleinige Repräsentant des Angriffs anerkannt werden kann.

Die Reiterei hatte vor vielen Jahren schon einmal freiwillig auf diese Rolle ganz Verzicht geleistet, als sie, verblüfft von der Wirkung der Feuerwaffen, durch eine ungefährliche Pistolensalve den Ansturm mit blankem Pallasch ersetzen wollte. Sie ist im vorigen Jahrhundert wieder auf den richtigen Weg zurückgekehrt, und die Gefahren, welche Einzelne für ihre Existenz aus der mit der Cultur zunehmenden Ungangbarkeit des Geländes, aus dem schnellen und wirksamen Feuer der Artillerie und Infanterie u. s. w herauswittern, sind lange nicht so drohend, als jene selbstgeschaffene, jenes Aufgeben des Choc. — Ein einziges Moment des Angriffskrieges reicht schon hin, um ihre fortdauernde Unentbehrlichkeit zu beweisen: die Verfolgung, die den Sieg erst zum Gewinne macht, und es ist daher kaum nöthig, alle die andern Fälle zu erwähnen, wo Cavallerie nothwendig oder nützlich sein wird; ohne sehr gewagte Speculationen kann man sogar grade aus den Elementen, welchen die Kriegskunst ihre neueste Gestaltung verdankt, einzelne Verhältnisse ableiten, in welcher die Cavallerie zu größerer Geltung und zu mehr Selbstständigkeit gelangen würde, als je zuvor. Ein absolut bestes Verhältniß der verschiedenen Waffen im Heere hat es nie gegeben und wird es nie geben; wahrscheinlich ist, daß die Reiterei sich immer mehr vermindern, sicher, daß die Artillerie nie die Infanterie als Hauptwaffe ablösen wird.

Weit einflußreicher als das Stärken-Verhältniß der drei Waffen zu einander wird die Gliederung des Heeres auf seine Offensiv-Kraft sein, und wir werden bei gleicher Zahl stets dasjenige im Vortheil finden, welches mit der vollendeten Selbstständigkeit und Selbstthätigkeit der einzelnen Theile eine rasche und genaue Befolgung aller Befehle des Oberfeldherrn zu verbinden weiß. Einheit des Oberbefehls bleibt das erste und unentbehrlichste Erforderniß. Die Deutschen könnten das aus Erfahrung wissen.

Der marokkanische Krieg.

I.

Bekanntlich haben die Spanier ihre Operationen gegen die Marokkaner von Ceuta aus begonnen und rückten, von ihrer Transportflotte cotoyirt, längs der Meeresküste auf Tetuan vor. In der Nähe des Schwarzen Vorgebirges (cap negro) hatten sie am Neujahrstage das erste ernsthafte Gefecht zu bestehen, worüber wir französischen Blättern das Folgende entnehmen:

Am 1. Januar um 3 Uhr Morgens ließ der General Prim, welcher das 4te (Reserve-) Corps kommandirte, die Zelte abbrechen, und um 5 Uhr setzte er sich in der Richtung auf Tetuan in Marsch. Der General Zabala marschirte mit dem 2ten Corps zu seiner Unterstützung um 6 Uhr ab, während der General en chef mit seinem Generalstabe und der Gebirgs-Artillerie um 8 Uhr folgte. Die beiden ersten Stunden verliefen, ohne daß man auf den Feind stieß; als aber der General Prim an der letzten Terrainfalte anlangte, welche ihn von einem Thale trennte, in dem die Ruinen einer Moschee, von den Spaniern Castillejo genannt, gelegen sind, fand er sich einer ziemlich zahlreichen Ansammlung von Mauren gegenüber, und das Feuer entspann sich. Es galt, den Feind zurückzuwerfen und ihn nach und nach aus den Positionen zu vertreiben, welche er besetzt hielt und nur verließ, um sich auf höher gelegenen und folglich stärkeren Punkten festzusetzen. Der Kampf war hartnäckig und blutig; als die spanische Infanterie dahin gelangt war, die Straße frei zu machen, konnte der General seine Kavallerie in das Thal schicken. Zwei Eskadrons von Prinzessin-Husaren drangen nach einer glänzenden Attaque, welche durch ihre Kühnheit und Unerschrockenheit an die der leichten englischen Kavallerie bei Balaklava unter General Cardigan erinnert, bis an das arabische Lager vor; dort aber, durch ein äußerst lebhaftes Feuer empfangen, mußten sich die Husaren nach beträchtlichen Verlusten zurückziehen. Arabische Reiter kamen dazu und griffen die spanische Kavallerie auf dem Rückzuge lebhaft an, so daß sich ein neuer Kampf entspann, in dem die Marokkaner zum ersten Male Gebrauch von kleinen Bajonneten machten, welche an ihren langen Flinten befestigt sind. Ein unglücklicher Husar erhielt durch diese neue Waffe dreiundzwanzig Wunden. Ich wage es nicht, Ihnen die in dieser unglücklichen Attaque erlittenen Verluste in Zahlen anzugeben; ich habe nur gehört, daß mehr als zehn Offiziere, unter diesen die beiden Eskadrons-Chefs, verwundet sind. Es war das erste Mal seit dem Anfange der Campagne, daß die Kavallerie zur Thätigkeit kam, und wenn auch die Schwierigkeiten des Terrains und die Zahl der Feinde es ihr nicht gestatteten, das so glänzend eroberte arabische Lager zu behaupten, so erwarben ihr doch der Elan und die Bravour, welche sie entfaltete, die Sympathien und die Bewunderung der ganzen Armee.

Während diese bemerkenswerthe Waffenthat im Thale vor sich ging, griff der General Prim mit seiner Infanterie die Höhen in der Front an, welche von den Marokkanern mit einer seltenen Energie vertheidigt wurden; als er aber an einen kahlen Berg gelangte, auf welchem die Araber zu mehreren Tausenden konzentrirt waren, erfuhr er einen Widerstand, den er nicht zu bewältigen vermochte. Er ließ hierauf die Genie-Truppen seines Corps vorgehen, um auf dem, von den Arabern besetzten parallelen Kamme eine Brustwehr (palissade) zu errichten und dadurch seine Truppen dem feindlichen Feuer zu entziehen. Sobald diese Arbeiten beendet waren, ertheilte der General dem Regiment Cordova den Befehl, die Stellung der Mauren zu nehmen. Drei Mal Meister derselben, drei Mal durch überlegene Kräfte zurückgeworfen, legten diese braven Leute die Tornister ab und versuchten eine letzte, aber vergebliche Anstrengung. Ihr Rückzug ging sogar über die Linie hinaus, wo sie ihre Tornister gelassen hatten. Als der General Prim dies sah, ergriff er die Fahne des Regiments und rief, indem er ganz allein im Kugelregen vorwärts ging, seinen Soldaten zu: »Kinder, Eure Tornister konntet Ihr im Stiche lassen? aber ich hoffe, daß Ihr der Fahne Eures Regimentes folgen werdet!« Begeistert durch den Heldenmuth ihres Chefs gingen die Soldaten hierauf auf's Neue vor und nahmen ihre Tornister wieder. Es war 4 Uhr; das Feuer der Mauren wurde immer noch gleichmäßig unterhalten, und der General nahm seine Truppen hinter die Pallisadenwand zurück, welche das Genie-Corps während des Kampfes erbaut hatte; doch dauerte das Gewehrfeuer bis um 7 Uhr Abends mit gleicher Heftigkeit fort. Bei Sonnenuntergang zeichnete sich die von den Arabern besetzte Höhe durch eine kahle, scharfe Linie am Himmel ab, der Rauch wurde durch die letzten Strahlen vergoldet und die Schatten der Mauren, die sich in Sprüngen der Krete näherten, um ihre Gewehre abzufeuern, nahmen in dieser dunkel leuchtenden Atmosphäre die sonderbarsten Verhältnisse an. Man muß Zeuge eines derartigen Schauspiels gewesen sein, um zu begreifen, wie oft in gewissen Stunden bei einer gewissen Beleuchtung und in gewissen Lagen wenig bedeutende Kämpfe die phantastischesten Effekte hervorzubringen vermögen.

Der General en Chef hatte sich beim Beginne des Gefechtes auf einen Hügel begeben, von wo aus er alle Punkte übersehen konnte, auf denen der Kampf entbrannt war. Einige Male zog er den Degen, weil er glaubte, mit seiner Person einstehen zu müssen, aber der General Zabala, welcher den General Prim unterstützen sollte, hatte sich gegen den linken feindlichen Flügel gewendet und verhinderte ihn durch einen kräftigen Angriff, sich gegen den rechten Flügel der spanischen Armee zu entwickeln. Hierdurch begünstigt, und da die Aktion auf einen Punkt konzentrirt blieb, konnten die nicht engagirten Corps ihre Lager auf den Stellen aufschlagen, welche am Morgen noch die Araber besetzt hielten.

Dies glänzende Gefecht giebt eine Idee von dem, was der spanische Soldat leisten kann, sobald er daran gewöhnt sein wird, einen ihm neuen Feind zu bekämpfen, und sobald die Chefs die Taktik, die Hilfsquellen und die Schwächen dieses Feindens besser kennen und in Folge dessen entscheidendere und sicherere Schläge führen können werden. Die Schwierigkeiten des Landes, der energische Widerstand der Bergbewohner von Anghera und der sich ihnen angeschlossen habenden Contingente, die Absicht, auch den Schatten eines Echecs zu vermeiden, und endlich die Unbekanntschaft mit Allem erklären und rechtfertigen die außerordentliche Vorsicht, mit welchen die Operationen bis zu diesem Tage geleitet wurden. Einige Regimenter haben sich 11 Stunden geschlagen, von 8 Uhr Morgens bis 7 Uhr Abends, und bei dieser fast nur aus jungen Soldaten bestehenden Armee trat nicht ein einziger Moment der Entmuthigung ein. Der Elan blieb bis zum Ende des Gefechts derselbe, und wenn es auf's Neue galt, unter dem Rufe: »Es lebe die Königin!« anzugreifen, fand man sie stets zum Vorgehen bereit. Ein verwundeter Offizier von »Prinzessin-Husaren« tödtete den Reiter, der ihn getroffen und eine Fahne geraubt hatte. Der Sieg kostete den Spaniern nahe an 800 Mann Todte und Blessirte, worunter ungefähr 50 Offiziere. Die Verluste der Araber müssen sehr bedeutend gewesen sein; denn sie ließen am andern Tage viele Todte im Stich, ohne sie einzuscharren, eine bei den Muselmännern sehr bedeutende Sache. Am andern Morgen verließen die Marokkaner ihre Stellung und zogen sich in der Richtung auf Tetuan ab, indem sie den Spaniern alles Terrain überließen, um dessen Besitz der Kampf entbrannt war.

General O'Donnell verlegte sein Hauptquartier auf den östlichen Abhang des Thales von Castillejo; das dritte Corps, des General Ros, welches in seiner Stellung geblieben war, wurde Avant-Garde und setzte sich vorwärts des Hauptquartiers fest; die Kavallerie und die zahlreiche Artillerie, von welcher nur die Hälfte in einem Tage den 6 Kilometer langen, seit dem Kriege improvisirten Weg zurückzulegen vermocht hatte, lagerten im Thale um die Ruinen der Moschee herum. Der General Echagüe blieb mit seinem Corps im Lager von Serallo zur Deckung von Ceuta stehen. —

Tagesereignisse.

Für die 72 Infanterie-Regimenter der Linie ist gleichmäßig folgender Offizier-Etat festgesetzt worden, welcher vom 1. Mai ab in Kraft treten soll:

1 Regiments-Commandeur,
3 Bataillons-Commandeure,
6 Hauptleute erster Klasse,
6 Hauptleute zweiter Klasse,
12 Premier-Lieutenants,
28 Seconde-Lieutenants, einschließlich 4 Adjutanten,
12 Seconde-Lieutenants des beurlaubten Standes,

68 Offiziere.

Die fünften etatsmäßigen Stabsoffiziere und die Hauptleute dritter Klasse gehen ein.

Ein Dr. med. Riecke, früher Regiments-Arzt im Potsdamer Cadettenhause, im Jahre 1848 aber wegen politischer Umtriebe verurtheilt, hat dem Hause der Abgeordneten vier Petitionen eingereicht, nämlich:

1) „Ich bitte das hohe Haus der Abgeordneten ganz gehorsamst, dahin wirken zu wollen, daß in der preuß. Armee die Kavallerie vermindert und namentlich die

sogen. schwere Kavallerie in ihrer Zahl beschränkt, dagegen die Zahl der Scharfschützen vermehrt werde.«

2) »Ich bitte das hohe Haus der Abgeordneten ganz gehorsamst, ein Gesetz veranlassen zu wollen, welches die Cadetten-Institute aufhebt und an Stelle dieser Anstalten allgemeine Kriegsschulen setzt.«

3) »Ich bitte das hohe Haus der Abgeordneten um ein Gesetz, das anordnet, daß alle alten Krieger aus den Zeiten bis 1815, welche der Unterstützung bedürftig sind, lediglich aus allgemeinen Staatsfonds unterstützt werden und ihre Unterstützung nicht den betreffenden Gemeinden zur Last falle.«

4) »Bitte um Beseitigung der Polizei-Uebergriffe.«

Herr Riecke unterzeichnet sich einzig und allein als »Urwähler III. Klasse.« Ob ihn die schwere Kavallerie oder die Cadetten bei diesem Geschäfte gestört haben mögen?

Der »Magdeb. Ztg.« wird von Berlin geschrieben:

»Mit allergrößter Spannung wird in hohen Kreisen den Entscheidungen des Abgeordnetenhauses in Betreff der Armee-Organisation entgegengesehen. Inwieweit die Regierungsvorlagen annehmbar seien oder nicht, bleibe hier unerörtert; die Kritik darüber, soweit sie bis jetzt bekannt geworden, hat wohl mit Recht mancherlei Ausstellungen gemacht und die Redactoren des Entwurfs werden hoffentlich jeder Verbesserung um so zugänglicher sein, als die materiellen Opfer, welche dem Lande auferlegt werden sollen, in der That beträchtlich sind. Aber die Sache hat noch eine andere, über Alles wichtige Seite, auf welche bisher nur die Würzburger Presse, also Stimmen hingedeutet haben, deren Grundton ganz und gar anti-preußisch ist und denen nichts so sehr im Wege steht, als das liberale Ministerium des Prinz-Regenten. Man hofft mit unsagbarer Freude, die jetzigen Rathgeber des preußischen Fürsten werden durch die Verwerfung der Vorlage zum Rücktritte genöthigt werden, ja noch mehr als dies: die jetzt fest gehaltenen, freisinnigen Principien könnten alsdann möglichen Falls ganz aufgegeben werden; das letztere ist eine Phrase, der Rücktritt des Ministeriums aber allerdings möglich oder wohl gar ausgemacht; denn die Armee-Organisation wird schlechterdings von den Ministern als eine Lebensfrage für Preußen angesehen und im Falle der Verwerfung ihres Entwurfs würden sie sich im Widerspruche mit der Landesvertretung wissen. Aber das Abgeordnetenhaus wird nach ganz verläßlichen Anzeichen principielle Einwendungen gegen die Regierungsvorlage nicht erheben; Correcturen im Einzelnen werden in Masse vorgenommen werden, Sachverständige halten sie für dringend erforderlich, nur das Princip der Armeeorganisation wird nicht umgestoßen, mithin ein Ministerium am Ruder bleiben, zu dessen Rücktritt nur die Feinde Preußens Beifall klatschen werden. Was wir an unseren Ministern haben, wissen wir, wie andere sein würden, ist fraglich; dieser Gesichtspunkt gilt bei den Meisten, innerhalb wie außerhalb der Kammern.«

Wir können noch hinzufügen, daß man hier in Berlin erzählt, die Majorität der Abgeordneten wolle die Verhandlung über die militärischen Vorlagen so lange hinhalten, bis das Herrenhaus das Gesetz über die Grundsteuer angenommen hat, und im Falle der Ablehnung des letzteren im Herrenhause ihrerseits die militärischen Vorlagen ablehnen. — Abwarten! — Vielleicht hat endlich der Correspondent der »Magd. Zeitung« auch noch einen möglichen Fall ganz außer Acht gelassen, nämlich den, daß eventuell nicht das Ministerium, sondern das Haus der Abgeordneten zurücktritt.

Durch Decret vom 20. Februar hat Louis Napoleon das Organisations-Decret für die französische Artillerie vom 14. Februar 1854 aufgehoben und eine Umformung der gesammten Waffe befohlen. Bisher existirten 5 Regimenter Fuß-Artillerie (Nro. 1—5.), 1 Regiment Pontoniere (Nro. 6), 7 Regimenter fahrende (Nro. 7—13) und 4 Regimenter reitende Artillerie (Nro. 14—17). Daraus werden 20 Regimenter, wogegen die 17 Dépôt-Cadres eingehen. Die 20 Park-Batterieen beim 1—5. und die 4 Compagnieen cannoniers conducteurs beim 6. Regiment gehen ein, und es werden dafür 20 Fuß-Batterieen,*) 4 bei jedem, für das 1—6. (?) Regiment errichtet. Ebenso werden 5 fahrende Batterieen aufgelöst und die 100 bleibenden in 10 Regimenter zu 10 Batterieen eingetheilt,

*) Die batteries à pied der französischen Artillerie ist keine Feld-, sondern nur Festungs- und Küsten-Artillerie. Die Feld-Artillerie ist eine fahrende (artillerie montée) oder reitende (artillerie à cheval).

welche die Nummern 7—16 erhalten. Die reitende Artillerie rückt in die Nummern 17—20. Die 6 escadrons du train d'artillerie, welche vor 6 Jahren aufgelöst wurden, werden wieder hergestellt, und zwar zu 5 Compagnieen und einem peloton hors rang.

Bei der Garde werden die Dépôts der beiden Regimenter ebenfalls aufgelöst. Neu errichtet wird eine Division artillerie à pied, bestehend aus einer Fuß-Batterie und einer Compagnie ouvriers pontonniers. Das Regiment à pied wird in ein fahrendes umgeschaffen, zu welchem Zwecke die 6 bisherigen Park-Batterieen dienen, während 2 Batterieen neu errichtet werden. Eine escadron du train d'artillerie von 2 Compagnien wird ebenfalls für die Garde errichtet.

Für den Fall eines Krieges sollen die Fuß-Batterien und der Train gemischte Batterieen bilden, denen ausschließlich die Besetzung der Gebirgs-Artillerie und der Raketen und ein Theil der Reserve-Batterieen übertragen wird.

Avis.

Beiträge ꝛc. für die militärische Revue werden unter der Adresse der Expedition, Kronenstraße Nr. 21, erbeten.

Vermischtes.

[Das Trinken der Engländer.] »Vor 60 Jahren«, sagt die »Times«, »pflegten unsere Herzoge ihre drei Flaschen Portwein per Mann in den Tavernen von Conventgarden zu trinken, nur irische Gutsherren hielten sich aus Tradition an ihren Claret (so heißt der französische Rothwein in England), während sie bei einiger Klugheit sich kaum Whiskey gegönnt haben würden. Die Welt ist seitdem mäßiger, und Sparsamkeit ist Mode geworden, so daß der Einzelne heutzutage vermuthlich nicht ein Dritttheil so viel Wein verbraucht wie vor Zeiten. Ein großer Theil des Publikums hat sogar niemals Traubensaft gekostet, und selbst viele Engländer, die den Genuß erschwingen können, ziehen die schmackhaftern unter den seit 20 Jahren aufgekommenen Alesorten vor. Obgleich nun die Quantität des Weines, den England trinkt, im Verhältniß zur Bevölkerung nicht bedeutend ist, ergiebt sich aus den Ausweisen doch das eine merkwürdige Factum — daß nämlich der Verbrauch der französischen Weine, im Vergleich zu dem der spanischen und der portugiesischen, fortwährend im Steigen begriffen ist. Dieselbe Mäßigkeit, welche die Menschen von einem alltäglichen Saufgelage auf drei, vier Glas heruntergebracht hat, bewegt sie auch, dem leichten heitern Bordeaux den Vorzug vor dem Sherry, Port und Madeira ihrer Väter zu geben. Die Leute haben allgemach eingesehen, daß Claret nicht nur als gelegentliche Zugabe zu den alten schweren Weinen, sondern auch als ihr Stellvertreter brauchbar ist, und daß nicht nur die kostspieligeren Gewächse ein angemessener Luxus für die Tafel der Reichen sind, sondern daß der gewöhnliche Wein, den die Pariser Mittelclasse trinkt, in englischen Familien mit Vortheil eingeführt werden könnte. Sie erinnern sich der »Stübchen Claret« oder »Sect«, die in jedem Kreis altenglischen Lebens vorkamen, und denken mit Wehmuth an die Zeit, wo dem durstigen Reisenden in jeder Wirthsstube der Wein vom Faß gezapft wurde. Aber der Zoll von 5 Sh. 9 P. per Gallon schiebt aller Sehnsucht den Riegel vor; 1 Sh. per Flasche mag den Verbrauch des theuern Claret, Burgunder oder Champagner unberührt lassen, ist aber hinreichend, den gewöhnlichen französischen Wein vom Mittagstische der englischen Mittelclassen zu verbannen. Diejenigen daher, die das reine und aufheiternde französische Rebenblut sowohl dem bittern Ale, wie den bei uns als Port und Sherry verkauften Branntwein-Mixturen vorziehen, werden erfreut sein zu hören, daß die Regierung damit umgeht, den Einfuhrzoll um ein Erhebliches — wie man sagt von 5 Sh. 9 P. auf 3 Sh. — herabzusetzen. Sollte das Haus der Gemeinen auf den Vorschlag eingehen wollen, so würde, zum Entgelt für die großen Modificationen des französischen Tarifs, ein Stapelartikel der Franzosen einen offenern Markt bei ihren reichsten Nachbarn finden.

Krone und Volk.

Krone und Adel, so lautete unsere Auseinandersetzung, stehen auf der einen, das Volk, die Masse oder, wenn man will, der vierte Stand, auf der andern Seite; Vortheil und Nachtheil beider Seiten gehen Hand in Hand, sind unzertrennlich. Zwischen beide Seiten tritt der dritte Stand, die Bürger im politischen Sinne, die liberale Bourgeoisie, stets dahin arbeitend, seine Gleichheitstheorieen zu verwirklichen und deshalb alles geschichtlich Gewordene aufzulösen, weil ihm jede Bestimmtheit eine Fessel ist. Aus der Mitte der Fürsten, des Adels und des vierten Standes können große, im positiven Sinne wirkende Staatsmänner hervorgehen, aus dem Bürgerstande aber nur dann, wenn sie den negativen Charakter der Bourgeoisie abzustreifen wissen; geschieht Letzteres nicht, so sind und bleiben sie negativ, ist ihr Schaffen, z. B. das Machen von neuen Gesetzen, wozu sie sich besonders hinneigen, nur ein scheinbares, die Arbeit eines Sisyphus, gleicht es der Arbeit der Danaiden. Die französische Geschichte seit 1789 liefert für diese Behauptungen hunderte von Beweisen, und wer nichts auf französischen Vorgang giebt, der studire einmal aufmerksam die deutsche und preußische Geschichte seit 1848. Genügt ihm auch das nicht, liegt ihm die Ursache daran, daß alle liberalen Planmachereien scheiterten an der Reaction, so denke er einmal ernsthaft über die Geschichte der deutschen Reformation nach. Wer hat es zuwege gebracht, daß sich damals die gewaltige Bewegung unseres Volkes nicht, wie die französische Revolution im Sande verlor? Wer ist hier der wahre Schöpfer gewesen, der den Gedanken in die That überführte? Etwa Karlstadt, etwa Münzer, etwa die Zwickauer Propheten, etwa Frank? Es war vielmehr Luther, der, unbeirrt durch das Gewäsch der Theoretiker, mit fester Hand, mit unbeugsamem Willen das Neue schuf und dadurch zum Abschluß brachte. Daß dem auch auf politischem Gebiete so ist und stets so sein wird, davon haben auch unsere Demokraten bereits eine Ahnung erhalten, wenn sie den liberalen Ministern Regierungsunfähigkeit vorwerfen; freilich sind dabei ihre Ziele falsch.

Wie ist es nun möglich, daß man die liberale Bourgeoisie für den Staat so nützlich und so wenig schädlich als möglich macht? Im Allgemeinen haben wir bereits in dem Aufsatze „das Haus der Abgeordneten" im vorigen Hefte dieser Zeitschrift darauf hingewiesen, wie man es zu verhüten habe, daß das Haus der Abgeordneten, das wesentlich die Bourgeoisie im modernen Sinne vertritt, den Staat, die Krone und Freiheit des Volkes unterwühle. Die Redaction fügte in der Anmerkung sehr richtig hinzu, daß das Gesagte nur ein Auskunftsmittel für die Gegenwart, daß es im Uebrigen aber darauf ankomme, in diese Bourgeoisie mit einer wirklich organischen Politik einzudringen und sie mit dem wirklichen Volke wieder in eine gegliederte Verbindung zu bringen. Wir lassen diese Frage, in der Hoffnung, daß es dieser Zeitschrift wie ihrer Partei gelingen möge, dieselbe recht gründlich zu erörtern und recht praktische Vorschläge zu machen, für jetzt einstweilen bei Seite, um zu fragen, was hat die Krone, was haben die Fürsten zu thun, um den innigen Verband mit dem Volk wiederherzustellen, wo derselbe gefährdet ist oder noch gefährdet wird. Man hat gut reden, wenn man von Seiten der Unterthanen von großartigen Staatsverbesserungen, die nöthig seien, redet; es wäre auch ebenso thöricht von Seiten der Fürsten wie des Adels gehandelt, wenn sie die Schuld aller gegenwärtigen Uebelstände lediglich auf Rechnung des Liberalismus schreiben wollten; vielmehr gilt hier vor Allem ernste Einkehr in sich selbst, es gilt vor Allem sich zu fragen, was man selbst verschuldet habe, was man durch eigene Besserung zum Guten wenden könne. „Wenn die Rose selbst sich schmückt," singt der Dichter, „schmückt sie auch den Garten."

In welchem Verhältnisse früher die Fürsten Europa's, Deutschlands und namentlich Preußens zu dem Volke, d. h. zu dem wirklichen Volke standen, das ist sattsam bekannt. Der Gedanke eines Volkes ohne Fürsten war nicht denkbar, nicht einmal ein Schützenfest ohne einen Schützenkönig. Dieses ächt deutsche, ächt germanische Verwachsensein von Fürst und Volk wurde gelockert, zunächst von Oben her, indem sich viele Fürsten seit Ludwig's XIV. Tagen und nach dem Vorgange dieses Fürsten aus jenem Verbande herausgezogen und sich, in einer Art von heidnischer Anschauung, als übermenschliche Wesen, als eine aparte Art von Menschen ansahen, sodann von Unten durch Geltendmachung antiker Ideen über Staat und Staatseinrichtungen in der französischen Revolution. Von beiden Seiten ist man der wahren Monarchie zu Leibe gegangen, am heftigsten in Frankreich, und das Resultat konnte füglich kein anderes sein, als es sich in der Wirklichkeit herausgestellt hat. Die alte ehrwürdige Monarchie ist — und wir glauben für immer — gestürzt worden, an die Stelle ist eine neue Dynastie getreten, oder richtiger ein neuer Regent, der sich zu behaupten vermag, nicht weil er Napoleon heißt, auch nicht, weil er von so und so vielen Millionen gewählt, sondern weil er zu herrschen versteht, und zu herrschen versteht, weil er sein Volk versteht, die wirklichen Realitäten des Lebens. Seine Meinung wird nicht bloß durch die Presse, nicht bloß durch das Ministerium gebildet, deshalb überraschen seine Handlungen ebenso oft den „Zeitgeist" der Bourgeoisie, wie das Ministerium, das in seine geheimsten Absichten eingeweiht zu sein glaubt. Und woher hat er diese Persönlichkeit, die durch alle seine politischen Actionen hindurchtönt und so gut und schlecht ist, wie es die französischen Verhältnisse selbst sind? Nirgend anderswoher als aus der Erfahrung, aus der harten Schule des Lebens. Darum mag er den selbstgeschaffenen Thron vielleicht auch so lange behaupten, als er lebt; ob sein Nachfolger, der auf Kissen und Polstern gebettet ist und groß wird, sich behaupten wird, das ist eine Frage, die auf einem andern Blatte steht.

Was folgt nun hieraus? Wir erinnern uns der Aeußerung eines scharfsinnigen Demokraten, eines erbitterten Gegners Napoleon's, der seinen Aerger gegen den Emporkömmling schließlich mit dem Troste zu beschwichtigen suchte, daß Napoleon zum wenigsten sich mehr um das Volk kümmern müsse, denn die legitimen Regenten Europa's, die sich um gar nichts kümmerten. Der Mann that zwar damit den legitimen Fürsten Unrecht, aber es lag der Aeßerung die Wahrheit zu Grunde, daß die legitimen Fürsten sich zu sehr vom wirklichen Leben abgesondert und zu sehr unter die Herrschaft des Zeitgeistes und der Büreaukratie haben bringen lassen, als daß noch ein sichtbares, handgreifliches Eintreten der Krone hervorträte. Wir erinnern uns aber auch der Aeußerung eines hochbegabten Staatsmannes aus altadeligem Geschlechte, die, im Unmuthe über die Jämmerlichkeit unserer Verhältnisse gesprochen, dahin ging, daß die legitimen Fürsten Europa's sich überlebt hätten. Sie würden deshalb mit dem Adel aussterben, hier früher, dort später; an die Stelle würden Emporkömmlinge treten und Geldadel. Frankreichs Schicksal werde so auch das Schicksal des gesammten Europa's werden, England nicht ausgenommen, wo ebenfalls der Adel mehr und mehr an adeliger Gesinnung einbüße, wie die Oberflächlichkeit und der Geldgeist wachse. Wie stimmen nun beide Aeußerungen zu einander? Liegt beiden nicht eine bittere Wahrheit zu Grunde?

Kommen wir nach dem Gesagten nunmehr auf Preußen, so ist die preußische Krone glücklicher Weise noch in einem weit höheren Maße ein nothwendiges Element im Staate, denn irgendwo anders. Das Einheitliche des Staats ist nämlich hier nicht ein Volk von einheitlicher Abstammnng, eigenthümlicher Sprache, Sitte, Denkweise, sondern die beiden Hauptpfeiler für die staatliche Einheit sind die geschichtlichen Traditionen und das Heer. Beide gehen Hand in Hand, beide wurzeln im Königthum, beide machen es unmöglich, daß der Liberalismus hier in einer Weise gegen den Thron vorgehen kann, wie anderswo; selbst wenn er es wollte, die Masse würde ihn daran hindern. Aber hüten wir uns darum, die Gefahr gering anzuschlagen, die auch uns droht; auch bei uns möchte der Zeitgeist dahin drängen, daß an die Stelle der von dem König zu ernennenden Minister ein parlamentarisches Ministerium träte, daß die Krone unsichtbar hinter den Coulissen agirte, ein Punkt über dem Buchstaben i, ein Nichts, höchstens eine goldene Puppe. Um dem aber vorzubeugen, wissen wir kein anderes Mittel, als daß der Riese wieder die mütterliche Erde berühre und dadurch neue Kraft für den Herkuleskampf erlange. Nur in der Luft vermochte Herkules den Antäus zu besiegen. Wir haben bereits zu verschiedenen Malen hingewiesen, wie die preußische Krone im Besonderen verfassungsmäßig ihren natürlichen Gegnern entgegentreten kann, und wir werden später noch auf andere solche Punkte zurückkommen, die uns der vortreffliche Paragraph 44 der Verfassung an die Hand giebt, wornach nicht das „Staatsministerium" verantwortlich ist, sondern die „Minister," nicht die Krone bei Regierungsacten der Gegenzeichnung des „Staatsministeriums" bedarf, sondern wiederum nur „eines Ministers." Wie gesagt, darüber später; für heute beschränken wir uns auf einige Bemerkungen, die allgemein giltig sind für alle Fürsten und mutatis mutandis auch für den Adel.

„Wenn Alexander ein Gott sein will, so sei er es", antworteten einst die Spartaner dem jugendlichen Helden der Griechen; Alexander ließ sich durch diese Aeußerung nicht irre machen, sondern gründete ein macedonisches oder richtiger griechisches Weltreich. Wir sagen ähnlich: wenn unsere legitimen Fürsten Fürsten sein und bleiben wollen, so seien sie Fürsten. Es ist das ein heikliger Punkt, dessen Besprechung leicht Mißdeutungen und Vorwürfen ausgesetzt ist. Wir können es indeß nicht unterlassen, wenigstens das Nothwendigste in den Bereich unserer Besprechung zu ziehen. Warum soll nicht ein Fürst jeder Zeit und unangesagt in der Sitzung eines jeden Verwaltungs- oder Justiz-Collegiums erscheinen können, um den wirklichen Hergang mit eigenen Augen und Ohren zu sehen und zu hören, statt sich mit einem aus Acteustücken destillirten Berichte zu begnügen? Und sollte eine Aeußerung aus hohem Munde nicht mehr von eben solcher Wirkung nach Unten und Oben sein, wie es in alten Tagen war? Ist es denn wirklich wahr, daß der Fürst sich nur bei Festlichkeiten u. dgl. sehen lassen und in die büreaukratische Maschine durchaus nicht eingreifen dürfe? Das lehrt allerdings die Bourgeoisie, wir denken anders darüber. Wir wollen, um die Lebenden, ja selbst die Fürsten außer Betracht zu lassen, ein Beispiel vorführen, wie das Gewicht der Persönlichkeit selbst von einem Manne auf die Waagschale geworfen ist, der sogar innerhalb der Büreaukratie stand. Es ist das der ehemalige Oberpräsident von Westphalen, v. Vincke. Nicht selten wanderte er, mit der Blouse angethan und den Haselstock in der Hand, durch die Provinz, hier diesem, dort jenem Wanderer sich zugesellend und mit ihm über alle möglichen Dinge redend. Wir selbst haben ihn einmal sogar auf einem Gemüsewagen, der vom Stadtmarkte nach Hause fuhr, sitzen sehen: was mag er da unendlich viel mehr aus der Wirklichkeit gelesen haben, denn aus Acten und Berichten. Wir haben ferner aus dem Munde eines „gebildeten" Beamten denselben Oberpräsidenten bitter tadeln hören ob seines taktlosen Auftretens: eine solche Kleidung, ein solcher Stock schicke sich durchaus nicht für einen so hochgestellten Mann, es sei das durchaus gegen alle Begriffe der Zeit. Freilich „zeitgemäß" war es nicht; aber wir können die Versicherung geben, daß, hätte Vincke das Volk dazu aufgefordert oder hätte auffordern können, sämmtlicher Liberalismus mit der größten Wonne von demselben über die Grenze gebracht worden wäre. Und noch heute lebt das Andenken an Vincke in jeder westphälischen Hütte, wo noch Menschen leben, die sich der Tage des alten Oberpräsidenten noch erinnern. Die Büreaukratie wird nimmermehr einen solchen Staatsmann erzeugen; der muß aus anderm Holze geschnitzt werden.

Was von v. Vincke gesagt ist, das läßt sich auch von vielen andern preußischen Beamten früherer Zeit sagen, es läßt sich aber in eminentem Sinne von unsern preußischen Königen sagen. Das selbst sehen, selbst hören, das Zusammenkommen mit dem wirklichen Volke — nicht mit dem Liberalismus der Städte, nicht mit dem Pöbel derselben —, das ist es, was überall hindurchklingt. Noch heute kann, wer Lust hat sich zu überzeugen, nach den einsam liegenden Dörfern und Weilern der Grafschaft Ravensberg und des Fürstenthums Minden gehen, und wovon wird hier an den langen Winterabenden gesprochen, von wem erzählt? Von dem Herzog Wittekind und vom — alten Fritz, ab und zu auch vom Herzog von Braunschweig. Grade als wenn diese Männer gleichzeitig gelebt hätten! Freilich, sie sind dem Volke nahe gekommen, in seinen wirklichen Gesichtskreis getreten, und diese Erinnerung verwischt nimmer der Strom des Zeitgeistes: sie nehmen Dauer und Beständigkeit an. Der Jubel, mit dem die städtische Bevölkerung dem Herrscher bei Gelegenheit zujauchzt, — wir haben nichts dagegen, aber wir geben auch nichts für denselben. Dieser Jubel schwindet mit dem Augenblicke, der ihn geboren, ist mehr gefährlich, denn nützlich.

Vor Allem aber, meinen wir, müßte die fürstliche Erziehung in Europa eine andere werden, wie sie zur Zeit ist. Was hat Friedrich den Großen groß gemacht? Etwa seine Neigung für kostbare Schlafröcke, für Kanarienvögel, für Theater, für Flötenspiel, für französische Verse? Nein, das hat ihn groß gemacht, daß er von seinem Vater, wenn auch vielleicht mit zu rauher Hand, hinausgestoßen wurde in das Leben, in die Wirklichkeit, um selbst zu sehen und zu hören, die Liebe kennen zu lernen und den Haß. Das hat ihn gestählt, das hat den Funken des Geistes angefacht, der dann so mächtig emporleuchtete. „Kein Berserker", schreibt der Engländer Carlyle von Friedrich Wilhelm I. deshalb, „noch Odin selber, däucht mir, war von echt menschlicherem Schrot und Korn; — ich muß gestehen, sein Werth für mich in diesen leidigen Zeiten ist selten und groß. Angesichts der gangbaren Histrioniker, Papinischen Digesters, Wüthrich-Charlatans und anderer Arten Könige, die allein erlangbar sind für die gesunkenen Bedienten-Bevölkerungen einer dem Mammon und der Anbetung ihres eigenen Bauches hingegebenen Aera, was würde eine solche Bevölkerung nicht für einen Friedrich Wilhelm geben, damit er sie ein Wenig vom Wege zum Orcus zurückführe. Würde geben, habe ich geschrieben; doch ach, es hätte heißen müssen, sollte geben. Was sie geben würde, liegt für mich, trotz Wahlurnen, nur allzu traurig auf der Hand: eine stehende und furchtbare Wahrheit von den Tagen des Barabbas an abwärts und aufwärts!"

Dennoch, der Riese möge wieder die mütterliche Erde berühren; man möge dem Gespenste des Zeitgeistes nur in der rechten Weise persönlich zu Leibe gehen, und es wird schwinden wie das Gespenst der Nacht vor der aufsteigenden Sonne. Wo nicht, nun so werden Parvenüs über kurz oder lang Europa regieren.

Ein Graf von Königsmarck.

Roman
von
George Hesekiel.

Vierundzwanzigstes Capitel.
Denkwürdige Unterredungen.

„Mir schien, wie ich dahin ging, tief gebückt,
Was todt war, todt, was lebend war, zu leben,
Nicht besser hat's, wer's wirklich sah, erblickt.
Stolzirt nur hin, fahrt fort, das Haupt zu heben,
Senkt nicht den Blick, ihr, Eva's Söhn', er weis't
Euch sonst den schlechten Weg, das eitle Streben.
(Dante.)

Ein Rest der Königlichen und Prinzlichen, oder vielmehr lehnsherrlichen, Gastfreundlichkeit der Feudalzeiten hatte sich auf das Königthum Ludwigs XIV. vererbt; alle Lehnsträger, die zu Hofe kamen, wurden einst bei Hofe bewirthet, und noch immer wurde Jeder, der von dem Monarchen in einem der Königlichen oder Prinzlichen Schlösser empfangen werden, nachher zu einer besonderen Tafel gezogen, an welcher ein hoher Hofbeamter im Namen des Königs die Honneurs machte.

Im Versailler Schlosse hätten die Marschälle und Generäle, welche der König empfangen hatte, erst dem Souper des Monarchen beiwohnen müssen, das heißt stehend und als Zuschauer; denn dort durfte nur Monsieur zuweilen an der Tafel des Königs Platz nehmen; hier in Saint-Cloud, wo der König „en petit comité" war, was alle Zuschauer vom Souper ausschloß, wurden die Herren sofort zu einer für sie servirten Tafel geführt, an welcher die beiden anwesenden Marschälle von Frankreich den Vorsitz hatten. Die Tischgenossenschaft war von Anfang an sehr heiter, denn Alle waren mit der gnädigen Aufnahme, die sie bei dem Könige gefunden, sehr zufrieden, und der Wein machte die Gespräche rascher munter, als das sonst der Fall zu sein pflegt. Die meisten der Herren ließen sich beim Trinken gehen und machten es sich sonst bequem; denn da sie gleich nach aufgehobener Tafel ihre Carossen bestiegen und nach Paris zurückfuhren, so bedurfte es weiter keiner Zurückhaltung.

Unter diesen fröhlichen Kameraden nun saß Graf Hans Carl von Königsmarck mit ernstem Angesicht, er vermochte nicht mit einzustimmen in die heiteren Scherzreden seiner Tischgenossenschaft, und wenn ihm das Witzwort zugeschleudert wurde, wie es die Franzosen lieben bei munterem Gespräch, so fing er es nicht auf, um es weiter zu werfen oder zurück zu schleudern, was er sonst so trefflich verstand, sondern ließ es niederfallen, wie ein ungeschickter Spieler den Federball. Die Kriegs-Kameraden sahen sich einander an und winkten sich verstohlen zu, wenn sie auch keine laute Bemerkung über die Zerstreuung machten, in welche der Graf verfallen. Unser Held war aber nicht nur zerstreut; es lag eine Ahnung auf seiner Seele und Wolken standen vor seinem Blick. Graf Hans Carl fühlte sich bedrückt und wußte doch nicht wodurch — unruhig, unmuthig und ungeduldig strebte er zu ergründen, was ihn quäle, er vermochte es nicht; das aber machte ihn unfähig, Theil zu nehmen an dem heiteren Gespräch. Er versuchte es, sich durch Wein zu erheitern, er ließ sich Syracuser reichen, aber er setzte den halb geleerten Kelch langsam wieder hin, denn das süße Feuer schmeckte ihm schaal und bitter zugleich. Er lehnte sich zurück in seinen Stuhl und blieb theilnahmlos träumend und brütend; die Genossen wunderten sich dieser seltenen Laune, aber sie störten ihn nicht und schienen weiter nicht Acht zu haben. Ein Gewirr, ein Gedränge unkenntlicher Gestalten zog vorüber vor dem innern Auge des Grafen; vergebens suchte er es zu durchdringen, die Gestalten verhüllten ihre Gesichter vor ihm, nur zuweilen tauchte ein weißes Antlitz auf aus der Fluth und zwei Augen sprachen zu ihm eine seltsame Sprache, Lockung und Drohung zugleich. Das war das Antlitz, das waren die Augen der Frau Marquise von Maintenon. Unwillkürlich lächelte der Graf und sprach leise zu sich selbst: „ich hasse sie, ihre Lockung ist mir eben so gleichgültig, wie ihre Drohung!“ Aber er erröthete, erröthete vor sich selbst, indem er das sagte, denn er fühlte, daß er sich zu belügen trachtete, die Lockung der Marquise war ihm nicht gleichgültig, das wunderbare Weib hatte Eindruck auf ihn gemacht, er begriff nicht nur die Gewalt, welche diese Frau auf den großen König übte, er fühlte sie auch. Immer deutlicher trat das Bild der Frau des armen Dichters, welche die Gemahlin eines mächtigen Monarchen geworden war, vor seine Seele; er fühlte, daß Franziska d'Aubigné ihm schon viel mehr begehrenswerth als hassenswerth erscheine, und nach kurzem Widerstande gab er sich den verlockenden Bildern hin, die ihn zu umgaukeln begannen.

Der Marschall von Aubusson hob die Tafel auf, die Herren verabschiedeten sich von einander, ließen sich in ihre Mäntel hüllen und schritten hinaus in die Vorhalle, des Vorfahrens der Carossen harrend. Graf Königsmarck erlangte jetzt erst die Herrschaft wieder über seine empörten Sinne, ja, er fand Kraft, seine Zerstreuung bei Dem und Jenem der näher Bekannten zu entschuldigen. Er begleitete den Herzog von Lorge, der ihn sehr liebte, hinaus in die Vorhalle. „Der Wagen und die Leute meines gnädigen Herrn Marschalls!“ meldete der Diener.

Der Herzog drückte zum Abschied dem Grafen die Hand und dieser wollte eben dem „Officier de la porte“ seinen Namen sagen, damit seine Leute auch gerufen würden, da trat Jemand seitwärts hastig an ihn und sprach leise, aber dringend: „Darf ich den Herrn Grafen von Königsmarck um ein Wort bitten?“

Der Graf drehte sich um und sah in ein ihm völlig fremdes Angesicht, ernst verneigte sich der Mann, der in schwarzen Sammet gekleidet war und eine mächtige goldene Kette um den Hals trug, und deutete auf den Hintergrund der Portalhalle. Unser Held folgte seinem Führer einige Schritte; erst als er außer dem Bereich lauschender Ohren war, blieb er stehen und flüsterte nach einer abermaligen tiefen Verbeugung: „Die Frau Marquise von Maintenon wünscht den Herrn Grafen von Königsmarck sogleich in ihren Gemächern zu empfangen!"

Graf Hans Carl neigte leicht sein Haupt zum Zeichen der Einwilligung, kein Zug des schönen, kühnen Angesichtes verrieth die ungeheure Ueberraschung, mit festem Schritte folgte er dem vertrauten Hausofficianten der Maintenon, aber seine Seele zitterte. Wie ein jäher Rausch kam es über ihn, noch einmal versuchte er sich zu ermannen, leise sagte er zu sich selbst: „Eine funfzigjährige Frau läßt dich rufen und du verlierst fast den Kopf darüber!" aber selbst diese nüchterne Mahnung half nichts, er schritt die hellerleuchtete Marmortreppe hinauf, ein Blut- und Feuerstrom schien sich von Oben herab ihm entgegen über die Stufen zu ergießen, es war die Bahn von Scharlachtuch, mit welcher die Mitte der Treppe belegt war. Durch mehrere Zimmer schritt er so, äußerlich fest und sicher, innerlich von der gewaltigsten Bewegung geschüttelt.

Der Hausbeamte öffnete eine Thür und hub eine schwere Portière auf, dann meldete er mit halber Stimme: „Der Herr Graf von Königsmarck!"

Unser Held trat eine Stufe hinauf, die Portière fiel rauschend hinter ihm nieder und geräuschlos schloß sich die Thür, mit einem raschen Blick durchforschte er den Raum, der nur unvollkommen erleuchtet war.

Da saß sie, die wunderbare Frau, das weiße Antlitz mit den sprechenden Augen ihm zugewendet, der eine ihrer prächtigen Arme lag in dem Schooße, mit der andern Hand hielt die Königsfrau keinen Scepter, sondern einen Spinnrocken. Auch bei den Minister-Conseils pflegte die Maintenon zu Seite mit einem Spinnrocken zu sitzen. Wahrscheinlich übte diese Haltung der Hausfrau mit dem Spinnrocken einen besondern Reiz auf die müden Sinne des alternden Königs, er hat die Maintenon in dieser Attitüde malen lassen.

„Tretet näher, Herr Graf", sprach die Frau von funfzig Jahren mit einem Ton und einem Lächeln, die nicht zu beschreiben sind, „nehmt Platz und laßt euch meine Gesellschaft gefallen!"

Sie deutete auf einen Sessel, der vor ihr stand, mit einer Handbewegung, die halb einer regierenden Fürstin, halb einer gütigen Hausfrau angehörte.

„Ich erwarte die Befehle der Frau Marquise!" erwiderte der Graf, sich zusammennehmend, indem er sich niederließ.

„Sehr gütig, mein Herr," nahm die Dame mit einem Blick das Wort, mit einem Blick, der ganz offen sagte: Jetzt ist's noch halb Höflichkeit, wenn ihr meine Befehle erwartet, bald aber wird es ganz und gar eure Schuldigkeit sein! dann aber setzte sie lächelnd hinzu: „ich habe euch keine Befehle zu ertheilen, mein Herr Graf, es ist der König, welcher euch hier in aller Stille zu sprechen wünscht, sobald sich Monsieur zurückgezogen haben wird, ich bin dem Könige dankbar, daß er mir Gelegenheit gegeben, mich mit euch zu unterhalten!"

Der Blick, mit welchem die Marquise diese Worte begleitete, war gewiß sehr schmeichelhaft für den Grafen und dieser verneigte sich, ehrerbietig dankend, er hatte vollkommen sein inneres Gleichgewicht wiedergefunden von dem Augenblicke an, da ihm die Dame sagte, daß es der König sei, der ihn hierher berufen.

Er lachte sich selbst aus, er schämte sich, daß er sich, wenn auch nur für einige kurze Minuten, hatte einbilden können, diese kluge Frau habe ihn zu einem Rendez-vous rufen lassen. Freilich hatte er bei einer andern Königsgeliebten merkwürdige Erfahrungen gemacht, aber er wußte gut genug, daß die Maintenon keine Montespan war. Von dem Augenblicke an aber, wo sein geistiger Rausch verflogen, war Graf Königsmarck auf seiner Hut, mißtrauisch. Die Frau war schön, trotz ihrer funfzig Jahre, das mußte er zugeben, aber es war eine Frau, gegen die er eine Abneigung hegte, trotz des Eindruckes, den sie auf ihn machte.

„Ich habe öfter an euch gedacht, mein Herr," sprach die Dame mit nachdenklichem Gesicht, „seit ich euch im vorigen Jahre zum ersten Male in der Nähe gesehen!"

Der Graf sprach seinen Dank in einigen raschen Worten aus.

„Bitte," unterbrach ihn die Dame lebhaft, „erlaßt euch und mir diese höflichen Worte, mir fiel eine Aehnlichkeit auf, ich wußte, daß ihr Einem ähnlich, der mir lieb und theuer, ich wußte nur nicht wem!"

Graf Königsmarck mußte sich Gewalt anthun, um ein spöttisches Lächeln zu unterdrücken, dieser gewöhnliche Kunstgriff der Frauen schien ihm der vielgerühmten Klugheit einer Maintenon unwürdig, doch faßte er sich glücklich und begnügte sich, der Dame mit dem Ausdruck gespannter Aufmerksamkeit in's Gesicht zu sehen.

„Immer, wenn euer Name genannt wurde," fuhr die Königsfrau fort, „und ihr trug't Sorge dafür in Spanien, daß ihr hier nicht vergessen wurdet," schaltete sie ganz verbindlich ein, „mußte ich der Aehnlichkeit gedenken, aber erst heute Abend, als ich euch wiedersah, habe ich gefunden, wem ihr so sehr ähnelt!"

Die Maintenon hielt einen Augenblick, legte den Spinnrocken auf ein Tabouret, das neben ihr stand, beugte sich etwas vor, als ob sie ganz genau sehen wollte, welchen Eindruck ihre Rede machen werde, und sprach ganz merkwürdig nachdrücklich: „Ihr seht meinem Großvater ähnlich, Herr!"

Ueberrascht zuckte der Graf zusammen, das hatte er nicht erwartet, eine Erinnerung an den kühnen hugenottischen Vorkämpfer im Munde der eifrig katholischen Maintenon, er sah jetzt, mit wem er es zu thun habe, er stieß auf einen geistig ebenbürtigen Gegner und sofort stand er ihm in geistiger Rüstung gegenüber.

„Ihr kennt meinen Großvater?" fragte die Dame leicht.

„Ich bin nicht in die Dienste des erhabenen Königs von Frankreich getreten", erwiderte Graf Königsmarck sehr lebhaft, „ohne vorher die Geschichte Frankreichs zu studiren, ich verehre den gewaltigen Theodor Agrippa von Aubigné als Schriftsteller und Dichter, wie ich ihn als Helden schätze; es ist in seinen Poesien ein Feuer, das an das Feuer eines Cavallerie-Angriffs erinnert, in dem Tone seiner Verse höre ich den wuchtigen Galopp seiner ansprengenden Panzerreiter. Seine Worte sind so hart, aber auch so scharf, wie sein Degen war —"

Der Graf hielt einen Augenblick inne, mit funkelnden Augen blickte ihn die Marquise an, so hatte er sie noch nicht gesehen, er begriff, daß sie ein hohes Interesse an ihrem Großvater nehmen müsse, trotz des Bekenntnißwechsels, und mit erhobener Stimme fuhr er fort: „Theodor Aprippa von Aubigné ist ein Heldenbild ohne Gleichen, „es kann die Hand, der Geist kann nimmer ruhen" war sein Motto, und nie fand ein Mann eins, das besser für ihn gepaßt hätte; er ist der französische Juvenal, und wie gewaltig er mit dem Schwert in die tiefen Rotten der Liguisten eingestürmt sein mag, noch gewaltiger stürmte er mit seinen Versen in die Legionen Roms —" der Graf fühlte hier, daß er sich zu weit fortreißen lasse, er wollte nicht den Protestanten in Aubigné schärfer hervorheben, als durchaus nothwendig war, er fuhr also einlenkend fort: „und mit welcher Meisterschaft entwirft er ein Bild der Zustände des damaligen Frankreich:

Uns're Grenzvesten sind jetzt fremde Vesten,
Uns're Städt' im Lande liegen tief in Schande;
Wehe über's Vaterhaus, Wach' und Kerker wurde d'raus,
Das treu: Weib, das keusche Kind schändet freches Hausgesind,
Die Hand, die gestern bat um Brot, giebt dir heute jähen Tod.
Der Bauer fällt an seinem Pflug unter Mörders Hand und Fluch,
Der aus Hunger in der Wuth, nicht aus Raubgier, solches thut!"

Der Graf hatte diese Verse Auligné's mit größerem Feuer als er beabsichtigt, citirt, er war fortgerissen und sah nun klar, daß es eine rechte Enkelin jenes Mannes war, die da vor ihm saß. Es war in dem Gesichte dieselbe unbezwingliche Energie, derselbe Feuereifer, dieselbe Unermüdlichkeit, aber es war noch mehr darin — schmeichelnde List und unübertroffene Feinheit.

„Diese Frau ist so sehr eine Frau ersten Ranges, daß man sie hassen kann, daß sie aber kein Mensch verachten darf!" sagte Graf Königsmarck zu sich selbst.

„Es freut mich, Einen zu finden, der meinen Großvater so liebt!" sprach die Marquise im Tone der Ueberzeugung mit einem Anfluge von stolzer Rührung.

„Ich liebe den großen König Heinrich viel zu sehr, um nicht auch seinen berühmten Freund zu lieben!" erklärte der Graf vorsichtig.

„Loyal und fein zugleich!" meinte die Marquise mit einem schwer zu bezeichnenden Lächeln, „aber ich fürchte, mein armer Großvater ist dem Könige kein besonders bequemer Freund gewesen, Heinrich der Große hat oft Widerspruch und Widerstand bei ihm gefunden.

„Dann wußte d'Aubigné mit Königen umzugehen," versetzte der Graf mit kühner Anspielung auf die eigenen Verhältnisse der Dame, „man gewinnt die Liebe und Freundschaft der Könige nicht durch Nachgiebigkeit, denn sie können sich nicht auf etwas stützen, was nicht auch Widerstand zu leisten vermag."

Die Maintenon erröthete nicht, sie schlug die Augen nicht nieder, wie wohl eine andere Frau gethan, sondern sie neigte unmerklich ihr Haupt, zum Zeichen, daß sie die Anspielung verstanden habe und sie als einen feinen Lobspruch betrachte.

Es entstand eine kleine Pause, Graf Königsmarck fühlte, daß die große Dame im nächsten Moment zu einem neuen geistigen Angriffe übergehen werde, ihm war nicht wohl dabei zu Muthe, denn er kannte die Vortheile des Angriffs auch in geistigen Kämpfen vollkommen und gern würde er der Marquise zuvorgekommen sein, wenn er nur eine Ahnung von dem gehabt hätte, was der König selbst, was die Marquise mit ihm vorhatte; denn daß er nicht um einer Kleinigkeit willen in diese Intimität geführt, das war ihm von dem Augenblicke an klar genug, da er sich von dem unsinnigen Sinnenrausch ernüchtert, mit welchem er hierher gekommen. Vielleicht hätte es die Marquise gern gesehen, wenn er ihr zuvorgekommen wäre, sie ließ ihm ziemlich lange Zeit dazu, da er aber schwieg, so nahm sie mit einem leichten Seufzer das Gespräch wieder auf und sagte langsam: „Es ist aber doch merkwürdig, wie ähnlich ihr meinem Großvater seht, obwohl ich nicht glaube, daß derselbe jemals so schön gewesen, wie ihr, Herr Graf! Mein Lob eurer Schönheit,“ setzte sie dann trocken hinzu, „wird euch nicht eitel machen, ich darf's aussprechen, denn ich bin eine alte Frau und ihr werdet es aus schönerem Munde oft vernommen haben.“

„Aus jüngerem Munde vielleicht Madame,“ versetzte der Graf sich tief verneigend und fuhr dann rasch fort: „ich bitte um Verzeihung, wenn ich offen bekenne, daß ich glaube, Madame sieht ihrem berühmten Großvater selbst sehr ähnlich!“

„Ach, dann würden wir Beide, nach dem bekannten philosophischen Satze, einander ähnlich sein, Herr Graf,“ erwiderte die Dame mit bezaubernden Lächeln, „aber das ist ein Irrthum, ich sehe meinem Großvater nicht ähnlich, aber ich bin ihm ähnlich, und weil ihr eine äußere Aehnlichkeit mit ihm habt, so glaubte ich, daß auch ihr ihm in einigen Stücken ähnlich sein würdet. Seid ihr mit den Personen und Verhältnissen am Kaiserhofe zu Wien und mit den deutschen Verhältnissen überhaupt bekannt, Herr Graf?“

Die Marquise hatte die letzte Frage so rasch an ihre Erklärung angeschlossen, daß es unserm Helden gar nicht möglich gewesen war, jene zu beantworten, offenbar wollte die Maintenon nicht weiter nach dieser Seite gehen, die letzte Frage aber schoß wie ein Blitz durch des Grafen Seele, jetzt glaubte er Licht zu haben, er meinte der König wolle ihn zu einer diplomatischen Sendung nach Deutschland benutzen, da das aber gar nicht in seine Pläne paßte, so erwiderte er ziemlich kühl: „Ich habe mich soviel mit dem französischen Hofe beschäftigt, Frau Marquise, daß ich den Wiener darüber sehr vernachlässigte, was ich bis jetzt auch noch nicht berente; was aber die deutschen Verhältnisse betrifft, so habe ich von denselben nicht mehr Kunde als jeder andere deutsche Edelmann, vielleicht noch weniger, da ich so lange im Ausland gewesen.“

„Ihr nennt euch einen deutschen Edelmann?“ fragte die Marquise spitz.

„Mein Großvater, der Feldmarschall,“ sprach der Graf ernst, „war ein märkischer Junker, ein Lehnsträger des Churfürsten von Brandenburg, die Güter meines Hauses liegen mit Ausnahme der schwedischen Grafschaften Westerwyk und Stegholm in lauter deutschen Reichslanden, ja, selbst Curland gehört ja eigentlich dazu!"

„Nun, als was betrachtet ihr euch denn eigentlich hier," versetzte die Marquise scherzend, „der ihr euch einen schwedischen Grafen und einen deutschen Edelmann nennet?"

„Hier betrachte ich mich als einen französischen maréchal de camp von der Ernennung Ludwigs des Großen!" lautete die Antwort.

„Bravo!" schloß die Marquise und erhob sich, denn in diesem Augenblick öffnete sich die innere Thür und der König trat in das Gemach.

„Ich danke euch, liebe Marquise," sagte der König, indem er zu dem Kamine ging, in welchem ein helles Feuer loderte, „ich danke euch, daß ihr diesen schönen jungen Herrn so lange unterhalten habt; tretet näher, Graf Königsmarck."

Ludwig XIV. lehnte mit der linken Schulter leicht an dem Marmorsims des Kamins, sein Haupt war ein wenig geneigt und der obere Theil seines Gesichts von der breiten Krempe des Hutes beschattet, der untere Theil dagegen glänzte roth angehaucht von dem Licht der sinkenden Flamme im Kamine. Die rechte Hand des Königs spielte mit einem langen Rohr. Der Graf stand hoch aufgerichtet etwa zwei Schritte von dem Könige auf der andern Seite des Kamins. Zwischen Beiden, aber ziemlich weit in die Mitte des Zimmers hinein, saß die Marquise von Maintenon mit dem Spinnrocken beschäftigt an dem kleinen Tische, an welchem auch Graf Königsmarck vor dem Eintritt des Monarchen gesessen.

„Wie alt seid ihr, Graf?" fragte Ludwig XIV.

„Sire, ich bin fast fünfundzwanzig Jahre!" entgegnete der Gefragte.

Der große König warf einen beinahe traurigen Blick auf den jungen Mann, vielleicht beneidete er die blühende Jugend, denn er fühlte schmerzlich, daß er alt wurde, doch gleich darauf sagte er: „Ihr seid fünfundzwanzig Jahre alt, reich und von vornehmem Geschlecht, französischer maréchal de camp und dem Könige auf's Vortheilhafteste bekannt, ihr habt Ehrgeiz, junger Mann und ihr könnt es weit bringen!"

„Mit Gottes und des Königs Hülfe, Sire!" sagte der Graf sich tief neigend.

„Ihr habt ein wahres Wort gesprochen, Graf," fuhr Ludwig XIV. sich stolz aufrichtend fort, „sichert euch die Hülfe Gottes und des Königs, versteht mich wohl, sichert euch diese Hülfe, so werde ich mit Freuden den Lilienstab eines Marschalls von Frankreich in eure junge Hand legen und gern auch ein mal einen jungen Mann an der table marbre unter den weißen Köpfen der französischen Ritterschaft Platz nehmen sehen.

„Sire, ein hohes Ziel, ein köstlicher Preis!" stammelte Graf Königsmarck verwirrt; die Art wie der König sprach, der Marschallstab von Frankreich, es flimmerte ihm vor den Augen, Purpurröthe färbte sein Antlitz.

„Mit Gottes und des Königs Hülfe habt ihr gesagt," fuhr Ludwig mit hinreißender Huld fort, „nun, lieber Graf, des Königs Hülfe wird euch nicht fehlen, denn ihr habt außer euren tapfern Thaten bei dem Könige von Frankreich zwei mächtige Fürsprecher; da ist ein sicherer Ludwig von Bourbon, der dem Grafen Königsmarck sehr zugethan ist, auf dessen Fürwort giebt der König zuweilen etwas, und da ist ferner eine schöne Dame eure Fürsprecherin, welcher der König nicht gern eine abschlägliche Antwort giebt, ihr seht, auf die Hülfe des Königs könnt ihr mit ziemlicher Sicherheit rechnen; wie aber steht es mit der Hülfe Gottes?"

Der Graf zuckte zusammen, denn der König, der bis dahin freundlich und fast scherzend gesprochen, that diese Frage laut und ernst, doch setzte er gleich darauf leichter hinzu: „ihr haltet euch nicht zur Kirche, Graf, wie ich gehört habe?"

Jetzt begriff Graf Hans Carl mit einem Male, was man mit ihm vor hatte, was der König von ihm wollte, jetzt wußte er mit einem Male, warum er seines Oheims Brief und Buch grade heute hatte öffnen müssen; wie vorhin plötzlich der Sinnenrausch bei der Anrede der Marquise verschwunden war, so verschwand jetzt der Ehrgeiz-Taumel, in den ihn die Worte des Königs versetzt; hatte er aber vorher bei der Ernüchterung nur einen Anflug von Scham verspürt, so empfand er jetzt einen tiefen brennenden Schmerz; er wußte, daß er allen seinen glänzenden Hoffnungen werde entsagen müssen, aber der edle Enkelsohn des protestantischen Glaubensmarschalls zögerte darum nicht einen Augenblick länger mit seiner Antwort, sondern erwiderte kühn: „Verzeiht, Sire, darin hat man den König falsch berichtet, ich halte mich ernstlich zur Kirche und ihren Sacramenten, doch ist der Irrthum begreiflich, denn ich halte mich nicht zur katholischen, sondern zur protestantischen Kirche!"

Der König schaute drohend und mit gerunzelter Stirne auf den jungen Mann, seine Augen schossen Blitze, aber das Ungewitter ging rasch vorüber; denn es war in der ganzen Haltung und dem ganzen Wesen des Grafen keine Spur von Ueberhebung, von Anmaßung, ja, es gab sich ein gewisser Schmerz darin kund, den auch der König ganz richtig herausfühlte.

„Junger Mann," begann Ludwig XIV. mit ernster Würde wieder, „vergesset nicht, daß ihr mit dem Könige von Frankreich sprecht, der nur die eine Kirche kennt, die ihn ihren ältesten Sohn nennt. Die Kirche verurtheilt eure Glaubensmeinung als Ketzerei, und wenn ihr die hohen Ziele in der That erreichen wollt, nach denen euch eure reichen Gaben zu streben erlauben, so, ihr werdet das selbst zugeben, müßt ihr euch zuvor mit der heiligen Kirche versöhnen, bevor ihr die Hülfe des allerchristlichsten Königs für euch in Anspruch nehmen könnt. Was sagt ihr dazu?"

„Sire," entgegnete Graf Hans Carl gefaßt, „ich glaubte nicht, daß der König von Frankreich denen so ganz seine Hülfe versagen würde, die dem Bekenntniß des großen Königs Heinrich angehören."

„Ganz recht, Herr," versetzte der König lebhaft, aber seinen Unwillen beherrschend, „beruft euch nur auf meinen Großvater, ihr habt recht, der große König Heinrich war Hugenott, aber ihr vergeßt dabei, daß er seine Irrthümer abgeschworen hat und in den Schooß der heiligen Kirche zurückkehrte, als er seinen Irrthum erkannte; nun gehet hin, thut ein Gleiches, folgt auch darin dem Beispiel des großen Fürsten, auf den ihr euch berufen habt!"

Mit klaren Augen und festen Blicken hing Graf Königsmarck an dem Antlitz des großen Königs, denn seltsam, in dieser ängstlichen Minute befiel den jungen Mann eine fast wissenschaftliche Neugier zu wissen, zu erfahren, ob Ludwig XIV. wirklich an eine katholische Ueberzeugung bei seines Großvaters Conversion glaube, ob er nie etwas von dem furchtbar leichtsinnigen Wort Heinrich's: „Frankreich ist doch eine Messe werth!" erfahren. Graf Königsmarck ahnete und fühlte nicht allein, er wußte bestimmt, daß Ludwig XIV. nicht heuchelte in diesem Augenblick; wäre der König ein Maulkatholik wie sein Großvater gewesen, dann hätte er vielleicht noch eine Möglichkeit gehabt, sich mit ihm zu stellen, und vielleicht hätten Concessionen von Ludwig's Seite den Grafen auch zu Concessionen seinerseits verführt, wer weiß? Der Graf war jung und ehrgeizig, der König hatte ihm den Marschallsstab gezeigt, aber Hans Carl von Königsmarck hatte die feste Ueberzeugung gewonnen, daß er einem aufrichtigen Katholiken gegenüberstehe, damit aber war seine glänzende Zukunft in Frankreich vernichtet, der Marschallsstab war für ihn verloren.

„Ich will euch Zeit zur Ueberlegung lassen!" sagte der König nach einer Pause, sehr mild und gütig.

„Sire," erwiderte der junge Mann entschlossen, „ich bin dankbar für die Güte, die Eure Majestät mir zeigen, der große König Heinrich ist mein ritterliches Ideal, aber weiter vermag ich seinem Beispiel nicht zu folgen."

„Junger Mann, besinnt euch!" rief Ludwig drohend, „wollt ihr mit meinem geistlichen Rathe reden?" fragte er wieder milder.

„Sire, mein Glaube, meine religiöse Ueberzeugung," versetzte der Graf fest, „ist mir eine Gewissenssache, die Unterschiede zwischen dem katholischen Bekenntniß und dem meinigen sind für mich nicht wissenschaftliche Merkmale, über die man disputiren könnte, ich weiß, daß ich mich verderbe, wenn ich sie aufgebe!"

Vielleicht hatte Ludwig eine heftige Antwort auf diese etwas unklare, aber doch durchaus nicht mißzuverstehende Erklärung gegeben, wenn nicht plötzlich die Marquise von Maintenon zwischen ihm und dem Grafen gestanden hätte. Die merkwürdige Frau war schon vor einer Weile aufgestanden und unmerklich näher getreten, jetzt neigte sie sich leicht gegen den König und sagte: „Sire, gestattet mir ein Wort mit dem Grafen zu reden!"

Ludwig XIV. nickte und lehnte sich wieder an den Kamin, die Maintenon aber wandte sich zu unserm Helden und sprach sanft: „Vorher, Herr Graf, habe ich euch gesagt, warum ich einen nähern Antheil an euch nehme, wollt ihr mir darum erlauben, euch eine Frage vorzulegen?"

Stumm verneigte sich Graf Hans Carl, es kam eine tiefe Wehmuth über ihn, daß die Enkelin des eifrigen Protestanten Theodor Agrippa von Aubigné als ein Werkzeug der katholischen Kirche vor ihm stand.

„Wollt ihr mir einen der Unterschiede zwischen der Kirche und eurem Bekenntniß bezeichnen, Herr Graf," fragte die Dame, „die ihr nicht aufgeben könnt, ohne euch in eurem Gewissen verletzt zu fühlen?"

„Da mich die Enkelin des großen Theodor Agrippa von Aubigné so fragt," erwiderte der junge Mann ernst, „so nenne ich als einen solchen Unterschied, den Kelch im Abendmahl."

„Diese Antwort hatte ich erwartet," sagte die Marquise ruhig, dann aber fuhr sie lauernd fort: „und wenn nun die heilige Kirche euch, für eure Person und für eure Familie den Kelch im Abendmahl gestatten wollte, was würdet ihr dann thun, Herr Graf?"

„Ja, was würdet ihr dann thun?" wiederholte der König sich hastig aufrichtend die Frage und unsern Helden beinahe zärtlich anblickend.

„Sire," versetzte der Graf fest und ohne sich zu besinnen, „ich würde Alles ausschlagen, was nur mir allein und nicht allen meinen Glaubensgenossen bewilligt würde."

Es zuckte ein Strahl der Freude über das Gesicht des Königs, er wendete das Antlitz der Marquise mit einem Blick zu, der nicht mißverständlich war, der Blick sagte: du siehst, daß du dich in diesem jungen Manne verrechnet hast! Die Marquise verstand auch diesen Blick vollkommen; denn sie neigte leicht ihr Haupt gegen den König, trat dann zurück und nahm geräuschlos fast ihren Platz an dem Tischchen wieder ein; es lag in ihrer ganzen Haltung das Bekenntniß, daß sie jeden weiteren Schritt für überflüssig erachte.

„Herr Graf von Königsmarck," fragte der König noch ein Mal, „giebt es nichts, was euch bewegen könnte, in den Schooß der alleinseligmachenden Kirche zurückzukehren?"

„Sire," erwiderte der Graf ernst, „welches Vertrauen könnten Eure Majestät wohl noch in meine Treue gegen den König setzen, wenn es ein Mittel gäbe, mich meinem Glauben abtrünnig zu machen?"

Der König schwieg einen Augenblick sinnend, sichtlich hatte das ganze Auftreten des Grafen Eindruck auf ihn gemacht, sein eigenes stolzes Wesen fand Gefallen an dem des Grafen, aber, er war der älteste Sohn der römischen Kirche, hoch und gebietend richtete er sich auf, schneidend sprach er: „ihr seid entlassen, Graf!" Die Handbewegung aber, mit welcher er den Scheidenden grüßte, war wieder so gnädig und huldreich, daß der Graf wohl merken konnte, wie er wenigstens die Achtung des großen Königs mit hinwegnehme, wenn er auch dessen Wohlwollen verloren.

Als Graf Hans Carl an der Thür seine letzte Verbeugung machte, erhob sich auch die Maintenon und grüßte ihn zum Abschied. — Die Portière fiel nieder hinter ihm, den großen König Frankreichs hat er niemals wieder gesehen.

Träumend stieg er die Treppe hinunter.

„Der Wagen und die Leute des Herrn Grafen Königsmarck!" rief der officier de la porte.

Dahin fuhr unser Held, hinter ihm lag verschmäht der Marschallsstab von Frankreich, vor ihm eine dunkle Zukunft, in sich aber trug er das erhebende Bewußtsein, einer großen Versuchung obgesiegt zu haben und demüthig dankbar faltete er die Hände. —

Die Judenfrage.

Das Herrenhaus wird in Kurzem auf Anlaß zahlreicher Petitionen wiederum einmal über die Stellung der Juden in der Preußischen Monarchie zu berathen haben, welchen sowohl der frühere, wie der gegenwärtige Minister des Innern nicht nur die allgemeinen Rechte, die sonst jeder Unterthan des Staats hat, zuerkannt wissen will, sondern auch die Befähigung, Staatsämter, sofern sie nicht unmittelbar und ausschließlich religiöser und kirchlicher Natur sind, zu bekleiden. Der Jude soll also in Preußen kein Pastor in einer christlichen Gemeinde werden können — so weit geht der Minister nicht —, aber wohl soll er obrigkeitliche Aemter verwalten können, Eide abnehmen u. dgl. m. Die hier einschlagenden Fragen sind seit Decennien so gründlich erörtert worden, die Gründe gegen die obrigkeitliche Qualification der Juden so schlagend hervorgehoben, daß es fast unbegreiflich scheint, wie christliche Staatsmänner, oder noch besser: Staatsmänner, die einen christlichen Staat zu leiten haben, noch fortwährend mit längst veralteten Anschauungen zu Werke gehen können. Indeß es ist das nun doch einmal der Fall und wir sehen uns deshalb genöthigt, auf eine Sache zurückzukommen, von der wir lieber gewünscht hätten schweigen zu können.

Es handelt sich also nicht darum: ob der Jude dieselben staatsbürgerlichen Rechte mit dem Christen gemein haben soll, sondern: ob er auch zu den Staatsämtern zugelassen werden soll? Wir werden die Frage von zwei Gesichtspunkten aus in der Kürze zu beantworten suchen: zuerst vom Standpunkte des Gesetzes, dann aber auch vom Standpunkte der Politik. Was die bestehenden Gesetze anlangt, so ist zunächst das Gesetz vom 23. Juli 1847 und zwar Paragraph 2 und 3 hier in Erinnerung zu bringen. Dasselbe ordnet einerseits die Angelegenheiten der Juden, macht ihnen alle möglichen Zugeständnisse, streitet aber in den beiden erwähnten Paragraphen gegen ihre Qualification für christliche Aemter. Für den Justizdienst kommt außerdem noch in Betracht die Gerichtsordnung, die im Theil III., Tit. 4, § 12 ausdrücklich bestimmt, daß „ein wesentliches Erforderniß der Zulassung zum Referendariate ein ordentlicher Lebenswandel und ein nach den Vorschriften der gesunden Vernunft und des Christenthums eingerichtetes Betragen" sei. Da der Weg zu allen höheren Aemtern im Justizfache durch das Referendariat führt, so sollte man meinen, daß schon die erwähnte Bestimmung der Gerichtsordnung ein absolutes Hinderniß wäre, den Juden zum Justizdienste zuzulassen, wie das Gesetz von 1847 diese Zulassung überhaupt verbietet. Gleichwohl glaubt die Preußische Regierung nicht im Sinne dieser Gesetze handeln zu dürfen, ja, sie hält sogar ein solches Handeln für ungesetzlich. Sehen wir nach den Gründen, womit sie sich zu rechtfertigen sucht.

Zunächst behauptet sie, daß zwar das Gesetz von 1847 nicht aufgehoben sei durch spätere Gesetze, wohl aber die beiden Paragraphen, welche die Juden von der Bekleidung christlicher Aemter ausschließen. Und zwar soll das sogenannte Sechsparagraphengesetz vom 6. April 1848 den Juden jenen Liebesdienst erweisen. Das Gesetz sagt aber gar nichts Anderes, wie der Artikel 12 der Verfassungsurkunde; denn § 5 des Gesetzes lautet: „Die Ausübung staatsbürgerlicher Rechte ist fortan von dem religiösen Glaubensbekenntnisse unabhängig"; Artikel 12 der Verfassung dagegen: „Der Genuß der bürgerlichen und staatsbürgerlichen Rechte ist unabhängig von dem religiösen Bekenntnisse." Von der Qualification der Juden für christliche Aemter ist mithin, wie Figura zeigt, an beiden Stellen keine Rede, also auch nicht von der Aufhebung des Gesetzes vom Jahre 1847; im Gegentheil, die Bestimmungen dieses Gesetzes sind, wenn auch in etwas veränderter Form, in die Verfassungsurkunde übergegangen; denn Artikel 4 derselben lautet: „Die öffentlichen Aemter sind, unter Einhaltung der von den Gesetzen festgestellten Bedingungen, für alle dazu Befähigten gleich zugänglich"; ferner sagt der Artikel 14: „Die christliche Religion wird bei denjenigen Einrichtungen des Staates, welche mit der Religionsübung im Zusammenhange stehen, unbeschadet der im Artikel 12 gewährleisteten Religionsfreiheit, zum Grunde gelegt." Man sollte meinen, die Sache wäre hiernach sehr einfach, man sollte meinen, den Juden ständen, was ihre Qualification für Staatsämter anlange, ausdrückliche, durchaus nicht aufgehobene Gesetze gegenüber, Artikel 4 sei sogar ein festes Bollwerk gegen das Eindringen der Juden in den Bereich des christlichen Staates. Aber nein! Artikel 12 soll den Artikel 4 aufheben, obwohl das nicht nur an und für sich widersinnig wäre, sondern geradezu durch eine Bestimmung des Artikels 12 anzunehmen verboten ist; diese Bestimmung lautet: „Den bürgerlichen und staatsbürgerlichen Pflichten darf durch die Ausübung der Religionsfreiheit kein Abbruch gethan werden." Zum Ueberfluß kommt endlich noch der Artikel 14 und bestätigt den Artikel 4. Was ist da zu machen, wie ist da weiter zu kommen? Ein redlicher Wille bringt es vielleicht zu folgendem Resultate: der Jude kann zwar nicht zu einem Amte gelangen, das irgendwie mit der Religion im Zusammenhange steht, aber es steht ja in der Beurtheilung des einzelnen Ressortministers, ob ein Amt mit der Religion in Verbindung stehe oder nicht. Das scheint denn in der That auch der gegenwärtige Stand der Auffassung unter den Staats-Ministern zu sein. Der Cultusminister sagt: ich stelle keine Juden für das christliche Pfarr- und Lehramt an; der Justizminister, der, nebenbei gesagt, noch im vorigen Jahre ein so vortreffliches Verständniß für den Artikel 4 hatte, sagt: ich stelle keine Juden als Richter an, und zwar nicht, weil ein Jude nicht den christlichen Eid abnehmen kann. Dagegen geht der Minister des Innern ein Stück weiter: er sieht nirgends ein Hinderniß für Zulassung der Juden zu obrigkeitlichen Aemtern; Artikel 12 vernichtet den Artikel 4, das Gesetz von 1848 das Gesetz von 1847, und sollten ja noch Lebenszeichen in den judenfeindlichen Gesetzen vorhanden sein, so ist der Artikel 109 sehr wohl geeignet, alle dunkeln Sorgen zu verscheuchen. Denn allda heißt es: „Alle Bestimmungen der bestehenden Gesetzbücher, einzelnen Gesetze und Verordnungen, welche der gegenwärtigen Verfassung nicht zuwiderlaufen, bleiben in Kraft, bis sie durch ein Gesetz abgeändert werden." Daß die Artikelser nur ein normativer ist, nur Gesichtspunkte für die Gesetzgebung angiebt, wird nicht in Betracht gezogen, nein, er ist recht eigends dazu angethan, den Artikel 12 in hellem Lichte strahlen zu lassen. Was nicht Alles in der Welt möglich ist!

Mit nicht geringerem Gewicht, wie das bestehende Gesetz, fällt die politische Seite der Judenfrage in die Wagschale, ja so sehr, daß wir meinen, man müsse, wenn man keine die Juden in Beziehung auf die Qualification für obrigkeitliche Aemter beschränkende Gesetze hätte, solche zu schaffen suchen. Denn was will man denn eigentlich bei Lichte besehen und offen eingestanden? Will man in der That, wie man vorgiebt, tolerant sein und wirkliche Juden, d. h. gläubige Juden zu obrigkeitlichen Aemtern verhelfen? Wir glauben nicht, daß der Minister des Innern hieran gedacht hat oder denkt, er weiß es so gut wie jeder Andere, daß der gläubige Jude, wenn er der Büreaukratie einverleibt würde, an allen Ecken und Enden mit allen möglichen Gesetzen und Ordnungen in Conflict kommen müßte. Es würde, um nur etwas Geringfügiges anzuführen, ein Jude z. B. dem Herrn Minister des Innern nicht einmal am Sonnabend einen Vortrag halten, wenn er vortragender Rath in dessen Ministerium wäre. Es wäre mithin rührend, sehr edel und human, wenn wirklich die Sorge für die altgläubigen Juden, d. h. für die wirklichen Juden, in dem gegenwärtigen Ministerium maßgebend wäre, so rührend, daß wir selbst vor lauter Rührung nichts dagegen schreiben würden, sintemal und alldieweil wirkliche Juden sich hüten werden, die Verwaltung von Staatsämtern zu verlangen. Ihre Religion verbietet ihnen das. Nur der Justizminister scheint an derartige Dinge noch zu denken, obwohl grade dieser vor allen Andern gut unterrichtet sein könnte. Der Jude, sagt er nämlich, kann keinen christlichen Eid abnehmen, darum kann ich keinen jüdischen Richter gebrauchen. Warum denn nicht? Nimmt doch der christliche Richter dem Juden den Eid ab, oder vielmehr läßt ihn abnehmen; warum soll nicht auch der jüdische Richter dem Christen den Eid abnehmen lassen? Das wäre doch so abnorm nicht, wie es auf den ersten Blick erscheinen mag. Aber die Sache liegt tiefer. Der christliche Richter kann den Juden bei seinem Gotte schwören lassen und er kann und muß einem solchen Eide auch wirkliche Eideskraft beilegen, dazu verpflichtet und berechtigt ihn das Christenthum, seine universale Religion, die da ist eine Erfüllung der mosaischen Religion. Nicht so der jüdische Richter: seine Religion ist exclusiv gegenüber dem Christenthum, ist intolerant; er kann den Christeneid deshalb unmöglich als einen wirklichen Eid ansehen, dem Eideskraft beigelegt werden darf und muß. Ja, er muß gradezu einen solchen Eid als eine Gotteslästerung ansehen, er muß überhaupt ganz andere Rechtsanschauungen haben denn der Christ, wenn er in der That ein gläubiger Jude ist und bleiben will.

Und damit sind wir denn zu des Pudels Kern vorgedrungen: das Ministerium will nicht wirkliche Juden anstellen, denn diese werden danken für solche Anstellungen; es will auch nicht solchen Juden den Staatsdienst öffnen, die den Glauben der Väter verlassen und zum Christenthum übertreten, denn diesen ist der Staatsdienst ohnehin geöffnet; es will vielmehr den Juden den Staatsdienst öffnen, die den Glauben ihrer Väter verlassen haben, ohne sich einer andern Religion zuzuwenden, den religionslosen Juden. Man sage deshalb doch gradezu was man will: man will die Reformjuden in obrigkeitliche, christliche Aemter bringen. Weit getriebene Zärtlichkeit für die Reformjuden, das ist des Pudels Kern, nichts anderes. Hiermit ist denn auch der Standpunkt gefunden, von welchem aus allein die ganze Judenfrage gründlich beurtheilt werden muß. Krone und Adel stehen auf der einen, das Volk auf der andern Seite, zwischen Beiden die Bourgeoisie, das Wort in der Bedeutung gefaßt, wie bisher von dieser Zeitschrift, nicht im municipalen, sondern politischen Sinne. Die Bourgeoisie, die ihre Hauptstärke in der Büreaukratie und in dem Hause der Abgeordneten hat, will nivelliren, und wendet sich, je nach Umständen, gegen Krone, gegen Adel oder Volk, indem sie dabei glauben machen will, der Schlag nach der einen oder andern Seite treffe nicht zugleich alle, treffe nicht zugleich auch den Staat. Was könnte da nun für ein vortrefflicheres Mittel ausgesonnen werden, als der Büreaukratie eine jüdische Färbung zu geben, den Reformjuden zum Beamten zu geben! Denn was ist der Reformjude? Ist er deutsch in nationaler Beziehung? Nein! Hat er irgend eine Heimath, wie etwa der wirkliche Jude, dessen Blicke auf Jerusalem gerichtet sind? Nein! Ist er ein Christ, wie die übrigen Europäer mit Ausnahme der Türken? Nein! Hat er überhaupt eine Religion? Nein! Ist mithin nicht der Jude ein ganz vortreffliches Wesen, den Staat und das Volk zu entnationalisiren und entchristianisiren? Gewiß, ein sehr vortreffliches! Der eigentliche Liberale muß — und sentimental ist die Sorte von Menschen in der Regel — eigentlich vor lauter Rührung weinen, wenn er darüber gründlich nachdenkt, in welcher Weise die Anstellungsfähigkeitserklärung der Reformjuden allen historischen, allen christlichen und nationalen Traditionen das Messer an die Kehle setzt.

Außer diesen allgemeinen Gesichtspunkten kommt nun aber endlich auch noch ein speziellerer in Betracht, nämlich der preußische, ganz abgesehen von Nation und Religion. Frankreich konnte und kann seine Reformjuden anstellen, wird der Preuße sagen; denn Einheit des Staats beruht dort wie in England auf etwas ganz Anderem wie in Preußen: sie beruht auf einer Nationalität, auf einer eigenthümlichen Sprache, Literatur und Denkweise, ja sogar auf einer einheitlichen geographischen Grundlage. Deshalb konnten Staatsveränderungen in so großer Anzahl in Frankreich erfolgen, ohne daß der Staat selbst in Gefahr gerieth, darüber zu Grunde zu gehen. Aus demselben Grunde konnten und können dort Reformjuden zu allen Aemtern zugelassen werden, ohne daß dadurch der Bestand des Staates in Frage gestellt wird. Das nationale Element ist zu mächtig, als daß es durch eine Hand voll Juden, die dort meist in den Städten wohnen, in Frage gestellt werden könnte. Ganz anders steht es mit Preußen. Sprache, Literatur, Abstammung, Denkweise haben wir mit den Deutschen überhaupt gemein: auf einer solchen Einheit ruht weder der preußische Staat, noch der preußische Charakter. Eine geographische Einheit besitzt Preußen in seiner Ausdehnung von den Grenzen Rußlands bis zu den Grenzen Frankreichs ebenfalls nicht; im Gegentheil, in dieser Beziehung könnte der

Staat gerade am leichtesten aus den Fugen gehen. Was constituirt denn nun in erster Linie die Einheit des preußischen Staats, des preußischen Wesens und preußischen Charakters? Antwort: die preußischen geschichtlichen Traditionen, sein Königshaus und seine Armee. Das sind die gewaltigen Säulen unseres Staates; ohne diese Säulen ist der Staat geradezu nicht denkbar, er wäre ein Unding. Die Einheit durch das Volk — oder durch die Volksvertretung im Hause der Abgeordneten — ja, für diese Einheit giebt der Jude keinen Dreier. Nun sind es aber gerade jene Säulen, jene Traditionen, jene Momente, die das specifisch preußische Wesen constituiren, gegen welche das ätzende Gift der Gleichmachereisucht bei der Judenfrage gespritzt wird. Es soll vor Allem aber die preußische Büreaukratie verlieren, was sie bisher noch an preußischer Färbung hatte, und zu diesem Zwecke eine reformjüdische Färbung erhalten. Videant consules!

Also die Summa des Ganzen ist: das gegenwärtige Ministerium trifft mit seinen neuesten Gesetzesauffassungen in tödtlicher Weise den Lebensnerv des preußischen Staats, und das aus keinem andern Grunde, als den Reformjuden zur Geltung zu bringen. Als ob sich derselbe nicht ohnehin geltend zu machen gewußt hätte und noch weiß.

Berliner Literaturbriefe.

XXVII.

— Vorlesungen in Berlin; gedruckte Vorträge von Maßmann, Cassel und Ledebur; Gedichte der Großältern und stylistische Sünden Adalbert Stifter's; die Familie Alvareda von Fernan Caballero. —

Auch in anderen Hauptstädten werden öffentliche Vorlesungen gehalten, schwerlich aber geschieht das an irgend einem anderen Orte der civilisirten Welt mit einer solchen Ausdauer und solcher Lebhaftigkeit wie in Berlin. Schon in ihrem Kindheitsalter, d. h. in den letzten Regierungsjahren des großen Königs Friedrich, liebte es die Berliner Gesellschaft, sich Vorlesungen halten zu lassen, und Viele der gefeierten Männer der sogenannten Aufklärungs-Periode, die man jetzt nicht so ungerecht verurtheilen sollte, weil ihre Aufklärung heut ein überwundener Standpunkt ist, verdanken ein hübsches Stück ihres Rufs den Vorlesungen, welche sie vor dem gebildeten Publikum Berlins gehalten. Unter Friedrich Wilhelm I. gab es keine Berliner Gesellschaft, auch unter dem „Unvergleichlichen“ waren die Anfänge derselben noch sehr bescheiden; öffentliche Vorlesungen aber haben die Berliner Gesellschaft bilden helfen und ihr jenen Stempel von „Wissenschaftlichkeit“ aufgedrückt, über den so oft gespottet wird, der auch in sehr vielen Fällen eitel Narrethei und Dunst sein mag, der aber doch seinen Werth hat und dem Wissen hier überall wenigstens die äußere Achtung sichert, die es an anderen Orten keineswegs zu allen Zeiten gefunden hat. Unbekümmert um die Vorlesungen in den Akademien und an der Universität fordert die Berliner Gesellschaft alljährlich eine ziemlich bedeutende Anzahl an Vorlesungen für sich, Vorlesungen aller Art gehören zu einer Berliner Wintersaison so gut wie Concert und Theater. In den letzten Jahren haben sich die Vorlesungen sogar in verschiedene

Colonnen gegliedert und rücken, nach dem System des beschleunigten Angriffs, auf das Publikum an. Hier die geschlossene Phalanx der Vorlesungen des evangelischen Vereins, dort die des wissenschaftlichen Vereins, und überall flattern die Fähnlein der berühmtesten Helden der Ritterschaft vom Geist und der Feder! Doch giebt es daneben immer noch einzelne Paladine, die keck ihr Banner aufwerfen und sich glänzender Erfolge rühmen, wie in diesem Winter Theodor Fontane mit seinen Vorlesungen über England und Schottland. Eine neue Phalanx von Vorlesungen, so viel wir wissen, erst im vorigen Winter organisirt, hat in dieser Saison breites Terrain gewonnen; es ist diejenige, welche aus Veranlassung des Berliner Hülfs-Vereins des germanischen National-Museums zu Nürnberg die Werbetrommel rühren läßt und hoffentlich auch diesem trefflichen Institute einen materiellen Gewinn gebracht hat. Von den Vorlesungen, die aus Veranlassung des hiesigen Hülfsvereins des germanischen National-Museums hier gehalten werden sind, liegen uns einige jetzt in besonderen Abdrücken vor. (Die Völker des Mittelmeeres und der Ostsee, als Träger der menschheitlichen Bildung, von Prof. Dr. Maßmann. Berlin 1859. L. Rauh. — Rose und Nachtigall, vom Prof. Dr. Cassel. — Ueber die Frauensiegel des deutschen Mittelalters, vom Direktor Freiherrn L. von Ledebur, in demselben Verlage.) Diese drei Vorträge enthalten, wie sich das von den Gelehrten, von denen sie ausgegangen, erwarten ließ, so viel Neues und Interessantes, als sich eben über einen Gegenstand in der kurzen Spanne Zeit eines Vortrages mittheilen läßt, und zwar in einer Form, welche den behandelten Gegenstand Jedermann zugänglich macht. Ohne hier weiter auf den Inhalt einzugehen, empfehlen wir diese drei kleinen Schriften namentlich unseren Freunden auf dem Lande, die durch Vorlesung eines solchen Vortrags im Familien- oder weiteren Kreise nicht nur angenehm unterhalten, sondern auch anregend auf die Geister wirken würden. Jedenfalls können sie unmöglich auf billigere Weise Theil nehmen an den geistigen Genüssen einer Berliner Wintersaison. Von der Verlagshandlung von L. Rauh hier, wo die genannten Vorträge erschienen sind, ist zugleich auch eine sehr interessante kleine Schrift des trefflichen Direktors der Königl. Kunstkammer, Freiherrn von Ledebur, ausgegeben worden, dieselbe ist betitelt: „Einiges über das berühmte Altarbild, das jüngste Gericht, in der Marienkirche zu Danzig", auf welche wir Alle, welche es lieben, sich gründlich über solche Gegenstände zu unterrichten, aufmerksam gemacht haben wollen.

Ein kleines dünnes Büchelchen zog durch seinen Titel: Gedichte der Großeltern (Ihren der Kindheit entwachsenen Enkeln und Enkelinnen gewidmet von Nicolaus von Lagusius. Mit begleitenden Worten von Adalbert Stifter. Zweite Auflage. Leipzig 1860. Schrag.) unsere Aufmerksamkeit auf sich. Wir gestehen, „Gedichte der Großeltern", dann die Widmung auf dem Titel, dann der Name Adalbert Stifter, der in der vormärzlichen Zeit zu den literarischen Notabilitäten Oestreichs zählte und nicht unverdient als Erzähler geschätzt wird, endlich die Bezeichnung „zweite Auflage", die bei Gedichten nicht alltäglich ist, Alles das erfüllte uns mit einer gewissen Neugierde, die wir sofort zu befriedigen strebten. Da fanden wir denn auf dem sogenannten Dedicationsblatte hinter dem Titel folgenden avis au lecteur: „Ein betagtes Paar mit durch Lebensanschauung und Erfahrung nüchtern gewordener Phantasie giebt, einfach wie die guten Alten selbst und in anspruchsloser Form, was es gedacht und gefühlt, und der ersten Jugend für zuträglich hält." — Sic! Wir schüttelten den Kopf etwas über die „nüchtern gewordene Phantasie", die immer eine schlimme Gesellschafterin für den Dichter ist, und gingen tapfer an die „begleitenden Worte" des Herrn Adalbert Stifter. Wir bedauern aufrichtig, daß Herr Stifter diese begleitenden Worte geschrieben hat; denn selten, vielleicht nie, hat ein deutscher Schriftsteller einem Buche einen so schüler-, so stümperhaft geschriebenen Empfehlungsbrief ausgestellt. Wir lassen die begleitenden Worte des Herrn Stifter hier unverkürzt abdrucken, denn es ist gradezu unverantwortlich, daß ein Schriftsteller, der einen Namen hat, sich so gehen läßt und so abscheulich schreibt.

„In Bezug auf die Herausgabe der folgenden Gedichte ist eine Anfrage an mich ergangen. Ich sprach meine Ueberzeugung aus, daß sie in weiteren als blos Freundeskreisen bekannt werden sollten. Ich erzähle dieses, um den Vorwurf der Anmaßung, die wohl immer in der Einführung eines Anderen vor das Urtheil der Oeffentlichkeit liegt, gegen meine Person zu mildern, und ich that es, weil ich die Besorgniß hegte, daß sonst aus Bescheidenheit des Verfassers die Veröffentlichung unterbleiben möchte. Wer mit mir ähnlich denkt, und wer glaubt, daß die Lyrik nicht blos allein immer Gefühle geben müsse, sondern das ganze Innere eines Menschen, besonders das Gold des Charakters, wer einfache Kraft, Schlichtheit der Gesinnung, reifes Anschauen des Lebens, hohen Sinn für Recht und Gesetz, strenge Heiligkeit der Manneswürde liebt, dargestellt in einer geraden durchsichtigen Gestalt, wie sie gerne unsere Vorväter hatten, von denen wir das Sprichwort gebrauchen: „Sie sind von altem Schrot und Korn“, der wird an diesen Gedichten Freude haben, wie ich sie hatte, da ich sie las. Wer aber in der Dichtkunst blos die Darstellung der heftigsten Gefühle verlangt (besonders ohne Maaß in Schilderung der Neigung des Mannes zum Weibe), wer in ihr ganz ungewöhnliche, absonderliche Gedanken, Ansichten und dergleichen bringt, damit er ein erstaunlicher Mensch sei, welche Dinge ich aber eher für das Gift der Schwäche und Entnervung, als für Kraft und Thatbefähigung halte, dem werden sie nicht gefallen. Inzwischen stehen natürlich mit mehr oder minderem Fuge diejenigen, die zu keinem der beiden Theile gehören. Dieser Wunsch aber scheint mir Berechtigung zu haben, daß mehr Männer in dem Sinne unseres Verfassers dichten möchten, und daß dieses Büchlein mehr Blätter haben sollte, damit wir den Charakter, der in diesen Zeilen waltet, auch von einer andern Seite als der hier beabsichtigten lehrhaften erschauen könnten.“

Nun urtheile man selbst! Ist da ein Satz ohne Fehler, oder Nachlässigkeiten?

In Bezug der Herausgabe, statt: In Bezug auf die Herausgabe, — in weitern als blos Freundeskreisen — werden sollten, für: zu werden verdienten, — Einführung vor das Urtheil der Oeffentlichkeit, — die Lyrik, die nicht blos allein immer Gefühle giebt; – doch wir müßten die ganze Vorrede noch ein Mal abschreiben, wollten wir auf alle Fehler und Incorrectheiten aufmerksam machen, jedem leidlich begabten Secundaner springen dieselben in die Augen. Wir aber haben geflissentlich diese Vorrede, oder wie man das Ding sonst nennen will, hervorgezogen, um zu zeigen, wie berechtigt die Klage ist, die über die allgemeine Verschlechterung des deutschen Styls erhoben wird. Die immer allgemeinere Lectüre der politischen Tagesblätter überschwemmt uns mit Gallicismen und Anglicismen, deren sich die Journalisten allerdings nicht erwehren können, weil sie oft gezwungen sind, Hals über Kopf zu arbeiten, um nur die Thatsachen zu geben; rein französische Redewendungen, ganze Redensarten Englands bürgern sich zudringlich bei uns ein und verdrängen die Satzbildungen und Fügungen, die Geist und Gesetz der deutschen Sprache erheischen. Sie sind viel gefährlicher, als die armseligen Fremdwörter, gegen welche der gut gemeinte Eifer der Puristen noch zuweilen zu Felde zieht. [illegible] von Niemandem geleugnet werden, daß vom Felde der journalistischen T[illegible] [illegible]chen Schriftwesen [illegible]ße Gefahren drohen, dieselben müssen b[illegible]

ist jeder Kampf dagegen völlig unnütz, wenn sich deutsche Schriftsteller, Männer, die in ihrem Fache sogar mit Recht zu den Besten gezählt werden, sich so sträflich vernachlässigen und sich nicht scheuen, mit solchen Stümpereien vor das deutsche Publikum zu treten, noch dazu, wenn sie einem Andern ihren Schriftsteller-Namen als Empfehlung mitgeben an dieses Publikum!

Was nun die Gedichte selbst betrifft, so ist die tüchtige Gesinnung des Dichtenden über allem Zweifel, und in der That berühren einige Gedichte den Leser sehr angenehm durch den kernigen Ausdruck durchaus lobenswerther Empfindungen; im Ganzen aber wünschten wir doch, einmal, daß die Phantasie nicht ganz nüchtern geworden wäre, zweitens aber, daß man auf die Form der Gedichte etwas mehr Mühe verwendet hätte. Schlechte Reime, sprachliche Härten, Incorrectheiten, unästhetische Worte und Wendungen kann man sehr gut ändern, ohne der Kernigkeit des Ausdruckes, ohne der Eigenthümlichkeit zu schaden. Wir sind nicht der Ansicht des Herrn Stifter, wir hätten diese Gedichte nicht aus dem engeren Freundeskreise heraus in die Oeffentlichkeit gezogen, da sie aber nun einmal darin sind, so wollen auch wir gern anerkennen, was Tüchtiges daran ist, und das Gedicht mittheilen, was wir für das Beste halten, es ist überschrieben:

Des Großvaters Beichte.

Ich zog als bartlos junger Fant
Nach Wälschland mit dem Heer;
Hatt' Pulver schon gerochen g'nug,
Glaubt', Gott weiß was ich wär.

Und weil ich stets in's Feuer ging
Mit freudig frischem Muth',
Und brav that, meint' ich, Jedermann
Müßt' vor mir zieh'n den Hut.

Und sieh! man that's. — Auf einem Stein
Ich einst am Wege saß;
Gar Viele gingen her und hin,
— Es führt zur Stadt die Straß'.

Doch keiner kam, der nicht vor mir
Mit Reverenz sich beugt,
Sein Hütlein zieht, und ehrfurchtsvoll
Sich bis zur Erde neigt.

Die Grüß' erwidernd, stolz umher
Schau ich zufriednen Blicks,
Da erst gewahr ich hinter mir
Am Baum das Crucifix.

Dem Heiland galten Hutabzieh'n
Und Gruß, nicht mir. — Ja er,
Der in Tod für Feinde ging,
Verdient's auch etwas mehr.

Ich hob von meinem Steine mich
Und schlich ganz still nach Haus,
Begegnet' Manchem — Reverenz
Und Knicks doch blieb jetzt aus.

Es sei einst, Enkel, dein Beruf
Kunst, Feder oder Schwert,
So buhl' um Anerkennung nicht,
Doch zeig' dich ihrer werth.

Und klopft der Dämon, Eitelkeit,
Nur leis' an's Herzensthor,
So denk' an's wäl'sche Crucifix,
Und schieb den Riegel vor.

Es ist wiederum ein Band der von uns schon mehrfach erwähnten Werke des Fernan Caballero's (d. h. der Dame, welche unter diesem Pseudonym schreibt) erschienen (Ausgewählte Werke des Fernan Caballero's, übersetzt von L. G. Lemke. Paderborn, 1860, Schöning. Dritter Bd.). Der Uebersetzer nennt die „Familie Alvereda“, so heißt diese Novelle, sehr passend eine Dorfgeschichte (novela original de costumbres populares); denn sie enthält eine treffliche Schilderung des Stilllebens im südspanischen Volke. Die Erzählung, welche auf wahren, der Verfasserin von einem Augenzeugen mitgetheilten Ereignissen beruhen soll, ist weder besonders spannend noch verwickelt, sie läßt sich in wenige Worte zusammenfassen: ein glückliches Familienleben wird durch die Untreue einer leichtsinnigen Frau zerstört; der gekränkte, auf's Tiefste beleidigte Ehemann tödtet den Schänder seiner Ehre, wird dann Genosse einer Räuberbande und verfällt zuletzt dem strafenden Arme der Gerechtigkeit. Das ist das Ganze, die Verfasserin hat es aber verstanden, in diesem einfachen Rahmen ein höchst gelungenes Bild voll Figuren zu entwerfen, welche die regste Theilnahme aller Leser in Anspruch nehmen. Die einzelnen Charaktere sind Typen des andalusischen Volkes und bringen die edlen und wahrhaft ausgezeichneten, aber auch die dunklen und düsteren Seiten dieses hochbegabten Volksstammes zu lebendiger Anschauung. Die alte fromme Maria, eine treue, gläubige Seele und vortreffliche Legenden-Erzählerin; die brave, verständige, opferwillige Mutter Anna und ihre zartfühlende, hingebende Tochter Elvira repräsentiren die spanischen Frauen in einigen ihrer edelsten Erscheinungen; das Gegenbild zu diesen ächt weiblichen Naturen ist die leichtfertige, herzlose Rita, die Urheberin des Unheils, dem ein schönes Familienleben verfällt; sie ist die einzige Figur des Romans, mit deren Zeichnung und psychologischer Entwickelung wir uns nicht ganz einverstanden erklären können, ihre Bekehrung und Sinnesänderung am Schlusse der Erzählung ist ungeachtet der erschütternden, dieselbe bewirkenden Ereignisse bei einer Person von ihrer Sinnesart nicht ganz glaublich. Vortrefflich gezeichnet sind die männlichen Hauptfiguren, besonders Perico, ein vertrauender, liebevoller Gatte und Vater, der, in seinen heiligsten Gefühlen gekränkt und beleidigt, sich von dem heißen südlichen Blute hinreißen läßt; Ventura, der kecke, leichtsinnige, aber doch im Grunde edle und tüchtige andalusische Majo, den ein kokettes Weib zwar bethören, aber nicht gänzlich seiner Pflicht vergessen machen kann; sein Vater Pedro, ein alter Landmann voll Witz und Humor, dem eine Fülle ächter, urwüchsiger Volksweisheit bei jeder passenden Gelegenheit zu Gebote steht, der dabei ein Mann von altspanischem Ehrgefühl ist; endlich finden wir auch hier, wie in andern Romanen Fernan Caballero's, ein paar allerliebst geschilderte Kinder, deren unschuldige Spiele und kindliche Freuden einen rührenden Contrast zu dieser ergreifenden häuslichen Tragödie bilden. Nicht minder vortrefflich ist die landschaftliche Staffage gehalten, die von Fernan Caballero mit Meisterhand entworfen wird und geradezu einen Glanzpunkt des Werkes bildet; der Unabhängigkeitskampf der Spanier gegen die französische Fremdherrschaft, durch den indirect die Katastrophe herbeigeführt wird, macht den historischen Hintergrund des Romans aus. Der Hauptwerth desselben beruht aber auf dem vollkommen abgerundeten, bis in's kleinste Detail schön ausgeführten, dem wirklichen Leben entnommenen Bilde des spanischen Volkslebens; dies erhebt dieses Werk weit über das gewöhnliche Niveau der Belletristik, es ist eine spanische Idylle, die wir hier miterleben, wir lernen das Leben des Volkes in seinen häuslichen und geselligen Beziehungen, Vergnügungen und Festen aller Jahreszeiten kennen, wir reisen mit demselben und ergötzen uns an den launigen Späßen und Neckereien der Maulthiertreiber und Soldaten, wir lassen uns zur Weihnachtszeit, die auch in Spanien ähnlich wie bei uns gefeiert wird, im Kreise der Kinder und Erwachsenen liebliche, fromm-einfältige Legenden und Sagen erzählen, wir nehmen aber auch den wärmsten Antheil an dem düsteren Verhängnisse, das plötzlich den traulichen Familienfrieden für immer zerstört, und müssen mit dem Verbrecher aus gekränkter Ehre das tiefste Mitleid fühlen, der selbst inmitten der wüsten Räuberschaar den ächten Kern seines ursprünglich edlen Wesens zu bewahren weiß und die jähe Zorneswuth, die ihn unaufhaltsam in's Verderben stürzte, zuletzt durch einen wahrhaft christlichen Tod sühnt.

Ein Hauptreiz des Romans besteht in den vielen eingeflochtenen Sagen und Legenden, die in ungeschminkter, unverfälschter Weise wieder gegeben werden und daher auch für den wissenschaftlichen Forscher solcher Volksüberlieferungen von Interesse sind; überall finden wir die Sprache des andalusischen Landvolkes mit allen seinen Provinzialismen, Sprichwörtern und volksthümlichen Redensarten getreu beibehalten, wodurch das Ganze eine ganz eigenthümliche Frische und Anmuth erhält; hierin lag aber auch eine sehr große Schwierigkeit für den Uebersetzer, der diesen ächt nationalen Ton auch im Deutschen beibehalten mußte, um nicht das landschaftliche Colorit zu zerstören.

Nach dem Urtheil von Männern, wie A. Wolf in Wien, hat der Uebersetzer diese schwierige Aufgabe in ganz vorzüglicher Weise gelöst, seine Uebertragung verwischte keine der Eigenthümlichkeiten des Originals und wußte alle die kleinen Züge, auf denen die Hauptanziehungskraft des Buches beruht, sehr glücklich wiederzugeben. — „Wir freuen uns“, urtheilt Wolf, „daß Herr Lemcke diesen Roman ganz und unverkürzt dem deutschen Publikum übergab und sich jeder eigenmächtigen Kürzung, die er in den ersten Bänden seiner Uebersetzung mitunter vornehmen zu müssen glaubte, strenge enthielt; nur so kann der Nichtspanier sich von diesen Productionen, die in ihrem Vaterlande ein so allgemeines Aufsehen erregten und von den ersten kritischen Federn desselben mit Enthusiasmus begrüßt wurden, ein vollkommen zutreffendes Urtheil bilden, wobei, um ganz billig zu sein, der Unterschied spanischer Bildung und Zustände von den Deutschen nicht aus den Augen gelassen werden darf. In dem vorliegenden Bande dürfte aber auch der strengste Kritiker von nationalen Vorurtheilen und einseitigen Ansichten, welchen Vorwürfen die spanische Schriftstellerin nicht in allen ihren Werken sich entziehen kann, kaum sich unangenehm berührt finden und einen wahrhaft befriedigenden, harmonischen Eindruck von dieser lebenswahren, anspruchslosen Schilderung eines einfachen, von der modernen Hyperkultur unberührten Volkes empfangen, dem noch ein tiefer, ächt religiöser Sinn und ein tüchtiger lebensfähiger Keim innewohnt.“

Eine amerikanische Bürgermeister-Botschaft.

(New-Yorker Gemeinde-Zustände.)

Es liegt uns ein merkwürdiger Beitrag zur Charakteristik der Gemeindeverhältnisse von New-York vor, nämlich die Antrittsbotschaft des neuen Mayors der Stadt, Ferdinand Wood, welche derselbe an den dortigen Gemeinderath am 2. Januar 1860 gerichtet hat. Sie liefert ein sehr klares Bild den Getriebes und der Verzweigungen der dortigen Stadtregierung und eine Uebersicht der gewaltigen Geldmittel zur Bestreitung der Gemeindebedürfnisse, sie wirft aber auch tiefe Schatten auf die vorschende moralische Verkommenheit eines großen, sich selbst überlassenen politischen Körpers. Wir wollen versuchen den Inhalt der Botschaft in ihren hervorragenden Zügen wiederzugeben.

Der neue Mayor Ferdinand Wood, welcher gegenwärtig an der Spitze der städtischen Verwaltung in New-York steht, war schon wiederholt auf diesem Posten und wird von der dortigen „Staatszeitung“ als ein Mann bezeichnet, der mit der Leitung der Communalangelegenheiten innig vertraut ist und als ein sehr energischer Charakter. Er selbst nennt sich in seiner Antrittsrede den Kandidaten der demokratischen Nationalpartei und bemerkt, daß er seinen Wählern die Ansichten, welche er über die Exekutivgewalt eines Mayors der Stadt New-York besitzt, schon früher bekannt gemacht habe. Gleich die Einleitung seiner Botschaft an den Gemeinderath ist sehr charakteristisch. „Wenn New-York die erste Stadt der westlichen Welt ist,“ sagt Wood, „so sollte die städtische Regierung dieser hervorragenden Stellung wenigstens angemessen sein. Die Männer an ihrer Spitze, wenn sie getreulich das Volk dieser Stadt repräsentiren wollen, sollten an Unternehmungsgeist, an Ehrlichkeit, an Drang nach Fortschritt, an Wissen diesem Volk nicht nachstehen. In den letzten Jahren haben wir leider das Gegentheil erlebt. In demselben Maße, als die Stadt wuchs und mächtig wurde, schien die städtische Regierung der Demoralisation und Schwäche immer mehr zu verfallen.“ Nach dieser Einleitung ermahnt er den Gemeinderath seine Pflichten getreu zu erfüllen und bedauert nur, daß die Executivgewalt nicht so concentrirt ist, wie die legislative Gewalt. Während der Gemeinderath mit Zustimmung des Mayors ein Gesetz in's Leben rufen könne, sei die administrative Gewalt verzettelt, zerrissen und unbestimmt in ihren Grenzen. Sie vertheile sich unter eine gewisse Anzahl unabhängiger Abtheilungen, die jedoch kein gemeinschaftliches Haupt hatten und über welche der Mayor keine Controle ausüben könne. Diese Departements seien jene der Finanzen, der Gesetze, der Armenhäuser, des Schulwesens, der Croton-Wasserleitung, der Straßen, des Stadtinspectors und des Supervisors. Die Chefs der beiden ersten Departements werden vom Volke erwählt und dem Mayor kann keine Verantwortlichkeit über die Geschäftsführung derselben aufgeladen werden, weil er weder eine Controle, noch irgend einen beaufsichtigenden Einfluß auf diese Geschäftszweige besitze.

Ueber das Polizeidepartement bemerkt er, daß dasselbe von ihm ganz unabhängig sei und in die Hände eines General-Superintendenten und der Commissioners gelegt sei, die vom Gouverneur und dem Senate ernannt werden. „Wie grob auch die Gesetze verletzt werden“ klagt der Mayor, „oder wie sehr auch das Leben, Friede, Eigenthum der Bürger und der Gemeinde gefährdet sein mögen, der Mayor kann, ohne gesetzwidriges Einschreiten, keine physische Polizeigewalt zum Schutze aufbieten. Die Ausgaben für die Polizei, welche im Jahre 1850 noch 492,000 Dollars, im Jahre 1854 aber schon 872,000 Doll. betrugen, sind im Jahre 4859 auf 1,261,992 Doll. gestiegen, und der Mayor verwahrt sich daher gegen die Größe der Ausgaben, gegen die schlechte Polizeiverwaltung und die täglich vorkommenden Verletzungen an Person und Eigenthum. Auch auf das Departement der Armenhäuser fehlt dem Chef der Executivgewalt der Gemeinde jeder Einfluß, da dasselbe unter „Governors“ mit ungetheilter Autorität steht. Gewählt vom Volk, erkennen diese keinen Herrn über sich an, und ihre Amtsbefugniß ist so unbestimmt und unbegrenzt, daß es ihnen gar nicht schwer wird, sich von aller Verantwortlichkeit frei zu machen. Sie ziehen die unermeßlichen Summen, die sie zur Verwaltung der öffentlichen Wohlthätigkeitsanstalten verwenden, en gros aus dem städtischen Säckel, legen keine Rechenschaft ab und der Mayor, der Controlor, der Gemeinderath wissen nichts darüber. Die Kosten der Armenverwaltung, welche im Jahre 1850 noch 400,000 Dollars betrugen, sind im Jahre

1859 auf 780,250 Dollars gestiegen. »Für diese enorme Summe«, heißt es in der Botschaft, »hat das Volk von New-York sehr wenig materielle Hilfe genossen. Von sehr urtheilsfähigen Richtern wird behauptet, daß für etwa 300,000 Dollars die öffentliche Wohlthätigkeit der Stadt viel besser ausgeübt werden könne, als es jetzt der Fall ist, und daß die Summen noch bedeutend verringert werden könnten, wenn man den arbeitsfähigen Armen, welche der Stadt zur Last fallen, passende Arbeiten verschaffen und eine Menge unnützer Beamten abschaffen würde.«

Günstiger spricht sich der Mayor über das unter der Leitung eines Schulrathes stehende Schulwesen aus, dessen Mitglieder übrigens gleichfalls vom Volke gewählt werden und Niemandem verantwortlich sind. Er erkennt an, daß das Erziehungswesen in New-York in wahrhaft blühendem Zustande sei und die dortigen gewöhnlichen Schulen die Pflanzstätten der Intelligenz und der Tüchtigkeit seien. Es bestehen daselbst 280 Schulen mit mehr als 100,000 Schülern, welche im Jahre 1850 einen Kostenaufwand von 267,960 Doll., im Jahre 1859 dagegen von 1,216,030 Dollars verursacht haben. Hierin sind nicht begriffen die Summen für den Ankauf von Schulplätzen und den Bau mehrerer großen Schulgebäude, wofür im Jahre 1858 mehr als 300,000 Dollars verausgabt wurden. »Wenn wir die Bevölkerung unserer Stadt auf 800,000 Köpfe annehmen,« heißt es sodann in der Botschaft, »so erhebt sich die Taxe auf jeden Gemeinde-Insassen auf noch nicht ganz 1,50 Doll., oder für eine Familie von sechs Köpfen auf 17 Cents pr. Woche, oder die Ausgaben für den Unterricht eines Kindes bei einer Gesammtzahl von 100,000 auf eine jährliche Ausgabe von 12 Doll. Diese erfreulichen Thatsachen rechtfertigen jedoch keineswegs den prinzipiellen groben Irrthum, irgend einem Departement die Einnahme und die Verausgabung so bedeutender Summen und die Vollziehung so wichtiger Pflichten ohne Controle durch die Gemeindeverwaltung zu gestatten. Der Board of Education, ebenso wie jener der Armenhäuser und der Polizei zieht aus der Stadtkasse Summen en gros ohne specificirte Quittungen und detaillirte Rechnungen dafür zu hinterlegen.«

Die Croton-Administration hat unter sich die Croton-Wasserleitung, die Reservoirs und alles Eigenthum der Anstalt, welche die Stadt mit Wasser versorgt; Baureparaturen und Abzugskanäle, Pflasterung und Ausbesserung der Straßen, Graben und Errichtung der Brunnen und Pumpen und die Einsammlung der Zahlungen für die Lieferung von Croton-Wasser. Große öffentliche Interessen stehen hier auf dem Spiele, die Gesundheit und der Comfort hängen von dieser Verwaltung ab. Die Administration besteht aus einem Präsidenten, einem Commissionär und einem Ingenieur, und ihr Amt dauert 5 Jahre. Sie werden von dem Mayor und den Aldermännern ernannt, verfügen aber gleichfalls ohne Controle des Mayors über die zu ihrer Verwaltung erforderlichen Summen. Unter dem Straßen-Departement stehen die Aenderung, Eröffnung, Regulirung, Gradirung, Nivellirung, Krümmung, Beleuchtung der Straßen, der Wege, Plätze und Avenüen, Erbauung, Ausbesserung und Beleuchtung der Werften und Piers, Ausfüllung der Slips und Bassins; Errichtung und Ausbesserung der öffentlichen Wege, Ueberwachung öffentlicher Ländereien und Plätze; Ausfüllung versunkener Lots; die Erbauung, Reparatur und Beleuchtung der städtischen Gebäude, Bureaus und öffentlichen Yards, die Ausstattung öffentlicher Gebäude und der städtischen Offices, sowie der Gerichtshöfe, wofür die Stadt die Kosten trägt; der Polizeigebäude, Feuerspritzen und aller Gebäude des Feuer-Departements und der öffentlichen Märkte; die Anfertigung, Aenderung und Reparatur der Feuerspritzen, die Reinigung von Straßen, Wegen und Plätzen; alle sonstigen öffentlichen Arbeiten, Reparaturen und Anschaffungen, wofür die anderen Departements nicht beauftragt sind, endlich das Einsammeln der

Schätzung (assessements). Alle diese Obliegenheiten sind in den Händen von 8 Bureaux mit einem Street-Commissioner an der Spitze, welcher von dem Mayor oder dem Aldermen für die Dauer von zwei Jahren angestellt wird. Die Beamten der verschiedenen Bureaux können angestellt und wieder abgesetzt werden nach dem selbständigen Ermessen des Street-Commissioner. Zum City-Inspector-Departement gehören alle Angelegenheiten, welche den Gesundheitszustand der Stadt, die Reinigung der öffentlichen Straßen, Aufsicht, Inspection und Verwaltung der öffentlichen Märkte, Inspection und Stempelung der Gewichte und Maße, Anlage und Controle öffentlicher Pferche betreffen. Es besteht aus 4 Bureaux, deren Beamten in derselben Weise wie jene des Straßen-Departements angestellt werden. Eine der New-Yorker Munizipal-Verwaltung ganz eigenthümliche Einrichtung ist die Abtheilung der „Supervisors“, welche Behörde dadurch hervorgerufen wurde, daß für New-York ein County- und City-Gouvernement erforderlich ist. Wie der neue Mayor der Stadt von diesem Organ denkt, läßt sich aus folgender Aeußerung entnehmen: „Unter diesem Vorwande hat eine ganz neue Behörde höchst gefahrvoll in ihren Prätensionen sich allmälig erhoben und eingeschlichen und der Erfolg wird sein, daß unserer schon so übersteuerten Stadt noch ganz enorme Extra-Lasten auferlegt werden und unser städtisches Rechnungswesen unentwirrbar verwickelt und die Arbeit desselben außerordentlich vermehrt wird. Schon hat der Controlor sich genöthigt gesehen, in seiner Office ein eigenes Departement für dieses Board zu schaffen und in wenigen Jahren wird ein eigenes Gebäude für diesen Bedarf nothwendig werden . . . Das Volk sollte sein Augenmerk auf diesen Gegenstand gerichtet halten und frühzeitig dafür Sorge tragen, daß dieser drückende Alp sich nicht in seiner Brust festkralle.“ Nachdem er in dieser Richtung die einzelnen Departements der Munizipal-Verwaltung charakterisirt hat, richtet er seine Angriffe gegen das ganze System, durch welches die einzelnen Zweige in Commissionen zersplittert werden, deren Tendenz immer dahin gerichtet bleiben werde, Macht in sich zu absorbiren und diese Macht mit Ausschluß aller anderen Behörden auszuüben. Am Schlusse seiner Botschaft macht sodann der Erwählte der demokratischen Nationalpartei in New-York folgende sehr bemerkenswerthe Aeußerungen:

„Man wird erkennen, wie irrthümlich es ist, den Mayor als die Executivbehörde anzusehen, und wie ungerecht, ihn verantwortlich zu machen für das, was er selbst nicht thut und ändern kann. Verantwortlichkeit und Macht müssen Hand in Hand gehen, es ist unrecht, die erste zu verlangen, wo man die letzte nicht gewährt. Der Mayor sollte mit einer Fülle von Macht bekleidet sein. Diejenigen, welche die Gesetze und Verordnungen zu vollstrecken haben, sollten von ihm angestellt werden und sollten ihr Amt nicht länger behalten, als sie nach seiner Ansicht ihre Pflicht getreu erfüllen. Wie rechtlich und wie fähig der Mann auch sein mag, welcher die Würde des Mayors bekleidet, niemals wird er den öffentlichen Erwartungen entsprechen können, so lange die nöthigen Aenderungen in dem Fundamental-Gesetze unserer Stadt nicht gemacht sind. Unter dem jetzigen System werden wir vom Schlimmen zum Schlechteren fortschreiten und von Jahr zu Jahr tiefer versinken in dem „Schlamme der Verkommenheit.“

Er besitzt nicht die Macht, irgend einen städtischen Beamten, mit Ausnahme der wenigen Clerks seiner eigenen Offices, des Amtes zu entsetzen. Wie sehr er auch überzeugt sein mag von der Unwürdigkeit solcher Beamten, er kann sie nicht entfernen. Er sollte nicht verantwortlich gemacht werden ohne die nöthige Macht. Kein Kaufmann, kein Geschäftsmann oder Handwerker kann erfolgreich wirken, wenn sein Geschäfts-Personal nicht unter seiner Controle steht. Der Chef muß hinreichende Autorität besitzen, um seine eigenen Agenten anzustellen oder zu entlassen. Kein Privat-Etablissement kann gut geführt werden, wenn die Angestellten höher oder doch gleich stehen dem Eigenthümer. Wenn dieses Gesetz richtig ist für die gewöhnlichen Verhältnisse des Lebens, wie viel richtiger muß es nicht sein, wenn angewandt auf eine ungeheure Gemeindeverwaltung, die jährlich Millionen ausgiebt und ihr Geschäft in so großartigem Maßstabe betreibt.

Als ich meine Ernennung als Candidat für das Mayors-Amt Seitens der demokratischen Nationalpartei annahm, habe ich meine Ansichten über diesen Gegenstand klar ausgesprochen. Bei dieser Gelegenheit legte ich das Programm vor, mit welchem ich den Wahlplatz betreten würde, und die Politik, die ich zu befolgen gedächte, wenn ich gewählt wäre. Die Basis dieses Programms lautete folgendermaßen: Ich bin für ein Haupt der Corporation, welches Macht genug besitzen soll, schnellen Gehorsam der Gesetze durch Beamte und Volk erzwingen zu können, indem ich der Meinung bin, daß diese Stadt eine starke, consolidirende Regierung nothwendig bedarf, welche hinreichende, ihr innewohnende Macht und hinreichende gesetzliche Unabhängigkeit besitzt, ihren Willen mit Nachdruck durchführen zu können. »Besser ein eisernes Gesetz, als kein Gesetz, wie jetzt.«

Meine Mitbewerber gingen von demselben Grundsatze aus, und das Volk entschied zu meinen Gunsten. Ich habe deshalb ein Recht, zu erwarten, daß die nöthigen Verbesserungen in dem Charakter der Stadt vorgenommen werden, welche den Wünschen des Volkes entsprechen. Diejenigen, die Reformen erwarten, ohne die Grundlage des Uebels zu reformiren, werden sich getäuscht finden.

Unter den bestehenden Gesetzen ist wenig daran gelegen, wer den Mayorsstuhl einnimmt. Dieser Beamte ist jetzt nur ein Clerk. Seine Pflichten sind wesentlich die eines Bureau-Beamten und seine Macht ist untergeordnet. Wenn er auch von Leuten umgeben ist, die vom Diebstahl aus dem Stadtsäckel leben und sich nicht aus Rücksichten auf das Oeffentliche bestimmen lassen, so hat er nicht das gesetzliche Recht, den Einen zu bestrafen und den Andern eines Besseren zu belehren.

Nach meiner Meinung liegt der Quell des Hauptübels, worunter wir leiden, in dem Mangel an Macht des Mayors. Der Mayor, als Chef der Executive, hat nicht die Macht, seinen Wünschen Nachdruck zu verschaffen und die Gesetze zu vollziehen; ohne eine solche Autorität, namentlich in einer Hand, kann es kein gutes Gouvernement geben. Es würde Thorheit sein, wenn ein Mann, der diese Stellung inne hat, etwas versuchen wollte, zu dessen Durchführung er keine gesetzliche Macht hat. Die Uebelthäter werden gegen ihn vor die Gerichtshöfe gehen und er wird ihnen nothwendiger Weise unterliegen.

Moralischer Einfluß oder amtliche Stellung reichen nicht hin, das Element der Corruption, welches in New-York besteht, niederzuhalten. Dazu gehört ein kräftiger Arm, unterstützt von hinreichender Macht des Gesetzes. Es ist nicht allein nothwendig, daß wir einen Mann als Staatsoberhaupt haben, der fähig, ehrlich, eifrig und energisch ist; er muß auch bekleidet sein mit einer unbestreitbaren richterlichen und rechtlichen Gewalt. Einen solchen Mann an der Spitze können wir Reformen durchführen. Im entgegengesetzten Falle werden alle Versuche vergeblich sein.«

Correspondenzen.

Aus der Hauptstadt.

10. März 1860.

— Ueber das Befinden Sr. Majestät des Königs. — Die italiänische Frage. — Die Militär-Vorlagen. — Graf Arnim. — Herr von Puttkammer. — Herr von Bismarck. — Schnee-Gestöber. —

Die lakonischen Bulletins über das Befinden Sr. Majestät des Königs, unseres allergnädigsten Herrn, sind ein Aergerniß für alle treuen Preußen, die gern so viel als nur irgend möglich von dem theuren Könige erfahren möchten; auch wir haben uns oft über diese kurzen und doch so langes und tiefes Leiden betreffenden Mittheilungen geärgert und mehrfach versucht, genauere und ausführlichere Kunde zu erlangen. Umsonst, wir sind ungerecht gegen die Aerzte und Hofbeamten, die Autoren jener Bulletins, es läßt sich nichts sagen über einen dauernden Leidenszustand, in welchem der Wechsel zwischen schlimm und schlimmer einerseits nicht zu speciellen Befürchtungen, andrerseits aber leider auch nicht zu den geringsten Hoffnungen berechtigt. Erbarme sich Gott unseres geliebten Königs, möge er schirmen und schützen unsere liebe, fromme Königin!

In der politischen Welt spielt die italiänische Frage noch immer die erste Rolle und wenn die Märzrede des französischen Gewalthabers wirklich die Gemüther erschüttert hat, wie es scheint, so wollen wir uns dieses Erfolges freuen, ohne dem Bonaparte dafür zu danken. Es unterliegt für uns keinem Zweifel mehr, daß Verhandlungen zwischen Preußen, Rußland und Oestreich im Gange sind, um endlich der immer zudringlicher werdenden bonapartischen Anmaßung einen Damm entgegenzuwerfen — wir kommen wohl spät, aber wir kommen doch; — dem Bunde der drei Großmächte wird zwar zunächst die Hülfe des brittischen Ministeriums fehlen, aber das brittische Volk wird ihm ein besserer Bundesgenosse sein, und mögen auch faule Glieder der römisch-katholischen Kirche es mit dem romanischen Empereur halten, Alles, was noch gesund ist und Leben hat in der katholischen Kirche muß gegen ihn sein. Wir finden, daß die Situation anfängt sich zu klären und das ist immerhin etwas. In Italien selbst werden die nächsten Tage entscheidend sein; Louis Napoleon und Cavour spielen dort abgekartetes Spiel, die östreichische Diplomatie befindet sich in Bezug darauf noch immer in einem verhängnißvollen Irrthum, die russische ist besser unterrichtet, auch die preußische, aber Herr von Roumont erhebt vergebens seine warnende Stimme.

In den parlamentarischen und militairischen Kreisen werden die „Militair-Vorlagen“ noch immer lebhaft besprochen, hier nur beschwatzt und mehr oder minder geistreich beschnüffelt, dort gründlich erörtert. Im Allgemeinen glaubt man zwar an einen hartnäckigen Kampf, aber endlich doch an einen Erfolg, d. h. an die Annahme der Vorlagen. Einige bleiben dabei, daß das Ministerium im Falle der Nichtannahme resp. der Amendirung der Vorlage sich zurückziehen werde, Andere dagegen versichern, es sei bereits ein Compromiß abgeschlossen, das Ministerium wolle sich mit einer Dienstzeit von zwei und einem halben Jahre begnügen. Das Letztere ist, nach unseren Erkundigungen, die indessen nicht den Anspruch machen unfehlbar zu sein, falsch. Für den Fall des Zurücktritts der Minister wird das neue Cabinet, als dessen Chef man den Grafen Arnim-Boytzenburg, wir wissen nicht mit welchem Rechte! bezeichnet, sofort mit einer Auflösung des Hauses der Abgeordneten vorschreiten, die Reorganisation der Armee muß durchgesetzt werden.

Die Nachricht von dem Rücktritt des Ober-Präsidenten von Posen war eine Erfindung, aber keine müßige, sondern eine sehr tendenziöse, sie sagte nur: „Steh' auf, damit ich mich setzen kann!“ Herr von Puttkamer (Puttkamer, nicht Puttkammer wird der Name laut Familientagsbeschlusses der Puttkamer geschrieben) hält es für seine Pflicht, unter den gegenwärtigen Umständen auszuharren, d. h. nicht aufzustehen von seinem Ober-Präsidenten-Stuhl, seine Gesundheit ist viel besser, als sie sein Nachfolger wünscht.

Herr von Bismarck-Schönhausen, der für den Rest dieses Winters seinen Aufenthalt hier genommen, ist zwar wiederhergestellt von seinen schweren Leiden, doch bedarf seine Gesundheit noch immer der Schonung; es verlautet noch nichts über die Zeit, in welcher er sich auf seinen Posten nach St. Petersburg zu begeben gedenkt.

Im Ganzen und Großen ist die Gesellschaft übersättigt von Concerten und wissenschaftlichen Vorlesungen, lebenden Bildern und Bilderausstellungen: Alles sehnt sich rechtschaffen nach dem belebenden Hauche des Frühlings und blickt mißmüthig in das Schneegestöber dieser Märztage.

Aus Venedig.*)

— Thätigkeit des Instituts für Wissenschaft, Kunst und Literatur im letzten Jahre. —

Die Thätigkeit des Institutes ist in diesem Jahre hinter jener der früheren Jahre nicht nur nicht zurückgeblieben, sondern scheint dieselbe im Hinblick auf die von ihm ausgegangenen Publikationen sogar noch übertroffen zu haben; außer dem alljährlich erscheinenden Bande der „Atti dell' Istituto“ sind nämlich auch der zweite und dritte Theil des siebenten und der erste Theil des achten Bandes der „Memorie dell' Istituto“ in Druck gelegt worden.

In den „Atti“ erscheinen vorzugsweise die mathematischen und astronomischen Wissenschaften durch gediegene Aufsätze der Professoren Bellavitis und Minich ꝛc. vertreten; auf naturhistorischem Gebiete begegnen wir einer Fortsetzung der Arbeiten des Professors de Visiani über die seltenen Pflanzen im botanischen Garten zu Padua und seinem Katalog der Phanerogamen in den venetianischen Provinzen, ferner einem Verzeichniß der in denselben Gegenden vorkommenden Reptilien von Prof. Massalongo, einer systematischen Uebersicht der Venetien eigenthümlichen Säugethiere und Vögel und einer wissentschaftlichen Zusammenstellung jener Eingeweidewürmer, deren Vorkommen Professor Molin an Kranken in dem genannten Lande beobachtet hat; die drei letztgenannten Professoren haben überdies das Museum des Institutes in seiner zoologischen Abtheilung mit Geschenken bereichert.

Die Aufmerksamkeit der Naturforscher hat sich seit einigen Jahren der Thätigkeit gewisser Insekten zugewendet, die mit anscheinend sehr zarten Organen Metallplatten zu durchbohren pflegen. Berti schildert eine auf diesem Wege zu Stande gekommene Durchlöcherung der Gasleitungsröhren in einer Venetianischen Druckerei; ursprünglich hatte man ungerechter Weise die Arbeiter der absichtlichen Beschädigung beschuldigt.

Derselbe Autor schildert auch das am 20. Januar 1856 im Venetianischen vorgekommene Erdbeben und theilt sehr umfassende Studien über das Klima in Venedig mit.

Die Chemie ist durch den ersten Theil einer Abhandlung Prof. Bizio's über den Purpur der Alten vertreten. Bizio hat diesem Gegenstand seit langer Zeit seine ganz besondere Aufmerksamkeit zugewendet und theilt die Resultate seiner Forschungen mit.

Dr. Asson schreibt über die Functionen der Nierenkapseln, Prof. Namias über die Anwesenheit des phosphorsauren Eisens im bläulichen, bei verschiedenen Krankheiten vorkommenden Eiter, Prof. Vinschgau über die durch den Speichel bewirkte

---

*) Nach der „Gazetta uff. di Venezia“.

Umwandlung des Satzmehls (Fecula) in Dextrin und Zucker, Sandri schildert die in den venetianischen Provinzen häufig zur Beobachtung gelangenden Epizootien und Gera behandelt die Aufgabe der Racenverbesserung, namentlich im Hinblick auf Pferde.

Das technologische Gebiet wird mit einigen historischen Andeutungen des Prof. Zantedeschi über musikalische Automaten und in einer Denkschrift des Conte Sagredo über den Stand der Industrie in Toscana berührt. Hierher gehört auch der Commissionsbericht über versuchte, aber nicht gelungene Lösungen der Preisfrage: Ueber die Mittel, Wasser auf kleine Höhen zu heben, und über die mit Glück gelöste Frage: Ueber die Konsequenzen, die sich für den Handel im Allgemeinen und für den venetianischen Handel insbesondere aus der Eröffnung des Suez-Kanals prognostiziren lassen.

Schätzenswerthe Beiträge zur Statistik der Venetianischen Provinzen hat Conte Cavalli geliefert; Cavaliere Balbi beleuchtet die Leistungen der K. K. geographischen Gesellschaft in Wien: Prof. Bellavitis macht Vorschläge zur zweckmäßigen Numerirung der Häuser.

Dr. Farion hat einen Nekrolog des für die Wissenschaft zu früh gestorbenen Prof. Zambra geliefert.

Archäologisches findet sich in Dr. Veludo's Besprechung des griechischen Dichters Babrio; Cavaliere Cicogna theilt den Bericht einer Commission mit, deren Aufgabe die Conservirung der vielen, in verschiedenen militärischen Etablissements vorhandenen Kunstgegenstände sein soll. Cavaliere Bianchetti hat einen philologischen Beitrag geliefert. Außerdem enthalten die „Atti" noch eine Anzahl bibliographischer Berichte.

In den Memorie begegnen wir einer größeren astronomischen Abhandlung, einer Denkschrift Bellavitis' »über die Materie und die Kräfte«, zwei Aufsätzen Turazza's »über die Dampfmaschine« und Buchia's »Forschungen über die Bewegung des Wassers in der Schlegel'schen Turbine.« Vizio theilt seine Experimente mit, die er zur Erklärung des Phänomens der wechselnden Färbung der Schatten unter bestimmten Lichtmodalitäten angestellt hat. Zanardini giebt eine Zusammenstellung der Flora des Rothen Meeres und Visiani einen illustrirten Catalog der fossilen Pflanzen Dalmatiens.

Sandri behandelt die »Natur und den Ursprung der Contagien«, er leitet ihre Entstehung aus präexistirenden organischen Keimen her, deren Verbreitung er auch den epidemischen Gang der bezüglichen Krankheiten mit Ausschluß jeder anderen Erklärungsweise zuschreibt.

Die bekannte Angelegenheit des »Charles George«, die vor ungefähr zwei Jahren die Aufmerksamkeit der civilisirten Welt im hohen Grade erregte, hat dem Prof. Cav. Menin Anlaß zur »Erforschung der Ursachen, welche bis jetzt den Erfolg der gegen den Sclavenhandel gerichteten Maßregeln paralysirt haben, und der Mittel, durch die er herbeigeführt werden könnte«, gegeben. Menin verkennt keineswegs die politischen und ökonomischen Schwierigkeiten einer Lösung dieser Frage; das verjährte Uebel werde sicherlich lange Zeit zu seiner Heilung brauchen, die aber nichtsdestoweniger vollkommen möglich sei.

Conte Miniscalchi veröffentlicht eine Tabelle als Erläuterung seiner Denkschrift »über ein allgemeines System der Transscription«; Dr. Marzollo zieht aus der Analogie einzelner Vokabeln, mit denen man aus verschiedenen Zeiten und Sprachen denselben Begriff oder Gegenstand ausdrückte, Schlüsse auf den Standpunkt, auf welchem die Wissenschaften in der Blüthenepoche jener Sprachen angelangt waren, und beginnt zunächst mit der Betrachtung der Heilkunde, wozu er in seiner Doppeleigenschaft eines Heilkünstlers und Philologen vollkommen berechtigt erscheint.

Cavaliere Cicogna theilt biblio- und biographische Notizen über den berühmten Rechtsgelehrten Johann Musler aus Oettingen mit, der im 19. Jahrhundert gelebt und an der Universität Padua gelehrt hat.

Die Thätigkeit des Institutes erstreckte sich auch auf das von ihm begründete Venetianische Pantheon, das mit 22 Büsten und 2 Madaillons berühmter Venetianer bereichert wurde, auf die Vergrößerung der Bibliothek, auf die Ausdehnung des Naturalienkabinets und auf die Herstellung einer technologischen Sammlung.

Militärische Revue.

Sonntag, den 11. März 1860.

Avis. Beiträge ꝛc. für die militärische Revue werden unter der Adresse der Expedition, Kronenstraße Nr. 21, erbeten.

Geschichtskalender.

11. März 1814.	Das v. Geismar'sche Freicorps erob. St. Quentin.
12. März 1814.	General v. Jagow erstürmt Rheims.
13. März 1689.	Gefecht v. Kloster Meer (Oerdingen): General von Schöning schlägt die Franzosen.
14. März 1742.	Ausfallsgefecht vor Brünn: General Truchseß schlägt die Oestreicher.
15. März 1760.	Gefecht von Neustadt: Das Regiment Manteuffel deckt einen Convoi siegreich, nachdem es die Aufforderung des österreichischen Generals von Laudon zur Ergebung verächtlich abgewiesen hatte.
16. März 1807.	Der Angriff der Franzosen auf den Stolzenberg bei Danzig wird abgeschlagen.
17. März 1813.	Gefecht b. Zollenspieker: General v. Tettenborn mit Russen und dem pommerschen Füs.-Bat. schlägt die Franzosen.

Inhalt:

Die Offensivkraft der Heere.

III. (Schluß.)

Vielleicht wird es zur Bekräftigung der in den vorigen Abschnitten entwickelten Thesen dienen, wenn wir dieselben an einem bestimmten Heere der Jetztzeit als Beispiel ausführen; wir wählen hierzu die französische Armee, denn leider Gottes wird sie neunundneunzig Mal genannt werden, wenn man hundert Mal danach frägt, welche europäische Armee wohl die offensiv kräftigste sei?

Der Franzose eignet sich vorzüglich zum Soldaten; sein Charakter ist nach dieser Richtung hin gründlich secirt worden und allgemein gekannt, oft zu sehr anerkannt. Wir lassen daher hier ebenso, wie in den vorhergehenden Theilen, alles Angeborene, wie wichtig es auch sein mag, möglichst außer Acht, und betrachten nur in Kürze, was die Heeres-Einrichtungen dazu gethan haben, der französischen Armee den Ruf der Unwiderstehlichkeit in so hohem Grade zu verschaffen. Freilich hängt die Organisation einer Armee mit den charakteristischen Eigenschaften ihrer Nationalität eng zusammen, soll sich sogar auf diese letzteren gründen, dennoch giebt es auch hierin Wahrheiten, die ganz allgemein sind, die für die verschiedensten Verhältnisse, für die verschiedensten Völkerstämme dieselbe Gültigkeit behalten, und zu diesen Wahrheiten rechnen wir die, daß nur gründlich geschulte Soldaten mit tüchtiger Ausrüstung einen erfolgreichen Offensivkampf führen können.

Der Heeres-Ersatz erfolgt in Frankreich bekanntlich durch Stellung mit dem zwanzigsten Lebensjahre und Stellvertretung. Die Dienstzeit beträgt sieben Jahre, durch Beurlaubungen soll sie unter gewöhnlichen Verhältnissen auf vier Jahre Präsenz reducirt werden, — wir lassen es dahingestellt, wieviel Heerespflichtige in Frankreich sich auf das Eintreten dauernder „gewöhnlicher Verhältnisse“ fest verlassen, — factisch aber beginnt die soldatische Ausbildung des Franzosen, sobald er die ersten Höschen anzieht. Es wird wenig in den Schulen gelernt, blutwenig, und die wunderlichsten Anekdoten, die man von französischer Geographie und Geschichtskenntniß erzählt, reichen lange nicht an die Wirklichkeit heran, aber la gloire de la grande nation, die erzählt jedes Kind haarklein, nicht mechanisch, ausdruckslos herplärrend, sondern mit gereckten Hüften, mit funkelnden Augen, mit vollem Enthusiasmus declamirend! Wahrlich, einem Friedensfreunde muß angst und bange werden bei diesem Nachwuchs des „civilisirtesten Volkes“. — Es giebt unter den Erziehungs-Instituten Frankreichs wenige, die nicht eine durchaus militärische Organisation haben und dieselbe auch nach außen hin durch die Uniformirung der Eleven zeigen. Man denke dabei nicht an die Miliz-Cadetten der Schweiz und ihre sonntäglichen und Ferien-Exercitien, auch in Frankreich legt man hohen Werth auf Waffen- und andere körperliche Uebungen als Schuldisciplinen, mehr Werth, als bei uns hier und da auf das Turnen gelegt wird, das Wesentliche und Unterscheidende aber ist die strenge, oft eiserne Disciplin dieser Anstalten, jener wohlberechnete Druck auf die jugendlichen Geister, der, verbunden mit der höchsten Anreizung des persönlichen Ehrgeizes, Soldaten und Führer heranwachsen läßt. Der Kaiser Napoleon hat diesen Pflanzschulen seines Heeres gründliche Aufmerksamkeit zugewendet und fleißig gejätet, wo es ihm nothwendig schien. —

So vorbereitet erhält die französische Armee einen großen Theil ihres Ersatzes, und dennoch bringt sie ungern Mannschaften vor den Feind, die nicht mindestens zwei Jahre gedient haben. Die vor Jahren gefallene Aeußerung des Generals Lamoricière: „Die preußische Armee bestehe aus Kindern, denen gegenüber es sich kaum lohne, Krieg zu führen“, hat ihrer Zeit die gebührende Abfertigung gefunden, aber neben der französischen Insolenz, welche sich darin spiegelt, zeigt sie deutlich, welchen Werth die Nation, die aus lauter „geborenen Soldaten“ besteht, auf alte Soldaten legt. Eben weil die Franzosen viel soldatische Anlagen besitzen, haben sie auch erkannt, daß der Kriegsrock Zeit brauche, um auf den Menschen zu reagiren, daß mit der Exercir-Periode des Recruten nicht zugleich die Ausbildung des Soldaten beendet sei.

Wenn ein Nichtsoldat von der zahlreichen, Alles verstehenden Sorte eine Reise nach Paris gemacht hat, so wird er bei seiner Rückkehr sicher nicht verfehlen, an passender und unpassender Stelle eine mitleidige oder höhnische Redensart über „Kamaschendienst“ und „unnütze Drillerei“ anzubringen, und ein belehrendes Excerpt aus seinen Reisenotizen über das ungebundene und legere Wesen des französischen Soldaten zum Besten zu geben. Urtheilslos hat er über rein Nebensächlichem, Aeußerlichem den Kern übersehen: daß nämlich jener pfeifenrauchende, schiefbemützte Franzose ihn, den Enthusiasten, als „pequin“ mit der namenlosesten Verachtung ansieht, daß diese legere Rothhose viel, viel weiter von ihm entfernt ist, als die heimathlichen Pickelhaubenträger mit ihrer straffen Haltung und den egalisirten Bewegungen. Diese-

Leute begreifen nicht, daß das »jahrelange Drillen« wirklich einen andern Zweck haben kann, als die Ausführung eines guten Parademarsches, und man erreicht ihnen gegenüber in der Regel auch mit den schlagendsten Gründen nicht viel.

Die Einrichtungen, welche dazu dienen, das soldatische Gefühl zu steigern, sind in der französischen Armee raffinirt durchdacht und angeordnet. Der junge Recrut tritt in eine Compagnie du centre. Ein alter Corporal nimmt sich seiner väterlich an und bringt ihm zunächst die Ueberzeugung bei, daß er bis jetzt eigentlich noch gar kein Mensch gewesen, daß er erst geboren worden sei. Kräftige Stöße auf dem Fechtboden, die er — der Recrut — noch obendrein mit einer Collation honoriren muß, so lange die mütterlichen Zehrpfennige vorhalten, lassen keinen Zweifel an der Wahrheit jener Lehren aufkommen, und es dauert nicht lange, so geht alles Dichten und Trachten des jungen Conscribirten dahin, sich der Genossenschaft dieser Helden, denn das müssen sie nach den Erzählungen ihrer Thaten durchaus sein, würdig zu machen, womöglich selbst eine hervorragendere Stellung unter ihnen einzunehmen.

Das erste Ziel seines Ehrgeizes ist das rothe Epaulette des Grenadiers, oder das gelbe des Voltigeurs, in etwas weiterer Ferne winkt die Möglichkeit, in die Garden zu treten, und nun gar eine Tapferkeits-Medaille — was ist unmöglich, wenn solch ein Preis winkt? —

So sieht der Marschallstab aus, den jeder französische Soldat im Tornister trägt, wenn er gegen den Feind marschirt; eine immerwährende Reizung seiner empfindlichsten Seite, der persönlichen Eitelkeit, verbunden mit einem Strafgesetzbuch, dessen Paragraphen dafür sorgen, daß er in der Hand der Führer bleibe, und fast ebenso oft vom Todtschießen reden, wie das preußische von Mittel-Arrest, machen ihn zu einem Gegner, dessen Besiegung jeder Armee den stolzesten Lorbeerkranz um die Fahnen winden wird.

Da die Schule von Algier zu klein war, mußten Uebungslager herhalten, um dem Soldaten das Gefühl einzuprägen, daß er einer besonderen Gattung von Menschen angehöre, die selbstständig und zusammenhanglos mit Allem, was außer ihren Kreisen liegt, dennoch über die Geschicke der Welt entscheide. — Nebenbei — wir behaupten ausdrücklich nebenbei — wurde hier auch jene Erfindungsgabe und Geschicklichkeit des Einzelnen in all den Practiken geweckt und ausgebildet, welche allein das Campagneleben erträglich zu machen vermögen, und deren Unkenntniß jede Armee mit Füllung der Lazarethe und Abspannung der Geister büßen muß. Die vielgerühmte fougue der Zuaven ist nichts weiter als ein Erfolg dieser in outrirter Consequenz auf ein geeignetes Material, d. h. auf Menschen, die auf dieser Welt nichts mehr verlieren und nur noch durch persönliche Auszeichnung vor dem Feinde Etwas gewinnen können, angewendeten Erziehungs-Methode.

Sie geht weit ab, diese Methode, von dem göttlichen Gesetze: Du sollst Deinen Nächsten lieben wie Dich selbst, allein die Franzosen haben sich nie durch Moralität oder Religiosität besonders ausgezeichnet, und wer z. B. für die Sicherheit des päpstlichen Stuhles darin, daß die französischen Soldaten meist Katholiken sind, auch nur die geringste Garantie erblicken wollte, der kennt das französische Heer nicht.

Es war auf einem zu Paris abgehaltenen Congresse der Friedensfreunde, wo einer derselben, — irren wir nicht, so war es Victor Hugo — darauf hinwies, was mit den in Europa seit dem großen Napoleonischen Kampfe für Zwietracht und Eifersucht verausgabten Milliarden hätte geschaffen werden können, wenn man sie für die »Liebe« depensirt hätte. Jedenfalls hat Napoleon III., der französische Friedens-Kaiser, nicht viel von dieser Rede profitirt; er fragt nie nach den Kosten, wenn es sich darum handelt, der Armee eine neue Waffe, ein neues Rüststück zu geben, und seine Sorge für die Armee ist Alles umfassend und unermüdlich. Man kann seit Jahren kaum ein Zeitungsblatt in die Hand nehmen, in welchem nicht von französischen Rüstungen, Waffen-Verbesserungen, Zusammenziehungen zu Uebungslagern u. s. w. die Rede wäre. Die französische Armee, so will es uns bedünken, hat ihren Dank für diese Sorgfalt schon abgestattet, und es wird Mühe kosten, ihr fernere so glänzende Proben von Dankbarkeit zu verwehren.

Durch einfache und zweckmäßige Gliederung ihrer Heereskörper haben die Franzosen von je her excellirt, und fast bei allen Verbesserungen nach dieser Richtung hin, sich die Initiative zu wahren gewußt. Auch im letzten Feldzuge bewiesen die einzelnen Corps große Selbstständigkeit und Selbstthätigkeit, und blieben dennoch in der Hand des Oberbefehls. Wenn Kaiser Napoleon bei Solferino in letzterer Beziehung nicht ganz zufrieden gewesen sein soll, so müssen seine Anforderungen sehr hoch sein, nach den Anschauungen und Bildern, die sich aus dem über jene Schlacht bis jetzt Berichteten zusammenstellen lassen, hätte es nicht der unglücklichen östreichischen Armee als Folie bedurft, um der Leitung der französischen Massen volle Anerkennung zu verschaffen.

Es giebt viele faule Flecke in Frankreich, auch in der Armee; Mancher will schon den Zerfall und Untergang alles dessen wittern, worauf ihre bedrohliche Kraft sich gründet. Möglich das; die Franzosen haben nur leider die fatale Angewohnheit, die heftigste Familienscene ohne Weiteres abzubrechen, sobald sich irgend welche Gelegenheit zeigt, nach Außen hin als einige Familie aufzutreten. Deshalb ist es vielleicht kurzsichtig, ganz bestimmt aber vorsichtig, sich neben der Gerechtigkeit der Sache auch ein wenig auf tüchtige Soldaten zu stützen.

Ueber die Zukunft der Cavallerie.

Die Thätigkeit der Cavallerie im Kriege zerfällt in zwei große Hauptheile: die Mitwirkung in den Schlachten und den Sicherheitsdienst. So verschieden diese Thätigkeiten nach Zweck und Mitteln sind, immer bleibt die rasche Bewegung der Kern ihrer Kraft und ihres Werthes. Seit der Reorganisation der Cavallerie-Tactik durch Friedrich den Großen ist diese Erkenntniß, der sich das Mittelalter viele Jahrhunderte hindurch gänzlich verschlossen hatte, sorgsam bewahrt und jeder Rückschritt vermieden worden, zum mindesten der tendenziöse Versuch, einen Rückschritt nachzuweisen, ziemlich unglücklich ausgefallen.

Wenn demohngeachtet die Ansicht: daß die Cavallerie mehr und mehr an Bedeutung verliere, täglich weitere Verbreitung findet und häufig dahin übertrieben wird, derselben jede Zukunft abzusprechen, so liegt dies vorzugsweise in der veränderten Bewaffnung und Tactik der Infanterie und Artillerie, nächstdem in der steten Abnahme des für Cavallerie geeigneten Terrains, und endlich in dem Umstande, daß die jüngsten Feldzüge an den glänzenden Reiterthaten allerdings sehr arm waren. Der zuletzt angeführte Grund ist offenbar der schwächste und rein zufälliger Natur, dennoch hat er jenem Glauben an den gesunkenen Werth der Cavallerie mehr Proselyten geschaffen, als alle andern, weil es ein sehr bequemer und beliebter Fehler ist, aus einem engen Kreise von Beispielen die weittragendsten Lehrsätze abzuleiten.

Der ausgedehntesten und erfolgreichsten Wirkung erfreute sich die Reiterei zur Zeit der Linear-Tactik, deren dünne Glieder und schwache Flügel stets willkommene Angriffspunkte boten. Der in Massen, in Colonnen aufgestellten Infanterie gegenüber mußte der Gewinn nothwendig schmäler ausfallen, denn ein Choc, welches früher ganze Treffen durchrannt und in Verwirrung gesetzt haben würde, sprengte jetzt im günstigsten Fall ein Bataillons-Quarré. Die französischen Cuirassiere haben bei Aspern hierüber reiche Erfahrungen gesammelt.

Indessen blieb es, so lange nicht die Tragweite und Sicherheit des Schusses in dem Maße gesteigert war, daß auch eine geringe Anzahl von Gewehren viele Reiter und Rosse tödten und dadurch den Anprall abweisen konnten, immer ein mißliches Ding, mit einem kleinen Schlachthaufen Fußvolk in freier Ebene entschlossener Cavallerie zu begegnen, und diese verschaffte so der eigenen Artillerie auch dann große und volle Ziele, wenn der Gegner durch keinen andern Grund gezwungen war, geschlossene Massen zu zeigen. Mit der allgemeinen Einführung der gezogenen Gewehre mußte dies Verhältniß sich für die Cavallerie ungünstiger gestalten. — Die Sicherheit mit Zündnadelgewehren bewaffneter und geübter Truppen gegen Cavallerie-Anfälle bezweifeln, heißt wohl die Resultate des Schießplatzes mit gar zu vieler Vorsicht aufnehmen, oder vielmehr diese Resultate als ganz bedeutungslos gradezu zurückzuweisen; ob aber ein Gewehr, welches weniger schnell feuert, ein kleines Viereck, z. B. eine in der Ebene überraschte Compagnie-Colonne, vor dem Ueberrittenwerden zu schützen vermag, das ist denn doch noch sehr fraglich, zumal bei einem lange verdeckt gebliebenen Anreiten der Cavallerie.

Das französische Reglement nimmt darauf Bedacht, den Quarrés eines Treffens durch schräge Aufstellung zur Grundlinie gegenseitige Flankirung zu gewähren und den Feind in Kreuzfeuer zu bringen. Abgesehen davon, daß diese Theorie eben sehr nach Theorie schmeckt, muß von einem Quarré unbedingt und zunächst Selbstständigkeit verlangt werden. Die Franzosen haben in ihren Reglements noch Mancherlei stehn, was im Ernstfalle zu beobachten ihnen nie in den Sinn kommt, und es wäre interessant, durch einen östreichischen Reiter, der in der Schlacht bei Solferino, bei La Marino gegen die Mac-Mahon'schen Quarrés mitgefochten, einige Details zu erfahren. Jedenfalls überwiegt der moralische Halt, den mehrere in kurzer Entfernung voneinander aufgestellte Quarrés gewinnen, und die Unsicherheit, zu welcher die angreifende Reiterei hinsichtlich der Chocrichtung leicht verleitet wird, bei Weitem jede, durch sorgsame Combination der feuernden Linien zu erreichende Erhöhung der Feuerwirkung.

Neben den massiven und standfesten Formen der Colonnen-Tactik und der mörderischen Sicherheit der neuen Schußwaffen ist es ferner die, von dem siegreichsten Heere unserer Tage, dem französischen, stets sorgsam beobachtete Regel: die Reserven lieber zu nahe als zu entfernt aufzustellen, welche die Erfolge der Cavallerie schmälern muß. Wie Friedrich der Große seiner Reiterei befahl, sich nie attaquiren zu lassen, sondern stets selbst anzugreifen, so ordnete er auch an, daß das Sammeln nach dem Choc stets vorwärts stattfinden sollte. Es ist leicht einzusehen, daß die Befolgung dieser Regel, welche dem Geiste der Reiterei ganz entspricht und eine Modifikation durchaus nicht zuläßt, bei einem scharf aufgeschlossenen Gegner große Schwierigkeiten bietet, und der Reiterei nach errungenem Siege leicht schlimmere Verluste auferlegen kann als vor demselben. Die Cavallerie muß in der geschwindesten Gangart und mit der höchsten Steigerung aller Kraft auf den Feind stoßen, dieser Grundsatz wird wahr bleiben, so lange es Reiter giebt, aber das Durchjagen en débandade so weit der Athem der Pferde reichen will, führt jetzt zum fast unabwendbaren Verlust der Cavallerie, diese wird sich durchaus nach dem Einbrechen mehr zur Säbel-Arbeit bequemen müssen, als sie es bisher zu thun gewohnt war. Sie wird dann auch da mit Erfolgen belohnt werden, wo diese bisher auszubleiben oder illusorisch zu sein pflegten. Wir erinnern nur daran, wie wenig in den meisten Fällen Reiter, welche in eine abgeprotzte und feuernde Batterie eingedrungen waren, ausgerichtet haben. Ein kurzes, hagelschauergleiches Durchpreschen auf dem Hinwege, vielleicht noch einmal auf dem Rückwege, das war in der Regel Alles; selten ist der Geschützbedienung oder der Bespannung, noch seltener den Geschützen selbst ein ernster Schade geschehn.

Wenn die moderne Gefechtsweise offenbar erhöhte Anforderungen an die Tüchtigkeit der Reiterei stellt, wenn sie ein Tummeln der Rosse neben der geschlossenen Carrière erheischt, so finden wir dies durch das moderne Terrain — sit venia verbo — in nicht geringem Grade geboten.

Die Reiterei wird zuweilen die »feudale Waffe« genannt. Der Ausdruck ist viel besser und bezeichnender gewählt, als seine Erfinder sich träumen ließen. Die Reiterei braucht ein Terrain, wie es sich nur unter feudalen Verhältnissen erhalten kann. Mit der Parcellirung des Grund und Bodens, mit den wachsenden industriellen Bestrebungen verwandeln sich die weiten, zusammenhängenden, weder bedeckten, noch coupirten Flächen in kleine Feldstückchen die von Gräben und Hecken begrenzt sind; die Wälder verschwinden, dagegen entstehen überall Häuser und Häuschen, Gärten und Gärtchen, zahlreiche Straßen, und — was noch wichtiger — Straßen, die von Gräben begrenzt sind, kurz — die allgemeine Wegsamkeit nimmt fortwährend ab.

Noch ist sie indessen keineswegs überall so gering geworden, daß nur eine Reiterei, die aus lauter geübten Fuchsjägern auf Vollblutpferden besteht, Aussicht auf Erfolge hätte, Reisfelder und Weingärten giebt's nur in Italien, bei den Manoeuvres in Deutschland bilden Rapsfelder immer noch das gewöhnlichste und am meisten respectirte Hinderniß. Der Massen-Gebrauch der Cavallerie findet mehr und mehr Einschränkung, das unterliegt keinem Zweifel, dafür werden aber die vielen Bedeckungen des Terrains andrerseits kleineren Reitergeschwadern die unbemerkte Annäherung gestatten, welche bei den weittragenden Feuerwaffen des Feindes sonst unmöglich wäre. Zudem suchen Entscheidungsschlachten stets einen Schauplatz, der wenigstens zum Theil freies und durchaus practicables Terrain bietet.

Für den Sicherheitsdienst der Cavallerie hat sich Wesentliches nicht geändert, nur daß natürlich die eben erwähnte Umgestaltung des Terrains auch in diesem Dienstzweige Reiter verlangt, welche mehr können, als auf glatter Haide Trab und Galopp reiten.

Wenden wir uns nun von der Betrachtung der reinen Gefechts- und Terrain-Verhältnisse noch auf einige Augenblicke zur Kriegsführung, so finden wir, daß die nicht mehr zu verkennende Neigung der jüngsten Zeit zum stehenden, »localisirten« Kriege ebenfalls auf die Verminderung der Zahl der Cavallerie hinwirken muß. Cavallerie taugt nicht zum Positionskriege, schon die Schwierigkeit der Ernährung weiset ihr den Bewegungskrieg als eigentliches Element an. Die Umstände und Weitläufigkeiten, welche ihr Transport auf den Eisenbahnen und Schiffen verursacht, tragen ebenfalls nicht wenig dazu bei, sie in den Hintergrund zu drängen, und stellenweise vergessen zu lassen, daß sie bei der Verfolgung des geschlagenen Feindes diese Unbequemlichkeiten hundertfach vergelten kann.

Aber Geduld, grade dieselben Umstände, welche eine Verminderung der Zahl für die Cavallerie herbeiführen, der stehende Krieg und die künstlichen Communicationslinien verleihen dagegen einem alten und ruhmreichen Felde ihrer Thätigkeit noch erhöhtes Gewicht und neuen Glanz. Wir meinen die Partisanen-Unternehmungen. Wenn der Partisan früher nur schlagen sollte, sobald die Gelegenheit gar zu verlockend war, oder die Selbsthülfe es gebot, übrigens aber Sehen, Hören und Rapportiren seine eigentliche Bestimmung blieb, so wird es ihm bei der großen Künstlichkeit und Unentbehrlichkeit der jetzigen Zufuhrlinien leicht werden, dem Feinde den allerempfindlichsten Abbruch zu thun. Der Partisanen-Führer vom rechten Schlage läßt sich nicht fangen, trotz aller Eisenbahnen und Telegraphenlinien.

Daß der Partisanendienst vorzugsweise gute und ausdauernde Pferde, wie tüchtige Reiter verlangt, liegt auf der Hand, und so finden wir denn überall die Anforderungen hinsichtlich der Zahl der Cavallerie erniedrigt, hinsichtlich der Leistungsfähigkeit aber erhöht. Die Verwendbarkeit der Massenreiterei wie der schweren Reiterei — deren charakteristische Wirkung ja der Massenstoß ist — wird durch die sich stets mehrenden Terrain-Trennungen zu Gunsten der leichten, in kleinen Geschwadern und schließlich selbst einzeln kämpfenden Cavallerie beschränkt. Wenn es dort nur darauf ankommt, die Pferde tüchtig laufen zu lassen, und mancher unsichere Reiter von seinen Kameraden übertragen werden kann, ohne den Erfolg im Ganzen zu schmälern, so muß dagegen hier jeder Einzelne in allen Gangarten vollkommen Herr seines Pferdes sein, mit Leichtigkeit Hindernisse nehmen und seine Waffen zu Schutz und Trutz gewandt und sicher führen können. Der Krieg fordert noch keine Kunstreiter und Equilibristen, wohl aber dreistes Reiten und kräftige Hiebe in höherem Maße als bisher.

Tagesereignisse.

Im Anschluß an unsere Notiz in voriger Nummer über den künftigen Offizier-Etat der Infanterie-Regimenter, geben wir nach den künftigen Etat

eines Jäger-Bataillons:

1 Commandeur,
2 Hauptleute erster Klasse,
2 desgl. zweiter „
4 Premier-Lieutenants,
13 Seconde-Lieutenants, einschließlich Adjutanten,
22 Officiere;

eines Cavallerie-Regiments:

1 Commandeur,*)
1 Stabsoffizier,
2 Rittmeister erster Klasse,
2 desgl. zweiter „
4 Premier-Lieutenants,
13 Seconde-Lieutenants, einschließlich Adjutant,
23 Offiziere.

Von den neu zu errichtenden 4 Dragoner- und 4 Ulanen-Escadrons beziehen 4 Escadron-Chefs das Gehalt erster und 4 das zweiter Klasse. Die 8 Regimenter, welche die 5te Escadron formiren, erhalten außer dem Esc.-Chef 1 Premier- und 3 Seconde-Lieutenants mehr auf den Etat.

*) Von den 40 Regiments-Commandeuren der Linie beziehen 20 ein Gehalt von 2500 und 20 ein solches von 2250 Thlrn.

eines Artillerie-Regiments:

1 Regiments-Commandeur,
5 Abtheilungs-Commandeure,
8 Hauptleute erster Klasse,
20 desgl. zweiter „
17 Premier-Lieutenants,
56 Seconde-Lieutenants, einschließlich Adjutanten, Feuerwerks-Lieutenants und außeretatsmäßige Seconde-Lieutenants,
107 Offiziere und außerdem ein Hauptmann als Chef der Handwerk-Compagnie;

der 1. combinirten Festungs-Artillerie-Abtheilung:

2 Stabsoffiziere,
2 Hauptleute erster Klasse,
3 desgl. zweiter „
5 Premier-Lieutenants,
11 Seconde-Lieutenants, einschließlich Adjutant,
23 Offiziere;

der Feuerwerks-Abtheilung:

1 Commandeur,
2 Hauptleute zweiter Klasse,
2 Premier-Lieutenants,
3 Seconde-Lieutenants, einschließlich Adjutant,
8 Offiziere.

Etat des Ingenieur-Corps.

1	General-Inspecteur,
3	Ingenieur-Inspecteure,
10	Festungs- und Pionier-Inspecteure,*)
23	Stabsofficiere,**)
39	Hauptleute erster Klasse,
45	desgl. zweiter "
18	desgl. dritter "
54	Premier-Lieutenants,
114	Seconde-Lieutenants,
44	desgl., außeretatsmäßig,
351	Offiziere.

Die Königlich hannöver'sche Regierung findet für gut, die Pulvertransporte von Berlin und Magdeburg nach den westlichen Provinzen dadurch zu inhibiren, daß sie dieselben auf den Transport in Kriegsfahrzeugen beschränken will, eine Beschränkung, die einem Verbote ziemlich gleich kommt. Die Königlich hannöversche Regierung findet ferner für gut, die Anlage einer Eisenbahn von Minden nach dem Jahde-Gebiete, welche auf einer Strecke von etwa drei Meilen hannöversches Gebiet berühren würde, nicht zu gestatten. Dabei spricht die Königlich hannöversche Regierung bei jeder Gelegenheit entsetzlich viel vom deutschen Bunde und von deutscher Einigkeit. Es ist aber gänzlich gleichgültig, ob die hannöversche Regierung hiervon spricht oder nicht; wogegen es auf die Dauer für die preußische Regierung einfach unmöglich ist, sich durch den Willen einer kleinen deutschen Regierung in ihren militärischen Maßnahmen beschränkt zu sehen. Unsere rheinischen Festungen und Minden müssen mit Pulver versehen, und die Eisenbahn von Minden nach der Jahde muß gebaut werden; es sind dies Beides Existenzfragen für Preußen. Will die Königlich hannöversche Regierung hierzu ihre Einwilligung nicht geben, so **muß es ohne dieselbe** geschehen. Die Thatsachen sind mächtiger, als die Souveränitäts-Eitelkeit kleiner Staaten.

Die „Preußische Zeitung" vom 4. März erhebt sich endlich wieder zu einem Leitartikel über die dem Landtage gemachten militairischen Vorlagen, ein Artikel, der wirklich unübertrefflich in der Kunst ist, nichts zu sagen. Ja, diese Zeitung benutzt in einem scheinbar zu Gunsten dieser Vorlage geschriebenen Artikel die Gelegenheit, um gegen „solche, die sich Freunde der Vorlagen nennen", zu Felde zu ziehen. Mit Entrüstung weist das Journal die — beiläufig, von uns übersehene — Behauptung der Kreuzzeitung zurück, „unsere Erörterungen (nämlich die der Preußischen Zeitung) seien augenscheinlich von militairischer Seite eingesendet." Ueber die Behauptung selbst mag sich die edle Redaction beruhigen: das müßte ein ganz sonderbarer Schwärmer sein, der hinter den Artikeln der Preußischen Zeitung einen Soldaten suchte. So farblos schreibt kein Soldat; ein solcher würde, von seinem Stoffe erfüllt, sich nicht mit allgemeinen Phrasen begnügen. Uns Soldaten würde die Preußische Zeitung — wir baten an dieser Stelle schon einmal darum — den größten Gefallen erweisen, wenn sie unsere Angelegenheiten mit ihren Leitartikelsaucen gänzlich verschonte. Wir brauchen sie in der That nicht.

Man verkauft hier seit acht Tagen für einen Silbergroschen eine Broschüre, welche mit ganz unglaublicher Heftigkeit gegen die dreijährige Dienstzeit polemisirt. Die originellsten Dinge kommen dabei zum Vorschein. So hat die Armee im Jahre 1813 aus 250,000 Mann bestanden, von denen 40,000 Mann Krümper und der **Rest Landwehr** gewesen sei! Die Schlachten von Groß-Görschen und Bautzen werden durch Landwehr verherrlicht und die von der Katzbach und Dennewitz von dieser gewonnen. Die Truppen York's und Blücher's haben wahrscheinlich zugesehen und namentlich bei Groß-Görschen und Bautzen muß es eine lustige Geisterschlacht zwischen der abwesenden Landwehr und den Franzosen gegeben haben. Der Ausspruch Napoleons: „Die Preußische Infanterie ist die einzige, die etwas taugt", ist in Beziehung auf die Landwehr gemacht worden, und in diesem „blühenden" — Style geht es einen ganzen Bogen lang hindurch. Die Breslauer Zeitung giebt sich die Mühe, die Zahlenangaben von diesem Komikus zu widerlegen! —

Wenn man die „gehaltvollen Declamationen" der National- und ähnlicher Zeitungen über zwei- oder dreijährige Dienstzeit liest, dann wird man ganz unwillkürlich an den Ausspruch Friedrichs des Großen erinnert: „Und mit solchem Gesindel muß ich mich herumschlagen!"

---

*) Hiervon beziehen 5 das Gehalt von 2600 Thlrn. und 5 das von 2250 Thlrn.

**) Hiervon beziehen 14 das Gehalt von 1900 Thlrn. und 9 das von 1800 Thlrn.

Solidarität zwischen Fürsten und Volk, zwischen Fürsten und Fürsten.

Es gab eine Zeit, und sie liegt nicht fern, in der auf Seiten der Fürsten und Regierungen der Wahlspruch galt: „Solidarität der Fürsten und Regierungen," während auf der entgegengesetzten Seite, auf der Seite der liberalen Bourgeoisie, wie wir den Umfang derselben bisher bestimmt und charakterisirt haben, der Ruf erscholl: „Solidarität der Völker!" Der Wahlspruch hatte auf beiden Seiten nur einen negativen Sinn: unter Solidarität der Fürsten verstand man nur ein Zusammengehen der Fürsten, falls von Seiten der Völker hier oder da die bestehende Ordnung in Frage gestellt werden sollte; ebenso rief man auf der andern Seite nach der Solidarität der Völker nur in der Absicht, um gegen die negative Politik der Fürsten und Regierungen ein Gegengewicht zu haben. Die Zeit, in der man so dachte in Deutschland, war die Blüthezeit des Liberalismus, derjenigen politischen Auffassungsweise, nach der Alle, Fürsten wie Völker, sowohl die einzelnen Staatsgewalten innerhalb des Staates, wie auch das Verhältniß der Staaten zu einander, in bloß mechanischer Weise in Betracht kamen, nach der man keine Ahnung davon hatte, daß die Staaten sowohl für sich Organismen seien als auch in ihrer Totalität nach Außen hin ein System, einen Organismus bildeten. Und beide Seiten, Fürsten wie Völker, hatten von den Prämissen aus, die sie ihrem Urtheile zu Grunde legten, Recht, so zu urtheilen. Bestände das Amt des Fürsten bloß darin, sich als den Gegensatz des Volkes anzusehen und jede freie Regung des Volkes, jedes neu auftauchende Bedürfniß des Volkes als feindliche Mächte zu betrachten, die man so viel als thunlich unterdrücken, so wenig als möglich durch Concessionen zu beschwichtigen hätte, dann in der That wäre der Zusammenhang zwischen Fürst und Volk gründlich zerrissen und die Solidarität der Fürsten wäre sehr wohl begründet, aber auch nicht minder die Solidarität der Völker auf der andern Seite. Die Gewalt hätte dann schließlich Recht, die Gewalt wäre dann das höchste Princip sowohl in der innern, wie in der auswärtigen Politik, und die Ideale des Herrn v. Vincke, oder richtiger die ungewaschenen Declamationen desselben, wären vollkommen an ihrem Ort und ihrer Stelle.

Indeß so steht die Sache noch nicht, vor allen Dingen zur Zeit nicht in Preußen. Friedrich Wilhelm IV. war es vor allen Fürsten, der mit tiefem politischen und historischen Blick die klaffende Wunde sah und erkannte, die bereits die liberale Bourgeoisie zwischen Fürst und Volk befestigt hatte, und der sofort nach seinem Regierungsantritte unablässig dahin arbeitete, jene klaffende

Wunde zu schließen, Fürst und Volk wieder als ein Ganzes aufzufassen und nicht minder nach Außen hin die verschiedenen Staaten Europa's als Einen Organismus hinzustellen, geordnet in ihrem Verhältniß zu einander durch historische Traditionen und internationales Recht. Die Geschichte war ihm — könnten wir sagen: ist ihm! — nichts Willkürliches, Regelloses, eine Reihe von gelungenen oder mißlungenen Revolutionen ohne Zweck und Ziel, sondern die Verwirklichung göttlicher Ideen, göttlicher Gedanken; nichts konnte sich demnach von dem Ganzen isoliren, überall galt ihm die Continuität, im historischen Nacheinander, wie im räumlichen Nebeneinander. Es war aber inmitten der Parteigewirre, wie wir sie seit dem Jahre 1840 erlebt haben, eine hohe, aber auch eine äußerst schwere Aufgabe, solcher Auffassungsweise Eingang zu verschaffen: das plante, theoretisirte, kritisirte, politisirte, tobte und heulte durcheinander in der Presse, daß dem vernünftigen Worte nicht leicht Gehör gegeben werden konnte. Gleichwohl ging der König auf der betretenen Bahn weiter, selbst da noch, als im Jahre 1848 die bloß negative Politik, die nur das Zerstören, das Auflösen und Zersetzen aller organischen, geschichtlich gewordenen staatlichen Institutionen kennt, momentan die Oberhand erhalten hatte. Und demgemäß drang er auch auf solche Reformen der Verfassung, die zwar die liberale Bourgeoisie nicht ausschloß von dem öffentlichen Leben, aber ihr doch so viele conservative Elemente zur Seite stellte, als sich noch aus früherer Vergangenheit darboten. Vor Allem war es der Adel, dessen zeitgemäße Reform und Einfügung in das Staatsleben ihm besonders am Herzen lag. Natürlich konnte er dabei nicht an den Titular-Adel denken, so sehr auch dieser vielfach innig verknüpft ist mit den Traditionen unseres Staates, sondern nur an den Adel, der außer den historischen Traditionen auch noch durch eigenen Besitz mit dem Staate verwachsen war. Nicht minder lagen ihm die Städte am Herzen, und soweit es bei der Verwaschenheit der Gränzen noch möglich war, suchte er auch diesen eine dauernde Vertretung im Herrenhause zu geben. Endlich wurden, wie dieß in Preußen nicht wohl anders sein konnte, den erblichen Mitgliedern noch lebenslängliche hinzugefügt, bestehend aus hervorragenden Männern des Königlichen Vertrauens und der Wissenschaft.

Was war nun wohl das Ziel, was der zwingende Gedanke, der dieser politischen Schöpfung zu Grunde lag? Offenbar kein anderer, als der, daß ein monarchischer und sodann auch ein freier Staat nur allein dadurch möglich ist, wenn die Unterthanen desselben organisch gegliedert sind, wenn in sanften Abstufungen vom Thron bis zum geringsten Handwerker organische Kreise sich gestalten, die einmal für sich kleinere Organismen bilden, sodann in ihrer Totalität den Staat, dessen Träger, dessen Spitze der Fürst ist. Preußen sollte so ein wahrhaft Königlicher Staat werden, jeder Unterthan seine Rechte, seine Pflichten und Ehren erhalten, daß man nicht mehr zwischen Fürst und Volk als zwei sich gegenüberstehenden Momenten zu unterscheiden vermöge. Dem Throne zunächst mußte dieser Idee nach der grundbesitzende Adel stehen: seine Stellung, sein Besitzthum, sein Erbrecht, seine Institutionen spiegelten die Idee der Monarchie wieder, wie die einzelnen Tropfen die Sonne. Wie die Krone vererbt nach dem Rechte der Primogenitur, so auch der Besitz des Adels; wie der Besitz der Krone vor Zerstückelung bewahrt ist, so auch der Besitz des Adels; wie Sitte, Denkweise, die Art und Weise des Lebens und Verkehres des Fürsten einen besondern stätigen und durch Herkommen geregelten Charakter hat, so auch die Lebensweise und der Charakter des Adels. Mit andern Worten: der Adel steht der Krone am nächsten, spiegelt am meisten wieder die Institution und Majestät der Monarchie, ohne daß er darum irgend einem andern Stande im Lichte zu stehen, irgend einen andern Stand zu beinträchtigen braucht. Im Gegentheil der Adel ist überall der sicherste und treueste Hüter der Freiheit gewesen. Die „demokratische Monarchie" ist noch niemals etwas Anderes gewesen, denn nackte Despotie.

Was thun nun die Fürsten der Gegenwart, wie verhalten sie sich zum Adel, und wie verhält sich die Bourgeoisie zum Adel? Die Bourgeoisie will, wie wir bereits oft nachgewiesen haben, nichts wissen vom Adel, sie will — nun, zunächst eine demokratische Monarchie, also Beseitigung des Adels als Standes. Vor dem Thron, sagen die Herren der Gleichheit, da wollen wir Halt machen, da mag adelige Sitte auch noch ferner gelten, wie bisher, aber nirgend mehr anderswo. Hier mag also weiter geerbt werden nach dem Rechte der Primogenitur, hier mag die Parzellirung nicht am Orte sein, hier mag Tradition und besondere Lebensweise noch Platz greifen, Grund und Boden muß dagegen willkürlich parzellirt werden und beliebig vererbt werden können; Familien-Traditionen, Familien-Verbände und Familien-Institutionen laufen der Freiheit schnurstracks entgegen. Mit anderen Worten: Die Liberalen, die Verehrer der demokratischen Republik sind prinzipielle Gegner des Adels, sie wollen denselben beseitigen und nur den Thron und die Familie des Fürsten als ein kostbares Erinnerungszeichen an die Vergangenheit bewahren. Wirklich bewahren? Denkt nicht daran! Die Gleichheits-Theorie der Bourgeoisie verlangt schließlich, daß auch dieses Kleinod über Bord geworfen werde. Warum sollte denn nur an einer Stelle noch ein Widerspruch gegen die Gleichheit fortbestehen? Ein Grund dafür ist nicht abzusehen; die Consequenz treibt denn auch weiter zur repräsentativen Monarchie, das beweisen Logik und die Erfahrungen der Geschichte. Die Bewegung wird erst dann gehemmt, wenn der Bourgeoisie die Masse entgegentritt, und diese huldigt dem absoluten Herrscher. Frankreich hat den hier beschriebenen Prozeß durchgemacht: wollen die übrigen Staaten dasselbe thun? G e w i ß i s t u n s d i e s e s: W e n n d i e F ü r s t e n E u r o p a ' s n i c h t i h r e n A d e l z u s c h ü t z e n u n d z u w a h r e n w i s s e n, s o n d e r n d e n s e l b e n a u f d e m A l t a r d e s Z e i t g e i s t e s o p f e r n w e r d e n, s o w i r d i h r i s o l i r t i n d e n S t r ö m u n g e n d e r Z e i t s t e h e n d e r T h r o n a u c h ü b e r k u r z o d e r l a n g b e s e i t i g t w e r d e n. A n d i e S t e l l e d e r l e g i t i m e n F ü r s t e n t r e t e n a l s d a n n A b e n t e u r e r, a n d i e S t e l l e d e s a l t e n l e g i t i m e n A d e l s d e r A d e l d e r E h r e n l e g i o n, a n d i e S t e l l e d e r F r e i h e i t d i e D e s p o t i e. Möge man das wohl beherzigen, mögen aber namentlich die Fürsten niemals außer Acht lassen, daß jeder Schlag, der einen Lebensnerv des Adels trifft, auch den Fürsten selbst trifft und in Preußen obendrein noch, wie früher bereits nachgewiesen, mehr denn anderswo auch den Staat.

Fürst und Volk sollen einen Organismus, einen lebendigen Körper bilden; die Fürsten sollen sich deshalb als Eins fühlen mit dem Volke, aber sie sollen sich, weil sie Vertreter des Staats, auch als Glieder des europäischen Staatensystems wissen. Wenn ein Glied am menschlichen Körper leidet, so leiden auch die übrigen Glieder; wenn im Staate ein Stand leidet, so leiden auch die übrigen Stände: sollten da, wenn im europäischen Staatensystem ein Staat leidet, nicht auch die übrigen leiden? das wäre ja wunderbar, noch wunderbarer, als die geschichtlichen Kenntnisse des Herrn von Vincke. Die Gesundheit des einzelnen Staates ist dadurch bedingt, daß Recht und Gerechtigkeit gehandhabt wird, nicht minder aber auch die Gesundheit des europäischen Staatensystems. Wird an einem Ende Europa's geltend gemacht, daß das allgemeine Stimmrecht als Norm gelte für den Bestand der Throne wie der Staaten, warum soll diese Ansicht nicht auch am andern Ende Europa's zur Geltung kommen? Und käme diese Ansicht zur Geltung, was würde aus Europa werden? Die Antwort ist leicht gefunden. Der französische Staat würde z. B. bestehen bleiben, weil derselbe trotz aller Aenderungen in der Form eine unverwüstliche Basis in der französischen Nationalität, Sprache, Literatur und im Charakter des Volkes hat, aber wie würde es wohl mit Preußen bestellt sein? Ob Herr von Schleinitz wohl schon hierüber nachgedacht hat? Preußen, wie auch Oestreich, beruhen nicht auf solchen Grundlagen wie Frankreich, ihr Lebensnerv ist die Legitimität, sind Krone, geschichtliche Traditionen und das Heer. Sollten die östreichischen Völker nach französischem allgemeinen Stimmrecht darüber abstimmen, ob sie ferner noch zum Kaiserstaat gehören wollten, was würde wohl das Resultat einer solchen Abstimmung sein? Wie würden ferner wohl die verschiedenen preußischen Provinzen stimmen, wenn es sich um die Existenz des Staats handelte? Posen und Westpreußen würden sich vielleicht gar weigern, noch ferner mitzuspielen; was die Rheinprovinz thun würde, wollen wir dahin gestellt sein lassen, aber jedenfalls wäre es nach der eingeschlagenen Theorie billig, daß auch innerhalb der einzelnen Provinzen die einzelnen kleineren Bestandtheile ihren souverainen Willen bekämen. Und da würde es nicht ausbleiben, daß ein Theil einen Sonderwillen geltend machte und sich andern benachbarten Staaten anschlösse. Doch halten wir inne mit unseren Folgerungen: der Gedanke der allgemeinen Abstimmung ist ein reiner Wahnwitz, ein Teufelsgedanke, mit dem nur Ein Staat allenfalls spielen kann, nämlich Frankreich. „Spielen kann", sagen wir, denn ihn durchzuführen, dazu ist es ebenfalls nicht im Stande, eben so wenig wie England, aber es kann spielen damit, weil die Gefahr für Frankreich nicht so groß ist, wie für Preußen und Oestreich. In Bezug auf diese, auf Preußen und Oestreich, ist zu behaupten, daß sie, falls sie das allgemeine Stimmrecht, wie es jetzt bei Italien sich geltend zu machen versucht, anerkennen, sie damit ihr eigenes Todesurtheil anerkennen, mag nun der Tod selbst morgen oder heute erfolgen. Oestreich wie Preußen und weiterhin auch Rußland, haben deshalb das größte gemeinschaftliche Interesse daran, daß die italienische Comödie nicht aufgeführt, zum mindesten aber nicht gebilligt und sanctionirt werde.

Aber, wird man uns einwenden: was soll ein Volk thun, wenn es von seinen Fürsten und noch dazu von fremden Fürsten auf die unerträglichste Weise geknechtet wird? Soll es sich da nicht erheben dürfen und sein altes, urewiges Recht wieder erobern? Hat denn nicht auch England eine Revolution gehabt? Die Beantwortung dieser Fragen fällt so verschieden aus, wie die concreten Fälle verschieden sind, für welche sie beantwortet werden sollen. Es ist möglich, daß sich eine fürstliche Familie dauernd in solchem Widerspruch mit dem Volke befindet, daß eine gewaltsame That diese Familien beseitigt. Die Folgen aber treffen die Freiheit des Landes in gleicher Weise, wie die fürstliche Familie. Ein redendes Beispiel ist Frankreich. England aber — nun es ist zurückgekehrt zu der Monarchie und zu seinen monarchischen Institutionen, zurückgekehrt zu seiner Religion; denn nicht heidnische Ideen waren es, die dort die Revolution leiteten. Indeß eine Schramme hat es doch behalten: das ist die parlamentarische Regierung statt der ächt monarchischen, deren Schäden und Schwächen tiefer denkende Engländer sowohl erkannt, wie zu beseitigen gesucht haben und noch suchen. Doch alles das kommt für heute nicht in Betracht; wir verlangen nur, daß eine Solidarität stattfinde zwischen Fürst und Volk, und weil wir dies verlangen, können wir auch verlangen, daß eine Solidarität stattfinde zwischen den verschiedenen Fürsten. Dieser Solidarität zufolge soll der eine Fürst den andern schützen, wenn er gekränkt wird in seinem Rechte, er soll aber auch von ihm verlangen, Hand in Hand zu gehen mit seinem Volke, damit nicht durch Sünden von oben sich die Pestbeule der Revolution in dem Körper des Volkes bilde. Mit wenigen Worten: die Fürsten Europas sollen sich einmal als Glieder ihres Staats nach unten, dann aber auch nach oben als Glieder eines großen Organismus, des europäischen Staatensystems, ansehen. Geschieht das, so mögen hier und da revolutionäre Störungen noch vorkommen, wie sie ja auch im menschlichen Körper vorkommen, aber nicht mehr vermögen sie den ganzen Organismus in seiner natürlichen Entwickelung zu hemmen.

„Heute mir, morgen dir," das gilt sowohl zwischen Fürst, Adel und Volk, wie auch zwischen den einzelnen Fürsten. Möge Preußen in den gegenwärtigen Wirren stets seines alten Wahlspruches eingedenk sein und möge es sich ebenso fern halten von den revolutionären Doctrinen der gegenwärtigen Revolution, wie von der nicht minder bedenklichen Solidarität der Fürsten, wie sie ehemals geltend gemacht wurde. Denn Beides ist verderblich für unsern Staat: jenes würde denselben pulverisiren, dieses ihn zur Stagnation und schließlich ebenfalls zum Tode führen. Grade und ehrlich möge unser Weg sein; was der liberale Hampelmann dagegen vorbringt, ist gründlich gleichgültig.

Ein Graf von Königsmarck.

Roman
von
George Hesekiel.

Fünfundzwanzigstes Capitel.
Der Ritter Benvolio.

„....Ein Feuer brennt das and're nieder,
Ein Schmerz kann eines Andern Qualen mindern!
Dreh' dich in Schwindel, hilf durch Dreh'n dir wieder!
Fühl' and'res Leid, das wird dein Leiden lindern!
(Benvolio in „Romeo und Julia.")

Trotzig ragen die Felsen, die ungeheuren, am Eingang des Golfs von Lepanto, von ihren stolzen Häuptern drohen die wohlbewehrten Schlösser, von deren stolzen Zinnen die Fahne der durchlauchtigen Republik Venedig niederweht. Prächtig wallen die Falten der schweren Seide in dem stoßweise vom Lande abwehenden Abendwinde.

Mühselig kreuzte ein kleines Schiff gegen die Bucht von Korinth auf.

Kahl waren die Häupter der Felsen, liebliche grüne Thäler aber öffneten sich zu ihren Füßen und bis zum Gürtel hinauf stieg eine üppige Vegetation, in welcher das staubgraue Blatt der Olive den metallischen Glanz des dunkeln Blattes der Orange und das etwas stumpfere Grün der Myrte noch schärfer heraushob. Wie ferner Menschenstimmen verhallender Klang rauschte der Abendwind durch die Büsche, taktmäßig beinahe klatschte der kurze Wellenschlag des Meeres an die Klippen der Bucht, zu einer mächtigen Musik gestaltete sich das Geräusch von Wind und Wellen, zu einer bekannt anklingenden und doch nicht bekannten Melodie.

Hoch über die Fluth, hoch über die Felsen hub sich mit heiserem Schrei ein einsamer Raubvogel, kaum sichtbar, nur wie ein Punkt noch schwebte er still über dem Schiff, das gegen die Bucht von Korinth aufkreuzte.

Ein scharfes Auge folgte dem Fluge des Habichts, folgte des Bewegungen des Fahrzeuges, das, so oft es auch vom Landwinde abgetrieben wurde, doch unverdrossen und unermüdet immer wieder heraufkam.

Da kräuselte sich plötzlich ein leichtes weißes Rauchwölkchen vor einem der äußersten Castellbastions, und gleich darauf hallte der Donner eines Schusses über die Wasserfläche und weckte den Widerhall der nahen Berge.

Einige Tausend Schritte aufwärts am Uferrande der Bucht, von dem Castell durch einen tiefen Einschnitt, in welchem ein Bach abfloß, getrennt, befand sich mitten in den Klippen, ziemlich hoch in den Bergen, eine von allem Busch- und Baumwerk entblößte Vertiefung, auf der nur zwischen den Ritzen verwitterter Felsen einiger Graswuchs bemerklich war. Verschiedene Felsenblöcke, wunderbar gestaltet, lagen auf diesem Kessel verstreut; sie sahen aus wie große Sarkophage, man konnte sich kaum etwas Wilderes und Oederes denken als diesen Platz. In einem Winkel dieser Vertiefung aber stand ein alter, prächtiger, breitgeästeter Platanenbaum, der mit seinem dichten Blätterdach ein Marmorbassin schützte vor dem Sonnenbrand, ein Marmorbassin, in welches kühle, klare Fluth aus vierzehn wundervollen Löwenrachen unaufhörlich niederrieselte. Um das Marmorbassin lief nämlich im Halbzirkel eine Art von Marmorbank, in deren nach dem Bassin zugewendeter Rücklehne sich die Löwenköpfe befanden, aus deren Rachen das Wasser niederrann und sich in dem Bassin sammelte, ohne dasselbe doch jemals zu füllen. Der ganze Platz hatte mitten in der wilden Umgebung etwas Zauberhaftes, die Marmorarbeit war sichtlich aus der besten Zeit griechischer Kunst, das klare Wasser und der kühle Schatten der Platane auf der baumlosen Bergebene dünkte die Bewohner der Gegend so herrlich, daß sie die Quelle eine heilige nannten. Sie suchten an dieser stillen, heimlichen Stätte gern Erquickung und Schutz vor dem glühenden Sonnenbrande, bei Haufen sammelten sich hier zuweilen die Ziegenhirten mit ihren Heerden, Keiner von ihnen aber, auch der Muthigste nicht, würde es nach Sonnenuntergang oder vor Sonnenaufgang gewagt haben, die heilige Quelle unter der Platane zu besuchen.

Es liefen seltsame Geschichten um über diesen Platz unter den Hirten und dem Landvolk der Gegend. Die Quelle hatte offenbar in vorchristlicher Zeit zu dem Tempeldienst einer hellenischen Gottheit gehört und die antike Götterwelt ist nicht ganz todt im Glauben des Volkes im Peloponnes, sie hat sich nur in Schatten und Dunkel zurückgezogen vor der Helle, die von Golgatha geflossen; von ihren Altären in Tempeln und Hainen verschwanden die Marmorgestalten der Götter und Göttinnen, sie flüchteten in undurchdringliche Dunkel unzugänglicher Schluchten, wenn aber die Nacht kommt und die Erde deckt, dann kommen sie herauf die Gespenster des Ares und der Aphrodite, der schönarmigen Here und des ferntreffenden Apollon, des wolkensammelnden Zeus und der reizenden Hebe; sie nehmen auf die kurze Stunde der Nacht wieder Besitz von Hellas, sie sitzen zürnend und klagend auf den Trümmern ihrer Tempel und Altäre, wehe aber dem sterblichen Menschen, der dann in ihren Bann geräth, denn sie haben Macht über ihn, er muß ihnen folgen und ihnen dienen Nacht für Nacht, bis ihn der Tod erlöst; denn nur über Lebende, nicht über Verstorbene, üben die alten Göttergespenster der untergegangenen olympischen Welt ihre Gewalt.

Die alten Götter Griechenland's sind Gespenster geworden für das Griechenvolk, und der Venediger Degen kämpft mit dem türkischen Sichelschwert um den klassischen Boden, darin eine ganze Culturwelt begraben liegt.

Sechs Personen lagerten an jenem Abend bei der heiligen Quelle; drei davon liegen an der Erde, haben einen Mantel zwischen sich ausgebreitet, und sind eifrig beim Würfelspiel, ihre Ausrufe und abgebrochenen Reden lassen uns deutsche Landsleute erkennen; ganz von dem Würfelspiel in Anspruch genommen, kümmern sie sich wenig um das, was um sie her geschieht. Wir bemerken nur, daß sie ganz ausgezeichnet bewaffnet sind, und zwar nicht nur mit Schwertern und Pistolen, sondern auch mit langen Flinten, die neben ihnen an einem Steinblock lehnen. Einige Schritte von ihnen sitzt ein Vierter am Boden, die halb orientalische Kleidung deutet auf einen Eingeborenen des Landes, er ist ein schöner Mann, neben ihm liegt seine lange Flinte, im Gürtel trägt er einen türkischen Handschar. Nur zuweilen, wenn einer der Würfelnden einen lautern Ausruf, einen längern Fluch vernehmen läßt, wendet der Abkömmling der alten Spartaner seinen stolzen Blick auf einen kurzen Moment den deutschen Soldaten zu, sonst ruht derselbe unverwandt auf den beiden Personen, welche auf dem Marmorrande der heiligen Quelle sitzen und sich in englischer Sprache unterhalten.

Diese Beiden sind in ritterlicher Kriegstracht, sie tragen breitkrämpige Hüte und blanke Brustharnische, hohe Reiterstiefeln und weite, weißgraue Mäntel oder Röcke, wie sie dem Krieger in jenen Landstrichen noch heute unentbehrlich sind. Beide sind mit Schwert und Pistolen bewaffnet.

„Ich möchte die Tiefe dieses Bassins messen, mein theurer Graf", sprach der Eine zum Andern, „ihr sagt, das Bassin habe einen unterirdischen Abfluß, ihr müßt wohl recht haben, indessen möchte ich doch mit Senkblei messen!"

„Benvolio kann sich diese Mühe sparen", versetzte der Angeredete, in welchem wir ohne Mühe den Grafen Hans Carl von Königsmarck, den wir im Schlosse von Saint Cloud verlassen haben, wiedererkennen, — „der gelehrte Magister von Leipzig, der meinen Oheim hierher begleitet, hat neulich die Tiefe gemessen, sie ist gar nicht so groß. Benvolio kann sich genau unterrichten, denn der gelehrte Herr hat schon eine ganze Abhandlung über diese Quelle geschrieben, deren Gelehrsamkeit sicherlich viel tiefer ist, als die Quelle selbst.

„Montague's Neffe und Romeo's Freund," entgegnete der Erste lächelnd, „wird nicht zum zweiten Male so leichtsinnig sein, durch eine kleine, unschuldige Frage der ungeheueren Gelehrsamkeit von Leipzig die Schleusen zu öffnen; ah! habt ihr's vergessen, Graf, daß ich neulich in einem Meer von griechischen und lateinischen Citaten in Vers und Prosa beinahe ertränkt worden bin?"

„Nun, ich denke," meinte der Graf scherzend, „ihr habt es ihm gut heimgegeben, für jedes Citat aus Homer oder Hesiod gabt ihr ihm zwei aus eurem süßen William, und das war hart; denn ihr wißt doch immer noch vielmehr vom Homer, als der gelehrte Herr von eurem Shakespeare, aber im Ernst, meine theure Carolina —"

„Still, still!" unterbrach der geharnischte Reiter den Sprechenden hastig, „könnt ihr denn gar nicht von der alten schlechten Gewohnheit lassen, mich für ein Mädchen zu halten? Ich bin, ihr wißt es ja, der Ritter Benvolio, Montague's Neffe und Romeo's Freund, ich bin ein edler Veroneser und will es nicht leiden, daß ihr mir einen Mädchennamen gebt, nur weil ihr mal Eine gekannt habt, die mir von Weitem ähnlich sah. Versprecht mir's, guter Graf, nennt mich mit meinem Namen Benvolio."

Lady Carolina hielt dem Grafen die Hand hin, dieser nahm sie, drückte sie fest in der seinigen und sprach ernst: „Für die Andern mag's sein, meine

Lady, und auch unter uns zum Spiel, im Ernst aber werdet ihr nicht verlangen, daß ich einen falschen Benvolio, die Copey einer Nebenperson aus einer Comödie, für meine ächte, edle, geliebte Caroline eintauschen soll. Nein, sprecht nicht, ich habe dieses Spiel satt, es macht mich ungeduldig, ich habe euch das schon oft gesagt und ich verwünsche den Augenblick, in welchem ich mich bereit finden ließ, auf eure Launen einzugehen. Wochen und Monate sind ins Land gegangen, seit ihr zu Paris wieder zu mir gekommen, aber noch habe ich nicht wieder das alte holde Wort der Liebe vernommen, sondern immer nur denselben Maskenscherz von Benvolio auf euren Lippen gefunden, die mir einst süßere Kost geboten."

„Aergert euch doch daran nicht, mein theurer Lord," warf die seltene Dame gutmüthig tröstend ein, „ihr habt ja oft genug drüber gelacht."

„Leider habe ich darüber gelacht," fuhr Graf Hans Carl wärmer werdend fort, „ich bin eingegangen auf den langweiligen Scherz, möchte nur wissen, warum ihr grade eine Nebenperson aus der Comödie genommen, ihr, die ihr in dem Drama meines Lebens wenigstens eine Hauptrolle spielt! Carolina, liebt ihr mich nicht mehr?"

Mit seltsamen Blicken sah die Dame den Grafen an; der Ton, mit welchem Königsmarck gefragt, drang ihr tief in's Herz, es arbeitete etwas in ihren Zügen, ihre großen Augen wurden feucht, es zeigte sich ein Anflug von Rührung in ihrem Antlitz, aber nach kurzem Kampf war sie Herr ihrer Bewegung und sprach, ihre Hand aus der des Grafen ziehend, mit erzwungener Heiterkeit: „Laßt sie doch ruhen jene Lady Carolina, sie ist längst todt, aber vergeßt nicht, daß der Ritter Benvolio nicht nur Romeo's, sondern auch euer Freund ist!"

„Ganz dieselbe Rede, wie damals in Paris!" sagte der Graf verdrießlich, „ich dachte, ich würde euch nach meiner Rückkehr aus Deutschland zu Venedig verständiger finden, es war in Venedig wie zu Paris, und hier ist's wie zu Venedig; aber ich muß schon nachgeben, denn ihr habt euch in eure Benvolio-Rolle so vernarrt und erzählt mir so oft, daß ihr der Ritter Benvolio von Verona, daß ihr's zuletzt selbst glaubt; mir bleibt dabei freilich weiter nichts übrig, als meine geliebte Lady Carolina aus dem grünen Schloß im grünen England als eine Verstorbene zu betrauern!"

„Thut das, Herr! thut das Herr!" drängte die Dame eifrig, „und gestattet, daß euer Freund Benvolio mit euch traure, denn auch ihm war jene Dame nicht gleichgültig; ihr habt mir gestattet, an eurer Seite gegen die Türken zu streiten und ihr habt meinen Muth anerkannt. Beim Sturm auf Modon hat mich euer edler Oheim, unser Generalissimus, ausgezeichnet; ihr braucht euch der Freundschaft des Ritters Benvolio nicht zu schämen!"

Bedenklich blickte der Graf in das Gesicht des Gefährten, dann sagte er langsam: „Wenn das nicht Narrheit ist, so —"

„So ist's doch nicht weit davon!" unterbrach der wunderliche Ritter Benvolio lachend, „so wolltet ihr doch sagen, lieber Graf?"

In diesem Augenblick krachte jener Schuß vom Castell, dessen wir schon oben gedacht haben. Graf Königsmarck fuhr auf von seinem Sitz und schwang sich auf einen Felsblock, von dem aus er durch eine tiefe Schlucht nach der See hinab blicken konnte. Hier stand ein Wachtposten, dieser deutete auf das Fahrzeug, das so mühsam aufkreuzte. Der Graf schüttelte den Kopf; diesem Fahrzeug konnte der Schuß vom Kastell nicht gegolten haben.

Indessen beugte sich der Ritter Benvolio über die heilige Quelle und verbarg die Thränen, die verrätherisch auf seinen Wangen blitzten, indem er die linke Hand in die klare Fluth tauchte und sich das Antlitz netzte; leise, ganz leise flüsterte er dabei in sich hinein: „Welch ein Mann! welch ein Mann! er hat keine Ahnung davon, daß ich ihn nur noch lieben kann, wenn ich Benvolio bin, sein Freund! er weiß nicht, daß Lady Carolina ihn tödtlich hassen müßte, daß sie ihn hassen würde, wenn sie nicht schon längst gestorben und begraben wäre. Aber es ist doch schön und großmüthig von ihm, daß er immer noch so zärtlich an die arme verstorbene Carolina denkt, daß er sich ihrer, die ihn so heiß geliebt hat, mit so vieler Liebe erinnert, daß er immer von ihr spricht, und daß er den Ritter Benvolio zum Freund genommen, weil der seiner lieben Lady Carolina so ähnlich sieht."

Abermals netzte der Ritter Benvolio mit einer Hand voll Wasser sein Antlitz, dann richtete er sich auf und sprach mit einem völlig unheimlichen Lächeln halblaut vor sich hin: „Er nennt es eine Narrheit und wahrlich, er hat Recht, es geht an die Narrheit, zuweilen weiß ich selbst nicht mehr, ob ich nur die Rolle des Ritters Benvolio aus Shakespeare's Romeo und Julie spiele, oder ob ich nicht wirklich jener edle Veroneser bin — unsinniges Zeug! ja, es ist schon so weit, daß ich mich zuweilen lange besinnen muß, wer ich eigentlich bin; nun, bevor ich ganz toll werde, wird mich hoffentlich eine türkische Kugel an seiner Seite getroffen haben!"

Mit einem raschen Sprunge war sie auf dem Felsblock neben dem Grafen.

„Was seht ihr, lieber Freund?" fragte sie hastig.

„Nichts," versetzte der unmuthig, „keine Spur von den Maltesern, und doch feuert das Castell einen Carthaunenschuß ab, als ob die Galeeren im Ansegeln wären. Ich begreife das nicht, Morosini hat meinem Oheim gestern die Ankunft der Malteser bestimmt gemeldet, und der Bailli Schilling von Canstatt, der sie führet, ist einer der zuverlässigsten Cavaliere, die ich kenne."

Abermals rollte der Donner eines Schusses vom Castell herüber.

„Ist der Venetianer verrückt geworden?" schrie der Graf, „was soll das Schießen bedeuten; glatt liegt der Spiegel der Bucht vor uns, wir würden in der Abendsonne selbst das kleinste Segel leuchten sehen und man sieht von hier aus weiter, als er von seinem Nest sehen kann.

Ein dritter Schuß fiel vom Castell.

„Halt," sagte jetzt der Ritter Benvolio, „die Schüsse vom Castell signalisiren nicht die Schiffe des Malteser-Ordens, denn es sind keine da, könnten es nicht Alarmschüsse sein, die euch gelten, Graf?"

„Ihr habt Recht, Ritter," entgegnete der Graf nach kurzem Besinnen, „es wäre nicht unmöglich, daß Türken von Lepanto, auch von Sula herübergekommen und gelandet wären. Vorwärts!"

Er sprang vom Felsblock, Benvolio, wir müssen diesen Namen wohl beibehalten, folgte ihm und ebenso der Grieche, der dort auf Lauer-Posten gestanden. Durch die wiederholten Schüsse aufgeschreckt, hatten sich auch die anderen Begleiter des Grafen marschfertig gemacht, und nun liefen sie, nachdem sie den Thalkessel verlassen, nicht hinter einander, sondern neben einander eine ziemlich steile Berglehne hinunter, die mit einer Schicht von losem Gestein und Geröll bedeckt war, das unter jedem Schritt nachgab und den Laufenden blitzschnell nachschoß. Diesen Weg langsam zurück zu legen, war unmöglich, er mußte in Sprüngen gemacht werden und war nicht ungefährlich, der Graf aber wählte ihn, weil ihn die einzelnen Schüsse, die noch immer in kurzen Pausen vom Castell abgefeuert wurden, zur Eile mahnten, denn offenbar drohte eine Gefahr, und der Fußpfad, der in's Thal führte, würde ihn viel zu lange aufgehalten haben.

Die Griechen kamen ohne sonderliche Anstrengung hinunter, ihre elastischen Sprünge verriethen die geübten Bergkletterer, auch Graf Königsmarck und neben ihm Ritter Benvolio waren unverletzt angelangt, die drei deutschen Reiter aber, Söhne der märkischen Ebene, an Sumpf und Sand gewöhnt, aber nicht an Berge, waren übel zugerichtet, von dem nachschießenden Geröll verletzt und den springenden Steinen verwundet, glücklicher Weise indessen nicht schwer, und als sie erst ihr tüchtiges Stück Pferdefleisch wieder zwischen den Beinen hatten, wie sie sich ausdrückten, d. h. als sie ihre Rosse bestiegen hatten, da war ihnen Allen Muth und Selbstvertrauen wiedergekehrt und guten Sinnes folgten sie ihrem General, der erst die beiden Griechen nach zwei entfernten Posten schickte, um dort Nachrichten einzuziehen, dann aber mit verhängtem Zügel nach dem nächsten Dorfe sprengte, wo eine Compagnie leichter venetianischer Cavallerie stand, die zu dem Truppentheile gehörte, den er commandirte.

Wenn türkische Streitkräfte in bedeutender Anzahl gelandet waren, so befand sich Graf Hans Carl allerdings in keiner beneidenswerthen Lage. Modon, Argos und Nauplia waren gefallen, der venetianische Generalissimus, als solcher war er in die Dienste der Republik Venedig getreten, Graf Otto Wilhelm von Königsmarck hielt Corinth eingeschlossen, er hatte seinen Neffen Hans Carl gegen Patras detachirt, das noch in den Händen der Türken war, nicht sowohl um diesen starken Punkt anzugreifen, als um ihn zu beobachten, namentlich aber, um nach den maltesischen Galeeren zu sehen, welche der venetianische Admiral Morosini, der die Insel Santa Maura erobert hatte, in den Meerbusen von Corinth senden sollte. Bis auf Patras und Corinth hatte Graf Otto Wilhelm von Königsmarck für die Venetianer den ganzen Peloponnes in wenigen Monaten wieder erobert.

Graf Hans Carl war als kriegsgeübter General auf eine solche plötzliche Landung der Türken zwischen Patras und Corinth nicht unvorbereitet, sie kam ihm aber ungelegen, weil er die malteser Galeeren erwartete und mit denselben manchen alten Freund und Kameraden. Er liebte Malta und den Johanniterorden; seitdem er in den Krieg gegen die Türken gezogen, trug er auch das Johanniterkreuz, mit welchem ihn der Großmeister einst öffentlich geschmückt; es war namentlich der Bailli Schilling von Canstatt, einer der berühmtesten Ordensritter, den er wiederzusehen wünschte, darum machte ihn die Landung der Türken unmuthig, im Uebrigen war er wohl vorbereitet und hatte seine Maßregeln so gut getroffen, daß er innerhalb einer Stunde seine Truppen in bester Ordnung zusammengezogen hatte. Während dieser Zeit hatte er auch die genauesten Nachrichten über die Landung der Türken und ihre ersten Bewegungen erhalten. Er erkannte bald, daß es die Absicht des Paschas sei, Verstärkung nach Patras zu werfen, daß er nur aus Furcht vor der venetianischen Flotte nicht direct dahin gesegelt sei, sondern seine Truppen diesseits des Vorgebirges ausgeschifft hatte in der Voraussetzung, daß die venetianischen Streitkräfte bei Patras nicht beträchtlich genug sein würden, seinen Marsch zu hindern. Graf Hans Carl aber war entschlossen, den Pascha nicht so ohne Weiteres nach Patras marschiren zu lassen, obwohl seine Truppen an Zahl bedeutend schwächer als die türkischen waren.

Die Nacht brach ein, Graf Königsmarck hatte sein Hauptquartier in einer elenden Hütte genommen, die dicht an der Straße von Corinth nach Patras lag, diese Straße aber mußten die Türken zu erreichen suchen, wenn sie ihren Marsch nach Patras beschleunigen wollten, auch deuteten ihre ersten Bewegungen gleich nach der Ausschiffung darauf hin.

Harzfackeln erleuchteten das Innere der Hütte, in welcher Graf Königsmarck die Officiere der verschiedenen Truppenabtheilungen empfing, die seinem Befehle gemäß von allen Seiten her hier zusammentrafen, ein Gemisch aller der Nationalitäten, welche der Krieg in dem klassischen Lande zusammengeführt hatte. Hier die unscheinbare aber tüchtige Ausrüstung der Officiere deutscher Truppen im Solde der durchlauchtigen Republik Venedig, die Fustanella der Peltasten der eingeborenen moreotischen Infanterie neben dem grauen Aermelmantel der dalmatischen Truppen, venetianische Marinesoldaten neben Rittern des Ordens vom heiligen Stephan und die Feldzeichen verschiedener kleiner italiänischer Staaten, die den Venedigern Hülfe gesendet. Als Graf Hans Carl alle seine Streitkräfte zusammen hatte, gönnte er den Leuten eine Ruhe von zwei Stunden, damit sie frisch bei Kräften wären; denn nach allem was er erfahren, war er entschlossen einen großen Schlag auszuführen und die Türken trotz ihrer Uebermacht gegen Tagesanbruch anzugreifen, wenn sie durch den Nachtmarsch ermüdet und in Unordnung gerathen.

Nicht nur der Feldmarschall Graf Königsmarck, sondern auch seine Söhne Graf Conrad Christoph, des Grafen Hans Carl Vater und Graf Otto Wilhelm, verdankten einen guten Theil ihrer Erfolge im Felde jener kühnen Entschlossenheit, mit welcher sie jeden sich darbietenden oft sehr zufälligen Umstand auszubeuten verstanden, und Graf Hans Carl besaß diese Feldherrneigenschaft ebenfalls im höchsten Maaße. Aber er hatte noch eine andere, die nicht minder schätzbar, er verstand es nämlich, alle Truppen, die unter ihm dienten, mit einer so hohen Begeisterung für seine Person zu erfüllen, daß sie sich unter seinem Befehl für unbesieglich hielten. Dieses erlangte er aber nicht etwa dadurch, daß er sich „populär" machte, wie man heut zu Tage sagen würde, im Gegentheil, er sprach fast nie mit seinen Kriegern, selbst die Officiere hielt er stets in einer respectvollen Entfernung von sich, was bei den seltsam gemischten Elementen des venetianischen Soldheeres eine Nothwendigkeit sein mochte; aber wenn er einerseits mit einer eisernen Strenge auf Disciplin hielt, so sorgte er auf der andern dafür, daß den Soldaten niemals fehlte, niemals vorenthalten wurde, was ihnen zukam. Bei den Truppen, die er commandirte, kamen nie Soldrückstände vor, sein Reichthum setzte ihn in den Stand dies zu verhindern, für die Verpflegung sorgte er wie kein anderer General jener Zeit, und wie er sich den Soldaten im Kampfe überall da zeigte, wo die größeste Gefahr drohte, so ging er bei mühseligen Märschen zu Fuß voran und ließ sein Pferd nachführen. Selten richtete er an Soldaten das Wort, das Wort aber, das er gesprochen, das ging die Reihe durch von Mund zu Mund und schlug zündend wie ein Blitz in die Herzen. Alle verehrten ihn wie den leibhaften Kriegsgott selber, und jede Nation hatte einen andern Namen für ihn. Die Deutschen nannten ihn den „Brandenburger", das aber bezog sich nicht allein auf seine Abstammung aus der Mark Brandenburg, sondern die erste Blüthe, in welcher der Kriegsruhm der brandenburgischen Waffen damals stand, machte den Beinamen zu einem großen Ehrennamen. Die Venetianer von der Terra firma grüßten ihn mit dem jubelnden Zuruf „magnanimo". Bei den Dalmatiern und dem ganzen romanisch-slavischen Völkergemisch war er als der weiße Iscander-Beg gefeiert. Der Name Hans Carl mochte zu dem Iscander (Alexander) geführt haben, mit dem großen Nationalhelden gegen die Türken Scander-Beg, dessen Andenken noch immer mächtig im Nationalliede, verglichen sie ihren jungen Führer. Weiß aber nannten sie ihn, weil sie Alles was groß, schön, herrlich oder mächtig ist, weiß nennen, vom weißen Gotte und dem weißen Schloß bis zu dem weißen Mädchen und dem weißen Czaaren. Von den moreotischen Peltasten aber, die er bei Modon zum Siege geführt, wurde er der „Lorbeerbaum" genannt, eine poetische Anspielung auf die Großmuth, mit der Graf Hans Carl Jedem seinen Lorbeerkranz, die ihm gebührende Anerkennung zu gönnen pflegte, „je mehr er Anderen giebt, desto mehr bleibt ihm übrig", sagten sie begeistert von ihm.

Ein Feldherr, von dem die Soldaten so sprechen, der kann viel verlangen von jedem Einzelnen, wie von Allen zusammen.

Graf Hans Carl hatte die Officiere wieder zu ihren Truppen geschickt, jetzt trat er, wie immer von seinem treuen Ritter Benvolio begleitet, hinaus in die Nacht, ein Fackelträger und ein Führer gingen ihm voraus. Die Nacht war dunkel, nur wenige Sterne standen am Himmel, der Graf wollte wenigstens die Abtheilungen der Truppen sehen, die dem Platz zunächst à cheval der Straße nach Patras standen.

Hier und da waren einige kleine Feuer angezündet, die Mehrzahl hatte sich die Mühe nicht genommen, da der Aufbruch nahe bevorstand, aber das laute Sprechen, Rufen und Singen deutete die verschiedenen Lagerplätze an.

„Es ist eine entsetzliche Luft hier!" bemerkte der Ritter Benvolio gepreßt.

„Das machen die scheußlichen Sümpfe,“ entgegnete der Graf gleichgültig und fuhr fort: „dort liegen Giambattista's italische Compagnien!“

Er schritt einem kleinen Feuer zu, um das verschiedene Gruppen standen und lagen, die Italiäner scherzten und sangen lustig:

Quel viso signorile,
Quel suo parlar gentile,
Ihr Angesicht so zierlich,
Ihr Reden so manierlich,
Ihr Gang so anmuthsvoll
Macht mich vor Liebe toll!

Graf Hans Carl winkte den Soldaten, daß sie ihren Gesang nicht unterbrechen sollten, die Italiäner ließen ihn ehrfurchtsvoll gewähren, und er schritt an ihnen vorüber und dem nächsten Haufen zu, der lag am Boden ohne Feuer; da kreiste die Flasche mit dem scharfen Branntwein aus Pfirsich und Pflaumenkernen und eine einzelne Stimme sang eintönig:

Schön zu schauen sind die rothen Rosen
In dem weißen Pallast des Lazaro:
Welche sei die schönste und die liebste
Und die holdeste kann Niemand sagen.
Rosen sind's nicht, 's sind nicht rothe Rosen,
Sind die schönen Töchter des Lazaro,
Des Gebieters über Berg und Eb'ne,
Von den alten Laren ihm vererbet.

Hier kam der junge Feldherr nicht so schnell vorüber, denn sobald man ihn erkannt, sprang die ganze Mannschaft auf und umringte ihn mit tobendem Jubel, er mußte sein Ansehen brauchen, um sich ihrer Verehrung zu erwehren, danach schritt unser Held quer über die Straße, er blieb plötzlich stehen, denn ein Wechselgesang klang ihm entgegen, er lauschte:

Erste Stimme.

O Tugend, schwer zu erringen
Dem sterblichen Geschlecht,
Des Lebens schönste Belohnung,
Jungfrau du!

Zweite Stimme.

Um deine Schöne gingen
Die Griechen freudig in den Tod,
Bestanden harte Gefahren
Mit Felsenmuth.
Du giebst dem Herzen
Unsterbliche Frucht,
Die süßer als Gold und Aeltern ist
Und als der zarte Schlaf.

Erste Stimme.

Um deinetwillen hat Heracles
Und Leda's Söhne so viel ertragen,
Zeigten in Thaten deine Macht.

Zweite Stimme.

Aus Lieb' um dich gingen Achill
Und Ajax in's Todtenreich.
Um deine süße Gestalt hat sich Atarnes Gastfreund
Dem Glanz der Sonne entzogen.

Beide Stimmen.

Unsterblich singet ihn, ihn den Thatenreichen,
O Musen, Töchter des Ruhm's,
So oft ihr preiset den Gott verbündeter Treu'
Und fester Freundschaft Lohn!

Der Graf hörte den eigenthümlichen Gesang bis zu Ende, dann sprach er: „Erinnert mich daran, mein Benvolio, das ist etwas für unsern Magister von Leipzig, die klassische Gelehrsamkeit ist doch nicht ganz ausgestorben unter diesen Griechen; was die Leute da singen ist nämlich jene berühmte Skolie des Aristoteles, die uns der Magister neulich aus dem Athenäus mittheilte, ihr erinnert euch wohl nicht mehr?"

„Nein," entgegnete der Ritter und rascher auf der Straße den Rückweg einschlagend fügte er mit gepreßter Stimme hinzu: „es ist eine furchtbare Luft hier."

„Das kommt von den Sümpfen," versetzte der Graf leichthin wie zuvor und mit den in ihm angeregten Gedanken beschäftigt fuhr er fort: „ich habe die Venediger Gondoliere Stanzen aus Ariost singen hören, aber ich hätte nicht geglaubt, daß die Griechen wirklich noch Skolien von Aristoteles sängen, das wird eine Freude für den Magister werden, der Text kann nur wenig verändert sein, ich erkannte das Stück auf der Stelle wieder!"

„Horcht, das gefällt mir viel besser!" unterbrach Benvolio die Erklärungen des Grafen.

Sie waren wieder der Hütte näher gekommen und die deutschen Reiter, die Königsmarck bei sich hatte, saßen an ihrem Feuer und sangen:

Kein sel'ger Tod ist in der Welt,
Als wer vor'm Feind erschlagen,
Auf grüner Haid' im freien Feld
Darf nicht hör'n groß' Wehklagen,
Im engen Bett, da Einer allein
Muß an den Todesreihen,
Hier aber find't er Gesellschaft fein,
Fall'n mit wie Kräuter im Maien.
Ich sag' ohn' Spott:
Kein seliger Tod
Ist in der Welt,
Als so man fällt
Auf grüner Haid',
Ohn' Klag' und Leid!
Mit Trommelklang
Und Pfeifengesang
Wird man begraben,
Davon thut haben
Unsterblichen Ruhm
Mancher Held frum
Hat zugesetzt Leib und Blute
Dem Vaterland zu Gute.

Bis zum Schluß lauschte das seltsame Paar dem feierlichen Gesange.

„So singen Männer!" rief Benvolio tief erschüttert.

„Das ist auch deutscher Gesang!" entgegnete Graf Königsmarck stolz, dann setzte er tief ernst hinzu: „Gott schenke mir einen so seligen Tod auf grüner Haide!"

Eine schaurige Ahnung schnitt durch die Seele Benvolio's, und ohne es zu wollen, ja, ohne es recht zu wissen, sagte er zum dritten Male: „Es ist eine furchtbare Luft hier!"

Im Tone der Stimme mußte etwas Auffallendes sein, denn der Graf, der einen Schritt voraus war, drehte sich hastig um, in demselben Augenblicke aber krachte ein Schuß rückwärts, dem rasch hinter einander mehrere Anrufe folgten. Der Graf trat einen Schritt auf die Seite, um zu lauschen, von rechts und von links her wurde es laut zugleich, Hufschlag kam auf der Straße heran.

„Ein einzelner Reiter!" sagte der Graf mit ungeheucheltem Erstaunen.

„Wo ist der General?" rief der Reiter heransprengend.

„Hier!" antwortete Königsmarck, „was bringst du, Mann?"

„Botschaft vom Ritter Dandolo!" antwortete der Reiter, sein Roß parirend und sich hastig aus dem Sattel werfend.

„Sprich, was giebt's? sprich!" befahl der Graf.

„Eine türkische Schebecke hat bei Sonnenuntergang das Castell umsegelt!"

„Ich habe sie gesehen, mühsam kreuzte sie auf gegen den Wind!" bemerkte der Graf und sah den Boten mit gespannter Aufmerksamkeit an; ringsum wurde es laut.

„Die Schebecke", fuhr der Bote fort, „kam von Prevesa, sie hat die türkische Flotte gesucht und gefunden, diese ist sogleich unter Segel gegangen, trotz der Finsterniß, aus Furcht vor den maltesischen Galeeren, die waren im Ansegeln. Die Capitana liegt unter den Kanonen des Castells und der Bailli läßt euch sagen, ihr möchtet die Heidenhunde angreifen und auf den Strand werfen, er wolle euch, sobald der Tag graue, von der See her secundiren. Zugleich melde ich euch noch, daß der türkische Aga der Landtruppen auf die Kunde von der Flucht seiner Schiffe nicht gewagt hat weiter zu marschiren, sondern sich seitwärts wieder der Küste zugewendet hat, wahrscheinlich, so meint der Ritter Dandolo, wird er die Bucht von Arton zu erreichen suchen, um sich dort wieder einzuschiffen."

Ein dichter Kreis von Officieren hatte sich rückwärts um den General gebildet, die röthlichen Lichter der Harzfackeln beleuchteten gespannte und kampflustige Gesichter, die Hand am Schwertknauf oder Säbelgriff harrten die Führer der Schaaren des Winks vom Feldherrn.

Graf Königsmarck that noch einige Fragen an den Boten, den ihm der Commandant des Venediger Castells auf dem äußersten Vorgebirge, ein Nobile aus dem berühmten Geschlecht der Dandolo, gesendet; er mußte sich endlich überzeugen, daß die Türken, überrascht von dem Ansegeln der Malteser Galeeren und in der Furcht, zwischen zwei Feuer zu kommen, wirklich seitwärts ausgewichen waren, um eine Bucht zu erreichen, in welcher sie sich wieder einschiffen zu können hofften.

Der junge General überlegte sinnend eine geraume Zeit, das Kinn in die

Hand gestützt, das Haupt gesenkt, stand er einige Minuten, Aller Augen waren auf ihn allein gerichtet —

„Wie ein Götterbild von Marmor!" sagte der Ritter Benvolio zu sich selbst, den Freund bewundernd.

Langsam richtete sich der Graf auf aus seiner sinnenden Stellung, langsam ließ er seine blitzenden Augen über die Gesichter im Kreise hinschweifen, mit einem leichten Ruck warf er das stolze Haupt in den Nacken, helle Kampfesfreude strahlte aus seinen Augen, hohe Siegesgewißheit strahlte von seiner Stirn — der Ritter Benvolio glaubte den geliebten Freund nie schöner gesehen zu haben.

Jetzt gab der General seine Befehle mit einer solchen Kürze und Klarheit, mit einer solchen Sicherheit und Bestimmtheit, daß Jeder ganz genau wußte, was er zu thun hatte, dann brachte er mit der Linken das Gefäß seines Schwertes etwas weiter nach vorn, legte die Rechte an den Griff und rief mit schallender Stimme, indem er blank zog: „Für Gott, den Herrn, zu Pferd!"

Ein lauter, weithin hallender Ruf antwortete ihm und sofort begannen auch die Trompeten zu schmettern, darein mischte sich der dumpfe Hall der Trommeln, die Rosse stampften und wieherten, die Waffen klirrten, das wirre Getöse eines kriegerischen Aufbruchs umbrauste den jungen Helden, der sich leicht in den Sattel des schönen Rapphengstes warf, den man ihm vorführte.

Eine Minute später trabte der Graf an der Spitze seiner deutschen Reiter auf der Straße von Patras nach Korinth dahin, der Ritter Benvolio war an seiner Seite. Sie schauten sich nicht um, aber auch wenn sie es gethan, sie würden den gespenstischen Reiter nicht gesehen haben, der hinter ihnen herzog, auf einem Pferdsgerippe reitend, einen Reiter, dem weißes Knochengebein blank schimmerte durch die rostigen Panzerstücke; der Reiter, der unsichtbar eine mächtige Sense über ihren Häuptern schwang, der zog hinter ihnen her.

Die Debatte über das Wuchergesetz.

Die Debatte über die Aufhebung der Wuchergesetze, welche von der Regierung, voran von den Ministern v. d. Heydt und Simons, dem Abgeordneten-Hause vorgeschlagen war, fand am 13. d. M. im Hause der Abgeordneten Statt.

Schon in einer früheren Session hatte sich das Haus der Abgeordneten mit dieser Angelegenheit beschäftigt, und mit Ausnahme des Umstandes, daß inzwischen der Handels- und der Justizminister ihre Ansicht über den Werth gesetzlicher Zinsbeschränkungen geändert hatten, trat gegen das frühere Jahr kein besonders neues Moment in der Debatte hervor.

Unverbesserlich hielten die Liberalen an ihrer todten Doctrin fest: sie haben nichts davon vergessen und vom Leben inzwischen nichts dazu gelernt. Sie haben für Alles allgemeine Regeln und allgemeine Folgerungen zur Hand, und es kümmert sie nicht, ob auch die Welt untergeht, wenn nur ihre Lehrsätze klar und rein durchgeführt werden.

Bei den Conservativen dagegen machte sich die Folge einer größeren Vertiefung in die Verhältnisse des practischen Lebens doch in erfreulicher Weise bemerklich. Sie bekennen sich immer offener und rückhaltloser zu den Grundsätzen der wirklichen Real-Politik, einer Politik, die den Werth der Theorien anerkennt, das Maß der Verwirklichung derselben aber aus den wirklichen Zuständen des Lebens, aus der zeitweiligen Bildungsstufe des Volkes, aus den augenblicklichen Güterverhältnissen ꝛc. hervorgehen läßt.

Diese Real-Politik wird also, so hoch sie z. B. das Selfgovernment schätzt, doch demselben nicht, wie der romantische Schwärmer der blauen Blume, nachjagen, sondern den Forderungen desselben nur insoweit nachgeben, als die politischen, moralischen und ökonomischen Verhältnisse der Gesellschaft es augenblicklich erlauben. Sie wird also in einer Zeit und in Landestheilen, wo die unmittelbar eingreifende Staatsgewalt vielleicht noch der einzige Schutz des Mittelstandes gegen eine übermüthige Minorität ist, der Einführung einer Selbstverwaltung, die dann ja doch nur eine leere Form wäre, entschieden entgegentreten, ja sie wird oft das Gegentheil von dem thun müssen, was sie als in der Theorie richtig anerkennt.

Die Realpolitik ist darin beschlossen, daß das staatsmännische Wirken da anfängt, wo die Schule aufhört, während die Phantasiepolitik der Doktrinärs ihr ganzes Leben durch zwischen Schulsubsellien eingeschlossen bleibt und dem Diktate des Katheders ohne Zögern folgt.

Wir sagen nicht, daß die Grundsätze der ersteren Politik schon vollkommen in das Fleisch und Blut unserer Conservativen eingedrungen seien. Auch ihnen schlägt noch oft genug das Ideal der historischen Schule in den Nacken und stellt an ihre staatsmännische Thätigkeit Forderungen, deren Ausführung keineswegs mit den Begebenheiten der Gegenwart vereinbar wäre.

Auch in der Wuchergesetzdebatte trat der praktische Blick und die Berücksichtigung der wirklichen Verhältnisse des Lebens bei den Conservativen mehr in Einzelnheiten, in schlagenden Aperçus hervor; und wenn auch in der Art und Weise, wie dies geltend gemacht wurde, ein Fortschritt gegen früher nicht zu verkennen war, so fehlte es unserer unmaßgeblichen Meinung nach doch noch an einem grundsätzlichen Bekenntniß zu dieser Realpolitik.

Als die Wuchergesetzfrage zum ersten Male im Abgeordnetenhause behandelt wurde, da ruhte auf ihm der dickste Nebel der Doktrin; einer der Redner nach dem anderen erörterte die Natur und den Ursprung des Geldes, und der geringe Vorrath an national-ökonomischen Werken, über welche die Bibliothek des Hauses der Abgeordneten gebietet, war bald vergriffen. Je gelehrter die Citate aus Adam Smith, aus Mill, aus Roscher, desto siegesgewisser die Mienen des Redners. Es war mit Ausnahme weniger Reden staatsmännischen Charakters, — wir erinnern an die Ausführungen Wagener's — nur eine Schuldisputation, wie sie ebenso gut oder noch besser in irgend einem cameralistischen Seminar an einer deutschen Universität hätte gehalten werden können.

Etwas Anderes doch schon am 13. März dieses Jahres. Der „Professor" Riebel freilich war der alte geblieben, er kann sein Collegienheft nun ein Mal auswendig, und es ist von einem ordentlichen Professor kaum zu verlangen, daß er ein neues ausarbeitet; aber die Abgg. Graf Kanitz, v. Blanckenburg und Reichensperger, Letzterer freilich am wenigsten, gaben der Wirklichkeit ihr Recht und erkannten an, daß das Leben nicht der Schule wegen vorhanden sei.

Der Abgeordnete von Blanckenburg ging am weitesten, als er jene Macht der Doktrin als den „Aberglauben des neunzehnten Jahrhunderts" brandmarkte. Aberglauben findet sich da am ehesten ein, wo der Glaube fehlt, und in der That ist uns Allen der Glaube an unsre Institutionen abhanden gekommen. Wo eine Staats- und Gesellschaftsverfassung, organisch ausgegliedert, wirklich besteht und lebt, wo sie alle Kräfte des Volkes umfaßt und alle Kräfte des Volkes in ihr aufgehen, da ist die Herrschaft der Doktrin unmöglich; nur diejenigen Kräfte und Gebiete des Lebens, die nicht in jener Verfassung aufgehen, wuchern in Doktrin aus und erzeugen in ihrer stockigen und fauligen Muße Wahnbilder der Möglichkeiten, in denen sie und andere sich politisch und ökonomisch ausbilden könnten.

So ist es bei uns, wo eine alte Staats- und Gesellschaftsverfassung vielfach durchbrochen und nivellirt ist und wo die Anstrengungen, sie zu reconstituiren, Oben kein Verständniß fanden und finden.

Der Glaube an unsere Institutionen fehlt uns, weil letztere zum großen Theil selber fehlen; es tritt also mit Nothwendigkeit an seine Stelle der Aberglaube, der Glaube an die Doktrin.

Nur die Männer, die für sich und ihre Kreise noch ein Stück der alten Institutionen gerettet haben, können darum eine staatsmännische Gabe bewähren, können ein gesundes Urtheil über Gesetze abgeben. So Herr von Blanckenburg, so Graf Kanitz.

Sie treten für die Landgemeinde, für die grundgesessene Ritterschaft auf, und sie decken damit zugleich die Interessen der Reste städtischer Ordnungen. Sie sprechen aus Erfahrung, sie haben die sichere Zukunftsrechnung vor Augen, die sich auf die Erfahrungen stützt.

Sie beurtheilen also die Wuchergesetze nicht mit Rücksicht auf das Lehr-Kapitel von der Natur des Geldes, sondern mit Rücksicht darauf, was das Geld heut in Preußen im landwirthschaftlichen Verkehr bedeutet.

Und da kommen sie bald zu dem Satze: daß das Geld heut sich als Hebel und Organ einer bestimmten Politik gebahre, welche die letzten Reste der alten Einrichtungen des Staates zu beseitigen gedenkt, um dann die unbestrittene Herrschaft der Bourgeoisie über Preußen zu bringen.

Der Ursprung, der Gang und die Moralität dieser Politik des Industrialismus hätte aber schärfer erörtert werden müssen, erst dann wäre in der Wuchergesetz-Debatte der Schwerpunkt der Argumentation auf die Seite der Vertheidiger der Zinsbeschränkungen gerückt worden.

Wir kommen bei Besprechung der demnächst anstehenden Debatte des Herrenhauses über denselben Gegenstand darauf zurück.

Contra Ludovicum Napoleonem.

Du bist ein Theil von jener Kraft,
Die stets das Böse will und stets das Gute schafft.
(Göthe: „Faust".)

Spät erst kommt uns eine Brochure in die Hände, welche das große Verdienst hat, unbestrittene Wahrheiten kühn und muthig auszusprechen, und das fast noch größere, sie in einer klaren, allgemein verständlichen Sprache zu sagen. Diese Schrift ist betitelt: „Ein Neujahrsgruß zu 1860 an Louis Napoleon von einem Deutschen. Jena 1860. Verlag von Carl Doebereiner." Der Verfasser derselben verschweigt seinen Namen keineswegs, es ist Dr. A. Widmann, zur Zeit in Jena privatisirend, dem größeren Publikum längst vortheilhaft bekannt als geschmackvoller und gewandter Erzähler (die beiden Bücher: „Am warmen Ofen", Berlin 1853, zweite Auflage, und „Für stille Abende", Berlin 1854, enthalten Erzählungen, die mit zu dem Besten gehören, was die neuere Litteratur in diesem Fache aufzuweisen hat), sowie als begabter dramatischer Dichter. Die vorliegende Brochure nun, die nicht nur des Verfassers politischen Gegensatz gegen den modernen Großkophtha an der Seine, sondern auch, in nuce wenigstens, seinen ganzen politischen Glauben enthält, hat einen außerordentlichen Absatz gefunden. Wir freuen uns darüber aufrichtig, denn es steht gut um das deutsche Volk, so lange es noch, wenn auch mehr oder minder getrübt, das Bewußtsein des Gegensatzes gegen Louis Napoleon in sich trägt.

Wie ist es wohl gekommen, so fragten wir einen uns befreundeten Staatsmann, der längst kein Amt mehr bekleidet, aber darum vielleicht um so schärfer beobachtet, wie ist es wohl gekommen, daß die conservative Presse von dieser Schrift Widmann's, die ihr doch so viel Anknüpfungspunkte bietet, so ganz und gar keine Notiz genommen hat, während sie doch von manchem anderen, viel unbedeutenderen Machwerk aus dem Lager der Gegner weitläuftig gesprochen? Der alte Diplomat, von dem man rühmen darf, daß er einst Metternich durch seine Feinheit, aber auch durch seine Offenheit in Erstaunen gesetzt, erwiderte lächelnd: „Ich habe das oft beobachtet, der Kampf der politischen Partieen in der Tagespresse macht die Kämpfer engherzig, sie verkrümeln sich in die Einzelnheiten, sie verlangen eine vollständige Hingebung des Einzelnen an die Partei in allen Parteifragen, und darum sind sie lieber voll Courtoisie gegen die Gegner, als daß sie Gerechtigkeit üben gegen Männer, welche zwar der Fahne folgen, aber nicht die Livrée der Fahnenträger anziehen wollen."

Es ist eine unbestreitbare Wahrheit in dieser Bemerkung, und um dem verehrten Nestor der preußischen Diplomatie zu zeigen, daß wir Lehre annehmen, wollen wir aus der Schrift des Herrn Dr. Widmann Einiges mittheilen, was uns allerdings sehr beachtenswerth zu sein scheint, wenn wir uns auch nicht überall mit ihm in völliger Uebereinstimmung befinden.

In der muthigen Anrede an den Franzosenkaiser findet sich folgende Stelle:

„Es hat große Männer gegeben, welche so viel Selbstbeherrschung besaßen, daß ihr eigener Wille im Willen der Vorsehung aufging. Sie gehören nicht dazu. Ihr

Wille und der göttliche Wille sind nicht zwei sich deckende Flächen; es ist ein Zwiespalt zwischen dem, was Sie wollen und was die Vorsehung durch Sie erreicht.

Dieses Verhältniß ist zugleich Ihre Stärke und Ihre Schwäche.

Ihre Stärke: denn der Schein einer göttlichen Mission, welchen Sie sich selbst beilegen, und unsere Ueberzeugung, daß Sie ein Werkzeug in der Hand des Ewiggerechten sind, wirken zusammen und erzeugen den Glauben an Sie und Ihren Genius, und halten zugleich die schon aufgehobene Hand Ihrer Feinde zurück. Sie gewinnen dadurch die erste Bedingung eines gewaltigen Handelns: den Glauben der Völker und die Freiheit der Bewegung.

Ihre Schwäche: denn der Schein fließt vorüber und die Stunde kommt, wo Sie erfüllt haben werden, was die Vorsehung durch Sie erreichen wollte; dann wird die Hand von Ihnen weichen, welche Sie bisher über den Wassern gehalten hat.

Diese Stunde muß aber kommen. Sie könnten ein Arzt Ihres Volkes und damit aller anderen Völker werden. Sie prätendiren sogar es zu sein. Aber wehe dem Arzte in der Stunde, wo der Kranke inne wird, daß sein Retter die Krankheit ausbeutet und vermehrt, statt sie zu heilen! Diese Stunde muß kommen, weil Sie die Krankheiten unseres Gemüthes und unseres Denkens ausbeuten."

Damit werden wohl so ziemlich Alle übereinstimmen, die noch Augen zum Sehen und Ohren zum Hören haben, übermäßig Viele aber sind das leider nicht. Sehr bezeichnend sind die folgenden Sätze:

„Napoleon III. hat von Anfang an nur Ein Ziel gehabt: Kaiser von Frankreich zu werden und zu bleiben. Er kann dieses Ziel nicht erreichen, wenn er nicht Frankreich groß macht vor allen Völkern; da er dies aber wieder nicht durch innere Einrichtungen zu bleibender Freiheit thun will, ja nicht kann und bei dem kranken Zustande Frankreichs vielleicht nicht einmal darf, so muß diese Erhöhung Frankreichs nach Außen geschehen, auf Kosten Anderer. Indem Napoleon für Frankreich zu kämpfen scheint, kämpft er nur für seine eigene Größe und Gewalt, die Lanzenspitze seiner Politik wider das Auge ganz Europa's gerichtet; darum beunruhigt schon seine Existenz eine ganze Welt.

Treten Sie, Sire, in eine deutsche Hütte oder einen deutschen Pallast; fragen Sie Ihre Freunde oder Ihre Feinde; — in dieser Grundauffassung Ihres Wesens werden Sie alle Deutschen einig finden, wie verschieden sonst dieselben die einzelnen Handlungen des großen Herrschers beurtheilen, ob sie Ihnen zujauchzen oder Ihnen fluchen.

Es handelt sich nur darum, alle Consequenzen dieser Grundauffassung zu ziehen und die Coalition Aller gegen Sie ist fertig. Diese Einigkeit im letzten Grund ist unsere Rettung und Ihre Gefahr.

Bevor diese Consequenzen aber gezogen sind, so lange die deutschen Cabinette noch taumeln zwischen Wollen und Nichtwollen — so lange ist diese Grundauffassung Ihre Uebermacht und unsere Gefahr.

Wir müssen Ihnen zugeben, daß Ihre Politik ein festes Ziel hat und daß dieselbe eine energische Thätigkeit entwickelt, weil Sie sich selbst jeder Zeit einsetzen.

Dies reicht schon allein hin, Ihre Uebermacht zu begründen; denn die übrigen Völker haben noch kein festes Ziel und die übrigen Fürsten entwickeln keine selbständige persönliche Thätigkeit."

Leider ist es nicht in Abrede zu stellen, daß der Action Louis Napoleon's gegenüber auch nicht Einer der legitimen Fürsten bis jetzt eine selbständige persönliche Thätigkeit entwickelt hat. Weit weniger glauben wir an das, was der Verfasser von der Verurtheilung der napoleonischen Politik in Hütte und Pallast sagt. Wollte Gott, er hätte recht, aber leider zählt der Monstre-Präfect an der Seine weit mehr Bewunderer in den deutschen Pallästen und Minister-Hôtels als man glaubt; es giebt Excellenzen genug, die Louis Napoleon bewundern und ganz naiv nachahmen, ohne auch nur eine Ahnung davon zu haben. In den Hütten wird der Bonaparte noch immer verflucht, noch immer blitzt Zorn aus den Augen der Männer und die harte Hand ballt sich drohend zur Faust, wenn der mit Fluch beladene Name genannt wird, daß es aber auch in den Häusern des „gebildeten" Mittelstandes noch so sein soll, das will uns denn doch mehr als zweifelhaft scheinen. Wir haben leider in zu vielen geschmacklos eiteln Zimmern das Bild des alten finstern Erbfeindes deutschen Volksthums hängen sehen über der „Bergère", auf der man behaglich schlummerte, und wir könnten „große Gewerbetreibende" genug namhaft machen, über deren Schreibtisch, seit sie von der Pariser Industrie-Ausstellung als „Legionaire der französischen Ehre" heimkehrten, nicht nur der alte Schlachtenkaiser hängt, sondern auch der neue Empereur mit der blonden Hispanierin, seiner Gemahlin, und dem Kaiserlichen Prinzen, seinem Sohne, dem „blonden Jesus", wie der „Moniteur universel" so aberwitzig sang. Wir fürchten, daß Herr Dr. Widmann weniger zuversichtlich von der Allgemeinheit der deutschen Verdammung napoleonischer Politik gesprochen haben würde, wenn er die „Weltbürger der Industrie" mehr in der Nähe gesehen hätte.

Es ist in der kleinen Schrift Vieles, was uns nicht gefällt, wir denken in sehr wichtigen Dingen ganz anders als Herr Widmann, z. B. sind seine Ansichten über die preußische Landwehr und deren Umformung, über stehende Heere u. s. w. so ziemlich das Gegentheil von dem, was wir denken, trotzdem aber stoßen wir wieder auf Sätze, die uns aus dem Herzen geschrieben sind:

»Es muß wahr sein; die preußische officiöse Presse sagt es uns ja selbst, daß Napoleon nicht daran denkt, uns anzugreifen, daß wir uns ruhig zu Bette legen können. Wir glauben es; es ist das Einzige, was wir diesen Herren glauben.

Es handelt sich aber nicht von Napoleon und was er mit Deutschland will, sondern von uns und was wir Deutsche in unserem deutschen Lande wollen. Und wir träumen von Krieg, wir wollen den Krieg, wir predigen den Krieg, weil Krieg die einzige Hülfe ist, die uns bleibt; der vielverspottete, von unserer eigenen Presse verhöhnte, frische, fromme, heilige Krieg gegen Napoleon. Krieg, Krieg und nichts als Krieg.

Der einsame Mann in den Tuilerien lächelt und deutet stumm auf die letzten Berichte aus Berlin, Wien und Würzburg. Er weiß, daß wir nicht angreifen, obwohl die Offensive das Einzige ist, was uns noth thut. Er wundert sich nicht, daß in Preußen ein Ministerium von trefflichen Männern ganz schwach sein kann, so schwach, wie noch nie eines in Preußen war; denn es ist ein Ministerium der neuen und guten Absichten ohne neue Ansichten und Ideen, losgelöst von bewährter altpreußischer Politik, ohne Muth zu einer deutschen Politik der Offensive und Kraft.«

Die »trefflichen Männer« im »Ministerium der neuen und guten Absichten, ohne neue Ansichten und Ideen« mögen sich bedanken für dieses Compliment; denn es soll ein Compliment sein und ein aufrichtig gemeintes.

Ueber die italiänische Politik Louis Napoleon's heißt es:

„Mangel an Logik deutet immer auf Verlegenheit; und Sie sind in einer großen, immer größer werdenden Verlegenheit in Italien. Erst sollte ein Congreß diese Verlegenheit von Ihren Schultern nehmen, jetzt soll es ein freiwilliger Selbstmord des pontifex maximus thun; Beides wird nicht geschehen; was dann?

Mir däucht, so lange Sie die Hände unbefugt in italiänischen Dingen haben, giebt es nur einen Ausweg: Krieg. Oder glauben Sie etwa, daß Oestreich die Revolution immer vor der Thür haben muß, wie der schwache Kirchenstaat? Glauben Sie, daß das östreichische Officiercorps — und dieses Corps ist in diesem Augenblick Oestreich — sich den Waffenrock wird von Ihnen immer kürzer schneiden lassen, daß er zur Jacke wird? Soll Oestreich etwa für das Revolutionscomité in Mailand seinen Besitz in Italien „freiwillig" räumen und sich gegen die Aufstände nicht wehren, welche doch kommen müssen und den Krig im nothwendigen Gefolge haben, weil sie von den übrigen Italiänern unterstützt werden?

Oestreich ist in Einem groß vor allen Völkern Europa's: daß es gewohnt ist, immer und immer wieder zuerst und mit göttlicher Zähigkeit gegen den Napoleonismus loszubrechen. Und wenn es dies Mal losbricht, so wird es nicht allein sein. Wer Ihnen jetzt zuerst „Halt" zuruft, dem jaucht Deutschland entgegen.

Wir werden den herrlichen Triumph des gesunden Denkens erleben, daß die deutschen Protestanten mit den deutschen Katholiken zusammen für das Recht des Papstes wider den, der es vergewaltigen will, in Waffen treten."

Man sieht, daß Herr Widmann den Muth nicht verloren hat der immer größer werdenden Elendigkeit gegenüber, und das ist etwas, was nicht alle Politiker heut zu Tage von sich rühmen können.

In einer Hauptstelle heißt es:

»Sire, welche Fundgrube für Ihren beweglichen Geist, der sich vorgesetzt hat, Europa wider dessen Willen zu ordnen! Jeder dieser Punkte harrt seiner Erledigung; Jeder davon genügt, um Deutschland in seiner Tiefe zu bewegen. Und welche Aufforderung für Sie, einzugreifen! Sie haben 1859 Ihre Fühler ausgestreckt und gefunden, daß Ihre Zeit in Deutschland gekommen ist. Sie haben den einen Arm Deutschlands, Oestreich, geschlagen, Sie haben ihm den lombardischen Goldfinger abgeschnitten; und der andere Arm, Preußen, hat behauptet, daß ihm das Alles gleichgültig sei und nicht weh thue! — Sie haben ein Recht, an unseren Todesschlaf zu glauben; Sie können uns getrennt und leicht schlagen! Wie Ihr großer Oheim trennen Sie erst Oestreich und Preußen, schlagen dann Oestreich, schwächen das Ansehen Preußens in der öffentlichen Meinung durch seine eigene Energielosigkeit, locken und compromittiren Preußen mit Anerbietungen und Ländergeschenken, die Sie gar kein Recht haben zu machen; verfeinden dadurch Preußen mit dem übrigen Deutschland — um Preußen dann zuletzt zu schlagen und zu ecrasiren. Ja, es ist nicht einmal nöthig, daß Sie uns schlagen; Sie dürfen nur den aufgeregten Elementen in Deutschland die Fingerspitzen bieten, und wir schlagen uns selbst durch die chronische Revolution!« —

Das ist von schlagender Wahrheit!

Wir haben schon oben bemerkt, daß die Widmann'sche Schrift nicht nur einen Gruß an Louis Napoleon, sondern auch den politischen Glauben des Verfassers enthalte.

Darüber noch ein paar Worte. Nach Widmann hat Deutschland bereits, was die theils verbrecherischen, theils komischen Einheitsbestrebungen erst schaffen wollen; »Wir haben«, sagt er, »einen zu Recht bestehenden deutschen Bund und ein zu Recht bestehendes deutsches Parlament.« Er verhehlt sich nicht, daß über diese Erklärung der gesammte Liberalismus in ein Zetergeschrei ausbrechen wird. Wir sehen aus Folgendem, was er damit meint:

»Ich habe damit nur ausgesagt, daß der Bund, die Eidgenossenschaft der deutschen Nation, die einzige Form sei, in welcher die Theile des großen Ganzen sich wohl befinden werden.

Ich habe nur ausgesagt, daß die Regierungsgewalt über das Ganze sämmtlichen deutschen Regenten als Körperschaft ungetheilt zustehe, damit jeder Einzelfürst das, was er von der Gewalt über sein Stammland für das Ganze und dessen Fragen opfert, durch seinen freien Antheil an der Regierung des Ganzen wieder gewinne.

Ich habe nur ausgesagt, daß die Nation als solche eine Vertretung ihrer Interessen vor dieser gesammtfürstlichen Regierungsgewalt haben müsse; nicht daß die Stämme ihre Eigenthümlichkeit aufgeben sollten.

Damit habe ich nichts ausgesagt, als was erleuchtete Fürsten, wie der große König von Würtemberg, immer ausgesprochen haben; was ganz sicher der mittlere Durchschnitt der Meinungen in Deutschland ist; was überhaupt die ursprüngliche Idee des deutschen Bundes war, bevor die Diplomatie einen Caspar Hauser daraus machte.

Aber wie soll diesem Institute Odem eingeblasen werden?

Dazu giebt es nur Ein Mittel: Daß die deutschen Bundesfürsten persönlich die Regierung des deutschen Bundeslandes in die Hand nehmen, ohne Vertretung, auf einem Convente, Mann gegen Mann, ohne abgeschmackte Auszirkelung des Stimm-Verhältnisses, durch freie und gleiche Abstimmung der höchsten und edelsten Aristokratie der Welt.«

Man wird zugeben müssen, daß diese Ansicht, aber es ist mehr als nur Ansicht, Aufmerksamkeit verdient. Erklärend heißt es weiter:

»Wir verlangen nicht nur einen Congreß der deutschen Fürsten, sondern eine regelmäßig wiederkehrende Versammlung derselben und ein ständiges deutsches Ministerium, welches den Willen der Bundesfürsten ausführt und vor einem deutschen Parlamente vertritt. Das ist es, das allein, was jetzt Sicherheit und Energie, in Zukunft aber Glück verspräche.

Und was steht dieser so einfach scheinenden Lösung entgegen?

In der Nation gar Nichts, denn ihr Instinct ist auf dem richtigen Wege; sie würde den Fürsten zujauchzen.

Bei den Fürsten sehr viel; denn sie kennen ihre Lage gar nicht und sind nicht mehr an eigene Thätigkeit gewöhnt.«

Unter den Hindernissen für die Ausführung dieses Planes zählt der Verfasser auch die »büreaukratisch gewordene Aristokratie« auf, das »kleinadlige Beamtenthum«, er mag dabei bestimmte Personen und Verhältnisse im Auge haben, aber die Bezeichnungen sind nicht glücklich gewählt, eine Aristokratie, die büreaukratisch geworden, ist keine Aristokratie mehr, und »kleinadliges« Beamtenthum ist gar nicht adlig. Die größte Schwierigkeit für die Ausführung findet Widmann indessen wieder in Louis Napoleon selbst.

»Eine Schwierigkeit aber ist die größte, und diese Schwierigkeit sind Sie selbst, Sire! Ihre durch nichts gerechtfertigte Propaganda für die romanische Weltanschauung und deren Zwillingskinder; die nivellirende Revolution und die Todtenstille des centralisirenden Cäsarismus. Sie unterbrechen dadurch den Strom der germanischen Weltanschauung; Sie machen unser Vaterland dadurch krank, daß Sie es von Neuem in die Revolution einzutauchen versuchen, in dem Augenblicke, in welchem es sich von den Wunden der Revolution heilen will. Und weil die politische und religiöse Revolution dazu nicht ausreicht, schleudern Sie uns jetzt auch noch die sociale entgegen, zuerst als erschütternde Phrase, dann als einen Kampf der Arbeit wider das Capital.«

Diese Auszüge werden hoffentlich hinreichen, die Aufmerksamkeit der conservativen Partei auf die Widmann'sche Schrift hinzulenken, es weht ein so warmer patriotischer Hauch darin und es kommt so Manches zum Vorschein, was man als anregend, nachdenklich, ja, als bedeutend und fruchtbar anerkennen muß, daß es sehr zu bedauern wäre, wenn die kleine Schrift für uns spurlos unterginge.

Claud.

Die Herzogin von Parma.

— La Duchesse de Parme devant l'Europe par H. de Riancey; Paris 1860. —

Es läßt sich nicht leugnen, daß im alten Europa, und namentlich in Italien die Dinge nicht zum Besten stehen. Die demokratische Menge ist vielleicht nicht dieser Ansicht, aber bei alle dem, was die Menge denkt und spricht, fällt uns immer die d'Alembert'sche Phrase ein: „Wie viel Dumme bilden ein Publikum?“ Vielleicht könnten uns die sogenannten populären Zeitungen, die stets mit der Zahl ihrer Leser prunken, dieses Problem lösen. Doch zur Sache!

Es handelt sich hier um das Herzogthum Parma und seinen Geschichtschreiber, Herrn von Riancey.

Noch im Januar 1859 hielt sich das Volk dieses Landes für das glücklichste der Welt. Es war stolz und nicht mit Unrecht, auf seine Freiheiten und seine alten Rechte, seine Traditionen, seinen Wohlstand, den Ruhm seiner Künstler, seine herrliche Sprache und seine berühmten Museen, endlich aber und hauptsächlich auf seine unvergleichliche Fürstin. Und dennoch war die Revolution auch in diesem Lande siegreich! Wie dies geschehen konnte, das möchten wir versuchen durch ein Bild darzustellen.

Zwei gewaltige Adler stritten sich einst um die Herrschaft. Es war ein furchtbarer Kampf, denn die Gegner waren beide mächtig und stark. Die kleineren Vögel in der Nähe fürchteten sich, sie begaben sich in den Schutz des einen Adlers, welcher ihr alter Verbündeter war. Nur eine unschuldige Taube blieb für sich allein in dem warmen Nestchen, das sie sich gebaut. Da stürzt plötzlich aus den Lüften der eine Adler, nach hartem Kampfe besiegt und verwundet, herab. Der Sieger aber sucht seinen Horst, denn auch er ist wund und matt vom Kampfe. Da erscheint plötzlich ein magerer Geier auf dem Schlachtfelde der Adler, wo der Besiegte einige Federn gelassen hat. Kampfesmuthig stürzt er sich auf diese Beute und will nun seinerseits auch ein Held werden.

Mit dämonischer Freude wird er plötzlich die Taube gewahr und fragt sie: „Warum, meine Liebe, hast Du Dich nicht am Kampfe betheiligt?“ „Weil die Taube niemals kämpft!“ antwortet der sanfte Vogel. Der Geier aber, der vermuthlich Lafontaine gelesen hat und die Fabel vom Lamme und vom Wolfe kennt, fährt auf die arme Taube los: „Du falsches und grausames Geschöpf, wie kannst Du mich, Deinen Herrn also betrügen? Du hast doch mitgekämpft, denn Deine Krallen sind noch geröthet von dem Blute Deiner Opfer, die ich rächen will!“ und mit diesen Worten stürzt er sich in das weiche und warme Nest und zerstört mit Hülfe anderer Raubvögel, die er herbeigerufen, Alles, was er vorfindet.

Das ist in Kürze die Fabel, die Herr von Riancey in ausführlicher Erzählung uns versinnlicht. Wir hätten, aufrichtig gestanden, nicht den Muth gehabt, jetzt ein solches Werk zu unternehmen. Es gehört viel Talent, viel Rechtschaffenheit und noch mehr Leidenschaftslosigkeit dazu, um alle die Schändlichkeiten und die Verbrechen zu erzählen, deren Schauplatz Parma seit acht Monaten geworden ist. Herr von Riancey hat sich nach Tacitus gebildet. Streng und unparteisch, gemessen selbst im Ausdruck seiner politischen und religiösen Ueberzeugung, entrollt er vor unseren Augen das schauerliche Gemälde jener Ereignisse mit einer Gewissensruhe, die seine beste Lobsprecherin ist, und ohne bewegter zu scheinen, als der römische Geschichtsschreiber bei der Darstellung des Tiberius auf der Insel Capri.

Und doch, was mag er im Grunde seiner Seele gelitten haben? Eine Frau, eine Fürstin, eine Mutter, die durch der Revolutionäre Dolch als junges Kind schon zur Waise und dann als junge Frau zur Wittwe geworden, erfüllte treu die ihr von Gott anvertraute Mission, ihr Land und ihre Unterthanen glücklich zu machen. Seit fünf Jahren verband sie, wie der barmherzige Samariter, die Wunden ihres neuen Vaterlandes, und wenn sie Sonntags, ihren Sohn an der Hand, sich in in die Kirche begab, verneigte sich Alles ehrfürchtig vor ihr, in frommer Verehrung ausrufend: »Da geht unsere Hoffnung hin, geführt von der Barmherzigkeit!« Und doch mußte diese Frau der Gewalt unterliegen! Umsonst umgab sich die edle Herzogin mit der Liebe ihres Volkes und der Treue ihrer Soldaten. Umsonst kehrt sie, nachdem sie schon einmal aus ihrer Hauptstadt hatte flüchten müssen, muthig in dieselbe zurück, von ihren Untergebenen mit freudetrunkener Begeisterung empfangen. Der Geist des Bösen siegte endlich doch, und die Revolution stahl sich nach Parma hinein »unter der Bagage des Fremden.«

Sollen wir den traurigen Zustand des sonst so glücklichen Landes weiter schildern? Wie alle braven Männer dort beschimpft werden, wie unter dem Namen der Freiheit die äußerste Tyrannei geübt wird? Mit Nichten! Es ist Zeit, diese traurigen Bilder mit einem Schleier zu bedecken, wir würden uns sonst von unserer Indignation fortreißen lassen, und nach Herrn von Riancey soll man in Allem, selbst in der Verachtung Maß halten. Fort also aus einem Lande, das nicht mehr Parma ist. Wo die vertriebene Herzogin mit ihrem durchlauchtigen Sohne weilet, in der Schweiz, dort ist jetzt Parma!

Die Abkömmlingin des heiligen Ludwig's und Ludwig's XIV. wohnt dort in einem bescheidenen Hause, und einige treue Diener bilden ihren ganzen Hofstaat. Gleich der Cornelia, der Mutter der Gracchen, aber geheiligter noch durch Christenthum und Fürstenthum, ist ihre Familie ihr höchster Schmuck. Welche Würde in dieser Einfachheit! Die Letzten vom großen Königshause Bourbon bedürfen nicht des äußeren Königlichen Pompes, um zu glänzen; ihr Glanz geht von ihnen selber aus, und die Herzogin von Parma, welche in ihren dunkeln Gewändern das Bild ächt fürstlicher Trauer ist, flößt dem gesammten Europa weit mehr Achtung ein, als die Räuber ihres Thrones. Die Zukunft wenigstens bleibt ihren Nachkommen gesichert. Der, welcher die Geschicke der Völker lenkt, stürzt die Fürsten von den Thronen, aber er setzt sie auch wieder ein.

Dem jungen Herzog Robert steht sicher noch eine große Zukunft bevor, und an dem Tage, wo der Druck des Fremden die Gewissen nicht mehr belasten wird, kehrt er zurück nach Parma, begrüßt von dem Jubelruf seiner Unterthanen. Aber wann wird sie kommen, diese glückliche Zeit? Das kann Niemand wissen, außer der schwergeprüften Herzogin selbst. Wenn die edle Frau Morgens die Kapelle verläßt, glaubt man in dem gehobenen Ausdrucke ihres Gesichtes die göttliche Verheißung einer glücklicheren Zukunft ihres Sohnes zu lesen.

Besser ist es jedenfalls, der flüchtige Herzog Robert zu sein, der das Brod der Verbannung ißt, als der dem Dienst Piemonts einverleibte Herzog Robert, Mitglied der italiänischen Conföderation!

Herr von Riancey schließt sein Buch mit den Worten: »Geben wir die Hoffnung nicht auf!« und wir fügen hinzu: »Fassen wir Muth!« In der Zeit, in der wir leben, ist es die Pflicht aller Gutgesinnten, ihre Ueberzeugungen offen zu bekennen und zu vertheidigen. Das Zeugniß eines einzigen Mannes ist oft genügend, viele Schwankende wieder aufzurichten und zum Feststehen zu bringen. Also Muth gefaßt!

Die Gleichgültigkeit, welche sich der Gesellschaft bemächtigt, hat ihre Quelle nur in unserer Schwäche oder in unserer Lauheit! Wir müssen die Revolution mit unseren Principien eindeichen, damit sie nicht zu einem tobenden Meere werde, dessen Brausen uns schon von ferne schreckt, und welches endlich die ganze Welt überschwemmen würde und mit ihr die Civilisation von achtzehn Jahrhunderten! B. de T.

Der Ball beim Ober-Stallmeister.

Ein Pariser Carnevalsfest.

Der diesjährige Ball des Generals Fleury verdient eine besondere Erwähnung und Beschreibung, denn die mit ebensoviel Aufwand als Geschmack dazu getroffenen Vorbereitungen gaben ihm einen wirklich feenhaften Zauber. Als Oberstallmeister der Krone wohnt General Fleury im Louvre. Er bewohnt einen Pallast in einem Pallaste. Er hatte seiner fürstlichen Wohnung einen schon von fern blendenden Glanz verliehen. Der Marstallhof war mit strahlenden Ballons von allen Farben erleuchtet. Von gleichem Glanze strahlte die Treppe, welche zu der unter dem Staatssaal befindlichen Reitbahn führt. Oben tanzte ein ruhiger Polichinell, als Kronleuchter dienend, in den Lüften. Am Fuße der Treppe ließen zwei Piqueurs, auf Pappepferden von natürlicher Größe, bei der Ankunft eines jeden Gastes schmetternde Fanfaren ertönen. Unter dem Säulengang bildeten ein Dutzend Postillons von Lonjumeau, herrlich gepudert und bebändert, ein Spalier. Die übrige zahlreiche Dienerschaft, in Kleidern von malvenfarbigem Taffet, den Degen an der Seite, war die Treppe hinauf aufgestellt. Zwei Hellebardiere von prächtiger Haltung ließen mit der Präzision eines mit Federn versehenen Spielwerkes die Dielen erdröhnen, so oft ein Gast vorüber ging. Das Orchester war, wie die Dienerschaft, gepudert, den Degen an der Seite und in Rosataffet gekleidet. Nur Strauß war in weißem Gewand; denn der General muß sich von den Soldaten unterscheiden.

Um zehn Uhr kamen die ersten Gäste an. Der Hausherr trug eine prächtige rothe Uniform, welche seine hohe, stolze Haltung noch mehr hob. Madame Fleury, die im ersten Saale an seiner Seite stand, um die Gäste zu empfangen, hatte das köstlichste Harlekins-Costüm an. Ihr Holzsäbel war kokett mit Goldpapier aufgeputzt. Ihre Schwester, Fräulein Calley Saint-Paul, erschien so poetisch duftig wie eine Traumgestalt, wie mit Rosenblättern bekleidet! Welch ein Stoff für Madrigale! Und keine Dornen, dem Sprichworte zum Trotz!

Um Mitternacht war das Fest in vollem Gang. Ein pikantes Zwischenspiel bereitete ein Adjutant des Generals, der Baron de Verdière, welcher unter der Maske Boswell's, des beliebten Clowns des Circus, und in seinem buntscheckigen Costüm erschien. Er ritt auf einem der feurigsten Vierfüßler von Pappe. Zwischen Roß und Reiter herrschte der heiterste Verkehr. Das Roß trug denn auch den Reiter glücklich in die Mitte des Saales, wo eine Reitstunde unter der Leitung des Grafen d'Aure, eines berühmten Reiters, begann, dessen grauer Rock und dreieckiger Hut an die Stallmeister des vorigen Jahrhunderts erinnerte. Das Spiel dauerte nicht länger als nöthig war, um alle Welt zu unterhalten und Niemand zu ermüden; man lachte und klatschte viel und rief Roß und Reiter hervor.

Darauf stellte sich Boswell II. an die Spitze eines Maskenzuges, dem eine Fahne voransflog, auf welcher man die Worte las: »Märchen aus guter alter Zeit!« Es war dies in der That eine Schaar von Persönlichkeiten aus Perraults Märchen: Riquet à la Houppe, der Marquis v. Carabas, Peau d'Ane etc. Ihre Zahl genügte grade, um eine Quadrille zu bilden, die auch alsbald begann.

Es gab die verschiedensten Nächte: Winternächte, Sommernächte, ruhige Nächte, entzückende Nächte! Auch gab es mehrere Monde: Vollmonde, Monde im ersten und letzten Viertel. Nur die Sonne glänzte durch ihre Abwesenheit.

Noch erwähnen wir zwei auffallende Frauenmasken. Die eine Dame trat als Distel auf und man wagte sie nicht einmal mit den Blicken zu verschlingen, aus Furcht vor den bösen Randglossen witziger Köpfe. Die andere, Frau Gräfin Waldner, trug ein so historisch-treues Beduinencostüm, daß man sie bis zum Schluß hin nicht erkannte. Sie hatte nicht nur ihr Antlitz braun geschminkt, sondern die photographische Treue so weit getrieben, sich selbst die Nägel zu schwärzen. Auch fehlte der Bart am Kinne nicht.

Eine Blumenverkäuferin, welche den Damen Witzblätter und Blumen zuwarf, blieb ebenfalls lange Zeit unerkannt, bis sie zuletzt sich demaskirte und man in ihr einen jungen Offizier erkannte, der sich bei Magenta ausgezeichnet und dort die Ehrenlegion verdient hat: den Grafen Horaz von Choiseuil-Praslin.

Madame Fleury hatte die jungen Leute aufgefordert, recht zahlreich in den ungenirtesten Costüms zu erscheinen. So sah man denn lustige Pierrots jeder Art; darunter einen »Photographen«, der seinen Kasten als Hut und außerdem tausend Bilderchen auf der Jacke trug.

Um zwei Uhr wurde ein glänzendes Souper aufgetragen. Dreißig Personen konnten sich gleichzeitig dazu niedersetzen, und stets wurde es auf das Reichlichste und mit der größten Ordnung bis zum Ende des Festes erneuert. Der Cotillon begann sehr spät. Man ging vom Souper zum Cotillon und umgekehrt. Gegen 6 Uhr des Morgens schien die große Ronde das Ende des Festes anzuzeigen. Doch keineswegs! Nach einigen Augenblicken der Ruhe, nachdem man die Lippen mit Champagner etwas aufgefrischt, kehrte man in den Tanzsaal zurück und verlangte einstimmig zum Schluß der Soirée, die sich in eine Matinée zu verwandeln drohte, eine recht lustige Quadrille.

Dieselbe wurde gewährt; der General Fleury nimmt seinen Platz ein neben der Prinzessin Clotilde; der Vicomte Friant tanzt mit Madame Fleury. Die Violinen spielen die Teufelsquadrille aus dem »Orpheus«; der unnachahmliche, gestiefelte Kater entzückt alle Welt durch seine doppelte Grazie, indem er bald die Dame, bald den Herrn spielt; die Wirbel des Tanzes drehen sich immer wilder; jetzt erst ist der Gipfel festlicher Lust erreicht und ein donnerndes Hurrah! den Festgebern gebracht, setzt endlich dem Vergnügen ein Ziel.

Alle diese Masken, Männer und Frauen, verdienten auf die Nachwelt zu kommen. Doch genöthigt, eine Auswahl zu treffen, beschränke ich mich auf die Erwähnung einer reizenden jungen Frau, der Madame Wey, welche den gestiefelten Kater darstellte. Sie trug den großen Stiefel, das unentbehrliche Attribut ihrer Rolle, einen rothsammtenen Marquisrock und Pluderhosen. An ihrer Seite hing ein kleiner niedlicher Degen in der Scheide. Doch die Hauptzierde des Costüms — das war der Geist und die katzenhafte Anmuth dieser in einen Kater verwandelten Dame. Freilich hat Madame Wey Künstlerblut in ihren Adern; denn sie, die Frau eines Wechselagenten, ist die Tochter des berühmten Miniaturmalers Isabey, der unter dem ersten Kaiserreich und der Restauration Furore machte und erst vor vier Jahren starb, nachdem er stets frohen Sinnes die Last des Alters getragen. Auch ist Madame Wey die Schwester von Eugen Isabey, einem der ersten französischen Maler unserer Zeit.

Nach der Quadrille der Märchen Perraults wurde der Tanz allgemein und erhielt einen besondern Aufschwung durch die lebendige Theilnahme der Prinzessin Clotilde, welche sich mit der ganzen Lust der Jugend und dem ganzen angeborenen Takt der Prinzessin dem Vergnügen hingab. Sie tanzte mit aller Welt und schien ganz ihren Rang zu vergessen, auch führte sie mit dem jungen Prinzen Murat den ersten Cotillon. Ihr frühlingsartiges Costüm war in anmuthigster Weise phantastisch. Man taufte sie »die Königin der Wiesen«, und der Ausdruck ist insofern treffend, als das zarte Grün in der frischpoetischen Anordnung vorherrschte.

Die Postillons spielten natürlich eine Hauptrolle bei diesem Feste des Oberstall-Meisters. Auch wollte man eine Quadrille von Postillons auffüren, doch sie zerschlug sich im letzten Augenblick, da der Prinz Murat und der Vicomte Friant ihre glänzenden Sammt- und Atlas-Costüms nicht aufgeben wollten, die sich nicht für eine Reit- oder Briefpost, sonnern nur für eine »Liebespost« eigneten.

Die Prinzessin Mathilde erschien als maurische Jüdin, der Prinz Napoleon in venetianischem Leibrock und Mantel, die Fürstin Metternich als östreichische Marketenderin, wie überschüttet mit Diamanten; die Gräfin Walewska als Diana strahlend von Geiz; die Prinzen Reuß als Bauern in sehr einfachem Costüm: Strohhut, rother Kittel, schwarzsammtene Hosen und Hemdärmel.

Die Frisur der schönen Madame Moitessier wurde mit den schneebedeckten Gipfeln des Chimborasso wegen ihrer Höhe und Weiße verglichen. Alle Schätze von Golconda waren dort zur Schau gestellt und blendeten die Augen der Sterblichen, die verwegen genug waren, sich ihrem Feuer auszusetzen.

Correspondenzen.

Aus der Hauptstadt.

17. März 1860.

Auch heute können wir von Sanssouci unsern Lesern nichts melden, als das alte herznagende Leid ohne Hoffnung.

Es ist der 17. März einer von den großen Festtagen der preußischen Monarchie, der Stiftungstag der ruhmreichen Landwehr der großen drei Jahre des Befreiungskrieges; schon lange beschränkt sich die Feier dieses Tages in der Hauptstadt auf ein Festmahl der alten Kampfgenossen von 1813, 1814 und 1815. Die Feier solcher Erinnerungstage hat etwas mißliches, die Reihen der Kämpfer von damals werden immer dünner, immer kleiner die Anzahl der Ritter vom eisernen Kreuz und dem verblichenen Band, und was hilft die Beschönigung! immer geringer auch die Theilnahme des Publikums in der Hauptstadt. Es ist schmerzlich, aber es ist wahr, eigentlich kümmert sich die moderne Welt schon nicht mehr um die wackern Kampfgenossen der vaterländischen Helden. Die Zeitungen bringen ein paar matte Beschreibungen des Festmahls, die in jedem Jahre fast wörtlich dasselbe enthalten; der Leser überfliegt sie flüchtig, das ist Alles! Der Patriot wird darüber trauern, daß es so ist, aber zu ändern vermag er's nicht.

In den politischen Kreisen spielt die alte Geschichte von der Annahme oder Nicht-Annahme der Militair-Vorlagen, und es läßt sich nicht leugnen, daß das lange Hinausschieben der Discussion im Abgeordnetenhause den Gegnern Zeit gelassen hat, alle ihre Truppen ins Gefecht zu bringen. Wir sind noch immer der Meinung, daß die Vorlagen schließlich angenommen werden, obgleich wir nicht in Abrede stellen wollen, daß die Gegner immer zuversichtlicher die Verwerfung behaupten. Was im Fall der Verwerfung geschieht, ist nicht leicht vorher zu sagen, ob erst eine Auflösung der Abgeordneten und darnach ein Ministerwechsel, oder erst ein Ministerwechsel und darnach Auflösung, wer will's wissen? Vielleicht geschieht auch gar nichts. Von einem Ministerium des Grafen Arnim-Boytzenburg ist allerdings vielfach die Rede, man nennt die drei Ober-Präsidenten von Sachsen, Preußen und Posen, die Herren von Witzleben, Eichmann und von Puttkamer, sogar als Minister, man nennt auch noch andere Namen; zur Zeit ist es indessen noch völlig unmöglich, auch nur mit annähernder Bestimmtheit zu sagen, was geschehen wird. Lächerlich ist der Streit über die „Indiscretionen“, durch welche Nachrichten über die Verhandlungen der Commission in's Publicum gekommen sein sollen, aber erklärlich genug ist das ganze Gerede; denn es ist ein Symptom der großen Verlegenheit, in welcher sich die Liberalen befinden. Die Verlegenheit ist mit kurzen Worten folgende: Das liberale Ministerium hat eine ganz wesentlich conservative Vorlage, welche Se. Königl. Hoheit der Prinz-Regent für durchaus nothwendig hielt, eingebracht und hat geglaubt sie durchbringen zu können; den Herren Liberalen wird es aber ungeheuer schwer, sich zu entschließen und diese conservative Vorlage anzunehmen. Das ist Alles! Was die Haltung des Herrn von Vincke in der Commission betrifft, so ist dieselbe ganz so „petulant“ wie immer gewesen; wenn man daran aber allerlei schreckliche Duellmähren geknüpft hat, namentlich zwischen Herrn von Vincke und dem greisen General von Brandt, welcher Letztere auf zwanzig Schlachtfeldern dem Tode in's Auge gesehen, so bekundet man uns, daß man die Geschichte der letzten zwölf Jahre vergessen, oder sich einen schlechten Witz gestattet hat. Eine andere Duellgeschichte, die zwischen dem Geh. Rath Duncker, dem Vorstand der Preßcentralstelle und dem Redacteur der A. A. Z., Herrn Dr. Orges, hat ebenfalls, wie uns mitgetheilt wird, einen sehr friedfertigen Ausgang genommen. Bestätigt sich das, so hat Herr Dr. Orges nicht am Schlechtesten dabei abgeschnitten.

Der Scandal, den die Demoiselle Assing durch Herausgabe des angeblich Varnhagen-Humboldt'schen Briefwechsels erregt, ist immer noch nicht zu Ende, die liebenswürdige Demoiselle hat durch eine sehr unglückliche Erklärung in den Zeitungen sich wenigstens juristisch zu rechtfertigen gesucht, es ist ihr aber nicht gelungen; wir fürchten, daß der pecuniäre Gewinn, den diese Person aus dieser Speculation gezogen, sie schließlich doch nicht entschädigen wird für das, was sie anderweitig zu Wege bringt. Man versichert hier, der bekannte Demokrat Dr. Lassalle sei der eigentliche Herausgeber des Briefwechsels, er sei der Bräutigam der Demoiselle Assing; das Letztere ist aber entschieden falsch, denn erstlich ist die Demoiselle gar nicht mehr in dem Alter, in welchem sich sterbliche Menschen weiblichen Geschlechts noch zu vermählen pflegen, und dann hat sich Herr Dr. Lassalle jüngst erst mit der Tochter eines hiesigen Buchhändlers verlobt.

Das Mittagsmahl des deutschen National-Vereins ist durchaus nicht so harmlos gewesen, wie man anfänglich vermuthet hat, es sind dabei Reden geführt worden und Gesinnungen zu Tage gekommen, die sehr bedenklich erschienen sind, mit dem bezahlten Couvert und dem obligaten Katzenjammer mag für die Meisten die Geschichte zu Ende sein, aber gewiß nicht für Alle. Einige der präcludirten Redner gratuliren sich heut zu diesem Unglücksfalle. Unbegreiflich ist es Allen, wie sich ein sonst so lieber Mann, wie der Dr. Veit, hat so hinreißen lassen können, über Mommsen und Virchow wundert man sich viel weniger, denn die sind ja Professoren.

Schließlich noch ein Wort über die savoyische Einverleibungsfrage; man wird von hier aus protestiren, wahrscheinlich in Gemeinschaft mit Oestreich und Rußland, aber man macht sich keine Illusionen über den Erfolg dieses Schrittes. Empörend ist es, wie von Sardinien, Frankreich und England abwechselnd der junge König von Neapel maltraitirt wird. Leider fehlt dem unglücklichen jungen Fürsten die Charakterfestigkeit seines Vaters, aber fühlt sich denn keiner der anderen legitimen Souveräne gedrungen, für das schwer bedrohte legitime Königthum und Neapel seine Stimme zu erheben? Ist es denn ganz zur leeren Redensart geworden, daß sich die christlichen Souveräne »mon frère« nennen? Louis Napoleon für sich, Palmerston für die englische Victoria, Cavour für den unglücklichen Victor Emanuel, sie arbeiten um die Wette an der Erniedrigung des legitimen Fürstenthums, wahrlich! nachdem wir schon seit geraumer Zeit die Legitimität ohne die Legitimen vertheidigen mußten, kommen wir allmälig in die Lage, die Legitimität gegen die Legitimen vertheidigen zu müssen. Der große Historiker Herr von Vincke macht freilich der englischen Victoria, und das soll ein Compliment seinerseits sein, die Legitimität streitig; vielleicht auch diesem armen Victor Emanuel?

Aus Paris.

13. März.

Wir sind in der Fastenzeit und dennoch leben wir hier noch so geräuschvoll, als befänden wir uns noch mitten im Carneval. In den Hofkreisen finden alle Tage Soiréen und costümirte Bälle statt, und die Theater geben unausgesetzt Carnevalspossen. Das Einzige, was wirklich aufgehört hat, sind die großen öffentlichen Maskenbälle, doch wie gesagt, hat man sich zu entschädigen gewußt.

Von besonderem Interesse war die kürzlich stattgehabte letzte Generalprobe der neuen Oper des Fürsten Poniatowsky. Nur wenigen Zuhörern sollte es gestattet sein, derselben beizuwohnen, ich war so glücklich, zu diesen Wenigen zu gehören. Um so größer war mein Erstaunen, als ich den Opernsaal betrat und denselben überfüllt fand. Aus den Wenigen waren wohl Tausend und mehr geworden, und es bot sich meinen Blicken eine überaus glänzende Versammlung dar. Der Fürst und die Fürstin Metternich, der Graf Walewsky, die junge Prinzessin Poniatowska, Herr Staatsminister Fould und seine ganze liebe Familie, Rossini, Richard Wagner und viele andere Personen von Ruf und Rang waren zugegen. Die Frauen glänzten in den reichsten Toiletten. Der Abend der ersten Aufführung unterschied sich daher in seinem Aeußern wenig von dem der Generalprobe. Nur, die der Bühne zunächst befindlichen Zuschauer hatten während des dritten Aktes noch den Genuß eines kleinen heitern Zwischenspiels, da die Primadonna während einer Singpause in einen heftigen Zank mit dem Souffleur gerieth. Die entferntes Sitzenden mußten auf dieses pikante Amüsement natürlich verzichten, denn sie merkten leider nichts davon. Im Uebrigen war die Aufführung des Peter von Medicis tadellos. Auch die Musik hat ihre unbestrittenen Vorzüge, Saint-Georges und Pacini haben ein wirklich ansprechendes Libretto geliefert. Nach beendigter Generalprobe fragte Fould den Maestro Rossini, der von Anfang bis zu Ende sehr aufmerksam zugehört hatte, was er von der Musik halte. „Es ist manche gelungene Piece in der Oper", antwortete der Maestro. „Und die mise-en-scène?" fragte Fould weiter,

„was sagen Sie dazu? nicht wahr, es ist viel dafür gethan?" „Fast zu viel," antwortete wiederum Rossini," eine zu glänzende Ausstattung kann einer Oper leicht schaden. Von dem innern Werth des Kunstwerks werden wir nur zu leicht abgezogen, um die äußere Staffage desselben zu bewundern."

O, wie wahr!

Richard Wagner, der Zukunftsmusiker, hier von Vielen auch sehr pikant der Ernest Feydeau der Musik genannt, macht jetzt hier eine Art von Haus. Er empfängt alle Mittwoch in seiner eleganten Wohnung einen großen Kreis von Freunden und Verehrern.

Neulich wurde mir in einer literarischen Soirée ein junger Mann von fünfzehn Jahren vorgestellt, ein M. de Konning, der einst Scribe fortzusetzen hofft und auch wirklich schon einiges Aufsehen macht. Er hat bereits mehrere Vaudevilles geschrieben, die auf einem der kleineren Theater Glück gemacht haben. Dieses excentrische Kind würde, wenn man ihm den Willen ließe, täglich wenigstens ein Lustspiel schreiben, aber im Interesse seines Wachsthums und seiner Gesundheit haben ihm die Aerzte nur einen Act pro Monat gestattet.

Die Comédie française spielt fortwährend Léon Laya's übrigens vortreffliches Stück: »Duc Job«, und Odéon und Gymnase dürfen nichts Anderes mehr bringen, als die allerdings geistreichen, aber sonst verwerflichen Comödien Alexander Dumas', des Sohnes. Nach der Demi-monde und der Dame aux Camélias will dem überreizten Geschmack nicht Anderes mehr munden. Alles erscheint danach nüchtern und kalt. Alexander Dumas (Sohn) hat in der That einen großen, aber leider schlimmen Einfluß auf die Pariser Sitten geübt. Die Demi-monde, die er verherrlicht hat, wird von Tag zu Tag übermüthiger, und was noch trauriger ist, sogar wirklich vornehme Damen finden es jetzt bisweilen pikant, die Allüren einer Lorette anzunehmen sobald sie sich öffentlich zeigen. Solche übermüthigen Scherze rächen sich freilich mitunter schwer. So erzählte man sich neulich eine Anekdote, wie eine Dame aus den höchsten Kreisen sich zu ihrem Vergnügen in eines der kleinen Boulevards-Theater begeben, um dort in einer Loge die Rolle einer Lorette zu spielen, die ihr so gut gelungen, daß sie im Laufe des Abends vier Einladungen zum Souper erhalten. Wohin soll das führen? Die weibliche Demi-monde will jetzt sogar ihre eigene Zeitung gründen. Die Notabilitäten derselben bilden die Redaction. Das Witzblatt soll »la chatte blanche« heißen und Eduard de Beaumont hat die Vignette gezeichnet, welche an der Spitze einer jeden Nummer figuriren soll: eine allerliebste Katze, zu der ihm eine reizende Schauspielerin der Delassements comiques gesessen hat. Jetzt, da dies Unternehmen hier wirklich ins Leben tritt, wundert man sich allgemein, daß es nicht schon lange geschehen ist. Ein glücklicher Erfolg steht gar nicht in Frage, da es der Redaction nicht an Geist und Witz fehlt, und außerdem hier Alles Glück macht, was abenteuerlich und pikant ist. Figaro mag sich vor seinem neuen Rivalen hüten!

Militärische Revue.

Sonntag, den 18. März 1860.

Avis. **Beiträge ꝛc. für die militärische Revue werden unter der Adresse der Expedition, Kronenstraße Nr. 21, erbeten.**

Geschichtskalender.

18. März 1814.	Gefecht von Berry au Bac: Die Cavallerie der Avantgarde des Generals v. York verfolgt die Franzosen.
19. März 1807.	Berennung von Colberg durch die Franzosen.
20. März 1814.	Schlacht von Arcis sur Aube: Die Alliirten schlagen die Franzosen.
21. März 1689.	Gefecht von Neuß: Kurf. Friedrich III. schlägt den franz. General Sourdis.
22. März 1745.	Gefecht von Landshut: Oberst v. Winterfeld schlägt den östreichischen General Nadasti.
23. März 1814.	Bombardement von Maubeuge durch die Preußen.
24. März 1758.	Die Franzosen räumen Münster.

Inhalt:

Der Offizier-Ersatz der preußischen Armee.

Der Abgeordnete Milde hat vor einiger Zeit eine Frage zur Sprache gebracht, welche in der allerneuesten Zeit bereits hin und wieder aufgetaucht ist, nämlich die Frage, ob den Unteroffizieren der Armee die Laufbahn des Offiziers eröffnet werden solle. Auf militairischer Seite haben wir dieser Frage nur ein Mal, und auch hier nur in sehr modifizirter Form, begegnet, nämlich in der Broschüre des Herrn Generals v. Willisen: „Festungsbau und Heerbildung in Preußen", einer Broschüre, welche an der Armee ziemlich spurlos als eine doctrinaire Studie vorübergegangen wäre, bei dem größeren Publikum indeß ein gewisses Aufsehen erregte, weil der Nicht-Soldat für seine Behauptungen nunmehr scheinbar die Autorität eines Generals anführen konnte. Widerlegungen dieser Broschüre waren nur in militairischen Zeitschriften zu finden, und diese liest der Nicht-Soldat eben nicht, für ihn blieben daher die anscheinend militairischen Deductionen in voller Kraft bestehen.

Die Frage, wer zur Laufbahn eines Offiziers zugelassen werden dürfe, hat eine formelle und eine innerliche Seite. Die formelle Seite erledigt sich sehr einfach dahin, daß ein Jeder zuzulassen sei, welcher sich zum Offizier eigene, und in dieser Weise ist sie in Preußen auch längst entschieden. Eine Domaine bevorrechteter Klassen haben die Offizierstellen niemals gebildet, und ein Blick in die Ranglisten früherer Jahrhunderte genügt, um die Ueberzeugung zu gewinnen, daß nicht der Adel allein Anspruch auf die Offizierstellen hatte. Der Grenadier Graul, welcher nach der Erstürmung des Ziskaberges zum Offizier ernannt wurde, General Stollhofen, der Sohn eines uckermärkischen Predigers, welcher selbst unter der Regierung des großen Königs zum General-Major, und zwar im Frieden, avancirte, und so viele Andere liefern dafür die Beispiele; aber die Allerhöchste Cabinets-Ordre vom 6. August 1808 setzte noch ausdrücklich fest, daß »einen Anspruch auf Offizierstellen in Friedenszeiten nur Kenntnisse und Bildung, in Kriegszeiten Tapferkeit und Ueberblick gewähren sollen«, und dieser Ausspruch wurde durch die Allerhöchste Cabinets-Ordre vom 19. September 1848 sogar noch ausdrücklich dahin erweitert, daß jeder Unteroffizier und Soldat sich zur Ablegung der Portepee-Fähndrich-, und jeder Portepee-Fähndrich zur Ablegung der Offizier-Prüfung melden könne. In formeller Hinsicht ist daher dem Wunsche des Abgeordneten Milde und der ihm gleich Gesinnten durch unsere Gesetzgebung bereits völlig Genüge geschehen; es könnte sich deshalb nur noch darum handeln, ob die Anforderungen, welche Preußen an seine Offiziere stellt, die richtigen seien oder nicht. Diese Anforderungen nun bestehen aus zwei Theilen: einmal in der Absolvirung eines Examens und dann in der Wahl durch ein Offizier-Corps. Ueber die Nuancen bei den Anforderungen für das Portepee-Fähndrich- und Offizier-Examen könnten möglicher Weise die Meinungen auseinander gehen. Es könnte der Eine die Kenntniß lateinischer Sprachformen für entbehrlich halten, der Andere nicht, und dergl. mehr; es dürfte indessen wohl schwerlich darüber eine Meinungsverschiedenheit bestehen, daß der Offizier-Aspirant zunächst durch ein Examen darzuthun habe, daß er, seinem Alter entsprechend, ein wissenschaftlich gebildeter Mann sei, und daß er ferner durch ein Fach-Examen beweisen müsse, daß ihm die zu seinem Berufe erforderlichen Fachkenntnisse nicht abgehen. Freilich ist dies grade der Punkt, welcher, wie es scheint, von Herrn Milde und den ihm Anverwandten angegriffen wird; indessen dürfte diesen Herren ein einigermaßen kompetentes Urtheil hierüber völlig abgehen. Der Hinweis auf Frankreich und Oestreich zeugt nur davon, daß die Hinweiser sich durch Aeußerlichkeiten täuschen lassen, denn beide Armeeen sind eben keine preußischen. In der französischen Armee wird allerdings jede dritte Sous-Lieutenants-Vacanz in einem Truppentheile durch den ältesten Unteroffizier besetzt, indessen fehlen ihr auch nicht die Träger der militairischen Wissenschaften, die Schüler der Militairschulen und die Examina. Diese bilden vielmehr den Hauptheil und Jene den Nebentheil, und überdies ist grade diese Einrichtung, das Bestehen der Offizier-Corps aus heterogenen Elementen, die Schwäche der französischen Armee, die von den sich sonst für makellos haltenden eitelen Franzosen eingestandene Schwäche. Es existirt in den französischen Offizier-Corps weder eine Kameradschaft, noch auch nur ein Zusammenleben der Offiziere eines und desselben Regiments und nur der persönliche Ehrgeiz jedes Einzelnen, der dem Franzosen angeborene Ehrgeiz, läßt diese Schwäche — so lange das Glück ihren Waffen lächelt — weniger nachtheilig empfinden. Ein getheiltes Offizier-Corps aber wäre einem preußischen Truppentheile gradezu verderblich. Abgesehen davon, daß bei uns, allen Redensarten zum Trotz, die Sitte einen Unterschied der Stände feststellt und diesen Unterschied wenigstens in der verschiedenartigen Erziehung erkennt, daß aber die Sitte und Gewohnheit in dem preußischen Offizier einen Mann von Bildung zu sehen verlangt, abgesehen hiervon verlangen unsere jungen Soldaten, denen das Einsteherwesen fremd ist, und die schwachen, im Falle einer Mobilmachung stark zu vermehrenden Cadres einen festen Knochenbau, der nur in einem einheitlichen, zusammenlebenden und zusammenwirkenden Offizier-Corps gefunden werden kann. Ein aus verschiedenen Elementen zusammengesetztes Offizier-Corps könnte seiner Natur nach kein bestimmtes einheitliches Wesen darstellen, das den aus allen Klassen bestehenden, auf den Ruf des Kriegsherren zur Fahne eilenden Mannschaften so zu sagen greifbar entgegentritt, und dem sie sich deshalb leicht assimiliren können. Um aber grade dieses Einheitswesen, den Grund- und Eckpfeiler unserer gesammten Organisation, ohne welches die allgemeine Dienstpflicht und die schwachen Friedensstämme gar nicht durchführbar wären, um dieses Einheitswesen fest zu stützen und der allgemeinen Berechtigung zur Ablegung der Examina einen Regulator zu verleihen, hat die weise Gesetzgebung Friedrich Wilhelm's III., welcher sein Land und seine Armee durch und durch kannte, die Ernennung zum Offizier von der Wahl des Offizier-Corps abhängig gemacht. Erst hierdurch wurden die Offizier-Corps zu einheitlichen Corporationen, welche mit der Autonomie der Wahl auch die Verantwortlichkeit für die Tüchtigkeit ihrer Mitglieder übernehmen und denen man daher auch das Recht beilegen mußte und beilegen konnte, sich, umgekehrt, durch das Institut der Ehrengerichte von unwürdigen Mitgliedern zu befreien.

Auch der Hinweis auf Oestreich läßt keine Schlüsse für uns zu. Dort erfolgt allerdings die Ernennung zum Unterlieutenant in den meisten Fällen durch den Regiments-Inhaber, und dieser ernennt — ohne daß es eines Examens bedürfte — nach seiner Willkür auch Unteroffiziere zu dieser Charge. Aber einmal war bisher — die Neuerungen müssen sich erst bewähren — der stehende Cadre wenig von dem Kriegsfuße verschieden, und dann bildeten die aus ehemaligen Unteroffizieren hervorgegangenen Offiziere auch eine Charge für sich, die zwar den Rang, aber nicht die Avancements-Ansprüche der übrigen Offiziere besaßen und niemals über den Hauptmann hinauskamen. Es ist dies eine Einrichtung, welche gewissermaßen mit unserer Einrichtung in Parallele zu stellen ist, wonach für fehlende Offiziere im Kriege Vicefeldwebel, resp. Wachtmeister ernannt werden, welche den Dienst der Lieutenants thuen, ohne Offiziere und Mitglieder der Offizier-Corps zu sein, eine Einrichtung, die sich, beiläufig, durchaus nicht überall bewährt hat. Die nicht aus ehemaligen Unteroffizieren hervorgegangenen Offiziere bilden in Oestreich geschlossene Offizier-Corps wie bei uns, die wegen des fehlenden Examens viel exclusiver sind als die unsrigen, weil die Berechtigung zum Eintritt in dieselben lediglich in wirklichen Standesunterschieden gefunden wird. Freilich gehen der preußischen Armee viele Elemente verloren — sowohl Preußen, als namentlich auch junge Leute aus dem nördlichen und mittleren Deutschland — weil unsere Examina manchen jungen Mann abschrecken und in die östreichischen Reihen führen; immerhin aber wird es besser sein, daß Oestreich die Elemente aufnimmt, die uns nicht genügen, als wenn der umgekehrte Fall einträte.

Wie wenig aber die preußischen Offizier-Corps bei ihrer Ergänzung von bloßen Standesvorurtheilen ausgehen, beweist wohl der Umstand, daß zahlreiche freiwillige Jäger in die Reihen der Offiziere eintraten und jetzt zu Generalen avancirt sind. Eine Ergänzung der Offizier-Corps aber ohne Examina, ohne hierdurch nachgewiesene Befähigung und ohne Wahl durch die Offizier-Corps hieße die Armee ihres Fundamentes berauben und nur böser Wille oder gänzliche Unkenntniß wird jemals hierzu rathen können.

Der marokkanische Krieg.

II.

Als die spanische Armee am 5. Januar die Höhen von Condesa herabstieg, fand sie sich durch ausgedehnte Sümpfe aufgehalten. Zur Rechten zog sich ein vom Feinde besetzter Höhenzug hin, während sich links das Meer ausbreitete, welches durch einen schmalen Sandstreifen von den Sümpfen getrennt war. Der Rio Manuel, welcher diesen Namen seit der portugiesischen Occupation im 16. Jahrhundert behalten hat, kommt von der Sierra de Ballonas herab, um sich in diesen Sümpfen zu verlieren. Letztere, welche zum Territorium von Tetuan gehören, sind von zahllosen Blutegeln bewohnt und wurden bis zum Ausbruch des Krieges für Europa und Amerika durch ein Unternehmen ausgebeutet, welches dem Kaiser von Marokko den ungeheuren Zins von 40 Millionen Duros bezahlte (etwa 50,000 Thlr.). Die Mauren erwarteten, auf ihren Felsen angegriffen zu werden und nahmen sich ihrerseits vor, die ganze Armee in die Sümpfe zu jagen; aber letztere ging zu ihrem großen Erstaunen unter unaufhörlichem Regen und ungeachtet der Wuth des Sturmes auf der Sandzunge vor und bezog, ohne einen Mann zurückgelassen zu haben, am Fuß der ersten Abhänge des Mont Negro ein Lager.

Während dieses ersten Theiles der Campagne war die gegenseitige Erbitterung der Kämpfenden so groß, daß die Spanier nur etwa ein Dutzend Gefangene machten. Fünf von ihnen wurden mit Wunden bedeckt nach dem Lazareth von Ceuta gebracht; aber die Wuth dieser Wilden war von der Art, daß es unmöglich blieb, sich ihnen zu nahen. In einen Winkel des Saales, in welchen man sie eingeschlossen hatte, niedergekauert, fern ab von den ihnen bestimmten Betten, wiesen sie jede Sorgfalt und jede Nahrung zurück, und man mußte Gewalt anwenden, um ihnen den ersten Verband anzulegen, den sie indeß sofort wieder abrissen, sobald man sie los ließ. Der Anblick einer barmherzigen Schwester versetzte sie in eine thierische Wuth: sie bildeten sich ein, daß alle diese Aufmerksamkeiten keinen andern Zweck hätten, als sie für irgend eine entsetzliche Marter aufzubewahren. Die Zeit und die Geduld ihrer Wärter siegten endlich über diese Wildheit. „Als ich ihr Zimmer betrat, schreibt ein Augenzeuge, betrachteten sie mich mit stieren Blicken; ich reichte ihnen die Hand, welche sie ergriffen und mit lebhaften Bewegungen der Dankbarkeit drückten. Sie forderten Zucker und Cigarren, und als ich ihnen Alles gab, was ich davon hatte, waren sie sehr befriedigt und baten mich, sie nicht zu verlassen. „„Du bist ein guter Christ““, sagte einer von ihnen zu mir, „„Gott segne Dich dafür.““ Hierauf fingen alle vier an zu weinen, und ich konnte mich nicht enthalten, es eben so zu machen. Der Eine war Sheriff oder Capitain von der Cavallerie, ein Anderer Alcaide, und die Uebrigen gehörten untergeordneten Klassen an. Sie schrieben mir ihre Namen auf ein Blatt Papier auf, das ich sorgfältig aufbewahre.“

Vier dieser Gefangenen wurden vollständig geheilt nach Tetuan gebracht und dort in Freiheit gesetzt. Diese Maßregel ist weise und von richtiger Politik; es ist nur schade, daß die Armee nicht eine größere Zahl dieser Emissaire zu ihrer Disposition hat, welche wesentlich dazu beitragen würden, bei diesen Völkerschaften, den wildesten von Nord-Afrika, die Meinung, welche sie sich von den Christen im Allgemeinen und von den Spaniern im Besonderen gebildet haben, zu berichtigen.

Um einen Marsch auf Fez zu unternehmen, nach dem Herzen des Reiches und durch unbekannte Gegenden, wird eine ganz anders zahlreiche Armee erforderlich sein, denn hierbei gilt es, Plätze zu besetzen,

Brücken zu schlagen und das ganze Land zu beherrschen. Der Weg von Tetuan nach Fez führt nicht weit von Alcazar-Quivir vorüber, wo der unglückliche Don Sebastian von Portugal mit seiner gesammten Armee zu Grunde ging; es ist dies ein trauriges Wahrzeichen, dennoch aber verlangt Marschall O'Donnell Lager-Effecten, „um in das Innere vorzudringen". Welchen Nutzen kann wohl ein solches Unternehmen gewähren?

Um Tanger zu erreichen, welches den einen Winkel eines gleichschenkligen Dreiecks bildet, dessen anderer in Ceuta und dessen Spitze in Tetuan liegt, muß man auf's Neue in die Berge westlich der eroberten Stadt vordringen und mitten durch die Verzweigungen des Atlas hindurchziehen, welcher fast den gesammten marokkanischen Boden bedeckt. Das Unternehmen ist jedenfalls schwierig.

Der Marschall O'Donnell beschloß am 1. Februar, die Mauren auf ihren Höhen anzugreifen und auf diese Weise das Feld frei zu machen und seine Armee vor Tetuan zu führen. Die spanische Cavallerie, mit herrlichen andalusischen Pferden beritten, spielte in dieser Schlacht eine bedeutende Rolle. Nachdem die Husaren sich so glänzend bei Castillejos benommen und die Lanciers von Farnese eine so kühne Attaque vor dem Lager von Rio-Martin ausgeführt, wollten auch die Cuirassiere ihrerseits Proben ihres Muthes ablegen. Sie stürzten sich in die Ebene mitten in diese wilden Massen und säbelten und massacrirten nach Herzenslust; dann, als die zahlreichen Mauren unter fanatischem Geheul sämmtlich auf das Schlachtfeld herniedergestiegen waren, schwenkten die Cuirassiere ab, und hinter ihnen erschien die Artillerie, welche mitten in diesen Haufen einen verheerenden den Hagel von Granaten und Kugeln hineinspie.

Noch eine andere Episode kam vor, welche an die berühmte Belagerung von Granada erinnerte, wo täglich vor den Linien Herausforderungen zwischen den Christen und Arabern ausgetauscht wurden. Die Infanterie-Division des Generals Henri O'Donnell, Bruder des Generals en chef, stieg langsam, wie zur Parade, mit fliegenden Fahnen, klingendem Spiel und schlagenden Tambours die Höhen hinan, wie es eine Brigade des Generals Trochu bei Solferino machte, echelonnirte Carrés bildend und ohne zu schießen eine Gruppe von ungefähr 1000 Pferden vor sich her treibend. Bei einem Halt sah man von dieser Gruppe sich einen glänzenden Reiter in scharlachenem Bournus mit seidenen Verzierungen los lösen. Man hatte ihn bereits während der Schlacht auf verschiedenen Punkten bemerkt, wo er die feindlichen Massen leitete und überall muthvoll mit seiner Person einstand. Er kam langsam, gefolgt von 5 oder 6 Reitern, herangeritten. Der General schickte ihm seinen Adjutanten, Herrn Maturana, mit einem Zuge Ordonnanzen und Bürgergarden entgegen. Man erreicht sich, man greift sich an, ein Bürgergarde fällt, die Feinde umringen ihn, um sich seiner zu bemächtigen. Ihre Zahl wächst; Herr Maturana stürzt sich mit dem Revolver entschlossen unter sie, verwundet zwei Reiter und tödtet den Chef. Die Gruppe der maurischen Reiter sammelt sich zum Angriff; die Division O'Donnell entsendet zwei Compagnien Schützen, welche sie zerstreuen und den Adjutanten, sowie den Körper des feindlichen Chefs im Triumphe zurückbringen; es soll eine der höchsten Personen des Reiches gewesen sein. Die ihm abgenommene Beute wurde dem General O'Donnell und sein Pferd dem General Prim, Commandeur des Armee-Corps, übergeben.

(Moniteur de l'armée.)

Tagesereignisse.

Ueber die Thätigkeit des Abgeordneten Freiherrn v. Vincke in der Commission für die neuen Militärvorlagen circuliren die abenteuerlichsten Gerüchte. Unter Anderem wird auch der ganz vortreffliche satyrische Scherz erzählt, Herr v. Vincke habe die Vorlage des Kriegsministers durch eine ganz neue Vorlage aus seiner eigenen Feder ersetzt. So ganz unmöglich wäre übrigens die Sache wirklich nicht, denn dem glücklichen Selbstvertrauen des alle Zeit fertigen Zungenhelden mit dem schönen historischen Namen ist Alles möglich. Wir haben vor mehreren Jahren selbst mit angehört, wie dieser Herr sich sogar herbeiließ, über die Farbe der Koller unserer Cuirassiere auf der Tribune zu schwatzen und dabei wörtlich zu sagen: „Unsere Cuirassiere werden sich selbst ebenfalls dafür bedanken, ihre historisch gewordenen blauen Koller plötzlich mit weißen zu vertauschen.“ Natürlich glaubte eine ganze Menge seiner Collegen diese Weisheit und schwor darauf, daß, seit es Brandenburgische Reiter gebe, sei die Farbe ihrer Röcke nicht weiß, wie bis dahin Jedermann wußte, sondern blau gewesen. Warum soll auch aus der genialen Universalität dieses „Staatsmannes auf dem Felde des Schwatzens“ nicht ein viel besseres Wehrgesetz hervorgehen, als aus dem Nachdenken und der Erfahrung der soldatischen Notabilitäten.

Am Montag den 19. März soll die Special-Discussion über die Vorlage beginnen.

In den westlichen Provinzen, wo bisher ziemlich bedeutende Städte ganz ohne Garnison waren, soll jetzt die Zahl der Garnisonstädte vermehrt werden. Während das Kriegsministerium aus den alten Landen mit Petitionen um Verleihung von Garnison bestürmt wird und die Städte sich in der Bereitwilligkeit zur Herrichtung von Garnisonanstatten überbieten, um nur Garnison zu bekommen, sträuben sich die Städte im Westen mit allen Kräften gegen eine solche. Es dürfte kaum ein eclatanteres Zeichen des schreienden Gegensatzes zwischen den Anschauungen beider Ländergruppen gefunden werden, als diese Erscheinung. Auffallend ist dabei noch der Umstand, daß die bisher nicht bequartiert gewesenen Städte kein Wort dafür hatten, daß die Einquartierungslast auf den „ganzen Staat“ gleichmäßig vertheilt werden solle, während sie jetzt plötzlich mit diesem Gedanken hervortreten. Mitunter sind die Gründe gegen die Einquartierung wahrhaft zum Lachen. So behauptet man in Cleve, wohin das 7. Jäger-Bataillon verlegt werden soll, der Wohlstand von Cleve beruhe wesentlich darauf, daß „reiche Holländer“ hier vielfach ihren Wohnsitz nähmen, diese aber und andere Einwohner auch würden fortziehen, wenn Garnison nach Cleve käme, weil sie dann nicht mehr ruhig auf den Promenaden würden spazieren gehen können. Sind denn unsere Jäger Turkos und Zuaven, oder leben wir in den Zeiten des dreißigjährigen Krieges und seiner wilden Soldateska? Wir können uns nicht enthalten, einen darüber sprechenden Artikel aus der „Elberfelder Zeitung“ wörtlich hierher zu setzen:

„Cleve, den 8. März. Es herrscht augenblicklich in unserer Stadt eine gewaltige Aufregung. Ehedem Sitz einer Regierung und eines Oberlandes-Gerichts, vor der französischen Occupation gar die vierte Stadt des preußischen Reiches — stets nur gewohnt, Erwerb und Bestehen in dem zu finden, was jene Verhältnisse darboten, hat Cleve in der Gegenwart fast seine einzige Hülfsquelle in dem Aufenthalt vieler angesehenen holländischen Familien, die viel verzehren. Jetzt aber sieht die Stadt alle diejenigen unter ihnen, welche nicht durch Besitz eigener Häuser an sie gebunden sind, die gemietheten Wohnungen aufkündigen und sich zum Aufbruch rüsten, weil sie der bisher doch nur zeitweilig auf ihnen lastenden Einquartierung entfliehen wollen. Und nun wird die Stadt gar mit dauernder Bequartierung von einem ganzen Jägerbataillon bedroht, was vollends die Holländer vertreibt. Denn diese begreifen sehr gut, daß 600 Soldaten mit ihren Offizieren, selbst wenn erstere mit der Zeit (wann die Zeit aber kommen würde, steht ja noch sehr im Ungewissen) einkasernirt wären, das freie ungenirte Benutzen unserer schönen Spaziergänge, wo jetzt einzelne Damen täglich frei umherwandeln, bald aufheben würden, was jetzt die Stadt und ihre Umgebung anziehend für sie macht.

Also auch diese letzte, der Stadt übrig

gebliebene Hülfsquelle soll ihr genommen werden!

Es frage sich nicht mehr, ob, sondern bloß wie kann das Bataillon hier untergebracht werden, sagte der hierher gesandte Major!

Freilich hat eine Anzahl kleiner Gewerbetreibenden, namentlich Wirthe, einseitig ihren Vortheil beachtend, eine Garnison hierher verlangt. Alle einsichtigeren Bewohner der Stadt ohne Unterschied haben jedoch dagegen reclamirt.

Möge denn doch eine hohe Regierung bedenken, daß unter allen Städten der Rheinprovinz Cleve allein nicht emporgekommen ist, seitdem das linke Rheinufer preußisch ward, und nicht gegen den Wunsch und Willen aller, das Ganze der Verhältnisse beurtheilenden Einwohner dieser Stadt eine Last auflegen, die sie vollends nicht zu tragen im Stande sein wird, wenn viele wohlhabende Bewohner sie verlassen. Denn auch schon deutsche Einwohner fangen an zu überlegen, ob sie nicht durch Wohnungs-Veränderung der Last sich entziehen könnten.

Da die Einquartierung allenthalben unangenehm ist, möchte es fast wünschenswerth sein, daß eine neue Anleihe zu den Bedingungen der vorjährigen aufgenommen würde, um damit da, wo es für gut befunden wird, Militär hinzulegen, unverweilt zum Kasernenbau schreiten zu können, wodurch allein die jetzige Unzufriedenheit beschwichtigt werden könnte.«

Die „Leipziger Zeitung" läßt sich aus München Folgendes schreiben:

„In diesem Augenblicke beschäftigt unsere militairischen Kreise sehr lebhaft eine von dem Büchsenmacher Heinlein in Bamberg gemachte Erfindung, die, wenn sie sich bewährt, woran wir bei der bekannten Tüchtigkeit dieses Meisters nicht im Geringsten zweifeln, eine totale Revolution unter den bisher üblichen Schußwaffen hervorrufen wird. Heinlein hat nämlich ein so einfaches und so practisches System erfunden, das Gewehr von hinten zu laden, und zwar mit einem cylindrischen Hohlgeschosse, daß diese bis jetzt vergebens angestrengte Verbesserung unserer Schußwaffen thatsächlich vorliegt. Man hat hier in den competenten Kreisen mit Verwunderung die Einfachheit und Gediegenheit dieses Systems betrachtet, das alle bisherigen und zwar durchgängig sehr kostbaren französischen und amerikanischen Systeme weit hinter sich läßt; die damit angestellten Proben haben vollkommen befriedigt."

Auch von Herrn Dreyse soll eine neue Verbesserung des Zündnadelgewehres vorliegen, worüber wir der „Magdeb. Ztg." Nachstehendes entnehmen:

„Von dem Erfinder des Zündnadelgewehrs, dem Commerzienrath Dreyse, ist so eben in der Construction dieser Waffe eine Verbesserung eingefügt worden, welche dem bei derselben bisher vorzugsweise fühlbaren Uebelstande, daß die Zündnadel durch den Druck gegen die Zündscheibe leicht unbrauchbar wurde oder auch ganz abbrach, so vollständig abhilft, daß es dem Vernehmen nach überhaupt kaum noch nöthig sein wird den Mannschaften der mit diesen Gewehren bewaffneten Truppentheile auch ferner zum Ersatz der verloren gegangenen oder versagenden Zündnadel wie gegenwärtig noch Reservenadeln mitzugeben. Dem Vernehmen nach soll diese neue Vorrichtung auf zwei entgegen wirkenden Federn beruhen, wovon die eine das Maß des Vorspringens der Nadel auf's Genaueste regelt, die zweite dagegen nach stattgehabtem Einschlagen derselben in die Zündpille und dadurch erfolgter Explosion deren unmittelbares Zurückspringen in die Ruhelage bewirkt. Auch die ohnehin so große Schnelligkeit des Feuerns soll durch diese Vorkehrung bei größerer Sicherheit des Schusses noch bedeutend gesteigert werden, was, wenn anders die Versuche mit den Plönnies'schen Kartätschpatronen und ihren hierorts noch zugefügten Verbesserungen und Erweiterungen, von denen ich seiner Zeit schon berichtet habe, wirklich, wie verlautet, ein günstiges Resultat ergeben haben, die Wirkungsfähigkeit der Zündnadelgewehre für gewisse Fälle zu einer gradezu unwiderstehlichen Defensivkraft steigern müßte."

Wenn auch vorerst an die Einführung von Verbesserungen unter den gegenwärtigen Zeitverhältnissen kaum würde herangegangen werden können, so sind diese Erscheinungen doch immer ein Beweis für ein lebhaftes Interesse an dem militairischen Leben. Es zeigt sich dies auf allen Gebieten in immer steigendem Maße, und da unsere materielle Ausrüstung vortrefflich ist, so können wir mit Vertrauen der Zukunft entgegensehen.

Nach einem Gerüchte, welches seit einigen Tagen durch die Zeitungen läuft, sollen zwei Juden am 1. Mai in das Potsdamer Cadetten-Corps aufgenommen werden. Wir haben es nicht einmal der Mühe für werth gehalten, uns nach dem Ursprunge dieses Gerüchtes zu erkundigen, weil die Sache an und für sich nicht gut möglich ist. Es verrathen diese Gerüchte aber auf's Neue die jüdisch-demokratische Tactik, das als Wahrheiten hinzustellen, was man wünscht. Uebrigens fand sich vor mehreren Jahren ein getaufter Jude im Potsdamer Cadetten-Corps vor, der von den übrigen Cadetten so gehänselt wurde, daß ihn sein Vater nach einem halben Jahre wieder fortnahm.

Die Silbergroschen-Literatur wird Mode! Nachdem die Haude und Spener'sche Offizin die in der vorigen Nummer erwähnte Brochure: „Soll die Militairlast in Preußen erhöht werden?" vom Stapel gelassen hatte, kommt R. Wagner für einen Silbersechser mit: „Soll die Militairlast in Preußen nicht erhöht werden?" und Trowitzsch und Sohn für einen Silbergroschen mit: „Zwei oder drei Jahre". Die letztere Schrift ist ruhig und klar gehalten und weist die Nothwendigkeit dreijähriger Dienstzeit nach jeder Richtung hin nach. Wir stimmen jedem Worte derselben zu, möchten aber überdies hervorheben, daß die landläufige Redensart: „daß stehende Heer sei eine Waffenschule für das Volk," nicht dahin ausarten darf, in den stehenden Truppen im Frieden lauter Ersatztruppen sehen zu wollen. Zu dieser Ansicht aber führt das fortwährende Spielen mit Zahlen dem Laien gegenüber nur zu leicht. 500,000 Soldaten bilden noch lange keine Armee, sondern diese besteht nur aus einzelnen organisirten Truppentheilen. Ohne 3jährige Dienstzeit aber sind die Letzteren nicht möglich; da wir aber die Franzosen mit organisirten Truppen und nicht 500,000 Soldaten schlagen müssen, so bedürfen wir auch der dreijährigen Dienstzeit.

Literarisches.

Joh. Georg L. Hesekiel's Repertorium für Adelsgeschichte. Erstes Stück. Verzeichniß von Monographien über die Geschichte nicht souverainer fürstlicher, gräflicher, freiherrlicher und adeliger Geschlechter. (Multa renascentur, quae jam cecidere, cadentque quae nunc sunt in honore. Horat.) Berlin, Commissions-Verlag von F. Heinicke. 1860. 8. IX. und 33 S. (20 Sgr)

Der als Genealog und Heraldiker rühmlichst bekannte Verfasser hat auf Zureden von Freunden und Genossen die für seinen eigenen Gebrauch während vieler Jahre gesammelten Notizen drucken lassen und durch diese Herausgabe alle Diejenigen zum Dank verpflichtet, welche sich für die Geschichte des deutschen Adels interessiren. Der Verfasser erkennt bereitwillig an, kein vollständiges Repertorium geliefert zu haben; allein Vollständigkeit ist auf diesem Gebiete, wo so viele Familien-Geschichten nur als „Manuscript für Familie und Freunde" vorhanden sind, schwer zu erreichen, sie kann aber jetzt gewonnen werden, wenn Wissenskundige den Verfasser mit ihren Kenntnissen unterstützen und Anlaß geben, den jeder Seite correspondirenden leeren Raum mit Nachträgen zu füllen. Hier kann wirklich viribus unitis ein genügendes Repertorium mit der Zeit geliefert werden und wir wünschen, daß unsere Befürwortung zu einer Mithülfe den gewünschten Zweck für eine zweite Auflage erreichen möge. Vielleicht unterzieht sich dann auch der Herr Verfasser noch der Mühe, bei jedem Werke — soweit solches noch im Buchhandel zu haben ist, eine Voraussetzung, welche bei mehreren älteren Büchern nicht zutreffen möchte — den Preis zu stellen, sei es auch nur um Bücherliebhaber in den Stand zu setzen, mit ihrer Kasse Abrechnung zu halten, ob und inwiefern sie ihre Wünsche nach dem Besitze einer Adelsgeschichte erfüllen können.

Erfreulich ist, aus dem sehr vollständigen Verzeichnisse zu ersehen, wie in neuerer Zeit der Sinn für die Familiengeschichten gewachsen ist und wie namentlich Niedersachsen ein reiches Contingent gründlicher Arbeiten gestellt hat. Nur wenn wir die Vergangenheit ergreifen, besitzen wir auch die Gegenwart, und Familientraditionen wie Geschichten haben dem Familienleben nicht nur einen poetischen Reiz, sondern auch ein reales Band zum Zusammenhalten verliehen. C. R.

Vier Blätter zur Zeitgeschichte.

— Urtheil eines böhmischen Edelmanns über Louis Bonaparte, geschrieben einige Tage vor dem Staatsstreiche am 2. Dezember 1851. —

Mit Ausnahme der Altconservativen in Ungarn, giebt es keinen Adel mehr in Oestreich!

Aber auch in Deutschland haben uns in der Frage des Tages unsere Vorkämpfer, die Tories der „Kreuzzeitung", verlassen, und sie stimmen in dasselbe Lied, welches der „Lloyd", angeblich das Organ des östreichischen deutschen Adels, singt.*)

Unsere östreichischen Kavaliere, sowohl jene, welche der „Lloyd" vertritt, als jene, welche manchmal mit der Demokratie coquettiren, haben den klingenden Schritt des Ritters lange verlernt, mit dem ihre Vorfahren selbst in dem Palaste ihres Königs aufgetreten sind; unsere preußischen Vorbilder gehen zwar denselben, ungebeugten Hauptes, aber, nachdem sie an das Schwert geklopft, scheuen sie dasselbe zu ziehen, weil dieselben zu sehr von der Idee des passiven Gehorsams beherrscht sind. So geht es bei der jetzt brennenden Frage: König oder Präsident in Frankreich.

Changarnier, diese Blüthe der französischen Ritterschaft, will das constitutionelle Recht geltend machen und fordert das Parlament auf, den Beistand der Armee gegen die Prätensionen des Präsidenten anzurufen, ein Schritt, welcher uns in dem Augenblicke, wo die Majorität des Parlaments royalistisch ist, identisch mit der Proclamation des Königthums scheint, identisch mit der Proclamation der Pairskammer.

Die meisten der conservativen Zeitungen nennen aber den wackern General einen Abenteurer, einen Ehrgeizigen, der nur für die Zwecke seiner Fraktion handeln will, und zwar zu derselben Zeit, wo diese zu legalen Blätter der Majorität des Parlaments vorwerfen, sie wisse nur zu schwatzen und nicht zu handeln. Wir wollten aber, wenn wir diesen letzten Vorwurf betrachten, fragen, welches Ding die Conservativen Deutschlands, ohne die Hülfe der Armee, in Frankreich hätten unternehmen können? oder können sie Armeen schaffen? wächst ihnen ein Kornfeld auf der flachen Hand?

Die Conservativen Deutschlands sagen, man dürfe den passiven Gehorsam des Heeres nicht lockern. Aber erstens hat die Armee der Constitution Gehorsam geschworen, und diese gesteht dem Parlamente das Recht zu, die Hülfe der

*) Darin können wir dem Herrn Grafen nicht beistimmen. D. Red.

Armee anzurufen, und die Armee bricht daher die Treue und verletzt den Gehorsam, wenn sie dem Präsidenten folgt, nicht wenn sie dem Parlamente gehorcht. Dann hätte die Nationalversammlung an's Volk appelliren können und dieses hätte vielleicht sogar die Könige zurückgerufen. Wenn aber die Zurückberufung derselben durch das Volk nicht möglich ist, so ist sie es ganz allein durch die Armee, und es ist daher doppelt nothwendig, daß diese sich für die Majorität des Parlaments erkläre, welche hauptsächlich aus Royollisten besteht. Da man aber die Armee nicht ihrem Schwur treulos machen kann, so muß sie zuerst parlamentarisch sein und dann mit dem Parlament zum Königthum zurückkehren. Wenn die Anhänger Changarniers siegen würden, so würde die vollgültigste Garantie für das Königthum vorhanden sein; denn die Coalition aller Chefs der Legitimisten, Orleanisten in dieser Lebensfrage zeigen nothwendig auf eine Fusion der Königlichen Familie, und wenn diese Fusion gelungen wäre, müßte nothwendig auch die Legitimität proclamirt werden, weil entweder die Prinzen aus dem Hause Orleans ihrem legitimen König Heinrich V. gehuldigt hätten, oder dieser zu Gunsten seines legitimen Nachfolgers, des Grafen von Paris, resignirt hätte.

Wie aber die conservative Partei in Oestreich die Garantie der Ruhe in der kleinen und kalten Seele Louis Napoleon's sucht, bleibt uns ein Räthsel, denn der Mann, der heute die weltliche Hoheit der Cardinäle als Ministercollegien des heil. Vaters proclamirt und dieselben morgen durch den Brief an Edgar Ney verläugnet, der Mann, welcher heute das Suffrage universel cassirt und dasselbe morgen wieder herstellt, welcher heute um die Gunst der conservativen Majorität buhlt und morgen um jene der rothen Republik, dieser Mann kann wohl Herrschsucht spüren, aber nie kann er zum Herrscher geboren sein; dieser Mann kann der Held der Fanatiker der Ruhe sein, jener Ruhe, die scheinbar im Verstummen der Waffen, und der Niederhaltung aller politischen Parteien liegt; aber nie kann er der Held der wahren Conservativen werden, welche die Religion, die Legitimität und das Eigenthum schützen wollen.

Wenn dieser Mann, der in den Farben eines Chamäleons spielt, in einer öffentlichen Rede die monarchischen Ideen „Hallucinationen" nennt, so müssen jene Royalisten, welche Ihm anhängen, wahrhaft mit Blindheit geschlagen sein. Wenn er aber in dieser Rede weiter zu sagen wagt, die Gewalt kommt von Gott, und das Recht vom Volke, dann müssen wir das Letztere zugeben, wenn es sich um den Original-Erwerb einer königl. Dynastie handelt, zu einer Zeit daher, wo die Krone noch nicht durch den Rathschluß Gottes auf der Wiege ihrer Nachkommen lag. Dann müssen wir aber auch die erste Phrase in dem Munde eines Usurpators Blasphemie nennen, denn wenn der legitime Fürst und seine Nachkommen durch die Gnade Gottes auf den Thron berufen sind, so kann kein Anderer sein Regierungsrecht aus dieser heiligen Quelle herleiten, der es nicht aus der Legitimität leitet. Wenn Louis Napoleon gesagt hätte: Ich will durch die Gnade Gottes mich bemühen, für das Wohl des Vaterlandes zu wirken, würden wir den religiösen Sinn der Rede auch in dem

Munde eines Usurpators loben, denn das Vaterland besteht auch ohne König und wir ziehen die in Frankreich zurückgebliebenen Legitimisten bei Weitem jenen vor, welche dem König in das Exil folgten; denn diese vertheidigen die Sache der Religion, des Vaterlandes, der Ordnung und des Königs im Parlamente und haben so der Sache ihrer heiligen Ueberzeugung viel wichtigere Dienste geleistet, während die ganze Thätigkeit der Letztern nur in einem unfruchtbaren Mitleide und in leerer Klage bestand.

Aber wie können Männer wie Berrier, Bedeau, Molé, Daru von den Fanatikern der Ruhe gleichmäßig wie von Männern, die sich conservativ nennen, verfolgt werden? Die Antwort ist leicht zu finden und lautet: Die Ursache besteht eben darin, daß ihr Wirken ein parlamentarisches war, es geschieht darum, weil man ihnen constitutionelle Gesinnungen zutraut und weil man sie nicht für fähig erachtet, Heinrich V. zu einem Eidbruch zu verleiten, wie es Polignac gegenüber Charles X. gethan, und weil man in der Hoheit solcher Gefühle die Pairie und nicht einen Hofadel erblickt.

Wir sind überzeugt, wenn Louis Napoleon über dem Ruin dieser Edeln den Thron besteigt, und wenn er den Absolutismus proclamirt, wir sind überzeugt, daß diese falschen Conservativen in Oestreich und Deutschland sich vor Vergnügen die Hände reiben werden. Sie werden vergessen, daß auf diese Art der legitime König nie zu seinem Rechte kommen kann, sie werden vergessen, daß der Absolutismus auch auf demokratische Art herrsche, sie werden vergessen, daß ein gekaufter Adel nie den Geburtsadel ersetzen könne, und daß jener gewöhnlich nach anticonstitutionellen Krisen einen starken Zuwachs erhält und in die Stelle des Geburtsadels tritt, weil man es dann liebt, durch Concessionen an den Liberalismus, welche man den Geldmännern des Bürgerthums macht, die hingeschlachtete Freiheit vergessen zu machen.

* *
*

Ein Paar Tage später nach vollbrachtem Staatsstreiche.

Und wandelt Herr Louis Napoleon nicht auf dem zuletzt von uns beschriebenen Pfaden, tritt er nicht den von uns noch jüngst angegebenen Weg? Alle Männer, welche sich nur durch Energie des Charakters oder durch treue Anhänglichkeit an konstitutionelle Grundsätze auszeichnen, sie mögen nun Legitimisten, Orleanisten oder Republikaner sein, sie mögen sich durch parlamentarische Beredtsamkeit oder durch militärischen Ruhm auszeichnen, sind Gefangene. Die Nationalversammlung ist nun aufgelöst, obwohl eine neue versprochen auf Grundlage des allgemeinen Stimmrechtes. Eine schöne Komödie! Damit Herr Bonaparte herrschen kann, wird der Befreier des heiligen Vaters, der Marschall Oudinot durch die Straßen mit gefesselten Händen geführt, gefesselt auf dem Rücken; damit Herr Napoleon herrsche, wird der edle Bedeau beschimpft, werden die berühmtesten und begabtesten Helden Frankreichs nach Vincennes und nach Ham geführt und alle Uebrigen verwiesen, welche Ihm durch Tugend, Geisteskraft oder Popularität imponiren können. Und was wird das legitime Europa dazu sagen? Es bricht in die Lobesposaune aus oder schweigt. Viele glauben, er werde die Religion in Frankreich wieder herstellen, und diese sind noch die Edelsten von den Verblendeten, welche an Ihn glauben. Aber wißt Ihr denn nicht, daß die Familie Bonaparte keine Religion kennt, daß diese ihr daher nur ein Deckmantel sein kann zu ihren Herrschergelüsten?

Daß Napoleon der III. sich gar kein Gewissen machen wird, gegen Pius den IX. ebenso zu handeln; wie sein erhabener Oheim der aquila rapax gegen Pius den VII. Ein Legitimist, der Graf B., jubelt auch im Chor mit ganz Oesterreich, vermuthlich aus Haß gegen die Orleans, und dachte nicht, daß einem Napoleonischen Hause die Krone viel schwerer zu entringen sei, als einem Orleanischen; wer nicht mitjubelte, wurde ein parlamentarischer Narr oder gar ein Sans-Culottes genannt, man schwur nicht höher in Oesterreich und in Deutschland, als auf Napoleon den Retter der Gesellschaft, den Wiederhersteller der Ruhe in Europa.

Arme Bethörte! wißt Ihr denn nicht, daß ein Kronenräuber jedem legitimen Principe nothwendig Feind sein muß, aber Euch ist nur die Freiheit ein Gräuel, und wenn diese vernichtet wird, singt Ihr ein rasendes Io evoe und denkt nicht, um welchen Preis der erbärmlichsten und gefährlichsten Knechtschaft dieses geschah.

Vierzehn Monate später zur Zeit des orientalischen Krieges.

Der Staatskunst mühesamstes Werk, die Allianz zwischen Oestreich und Rußland, ist zertrümmert, der Türke, England und Frankreich bekämpfen im Vereine den russischen Löwen, und schlägt sich Oestreich und Preußen auch noch auf die Seite des krähenden Hahnes oder des heulenden Leoparden, so ist wohl kein Zweifel, daß der nordische Löwe unterliegt; aber denkt das in Schwanken befindliche Europa daran, was die Folge sein werde?

Mit ihm fallen alle Stützen der Ordnung, der Gesetzlichkeit und des Rechtes in der äußern Politik; an Kaiser Nicolaus Grabe beginnt die Revolution permanent zu werden, doch auch der Panslavismus, den dieser aus Freundschaft für Oestreich zu benutzen verschmähte, wird seine Führer finden und die Rußland angethane Schmach besonders an dem treulosen Oestreich rächen. Wenn nicht eben in der Napoleonischen Hinterlist, wäre es wahrlich schwer, ja unbegreiflich, die Haltung ganz Europa's in der orientalischen Frage zu begreifen.

Napoleon gelang es, England und Frankreich für eine Sache in die Waffen zu rufen, welche sie gemeinschaftlich mit Rußland 1828 bekämpft; Napoleon gelang es, die Verhinderung der Befreiung des christlichen Orients von türkischer Herrschaft den Liberalen der ganzen Welt als eine Demüthigung des despotischen Rußlands vorzustellen, welche Befreiung die Liberalen der ganzen

Welt im Jahre 1828 in Reden und Gesängen gepriesen; Napoleon gelang es, Oestreich zur bewaffneten Neutralität an den türkischen Grenzen zu bewegen und auf diese Art dem großen Zar, der es gerettet, das Herz zu brechen und den sprüchwörtlichen Dank vom Hause Oestreich zur vollen Wahrheit zu machen.

Merkwürdig ist die Haltung der östreichischen Presse zu dieser Zeit. Alle Blätter singen unisono Russenfeindschaft.

Der amerikanische Jude in der Augustinergasse, dem das Konkordat ein Greuel ist und der gar keinen positiven Glauben kennt, ruft warnend: Von Konstantinopel bis Rom ist nur ein Schritt, indem er der Kölner Zeitung in der Warnung der Katholiken folgt, einer Zeitung, von welcher jedes Kind weiß, wie entschieden unkatholisch, ja unchristlich sie ist.

Die östreichischen Judenblätter berechneten, daß, wenn ja noch eine Stimme der Dankbarkeit in dem Herzen unseres jugendlichen Monarchen gegen seine hochherzigen Retter an der Newa ertönen sollte, diese am besten dadurch zum Schweigen gebracht würde, daß man den Zar als gefährlich für die katholische Religion hinstellt.

Aber der Nachfolger des Kirchenräubers war der Religion ungefährlich, und von Paris nach Rom sollte es weiter als ein Schritt sein? O, der Dummheit der östreichischen Rathgeber! O, des Undanks der östreichischen Regierung! O, der Verdorbenheit der östreichischen Presse!

* * *

Erwachen des Adels, 1860 geschrieben.

Damals schwieg der ganze Adel, ja er subscribirte Unsummen zum Verderben Rußlands, nicht dieses aber, sondern Oestreich wurde verdorben, die bewaffnete Neutralität in Serbien und Bosnien war der Pulverthurm, mit dessen Explosien Italien uns verloren ging. Jetzt schreit der Adel: Kämpft mit dem Franzosenthum, jetzt, da es zu einer Macht herangewachsen, welche ganz Europa in Respect setzt! Warum hat er seine Philippica nicht im Jahre 1854 losgelassen, wo die beste Zeit dazu gewesen wäre, in Vereinigung mit Rußland und Preußen die Westmächte zu demüthigen? Muß der Adel nur immer sprechen, wenn es ihm die Regierung erlaubt, ist nur die allgetreueste Opposition seine Rolle? Man weiß, was dieser Beisatz zu sagen hat, er heißt die allermildeste.

In gefährlichen Krisen schlagen milde Mittel nicht mehr an, da muß man scharfe, brennende Visikatorien anwenden, soll Besserung erfolgen. In dem einigen Oestreich liegt allerdings ein recht schöner Sinn; denn richtig angeordnet sollte es heißen: alle Nationen gleichberechtigt im Vollgenusse ihrer geschichtlichen Rechte und durch begeisterte Liebe zum Wohle des Ganzen strebend.

Aber wir kennen das Eisenband, zu denen die vires unitae geworden; und seit das einige Oestreich in den Händen Stadions, Pillersdorfs und Bachs zu einer gar bittern Medicin für jeden böhmischen und ungarischen Magen geworden ist, stellt sich jeder Böhme und Ungar unter diesem Schlagworte eher etwas Zersetzendes als Erhaltendes vor. Unter dem Banner der Einigkeit Oestreichs, welches in dem Sinne, wie es genommen wurde, auch die Judenblätter Wiens zu dem ihrigen macheu, wird sich nie ein nationaler Cavalier Ungarns oder Böhmens einfinden. Sprache und Eigenthümlichkeiten sind keinem Volke genug, es fordert seine geschichtlichen Rechte, und verläßt der Adel in diesem Punkte den geschichtlichen Boden, so untergräbt er sich selbst.

Wenn daher dem Centralismus nicht beherzt und ausdrücklich Valet gesagt wird, erkennt kein nationaler Cavalier das Adels-Programm als das seine. Auch ist es mit allerdings sehr schönen christlichen und moralischen Phrasen nicht abgethan; ein Programm darf keine Predigt und moralische Vorlesung sein, sondern es muß ganz deutliche, nicht dehnbare Grundsätze enthalten; das aus den Zeilen lesen ist bei nichts schlechter angebracht, als bei politischen Programmen; denn nie darf man von solchen sagen dürfen: ich les es anders.

Klar ist in dem ganzen Programm gar nichts, als der Schütz der christkatholischen Religion und die Autonomie der katholischen Kirche, und diesen Grundsatz theilen wir vollkommen; ja, er würde gewiß der erste unseres Programmes sein. Denn Alles für Gott, Böhmen und Ruhm!

Ohne Gott besteht kein Reich der Welt, ohne Böhmen besteht kein böhmischer Adel und kein böhmisches Volk.*)

J. Graf L.

*) Auch weiteren Zusendungen aus den Kreisen der östreichischen Aristokratie werden wir gern Raum geben, da die Vertheidigung der wahrhaft aristokratischen Interessen, welchen die Berl. Revue gewidmet ist, sich unmöglich auf ein einziges Land Deutschlands, auf Preußen, beschränken kann. Die Redaction.

Carlyle über preußische Geschichte.*)

— Das Zeitalter der Aufklärung und das Zeitalter der Revolution: Friedrich II. und Napoleon. Carlyle's Ansichten über Constitutionalismus, über Bourgeoisie und Mammon. Seine historische Darstellung, seine Sprache und sein Styl. —

Wir glauben, wenn auch etwas verspätet, eine Pflicht gegen die Leser dieser Zeitschrift, und namentlich gegen die preußischen Leser, zu erfüllen, wenn wir ausführlich auf ein in den beiden letzten Jahren erschienenes, aber noch bei Weitem nicht vollendetes historisches Werk über Friedrich den Großen von einem Engländer zurückkommen. Es ist das die Geschichte Friedrichs des Großen von Carlyle, die gleich nach ihrem Erscheinen auch in Berlin in einer von

*) History of Friedrich II. of Prussia, called Frederick the Great, by Thomas Carlyle. Vol. I., II. London, Chapman and Hall. Deutsch von J. Neuberg, ebenfalls zwei Bände. Berlin bei Decker 1859 und 1860.

dem Verfasser autorisirten Uebersetzung in der Decker'schen Hofbuchdruckerei den Lesern übergeben ist. Die beiden ersten Bände — weiter ist das Werk noch nicht vollendet — reichen zwar nur bis zum Regierungsantritt des Helden, den sich unser Historiker als Vorwurf seiner Darstellung gewählt hat, aber sie enthalten bereits einen so reichhaltigen Stoff, so vielfache Erörterungen über Materien der preußischen Geschichte, so viel blitzende Gedanken, die nicht nur die Nacht der Vergangenheit oft wunderbar erleuchten, sondern auch die Nacht der Gegenwart, das Thun und Treiben eines Geschlechtes, das dem Orcus zuwandelt, ohne Göttliches, nur an Gold und Eigennutz geschmiedet, nichts denkend denn an Erwerbung irdischer Güter und den ruhigen Genuß derselben, — daß wir schon aus diesen Gründen mit einer eingehenden Besprechung des Werkes bis zur Vollendung desselben nicht warten mögen.

Es ist ein wunderliches Werk, dieses Werk von Carlyle! Lesern, die bis jetzt nichts davon gelesen haben, ist nicht leicht ein erschöpfendes Bild von der Art und Weise des seltsamen Historikers zu geben. Das geht oft bunt durcheinander wie Kraut und Rüben, vom Hundertsten kommt der Verfasser in's Tausendste, daß man an seiner Befähigung für die Historik zu zweifeln anfängt, aber plötzlich kommen dann wieder Personen und Verhältnisse in solcher plastischen und tiefen Weise gezeichnet war, daß wir bewundernd ausrufen: welch' ein Geschichtschreiber, welch' ein Denker; und das in einer so nichtswürdigen und nichtsnutzigen Zeit! doch davon später; um schrittweise zu gehen, wollen wir zunächst fragen, wie ist der Verfasser wohl dazu gekommen, sich so ausführlich mit zwei Königen der preußischen Geschichte zu beschäftigen, namentlich aber Friedrich Wilhelm I. zum Lieblingsgegenstand seiner Darstellung zu machen? Was hält der Verfasser vom achtzehnten, was vom neunzehnten Jahrhundert? Ist es vielleicht das in Friedrich II. siegende Element der „Aufklärung," das ihm diesen Helden so anziehend macht? Das Buch giebt fast in jedem Kapitel auf diese Fragen Antwort, namentlich aber die ersten Kapitel des ersten Buchs, so daß wir uns hier mit leichter Mühe zu orientiren vermögen. Was zunächst den Hintergrund anlangt, auf dem Friedrich II. auftritt, handelt und stirbt, das achtzehnte Jahrhundert, das „Zeitalter der Aufklärung," wie unsere liberalen Philister es nennen, so ist ihm dies ein Jahrhundert, daß keine eigentliche Geschichte habe, noch haben könne, so reich an Falschthümern, wie kein Jahrhundert zuvor, ein Zeitalter, „das nicht einmal das Bewußtsein mehr hatte, daß es falsch sei, so falsch war es geworden, und war so versunken in falschem Wesen und gesättigt damit bis auf die Knochen, daß überhaupt das Maß des Dinges voll war und eine französische Revolution ihm ein Ende machen mußte." Es war nach ihm ein Jahrhundert, das nichts Großes hatte, außer jenem allgemeinen Selbstmord, französische Revolution genannt, wodurch es sein höchst nichtswürdiges Dasein mit wenigstens Einer würdigen Handlung endete, — „indem es sein uraltes Haus und sich selbst in Brand steckte, und in Flammen und vulkanischen Ausbrüchen aufging, auf eine wahrhaft merkwürdige und bedeutsame Art. Ein sehr passendes Ende, wie ich mit Dank fühle, für solch' ein Jahrhundert. Ein verschwenderisches, betrügerisch-bankerottes Jahrhundert, endlich völlig insolvent geworden, ohne wirkliches Geld der Leistung in der Tasche, und die Läden sich weigernd Hypokrisien und Scheindinge an Zahlung zu nehmen: — was konnte das arme Jahrhundert Anderes thun, als eingestehen: Wohlan, es ist an dem. Ich bin ein Schwindler-Jahrhundert und bin es seit lange gewesen, habe den Kniff dazu von meinem Vater und Großvater gelernt, verstehe kaum ein anderes Geschäft, als mit falschen Wechseln, und dachte thörichter Weise, es würde dieß ewig dauern und immer noch der günstiger gestellten Minorität wenigstens Braten und Mehlspeise bringen. Und siehe da, es hat ein Ende, und ich bin ein entlarvter Schwindler und habe nicht einmal zu essen. Was bleibt mir übrig, als daß ich mir eine Kugel vor den Kopf schieße und wenigstens Eine wahre Handlung verrichte?" Denn es bedurfte einmal wieder einer göttlichen Offenbarung an die erstarrten frivolen Menschenkinder, wenn sie nicht völlig in den Affenzustand versinken sollten. Und in jener Windsbraut des Universums (der französischen Revolution) — die Lichter verlöscht und die zerrissenen Trümmer der Erde und Hölle zum Empyrium hinausgeschmettert; schwarze Windsbraut, die sogar Affen ernst und die mehrsten von ihnen verrückt machte, war, für Menschen, ein Stimme vernehmbar, ein Stimme einmal wieder aus dem Innersten der Dinge, gleichsam sagend: „das Lügen ist nicht erlaubt in diesem Universum. Der Lohn des Lügens, seht Ihr, ist der Tod. Lügen bedeutet Verdammniß in diesem Universum, und Beelzebub, wenn auch noch so herausgeschmückt mit Krone und Jufulen, ist nicht Gott!" Dieß war eine, in Wahrheit als des Ewigen zu nennende Offenbarung in unserm armen achtzehnten Jahrhundert und hat von da an die Beschaffenheit des besagten Jahrhunderts für den Historiker bedeutend geändert. „Wodurch, kurzum, jenes Jahrhundert völlig confiscirt, bankerott geworden, dem Gant überlassen ist; und Trödler sortiren gegenwärtig in verworrener, betrübender Weise, was davon noch werthhabend oder verkäuflich ist. Und es liegt im Grunde zusammengehäuft in unserer Vorstellung, als eine unheilvolle schiffbrüchige Nichtigkeit, bei der zu verweilen nicht ersprießlich ist, eine Art dämmernder chaotischer Hintergrund, worauf die Gestalten, die einiges Wahrhafte in sich hatten, — eine kleine und mit der zunehmenden Strenge unserer Forderungen immer kleiner werdende Genossenschaft, — für uns abgebildet stehen."

Und welches ist dem Verfasser diese kleine Gesellschaft, die Wahrheit bewahrt hat im Zeitalter der Lüge, persönliche Gediegenheit im Zeitalter der Nichtigkeit und Windbeutelei, Wirklichkeit im Zeitalter des Scheins? Es sind vor allem die beiden preußischen Könige Friedrich Wilhelm I. und Friedrich II., es sind sodann die großen Generale, die am Hofe, im Heere und in den Kriegen dieser beiden Fürsten auftreten, es sind ihm endlich alle Leute des Hofes jener Zeit von preußischem Schrot und Korn. Sie sind es zusammen, die der Verfasser, wir müssen sagen, mit Vorliebe zeichnet auf jenem traurigen Hintergrunde, als die einzigen Kinder der Natur im Zeitalter der Verkünstelung, die einzigen „Realitäten", wie der Verfasser sie gern nennt, im Zeitalter des Scheins, der Ueberbildung, Verbildung, des seichten Denkens, der frivolen Genußsucht, die nur sich kennt. Friedrich Wilhelm I. und Friedrich II. sind ihm noch wahre Könige, im Gegensatz zu den modernen Königen, einer „besonderen Art von Königen", Königen ohne Persönlichkeit, ohne persönliches Regiment, die mit Wahlurnen regieren, nicht in das Leben treten und nicht mehr die „Realitäten" des Lebens kennen. Es waren, wie es an anderen Stellen heißt, jene beiden Könige „ursprüngliche Menschen", die sich nicht kümmerten um die Zeit und ihre Kritik. „Wie das — heißt es in Bezug auf Friedrich II. — ein ursprünglicher Mensch allezeit zu thun hat, wie viel mehr erst ein ursprünglicher Herrscher über Menschen. In der That hatte es die Welt sich sauer werden lassen, ihn unterzukriegen, wie sie bewußter oder unbewußter Weise immer mit seines Gleichen thut, und hatte es nach den allerbewußtesten Anstrengungen und, zu einer Zeit, dem krampfhaften Zusammennehmen aller ihrer Kräfte durch sieben Jahre müssen bleiben lassen. Fürsten und Gewalten, kaiserliche, königliche, czarische, päpstliche, Feinde, unzählbar wie der Sand am Meere, waren gegen ihn aufgestanden; nur ein Hilfsgenosse übrig unter den Potentaten der Welt (und dieser Eine nur so lange die Hilfe erwiedert wurde); und er führte ihnen sämmtlich einen solchen Tanz auf, daß die Menschheit und sie erstaunt waren. Kein Wunder, daß er von ihnen der Aufmerksamkeit werth gehalten worden. Jeder ursprüngliche Mensch von einiger Größe ist derselben werth; — ja auf die Länge, wer oder was sonst wäre das? Aber nun, wie viel mehr erst, wenn unser ursprünglicher Mensch ein König über Menschen war, dessen Bewegungen polarisch waren und von Tag zu Tag die der Welt mit sich führten." Das Leben eines Simson Agonistes und die Art und Weise seines Benehmens in der Philister-Mühle, das ist immer ein Schauspiel von wahrhaft epischer und tragischer Natur. „Umsomehr wenn unser Simson, königlich oder nicht, noch nicht geblendet oder ans Rad gejocht ist, vielmehr noch wenn er seine Feinde überwältigt nicht durch selbstmörderisches Verfahren, sondern zuletzt, sein wunderwirkendes Kampfzeug schwingend, ausmarschiert und ihre Mühle und sie zerrütteten Zustandes hinter sich läßt, was dieser König Friedrich in aller Wirklichkeit gethan." Denn er hinterließ die Welt gänzlich bankerott; er selber nur noch im zahlungsfähigen Stande und mit festem Boden unter sich, ihn und das Seinige zu tragen. „Als er starb, 1786, dröhnte das Gewaltige, seitdem französische Revolution genannte Phänomen bereits vernehmbar in den Tiefen der Welt, ringsum von meteorisch-electrischem Wetterleuchten am Horizont verkündet. Seltsam genug, einer von Friedrichs letzten Besuchern war Gabriel Honoré Riquetti, Graf von Mirabeau. Diese zwei sahen sich zwei mal, auf eine halbe Stunde jedesmal. Der letzte der alten Götter und der erste der neuen Titanen; — ehe Pelion auf Ossa sprang und die faule Erde, endlich Feuer fangend, ihre verderbten mephitischen Elemente in vulkanischem Donner aufgehen ließ. Auch dies ist eine der Eigenthümlichkeiten Friedrichs, daß er bisher der letzte der Könige ist, daß er die französische Revolution einführt und eine Epoche der Weltgeschichte abschließt, das Handwerk auf immer endigend, glauben Manche, die in tiefer Finsterniß befangen sind über Königthum und über ihn [illegible]

Dem Zeitalter Friedrichs des Großen folgte also das Zeitalter der Revolution, das Zeitalter Napoleons, in dem die meisten Menschen, die „Affen“ geworden waren, vor Bewunderung „verrückt“ wurden. Friedrich wurde vergessen inmitten jenes allgemeinen Erdbebens, dessen Staub allein schon die ganze Luft verdüsterte und den Tag in schreckliche Mitternacht kehrte. Wir müssen es dem Verfasser Dank wissen, wenn er sowohl bei dieser, wie bei andern Gelegenheiten häufig einen Blick vor- oder rückwärts thut, um seinen Helden in richtiger Beleuchtung zu zeigen, Ereignisse und Zustände durch ihren Ursprung oder durch ihr letztes Ende zu erläutern. So liefert er uns denn auch eine treffliche Parallele zwischen dem alten Gotte und dem neuen Titanen, zwischen Friedrich und Napoleon. „Schwarze Mitternacht“, heißt es da, „nur von der Helle lodernder Feuersbrünste unterbrochen, — in welcher für unsere erschrockene Einbildung nicht Menschen, französische und andere, zu sehen waren, sondern grausige Omen und Gestalten rächender Götter, zürnend einherschreitend. Man muß zugeben, die Figur Napoleons war titanisch, namentlich für das Geschlecht, das ihn schauete und schaudernd erwartete von ihm verschlungen zu werden. Ueberhaupt war in jener französischen Revolution Alles in einem gewaltigen Maßstabe; wenn nicht größer als irgend Etwas in der menschlichen Erfahrung, mindestens grandioser. Dabei war Alles in Bülletins verkündigt, die an die Viergroschengallerie gerichtet waren; und es befanden sich Kerle auf den Brettern mit Säbeln so breit, Backenbärten so dicht, Kehlen von solcher Stärke, und mit solchen Massen von Menschen und Schießpulver zu ihrer Disposition, wie sie bis dahin nie erhört worden. Wie sie brüllten, einherschritten und polterten, Jupiters Donner zum Erstaunen nachahmend! Schreckhafte Bramarbas-Gestalten, mit entsetzlichen Backenbärten, endlosen Pulvervorräthen, nicht ohne hinlängliche Ferocität und sogar mit einem gewissen Heroismus, Bühnenheroismus, in ihrem Wesen, in Vergleich mit denen es der Viergroschengallerie und dem erschütterten Theater überhaupt dünkte, als hätte es nie zuvor Generäle und Machthaber gegeben, als wäre Friedrich, Gustav Adolf, Cromwell, Wilhelm der Eroberer fortan nicht mehr der Rede werth.“

Und wie hat sich nunmehr das Urtheil über Friedrich und Napoleon, über die preußische und französische Kriegführung geändert? Die Bramarbas-Ausstaffirung ist nach dem Verfasser nach und nach weggerissen worden, und man sieht jetzt die natürliche Größe besser; aus dem Bülletinstyl in den Styl der Thatsache und Geschichte übersetzt, sind Wunder sogar für die Viergroschengallerie nicht so ganz wunderbar. „Es zeigt sich allmählich wieder, daß große Menschen vor der Aera der Bülletins und Agamemnons gelebt haben. Austerlitz und Wagram verschossen mehr Pulver, — Pulver wahrscheinlich im Verhältniß von zehn zu eins oder hundert zu eins, — brachten aber alle beide dem Feinde nicht das Zehntel von der Niederlage bei, wie jene von Roßbach, bewerkstelligt durch strategische Kunst, menschliche Genialität und Herzhaftigkeit und die Einbuße von 478 Mann. Ebenso Leuthen; die Schlacht von Leuthen (wie wenige englische Leute auch davon gehört haben) darf sich ganz gut sehen lassen neben jedem Napolionischen oder sonstigem Siege. Denn die feindliche Uebermacht war wenig unter drei gegen eins, die Güte der Truppen war nicht sehr ungleich, und nur der General war von vollendeter Ueberlegenheit und die Niederlage eine Vernichtung. Napoleon freilich, vermöge eines unerhörten Aufwandes von Menschen und Schießpulver, überzog ganz Europa auf eine Weile; aber niemals vertheidigte Napoleon, vermöge wirthschaftlicher Handhabung und weisen Verwendens seiner Leute und seines Pulvers ein kleines Preußen gegen das gesammte Europa, Jahr aus Jahr ein, sieben Jahre lang, bis Europa es satt war und das Unternehmen aufgab als ein unausführbares." „Ist erst einmal," schließt der Verfasser, „die Bramarbas-Ausstaffirung ganz und gar hinweggerissen und die Viergroschengallerie gänzlich beschwichtigt, so wird es sich herausstellen, daß es große Könige vor Napoleon gegeben, und auch eine Kriegskunst, begründet auf Wahrhaftigkeit und menschlichen Muth und Einsicht, nicht auf bramarbassische Rodomontade, gründlichem Rinaldinismus, Revolutionsschwindel und maßlosem Aufwand von Menschen und Schießpulver. Es kann einer mit sehr großem Pinsel malen, ohne deshalb ein großer Maler zu sein."

So das Urtheil Carlyle's über das Zeitalter Friedrichs und über das Zeitalter Napoleons. Was ihn zu der Erforschung der Geschichte Preußens im vorigen Jahrhundert hinzog, ist nach den wenigen Mittheilungen nicht mehr dunkel. Er ist ein Historiker, der allewege die Naturwahrheit respectirt, allewege die Unnatur haßt, ein Historiker, dem die Persönlichkeit noch etwas werth ist, ja sogar alles gilt, und der demnach auch besondere Vorliebe für eine kräftige Monarchie haben muß. Für eine kräftige Monarchie: vielleicht sogar für eine unbeschränkte Monarchie, für eine Despotie? Der liberale Klüngel behauptet Letzteres allerdings, aber keine Zeile der beiden vorliegenden Bände bestätigt das. Im Gegentheil; die Viergroschengallerie, der vierte Stand, scheint ihm durchaus nicht die Grundlage für eine gesunde Monarchie. Das allerdings aber erhellt aus jedem Capitel des Carlyle'schen Werkes, daß er durchaus kein Freund des Mammons, kein Freund der Bourgeoisie und der parlamentarischen Regierung ist: das heißt aber noch lange nicht, daß er darum gut napoleonisch denkt. Gut napoleonisch denkt, wenn auch unbewußt, die Bourgeoisie, Carlyle kann das nicht. Was die parlamentarische Wirthschaft anlangt, so nimmt er mehrfach Gelegenheit, gerade in dieser Beziehung über England zu reden. „Ein Parlament," heißt es z. B., wo er über Georg I. redet (I., S. 547 der angeführten Uebersetzung), „unmelodisch zankend und debattirend, dessen Sprache sogar für uns ein Mysterium ist, und nichts als Walpole im Küchenlatein um uns durchzuhelfen." Ferner heißt es am Schluß der Charakteristik Georg I., der sich bei Lebtag wenig um englische Politik gekümmert hat: „das ist der erste Georg; erster Sieg des constitutionellen Princips, welches seitdem zu solchen erhabenen Höhen bei uns gediehen ist, — Höhen, die wir endlich anfangen in Verdacht zu haben, daß sie Tiefen sein möchten, die hinabführen, fragt nun ein Jeder: Wohin? Eine ihrer Zeit viel bewunderte Erfindung, das Steuerruder sich selbst überlassen oder eine kostspielig angethane Holzfigur daneben stellen und ausfindig machen, daß das Schiff so viel besser von selbst segle! Und dies thut es wirklich, wenn es ein besonders gutes Schiff ist, in gewissen Gewässern, — eine Zeit lang. Bis die Sindbad'schen „Magnetberge“ anfangen zu ziehen, oder die Riegel der Charybdis euch in ihren Strudel bekommen; und alsdann, was war es nicht für eine Erfindung! Dieser, sagen wir, ist der neue souveräne Mann, den das englische Volk, in einiger Verlegenheit über den Papst und andere Punkte, von Hannover geholt hat, damit er auf heldenhaften Bahnen vor ihm herschreite und durch Befehl und Beispiel seine Dinge und es selber himmelwärts leite! Und es hofft, er wird es thun? oder etwa, daß seine Dinge von selbst den Weg nehmen werden? Allezeit ein absonderliches Volk!“ Ja, in dem „Tabacksparlament“ (I., S. 628) Friedrich Wilhelms I. läßt er sogar durchblicken, daß eine solche Art von Parlament damals durchaus zeitgemäß in Preußen gewesen sei, aber es ist das nur im Scherz, von einer Schwärmerei für napoleonisches Regiment kann nicht die Rede sein.

Mit Carlyle's Widerwillen gegen die parlamentarische Regierung geht Hand in Hand sein Haß gegen den Mammon, gegen den Industrialismus und gegen die Bourgeoisie, wo sich diese Elemente, verlassen von allem, was göttlich und geistig, geltend machen wollen. Man vergleiche nur des Beispiels halber Stellen wie I. 124, 426, 440, 489, 490; II. 712 u. a. O. Mit jedem Jahre, rühmt er von Friedrich Wilhelm, machte er sein Land reicher, und zwar nicht an Geld allein, das von sehr ungewissem Werthe sei und zuweilen gar keinen und sogar weniger als keinen Werth habe, sondern an Frugalität, Fleiß, Pünktlichkeit, Wahrhaftigkeit, — den großen Quellen, woraus Geld und alle wirklichen Werthe und Würdigkeit entsprängen. An einem andern Orte rühmt er die Sparsamkeit des Königs und bemerkt dazu: „Was freilich als eine wunderliche Doctrine klingen mag in diesen Tagen der Geldstufen, Börsenreichthümer und miraculösen Sumtuositäten, die nichts nach Kosten fragen. Daß du in eitele Narretheien, bauend, wo kein Grund war, deine Hunderttausend, deine achthundert Millionen verschleudert hast, daraus mache ich mir im Vergleich wenig. Du kannst immer wieder reich werden, wenn du endlich weise geworden. Aber wenn du deine Anlage zu strenger, fromm-tapferer Arbeit, zu Geduld, Beharrlichkeit, Selbstverleugnung, zum Glauben an die Ursache von Wirkungen, vergeudet hast; ach, wenn dein einst gesundes Urtheil über den eigentlichen Werth und Unwerth von Dingen vergeudet, und dein stilles, festes Vertrauen auf das ewig Wahrhaftige deiner selbst und der Dinge nicht mehr vorhanden ist — dann hast du in der That eine Einbuße erlitten. Du bist im Grunde ein völlig bankerottes Individuum, wie du nachgerade gewahr werden wirst.“

Dieß, mit wenigen Strichen gezeichnet, die allgemeinen Principien, von welchen Carlyle bei seiner geschichtlichen Betrachtung ausgeht; die besondere Anwendung und concrete Durchführung an einzelnen Beispielen nachzuweisen, behalten wir uns für spätere Gelegenheit vor. Der Leser wird dann sehen, daß Carlyle nicht nur im Allgemeinen, sondern auch ins Detail hinein ein Charakter aus einem Gusse ist. Für heute schließen wir mit seiner Bedeutung als Historiker in Bezug auf Form und Darstellung. Carlyle wird, wie bereits erwähnt, gefesselt von der Größe der Persönlichkeiten. Das spiegelt sich auch in seiner Darstellung wieder und in seinem Urtheil über andere Historiker. Er verlangt Historiker, denen die persönlichen Realitäten in erster Linie stehen; Ereignisse und Verhältnisse, die nicht durchtönt sind von solchen Persönlichkeiten, erzählt er lieber gar nicht, oder aber er legt sie einem Dryasdust, der Personification eines gewöhnlichen, fleißig sammelnden Gelehrten, in den Mund, wie Kritiken von Persönlichkeiten, Verhältnissen u. s. f., sofern dieselben die Meinung anders Denkender darlegen sollen, von Redacteuren u. A. vorgetragen werden. Der straffe Zusammenhang der Darstellung von Ursache und Wirkung, wie wir ihn seit geraumer Zeit an deutschen Geschichtswerken gewohnt sind, wird vollständig durchlöchert. Nur das Persönliche tritt hervor, nur die persönliche Situation, diese dann aber auch meisterhaft geschildert, mit der Gedankentiefe des Philosophen und der Hand eines Künstlers; was zwischen diesen einzelnen Bildern liegt, das kümmert ihn nicht sonderlich. Da treiben alle möglichen Spukgeister ihr Wesen: am meisten Dryasdust, aber auch Namen aller Art, englische Redacteure u. s. f.; häufig auch Reden und Betrachtungen, die er den geschichtlichen Personen in den Mund legt, mitunter auch eigene Betrachtungen, die dann, wie bereits erwähnt, häufig ermüden, häufig aber auch gleich nächtlichen Blitzen erleuchten. Das ganze Buch bekommt dadurch ein schnurriges Ansehen; man vermuthet schon aus dem Register, ein undisciplinirter, ein dissoluter Geist habe es dictirt. Wer aber sich hierdurch nicht sogleich abschrecken läßt, wer die Schale unberücksichtigt läßt und zum Kern vorzudringen sucht, dessen Suchen wird überreichlich, wird königlich belohnt. Wir erkennen alsdann den Historiker, dem es um die Sache zu thun, der in seinen Gedanken das Wesen der Dinge erfaßt hat, dem es aber nicht darum zu thun, Declamationen nach Art unserer liberalen Historiker zu halten, die vor lauter Schwatzen, vor lauter Denkenwollen nicht zum Denken gekommen sind, Scribler, die nach Carlyle Beelzebub selbst geschaffen hat, Hundeungeheuer, Schlammgötter und wie sie sonst bezeichnet werden. Wird so in epischer Weise Unwichtigeres übersprungen — die Vergleichung mit Jean Paul hinkt etwas, wenn auch eine Aehnlichkeit nicht zu leugnen ist — und nur das Wichtige in künstlerischer Weise dargestellt, so wird auch häufig das einzelne Gemälde wiederum in etwas gestört, nämlich durch die Sprache, durch wunderliche Worte, durch burschikose, selbst durch burleske Ausdrücke. Er hat seine Helden zu verstehen gesucht und hat sie verstanden; dafür glaubt er nun aber auch mit ihnen wie mit Seinesgleichen verkehren zu dürfen. Friedrich Wilhelm ist ja z. B. sein vertrauter Bekannter, er liebt ihn ja über alle Maßen, er weiß ja jede seiner Wunderlichkeiten zu schätzen: warum soll er ihn da nicht auch auf du und du anreden können, wenigstens wenn es die Gelegenheit so macht? „Brummbär", „königlicher Brummbär", „wilder Naturmensch", „Drillfeldwebel" und andere Ausdrücke dieser Art sind deshalb keine Seltenheiten. Dasselbe ist der Fall in Bezug auf andere Personen des „Tabacksparlaments." Ist doch das „Tabacksparlament" eine Lieblingsinstitution unseres Historikers, verkehrt er hier doch am liebsten, lacht er hier doch bei jedem Witze am lautesten, und ist doch die

Darstellung des „Tabacksparlamentes", ein Meisterstück in dem Werke! Warum soll er da nicht auch ab- und zureden, als ob er mit seinen Helden nicht im Geiste, sondern mit seinem Körper leibhaftig unter Seinesgleichen in jenem Parlamente säße? Gönnen wir ihm das Vergnügen trotz aller Gesetze der Historik. Es ist ja zudem das Werk nicht geschrieben für Leute, die die preußische Geschichte erst anfangen zu lernen, sondern für solche, die im Allgemeinen bereits mit derselben vertraut sind. Und diese werden den wunderlichen Herrn bald genug lieb gewinnen und ihm gern nachsehen, wenn er einmal in den Ton des Tabacksparlaments hineingeräth. Wir aber, wir danken dem Engländer, daß er mit so gesunden fünf Sinnen sich an die Betrachtung unserer vaterländischen Geschichte gemacht hat, und wünschen ihm zum Schluß noch recht viele Leser, uns aber die baldige Fortsetzung und den Schluß des Werkes.

Ein Graf von Königsmarck.

Roman

von

George Hesekiel.

Sechsundzwanzigstes Capitel.

Verstorbene und Verschwundene.

„Verstorben
Und nicht verdorben;
Verschwunden
Und nicht wiedergefunden."

(Logau.)

Nicht fern von der Stätte, wo einst zu Argos die Königsburg der alten Atriden gestanden, da hatte der junge Held Graf Hans Carl Königsmarck sein Zelt aufgeschlagen, eine kühle Quelle sprudelte da und eine Gruppe alter, hochragender Bäume gab des erquicklichen Schattens die Fülle, denn heiß brannte die Augustsonne nieder. Der junge General hatte die Türken verfolgt in jener

Nacht, er hatte sie ereilt auf ihrer Flucht zum Meer, er hatte sie fest und nachdrücklich angegriffen, sie zersprengt und vernichtet, ehe ihnen Hülfe kommen konnte zur See; die eroberten Feldzeichen und die Gefangenen, die erbeuteten Waffen und Munitionen sendete der Sieger dem Oheim, der vor Corinth lag. Am Siegestage selbst aber ergriff den Helden ein Fieber, dessen er zu Anfang wenig achten wollte, das aber gegen Abend so heftig wurde, daß selbst diese energische Natur sich beugen mußte. Der Ritter Benvolio, der den theuren, geliebten Freund keinen Augenblick verließ, bewog ihn endlich auch, sich am andern Tage nach der Agamemnonshöhe vor Argos tragen zu lassen; dort wehete reine, kühle Luft, dort fand sich der Graf auch sofort merklich erleichtert und die treuen deutschen Reiter, die vor seinem Zelt schilderten, hörten mit Entzücken wieder kräftiger den Ton seiner Stimme durch die leinene Wand schallen.

Gegen Abend kam der Malteser-Bailli Freiherr Schilling von Canstatt und einige Ordensritter, die den Grafen von Malta her kannten, er ließ sie sofort eintreten, denn er hatte stets eine besondere Vorliebe für den Johanniter-Orden und Alles was dazu gehörte. Schilling von Canstatt saß eine ziemliche Weile am Lager des Grafen und erzählte ihm von Malta, auch brachte er ihm Grüße von der Signora Manfredi und der schönen blinden Fernanda. Graf Hans Carl war lebhaft wie immer, das Gespräch würde noch länger fortgesetzt worden sein, wenn nicht der Ritter Benvolio die Malteser durch seine fortgesetzten Winke zum raschern Aufbruch genöthigt hätte. Es war eine furchtbare Angst über die feste, treue Seele gekommen, denn es war gemeldet worden, daß unter den Italiänern einige bedenkliche Krankheitsfälle sich gezeigt, die rasch mit dem Tode geendet; der Ritter fürchtete einen Ausbruch der Pest. Die Nacht verbrachte Graf Hans Carl ziemlich ruhig, doch fühlte er sich am Morgen beim Erwachen sehr ermattet; er ließ sich die Sammlung evangelischer Hauslieder und Andachten reichen, die sein Oheim Otto Wilhelm herausgegeben und las über eine Stunde still für sich, als er das Buch schloß, bemerkte er, daß die treuen Augen des Ritters Benvolio angstvoll auf ihn gerichtet waren.

„Was sorgt ihr euch um mich, meine theure Lady," sprach er ernst; „der Herr, mein Gott, ist ein barmherziger Gott! In Christi Gerechtigkeit bin auch ich gerecht vor ihm!"

Mit Mühe unterdrückte die Lady vom grünen Schloß ihre Thränen, der Graf bemerkte es wohl und sprach mit halbem Lächeln: „Ihr scheint zu fürchten, daß meine Krankheit gefährlich, ich glaube es nicht, denn obwohl ich matt bin, fühle ich mich doch wohl. Tröstet euch, liebe Lady, eine kleine Weile bleibe ich noch bei euch, denn wenn ich auch jung sterben muß, so habe ich doch noch viel zu thun. Laßt mich schlafen!"

Er entschlief wirklich, zwei Augen bewachten ängstlich diesen Schlummer, der anfänglich sehr sanft schien, bald aber durch Traumbilder gestört wurde; der Graf begann im Schlaf zu reden, er fuhr auf, wirre Phantasien kamen über ihn; der Ritter mußte Leute zu Hülfe rufen, um ihn auf dem Lager fest zu halten, der Kranke tobte im wildesten Delirium und kämpfte mit der durch die fieberhafte Aufregung verdoppelten Riesenkraft gegen den Zwang. Die Ausrufe, die Reden, die er führte, verriethen, daß sich der Kranke in einen Kampf mit den Türken verwickelt glaubte und Stunden lang dauerte dieser Kampf; es war ein furchtbares Ringen, den treuen deutschen Reitern standen die Thränen in den Augen, aber oft mußten sie um ihr Leben kämpfen mit dem geliebten General, dessen gewaltige Muskelkraft lange aller ihrer Anstrengungen spottete. Plötzlich stieß der Graf einen furchtbaren, schrillen Schrei aus und brach jäh zusammen, einige Zuckungen noch, entsetzt starrten die Leute auf den jugendlichen Leichnam, denn Graf Hans Carl von Königsmarck war todt.

Es war in der Mittagsstunde des 27. Augusts 1686.

Verzweifelt umstanden die treuen deutschen Reiter ihres geliebten heldenmüthigen Führers Leichnam, die Trauerkunde erreichte bald die nächsten Truppentheile, von allen Seiten eilten die Soldaten herbei, die meisten glaubten nicht eher an den Tod, bis sie den Leichnam selbst gesehen, das ganze Zelt füllte sich mit klagenden und weinenden Kriegern. Plötzlich wurde das Zelt wieder leer, leise flüsternd hatte Einer von der Pest gesprochen, das Wort reichte hin, um auch die Muthigsten zu schrecken und in die Flucht zu schlagen.

Höhere Officiere kamen endlich, sie sendeten einen Reitenden an den Feldmarschall Grafen Otto Wilhelm von Königsmarck, um ihm die Trauerkunde von dem plötzlichen Tode seines herrlichen jungen Verwandten zu bringen und um seine weiteren Befehle zu bitten; Alle fragten nach dem Ritter Benvolio, Keiner wußte Antwort zu geben, Alle hatten ihn stehen sehen zu Häupten des Lagers, so lange das Ringen mit dem Fiebernden dauerte, Einer wollte sich auch erinnern, daß es der Ritter gewesen, der dem Grafen die Augen zugedrückt, nachher aber hatte ihn Keiner mehr gesehen. Man suchte vergebens, dunkle Gerüchte liefen um, der Ritter blieb verschwunden. Am andern Tage kam der Feldmarschall aus dem Lager von Corinth und stand lange tief erschüttert vor dem Leichnam seines jungen Verwandten, auch er ließ vergebens forschen nach dem getreuen Freunde und Waffenbruder des Heimgegangenen, von der Equipage des Ritters fehlte kein Stück, auch seine Pferde waren alle da, nur der Ritter selbst fehlte. — Kein Mensch hat den Ritter Benvolio wiedergesehen, er war verschwunden wie zwei Jahre zuvor Lady Carolina Aliran aus England spurlos verschwunden war.

Der Generalissimus Otto Wilhelm ließ die Leiche seines Bruderssohnes von der Agamemnonshöhe bei Argos zu Schiffe bringen und nach Venedig überführen, von dort wurde sie in kurzen Tagereisen nach Stade gefahren und in der Königsmarck'schen Familiengruft daselbst beigesetzt. Ernst und fest ordnete die Mutter, die Gräfin Marie Christine, die Bestattung des geliebten Sohnes.

Wir sind zu Ende mit unserer Erzählung von dem Einen Grafen von Königsmarck, das kurze, schöne Heldenleben ist aus, noch wenige Jahre und der ganze Stamm des großen Feldmarschalls Hans Christoph, der so herrlich blühete, ist ausgegangen im Lande. Nach dem Tode des Grafen Hans Carl gab es nur noch zwei vom Mannesstamme des Feldmarschalls, den Generalissimus der Venediger, Grafen Otto Wilhelm, und den jüngeren Bruder Hans Carls, den Grafen Philipp Christoph.

Graf Otto Wilhelm setzte seinen Feldzug in Morea und Griechenland fort, Patras, dem die letzte Waffenthat seines geliebten Brudersohnes gegolten, Lepanto, Corinth und endlich auch Athen fielen vor seinem Schwert. Mit tiefem Schmerz sah er, der feingebildete Kenner altgriechischer Kunst, das Mitglied der schwedischen Akademie und der deutschen fruchtbringenden Gesellschaft, die Bomben niederschmettern in das berühmte Parthenon und so unschätzbare Reste der Werke eines Phidias untergehen. Den nächsten Winter von 1687 zu 1688 verbrachte der Generalissimus zu Athen unter den Trümmern griechischer Kunst. Hier verabredete er mit seinem großen Freunde Morosini den Angriff auf Negroponte, und ein venetianisches Volkslied sang zu jener Zeit von Königsmarck und Morosini, den starken Essern, welche des Großtürken Reich verspeisten wie eine Artischocke, Blatt für Blatt. Ganz unvermuthet, wie immer die Art und Weise Königsmarck'scher Kriegsführung, erschien der Generalissimus vor Negroponte und begann die Belagerung, da stellte sich ihm der alte finstere Bundesgenosse gegenüber, der des Großtürken sinkenden Halbmond so oft wieder aufgerichtet, — die Pest brach im Venetianer-Heere aus. Der Generalissimus Graf Otto Wilhelm von Königsmarck starb vor Negroponte am 15. September 1688 an der Pest.

In ganz Europa beklagte man den Heimgang dieses gewaltigen Christenhelden, die Republik Venedig aber ließ am Eingang des Arsenals seine Statue in Marmor aufrichten mit der Inschrift: Semper victori! dem immer siegreichen Türkenzwinger Otto Wilhelm Grafen von Königsmarck. Auf einer Gedächtnißsäule aber sah man ihm zu Ehren noch folgende Sinnbilder: Eine Brücke mit der Umschrift: aliis inserviendo consumor; welchen Spruch eine gleichzeitige deutsche Druckschrift (Teutophili nordischer Wahrsager) übersetzt: „Ich diene andern und bringe ihnen Gewinn, Mir aber selbsten schaff ich nichts als den Ruin." Das andere Sinnbild zeigte einen dürren Baum, an diesem hing ein Bogen mit zerrissener Sehne, die Inschrift lautete: „fracta magis feriunt" und die deutsche Uebersetzung: „Nachdem der Held nun todt, den Schweden uns geboren, da spüren wir es erst, was wir an ihm verloren." Auch ein Klagegedicht auf den Tod des Grafen Otto Wilhelm, wie sie in jener Zeit gebräuchlich, hat uns die oben genannte Druckschrift aufbewahrt, es lautet:

Die gantze weite Welt
Beklagt mit über grossen Schmertzen
Den Hochgebohrnen Held,
Venedig, Schweden und mein Teutsches Vaterland
Betrauert von gantzen Hertzen
Den tapffern Königs-Marck,
Daß er sobald gefallen sey.

Bloß die Türkey
Freut sich ob seinen Todt:
Weil er durch seine tapffere Hand
Ihr manche schöne Stadt entrissen hat.
Der Leib ruht hier in einem Sarck
Die Seele aber ist bey ihrem Gott.

Als Graf Otto Wilhelm im Erbbegräbniß zu Stade beigesetzt war, gabs nur noch einen männlichen Sprossen vom Stamme des Feldmarschalls, den Grafen Philipp Christoph von Königsmarck, unsere Leser haben ihn an der Seite seines Bruders in England gesehen. Dieser glänzende Cavalier, damals chursächsischer General, verließ an einem Sonntag Abend am 1. Juli 1794 sein Quartier im Hotel de Strelitz zu Hannover und begab sich in das churfürstliche Schloß daselbst, um der Churprinzessin seine Aufwartung zu machen. Er ging hinein und kam nicht wieder heraus, kein Auge hat ihn je wieder gesehen, weder lebendig noch todt, er ward in jener Nacht von Rache und Eifersucht ermordet und begraben, wie? und wo? vermag Niemand mit völliger Gewißheit zu sagen. Was man aber im Volk sagte, das liest man in einem Gedichte, das den Schwestern des Grafen Philipp Christoph vier Jahr nach dessen Verschwinden 1698 überreicht wurde. Wir theilen es ohne Abänderung mit, es lautet:

Philipp Christoph von Königsmarck,
der gute Graf.

Eine wahrhaftige Geschichte.

Es heult der Hund schon wieder
Und weckt mich aus dem Schlaf;
Es heult das Thier allnächtlich,
Es sucht den guten Graf.

Am Schlosse steht's und wittert
Zum Fenster dort empor;
Mich däucht, als quöll' da grausig
Manch' Tropfen Bluts hervor.

Mich dünkt ich hörte Waffen
Und einen dumpfen Fall
Und banges Sterberöcheln
Dort in der Ritterhall. —

Im Schlosse zu Hannover
Erschien ein junger Graf,
An Reichthum, Rittersitte
Ihn Keiner übertraf;

Im Volk genannt der Gute,
Im Feld der Donnerstark,
Im Frauenmund der Schöne:
Herr Philipp Königsmarck.

„Herr Fürst, will meinen Degen
Im treuen Dienst Euch weih'n!"
„„Willkommen, Graf, Ihr sollet
Mein Gardenoberst sein!""

Bei Hofe glänzt die P.......n
Die üppigfeine Frau;
Der Kurfürst schlürfte lüstern
Von ihrer Reize Thau.

Sie hält im Spiel der Minne
Den Herrn so fest umstrickt,
Es ward das Weib so mächtig,
Manch' Fürst sich vor ihr bückt.

Es hatt' ihr Blick der Sünde
Den Obersten erschaut,
Da pocht in ihrem Blute
Die Leidenschaft so laut.

Sie konnt's nicht mehr bewält'gen
Das minnerflammte Weib;
„Nimm', Graf, mein Herz der Gluten,
Genieße meinen Leib!"

Der Jüngling wandt' sich abseits
Und sprach gar ernst und kühl:
„Entwürd'ge Dich nicht fürder,
Ich spott' um Dein Gefühl."

„Wie's Jahr ist unser Leben;
Die Blüth', vom Lenz bescheert,
Ist nie demselben Jahre
Noch einmal rückgekehrt."

„Mein Frühling flog vorüber
Im heißbeweinten Traum;
Mir ging schon lang zur Welke
Der Liebe Blüthenbaum."

„Es war die Kurprinzessin,
Die ich im Herzen trug,
Für die so rein, so heilig
Als Knabe schon es schlug."

„Der Thron sie mir entrissen,
Und — Gott vergeb es Euch! —
Sie härmt, von Euch gemartert,
Sich Glück und Wangen bleich."

„Mein Herz hab' ich bezwungen
In Kämpfen lang und schwer,
Die Lieb' hinausgeworfen,
Hab' nur noch Pflicht und Ehr'."

„Die Pflicht befiehlt, zu stützen
Die arme Dulderin.
Die Ehre heischt Verachtung
Dir feilen Buhlerin!" —

Es hat der Graf gesprochen,
Das Weib wird leichenblaß,
Das Flammen brünst'ger Liebe
Umglüht in Wuth und Haß.

Sie muß den Graf ersticken
Mit ihrer Rache Wucht;
Der Kurprinzeß Verderben
Gebeut die Eifersucht.

Verläst'rung heißt die Geißel,
Die wild die Furie schwingt;
Den Zweifelmuth des Fürsten
Durch seine Kunst sie zwingt.

Der Eifersucht Gefolter
Wühlt sie dem Prinzen wach;
Den Fürsten girrt und schmeichelt
Und küßt sie balde schwach;

„O, Prinz, Du hüllst mit Absicht
Dein Aug' in feigen Schlaf;
Dein Ehebette schändet
Juchhei! der schöne Graf."

„O, Fürst, ich lieb' Dich brünstig,
D'rum lieb ich Deine Ehr'. —
Du, Zeus an Macht und Schöne,
Straft denn Dein Blitz nicht mehr? —"

Es folgen Argus-Augen
Der Kurprinzessin Pfad
Und was sie thut und redet,
Falschmünzt man zu Verrath.

Der Unschuld Thrän' und Seufzen
In's Herz der Freundschaft schreit,
Die kam, in Leid zu trösten
Und ach! nur mehrt das Leid.

Es spricht der Graf in Kummer:
„Mich treibt hinweg Dein Weh;
Ich laß' mein Roß mir satteln,
Sag' heute Nacht Ade!" —

Bang kam die Nacht, ein Bahrtuch
Und wie von Thränen feucht,
Es stöhnt der Wind durch's Schloßthor,
Der Mond ist längst verbleicht.

Und drinnen in der Kammer
Da rufen sich Ade
Graf Königsmarck, der Gute,
Prinzessin Dorothee.

Da drinnen stärkt sich Freundschaft
Zur hohen Edelthat,
Und draußen lauert tückisch
Verbiss'ner Rach' Verrath.

Der Graf tritt aus der Thüre,
Tappt trauernd durch den Gang,
Ein meuchelnd' Mördereisen
Sich ihm entgegenschwang.

Der junge Recke zucket
Sein Schwerdt mit hellem Muth;
Hier schwirrt es gegen Viere,
Es haut wie acht so gut.

„Erbarmen!" schreit ein Mörder,
Der Edle giebt Pardon,
Dem Mörder fällt die Maske:
Er ist ein Fürstensohn.

Und wie der Graf in Treuen
Den Kampf zu lassen dünkt,
Durchbohrt man ihn von hinten,
Daß er zu Boden sinkt.

Und als er liegt und röchelt,
Die P.......n stürmt herein,
Die Fackel hoch in Händen:
„Will mich des Todten freun!"

Es stöhnt der Graf: „Ich stehe
Vor Gott und Ewigkeit —
Die Kurprinzeß ist schuldlos, —
Mein Tod, das ist mein Eid." —

„Doch Du verruchte Metze,
Abschaum von Lust und Trug,
Du hast es angerichtet,
Es treffe Dich mein Fluch!"

„Dein blühend' Aug' erblinde
Es faul' Dein lüstern Fleisch
Dir am lebend'gen Leibe!
Es ruf' Dein Nothgekreisch"

„Dir keinen Freund an's Siechbett,
Mitleid verlier' sein Recht!
Das Gift von Deinem Odem
Scheuch' von Dir Magd und Knecht."

„Und, Fürst, Weh' Deinem Hause!
Es sä' Dein' Meuchelmord
Die Zwietracht Euren Busen
Und durch Geschlechter fort."

„Ihr war't zu blind, zu sehen,
Was Unschuld rein gethan:
Seid blind mit Leibesaugen,
Seid blind durch Geisteswahn."

„Wenn ächzt der Leiblichblinde,
Von allem Glück verbannt,
Wenn heult der Sinneswirre:
Verdammt dies Weib der Schandt'!"

Den Fürst ergreift Entsetzen
Ihn reut die blut'ge Stund';
Die P.......n stampft mit Füßen
Dem Sterbenden den Mund.

„„In Deinem gift'gen Fluche
Da lösch' Dein' Odem aus!““ —
Bald hat der Graf verröchelt,
Die Nacht bedeckt das Graus. —

Es heult der Hund noch immer
Ich schau' zum Schloß empor;
Dort ist das blut'ge Fenster
Gehüllt in Blut und Flor.

Heut' tappt an diesem Fenster
Der blinde Fürst vorbei,
Gefoltert vom Gewissen,
Geknickt in tiefer Reu'!

Einst war der Fürst so herrlich,
So reich wie Sonnenlicht, —
Nun blind und gramgebrochen: —
Das ist ein Strafgericht. —

Du suchst umsonst im Schlosse
Das minneüpp'ge Weib;
Ihr Aug' ward nachtbedecket
Es fault der schöne Leib.

Liegt zwischen Tod und Leben,
Und keines tröst' sie nicht:
Verlassen ringt die P.......n: —
Das ist ein Strafgericht. —

Der Zukunft Auge lüget
Was ich noch weiter seh' —
O, lass't, o lass't mich schweigen!
Es packt mich an mit Weh'! —

Ich sehe Königspurpur
Und Glanz und hohe Macht —
Die Zwietracht spinnt die Tage,
Der Irrsinn webt die Nacht. —

Doch Sühne tröstet göttlich,
Wo Herz und Leben schlug —
Sie reicht wohl in die Gräber,
Sie bricht der Todten Fluch.

Dresden, Anno 1698. H. J.

Mit dem Grafen Philipp Christoph, dessen Grab Niemand kennt, erlosch des Feldmarschalls Haus im Mannesstamme; es ward wirklich, was dem Grafen Hans Carl ein Gesicht gezeigt, da er einst gen Berlin ritt; an seines Vetters Siegfried von Königsmarck Nachkommenschaft sind die Wappen, die Ehren und die Titel der Nachkommen des Feldmarschalls gekommen. Das reiche Erbe aber jenes grauenhaft verschwundenen Grafen Philipp Christoph ist in den Händen Hannovers geblieben, die brandenburgischen Vettern vermochten den Tod ihres Verwandten nie darzuthun; das brachte sie um reiches Gut, es hat dem edeln Hause aber sonst nicht an Segen gefehlt bis auf den heutigen Tag.

Brief aus Kopenhagen.*)

In so ernster Zeit, wie die gegenwärtige, wo die schwärzesten Gewitterwolken am politischen Horizonte stehen, welchen alle jene Friedensversicherungen, die aus den Tuilerien herströmen, nichts von ihrem drohenden Charakter nehmen können, ist es wohl erklärlich, daß Ihr Berichterstatter sich wenig aufgelegt fühlt, die Leser in die heitern Regionen der Kunst und die lichten der Wissenschaft zu führen und ihnen von dem zu erzählen, was es Neues dort giebt in unserm nordischen Athen. Und um so weniger lockt mich heute jene Sphäre, in der ich mich sonst in meinen Briefen an Ihr geehrtes Journal deshalb am liebsten bewege, weil ich meist nur Heiteres und — Unverfängliches daraus zu berichten habe; — als ja unser specieller politischer Horizont in den letzten Tagen wieder so viel dunkler geworden ist.

Der Bundesbeschluß vom 8. d. M. in der holsteinischen Angelegenheit ist ein Schritt weiter in dem unglückseligen Streite, ob aber auch einer zum Frieden hin, das mag Gott wissen! — ich muß leider daran zweifeln — und kann darin so wenig, als in der allgemeinen Stimmung in Deutschland gegen uns auch nur den leisesten Schimmer einer künftigen Ausgleichung sehen.

Und doch kann ich die Ueberzeugung nicht aufgeben, daß eine Erledigung der holsteinischen Frage eben so wünschenswerth für Deutschland ist, wie für Dänemark, und geleitet von derselben, treibt es mich, gerade den Lesern der „Revue", die ja doch meistens zu den Altconservativen gehören, und daher auch wohl einen von nationalen Leidenschaften nicht umdüsterten Blick haben, in kurzen Worten es vor die Augen zu führen, wohin Dänemark gerathen muß, wenn Deutschland nicht innehalten will auf dem eingeschlagenen Wege. — Ich will, das mag von vornherein den Lesern zur Beruhigung dienen, keineswegs gegen den sogenannten Schleswig-Holsteinismus oft Gesagtes wiederholen, noch überhaupt auf die staatsrechtliche Seite der Sache mich weiter einlassen, denn darüber ist genug und Besseres geschrieben, als wozu ich im Stande wäre, und darauf kommt es wahrlich auch nicht mehr vorzugsweise an; denn mag man

*) Dieser Brief geht uns von einem durch seine Geburt und Verhältnisse dem Deutschthum nahestehenden vornehmen Mann zu, und wenn wir auch die darin herrschende Auffassung nicht ganz theilen können, so halten wir uns doch für verpflichtet, den Abdruck desselben nicht zu unterlassen.

nun annehmen, daß das Recht auf Seiten der dänischen Regierung oder der klagenden und protestirenden Ständeversammlungen der Herzogthümer ist, so muß, meiner Meinung nach, gerade vom deutschen Standpunkte aus die Dringlichkeit dieser Frage in einem Augenblicke ganz zurücktreten, wo man sich so ernstlich zu einem Kriege gegen den deutschen Erbfeind rüstet, von dem man fast stündlich erwartet, daß er seine Hand nach dem deutschen Rheinstrome ausstrecken werde. — Werfen wir nun einen flüchtigen Blick auf die ganze unglückliche Streitfrage und lassen wir den Rechtspunkt auf sich beruhen. Der deutsche Bund hat die Gesammt-Staats-Verfassung von 1855 für Holstein und Lauenburg nicht anerkennen wollen, sie ist in Folge davon für diese beiden Theile der dänischen Monarchie aufgehoben. Die dänische Regierung, welche verpflichtet ist, demnächst alle Theile wieder unter einer gemeinschaftlichen Verfassung zu vereinen, hat die Stellung Holsteins für die Dauer des Provisoriums möglichst zu sichern gesucht und dem Bunde die Behufs einer neuen Gesammtstaatsverfassung beabsichtigten Schritte mitgetheilt. Dieser hat durch seinen Beschluß vom 8. d. M. das Provisorium für Holstein als nicht genügend erklärt, verlangt für die holsteinische Provinzialständeversammlung während desselben beschließende Befugniß (oder doch Theilnahme an einer solchen) in den Angelegenheiten der Monarchie, und fordert von der dänischen Regierung, daß die Delegirten aus den nicht zum deutschen Bunde gehörenden Landestheilen zu der beabsichtigten Versammlung, welche einen Entwurf zu der demnächstigen Verfassung begutachten soll, nicht vom Reichsrathe, sondern von den Separatrepräsentationen dieser Landestheile gewählt werden sollen. Die dänische Regierung hält die Erfüllung des ersten Verlangens für eine Unmöglichkeit, da, wenn Reichsrath und holsteinische Stände in den Angelegenheiten der Monarchie zu beschließen hätten, die Gesetzgebung auf diesem Punkte ganz still stehen würde; gegen das zweite protestirt sie, da dasselbe nicht innerhalb der Competenz des Bundes liege. So ist der factische Stand der Angelegenheit. Was nun weiter? Will Deutschland die Sache auf die Spitze treiben, so sendet der Bund Executionstruppen nach Holstein und Lauenburg. Wenn dann, was sehr wahrscheinlich, ja kaum zu bezweifeln ist, die dänische Regierung, die auch gegen jedes Executionsverfahren protestirt hat, sich durch dasselbe nicht zur Nachgiebigkeit bewogen findet, hat die Execution in der Sache selbst vorläufig keinen Erfolg. Eine ganz natürliche — sehr traurige — aber eben unvermeidbare Consequenz wird indessen ein solches Verfahren Deutschlands haben, Dänemark wird sich Napoleon in die Arme werfen, wird bei ihm Schutz suchen gegen weitere Angriffe von Deutschland und dafür ihm eine treue Bundesgenossenschaft versprechen. — Wer ruhigen Blickes die Verhältnisse überschaut, wird hierin nicht eine lächerliche Drohung sehen, vielmehr leicht die eiserne Nothwendigkeit eines von seinem natürlichsten Bundesgenossen in seiner Selbständigkeit bedrohten Landes erkennen, und selbst wenn man dieselbe nicht erkennen will, selbst wenn man dagegen einwendet, daß Dänemark es ja in der Hand habe, durch Nachgiebigkeit sich Frieden mit Deutschland zu erkaufen, so mag es dahin gestellt bleiben, inwiefern das ohne unverhältnißmäßige Opfer möglich ist, — es mag selbst dahin gestellt bleiben, welcher Weg für Dänemark der gerathenste wäre, — es wird, wenn Deutschland die Sache auf die Spitze treibt, — das darf man kaum bezweifeln, — den erstern Weg einschlagen.

Ich will diese traurige Aussicht für die Zukunft nicht weiter ausmalen, — — . . nur Eines möchte ich noch hinzufügen: Man hat so oft behauptet, daß Deutschland den Herzogthümern gegenüber eine Ehrenschuld einzulösen habe; möchte Deutschland doch nicht vergessen, daß dies Schuldprotocoll nicht so ganz rein ist, daß ein häßliches Wort darauf geschrieben steht: „Revolution"!

Die Wuchergesetze.

Die liberale Bourgeoisie, die wir bereits so oft in diesen Blättern charakterisirt haben, hat vermöge der allgemeinen Wechselfähigkeit bereits festen Fuß in der ganzen Breite des Volkslebens gefaßt, sowohl in der eleganten Wohnung des Beamten wie in der geringsten Hütte, in dem bescheidensten Winkel des Handwerkers. Nur ein Bruchtheil des Volkes, behauptet sie doch das Volk zu sein, nur ein Bruchtheil der Bourgeoisie, behauptet sie doch im Munde der Capitalisten, daß sie, die Capitalisten, die Bourgeoisie seien. Nun kommt abermals ein Bruchtheil vom Bruchtheil und erklärt sich für noch nicht befriedigt mit der bisherigen Herrschaft des Capitals, nein, sie verlangt noch mehr, sie will auch das Recht noch erlangen, den ganzen Staat, den geringen Bürger, den Handwerker und den Bauern, den sie schon durch die Wechselfähigkeit der persönlichen Freiheit berauben kann, nun vollends dadurch leibeigen machen zu können, daß die Aufhebung eines festen Zinsfußes erfolge. Hatte bisher die Mehrheit der Capitalisten sich ehrfurchtsvoll hinter die Schranken zurückgezogen, welche das Gesetz ihnen vorzeichnete, d. h. hatte sie nicht mehr als fünf, resp. sechs Procent Zinsen gefordert, so tritt nun eine Minderzahl der Capitalisten hervor und verlangt, daß diese gesetzliche Schranke beseitigt werde, daß Jeder, wer Lust habe, sein Capital, ohne mit den Gesetzen des Landes im Widerspruche zu stehen, anwenden könne, wie er wolle, auf so hohe Zinsen ausgeben könne, wie er im Stande sei. Die Bourgeoisie erklärt sich zum großen Theile mit diesem Bruchtheile der Capitalisten einverstanden, und das preußische Ministerium bringt ein Gesetz bei dem Landtage ein, demzufolge es einen landesüblichen Zinsfuß gar nicht mehr geben soll. Das moderne Faustrecht des Capitals soll sich nicht mehr in ungesetzlicher Weise geltend machen, nein, es soll dies in legitimer Weise thun dürfen, vielleicht dermaleinst unter dem Schutze der preußischen Bajonnette.

Das neue, vom Handelsminister v. d. Heydt eingebrachte Gesetz, das den bisherigen festen Zinsfuß aufheben will, ist zwar im Abgeordnetenhause angenommen, wird aber, wahrscheinlich im Anfange der nächsten Woche, noch im Herrenhause zur Berathung kommen und dort ohne Zweifel abgelehnt werden. Wir benutzen deshalb die gegenwärtige Zeit noch, um unsere Leser auf eine kleine, aber eine sehr gewichtige und inhaltsreiche Schrift aufmerksam zu machen, die in der letzten Zeit hier in Berlin über diesen Gegenstand erschienen ist. Dieselbe führt den Titel: »Gegen die Aufhebung der Zinswuchergesetze. Von Peter Fr. Reichensperger, Königl. Ober-Tribunalsrath, Mitglied des Hauses der Abgeordneten. Berlin, Verlag von Guttentag« — und beleuchtet in scharfer, aller Doctrin fern liegender Weise sowohl die bisher, namentlich von dem Handelsminister, für die Aufhebung der Wucher-Gesetze geltend gemachten Gründe, als sie auch in schlagender Weise auf die große Landescalamität hindeutet, die eine solche Aufhebung zur Folge haben würde. Wir theilen wenigstens Einiges aus dieser Schrift für heute mit, empfehlen aber die Lectüre derselben selbst Jedem, der in dieser Angelegenheit zu rathen und zu handeln hat.

Das kleine Werk hebt mit der Beachtung an, daß nur ein kleiner Theil der Bewegungspartei die Aufhebung der Wuchergesetze fordere, und daß die preußische Regierung plötzlich und ohne Vermuthen die Sache dieser kleinen Partei, dieser Capitalisten, welchen der gewöhnliche Zinsfuß nicht mehr genüge, zu der ihrigen gemacht habe und die Zerstörung einer der Grundlagen der ökonomischen, socialen und rechtlichen Zustände des Landes fordere. Denn der Zinsfuß stehe nicht bloß im umgekehrten Verhältnisse zum Preise der Staatspapiere, Actien und Effekten aller Art, sondern bedinge auch den Preis der Ländereien, Bergwerke und aller sonstigen Einnahmequellen. Mit andern Worten, wenn der Zinsfuß von 4 auf 5pCt. steige, so würden Staatspapiere, Actien und Effecten, sowie jede Art des Grundeigenthums, welche dermalen einen Werth von 100,000 Thalern bildeten, nur noch einen Preis von 80,000 Thalern haben. Möge deshalb die beabsichtigte Aufhebung der Zinsbeschränkungsgesetze einen Einfluß auf die Höhe des Zinsfußes üben, welchen sie wolle, immerhin würde sie den tiefgreifendsten Einfluß ausüben auf alle Vermögens- und Productionsverhältnisse des Landes und namentlich zahlreiche Kündigungen und Deplacirungen des Kapitals nebst allen damit verbundenen Kosten, Nachtheilen und Störungen aller Art herbeiführen. Nach dieser Darlegung fährt der Verfasser fort, in kurzen Zügen die bisherige Geschichte der Zinsbeschränkungen darzulegen und das Pro und Contra der verschiedenen Nationalökonomen hervorzuheben. In letzterer Beziehung wird vor Allen die Autorität Adam Smith's geltend gemacht, der verlangt, daß das Maximum, das Jemand an Zinsen nehmen dürfe, gesetzlich bestimmt werde, und daß dieser gesetzmäßige Zinsfuß etwas ü b e r den niedrigsten Marktpreis, d. h. über den Preis ginge, der für den Gebrauch des Geldes von Leuten bezahlt werde, die unzweifelhafte Sicherheit zu geben im Stande seien. In England hätten die Gesetze den Zinsfuß auf 5 pCt. gesetzt; »wenn sie,« heißt es weiter, »ihn auf 8 oder 10 pCt. gesetzt hätten, so würde der größte Theil des zum Ausleihen bestimmten Geldes an V e r s c h w e n d e r und P r o j e c t e n m a c h e r ausgeliehen werden, die allein jene hohen Zinsen würden geben wollen. Vorsichtige Leute, die für den Gebrauch des Geldes nicht mehr geben wollen, als einen Theil von dem, was sie durch den Gebrauch desselben wahrscheinlich gewinnen können, würden es nicht wagen, sich als Mitbewerber von diesen aufzustellen. Ein großer Theil des Landescapitals würde denjenigen Händen entzogen werden, die am wahrscheinlichsten einen für sie und das Land nützlichen Gebrauch davon machen, und würde denen zugewandt werden, die am wahrscheinlichsten es durchbringen und vernichten. Wo aber der gesetzliche Zinsfuß nur um sehr wenig höher ist, als die niedrigsten der Zinsen, die g e w ö h n l i c h gegeben werden, da erhalten beim Geldborgen die soliden und vorsichtigen Unternehmer allgemein den Vorzug vor den verwegenen und verschwenderischen. Der, welcher Geld ausleiht, erhält von dem Ersteren beinahe ebenso viele Zinsen, als er von dem Letztern nehmen darf, und doch ist sein Geld in den Händen des Erstern weit sicherer, als in denen des Letztern. Ein großer Theil des Landescapitals kommt also auf diese Weise wirklich in die Hände, von denen es am wahrscheinlichsten ist, daß sie es nützlich anwenden werden.«

Nachdem Herr Reichensperger noch außerdem hervorgehoben hat, daß nicht allein die materiell-ökonomische Seite der Zinsfrage in Betracht komme, sondern auch die ethisch-politische, giebt er einen Rückblick über die Geschichte der Zinsgesetzgebung. Die Juden durften nur von Fremden Zinsen nehmen, nicht von ihren Glaubensgenossen. Die Römer sahen sich in Folge der Verarmung des Volkes endlich genöthigt, ein Zinsmaximum festzusetzen und die Ueberschreitung desselben in Bezug auf die Bestrafung dem Diebstahle gleich zu erachten; man rüttelte vielfach an dieser Norm, aber trotz alles Rüttelns machte sich doch immer jener Grundsatz der Beschränkung wieder geltend. Mit dem Christenthum machte sich wiederum ein Idealismus geltend, der sich gegen das Nehmen von Zinsen überhaupt richtete, aber auch diesem Idealismus gegenüber machten sich endlich wieder die praktischen Bedürfnisse des Lebens geltend; man normirte ein Maximum des Zinsfußes und bestimmte dieses zu 5 pCt. Am Ende des vorigen Jahrhunderts erscholl der Ruf nach unbedingter Freiheit, unbedingter Concurrenz auf nationalökonomischem Gebiete, und auch das Capital sollte deshalb von allen Schranken befreit werden. Joseph II. hob deshalb im Jahre 1787 die Zinsbeschränkung auf, aber bereits am Ende desselben Jahres stellte sich eine Schamlosigkeit des Capitals heraus, daß man in die größte Verlegenheit gerieth, was thun. Endlich, im Jahre 1808, als die Noth den höchsten Grad erreicht hatte, wurden die Wuchergesetze unter der vollsten Zustimmung der Oekonomisten, welche die Aufhebung hervorgerufen, wiederhergestellt. Einen andern Versuch machte der französische Convent im Jahre 1793; aber bereits im Jahre 1807 wurde das Maximum von 5 bis 6 pCt. wieder aufgehoben, nachdem das Grundeigenthum in seinen Grundvesten erschüttert worden war, nachdem „zum großen Verderb der Sitten Haufen von Menschen, die sich früher den Arbeiten des Ackerbaues, der Künste und den verschiedenen Gewerben gewidmet, sich mit blinder Wuth in den Abgrund der Agiotage gestürzt, sich übertriebenen Speculationen hingegeben und mit Bankerotten geendigt, welche ein öffentliches Unglück geworden seien.“ „Das Eigenthum“, sagt der amtliche Bericht ferner, „ist allerdings ein geheiligtes Recht, allein die Ausübung und der Gebrauch dieses Rechtes ist dem Gesetze unterworfen. Neben dem Grundsatze, daß Jedermann von seiner Sache Gebrauch machen könne, giebt es noch einen andern, eben so wahren, daß es nämlich dem Staate daran gelegen sein muß, darüber zu wachen, daß das Vermögen nicht verschleudert, die Familien nicht zerrüttet werden, und daß das augenblickliche Bedürfniß listige und verschlagene Menschen nicht in den Stand setze, sich des Eigenthums Anderer um einen Spottpreis zu bemächtigen. Vergeblich sagt man, der Zinsfuß dürfe nur von der gegenseitigen Lage des Verleihers und des Anleihers abhängen; des Verleihers, welcher sein Capital anderswo nützlicher und sicherer anlegen könne; des Anleihers, dessen Lage durch den Nutzen, welchen ihm das Anleihen bringt, jedenfalls verbessert werde, selbst wenn er noch höhere Zinsen bezahle. Allein auf einzelne Thatsachen, welche vielleicht gerechtfertigt werden können, kann es hier nicht ankommen. Das Gesetz muß das Allgemeine vor Augen haben und für das allgemeine Interesse Sorge tragen.“

Seit der Zeit sind verschiedene Male die Gegner der Wuchergesetze mit Anträgen auf abermalige Beseitigung derselben in Frankreich hervorgetreten, aber sowohl im Jahre 1836, wie im Jahre 1850 hat sich die Landesvertretung entschieden für Beibehaltung derselben ausgesprochen; dasselbe hat die Regierung Louis Napoleon's im Jahre 1857 gethan. Außer in Oestreich und Frankreich ist noch ein dritter Versuch in unserem Jahrhundert gemacht worden, die Wuchergesetze zu beseitigen, nämlich in Norwegen, aber nach bitteren Erfahrungen und schweren Leiden wieder aufgegeben worden. Hier wurde nämlich im Jahre 1842 auf Andringen der Oekonomisten vom Storthing eine theilweise Aufhebung der Zinsbeschränkung beschlossen; aber im tiefen Frieden und unter ganz normalen Zuständen stieg der Zinsfuß bis auf 40, ja auf 50 pCt., bis endlich im Jahre 1851 die Landesvertretung sich genöthigt sah, die Wuchergesetze wiederherzustellen. Endlich wurden Versuche mit der Aufhebung in England gemacht, aber in der allervorsichtigsten Weise, nach allen möglichen Vorbereitungen, im graden Gegensatze zu dem Verfahren des preußischen Handelsministers. Schon im Jahre 1818 wurden Anträge auf Aufhebung der Wuchergesetze gestellt, von dem Parlamente die umfassendsten Versuche angestellt, und endlich im Jahre 1833 erst festgestellt, daß nur Wechsel, und zwar nur solche, welche nicht länger als auf drei Monate lauten, fernerhin nicht den Bestimmungen der Wuchergesetze mehr unterliegen sollten. Dennoch war der erste Stoß dieser Maßregel ein heftiger, so daß erst im Jahre 1837, nachdem die Wunde verschmerzt, Personen und Verhältnisse sich dem neuen Systeme accommodirt hatten, ein Schritt weiter gethan werden konnte, indem man das vorbezeichnete Gesetz auf Wechsel mit einer Verfallzeit von einem Jahre ausdehnte, aber auch das nur unter der Bedingung, daß die Wechsel auf keinen geringeren Betrag als 10 Pfd. St. lauteten, also nicht dem kleinen Verkehr angehörten. Noch im Jahre 1845, also 12 Jahre später, sprachen sich Robert Peel und Baring, beide entschiedene Gegner der Zinswuchergesetze, auf's Bestimmteste gegen jede sofortige Aufhebung der Zinsbeschränkungsgesetze aus, während andere Redner aus eigner Erfahrung die Folgen der so vorsichtig eingeleiteten Aufhebung darlegten. Erst im Jahre 1854 wurde der gewagte Schritt der gänzlichen Aufhebung gethan, nachdem man seit 21 Jahren sich darauf vorbereitet hatte, obwohl, wie Herr Reichensperger darlegt, grade in England die möglichst geringe Gefahr mit jener Maßregel verbunden war, indem einestheils durch die Ueberfülle des Kapitals und die Masse der circulirenden Banknoten eine Monopolisirung des Zinsfußes dort kaum zu befürchten war, anderntheils das Grundeigenthum selber sich überwiegend im Besitze fester Hände befindet und mit Kapitalkündigungen kaum bedroht war, — Alles Umstände, welche den ausschließlicher Herrschaft der Kapitalmacht kräftig entgegenwirken, deren Gegentheil aber in unserem Vaterlande unbestrittenermaßen die Regel bildet. Und dennoch hat sich, trotz aller dieser günstigen Verhältnisse, auch bereits in England die Kehrseite dieser neuen Freiheit gezeigt, und man hat mit dem Kapitale Anderer um fabelhafte Einsätze gespielt, auf die Aussicht allgemeiner Bereicherung oder allgemeinen Ruins hin.

Mit Recht weist der Verfasser darauf hin, daß dies nicht maßgebend sein könne, was seit 1857 in Sardinien und andern kleinen Staaten geschehen sei, da der Geldverkehr in diesen kleinen Staaten sich mit innerer Nothwendigkeit nach dem Geldverkehre in den größeren Staaten richte; er weist endlich zum Schluß des geschichtlichen Ueberblickes noch darauf hin, daß die Landesvertretung in Braunschweig im Jahre 1858 einstimmig einen auf Aufhebung der Wuchergesetze zielenden Antrag verworfen habe. Sodann wendet sich Herr Reichensperger gegen die für Aufhebung der Zinsbeschränkungen geltend gemachten rationellen Gründe, namentlich gegen die ganz vagen, allgemeinen, doctrinären und abstracten Motive, die der preußische Handelsminister für seine Vorlage vorbringt. Die Beweisführung ist überall im höchsten Maaße correct und schlagend und führt stets zu dem Schlusse, daß die neue Freiheit bei uns zwar zur Ausdehnung des Credits, aber Hand in Hand damit gehend, zur Unsolidität desselben führen müsse, indem die Kapitalien, wahrhaftig auch jetzt nicht in der Erde vergraben, nicht mehr gezügelt durch die Gesetze, sich nach ganz anderen Richtungen hin, wie bis jetzt, wenden würden, um schließlich die Menschen und sich selbst zu Grunde zu richten. Denn der Grundbesitz sei völlig außer Stande, mehr Zinsen aufzubringen, denn das Kapital ihm eintrage; die Capitalien würden deshalb in die Hände einer waghalsigen Speculation fließen, und der Gewinnende würde sich für die getragene Angst des Mißlingens und des Unterganges durch Glanz, Luxus und Genuß entschädigen und einen Theil des Gewinnes unproductiv verzehren. Also Ruin des Landes zu Nutz und Frommen industrieller Speculanten! Entziehung des Capitals von Grund und Boden, wo es productiv für das ganze Land wirkt, um zur Bereicherung von wenigen Speculanten in unproductiver, das wahre Landeswohl untergrabender Weise verwandt zu werden! Endlich eine Steigerung der Uebermacht des Kapitals über die Arbeit, wie bisher unerhört gewesen ist!

Zum Schluß fordert der Verfasser, wenn man je an eine Beseitigung der Wuchergesetze denken wolle, zur Beseitigung von Mißständen auf, die eine vollständige Freigebung des Zinsfußes bis jetzt noch unmöglich machten. In erster Linie stehen ihm hier eine Reform des Hypothekenwesens, eine Beseitigung der Bevormundung in den östlichen und in der zügellosen Freiheit in den westlichen Provinzen. Ferner Maßregeln, positive Maßregeln durch Errichtung von Instituten, um dem Privat-Capital Concurrenz bilden zu können und den soliden Besitz vor dem Untergange in einer großen Landes-Calamität zu schirmen. Endlich wendet er sich dann noch einmal gegen alle die vagen Behauptungen der Regierungsvorlage, daß z. B. der Zinsfuß trotz der Aufhebung der Beschränkung dennoch nicht so gewaltig steigen werde, daß die Wuchergesetze trotz ihres Bestehens dennoch überschritten würden, daß wahrer Wucher nach wie vor verächtlich bleiben werde u. dergl. m. Es handelt, so schließt der Verfasser endlich, sich nicht darum, ein Gesetz zu machen, sondern um ein Gesetz für ein bestimmtes Volk, und nach dieser Seite verwirft er die Regierungsvorlagen als eine mit allen preußischen Verhältnissen in schroffem Widerspruche stehende, ohne alle Noth, ohne jeden Anlaß jetzt vorgebrachte, nur geeignet, das Land zu Gunsten weniger Industriellen an den Rand des Abgrundes zu führen.

Wir schließen hiermit auch unser Referat über die kleine Schrift des Herrn Reichensperger und wünschen, daß dieselbe viel Leser und aufrichtige Beherzigung finden möge.

Der Fürst von Ligne.

— Oeuvres du Prince de Ligne précédées d'une Introduction par A. Lacroix. —

In Brüssel ist eine neue Ausgabe der Werke eines der geistreichsten Männer, den Oestreich, Frankreich und Belgien sich gegenseitig streitig machen, erschienen, nämlich die des Fürsten Carl Joseph von Ligne; welcher 1735 zu Brüssel geboren ward. Dieser bedeutende Mann erreichte das hohe Alter von 80 Jahren. Er war auf dem Schlachtfelde ebenso heimisch, wie an den Höfen Europa's, die ihn sämmtlich mit Auszeichnung empfingen. Marie Therese, Catharina II., Marie Antoinette waren seine besonderen Gönnerinnen.

Der Fürst von Ligne überlebte fast alle seine berühmten Zeitgenossen, und so glänzend seine Jugend gewesen, so trübe und verlassen gestaltete sich sein Alter. Seine literarischen Beschäftigungen waren zuletzt sein Trost. Er fing an, seine zahlreichen Schriften zu ordnen, und in dem Zeitraume von vierzehn Jahren (von 1795—1809) gab er in zweiunddreißig Bänden seine Werke heraus unter dem Titel: „Mélanges littéraires, militaires, sentimentaires.“

Das Erscheinen seiner Werke machte den Kaiser von Oestreich erst wieder auf ihn aufmerksam, und dem Fürsten wurde die Feld-Marschallswürde verliehen.

Als 1814 der Congreß zu Wien eröffnet wurde, besuchten alle Souveraine Europa's den greisen Fürsten von Ligne. Die vielen Feste und Bälle, welche sich damals jagten, veranlaßten den Fürsten zu dem bekannten, reizenden Bonmot: »Der Congreß schreitet nicht vorwärts, er tanzt.«

Er starb in demselben Jahre und hinterließ noch mehrere Bände gesammelter Schriften, die bald nach seinem Tode erschienen. In den Jahren 1845 und 1846 publizirte die „revue nouvelle“ zu Paris Fragmente der Memoiren des Fürsten von Ligne.

Es war hohe Zeit, daß Belgien sich endlich wieder eines Sohnes erinnerte, der seinem Vaterlande so viel Ehre gemacht hatte.

Albert Lacroix, bereits vortheilhaft bekannt durch seine Geschichte des Einflusses Shakspeare's auf das Theater und die Herausgabe der Werke Philipp's von Marnix, hat es unternommen, die Werke des Fürsten von Ligne von Neuem herauszugeben. Er hat das Beste ausgewählt und in vier starke Bände gebracht, außerdem noch eine interessante Vorrede dazu geschrieben, in welcher er nur den einzigen Fehler macht, zwischen Marnix von St. Aldegonde und dem Fürsten von Ligne eine Parallele zu ziehen. Es giebt aber zwischen diesen beiden berühmten Männern nur zwei Aehnlichkeiten: Beide sind Belgier und Beider Werke sind von Lacroix herausgegeben. Sonst sind sie gar nicht zu vergleichen, und bei der genannten Parallele fällt uns unwillkürlich folgende Geschichte ein: Man las einst in einer französischen Provinzzeitung: »Gestern hat ein Commis, Namens Dürand, in der Straße Lavoir Nr. 13 im Hause des Porzellanhändlers in einem Anfalle von Eifersucht seine Frau mittelst mehrerer Messerstiche getödtet.«

Tags darauf brachte eine andere Zeitung folgende Berichtigung: »Hinsichtlich der Mordgeschichte von gestern, ist unser Herr College in den Details nicht ganz recht berichtet worden. Der Mörder war nicht Commis, sondern Militair, wohnte auch nicht Straße Lavoir Nr. 13 beim Porzellanhändler, sondern Esplanade Nr. 74 beim Schneider. Der Unglückliche hat nicht seine Frau umgebracht, sondern sich selbst, auch nicht mittelst mehrerer Messerstiche, sondern mittelst eines Pistolenschusses. Endlich war er nicht eifersüchtig, sondern betrunken, und hieß er nicht Dürand, sondern Broquet.«

Indessen trotz der verfehlten Parallele Philipp's von Marnix und des Fürsten von Ligne ist die biographische Vorrede, wie schon gesagt, sehr interessant und verdient die größeste Anerkennung.

Schon vor ungefähr zwei oder drei Jahren hatte ein anderer belgischer Schriftsteller, Peeterman's, ein Buch über den Fürsteu von Ligne geschrieben, welches im Ganzen eine wohlgelungene Arbeit zu nennen war. Als Quellen hatte Petermans Reiffenberg's und Charles Hay's Werke, sowie auch die einiger französischen Critiker benutzt und das Resultat seiner eigenen Forschungen hinzugefügt.

Beide Biographen, sowohl Lacroix, wie auch Petermans, würdigen den Fürsten von Ligne, welcher ebensoviel blendende Vorzüge, als auch Fehler besaß, ganz nach Verdienst. Sein Stil ist leicht und fließend, zuweilen glänzend, zuweilen auch manierirt. Manchmal erscheint er uns als Philosoph, dann wieder als das Gegentheil. Im Grunde ist er Sceptiker und Epicuräer. Auf Momente streift er auch wohl an Empfindelei, doch nur stellenweise. Es könnte sein, daß diese Passagen in seinen Schriften von Frau von Staël herrühren.

Die Werke des Fürsten von Ligne könnte man eine geschriebene Conversation nennen, und wenn das einerseits ein Lob ist, so ist das andererseits auch ein Tadel. Der Conversationsstil hat für sich den Vorzug der Leichtigkeit, der Natürlichkeit und Grazie, dafür geht ihm aber die Tiefe ab, und er artet bisweilen in Flachheit und Oberflächlichkeit aus.

Es giebt Mancherlei, was sich recht hübsch sagen läßt, ohne daß es der Mühe lohnte, es aufzuschreiben, und nicht jedes Verschen, nicht jede poetische Spielerei, welche man Abends im Kreise seiner Familie und Freunde macht, ist wichtig genug, um in die Oeffentlichkeit zu kommen.

Was aber wirklich zu bewundern ist, das ist die Vielseitigkeit in den Werken des Fürsten von Ligne. Dieser merkwürdige Mann hat viel erfahren und gesehen und weiß über Alles zu sprechen. Er ist Hofmann, Diplomat, Soldat, Critiker, Künstler und Kunstkenner. Er ist überall zu Hause. Besonders interessant sind „Fragmente über Casanova“ und „Anmerkungen zu Laharpe's Werken.“ Auch sein Werk: „Moi pendant le jour, moi pendant la nuit,“ welches die Erzählung seiner Träume und Phantasien enthält, ist ein höchst wunderbares Buch. Diese persönlichen Phantasien abgerechnet, sind seine Werke ein treuer Spiegel der Gesellschaft und Sitten seiner Zeit.

Schließlich sind wir Herrn Lacroix für die neue Ausgabe dieser Werke zu großem Danke verpflichtet. Sie wird Vielen recht angenehme Stunden bereiten und mehr als Einen veranlassen, auch Peetermans ebenso ausgezeichnete als gewissenhafte Biographie noch einmal zur Hand zu nehmen.

Sir William Napier.

Von den vier Brüdern des Namens Napier, Söhnen des Herrn George Napier und der Lady Sarah March, welche väterlicher Seits von dem Herzog von Richmond, einem Sohne Karl's II. abstammt, ist der berühmteste Charles, der Held von Scinde. William, der diesem seinem Bruder kürzlich im Tode nachgefolgt ist, hat jedoch seinen Namen kaum weniger populär gemacht. Seine Jugend fiel in die Zeit, als England eine französische Invasion fürchtete, und er trat mit vierzehn Jahren in das 43. Regiment, welches mit dem berühmten 52. und andern unter Moore die bekannte »leichte Division« bildete. Diese hatte grade die Bestimmung eine Landung zu hindern, und Moore's Instruktionslager erhielt oft den Besuch Pitt's mit seinem Regimente Freiwilliger aus der Grafschaft Kent. Moore pflegte dann zu sagen, wenn der Feind hier eine Landung wagen würde, sollte Pitt mit seinen Kent'schen Tapfern einen Hügel an der Küste besetzen und zusehen, wie er mit seiner Division die Eindringlinge von dem tieferen Grund wegfegen würde.

William Napier folgte dann seiner Division in den Halbinselkrieg. Ein französischer König hat von Spanien gesagt, es sei ein Land, in welchem eine kleine Armee bald geschlagen und eine große bald ausgehungert sei. So haben denn auch die Engländer dort hart fechten und hungern müssen, — aber auch Ruhm haben sie gewonnen, und von diesem fiel ein glänzender Antheil auf die „light bobs“, die leichte Division. Das 43., 52. und 95. Regiment zeichneten sich in allen Schlachten aus, verloren nie den Muth und waren immer wieder bereit, eine erlittene Schlappe wieder gut zu machen. Wie sie nun so glücklich waren, den Krieg zu einem ruhmvollen Ende führen zu helfen, so hatten sie auch das Glück, in ihrer eigenen Mitte einen würdigen Geschichtschreiber ihrer Thaten zu finden, nämlich eben unseren William Napier, der die Feder so gut wie das Schwert zu führen wußte. Für sein 43stes besaß er zwar eine besondere Parteilichkeit, doch vergaß er auch nie der Zweiundfünziger als der Helden unter den Helden Erwähnung zu thun.

Andere Geschichtschreiber des Halbinsel-Krieges hat er vielfach corrigirt, besonders Walter Scott, unter dessen Feder jeder Stoff sich zu einem historischen Roman gestaltete. Auf der anderen Seite befindet jedoch auch er sich nicht immer in Uebereinstimmung mit den Thatsachen. Das folgende Beispiel eines solchen Falles zeigt jedoch wenigstens, daß der Nationalstolz seine Darstellung nicht beeinflußte. Nach der entscheidenden Schlacht von Vittoria erließ Wellington in momentaner Aufwallung einen Tagesbefehl, in welchem er seine siegreichen Soldaten als eine desorganisirte Bande von Plünderern, unfähig und unbereit ihren Sieg auszunutzen und als die Schande ihrer eigenen Oberen anredete. Sir William spricht denselben Tadel in anderen Worten aus. Nach der Erzählung des Augenzeugen Larpent reducirt sich indessen die Plünderung dahin, daß nach der Schlacht ein Haufe gemeinen Volkes, untermischt mit wenigen englischen Soldaten, über die im Stiche gelassenen Wagen des Königs Joseph und seiner Suite herfiel, und was die Unfertigkeit der Armee betrifft, ihren Sieg zu verfolgen, so erzählt Capitän Moorsom, welcher in seiner Geschichte des 52sten Regiments sämmtliche Bewegungen desselben fast von Stunde zu Stunde mit minutiöser Genauigkeit angibt, daß sein Regiment mit der ganzen leichten Division »innerhalb 13 Stunden, nachdem sie bivouakirt hatten,« in der Nacht nach dem Kampfe zu Allem fertig und bereit standen.

Nach Beendigung des Krieges diente Sir William in seinem Regimente fort, dessen Oberstlieutenant er zur Zeit seines Todes war. Volle sechszehn Jahre verwendete er auf die Abfassung seines Werkes. In seinem männlichen Sinn für Ehre konnte er nicht umhin, auch der Tapferkeit und Geschicklichkeit seiner Gegner ein mehr als volles Maß von Gerechtigkeit wiederfahren zu lassen, und die Schriftsteller der »anderen Seite« dürften hierin ein der Nachahmung würdiges Beispiel finden. So starb er in seinem 74sten Lebensjahre als ehrenhafter Schriftsteller und braver Soldat, in jeder Weise eines guten Namens sicher.

Die beiden noch lebenden Brüder sind George, dessen Name ebenfalls in den Annalen der indischen Kriegführung eine Stelle findet, und Henry, welcher den Seedienst verlassen hat, um sich der florentinischen Geschichtschreibung zuzuwenden. (Athenäum.)

Correspondenzen.

Aus der Hauptstadt.

23. März 1860.

In dem Befinden Sr. Majestät des Königs, unseres Allergnädigsten Herrn, ist allerdings keine Besserung eingetreten, doch soll der Zustand Allerhöchstdesselben leichter und besser sein, als seit langer Zeit.

Der Geburtstag Sr. Königlichen Hoheit des Prinzen von Preußen ist am Donnerstag in patriotischer und loyaler Weise festlich begangen worden, wenn auch, wie im vorigen Jahre, mit Rücksicht auf den Zustand, in welchem sich Se. Majestät der König befinden, alle rauschenden, lauten Festlichkeiten vermieden wurden. Interessant war das Diner, welches der Minister der auswärtigen Angelegenheiten Frhr. v. Schleinitz dem diplomatischen Corps und den Räthen seines Ministeriums gab. Unter den früheren Regierungen wurde das diplomatische Corps am Geburtstage des Souverains stets zur Königl. Tafel gezogen, das hat Friedrich Wilhelm IV. abgeschafft, und statt dessen giebt der Minister des Auswärtigen ein Galla-Diner, bei welchem alle Gesandten in großer Uniform erscheinen und der Doyen des diplomatischen Corps die

schen Corps, der würdige Kammerherr Alexander Jakob Carl Baron Schimmelpenninck van der Oye, Vertreter des Königs der Niederlande, durch Unwohlsein behindert, zu erscheinen, statt seiner brachte der Königl. Hannoversche Gesandte, Kammerherr Graf zu Inn- und Knyphausen, den Ehren-Toast aus. Es versteht sich von selbst, daß alle Gäste in großer Uniform und in Ordensschmuck erschienen waren, am prächtigsten nahm sich der Kaiserl. Oestreichische Gesandte, Geheimer Rath Graf Cárolyi von Nagy-Cárolyi in der ungarischen Magnatentracht aus. Eine freudige Ueberraschung war es für Viele, den Geh. Rath von Bismarck-Schönhausen an der Tafel erscheinen zu sehen. Es war das erste Mal, daß dieser Diplomat nach seiner Genesung wieder in Gesellschaft erschien, es geht sehr gut mit der Gesundheit des Herrn von Bismarck, was wir für seine zahlreichen Freunde hier besonders bemerken; derselbe wird sich von hier zunächst auf seinen Landsitz nach Schönhausen begeben und erst seinen Posten in St. Petersburg wieder antreten, wenn es auch in Rußland Frühling geworden ist. Das Diner selbst war würdig des hohen Rufes, den die Diners des Freiherrn von Schleinitz bei allen Leuten von gebildetem Geschmack seit längerer Zeit mit Recht genießen.

Das Wetterglas hat sich durch seine entschiedene Anstrengung zum Steigen höchst verdient um Berlin gemacht, nicht nur durch die anmuthige Gabe Sonnenschein, die wir dabei erhielten, sondern auch durch den Schreck, den schön Wetter unserer winterlichen Tyrannenschaar, die uns durch allerlei musikalische Instrumente wochenlang marterte, einzuflößen pflegt. Sah man in der letzten Woche finstre Gesichter, die sich zuweilen bis zum Drohenden verstiegen, so konnte man mit Sicherheit darauf rechnen, daß dieselben das Glück hatten, verstimmten Virtuosen, oder noch verstimmteren Landtags-Abgeordneten von der liberalen Partei anzugehören. Die armen Leute vom Dönhoffsplatz sind merkwürdig verdrießlich über die Minister, man kann sie wirklich nicht mehr ansehen, ohne das tiefste Mitleid mit der Gutmüthigkeit und dem Mangel an politischer Einsicht dieser armen Schächer des Liberalismus zu empfinden. Haben sich die guten Leute wirklich eingebildet, das Königliche Preußen lasse sich nach ihrer liberalen Schablone regieren? Haben sie wirklich die närrischen Gedanken bei sich genährt, daß Männer wie Graf Schwerin, der einen der schönsten Namen Preußens trägt, wie der Baron von Patow, der nicht umsonst zur altadeligen Ganerbschaft des Hauses Alten-Limburg gehört, wie der Freiherr von Schleinitz, der in Stahl seinen Lehrer verehrt, ja, selbst wie Herr von Auerswald, der mit den Dohna's verschwägert ist, daß die auf den Finkenschlag allein noch hören würden, oder sich niedersetzen zu den Füßen Uhlich's, dieses armen Mannes, dem wir von Herzen bessere Einsicht wünschen! Und wenn selbst die Schwerine und Patows und Schleinitze, selbst wenn sie wollten, wie die liberale Niederhaus-Majorität mit so anmuthigem Trotz fordert, würden sie es denn können? Stände hinter ihnen denn nicht der Regent, ein Königlicher Prinz von

Preußen, Einer vom Stamm all der Churfürsten und Könige, die Preußen gemacht haben?

Aus Riga.

Ende Februar.

— Die deutsch-russischen Ostseeprovinzen und ihre literarische Stellung. — Die baltische Monatsschrift. —

Die gewaltigen Aufregungen der großen europäischen Politik, welche die Zeit des Jahreswechsels bezeichneten, ließen kaum hoffen, daß das Ausland noch Zeit und Lust zu einem Blick auf die immerhin mehr lokalen Interessen der deutsch-russischen Ostsee-Provinzen übrig behalte. Aber auch bei uns beginnt, trotzdem wir die Eisenbahnen erst bauen, die Zeit so rasch zu laufen, daß man ihr mit literarischen Notizen leicht nachhinkt. Erst seit dem October vorigen Jahres besteht die »Baltische Monatsschrift« von Bötticher und Faltin, erst vier Hefte derselben sind erschienen, und dennoch ist dieselbe bereits zu einer Verbreitung und Bedeutsamkeit gelangt, deren sich keine der früheren periodischen Unternehmungen in den langen Jahren ihres Vegetirens zu rühmen vermochte. Das Geheimniß eines so raschen äußeren und intensiven Erfolges liegt, abgesehen von dem lebhaften Bedürfnisse nach einem wirklich baltischen Organe von höherem publicistischen Charakter, in der vollkommen richtigen Fassung ihrer Aufgabe. Diese wendet sich vornehmlich nach drei Seiten und bedingt sich in der Grenzstellung der Ostseeprovinzen zwischen der abendländischen und russischen Cultur. Vermittlung der außer-russischen, speziell deutschen geistigen Bewegungen mit den neuerwachten russischen Entwicklungen und Application beider auf den früher allzu selbstgefälligen Stillstand in unseren ererbten Lokalverhältnissen ist die erste Richtung der Aufgabe. Die andere Fortentwicklung unserer socialen und materiellen Zustände auf den practisch gegebenen Grundlagen hat eben so die Utopienjägerei der theoretischen Reformer zu vermeiden, als die unberechtigten Einreden der süßen Gewohnheit zu beseitigen. Die dritte endlich erscheint rein lokaler, d. h. baltischer Natur und hat einen großen Theil unseres Publikums selber in der That erst über eine Menge, wenn auch schon seit Jahrhunderten oder doch seit der Einverleibung in das russische Reich bestehender Einrichtungen aufzuklären, während damit zugleich das stammverwandte Ausland, wie die staatsleitenden Kreise wohl manchen Einblick erhalten, der ihnen bisher völlig entging. Bei solcher Vielfältigkeit der Aufgaben doch immer von den momentan »brennenden Fragen« auszugehen und vom Lokalen die Anwendung auf das Ganze oder umgekehrt zu machen, ist ein bisher bewährtes Talent der Redaction, welchem die »Baltische Monatsschrift« ihre überraschenden Erfolge hinsichtlich ihrer Verbreitung und Geltung sicherlich vorzugsweise verdankt.

Das dritte Heft des Jahres 1859 führt zunächst die überaus interessanten Auszüge aus der »Geschichte des russischen Schisma« des Bischofs Markarius zu Ende. Da hierin vorzüglich die neuere Geschichte der bekanntermaßen noch immer äußerst zahlreichen „Raskólniki" dargelegt und „die Kirche und der Staat gegenüber der Raskól" in einem besonderen Abschnitte behandelt wird, so bedarf es nur dieser Andeutung, um das lebhafte Interesse zu begreifen, welches davon in Anspruch genommen wird. Eine längere Abhandlung „über Mädchenerziehung" von Hoheisel, obgleich sie vorzugsweise die falsche Richtung der weiblichen Erziehung in den Ostseeprovinzen in's

Auge faßt, enthält so viel des Trefflichen und allgemein Zutreffenden über die weder wirklich weibliche, noch den Lebensverhältnissen entsprechende Bildungsrichtung, namentlich in den Bürgerklassen, die dadurch entstehende Entfremdung innerhalb der Familie, die vermehrte Ehelosigkeit u. s. w., daß das Meiste davon sicherlich auch außerhalb unserer Landeskirche seine volle Anwendung findet. Pastor Brasche behandelt dann in seinem Beitrage „zur Geschichte unseres Volkes in Kurland" allerdings ganz lokale Fragen über die Bauernverhältnisse, deren allgemeines Interesse jedoch darin liegt, am Beispiele der seit 1833 völlig freien Letten darzuthun, wie sehr sich Jene täuschen dürften, welche meinen, mit der Emancipation des Leibeigenen werde der russische Bauer sofort auf den Standpunkt des west-europäischen Landvolks gelangen. Genügende Volksschulen, wirkliche Volksschulen, kein planloses Experimentiren mit Volksaufklärerei — das ist die That, welche nicht blos bei uns und in ganz Rußland, sondern wohl auch in einem großen Theile Deutschlands eine wahrhaft organische Gestaltung der materiellen, socialen, politischen Zukunft zu verbürgen hat.

Indem das 3. Heft der »Baltischen Monatsschrift« mit einer Erörterung der »Geld- und Bankfrage in Finnland« abschließt, faßt es die russische Finanzfrage, welche schon früher (2. Heft die Russische Staatsschuld) eine sehr instruktive Behandlung fand, in ihrer speziellen Wirkung auf die finnischen Landesverhältnisse in's Auge. Auch das 4. Heft (das erste des neuen Jahres) kommt an der Hand vortrefflicher Korrespondenzen des »Nord« auf die »Geld- und Handelskrisis in Rußland« zurück, welche natürlich gegenwärtig fast alle anderen Reforminteressen absorbirt und um so tiefer in die intimsten Beziehungen jeglicher Lebensbewegung eingreift, als neuestens sogar an den betreffenden Staatskassen die Einlösbarkeit der Reichskreditbillete gegen Baar fast unübersteiglichen Hindernissen begegnet. Diesem drückenden Zustande der Gegenwart, dessen Lösung vorläufig geradezu nicht abzusehen und dessen Vorhandensein der ganzen Tendenz der neuen Entwicklung des Verkehrslebens, welche nach einer engeren Verflechtung mit Europa strebt, so unsäglich hemmend entgegentritt, wird gewöhnlich die große asiatische Zukunft als verheißungsvolle Entschädigung parallelisirt. Unter solchen Verhältnissen erscheinen G. Gerstfeldt's »Erörterungen über die Ent-

größeren Theil des eben genannten Heftes erfüllen, von um so höherer Bedeutung, als der Verfasser über zwei Jahre in Ostsibirien und am Amur zubrachte und als

sich mit den Verhältnissen dieser Landstriche vertraut zu machen. Um so mehr ist anzuerkennen, wie die höchst gründliche und klare Darstellung dennoch zu dem Ergebniß gelangt, vor überschwänglichen Hoffnungen zu warnen und namenlich darauf hinzuwei-

tende Einbuße nicht ersparen wird. — Jegor v. Sievers, namentlich als Dichter auch in Deutschland bekannt, giebt in demselben Heft noch ganz interessante Erinnerungen an »Alexander v. Humboldt«, während die Besprechung einer »Denkschrift über die Mitauer Prästanden« sich speziell auf die städtischen Verhältnisse unserer Provinzen bezieht.

Militärische Revue.

Sonntag, den 25. März 1860.

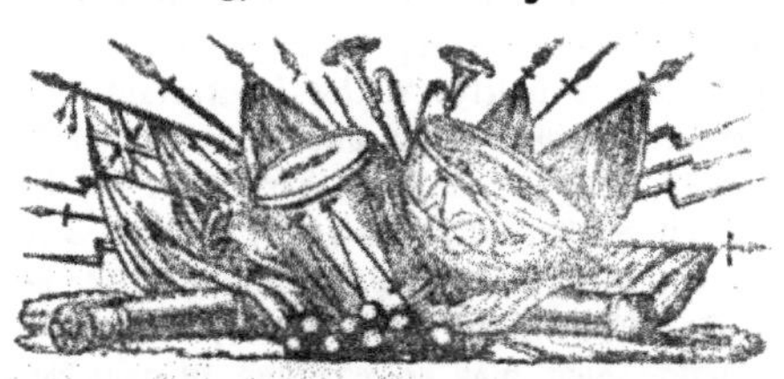

Avis. Beiträge 2c. für die militärische Revue werden unter der Adresse der Expedition, Kronenstraße Nr. 21, erbeten.

Geschichtskalender.

25. März 1793.	Vorpostengef. b. Gültzen: Die Franzosen durch preußische Husaren geschlagen.
26. März 1759.	Gefecht bei Saalfeld: Gen.=Maj. v. Knoblauch schlägt die Oestreicher.
27. März 1814.	Gefecht von Trilport: Gen.=Maj. v. Horn erzwingt den Uebergang über die Marne.
28. März 1814.	Gefecht v. Ville=parisis: Die Preußen unter General von Zieten schlagen die Franzosen.
29. März 1814.	Gefecht von Claye: Die preußische Avantgarde verjagt die Franzosen.
30. März 1814.	Schlacht von Paris.
31. März 1758.	Eröffnung der Belagerung von Schweidnitz durch die preußische Armee.

Inhalt:

Die Schlacht von Solferino und die früheren Kämpfe auf demselben Boden.

(Nach dem „Spectateur militaire".)

I.

Gemäß dem Befehl zum Marsch gegen den Mincio sollte das Kaiserliche Hauptquartier nebst der Garde von Montechiaro auf Castiglione gehen, das 1. Corps von Esenta auf Solferino, das 2. Corps von Castiglione auf Cavriana, das 3. Corps von Mezzane auf Medole und endlich das 4. Corps, verstärkt durch die beiden Cavallerie-Divisionen Partouneaux und Desvaux, von Carpenedolo auf Guidizzolo. Der König von Sardinien hatte den Auftrag, Pozzolengo zu besetzen, dergestalt, daß die Marschälle Niel und Canrobert den rechten Flügel der Schlachtlinie bildeten, die Marschälle Baraguey-d'Hilliers und Mac-Mahon das Centrum und der König von Sardinien den linken Flügel. Die Kaiserliche Garde bildete die Reserve.

„Bei den ersten Kanonenschüssen eilte der Kaiser", sagt das Tages-Bulletin,

„zu dem Marschall Duc de Magenta, welcher auf der rechten Seite des Schlachtfeldes stand und sich rechtwinkelig auf die Straße von Castiglione nach Goito entwickelt hatte. Da der General Niel noch nicht erschien, ließ Se. Majestät den Marsch der Cavallerie von der kaiserlichen Garde beschleunigen und stellte sie als Reserve unter das Commando des Duc de Magenta, um in der Ebene zur Rechten des 2. Corps zu wirken. Zu gleicher Zeit schickte der Kaiser dem Marschall Canrobert den Befehl, den General Niel so viel als möglich zu unterstützen, indem er ihm rieth, sich auf dem rechten Flügel gegen ein östreichisches Corps zu schützen, welches nach den Nachrichten, die dem Kaiser darüber zugekommen waren, von Mantua auf Azola ging.“

„Nachdem diese Anordnungen getroffen waren, begab sich der Kaiser auf die Höhen im Centrum der Schlachtlinie, wo der Marschall Baraguey-d'Hilliers, zu entfernt von der sardinischen Armee, um sich mit derselben zu vereinigen, in einem der schwierigsten Terrains gegen unaufhörlich sich erneuernde Truppen zu kämpfen hatte.“

„Dieser Marschall war auf das 5. östreichische Corps unter Graf Stadion gestoßen und diese Macht, die sich theilweise auf den Höhen von Solferino, in einem alten Schloß und einem großen Kirchhof, beide von dicken und crenelirten Mauern umgeben, zu verschanzen gewußt hatte, schickte sich an, unserer Attacke einen furchtbaren Widerstand zu leisten. Die Divisionen Forey und Bazaine vom 1. Corps marschirten auf den rechten Flügel des Schlachtfeldes; auf dem linken Flügel verfolgte die Division Ladmirault die Straße auf den Bergen. Trotz der Ermüdung eines langen Marsches und der Hitze eines tropischen Morgens kam man zum Handgemenge mit einer schrecklichen Erbitterung auf beiden Seiten, denn man begriff, daß man im Besitz der dominirenden Höhen von Solferino, sich um den Schlüssel der Position und die Entscheidung des Tages stritt. Die französischen Divisionen rivalisirten an Tollkühnheit. Die Division Forey besetzte nach einander unter einem mörderischen Feuer das Dorf von Grole und den Berg Fenela, welcher Solferino vorliegt, und jagte die feindlichen Truppen, deren Zahl unaufhörlich wuchs, von einem Kamm zum andern. Bald stieg der Thurm von Solferino und der mit einem Cypressenwald bedeckte Hügel vor ihnen auf, deren Einnahme diesen heldenmüthigen Anstrengungen ein Ziel setzen sollte. Die Brigade Alton geht mit 4 Geschützen von der Reserve des 1. Corps vor, aber sie wird von einem solchen Hagel von Kartätschen und Flintenkugeln empfangen, daß sie in ihrer Bewegung einhalten muß. Da befiehlt der Kaiser der Brigade Manèque von den Voltigeurs der Garde, die Division Forey zu unterstützen, und nach einem hartnäckigen Kampfe bemächtigen sich diese braven Truppen des Cypressenhügels und des Thurmes von Solferino unter dem Ruf: „Es lebe der Kaiser!“

Auf dem linken Flügel sah sich die Division Ladmirault, welche den Feind durch eine lebhafte Kanonade wanken gemacht und mit dem Bajonnet die ersten Positionen gewonnen hatte, plötzlich von bedeutenden Kräften bestürmt. Das 1. östreichische Corps unter dem Grafen Clam war von Cavriana dem 5. zu Hülfe gekommen und Bataillone folgten auf Bataillone in diesem wüthenden Handgemenge. Ein Regen von Kugeln, Granaten und Raketen überschwemmte unsere Soldaten. Sie stürzten sich auf den Feind, unterlagen der Uebermacht, aber gingen dennoch vorwärts. Der Marschall, welcher energisch mit seiner Person einstand, zog hierauf die Division Bazaine ins Gefecht und trotz dieser Hülfe scheiterten alle Anstrengungen an dem Kirchhof. Man überschüttete ihn mit Geschossen, durchlöcherte seine und des Schlosses Mauern, darauf schlug man in beiden Divisionen zum Angriff. Alle Truppen gingen muthig vorwärts und eroberten das Dorf und das Schloß in demselben Augenblick, wo die Division Forey den Cypressenhügel und den Thurm von Solferino krönte.

Um 3½ Uhr räumten die Oestreicher die Position unter dem Feuer unserer Artillerie, welche von der Höhe der Gebirgskämme einen weiten Horizont beherrschte. Sie ließen 1500 Gefangene, 14 Kanonen und 2 Fahnen in unseren Händen. Aber dieser großartige Erfolg war um den Preis eines reichlich vergossenen edlen Blutes erkauft. Das 1. Corps und die Brigade Manèque zählten 234 kampfunfähige Offiziere und 4000 Todte und Verwundete. Die Generale Ladmirault und Dieu waren gefährlich, der General Forey leicht verwundet. Unter den Todten hatte man den Verlust mehrerer tapferer höherer Offiziere zu beklagen, die Obrist-Lieutenants Ducoin, Ballet und Hémard, die Commandanten Kléber, von Saint-Paër, Noël, Angevin, Guillaumé und von Pontgibaud.

Indessen unterstützte der Marschall Mac-Mahon an der Spitze des 2. Corps durch eine glänzende Mitwirkung den entschiedenen Erfolg des Centrums der Schlachtlinie. Er hatte sich in der Ebene von Guidizzolo, den Weg nach Mantua abschneidend, entwickelt und dirigirte seinen rechten Flügel gegen Medole, um sich dem General Niel anzuschließen, und den linken Flügel gegen San-Cassiano, um den siegreichen Truppen des 1. Corps bei Cavriana die Hand zu bieten. Diese doppelte Nothwendigkeit zwang ihn, für einige Zeit in der Defensive zu beharren und zur Linken hinter Casa-Marino eine Infanteriereserve aufzustellen, um den Cavallerie-Colonnen, welche von San-Cassiano aus eine Oeffnung zwischen dem 1. und 2. Corps zu machen drohten, die Spitze zu bieten. Seine Cavalleriereserve deckte von derselben Seite den linken Flügel der Division, welche an der Tête des Armeecorps marschirte. Die Affaire begann gegen 9 Uhr mit einem Artilleriekampf, in welchem unser Schießen eine solche Ueberlegenheit zeigte, daß die feindlichen Batterien sich zurückziehen mußten. Hierbei war es, wo der bedauernswerthe General Auger seinen Arm durch eine Kugel verlor.

Die Cavallerie ihrerseits, welche zum ersten Male in Masse zur Verwendung kam, bewies durch ihre Haltung, daß sie danach verlangte, den Ruhm ihrer Standarten mit den Lorbeeren der anderen Waffen zu vereinigen. Auf dem rechten Flügel lieferten die Divisionen Partouneaux und Desvaux, welche mitten auf den vom Kampf blutigen Schauplatz unerwartet angelangt waren, die glücklichsten Angriffe; auf dem linken Flügel trieben 6 Schwadronen Chasseurs siegreich 2 östreichische Cavallerie-Regimenter zurück, die mit einer schnellen Bewegung das 2. Corps umgehen wollten.

Dank diesen vortheilhaften Attacken und dem Feuer seiner Artillerie, konnte der Marschall Mac-Mahon den Feind überall in gutem Abstande halten und, wenn auch nicht ohne Ungeduld, den Eintritt des vierten Corps in die Linie erwarten.

Um halb 3 Uhr endlich konnte er zur Offensive übergehen und befahl dem General de la Motterouge, in der Richtung auf Solferino vorzudringen, um seine Verbindung mit der nach diesem Punkte hin dirigirten Garde-Infanterie zu bewerkstelligen und San-Cassiano nebst den übrigen, vom Feinde besetzten Stellungen fortzunehmen.

In diesem Augenblicke langte die Cavallerie-Division Morris von der Kaiserlichen Garde an, welche der Kaiser dem Marschall zur Disposition gestellt hatte, und dieser ließ sie in die Intervalle rücken, welche seinen rechten Flügel von den Divisionen Partouneaux und Desvaux trennte.

Das Dorf San-Cassiano wurde rechts und links umgangen und durch die eingeborenen Tirailleurs und das 45. Regiment mit einem unwiderstehlichen Anlaufe erobert. Die eingeborenen Tirailleurs stützten hierauf ihren linken Flügel und drangen gegen den Haupt-Bergabhang vor, welcher Cavriana und San-Cassiano verbindet. Dieser Bergabhang wurde durch beträchtliche Kräfte vertheidigt. Ein erster, mit einer Redoute gekrönter Hügel wurde durch die Tirailleurs im Sturm genommen und gestaltete sich zum Schauplatz eines blutigen

Gefechts. Der Feind widerstand mit Hartnäckigkeit und dem Muthe der Verzweiflung. Ungeachtet der Unterstützung durch das 45. und 72. Regiment wurde die Kuppe mehrere Male genommen und wieder genommen. Der General de la Motterouge ließ, um den Angriff zu unterstützen, seine Reserve-Brigade antreten und der Duc de Magenta avancirte mit dem Rest seines Corps. Zu gleicher Zeit eilte auf Befehl des Kaisers die Brigade Manèque, unterstützt durch die Grenadiere des Generals Mellinet, von Solferino nach Cavriana herbei. Es wurde dem Feinde unmöglich, diesem doppelten und überlegenen Angriffe länger zu widerstehen, der überdies durch das Feuer der Garde-Artillerie unterstützt wurde, und gegen 5 Uhr Abends drangen die Voltigeurs und die algierischen Tirailleurs gleichzeitig in Cavriana ein.

In der Ebene attaquirten und warfen die Chasseurs-à-cheval der Garde, welche den rechten Flügel des Duc de Magenta flankirten, eine östreichische Cavallerie-Colonne, die sie zu umgehen drohte.

Um 7½ Uhr zog sich der Feind auf allen Punkten zurück.

Aber auch das 2. Corps hatte schmerzliche Verluste erlitten. Der Oberst Douay vom 70sten Regiment, der Oberst Laure, der Oberstlieutenant Herment und der Commandant Calignon von den Tirailleurs, sowie der Commandant Mennessier vom 72sten Regiment wurden tödtlich getroffen, während sie ihre Truppen mit lobenswerthem Muthe gegen den Feind führten. Ueberdies waren 15 Offiziere und 192 Mann todt, 95 Offiziere und 1266 Mann blessirt. Einige Regimenter hatten furchtbar gelitten und unter diesen die Tirailleurs, das 72ste und ganz besonders das 45ste Regiment, das sich bei Magenta so bewährt hatte und an diesem furchtbaren Tage noch 20 Offiziere außer Gefecht zählte.

Während die Schlacht im Centrum gewonnen wurde, hatten der rechte und der linke Flügel nicht die gleichen Erfolge erreicht, und dennoch nahmen die Truppen beider Flügel ebenfalls einen großen und ruhmwürdigen Theil an der Schlacht.

Wir entsinnen uns, daß das 4. Corps des Generals Niel, aus den Divisionen Luzy, Failly und Vinoy nebst mehreren Batterien bestehend, denen noch zwei Cavallerie-Divisionen zugetheilt waren, den Befehl erhalten hatte, von Carpenedolo auf Guidizzolo zu marschiren, und daß aus dem offiziellen Bulletin erhellt, wie dies Corps durch das 3. Corps, welches weiter rechts marschirte, soviel als möglich unterstützt werden sollte. Letzteres sollte sich gegen den muthmaßlichen Angriff einer östreichischen Colonne decken, welche von Mantua auf Azola vorging.

Diese Colonne, durch das 10. und 11. östreichische Corps, von der Armee des Generals Wimpfen gebildet, war in weiter Entfernung westlich von Medole zu dem Zwecke vorgeschickt worden, um die Flanke der französischen Armee zu umgehen. Diese Bewegung mißlang, denn die Colonne erschien während des ganzen 24. Juni gar nicht auf dem Schauplatz des Gefechts.

Gleich beim Beginn des Kampfes beschloß der General Niel, sich Guidizzolo's zu bemächtigen, sobald Cavriana in der Gewalt des 2. Corps sein werde. Meister der Straßen-Verzweigungen, hoffte er auf diese Weise, den feindlichen Massen, welche in der Ebene standen, den Rückzug sowohl auf Goïto als auf Volta abzuschneiden. Für den Erfolg dieser Combination war es nöthig, daß der Marschall Canrobert Rebecco durch eine oder zwei Divisionen besetzen ließ.

Das 4. Corps hatte um 3 Uhr Morgens sein Lager verlassen. Seine Cavallerie zerstreut die Ulanen vorwärts von Medole und um 7 Uhr nahm die Division Luzy, welche an der Tête marschirte, mit großer Tapferkeit dies Dorf und behielt zwei Kanonen und viele Gefangene als Trophäen in ihrem Besitz. Ein Theil der Division wandte sich hierauf zur Verfolgung des Feindes gegen Rebecco, während der andere Theil auf der Straße von Ceresara vordrang.

Die Division Vinoy folgte der Division Luzy. Als Medole genommen war, dirigirte sie sich auf der Straße von Mantua, zwei Kilometer*) von Guidizzolo, gegen ein einzelnes Haus Namens Casa-Nova. Hier aber fand sie den Feind in bedeutender Masse angehäuft, und es entspann sich auf diesem Punkte ein hartnäckiger Kampf, welcher fast ohne Unterbrechung den ganzen Tag über andauerte. Die Oestreicher hielten den Moment für günstig, um das 2. und 4. Corps zu trennen und den linken Flügel der Division Vinoy durch die Intervalle zu umgehen, welche sie davon trennte; aber das furchtbare und anhaltende Feuer von 42 Geschützen unter Leitung des Generals Soleille, vereitelte diese Bewegung. Der Feind entwickelte seinerseits seine Artillerie, aber der Erfolg entsprach nicht seinen Erwartungen.

Unterdeß rückte auch die Division Failly in die Linie ein, General Niel, welcher den Fortschritten des 2. Corps folgte und sich mit demselben durch die Division Vinoy in Verbindung setzte, brachte die Division Failly nach dem Vorwerk Baete zwischen Casa-Nova und Rebecco und strengte sich an, durch eine gemeinschaftliche Bewegung auf Guidizzolo vorzudringen.

Der Feind begriff die ganze Gefahr, in welche ihn diese Vorwärtsbewegung versetzte, und vereinigte alle seine Anstrengungen, um sie aufzuhalten. Es entspann sich auf diesen drei Punkten ein 6 Stunden währender blutiger Kampf. Hier vollbrachte das französische Bajonnet ganz unerhörte Wunder, und das wohlgenährteste Feuer mußte vor dem Muthe und der Unerschrockenheit der Bataillone weichen, die davon Gebrauch machten.

Während dieser Zeit warfen die Cavallerie-Divisionen Partouneaux und Desvaux die östreichische Infanterie, welche unaufhörlich ihren unfruchtbaren Marsch auf Casa-Nova zu erneuern suchte.

Die Truppen, welche sich ohne Unterbrechung seit dem frühen Morgen unter einer brennenden Sonne, auf einem wasserlosen Terrain und gegen einen zahlreichen Feind schlugen, waren vor Anstrengung erschöpft. Der General Niel fühlte mehr als jemals das unabweisbare Bedürfniß einer Unterstützung durch das 3. Corps.

Der Marschall Canrobert, welcher dasselbe kommandirte, war am Morgen durch die Einnahme von Castelgoffredo und später durch die Ueberwachung der östreichischen Colonne aufgehalten worden, gegen welche er den äußersten rechten Flügel der Armee decken sollte. Als er sich gegen 3 Uhr von dieser Seite her für gesichert hielt und sich selbst von der Lage des Generals Niel überzeugt hatte, ertheilte er der Division Renault den Befehl, sich auf Rebecco zu stützen und dem General Trochu seine 1. Brigade zwischen Casa-Nova und Baete zu führen, wohin sich jedesmal die Haupt-Anstrengungen des Gegners richteten.

Der General Niel zog nunmehr aus seinen Regimentern eine Angriffs-Colonne und warf sie auf Guidizzolo. Sie kam bis an die ersten Häuser des Fleckens, mußte sich aber vor überlegenen Kräften zurückziehen. Der General Trochu ging seinerseits, gefolgt von der Brigade Bataille, zur Unterstützung dieses Angriffes vor. Er marschirte in geschlossenen Bataillonen en échiquier den rechten Flügel vorwärts mit so viel Ordnung und kaltem Blute gegen den Feind, sagt das Bulletin, wie auf dem Exercierplatz. Bei diesem Angriff bemächtigte er sich zweier Geschütze und einer Compagnie Infanterie und gelangte bis auf die halbe Entfernung von Casa-Nova nach Guidizzolo.

In diesem Augenblicke setzte der Aufruhr der Natur den furchtbaren Ausdehnungen dieses Riesenkampfes Schranken. Wirbelsäulen von Staub erhoben sich vom Erdboden bis zum Gipfel der Wolken und waren die Kämpfer in Finsterniß. Der Wind pfiff mit Wuth und brach die Bäume auf seinem Wege; der mit Electricität geladene Himmel übertönte durch seinen Donner den Knall der Kanonen und ergoß

*) Etwa 3000 Schritt.

Wasserströme auf diesen blutigen Boden hernieder, auf welchem Todte und Sterbende ruhten.

Die durch das Zusammenwirken des 3. und 4. Corps bedrohten Oestreicher verdanken wahrscheinlich diesem heftigen Sturm ihr Heil. Das 4. Corps hat in dieser lange dauernden Schlacht dem Feinde 1 Fahne, 7 Kanonen und 2000 Gefangene abgenommen. Aber es zählte selbst nahe an 5000 Mann außer Gefecht, worunter 260 Offiziere. Die Obersten Jourjon, Maleville, Capin, Waubert de Genlis und Lacroix, die Oberstlieutenants des Ondes, Neuchèze, Bigot, d'Abrantès und Campagnon, die Commandanten Rolland, Gaucher, Calignon, Nicolas, Tiersonnier und Hebert befanden sich, tödtlich verwundet, unter der Zahl der Opfer, welche mit ihrem Blute einen großen Sieg bezahlten. Dasselbe war der Fall mit dem Obersten Broutta und dem Commandanten Mariotti vom 3. Corps, welches nur den Verlust von 250 Mann zu beklagen hatte.

Die Armee des Königs von Sardinien hatte ihrerseits eine große Schlacht geliefert, welche von den glücklichsten Erfolgen gekrönt war. Getrennt von der französischen Armee, war ihre Thätigkeit eine besondere und fast ohne Verbindung mit der ihrer Allürten. Nichtsdestoweniger erhielt sie während des heftigsten Kampfes die sehr nöthige Unterstützung von 6 Geschützen unter der geschickten Leitung des Generals Forgeot. Vier östreichische Colonnen drangen zwischen dem Corps des Marschalls Baraguey d'Hilliers und den Piemontesen vor und suchten diese in ihrer rechten Flanke zu umgehen, als jener General den Feind zum Rückzuge zwang. Sie wurden auch nicht weiter beunruhigt und konnten ihr Ziel, nämlich die Besetzung Peschiera's, weiter verfolgen.

Gegen 7 Uhr Morgens waren sie vier Divisionen stark in der Richtung auf Peschiera, Pozzolengo und Madonna della Scoperta vorgegangen, als ihre Avantgarde zwischen San-Martino und Pozzolengo auf die feindlichen Vorposten stieß.

Das Gefecht entspann sich; aber ungeachtet der heroischesten Anstrengungen wurde die Brigade Mollard und die Division Cucchiari, welche viermal die Höhen von San Martino genommen hatten, zum Rückzuge gezwungen. Der König, welcher diese Gefahr sah, schickte die Brigade Aosta von der Division Fanti zu ihrer Unterstützung vor. Gegen 5 Uhr bemächtigte sich diese Brigade und die Brigade Pignerol, unterstützt durch eine zahlreiche Artillerie, Schritt vor Schritt der Höhen und gelangten dahin, sie in einem blutigen Kampfe zu behaupten. Vergeblich versuchten es die Oestreicher, die Stellung auf's Neue zu erobern; zwei glänzende Attaquen der Kavallerie des Königs zerstreuten sie, die Kartätschen brachten Unordnung in ihre Reihen und die sardinischen Truppen blieben Herren eines Terrains, um dessen Besitz den ganzen Tag über mitten in einem fürchterlichen Gemetzel der hartnäckigste Kampf unterhalten worden war.

Die Division Durando war seit 5 Uhr Morgens bei Madonna della Scoperta ebenfalls mit den Oestreichern im Gefecht; bis Mittag hielt sie dem Angriffe eines an Zahl überlegenen Feindes Stand, welcher sie endlich zum Weichen brachte. Durch die Brigade Savoyen unterstützt, ergriff sie abermals die Offensive und behauptete endlich definitiv den Punkt, den man sich gegenseitig so tapfer streitig gemacht hatte.

Endlich hatte General La Marmora die Brigade Piemont von der Division Fanti gegen Pozzolengo dirigirt. Sie nahm mit bewunderungswürdigem Muthe die ersten Punkte der Stellung und machte sich nach einem lebhaften Angriff zum Meister von Pozzolengo. Die piemontesische Armee war daher gegen das Ende des Tages vollständig Herr des Schlachtfeldes, das ihr die Umstände angewiesen hatten. 5 Geschütze und eine große Zahl von Gefangenen blieben in ihren Händen.

Aber der Tod hatte ebenfalls grausam in ihren Reihen geerntet. Sie zählte 4253 Mann todt oder blessirt, worunter 216 Offiziere. Bei einer einzigen Division waren 3 Obersten ruhmvoll gefallen. Ueberdies wurden 1258 Mann vermißt.

Der Sieg war vollständig. Die beiden Kaiser und der König hatten persönlich kommandirt. Um 9 Uhr Abends ließ sich noch Kanonendonner in der Ferne vernehmen, welcher den Rückzug des Feindes beschleunigte, und unsere Bivouaksfeuer erglänzten von Distanz zu Distanz auf dem glorreich eroberten Boden.

Der Verlust der Alliirten betrug nach den offiziellen Berichten an Todten, Verwundeten und Gefangenen: 720 Offiziere und 12,000 Mann Franzosen; 216 Offiziere und 5,369 Mann Sarden, zusammen 18,245 Mann. Die Oestreicher geben ihren Verlust zu 21,000 Todten und Verwundeten und 6000 Gefangenen an. 30 Kanonen, 4 Fahnen und eine große Zahl von Wagen blieb überdies in unseren Händen.

Tagesereignisse.

Die Debatten in der Commission des Abgeordneten-Hauses über die Vorlagen zur Reorganisation der Armee nehmen ihren Fortgang, und neulich hat der »Präsident« dieser Commission, der Freiherr v. Vincke, eine längere Rede gegen die Vorlagen der Regierung gehalten. Es ist bezeichnend für unsere Zustände, daß man gerade einen Civilisten zum Präsidenten dieser Commission gewählt und die militärische Notabilität des Herrn Generals der Infanterie v. Brandt dabei gar nicht berücksichtigt hat. Die Präsidentschaft des Freiherrn v. Vincke in einer Commission zur Begutachtung militärischer Fragen ist um so bezeichnender, als Herr v. Vincke, nachdem er sein Freiwilligen-Jahr bei dem 2ten Garde-Ulanen-Regiment abgedient, von diesem Regimente nicht einmal das Qualifications-Attest zum Landwehr-Offizier erhalten hat und als Landrath in Hagen zugleich Unteroffizier in der Landwehr war. Als Landrath hatte er sogar einmal eine Disciplinarstrafe gegen sich selbst zu vollstrecken, weil er zu einer Controlversammlung zu spät gekommen war. Herr v Vincke äußerte später gegen seinen damaligen Bataillons-Commandeur die Absicht, noch nachträglich Landwehr-Offizier werden zu wollen, trat aber dann selbst von diesem Plane wieder zurück, nachdem er die Bedingungen des zu absolvirenden Examens erfahren hatte: ein Curriculum vitae, eine Arbeit über das Exerzir-Reglement, eine Arbeit über das kleine Gewehr und eine praktische Prüfung seiner Kenntnisse über den Dienst des Subalternoffiziers. — Also unfähig zum preußischen Subalternoffizier, aber befähigt zur Leitung der Organisation der Armee!

Wie gesagt, ein Zeichen unserer Zustände, wie es nicht drastischer gefunden werden konnte.

Die neue Whitworthkanone in England folgt einem ähnlichen Gesetze wie die früheren Lancastergeschütze, d. h. die ganze Seele hat eine spiralförmige Windung. Während aber bei der Letzteren der Querschnitt der Seele eine Ellipse bildete, so daß das Einschmiegen des Geschosses mit seiner großen Axe in die kleine der Seele erfolgte, ist dieser Querschnitt bei der Whitworthkanone ein reguläres Sechseck, was den Vortheil ergiebt, daß man Geschosse von beliebiger Länge und beliebigem Gewicht aus demselben Rohre abfeuern kann, daß ein Kartätschschuß ermöglicht wird, indem nur die Kartätschbüchse sich der Form der übrigen Geschosse zu nähern braucht, und daß der mit vielen Inconvenienzen verbundene Bleimantel der Geschosse für gezogene Geschütze fortfallen kann. Die Ladung erfolgt von rückwärts, könnte aber auch von vorn geschehen. — Nach einer Aeußerung des englischen Kriegsministers soll übrigens die Whitworthkanone dem Armstronggeschütze sowohl als System, wie auch in Bezug auf Tragweite und Wahrscheinlichkeit des Treffens nachstehen. Namentlich sei dies mit den 12- und 80pfündern der Fall, während für den 3pfünder, der den beiden anderen Kalibern überlegen sei, erst weitere Versuche ein definitives Urtheil feststellen würden.

Das größere militärische Tagesblatt, welches die östreichische Regierung in Frankfurt a. M. zu begründen beabsichtigte, wird nunmehr in Wien vom 1. April ab unter dem Titel »Oestreichische Militär-Zeitschrift« erscheinen und durch den Major von der Verpflegungspartie Streffleur redigirt werden.

Nach einer Mittheilung der Wiener »Militär-Zeitung« hat ein östreichischer Offizier in Grätz eine Erfindung gemacht, wonach das bisherige gezogene Kapselgewehr zum Laden von rückwärts eingerichtet werden kann. An die Stelle der ganz fortfallenden Schwanzschraube wird eine kleine, eigenthümlich gestaltete Kammer angeschroben, welche 8 scharfe oder 10 Platzpatronen von selbst ladet. Die Patronen sollen den Vortheil haben, daß jede Platzpatrone sich ohne Weiteres in eine scharfe verwandeln lasse und umgekehrt, daß ferner eine schon gebrauchte zum dritten und vierten Male zu gebrauchen ist (?) und ein Versagen nicht denkbar wird. Das Gewehr kann wegen der einfachen Handhabung auch in der ungeschicktesten Hand nicht verdorben werden, hat gegen das bisherige an Wirkung nichts eingebüßt und ist nahezu ein halbes Pfund leichter geworden. Der Mann kann mit Bestimmtheit auf seinen Schuß rechnen und selbst auf 15 bis 20 Schritt von dem heranstürmenden Feinde entfernt noch ein Mal mit Sicherheit laden. Ueberhaupt gestattet das Gewehr ein 6- bis 8maliges Laden, ehe der Gegner zwei Mal hierzu im Stande ist.

Viel auf einmal wäre das!

Der »Ocean« macht folgende Beschreibung von der neuen gepanzerten Fregatte »La Gloire«: Sie hat dieselbe Länge wie der Dreidecker »La Bretagne«, nämlich 83 Metres vom Spiegel zum Stern. Die Planken haben drei Centimetres mehr im Gevierte als bei den Fregatten ersten Ranges, die Rippen sind in größerer Zahl und die Querhölzer solider und durch eiserne oder hölzerne Verbindungsstücke gehalten. Das obere Verdeck ist mit besonderer Sorgfalt gebaut. Die Bretterlage ist dicker als gewöhnlich und durch eine darunter liegende ununterbrochene Lage von zusammen geschraubten Eisenblechen verstärkt. Die Tragbalken sind überall wohl gestützt und mit Hülfe einer fußdicken Lage von Sand glaubt man das Verdeck bombenfest zu machen. Die innere Lage der Schiffswände ist ebenfalls dicker und durch eiserne Beschläge verstärkt; der äußere Panzer besteht aus dicken, zusammengeschraubten Eisenplatten. Der über der Wasserlinie liegende Theil des Schiffes hat nichts Charakteristisches, eine große Feinheit des Baues an den beiden Enden ausgenommen. Was den Theil unterhalb der Wasserlinie betrifft, so hat man ihm wegen des ungeheuren Gewichts bedeutende Dimensionen geben müssen, wie man deren nur noch in den älteren Schiffsbauten findet. Diese Dickleibigkeit, welche man bei den gespornten Fregatten »Magenta« und »Solferino« vermißt, die in Brest und Lorient auf der Werft liegen, ist durchaus unvermeidlich wegen der starken Artillerie und des Eisenpanzers, welche das Schiff belasten. Charakteristisch ist die Feinheit der beiden Enden des Schiffes, die sich nur mit verlängerten Keilen vergleichen lassen. Beim Vordertheil vermindert der scharfe Bau den Widerstand und hinten gewährt er dem Steuer eine größere Wirkung. Die Batterie hat 40 Luken und wird auf jeder Seite 20 Fünfzigpfünder tragen. Vorn auf dem Oberdeck werden zwei Mörser vom Kaliber der 80- oder selbst 120-Pfünder aufgestellt, und zwar hinter einer schußfesten gepanzerten Wand, welche quer über das Schiff hinübergeht. Hinter dem Hauptmast wird ein ebenfalls schußfester und gepanzerter Cylinder von 12 Fuß Höhe errichtet, von wo aus der Capitain während des Gefechts den Feind in aller Sicherheit beobachten kann. Die Maschine wird 900 Pferdekraft haben und die Kessel werden mit allen Verbesserungen versehen sein.

Die »Neue Hannover'sche Zeitung« enthält folgende Correspondenz aus Berlin, der wir nur vollständig beistimmen können, und von der wir nur bedauern, sie nicht in einem preußischen Blatte gelesen zu haben; denn es ist in der That stark, daß die Frage der militärischen Machtstellung Preußens von politischen Parteibestrebungen abhängig gemacht wird:

»Die am Sonnabend in der Militär-Commission des Abgeordnetenhauses geführten äußerst lebhaften Verhandlungen werden in der Stadt viel besprochen. Von den Gegnern der beabsichtigten Heeres-Reform ist eine neue Tactik beliebt worden. Man hat den Regierungsentwürfen einen eigenen Organisationsplan gegenübergestellt. Zufolge desselben soll die Präsenzzeit von drei auf zwei Jahre herabgesetzt, der Urlaubsstand der Reserve auf drei statt auf fünf Jahre normirt und die Theilung der Landwehr in das erste Aufgebot vom 25. bis 30. Jahre und in das zweite vom 30.

bis 39. Jahre beibehalten werden. Diese, auch mit sonstigen Reductionswünschen noch verbundenen Vorschläge sind in der Sonnabendsitzung besonders durch Herrn von Vincke mit großem Eifer vertreten worden. Daß dieselben dem Hauptzweck der neuen Armeeorganisation, nämlich einer Stärkung der Wehrkraft durch Vermehrung des activen Heeresbestandes wie durch nachhaltigere militärische Gewöhnung der Mannschaften, schnurstracks widerstreitet, liegt auf der Hand. Bei der anerkannten Besserungsbedürftigkeit der jetzigen Einrichtungen wird die Durchführung der im Kriegsministerium entworfenen Reformpläne von allen irgend berufenen Sachverständigen für eine unabweisliche Nothwendigkeit erklärt. Soll Preußen etwa auf die von den Zeitumständen nur um so dringender gebotene Steigerung seiner Schlagfertigkeit verzichten, blos weil eine parlamentarische Partei es für ihre politischen Sonderbestrebungen zweckmäßiger findet, das militärische Element im Staate nicht zu stärken? In der That ein würdiger Patriotismus! Uebrigens ist ein nicht geringer Theil der Fraction Vincke den Regierungsentwürfen günstig gestimmt. Die unveränderte Annahme derselben erscheint aber trotzdem noch zweifelhaft. — Mit Unrecht wird von einigen Blättern die Meinung verbreitet, als sei die Durchbringung der Militärvorlagen vom Staatsministerium gar nicht als Cabinetsfrage hingestellt worden. Der gleichen Parteitactik entspringt auch die Behauptung, Se. Königl. Hoheit der Prinz-Regent lege gar kein so großes Gewicht auf die Ausführung der vorliegenden Reformpläne. In Wirklichkeit ist der Prinz-Regent von der Unerläßlichkeit der beantragten Verbesserungen tief durchdrungen. Was aber die Cabinetsfrage betrifft, so scheinen allerdings nicht sämmtliche Mitglieder des Ministeriums gleich anfangs mit demselben Eifer die unbedingte Solidarität des Einstehens für die Armeevorlagen anerkannt zu haben. Wenn später diese Solidarität zur Geltung gekommen ist, so soll damit doch keineswegs gesagt sein, daß die Cabinetsfrage mit geflissentlicher Schroffheit hervortreten werde.

Literarisches.

A. F. C. Vilmar, deutsche Grammatik. Fünfte Auflage. Marburg und Leipzig 1860. Elwert's akademische Buchhandlung. 127 S. in kl. 8.

Das vorliegende Werkchen giebt die Anfangsgründe der deutschen Grammatik zunächst für die obersten Klassen der Gymnasien, und zwar enthält dieser vorliegende erste Theil nur die Lautlehre und Flexionslehre nebst gothischen und althochdeutschen Sprachproben. Der Stoff ist nur ein gewandter Auszug aus der deutschen Grammatik von Jacob Grimm, von dem wir, wie Vilmar trefflich bemerkt, nur lernen können, deshalb glaubt er Lehrern und Schülern das Büchelchen ernstlich an's Herz legen zu müssen, zumal in einer Zeit, in welcher die Meisterlosigkeit an der Tagesordnung ist und Jeder lieber mit seinen eigenen halben Gedanken denkt, als mit den ganzen eines Meisters. Auch hofft Vilmar, daß die Jugend aus Grimm's Grammatik mehr als deutsche Grammatik lerne, nämlich auch deutsche Gesinnung und einen treuen, festen, gebildeten historischen Sinn. Wir empfehlen das Buch bestens, wenn wir auch nicht damit einverstanden sein können, daß die historische Grammatik systematisch über das Mittelhochdeutsche zurückgreife zum Gothischen und Althochdeutschen. Zu wünschen haben wir noch, daß der Verfasser endlich einmal das Begonnene weiter führen möge und uns mit der Verslehre und der Uebersicht über die Wortbildungslehre, sowie der Syntax beschenken möge. Namentlich ist die Verslehre in jeder Beziehung ein Bedürfniß für unsere höheren Lehranstalten.

Lightning Source UK Ltd.
Milton Keynes UK
UKHW020221090119
334943UK00006B/956/P

9 780364 534236